# CAPITAL
# ET
# IDÉOLOGIE

이 도서의 국립중앙도서관 출판예정도서목록(CIP)은 서지정보유통지원시스템 홈페이지(http://seoji.nl.go.kr)와
국가자료종합목록 구축시스템(http://kolis-net.nl.go.kr)에서 이용하실 수 있습니다.
(CIP제어번호 : CIP2020010230)

# 자본과 이데올로기

토마 피케티
THOMAS PIKETTY

안준범 옮김

CAPITAL ET IDÉOLOGIE

문학동네

# 시작하기에 앞서:
# 일러두기와 감사의 말

이 책은 『21세기 자본』(2013년)의 연장이기도 하지만 독자적으로 읽을 수 있다. 전작과 마찬가지로, 아주 많은 친구와 동료의 참여와 지원이 없었다면 결코 빛을 보지 못했으리라는 의미에서 이 책은 집단 작업의 결실이다. 물론 이어질 해석과 분석은 오롯이 나의 책임이다. 하지만 이 연구의 기초를 이루는 역사 자료들은 나 혼자서라면 결코 모을 수 없었을 것이다.

나는 특히 세계불평등데이터베이스WID.world에 수집된 데이터를 기반으로 했다. 이 프로젝트는 전 대륙 80개국 이상의 100명이 넘는 연구자들이 모여 진행한 연구 결과에 근거하며, 국내뿐 아니라 국가 간 소득 및 자산 불평등의 역사적 추이에 관해서도 현재 사용가능한 가장 광범위한 데이터베이스를 제공한다. 나는 또한 세계불평등데이터베이스에 포함되지 않은 시기별 나라별 양상별 불평등에 관한 다수의 자료뿐만 아니라, 예컨대 산업사회 이전 또는 식민사회에서 있었던 교육·젠더·인종·종교·신분·신념 및 선거와 정치에서의 불평등에 관한 다수의 자료를 이 책에 모아놓았다.

책에서 사용된 전체 역사 자료, 참고문헌, 조사방법에 관한 상세한 정보를 얻고 싶은 독자들은 http://piketty.pse.ens.fr/files/AnnexeKIdeologie.pdf에서 조회가능한 전문 부록을 참조하길 권한다(이 책에는 주요 자료 및 문헌만 본문이나 주에 인용되어 있다).

책에 제시된 통계와 도표와 표는 모두 http://piketty.pse.ens.fr/ideologie에서도 볼 수 있다.

이 주제에 좀더 관심이 있는 독자라면 너무 방대해서 이 책에는 싣지 않은 보충 통계 및 도표들을 온라인 부록에서 확인할 수 있을 텐데, 어떤 경우에는 주에 적시해두었다.

나는 특히 파쿤도 알바레도, 뤼카 샹셀, 에마뉘엘 사에즈, 가브리엘 쥐크망에게 감사한다. 나는 이들과 함께 파리경제대학과 UC버클리에서 세계불평등데이터베이스와 세계불평등연구소를 이끌고 있다. 이 프로젝트는 『세계불평등보고서 2018』(wir2018.wid.world)의 간행으로 이어졌고, 이 책을 쓰는 데도 아낌없이 활용했다. 이 프로젝트가 가능하도록 힘써준 기관들, 우선 내가 2000년 이후로 재직하고 있으며 모든 사회과학 분과가 서로에게 귀기울이고 교류할 수 있는 드문 기관인 파리 사회과학고등연구원EHESS과, 바라건대 21세기 초 정치적이고 역사적이며 다극적이고 학제적인 경제학의 발전에 기여할 파리경제대학을 2007년에 창립하고 공동으로 운영하는 데 힘을 모아준 고등사범학교 및 여타 모든 기관에 감사를 표한다.

또한 리디아 아수아, 아브히지트 바네르지, 애덤 바브, 샤를로테 바르텔스, 니틴 바르티, 아스마 뱅앵다, 에리크 벵트손, 요나탄 베르만, 토마 블랑셰, 세실 보노, 마농 부쥐, 제롬 부르디외, 앙투안 보지오, 캐머런 캠벨, 기욤 카레, 길헴 카산, 아멜리 셸리, 천비자, 드니 코뇨, 레오 차이카, 리샤르 드베베르, 마크 딘체코, 안로르 들라트, 마우리시오 데로사, 에스테르 뒤플로, 루이스 에스테베스 바울루스, 이그나시오 플로레스, 쥘리에트 푸르니에, 베르트랑 가르뱅티, 아모리 제탱, 야즈나 고빈드, 조나탕 구필

르브레, 쥘리앵 그르네, 장 이브 그르니에, 말카 기요, 피에르시리유 오쾨르, 스테파니 에네트, 시몽 헤녹스베르트, 훙척팅, 타나삭 쩬마나, 프란세스카 엔세니우스, 파비안 코세, 어틸러 린드너, 놈 매거, 클라라 마르티네스톨레다노, 이완 맥고헤이, 시릴 밀로, 마르크 모르간, 에리크 모네, 마틸드 무뇨스, 알릭스 미츠코프스키, 델핀 누게레드, 필리프 노보크메트, 카타리나 피스토어, 질 포스텔비네, 장 로랑 로젠탈, 니나 루실, 기욤 사크리스트, 오렐리 소튀라, 알레산드로 스탄치아니, 블레스 트뤼옹로이, 앙투안 보셰즈, 스바스티앙 베, 마를루스 판바이연뷔르흐, 리하르트 폰글란, 다니엘 발덴스트룀, 리양, 톰 자비샤, 록산 지게가 베푼 귀중한 도움에 감사드리고자 한다. 아울러 프랑수아 시미앙 사회경제사연구소·파리경제대학·사회과학고등연구원 역사연구소의 친구들과 동료들에게도 감사를 표한다.

이 책은 2013년 『21세기 자본』이 출간된 이후로 내가 참여할 기회를 가졌던 숱한 토론에서도 역시 혜택을 입었다. 나는 2014~2016년의 많은 시간을 세계를 두루 다니며 독자들과 연구자들과 반대자들과 토론에 목마른 시민들을 만나며 보냈다. 나는 내 책을 중심에 두고 수많은 교류를 가졌으며, 내 책이 제기하는 수많은 질문들과 만났다. 이 모든 마주침이 내게 엄청난 깨달음을 주었고, 불평등의 역사적 동역학에 대한 내 성찰을 심화할 수 있게 해주었다.

내 전작의 여러 한계들 중에서 두 가지는 특별히 언급할 필요가 있다. 하나는 2013년의 내 책은 부국들(서유럽·북미·일본)의 역사적 경험에 과도한 자리를 내주고 있다는 의미에서 너무 과하게 서양중심적이라는 점이다. 이는 일정 부분 세계의 다른 나라들과 지역들에 관한 적절한 역사 자료들에 접근하기가 어렵다는 데서 기인하지만, 그에 못잖게 전망과 성찰의 상당한 편협함과도 관련이 있다. 다른 하나는 『21세기 자본』은 불평등과 재분배를 둘러싼 정치적-이데올로기적 진화들을 일종의 블랙박스로 다루는 경향이 있다는 것이다. 저 책에서 나는 이 주제에 관해, 예컨대 20

세기의 세계전쟁들과 경제위기와 공산주의 도전으로 인해 불평등 및 사적 소유의 표상들, 그리고 정치적 입장들에 초래된 전환들에 관해 약간의 가설들을 제시하긴 하지만, 불평등주의 이데올로기들의 진화 문제를 실제로 정면에서 다루지는 못한다. 바로 이것이 내가 이 새 책에서 훨씬 명시적으로, 더욱이 이 문제를 훨씬 광범위한 시공간적인 비교론적 전망에 재설정하여 다루어보고 싶은 이유다.

2013년 책의 성공과 숱한 시민·연구자·언론인의 지원 덕분에, 나는 많은 정부가 이제껏 개방을 거부해왔던 역사 자료들과 조세재정 자료들에 접근할 수 있었다. 예컨대 브라질·인도·남아공·튀니지·레바논·코트디부아르·한국·타이완·폴란드·헝가리와 안타깝게도 더 제한적이긴 했으나 중국과 러시아의 자료에 접근할 수 있었고, 이 덕분에 전적으로 서양적인 틀에서 벗어나 다양한 불평등주의체제들과 그 궤적들 그리고 가능한 분기分岐들에 대한 더욱 충실한 분석을 발전시킬 수 있었다. 무엇보다도 마주침과 교류와 강연의 이 시간들을 통해 나는 불평등들의 정치적-이데올로기적 동역학에 대해 더 많이 배우고 성찰하며, 불평등에 직면한 정치적 언술 및 태도와 관련된 새로운 자료들을 활용하고, 전작의 연장이면서도 전작에 비해—내 생각엔—더 풍부한 책을 쓸 수 있었다. 그 결과물이 바로 이 책이며 이제 판단은 여러분 몫이다.

마지막으로, 내 식구들이 없었더라면 아무것도 가능하지 않았을 것이다. 『21세기 자본』의 집필과 출간 이후 행복한 여섯 해가 흘렀다. 사랑스러운 세 딸은 어느덧 (거의) 청년이 되었다(엘렌, 2년 뒤엔 너도 데보라, 쥘리에트와 함께 클럽에 가겠구나!). 그네들의 사랑과 에너지가 없었다면, 삶이 달라졌을 것이다. 아내 줄리아와 함께, 우리는 부단히 여행하고 교류하고 조우하고, 서로를 다시 읽고 다시 썼으며, 세계를 다시 만들어왔다. 이 책이 그녀에게 빚지고 있는 모든 것을, 내가 그녀에게 빚지고 있는 모든 것을 그녀만은 안다. 앞으로도 열렬히!

# 서론

어느 인간사회든 저마다의 불평등에 합당한 근거를 대야만 한다. 그러지 못할 때는 정치사회적 구성물 전체가 붕괴될 위험에 처한다. 그래서 어느 시대든 불평등이 존재하고 응당 존재할 수밖에 없다는 식으로 불평등을 정당화하고 구조화하는 경제적 사회적 정치적 규칙을 진술하기 위한, 일군의 모순된 담론과 이데올로기를 만들어낸다. 이러한 지적 제도적 정치적 대결로부터, 기성의 불평등주의체제들이 근거하는 하나 혹은 다수의 지배서사가 일반적으로 등장한다.

현대사회에서는 특히 소유주의적propriétariste이고 기업중심적이며 능력주의적인 서사가 중요하다. 요컨대 현대의 불평등은 자유롭게 선택된 과정에서 유래하기 때문에 정의롭다는 것이다. 그리고 이 과정에서 시장과 소유에 대한 접근의 기회가 모두에게 똑같이 주어지며, 가장 기업가적이고 능력 많고 실리적인 사람인 부자들의 축적에서 모두가 저절로 혜택을 입는다는 것이다. 이리하여 우리는 경직되고 자의적이며 때로는 전제주의적인 규약적 격차들에 입각한 고대사회의 불평등과는 대척점에 놓이게 된다.

이 소유주의적이고 능력주의적인 거대서사는 구체제의 위계사회가 붕괴한 이후 19세기에 처음으로 영광의 시간을 보냈다. 그리고 20세기 말부터는 소비에트 공산주의의 몰락과 하이퍼자본주의의 승리에 뒤이어 세계적인 차원에서 다시 급진적으로 정식화되기에 이른다. 문제는 이 서사가 점점 더 취약해 보인다는 데 있다. 이 서사는 몇몇 모순에 봉착하는데, 물론 그 양상은 유럽, 미국, 인도, 브라질, 중국, 남아프리카, 베네수엘라, 중동 등지에서 매우 상이하게 나타난다. 그렇지만 특수하면서도 부분적으로 연계되어 있는 역사들의 귀결인 이 상이한 경로들은 21세기 벽두에 점점 더 긴밀하게 서로 연결되고 있다. 오직 초민족적인 전망만이, 이러한 약점들을 더 잘 바라보고 대안적 서사 재건을 구상할 수 있게 해준다.

사실상 사회경제적 불평등의 증대는 1980~1990년 이후 세계의 거의 모든 지역에서 관찰된다. 어떤 지역들에서는 그 증대율이 너무 큰 나머지 공동선의 이름으로 불평등을 정당화하기가 점점 더 곤란해질 정도다. 게다가 공공연한 능력주의 담론들과 교육 및 부에 대한 접근 면에서 가난한 이들이 대면하는 현실들 사이에는, 거의 도처에 깊은 구렁이 놓여 있다. 능력주의적이고 기업중심적인 이 담론은 매우 자주, 현 경제체계의 승자들이 어떤 수준의 불평등이든 간에 제대로 들여다보지도 않고 이를 정당화해서 패자들에게 능력과 덕성과 근면이 부족하다고 낙인찍는 편리함으로 나타난다. 가난한 자들을 이렇듯 죄인시하는 것은 오히려 여러 사회집단 간의 기능적 상호보완을 더 강조하던 예전의 불평등주의체제들에서는 없었거나 적어도 지금과 같은 규모로는 없었다.

현대의 불평등은 일군의 차별행위와 규약적인 종족적-종교적 불평등으로도 특징지어지는데, 이것들의 폭력성은 능력주의의 미담들로는 잘 묘사되지 않으며, 이것들을 통해 우리는 우리 자신이 그렇지 않다고 자처하는 고대의 불평등의 가장 잔혹한 형태와 가까워진다. 일례로 특정 지역 출신 및 혈통이거나 주소지 불명인 남녀들이 대면하는 차별들을 들 수 있다. 익사한 이민자들도 떠오른다. 이러한 모순들과, 그리고 앞으로 닥칠 불평등·이민·기후와 관련한 도전들에 대처할 수 있게 해주는 신뢰할 만한 보편주의적이고 평등주의적인 새로운 지평의 결여와 맞닥뜨려, 우려스러운 일은 민족주의적이고 정체성주의적인 퇴행이 점점 더 자주 대체代替 거대서사처럼 보인다는 점이다. 이 같은 일이 20세기 전반기 유럽에서 있었고, 21세기 벽두에 세계의 곳곳에서 다시금 나타나고 있다.

1차대전은 '벨에포크Belle Époque'(1880~1914년)에 진행된 대단히 불평등한 상업적 금융적 세계화를 파괴로 이끌어 이를 재정의하려는 흐름을 생성해냈는데, '벨에포크'는 뒤이어 맹위를 떨치던 폭력과 비교할 때만 '근사해belle' 보이는 시기로, 정말이지 무엇보다도 가진 자들에게, 그것도 특히 재산을 가진 백인 남성에게 '근사했던' 시대다. 국가들 내부에서도 국가들 간에서도, 현 경제체계가 덜 불평등하고 더 공정하며 더 지속가능한 것이 되도록 심층적으로 이 체계를 전환시키지 못하면, 결국 제노포비아적 '포퓰리즘'이 장차 선거에서 승리할 가능성이 있고, 이리하여 1990~2020년의 하이퍼자본주의적 디지털 세계화의 파괴 움직임에 매우 빠르게 시동이 걸릴 수도 있을 것이다.

이러한 위기를 모면하기 위한 우리가 쥔 최상의 으뜸패는 여전히 앎과 역사다. 어느 인간사회든 저마다의 불평등에 합당한 근거를 댈 필요가 있고, 이러한 정당화에는 진실과 과장, 상상력과 천박함, 이상주의와 이기주의가 언제나 섞여 있다. 본 연구에서 정의될 불평등주의체제의 특징은 일군의 담론과 제도적 장치로, 이것들을 통해 해당 사회의 경제적 불평등·사회적 불평등·정치적 불평등이 정당화되고 구조화된다. 어느 체제든 나름의 약점들이 있고, 영속적으로—때로는 갈등과 폭력적인 방식을 통해—스스로를 재정의함으로써만, 또한 공유 경험과 인식에 입각함으로써만, 비로소 존속될 수 있다. 이 책의 연구대상은 불평등주의체제의 역사와 미래다. 서로 매우 소원하며 대개는 서로에 대해 무지하고 상호비교를 거부하는 사회들에 관한 역사 자료들을 수합함으로써, 원컨대 진행중인 전환들을 글로벌하고 초민족적인 전망하에 더 잘 이해하는 데 기여했으면 싶다.

이러한 역사적 분석으로부터 중요한 결론이 나온다. 소유·안정·불평등의 신성화가 아니라, 평등과 교육을 위한 투쟁이 경제발전과 인류 진보를 가능케 했다는 것이다. 1980~1990년부터 자리잡은 새로운 극단적 불평등주의 서사는 일정 부분 역사의 산물이자 공산주의 파국의 소산이다. 하지만 이는 또한 무지의 탓이자 앎의 분열 탓이기도 하다. 따라서 이 서사는 숙명론과 현재의 정체성주의적 일탈을 키우는 데 크게 기여한다. 역사의 실을 다시 붙잡고, 학제적 전망 안에서 더 균형잡힌 서사에 도달하는 일과, 21세기를 위한 새로운 참여사회주의의 토대를 세우는 일이 불가능하지 않다. 다시 말해 보편성을 지향하는 새로운 평등주의의 지평, 평등과 사회적소유와 교육과 앎 및 권력의 분배를 위한 새로운 이데올로기를 세우는 일. 이것이 인간 본성에 대해 더욱 낙관주의적이며 예전의 서사들보다 더 정밀하고 설득력 있는 서사인 것은, 세계 역사의 교훈들에 더 깊이 근거하고 있기 때문이다. 물론 이를 평가하고 이 유약하고 잠정적인 약간의 교훈들을 포착하여 변화시키고 더 멀리 끌고 나아가는 일은 각자에게 달려 있다.

이 책의 구성, 즉 구래의 삼원사회와 노예제사회에 대한 연구에서 현대의 포스트식민사회와 하이퍼자본주의사회에 대한 연구로 이어지는 나의 역사적 논술의 여러 단계에 대해 진술하기에 앞서, 내가 근거하는 주요 자료, 그리고 이 연구가 나의 전작 『21세기 자본』과 연결되는 방식을 논하면서 시작하겠다. 하지만 그전에 먼저 이 연구에 사용된 이데올로기 개념에 관해 몇 가지 말해야 한다.

## 이데올로기란 무엇인가?

나는 이 책에서 이데올로기 개념을 긍정적이고 적극적인 방식으로, 다시 말해 사회란 어떻게 구조화되어야 하는가를 진술하기 위한 일군의 그럴듯한 선험적 관념 및 담론을 이데올로기로 간주하는 식으로 이 개념을 사용하겠다. 이데올로기는 사회적 차원, 경제적 차원, 정치적 차원을 지니고 있음을 고찰할 것이다. 이데올로기는 사회의 바람직한 또는 이상적인 조직화에 관한 극도로 광범위한 일군의 질문에 답하려는 다소간 일관된 시도다. 제기되는 질문들의 복잡성을 감안하면, 어떤 이데올로기든 당연히 모두로부터 충분하고 전적인 지지는 받지 못할 것이다. 갈등과 이데올로기적 불일치는 이데올로기 자체에 내재한다. 그렇다고 해도 어느 사회나 이 질문들에 대해, 때로는 자신의 고유한 역사적 경험에 기반하여, 때로는 다른 사회들의 경험에 입각하여, 답하려 노력해야 하는 것 말고는 다른 선택의 여지가 없다. 대체로 어느 개인이든 역시 이들 근본적이고 현실적인 질문들에 대해 비록 부정확하고 불만족스러운 것일망정 여하간 하나의 의견이 있어야 한다고 느낀다.

특히 중요한 것은 정치체제 문제다. 다시 말해 공동체와 그 영토의 윤곽에 대해, 공동체 내부에서 집단적 의사결정을 내릴 수 있도록 해주는 메커니즘에 대해, 공동체 구성원의 정치권한에 대해 설명하는 일련의 규칙을 다루는 문제다. 여기에는 다양한 정치참여 방식, 시민과 이방인과 대통령과 의회와 장관과 군주와 정당과 선거와 제국과 식민지의 역할에 대한 설명도 포함된다.

또한 중요한 것은 소유체제 문제다. 다시 말해 소유가능한 것들의 상이한 형식들에 대한, 관련 사회집단 간 소유관계를 정의하고 양식화하는 적법한 절차와 실무를 설명하는 일련의 규칙에 대한 문제다. 여기에는 사적소유와 공적소유, 부동산소유와 금융소유, 토지소유와 광물소유, 노예소유와 농노소유, 지적소유와 비물질적소유의 역할에 대한 설명과, 소유자와 임차인 관계, 귀족과 농민 관계, 주인과 노예 관계, 주주와 임금노동자 관계의 조정에 대한 설명도 포함된다.

어느 사회든, 어떤 불평등주의체제든, 정치체제 문제와 소유체제 문제에 대한 어느 정도 일관되고 지속되는 일군의 답변들로 특징지어진다. 이 두 계열에 관한 답변과 담론은 자주 서로 긴밀하게 연결되는데, 왜냐하면 이 두 계열 모두 사회적 불평등(실재든 추정이든, 적법하든 위법하든)과 여러 반목하는 사회집단 간 격차와 관련한 하나의 이론에서 유래하기 때문이다. 이 두 계열에는 일반적으로 또다른 여러 지적 제도적 기구가 포함되는데, 특히 교육제도(다시 말해 가족과 교회, 부모, 학교와 대학 따위의 정신적이고 인지적인 전승을 조직하는 규칙과 제도)와 조세재정제도(다시 말해 적절한 자원이 국가와 지역에, 마을과 제국에, 다양한 성격의 사회적 종교적 집단적 기구들에 분배될 수 있도록 해주는 장치)가 있다. 그렇다고는 해도, 이 상이한 차원들에 주어진 질문들에 대한 답변은 엄청나게 가변적일 수 있다. 정치체제 문제와 관련해서는 일치된 답을 하면서도 소유체제 문제에 관해서는 그렇지 않을 수 있다든가, 또는 조세재정이나 교육 문제의 어떤 측면에 대해서는 일치된 답을 하면서도 다른 측면에 대해서는 그렇지 않을 수 있다든가 하는 식으로 말이다. 이데올로기적 갈등은 거의 언제나 다차원적이다. 물론 근원적인 중요성을 띤 어떤 중심축이 적어도 한동안은 존재하기도 한다. 이런 것이 다수의 합의라는 미망을 줄 수도 있고, 때로는 광범위한 집단 동원과 광대한 규모의 역사적 전환을 가능케 할 수도 있다.

## 경계와 소유

단순화하자면, 어느 불평등주의체제든 어느 불평등주의 이데올로기든 경계이론과 소유이론에 입각해 있다고 할 수 있다.

한편으로는 경계 문제에 답해야 한다. 사람들이 매여 있는 정치적 인류공동체에서 누가 그 성원이고 누가 아닌지, 이 공동체는 어떤 영토에서 어떤 제도에 따라 통치되어야 하는지, 보편적인(이데올로기들에 의거하여 보편적이라고 얼마간 인정될 수 있는) 광역 인류공동체의 한가운데에서 이 공동체가 여타 공동체들과 맺는 관계를 어떻게 조직해나갈 것인지를 설명해야 한다. 대체로 여기서 중요한 건 정치체제 문제이지만, 또한 이는 사회적 불평등에 관하여, 특히 시민을 이방인과 분리하는 불평등에 관하여 제기되는 질문들에 즉각 답해야 함을 내포한다.

다른 한편으로는 소유 문제에 답해야 한다. 다른 개인을, 농지를, 부동산을, 기업을, 천연자원을, 지식을, 금융자산을, 국채를 과연 소유할 수 있는 것인가? 소유자와 비소유자의 관계 및 이 관계의 보존은 어떤 적용양식과 어떤 적법한 법률체계에 따라 조직되어야 하는가? 이런 소유체제 문제는, 교육제도와 조세재정제도 문제와 더불어 사회적 불평등과 그 진화에 구조적 영향을 끼친다.

대부분 고대사회에서는 정치체제와 소유체제 문제가, 달리 말해 개인들에 가해지는 권력 문제와 (노예제에서처럼 때로는 사람이고, 여하간 사람 사이의 권력관계에 결정적 영향을 끼치는 보유대상인) 사물들에 가해지는 권력 문제가 직접적이고 즉각적인 방식으로 연결되어 있다. 노예제사회의 경우도 분명 그러한데, 이 사회에서는 두 문제가 상당 부분 섞여 있다. 특정 개인이 다른 개인을 소유하는데, 전자가 후자의 통치자이자 소유자인 것이다.

삼원적ternaire 또는 '삼기능적trifonctionnel'(즉 기능별 세 계급으로, 종교적 사제계급과 군사 귀족계급과 노동하는 평민계급으로 분리된) 사회들의 경우도, 더 교묘하긴 하지만 사정은 같다. 근대 이전의 대부분 문명에서 관찰되는 이러한 역사적 형태에서는, 왕권적regalien 권력(안보와 사법)이 부여되는 지배자계급과 소유자계급이 떼려야 뗄 수 없는 두 지배계급을 이룬다. 여러 세기 동안 '주인님landlord'이란 토지 자체의 주인이자 또한 토지에서 노동하며 사는 사람들의 주인이었다.

특히 19세기 유럽에서 번성했던 소유자사회sociétés de propriétaires는, 역으로 (만인에게 열려 있는 보편적인 것이라 여겨지는) 소유권 문제와 (이제는 중앙집권국가가 독점한) 왕권적 권력 문제를 엄격하게 분리하고자 한다. 그럼에도 역시 정치체제와 소유체제는 긴밀히 연결되는데, 한편으로는 돈을 내야 참정권이 주어지는 정치체제 안에서 정치적 권리가 오랫동안 소유자들에게 돌아갔기 때문이고, 다른 한편으로 더 일반적으로는 정치적 다수파가 평온한 법적 틀 안에서 소유체제를 재정의할 모든 가능성을 다수의 헌법적 규칙들로 강력하게 제한하는 것을 지속했기(여전히 지속하기) 때문이다.

우리는 정치체제 문제와 소유체제 문제가 불가분의 관계로 실제로 부단히 연결되어왔음을 볼 것이다. 구래의 삼원사회와 노예제사회에서 현대 포스트식민사회와 하이퍼자본주의사회에 이르기까지. 그 사이에는 소유자사회와, 소유자사회가 야기한 불평등 및 정체성 위기에 대한 반발로 등장한 공산주의사회 및 사회민주주의사회가 있다.

내가 '불평등주의체제' 개념을 통해 이러한 역사적 전환들을 분석하자고 제안하는 이유는 바로 이것이다. 이 개념은 정치체제 개념과 소유체제 개념을 (또는 교육제도와 조세재정제도 개념도) 포괄하며, 이 체제들의 일관성을 더 잘 지각할 수 있게 해준다. 정치체제와 소유체제 사이의 구조적이고 영속적인 연결을—지금 세계에도 여전히 현존하는 그 연결을—예시하기 위하여 제시될 수 있는 것은, 어느 회원국이든 제아무리 인구가 적더라도 그리고 상업적 금융적으로 [유럽연합에] 통합됨으로써 얻게 되는 혜택이 어떤 것이든 간에 재정 거부권을 가지고 있어서, 유럽연합 시민의 다수파가(하물며 전 세계 시민의 다수파는 말할 것도 없이) 최소한의 과세 또는 최소한의 재분배 및 공동 발전 프로젝트를 채택하도록 해줄 온전한 민주주의 메커니즘이 부재하다는 점이다.

더 일반적으로는 우리 시대의 불평등은 국경·국적·정치사회적 권리체계에 의해 강고하고도 강력하게 구조화되어 있어, 이 불평등과 체계가 연계되어 있다는 것이 핵심적 사실이다. 이로 인해 21세기 초 현재 불평등·이민·정체성 관련 문제를 놓고 다차원적으로 격렬한 이데올로기 갈등이 발생하는데, 이는 불평등 증대에 대처할 수 있는 다수파연합의 구성을 상당히 복잡한 것으로 만든다. 구체적으로는, 다양한 성분의 인민계급이 단일한 정치연합으로 결집하는 데 인종적 균열, 종교적 균열, 민족적 균열이 걸림돌이 되는 경우가 다반사다. 이는 부자들에게 득이 되고 불평등을 더욱 심화시키는데, 사회적 약자들에게 분열보다는 단합이 훨씬 유리하다는 점을 납득시킬 만큼 충분히 설득력 있는 이데올로기와 강령이 없어서 그런 것이다. 이러한 문제는 적당한 때에 검토해볼 것이다. 다만 여기서 내가 강조하고 싶은 것은, 정치체제와 소유체제 사이의 긴밀한 연관은 유구하고 구조적이며 지속되어온 어떤 현실과 맞닿아 있다는 사실이다. 이 현실은 역사적이고 초민족적인 관점을 폭넓게 재조정함으로써 비로소 정확하게 분석될 수 있다.

## 이데올로기를 진지하게 다루기

불평등은 경제적인 것도 기술공학적인 것도 아니다. 오히려 이데올로기적이고 정치적인 것이다. 이것이 분명 이 책에 제시된 역사 연구의 뚜렷한 결론이다. 달리 말해 시장과 경쟁, 이윤과 임금, 자본과 부채, 숙련노동자와 비숙련노동자, 내국인과 외국인, 조세피난처와 경쟁력, 이런 것은 그 자체로는 존재하지 못한다. 이런 것들은, 사람들이 배치하고자 선택한 법·주세재정·교육·정치 관련 체계와 사람들이 스스로 속하고자 하는 범주들에 전적으로 의존하는 사회역사적 구성물이다. 이 선택과 무엇보다도 관련되는 표상들은, 어느 사회든 사회정의와 정의로운 경제에 대해, 서로 대치하는 상이한 집단과 담론 사이의 정치적-이데올로기적 세력균형에 대해, 저마다 갖게 되는 그런 표상들이다. 중요한 점은 이 세력균형이 물질적인 것만은 아니라는 점이다. 세력균형 역시 특히 지적이고 이데올로기적이다. 다시 말해, 역사에서는 사상들과 이데올로기들이 중요하다. 새로운 세계와 다른 사회를 상상하고 구조화하는 것을 언제나 가능케 해주는 것이 바로 사상과 이데올로기다. 얼마든지 다양한 도정道程이 있을 수 있다.

이러한 접근은 불평등에 '자연적' 토대들이 있다고 설명하려는 숱한 보수적 담론과는 다르다. 별로 놀랄 만한 것도 아닌데, 모든 시대 모든 풍토에서 다양한 사회의 엘리트들은 불평등을 '자연화하려는' 경향이 있다. 즉 불평등에 자연적이고 객관적인 토대를 부여하려 하고, 기존의 사회적 격차가 (응당) 가난한 자들과 사회 전체에 이익이 된다고 설명하려 한다. 여하간 현재 이 격차의 구조가 우리가 생각해볼 수 있는 유일한 구조이며 이걸 실질적으로 변경하려 들면 막대한 불행을 초래할 수밖에 없다고 설명하려는 것이다. 역사적 경험은 그 반대를 보여준다. 시간과 공간상으로도, 구조만큼 규모 면에서도, 조건상으로도, 현대인들이 수십 년 전이라면 예측도 못했을 속도로, 불평등은 대단히 다양하게 진화하고 있다. 때로는 불행을 초래하기도 했다. 하지만 전반적으로는 혁명적이고 정치적인 단절들과 과정들이 불평등의 축소와 변동을 가능케 했으며, 이는 우리의 가장 고귀한 제도들, 인류 진보라는 관념이 하나의 현실이 되도록 해주었던 그런 제도들(보통선거·무상의무교육·보편적 의료보험·누진세)의 기원이다. 미래 역시 그러하리라는 것은 상당한 개연성이 있다. 현재의 불평등과 현행 제도는 보수주의자들이 뭐라 생각하든 유일한 가능태가 아니며, 그 자체로 지속적으로 변형되고 재창안되어야 하는 것이다.

하지만 이데올로기들과 제도들 그리고 가능한 궤도들의 다양성에 중점을 두는 이런 접근은 왕왕 '마르크스주의적'이라고 수식되는 특정한 교리와도 차이가 있다. 이 교리에 따르면 경제력과 생산관계의 상태가, 한 사회의 이데올로기적 '상부구조'를 거의 기계적으로 규정할 것이다. 반면 내가 강조하는 것은, 관념의 영역 즉 정치적-이데올로기적 영역에 진정 자율성이 존재한다는 사실이다. 경제와 생산력의 발전이 동일한 상태라고 해도(확실치는 않지만 여하튼 이런 말들이 어떤 의미를 갖는 한에서) 언제나 정치적-이데올로기적으로 각기 다른 불평등주의체제들이 얼마든지 존재할 수 있다는 것이다. 예컨대 산업혁명을 거치면서 '봉건제'에서 '자본주의'로 기계적으로 이행한다는 이론은, 세계의 상이한 나라들과 지역들, 특히 식민본국과 식민지 사이를 비롯해 각각의 지역들 자체에서도 역시 관찰되는 역사적이며 정치적-이데올로기적인 궤도의 복잡성과 다양성을 규명해주지 못하며, 특히 이후 단계들을 위한 유용한 교훈들도 이끌어내지 못한다. 이러한 역사의 흐름을 반추해보면, 대안들은 언제나 있었고 언제나 있을 거라는 점이 확인된다. 발전의 매 단계에서 경제·사회·정치 체계를 구조화하고, 소유관계를 정의하며, 조세재정제도 또는 교육제도를 조직하고, 국가채무와 사적채무 문제를 처리하는, 또한 여러 인류공동체 사이의 관계를 조율하는 다수의 방식이 있다. 한 사회와 이 사회 내부의 권력관계 및 소유관계를 조직할 수 있도록 해주는 가능성의 길은 언제나 여러 갈래로 나 있으며, 이러한 차이들이 세부적인 것에만 관련되는 것은 결코 아니다. 특히 강조하자면, 21세기에 소유관계를 조직하는 방식이 여럿 있지만 그중 일부를 통해, 뒤이어 벌어질 사태에 아랑곳 않고 자본주의 파괴를 예고하는 길보다는 훨씬 더 현실적으로 자본주의를 극복해낼 수 있다.

과거의 다양한 역사적 궤도와 여러 미완의 분기들에 대한 연구는 엘리트주의적 보수주의와 바로 그날을 기다리는 혁명적 관망주의attentisme révolutionnaire 둘 다에 잘 듣는 최상의 해독제다. 이와 같은 관망주의는 바로 그날 다음에 적용할 현실적인 제도적 정치적 해방체제에 대한 숙고를 회피하게 하며, 비대해진 무한 국가권력에 대체로 그 일을 일임하는 쪽으로 우리를 이끈다. 그러나 이는 그토록 반대하고자 하는 소유주의 신성화만큼이나 위험한 것으로 드러날 수 있다. 이러한 태도는 20세기에 엄청난 인명 손실과 정치적 피해를 야기했으며, 우리는 아직 그 대가를 다 치르지 않았다. 포스트공산주의(노선 차이가 있음에도 불구하고 러시아 버전과 중국 버전 그리고 어느 정도는 동유럽 버전 모두)가 21세기 초에 하이퍼자본주의의 최상의 동맹이 되었다는 사실은, 스탈린주의적 공산주의와 마오주의적 공산주의의 파국과 더불어 이 파국 탓에 평등주의적이고 국제주의적인 모든 야망을 포기한 데 따른 직접적 결과다. 공산주의의 파국은 노예제와 식민주의와 인종주의 이데올로기들이 야기한 피해를 부차화했고, 또한 이 이데올로기들과 소유주의적이고 하이퍼자본주의적인 이데올로기를 결부시키는 핵심적 연관을 부차화하고 말았으니 이는 사소한 공적이 아닌 것이다.

가능한 한 나는 이 책에서 이데올로기들을 진지하게 다루고자 한다. 특히 과거의 이데올로기 각각에, 무엇보다도 소유주의 이데올로기idéologie propriétariste, 사민주의 이데올로기, 공산주의 이데올로기뿐만 아니라 삼기능 이데올로기, 노예제 이데올로기, 식민주의 이데올로기에도 기회를 줌으로써 이러한 이데올로기들을 저마다의 고유한 일관성 안에서 복원해내려 한다. 원칙상 나는 어느 이데올로기든 특정 유형의 불평등 또는 평등을 옹호하느라 극단적이고 과도해 보일 수 있더라도 저마다의 방식으로 정의로운 사회와 사회정의에 대한 특정한 비전을 표현하고 있다는 것에서 출발하겠다. 이러한 비전에는 언제나 그럴듯함과 진솔함과 일관됨이 담겨 있으며, 다음과 같은 조건하에 이 비전에서 후일을 위한 유용한 교훈을 끌어낼 수 있을 것이다. 즉 정치적-이데올로기적 발전들을 추상적이고 비역사적이며 비제도적인 방식으로 연구하는 것이 아니라, 무엇보다도 소유·조세재정제도·교육제도의 특수한 형태에 의해 특징지어지는 개별 사회, 역사적 시기, 특정 제도 안에서 체현되었던 모습 그대로 연구하는 것이다. 이 형태들은 엄격히 사유思惟되어야 하고, 이 형태들의 규칙과 작동 조건(법체계·과세표·교육자원 등)이 정밀하게 연구되어야 한다. 이것들 없이는 이데올로기나 제도는 빈껍데기일 뿐이며, 사회를 현실적으로 전환하고 이에 대한 끊임없는 지지를 불러모으는 데는 부적격일 뿐이다.

그렇다고 해서 내가 이데올로기 개념에 경멸적 용법 또한 있다는 것을,

게다가 이 용법이 때로는 정당화된다는 것을 간과하는 건 아니다. 사실에 대한 관심 결여와 교조주의 특색을 드러내는 노선은 왕왕 이데올로기적이라고 불린다. 문제는, 순수한 실용주의를 앞세우는 이들이 흔히 (경멸적 의미에서) 가장 '이데올로기적'이라는 데 있다. 탈이데올로기적이라 자처하는 그들의 태도에서 사실에 대한 그들의 관심 결여, 크나큰 역사적 무지, 그들이 갖고 있는 계급적 전제와 계급이기주의의 과도함을 감추기란 어렵다. 이런 면에서 이 책은 대단히 '사실적'이다. 나는 불평등구조와 관련된 다수의 역사적 진화와 여러 사회에서 변형되어 나타나는 불평등을 보여주고자 한다. 그 이유는 한편으로는 이것이 본래 연구자로서의 내 전공이기 때문이고, 다른 한편으로는 이런 문제와 관련한 가용 자료를 침착하게 검토함으로써 우리의 집단적 성찰을 진전시킬 수 있다고 확신하기 때문이다. 이런 연구는 분명 서로 매우 다른 사회들을 비교해보게끔 하는데, 이 사회들이 이런 상호비교를 거부해온 건 자신들의 '예외성'에 대해, 그리고 자신들 궤도의 비교 불가한 단일한 특성에 대해 (일반적으로 부당하게) 확신하기 때문이다.

이와 동시에 나는 가용 자료들이 모든 분쟁을 일소하기에는 결코 충분치 않으리라는 점을 숙지하고 있다. '사실'에 대한 검토가 이상적 정치체제나 이상적 소유체제 또는 이상적 교육·조세재정제도에 대한 문제를 결정적으로 해소해줄 수는 없다. 그 이유는 우선은 그 '사실'이란 것이 제도적인 장치들(국세조사·여론조사·조세 등)에, 그리고 여러 사회가 스스로에 대해 진술하고 스스로를 측정하고 변화시키고자 정련해놓은 사회적 조세재정적 사법적 범주들에 크게 의존하고 있기 때문이다. 달리 말해 '사실' 자체는 구성물이고, '사실'이라는 것은 연구대상인 사회와 관찰도구 사이의—복잡하고 교차적이며 파당적인—상호작용의 맥락 안에서만 비로소 정확하게 파악될 수 있는 것이다. 이는 이러한 인지적 구성물로부터 유용한 것을 전혀 끄집어낼 수 없으리라는 뜻이 아니라, 오히려 알고자 하는 모든 시도가 이러한 복잡성과 반영성을 고려해야만 한다는 뜻이다.

그다음 이유는, 연구 주제들—이상적인 사회·경제·정치 조직화의 본성—이 너무나 복잡해서, '사실'에 대한 단순한 '객관적' 검토로부터 갑자기 하나의 유일한 결론을 도출할 수는 없기 때문이다. '사실'은 과거에서 비롯한 한정된 경험들, 우리가 장차 참여할 수도 있을 미완의 의결을 반영한 것과 다름없다. 마지막 이유는 (이 단어에 부여하고자 하는 의미가 어떤 것이든 간에) '이상적' 체제란 유일하지 않고, 연구되는 사회의 여러 특성에 의존하고 있기 때문이다.

## 집단 학습과 사회과학

그렇지만 나는 일반화된 이데올로기적 상대주의를 취할 생각은 없다. 사회과학 연구자가 상이한 믿음들에 대해 똑같이 거리를 두면서 자기 견해를 표명하지 않는 것은 너무 안이하다. 이 책은 입장을 정할 것이다. 특히 마지막 부에서, 하지만 밟아온 여정과 이러한 입장들로 나를 이끈 근거들을 가능한 한 명시적으로 제시함으로써 그렇게 할 것이다.

대체로 사회의 이데올로기는 무엇보다도 그 사회의 고유한 역사적 경험에 따라 진화해간다. 예컨대 프랑스혁명은 일정 부분 불공평하다는 감정과 앙시앵레짐이 야기한 실망감에서 탄생한 것이다. 이 혁명이 수반한 단절 및 이 혁명이 시도한 전환들을 통해, 여러 사회집단이 시도한 혁명적 실험들의 성공과 실패에 따라, 정치적 조직화의 층위에서든 소유체제 또는 사회·조세재정·교육 제도의 층위에서든, 이 혁명은 이상적인 불평등주의체제에 대한 지각들을 지속적으로 전환시키는 데 기여하고 있다. 이러한 학습이 미래의 정치적 단절 등의 조건이 된다. 각 민족의 정치적-이데올로기적 궤도는 집단 학습과 역사적 실험의 거대한 과정으로 보일 수 있다. 이 과정에서 갈등은 불가피하다. 서로 다른 사회정치적 집단들이 언제나 같은 이해관계와 열망을 갖는 것은 아닐뿐더러 사건에 대한 기억도, 추후 이에 부여될 의미에 대한 해석도 같지 않기 때문이다. 하지만 이러한 학습에는 적어도 한동안 민족적 합의의 요소들이 포함되기도 한다.

이러한 집단 학습과정에는 제 몫의 합리성이 있지만 나름의 한계들도 있다. 특히 이 집단 학습은 짧게 기억하는 경향이 있는데(흔히 사람들은 자기 나라의 경험을 몇십 년이 지나 망각하거나 그게 아니면 우연히 드물게 선택되는 약간의 단편적인 것들만을 간직한다), 무엇보다도 이 집단 학습은 매우 민족주의적이다. 사태를 폄훼하지는 말자. 어느 사회든 다른 나라에 대한 인식을 통해, 또한 당연하게도 상이한 사회들 사이의 (전쟁, 식민화, 점령, 다소 불평등한 조약들, 차분하고 유익한 학습양식이기만 한 것은 아닌) 다소간 폭력적인 만남을 통해, 다른 나라의 경험으로부터 때로는 약간의 교훈을 얻을 때가 있는 법이다. 하지만 본질적으로는 이상적인 정치체제와 바람직한 소유체제와 공정한 법률·조세재정·교육 제도에 대한 상이한 비전들은 민족적 경험을 바탕으로 다듬어지며, 다른 나라들의 경험은 거의 완벽하게 무시당한다. 특히 이 나라들이 문명·종교·도덕에서 별개의 문명에 속하는 동떨어진 나라들로 여겨질 때, 또는 이 나라들과의 접촉이 (근원적인 생소함이라는 감정을 증폭시킬 수 있는) 폭력적인 방식으로 벌어졌을 때 그러하다. 더 일반적으로는, 이러한 학습은 흔히 다양한 사회들 안에서(심지어 자국의 민족적 차원에서건 선린관계에 있는 나라들 사이에서건 다 포함하여), 정치지형이나 법률·조세재정·교육 관련 문제에서도, 실제로 실험을 거친 제도 장치들에 대해 어설프고 부정확한 표상들에 입각하기에 이 학습에서 얻어낼 수 있는 교훈들은 상당히 제한적이다.

물론 당연히, 이러한 제한이 영원한 것은 아니다. 이 제한은 인식과 경험이 확산되고 동원되는 다수의 과정, 즉 학교와 책, 이민과 친족결혼, 정당과 노조, 이동과 만남, 신문과 미디어 기타 등등의 과정에 따라 진화한다. 사회과학 연구가 나름의 역할을 할 수 있는 것은 바로 이 대목이다. 서로 다른 문화와 문명을 가진 나라들과 권역들에서 유래한 역사적 경험을 상세히 대조함으로써, 가용 자료들을 가능한 한 체계적 방식으로 활용함으로써, 다양한 사회의 불평등구조 및 정치적-이데올로기적 체제들의 진화를 연구함으로써, 진행중인 전환들에 대한 더 나은 이해에 기여할 수 있다고 나는 확신한다. 무엇보다도 이와 같은 역사적이고 초민족적인 비교 접근을 통해 21세기 세계의 다양한 사회를 위한, 특히 우리 모두가 속하는 정치 인류공동체인 세계사회를 위한, 더 나은 정치적 경제적 사회적 조직화에 해당될 수 있을 어떤 것에 관한 좀더 정확한 개념을 다듬어낼 수 있다. 그렇지만 이 책에서 제시할 결론들이 유일하게 가능한 결론이라고 주장하는 건 결코 아니다. 다만 내게는, 가용한 역사 경험들과 내가 이제부터 제시할 자료들로부터 가장 논리적으로 도출되는 결론들로 보인다. 따라서 나는 이와 같은 결론을 정당화하는 데 가장 결정적이라고 여겨진 에피소드들과 비교들을 가능한 한 정확하게(그럼에도 여전히 남는 불확실성들이 많다는 점을 숨기지는 않으면서) 명시적으로 제시하고자 한다. 하지만 이 결론들이 힘입은 지식과 추론 자체도 매우 제한적임은 자명하다. 이 책은 집단 학습의 광대한 과정 중 소소한 하나의 단계에 불과하고, 나는 인류가 겪을 이 모험의 다음 단계들이 무척이나 궁금하고 몹시 알고 싶다.

불평등이 커지고 정체성주의가 팽창하는 현상에 대해 탄식하는 사람들과, 나 또한 이에 대해 탄식하고 있는가 해서 염려하는 사람들을 위해 이 책은 어떤 식으로든 탄식의 책이 아님을 부언해야겠다. 나는 도리어 천성이 낙천적인 사람이고, 그래서 내 일차 목표는 제기되는 문제들에 대한 해법을 찾는 데 기여하는 것이다. 잔이 절반이나 비어 있다고 보는 쪽보다는, 인간사회가 보여주는 놀라운 능력에 경탄하는 쪽을 권하고 싶다. 이상적인 체제의 본성에 대해 잘 알지 못하고 따라서 복종해 마땅할 규칙들에 대해 아는 바가 별로 없음에도 불구하고, 한 번도 만나본 적 없으며 앞으로도 그럴 일이 없는데다 평화를 따르는 대신 서로를 무시하고 파괴할 수도 있었을, 수백만(때로는 수억의 심지어 수십억의) 사람들의 결속을 주조해내는, 인간사회가 보여주는 놀라운 능력 말이다. 그렇지만 이러한 제도적 상상에는 한계가 있으며, 이 상상은 이치에 맞는 분석대상이 되어야 한다. 불평등이 경제적이고 기술공학적인 것이 아니라 이데올로기적이고 정치적이라고 말하는 것은, 불평등을 마치 요술처럼 사라지게 할 수 있다는 뜻이 아니다. 말하자면, 보다 소박하게는, 인간사회의 이데올로기적-제도적 다양성을 진지하게 검토해야만 한다는 말로, 불평등을 자연화하고 대안 자체를 부인하려는 모든 담론을 경계해야 한다는 의미다. 또한 이 말은 여러 사회에서 확립된 법률·조세재정·교육 규칙들의 제도적 배치와 세부를 면밀하게 연구해야 한다는 의미인데, 바로 이 결정적 세부가 현실적으로 협력을 작동시키는 것이자, 평등을 이런저런 사람들의 선의 너머로 진전시키는(또는 그러지 못하게 하는) 것이기 때문이다. 이러한 선의란 항상 전제되어야 하지만, 선의는 견고한 인지적 제도적 배치들로 구현되지 못하는 한 결코 충분치 못한 것이다. 내가 이처럼 논증적인 경탄을 독자들에게 조금이나마 전하는 데 성공한다면, 그리고 역사 인식과 경제 인식은 너무나 중요해서 타자들에게 떠넘길 수 없음을 독자들에게 확신시키는 데 성공한다면, 내 목표는 충분히 달성될 것이다.

## 이 책에 사용된 불평등 및 이데올로기 관련 자료

이 책은 두 가지 기본적 유형의 역사 자료에 의거한다. 하나는 역사적이고 비교론적이며 다차원적인 전망 안에서 (소득·임금·상속·교육·젠더·연령·직업·출신지·종교·인종·신분 등에서의) 불평등의 진화를 측정할 수 있도록 해주는 자료다. 다른 하나는 불평등에 관한 이데올로기와 정치적 신념 및 표상들의 전환, 그리고 불평등을 구조화하는 경제·사회·정치 제도들의 전환을 연구할 수 있도록 해주는 자료다.

불평등과 관련하여, 내가 특히 의지하는 데이터는 세계불평등데이터베이스에 수집된 것들이다. 이 프로젝트는 전 대륙 80개국 이상의 100명이 넘는 연구자가 결집해 쌓은 결과물에 근거한다. 이 프로젝트는 국내뿐만 아니라 국가 간, 소득과 자산에서의 불평등의 역사적 추이에 관해 현재 가용한 가장 광범위한 데이터베이스를 구축하고 있다. 세계불평등데이터베이스 프로젝트는 앤서니 앳킨슨과 에마뉘엘 사에즈와 함께 2000년대 초반에 착수한 역사 연구의 결과물로, 이 연구 자체는 1950년대부터 1970년대까지 사이먼 쿠즈네츠와 앳킨슨과 앨런 해리슨이 개시한 조사를 보편화하고 확장한 것이다.[1] 이 역사 연구들은 상이한 가용 자료의 체계적 대조에 근거한 것으로, 특히 국민계정, 설문조사 데이터, 조세와 상속 관련 데이터들의 체계적 대조에 근거하고 있다. 일반적으로 19세기 말 20세기 초까지 소급할 수 있는데, 이 시기에 만들어진 여러 나라에서의 소득과 상속 관련 누진세제도를 통해 부에 관해 더 많은 사안을 볼 수 있게 된다(조세는 세수와 불평의 도구인 것만이 아니라, 언제나 새로운 범주와 인식을 제공하는 원천이다). 일부 나라는 18세기 말 19세기 초반에서 시작할 수 있었는데, 특히 프랑스가 그런 경우로 프랑스혁명은 소유권과 그 양도에 관한 통합등록제도의 이른 확립을 이끌어냈다. 이러한 조사를 통해 1980~1990년 이후 관찰된 불평등 재증대 현상을 장기적인 역사적 전망 안에 놓을 수 있었고, 2013년에 출간된 『21세기 자본』과 2018년에 출간된 『세계불평등보고서 2018』가 촉발한 관심에서 보다시피,[2] 이 문제와 관련해 세계적인 공론을 활성화하는 데 기여할 수 있었다. 이 관심은 또한 경제지식과 정치참여의 민주화에 대한 심도 깊은 욕구를 보여준다. 교육과 정보 수준이 점점 더 높아지는 사회에서, 경제와 금융 관련 문제를 그 능력이 의심스러운 소수 전문가 집단에 맡기기란 점점 더 받아들일 수 없는 일이며, 점점 더 많은 수의 시민이 나름의 견해를 가지고서 정치참여에 나서기를 열망하는 건 아주 자연스러운 일이다. 경제는 정치의 핵심에 있고 정치는 그 자체로 위임되지 아니하니, 민주주의는 더 말할 나위도 없다.

불평등에 관한 가용 데이터는 안타깝게도 불완전하다. 이는 특히 경제·금융 일반에 투명성이 결여되어 있는데다 매우 많은 나라의 조세재정·행정·은행 관련 자료에 접근하기가 쉽지 않은 탓이다. 수백 명의 시민·연구자·언론인의 지지 덕분에 최근 우리는 새로운 자료들에 접근할 수 있었고, 이 자료들은 해당 정부들이 여태 공개를 거부했던 것들이다. 예컨대 브라질·인도·남아프리카·튀니지·레바논·코트디부아르·한국·대만·폴란드·헝가리 등이 그러했고, 중국과 러시아는 불행히도 더 제한적이었다. 2013년 졸저의 많은 한계 중에서도 가장 뚜렷한 한계는 서양중심주의로, 부국들(서유럽·북미·일본)의 역사적 경험에 과도한 위상을 부여했기 때문이다. 이는 부분적으로는 여타 나라들의 적합한 역사 자료들을 접하기 어려웠던 탓이다. 세계불평등데이터베이스의 새로운 가용 데이터 덕분에 이 책에서는 서양중심적 틀에서 벗어나 불평등주의체제의 다양성 및 있을 수 있었던 진화와 분기들의 다양성에 대한 분석을 더 풍부하게 발전시킬 수 있었다. 이러한 진전에도 불구하고 내가 반드시 강조하고픈 건 빈국들에서만큼이나 부국들에서도, 가용 데이터는 여전히 매우 불충분하다는 점이다.

나는 또한 이 책에서 세계불평등데이터베이스에서 다루지 못한 시기별 국가별 불평등과 관련한 다수의 자료를 모았는데, 이를테면 산업혁명 이전 사회 또는 식민사회에 관한 자료뿐만 아니라 신분·직업·교육·성별·인종·종교 관련 불평등에 관한 자료들이다.

이데올로기와 관련해 활용한 자료는 당연히 매우 다양할 것이다. 물론 나는 국회심의, 정치연설, 정당의 강령과 선거공약 같은 고전적인 자료를 제시할 것이다. 나는 정치행위자는 물론 정치이론가의 텍스트도 사용할 것인데, 둘 다 역사에서 중요한 역할을 하기 때문이다. 이 자료들은 각 시대에 통용된 불평등을 정당화하는 도식들에 관한 해명을 보완해줄 것이다. 예컨대 사제·전사·생산노동자라는 세 신분의 기능적 조직화를 정당화하는 11세기 초반 주교들의 텍스트, 1980년대 초반에 프리드리히 하이에크가 출간한 신소유주의적이고 준독재적인 유력한 논고(『법, 입법 그리고 자유』), 미국의 사우스캐롤라이나 민주당 상원의원이자 부통령을 지낸 존 캘훈이 1830년대에 발표한 「절대선으로서의 노예제」 같은 노예제 정당화에 바친 글들이다. 또한 중국의 신공산주의적 꿈에 관한 시진핑과 『환구시보』 텍스트가 해당되는데, 이는 미국과 앵글로색슨의 하이퍼자본주의적 비전에 관한 도널드 트럼프의 트윗이나 『월스트리트 저널』 『파이낸셜 타임스』 기사들에서처럼 무언가 시사하는 바가 있다. 이 모든 이데올로기를 진지하게 다뤄야만 하는 이유는, 이 이데올로기들이 사태의 흐름에 막대한 영향을 줄 뿐만 아니라, 복합적 사회 현실에 (설득력이 더 있든 없든) 의미를 부여하려는 시도에 대해 저마다의 방식으로 증거가 되기 때문이다. 인간이라는 존재는 자신이 살아가는 사회가 불평등하고 불공정하더라도 이 사회에 반드시 의미를 부여하려고 한다. 내가 출발점으로 삼은 원칙은 이들 상이한 이데올로기적 도식의 표현 안에는 항상 무엇인가 시사하는 바가 있다는 것과, 일군의 담론과 역사적 궤도에 대한 검토만이 훗날 유용한 교훈들을 이끌어낼 수 있다는 것이다.

나는 문학의 힘도 빌릴 것인데, 문학은 불평등에 관한 묘사의 진화를 예증할 수 있도록 해주는 최상의 자료들이 되어주곤 한다. 『21세기 자본』에서 나는 특히 19세기 유럽 고전소설을, 그중에서도 발자크와 제인 오스틴의 텍스트들을 사용했다. 이 텍스트들은 우리에게 1790~1830년에 프랑스와 영국에서 개화했던 소유자사회에 관한 대체 불가한 관점을 제공해준다. 두 소설가는 자신들을 둘러싼 당대의 소유 위계에 대한 섬세한 인식을 갖고 있다. 이 위계의 숨겨진 밑바탕과 은밀한 경계, 주인공 남녀의 삶에 가해진 가혹한 결과, 그 만남과 결혼 전략, 희망과 불운에 대해 이 소설가들은 그 누구보다도 잘 인식하고 있으며, 불평등의 심층구조와 정당화, 각자의 삶에서 불평등이 지닌 함의를 그 어떤 정치담론이나 사회과학 텍스트와도 비견할 수 없을 만큼 진실과 통찰력을 담아 분석해낸다.

우리는 문학이 지닌 사회집단 사이의 권력관계와 지배관계를 환기시키고 모든 사회의 각 개인들이 느끼는 있는 그대로의 불평등들을 감지해내는 능력과, 문학의 이러한 능력이 매우 다양한 불평등주의체제에 관해 귀중한 증언을 들려준다는 점을 보게 될 것이다. 카를로스 푸엔테스는 사망하기 몇 년 전인 2008년에 출간한 장엄한 대하소설 『의지와 운명』에서, 멕시코 자본주의와 이 나라를 관통하는 사회적 폭력들에 대해 감동적으로 묘사한다. 프라무댜 아난타 투르는 1980년에 출간한 『밍케—인간의 대지』에서, 19세기 말 20세기 초 인도네시아에서 벌어진 네덜란드의 불평등주의적 식민체제의 작동을 그 어떤 자료들보다도 잔혹함과 진실을 담아 우리에게 제시한다. 2013년작 『아메리카나』에서 치마만다 응고지 아디치에는 이페멜루와 오빈제가 나이지리아에서 미국과 유럽으로 이주하는 여정에 관해 대담하고 아이러니한 시선을, 그리하여 현 불평등주의체제의 가장 강력한 차원 중 하나에 관한 독특한 시선을 우리에게 던진다.

이데올로기와 그 전환을 연구하기 위해, 이 책은 또한 2차대전 이후 선거를 치른 대부분의 나라에서 실시된 선거 사후조사에 대한 체계적이고 독창적인 활용에도 의거할 것이다. 이 조사들은 그 모든 한계에도 불구하고, 1940~1950년부터 2010년대 말까지 서양 나라들(내가 특히 관심을 기울인 프랑스·미국·영국을 포함한) 거의 전부뿐만 아니라, 특히 인도·브라질·남아공 같은 내가 역시 검토할 여러 다른 나라에서의 선거를 둘러싼 정치적-이데올로기적 갈등의 구조와 차원들에 관해 비할 바 없는 관측자료를 제공한다. 2013년 졸저의 가장 중요한 한계 중 하나는, 서양중심적인 서술 이외에 불평등과 재분배를 둘러싼 정치적-이데올로기적 진화를 마치 일종의 블랙박스인 것처럼 다루는 경향이다. 나는 확실히 그 책에서 이 주제에 관해, 예컨대 불평등과 사적소유에 대해 세계대전과 경제위기와 공산주의 도전이 20세기에 유발한 정치적 태도 및 표상의 전환에 관한 몇몇 가설을 물론 표명하고 있긴 하나, 불평등주의 이데올로기의 진화 문제에 정면으로 접근하진 못했다. 이제 나는 이 새 책에서 훨씬 더 명시적인 방식으로 접근해보려 한다. 이 문제를 시공간상 더 광범위한 전망에서 재설정함으로써, 그리고 특히 이들 선거 사후조사 및 이데올로기 진화에 관한 분석을 가능케 하는 여타 자료에 의거함으로써 말이다.

## 인류의 진보, 불평등의 회귀, 세계의 다양성

이제 주제의 핵심으로 들어가자. 인류의 진보란 것이 존재하긴 하나, 이 진보는 불안정하다. 세계의 불평등과 예기치 않은 정체성주의적 일탈 위에서 언제든 무너질 수 있다. 인류가 진보해온 것은 사실이다. 이를 확신하기 위해서는 지난 두 세기에 걸친 세계의 보건과 교육 관련 제도의 발전을 관찰하는 것으로 충분하다(도표 0.1 참조). 기대수명은 세계 평균상 1820년에 약 26세에서 2020년엔 72세가 되었다. 19세기 초에는 전 세계 신생아들이 태어난 첫해에 사망할 영아사망률은 약 20%에 달했지만, 오늘날에는 1% 이하다. 만 1세가 된 아이들만을 놓고 보자면, 신생아 기대수명이 1820년 약 32세에서 2020년 73세가 된다. 지표를 더 늘려볼 수도 있겠다. 신생아가 만 10세에 도달할 확률, 성인이 만 60세에 도달할 확률, 노인이 건강하게 5년 또는 10년의 은퇴기를 보낼 확률. 이 모든 지표를 놓고 보면 장기적인 진전이 눈에 띈다. 물론 평화 시기를 포함해 기대수명이 줄어드는 나라와 시기도 볼 수 있는데, 예컨대 1970년대 소련 또는 2010년대 미국이 그러하다. 이는 일반적으로 해당 체제에 좋은 신호는 아니다. 하지만 세계 전역에 걸친 장기적 상승 추세는, 가용 인구통계 자료의 한계들이 어떻든 간에 이론의 여지가 없다.[3]

오늘날 인류는 전에는 결코 누려본 적 없는 양호한 건강을 유지하며 살고 있다. 인류는 또한 유례없을 만큼 교육받을 기회와 문화적인 수혜를 누리고 있다. 유네스코가 문해력, 즉 한 개인이 '자신의 일상생활과 관련된 간명한 문장을 이해하면서 읽고 쓰는' 능력을 규명해내기 시작한 건 1958년부터다. 19세기에는 이런 정의 자체가 없었다. 다수의 설문과 인구조사에서 수집된 정보들을 통해 추정해보면, 19세기 초에는 문해율이 15세 이상 세계인구에서 10% 정도였던 데 비해, 오늘날에는 85% 이상이다. 마찬가지로 그중에서도 평균 취학기간이 두 세기 동안 고작 1년이었던 것에서 오늘날 세계에서는 8년 이상, 그리고 최선진국에서는 12년 이상이 되었다시

**도표 0.1** 세계 보건 및 교육, 1820~2020년

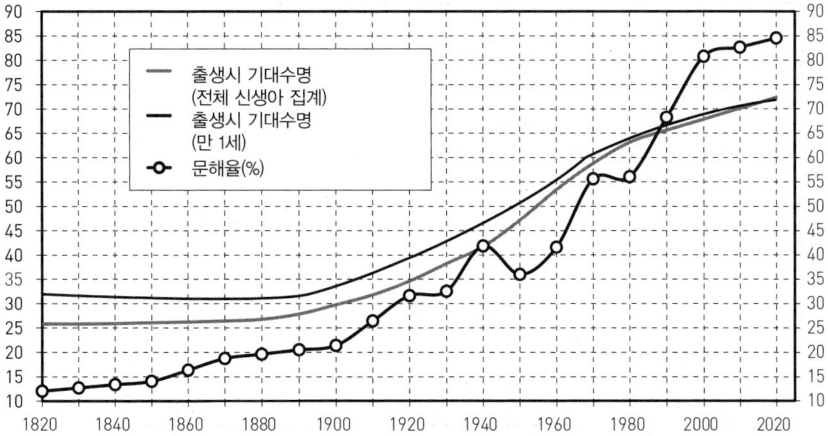


출생시 기대수명(전체 신생아 집계)은 1820년에 세계 평균 약 26세에서 2020년에 72세가 되었다. 만 1세가 된 신생아로 한정하자면, 기대수명은 32세에서 73세가 된다(1세 이전 영아사망률은 1820년에 약 20%에서 2020년에 1% 이하가 되었다). 전 세계 인구 중 15세 이상의 문해율은 12%에서 85%가 되었다.

**출처 및 원 통계자료:** piketty.pse.ens.fr/ideologie

피 더 상세한 지표들을 통해 더 정밀하게 확인해볼 수 있을 것이다. 오스틴과 발자크의 시대에는 세계인구의 10% 아래만이 초등교육을 접했다. 아디치에와 푸엔테스의 시대에는 부국의 청년세대 절반 이상이 대학에 진학한다. 언제나 계급 특권이었던 일이 다수에게 열리게 된 것이다.

진행중인 전환의 규모를 의식하기 위해서는 평균소득처럼 인구 역시 18세기 이후에 10배 이상 증가했음을 환기해보는 것이 적절하다. 인구는 1700년에 대략 6억 명에서 2020년에 70억 명 이상이 되었고, 평균소득은 측정할 수 있는 한에서 말하자면, (2020년의 유로로 표현하면) 1700년경에 전 세계적으로 1인당 월 80유로 정도의 평균구매력을 가졌던 것에서 2020년에는 월평균 약 1000유로가 된다(도표 0.2 참조). 그렇지만 이러한 상당한 양적 진전이 과연 보건과 교육 관련해서 거둔 진전만큼이나 이론의 여지가 없는 '진보'를 대신하는지는 확실치 않다. 인구와 평균소득의 증가래봤자 모두 고작해야 연평균 0.8%의 성장곡선을 보이는데, 이는 3세

**도표 0.2** 세계 인구 및 평균소득, 1700~2020년

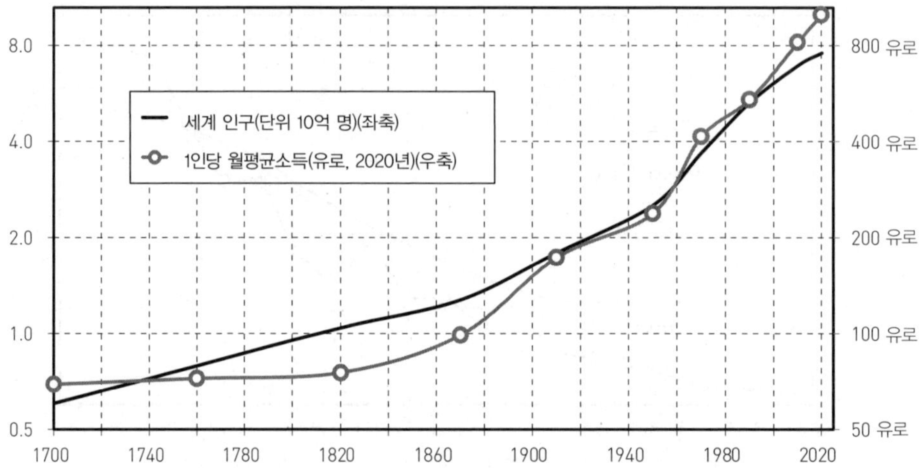


세계 인구와 평균국민소득 모두 1700~2020년에 10배 이상 증가하였다. 세계 인구는 1700년에 약 6억 명에서 2020년에 70억 명 이상이 되었다. 평균국민소득은 2020년 유로와 구매력평가지수로 보면, 1700년에 1인당 월평균 80유로 정도에서 2020년에는 약 1000유로가 된다.

**출처 및 원 통계자료:** piketty.pse.ens.fr/ideologie

기 이상에 걸쳐 누적된 수치임을 상기하는 것이 유용하다(이는 아마도 세속적 행복을 구가하기 위해 반드시 연간 5% 성장을 달성해야 하는 건 아니라는 증거일 것이다).

두 경우를 놓고 보면, 이 진화에 대한 해석에는 애매한 구석이 있고 복잡한 토론을 열어놓는다. 인구통계적 성장은 확실히 일정하게 영아사망률의 하락을 반영하며 생존자녀를 둔 부모 수가 점점 더 많아졌다는 사실의 반영인데, 특히 이 사실은 중요하다. 그렇다고 해도 이와 같은 인구증가는 동일한 추이가 계속된다면 3세기 안에 우리를 700억 명 이상으로 이끌었을 터인데, 이는 바람직한 것도 아니고 지구가 감당할 수 있는 것도 아니다. 평균소득 향상은 일정 부분 생활조건(18세기에 전 세계 주민의 4분의 3이 최저생활수준에 가까운 상태로 살았던 것에 비해 오늘날에는 그 수가 5분의 1 이하다) 및 여행·여가·만남·해방의 새로운 가능성까지 매우 현실적인 진전을 반영한다. 그렇다고 해도 여기서 평균소득의 장기적인 진화

를 진술하기 위해 동원된 국민계정은 17세기 말 18세기 초에 영국과 프랑스에서 창안된 이후 국민소득, 국내총생산, 국가별 국민자산을 측정하고자 하는 것인데, 여러 가지 문제를 안고 있다. 국민계정이 평균과 총량에 초점을 맞춘다는 것과 불평등에 대한 고려가 전적으로 부재하다는 점 외에도, 국민계정은 지속가능성 및 인적자본과 자연자본에 대한 문제를 이제야 겨우 산입하기 시작했다. 게다가 장기간에 걸친 생활조건과 다차원적인 구매력의 변동을 단일지표로 요약해내는 국민계정의 능력이 과대평가되어서도 안 된다.[4]

일반적인 면에서, 보건·교육·구매력 차원에서 실현된 현실적 진전은 막대한 불평등과 취약성을 은폐하고 있다. 2018년에 1세 이하 영아사망률은 가장 부유한 유럽 및 북미와 아시아 나라들에서는 0.1%에 못 미쳤지만, 아프리카의 가장 가난한 나라들에서는 거의 10%에 달했다. 세계 평균소득은 확실히 1인당 월 1000유로에 달했지만, 가장 가난한 나라들은 고작 월 100~200유로였고, 가장 부유한 나라들은—탄소배출과 온난화에 빌붙어 번영을 구가하는 나라들이 아닌 경우에도—월 3000~4000유로를 넘었으며, 전 세계 사람들의 것을 훔쳐간다고 일각에서 (근거가 없지 않은) 의심을 하는 저 소형 조세피난처는 훨씬 더 소득이 높다. 물론 어느 정도 진보를 이루었다고 해도 훨씬 더 나아가는 일은 언제나 가능하다. 여하튼 세계의 성공 앞에서 행복에 젖어 자족하기보다는 이 주제에 관해 진지하게 심문하는 일이 언제나 가능하다는 사실은 변함이 없다.

무엇보다도 18세기와 21세기 초의 당대 생활조건을 비교해볼 때, 평균상 엄연한 인류의 진보가 이뤄지긴 했어도 매우 긴 기간에 걸친 이 진화에 불평등과 문명의 참담한 퇴행 단계들이 수반되었음을 잊어서는 안 된다. 구미의 '계몽사상'과 산업혁명은 소유주의·노예제·식민지배 같은 극도로 폭력적인 체제들에 입각해 있었고, 이 체제들의 역사적 규모는 18세기·19세기·20세기에 전례없이 컸다. 이어서 유럽 열강은 1914년과 1945년 사이에 대량학살이라는 자기파괴 국면에 빠져들었다. 이 동일한 열강은

1950~1960년에 탈식민화가 관철되는 것을 목도하는데, 바로 이 시기에 미국 당국은 시민권을 흑인노예의 후예들에게로 확대했다. 공산주의-자본주의 갈등과 연계된 핵 묵시록의 공포는 1989~1991년의 소비에트 붕괴 이후에야 겨우 잊혔다. 남아공의 인종차별정책은 1991~1994년에 겨우 철폐되었다. 2000~2010년부터 세계는 새로운 마비 상태에, 기후온난화 및 정체성주의적이고 제노포비아적인 후퇴가 보편화 추세가 된 마비 상태에 들어섰다. 이 모든 것은 1980~1990년 이후 각국 내부에서 사회경제적 불평등이 새롭게 재증대하는 맥락 안에 있는데, 이 불평등의 재증대는 특히 급진적인 신소유주의 이데올로기에 의해 활성화되고 있다. 18세기 이후부터 21세기까지 관찰되는 이 모든 에피소드가 인류 진보의 실현을 위해 필연적이고 필수적이었노라 주장하는 것은 부조리하다. 또다른 궤도와 불평등주의체제가 가능했던 만큼, 더 평등하고 더 정의로운 궤도를 보여줄 체제는 여전히 가능하다.

지난 세 세기의 세계사에서 지켜내야 할 교훈이 있다면, 인간의 진보가 선형적이지 않다는 것, 만사가 언제나 최선이었을 거라는 가설은 부당하다는 것, 국가 간이나 경제행위자들 간의 자유경쟁이 우리를 보편적인 사회적 조화로 이끌기에 충분하리라는 믿음은 마치 기적을 바라는 것과 같다는 것이다. 인류의 진보가 존재한다고 해도, 이는 하나의 전투다. 과거의 역사적 전환에 대한, 이 전환들에 내포된 긍정적인 것과 부정적인 것 모두에 대한 합당한 분석이 무엇보다 이를 위한 밑바탕이 되어야 한다.

## 불평등의 회귀: 주요 좌표들

1980~1990년 이후 전 세계 대부분의 나라와 지역에서 관찰된, 사회경제적 불평등의 재증대는 21세기 초에 세계가 직면한 가장 불안한 구조적 진화 중 하나다. 또한 우리가 보게 되다시피, 불평등을 축소하고 압도적 다

수가 용인할 만한 정의 표준을 세우는 일을 동시에 해내지 못한다면, 기후 및 이민과 관련된 도전을 필두로 한 우리 시대의 거대한 다른 도전들에 대해서도 해법을 구상하기가 몹시 어려워진다.

단순한 지표 즉, 1980년 이후 세계의 여러 지역에서 소득 상위 십분위(다시 말해 가장 소득이 높은 10%의 인구)가 총소득에서 점하는 비율의 변동을 검토하는 것으로 시작해보자. 절대적인 사회적 평등이 이뤄진 경우 이 점유율은 10%여야만 할 것이다. 절대적 불평등의 경우에는 100%여야만 할 것이다. 실제로 이 점유율은 분명 항상 두 극단 사이에 있지만, 시공간적으로 상당한 변이를 보여준다. 특히 지난 수십 년간은 거의 모든 나라에서 상승 경향이 관찰된다. 인도·미국·러시아·중국·유럽의 경우를 비교해본다면, 상위 십분위의 점유율이 1980년에 이들 5개 지역 각각에서 총소득의 25~35% 정도에 놓였다는 것, 그리고 2018년에는 35~55% 정도에 놓인다는 것이 확인된다(도표 0.3 참조). 그 증대폭을 고려한다면, 도대체 이런 진화가 어디까지 갈 것인지를 당연히 물어봄직하다. 상위 십분위의 점유율이 향후 수십 년 이내에 총소득의 55~75%에 달할 것인가라는 질문도 가능하다. 또한 주지하다시피, 불평등의 증대 규모는 지역에 따라, 발전 수준이 동일할 때도 상당히 가변적이다. 불평등 증대는 이렇듯 유럽보다 미국에서 훨씬 빠르고, 중국보다 인도에서 훨씬 큰 폭이다. 또한 세부 데이터가 나타내는바, 불평등의 이러한 증대는 특히 가난한 50%를 희생시키며 이루어지는데, 이들의 총소득에서의 점유율은 1980년에는 이 5개 지역에서 20~25% 정도였지만, 2018년에는 15~20%에 불과하다(심지어 미국에서는 10%를 넘지 못하는데 이는 특히 불안정한 지표다).[5]

더 장기적 전망에서 본다면, 도표 0.3에 표시된 세계의 거대한 5개 지역은 1950년과 1980년 사이에 상대적으로 평등한 역사 단계를 겪고 나서 1980년 이후 불평등 증대기로 접어들었음이 확인된다(도표 0.6 참조). 1950~1980년 평등 국면은 지역별 다양한 정치체제—중국과 러시아에서는 공산주의체제, 유럽에서는 사회민주주의적이라 규정할 수 있는 체제,

**도표 0.3** 세계 불평등 증가, 1980~2018년

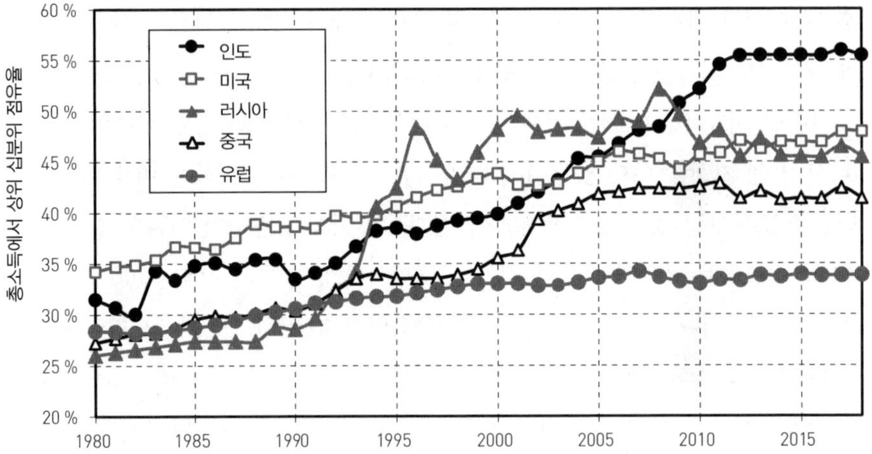


총국민소득에서 상위 십분위(소득 상위 10%)의 점유율은 1980년 세계의 서로 다른 지역에서 26~34%, 2018년에는 34~56%다. 불평등 증대는 일반적이지만, 증대폭은 나라별 발전 수준에 따라 몹시 다양하다. 예컨대, 세계 불평등 정도는 유럽(연합)보다 미국에서, 중국보다 인도에서 높다.

**출처 및 원 통계자료:** piketty.pse.ens.fr/ideologie

그리고 또 어느 면에서는 미국과 인도에서도 매우 상이한 양상들에 따라 사회민주주의적이라 규정할 수 있는 (우리가 상세히 연구해봐야 할) 체제—와 조응하긴 하나, 이들 체제의 공통점은 상대적으로 사회경제적 평등을 촉진시켰다는 것이다(그렇다고 여타 불평등이 주요 역할을 하지 않고 있었다는 뜻은 아니다).

세계의 다른 부분들로 시야를 넓혀보면, 훨씬 더 불평등한 지역들이 있음이 확인된다(도표 0.4 참조). 상위 십분위의 총소득에서의 점유율이 예컨대 사하라 이남 아프리카Sub-Saharan Africa에서는 54%에(남아공에 집중한다면 심지어 65%), 브라질에서는 56%에, 중동에서는 64%에 달한다. 중동이 2018년 세계에서 가장 불평등한 (거의 남아공에 비견되는) 지역인 것으로 보인다. 여기서는 가난한 50%의 총소득에서의 점유율이 10%에도 미치지 못한다.[6] 이들 상이한 지역에서 불평등의 기원은 극도로 다양하다. 일부는 (특히 브라질과 남아공, 무엇보다 미국에서) 인종적이고 식민적인

**도표 0.4** 2018년 세계 여러 지역의 불평등

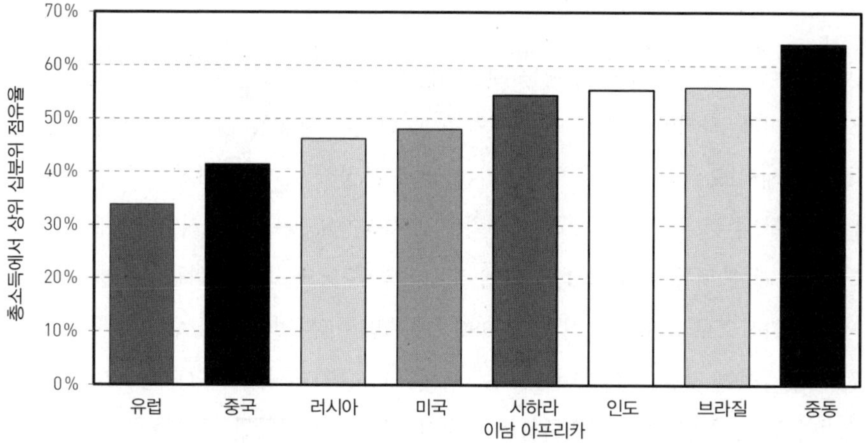


2018년 상위 십분위(소득 상위 10%)는 유럽에서 국민소득의 34%, 중국에서는 41%, 러시아에서는 46%, 미국에서는 48%, 사하라 이남 아프리카에서는 54%, 인도에서는 55%, 브라질에서는 56%, 중동에서는 64%를 점했다.

**출처 및 원 통계자료:** piketty.pse.ens.fr/ideologie

차별 및 노예제와 연관된 무거운 역사적 유산에 그 원인이 있다. 또한 중동의 경우 석유에서 나오는 부의 초집중과 이것의—국제시장과 정교한 법률체계를 통한—지속적인 금융 관련 자산으로의 전환이라는 보다 '근대적인' 요인들에 그 원인이 있다. 이들 (남아공·브라질·중동의) 상이한 체제 간 주요 공통점은, 총소득에서 상위 십분위의 점유율이 55~65% 정도에 달하면서, 우리 시대 세계 불평등의 한계치에 놓여 있다는 것이다. 달리 보자면, 비록 역사적 데이터들이 불완전하다고 해도, 이 지역들은 항상 높은 불평등 수준을 보여왔다. 이 지역들은 '사회민주주의적인'(공산주의적인 것은 말할 것도 없이) 평등 국면을 겪은 적이 없다.

요약하자, 1980~1990년 이후, 세계 거의 모든 지역에서 불평등의 재증대를 목도한다. 계속해서 심한 불평등 지역들이었던 곳들을 제외하면 말이다. 어떤 면에서는 1950년과 1980년 사이에 상대적 평등을 누렸던 지역들이, 국가별 변이는 크지만 세계 불평등의 한계치에 합류하고 있는 상황인 것으로 보인다.

## 코끼리 곡선: 세계화에 대해 차분히 토론하기

1980년 이후 각국 내부의 불평등 재증대는 이제는 잘 고증되고 널리 알려진 현상이다. 하지만 이렇게 의견 일치를 본 확인된 사실이라고 해서 해법들에 대해서도 어떤 일치가 있으리라는 것은 분명히 아니다. 결정적 문제는 불평등 수준이 아니라 오히려 불평등의 기원이요 정당화 도식이다. 예컨대, 화폐 불평등 수준이 1980년에 러시아와 중국의 공산주의체제하에서는 인위적으로 과도하게 낮았고 1980~1990년 이후 벌어진 소득 격차가 전혀 부정적인 것만은 아니며 역으로 혁신과 성장을 추동하는 데 기여했으리라고, 특히 빈곤이 크게 줄었던 중국에서는 가장 빈한한 사람들을 포함해 이것이 모두에게 큰 혜택이 되었으리라고 얼마든지 생각할 수 있다. 이와 같은 논지는, 다만 우리가 가용 자료들에 대해 집중적인 검토를 거친 뒤에 절도 있고 명민하게 이 논지를 이용한다는 조건에서, 잠재적으로 받아들일 만하다. 그렇다고 하더라도 2000~2020년의 러시아나 중국의 과두지배자들이 천연자원이나 과거의 공기업들을 사적으로 독점하는 것이 정당화될 수는 없다(과두지배자들이 자신들의 전유를 보장하기 위해 법률과 조세를 운용했으리라는 상상 말고는, 이 시기의 유독 뛰어난 혁신 능력을 입증해줄 만한 건 아무것도 없다).

인도·유럽·미국의 경우에도 동일한 논지를 적용해볼 수 있다. 1950년과 1980년 사이에 평등 수준이 지나쳤고, 빈민층의 이익을 고려하여 이를 끝장내는 것이 마땅했다고. 이 논지는 러시아와 중국의 경우보다 훨씬 더 큰 난관에 봉착한다. 여하간 이런 논지를 통해 불평등의 규모가 어떻든 간에, 불평등을 조사해보지도 않고 불평등의 그 어떤 증대든 정당화한다는 것은 용인될 수 없는 것이다. 예컨대, 유럽과 마찬가지로 미국도 1950~1980년의 평등 국면에서 불평등 증대로 특징지어지는 이후 시기보다 더 크게 성장했다. 이는 불평등 증대의 사회적 유용성에 심각한 문제를 제기하는 것이다. 미국에서 1980년 이후 관찰된 대대적인 불평등 증대는, 유럽과 비교해보면 다른 측면에서의 보완적 성장을 전혀 낳지도 못했으며, 여하튼 가난한 50%에 혜택을 주지도 못했다. 미국의 가난한 50%는 절대적 생활수준의 총체적 정체를, 상대적 수준의 와해를 겪었다. 마지막으로, 1980년 이후 인도에서 관찰된 불평등의 최고조는 중국과 비교할 때 분명히 더 취약한 성장을 수반했으며, 가난한 50%에게는 이중의 고통으로 귀결되고 있다. 총성장은 늘지 않고 국민소득에서의 점유율은 더 줄어드는 고통 말이다. 1950년과 1980년 사이 소득 격차의 과도한 감소를 교정하는 1980년 이후 불평등의 유용한 증대라는 관념에 근거한 논증은, 비록 이 논증이 허술하더라도 적어도 어느 지점까지는 진지하게 검토되어야 하며, 우리는 이를 이 책에서 심도 있게 검토해볼 것이다.

1980년 이후 글로벌 성장의 분배 및 진행중인 진화들의 복잡성을 나타내기 위한 특히 더 명료하고 표현적인 방식은, 세계 내 소득 위계상의 위치와 이 위계 수준에서 관찰된 성장 규모를 연관짓는 것이다. '코끼리 곡선'이라 불리는 것이 이렇게 해서 나온다(도표 0.5 참조).[7] 요약해보자. 전 세계 소득 분배의 백분위 60과 90 사이에 포함되는 소득수준(다시 말해 전 세계 소득 하위 60%에도 소득 상위 10%에도 속하지 않는 수준), 부국의 중위계급과 인민계급에 대략 부합하는 이 수준은, 1980~2018년 시기의 세계 성장에서 대체로 간과되었다. 반면에 이 시기 성장은 이 계급의 위아래에 놓인 다른 집단들에게, 다시 말해 가난한 신흥국의 가구들(특히 백분위 20과 40 사이에 있는 코끼리의 등)에게, 전 세계에서 가장 부유한 나라들의 가장 부유한 가구들(백분위 99 위에 있는 코끼리 코의 꼭대기, 다시 말해 세계 소득 상위 1%, 그리고 무엇보다도 수백 퍼센트의 성장 혜택을 누린 0.1%와 0.01%의 최상위)에게는, 더욱 큰 혜택을 주었다. 전 세계 소득 분배가 균형을 이룬 상황이었다면 이 곡선은 평평해야만 할 것이고 모든 백분위가 평균적으로 같은 곡선으로 진행되어야만 할 것이다. 부자와 빈자는 언제나 있을 테고, 개인간 상향 또는 하향의 활발한 이동도 언제나 있을 테지만, 각 백분위의 평균소득수준은 모두 같은 추이로 진행될 것이다.[8] 그래서 세계 소득성장은 앵글로색슨의 표현을 빌리자면 "모든 배를 들어올리는 밀물" 같은 것일 테다. 이 표현은 전후 모든 소득 등급에 비슷한 비율로 혜택을 주는 소득성장을 묘사하기 위해 통용되었던 말이다. 곡선이 평평함과는 한참 거리가 멀다는 이 사실은, 진행중인 전환들의 크기를 보여준다.

이 곡선이 근본적인 이유는 종종 세계화에 관한 공적 논의를 특징짓는 모순된 대화를 더 잘 이해하도록 해주기 때문이다. 어떤 이들은 저발전국들의 경이로운 성장을 가능케 해줄 불평등 및 세계 빈곤 감소에 감탄하는 반면, 다른 이들은 세계화된 하이퍼자본주의의 과잉이 가차없이 이끄는 대대적인 불평등 증대를 개탄하고 있으니 말이다. 사실상 양쪽 언술은 제각기 나름대로 진실을 담고 있다. 전 세계 소득 분배에서 하위와 중위 사이의 불평등은 줄었고, 중위와 상위 사이의 불평등은 늘었다. 세계화의 이 두 측면은 어느 측면이든 다 현실이라서, 문제는 어느 한 측면을 부인하는 데 있는 것이 아니고, 세계화의 나쁜 측면을 없애나가면서도 좋은 측면을 보존하려면 어떻게 할 것인가를 살피는 데 있다. 이참에 언어에 대해, 범주들에 대해, 그리고 사용된 인지장치에 대해 적시해두겠다. 불평등을 지니계수 같은 단일지표로 나타내면, 아무것도 변하지 않았다고 착각할 수 있다. 이는 정확히 말하면 진화가 복합적이고 다차원적이라는 점을, 단일지표 안에서 복수의 효과들이 뒤섞이고 상쇄된다는 점을 볼 수 있는 수단들을 확보하지 못했기 때문이다. 이러한 이유로 나는 이 책에서 이런 유형의 '종합적인' 지표에 의지하지 않을 것이다. 나는 항상, 해당 소득과 자산의 상이한 십분위와 백분위를, 따라서 이에 연루된 사회집단들을 명확하게 구분함으로써 불평등 및 불평등 추이를 기술하는 데 유의하겠다.[9]

어떤 이들은 '코끼리 곡선'이 소득 분배의 꼭대기에서 부유해진 전 세계 1% 혹은 0.1%의 인구에게 과도하게 가시적 중요성을 부여한다고 비난해왔다. 극소수집단을 향한 선망과 갈망을 그토록 어리석게 들쑤시느니, 차

**도표 0.5** 세계의 불평등을 나타내는 코끼리 곡선, 1980~2018년

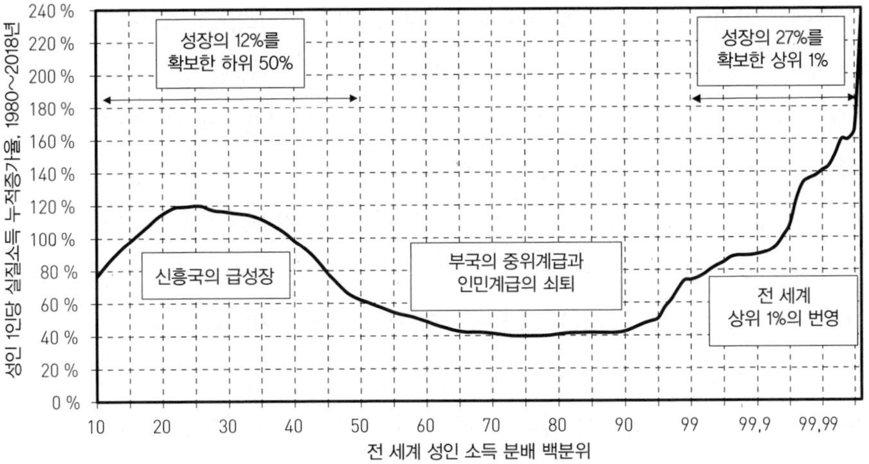


전 세계 소득 하위 50%는 1980~2018년에 구매력의 상당한 증가(60~120%)를, 소득 상위 1%는 그보다 훨씬 큰 증가(80~240%)를 나타내는 데 반해, 소득 중위는 보다 제한적으로 증가했다. 요약하자. 세계 소득 분배의 하위와 중위 사이에서는 불평등이 감소했다면, 중위와 상위 사이에서는 증대했다.

**출처 및 원 통계자료:** piketty.pse.ens.fr/ideologie

라리 소득 분배의 하위에서 관찰되는 성장에 기뻐해야 하는 것 아닌가? 그러나 사실은 최근 연구들에서 이 '코끼리 곡선'의 타당성이 입증되었을 뿐만 아니라, 곡선의 꼭대기는 애초의 추산보다 훨씬 더 현저했음을 보여주었다. 이렇게 확인되는바, 1980~2018년 동안에 전 세계 소득 총성장에서 1%의 부유한 이들이 확보한 몫은 27%인 데 반해, 50%의 가난한 이들은 12%다(도표 0.5 참조). 달리 말해, 코의 꼭대기가 인구상 적은 부분에 해당하긴 하나 소득성장에서는 막대한 부분을 점유했으니, 세계의 가난한 절반을 이루는 35억에게 돌아갈 몫보다 무려 2배 이상을 가져간 것이다.[10] 이것이 함의하는 바는, 예컨대 피라미드 꼭대기에 있는 이들에게는 약간 덜 우호적인 성장모델이 전 세계 빈곤을 훨씬 빠르게 감소시킬 수 있었으리라는(미래에 그럴 수 있으리라는) 점이다.

여기서도 마찬가지로, 이런 식의 데이터가 토론의 방향을 바꿀 수는 있어도 토론을 끝낼 자격은 없다. 모든 것은 다시금 불평등의 기원과 불평

등의 정당화에 달려 있다. 핵심 문제는 부유한 이들이 사회의 나머지 사람들에게 가져다주는 다수의 혜택을 고려하여 꼭대기의 성장을 정당화하는 것이 과연 어디까지 가능한가를 알아보는 데 있다. 불평등 증대가 가난한 50%의 소득과 생활조건을 개선하는 것을 언제나 가능케 해준다고 정녕 생각한다면, 부유한 1%에게 세계 성장의 27%가, 심지어 훨씬 더 많이, 예컨대 40%, 60%, 또는 80%까지 집중되는 것을 정당화하는 일이 가능해진다. 다양한 궤도들에 대한 분석, 특히 앞서 이미 제시된 미국·유럽과 인도·중국의 비교는 이런 식의 해석을 전혀 뒷받침해주지 않는다. 왜냐하면 꼭대기가 가장 부유해지는 나라들은, 가난한 이들이 혜택을 받아 번영을 구가한 나라들이 아니기 때문이다. 오히려 이런 비교가 시사하는 바는, 부유한 1%가 세계 소득성장에서 차지하는 몫을 10~20% 정도로 혹은 그보다 더 아래로 낮출 수 있었으리라는(그리고 미래에 낮출 수 있으리라는) 점이며, 가난한 50%에게 가는 몫을 상당히 늘릴 수 있으리라는 점이다. 이러한 문제들은 상세히 검토해볼 가치가 있는 만큼 충분히 중요한 것들이다. 여하간 데이터들을 보자면, 세계화를 조직하는 단 하나의 방식만 있을 거라고, 1%에게 가는 부분은 반드시 정확하게 더도 덜도 아닌 27%(가난한 이들에게는 12%)여야만 한다고 주장하기란, 참으로 어려워 보인다. 세계화가 소득 분배에 엄청난 왜곡을 가하고 있는데, 총성장이 중요하다는 이유로 이 왜곡들을 간과할 수는 없다. 어떤 의미에서든, 대안들에 대한 토론 및 이러한 세계 성장의 분배에 영향을 줄 수 있는 제도적 정치적 선택이 있어야만 한다.

## 극단적 불평등의 정당화

우리는 또한 1980년대 이후 세계 상위 자산이 도표 0.5에 드러난 세계 상위 소득보다 훨씬 많이 상승해왔음을 볼 것이다. 세계 전역에서 상위 자산이 극도로 빠르게 성장하고 있는 게 보인다. 러시아 과두지배자, 멕시코 거부, 중국 억만장자, 인도네시아 금융가, 사우디 부동산소유자, 미국 자산가, 인도 기업가, 유럽 주식자산가들의 재산이. 1980~2018년에, 세계 경제의 거대한 성장보다 훨씬 더 빠른 리듬으로, 세계 경제성장보다 3~4배 빠르게 상승한 것이 관찰된다. 정의定義상, 이러한 현상이 무한정 지속될 수는 없다. 세계의 자산 전체에서 억만장자들이 차지하는 몫이 점차 100%가 된다는 관념을, 이 어처구니없는 전망을 받아들이는 것이 아니라면 말이다. 그럼에도 이러한 격차는 2008년 금융위기에 뒤이은 10년간에도, 1990~2008년과 거의 같은 속도로 계속되었는데, 이는 우리가 아마 그 끝을 본 적이 없는 거대한 규모의 구조적 변화를 목도하고 있음을 시사한다.[11]

이토록 스펙터클한 변화들에 직면하여, 극단적 자산 불평등에 대한 정당화 화법은 여러 입장 사이에서 동요하거나 놀라운 양상을 띠기도 한다. 서양 나라들에서는 흔히 다음 두 유형이 뚜렷이 구분된다. 하나는 러시아 '과두지배자', 중동의 석유억만장자, 중국과 멕시코와 기니와 인도와 인도네시아 억만장자로, 흔히 그들이 자산을 가질 진정한 '자격'은 없다고들 여기는데, 왜냐하면 그 자산이 국가권력과의 관계를 통해(예컨대 천연자원 또는 다양한 인허가의 부당한 전유에 의해) 취득되었을 것이니, 경제성장에는 전혀 보탬이 안 되기 때문이다. 또다른 유형은 유럽과 미국, 특히 캘리포니아의 '기업가'로, 세계의 안녕에 대한 그들의 무한한 공헌과 영광을 칭찬하면서 그들이 누려 마땅할 보상을 전 세계가 줄 수 있었다면 그들은 훨씬 더 부유해졌으리라고 생각하는 것이다. 어쩌면 그들에게 진 우리의 막대한 도덕적 빚은 현금으로 진 금융적 빚으로 확대해야만 할 것이고, 그게 아니라면 우리의 투표권을 그들에게 양도해야 할 것인데, 먼 얘기도 아닌 것이 이미 많은 나라에서 벌어지는 일이다. 불평등을 정당화하는 이 같은 체제, 과도하게 능력주의적이면서 동시에 서양중심적으로 나아가는 이 체제는, 인간사회가 자신들의 불평등에 대해 때로는 합리적인 것을 넘어 의미를 부여하고자 하는 억누를 수 없는 욕구를 갖고 있다는 점을 잘 예증한다. 사실상 시복諡福에 가까운 이런 자산 관련 담론은 모순을, 어떤 경우에는 심층적 모순을 피하지 못한다. 과연 빌 게이츠와 여타의 테크노 억만장자들이 수십 년간 기초 연구와 육성에 투입된 수천억의 공적자금 없이 자신들의 사업을 발전시킬 수 있었을까? 거래를 거의 독점하고 공적 지식을 사적 특허로 가져가는 그들의 권력이 현행 법률과 조세 제도의 적극적 지원을 받지 않고도 과연 번성할 수 있었으리라고 생각하는가?

바로 이러한 이유 때문에 극단적 불평등에 대한 정당화가 종종 덜 거창한 담론, 무엇보다도 자산의 안정성과 소유권 보호를 역설하는 담론으로 이루어지는 것이다. 달리 말해, 특히나 캘리포니아를 포함하여 관찰된 비율상, 자산 불평등이 전적으로 정의로운 것도 언제나 유용한 것도 아니겠지만, 그렇다고 이 자체를 문제삼는 것은 결국 가난한 사람들과 그 사회 전체가 피해를 보게 될 끝없는 격화를 초래할 위험 부담을 지는 셈인 것이다. 사회정치적 안정성과 과거에 획득한 소유권의 절대적(때로는 준종교적) 안위의 필요에 근거한 이 소유주의적 논변은, 19세기와 20세기 초에 유럽과 미국에서 번성한 소유자사회를 특징짓는 강한 불평등을 정당화하는 중심적 역할을 이미 수행했다. 안정성에 대한 예의 이 논변은 삼기능적 사회와 노예제사회의 정당화에서도 확인하게 될 것이다. 오늘날 여기에 추가해야 하는 것은, 소위 국가의 무능이라고 하는 것과 자애로운 독지가라 여겨지는 자들의 활기와 관련한 담론이다. 이 논변 또한 선행 시기에 일정한 역할을 해왔으나 우리 시대로 확장되었다. 이러한 여러 담론은 정당한 것들이고 어느 정도까지는 귀기울여야 하겠으나, 내가 밝혀내고자 하는 바는 우리가 역사의 교훈들에 근거함으로써 이 문제들을 극복해낼 수 있다는 점이다.

### 역사에 대해 학습하기, 20세기에 대해 학습하기

대체로 이 책에서 우리는, 20세기 말 21세기 초에 진행중인 진화를 분석하고 무엇보다도 미래를 위한 교훈을 도출하기 위해서는, 불평등주의체제와 이데올로기의 역사를 비교론적이고 역사적인 장기 전망의 틀 안에 재정립하는 것이 필수적이라는 점을 알게 될 것이다. 신소유주의적이라고 수식될 수 있는 현행의 불평등주의체제에는 모든 선행 체제의 흔적들이 새겨져 있다. 이 체제는 다음과 같은 조건에서만 비로소 정확하게 연구될 수 있다. 구래의 (사제-귀족-제3신분의 삼원구조에 근거한) 삼기능적 사회가 18세기와 19세기에 어떻게 소유자사회로 전환되었는가를 먼저 연구하고, 이어서 소유자사회는 20세기에 공산주의와 사민주의의 도전 및—여러 세기에 걸친 식민지배를 종결시킨—세계전쟁과 독립전쟁의 동시다발적 충격 속에 어떻게 전환되었는가를 검토해야 한다. 모든 인간사회에는 자신의 불평등에 대한 의미 부여가 필요하고, 과거의 정당화들을 면밀히 연구해보면 이것들이 현재의 정당화들보다 언제나 더 어리석은 것도 아니다. 그 모두를 구체적인 역사적 전개 속에서 검토함으로써, 가능한 한 그 진화와 분기의 다양성에 주안점을 둠으로써, 비로소 현행 불평등주의체제를 전망할 수 있으며 이 체제의 전환조건을 고찰할 수 있다.

우리는 또한 20세기의 소유주의적이고 식민적인 사회의 몰락에 역점을 둘 텐데 이 몰락에는 불평등구조와 그 정당화체제의 급진적 전환이 수반되었고, 현재의 세계는 바로 이 몰락에서 직접 유래한다. 프랑스·영국·독일을 필두로 한 서유럽 국가들은 1차대전 전야에 미국보다 불평등했는데, 이 국가들이 20세기에 덜 불평등하게 된 건, 우선은 1914~1945년이 충격이 초래한 불평등 축소가 매우 대대적이었기 때문이고, 이어 1980년대 이후의 불평등 증대가 미국에서보다 덜 현저했기 때문이다(도표 0.6 참조).[12] 우리가 보게 되겠지만, 1914년과 1950~1960년 사이에 일어났던 불평등의 대폭 감소는 미국에서처럼 유럽에서도 법률·사회·조세재정 관련

제도의 일군의 전환으로 설명된다. 이러한 추세는 1914~1918년 전쟁과 1939~1945년 전쟁으로 실제로 상당히 가속화했지만, 어느 정도 이 전환은 19세기 말 이후에 지적으로 정치적으로 준비된 것이다. 그래서 이는 어떤 식으로든, 다른 위기들을 이용하여 상이한 형식으로라도, 일어났을 전환이라고 생각할 만하다. 역사적 변화를 일으키는 것은 지식의 진화와 사건적 논리의 마주침인데, 이 둘 중 어느 하나 없이 다른 하나로는 아무것도 안 된다. 우리는 이러한 교훈을 여러 번, 예컨대 우리가 프랑스혁명의 사건들을 분석할 때 또는 식민시대 이후 인도에서 불평등구조의 전환 등에 대해 분석할 때 확인하게 될 것이다.

불평등 감소를 위해 20세기에 확립된 법률·조세재정·사회 관련 전환들 중에서도 특히 중요한 역할을 한 것은, 소득과 자산에 대한 누진세체계, 다시 말해 상위 소득과 자산을 가진 이들에게 이들보다 못한 소득과 자산을 가진 이들에 비해 훨씬 더 무거운 세율로 과세하는 제도의 상당한 발전이다. 중대한 근대 누진세의 창안은 특히 미국의 업적이었다. 미국은 대호황시대(1865~1900년) 및 20세기 초 산업과 금융에서의 거대한 축적의 시대에, 언젠가는 당시 과두지배적이고 미국의 민주주의 정신에 역행한다고 간주되던 낡은 유럽처럼 불평등해질 거라는 생각에 무척 불안해했다. 또한 영국의 업적도 있었다. 영국은 1914년과 1945년 사이에 프랑스와 독일만큼 자산의 파괴를 겪지는 않았고, 보다 진정된 정치적 틀 내에서 특히 소득과 자산에 대한 누진세를 방편으로 귀족적이고 소유주의적인 과거의 무거운 불평등에 등을 돌리려 했다.

소득세와 관련해서 확인되는 것은 최고세율 즉 상위 소득에 적용되는 세율이 1932년과 1980년 사이에, 말하자면 거의 반세기 동안 미국에서는 평균 81%, 영국에서는 89%에 달했던 것에 반해 독일에서는 '고작' 58%, 프랑스에서는 60%였다는 점이다(도표 0.7 참조).[13] 이 세율에는 분명 여타 세금(예컨대 소비세)이 포함되지 않는다. 미국의 경우에는 연방소득세는 포함되나 (연방소득세 외에 약 5% 또는 10%가 추가될 수 있는) 주정부 소

**도표 0.6** 1900~2020년의 불평등: 유럽·미국·일본

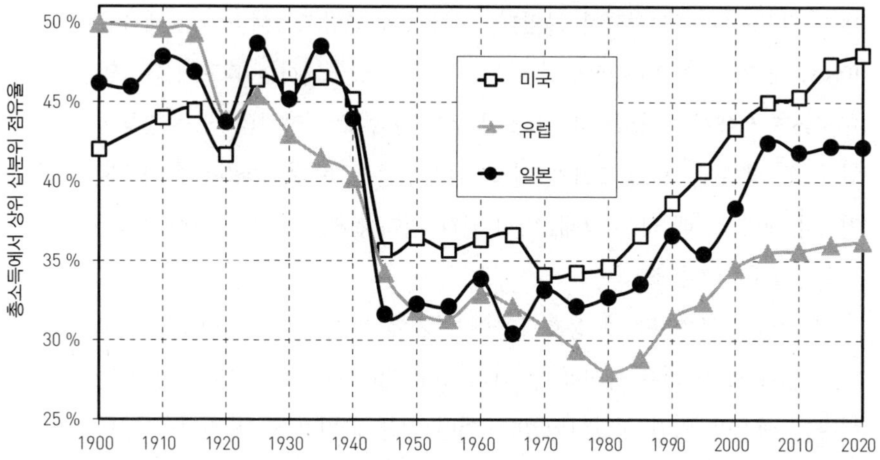


서유럽 전체 국민소득에서 상위 십분위(소득 상위 10%) 점유율은 1900~1910년에 약 50%를 점했고, 1950~1980년에 약 30%로 줄어들었다가, 2010~2020년에는 35% 이상으로 다시 증가했다. 불평등 재증대는 미국에서 훨씬 심한데, 미국의 상위 십분위 점유율은 1900~1910년 수준을 추월하여 2010~2020년에 약 50%에 도달했다. 일본은 유럽과 미국의 중간에 위치한다.

**출처 및 원 통계자료:** piketty.pse.ens.fr/ideologie

득세는 포함되지 않는다. 명백히, 반세기 동안 적용된 80%를 상회하는 이 세율은 미국 자본주의의 파괴로 이어졌던 것이 아니라, 오히려 그 반대인 것으로 보인다.

우리가 보게 되겠지만, 이 강력한 누진세는 대체로 20세기 불평등 감소에 기여했다. 우리는 이 누진세가 특히 미국과 영국에서 1980년대에 재차 문제시되었던 방식과, 이들 상이한 역사적 경험과 민족적 궤도로부터 끌어낼 수 있는 교훈들을 상세하게 분석할 것이다. 로널드 레이건이 이끈 미국 공화당, 마거릿 대처가 지휘한 영국 보수당, 1979~1980년 선거를 통해 집권하게 된 이 두 정당 모두에서, 누진세의 스펙터클한 감소가 당시 '보수혁명'이라 불렸던 것의 가장 상징적인 방책을 구성했다. 1980년대의 이러한 정치적-이데올로기적 전환은 누진세와 불평등 진화에 상당한 충격을 주었다. 이는 두 나라에서뿐만 아니라 세계적 차원에서도 마찬가지였는데, 더

구나 이 전환은 이때 이후로 이 두 나라에서 있어왔던 정부와 정치운동에서 진정으로 문제시되지 않았다. 미국에서 연방소득세의 최고세율은 1980년대 말 이후 30~40% 선에서 움직였고, 영국에서는 최고세율이 약 40~45% 선에서 동요했는데 2008년 위기 이후로는 약간의 상승 경향이 있다. 두 경우에, 1980~2018년에 관찰된 수준은 1932~1980년에 적용된 것보다 대략 두 배 낮은 상태, 다시 말해 더이상 80%가 아닌 40%대라는 것이다(도표 0.7 참조).

이 전환의 주창자들과 옹호자들이 보기에 누진세의 스펙터클한 감소는, 1950년과 1980년 사이에 두 나라에서 최고세율이 과도한 수준에 달했다는 생각에 의해 정당화되었다. 어떤 담론에 따르면 이 최고세율 탓에 앵글로색슨 기업가들이 허약해져서, 유럽 대륙과 일본에게 따라잡혔다는 것이다(1970~1980년 미국과 영국의 선거 캠페인에서 강력했던 주제다). 30년도 더 지난 지금에 와서 거리를 두고 보자면, 이러한 주제는 사실에 근거해 입증되기 어려워 보이나, 질문 전체는 재검토해볼 가치가 있다. 1950~1980년의 만회는, 독일·프랑스·스웨덴·일본이 앵글로색슨 나라들(특히 미국)에 비해 1950년에는 성장이 크게 지체되어 있었다는 사실을 비롯해 다른 요인들로 잘 설명해볼 수 있다. 그러므로 그들이 뒤이은 수십 년간 더 빨리 성장하는 것은 거의 불가피했다. 또한 이 나라들의 고도성장은 상당수의 제도적 요인들, 특히 상대적으로 과감하고 평등한 교육정책과 사회정책 덕분이었다. 이 나라들은 2차대전 이후 확립했던 이 정책 덕에, 교육에서 미국을 특히 신속히 따라잡았고 영국을 분명히 추월할 수 있었다. 19세기 말 이후 영국은 교육 차원에서 점점 더 중요한 역사적 정체를 겪게 되는데, 행여나 있었을 법한 이러한 추월에 전혀 직면해 본 적이 없었다. 다른 면에서 보자면, 미국과 영국에서의 생산성 증가는 1990~2020년에 있었던 것보다 1950~1990년에 실제로 뚜렷이 더 높았다는 사실을 다시금 강조해야 한다. 이는 최고세율 인하가 지닌 역동적인 힘에 대해 심각한 의구심을 드리우는 것이다.

**도표 0.7** 소득세 최고세율, 1900~2020년

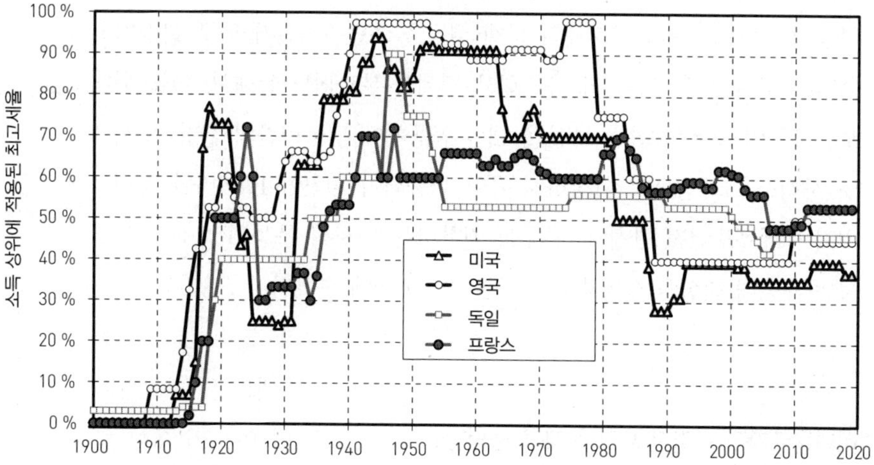


(소득 상위에 적용가능한) 소득세의 최고세율은 1900~1932년 미국에서 평균 23%, 1932~1980년에 81%, 1980~2018년에 39%였다. 같은 시기 영국에서는 각각 30%, 89%, 46%, 독일에서는 18%, 58%, 50%, 프랑스에서는 23%, 60%, 57%였다. 세금의 누진성은 특히 미국과 영국에서 20세기 중반에 최대치였다.

**출처 및 원 통계자료:** piketty.pse.ens.fr/ideologie

마지막으로 보자면, 1980년대에 결정된 누진세 감소가 1980~2018년 동안에 미국과 영국에서 관찰된 전례 없는 불평등 증대, 국민소득에서 소득 하위의 급락, 그리고 아마도 중위계급 및 인민계급의 버림받았다는 감정과 정체성주의적이고 제노포비아적인 퇴행적 태도의 증가에 특히 일조했을 것이라고 여겨도 되겠다. 이 퇴행적 태도는 두 나라에서 2016~2017년에 유럽연합 탈퇴 국민투표(브렉시트)와 도널드 트럼프의 당선에서 매우 격하게 표명되었다. 여하간 소득과 자산에서—조세경쟁과 금융 투명성 결여의 주요 희생자인—부국과 빈국 모두를 위해, 21세기를 위한 더욱 과감한 누진세 양식을 다시 사유하기 위해서, 이러한 경험들이 동원될 수 있다. 세무당국의 통제도 없고 정보 교환도 없는 자유로운 자본이동은 1980~1990년의 보수적인 조세재정혁명의 국제적 확산과 영속화의 주요 매개 중 하나였다. 이는 국가 건설 및 전 세계의 정의로운 조세재정 확립 과정에 극도의 부정적인 영향을 주었다. 현실적으로는 또한 무엇보다도 전

후 사민주의연합이 우리가 살펴보게 될 이러한 도전들에 대응하지 못했던 무능력, 그리고 특히 누진세의 문제 설정을 초민족적인 규모로 확장하고 (실제로 최대 보유자들에게 충분한 누진세가 부과되도록 해서, 이들 최대 보유자들이 소유의 상당 부분을 매년 공동체에 되돌려주어야 할) 일시적인 사적소유 개념으로 확장하지 못한 무능력이 원인이다. 이러한 강령적 지적 이데올로기적 한계가, 평등을 지향하는 역사적 운동의 소진과 불평등의 재증대 현상을 설명해주는 근본적인 원인에 속한다.

## 이데올로기적 동결과 새로운 교육 불평등

진행중인 진화 전체를 잘 이해하기 위해서는, 불평등을 감소시키고 이를 규제할 수 있도록 하는 또다른 정치·사회제도들과 연관된 정치적-이데올로기적 전환들에 대해서도 분석해야 할 것이다. 특히 이와 관련되는 것은 경제력 분배 및 기업의 결정 심급과 전략상에서의 임금노동자들의 참여 문제인데, 이에 대한 혁신적 해법을 1950년대부터 (독일과 스웨덴 같은) 여러 나라에서 발전시켜왔다. 최근까지도 이 해법들은 진정 일반화되지도 심화되지도 못했다. 그 이유들은 틀림없이 각 나라에 고유한 정치적-이데올로기적 궤도의 다양성과 관련되는데, 예컨대 영국 노동당과 프랑스 사회당은 1980년대까지 국유화를 축으로 한 강령에 우호적이었다가 베를린장벽 붕괴와 공산주의 종언 이후 이런 식의 관점을 돌연 포기했다. 그 이유들은 또한 사적소유를 온전히 극복하기 위한 충분한 성찰이 사방에 부재했다는 것으로도 설명된다.

실제로 '냉전'이 국제관계체계에 대해 우리가 알던 효과만을 발생시켰던 것은 아니다. 많은 측면에서 이는 자본주의 극복에 대한 성찰도 동결시키고 말았는데 이런 사정은 베를린장벽 붕괴에 이어진 반공주의적 도취로 더 강화되었고, 이는 거의 2008년 '대불황'까지 이어진다. 따라서 아주 최

**도표 0.8** 부모 소득과 대학 진학률: 미국, 2014년

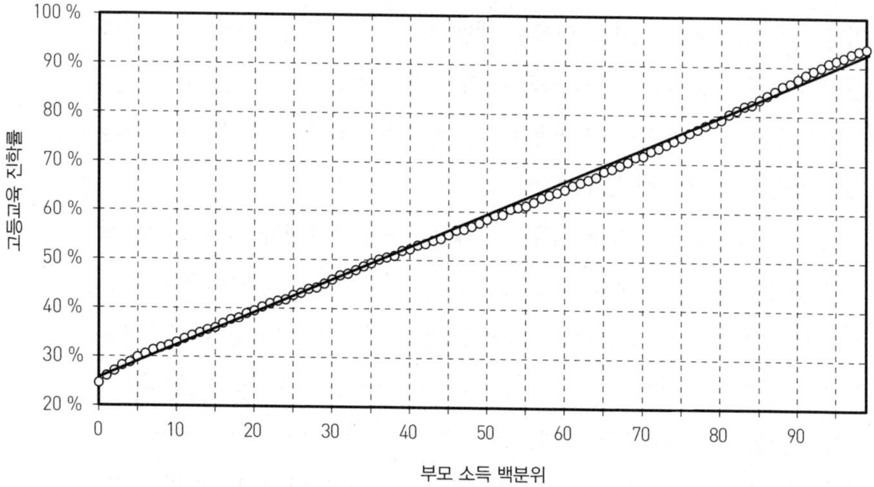


미국의 가난한 10% 청소년의 2014년 고등교육 진학률(19~21세인 사람이 대학교, 전문학교, 여타 고등교육기관에 등록하는 백분율)이 가까스로 30%라면, 부유한 청소년 10%의 진학률은 90% 이상이다.

**출처 및 원 통계자료:** piketty.pse.ens.fr/ideologie

근에야 비로소 경제력의 더 나은 사회적 배태를 위한 성찰들이 제대로 재개되었다.

교육투자와 지식 접근이라는 결정적 문제의 경우에도 사정은 마찬가지다. 미국에서의 불평등 증대의 가장 인상적인 측면은 총소득에서 가난한 50%의 점유율 폭락인데, 1980년에 약 20%였던 이 점유율이 2018년에는 12%를 넘지 못했다. 이토록 대대적인 몰락은, 이미 그리 높지 않던 수준에서 시작된 것이긴 한데, (1980년 이후 실질적인 연방최저임금의 대폭 감소와 같은) 임금과 관련된 사회적 규칙 변화 및 교육 접근에서 너무 큰 불평등을 비롯한 다수의 요인에 의해서만 설명될 수 있다. 이런 관점에서, 미국에서 대학 진학 기회가 부모의 소득에 의해 어느 정도나 결정되는가를 확인하는 것은 놀라운 일이다. 학생에 관한 정보와 부모의 소득신고를 연동함으로써 연구자들이 입증할 수 있었던 것은, 고등교육 진학률은 2010년대에 부모 소득 하위 10% 청소년 중에서 가까스로 20%를 넘었는

데, 부모 소득 상위 청소년들의 경우엔 거의 수직으로 90%를 넘는다는 것이다(도표 0.8 참조).[14] 더욱 명확히 해야 하는 것은 양쪽이 모두 고등교육을 접하더라도 동일한 고등교육의 권리를 갖는 것은 아니라는 점이다. 교육투자와 출자의 엘리트 코스에의 집중은 특히 미국에서 극심한데, 게다가 입학 절차도 대단히 불투명하며 공적 규제는 거의 부재하다.

이러한 결과들이 놀라운 이유는, (기회균등의 중요성을 적어도 이론적이고 수사학적인 차원에서 엄청 강조하는) 공공연한 능력주의 담론과 빈곤층이 지식 접근 기회 면에서 직면하는 현실 사이에 파인 상당한 구멍을 이 결과들이 예증해주기 때문이다. 우리가 살펴보겠지만, 교육 접근과 투자의 불평등은 유럽과 일본에서는 조금 덜 극심한데, 바로 이런 요인에 힘입어 미국에서 관찰되는 상위 소득과 하위 소득 사이의 역대 최대의 격차를 설명해낼 수 있다. 그렇지만 교육투자 불평등 및 이 주제에 관한 민주적 투명성 결여 문제는 모든 나라에서 쟁점이고, 소유의 재정의 실패들과 더불어 사민당의 가장 중요한 실패들의 일부를 이루는 쟁점이다.

### 다중엘리트의 귀환과 평등주의연합의 난점

보다 일반적으로, 우리는 이 책에서 과거에서 유래한 불평등을 감소시키기 위한 평등주의 정치연합이 20세기에 어떤 조건에서 탄생할 수 있었는지, 이 연합이 왜 무기력해졌고, 어떤 조건에서 새로운 연합이 21세기 초에 성공적으로 출현할 수 있을지를 더 잘 살펴보고자 한다.

우선 명확히 해야 할 것은 20세기 중반에 관철된 (넓은 의미에서의) 사민주의식 재분배연합에는, 선거적 제도적 정당적 차원뿐만 아니라, 특히 지적이고 이데올로기적인 차원이 있었다는 점이다. 달리 말해, 전투가 벌어지고 승패가 갈렸던 곳은 무엇보다도 관념지대인 것이다. 물론 중요한 것은 이 연합이 정당들과 특별한 선거들에서 구현되었다는 점이다. 스웨덴 사민당SAP이나 독일 사민당SPD 같은 진정으로 명시적인 '사민주의' 정당이 1920~1930년부터 중요한 책임을 져왔다.[15] (1945년의 역사적 선거에서 압도적인 다수 의석을 획득한) 영국 노동당이나 (1932년부터 1952년까지 루스벨트와 트루먼으로 집권을 이어간) 미국 민주당, (1936년과 1945년에 집권한) 프랑스를 비롯한 여타 많은 나라에서의 다양한 사회당-공산당 동맹의 형태들도 있다. 하지만 이러한 특정한 구현들을 넘어, 실제로 권력 장악은 무엇보다 진정 이데올로기적이고 지적이었다는 점이다. 불평등 감소 및 사법·조세재정·사회 제도의 심층적 전환이라는 강령에 근거한 사상연합이 중요했던 것이다. 이 강령들은 1930~1980년 정치세력 전체에, 심지어 그 시대의 정치적 각축장에서 더 오른쪽에 있던 정당들에서도 자리잡게 되었다. 이 전환은 당연히 (넓은 의미에서) 사민당들이 운용한 동원 전략에 의거한 것이지만, 더 일반적으로는 사회체의 광범위한 부분들(노조·군부·미디어·지식인)의 개입과 19세기 전 기간과 20세기 초까지 시장·불평등·소유에 대한 준종교적 도그마에 입각했던 지배 이데올로기 전체의 전환에 의거한 것이다.

이와 같은 새로운 사상연합의 출현과 국가의 역할에 대한 새로운 비전의 등장을 이끈 가장 중요한 요인은, 사적소유 및 자유경쟁 체계의 정당성 상실이었다. 이는 19세기 및 20세기 초반에 산업성장이 불러온 부의 막대한 집중과 이런 진화가 불공평하다는 감정이 쌓여가면서 점차적으로 나타났고, 세계대전들과 1930년대 위기 이후로는 가속화되었다. 소련 공산주의라는 대항모델 자체도 역시 본질적인 역할을 해냈다. 소련 공산주의는 한편으로는 재분배 의제를 원치 않았던 보수적 정치행위자들과 정당들에게 이 과감한 의제를 관철시키고, 다른 한편으로 유럽의 식민제국들 안에서는 탈식민화과정을, 미국에서는 시민권 확장을 가속화했다.

1945년 이후 (넓은 의미에서) 사민당 유권자구조의 진화를 조사해보면 미국에서만큼 유럽에서도 유권자가 얼마나 비교적 비슷한 조건으로 전환되었는지 보인다는 것이 인상적인데, 대서양 양안의 정당체계의 매우 상이한 역사적 기원들을 감안한다면, 이것은 의당 당연한 일이 아니다. 1950~1970년에 미국 민주당 득표율은 저학력 유권자와 소득 및 자산 하위 유권자 사이에서 특히 높았다(반면에 공화당 득표율은 고학력자와 소득 및 자산이 많은 이들에게서 높았다). 동일한 구조가 프랑스에서도 거의 동일한 비율로 확인된다. 1950~1970년에 사회당과 공산당 그리고 급진정당들이 저학력자들과 소득 및 자산이 적은 이들에게서 많은 표를 받았다(다양한 경향의 중도우파 정당들과 우파 정당들은 그 반대다). 이러한 유권자구조는 1960년대 말과 1970년대를 거치면서 변하기 시작했고, 1980~2000년부터는 1950~1970년과는 현저히 다른 구조가 확인되는데 이 역시도 미국과 프랑스에서 거의 동일한 양상이다. 요컨대 사회당-공산당 득표에서처럼, 민주당 득표도 고학력 유권자 사이에서 가장 많아졌다. 고소득자 사이에서는 여전히 취약한 채로 남아 있지만 말이다. 하지만 이는 일시적이었다. 2016년 미국 대선에서 최초로 고학력자뿐만 아니라 고소득자도 공화당보다는 민주당에 투표하는 것을 선호했고, 이는 1950~1970년에 비하면 투표의 사회구조가 완전히 반전된 데서 기인한다(도표 0.9 참조).

달리 말해, 20세기 중반의 불평등 감소를 뒷받침했던 전후의 좌-우구조는 2016~2017년 미국과 프랑스에서 치러진 선거들에서 드러났다시피 이미 얼마간 해체되었는데, 오래전에 시작된 이 현상은 전망 재조정을 통해서만 비로소 정확하게 이해될 수 있다.

더욱이 우리는 영국 노동당 득표 및 유럽의 다양한 경향을 지닌 사민주의 정당들의 득표에서도 유사한 전환들이 확인된다는 점을 보게 될 것이다.[16] (넓은 의미에서) 사민당 득표는 1950~1980년에 노동자들의 정당에 부합한다. 하지만 1990~2010년부터는 고학력자들의 정당에 부합한다. 그렇지만 우리가 보게 되다시피 자산이 많은 이들은, 미국 민주당을 포함해, 사민당과 노동당과 사회당을 계속 불신했다(점점 덜 명확해지긴 했지만). 중요한 초점은 (학력·소득·소유 같은) 사회적 불평등의 이 상이한 차

**도표 0.9** 선거에서의 정치 갈등의 전환, 1945~2020년:
다중엘리트체계의 부상, 즉 거대한 반전?

미국 민주당과 프랑스 좌파 정당(사회당·공산당·급진당·생태주의당)의 득표는 1950~1970년에는 저학력 및 소득 하위 유권자, 1980~2000년에는 고학력 유권자와 결부된다. 2010~2020년에는 (특히 미국에서) 소득 상위 유권자와 결부되어가는 중이다.

**출처 및 원 통계자료:** piketty.pse.ens.fr/ideologie

원들이 언제나 상호연결되어 있긴 하지만 부분적으로만 그렇다는 것이다. 2000~2020년과 마찬가지로 1950~1980년에도, 학력 위계에서의 위치가 소유 위계에서보다 더 높거나 혹은 그 반대 경우인 사람들을 다수 확인할 수 있다.[17] 일어났던 중요한 진화들은 사회적 불평등의 이 상이한 차원들을 통합하거나 또는 역으로 대립시키는 당대의 정치조직과 연정의 능력과 관련된다.

구체적으로, 1950~1980년에 이 상이한 차원들은 정치적으로 정렬되어 있었다. (학력·소득·자산 등) 어떤 차원에서 살펴보든 사회적 위계 안에서 높지 않은 위치를 점했던 사람들은 동일 정당 혹은 연합에 투표하는 경향이 있었다. 여러 차원에서 불리한 위치에 있다는 사실이 투표에서는 누적 효과를 낳았다. 정치적 갈등구조는, 그 갈등이 하위 사회계급과 상위 사회계급의 대립이라는 의미에서—계급 정체성을 정의하기 위해 견지되는 차원이 어떤 것이든 간에(이 정체성은 실제로 언제나 심히 복합적이고 다차원적이며, 정확히 말해 다수파연합 형성을 어렵게 하는 경향을 지닌다)—'계급주의적'이었다.

역으로, 1980~2000년부터는 사회적 불평등의 상이한 차원이 더는 정렬되지 않는다. 정치적 갈등구조는 '다중엘리트'체계라고 묘사될 수 있는 것과 연관된다. 어떤 정당 혹은 연합이 고학력자들(지적이고 문화적인 엘리트)의 표를 얻을 때, 다른 정당 혹은 연합은 자산이 많은 이들의 표와 어느 정도 고소득자들(상업적이고 금융적인 엘리트)의 표를 사로잡는 것이다. 이와 같은 상황에 의해 제기되는 다수의 곤란 중에서 분명한 건, 학력도 자산도 소득도 높지 않은 사람들은 이런 정치적 갈등구조에서 자신들은 버림받았다고 느낄 위험이 크다는 사실이다. 지난 수십 년간 학력·소득·자산 수준이 하위인 사회집단들 내부에서 왜 선거 참여가 저조했는가를, 반면에 1950~1970년에는 더 많이 가진 집단들만큼 선거 참여가 높았는가를 설명해줄 수 있는 것이 바로 이 지점이다. (정치운동이 자기네 통제하에 있다고 충분히 못 느끼면 이를 비하하고자 엘리트들이 뒤죽박죽 쓰곤 하는 이 용어) '포퓰리즘'의 부상을 이해하고자 한다면, 정당구조 내에서 '엘리트주의'의 강력한 부상을 분석하는 일에서 시작하는 것도 소용없진 않을 것이다. 또한 이 다중엘리트체계가, 사제 엘리트와 전사 엘리트 사이의 일정한 균형에 근거했던 구래의 삼기능체제와 전적으로 무관치 않음을 주목하자. 물론 정당성의 형식들은 분명 크게 변했지만.

### 정의로운 소유, 정의로운 교육, 정의로운 경계를 다시 사유하기

우리는 1950~1970년 이후 선거에서의 정치적 균열구조와 관련해 이러한 전환의 기원과 함의를 심층적으로 이해해보고자 한다. 즉각 말해보자면, 문제는 복합적 진화다. 불평등 증대의 원인이자 결과로 분석될 수 있는 이것을, 전체적으로 시원시원히 이해해보려면 내가 이 책에 모아놓은 것과는 다른 작업과 자료가 다수 필요할 것이다. 우선은 이러한 진화를, 1980년대 '보수혁명' 및 이로부터 파생한 사회적 금융적 규제완화 흐름의 결과로 볼 수 있다. 사민주의자들은 세계경제의 조직화와 민족국가 극복에 대한 대안적 모델을 충분히 사유하지 못하면서, 이러한 규제완화 흐름에 크게 기여했다. 이제 낡은 사민당들과 사민주의연합들은, 부분적으로는 국가 간에 커지는 조세경쟁과 물자와 자본의 자유로운 이동으로 인해(사민주의자 자신들은 새로운 공동의 사회적 조세재정 규칙이라는 면에서 대응방안 없이 이런 경쟁과 자본이동 확립에 뛰어들었기에), 재분배와 불평등 감소라는 관점에서 강렬히 열망했던 것을 모두 점차 포기했다. 그리하여 그들은 빈곤한 유권자들의 지지를 잃고 점점 더 고학력자들에게 집중했는데, 이들 고학력자들이야말로 진행중인 세계화의 주요 승자들이었다.

또한 고려해볼 수 있는 것이 인종적이고, 종족적-종교적인 균열의 증가다. 우선은 미국에서 1960년대 민권운동에 뒤이어, 유럽에서는 포스트식민적인 이민 관련 문제를 둘러싼 갈등들이 1980~1990년에 격화되기 시작했을 때 이 균열의 증가는 인민계급 내부에서 심한 분열을 야기했고, 토착민 또는 백인 인민계급 일부가 제노포비아적이고 토착주의적인 투표 방향으로 점진적으로 이탈해나가게 함으로써, 1950~1980년 평등주의연합의 점차적인 파열을 이끌었다. 앞의 설명에 따르면 사민주의자들이 인민계급을 포기했다는 말이 될 테고, 뒤의 설명에 따르면 인민계급이 사민주의자들을 포기한 셈이다.

이 상이한 설명들은 틀림없이 저마다 나름의 진실을 담고 있지만, 다수의 노정과 연대기에 대한 분석이 시사하는 바는, 이것들이 같은 요인으로 묶일 수 있다는 것이다. 즉 전후 사민당의 평등주의연합이 자신의 강령과 이데올로기를 심화하고 혁신하지 못한 무능력이 요인인 것이다. 자유주의의 세계화(이것은 하늘에서 떨어진 것이 아니다) 또는 (엘리트들의 인종주의보다 더 자생적이라고 하기 어려운) 인민계급의 이른바 인종주의를 비난하기보다는 차라리 이러한 변화를 이데올로기로 설명하고, 바로 이 경우엔 평등주의연합의 이데올로기가 지닌 약점으로 설명하는 것이 보다 건설적이다.

이러한 약점은 특히 재분배와 누진세를 초민족적 규모로 사유하고 조직하지 못하는 무능력과 관련되는데, 이 문제는 전후 재분배에서 성공을 거둔 민족국가시대에 사민주의자들에 의해 대체로 소거되었기에 지금까지도 그들은 이 문제를 진정으로 파악하지 못하고 있다. 특히 유럽연합의 틀 안에서 그러한데, 일반적으로는 전 세계적으로도 그렇다. 이는 출신의 다양성 문제를 사회적 불평등 문제와 함께 묶어 성찰하려다 봉착하는 곤란과도 연관된다. 다양한 대륙의 인종적 또는 종족적-종교적 출신의 사람들이 국제적 갈등과 식민지배를 통하지 않고서라면 아예 한 사회 안에서 서로 스칠 일조차 없었기에, 이 문제는 정말이지 1960~1970년 이전에는 제기된 적조차 없었다. 기본적으로 이 두 가지 약점은 하나의 동일한 문제를 제기한다. 즉 집단적 삶을 조직하기 위해, 특히 불평등을 감소시키고 압도적 다수가 받아들일 수 있는 평등의 표준을 세우기 위해, 사람들이 매여 있는 인간공동체의 경계에 대한 문제를 제기하는 것이다. 특히 교통과 정보통신기술의 진보 덕에 세계의 여러 곳곳에 접속하게 된 일반적 흐름은 정치행동의 틀을 끊임없이 돌아보게 하며, 명시적으로 초민족적이고 세계적인 틀에서 사회정의 문제를 숙고하게 한다.

우리는 또한 사민당의 강령은 공산주의 실패 이후에 정의로운 소유의 조건을 진정으로 숙고한 적이 없음을 알게 될 것이다. 전후의 사민주의적 타협들은 조급하게 이루어졌고, 누진세, 일시소유, (예컨대 누진상속세와 누진소유세를 통해 재원이 조달되는 보편적 자본지원을 통한) 소유의 확산, 기업 내 권력 분유와 사회적소유(공동관리·노동자자주관리), 예산민주주의, 공적소유 등에 대한 문제는 글로벌하고 일관된 방식으로 검토되고 실험될 수 있었음에도 그런 적이 전혀 없었다. 한줌의 엘리트에게만 주어지던 고등교육은 끝났다는, 그 자체로 훌륭한 진전인 이 사실은, 정의로운 교육의 조건들 또한 변화시켰다. 초등교육과 중등교육 시기에는 교육 영역에 비교적 단순한 평등 프로그램이 있다. 따라서 한 세대 전체를 초등교육에 이어 중등교육까지 마치도록 하는 데 필요한 재원을 할당하는 것으로 충분하다. 고등교육에서는 평등이라는 목표를 정의하기가 훨씬 복잡해진다. 소위 기회균등에 근거하지만 실상은 무엇보다도 교육제도의 승자들의 능력을 찬양하기 위한 이데올로기들은, 결과적으로 특별히 불평등하고 위선적인 지위 및 재력 분배를 통해 급속도로 전개되어왔다(도표 0.8 참조). 사민주의자들이 빈곤층 아이들의 교육을 자기네 아이들의 엘리트 코스만큼 신경써왔노라고 설득하지 못하는 그 무능력이(이것이 별로 놀랍지 않은 이유는 사민주의자들이 교육 영역에서 정의롭고 투명한 정책을 진정으로 발전시켜왔던 적이 없기 때문인데) 분명 사민당이 어쩌다 고학력자들의 정당이 된 건지 그 이유를 상당 부분 설명해준다.

나는 이 책의 마지막 부에서 이 다양한 문제에 관해, 역사적인 가용 경험들에서 끌어낼 수 있는 교훈들과, 정의로운 소유와 정의로운 교육과 정의로운 경계의 조건에 다가갈 수 있게 해주는 제도장치들을 분석해보고자 한다. 이 결론들은 지금 상태 그대로 받아들여져야 한다. 불완전하고 취약하며 잠정적이지만, 역사의 교훈들에 근거한 사회연방주의와 참여사회주의의 윤곽들을 그려볼 수 있게 해주는 약간의 교훈들로서 말이다. 특히 나는 본문에서 전개할, 이 책의 주요 골격을 이루는 역사적 서사의 주요 가르침들 중 하나를 강조하고 싶다. 역사에서는 관념과 이데올로기가 중요하지만, 사건 논리들과 역사적이고 제도적인 구체적 실험들과 때로는 다소 폭력적인 위기들의 중개 없이는, 관념과 이데올로기는 아무것도 아니라는 가르침 말이다. 한 가지는 확실해 보인다. 1950~1980년 이후의 선거들에서 나타난 정치적 균열들의 심층적인 전환을 감안하면, 자신의 강령적이고 지적이며 이데올로기적인 토대를 그 근원에서 재정의하지 않고도 새로운 평등주의연합이 언젠가 출현할 수 있으리란 건 가망이 거의 없다는 사실이다.

## 세계의 다양성: 불가결한 장기 경로

최근의 진화들과 현 시기에 대한 이러한 조사의 실을 다시 잡기에 앞서, 불평등주의체제들의 역사로 길게 우회하면서 이 책을 시작하겠다. 특히 우리가 연구할 것은 구래의 삼기능적 사회에서 소유자사회로의 전환과, 유럽의 소유주의적이고 식민주의적인 열강과의 충돌이 유럽 바깥 사회들의 궤도에 영향을 준 방식이다. 나는 이미 이 불가결한 장기 경로의 이유들에 대해 소묘한 바 있다. 이를 통해 우리는 우선 불평등주의체제들의 정치적-이데올로기적 다양성 및 그 진화와 분기의 여러 다양성을 평가할 수 있다. 사회적 불평등을 이데올로기적으로, 그리고 제도적으로 구성하기 위한 커다란 창의성을 상이한 인간사회가 역사 속에서 보여주었다. 엘리트들이 이러한 지적 정치적 구성물들 안에서 자신들의 불변의 지배를 정당화할 수 있게 해주는 위선적이며 변변찮은 순수 장막만을 보는 것은 잘못일 것이다. 이 구성물들은 모순된 투쟁들과 비전들을 반영한다. 이 투쟁들과 비전들의 바탕엔 어느 정도 진지함과 그럴듯함이 있으며, 이로부터 유용한 가르침들을 끌어내볼 수 있을 것이다. 대규모 사회의 이상적 조직화와 관련한 문제는 결코 단순하지 않으며, 현행 체제를 대체할 체제가 더 만족스러우리라는 걸 확신하기 위해서는 현행 체제를 비난하는 것으로는 충분치 않다. 과거의 이데올로기적 구성물들을 진지하게 검토해야 하는 이유는, 우선은 그것들이 현재의 구성물들에 비해 항상 어리석은 건 아니기 때문이며, 또한 우리가 현재를 분석할 때 결여되는 간격과 거리두기를 그것들을 분석하기 위해 이용할 수 있기 때문이다. 또한 보게 되다시피 기본적으로 동시대의 많은 논쟁은 오래된 뿌리를 갖고 있는데, 예컨대 누진세와 소유 재분배에 관한 논의는 프랑스혁명에 뿌리를 둔 것이다. 이러한 계보 연구는 미래의 갈등과 그 해법으로 검토될 만한 것들을 더 잘 이해하기 위해 필수적이다.

이어서 무엇보다 역사로의 이 긴 우회가 불가결한 이유는, 세계의 곳곳이 매우 점진적으로 연결되어왔기 때문이다. 수세기 동안 이 행성의 사회들이 서로 접촉하는 일은 매우 드물었다. 만남들이 발전하기 시작했던 건 지적 교류와 상업적 교류를 통해서였고, 또한 국가 간 세력균형과 식민지배관계라는 틀에서였다. 탈식민화와 독립 이후에야 비로소, 어떤 면에서는 냉전 이후에야, 세계의 여러 곳이 진정으로 서로 연결되었는데, 이는 경제·금융의 흐름과 관련된 것일 뿐만 아니라, 특히 인적 교류와 문화적 교류라는 관점에서의 일이기도 하다. 많은 나라에서, 예컨대 유럽사회 내부에서, 1960~1970년 이전에는 출신 대륙과 종교가 서로 다른 주민들 사이에 직접적인 접촉은 거의 없었다. 이러한 접촉이 새로운 규모로 시작되었던 것은 포스트식민적인 이민 물결을 통해서인데, 이는 유럽에서의 선거와 관련된 이데올로기적 갈등구조 진화에 상당한 영향을 주었다. 예컨대 인도 또는 미국, 브라질 또는 남아공 같은 세계의 다른 곳들은 인종적 종교적 사회적으로 서로 간에 근원적으로 차이가 있다고 느끼는 주민들이 같은 땅에서 마주친 더 오래된 경험을 갖고 있다. 이는 혼혈과 타협, 때때로 끈질긴 적대 따위로 점철된 다양한 궤적을 그린다. 이러한 만남들 및 그에 따른 불평등주의체제들에 대한 광범위한 역사적 전망 설정을 통해서만, 이처럼 접속된 공통의 장구한 역사의 다음 단계들을 구상해볼 수 있다.

## 자연언어와 수학언어의 상보성

이번 조사에서 더 멀리 나아가기 전에, 나는 마지막으로 방법론적인 논점 하나를 정확히 밝혀두고 싶다. 이 책은 주로 (이 책의 언어인 프랑스어도 그렇고 다른 언어들도 그렇고 딱히 자연적인 걸 갖는 것은 아니지만) 자연언어에, 그리고 보완적인 차원에서 수학적이고 통계적인 언어에 의지할 것이다. 예컨대 나는 소득과 소유에서 또는 학력 위계에서 불평등을 측정하기 위해 십분위 개념과 백분위 개념에 자주 의지할 것이다. 이런다고 해서, 내 의도가 계급 전쟁을 십분위 전쟁으로 대체하겠다는 것은 아니다. 사회적 정체성들은 언제나 신축적이고 다차원적이며 앞으로도 그럴 것이다. 여러 사회의 사회집단들은 바로 이 자연언어를 이용하여, 자신들 스스로에게 정체성을 부여해주는 직업과 직무를, 자산과 자격을, 희망과 경험을 지칭하게 해주는 언어적 자원들을 찾아낼 수 있다. 사회적 정체성과 정치적 이데올로기를 표현하기 위해서든, 사회과학 연구와 정의로운 사회에 관한 성찰을 구조화하기 위해서든, 자연언어를 대체할 수 있는 것은 전혀 없을 것이다. 언젠가 수학공식이, 알고리즘 또는 경제통계모델이 불평등의 '사회적 최적화' 수준과 이런 수준으로 귀착될 수 있게 해줄 제도들을 섬세하게 선택할 수 있게 해주리라 기대하는 사람들은 헛수고를 할 것이다. 이런 일은 결코 일어나지 않을 것이고, 그래야 좋은 것이다. 자연언어로(아니, 차라리 갖가지 자연언어들이라고 해야 할 것인데, 이는 하찮은 세부사항이 아니다) 정식화된 민주적이고 공개적인 토의만이, 그러한 선택을 구상하는 데 필수적인 섬세함과 정교함을 제공해줄 수 있다.

그렇지만 수학언어, 통계계열, 그래프와 도표의 활용은 이 책에서 중요한 자리를 점하며, 정치적 토의와 역사적 변화에서도 역시 본질적인 역할을 해낸다. 다시 말해두자. 모든 통계가 그렇듯, 이 책에서 제시되는 역사의 계열적 자료 및 여타의 계량적 평가는 불완전하고 잠정적이며 허약한 사회적 구성물과 다름없다. 그것들은 숫자에 담긴 '유일한' 진리 또는 '사실'의 확실성을 확정하기 위한 게 아니다. 내 관점에서 보자면 통계는 모든 것에 앞서 크기의 순위를 정할 수 있게 해주는, 그리고 서로 너무 동떨어져 있다고 여겨지는데다 구조상 결코 완벽한 상호비교를 할 수 없을 시대와 사회와 문화를 가능한 한 가장 합당한 방식으로 비교할 수 있게 해주는 언어를 전개해나가기 위한 것이다. 각 사회의 절대적 유일성과 근원적인 특수성을 넘어, 예컨대 2018년 미국의 현행 소유 집중을 1914년 프랑스 또는 1800년 영국의 소유 집중과 비교하는 일은 정당화될 수 있다.

세 경우에서 소유권이 실행되는 조건들은 물론 동일하지 않다. 법률과 조세재정 관련 사회체계들은 여러 면에서 상이하며, 보유자산의 범주들(토지·도시부동산·금융자산·비물질재화 등) 자체도 매우 상이하다. 그렇지만 이 모든 특수성과 이것들의 중요성을 의식한다면, 가용 자료들을 만들어낸 사회적 정치적 조건들을 늘 유념한다면, 그럴 때는 이런 유형의 비교를 행하는 일이 합당한 것일 수 있다. 예컨대 이들 여러 사회에서 부유한 10%와 가난한 50%가 보유하는 소유의 총합을 추산하는 식으로 말이다. 역사 연구에서 통계데이터 사용은 우리가 지닌 무지의 크기를 가늠하는 최상의 방식이기도 하다. 숫자로 제시되는 사실은 즉각 대체로 가용하지 않은 또다른 숫자들을 소환하는데, 이에 대해 명시적으로 언급하고 밝혀내는 것이야말로 중요하다. 이는 할 수 있는 비교와 할 수 없는 비교를 명확히 해준다. 실제로, 어느 정도 의미 있는 비교들이 존재하고, 스스로를 예외적이라고 여기고 서로 근원적으로 다르다고 생각하면서 서로에게서 배우기를 거부하는 사회들 사이의 비교도 여기에 포함된다. 사회과학 연구의 주요 목표 중 하나는 실현될 수 없는 비교들을 명확히 제시함으로써 이러한 의미 있는 비교들을 확인하는 것이다.

이러한 비교들이 유용한 이유는, 상이한 정치적 경험들과 역사적 궤적들로부터 교훈들을 끌어내는 데, 법률 또는 조세재정 제도의 효과들을 분석하는 데, 공통의 사회경제적 정의의 표준들을 세우는 데, 압도적 다수에 의해 받아들여질 수 있는 제도장치들을 구축하는 데, 이 비교들이 도움이 될 수 있기 때문이다. 사회과학은 너무나 자주 어떤 통계든 하나의 사회적 구성물에 불과하다고 말하는데, 이는 물론 언제나 맞는 말이긴 하나 불충분하다. 이것이 본질적인 논의들, 특히 경제적 논의들을 타자들에게 떠넘기게 되는 말이기 때문이다. 이러한 태도는 종종 어느 정도 보수주의를, 여하튼 역사가 남긴 불완전한 자료로부터 교훈을 끌어낼 가능성에 대해 상당히 회의주의를 드러내는 태도다.

그렇지만 다양한 성격의 통계장치들과 수학적 구성물들에 의거함으로써, 사회정치적 해방의 다양한 역사적 과정이 일어날 수 있었다. 예컨대 선거구를 나누고 유권자 각자의 동일한 비중을 확고히 해주는 인구조사에 더해, 득표수를 의사결정으로 변환하는 선거 규칙들을 활용하지 못한다면, 보통선거를 조직하기 어렵다. 과세표가 징세관의 자의적 권력을 대체하지 못한다면, 조세정의를 주장하기란 쉽지 않다. 이러한 과세표들 자체는 소득 또는 자본과 같은 차원에서 적용되어야 하는데, 추상적이고 이론적인 이 개념들을 현실적으로 정의하는 데는 복합적인 어려움이 따른다. 그러나 이 개념들은 사회조직과 그 미묘한 경계들에서 복잡한 사회정치적 협상과 타협을 일일이 하지 않아도 상이한 각 집단들이 서로에 대한 비교를 받아들일 수 있게 해준다. 빈곤한 사회계급들이 가장 특혜를 입는 계급들과—현재 사방에서 그런 것처럼 이들보다 부실한 자원을 받는 게 아니라—적어도 동등하게 공적자원들을 받을 수 있는지 확인할 수단 없이, 그리고 명시적이고 검증가능한 방식으로 사회적 출신들을 자원 배분 메커니즘에 포함하지 않고서 교육정의를 세울 수 있다고 주장하기가 매우 어렵다는 것을 수년 내에 깨닫게 될지도 모른다. 엘리트들의 독단성을 피해 새로운 평등주의 지평을 세우기 위해서, 뿐만 아니라 지성적 민족주의와 투쟁하기 위해서는, 절도 있고 분별 있게 사용된 수학언어와 통계언어야말로 자연언어의 불가결한 보완이다.

### 이 책의 플랜

이 책은 총 4부 17장으로 구성된다. 1부 「역사에서의 불평등주의체제들」은 5개 장으로 이루어진다. 1장은 삼원(또는 삼기능)사회, 다시 말해 세 기능 집단(사제·귀족·제3신분)으로 삼분된 사회에 대한 일반적인 서론이다.

2장은 유럽 신분사회를 분석한다. 이 사회들은 지식인 엘리트의 정당성과 전사 엘리트의 정당성 사이의 균형 형식 및 소유와 권력관계의 특수 형식들에 근거한다. 3장은 특히 프랑스혁명이라는 상징적 휴지休止를 통한 소유자사회의 창안에 관한 연구다. 프랑스혁명은 (만인에게 열려 있다고 간주되는) 소유권과 (이제는 국가가 독점하는) 왕권적 권력 사이의 근본적인 분립을 확립하고자 했고, 소유의 불평등 및 그 영속성 문제에 봉착했다. 4장에서는 19세기 그리고 1차대전까지 프랑스에서 극단적으로 전개된 불평등주의적인 소유자사회의 진화를 분석한다. 5장은 삼기능 논리에서 소유주의 논리까지 유럽에서 전개된 다양한 변이들을 연구한 장으로, 특히 영국과 스웨덴 사례에 초점을 맞췄다. 이로써 있을 수 있는 궤적의 다양성과, 불평등주의체제가 전환되는 과정에서 일어난 집단적 동원과 정치적-이데올로기적 분기가 지닌 중요성이 예증될 수 있다.

2부 「노예제사회와 식민사회」는 4개 장으로 구성된다. 6장에서는 노예제사회를 분석한다. 이 사회에서 불평등주의체제의 가장 극단적인 역사적 양식이 만들어진다. 내가 특히 관심을 기울인 것은 19세기의 노예제 철폐와 이때 일어난 소유자에 대한 보상양식이다. 이러한 국면들은 거의 신성시된 소유체제의 힘을 보여주는데, 현재의 세계는 일정 부분 이 힘이 통용되던 시대의 귀결이다. 7장은 포스트노예제식민사회에서의 불평등구조에 관한 연구인데, 이 사회는 선행 노예제사회에 비해 덜 극단적이긴 하지만 국내적으로도 국제적으로도 우리 시대 불평등구조 안에 깊은 흔적을 남겼다. 8장과 9장은 유럽 바깥 삼기능사회가 유럽의 식민주의적이고 소유주의적인 열강과 충돌해 전환된 방식을 조사하는 장들로, 우선은 인도 사례에 초점을 맞췄고(여기서는 오래된 카스트제도가 예사롭지 않게 질요한 흔적을 남겼는데, 이는 부분적으로 영국 식민지배자에 의한 경직된 법규화로 인한 것이다), 이어서 더 넓은 유라시아(중국·일본·이란)를 조망한다.

3부 「20세기의 거대한 전환」은 4개 장으로 구성된다. 10장은 20세기의 소유자사회의 몰락을 분석한 장이다. 소유자사회는 양차대전, 1930년대 위기, 공산주의와 식민지 독립의 도발, 정의로운 불평등주의체제를 재정립하기 위해 19세기 말 이후 준비된 집단적이고 이데올로기적인(특히 사민주의적이고 노조주의적인) 동원의 결과로 몰락한다. 11장은 2차대전이 끝나고 확립된 사민주의사회의 성취와 한계를, 특히 정의로운 소유의 조건을 다시 사유하지 못한 한계, 고등교육에서의 불평등주의적인 도전에 대처하지 못한 한계, 재분배 문제를 초민족적인 규모로 확장하지 못한 한계를 연구한 장이다. 12장에서는 공산주의사회와 포스트공산주의사회를 분석한다. 특히 러시아와 중국과 동유럽의 변화 안에서, 최근의 불평등주의적이고 정체성주의적인 일탈들을 키우는 데 포스트공산주의가 영향을 끼친 방식과 관련해 조사한다. 13장은 현대성과 의고주의 사이에서 준동하는 현 세계의 불평등주의적인 하이퍼자본주의체제를 바라보며, 이 체제를 잠식하는 불평등과 환경의 위기들에 대처하지 못하는 체제의 무능력에 대해 강조한다.

4부 「정치적 갈등의 차원들을 다시 사유하기」는 4개의 장으로 구성된다. 이 장들에서 내가 연구하는 것은 20세기 중반 이후 여러 정당 내 유권자들의 사회-경제적 구조 진화와 정치운동 진화, 그리고 미래 재구성을 위한 전망들이다. 14장에서는 평등주의—다시 말하면 출신들이 다양한 인민계급을 규합하기에 충분할 정도의 설득력을 갖춘 재분배 강령에 근거한—선거연합의 역사적 형성 및 그후의 소멸조건들을, 프랑스 사례를 필두로 하여 연구한다. 15장은 전후 사민주의연합의 와해-젠트리피케이션-브라만화 과정이 어떻게 미국과 영국에서 유사한 방식으로 전개되었는가를 보여주는데, 이는 공동의 구조적 원인들을 시사한다. 16장에서는 서양의 여타 선거민주주의로, 동유럽·인도와 브라질로 분석을 확장한다. 여기서 나는 21세기 초의 사회토착주의라는 실질적인 덫을 연구한다. 내가 강조한 것은 사회토착주의를 견제할 정도로 충분히 강력한 평등주의적이고 국제주의적인 강령의 부재 탓에, 즉 믿을 만한 현실적 사회연방주의의 부재 탓에 현재 자라나고 있는 정체성주의적인 일탈 양상이다. 17장에서는 앞선 부와 장에서 진술된 역사적 경험들로부터 교훈을 끌어내 21세기에 가능한 참여사회주의의 윤곽을 제시해보고자 한다. 나는 특히 정의로운 소유가 취할 수 있는 양식들을 분석하는데, 이러한 소유의 주요한 두 기둥은 다음과 같다. 한편으로는 기업 내 권력 및 의결권의 현실적 분유로, 이는 사회적소유를 제도화하고 공동관리와 노동자자주관리를 뛰어넘는 것을 가능케 한다. 다른 한편으로는 소유에 대한 강력한 누진세로, 이 세금을 통해 모든 청년에게 상당 액수의 자본을 지원하기 위한 재원을 조달할 수 있으며, 일시소유 및 지속적인 자산 순환을 실현할 수 있다. 나는 정의로운 교육과 정의로운 조세, 그리고 투명성과 시민통제를 밑바탕으로 한 조세정의와 교육정의를 보장해야 할 필요에 대한 문제도 다룰 것이다. 마지막으로 정의로운 민주주의와 정의로운 경계의 조건을 검토할 것이다. 여기서 핵심문제는 세계-경제의 대안적 조직화에 대한 것인데, 이 대안은 오늘날 세계 거버넌스 노릇을 하는 재화와 자본의 자유이동 조약들 대신에 조세재정·사회·환경 관련 연대의 새로운 형식들을 사회연방주의를 통해 발전시킬 수 있게 해준다.

일부 성급한 독자들은 아마도 곧바로 종장과 결론으로 넘어가고 싶어할 것이다. 이를 막을 수는 없지만, 앞의 4개 부를 단편적으로라도 먼저 읽지 않는다면, 종장과 결론에서 제시되는 요소들을 내가 어디서 끌어왔는지 이해하는 데 어려움을 겪을 것이라는 사실을 유의해주길 당부한다. 어떤 독자들은 어쩌면 1부와 2부에서 제시되는 자료가 진정 타당성을 갖기에는 너무나 오래된 역사에 속하는 것이라 생각하고 3부와 4부에 집중하려고 할 것이다. 나는 이 책에 여러 방면에서 접근할 수 있도록 각 부와 각 장의 서두에 충분할 만큼의 주의와 참조를 달아놓았다. 그러니 각자 알아서 자신의 길을 택할 일이다. 당연히 차례대로 쭉 읽어가는 길이 가장 논리적인 진행일 테지만 말이다.

독서의 짐을 덜고자, 본문과 주에는 주요 역사 자료와 준거 자료만을 담았다. 이 책의 역사 자료와 참고문헌과 방법론 전반에 관한 세부 정보를 얻고 싶은 독자는 온라인(http://piketty.pse.ens.fr/files/AnnexeKIdeologie.pdf)으로 열람할 수 있는 전문 부록을 참조하길 권한다.[18]

# 제1부

# 역사에서의 불평등주의체제들

CAPITAL ET IDÉOLOGIE

제 1 장

# 삼원사회: 삼기능적인 불평등

이 책의 1부와 2부의 목표는 불평등주의체제의 역사를 장기적인 관점에서 살피려는 것이다. 특히 우리는 구래의 삼원사회와 노예제사회가 19세기에 소유자사회 및 포스트노예제식민사회의 승리로 귀착된 과정과 궤도의 복합성과 다중성을 더 잘 이해해보고자 한다. 1부에서는 주로 유럽의 계급사회와 이 사회가 소유자사회로 바뀌는 변화를 연구한다. 2부에서는 노예제식민사회를 살피며, 유럽 바깥의 삼기능사회가 유럽 열강과 만나면서 받은 영향으로 어떻게 바뀌는지를 검토한다. 3부에서는 20세기 소유자사회와 식민사회가 주로 세계대전과 공산주의의 시련이라는 충격 아래 겪었던 위기를 분석할 것이다. 이어서 4부에서는 20세기 말 21세기 초의 포스트식민적이고 신소유주의적인 세계에서 이 사회들의 쇄신 및 가능한 변화 조건들을 연구할 것이다.

## 세 기능의 논리: 사제, 귀족, 제3신분

우리는 이번 조사를 내가 '삼원사회sociétés ternaires'라 부르자고 제안하는 것에 대한 연구로 시작하겠다. 삼원사회는 역사에서 가장 오래되고 가장 널리 퍼진 불평등주의체제의 범주를 구성한다. 게다가 삼원사회는 현 세계에 지속적인 자국을 남겼고, 사회적 불평등과 이에 대한 정당화의 기원이 되는 이 모체부터 분석하지 않고는 이후의 정치적-이데올로기적 발전들을 정확히 검토할 수 없다.

삼원사회는 형태상 가장 단순히, 별개의 세 사회집단인 사제와 귀족과 제3신분으로 이루어진다. 이 집단 각각은 공동체 전체에 복무하는 본질적 기능과 그 존속에 필수불가결한 기능을 다한다. 사제는 종교적이고 지적인 계급이다. 이 계급은 공동체의 영적인 지도 및 공동체의 가치와 교육을 책임진다. 즉 공동체의 역사와 형성에 의미를 부여하며, 이를 위해 필수적인 지적 도덕적 규범과 좌표를 공동체에 제공한다. 귀족은 군사적인 전사계급이다. 이 계급은 무기를 다루고 사회 전체의 안위와 보호와 안정성에 기여한다. 이 계급은 공동체가 지속적인 혼돈과 일반화된 약탈에 빠지는 걸 피할 수 있게 해준다. 제3신분은 노동하는 평민계급으로, 농민과 수공업자와 상인을 비롯해 사회의 나머지가 모인 것이다. 그 노동으로 이 계급은 공동체 전체가 먹고 입고 대를 이어갈 수 있게 해준다. 이런 역사적 유형을 지칭하기 위해 '삼기능사회sociétés trifonctionnelles'라고 말할 수도 있지만, 실제로는 대개 이 유형이 더 복잡하고 다양한 형태를 가지며, 각 집단 밑에 다수의 하위-계급을 두고 있다. 그러나 이 유형의 정당화—또한 때로는 공식적인 정치조직화—의 일반적 도식은 세 가지 기능에 입각한다.

사회조직의 이러한 일반적 유형은 프랑스혁명까지의 기독교 유럽 전체에서뿐만 아니라, 유럽 바깥의 매우 많은 사회에서도, 대부분의 종교에서도, 특히 힌두교와 시아파 이슬람 및 수니파 이슬람의 틀 안에서, 상이한 양상들을 띠며 확인된다. 예전에 인류학자들이 내놓은 (이론의 여지가 있는) 가설에 따르면, 유럽과 인도에서 관찰되는 사회적 '삼분tripartition'체계들은 공통의 인도-유럽적인 기원을 가졌으며, 이를 신화와 언어구조에서 간파할 수 있다.[1] 매우 불완전하긴 하지만 현재의 인식으로 생각해볼 수 있는 것은, 세 계급에 따른 이 조직화 유형이 실제로 훨씬 더 일반적이며, 단일 기원 테제는 성립되지 않는다는 것이다. 삼원 도식은 거의 모든 고대사회에서, 중국과 일본은 물론 극동에 이르기까지 세계 전역에서 확인된다. 이들 사이의 실질적 변이들을 연구하는 것이 바람직한데, 표피적인 유사성보다는 이 변이들이 기본적으로 더 흥미롭기 때문이다. 손댈 수 없이 신성하거나 그렇다고 여겨지는 것 앞에서 느끼는 경탄은 종종 정치적 사회적 보수주의를 반영하는데, 그에 비해 역사적 현실은 언제나 변하기 쉽고 다중적이며, 예기치 못한 잠재성과 의외의 위태로운 제도적 임기응변과 불안정한 타협과 미완의 분기들로 가득하다. 이러한 현실을 이해하기 위해서는, 또한 미래의 분기들을 준비하기 위해서는 사회역사적인 변화의 조건들을, 적어도 보수의 조건들을 분석하는 것이 더 가치 있다. 이는 다른 사회들에도 해당되지만 삼원사회에도 역시 해당된다. 이러한 분석을 진전시키기 위해서는 특히 유럽과 인도처럼 매우 상이한 맥락에서, 더 일반적으로 비교론적인 초민족적 전망 안에서 관찰되는 장기 동학들dynamiques longues을 비교하는 것이 유용하다. 우리가 1장과 그 이하의 장들에서 하려는 것이 바로 이것이다.

### 삼원사회와 근대국가의 형성

삼원사회는 이후의 역사적 형태와 두 가지 본질적인 특성에 의해 구별된다. 서로 긴밀하게 연결된 이 특성들 중 하나는 불평등 정당화의 삼기능 도식이고, 다른 하나는 구래의 사회가 중앙집권적인 근대국가 형성에 선행한다는 사실과, 이 사회들에서 불가분의 관계에 있던 정치적 경제적 권력이 애초에는 국지적 수준에서, 대개는 협소한 차원의 영토에서, 흔히들 다소간 먼 곳에 있는 중앙의 군주권력 또는 황제권력과 상대적으로 느슨한 연결을 갖고 집행되었다는 사실이다. 사회질서는 몇몇 핵심기구(촌락·농촌공동체·성·요새·교회·사원·수도원)를 중심으로 강하게 지방분권화된 방식으로, 여러 영토와 권력 장소 사이의 제한된 연계하에 구조화되었다. 이런 영토와 장소는, 특히 교통수단의 취약함을 감안한다면 대체로 서로 연결되어 있지 않았다. 권력의 이러한 분권화는 분명히 사회관계 내에서의 만행과 지배를 막지는 못하지만, 근대의 중앙집권화된 국가조직에서는 찾아보기 힘든 뚜렷한 양상과 형태에 따라 이루어진다.

구체적으로, 전통적인 삼원사회에서 소유권과 왕권적인 기능들은 국지적 수준에서의 권력관계라는 틀 안에서 복잡하게 얽혀 있다. 두 지배계급—사제와 귀족—은 물론 소유계급이다. 특히 일반적으로 두 계급이 대부분의(때로는 거의 모든) 농토를 보유하고 있는데, 이 소유지가 모든 농촌사회에서 경제적이고 정치적인 권력의 초석을 구성한다. 사제의 경우에 보유는 흔히 (교회·사원·주교구·종교재단·수도원 같은) 여러 형태의 성직제도를 매개로 조직되고, 이 제도는 여러 종교, 특히 기독교와 힌두교와 이슬람교에서 관찰된다. 귀족의 경우에 소유는 사제에 비하면 개인 수준에서, 보다 정확히 말해—때로는 자산과 지위의 파산을 모면하기 위한 가족 간 불분할 또는 의제적인 기금의 틀로—귀족이라는 가문과 자격 수준에서 지닌 보유에 더 가까웠다.

어쨌든 중요한 초점은 사제의 소유권과 귀족의 소유권이, 특히 질서유지와 치안 및 군사 권력이라는 점에서(이것은 원칙상 전사 귀족의 전유물이지만 사제 귀족의 이름으로 실행될 수도 있다), 또한 재판권력이라는 점에서(재판은 일반적으로 현지 영주의 이름으로 이루어지는데, 이 영주 역시 귀족 또는 종교인이다), 왕권적인 핵심권력과 병행한다는 것이다. 식민시대 이전의 인도에서와 마찬가지로 중세 유럽에서, 영국의 지주도 프랑스 영주도, 인도의 브라만과 라지푸트도 에스파냐 주교구도, 다른 맥락에서 그들과 동등한 존재들도, 모두 토지의 주인들이자 토지에서 노동하고 살아가는 사람들의 주인들이기도 하다. 그들은 여러 가지 가변적인 양태에 따라 소유권과 왕권적인 권리를 동시에 부여받은 자들이다.

유럽을 연구하든 인도를 연구하든 혹은 또다른 지리적 권역을 연구하든, 영주는 전사계급 또는 사제계급 출신인데, 이로써 보자면 모든 구래의 삼원사회에서 국지적 차원의 이러한 권력관계가 극도의 중요성과 착종의 성격을 띤다. 이는 흔히 강제노동과 예속이라는 극단적 형식을 보이는데, 이 말이 함축하는바 노동자계급 전체 또는 일부의 이동권을 엄격히 규제한다는 것이다. 따라서 노동자들은 더이상 자기 땅을 떠나 다른 곳으로 노동하러 갈 수 없다. 이런 의미에서 그들은 귀족 영주 또는 사제 영주들에게 속해 있고, 이는 노예제사회를 다루는 장에서 우리가 연구할 것과는 다른 소유관계다.

더 일반적으로는, 이 관계가 덜 극단적이고 더 호의적일 수도 있는데다 꽤 현실적인 관리 형식을 취할 수도 있어 이로써 국지적인 수준에서 마침내 준국가를 형성하게 되어 경우에 따라 다양한 역할을 나눠 가진 사제와 귀족이 이를 다스릴 수도 있다. 치안권과 재판권 이외에, 전통적인 삼원사회에서 가장 중요한 관리 형식은, 특히 결혼과 출생과 사망의 통제와 등기 관리다. 이것은 공동체의 존속과 규제를 위한 기본 기능으로, 종교 제례 및 인척관계와 가족생활 내에 부가된 형식과 관련한 규칙(특히 섹슈얼리티, 가부장권력, 여성의 역할, 아동교육과 관련되는 모든 것)과 밀접하게 연결된다. 이 기능은 일반적으로 사제계급이 전담하며, 해당 장부들은 관련된 여러 종교의 교회와 사원에 보관된다.

또한 거래 및 계약 등록에 대해 언급해야 한다. 이 기능은 경제활동과 소유관계를 규제하기 위한 중심 역할을 하며, 귀족이거나 사제인 영주가 행사할 수 있는 기능으로, 일반적으로는 지방의 재판권 행사와 민사·무역·상속 분쟁 해결과 연관된다. 또다른 집단적 기능과 공공업무 역시 전통적인 삼원사회에서 중요한 역할을 할 수 있는데, 이를테면 (대체로 기초적인 수준이었고 때때로 보다 다듬어지기도 한) 교육과 의료, 그리고 몇몇 집단 기간시설(방앗간·다리·도로·우물) 같은 것들이다. 유의해야 할 것은 삼원사회의 주요한 두 위계(사제와 귀족)가 보유한 왕권적인 권력이 안위와 영성이라는 견지에서, 그리고 더 일반적으로는 공동체의 구조화라는 견지에서, 그들이 세번째 위계에게 제공하는 자연스러운 보상적 봉사로 간주된다는 점이다. 모든 것이 삼기능사회와 연관되는데, 각 집단은 지방 차원에서 서로 긴밀하게 연관되는 권리와 의무와 권력의 총체 안에 있게 된다.

중앙집권화된 근대국가의 발전은 삼원사회가 소멸하는 데 어느 정도 원인이 된 것일까? 우리는 이 두 기본적인 정치적-경제적 과정의 상호작용이 실제로 더 복잡하며, 기계적이고 일방적이며 결정론적인 방식으로는 진술될 수 없음을 볼 것이다. 어떤 경우에는, 이데올로기적 삼기능 도식을 중앙집권화된 국가구조에 지속적으로 입각하여, 이 새로운 틀 속에서 적어도 일시적으로나마 어찌어찌 재정의하고 계속 밀고 나가볼 수도 있다. 예컨대 영국의 상원이 떠오르는데, 이는 중세 삼기능세계에서 직접적으로 유래한 귀족적 사제적 제도이지만, 19세기 전반에 걸쳐 그리고 20세기 초까지도 최초의 세계 식민제국의 통치에서 중심 역할을 해냈다. 또한 이란의 시아파 사제를 인용할 수 있는데, 헌법수호위원회와 국가지도자운영회의와 더불어 이 사제의 정치적 지배 역할도 20세기 말의 이슬람 공화국—역사에서 대단한 전대미문인 이 체제는 21세기 초에도 여전히 유력한 체제다—건설과 더불어 합헌성을 부여받게 되었다.

### 혁명과 식민화 사이에서, 삼원사회 권위의 실추

그럼에도 여전히 근대국가 건설에서 삼기능 질서의 토대 자체를 뒤흔드는 경향이 물론 있는데, 예컨대 소유주의 이데올로기, 식민주의 이데올로기,

공산주의 이데올로기가 서로 경합하는 이데올로기 양상의 전개로 이어지는 것이다. 이 이데올로기들은 대체로 지배 이데올로기로서의 삼원 이데올로기를 완전히 대체하거나 제거해버린다. 어떤 중앙집권화된 국가구조가 옛 전사 귀족과는 점점 더 상관없는 행정 및 특정 인적수단들(경찰관, 군인, 관료)을 동원하여 대규모의 영토에서 사람과 재화의 안전을 보장하게 된 그 순간부터, 질서와 안전의 보증인으로서의 귀족의 정당성 자체가 혹독한 시련에 처한다는 것은 매우 자명하다. 마찬가지로, 새로운 인식과 지혜를 생산하고 교육하기 위한 시민기관·학교단체·대학기관과 그 과정이 발전되어가면서 교사·지식인·의사·과학자·철학자가 구래의 사제계급과 점점 더 동떨어져 새로운 네트워크를 이끈 그 순간부터, 공동체의 영적 지도에 대한 보증인으로서 사제의 정당성 자체가 심대하게 문제시된다는 것은 의심의 여지가 없다.

구래의 전사계급과 사제계급의 이 같은 권위 실추의 과정은 매우 점진적인 방식으로 전개될 수도 있고, 어떤 경우에는 수세기에 걸쳐 일어날 수도 있다. 유럽의 여러 나라에서(예컨대 우리가 재론할 영국과 스웨덴에서), 유럽의 신분사회에서 소유자사회로의 전환은 아주 길고 점진적으로 그 진화가 일어나는데, 1500~1600년경(심지어 더 이전)에 시작된 이 진화는 1900~1920년경이 되어서야 비로소 끝이 난다. 게다가 완전히 끝난 것도 아니라서, 오늘날까지도 삼기능의 흔적들이, 여전히 다수의 서유럽 국가에 현존하는 군주제 형식하에서이긴 하지만, (영국의 상원처럼) 귀족적이거나 사제적인 권력을 대체하는 상징적 잔재로서 남아 있기 때문이다.[2]

또한 노골적인 가속화 순간들도 있는데, 새로운 이데올로기들과 그에 맞는 국가구조들이 구래의 삼원사회 조직을 근원적이고 의식적으로 전환시키고자 합일하여 움직이는 때가 바로 그런 순간들이다. 우리는 특히 프랑스혁명을 예로 들어 분석할 것인데, 프랑스혁명이 가장 상징적이면서 또한 잘 고증된 경우이기 때문이다. 1789년 8월 4일 밤 귀족과 사제의 '특권' 폐지에 뒤이어, 혁명기 의회와 그들의 행정부 및 사법부는 '특권'이란 단어에 지속적으로 정확한 의미를 부여한다. 혁명기 입법자들이 보기에 소유권(이 권리가 구'특권층'에 의해 실행되었으며 종종 의심스러운 조건 내에서 획득되고 강화되었던 때를 포함해)의 정당한 집행에 속한 것과, (이제는 중앙국가의 배타적 영역인) 특권을 지닌 지방권력이 부당하게 전유한 구세계에 속한 것 사이에서, 단기간에 엄밀한 경계를 나누어야 했다. 이 권리들은 실제로는 나눌 수 없게 연결되어 있던 것이어서, 그런 경계 나누기가 쉽사리 이루어지지는 않았다. 이러한 경험은 전통적인 삼원사회, 특히 유럽 신분사회를 특징짓는 권력과 권리의 착종이 지닌 특수성을 더 잘 포착할 수 있게 해준다.

우리는 또한 전혀 상이하지만 역시 교훈적인 어떤 역사적 시퀀스에 대해서도 연구할 것이다. 즉 영국의 식민국가가, 특히 1871년부터 1941년까지 시행한 카스트 인구조사를 통해, 인도 현지의 삼원구조를 평가하고 변형하려 시도했던 방식을 검토함으로써 살필 것이다. 문제는 프랑스혁명의 경우와는 어떤 면에서 상반된다는 것이다. 요컨대 인도에서는 외래의 국가권력이 구래의 삼원사회 재구축에 착수하여 국가 형성과 사회 전환의 토착적인 과정이 중단되어 있다. 이 대립적인 두 경험의 대조(및 중국·일본·이란에서처럼 포스트삼원 논리와 포스트식민 논리가 결합되는 또다른 이행들에 대한 검토)를 통해 우리는 있을 수 있는 궤도와 작동중인 메커니즘의 다양성을 더 잘 이해할 수 있을 것이다.

## 삼원사회의 현재성

더 멀리 나아가기에 앞서, 다음과 같은 당연한 의문에 답해야 한다. 삼원사회에 대한 역사적 흥미 말고, 이 사회를 연구해야 할 이유가 과연 무엇인가? 어떤 이들은 이를 무시하고 먼 과거로 돌려보내고 싶어할 수도 있겠다. 잘 알지도 못하고, 뒷받침해줄 자료도 거의 없으며, 무엇보다도 현대 세계를 이해하는 데 그다지 관련성도 없으니 말이다. 이 사회를 특징짓는 엄격한 규정상의 차이들은 우리의 현대 민주주의·능력주의 사회—직업 접근의 평등, 사회적 유동성과 세대 간 이동성에 기반한 사회라고 자부하는 이 사회—와 대척점에 있지 않은가? 이와 같은 오류를 범하는 것은 적어도 두 가지 이유 때문에 매우 잘못된 일일 것이다. 하나는, 구래의 삼원사회의 불평등구조와 현대사회의 현행 불평등구조가 흔히들 상상하는 것보다는 기본적으로 그다지 동떨어져 있는 것이 아니라는 점이다. 다른 하나는, 이것이 더 중요한데, 삼기능사회의 소멸 조건은 나라와 지역 및 종교적 식민적 포스트식민적 맥락에 따라 극도로 가변적이며, 이 조건이 우리 시대 안에 깊은 흔적을 남겼다는 점이다.

무엇보다도, 엄격한 규정이 삼기능 도식의 규범이라 하더라도, 실제로 이 사회에서 계급 간 이동이 전적으로 부재했던 건 아니라는 사실을 강조해야 한다. 이 대목은 현대사회와 맞닿아 있다. 예컨대 우리가 살펴보겠지만, 사제집단과 귀족집단과 평민집단의 상대적 규모와 그 자원 범위는 시공간에 따라 매우 달라지는데, 이는 집단 사이의 관계를 규제하는 제도와 역학관계에 대해 지배집단이 추구한, 경우에 따라 다소간 개방적이거나 폐쇄적인, 승인 규칙과 동맹 전략상의 변화에서 주로 기인하는 결과다. 두 주요한 위계(사제와 귀족)는 앙시앵레짐이 끝날 때 프랑스에서 전체 성인남성 인구의 고작 2%에 불과했는데, 두 세기 전만 해도 5%가 넘었다. 이 두 지배계급은 18세기 스페인에서는 대략 11%였으며, 19세기 인도에서는 사제계급과 전사계급에 상응하는 두 바르나—브라만과 크샤트리아—가 10%를 넘었다(상층 카스트 전부를 합친다면 무려 20%에 달한다). 이는 매우 상이한 인간적 경제적 정치적 현실을 나타낸다(도표 1.1 참조). 달리 말해 삼원사회 세 집단 사이의 경계는 영구적인 협상과 갈등 대상이고, 이런 협상과 갈등이 그 경계의 정의와 윤곽을 근원적으로 바꿀 수 있다는 것이다. 또한 유의해서 보자면, 두 상위계급의 인원수라는 관점에서 보면 인도와 스페인은 궁극적으로 프랑스와 스페인보다 더 가까운데, 아

**도표 1.1** 삼원사회의 구조: 유럽과 인도, 1660~1880년

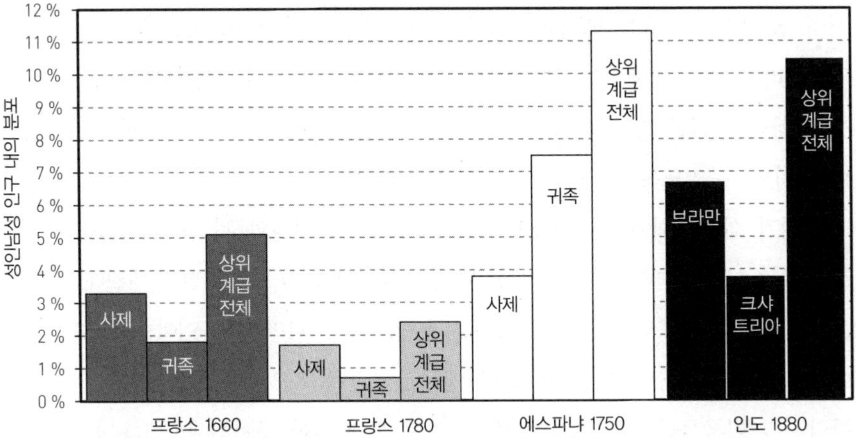


1660년 프랑스 성인남성 인구 중 사제가 약 3.3%, 귀족이 1.8%로 삼기능사회의 두 지배계급은 총 5.1%를 점한다. 1880년 인도 성인남성 인구 중 브라만(옛 사제계급으로, 영국 식민지 인구조사에 의해 측정되었다)은 약 6.7%, 크샤트리아(옛 전사계급)가 약 3.8%로 두 지배계급이 총 10.5%를 점한다.

**출처 및 원 통계자료:** piketty.pse.ens.fr/ideologie

마도 이는 흔히들 여러 문명·문화·종교상의 본질 사이에서 확립되는 근원적 대립들(예컨대 인도의 카스트는 불평등과 독재로 치닫는 동양의 전제정과 무절제한 동양적 양식의 상징으로 간주되지 않을 때라도, 서구의 시선에서 종종 절대적으로 낯선 역할을 한다)이 실제로는 사회구조를 변형시키는 사회정치적 제도적 과정들보다는 덜 중요하다는 점이 연상될 것이다.

또한 앞서 거론한 것에서 연상해볼 수 있는바, 이들 여러 집단에 대한 유효한 추정이 그 자체로 복잡한 사회정치적 구조에서 나온 것임을 폭넓게 살펴볼 기회가 있을 것이다. 대개는 형성중인 국가세력(절대왕정 또는 식민제국)이 사제와 귀족에 대한 조사나 식민지 주민과 그 내부의 여러 집단에 대한 인구조사를 시행하고자 벌인 다양한 시도에서 나온 추산이다. 불가분하게 정치적이면서 인지적인 이러한 장치들은 인식과 표지를 나타내기 위한 것인 만큼 사회통치 계획안에 일반적으로 포함된다. 사용된 범주와 양산된 정보는 문제시되는 사회구조에 관해서는 물론, 그 입안자들의 의도와 정치적 프로젝트에 관해서도 얼마간 우리에게 알려준다. 이는

이러한 자료에서 아무런 유용한 것도 파악해낼 수 없다는 뜻이 아니라, 오히려 정반대다. 자료를 맥락화하고 분석하는 데 조금이라도 시간을 낸다면, 우리가 흔히 정체되어 있고 침체되어 있으며 지나치게 대립한다고 잘못 상상하고 있을 이 사회들을 관통하는 갈등과 변화와 단절에 대해 더 잘 파악할 수 있도록 귀중한 자료를 구성해줄 것이다.

나아가 삼원사회에서 지배집단과 피지배집단의 기원과 관련하여 실제로든 추측이든 거기에 종종 다양한 민족론이 따라붙기 마련이라면(예컨대 프랑스와 잉글랜드와 인도에서 귀족은 프랑크족·노르만족·아리아인으로 여겨지는 반면, 평민은 갈로로만인·앵글로색슨족·드라비다족으로 가정한다), 그 이론들이 번갈아가며 활용되었던 건 유력한 통치체계를 정당화하거나 역으로 그 권위를 실추시키기 위해서일 것인데(식민지사회를 근원적인 차별화 상태로 밀어넣고, 역동적이고 유동적이라고 간주되는 유럽의 근대와는 무관하다고 가정되는 어떤 정체성을 그 사회에 할당하기를 지극히 좋아했던 식민권력도 물론 이 이론을 활용했다), 오늘날 살필 수 있는 모든 역사적 정보에서 민족 차이로 가정된 이 민족론들이 몇 세대가 흐른 뒤 거의 완전히 사라져버릴 정도로 계급 간 혼합이 현실적으로 너무나 중요했다는 점을 시사해준다. 틀림없이 삼원사회 내부의 유동성은 일반적 규범상 오늘날 사회보다 양적으로는 떨어진다. 실은 정확히 비교하기가 어려운데, 많은 반대 사례가 있기 때문이다. 이 사례들은 유럽에서처럼 인도에서도 새로운 엘리트와 새로운 귀족의 부상에 기초하는데, 이 사회가 보여주는 유동성은 삼원 이데올로기를 사후적으로만 정당화해줄 뿐이다. 하지만 여하튼 이는 원칙의 차이가 아니라 정도의 차이이며, 그렇게 연구되어야 한다. 종교계급이 원칙적으로 대물림되는 사회들을 포함해 모든 삼원사회에서는, 다른 두 계급 출신의 사제, 전투에서의 무훈 또는 여타의 능력과 자질 덕에 작위를 받은 평민, 무기를 다루는 종교인 등이 관찰된다. 규범은 아니지만 그래도 사회적 유동성이 결코 전적으로 부재한 것은 아니다. 사회적 정체성과 계급 간 경계 구획선을 놓고 다른 사회들처럼 삼원사회에서도 다투고 협상한다.

## 삼원사회의 불평등 정당화

대체로 삼원사회를 바라볼 때, 정의롭고 조화롭다고 여겨지는 현대의 능력주의 질서와 근원적으로 대립하는 사회, 내적으로 정의롭지 못하고 전제적이며 자의적인 질서의 구현체로 보는 것은 매우 잘못된 일일 것이다. 안전과 의미에 대한 욕구는 언제나 본질적인 사회적 욕구였다. 이는 특히, 발전하지 못한 사회에 해당하는데, 물론 이 사회에만 해당하는 것은 아니다. 이 사회의 특징은 영토가 분할되어 있고 통신이 취약하며, 만성적인 불안정과 존재의 위태로움이 두드러지는데, 절도와 살인 또는 전염병으로 인해 끊임없이 사회의 토대 자체가 위협받을 수 있다. 종교집단과 군인집단이, 문제가 되는 영토와 시대에 걸맞은 제도와 이데올로기의 틀에서, 의미와 안전에 대한 이 욕구에 믿을 만한 답을 내놓을 수 있게 된 이래로, 요컨대 종교집단은 공동체의 기원과 생성에 대한 거대서사 및 공동체의 귀속을 표현하고 공동체의 영속을 확고히 해주는 구체적 기호들을 제시하며, 군인집단은 정당한 폭력의 장을 규제하고 사람과 재화의 안전을 확고히 해주는 조직을 제공한 이래로, 해당 주민들의 눈에는 삼기능 질서가 정당한 것으로 여겨질 수 있었으리라는 점은 전혀 놀랍지 않다. 물질적이고 정신적인 안전을 가져다준 권력을 상대로, 그다음에 무슨 일이 뒤따를지라도 모든 걸 잃을 각오를 하면서 왜 위험을 감수하겠는가? 이상적인 정치 및 사회 조직의 미스터리는 너무 모호하고, 거기에 도달할 실천적 방도는 더더욱 불확실한 만큼, 안정성이 검증된, 기본적인 사회적 기능들의 단순하고 이해하기 쉬운 분배에 근거한 모델을 제시하는 권력이 분명 각광받으리라는 것은 당연하다.

그렇다고 해서 세 집단 사이의 권력 및 자원의 정확한 분배에 관한 합의의 실체가 자명하다는 뜻은 아니다. 삼기능 도식은, 정확하게 정의되며 토의가 자유로운 어떤 정의 규범을 제시하는 관념론적이고 이론적인 담론이 아니다. 이는 권위적이고 위계적이며 극도로 불평등한 담론으로, 종교와 군사 지도층이 흔히 파렴치하고 난폭하며 과도한 방식으로 자신들의 지배를 공고히 하는 것을 가능케 한다. 게다가 삼원사회에서 빈번히 일어나는 일은, 사제와 귀족이 도를 지나쳐 자신들의 우위를 점하거나 또는 자신들의 강제력을 과대평가하려 든다는 것이다. 이는 반란으로, 그 사회의 전환 또는 소멸로 귀착될 수 있다. 단지 내가 강조하는 사실은 불평등을 정당화하는 삼기능체계가 삼원사회의 중핵에 있다는 것, 즉 세 집단 각각이 특정한 기능(종교적 기능, 군사적 기능, 노동 기능)을 점하고 있다는 것이며, 이러한 삼분이 잠재적으로 공동체 전체에 이익이 된다는 생각인데, 체계가 오래가게 하려면 이런 생각에 언제나 최소한의 그럴듯함이 있어야 한다는 것이다. 모든 사회에서 그렇듯이 삼원사회에서, 불평등주의체제는 강제와 동의의 복합적인 혼재에 입각해서만 비로소 유지될 수 있다. 강경한 강제만으로는 충분치 않다. 지배집단들에 의해 옹호되는 사회조직화모델 또한 구성원 전체, 또는 적어도 주요 구성원으로부터, 최소한의 지지를 얻어내야만 한다. 정치 지도력은 최소한 도덕적이고 지적인 지도력 형식에, 다시 말해 공공선과 공익에 대한 믿을 만한 이론에 항상 기반해야만 한다.[3] 삼기능사회와 이후 사회 사이에서 가장 중요한 공통점은 분명 이와 같다.

삼원사회의 특수성은 단지 불평등을 정당화하는 특정 양식이다. 각각의 사회집단은 다른 집단에 필수적인 기능을 다하며, 인체의 여러 부분이 하는 것과 동일한 방식으로 각각에게 생명 유지에 필수적인 서비스를 해준다. 신체 은유는 삼기능 조직화를 이론화하는 여러 텍스트에서 빈번하게 사용되는데, 중세 유럽사회에서도 고대 이래 인도사회에서도 등장한다(삼원 도식을 정식화하는 기독교 초기 텍스트들보다 무려 천년 이상 앞선 기원전 2세기에 북인도에서 집필된 정치적-법적 논고 『마누법전』이 특히 그렇다. 우리는 이를 다시 이야기할 것이다). 이를 통해 피지배계급에 하나의 일관된 전체 속에서 한 자리를, 대체로 발 또는 다리의 역할을 하는 자리를 부여할 수 있는데(반면에 지배계급은 일반적으로 머리와 팔로 체현된다), 물론 아주 만족스러운 것은 아니지만 공동체 전체를 받드는, 이론의 여지 없이 유용한 기능과 적어도 부합하긴 한다.

따라서 이 정당화 양식 그 자체와 특히 이 양식의 전환 및 소멸 조건을 연구해보고 불평등 정당화의 현대체제들과 비교해보는 것은 가치가 있다. 그 기능들은 분명 많이 바뀌었음에도 불구하고 이 현대체제들이 늘 전적으로 다른 건 아니지만 다양한 직종에 대한 접근의 평등이(과연 이것이 현실적으로 그런지 아니면 이론에만 그치는 것인지를 항상 괘념치는 않지만) 이제는 기본 원칙으로 천명될 정도다. 삼원사회에 뒤이은 정치체제는 이 삼원사회를 비방해야 하는 짐을 짊어졌는데, 이는 아주 자연스러운 일이다. 예컨대 앙시앵레짐 귀족과 대면한 19세기 프랑스 부르주아의 말을, 혹은 인도 브라만과 대면한 영국 식민지배자의 말을 생각해보자. 이 말들은 그 자체로 또다른 불평등 및 지배 체계를 정당화하고자 하는데, 이 체계들이 피지배계급에 언제나 더 온화했던 것도 아니었으며, 이 체계를 온전히 있는 그대로 연구하는 것이 중요하다.

## 엘리트들의 다중성, 인민의 단일성?

마지막으로 무엇보다도 우리가 삼원사회 연구와 이 사회의 다양한 변주와 변형 중 일부를 분석하면서 연구를 시작해야만 하는 이유는, 이 사회를 현대사회와 대립시키는 것이 얼마나 폭넓은 규모든 간에, 핵심은 삼원사회가 붕괴되어가기까지 여러 궤적과 역사적 이행이 현 세계에 지속적인 자국을 남겼다는 것이다. 삼원사회들 사이에서 일어난 주요 변화는 종교적-정치적 지배이데올로기의 본성에 따라, 특히 다음과 같은 두 가지 핵심 문제에 대한 그 입장에 따라 설명된다는 것을 무엇보다 잘 알게 될 것이다.

즉 엘리트들이 많건 적건 다중적이라고 여겨지는 문제와 실제로 그렇든 가정상이든 인민의 단일성이 그것이다.

우선 이는 지배적인 두 집단(사제와 귀족) 사이의 위계와 상보성에 대한 문제다. 대부분의 유럽 신분사회에서, 특히 프랑스 앙시앵레짐에서, 제1신분은 공식적으로 사제이고, 귀족은 종교 행렬에서 의전상 차석에 그친다. 하지만 과연 누가 삼원사회에서 진정 최고 권력을 가지며, 어떻게 사제의 교권과 귀족의 속권 사이에서 공존을 조직하는가? 이는 결코 하찮은 문제가 아니며, 시공간에 따라 다양한 답이 있었다.

이 첫 질문은 다른 두 집단과 진정으로 구별되는 사회집단으로서의 사제들의 독신주의 및 그들의 재생산 문제와 긴밀히 연관된다. 그리하여 힌두교(브라만이라는 형태로, 진정으로 사제적이고 학자적인 계급인 브라만은, 크샤트리아라는 전사계급에 맞서 실제로 종종 지배적인 정치경제적 위치를 점해왔음을 우리는 이해하게 될 것이다), 시아파 이슬람 및 수니파 이슬람(여기서도 또한, 시아파의 경우 진정한 세습 사제가, 조직을 갖추고 강력해진 이들이 중앙국가 자체는 아니지만 지역의 준국가들에서 종종 우두머리가 된다), 유대교와 대부분의 종교에서, 사제집단이 진정 세습 계급으로 등장해 세력을 형성할 수 있는 것이다. 주목할 만한 예외가 (적어도 기독교의 근대 로마가톨릭 버전의) 기독교인데, 여기서는 사제를 다른 두 집단이 (실질적으로는 귀족이 상위급 사제를, 제3신분이 하위급 사제를) 영구적으로 부양해야만 한다. 이로 인해 즉각 유럽은 삼원사회 및 불평등주의체제 일반의 장구한 역사 안에서 매우 특수한 사례가 된다. 이로써 이후의 유럽의 진화과정이 지닌 일정한 측면이, 특히 이 과정에서 경제-금융 이데올로기와 법기구라는 관점이 설명될 수 있다. 또한 이 책 4부에 나오는, 엘리트(사제 또는 전사)와 정당성의 여러 유형 사이의 이러한 경합은, 현대의 선거와 관련된 정치적 갈등을 특징짓는 지식인 엘리트와 상인 엘리트 사이의 대립과 무관치 않다. 설사 경합 조건들이 삼기능시대 이래로 분명 많이 변했다고 하더라도 말이다.

두번째 질문은 노동자계급 안에서 그 지위가 어느 정도 단일화된 것, 또는 역으로 예속노동의 여러 형태(농노, 노예)가 여태까지 이어지고 있다는 것, 그리고 직업적 정체성 및 조합에 중요성이 부여되고 있다는 것인데, 이는 중앙집권화한 근대국가 형성 및 전통적인 종교 이데올로기와 연계되어 있는 문제이긴 하다. 이론적으로 삼원사회는 노동자 전체가 단일한 계급으로, 단일한 위상으로, 단일한 위엄으로 통합된다는 관념에 입각한다. 실제로는 사태가 훨씬 더 복잡할 수 있는데, 예를 들어 살펴보자면 인도 카스트에서 최하위 집단(차별받는 오래된 불가촉노동자인 달리트 즉 불가촉천민)과 중하위 집단(경우에 따라 프롤레타리아이거나 농노인 오래된 노동자이지만 여하튼 달리트보다는 덜 차별받는 구舊수드라) 사이에 존속하는 불평등 같은 것들로, 이 대립은 21세기 초 인도에서 사회정치적 갈등 구조화에서 언제나 중심 역할을 한다. 유럽에서는 노동자 위상의 통일 및 농노의 점진적 소멸과정이 거의 천년에 걸쳐 펼쳐졌으니, 대략 1000년에 시작되어 대륙의 동쪽에서는 19세기 말까지도 이어졌다. 이것은 (집시의 사례가 보여주듯) 현시대까지도 가시적 흔적과 차별을 남겼다. 무엇보다도 구미의 소유주의적 근대성은 노예제체계와 식민주의체계의 유례없는 발전과 함께 이루어졌는데, 이 체계들은 미국에서는 백인과 흑인 구성원 사이에서, 유럽에서는 토착민 출신과 포스트식민지 구성원 사이에서, 상이하지만 그럼에도 비교할 만한 양상에 따라 지속적인 불평등을 유발했다.

요약하자면, 신분 또는 종교적-인종적인(또는 그렇다고 지각되는) 상이한 기원과 연결된 불평등은 현대의 불평등에서도 계속 중심 역할을 하고 있는데, 현대의 불평등을 일부 담론에서 종종 거론하는 동화 같은 이야기로 환원하는 건 어림도 없는 소리다. 현대의 불평등의 이러한 중심적 차원을 잘 이해하기 위해서는, 전통적인 삼원사회와 이들의 변화를 연구하고, 이 사회가 18세기부터 소유자사회(여기서 신분 또는 종교적-인종적 차이는 주로 지워지지만 화폐와 자산에서의 불평등은 예상 밖의 비율을 점할 수 있다)와 노예제사회·식민 및 포스트식민 사회(여기서는 신분 또는 종교적-인종적 차이가 도리어 중심적인 역할을 하는데, 경우에 따라서는 화폐와 자산 면에서 상당한 불평등과 연관된다)와 복잡하게 뒤얽히며 점차 진화해온 방식을 연구하며 시작하는 것이 중요하다. 보다 일반적으로는, 포스트삼원사회의 전환과 그 다양성에 대한 연구는, 현대사회의 구조화에서 종교적 제도와 이데올로기의—특히 교육제도와 더 전반적으로는 사회적 불평등의 규제와 표상과 연루된—역할을 분석하는 데서 핵심 열쇠 중 하나를 제공해줄 것이다.

## 삼원사회와 국가 형성: 유럽, 인도, 중국, 이란

마지막으로 짚고 넘어가자면, 여기서 삼원사회의 보편적 역사를 제시하지 않은 것은 한편으로는, 이렇게 하려면 많은 분량이 필요해질 것이고 이 책의 틀을 크게 벗어날 것이기 때문이다. 다른 한편으로는 그러한 역사를 서술하기 위해 필요한 1차 자료들은 오늘날 구하기 어렵고 분명히 삼원사회가 지닌 극도로 지방분권화된 특성도 있는데다 이 사회가 우리에게 남긴 흔적도 한계가 있으며 어느 면에서는 완벽하지도 않기 때문이다. 더 소박하게 말해 이번 장과 이어질 장들의 목표는, 이후의 발전과 현대 불평등주의체제에 대한 분석을 위해 가장 중요한 요소들에 집중함으로써, 이와 같은 전반적인 비교사를 위한 몇몇 기준을 설정하는 데 있다.

1부의 이어지는 내용에서, 나는 프랑스와 여타 유럽의 경우를 더 상세히 조사하겠다. 프랑스는 1789년 대혁명으로 앙시앵레짐과 부르주아사회 사이에 무엇보다 명확한 단절을 드러낸다는 점에서 상징적이다. 앙시앵레짐은 삼원사회의 전형으로 간주될 수 있다. 19세기 프랑스에서 무르익은 부르주아사회는 소유자사회의 원형으로 나타난다. 이것은 여러 나라에서 삼원사회의 뒤를 이은 주요한 역사 형태다. '제3신분tiers état'이라는 표현은 프랑스어에서 유래하는데, 하나의 사회가 세 계급으로 나뉜다는 관념이 가능한 것임을 분명히 보여준다. 게다가 프랑스에 대한 연구와 유럽 및 유럽 바깥의 다른 궤적들을 비교하는 것은 삼원사회가 전환될 때 혁명적 과정과 (주로 국가 형성과 사회경제구조의 진화와 연결되는) 장기적 동향 각각이 지닌 역할에 관해 질문할 수 있도록 해준다. 영국과 스웨덴은 특히 유용한 대조를 보여준다. 이들 두 나라는 오늘날도 군주제이고 삼원사회의 전환이 프랑스에서보다 훨씬 더 점진적인 방식으로 전개되었다. 그러나 단절의 계기들이 역시 본질적인 역할을 하며, 이러한 궤적들 역시 일반적 진화 안에서 있을 수 있는 분기들의 다수성과 다양성을 드러내준다.

이어서 나는 2부에서, 유럽 바깥에서 관찰되는 삼원사회(때로는 사원사회)의 여러 진화를 분석할 것이다. 특히 내가 관심을 두려는 것은 이들의 진화가 유럽 열강이 확립한 노예제 지배체계와 식민주의 지배체계에 의해 영향을 받았던 방식이다. 내가 주로 초점을 맞추려는 곳은 인도인데, 여기서는 오래된 삼원 분할의 상흔이, 인도의 역대 정부들이 1947년 독립 이후에 이것을 종결시키려는 의지를 가졌음에도 불구하고, 예외적으로 강하게 남아 있다. 게다가 인도는 독특한 관찰 지점을 제공하는데, 이는 오래된(세계에서 가장 오래된) 삼원 문명과 영국 식민권력 사이의 폭력적 충돌과 연결된 지점으로, 이 충돌은 국가 형성과 사회 전환의 조건들을 총체적으로 바꾸어놓았다. 중국과 일본에서 관찰된 진화와의 비교는, 역시 상이한 포스트삼원적 진화에 관한 여러 가설을 내놓을 수 있도록 해줄 것이다. 나는 마지막에 이란의 사례를 살펴볼 텐데, 이란은 1979년 이슬람 공화국 수립을 통해 사제 권력의 뒤늦은, 여전히 진행중인 입헌화의 인상적인 사례를 제공해준다. 이러한 여러 교훈들로 무장한 우리는 이 책의 3부로 넘어가서, 20세기 위기들의 충격 아래 소유자사회의 몰락 및 20세기 말 21세기 초의 신소유주의적이고 포스트식민적인 세계에서 소유자사회의 가능한 재생과 재정의에 대해 분석할 수 있을 것이다.

제 2 장

# 유럽 신분사회: 권력과 소유

우리는 삼원사회와 그 전환에 대한 우리의 연구를 유럽 신분사회, 특히 프랑스 경우를 이번 장에서 검토하는 걸로 시작하려고 한다. 삼원사회 내 세 계급 사이의 권력관계와 소유관계의 특수한 형식들을 잘 이해하는 것이 특히 중요하다. 우리는 우선 중세시대 삼기능 질서를 정당화하는 일반적 도식을 분석할 텐데, 삼원적인 불평등 담론이 통치 정당성의 그럴듯한 선험적 두 형태를 통해 특정한 정치적 사회적 균형 관념을 나름의 방식으로 구현하려 한다는 것을 알게 될 것이다. 지적 종교적 엘리트와 전사 및 군사 엘리트, 이 두 형태는 전반적으로 사회 전체와 그 질서를 유지하는 데 필수불가결하다고 여겨졌다.

우리는 앙시앵레짐사회에서 귀족계급과 사제계급의 인원수와 재력의 진화, 그리고 삼기능 이데올로기가 소유관계와 경제 법규의 정교한 양식 안에 구현되었던 방식을 탐구할 것이다. 특히 기독교교회가 행한 소유자조직으로서의 역할과 더불어, 경제 규범과 금융 규범, 가족 규범과 교육 규범의 제공자로서 행한 역할을 조명할 것이다. 이는 이어지는 장들에서 밝히려는 삼원사회에서 소유자사회로의 전환 조건을 이해하는 데 핵심적이다.

## 신분사회: 권력균형 형태?

중세 유럽의 많은 텍스트에서는, 그중 가장 오래된 것은 1000년 무렵까지 소급되는데, 중세사회를 세 신분으로 나누어 묘사하고 이론화한다. 10세기 말 11세기 초에, (잉글랜드 북부) 요크의 울프스턴 대주교의 텍스트에서도 (프랑스 북부) 랑의 아달베롱 주교의 텍스트에서도, 기독교사회는 세 집단으로 구성되어야만 한다고 설명한다. 오라토레스oratores(기도하는 자들: 사제), 벨라토레스bellatores(전쟁하는 자들: 귀족), 라보라토레스laboratores(노동하는 자들, 그리고 대개는 경작하는 자들: 요컨대 제3신분).

이 저자들의 경합하는 담론들을 잘 이해하기 위해서는, 그 시대 기독교사회의 안정 욕구를, 특히 반란에 대한 공포를 확실히 고려해야 한다. 무엇보다도 중요한 것은 사회적 위계를 정당화하는 것이었고, 그리하여 라보라토레스로 하여금 자신들의 운명을 받아들이게 하고, 자신들의 선한 기독교인으로서의 존재는 현세에서의 삼원 신분에 대한 존중은 물론 사제와 귀족의 권위를 요청한다는 점을 이해시키는 것이다. 많은 텍스트가 경작자들의 삶의 혹독함을, 다른 두 신분과 사회 전체의 생존을 위해 필요하다고 판단되는 혹독함을 환기시키며, 반란에 나선 자들에게 가해지는 제압형 체벌을 그리고 있다. 예컨대 11세기 중반에 노르망디에서 터진 반란에 대해 쥐미에주의 기욤 수도사가 전하는 이야기가 이에 해당한다. "명령을 기다리지 않고 라울 백작은 즉각 모든 농민을 붙잡아 그들의 수족을 자르고, 불구가 된 그들을 친족들에게 돌려보냈다. 이 친족들은 이제 이런 행동을 삼갔으며, 더 나쁜 운명을 겪을까봐 두려워하면서 더 신중해졌다. (…) 경험으로 배운 농민들은 자신들의 회합은 잊어버리고 허둥지둥 경작지로 되돌아갔다."[1]

하지만 삼원 담론은 엘리트들에게도 호소한다. 랑의 아달베롱 주교에게 중요한 것은 왕과 귀족을 설득하는 일로, 지혜와 자제력을 갖춰 통치하고, 이를 위해서는 사제(다시 말해 자신들의 고유한 종교적 기능 외에 흔히 군주 곁에서 불가결한 여타의 많은 임무를, 예컨대 학자·필경사·사절·회계원·의사 등의 임무를 다하는 재속 사제들과 수도사들)[2]의 조언을 따르라는 것이다. 그리하여 아달베롱은 그의 텍스트들 중 하나에서 세상이 거꾸로 돌아가는 기이한 행렬을 묘사한다. 이 행렬에서는 농민들이 왕관을 썼고 그 뒤에 왕, 전사들, 수도사들, 주교들이 따르며 쟁기 뒤에서 벌거벗고 행진하고 있다. 이는 왕이 전사들의 무절제가 커가는 것을 방치하고 세 신분 사이의 균형 논리를 손놓기로 결심하면 무슨 위험이 닥칠지를 예증하는 것으로, 오직 이 균형 논리만이 사회에 필요한 안정을 가져다줄 수 있다는 것이다.[3]

아달베롱이 또한 명시적으로 자기 신분의 성원들 즉 사제에게, 특히 클뤼니수도회 수도사들에게 호소한다는 점에 주목해보면 흥미롭다. 이 수도사들은 11세기 초에 평신도 전사들에 맞서 전투태세를 갖춰 자신들의 군사적 권력을 내세우고자 했다. 더구나 사제들이 무기를 드는 걸 금하는 것을 중세 텍스트들에서는 끊임없이 염려했던 것으로 보인다(수도사들은 흔히 가장 다루기 어려운 이들이었다). 달리 말해 삼원 담론의 쟁점은 겉으로 보이는 것보다 훨씬 복잡하고 미묘하다. 인민을 통일시키는 일만큼이나 엘리트들을 진정시키는 일이 중요했다는 것이다. 목표는 피지배계급이 자신들의 운명을 받아들이는 것만이 아니다. 이와 더불어 필요한 것은 엘리트들이 자신들이 서로 다른 두 계급, 한편으로는 지적인 사제계급으로, 다른 한편으로는 전사 귀족계급으로 나뉜다는 걸 받아들이는 것이요, 각 집단이 각자의 역할에 철저히 만족하는 것이다. 전사들은 선한 기독교인으로 처신하면서 사제들의 현명한 조언을 경청해야만 한다. 사제들 측에서는 자신들을 전사들이라 여겨서는 안 된다. 권력 간 균형 형태와 각 집단의 특권 간 자기제한이 중요하다는 건데, 당시 관습에서 분명하게 나타나는 건 결코 아니다.

최근 역사학에서도 노동자계급 내부의 지위가 완만히 통합되어가는 과정에서 삼기능 이데올로기가 지닌 중요성을 강조했다. 세 신분으로 된 하나의 사회를 이론화한다는 것이, 단지 앞선 두 신분의 세번째 신분에 대한 권위의 정당화만은 아니다. 마찬가지로 중요한 것은, 모든 노동자가 세번째 신분 안에서 갖는 동등한 위엄을 긍정하는 일로, 따라서 노예와 농노에 어느 정도 반대하는 것이다. 역사학자 마티외 아르누에 따르면, 바로 삼기능 도식에 대한 긍정이야말로 강제노동을 종언시키고 노동계층을 단 하나의 신분으로 통합시킬 수 있으며, 중세의 비약적인 인구 증가(1000~1350년)를 가능케 한다. 이 인구의 도약은 경작자와 개간자의 노동 강도 및 생산성 증대 덕인데, 마침내 자유노동자로 찬양되고 평가받는 이들은 더이상 분열하는 일도 없고 일부는 예속된 노동자 취급도 받지 않게 된다.[4] 1000년 무렵, 모든 문학 텍스트와 교회 텍스트에서는 서유럽에 아직도 노예가 많이 있음이 보인다. 11세기 말에는 노예와 농노가 여전히 잉글랜드와 프랑스에서 인구의 상당 부분으로 나타난다.[5] 1350년경에는 반대로 노예는 서유럽 영토에서 미미하게 남은 상태에 불과해 보이며, 농노 자체는 거의 사라진 것 같다. 적어도 가장 혹독한 형태상으로는 그렇다는 말이다.[6] 경작자가 지닌 법인격 및 그 소유권과 이동권만큼이나 그들의 민사상의 인격적 권리에 대한 강한 인정은, 세 신분을 찬양하는 담론들이 일반화되는 것에 맞춰 1000년에서 1350년 사이에 점차 확립된다.

아르누가 보기에 자유노동의 촉진과정은 1347~1352년의 대대적인 흑사병 및 1350~1450년대의 인구 정체에 앞서 이미 시작되고 있었다. 이 연대기적 논점이 나름대로 중요한 것은, 대규모 흑사병의 여파로 빚어진 노동의 상대적 희소성이 서유럽에서 농노제의 종언을(또한 때로는 아주 일관되진 않더라도 대륙의 동쪽에서 농노제가 외관상 강화되었던 것을) 설명하려고 종종 인용되었던 한에서다.[7] 도리어 아르누는 정치적-이데올로기적 요인을, 특히 삼기능 도식의 중요성을 강조한다. 또한 그가 강조하는 것은 유익한 생산적 협업이 발전하도록 하는 구체적인 제도들(휴경지·십일조·시장·방앗간)인데, 이 협업이 가능해진 것은 삼원사회의 여러 계급 간의 새로운 동맹 덕이다. (이 고생스러운 혁명에 대해 침묵하는 진짜 장인들인) 경작자와 (사제에게 내는 십일조 덕에 동네 곳간과 초등학교와 빈민구제에 자금을 조달할 수 있게 된) 교회조직과 (주로 물레방아의 발전과 규제 및 경작지 확장에 관여하는) 영주계급이 동시에 관여된 새로운 동맹 말이다. 바로 이러한 강력한 과정 덕분에, 위기들을 넘어서 1000년과 1500년 사이에 농업의 막대한 생산 증대와 서유럽 인구의 엄청난 증가가 가능했을 것이다. 이 진행은 숲과 개간의 풍경, 그 변모에 깊은 흔적을 남겼고 예속노동이 점차 사라지는 것과 궤를 함께했다.[8]

## 삼기능 질서, 자유노동의 촉진, 유럽의 운명

또다른 중세사가들은 이미 노동 지위 통합에서 삼기능 이데올로기가 한 역사적 역할을 강조했다. 예컨대 자크 르 고프가 보기엔 삼기능 도식이 18세기에 사라져버렸다면, 이는 분명히 이 도식이 그 성공의 희생물이었기 때문이라는 것이다. 세 신분 이론이 1000년과 1789년 대혁명 사이에서 가치로서의 노동은 보장해주었을 것이다. 일단 이 역사적 임무가 완수되면, 삼원 이데올로기는 사라지고 더 과감한 평등주의 이데올로기에 자리를 내줄 수 있을 것이었다.[9] 아르누는 분석을 더 멀리 밀어붙인다. 그는 삼기능 이데올로기와 유럽에서의 노동 통합과정 안에서, 1000년 무렵 사방에서(바이킹·사라센인·헝가리인) 공격을 받고 다른 종교적 정치적 집합체들(특히 비잔틴제국과 무슬림-아랍세계) 앞에서 허약해진 걸로 보였던 라틴 기독교세계가 어떻게 도리어 1450~1500년경 많은 수의 젊고 역동적인 인구와 미래의 해양 군사원정만큼이나 도시화의 출발을 북돋우기에 충분한 생산적 농업을 앞세워 세계 정복에 나설 채비를 갖췄는지를 설명해주는, 주요 요인들 중 하나를 본다.[10]

가용 데이터가 취약하다보니 안타깝게도 이 분야를 확정적으로 입증하기란 여의치 않다. 이 가설 중 일부는 중세 유럽 삼원사회 및 여기서 이루어지는 상호 간 유익한 협업들에 대해 너무 이상적인 비전에 입각해 있다고 생각할 만하다. 우리는 뒤에서 유럽의 궤적이 지닌 특수성을 설명해줄 만한 다른 요인이 있음을 볼 것이다. 그럼에도 여하간 이러한 작업들의 장점은, 삼기능 도식을 둘러싼 이데올로기적-정치적 쟁점의 복잡성을 강조하며, 이 장구한 역사의 흐름에서 이 모든 요인이 지닌 정치적 지적 행보를 더 잘 헤아릴 수 있게 해준다는 것이다.

예컨대 사제이면서 삼부회에서 제3신분의 대표자로 선출된 시에예스 신부를 생각해보자. 그는 1789년 1월에 출간된, 다음과 같은 유명한 정식화로 시작하는 소책자를 써서 잘 알려진 인물이다. "제3신분이란 무엇인가? 모든 것이다. 지금껏 정치 영역에서 그들은 무엇이었는가? 아무것도 아니었다. 그들은 무엇을 요구하는가? 무엇인가가 되는 것이다." 서두부터 "인도와 고대 이집트의 카스트"에 비견되는 프랑스 귀족의 결함을 규탄한 뒤에(시에예스는 비교 범위를 넓히지는 않지만 이것이 찬사가 아님은 뚜렷하다), 그는 다음과 같은 주요 주장을 펼친다. 즉 루이 16세가 소집하여 1789년 4월에 베르사유에서 있을 세 신분의 회합 자리에서 다른 두 신분에 해당하는 만큼의 투표권을(즉 50%의 투표권을) 제3신분이 가질 수도 있다고 말이다. 이 청원이 혁명적인 이유는 이전처럼 세 신분이 회동하여 각각 별도로 투표한다면, 요컨대 신분들 사이에 불일치가 있는 경우 셋 중 둘이 한패인 특권층에게 보장이 돌아간다는 것이었다. 특권이 부여되는 이 어김없는 자동 다수를 시에예스로서는 허용할 수 없다고 판단한바, 자신의 추산에 따르면 제3신분이 왕국의 총인구 중 98%에서 99% 사이였기 때문이다. 그런데도 그가 적어도 일시적으로는 50%의 투표권에 만족해볼 요량이었다는 점에 유의해야 할 것이다. 마침내 사건의 불길 속에서, 제3신분의 대표자들이 1789년 6월에 다른 두 신분을 향해 자신들에게 합류하여 '국민의회'를 구성하자고 제안한 것은 바로 시에예스의 발의에 따른 것이다. 사제와 귀족의 일부 대표자들은 제안을 받아들였고, 주로 제3신분 대표자들로 구성된 이 의회가 권력을 잡고 대혁명을 통제해, 1789년 8월 4일 밤에 앞선 두 신분의 '특권' 철폐를 의결했다.

하지만 수개월 뒤 시에예스는, 특히 사제 재산의 국유화와 교회 십일조 폐지와 관련해서, 이 역사적 의결 집행의 구체적 양상에 대한 자신의 심각한 반대를 표명했다. 프랑스 앙시앵레짐하에서 교회 십일조는 땅과 가축으로부터 거두는 수확에 부과하는 조세였다. 경작지와 지역 풍습에 따라 가변적인 세율은 일반적으로 수확량 가치의 8~10% 사이였는데 대체로 현물로 납부되었다. 십일조는 모든 토지에 부과되었고, (귀족은 면제받았던 왕실 세금인 타유세와는 반대로) 여기에는 원칙적으로 귀족의 토지도 포함된다. 십일조로 거둔 수입은, 소교구와 주교구와 수도원 사이의 복잡한 분배 규칙에 입각하여 바로 교회조직으로 들어갔다. 십일조의 기원은 아주 오래된 것으로, 신자들이 중세 초기부터 교회에 자발적으로 납부하던 것이 점차 대체된 것이다. 카롤링거왕조의 왕과 귀족 권력이 이를 지원했으니, 8세기에는 십일조에 법적 강제력을 부여하여 의무 납부로 전환했다. 모든 후속 왕조가 이를 지지한 게 확인된바, 이렇게 교회와 왕실의 연합 및 사제와 귀족의 불멸의 동맹이 체결된다.[11] 이것이 교회재산의 소득과 더불어, 교회제도들이 사제들에게 보수를 주고 사제들이 활동하는 데 필요한 재원을 마련해주는 주요 자원이다. 바로 이 중심적인 정치적-조세재정제도가 사회를 규제하고 영적 사회적 교육적 도덕적 틀 짓기 기능을 다하고자 엄청난 수단들을 활용하면서 사실상 교회를 준국가로 변형시켰다.

시에예스가 보기엔(아르누는 이 점에 관해 그가 옳다고 보는 편인데), 교회 십일조 폐지는 교회가 이런 역할을 하지 못하도록 막는 일일 뿐만 아니라, 수천만 리브르투르누아가 부유한 토지소유자들(부르주아 또는 귀족)에게 이전되어 그들에게 이득이 되는 일인데, 이 모든 일이 가난한 이들인 경작자들에게 해로운 일이었다. 그에 따르면 공동 곳간, 무료진료소, 학교, 교회가 재원을 대는 여타 사회적 원조와 공공재의 주요 수혜자들은 이들 경작자들인 것이다.[12] 18세기 프랑스 가톨릭 교회제도들이 거둔 교육적 사회적 성과가 이후 시대의 국가와 기초행정조직이 거둔 성과에 비하면 상대적으로 변변찮다고 혹자는 지적할 수도 있겠다. 또한 십일조 수입이야 주교구와 주임신부와 수도사의 생활에 자금을 대주었던 것이고, 이들이 일차적으로 항상 빈민의 안녕을 염려하진 않았을 것이라고 평가할 수도 있겠다. 반대로 십일조는 안락한 소유자들만이 아니라, 형편이 어려운 사람들의 생활에 부담을 주는 경우가 다반사였다고도 할 수 있을 것이다(게다가 십일조의 기능에는 부유한 이들이 더 기여하도록 하는 바가 전혀 없다. 십일조는 비례세이지 누진세가 아니었고, 어느 순간에도 사제들은 사태가 다르게 돌아가게는 제안하지 않았다).[13] 하지만 여기서 목표는 이 논의를 종결짓는 것도 (사제를 배려해주고 귀족이 더 많이 기여하기를 더 바랐던) 시에예스 신부와 (십일조 폐지와 교회재산의 국유화를 주장하는 논의로 이름을 날렸으나 귀족계급 재산몰수가 문제가 되었을 때는 덜 공세적이었던) 반교권주의자 미라보 후작 사이의 논쟁을 재개하는 것도 아니다.

중요한 건 단지 삼원사회 안에서 사회집단을 맺어주는 교류 및 지배 관계가 지닌 복잡성을 밝히는 것이다. 이 복잡성 덕에 모순적이면서도 설득력 있는 담론이 나오니 말이다. 시에예스에게는 지배적인 두 신분의 부당한 특권들에 종지부를 찍는 일이 가능하며 바람직한 일이었을 게 분명하다. 그러면서도 가톨릭 교회에, 특히 교육 영역에서의 사회적 핵심 역할을(따라서 그에 알맞은 세금과 자산을) 맡겨 유지하게 하면서 말이다. 종교적 신앙의 역할, 교육모델들의 다양성과 재원에 대한 이러한 논의가 근대의 여러 사회에서도 언제나 본질적인 역할을 하는데(영국이나 독일처럼 군주제 원칙 또는 신앙에 대한 일종의 공식 인정 형식을 지켜왔던 사회들도 그렇고, 프랑스처럼 공화제적이고 세속적이라 여겨지는 체제를 채택한 사회들도 그렇다), 우리는 이를 적절한 때에 다시 살펴볼 것이다. 현 단계에서는 다만 이런 논의에는 오래된 기원이 있다는 것과 이 기원이 사회적 불평등의 삼기능적 구조화로 소급된다는 것을 지적해두도록 하자.

## 사제와 귀족의 인원과 자원: 프랑스의 경우

일반적으로는 삼원사회의 역사에서, 사제와 귀족 그리고 여러 사회집단의 인원과 자원의 장구한 진화에 관해서는 안타깝게도 알려진 바가 거의 없다. 여기엔 심층적 이유들이 있다. 삼원사회는 그 기원에 있어 가장 국지적인 수준에서 권력과 정치경제적 정당성의 착종 논리에 입각해 있다. 이 논리는 현대 중앙집권국가의 논리와, 이 국가를 특징짓는 정보 수집 및 통일성 추구와 직접적으로 모순된다. 삼원사회는 광대한 영토에서 단정적이고 절대적이며 동질적인 방식으로 사회적 정치적 경제적 범주를 정의하지 않는다. 그 사회들은 행정부의 조사나 체계적인 인구조사를 시행하지 않는다. 또는 더 정확히 하자면, 그 사회들이 그렇게 하려고 나설 때, 집단 사이의 범주와 경계가 단단해지기 시작할 때, 일반적으로 이것이 의미하는 바는 중앙집권국가의 형성이 이미 진전되었다는 것이고, 삼원사회의 종언이 임박했다거나 적어도 근본적인 전환 아니면 근원적인 개조를 겪을 지점에 있다는 것이다. 전통적인 삼원사회는 그림자 안에서 산다. 조명기를 비추면 이미 그 사회는 더이상 전적으로 삼원사회가 아닌 것이다.

프랑스 군주제는 이런 관점에서 특별히 흥미롭다. 세 신분이 중앙집권 단계에서 상대적으로 오래된 정치 공직자였기 때문이다. 사제와 귀족과 제3신분의 대표자들을 집결시킨 왕국의 '삼부회'는 실제로 1302년 이후, 일반적으로 조세·사법·종교와 관련하여 나라 전체가 걸린 특수 중대 문제를 해결하기 위해 실제로 제법 정기적으로 소집되었다. 이 제도가 표상하는 바는 그 자체로 삼기능 이데올로기의 상징적 구현, 또는 어쩌면 오히려 형성중인 중앙집권 군주제국가에 공식적인 삼기능 토대를 부여하려는 잠정적이지만 결국엔 무익한 시도다(지역 수준에서의 삼원사회는 삼부회가 최소한의 역할을 하지 않아도 그 자체가 수세기 동안 기능해왔으니 말이다). 실제로 이것은 취약한, 허약하게 공식화된 제도였고, 그 회합은 매우 비정기적이었다. 1789년에 삼부회 소집은, 조세재정을 상세히 재검토할 수 있도록 해주어 결국 앙시앵레짐에 치명적일 재정적 도덕적 위기에 대처할 수 있도록 해줄 마지막 해법수단으로 여겨졌다. 이 최후의 소집 이전에 있었던 마지막 회합은 1614년이다.

무엇보다도 삼부회라는 틀 안에는 중앙에 집계된 그 어떤 선거명부도, 여러 신분의 대표자들을 지명하는 그 어떤 통일된 절차도 없었다. 모든 건 지역의 풍습과 판례에 맡겨졌다. 실제로 제3신분의 대표자 선정에 참여했던 이들은, 특히 도시 부르주아와 가장 부유한 평민계급이었다. 또한 지명시에는 귀족의 경계와 관련해 되풀이되는 갈등들이 있었다. 오래된 대검 귀족(오래된 전사계급, '검을 찬 신사')과 신흥 법복 귀족('로뱅' 즉 법률가들과 고등법원 재판관들, '펜과 잉크를 든 신사') 사이의 갈등 말이다. 전자는 항상 후자를 제3신분에 밀어넣으려 했고, 대개는 성공했으며, 오직 극소수의 '고위법관'만이 귀족집단의 완벽한 성원으로 인정받았다.[14]

1614년 삼부회 때는 게다가 분리선거가 제3신분 내에서 치러졌는데, 한편으로는 법관들의 대표자들을 지명하고, 다른 한편으로는 (부르주아, 상인 등) 나머지 제3신분의 대표자들을 지명하기 위해서였다. 그러므로 어떤 면에서는 세 신분이 아니라 네 신분이 있었다고 생각할 수도 있다. 1610년에 영향력 있는 『신분과 영주권에 관한 논고』를 쓴 법학자 샤를 루아조Charles Loyseau는, 형성중인 군주제국가의 행정과 사법에서의 진정한 중추인 이들 펜과 잉크의 귀족이야말로 사제를 대신해 왕국의 진정한 제1신분이라는 제안을 한 바나 다름없는데(그는 또한 골족의 신관들이 제1재판관이었다는 걸 상기시키지 않았던가?), 이를 결행하지는 않았다. 그렇게 한다면 정치적 종교적 질서 전체를 근원적으로 재정의해야 했기 때문이다. 루아조의 비판은 대검 귀족을 향해서도 못잖게 날카로웠다. 그는 대검 귀족을 상대로, 이들이 앞선 세기들의 군주들의 약점을 악용하여 자신들의 과거 군사적 복무에서 비롯한 권리들을, 요컨대 그에 따르면 그 규모상 일시적이고 제한되어야 마땅할 그런 권리들을, 영속적이고 과도하며 양도가능한 권리들로 전환시키려 든다고 비난했다. 이렇게 함으로써 루아조 같은 법학자는 중앙집권국가의 불굴의 옹호자라는 모습을 보여주며, 삼기능 질서의 토대 자체들을 깨부수고 1789년을 위한 정신을 준비한다. 검을 든 신사들과 관직을 가진 자들 사이의 갈등도 첨예했다. 관직을 가진 이들은 자신들에게 자격이 없다고 간주되는 상업활동에서 주로 벌어들인 금융자산에 기대어, 일부 특권과 공공수입, 때로는 귀족 지위마저 전유하려고 왕실의 궁핍을 이용했다고 비난받았다.[15]

어쨌든 다양한 계급의 전체 인원을 알고자 삼부회의 중앙 집계에 따른 선거 명부를 활용한다는 건 전적으로 불가능하다는 게 사실이다. 세 신분의 대표자들의 지명작업 전체가 절차와 권역이라는 면에서 무한히 변주되면서 지역 수준에서 펼쳐졌고, 장소와 때에 따라 분분한 흔적과 유연하고 가변적인 범주만 남겨뒀다. 보다 전반적으로 이야기하자면, 프랑스에서는 19세기 이전에 그 어떤 진정한 인구조사도 이뤄진 적이 없음을 떠올려봐야 한다. 인구조사가 사회적이고 인구통계적인 기초적 인식의 생산을 위해서나 국가운용을 위해서도(예컨대 기초행정단위에 지급할 교부금을 정하기 위해서든 선거구 분할시 의석과 구역을 획정하기 위해서든) 필수불가결한 도구라는 점이 오늘날에는 자명해 보인다. 하지만 이와 같은 장치를 구축하려면 조직화 능력, 적절한 교통수단, 인식하고 측정하고 관장하겠다는 욕망이 요구되는데, 이러한 조건은 간단치 않으며 특정한 정치 및 이데올로기 과정으로부터 도출되는 것들이다.

앙시앵레짐에서는 흔히 가구(다시 말해 같은 지붕 아래 있는 가족집단)

의 수는 집계하지만 구성원 수는 전혀 집계하지 않는데, 이것도 오로지 특정 지방들에서만 이루어지며, 여하간 이들 여러 가구에 상응하는 계급 또는 신분·직업·지위와 관련한 일관된 정보는 전혀 없다. 진정으로 전국적인 최초의 인구조사는 1801년부터 프랑스에서 비로소 실행되었는데, 이 인구조사들은 총인구에 대한 상대적으로 초보적인 단순계산에 불과하다. 연령별 성별 직업별 도표작업을 할 수 있도록 해주는, 개인별 표와 최초의 기명 목록이 나타나는 걸 보려면 1851년의 인구조사까지 가야만 한다. 이러한 통계와 사회 직능별 분류는 차후에 현대 인구조사 일환에서 부단히 변모될 것이다.[16]

앙시앵레짐에서는, 특히 18세기에는 누구나 여러 신분별 인구에 대해 논했지만 정작 공식 집계가 없었고, 그리하여 이러저러한 특수 권역에서 교구별 귀족별 가구별로 때로 가변적인 수치상의 몇몇 요소에서 출발해 제각기 나름대로 전국적으로 확대적용한 것을 내놓으려면 재간을 발휘해야만 했다. 자신의 유명한 소책자에서 시에예스가 이를 주목했다. "인구에 관해서는, 제3신분이 다른 두 신분에 비해 엄청나게 많다는 걸 모두가 안다. 모두처럼 나도 제3신분의 진짜 수가 얼마인지를 모른다. 하지만 모두처럼 나도 내 나름의 계산을 해보겠다." 이어 상대적으로 적은 수의 귀족 인원 통계가 나오는데, 이는 브르타뉴 귀족가문 수에 대한 매우 개략적인 계산에 입각한 것이다. 지나치게 적은 수의 가족에 평균치 타유세를 곱한 이 계산은, 귀족의 파렴치한 정치적 비중에 비하면 귀족 수는 적다는 걸 강조하려는 저자의 의지를 드러낸다.

일반적으로는, (혈통상으로) 귀족가문 수를 추산하기 위한 자료들이 비교적 일치한다 해도, 관련된 총인구로 넘어가보려 하면 사태는 훨씬 더 유동적이고 복잡해진다. 실제로 우선은 가구당 타유세 평균(아이들과 생존 배우자들과 동거하는 세대수를 추정하여 낸 전제)이 불확실하며, 더 만만찮은 두번째 난점은 구분상 각 귀족 혈통을 고려해볼 때 핵심 가족과 가구수도 그렇다(이러저러한 가계의 분가 줄기가 귀족으로 유지될지 말지를 미리 결정하는 일이 언제나 자명하지는 않다는 점에서 그만큼 더 불확실하다).

17세기 중반부터는, 1660~1670년대에 루이 14세와 재상 콜베르가 주도한 귀족 및 사제에 관한 대대적인 조사들, 그리고 특히 (타유세와는 반대로) 1695년에 제정되어 귀족에게 타격을 준 세금인 인두세capitation 데이터에 의거할 수 있다. 왕국의 사방에 지은 유명한 요새들 덕에 잘 알려진 데다 국가의 토지자산을 추산하려는 시도와 세제개혁 프로젝트 덕에 유명한 보방 원수는 1710년에 장차 인구조사를 위한 행동계획을 마련했지만 이를 집행하지는 못했다. 14세기와 15세기 그리고 16세기에는, 여러 저자가 유사시에 얼마나 많은 귀족이 무장을 갖추고 소집될 수 있는지를 알 수 있도록 해주는 지역 차원의 명단인 영주 및 가신 소집명단을 활용했다. 이 모든 데이터에는 중대한 한계가 있지만, 그래도 규모상으로 그 경향과 추이를, 특히 17세기 중반부터 18세기 말까지의 기간을 추산해볼 수 있도록 해준다.

시간을 소급해갈수록 귀족이라는 상태는 점점 더 지역 차원에서 그 동류의 인정 여부에 달린 사안이 되며, 전국 추계라는 관념 자체도 더욱 그 의미가 불완전해진다. 중세에는 "귀족답게 살아가는 자"가, 다시 말해 손에 검을 든, 자기 신분을 유지하기 위해 저열한 행동(이를테면 상업)에 나서지 않아도 되는 자가 곧 귀족이라 간주된다. 원칙상 봉토를 되산 상인은, 여러 세대를 거친 뒤 그의 아들 또는 더 나아가 손자가 옆구리에 검을 차고 "상업을 생업으로 삼지 않은 채" 귀족답게 살고 있음을 입증하게 되면 타유세 임무(다시 말해 타유세를 내는 납세자 명단)에서 그 이름이 삭제되고 비로소 귀족으로 간주될 수 있었다. 실제로 이 모든 게 기본적으로는 주변의 여타 귀족 가문에 의한 인정 문제였는데, 특히 혼인과 관련해서, 지역의 오래된 귀족 가문이 자신들의 자제를 신참자들과 혼인하도록 승낙하는지와 관련해서 이를 인정할지 말지의 문제였다(우리가 인도의 상층 카스트를 연구할 때 재론하게 될 핵심 문제다).

## 앙시앵레짐 말기 귀족과 사제 인원의 감소

여러 불확실성에도 불구하고, 앙시앵레짐하의 프랑스에서 귀족과 사제의 인원 변화와 관련해 우리가 정리한 요소들을 살펴보는 게 도움이 될 것이다. 우리가 분석할 통계는 인두세 데이터를 비롯해 그 당시 소집된 영주와 병력 명단, 1660~1670년대에 실행된 귀족 및 사제에 관한 대대적인 조사에서 나온 결과를 활용하여 실현된 다양한 작업과의 결합을 통해 확립되었다. 이 통계는 무엇보다도 그 규모를 비교하기 위한 값이지만, 여러 시기와 공간을 비교할 수 있게 해주기도 한다.

두 가지 사실은 분명 확실해 보인다. 한편으로는, 프랑스에서 군주제의 마지막 몇 세기 동안은 사제와 귀족의 인원이 상대적으로 적었다. 최상의 가용 통계에 따르면, 특권층인 두 신분은 14세기 말과 17세기 말 사이에 총인구 중 3~4% 사이였는데, 대략 사제가 1.5%, 귀족이 2%였다.[17]

다른 한편으로는, 루이 14세 치하였던 17세기 하반기부터, 그리고 루이 15세와 루이 16세 치하였던 18세기 내내 상당히 감소하는 게 보인다. 두 상위 신분의 인원을 총인구 내 점유율로 총계를 내보면, 1660년에서 1780년 사이에 배 이상 줄어든 것으로 보인다. 프랑스혁명 전야에, 그들은 대략 인구의 1.5%를 차지했는데, 사제가 약 0.7%, 귀족이 0.8%였다(도표 2.1 참조).

정확히 살펴볼 필요가 있다. 무엇보다도 우선, 어느 정도 수준이었는지는 매우 불확실하겠지만 도리어 그 추세는 상대적으로 명확해 보인다. 달리 말해, 대혁명 전야의 프랑스 인구에서 귀족이 정확히 0.8%였다고 확실하게 못박기란 물론 불가능한 일이다. 활용된 방법과 세부 자료에 따라 뚜렷이 더 적거나 더 많은 통계가 나올 수 있기 때문이다.[18] 반면, 같은 통계 자료와 방법상으로는, 앙시앵레짐의 마지막 세기 동안, 두 상위 신분, 특히 귀족 인원수는 너무나 분명한 감소가 확연히 눈에 띈다.[19] 하지만 이전 세기 동안에는 그 어떤 경향도 명확히 드러나지 않는 듯하다.[20]

**도표 2.1** 프랑스 삼원사회의 인원, 1380~1780년(총인구 내 백분율)

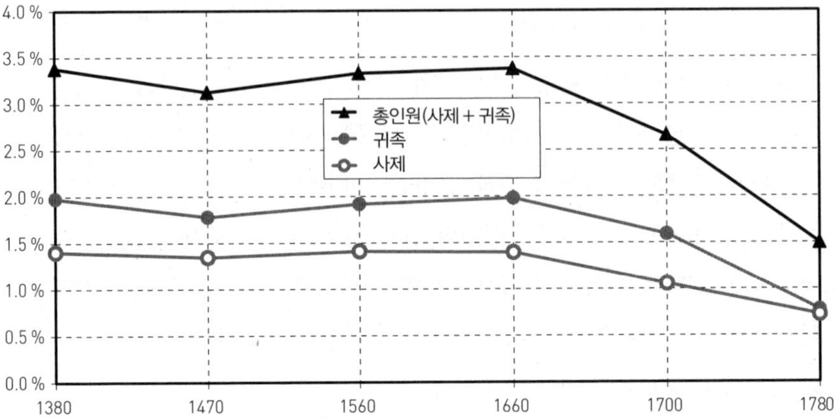


1780년에 귀족과 사제가 각각 프랑스 총인구의 약 0.8%, 0.7%를 점해 주요 두 신분이 1.5%를 차지한다(제3신분이 98.5%). 1660년에 귀족과 사제가 각각 총인구의 약 2%, 1.4%를 점해 주요 두 신분이 3.4%를 차지한다(제3신분이 96.6%). 주요 두 신분의 비율은 1380~1660년까지 상대적으로 안정되다가 1660~1780년에 현저히 하락한다.

**출처 및 원 통계자료:** piketty.pse.ens.fr/ideologie

프랑스 군주정하에서의 두 상위 신분의 이러한 상대적 약세를, 그리고 무엇보다도 대혁명에 앞선 세기 동안의 이러한 감소를 어떻게 해석할 것인가? 이러한 변화가 진행중인 일반적 맥락을 더 정확히 보기 위해, 프랑스 왕국의 인구가 이 기간에 상당히 늘어났음을, 가용 통계에 따르자면 1380년 무렵 고작 1100만 명 이상이던 것이 1700년경에는 거의 2200만 명 가까이, 그리고 1780년대에는 약 2800만 명으로 늘어났음을 상기해보는 것도 쓸데없진 않을 것이다. 비교해보자면, 잉글랜드는 1780년경 800만 명 이하였고, 그레이트브리튼·아일랜드연합왕국은 약 1300만 명이었으며, 새로이 독립한 아메리카합중국은 기껏해야 (노예를 포함해) 겨우 300만 명이었다. 여기서도 역시 숫자의 정확함에 현혹되어서는 안 될 일이나, 규모의 추이는 상대적으로 명확하다. 17세기와 18세기에 프랑스 왕국은 서양에서 단연 가장 인구가 많은 나라였고, 이로써 계몽시대에 프랑스어의 국제적 역할과 유럽사와 인근 국가들에 프랑스혁명이 끼쳤을 엄청난 반향이 아마 설명될 것도 같다. 가장 강력한 군주제가 무너진다면, 이는 구세계 및 삼기능 질서 전반이 침몰 직전에 있다는 신호가 아니겠는가? 게다가 프랑스의 이러한 인구통계학적 역동성은 대혁명 자체의 유발과 결코 무관치 않다. 모든 면에서 대대적인 인구 증가가 1789년의 폭발로 이끈 수십 년간의 농업에서의 임금 정체 및 토지임대료 비약에 한몫했다고 생각할 수밖에 없다. 그것을 프랑스혁명의 유일한 원인으로 삼지는 않더라도, 이러한 불평등 증대가 귀족계급 및 유력 정치체제의 인기만 떨어뜨릴 뿐이었다는 점은 자명해 보인다.[21]

큰 폭의 인구 증가가 지닌 함의는 또한 14세기와 17세기 사이에 사제와 귀족의 상대적 안정성이 사실상 사제와 귀족 수의 대폭 증가를 은폐한다는 점인데, 절대치로는 이들의 수가 1660년대에 가장 많았다. 이 시점부터, 두 상위 신분의 인원 절대수가 약간 줄기 시작했고, 1700년과 1780년 사이에는 점점 더 분명해졌으며, 특히 귀족의 경우가 그러했는데 그 수가 18세기에는 30% 이상 감소한 것으로 보인다. 대대적인 인구 증가라는 맥락에서 귀족의 점유율은 한 세기 이내에 배 이상이 줄어든다(표 2.1 참조).

사제와 관련해서는, 이들이 성인남성 인구에서 점하는 비율을 제시하는 것이 흥미롭겠다. 가톨릭교회에서는 사제들이 가족(배우자도 자제도)을 가질 수 없으며, 이로 인해 다른 나라와 종교에 비해 사제의 규모가 자동적으로 줄어들게 되는 것이다. 이들 다른 나라와 종교에서는, 예컨대 개신교와 정교회 사제나 이란의 시아파 사제 또는 인도의 브라만처럼, 사제들이 여타 계급과 동등한 규모(때로는 심지어 약간 더 큰 규모)로 가족을 두는데, 우리는 이를 다음 장들에서 살펴볼 것이다. 이들 여러 문명권을 비교해보기 위해서는, 성인남성 인구에서 여러 집단이 점하는 비율을 측정하는 것이 아마도 더 합당한 일이겠다(가톨릭과 여타 종교의 두 관점은 정당화될 수 있고, 대치하는 다양한 사회구조에 관해 보완적인 전망을 각각 제공해준다).

**표 2.1 프랑스의 사제와 귀족, 1380~1780년(총인구 내 백분율)**

| | 1380 | 1470 | 1560 | 1660 | 1700 | 1780 |
|---|---|---|---|---|---|---|
| 사제 | 1.4% | 1.3% | 1.4% | 1.4% | 1.1% | 0.7% |
| 귀족 | 2.0% | 1.8% | 1.9% | 2.0% | 1.6% | 0.8% |
| 사제+귀족 합계 | 3.4% | 3.1% | 3.3% | 3.4% | 2.7% | 1.5% |
| 제3신분 | 96.6% | 96.9% | 96.7% | 96.6% | 97.3% | 98.5% |
| 총인구(백만) | 11 | 14 | 17 | 19 | 22 | 28 |
| 그중 사제(천) | 160 | 190 | 240 | 260 | 230 | 200 |
| 그중 귀족(천) | 220 | 250 | 320 | 360 | 340 | 210 |

1780년에 사제와 귀족이 각각 총인구의 약 0.7%, 0.8%를 점해 주요 두 신분이 1.5%를 차지한다(2800만 명 중 약 41만 명).

**출처 및 원 통계자료:** piketty.pse.ens.fr/ideologie

이 경우, 1660~1670년대 프랑스에서 착수한 조사들은 사제는 약 26만 명이고 그중 재속 사제(주교, 주임신부, 참사원, 부제, 보좌신부: 오로지 남성만)는 10만, 수도修道 사제(수도 규칙을 따르는 수도회 성원)는 16만이라고들 결론내렸다. 조사에 따르면 후자의 집단은 거의 동등하게 절반씩 두 부분으로 나뉘는데, 즉 약 8만의 수도사와 8만의 수녀로 구성된다. 따라서 남성이 사제 총인원의 약 70%를 점한다(26만 명 중 18만 명). 이 추산을 택한다면, 남성 사제가 17세기에 성인남성 인구의 약 3.3%를 이룬다. 이는 성인남성 30명 중 1명이라는 말이므로 상당한 것이었다. 18세기 동안에 이 비율은 2%에 조금 못 미치는 수준으로 떨어졌고, 이는 50명 중 거의 1명의 성인남성을 나타내는 것이다(표 2.2 참조). 비교해보자면, 20세기 말 21세기 초 프랑스에서는 (모든 종교를 합쳐서) 1000명 중 1명이 채 안 되는 성인남성이 사제다. 300년 동안에 종교계급은 완전히 사라졌다.[22] 지식계급은 모든 서양사회에서 그렇듯이 프랑스에서도 확실히 언제나 현존하고 있고(서양사회에서 박사학위 소지자 수는 흔히 유권자의 약 2%에 달하며 이는 50명당 1명꼴인데, 한 세기 전만 해도 1000명당 1명이 채 안 되었다), 선거에서의 정치 갈등과 불평등주의체제 전체의 구조화에서 막

**표 2.2** 프랑스의 사제와 귀족, 1380~1780년(성인남성 내 백분율)

| | 1380 | 1470 | 1560 | 1660 | 1700 | 1780 |
|---|---|---|---|---|---|---|
| 사제 | 3.3% | 3.2% | 3.3% | 3.3% | 2.5% | 1.7% |
| 귀족 | 1.8% | 1.6% | 1.8% | 1.8% | 1.5% | 0.7% |
| 사제+귀족 합계 | 5.1% | 4.8% | 5.1% | 5.1% | 4.0% | 2.4% |
| 제3신분 | 94.9% | 95.2% | 94.9% | 94.9% | 96.0% | 97.6% |
| 성인남성 인구(백만) | 3.4 | 4.2 | 5.1 | 5.6 | 6.5 | 8.3 |
| 그중 사제(천) | 110 | 130 | 160 | 180 | 160 | 140 |
| 그중 귀족(천) | 60 | 60 | 90 | 100 | 90 | 60 |

1780년에 사제와 귀족이 각각 성인남성 인구의 1.7%, 0.7%를 점해 성인남성 인구에서 도합 2.4%를 차지한다(830만 명 중 약 20만 명).

**출처 및 원 통계자료:** piketty.pse.ens.fr/ideologie

대한 역할을 수행한다. 하지만 이는 삼기능시대에 관찰되는 양상과는 현저히 상이한 양상으로 전개된다.[23]

상위의 두 신분을 합친다면, 사제와 귀족이 14~17세기 사이에 성인남성 인구의 약 5%에 해당하며(총인구 대비로 따진다면 3.5%), 이 점유율은 대혁명 전야에 2%를 약간 웃도는 선(총인구 대비로는 1.5%)으로 떨어진다(표 2.1~2.2 참조).[24]

## 귀족 수의 저하를 어떻게 설명할 것인가?

인원 감소라는 문제로 돌아가보자. 사제의 수치상 규모가, 귀족의 경우는 더더욱, 프랑스에서 앙시앵레짐의 마지막 세기에 줄어든 것을 어떻게 설명할 것인가? 우선 말해두자. 가용 자료들을 통해서는 이 질문에 완벽하게 정확하고 설득력 있는 방식으로 답하기가 어렵다. 그렇다고 설명의 실마리가 없는 것은 아니다. 먼저 여기서 볼 수 있는 것은 중앙집권국가의 형성 및 사제와 귀족 기능의 점진적인 권위 실추와 연계된 장기적 과정에서 나온 일반적 결과다. 이 시대에 고유한 정치적-이데올로기적 요인 역시 이러한 진화에서 역할을 했으며, 우리는 여타 유럽 국가, 특히 연대기적으로나 양상 면에서 흥미로운 변모를 보여준 영국과 스웨덴에서의 이러한 진화를 개략적으로 확인해볼 것이다. 프랑스의 경우, 17세기 중반부터 관찰되는 큰 폭의 감소는 적어도 부분적으로는, 당시 비약적으로 발전하며 한창 위세를 구가하던 절대왕정이 시행한 단호한 정책의 결과로 보인다. 게다가 1660~1670년대에 루이 14세와 콜베르 하에서 착수된 귀족과 사제에 대한 대규모 조사의 목표는, 형성중인 중앙집권국가가 특권 신분을 평가해서 일정한 방식으로 그들을 통제하려는 데 있었음이 분명하다. 누가 누구인지를 조사해 정의하는 바로 그 순간부터, 또는 적어도 이러한 방향으로 진전이 이루어지는 그 순간부터, 이것이 의미하는 바는 이 부류들의 범주에 영향을 줄 수 있고 소유 및 권리와 관련해 협상할 수 있게 된다는 것이다. 실제로 이와 동시에 왕권은 귀족의 소유 법규를 강화하고자 하는데, 예컨대 1664년 국왕 성명에서 1560년 이전부터 귀족이라고 자처하는 이들에게 '증빙 자료'를 요구하면서, 이 증거의 인가 범위와 형식을 어렵지만 정의하려고 시도한다.[25]

더 일반적으로는, 17세기 말 18세기 초에, 프랑스 군주정은 귀족 인원을 제한하고자 다각도로 시도한다. 그 동기는 정치적인 것인 동시에(중요한 건 형성중인 중앙집권국가로서 하는 일 없이 수만 많은 귀족이 불필요함을 보여주려는 것이었다) 예산과 관련된 것이기도 한데, 귀족 숫자를 줄이면 그만큼 면세도 줄어들었기 때문이다. 1695년에 도입된 인두세는 확실히 적어도 부분적으로는 결국 귀족에게 과세할 수 있도록 해주었지만, 귀족계급은 1789년까지도 여러 국왕세를 여전히 면제받았는데, 특히 타유세가 그러했다. 귀족으로 인정받는 조건들을 제한하는 것만이 국왕 측의 세수를 늘려줄 수 있었다. 이러한 방향의 시도들은 언제나 미완으로 남을 것인데, 왜냐하면 군주는 면세를 확정하는 사법 및 지방행정 절차와 기관을 매우 불완전하게만 통제했고, 귀족의 핵심층과 절연하는 위험부담을 감수할 수 없었거나 혹은 감수하고 싶지 않았기에, 이 문제는 대혁명에 이르러서야 비로소 제대로 해결될 터였다. 하지만 사실 이 과정은, 난점이 없진 않았으나 오래전에 개시되었다.

또한 군주정은 귀족적이고 전사적인 구엘리트와 상업적이고 금융적인 신흥 엘리트를 차츰차츰 가까워지게 했다. 한편으로는 자금 융통성이 있던 자들에게 (때로 귀족이라는 작위와 더불어) 매관매직을 했다는 점에서 그렇고, 다른 한편으로는 귀족들에게 작위를 잃지 않고 그들의 활동을 다변화할 수 있게 해줬다는 점에서 그러한데, 예컨대 1627년 해상무역은 귀족에게 더이상 불명예스러운 것이 아니라고 선포했고, 이런 결정은 1767년 은행과 공장으로 확대되었다.[26] 이를테면 19세기(소유물 및 면세 규모가 정치권력의 새로운 토대가 되었던 세기)에 시행되던 납세유권자체제에서 그 결말에 이르렀던, 엘리트들을 통합시키고 화폐를 추구하도록 한 이 점진적 과정은, 전통적인 귀족집단의 인원이 줄어들기 시작한 것과 동시에 17세기와 18세기에 이미 개시된 것으로 보인다.

그럼에도 귀족 인원의 감소 전체를 중앙집권국가와 귀족을 통제했던 이들의 단호한 행동 탓으로 돌리는 것은 곤란해 보인다. 1660년과 1780년 사이에 확인되는 극심한 저하를 감안한다면, (귀족 자신들의 전략을 필두로 한) 여타 요인들이 압도적이지는 않더라도 중요한 역할을 했을 개연성이 있다. 많은 작업들이 보여주었던바, 귀족계급은 18세기 동안에 점점 더 '맬서스주의적인' 인구통계론상의 반응을 보이는데, 부부 사이에서 태어나는 아이들 수가 줄어드는 동시에 차자次子들 사이에서는 독신자가 늘어났다. 같은 시기 프랑스와 여타 유럽국가들에서는 장자상속이 일반화되는 경향을 보인다. 다시 말해 잉글랜드 귀족들이 하던 식으로 소유권 양도를 오로지 장남에게만 점점 더 몰아주는 경향을 보이는 것이다. 실은 프랑스(와 유럽의 다른 곳에서)의 상속 관행은 지방에 따라 항상 더 다양하고 가변적이었는데 말이다.[27] 차자들 사이에서는 독신이 늘어나고 장자들에게는 유리하게 양도가 집중되면서, 고위사제의 기능 또한 점점 더 강화되어 독점되었던 듯하다. 18세기에는 100명의 주교 중 95명 이상이 귀족 출신이었던 데 비해 17세기 초에는 그 비율이 63%였고 17세기 말에는 78%였다.[28]

이러한 진화를 (의식적이든 아니든) 공세적인 선택이라고, 심지어 잉글랜드식의 귀족가문 및 그 가장들의 힘의 과시라고 분석해볼 수도 있다. 중앙집권국가가 대규모로 소유권 존중을 보장한 이래로, 자신들의 영지와 입지를 무장방어하기 위해 여러 자식을 둘 필요가 없었고, 그만큼 점점 더 협소한 엘리트 내부로 권력을 집중시켜 반복되는 분배와 분산을 피한 것이다(엘리트는 수가 많으면 엘리트가 아닌 것이다). 하지만 이러한 맬서스적인 가족 전략은 계급 실추에 대한 두려움에서 나온 방어적 결과로 읽힐 수도 있다. 인구 폭증, 경제적 팽창, 엘리트들의 다변화(귀족과 사제 계급에 추가된 법관·상인·금융업자 등 온갖 유형의 부르주아)라는 맥락에서, 귀족이 자신들 후손의 규모를 한정하고 유산을 집중시킨다는 사실이 그들로서는 신참자들을 상대로 자신들의 지위를 유지하는 유일한 방식으로 여겨질 수 있다.

이들 여러 요인과 지각과 동기가 행한 역할을 정확히 인지하기에는 가용 자료가 너무나 제한적이다. 하지만 앙시앵레짐 말기에 의전을 둘러싼 분쟁과 서열 및 우선권을 둘러싼 갈등이 사라지기는커녕 오히려 격화되는 점이 눈에 띈다.[29] 위계적이고 불평등주의적인 체제의 전환이라는—중앙집권화가 강화되고 근대국가가 구성되며 개인들의 위상이 숱하게 문제시되는—맥락에서, 보편적인 화폐등가성과 경제적 합리성과 소유 집중의 최대화로 인해 상이한 엘리트들이 하나로 통합된다고 생각한다면 잘못일 것이다. 1660년 파리에서 왕궁에 입장할 때, 검을 든 신사와 법복을 입은 신사 사이의 분쟁은, 상서국(군주정의 중앙행정과 법무부 역할을 동시에 했던 기관) 내부의 여러 갈등과 이미 중첩되어 있었다. 행정과 조세 관련한 여러 장부와 목록을 책임지던 관리자들은, 자신들보다 품위가 떨어진다고 평가된 문지기직과는 거리가 멀면서도 회계관이나 청원심사관에 가까운 복식과 자리를 원했다.

이제 행렬에서의 자리뿐만 아니라 외투와 모자의 크기, 의식을 거행하는 동안 앉을 의자의 크기, 구두 색깔 등에 대해서도 규칙이 정해지기에 이른다. 복장과 의전과 행렬과 자리 위치를 둘러싼 갈등은 또한 여러 직업 및 동업조합 성원들 간의 관계와도 관련된다. 18세기에는 왕실 혈통 내 왕자와 공주의 자리라는 미묘한 문제뿐만 아니라, (충돌이 없진 않았으나 왕의 압력으로 새로이 인정된) 사생아와 명문귀족(특히 공작과 상원의원)들과 마주한 이들의 의전상의 위치 문제를 해결해야만 했다. 당연하게도 회상록 저자들은 오래된 의전 예법, 전장에서의 규칙, 전사와 영주의 위계—이런 것들은 『롤랑의 노래』에 나오는 기본 연회에 상징적으로 담겨 있는데, 예컨대 중신 12명이 왕을 감싸고 있다든가, 쟁반과 음식물에 손대는 순서를 규제하는 위계적 규칙을 그 누구도 모르지 않으며 이의를 제기하지도 않는다는 것—가 사라지는 것을 확인하며 어김없이 탄식한다. 그렇다고는 해도 교구의 위계(왕실과 절대왕정의 위계) 안에서의 순위 분쟁은 여전히 중심 논의로 떠오른다. 앙시앵레짐 말기에도 신분사회는 아직 건재했고, 이 체제를 특징짓는 복잡한 상징적 위계가 화폐와 소유의 일차원적 차원에서 해소되지 않았으니 말이다. 대혁명 이후에야 비로소 사회적 위계는 근원적으로 바뀌게 될 터였다.

### 귀족: 대혁명과 왕정복고 사이의 소유계급

더 일반적으로, 사제와 귀족이 앙시앵레짐사회의 여타 부분과 맺는 지배 관계를 잘 이해하기 위해서는 당연히 인원수 문제에만 국한해서는 안 된다. 무엇보다도 두 특권층과 불가분으로 엮여 있던 상징적 세습적 정치적 자원들 또한 분석해봐야 한다. 물론 사제와 귀족은 앙시앵레짐에서 약간의 인구 비율만을 점했고, 이 점유율은 대혁명 이전 세기 동안에 줄어들었다. 하지만 이것으로 근본적인 현실이 은폐되어서는 안 된다. 진행중인 진화의 규모가 어떠하든 간에, 1789년 대혁명 전야에 물질적 부와 정치경제적 권력의 상당 부분이 계속해서 두 지배계급에게 집중되었다는 바로 그 현실 말이다.

이 대목에서도 역시 가용 자료는 불완전하지만, 적어도 토지소유와 관련해서는 그 추이가 비교적 명확하다. 1780년 무렵 귀족과 사제는 총인구의 약 1.5%였지만, 왕국에서 토지의 절반을 보유했다. 요컨대 가용 통계에 따르면 두 신분이 대략 40~45%를 보유했고, 그중에서 귀족은 약 25~30%, 사제는 15%였는데, 지방 간에는 큰 편차가 있었다(어느 지역들에서는 고작 5%가 사제의 것인데, 다른 지역들에서는 20%가 넘는다). 토지소유에서 두 특권층의 점유율은 교회 십일조의 축재를 포함시킨다면 무려 55~60%에 달했다. 물론 십일조는 엄밀한 의미에서 소유에 해당하는 것은 아니지만, 이 십일조를 통해 교회가 왕국 전체 소유 중에서 막대한 몫의 농업 생산물 수혜를 영구적으로 받을 수 있게 되는 것이기 때문에, 이 십일조에 따라 교회는 매우 중요한 이점을 제공받게 된다. 앙시앵레짐에서 귀족과 사제의 소유권 집행과 결부된 사법적 권력과 여타 영주권 및 왕권이 제공하는 이점들을 고려했더라면 특권층의 점유율은 훨씬 더 높았을 테지만, 우리는 여기서 이걸 고려하려 하지는 않았다.

대혁명은 이러한 균형을, 특히 사제와 관련해, 근원적으로 뒤집으려 했다. 교회재산의 몰수로 말미암아 교회소유는 거의 전부 바닥이 났고, 십일조는 단숨에 폐지되었다. 비교해보자면 귀족의 토지소유는 대략 절반으로 줄었으나, 그뒤에 부분적으로 회복되었으니 분명 현격한 변화는 아니었다. 예컨대 북프랑스의 도에서는 두 특권층이 보유한 토지점유율이 1788년의 42%(귀족이 22%, 사제가 20%)에서 1802년에는 12%가 채 안 되었다(귀족이 11%, 사제가 1% 이하). 다른 데파르트망들에 관한 가용 자료에서도 이 같은 추이가 확인된다.[30]

전체적으로는 대혁명 전야에 전체 소유에서 귀족의 점유율이 4분의 1

에서 3분의 1 사이였고, 19세기 초에는 이 역시 여전히 매우 높지만 10분의 1에서 5분의 1 사이였던 것으로 짐작해볼 수 있다. 더 정확히 밝혀야 하는 것은 이 추계가 상위 자산에서 귀족이 점하는 진짜 비중을 과소평가했다는 점인데, 총자산에서의 점유율에 비해 월등히 높았던 이 비중은 앙시앵레짐 말기에 상당한 수준에 달했고, 이어서 왕정복고 이후에 대단히 높은 수준으로 돌아간다.

상속 관련 문서고에 입각하여 추산할 수 있는바, 파리 시민의 상위 0.1% 상속분에서 귀족의 점유율은 대혁명 전야에 약 50%였고, 1800~1810년경 약 25~30%로 떨어졌다가, 납세유권자 군주정 시기가 끝난 뒤인 1830~1850년에 40~45%까지 다시 올라갔는데, 그후 19세기 하반기 동안에 점차적으로 축소되어 1900~1910년 무렵에는 약 10%에 달했다(도표 2.2 참조).

이러한 변화와 관련해 여러 지점을 눈여겨볼 만하다. 무엇보다도 우선, 이 결과는 상위 자산의 상당 부분이, 그에 따라서 경제적 재정적 권력의 상당 부분이 소규모 집단(1780~1910년 내내 파리 인구의 고작 1~2%였던 귀족)에 집중될 수 있음을 보여준다. 또한 짚고 넘어가야 할 것은 이러한 통계가 파리 문서고에 있는 수십만 건의 상속증서—우리가 질 포스텔비네와 장 로랑 로젠탈과 함께 취합한 그 증서—의 디지털화 작업에서 나온 것이라는 점이다. 이 자료에는 나름의 한계가 있다. 특히 우리는 문서에 나오는 성에 근거하여 사망자를 귀족으로 분류했는데, 다수의 난점을 야기하는 이 방법은 자료를 분류하면서 적극적인 근사치만을 제공할 수 있을 뿐이다.[31] 그렇다고 하더라도 1810~1850년의 재상승 및 1850~1910년의 감소와 관련해 관찰된 경향들은 대단히 명확하다. 이러한 데이터들은 대혁명기에 확립된 상속등기제도의 소산임을 또한 강조하자. 소유의 성격(토지·부동산·사업자산·금융자산 등)과 총합 및 소유자의 지위(귀족이냐 평민이냐)를 불문하고, 전체 소유와 연관되어 있었다는 점에서, 당대에 놀라울 정도로 보편적이었던 이 제도는 다른 나라들에서는 엄두도 낼 수 없었다. 이 제도는 19세기 내내, 그리고 오늘날까지도 실행되는데, 대혁명부

**도표 2.2** 파리 시민의 상속분에서 귀족의 몫, 1780~1910년

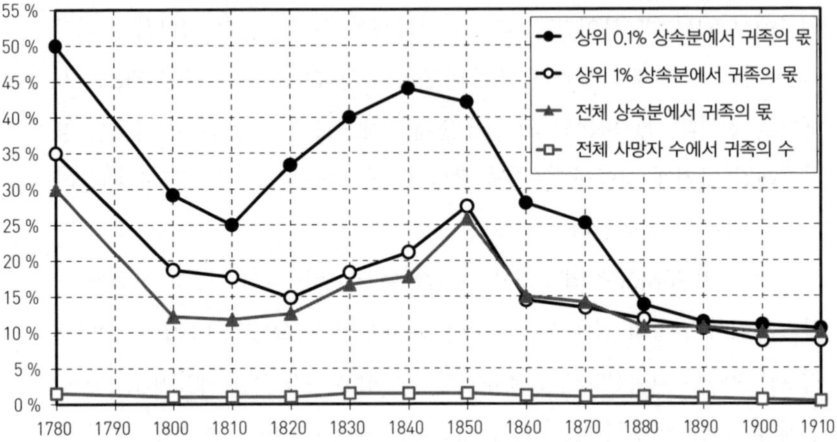


파리 시민의 상위 0.1% 상속분에서 귀족의 몫이 1780~1810년에 50%에서 25%가 되었고, 납세유권자 군주정 시기(1815~1848년) 동안 약 35~45%로 다시 올랐으며, 19세기 말 20세기 초에 약 10%로 떨어진다. 그에 비해, 귀족의 수는 1780~1910년에 언제나 총사망자의 2% 이하였다.

**출처 및 원 통계자료:** piketty.pse.ens.fr/ideologie

터 1차대전까지는 극도로 축소된 비율(부모 자식 간 직계상속에 관해서는 고작 1~2%)로 운용되었다. 이 자료는 소유의 장기적 역사를 분석하기 위한 독특한 관찰점을 제공하는데, 우리는 19세기부터 20세기 초까지 프랑스에서 발전한 소유자사회 내부에서의 자산 집중의 진화를 연구할 때 이를 재론하겠다. 지금 이 단계에서는 이 자료를 통해 상위 자산에서 귀족의 위세 및 그 진화를 수치화할 수 있음을 단순히 강조해두자.[32]

마지막으로, 도표 2.2에 제시된 진화들은 삼원사회의 전환에서 말 그대로 정치적이며 이데올로기적인 요인들(또한 군사적이고 지정학적인 요인들)의 중요성을 보여준다. 물론 귀족의 규모 축소는 이미 18세기에 진행중이었고, 이는 엘리트들 및 국가 형성(그리고 이로부터 도출되는 귀족들의 맬서스주의적인 전략들)의 쇄신이라는 장구한 사회경제적 과정의 결과로 분석될 수 있다. 마찬가지로, 1850년과 1910년 사이에 상위 자산에서 귀족 점유율의 감소는 부분적으로는 사회경제적 요인들, 특히 산

업 부문과 금융 부문에서의 성장을 반영하는데, 이 부문들 안에서는 구래의 귀족 엘리트가 부르주아적이고 상업적인 신흥 엘리트 앞에서 부차적인 역할을 한다. 그럼에도 역시 순수하게 사회경제적인 접근으로는 1780년과 1800~1810년 사이의 귀족 점유율의 급락 및 그뒤에 이어진 1840~1850년까지의 매우 가파른 재상승을 설명하기가 곤란할 것이다. 이 급락은 대혁명기에 실행된 재분배의 충격(하지만 혁명적 입법자들이 수립한 새로운 소유체제를 연구할 다음 장에서 보겠지만 이것을 과장해서는 안 된다)을, 그리고 무엇보다도 일부 귀족의 일시적 망명을 반영한다. 반대로, 재상승은 무엇보다도 1814~1815년 왕정복고기에 귀족계급의 국내 복귀(이 복귀 자체는 대체로 나폴레옹 군대가 유럽 군주정 연합에 패배한 탓인데) 및 납세유권자 군주정 기간(1815~1848년)에 프랑스에서 귀족이 누린 유리함으로 설명된다.

특히 저 유명한 '망명귀족을 위한 천만금'이라는 말이 생각날 텐데, 왕정복고기 초창기부터 논의되어 마침내 1825년에 채택된 이 상징적 조치는 망명한 구舊귀족들에게 대혁명기에 상실한 토지와 주택을 보상해주기 위해 엄청난 액수(전적으로 납세자 부담과 국채로 충당되며, 그 시대 국민소득의 거의 15%에 이른다)를 지급해주려는 것이었다. 이와 동시에 빌레르 백작이 이끈 루이 18세와 그뒤를 이은 샤를 10세(이 두 왕 모두 1793년 단두대에서 처형된 루이 16세의 형제들이다)의 정부들은, 아이티에 1억 5000만 금본위프랑이라는 막대한 (그 시대 아이티의 3년 치 국민소득을 상회하는) 배상을 부과하게 된다. 이는 (대부분 귀족인) 구舊노예소유주들이 아이티 독립 이후 노예소유권을 박탈당한 것에 대해 보상해주려는 것이었다.[33] 더 일반적으로는, 모든 것이 시사하는바, 국가장치로서의 사법체계 전체가 1815년에서 1848년 사이에, 특히 대혁명 동안에 실행된 재분배로 인해 야기된 숱한 소송들에서 매우 명확하게 친귀족 성향을 보였다는 점이다. 이러한 정치적 연보에서 보다시피 구래의 삼원사회에서 소유자사회로의 전환은, 전체 유럽사회의 다른 곳에서와 마찬가지로 프랑스에서도, 다수의 돌발 사태들을 따라가며 이루어졌다. 1789년의 단절은, 이것도 중요하긴 하나, 여러 가능성 있는 진화를 여전히 열린 채로 놓아두었다.

## 소유조직으로서의 기독교교회

삼원사회 내부의 소유에서, 사제계급과 그들 조직의 점유율이라는 문제로 되돌아가보자. 가용 자료에서 보다시피 가톨릭교회는 1780년대에 프랑스에서 토지소유의 약 15%를 보유했다. 십일조로 축재한 가치 추계를 합치면, 교회 점유율이 약 25%였다고 간주할 수 있다.

여타 유럽국가들에 관한 가용 추계들도 유사한 추이를 제시한다. 이와 같은 계량화를 짓누르는 불확실성은 물론 허다한데, 우선은 소유권이라는 통념 자체가 삼원사회에서는 특수한 의미를 가졌기 때문이고(이 통념에는 이 자리에서 고려하지 않은 재판권과 왕권이 포함되었다), 그다음으로는 가용 자료의 한계로 인한 것이다. 예컨대 우리는 에스파냐의 경우 저 유명한 엔세나다 토지대장을 사용하는데, 1750년과 1760년 사이에 작성된 이 토지대장은 교회가 당시 농지의 24%를 보유했음을 우리에게 알려준다.[34]

또한 프랑스 교회 십일조에 상당하는 에스파냐의 경우를 추가해야 할 테지만 이는 쉽지 않은 것이, 에스파냐 왕실과 가톨릭교회 사이의 관계는 '레콩키스타Reconquista시대'(8~15세기)부터 있어온 다수의 양도 문제로 특징지어지기 때문이다. 지속적으로 재교섭이 이뤄진 이 양도로 교회는 자신들 토지소득의 일정 부분을 왕실에 이월했다. 이 양도들은 처음에는, 718년부터 1492년까지의, 국토 '재정복'을 위해 무슬림에 맞서 벌이는 성전聖戰용 자금 충당을 위한 필요에 의해 정당화되었다. 그후의 양도들은 당대의 복잡하고 가변적인 양상에 따라 갱신되었다.[35] 게다가 군주권력과 교회권력 사이의 이러한 협상은 삼원사회에서 소유 문제가—다양한 엘리트와 이들이 공동체에 전쟁 또는 종교로 공헌하는 바의 정당성이라는 중심 문제에서 시작하는 — 폭넓은 정치적 쟁점들과 어느 정도로 뗄 수 없게 연계되어 있는지를 보여준다.

농지 외의 여타 소유에 대해서는 역시 별로 알려진 바가 없다. 물론 농지는 18세기 프랑스·에스파냐·영국에서 전체 소유(달리 말해 부채를 제외한 토지·부동산·직업·금융 관련 소유 전체의 총매매가격)의 태반—절반에서 3분의 2 사이—을 나타냈다. 그렇다고 여타 재산을, 특히 부동산, 창고와 공장, 금융자산을 간과해서는 안 된다. 그런데 이러한 비토지소유에서의 교회 점유율은 매우 알기 어려운 만큼 아주 다양한 상황들이 은폐될 수 있다. 예컨대 최근 작업들이 보여주었던바, 담보대출(즉 토지재산이나 부동산을 담보로 잡고 대출해주는 신용)에서의 에스파냐 교회 점유율은 17세기에 45%에서 18세기 중반에는 70%에 달할 정도로 엄청난 것이었다. 여러 자료를 합쳐보면, 1750년 에스파냐에서 교회가 전체 소유의 거의 30%를(심지어 더 많이) 보유했다고 간주할 수 있다.[36]

이러한 불확실성이 어떤 것이든 여기서 내가 강조하고픈 본질적 논점은 유럽 삼원사회에서 교회가 소유의 대단히 많은 부분을 보유했고, 전반적으로는 대략 25~35%(즉 4분의 1에서 3분의 1 사이)였다는 점이다. 매우 상이한 맥락의 교회조직에서도 이런 식의 추세가 재확인된다. 예컨대 에티오피아 교회는 1700년 무렵 에티오피아 토지의 약 30%를 보유했다.[37] 에티오피아에서 이는 매우 높은 수준이었다. 모두 한 나라 안에서 소유해야 할 것 중 4분의 1에서 3분의 1을 어느 한 조직이 보유하며, 무엇보다 수많은 사제에게 급여를 주고 이런저런—주로 교육과 보건 분야에서—봉사와 활동을 벌임으로써 이 사회를 구조화하고 규제하기 위한 엄청난 재정적 인적 무게를 그 조직에 부여하니 말이다.

물론 이것이 그 조직에 헤게모니적인 중요성을 부여하는 그런 무게는 아니다. 예컨대 소비에트 시기 공산주의국가와는 반대다(극단적이긴 하지만 그럼에도 유용한 비교 지점이다). 우리가 보게 되겠지만, 공산주의국가는 소유해야 할 모든 것 중 거의 전부를, 전형적으로는 대략 70~90%를 보유하고 있었다. 기독교교회는 다원적 정치체계 내에서 중요한 행위자이지만, 삼기능 이데올로기에서 드러나다시피 헤게모니를 가진 행위자는 아니다. 그럼에도 역시 이러한 무게는 교회를 기독교왕국의 최우선 소유자로 만들었고(그 어떤 귀족 개인 소유자도, 심지어 국왕도 교회만큼 재산을 보유하지 못했다), 종종 국가 자체보다 우선시되는 행위능력을 교회에 부여했다.

생각과 어림짐작한 규모를 고정시키기 위해, 21세기 초 비영리기구들이 전체 소유에서 비할 바 없이 적은 부분을 보유한다는 점을 분명히 해두는 것이 유용할 수 있겠다. 프랑스에서는 1%, 일본에서는 3%, 미국에서는 약 6%다. 이들은 재단 부문이 특히 발달한 나라들임에도 그렇다(도표 2.3 참조). 더욱 분명히 해야 할 것은, 공식 국민계정에서 끌어낸 이 통계들에는 비영리기구들의 모든 것이, 다시 말해 (모든 종파를 망라한) 전체 종교조직이 보유한 재산뿐만 아니라 대학·박물관·병원을 비롯한 여타 유형의 모든 부문에서 활동하는 비영리구호단체를 포함하는 비영리적 비종교적 재단과 기구 전부가 소유한 자산이 다 포함되어 있다는 점이다. 또한 몇몇 재단의 경우 이론상으로는 공익에 복무하지만 실제로는 하나의 개별 가문에 주로 복무한다는 것이 문제일 수 있다. 이 가문은 자기 재산의 일부를 다양한 이유로, 예컨대 세금이나 가족 관할의 불확실성과 연계된 이유로 재단에 넣어둔 것이고, 현대 국민계정은 이를 어떻게 분류할지를 여전히 잘 모른다. 원칙상 '가족신탁' 및 사적인 개인들에게 도움이 되는 여타 재단들이 보유한 자산은 비영리기구 부문이 아니라 세대世帶 부문에 귀속되어야 하지만, 이 작업은 전혀 자명하지 않고 앙시앵레짐의 교회소유가 우선 사제에게 요긴한 건지 아니면 신자단체에 요긴한 건지를 알아내는 게 간단치 않다는 점과 매한가지다. 국민계정, 그리고 특히 국민자본과 국민소득의 통계 시도는, 특히 영국과 프랑스에서 17세기 말 18세기 초 이래로 발전해왔고 우리 시대의 논의에서도 상당한 역할을 하는데, 이것들은

**도표 2.3** 소유조직으로서의 교회, 1750~1780년

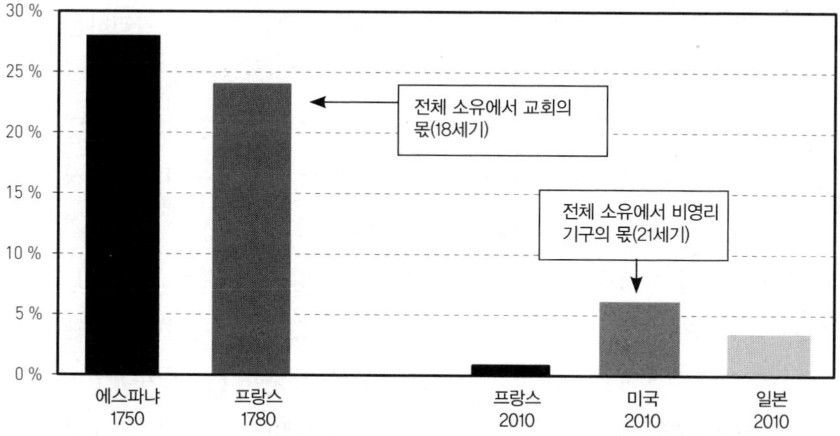


1750~1780년경, 교회가 에스파냐 총소유의 25~30%, 프랑스에서는 거의 25%를 차지했다(교회 십일조를 포함하여 토지·부동산·금융자산 등). 그에 반해, 2010년에 비영리기구 전체(모든 종파의 종교조직·대학·박물관·재단 등)는 프랑스에서 총소유의 1% 이하, 미국에서 6%, 일본에서 3%를 점했다.

**출처 및 원 통계자료:** piketty.pse.ens.fr/ideologie

한 시대와—종종 수많은 한계가 있긴 하나—그 입안자들의 우선 사안들을 반영하는 사회적 역사적 구조물들이다.

여하간 내가 여기서 강조하고픈 요지는, 그토록 분분한 단위들을 다시 모아서 확보한 전체 보유를 보면, 21세기 초의 비영리기구들이 상대적으로 제한적이라는 점이다(소유 전체의 1%에서 6% 사이). 이는 역으로 앙시앵레짐 유럽에서 소유조직으로서의 교회가 지닌 힘을 깨닫게 해준다(20%에서 35% 사이). 이러한 측정치와 그 구축 맥락과 연결된 불확실성이 어떤 것이든, 비교의 추이와 구도는 더할 나위 없이 명확하다.

더 일반적으로는, 우리가 연구할 여타 사회 범주 안에서 만날 소유구조와는 근본적으로 상이한 이 특수한 소유구조는 삼기능사회의 중심 특성 중 하나를 더 잘 이해하게 해준다. 이 사회들은 기능과 조직 면에서 현격히 구분되며 정당성을 갖춘 두 계급인 사제계급과 귀족계급이 각자 엄청난 비율의 자원과 재산을 (대략 두 집단 각자가 소유의 4분의 1에서 3분

의 1 사이를, 두 집단을 합쳐서 보자면 절반에서 3분의 2 사이를, 우리가 영국의 사례를 연구할 때 보겠지만 어떤 나라들에서는 더 많이) 관리하는 사회로, 이로써 두 계급으로 하여금 자신들의 지배적인 사회정치적 역할을 충분히 수행하게 했다는 점이다. 모든 불평등주의 이데올로기가 그렇듯이, 삼원 이데올로기는 정치체제와 소유체제에서 동시에 구현되며 특정한 인간적 사회적 물질적 현실에서 구체화되어 나타난다.

또한 주목할 수 있는 것은, 소유 전체 중에서 앙시앵레짐기 교회가 보유한 약 30%가 2010년대 말 중국의 국가—실제로는 중국공산당이 통제하는 국가적 구조—가 보유한 국민자본 부분에 상응한다는 점이다.[38] 이 둘은 분명히 매우 다른 유형의 조직과 정당성을 가진다. 그럼에도 불구하고 21세기 초의 중국공산당처럼 앙시앵레짐 교회는 사회를 발전시키고 틀을 짜는 야심찬 프로젝트로 특징지어지는 조직이고, 이러한 프로젝트는 견고한 세습적 기반 위에서만 성공적으로 시행될 수 있다는 점은 다르지 않다.

## 부와 가족상속에 직면한 소유자적 교회

기독교교회의 이러한 소유자적 면모가 기독교 역사에서 아주 일찍부터 발전해왔다는 점에 주목하는 것은 흥미롭다. 이러한 진화는 소유·가족상속·경제법 문제들에 관한 진정한 기독교 교리의 구성과 궤를 함께해왔는데, 이러한 교리 구성에 대체로 수반되었던 것이 삼기능 이데올로기의 발전 및 노동 지위들의 통합이다.

기독교시대 초창기에, 예수는 확실히 제자들에게 '부자가 천국에 가는 것보다는 낙타가 바늘구멍을 통과하기가 더 쉽다'고 가르쳤다. 하지만 4세기 말과 5세기를 지나며, 로마의 부유한 가문들이 새로운 신앙을 받아들이고 주교와 기독교 저술가의 자격으로 교회 안에서 지배적 위치를 독차지하기 시작한 이래로, 기독교 교리는 소유와 부라는 문제를 정면에서 다루어야만 했고, 실용주의를 보여주어야만 했다. 얼마 전만 해도 생각조차 할 수 없는 현상이던 거의 완전히 기독교화된 사회, 게다가 교회가 광대한 부를 축적하게 된 그런 사회에서, 새로운 신앙에 걸맞은 경제와 정의로운 소유 조건을 생각하는 일은 곧 필수불가결한 것이 되었다.

단순화하자면, 신자들이 축적한 재산의 일부가 교회에 양도된다는 조건에서(교회는 자신의 소유 덕에 사회의 정치적 종교적 교육적 구조화에서 자신의 역할을 확고히 할 수 있었다), 또한 상당수의 경제적이고 금융적인 규칙을 존중한다는 조건에서, 이제 부는 기독교사회의 양성적인 구성요인이 되었다. 이리하여 교회의 부와 말 그대로 사적인 부 사이에서 새로운 역할과 정당성을 나누고 확립하게 된다. 역사학자 피터 브라운 같은 후기 고대 전문가들은 4세기와 5세기 동안에 부에 대한 기독교 교리가 이처럼 변화된 것을, 그리고 이러한 발전과 병행해 부유한 기부자들이 자기 재산 일부를 포기했던 놀라운 광경을 연구했다.[39]

일부 인류학자들은 광대한 유라시아 공간의 가족구조와 관련해 유럽 가족구조가 지닌 유일한 특수성은, 부에 대한 기독교교회의 이 특정 태도로부터, 특히 재산을 축적하고 보유하려는 교회의 강고한 의지로부터 유래했다는 이론을 주장하기까지 했다. 사회인류학자 잭 구디에 따르면, 바로 이것이 교회당국으로 하여금 언제나, 가족과 경쟁하는 정치적이고 소유자적인 조직으로서의 교회 위상을 견고히 하려는 목적으로, 교회 기부를 극대화하려는 일련의 가족 규범을 발전시키도록 이끌고(재산의 순환을 촉진하고자 재혼도 입양도 권장했던 로마의 규칙들에 역행하면서 남녀의 재혼과 입양에 낙인을 찍었다), 보다 일반적으로는 온통 소유 관리에만 몰두하는 가족 집단들의 능력에 제한을 두도록 이끌었던 것이다(예컨대 사촌 간 혼인을 금지했지만, 사촌 간 혼인은 모든 문명에서 부유한 혈통들에게는 편리한 혼인·세습 전략이었기에 부분적으로만 성공했다. 여하간 이것은 의도하지는 않았더라도 기독교교회의 정치적 프로젝트가 지닌 급진성을 보여준다).

이 새로운 가족 규범들이 해낸 정확한 역할이 어떤 것이었든 이 교회의 세습 전략은 사실상 엄청난 성공을 거두었다. 왜냐하면 (손이 크다고 정평이 난 홀아비 홀어미뿐 아니라) 신자들의 기부로 인해, 그리고 나름대로 견고한 법적 경제적 조직으로 인해, 교회는 5~6세기부터 18~19세기까지 천년 이상, 기독교 서양에서 전형적으로 4분의 1에서 3분의 1 사이의 재산을, 그것도 주로 토지의 상당 부분을 소유해왔기 때문이다.[40] 바로 이러한 세습 기반을 통해 이 기간에 많은 사제계급이 생계를 이어갈 수 있었고, 또한 (실제로는 아니더라도 원칙상으로는) 주로 교육과 구호 분야의 상당수 사회봉사에 자금을 충당할 수 있었다.

최근 연구들에서 역시 강조한 사실은, 소유자조직으로서 교회의 발전은 경제와 금융 관련한 중세법의 성립 없이는 불가능했을 것이라는 점이다. 특히 이 법이 해결하고자 한 매우 구체적인 쟁점들에 포함되는 것은, 영지 관리, 다소간 감춰진 고리대 관행, 혁신적인 신용수단, 심지어 지나치게 수완 좋은 계약들(사제들은 흔히들 이를 기독교재산을 존중하지 않는 유대인과 이교도의 손길로 봤다)을 통해 부당하게 양도된 교회재산들의 반환과 관련한, 경제적 사법적 문제들이다. 특히 역사학자 자코모 토데스키니는 11세기와 15세기 사이 개간을 통해 기독교왕국들의 경계가 확장되고 인구가 증가하며 도시가 발전함에 따라 부의 교환과 유통이 복잡해지고 강화되던 시기에 진행된 교리의 진화를 아주 자세히 연구했다. 그는 이 새로운 맥락에서 근대 자본주의적 통념의 기원에 있는 사법적 경제적 금융적 범주들을 발전시키고자 기독교 저술가들이 한 중심적 역할을 분석한다.[41] 주로 이는 세속적인 주권권력 및 사적 계약 당사자와 직면한 교회재산의 법적 보호와 관련되는 문제이고, 적절한 보장을 제공해주는 재판제도의 발전과 관련된 것이다. 또한 이는 이른바 고리대 금지를 필요한 만큼 회피하게 해주는 회계기술과 재테크의 발전과 관련된 것이다.

## 경제법과 자본주의의 연원인 교회소유?

사실상 중세 기독교 교리 안에서라면 흔히들 상상하는 것과는 반대로, 자본이 노동 없는 소득을 생산한다는 것은 분명 문제가 아니다. 이 불가피한 현실이 교회소유의 토대 자체이며(바로 이것이 사제들로 하여금 기도할 수 있도록, 경작은 근심하지 않고 사회를 보살필 수 있도록 해준다), 나아가 소유 전체의 토대다. 오히려 문제는, 점점 더 실용적인 방식으로 접근해보면, 기독교 교리가 못박은 사회정치적 목표들에 따라 허용될 수 있는 투자 형식과 보유 형식을 제어하는 것, 자본이 최선으로 사용되도록 보장하는 것, 무엇보다도 부와 부의 전가에 적합한 사회정치적 통제를 확립하는 것이다. 구체적으로 말하자면, 토지 때문에 소유주가 토지세를 내게 된다는(또는 교회가 직접적인 소유자가 아닌 경우에도 교회에 십일조를 납부하게 된다는) 사실이, 도덕적으로나 개념적으로 실제로 곤란을 제기하지는 않았다. 공인된 투자의 장을 토지의 바깥에서, 주로 상업과 금융 분야에서 어디까지 확장할지를 아는 것, 그리고 허용될 수 있는 보상의 형식들을 정하는 것이 차라리 쟁점이었다.

이러한 교리상의 유연성은 예컨대 교회 법학자인 교황 인노켄티우스 4세의 텍스트에서 표현되는데, 그는 13세기 한복판에서 고리대 자체는 확실히 문제가 아니며, 너무 높고 너무 확정적인 고리에 대한 보상이 부자들로 하여금 "이득의 미끼에 빠져 혹은 자금의 안전을 보장하기 위해" "덜 확실한 활동들보다는 오히려 고리대에" 자기 자금을 투자하길 선택하도록 이끌 위험이 있다는 사실이야말로 문제라고 설명한다. "덜 확실한" 활동들의 사례로 "빈민들이 소유하지 못하는" 것들이지만 진짜 부를 늘리는 데 불가결한 재산인 "가축과 경작도구"에 대한 자금투자행위를 들면서 교황은 논의를 이어간다. 이로부터 나오는 결론은 고리대율만은 어느 한도를 넘을 수 없다는 것이다.[42] 실물경제에서 투자 활성화를 고민하는 주요 은행가라도 21세기 초에 금리를 제로에 가까운 수준으로 줄인다는 자신의 결정을 정당화한답시고 이와 다르게 처신했을 것 같진 않다(때로 제한적인 성공을 거두지만 이는 또다른 문제다).

이와 동시에 새로운 재테크가 발달하는 것이 보인다. 이 재테크는 예컨대 국채매각과 다양한 신용거래 형식의 보편화와 더불어, 이전의 규범들에서는 그만큼 예외적인 것이다. 이들 신용거래 형식은, 재산을 최대로 불릴 수 있는 순환을 촉진하기에 이것이 적합하다고 기독교 교리가 확인만 해준다면, 더는 고리대로 간주되지 않는다. 토데스키니는 또한 유대인과 여타 이교도의 재산몰수를 정당화하려는 담론들의 영향력이 커가고 있음을 강조한다. 이 담론들은, 기독교인들에게 정당하게 열려 있는 새로운 신용기술의 발전에 따라(특히 15세기 말과 16세기 동안에 새로운 국채 형식의 발달과 더불어), 주로 그들의 "부의 의미와 부의 선용을 이해하지 못하는 무능력"(과 그들이 교회소유에 가하는 위협)을 강조한다. 다른 저술가들이 주목했던 것은, 수혜자와 관리자(수탁자)의 동일성을 분리할 수 있게 해주고 그리하여 자산을 더 잘 보호할 수 있게 해주는 소유구조인 앵글로색슨의 '신탁trust'이, 성프란체스코회 수도사들이 13세기부터 발전시킨 임시보유 형식들로 소급되는 기원을 가졌다는 점인데, 이들 수도사들 자신은 일차적인 개별 소유자로 직접 드러나는 걸 원하지도 않았고 그럴 수도 없었다.[43]

요컨대 기저에 놓인 테제는 (해방적인 차원과 더불어 불평등하고 배타적인 차원을 지닌) 근대 소유권이 탄생한 시기가, 잉글랜드에서 소유자(귀족 또는 부르주아)가 자신들의 주권자 앞에서 스스로를 보호하고자 했던 때인 1688년도 아니고, 프랑스혁명가들이 재산권의 정당한 전유와 인격권의 부당한 전유 사이에서 '거대한 구획'을 나누고자 했던 때인 1789년도 아니라는 점이다. 오히려 교회의 교리들이, 종교조직이면서 동시에 자산가조직으로서 교회의 영속성을 보장하기 위해 수세기에 걸쳐 저 소유권을 다듬어왔다.

이러한 경제와 금융 개념에 대한 추상과 개념화와 법적 정식화 시도는,

사제계급이 세습되는 계급으로 존재하는 것이 아니라 (어느 정도는 근대 거대재단과 자본주의 기업 및 회사와 국가행정 방식으로) 단지 추상적이고 영속적인 조직으로서만 존재하는 만큼, 기독교 삼원사회에서는 더더욱 필수적인 것이 되었다고 간주될 수 있다. 힌두교 또는 이슬람에서는 사원과 종교재단이 물론 없지 않지만, 강력한 세습 사제계급과 쌍을 이루며 존재했고, 따라서 재산에 대한 권한은 개인과 가족 관계망에 더 크게 의존할 수 있었다. 그러하기에 이들은 결과적으로 경제·금융관계를 규약화하고 공식화할 욕구가 덜했다. 일부 저자들이 또한 지적했던바, (이 시점까지도 서양 가톨릭 사제에게는 축첩이 빈번했고 용인되었는데) 11세기 그레고리오개혁에 뒤이은 독신 규범의 강화는, 가족주의적이고 세습적인 일탈들을 막고 자산가조직으로서의 교회의 무게를 강화하려는 방책으로 분석될 수 있다.[44]

이렇다고 해서 사제들의 금욕, 기독교 성도덕, 소유자조직으로서 교회의 힘에 유럽의 운명이 전적으로 달렸다고 결론지으려는 것은 물론 아니다. 복합적인 여러 과정과 연이은 분기들이 틀림없이 더욱 결정적으로 유럽의 궤적이 지닌 여러 특수성을 설명해준다. 특히 유럽 국가들 사이의 경쟁은 군사적 금융적 혁신을 불러일으켰고, 이는 식민지배와 자본주의 및 산업의 발전, 국가 간 그리고 국내의 근대 불평등구조에 직접 영향을 주었다. 우리는 뒤에서 이에 대해 폭넓게 살펴볼 것이다.

여기서 내가 강조하고픈 핵심은 단지 이것이다. 삼기능사회와 그 다양한 진화는 현대 세계에 본질적인 흔적을 남겼고, 이에 주목해볼 가치가 있다는 점이다. 특히 삼기능사회는 공익에 대한 특정한 전망에 부합하는 정의로운 불평등의 조건들과, 여기에 도달하려는 제도적 방도를 제시하기 위한 정교한 정치적-이데올로기 구성물에 입각해 있었다. 이것이 함의하는바, 모든 사회는 소유관계, 가족관계, 교육받을 기회의 조직화와 관련해 일련의 실천적 쟁점들을 조율한다는 것이다. 삼원사회도 예외가 아니며, 이 문제에 일반적인 삼기능 도식을 축으로 한 다양하고 창의적인 답변들을 내놓았다. 이 답변들에는 자체적인 허술함이 있었고, 대부분은 시간의 시험을 통과하지 못했다. 그렇다고 해도 이러한 답변들의 역사가 후대에 풍성한 교훈을 남긴다는 사실은 변함이 없다.

제 3 장

# 소유자사회의 창안

우리는 앞 장에서 삼원(또는 삼기능)사회의 일반적 특성 중 일부를, 특히 유럽 신분사회의 틀 안에서 바라보았다. 이제 분석하려는 것은 어떻게 이 삼원사회가 18세기와 19세기 동안에 국가별로 서로 다른 리듬과 양상에 따라 점차 소유자사회로 전환되었는가다. 2부에서는 유럽 이외(특히 인도와 중국)의 삼원사회를 살펴볼 텐데, 이 사회들이 유럽의 소유주의 및 그 식민지 세력과 만나 국가 형성과 구래의 삼기능구조 전환의 조건에 어떤 식의 영향을 받아 특수한 궤적을 밟게 되는지도 검토할 것이다. 하지만 그에 앞서, 우리는 유럽의 궤적에 대한 분석을 더 밀고 나가야 한다.

이번 3장에서는 1789년 프랑스혁명에 대해 더 상세하게 다룰 것이다. 프랑스혁명은 앙시앵레짐의 신분사회와 19세기 프랑스에서 만개한 소유주의-부르주아사회의 상징적 단절을 가리킨다. 수년간 혁명기 입법자들은 권력관계와 소유관계를 완전히 재정의하려 시도했고, 이때 벌어진 사건들에 대한 분석은 그들이 봉착했던 엄청난 과업과 모순들을 더 잘 파악할 수 있게 해준다. 또한 우리는 이 복잡하고 불확실한 사법적 정치적 과정들이 어떻게 불평등과 소유 집중이라는 문제와 충돌하는지 살펴볼 것이다. 그리하여 프랑스혁명은 결국 1800년과 1914년 사이에 극도로 불평등한 소유자사회로 나아가고 마는데, 이는 다음 장에서 분석할 것이다. 여타 유럽 국가, 특히 영국과 스웨덴의 궤적과 비교해봄으로써, 우리는 삼원사회에서 소유자사회로 전환될 때 (주로 국가 형성 및 사회경제구조의 진화와 연계된) 혁명과정과 장기적인 흐름이 갖는 각각의 역할에 관해 질문해볼 수 있고, 다양한 경로와 분기점이 있을 수 있음을 부각시켜볼 수 있을 것이다.

## 1789년의 '거대한 구획'과 근대 소유의 창안

삼원사회와 그 뒤를 이은 소유자사회를 가르는 '거대한 구획great demarcation'을 더 잘 이해하게 해주는, 분명 가장 결정적인 순간인 그때를 살펴보는 것으로 시작해보자. 1789년 8월 4일 밤, 프랑스 국민의회는 사제와 귀족의 '특권' 폐지를 의결했다. 그후 주간 월간 연간으로 줄곧 이어진 난점은 이 '특권'의 정확한 목록을 정하는 일, 그럼으로써 어떤 보상도 없이 단적으로 폐지되어야만 하는 권리들 간에 경계를 긋는 일로, 역으로 정당하다고 간주돼 지속될 수 있던 권리들, 즉 새로운 사법적 정치적 언어로 그 권리들을 수정한다 하더라도 보상 혹은 매입 대상이 되는 권리를 어떻게 하느냐 하는 문제였다.

권력과 소유에 관해 혁명기 입법자들이 내놓은 이론은 원론상으로는 비교적 명료했는데, 다음의 두 문제를 명확하게 구별하는 것이 중요했다. 왕권적 권리들, 이제는 중앙집권국가가 독점해야만 했던 권리들(안전, 정의, 정당한 폭력)의 문제와 소유권 문제다. 소유권은 사적인 개인의 전유물이 되어야만 했고, 국가의 보호 아래 충만하며 완전하고 침해될 수 없는 방식으로 정의되어야만 했다. 국가는 이것을 유일하다고까지 봐도 될, 자신의 일차 소명으로 삼아야만 했다. 실제로 사태는 훨씬 더 복잡하게 돌아갔기에, 여러 유형의 권리들이 지역 단위의 권력관계 안에서 뗄 수 없이 얽혀 있었던 만큼, 특히 시초 소유권에 대한 배분과 관련하여 다양한 행위자들이 받아들일 수 있을 만한 일관된 정의 규범을 결정짓는 일은 대단히 어려웠다. 후속 대처, 다시 말해 일단 이러한 시초 배분이 견고하게 확정된 이후에 어떻게 대처할 것인가는 알고 있었다(또는 안다고들 믿었다). 하지만 오래된 권리 중에서 어떤 것이 새로운 소유권에 덧붙일 만한 값어치가 있는지, 그리고 단지 폐기되어야만 하는 권리는 무엇인지 정하기란 매우 힘든 일이었다.

최근 연구들, 특히 역사가 래프 블로퍼브의 작업은, 이 논의를 제대로 이해하기 위해서는 여러 시기를 구분하는 것이 필요하다는 점을 보여주었다.[1] 첫 시기인 1789~1790년에 이 미묘한 문제들을 관장한 국민의회 위원회는 이른바 '역사적' 접근법을 택했다. 이 아이디어는 문제가 되는 권리의 정당성과, 특히 그 '계약적' 본성(권리가 유지되어야 하는 경우) 또는 '비계약적' 본성(권리가 폐지되어야 하는 경우)을 규정하기 위해, 그 권리의 기원으로 소급해가보겠다는 발상에서 나왔다. 예컨대 '봉건적' 유형의 부당한 영주권 행사 또는 일부 공권력의 부당한 전유와 연계된 권리가 문제였다면, 이 권리는 '비계약적인' 것으로 간주되어야 했고, 따라서 결과적으로 아무 보상 없이 폐지시켜야만 했다. 가장 분명한 사례는 조세특권(귀족과 사제가 일부 세금을 납부하지 않아도 되는 권리)과 재판권이었다. 이리하여 정해진 영토에서 재판할 수 있는 ('공적 영주권'이라고도 불리던) 권리는 보상 없이 영주에게서 박탈되어 중앙집권국가로 넘어갔다. 이는 즉각 (대체로 영주의 법정에 속했던) 1심 기관의 해체로 귀착되지만, 재판의 국가독점이라는 구상은 확고하게 관철되었다.

교회 십일조 역시 폐지되고 교회재산도 보상 없이 국유화되었는데, 혹자들은 (우리가 앞 장에서 언급했듯 이런 결정에 반대한 시에예스 신부와 마찬가지로) 종교·교육·보건 서비스의 와해를 두려워했기에 뜨거운 논쟁을 유발했다. 하지만 십일조 폐지와 사제 재산 국유화의 신봉자들은, 공적 주권은 나뉠 수 없다는 사실과 교회가 공권력이 보장하는 영구 세수의 지속적 수혜를 받으며 일종의 준국가처럼 행세하는 걸 용납할 수 없다는 사실을 역설한다. 넓게 본다면, 왕실재산도 역시 교회재산과 더불어 국유재산에 포함되어 그 전체가 경매에 들어갔다. 일반적인 사고방식은, 불가분의 하나인 국가 재정은 시민 대표자들이 자유로운 의사에 따라 동의한 연간 납세로 충당되어야 한다는 것이었고, 항구적인 소유와 그 운용은 이제 사적 개인들의 사안이어야만 한다는 것이었다.[2]

하지만 이처럼 상대적으로 명확한 일부 경우들(조세특권, 공적 영주권, 교회 십일조, 교회재산)을 제외하면, 보상 없이 폐지해야 할 여타의 '특권'에 대해 합의를 이루기란 매우 어려웠다. 특히 대부분의 영주권은, 즉 농민에게 부과된 귀족계급에 대한 현물 또는 현금 납입은, 적어도 초반에는 실제로 유지되었다. 땅을 경작하는 대가를 영주에게 지불하는 전형적인 농민인 경우에, 이러한 세금이 우선은 합법적인 것으로 간주되어야만 한다는 게 일반적 원칙이었다. 이런 관계는 혁명기 입법자들이 이해한 의미에서, 사실 표면상 '계약'관계 또는 적어도 소유주와 임대인 사이의 정당한 관계로 보였고, 이리하여 임대료라는 형태로 계속 지불금이 적용될 수밖에 없었다. 달리 말해서 영주는 자신의 토지에 대한 임대료를 계속 징수할 수 있었지만('사적 영주권'), 그곳에서 재판은 더이상 할 수 없었다('공적 영주권'). 모든 입법 작업은 영주권관계를 이처럼 두 구성요소로 나누려는 것이었고, 알맹이와 쭉정이를, 즉 새로운 소유주의와 낡은 봉건제를 분리해내려는 것이었다.

## 부역, 부과조, 임대료: 봉건주의에서 소유주의로

1789~1790년부터, 그럼에도 '부역'(무보수노동을 수일간, 예컨대 영주의 토지에서 주당 하루 혹은 이틀, 이는 흔한 상황이긴 했는데, 아니면 때로는 더 많은 날을 영주에게 바쳐야만 하는 의무)에 대해서, 또한 '영주 부과조賦課租'(제분기·다리·포도압착기·화덕 따위의 다양한 지역시설을 영주가 독점하고 받는 사용료로 때로는 영주 재판권과 연계되었다)에 대해서도 예외가 적용됐는데, 이 두 경우 모두 원칙적으로는 보상 없이 폐지시켜야만 했던 것들이다. 특히 부역의 유래는 낡은 봉건질서 및 농노제와 너무나 명확하게 연관되어 있음을 드러냈는데, 이 농노제는 수세기 전에 사라졌다고 여겨졌던 체계이지만 그 용어들은 (비록 실제로는 사라졌을지라도) 여전히 프랑스 농촌에는 제법 남아 있었다. 이런 것들이 폭넓고도 공공연하게 아무 제약 없이 유지되고 있다는 것이 대혁명의 정신과 8월 4일 밤에 채택된 '특권' 폐지에 대한 너무나 자명한 배반으로 해석되었을 수 있다.

하지만 실제로는 이러한 방침 적용을 관장하는 위원회와 법원이 많은 경우 부역에서 계약상의 기원들을 찾아낼 수 있다고 판단한바, '부역'은 기본적으로 임대료 형태와 비슷했고, 요구되는 총액보다는 용어에서 차이가 있을 뿐이었다. 그러므로 부역은 유지되어야만 했거나, 현금 또는 현물로 지불되는 임대료로 명시적으로 바꿔야만 했고(주당 1일의 부역은 예컨대 수확한 농산물의 5분의 1 또는 6분의 1에 해당하는 임대료가 될 수 있다), 또는 매입 대상이 되어야 했는데, 바로 이것이 많은 입법자에게는 중도적인 해법으로 여겨질 수 있었다. 그 어떤 종류의 보상이나 매입 없이 부역을 무조건적으로 폐지하는 것은 상당수의 혁명기 입법자들을 불안하게 했으며, 그들은 자칫 이것이 임대료 자체와 소유 전체를 문제화하는 것으로 이어질까 두려워했다.

그렇지만 의회 및 그 산하 위원회의 법령들에 따라 매입이 고가에 이루어져야 했기 때문에, 부역 및 여타 영주세의 매입이라는 이러한 이론적 가능성은 그럼에도 대다수 가난한 농민들에겐 다분히 현실성이 없었다. 토지가치는 현금 지불시에는 20년 치의 임대료에 상당하고, 현물 지불시에는 25년 치에 상당하는 정액으로 고정되었다. 이 액수는 그 시대 토지세 및 임대소득의 평균(연간 4%에서 5% 사이)에 해당했지만, 그럼에도 대다수 농민은 전혀 취득할 수 없는 것이었다. 특히 과중한 부역의 경우(무보수노동을 주당 여러 날 동안 하는 경우)에, 매입은 농민을 농노 및 노예와 유사한 영속적인 채무 상태에 처하게 할 수 있었다. 실제로 영주세 또는 국유재산의 매입은 필요한 유동자산을 처분할 수 있는 귀족 또는 극소수의 평민에게 해당하는 사안이고, 대다수 농민들은 여기에서 배제되었다.

부과조와 관련해서도 마찬가지로 어떤 특정 경우에는 유지할 수밖에 없다고 고려됐는데, 특히 독점을 통하지 않고는 조직하기 어려운 지역공공사업의 존재에 의해 독점이 정당화될 수 있었던 상황에서는 부과조를 유지해야 한다고 여겼다. 특히 만드는 데 비용이 많이 드는 제분기가 이에 해당한다고 할 수 있다. 여러 제분기를 두고 벌어지는 경쟁이 치열할수록 공동체에 유해한 일이기에 이를 만들거나 관리해왔던 자의 독점이 공공연히 정당화되었던 것인데, 신참자가 이 권리를 양도받지 않는 한 이 소유자는 대부분 옛 영주였다. 분명히 실제로는 평가하기가 매우 어려운 문제들이 있고, 이러한 사태는 소유권과 삼기능사회를 특징짓는 준국가 기반시설이 뗄 수 없이 얽혀 있음을 새삼 보여준다. 이는 십일조도 마찬가지인데, 십일조 옹호자들에 따르면 이를 통해 가난한 이들을 위한 학교와 무료 진료소, 창고의 재원이 마련된다고 여겨졌다. 실제로 부과조 유지 문제는 부역에 비해 덜 철저하게 다루어졌지만, 그럼에도 불구하고 관련된 농민들의 격렬한 반발을 적잖이 불러일으켰다.

더 일반적으로는, 1789~1790년에 주창된 '역사적' 접근이 다음과 같은 중요한 곤란에 봉착했다. 즉 문제가 되는 권리의 '계약적' 기원을 어떻게 정할 수 있는가? 충분히 멀리까지, 수세기 전으로 소급해본다면, 강고한 폭력이야말로, 주로 정복 또는 예속이라는 형태로 이뤄진 그 폭력이야말로, 애초 대부분의 영주권 전유에서 핵심적이었을 거라는 점은 모두에게 자명했다. 이 논리를 끝까지 밀고 나간다면, 소유의 유래에서 온전히 '계약'이라는 관념 자체는 순전히 허구였다. 더 소박하게 말하자면, 혁명기 입법자들(대부분 부르주아 소유주들이거나 또는 적어도 당대의 다수 인구에 비해 훨씬 덜 빼앗긴 사람들)의 목표는 자신들이 합당하다고 평가했던 타협들, 다시 말해 소유관계 전체의 문제화—전면적인 대혼란(과 그들의 소유권 자체가 문제가 되는 사태)으로 곧바로 치닫게 될까봐 그들이 두려워했던 위험한 사태—를 모면하면서 안정적인 기반 위에 사회를 재정립할 수 있도록 해주는 타협들을 찾아내는 것이었다.

따라서 의원들은 1789~1790년에 실제로는 매우 보수적이었던 '역사적' 접근에 따라 일에 착수했다. 특히 이러한 접근을 통해 수세기의 무게가 표면상 영주세에 이의 없이 소유권을 부여해주었기에, 대부분의 영주세에는 실제로 아무 변화도 일어나지 않았다. 이러한 논리를 '역사적'이라 했던 이유는, 그 논리가 문제가 되는 권리의 진정한 역사적 기원을 알고자 했기 때문이 아니라, 충분히 오래전부터 확립된 소유관계(또는 더 일반적으로는 표면상으로 드러난 소유관계)라면 더이상 문제시되어서는 안 된다는 함의를 담고 있었기 때문이다.

한편으로 이러한 접근은 흔히 "영주 없는 토지는 없다"는 유명한 속담으로 요약되기도 했다. 달리 말해 명백한 반대 증거가 부재할 때, 제한적으로 목록화된 일부 경우를 제외하고, 지주가 지대로 받는 현물 또는 현금은 정당한 계약적 기원을 갖고 있으므로, 그런 지대가 새로운 언어로 다시 정식화된다고 하더라도 계속 지대는 지불받아야 한다는 원칙에서 출발했다.

일부 지방에서는, 특히 남프랑스에서는, 그럼에도 법적 전통이 전혀 달랐다. 남프랑스의 법률 전통은 일반적으로 "증서 없는 영주는 없다"는 원칙으로 요약되었기 때문이다. 문서화된 증거가 없으면 소유는 확정될 수 없었고, 그 어떤 지대도 정당화되지 않았다. 따라서 의회의 지침은 성문법 전통이 있는 지역에서는 수용되기가 매우 어려웠다. 어쨌든 대부분의 소유증서는 존재하더라도 신빙성이 없었는데, 왜냐하면 이것은 영주들이 스스로 확정하거나 또는 영주들 관할하에 있는 재판조직을 통해 확정할 수 있기 때문이다. 불확실한 상황에서 숱한 농민반란이 영주들과 성들을 공격했고, 1789년 여름부터는 거기서 발견된 증서들을 불태우기 시작했으니, 혼란은 가중되었다.

대외적인 긴장이 격화되고 그에 따라 대혁명의 흐름도 강경해지면서 그만큼 상황은 더 통제불능이 되었다. 1789~1791년에 입헌의회가 된 국민의회는 (충분히 많은 세금을 내는 사람들만이 투표권을 갖는) 납세유권자적인 합헌 군주제 아래 왕국을 위한 새 헌법을 채택했는데, 이 헌법은 단명했다. 그후 정치 환경은, 특히 1791년 6월 (프랑스 동부의) 바렌에서의 국왕 도주 사건 이후에 점차 긴박해졌다. 그럴 만도 한 것이, 루이 16세가 망명귀족들과 합류하고 싶어했고 대혁명을 군사적으로 질식시키기 위해 유럽의 군주정들과 모의했다며 비난받았으니 말이다. 전쟁 위협이 임박했을 때, 1792년 8월 봉기에서는 국왕이 체포되기에 이르렀고(국왕은 5개월 뒤인 1793년 1월에 단두대에서 처형되었다), 1792~1795년에는 새 의회가 수립되었다. 새 의회인 국민의회는 보통선거권에 근거한 공화국 헌법 제정을 책임졌다(헌법은 채택은 되었으나 실행된 적은 없었다). 1792년 9월 프랑스 동부 발미에서 거둔 결정적 승리는 공화국 이념의 승리와 삼기능체제의 상징적 패배를 나타냈다. 애초의 우두머리들이 그 주도권을 잃고 해외로 떠나버렸음에도, 프랑스 군대는 유럽의 모든 귀족이 이끈 연합 군주정 군대에 맞서 승리했다. 이것이야말로 무장한 인민이 낡은 귀족계급 및 전사계급을 능가할 수 있다는 생생한 증거였다. 언덕 위에서 이 전투를 목격했던 괴테가 "오늘 이곳에서 세계사의 새로운 시대가 시작된다"고 말한 것은 전혀 어불성설이 아니다.

이와 동시에, '특권' 폐지에 관한 1789년 8월 4일 법령 실행은 더욱 급진적인 경향을 띠었다. 1792년부터 입증의 방향이 뒤집혔으니, 점점 더 자주

영주들을 향해 그들의 권리가 지닌 계약상의 기원을 입증해보라고 요구되기 시작한 것이다. 국민의회의 1793년 7월 법령은 이른바 '언어적' 접근을 택하면서 훨씬 신속하게 가결되었다. 요컨대 모든 영주세와 지대는, 낡은 봉건질서와 바로 결부되어 있는 용어가 이것들을 지칭하기 위해 사용되는 한, 즉각 보상 없이 폐지되어야만 했다.

이는 부역과 부과조뿐 아니라—이 경우엔 그 어떤 예외도 용인되지 않았기에—'상스$_{cens}$'와 '로$_{lods}$' 및 이런 유형의 여타 의무들과도 관련된다. '상스'는 영주에게 내는 일종의 지대였고, 오래전부터 예속관계(즉 정치적 군사적 종속)를 식별하는 것과 연관되었다. '로'의 경우가 틀림없이 더 흥미로운데, 한편으로는 여러 지방에서 토지소유자의 주요 소득양식이 되었을 정도로 '로'는 극도로 확산되어 있었기 때문이며, 다른 한편으로는 오래된(혁명가들의 눈에는 부당한) 봉건적 왕권과 (정당하다 여겨지는) 근대적 소유권이 극단적으로 뒤얽혀 있음을 '로'가 완벽하게 보여주기 때문이다.

## 로, 그리고 앙시앵레짐기 영구적 권리들의 중첩

앙시앵레짐기에 로는 일종의 영주 양도세였다. 과거에 ('유효 영주권'이라고도 불리는) 토지영구사용권을 취득해 이 권리를 다른 경작자에게 팔고 싶은 농민은, 바로 이 토지에 관한 '직접 영주권' 자격을 지닌 영주에게 일종의 양도세('로')를 내야만 했다('직접 영주권' 자체는 '사적인' 것과 '공적인' 것 두 가지로 나뉠 수 있는데, 전자에는 토지에 관한 권리가 포함되며, 후자에는 그에 상응하는 재판권이 포함된다). 실제로 로는 상황에 따라 가변적이지만 상당한 액수일 수 있었고, 전형적으로는 매각 총액의 12분의 1에서 절반 사이(즉 임대료 2년 치에서 10년 치 사이)였다.[3] 이러한 납세의 기원은 일반적으로 영주가 해당 토지에 행사한 재판권과 관련 있었다. 영주가 거기에서 재판을 관할했고, 거래를 등기했으며, 재화와 주민의 안전을 보장했고, 분쟁을 해결했던 것인데, 이러한 업무들에 대한 대가가 토지사용권 이전시에 납부하는 로였던 것이다.

이러한 로에, 연례적으로 또는 미리 세액이 획정된 경우에 따라, 여타 납세가 수반될 수도 있고 아닐 수도 있었다(흔히 '로'라는 용어는 단 하나가 아닌 일군의 의무와 납세를 지칭했다). 이러한 세금의 법적 기원을 감안하면 교회 십일조나 공적 영주권처럼 로도 보상 없이 폐지되는 것을 기대해볼 수도 있었을 것이다. 그러나 이는 로가 애초의 영주권 행사를 넘어 너무나도 널리 확산되어 실행되고 있었음을 간과하는 것이었다. 따라서 아무런 보상 없이 로를 없애는 건 혁명기 입법자들(또는 적어도 이들 중 가장 보수적이거나 혹은 덜 무모한 이들)이 보기엔 사회적 소유질서 전체를 문제삼는 것이자, 나라를 혼란으로 몰아넣는 위험 부담을 지는 일이었다.

일반적으로는 앙시앵레짐기에, 더 일반적으로는 구래의 여러 삼원사회에서, 소유관계의 특징 중 하나는 실제로 하나의 동일한 토지(또는 대개 하나의 동일한 재산)에 여러 층위의 영구적 권리가 중첩되어 있다는 것이다. 따라서 어느 한 사람이 (이 권리를 다른 경작자에게 팔 수 있는 권리를 포함한) 토지영구사용권을 소유할 수 있다면, 두번째 사람은 (예컨대 토지에서 얻는 수확을 통해서든 아니든 간에, 현금이나 현물로 된 연간 지대 형식으로) 주기적으로 영구지불금을 받는 징세권을 보유했고, 세번째 사람은 토지 거래시 발생하는 징세권을 누렸고(요컨대 '로'), 네번째 사람은 토지 생산물 활용에 필요한 화덕이나 제분기를 독점했고('부과조'), 다섯번째 사람은 종교적 축일이나 특별한 기념일 같은 날에 수확물 일부 공납을 통해 이익을 얻었다.

이들 각자는 영주, 농민, 주교, 종교단체 혹은 군사조직, 수도원, 동업조합, 부르주아일 수 있었다. 프랑스혁명은 이러한 복수 권리를 종결시켰고, 재화를 소유한 사람만 단지 영구적 권리를 가질 자격이 있는 사람으로 정했다. 따라서 세금 징수와 새로운 법규 제정 같은 국가의 영구적 권리를 제외한 모든 여타의 권리는 (예컨대 장단기 임대차 같은) 일시적인 권리일 뿐이었다.[4] 대혁명은 두 특권 신분의 권리와 의무로 규정되는 앙시앵레짐기 영구적 권리들의 중첩이 아니라, 사적소유자와 중앙집권국가라는 본질적인 두 행위자에서 출발해 사회를 재구조화하고자 했다.

로의 경우, 대혁명이 수립한 해법은 새로운 소유자사회의 핵심이자 상징적 제도인 공공 토지대장을 만드는 것이었다. 이 사회는 토지대장을 자신의 창립증서로 삼아 중앙집권국가와 그 국가를 체현하는 단위인 데파르트망과 코뮌 차원에서(앙시앵레짐의 특징으로 복잡하게 뒤얽혀 있던 영토와 사법체계 대신에 데파르트망과 코뮌, 도지사와 군수로 이루어진 지도가 세심하게 작성되었다) 토지·삼림·주택·건물·창고·공장 및 온갖 재산과 소유에 대한 합법적 소지자를 알 수 있게 해주는 완전한 목록을 대형 장부에 꼬박꼬박 정리했다.

이리하여 혁명 의회들은 1790~1791년부터 제정된 새로운 조세재정제도의 틀 안에서, 로를 국가에 이전하는 걸 매우 자연스럽게 결정했다. 그렇게 만들어진 '양도세'는 주로 토지와 부동산 거래에 부과되는 상대적으로 무거운 누진세 형식을 띠었고, 이 세금을 통해 새 소유자가 자신의 소유(와 필요시 보호받는 자신의 권리)를 등록하도록 했으며, 그리하여 이 세금은 이제 (증서 작성을 책임진 공증인에게 내는 소소한 추가 비용을 제외하면) 공권력에 바쳐졌다. 21세기 초 프랑스에서도 이 양도세는 여전히, 말하자면 이 시대에 만들어진 형식으로 존재하며, 대략 2년 치 임대료에 해당하는데, 이는 무시할 일이 아니다.[5] 1789~1790년 논의에서는, 로가 (영주세가 아닌) 국세여야 한다는 것과, 토지대장을 작성해 소유를 보호하는 임무가 국가의 책임이 되어야만 한다는 데 한 치의 의심도 없었다. 이것이 새로운 소유주의 정치체제의 토대 자체였기 때문이다. 도리어 전반적인 골칫거리는 오래된 로로 무엇을 해야 하는지 아는 것이었다. 과거의 수혜자들에 대한 보상 없이 로를 폐지해야 하는가, 아니면 로를 일종의 정당한 소유권—또다른 형식하에 새로운 법의 법률용어로 단지 재기입되어야만 하는 것—으로 다루어야만 하는가, 그도 아니면 로를 어떤 보상의 대상으로 삼아야 하는가?

1789~1790년에 의회는 로에 대한 전면적 보상을 준비하기로 했다. 구체적인 계산표가 확정되었다. 농민이(또는 더 일반적으로 늘 최종 토지 경작자인 것은 아니었고 이와 관계없는 토지 내지는 부동산 사용권 보유자가) 되사려는 로의 액수에 따라 최종 판매 총액의 3분의 1과 6분의 5 사이의 액수로 로를 되살 수 있었는데, 이는 상당한 것이었다.[6] 그 액수를 다 마련할 수 없다면, 그때 로는 등가의 임대료로 대체될 수 있었다. 예를 들어 로의 매수가치가 재산가치의 절반으로 획정되면 절반의 임대료(이 모든 것은 국세로서의 새로운 양도세와는 별개다). 이렇게 의회는, 농노제와 결부되어 있지만 임대료로 변형된 이전의 부역처럼, 진정 낡은 봉건적 권리가 근대적 소유권이 되리라고 기대했다.

1793년, 국민의회는 이러한 논리와 급진적으로 단절하기로 결정했다. 로는 보상 없이 폐지되어야만 했고, 그리하여 토지 사용자들은 자본이든 임대료든 조금도 지불할 필요 없이 토지의 충분하고 완전한 소유자가 되었다. 이 정책은 그 어떤 정책보다도 국민의회의 사회적 재분배 야망을 잘 드러냈다. 하지만 이러한 접근은 상대적으로 단기간 지속될 것이었다(1793~1794년). 총재정부(1795~1799년)하에서, 집정정부와 제정기(1799~1814년)하에서는 더욱더, 나라의 새 지도자들은 납세유권자 헌정과 대혁명 초기의 더 보수적인 쪽으로 명확히 기울었다.[7] 그렇지만 그들은 1793~1794년에 결정된 (로의 완전 폐지 형식의) 소유 이전을 무효화하는 데 큰 어려움을 겪었다. 농민과 여타 해당 수혜자들이 새롭게 얻은 권리를 쉽사리 내놓으려 하지 않았기 때문이다. 일반적으로 혁명기에 이루어진 다수의 역전된 판례들이 과중한 소송을 만들어냈고, 특히 유산 및 상속 관련 소송은 19세기 상당 기간 동안 법정을 장악했다.

## 소유의 규모를 고려하지 않은 채 소유를 재정립할 수 있는가?

1793~1794년 국민의회 의원들이 직면한 곤란들 가운데, 가장 가공할 만한 것은 '로'라는 용어가 앙시앵레짐기에 맺어진 토지계약들에서 지나치게 빈번히 사용되었다는 점이다. 귀족적인 또는 '봉건적인' 기원을 전혀 갖지 않는 당사자들 사이에서 이루어진 수많은 계약과 매도에서도 재산처분에 대한 대가로 예상되는 지불을 지칭하는 말로 이 용어를 사용했을 정도였다. 심지어 양도와 연계된 변칙적인 지불이 아닌, (주로 분기별 또는 1년 단위로 지불되는) 준임대료와 유사한 지불에 대해서도 이 용어를 사용했다. '로'라는 말은, 그 정확한 형태가 무엇이든 간에, 실제로 수많은 경우에 지대 또는 임대료 일반을 지칭하는 유의어가 되었다.

그리하여 '언어적' 접근으로, 대혁명이 일어나기 수년 전 취득한 자신의 재산을 단지 임대해준 (반드시 아주 부유한 이도 아닌) 평민소유자가 (계약을 하며 잘못 생각해 '로'나 '상스'라는 말을 사용했기에) 무조건 그 재산을 정부에 몰수당할 수도 있었다. 반면 진짜 귀족은 봉건시대에 폭력적인 방식으로 취득한 매우 상당한 규모의 영주세를 편안하게 계속 받을 수 있었다(농민과의 계약에서 사용된 어휘가 '로'나 '상스'가 아닌 '지대' 또는 '임대료'이기만 하다면 말이다). 이토록 명백한 불공정 앞에서 위원회와 법원은 거듭 후퇴하며 시간을 끌었고, 어떤 새로운 원칙을 채택해야 할지 그 누구도 알지 못했다.

이제 와서 돌이켜보면, '역사적' 접근과 '언어적' 접근을 동시에 접목시켜 암초에서 빠져나오게끔 다른 해법들을 채택해볼 수도 있었으리라 생각해볼 수 있다. 특히 소유의 불평등을 고려하지 않은 채로, 즉 문제가 되는 재산 총액과 자산 보유 규모를 고려하지 않은 채로, 정의로운 소유의 조건들을 정의하는 게 과연 가능했을까? 달리 말해 이런저런 소득을 지칭하기 위해 사용된 언어(로·지대·임대료 등)와는 무관하게, 대다수가 용인할 만한 토대 위에서 소유체제를 재정립하기 위해서는, 적어도 어느 정도는 소규모 토지 보유(한 가족이 경작할 만한 규모의 토지)와 대규모 토지 보유(수백수천의 가족 경작이 가능한 규모의 토지)를 구분해 다르게 처리하는 게 당연히 바람직하지 않았을까? 재산의 기원을 탐색하는 일은 자산의 공정성을 가리는 일에서 비록 대개 불가피하긴 하지만, 언제나 유용한 참조가 되지는 않는다. 설사 그것이 자산 규모와 문제가 되는 재산의 사회적 의미에 대한 성찰을 간신히 피해갈 수 있게 해줄지는 몰라도 말이다. 이러한 과제가 간단치는 않지만, 그렇다고 다른 방법이 있을까?

혁명 의회들에서는 소득과 자산에 부과되는 다양한 형태의 누진세에 관해, 특히 세율이 상속 수준에 따라 변하는 '상속세'에 관해 각양각색의 초안의 틀을 놓고 수많은 논란이 벌어졌다. 예컨대 등기 및 국유지 행정담당자인 라코스트J. B. Lacoste가 1792년 가을에 제시한 초안에서는, 가장 적은 상속에 적용되는 세율은 5% 이하였고 (부모 자녀 간 직계상속을 포함해) 막대한 자산에 적용되는 세율은 65%를 넘었다.[8] 대혁명에 앞선 수십 년 동안에도, 과감한 누진세 법안들이 제시되었다. 1767년에 경제학자 루이 그라슬랭J. J. Louis Graslin이 제시한 안도 그중 하나다. 징세관이자 낭트의 도시계획가인 그는 최하위 소득에 대해서는 5%부터 최상위 소득에 대해서는 75%까지 점차 인상되는 과세율을 구상했다(표 3.1 참조).[9] 물론 이 법안에서 최고세율은 (당시 평균보다 1000배 이상인) 막대한 자산 및 소득을 가진 이들에게만 적용되었다. 그렇다고 해도 18세기 말 프랑스사회에는 그만큼 극단적인 격차 또한 존재했기에, 이러한 계산표의 확대 적용을 통해 세금과 합법적인 절차와 의회라는 국가의 틀 안에서 이 현실을 근본적으로 바꿔보려 했을 수도 있었을 것이다. 또한 제시된 계산표들은 당시의 대귀족이나 상층 부르주아보다 한참 아래인, 자산과 소득이 평균보다 10배 또는 20배 많은 계층에 대해 매긴 20% 또는 30% 수준의 세율로 이미 상당한 수준에 달했다(특히 상속세 관련해서는 이미 상당한 비율이었다). 이것이 보여주는바, 이들 입안자들은 조세개혁과 재분배에 대해 비교적 야심찬 계획을 가지고 있었으며, 이 계획이 현실적으로 광범하게

**표 3.1** 18세기 프랑스의 누진세 관련한 몇몇 안

| 그라슬랭: 누진소득세 (『부와 세금에 대한 분석』, 1767년) | | 라코스트: 누진상속세 (『상속세에 대하여』, 1792년) | |
|---|---|---|---|
| 평균소득의 배수 | 실효세율 | 평균상속의 배수 | 실효세율 |
| 0.5 | 5% | 0.3 | 6% |
| 20 | 15% | 8 | 14% |
| 200 | 50% | 500 | 40% |
| 1300 | 75% | 1500 | 67% |

1767년 그라슬랭이 제안한 누진소득세 법안에 의하면, 실효세율이 연간소득 150리브르투르누아(당시 성인 평균소득의 대략 절반)의 5%에서 연간소득 40만 리브르투르누아(평균소득의 약 1300배)의 75%로 점차 증가했다. 이와 유사한 누진성을 1792년 라코스트의 누진상속세 법안에서 찾아볼 수 있다.

**출처 및 원 통계자료:** piketty.pse.ens.fr/ideologie

달성되기 위해서는 세율 적용이 극소수의 초특권층에만 한정되어서는 안 되었다.

그렇지만 혁명기 동안에 누진세에 관해서 손에 잡힐 만한 어떤 것도 결국에는 채택되지 못했다. 1793~1794년 국민의회에서 급파한 대표단에 의해 일부 데파르트망에서 지방 누진세 적용이 짧게 시도되었다. 1793년 9월에는 전쟁비용을 충당하기 위해, 누진제의 특성을 갖는 긴급재정 조치가 또한 실시되어, 특히 강제공채(그 시대 평균소득의 약 10배, 즉 리브르투르누아로 치면 3000리브르에는 25%, 평균소득의 50배인 1만 5000리브르보다 많은 소득에는 70%, 평균소득의 3배에 미달하는 소득에 대해서는 면제해주는 공채)가 발행되었다.[10] 하지만 중요한 사실은, 프랑스혁명기인 1790~1791년부터 확립된 새로운 조세재정제도를 구성하는 다양한 세금과 분담금들이 본질적으로 엄밀하게 비례세 형식을 취했다는 것, 다시 말해 극미하든 거대하든 소득 및 자산 보유 수준이 다른 여러 계층들에 동일하게 온건한 과세율을 적용했다는 것이다. 또한 눈여겨봐야 할 점은 소유 재분배, 특히 농지의 전반적 재분배와 관련해서는 라코스트나 그라슬랭의 조세법안에 비견될 만한 그 어떤 농지개혁 계획도 명시적으로 정식

화되지 않았다는 점이다.

우리는 대혁명기에 채택된, 막대한 자산 축적에 매우 유리한 이 법률 및 조세 제도가, 19세기 프랑스에서 증대되는 소유의 집중을 대부분 설명해준다는 점을 알게 될 것이다. 프랑스에서도 그렇고 다른 나라들에서도 그렇고, 소득과 자산에 대한 강력한 누진세 계산표가 지속가능하고 영속적인 방식으로 발전되는 것을 보려면 20세기 초의 위기를 겪기까지 기다려야 했다. 토지 구획 크기에 명시적으로 달려 있는 소유 이전을 통해 명시적인 재분배를 목표로 하는, 농지개혁 실험에서도 사정은 동일하다. 우리는 이 메커니즘들이 19세기 말 20세기 초부터 매우 상이한 맥락들에서 나타나는 걸 볼 것이다. 그렇지만 프랑스에서 혁명기 동안에는 결코 시도되지 않았다.

프랑스혁명기에, 재분배에 대해 가장 야심에 차 있던 그 기간에, 다시 말해 1793~1794년에, 소유에 관한 논쟁들은 부역과 부과조, 로와 권리 매입 문제에 집중되었다. '특권' 폐지는 '역사적' 접근과 '언어적' 접근에 따라 차례차례 구상되었으며, 이리하여 복잡하며 열정적인 논쟁들이 야기되지만, 소유 불평등과 개별 자산 보유의 규모 문제에 정녕 확고하고 일관된 방식으로 접근하진 못했다. 물론 사정은 이와 다르게 진행될 수도 있었을 것이다. 하지만 이어졌던 과정이 그렇지 않은 게 사실이고, 조금 더 잘 이해해보고자 노력하는 일이 흥미로운 건 그 이유들 때문이다.

## 지식, 권력, 해방: 삼원사회의 전환

다시 요약해보자. 프랑스혁명은 구래 삼원사회의 급속한 전환 실험으로 볼 수도 있다. 그 토대에는 권력과 소유의 낡은 형식과 새로운 형식 사이의 '거대한 구획'이라는 기획이 있다. 이 기획은 왕권에 속하는 기능들(중앙집권국가의 독점)과 소유권(사적 개인의 전유물)의 엄격한 분리를 실행하려는 것인 반면, 도리어 삼기능사회는 이런 관계들의 얽힘에 기반해 있었다. 이 '거대한 구획'은 어떤 면에서는 성공했다. 그것이 프랑스사회를 —일정 정도로는 인근 유럽사회를—지속적으로 변형시키는 데 효과적으로 기여했다는 의미에서 말이다. 게다가 이는, 그 어떤 권리든 사회적 기원과는 별개로 수세기 동안 강력한 신분 규약 및 지리적 불평등에 따라 조직된 당대의 대규모 인간공동체 안에서, 권리들의 평등에 근거한 사회정치적 질서를 창출하려는 최초의 역사적 시도였다. 그렇다 하더라도 '거대한 구획'이라는 이 야심만만한 기획은 숱한 곤란에 봉착했다. 삼기능사회는 모든 자체적 한계와 불공정함에도 불구하고 나름의 일관성을 가지고 있었고, 사회를 재조직하기 위해 새로운 소유주의체제가 고안한 해법들은 여러 가지로 모순적이었다. 사회국가를 창출하지 못한 채로 교회의 사회적 역할이 폐지되었고, 사적소유에 대한 접근이 막힌 채로 그 윤곽이 굳어졌던 것 등등이 그렇다.

특히 소유 불평등이라는 핵심 문제와 관련하여, 프랑스혁명의 실패는 명백하다. 물론 19세기 동안에 엘리트들의 혁신(시기별로 그 규모를 정확하게 비교할 방도는 없다 하더라도 이미 선행 세기들 동안에 진행되어온 혁신과정)이 관찰되지만, 사실상 자산 보유의 집중이 1789년과 1914년 사이에 극도로 높은 수준으로 유지되었고(다음 장에서 보겠지만 심지어 19세기와 20세기 초반에 두드러진 상승 경향을 보인다), 이러한 집중은 궁극적으로 혁명기 사건들에 거의 영향받지 않았다는 것이다. 이러한 상대적인 실패는 쟁점들이 지닌 새로움과 복잡함 때문일 수 있지만, 가속화된 정치적 시간 또한 원인이 될 수 있다. 어느 정도의 이념들은 마련되었으나 이를 구체적으로 실험할 시간은 없었던 것이다. 사건들은 혁명기 입법자들과 새로운 권력들에게 과거에 축적된 평온한 지식들보다 훨씬 더한, 그 자체의 법을 요구했다.

더욱이 프랑스혁명의 경험은 우리가 뒤에서 재확인할 더 일반적인 교훈을 보여준다. 역사 변화는 단기간의 정치적-사건적 논리와 장기간의 정치적-이데올로기적 논리의 상호작용에서 생겨난다는 것이다. 이념들의 변화는 사건들, 사회적 투쟁들, 봉기들과 위기들의 불길 속에서 제도적 실험과 실천적 입증으로 이어지지 못하는 한 아무것도 아니다. 하지만 역으로, 사건들과 그 행위자들은 과거에 세공된 정치적-경제적 이데올로기의 목록 안에서 끄집어낼 선택지 말고는 대체로 가진 것이 없기도 하다. 때로는 행위자들이 새로운 방안을 직접 창안할 수 있지만, 실험할 시간과 여력이 부족한 경우가 태반이다.

이 경우에, 귀족의 소유 및 영주세의 정당한 기원을 둘러싼 논쟁들이 일정 정도 이미 선행 세기들에 이루어졌다는 점을 보는 것은 흥미롭다. 문제는 이 논쟁들이 일반적인 역사적 고찰에 머물러 있는 경우가 허다했다는 점이며, 행동의 불길 속에서 제기된 구체적 질문들에 진정으로 실용적인 해법들을 내놓지 못했다는 점이다. 그리하여 16세기 말 17세기 초, 샤를 뒤물랭, 장 보댕, 샤를 루아조 같은 법학자들은 때로 강력한 구세력(5세기와 11세기 사이, 특히 프랑크족·훈족·노르만족)의 침략 물결 속에서 생겨난 영주들이 과도한 세금을 징수하기 위해 어떤 식으로 군주의 미약함을 이용했는지를 두고 비난했다. 반면, 18세기에 불랭빌리에와 몽테스키외 같은 영주권 옹호자들은, 프랑크족이 물론 초기의 우월한 위치에서 확실히 이점을 누렸지만 그후로 여러 세기 동안—특히 노르만족과 마자르족에 맞서—주민들을 보호하면서 새로운 정당성을 확보했다는 사실을 강조했다. 이와 같은 역사적 군사적 고찰은, 18세기에 귀족계급의 전사로서의 정당성 문제와 이런 유형의 논증 활용과 관련해 시사적이긴 하지만, 재정립된 정의로운 소유의 조건들을 정확하게 정의내릴 수 있도록 하진 못했다.

기본적으로, 선행 세기들에 일어난 논쟁의 핵심은 무엇보다도, 중앙집권국가와 지역 엘리트들 각자의 역할에 관한 것이었다. 몽테스키외도 불랭빌리에도 권력분립 및 왕권 제한이라는 명분으로, 매관매직(매매되던 이 관직들 자체는 혁명기에 대체로 재정적 보상과 더불어 폐지되었다)도 공적 영주권도 유지하는 걸 옹호했다. 1748년에 출간된 몽테스키외의 『법의 정신』은 후대에 권력분립 문제에 관한 준거 저작 중 하나가 되었다. 흔히들 잊고 있는 사실인바 몽테스키외는 보르도 고등법원장이라는 매우 벌이가 좋은 요직을 지냈으며, 입법·사법·행정을 분리하는 걸로는 만족하지 않았다. 그는 지방 영주의 법정과 지방고등법원 직제 등의 매관매직을 유지하고자 했다. 중앙 왕권의 권력이 과도해지는 것을 피하고, 군주가 오스만투르크의 술탄을 본떠 전제군주가 되는 것을 막기 위해서 말이다(지나는 김에 말해두자면 동방에 대한 부정적 인식은 귀족 특권을 옹호한 몽테스키외에게도, 그것을 경멸한 시에예스에게도 모두 매우 자연스러웠다는 점이다). 대혁명은 다른 방식으로 이 문제를 해결했다. 즉 재판을 여는 권력이 낡은 영주계급에서 중앙집권국가로 이전되었고 관직매매 역시 끝이 났는데, 이 두 경우 모두 불랭빌리에와 몽테스키외 같은 저자들의 바람과는 반대로 이루어졌다.[11]

돌이켜볼 때, 영주의 특권인 재판권과 사법·행정 관직의 매매를 옹호하는 자들에 의해 지지되는 보수적 입장을 비난하기란 쉽다. 두 세기 이상이 지난 뒤, 거리를 두고 보면, 어쩌면 가장 명석한 이들에게는 18세기 초부터도 분명해 보이는 건, 재판이란 것이 어쩌면 영주의 법정이라는 틀이나 매관매직에 근거한 체계보다는 중앙집권국가가 관장하는 보편적인 공공서비스 안에서 더 만족스럽고 불편부당한 방식으로 열릴 수 있다는 점이다. 더 일반적으로 말해 오늘날 비교적 명확해 보이는바, 지역 엘리트 권력이나 귀족계급과 사제계급의 신분적 특권에 의거한 삼기능체제보다는, 빈틈없이 조직된 국가가 더욱 설득력 있는 방식으로 기본권과 개인의 자유를 보장할 수 있다는 것이다. 프랑스 농민은 18세기보다 틀림없이 19~20세기에 더 자유로웠으니, 그 이유는 바로 그가 더는 영주의 자의적 재판권에 예속되지 않았기 때문이다.

그렇지만 눈여겨봐야 할 핵심은, 이 근본적인 논쟁의 이면에 있는 중앙집권국가에 대한 신임 문제가 대단히 복잡하다는 것, 그리고 새로운 국가

권력을 구체적으로 경험하지 않았기에 이 문제는 전혀 자명하지 않다는 것이다. 광대한 영토를 관할하며 불편부당하고 공정한 방식으로 재판을 하고, 안전을 보장하고, 세금을 징수하고, 왕권에 속한 공공서비스 및 교육과 보건 관련 공공서비스를 조직하는 일, 게다가 이 모든 것을 특권을 지닌 구신분들이 수행하던 것보다 더 정의롭고 효과적인 방식으로 국가가 해낼 수 있는가에 대한 신뢰는, 연단 위에서 선포될 수 있는 어떤 것이 아니다. 이는 역사적이고 실천적으로 입증되어야만 한다. 사실상 전제적인 국가에 대한 몽테스키외의 두려움과 지방 영주 법정에 대한 그의 옹호는, 21세기 초 다양한 형태의 초국가적인 국가 역량 앞에서 관찰되는 또다른 불신의 태도들과 큰 차이가 없다.

예컨대 국가의 재판권을 놓고 경합하는 수많은 옹호자들은, 이 재판권 중 일부가 특히 불투명한 규정을 갖고 있는데다(그리고 이미 많은 것을 챙긴 이들에게 특히 유리한) 조세피난처로서 작동할 때를 포함하여, 정보와 재판권을 단일 국가권력 안으로 지나치게 집중되도록 하는 것이 개인의 자유를 침해할 위험이 있다고 상기시킴으로써 자신들의 입장을 정당화한다. 물론 이와 같은 입장들은 (몽테스키외의 경우처럼) 사적 이해관계에 대한 옹호를 은폐하기 위해 흔히 활용된다. 그럼에도 불구하고 이러한 논거의 (적어도 부분적인) 타당성이 정치적 효력을 강화하고, 오직 성공한 역사적 실험만이 이런 식의 문제와 관련해 정치적-이데올로기적 역학관계를 급진적으로 변화시킬 수 있다는 점은 두말할 나위가 없다.

### 혁명, 중앙집권국가, 그리고 정의에 대한 배움

요약해보자. 프랑스혁명 당시 해결된 중심 문제는 정당한 소유 문제가 아니라 절대권력과 중앙집권국가 문제였다. 주요 목표는 지역 귀족 엘리트와 사제 엘리트의 절대권력을 중앙집권국가로 이전하는 것이었지, 소유의 광범위한 재분배를 조직하는 게 아니었다. 하지만 두 목표를 이토록 엄밀하게 분리하기가 쉽지 않다는 점을 곧 깨닫게 된다. 특히 8월 4일 밤에 천명된 슬로건인 '특권' 폐지는 일군의 가능한 해석과 분기를 열어주었다.

사실상 '특권' 폐지가 분명 보다 평등한 귀결로 이끌었을 역사적 사건 경로를 상상해보기란 어렵지 않다. 18세기 말 19세기 초에는 누진세 및 농지 재분배 개혁을 위한 '마음의 준비가 되지 않았다'고, 이와 같은 제도적 혁신들은 한 세기를 더 기다려야 했고 20세기 초의 위기들을 '반드시' 겪어야만 했노라고, 결론짓는 것은 너무 쉬울 것이다. 되돌아보자면 역사 사건들에 대한 결정론적 독해를 조장하고픈, 이 경우에는 시종 부르주아적이었던 프랑스혁명이 불평등을 줄이려는 진정한 시도 없이 소유주의체제와 소유자사회를 출현시킨 바나 다름없다는 결론 말고는 아무것도 얻을 수 없다고 말하고 싶어질 때도 있다. 그런데 중앙집권국가가 보장하는 새로운 소유권의 창안이 복잡한 사안이었음이 사실이라 해도, 그리고 수많은 혁명기 입법자들이 이 대목에서 혁명의 핵심적이고 거의 유일한 목표를 보았다는 것이 사실이라 해도, 혁명기 논쟁들의 복잡성을 이러한 접근으로만 귀착시키는 것은 환원적 접근이 되고 말 것이다. 쌍방에서 정식화된 제안들과 사건들의 전개를 검토해보면, '특권' 폐지라는 관념 자체가 여러 유형의 해석과 입법으로 이어질 수도 있었고, 이미 몹시 뒤틀린 길과는 다른 길을 낼 수도 있었으리라는 점은 명확해 보인다. '역사적' 접근과 '언어적' 접근을 통해 다소간 우발적인 정황들을 겪으며 결국 그 길을 따르긴 했어도 말이다.

왜냐하면 결코 간과되어서는 안 되는 것이, 이해관계의 차이들 너머에는 무엇보다도 지적 인지적 갈등이 작동하고 있기 때문이다. '특권'과 그 폐지 양상, 그리고 무엇보다도 새로운 사회에서 소유의 규제양식을 정의할 수 있게 해주는, 완전하게 준비되고 완벽하게 설득력 있는 해법들을 가진 자는 아무도 없었다(오늘날에도 마찬가지다). 각자가 저마다 내세우는 경험이 있고 생각이 있으며, 공동체 전체가 사회적이고 모순적인 광범한 입문과정에 연루되어 있었다. 예컨대 모든 이들이 부역과 부과조 그리고 로는 과거의 것이라고 느꼈지만, 이와 동시에 많은 사람이 이에 대한 보상 없는 폐지는 임대료 및 소유 불평등에 대한 전반적인 문제제기로 귀착될까봐 두려워했다. 이와 같은 과정이 어디서 중단될지, 이러한 낡은 권리들을 이런저런 형태로 유지하려는 시도가 어디서 시작하는지 전혀 알지 못한 채로 말이다. 이러한 입장이 비록 매우 보수적이긴 해도 이해할 만한 것이었지만, 이 입장을 공유하지 않는 이들과는 폭력적인 갈등을 불러일으켰다. 불가피하게도 이 사건들이 지닌 불확실한 갈등 국면은 벗어나기가 까다로울 수밖에 없다.

또한 최근 연구들은 불평등과 소유에 대한 이 문제를 포함해 매우 치열한 논쟁들이 계몽주의시대 유럽을 뒤흔들었음을 보여주었다. 이는 사후 재구성되고 합의된 관점이 제시하는 것과는 반대다. 역사가 조너선 이즈리얼에 따르면, 사상가들과 입장들이 여러 집단으로 구분될 수 있는데, 이를테면 '급진파' 계몽사상가들(디드로, 콩도르세, 돌바크, 토머스 페인)과 '온건파' 계몽사상가들(볼테르, 몽테스키외, 튀르고, 애덤 스미스) 사이에는 매우 분명한 대립이 있었다. 일반적으로 '급진파'는 상이한 신분들로 분리된 의회가 아닌 단일 의회, 귀족과 사제의 특권 종결, 특정 형태의 소유 재분배, 더 일반적으로는 계급별 성별 인종별 광범위한 평등을 지지했다. '온건파'('보수파'라고 표현해도 될 것이다)는 단일 의회와—영주든 노예상인이든—소유자 권리의 전면 폐지를 불신하는 경향이 있었으며, 자연스럽고 점진적인 진보에 대한 더 큰 믿음을 표출하는 경향이 있었다. 프랑스 바깥에서는 '온건파'의 가장 저명한 이론가 중 하나가 애덤 스미스였는데, 그는 시장의 '보이지 않는 손'의 신봉자로, 이 학파에 따르면 시장체제의 주요 장점은 폭력적 단절 없이 과거의 정치제도들을 전복시키지 않고도 인류 진보를 분명히 가능케 한다는 것이다.[12]

불평등 문제와 소유 문제에 관해 두 집단이 옹호한 입장들을 좀더 정밀하게 검토해보면, 차이들이 항상 명확하지는 않다. '급진파' 상당수도 역시

'자연적인 힘'에 입각하는 경향이 있었다. 예컨대 '급진파' 콩도르세가 1794년에 집필한 저작 『인간 정신의 진보에 관한 역사적 개요』에서 적은, 특히 전형적이고 낙관적인 구절이 이를 증언한다. "민법으로 재산을 보존하고 통합할 억지 수단을 만들지 않는다면, 금지법과 조세법으로 이미 수중에 부를 쥔 자에게 특혜가 돌아가는 일을 교역과 산업의 자유가 사라지게 한다면, 부는 자연스럽게 평등을 향한다는 점을, 부의 과도한 불균형은 있을 수 없는 일이거나 아니면 곧바로 중단될 것임을 입증하기란 쉽다."[13] 달리 말해 낡은 불평등을 빨리 사라지도록 하려면, 특권과 부담금을 폐지하고 다양한 직업과 소유권 획득가능성의 평등을 수립하는 걸로 충분하다. '특권'이 폐지되고 한 세기 이상이 지난 뒤인 20세기 초 1차대전 전야에, 프랑스에서 여전했던 부의 집중이 대혁명 당시보다 훨씬 심각했다는 사실은, 불행히도 이러한 낙관적 전망이 틀렸음을 나타낸다. 물론 콩도르세는 1792년에 누진세체계 제정을 제안했지만, 이것은 (상위 소득에 해당되는 최고세율이 5%에 못 미치는) 상대적으로 온건한 조치였다. 특히 콩도르세의 제안은 라코스트나 그라슬랭 같은 덜 유명한 이론가들의 것에 비해 훨씬 더 제한적이었는데, 라코스트와 그라슬랭이 철학자 혹은 이론가라기보다는 세무와 행정의 실무자였다는 것은 흥미롭다. 실무자라는 점은 그들의 제안이 대담하고 창의적으로 정식화되는 데 방해가 된 게 아니라, 오히려 그 반대였다.[14] 가장 전복적인 행위자들이, 언제나 우리가 그렇다고 믿는 이들은 아닌 것이다.

그럼에도 계몽사상의 가장 상징적인 대표자들 사이에서도 구체적인 구상안이 있었고 이를 명확하게 정식화하기도 했다는 점, 혁명기 사건들이 아주 다르게 흘러갔을 수도 있었으리란 점은 여전한 사실이다. 특히 1792~1795년의 군사적 정치적 긴장이 덜 극단적이고 그래서 혁명기 입법자들에게 재분배와 소유 불평등 감소의 구체적 방안들을 실제에 적용해볼 시간이 조금은 더 주어졌더라면 말이다. 또한 영미의 혁명가 토머스 페인이 프랑스 고등법원 법관들을 위해 1795년에 집필한 소책자 『농지 분배의 정의』에서 한 유명한 제안을 생각해본다. 이 제안은 상속재산에 10% 정도 과세를 하자는 것이며, 이를 가지고 그 시대로서는 어마어마하게 선구적이었던 보편소득이라는 과감한 제도의 재원을 충당해야 한다는 것이었다.[15] 물론 이 10% 세율은 그후 논의되고 20세기 동안에 적용된 강도 높은 누진세 계산표에 비하면 상대적으로 온건했다(게다가 페인은 이전 시기에 강력한 누진세에 대해 수많은 제안이 논의되었음에도 불구하고 준비례세를 주장하는 데 그쳤다). 그럼에도 프랑스혁명으로 생겨난 조세재정 제도 속에서, 결국 19세기 내내 직계상속에 적용된 1%라는 온건한 세율보다는 훨씬 강력한 것이었다.[16]

무엇보다 20세기 초, 특히 1차대전이 끝난 뒤에, 소득과 상속에 대한 구미의 누진세 진화에서 관찰된 정치적 입법적 과정의 신속함과, 이 문제에 관한 대다수 표현들의 재빠른 진화(바로 전까지만 해도 생각조차 할 수도 없는 것으로 여겨졌던 세율 계산표가 몇 년이 지나 거의 전부가 갑작스럽고도 온전히 받아들이게 된 이 변화)가 시사하는 바는, 1790년대에 콩도르세나 페인이 격찬한 구체적 방안들이 법치와 의회 절차를 통해 단지 몇 년간이라도 현실적으로 침착하게 실험될 수 있었더라면, 사태는 역시 대단히 빠르게 달라졌을 수도 있었을 것이라는 점이다. 1795~1799년부터 시작된 보수 반동과 뒤를 이은 나폴레옹의 반동이 빠르게 세력을 굳히면서 이와 더불어 납세유권자선거제와 곧이은 노예제의 부활, 망명귀족의 복귀를 거쳐 제정기의 신흥귀족이 생겨나는데, 이것이 꼭 필연인 건 아니었다. 여기에서 역사를 다시 쓰자는 것은 아니고, 다만 소유와 불평등이라는 문제를 둘러싼 정치적-이데올로기적 단절들 안에서 벌어진 사건의 논리들과 구체적인 역사 실험의 중요성을 강조하려는 것이다. 결정론적인 독해를 조장하기보다는, 이러한 사건들 안에서 있을 수 있는 사상과 분기의 교차 지점을 알아내는 것이 지금은 더욱 흥미롭다.[17]

## 해방과 신성화 사이의 소유주의 이데올로기

좀더 일반적으로 말하자면, 프랑스혁명은 이후에 우리가 빈번하게 재확인하게 될 긴장을 보여준다. 소유주의 이데올로기에는 실제적이고 결코 망각되어서는 안 되는 해방적 차원이 있으며, 동시에 이 이데올로기는 과거에 확립된 소유권을 그 크기와 기원이 어떻든 간에 거의 신성화하는 경향이 있다. 이 과거 역시 실제적이며, 이로써 생겨난 불평등하고 권위주의적인 결과들은 상당한 것일 수 있다.

소유주의 이데올로기는 그 토대에 있어서, 모두에게 또는—19세기와 20세기 초 소유자사회는 극도로 가부장적이었으니까—최소한 모든 성인 남성에게 열려 있다고 간주되는 소유권을 통해 근대 중앙집권적 법체계가 제공하는 힘과 체계성을 가지고, 사회정치적 안정과 개인의 해방을 약속하는 데 입각해 있다.[18] 원칙적으로, 적어도 이 권리는 국가의 공정한 보호 아래 이런저런 사회와 가족의 기원과 상관없이 각 개인에게 적용된다는 장점이 있다. 사제·귀족·제3신분 사이의 비교적 엄격한 신분 격차와, 계급 사이의 균형과 동맹을 비롯한 기능적 상보성 보장에 입각한 삼기능사회에 비하면, 소유자사회는 권리들의 평등에 의거하고자 한다. 이 사회는 사제와 귀족의 '특권'이 폐지된 사회, 또는 적어도 저 '특권'의 유효 범위가 상당한 정도로 줄어든 사회다. 각자는 저마다 안전하게 국왕과 영주와 주교의 전횡에서 벗어나 자신의 소유를 향유할 권리가, 그리고 법치국가의 틀 안에서 안정적이고 예측가능한 규율에 따라 누구에게든 동일한 방식이 적용되는 적법한 세제에서 수혜를 볼 권리가 있다. 그리하여 저마다 자신이 가진 지식과 재능에 따라, 자신의 소유를 더 창출하도록 자극받게 될 것이다. 각자가 지닌 역량을 능숙하게 펼칠 때 자연스럽게 만인의 번영과 사회적 조화로 이어질 것이다.

평등과 조화에 대한 이 약속은 18세기 말 '대서양' 혁명들을 특징짓는 장엄한 선언들에서 직설적으로 표현된다. 1776년 7월 4일 필라델피아에서 채택된 미국 독립선언은 굉장히 명확한 주장으로 시작한다. “우리는 이 진리가 자명하다고 여기는바, 모든 사람은 평등하게 태어났고, 우리 모두에게는 창조주가 부여한 양도 불가능한 몇 가지 권리가 있다. 생명, 자유, 행복 추구의 권리가 바로 그것이다.” 그렇지만 현실은 더 복잡하다. 선언문을 작성한 토머스 제퍼슨은 버지니아에서 노예 200명을 소유한 이였는데, 그가 이 노예들의 존재와 이들이 분명 자신의 소유자와 앞으로도 계속 평등하지 않을 것이라는 사실을 언급하기를 망각한 것만 봐도 그렇다. 그럼에도 불구하고 1776년 독립선언은 미국의 백인 정착민에게는, 영국 국왕의 절대권력과 상하원의 법적 특권에 맞선 평등과 자유의 행사를 표상한다. 특권층들로 구성된 상하원에 미국 정착민들에 대한 간섭 중단이 촉구되었다. 여기에는 정착민에 대한 부당한 과세 중단, 그들의 행복 추구 및 일·소유·불평등 관리에 대한 이유 없는 간섭 중단이 포함되었다.

‘특권’ 폐지 의결 직후인 1789년 8월 프랑스 국민의회에서 채택된 「인간과 시민의 권리선언」에서도, 불평등과 관련한 맥락이야 서로 다를지언정, 미국 독립선언문과 동일한 급진성과 이에 비견할 만한 양면성이 확인된다. 제1조는 낡은 신분사회와의 명확한 단절을 드러내는 절대적 평등에 대한 선서로 시작한다. “인간은 자유롭고 평등한 권리를 지니고 태어나 살아간다.” 제1조의 후술 부분에서 정당한 불평등이 있을 수 있음을 끌어들이지만, 어디까지나 다음과 같이 조건부다. “사회적 차별은 오로지 공익에 근거할 경우에만 허용될 수 있다.” 제2조는 불가침의 자연권 지위를 소유권에 합치시키면서 상황을 명시하고 있다. “모든 정치결사의 목적은 인간이 지닌 불가침의 자연권을 보전하는 데 있다. 이러한 권리에는 자유권과 재산권, 안전에 대한 권리와 억압에 대한 저항권이 있다.” 결국 이 전체는 모순적인 방식으로 해석되고 활용될 수 있으며, 그렇게 존재해왔다. 제1조는 비교적 재분배에 관한 것으로 해석될 수 있다. ‘사회적 차별’ 즉 넓은 의미의 불평등은 공리와 공익을 위한다는 조건에서만 비로소 허용될 수 있으므로, 이 차별이 가난한 자들을 위해 존재해야 한다는 것을 의미한다고 볼 수도 있다. 따라서 이 조항은 일정한 형식의 소유 재분배를 조직하고 가난한 자들이 부를 추구하는 데 유리하도록 쓰일 수 있을 것이다. 하지만 2조는 훨씬 더 제한적인 해석에 따라 읽힐 수 있다. 과거에 획득된 소유권이 '불가침의 자연권'을 구성하며 그 결과 웬만해서는 문제삼을 수 없는 권리라는 식으로 이 조항이 이해되기 때문이다. 사실상 이 조항은 혁명가들의 논쟁에서 대단히 신중하게 소유 재분배 문제를 정당화하기 위해 사용되었다. 더 일반적으로는, 권리선언과 헌법에서의 소유권 기준은, 19~20세기 동안에 그리고 오늘날까지도, 소유체제를 누그러뜨리고 법적으로 재정의하는 데 있어 그 모든 가능성에 대폭 제한을 두고자 흔히 사용되어왔다.

사실상 '특권' 폐지가 일단 천명되면, 우리가 프랑스혁명의 망설임과 양면성에서 보았듯이, 소유주의 도식 내에서 있을 수 있는 여러 갈래의 길이 존재한다. 예컨대 소유 접근에 대한 평등을 북돋우는 최상의 방법은 상속재산과 소득에 대해 강력한 누진세를 확립하는 것이며, 이를 목표로 하는 구체적 방안들이 18세기부터 마련되었음을 생각해볼 수 있다. 더 일반적으로 말하자면, 사적소유제를 그 제도가 가져다줄 수 있는 해방의 차원(특히 비극적이게도 20세기 공산주의사회가 잊고자 했던, 개개인의 다양한 열망의 표출)을 위해 이용해볼 수도 있는데, 사회국가 안에서, 누진과세 같은 재분배제도 안에서, 보다 일반적으로는 지식·권력·부에 대한 접근을 민주화하고 공유할 수 있게 해주는 법규 안에서, 이 제도의 틀을 짜보고 이를 도구화함으로써 말이다(비록 이 시도가 불충분했고 성공하지 못했다고 평가되더라도 20세기 사민주의사회들이 그렇게 하려고 시도했듯이. 이에 대해서는 다시 살펴보긴 할 것이다). 또는 오히려, 거의 모든 문제를 해소하기 위해 사적소유를 질내석으로 보호하는 방안도 있을 것이다. 이것은 특정 경우에 따라 소유를 준신성시하는 것으로, 모든 문제제기에 대한 절대적인 불신으로 이어질 수 있다.

비판적 소유주의(단순화하자면 사민주의 유형이라 해두자. 이것은 실제로 사적 공적 사회적 혼합소유 형식에 의존한다)는 상위의 목표들을 위해 사적소유를 수단으로 삼고자 한다. 과도한 소유주의는 사적소유를 신성시하고 이를 일률적인 해답으로 바꿔놓는다. 전형적인 이 두 갈래 길 너머에 구상해볼 만한 무수히 다양한 해법과 경로가 있으며, 무엇보다도 아직 발견되지 않은 수많은 새로운 길들이 여전히 우리 앞에 놓여 있다. 19세기 동안에, 그리고 1차대전에 이르는 시기까지, 과도한 소유주의 및 사적소유에 대한 준신성화가 프랑스와 유럽의 다른 나라에서 주되게 관철되었다. 오늘날 우리가 활용하는 역사적 경험들에 입각하면, 내게는 이 소유주의 형식이 거부되어 마땅한 것으로 보인다. 하지만 이러한 이데올로기 도식이 특히 19세기 유럽의 소유자사회라는 틀 안에서 거둔 성공의 근거들을 이해하는 것은 중요하다.

## 소유자사회에서의 불평등 정당화

사실상 소유주의 이데올로기가 권리선언과 헌법에는 암묵적으로, 프랑스 혁명기와 19세기 내내 벌어졌던 소유를 둘러싼 정치 논쟁 안에서는 훨씬 더 명시적으로 드러난 논지는 다음과 같이 요약될 수 있다. 과거로부터 이어진 소유권과 그 불평등을 사회정의—확실히 존중할 수는 있지만 불가피하게도 언제나 불완전하게 정의되고 허용되며 결코 완전한 합의에 이를 수는 없는 이 정의—라는 이름으로 문제삼기 시작한다면, 이 위험한 진행을 어디에서 멈춰야 할지 알지 못할까봐 두렵진 않은가? 결국은 가장 힘없는 사람들에게 불리하게 작용할 정치적 불안정과 영구적인 혼돈으로 곧장 치달아버릴 위험이 있진 않은가? 비타협적 소유주의의 대답은, 이런 리스크를 내버려둬서는 안 된다는 것, 소유의 재분배라는 판도라의 상자가 결코 열려서는 안 된다는 것이다. 이런 식의 논변은 프랑스혁명 당시 끊임없이 이어졌고, 특히 오래된 권리들과 이 권리들의 새로운 소유권으로의 이전에 대한 '역사적' 접근과 '언어적' 접근 사이에서 관찰된 숱한 양면성과 망설임을 잘 보여준다. 부역과 로를 문제삼는다면, 여기엔 임대료와 전체 소유권을 다시 문제삼는 위험 부담이 있지 않은가? 우리는 이런 논변을 19세기와 20세기 초 소유자사회에서 재발견한다. 또한 이 논지가 우리 시대의 정치 논쟁에서, 특히 20세기 말 신소유주의 담론의 유력한 회귀와 더불어, 늘 근본적인 역할을 해왔다는 것을 볼 것이다.

사적소유의 신성화는 기본적으로 공백에 대한 두려움에서 비롯한 자연스러운 반응이다. 전사 권력과 사제 권력 사이의 균형을 이루기 위한 해법을 제안했던, 그리고 대체로 (사제와 이들의 지혜로운 조언의 정당성을 보증하기 위해 필수적인) 종교적 초월성에 의지했던 삼기능 도식을 저버린 순간부터, 사회의 안정성을 보장해줄 새로운 답을 찾아야만 했던 것이다. 과거로부터 이어져온 소유권에 대한 절대적 존중은, 혼돈이 확산되는 것을 막아주고 삼기능 이데올로기의 종언으로 인한 공백을 채워줄 새로운 초월성을 제공한다. 소유의 신성화는 어떤 면에서는 분명 정치적 이데올로기로서의 종교의 종언에 대한 답이다.

역사적 경험과 이러한 경험을 바탕으로 하는 합리적 지식의 구축에 기반을 둔다면, 이 답이 확실히 자연스럽고 납득할 만하지만, 동시에 인간 본성에 대해 조금은 허무주의적이고 안일하며 별로 낙관적이지 않은 이 답을 넘어서는 일도 내겐 가능해 보인다. 이 책에서 내가 독자들을 설득해보고자 하는 것은 이것이다. 즉 과거에서 기인한 권리들을 단순히 신성화하기보다는, 소유에 대한 규제 및 분배의 분야에서 정의와 평등의 보다 엄격한 표준을 정의내리기 위해, 역사의 교훈에 기댈 수 있다는 것이다. 물론 끊임없는 숙의를 향해 열려 있고 진화될 수밖에 없는 표준이긴 하나, 이미 획득된 위상을 기정사실로 간주하고 '시장'에 의해 생산되는 불평등을 자연스러운 것으로 간주하는 편리한 선택지에 비하면 이 표준이 만족스럽지 못할 것도 없다. 게다가 20세기 사민주의사회들이 건설된 밑바탕에는 이러한 실용적이고 경험주의적이며 역사적인 기반이 놓여 있었다

(부족한 점이 있음에도 불구하고 이 사회들이 입증해 보인 것은, 19세기의 극단적인 자산 불평등이 안정과 번영을 보증하는 데 필수적이기는커녕 정반대였다는 점이다). 21세기 초의 혁신적인 정치운동과 이데올로기 또한 이러한 바탕 위에서 구축될 수 있다.

소유주의 이데올로기의 거대한 약점은, 과거에서 이어진 소유권이 대체로 심각한 정당성 문제를 야기한다는 데 있다. 우리는 방금 프랑스혁명과 더불어 별다른 부침 없이 부역이 임대료로 전환되었던 것을 통해 이 문제를 살펴보았다. 우리는 앞으로 이러한 곤란을 여러 번 보게 될 텐데, 특히 프랑스 식민지와 영국 식민지에서의 노예제 및 그 폐지 문제에서(이들 식민지에서는 노예가 아니라 소유자에게 보상이 필수적이라는 결정이 내려졌다), 더 나아가 천연자원의 사적 약탈과 공산주의 몰락 이후의 사유화 문제에서 재확인할 것이다. 더 일반적으로는, 최초의 전유들이 지닌 폭력적이고 부당한 기원에 대한 질문과는 별도로, 어마어마한데다 지속적으로 세습되며 극히 독재적인 자산 불평등 문제가, 무엇보다 구래의 사회들에서처럼 현대의 하이퍼자본주의사회에서도 영구적으로 재구성되는 경향을 보인다는 것이다.

그럼에도 불구하고 대다수의 사람들이 받아들일 수 있는 정의 표준을 정립하는 데는 상당한 문제들이 뒤따른다. 따라서 우리는 조사를 거친 이후에야, 활용해볼 수 있는 여러 역사적 경험을 검토하고 나서야, 비로소 이 복잡한 문제를 다룰 수 있을 것이다. 특히 누진과세와, 더 일반적으로는 소유 재분배 문제에 관한—극단적인 불평등은 불가피했던 것이 전혀 아니라는 역사유물론적인 증거를 제시해준—20세기의 결정적인 경험들에 대한 검토와, 최소한 평등과 불평등의 정도를 가늠해볼 수 있는 구체적이고 실용적인 지식에 대한 검토를 거쳐야 한다. 여하간 제도적 안정의 필요에 따른 소유주의 논의는, 적어도 능력주의 논의가 개인의 역량을 더 강조하는 한에서, 진지하게 다루어지고 정확하게 평가될 가치가 있다. 이 능력주의 담론은 20세기 말부터 왕성해진 신소유주의 논의에서보다는 19세기 소유주의 이데올로기에서 확실히 덜 중심적인 역할을 한다.

일반적으로, 견고한 소유주의 이데올로기는 다음과 같이 분석되어야 한다. 즉 (그 한계와 권리 안에서 꼭 맞게 재정의된 사적소유는 실제로 개인들의 다양한 열망 및 주체성을 건설적으로 표출하게 해주고 상호 간 교류할 수 있게 해주는 제도장치에 속하기 때문에) 어느 면에서는 잠재적으로 설득력을 지닌 정교한 담론이자, 동시에 불평등주의 이데올로기—가장 극단적이고 강고한 불평등주의 이데올로기는 흔히 과격하고 왜곡된 방식으로 사회지배의 특수한 형식을 정당화하는 게 그 목표다—로서 분석되어야 한다. 사실상 이는, 사다리 맨 위에 있는 이들에게는 국가들 사이의 불평등만큼이나 개인들 사이의 불평등을 다루는 데 있어 매우 유용한 이데올로기다. 부유한 개인들은 가난한 자들에 대한 자신의 지위를 정당화해줄 근거를 이 이데올로기에서 발견한다. 자신의 노력과 능력, 그리고 사회 전체에 이익이 될 안정 욕구를 내세워서 말이다. 부유한 나라들도 마찬가지로 이 이데올로기에서 자신들의 법규와 제도의 이른바 우월함을 명분으로 가난한 나라들에 대한 지배를 정당화해줄 근거를 볼 것이다. 문제는 이 논지와 사실에 근거한 요소가 서로를 지지하기 위해 제시되지만 그것이 항상 명확하지만은 않다는 것이다. 그러나 중요한 건 이러한 발전과 위기를 분석하기에 앞서, 대혁명이라는 이 시초적이며 양면적 계기를 거친 프랑스와 여타 유럽 국가들에서 진화해나간 19세기 소유자사회 연구에서 시작하는 것이다.

제 4 장

# 소유자사회: 프랑스의 사례

우리는 바로 앞 장에서 불평등주의체제의 역사에서 프랑스혁명이 만들어낸 상징적인 단절의 시기를 살펴보았다. 수년간 혁명기 입법자들은 삼기능 도식에서 비롯한 권력관계와 소유관계를 재정의하고자 했으며, (이제는 국가가 독점한) 왕권적 권력과 (만인에게 열려 있다고 간주되는) 소유권을 엄격히 분리하고자 했다. 이것은 우리로 하여금 저 입법자들이 봉착한 모순들과 과제의 규모를 더 잘 파악하게 해주었다. 특히 정치적이고 법적이며 복잡한 사건들이 뒤얽히는 가운데, 소유의 불평등 및 재분배 문제에 부딪혔던 과정, 그리고 부역과 로처럼 낡은 삼기능 통치에서 유래한 권리들이 새로운 소유주의 언어에 남아 있게 되는 과정을 통해서 말이다.

이제 우리는 19세기 프랑스에서 진행된 소유 재분배 과정을 분석하려 한다. 프랑스혁명은 여러 가능한 경로를 품고 있었지만, 최종적으로 선택된 길은 1800년과 1914년 사이에 극도로 불평등한 소유자사회의 전개로 이어졌다. 우리는 프랑스혁명기에 확립된 조세재정제도가 이러한 진화에 매우 유리하게 작용했음을 볼 것이다. 이 조세재정제도는 1차대전 시기까지 그다지 바뀌지 않았는데, 그 이유들을 우리는 분석해봐야 한다. 이어지는 장에서 여타 유럽 국가들, 특히 영국과 스웨덴의 궤적과 비교함으로써 19세기와 20세기 초반 유럽 소유주의체제의 다양성과, 이 체제를 연결하는 요소들을 더 잘 파악할 수 있게 될 것이다.

## 프랑스혁명과 소유자사회의 발전

우선 혁명기 사건들로 이어진 세기에 소유의 진화 및 소유 집중이 진행되는 과정부터 살펴보자. 여기서는 풍부한 자료가 뒷받침해줄 것이다. 1789년 프랑스혁명이 지상에서 사회정의 구축에는 성공하지 못했더라도, 이 혁명은 상속 관련 문서고를 통해 소유에 대한 비할 데 없이 훌륭한 탐사 장치를 남겨놓았기 때문이다. 이 문서고는 모든 성격의 재산을 등록하는 기구이기도 하고, 그 존재 자체가 소유주의 이데올로기와 내밀하게 연결되어 있기도 하다. 특히 풍부하고 완전한 이 문서고에는 수십만 건의 상속 증서가 디지털화되어 있어, 우리는 대혁명시대부터 현재에 이르기까지 모든 유형(농지·부동산·사업자산·주식·채권·회사지분·모든 형태의 금융투자)의 자산 분배와 관련한 진화과정을 상세히 연구할 수 있었다. 여기서 제시되는 결론은 주로 파리의 문서고에 완벽하게 수집된 자료를 바탕으로 한 광범위한 집단 연구의 소산이다. 또한 이 결론은 세무당국이 다양한 시기에 전국에 걸쳐 시행한 조사와 19세기 초부터 데파르트망 단위에서 수집한 자료에 의거한 것이다.[1]

가장 인상적인 결론은 다음과 같다. 1800~1810년에 이미 극심했고 프랑스혁명 직전에 비해 거의 줄지 않았던 사적소유의 집중은, 19세기 내내 그리고 1차대전 시기까지도 부단히 증가하기만 했다. 구체적으로 프랑스 전체를 놓고 보면, 분배에서 상위 백분위(부자 1%)가 모든 종류의

**도표 4.1** 프랑스혁명의 실패: 19세기 프랑스 소유주의의 불평등주의적 표류

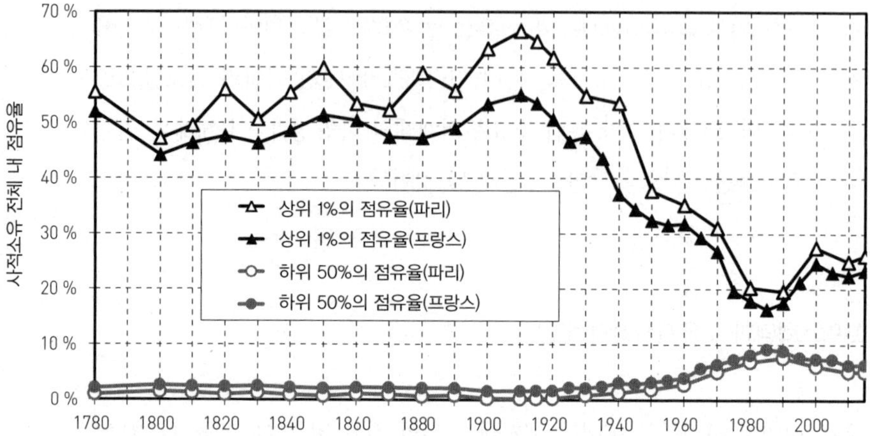


파리에서 상위 1%의 점유율은 1910년에 사적소유 전체에서 약 67%였는데, 이에 비해 1810년에 49%, 1780년에는 55%였다. 프랑스혁명기에 약간 감소했던 소유 집중은 프랑스(특히 파리)에서 19세기 내내, 그리고 1차대전 때까지 증가했다. 긴 기간에 걸쳐 일어난 불평등 감소는 1789년 프랑스혁명 이후보다는 세계대전들(1914~1945년)에 이어 일어났다.

**출처 및 원 통계자료:** piketty.pse.ens.fr/ideologie

사적소유 전체에서 보유한 점유율은 1800~1810년에 대략 45%였는데 1900~1910년에는 55%에 근접했다. 파리의 경우는 특별히 현격했다. 상위 1%의 점유율은 1800~1810년에 50%에 가까웠고 1914년 직전에는 65%를 넘어섰다(도표 4.1 참조).

19세기 말 20세기 초 이른바 '벨에포크' 시기(1880~1914년)에 자산 불평등의 상승 추세도 가속화하는 게 보인다. 사실상 1차대전 이전의 수십 년간 재산 집중은 무제한으로 진전되는 것 같다. 이런 흐름을 보건대, 전쟁과 1914~1945년간 폭력적인 정치적 충격들이 없는 상황에서는 과연 사적소유의 집중이 어디까지 진행되었을지 당연히 자문해보게 된다. 또한 어떤 면에서는 이러한 충격과 전쟁 자체가, 적어도 부분적으로는, 이러한 불평등주의적 표류에서 촉발된 폭력적인 사회적 긴장의 결과가 아닌지 의당 따져보게 된다. 우리는 3부에서 이를 폭넓게 재검토해볼 것이다.

눈여겨봐야 할 여러 지점이 있는데, 우선 자산 집중이 프랑스 같은 나

라에서는 20세기와 21세기 초처럼 19세기에도 실제로 부단히 극심했다는 점을 유념해야 한다. 특히 상위 백분위 보유분이 20세기 동안에 현저히 감소했다 하더라도(1914년 직전에 프랑스와 파리에서 상위 백분위의 점유율은 총자산의 약 55~65%, 1980년대부터는 20~30% 선이다), 사실 하위 50%가 보유한 부분은 언제나 극도로 적었다. 19세기에는 총자산의 약 2%, 오늘날에는 고작 5%를 웃도는 정도다(도표 4.1 참조). 인구의 가난한 절반인 이 광범위한 집단은 정의상 언제나 상위 백분위보다 그 수가 50배 더 많은데도, 19세기에는 총자산에서 상위 백분위가 보유한 부분보다 30배 정도가 더 적었고(또한 이것은 상위 1%의 평균자산이 하위 50%보다 약 1500배 더 많다는 것을 뜻한다), 20세기 말과 21세기 초에는 약 5배 정도가 적다(이는 상위 1%의 평균자산이 '단지' 250배 많다는 뜻이다). 또한 두 시기에 각 연령 코호트 안에서, 즉 청년·청소년·노년 사이에서, 이러한 동일한 극단적 불평등이 재확인된다는 점도 강조해야겠다.[2] 이러한 규모별 분류들이 중요한 이유는, 이것이 두 세기에 일어났던 소유 확산의 규모가 과대평가되어서는 안 된다는 사실을 증명해주기 때문이다. 자산이 평등한 사회(또는 더 소박하게 말해서 인구의 가난한 절반이 명목상이 아니라 실제로 자산을 보유한 그런 사회)는 여전히 만들어나가야 할 사회인 것이다.

## 불평등의 축소: '중위자산계급'의 창안

사실상 프랑스에서 소유 분배 전체의 진화를 살펴보면, 19세기 총자산에서 놀랍게도 '상위계급'(부유한 10%)의 점유율이 80%에서 90% 사이라는 점, 그리고 여전히 오늘날에도 엄청난 비율인 50%에서 60% 사이라는 점이 보인다(도표 4.2 참조). 비교해보자면, (자본소유 자체만큼이나, 아니 그보다 좀더 집중된) 자본소득과 (분명 덜 불평등하게 분배된) 노동소득

**도표 4.2** 프랑스에서의 소유 분배, 1780~2015년

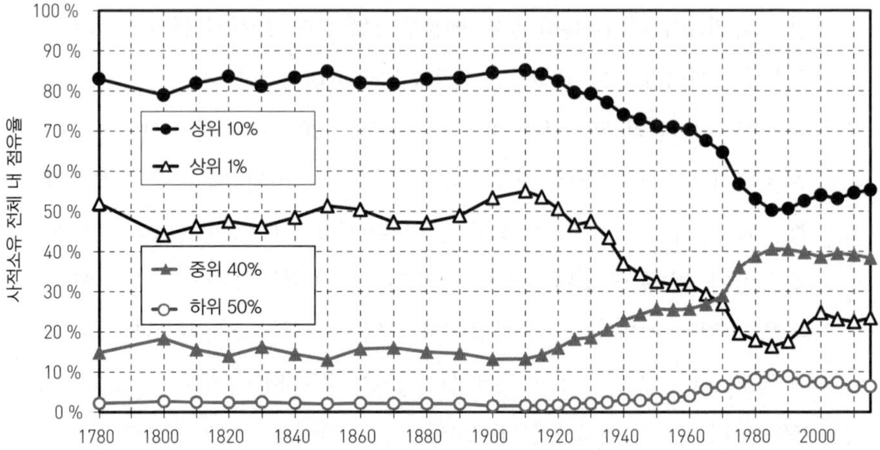


사적소유 전체(부채를 뺀 부동산, 사업자산 및 금융자산)에서 부유한 10%의 점유율은 1780~1910년에 프랑스에서 80~90%였다. 소유 탈집중은 1차대전 이후에 시작되어 1980년대 초에 멈춘다. 소유 탈집중은 여기서 '인민계급'(가난한 50%)과 '상위계급'(부유한 10%) 사이의 중간집단으로 정의되는 '중위자산계급'(중위 40%)에 주로 유리하게 이루어졌다.

**출처 및 원 통계자료:** piketty.pse.ens.fr/ideologie

**도표 4.3** 프랑스에서의 소득 분배, 1780~2015년

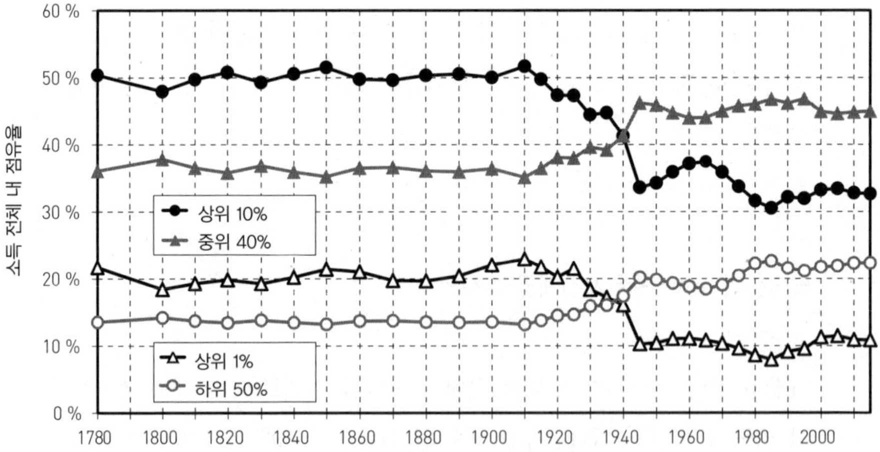


총소득(임대료·배당금·이자·이윤 등 자본소득과 임금·비임금소득·퇴직연금·실업수당 등 노동소득)에서 상위 10%의 점유율은 1780~1910년에 프랑스에서 약 50%였다. 소득 탈집중은 1차대전 이후에 시작되는데, '상위계급'(상위 10%)을 희생시켜 '인민계급'(하위 50%)과 '중위계급'(중위 40%)에 유리하도록 했다.

**출처 및 원 통계자료:** piketty.pse.ens.fr/ideologie

을 모두 포함한 소득의 집중은 항상 덜 극단적인 수준이었다. 19세기에 소득 상위 10%는 총소득에서 50% 선을 차지했는데, 오늘날에는 30%에서 35% 사이에 걸쳐 있다(도표 4.3 참조).

그럼에도 불구하고 장기간에 걸쳐 자산 불평등이 축소되어온 것은 사실이다. 간단히 말해 이 근본적인 전환은 총자산에서의 점유율이 여전히 극도로 제한적인 '인민계급'(하위 50%)에게 이득이 된 게 아니라, '중위자산계급'(40%의 중위계급, 다시 말해 하위 50%와 상위 10% 사이에 있는 사람들)이라 부를 수 있는 이들에게 거의 배타적으로 유리하게끔 이루어진 것이다. '중위자산계급'의 총자산에서의 점유율은 19세기에는 15%에 못 미쳤던 것이 오늘날에는 40% 선에 이른다(도표 4.2 참조). 개별적으로는 큰 부자가 아니지만 집단적으로는 (상위 백분위의 총자산 내 점유율이 동반 하락한 것을 감안하면) 20세기 동안에 상위 백분위가 소유한 자산보다 더 많은 양의 자산을 보유하게 된 이 '중위계급' 소유자들의 등장은 근본적인 사회적 경제적 정치적 전환을 가져오는데, 더 나아가 우리는 이러한 전환이 프랑스에서도 대부분의 유럽국가에서도 장기간에 걸친 소득 분배 불평등이 감소하게 된 본질을 설명해준다는 점을 볼 것이다. 또한 우리는 소유의 이러한 탈집중이 혁신과 경제성장에 해를 끼치기는커녕 정반대였다는 사실을 다시 살펴볼 것이다. 이 '중위계급'의 등장과 더불어 사회적 유동성은 더 활발해졌고, 경제성장은 20세기 중반 이후 그 어느 때보다 더, 특히 1914년 이전보다 더 높아졌으니 말이다. 지금 단계에서 내가 강조하고픈 주안점은, 자산의 이러한 탈집중이 1차대전 이후에야 비로소 시작된다는 점이다. 1914년까지는 소유 불평등이, 프랑스(특히 파리)에서 무제한으로 커졌던 것으로 보인다.

## 파리, 불평등의 수도: 문학에서 상속 문서고까지

1800년부터 1914년까지 파리에서 관찰되는 진화는 특히 상징적인데, 정녕 이 수도는 가장 큰 부와 가장 극단적인 불평등이 동시에 모여 있던 곳이기 때문이다. 이러한 현실은 문학에서, 특히 19세기 고전소설에서, 상속 문서고에서만큼이나 명확히 드러난다(도표 4.1 참조).

19세기 말 파리에는 프랑스 인구의 약 5%가 모여 있었지만(약 4000만 총인구 중에서 200만 명이 조금 넘는 수의 주민), 파리 주민들은 나라의 민간자산 전체에서 25% 이상을 보유하고 있었다. 달리 말하자면, 파리의 평균자산은 나라 전체의 평균자산에 비해 5배가 더 많았다. 이와 동시에 파리는 빈곤층과 부유층 사이의 격차가 가장 큰 곳이기도 했다. 19세기에 프랑스 인구의 절반 정도는 상속할 재산이 전혀 없는 채로 사망한다. 파리에서, 상속할 재산이 전혀 없는 사망자의 비율은 1800년에서 1914년까지 69%와 74% 사이를 오가면서 약간의 상승 경향을 보인다. 실제로 이들은 당국에서 등재를 포기할 정도로 그렇게 형편없는 상품가치를 지닌 개인재산(가구류·내의류·식기류)을 가진 사람들일 수 있다. 재산이 빈약해서 장례비용을 치르거나 부채를 갚는 데 가진 재산을 모두 써버리는 사망자들도 미신고에 해당될 수 있다. 이런 경우에는 상속자들이 상속을 포기할 수 있다. 그럼에도 문서고에 등재된 상속들 가운데 절대적으로 미미한 자산이 확인되는 것은 놀라운 일인데, 관공서와 상속자에게는 법적으로 이러한 등재가 의무사항인지라, 등재하지 않을 시에는 상속자들의 소유권이 인정되지 않을 위험이 있고, 이것이 심각한 결과를 초래할 수도 있으니 말이다(무엇보다 자기 재산을 도난당해도 경찰의 도움을 받을 수 없다). 상속신고를 하지 않고 부동산·직업·금융 관련 재산을 상속받는 것은 전적으로 불가능하다.

자산 없는 사망자들이라는—19세기 파리 주민의 약 70%에 이르는—이 광범위한 사회집단에 포함되는 이가 예를 들면 고리오 영감인데, 발자크 소설 속 고리오 영감은 절대빈곤 속에서 두 딸 델핀과 아나스타지에게 버림받고 1821년에 사망한다. 그의 하숙집 주인 보케르 부인은 하숙생 라스티냐크에게 고리오의 밀린 하숙비를 청구한다. 라스티냐크는 장례비용도 치러야 하는데, 이 비용만도 노인이 가진 전 재산의 가치를 상회했다. 그래도 고리오는, 당시 파리 상류사회 집안에 두 딸을 혼인시키려고 모든 재산을 바치기 전까지는, 혁명전쟁과 나폴레옹전쟁 동안에 파스타와 곡물류 제조 및 거래를 통해 큰돈을 벌기도 했었다. 물려줄 자산 없는 이들 사망자 집단에는 티끌만큼의 재산도 없는 이가 포함되었고 이들은 살아서처럼 그렇게 가난하게 죽는다. 가장 눈에 띄는 결론은, 물려줄 자산이 전혀 없는 파리 사망자들의 비율은 한 세기 뒤 1914년 전쟁 전야, 즉 발자크와 고리오 영감의 시대 이후에 나라 전체가 겪은 엄청난 부의 증대와 산업발전에도 불구하고, 여전히 높았다는 점이다.[3]

또다른 층위에서, 수도 파리는 19세기와 벨에포크 시기에 가장 큰 부가 집중된 곳이기도 하다. 가장 부유한 사망자 1%만으로도 1810~1820년의 상속가치 절반을 차지하는데, 이 비율은 1910년경에는 3분의 2에 근접한다.[4] 상위 10%를 조사해보면, 1800년부터 1914년까지 프랑스의 총자산에서 그들의 점유율은 80%에서 90% 사이에 달했고, 파리에서는 90%를 넘었다는 점이 확인되는데, 두 경우 모두 상승 추세다.

요약해보자. 거의 모든 소유가 상위 십분위(10%) 안에 집중되어 있고 그중 가장 큰 지분은 상위 백분위(1%)에 집중되어 있었으며, 대다수 주민은 거의 아무것도 소유하지 못했다. 당시 파리사회에 속한 사람들의 처지와 자산 불평등을 좀더 구체적으로 이해하려면, 1차대전 이전에 토지대장상으로 파리 건물 대부분에서 개인이 아파트를 소유한다는 것이 상정되지 않았다는 점을 떠올려보면 된다. 달리 말해 가장 흔한 경우는 건물 하나를 통으로(또는 건물 여러 채를) 소유하고 있거나, 아니면 아무것도 소유하지 못하고 건물주에게 임대료를 지불하는 것이었다.

인생에서 성공하려면 법학 공부에 매달려서는 안 된다고 젊은 라스티냐크에게 음험한 보트랭이 훈계하게 되는 것은, 바로 소유의 이러한 초집중 탓이다. 진짜 부자가 되는 유일한 방법은 무슨 수를 써서라도 자산을 손에 쥐는 것이다. 당시의 변호사, 판사, 여러 소유자의 생활수준에서 다수의 준거가 뒷받침해주는 이 논지가 단지 돈과 재산에 대한 발자크의 강박만을 드러내는 것은 아니다(발자크 자신은 투자 실패로 큰 빚을 졌고, 재기를 위해 부단히 글을 썼다). 문서고에 수집된 모든 요소를 보건대, 이는 1820년 당시, 대체로 1800년과 1914년 사이의 소득 및 소유 분배에 대한 제법 정확한 묘사임을 보여준다. 보트랭의 말은 소유자사회에 대한 완벽한 표현으로, 이 사회에서는 유복함, 사교 형태, 사회적 표상, 정치질서에 대한 접근이 소유의 규모에 따라 거의 전적으로 규정된다.[5]

### 유가증권의 다변화와 소유의 형식들

19세기 동안 그리고 20세기 초에 점점 더 강력해진, 소유의 이러한 극단적 집중에는—자산구조의 유례없는 국제화와 중첩되는—자산 보유 형태의 근대화와 근본적인 전환, 경제구조와 금융구조의 막대한 전환 같은 맥락이 자리잡고 있음을 눈여겨봐야 한다. 우리가 가진 극도로 상세한 상속 데이터들을 통해 특히 확인할 수 있는 것은 이 시기 말에 파리 자산 구성이 점점 더 다양해진다는 점이다. 1912년에 수도 거주자들이 보유한 자산은 부동산이 35%(그중 24%는 파리, 11%는 농지를 포함한 지방), 금융자산이 62%, 가구류와 귀중품 그리고 여타 개인어음은 3%가량이다(표 4.1 참조). 금융자산이 압도적이라는 것은 농산물가공업, 철도, 특히 번성하던 은행 부문만큼이나 제조업 부문(19세기 말에는 섬유산업을 철강산업과 석탄산업이 추월했고, 20세기 초에는 화학산업과 자동차산업이 그랬다)에서도, 산업의 급성장과 더불어 기업 보유자산과 증권시장이 중요해졌음을 의미한다.

게다가 이 62%의 금융자산 자체도 아주 다양하다. 그중 20%는 상장기업 또는 비상장기업 주식인데, 이 주식은 프랑스 국내주식(13%)과 해외주식(7%)으로 나뉜다. 19%는 회사채(기업들이 발행한 채권, 어음, 여타 차용증)로 이 또한 국내(14%)와 해외(5%)로 나뉜다. 14% 국채(정부가 발행한 차용증) 역시 마찬가지로 국내(5%)와 해외(9%)로 나뉜다. 9%는 여타 금융자산(예금, 현금, 잡다한 지분 등)이다. 현대의 경제·금융 교과서에 나오는 것처럼 완벽하게 분화된 유가증권을 보고 있다고들 생각할지도 모르겠다. 그런데 이는 19세기 말 20세기 초 파리의 상속등기부에 등재되어 있던 바로 그 현실이다. 사망자 각각에게서도 증권, 기업, 부문별 목록이 세세하게 적혀 있다.

두 가지 부수적 결과를 주목할 만하다. 하나는, 상위 자산들이 여타 경우들에 비해 훨씬 더 강력하게 자본화되어 있다는 점이다. 1912년 자산 상위 1%의 자산에서 금융자산의 점유율이 66%에 달했던 데 반해, 그다음 9%는 55%였다. 1912년 파리 거주자 총자산의 3분의 2 이상을 소유한 상위 1%의 경우, 수도에 보유한 부동산이 자산의 22%이고 지방 부동산은 겨우 10% 정도인 반면, 보유 주식은 25%에 달하고 회사채는 19%, 국채와 여타 금융자산은 22%다.[6] 부동산투자에 비해 주식, 채권, 예금과 여타 통화자산이 압도적이라는 것은 당시의 현실을 날카롭게 보여준다. 벨에포크 시대의 소유자 엘리트는 무엇보다도 자본가이자 실업가인 금융 엘리트라는 현실을.

다른 한편으로는, 해외 금융투자가 1872년과 1912년 사이에 엄청나게 증가했다는 점이다. 파리의 총자산에서 해외 금융투자 부문은 6%에서 21%로 늘어났다. 이러한 진화는 특히 해외자산의 대부분을 보유한 상위 1%에게서 현저하다. 그들의 자산에서 해외투자 부문은 1872년의 7%에서 1912년에는 25%가 되었고, 그다음 9%는 단지 14%, 그다음 40%는 7%가량이었다(표 4.1 참조). 달리 말해 최고가의 유가증권들만이 대량으로 해외에 투자되었고, 이에 비해 가치가 낮은 자산은 그만큼 국내에 머물렀다.

**표 4.1** 파리 자산의 구성, 1872~1912년

| | **부동산 자산** (건물·집·농지 등) | 파리 부동산 | 지방 부동산 | **금융 자산** (주식·채권 등) | 프랑스 주식 | 해외 주식 | 프랑스 회사채 | 해외 회사채 | 프랑스 국채 | 해외 국채 | 기타 금융자산 (예금·현금) | **총 해외 금융자산** | **가구류, 귀중품 등** |
|---|---|---|---|---|---|---|---|---|---|---|---|---|---|
| 총자산의 구성 | | | | | | | | | | | | | |
| 1872년 | **41%** | 28% | 13% | **56%** | 14% | 1% | 17% | 2% | 10% | 3% | 9% | **6%** | **3%** |
| 1912년 | **35%** | 24% | 11% | **62%** | 13% | 7% | 14% | 5% | 5% | 9% | 9% | **21%** | **3%** |
| 자산 상위 1%의 구성 | | | | | | | | | | | | | |
| 1872년 | **43%** | 30% | 13% | **55%** | 15% | 1% | 14% | 2% | 9% | 4% | 10% | **7%** | **2%** |
| 1912년 | **32%** | 22% | 10% | **66%** | 15% | 10% | 14% | 5% | 4% | 10% | 8% | **25%** | **2%** |
| 그다음 9%의 구성 | | | | | | | | | | | | | |
| 1872년 | **42%** | 27% | 15% | **56%** | 13% | 1% | 21% | 2% | 10% | 2% | 7% | **5%** | **2%** |
| 1912년 | **42%** | 30% | 12% | **55%** | 11% | 2% | 14% | 4% | 7% | 8% | 9% | **14%** | **3%** |
| 그다음 40%의 구성 | | | | | | | | | | | | | |
| 1872년 | **27%** | 1% | 26% | **62%** | 12% | 1% | 23% | 1% | 14% | 2% | 9% | **4%** | **11%** |
| 1912년 | **31%** | 7% | 24% | **59%** | 12% | 1% | 20% | 2% | 10% | 4% | 10% | **7%** | **10%** |

1912년 파리의 총자산은 부동산자산 35%, 금융자산 62%(이중 21%는 해외 금융자산), 가구류 및 귀중품은 3%다. 이중 자산 상위 1%의 금융자산 비율이 66%(이중 25%는 해외 금융자산)로 상승한다.

**출처 및 원 통계자료:** piketty.pse.ens.fr/ideologie

국제자산은 이처럼 눈에 띄게 늘어나 그 점유율이 40년이 지나면서 3배 이상이 된다. 이는 모든 유형의 해외투자에 영향을 미치는데, 예컨대 상위 1%의 자산에서 해외국채의 점유율은 1872년과 1912년 사이에 4%에서 10%가 된다. 특히 1892년 프랑스 공화국과 제정러시아 사이에 경제 및 군사 동맹이 체결된 이후, 전면적으로 성장한 그 유명한 러시아 국채는 주목할 만하다. 하지만 여기에는 여타의 수많은 외국 정부가 발행한 국채도 포함된다(대체로 유럽 국채들이긴 하지만, 식민지 점유 전략의 일환으로 아르헨티나, 오스만 제국, 중국, 모로코 등의 국채도 있다). 프랑스 소유자들은 이 국채들로 대체로 (1차대전과 러시아혁명이라는 충격이 오기 전까지는 굳건했다고 볼 수 있을) 자국 정부의 보호 아래 견실한 수익을 낼 것이다. 해외 주식과 회사채 비율은 더 빠르게 늘어나 1872년과 1912년 사이에 상위 1%의 유가증권 총자산의 3%에서 15%가 되었다. 이로써 파나마운하나 수에즈운하, 러시아·아르헨티나·미국의 철도, 인도차이나 고무제조업 등 세계 도처의 수많은 사기업들에 투자할 수 있게 된다.

## 벨에포크(1880~1914년): 소유주의적이고 불평등주의적인 근대성

이러한 결과가 핵심인 이유는, 19세기 동안 그리고 20세기 초, 특히 벨에포크 시기에 프랑스와 파리에서 심화된 소유의 집중 추세라는 이 현상의 '근대성'을 보여주기 때문이다.

혹자는 디지털경제와 스타트업과 무한 혁신의 시대인 이 21세기 초 실정에 맞게 변형된 안경을 끼고 조금 멀리서 이 시기를 바라보면서, 1914년 이전의 극단적인 불평등사회는 정체되고 폐기된 낡은 세계, 소유지와 부동산을 둘러싼 이의제기가 없는 세계, 훨씬 더 역동적이며 능력주의적이라고 간주되는 오늘의 세계와는 무관한 그런 세계가 초래한 결과라고 여길 수도 있겠다. 이보다 더 잘못된 생각은 없다. 실제로 벨에포크 시기의 자산은 앙시앵레짐의 자산과는 아무 관련이 없으며, 발자크가 묘사한 인물들인 고리오 영감, 세자르 비로토, 또는 1820~1830년대 파리 은행가들의 자산과도 아무 관련이 없다. 게다가 이들도 전혀 정체된 인물들이 아니다.

실제로 수도는 결코 평온하지 않았고, 이는 18세기에도 마찬가지였다. 파리사회에서는 인구·농업·교역의 커다란 발전과 엘리트 구성에서도 중요한 쇄신이 있었다. 발자크의 세계는 정적이지 않으며 오히려 정반대다. 고리오가 파스타와 곡물로 큰돈을 벌었다면, 이는 양질의 제품이 적시에 적소로 전해지도록 최상의 밀가루를 골라내고 제조기법을 완벽하게 하며 유통망과 창고를 배치하는 데서 그에게 필적할 자가 없었기 때문이다. 1821년 임종할 때도 그는 흑해 연안 오데사를 두고 수입이 짭짤한 투자 전략을 떠올린다. 소유 형태가 1800년에는 공장과 창고이고 1900년에는 대공업과 대자본이라고 해도, 핵심적인 사실은 소유가 언제나 영구적인 혁신 상태라는 점이며, 이와 동시에 언제나 무제한으로 집중되는 경향을 띤다는 점이다.

이 시대의 소유자사회를 상징하는 또다른 발자크의 인물 세자르 비로토는—발자크에 따르면 1818년 파리에서 대유행이었던—향수와 미용 제품의 천재적인 발명가다. 소설가는 한 세기 뒤인 1907년에 파리에서 화학자 외젠 슈엘러가 두발염색 제품(애초에 '로레알L'Auréale'이라고 불렸는데, 이는 이 시대에 유행했던 머리를 말아 올려 후광auréole처럼 보이게 하는 여성 헤어스타일을 가리키는 말이었다)을 개발할 거라고 미처 예상하지 못했다. 비로토의 제품을 강하게 연상시키는 이것이 지금의 회사 로레알L'Oréal 창립을 이끈 제품이며, 로레알은 2019년에도 여전히 화장품 업계를 선도하는 기업이다. 비로토는 다른 길을 걸었다. 그의 아내는 그에게 향수로 번 돈을 안전한 농지와 견실한 국채에 재투자하자고 설득하려 했다. 고리오가 자기 딸들을 결혼시키려고 사업에서 손을 떼며 그랬듯이 말이다. 하지만 세자르는 그렇게 하지 않고, 1820년경에 마들렌 지구에서 비약적으로 발전하던 대담한 부동산 개발사업에 뛰어들어 투자금을 세 배 키우려 했다. 그는 결국 파산하게 되는데, 이 대목이 우리에게 환기하는 바는 부동산투자가 특별히 안정적인 건 전혀 아니었다는 점이다. 다른 대담한 개발업자들은 그보다 큰 성공을 거두었다. 20세기 말 21세기 초 뉴욕과 시카고에 유리로 된 고층탑에다 제 이름을 건 후 2016년에는 미국 백악관을 차지했던 도널드 트럼프처럼.

1880~1914년의 세계는, 진정 끊임없이 변화하는 세계 같았다. 이 세계에서 사람들은 수십 년에 걸쳐 자동차, 전기, 대서양을 횡단하는 정기여객선, 전신, 라디오를 발명했다. 이것들의 사회경제적 효과는 페이스북, 아마존, 우버의 창안만큼이나 중요한 혁신들이다. 이 점이 중요한 이유는, 1914년 이전의 극단적인 불평등사회가 오늘의 세계와 무관한, 낡고 폐기된 어떤 세계가 아니라는 것을 보여주기 때문이다. 실제로 벨에포크 시기와 21세기 초의 세계는 많은 면에서 닮았다. 물론 몇몇 본질적인 차이야 정확히 짚고 넘어가야 하지만 말이다. 또한 벨에포크는 금융 하부구조와 보유 방식의 '근대성'에 의해 특징지어지는 세계다. 예컨대 20세기 말 21세기 초가 되어야만 1914년 전야 파리와 런던의 (국내생산 및 국민소득 대비) 시가총액 수준을 되찾을 정도니 말이다. 그리고 우리는 그 당시 프랑스와 영국 소유자들의 국제금융투자 규모에 필적할 만한 시기는 없었다는 점을 볼 것이다(언제나 연간생산 또는 연간국민소득을 기준으로 대비하는 것이 이런 유형의 역사 비교에서 가장 덜 부조리하다). 벨에포크는, 특히 그 시절 파리는, 세계가 겪은—20세기의 마지막 몇십 년에 시작된 세계화에 앞서—금융·무역 세계화가 한창 시작되는 첫 시기의 근대성을 구현한다.

그렇지만 이와 동시에 벨에포크는 지극히 불평등한 세계였고, 인구의 70%는 단 한푼의 재산도 없이 사망하고, 사망자의 1%가 전체 소유지분의 거의 70%를 점하고 있었다. 소유 집중은 1810~1820년경 고리오 영감과 비로토의 시대에 비해 1900~1914년의 파리에서 현저히 심각하며, 프랑스혁명이 일어나기 전인 1780년대에 비해 훨씬 더 극명했던 걸로 보인다. 여기서 1789년 이전의 자산 분배를 정확하게 추산하기는 어렵다는 점을 상기해보는 게 좋겠는데, 한편으로는 우리한테 동일한 상속 자료가 없어서이고, 다른 한편으로는 대체로 소유의 통념 자체가 변했기 때문이다(재판권상의 특권은 사라졌고, 대체로 소유권과 왕권적인 권력은 구분 없이 뭉쳐져버렸다). 그럼에도 프랑스혁명기에 실행된 재분배 관련 가용 통계를 보면, 혁명 이전 상위 1%가 보유한 모든 형태의 소유 점유율은 1800~1810년보다 별로 높지 않으며, 벨에포크 때보다는 현저하게 더 낮다고 볼 수 있다(도표 4.1 참조). 여하간 파리의 상위 10%가 보유한 재산이 90%를 넘고 상위 1%가 거의 70%를 보유하는, 1900~1914년에 관찰되는 극단적인 소유의 집중 수준을 감안하면, 자료의 한계에 상관없이 앙시앵레짐에서 그 소유의 집중 수준이 더 높았으리라 상상하기란 어렵다.

1789년 '특권' 폐지 이후 한 세기가 지난 1880~1914년에 소유 집중이 그토록 높은 수준에 다다를 수 있고 이후에도 그토록 강고하게 진행될 수 있었다는 사실은 질문을 던지게 하는 결과로, 특히 20세기 말 21세기 초의 변화에 대한 분석과 그 진화의 미래에 대해 문제제기를 해보게끔 하는 결과다. 이는 연구자이자 시민으로서의 내게 큰 영향을 준 발견이다. 우리는 상속 문서고에서 연구에 착수하면서, 더군다나 많은 동시대인이 벨에포크의 프랑스사회를 이렇게 묘사해오지 않았기에, 이런 결과는 미처 (적어도 이 정도일 거라고는) 예상도 못했던 것이다. 특히 제3공화국 정치 엘리트와 경제 엘리트는 프랑스를 '소小 소유자들petits propriétaires'의 나라로, 프랑스혁명 덕에 언제까지나 철두철미하게 평등을 이룬 나라로 즐겨 묘사했다. 사실상 귀족과 사제의 조세특권과 재판특권은 혁명에 의해 완전히 폐지되었고, 이후로는 다시 나타나지 않을 것이었다(1815년 왕정복고기에도 나타나지 않았으며, 프랑스혁명이 남긴 조세재정제도는 만인에게 동일한 법규에 따라 계속 적용되었다). 하지만 이러한 변화가 소유 집중과 경제력 및 재력 집중이 20세기 초에 앙시앵레짐 시절보다 훨씬 더 심각한 수준으로 기우는 걸 막지는 못했다. 이는 모종의 낙관적 계몽주의가 예비하고 있던 정신도 전혀 아니다. 예컨대 콩도르세의 말을 다시 생각해보자. 그는 1794년에 "재산을 영구적으로 되물림시키는 인위적 수단들"이 제거되고 "무역과 산업의 자유"가 확립되면, "부는 자연스럽게 평등을 향한다"고 주장했다. 1880년과 1914년 사이에, 설사 평등을 향한 이런 식의 전진이 이미 오래전부터 실효성이 없다는 걸 알려주는 신호들이 많았다는 점을 현실이 보여주고 있었다 해도, 상당수의 공화주의 엘리트들은 여전히 별반 다르지 않은 언술을 견지하고 있다.

## 1880년부터 1914년까지의 조세재정제도: 평화로운 축적

1880~1914년 시기의 불평등 급증과, 이어진 20세기의 불평등 축소를 어떻게 설명할 것인가? 1980~1990년 이후 이때와 유사한 새로운 불평등 급증이 나타나는데, 선입견을 없애고 역사의 교훈에 기대려면 어떻게 해야 할까? 이 질문들에 대해서는, 특히 1914~1945년의 충격과 공산주의와 사민주의의 도전에 이은 소유자사회의 위기에 대해 알아보면서, 상세히 다시 살펴볼 기회가 있을 것이다.

지금으로서는 프랑스혁명기에 확립된 조세재정제도가 1880~1914년의 불평등주의적 표류를 크게 부추겼다는 사실을 강조하고 싶을 따름이다. 이 조세재정제도는 대략 1901년까지, 대체로 1차대전까지 특별한 불연속 없이 계속 적용되어왔다. 1790년대에 채택된 조세체계는 기본적으로 두 가지 요소로 이루어져 있었다. 하나는 양도세체계이고, 다른 하나는 네 가지 직접세체계인데, 이 직접세 네 가지는 예외적일 정도로 오래 유지되었기에 '네 늙은이quatre vieilles'라 불리게 된다.

넓은 범주의 등기료에 속하는 양도세는 소유의 양도, 즉 소유자의 신원 변동을 등재할 때 내는 세금이었다. 양도세는 공화력 7년(1799년)에 법으로 완전하게 제정되었다. 혁명기 입법자들은 '유상양도'(즉 화폐 또는 여타 소유증서와 교환되는 소유 이전, 따라서 매도)와 '무상양도' 즉 반대급부 없이 실행되는 소유 이전—상속(이른바 '사망으로 인한 이전')과 산 자들 사이의 증여를 포함하는 범주—을 구별하는 데 세심하게 주의를 기울였다. 앞서 우리가 제시한 것처럼, 유상양도에 대한 양도세는 앙시앵레짐에서 영주가 징수하는 로의 뒤를 잇는 것이었고, 오늘날 부동산 매매계약에 계속 부과되고 있다.

직계상속 즉 부모 자식 간 상속에 대한 세율은 1799년에 대단히 낮은 수준인 1%로 고정되었다. 게다가 완전히 비례세였는데, 각각의 상속은 상속액 전체에 대해 그 총액이 얼마든 아무리 크더라도 동일하게 1% 세율로 과세되었다. 비례세율은 상속 총액이 아니라 촌수에 따라 다양하게 적용됐다(방계상속인—형제자매, 사촌 등—과 대습상속인代襲相續人에게 적용되는 세율은 직계상속에 비해 약간 더 높았다). 특히 1848년 혁명 뒤, 제3공화국의 도래 이후인 1870년대에 다시금, 적정 누진세 계산표 확립과 직계상속에 적용되는 세율 인상이라는 주제를 놓고 수많은 논쟁이 벌어졌으나, 성과는 없었다.[7]

1872년에 고액 직계상속에 적용되는 세율을 1.5%로 올리려는 시도가 있었다. 온건한 개혁이었지만, 의회 위원회와 국회는 직계 후손의 자연권을 내세워 명확하게 거부했다. "아들이 제 아비에게 재산을 상속받을 때, 여기서 말하는 건 엄밀한 의미에서의 재산 이전이 아니다. 이것은 다만 민법에서 말한 사용권의 승계일 뿐이다. 이 원칙상, 절대적 의미로 받아들인다면, 직계상속에 대한 모든 세금이 배제될 것이다. 최소한 이 원칙은 과세를 극도로 억제할 것을 명한다."[8] 이 경우를 보면, 1872년 당시 하원의 다수 의견상 1% 세율은 "극도로 억제"하라는 요청에 부합하나, 1.5% 세율은 이 원칙을 위반한다는 것이었다. 많은 하원의원들이 보기에, 소유 재분배의 과도한 추구는 위험한 세율 상승으로 이어질 우려가 있었고, 이런 일을 경계하지 않으면 사적소유와 재산의 자연스러운 양도가 재차 문제시될 것이었다.

지금에 와서 돌이켜볼 때, 이런 보수주의는 비웃음을 사기 십상이다. 20세기 서양국가 대부분에서 고액 상속에 적용되는 세율이 매우 높은 수준에 달했으니 말이다(최소 30~40%이며 심지어 수십 년간 70~80%에 달한 적도 있다). 그런데도 사회와 소유권의 해체는 일어나지 않았으며, 경제적 역동성과 번영의 쇠락도 일어나지 않았다. 오히려 그 반대다. 그렇기는 해도 이러한 정치적 태도는 이해관계만이 아니라 그럴듯한, 또는 적어도 표면적으로는 매우 그럴듯한 소유주의 이데올로기를 나타낸다. 이 논쟁들에서 매우 뚜렷하게 부각되는 지점은 상승의 위험성이라는 개념이다. 당시 다수 하원의원들이 보기엔, 상속세의 목적은 재산을 등록하여 소유권을 보호하려는 것이지, 어떤 식으로도 자산을 재분배하거나 또는 불평등을 축소하려는 것이 아니었다. 이러한 프레임에서 벗어나 고액 직계상속에 높은 세율로 과세하기 시작하면, 누진세라는 이 판도라의 상자가 다시는 닫히지 않을까봐, 과도한 누진세 및 이 흐름에 수반되는 정치적 혼란은 결국 빈곤층과 사회 전체에 해를 끼치며 끝맺게 될까봐 우려했다. 최소한 이는 재정보수주의를 정당화하는 명제 중 하나였다.

1790년대부터 시작된 양도세 실시가, 모든 재산과 소유자 변경 흔적을 추적할 수 있게 해주는 등기·등록제도, 행정조직의 놀라운 발전과 쌍을 이뤄간다는 사실 또한 강조해야 한다. 이 과제는 엄청나게 광범위한 것이었다. 특히 새로운 소유권은, 사회적 계층에 관계없이, 광대한 영토에 걸쳐 3000만 주민(단연 유럽에서 가장 인구가 많았다)이 사는 나라의 모두를 대상으로, 당시의 제한적인 교통수단을 통해 적용되어야 하는 것이었기 때문이다. 이처럼 야심찬 정치적 기획은 권력과 소유에 대한 다음과 같은 이론에 입각했는데, 이는 중앙집권국가에 의한 소유권 보장이 경제 번영, 사회의 조화, 만인의 평등을 가능케 할 것이라는 이론이다. 나라가 이토록 번영한 적도 없었던데다 그 힘이 세계 도처로 뻗어나가는 이때에, 평등주의에 대한 엉뚱한 생각으로 모든 걸 망칠 위험을 감행해서는 안 되었던 것이다.

그러나 점점 더 많은 정치행위자들이 다른 정책을 주장했다. 특히 재산 격차를 제한하고 자산을 더 많은 사람에게 허용하는 의욕적인 정책 수립에 대한 필요성이 제기되었다. 18세기 말부터 분명하고 과감한 세제 관련 제안들이 그라슬랭, 라코스트, 페인에 의해 구상되어왔다. 19세기 동안에, 1830~1840년부터 점점 더 가시화된 새로운 산업적 불평등이 재분배의 필요성을 더욱 정당화하는 데 일조했다. 그러나 소유 재분배와 누진과세 문제와 관련해 다수파연합을 조직하는 일은 쉽지 않았다. 한편으로는 프랑스 제3공화정에서 보통선거를 실행하는 초기 수십 년간 진지하게 몰두한 것이 공화정체제와 교회 위상에 관한 문제였기 때문이고, 다른 한편으로는 농촌의 농민계급이(이 계급이 아주 부유하지 않았던 때에도) 사회주의자들과 도시 프롤레타리아에게 사적소유 전체를 공격하려는 의도가 잠재되어 있는 건 아닌지 의심했기 때문이다(이 공포가 전적으로 터무니없는 건 아니었지만, 상류층 부자들은 빈곤층 사람들을 겁주려고 이 공포를 부추기기를 주저하지 않았다). 누진과세 문제는 혹자들이 기대하는 만큼 자명함을 결코 가져본 적도 없고 이후에도 그럴 수 없을 것이다. 이에 대한 다수의 합의를 도출하기 위해서는 마치 마법처럼 등장한 보통선거만으로는 충분치 않다. 정치 갈등의 다차원성과 당면한 논쟁의 복잡성을 감안한다면, 연합은 예정된 것이 아니라 만들어져야만 하는 것이고, 특히 서로를 결집시키는 역사적 경험과 인식 대처에 달려 있다.

어쨌든 비례과세라는 신성불가침 원칙이 마침내 파헤쳐지기까지는 1901년을 기다려야만 했던 게 사실이다. 1901년 2월 25일 법에 의해 제정된 누진상속세는 프랑스에서 의결된 최초의 주요한 누진세였고, 그후 1914년 7월 15일 법에 의해 누진소득세가 제정되었다. 소득세와 마찬가지로 누진상속세 제정은 의회에서의 긴 논쟁을 야기했고—농촌과 명망가를 과대 대표하고 있어 훨씬 보수적인—상원이 누진세 채택을 지연시켰다(하원에서는 1895년부터 누진상속세가 가결되었다). 내친김에 주목해둘 것은 1946

년 제4공화국이 세워진 이후에야 상원이 거부권을 상실했고, 결정권이 직접 보통선거로 선출된 하원에게 돌아갔다는 점인데, 이를 통해 다수의 세금법 제정과 사회입법의 길이 열릴 수 있었다.

좀더 분명히 해두자면, 1901년 법이 마련한 세율은 극도로 낮은 것이었다. 직계상속에 대한 적용세율은, 비례세제 내 대부분의 상속에서 1%였고, 상속자당 100만 프랑 이상의 고액상속분(상속 중 0.1% 미만)에 대해서는 최대 2.5%까지 올라갔다. 최고세율은 1902년에는 5%, 이어서 1910년에는 같은 해에 채택된 '노동자농민퇴직연금'에 관한 법률의 재원 조달을 목적으로 6.5%가 되었다. 1차대전 이후에야 고액재산에 적용되는 세율이 매우 높은 수준(수십 퍼센트)에 달했고 '현대적인' 누진세제가 확립되었다고 한다면, 결정적인 단계는 1901~1902년이었고, 어쩌면 1910년에 더더욱 넘어섰다고 할 수 있는데, 왜냐하면 누진상속세 강화와 노동자퇴직연금 재원을 명시적으로 연결지었다는 사실은 사회적 불평등을 총체적으로 축소하려는 명확한 의지를 드러낸 것이기 때문이다.

요약해보자. 1800년과 1914년 사이의 상속에 대한 과세는 고액재산 축적과 상속 절차에 부수적인 영향을 미쳤을 뿐이다. 그러나 1901년 법은 누진세를 도입함으로써 상속에 관한 조세철학의 본질적 변화를 나타낸다. 누진세 도입의 효과는 전간기戰間期부터 충분히 감지되었다.

### '네 늙은이', 자본세와 소득세

1914년의 누진소득세 도입과 관련해서는, 1790~1791년에 혁명기 입법자들이 만든 네 가지 직접세('네 늙은이')가 특징상 본질적으로 납세자의 소득과 직결되지 않는다는 점을 우선 상기해야 한다.[9] 앙시앵레짐과 관련된 심문 절차에 대한 공공연한 기피 때문에, 또한 어쩌면 도약하고 있는 부르주아가 너무 많은 세금을 내야 하는 걸 면제해주기 위해서, 혁명기 입법자들은 실제로 결코 신고된 적 없는 소득 자체에 따라서가 아닌 납세자의 납세 능력을 측정한다고 간주되는 '지수'에 따라 각각의 세금이 계산된다는 의미에서, 이른바 '지수에 의한' 세제를 수립하기로 했다.[10]

예를 들어 대문세와 창문세는 납세자 주거지의 대문과 창문 수에 따라 정해졌다. 부유함을 나타내는 이 지수가 납세자에게 매우 유리한 점은 세무당국이 자기 집에 와보지 않고도, 그리고 자신의 회계장부를 들여다보지 않고도 세금을 책정할 수 있다는 점이다. 동산세(현재의 주거세)는 모든 납세자의 주거지 임대가격에 따라 부과되었다. (1925년에 완전히 폐지된 대문세와 창문세를 제외한) 다른 세금들처럼, 이 동산세는 1914~1917년 전국적인 소득세제 확립 이후 지방세가 되었고, 21세기 초에도 지방자치단체의 재원으로 이어지고 있다.[11] 면허세(현재의 사업세)는 사업장 규모와 사용된 설비에 맞춰 직업별로 정해진 계산표에 따라 수공업장인, 상인, 사업가에게 부과되었다. 하지만 면허세는 이들의 실제 수익과 직접적 연관 없이 과징되었으며, 수익은 신고하지 않아도 되었다.

마지막으로, 토지세(현재의 부동산세)는 건축물(주택·빌딩 등)이든 개발되지 않은 부지(토지·삼림 등)든 상관없이, 그리고 용처(개인용·임대용, 또는 사업용)에 관계없이 부동산 임대가격에 맞춰 토지소유자에게 과징되었다. 이 임대가격은, 동산세 계산에 사용된 임대가격과 마찬가지로, 납세자가 신고하지 않아도 되는 것이었다. 임대가격은 나라의 건물과 부지 전체를 조사하기 위해 세무당국이 10~15년마다 실행하는 대규모 조사 기간에, 특히 신축, 최종 양도, 토지대장에 추가된 여러 사항을 기반으로 결정되었다. 1815년과 1914년 사이의 제로 인플레이션에 가까운 상황과 매우 완만한 물가변동이라는 눈에 띄는 통화환경 속에서, 무엇보다 납세자들에게 골칫거리인 신고를 면하게 해주었던 만큼, 이러한 정기 조정체계는 적절한 것으로 받아들여졌다.

토지세는 '네 늙은이' 중 단연 중요한 세금이었다. 토지세 세수만 19세기 초에는 총세수의 3분의 2 이상을 차지했고, 20세기 초에는 거의 절반에 이르렀기 때문이다. 부동산자본과 '현물'자산에만 해당된다는 점을 논외로 하면, 이는 사실상 자본세였다. 주식, 채권, 회사 지분, 여타 금융자산은 제외되었거나 혹은 더 정확히 말하자면, 간접적으로만 과세되었다. 해당 회사가 예를 들어 사무실이나 물류창고용 건물 같은 부동산을 소유하는 한, 회사는 그에 상응하는 토지세를 내야 했다. 하지만 과거에 축적된 주요 자산이 비물질적인 것(특허, 노하우, 네트워크, 명성, 조직관리 능력 등)인 공업 또는 금융 회사인 경우, 또는 해외에 투자된 자산이거나 토지세 및 여타 직접세에 반영되지 않는 자산(예컨대 면허세의 과세대상이긴 하나 사실상 실제 수익성에 비해 그다지 세액이 크지 않은 기계류 또는 설비류)의 경우는, 해당 자본은 사실상 면세되거나 아니면 거의 세금을 내지 않았다. 18세기 말에는 이러한 자산이 실물자산(주택, 토지, 건물, 공장, 창고)에 비해 확실히 덜 중요해 보였지만, 사실 이는 19세기 동안에 그리고 20세기 초에 점점 더 중심적인 역할을 한다.

여하간 본질적인 요점은, 1901년까지의 상속세와 마찬가지로 토지세는 자본에 엄밀하게 적용된 비례세였다는 것이다. 그 목표는 소유 재분배나 불평등 축소가 전혀 아니고, 오히려 소유에 대한 매우 경미하고 고통 없는 징세를 안착시키려는 것이었다. 실제로 연간 과세율은 19세기 내내 그리고 1914년까지 소유 임대가치의 3~4% 선에, 다시 말해 (임대소득이 일반적으로 소유 시장가치의 연간 4~5% 선일 때) 소유 시장가치의 0.2% 이하에 놓여 있었다.[12]

자본세가 엄격한 비례세에다 아주 낮은 세율로 과세된다는 것은 자본 보유자들에게는 매우 유리한 조건이며, 이는 실제로 대혁명기와 1800~1914년 내내 소유자들에게 이상적인 조세체계로 여겨졌다는 사실을 강조해둘 필요가 있다. 연간 자본가치의 약 0.2%, 그리고 "아들이 제 아비의 재산을 상속받을" 때 추가 부담금 1%를 납세함으로써, 모든 소유자는 안심하고 부유해질 권리와 재산을 축적할 권리, 그리고 소득과 자본에 의해 발생한 이윤을 신고할 의무 없이 자신의 소유를 가지고 가능한 최대치로 재산을 불릴 권리를 획득했다. 부과되는 세금이 실현된 이윤과 취득한 수익에 달려 있는 것이 아니라는 보장도 받았다. 낮은 세율의 비례적 자본세는 그다지 거슬리지 않았고 소유자들에게 충분한 권한을 주었기에, 자산 보유자들은 대체로 이 세금을 선호했다. 이러한 정치적 입장은 프랑스혁명기와 19세기뿐 아니라, 20세기 내내 그리고 21세기 초에도 확인된다.[13] 반면에, 자본세가 소유에 대한 진정한 누진세 형태를 띨 때 이는 소유자들에게 가장 두려운 세금이 된다. 우리는 20세기의 진화들과 논쟁들에서 이에 대해 보게 될 것이다.

토지세라는 낮은 세율의 자본세는 또한 납세유권자 군주정시대(1815~1848년)에 프랑스의 소유자들에게 정치권력을 부여하기 위해 사용된 제도적 장치이기도 했다. 1차 왕정복고기에, 예컨대 프랑스의 선거권은 직접세 명목으로 최소 300프랑을 내는 30세 이상의 남성에게만 주어졌다(즉 성인남성의 약 1%인 10만 명 정도). 실제로 토지세가 '네 늙은이'의 세수에서 가장 큰 부분을 차지했다는 사실을 감안하면, 이는 선거권이 대체로 나라에서 가장 부유한 토지 및 부동산 소유자 1%에게 주어졌다는 것을 의미한다. 달리 말해 조세 규범이 안정적인 축적을 촉진했고, 동시에 언제나 그렇듯 이를 보장해주는 정치 규범을 확립할 수 있도록 해주었다. 소유주의적인 불평등주의체제가 이토록 명료하게 연출된 적은 없었다. 1815년부터 1848년까지 프랑스에서 만개한 소유자사회는 완벽하게 노골적이고 투명한 방식으로 소유체제와 이 체제의 지속성을 보장했던 정치체제 위에 세워졌다. 유사한 메커니즘이 다른 유럽 국가들(예컨대 영국과 스웨덴)에서도 마찬가지로 실행되었음을 우리는 다음 장에서 볼 것이다.

## 보통선거, 새로운 앎, 전쟁

1848년 혁명 이후 제2공화국에서 잠시 동안 시행된 보통선거에 뒤이어,

제3공화국이 수립되고 1871년에 보통선거가 다시 시행되었다. 이와 더불어 누진과세 및 소득세에 대한 논쟁 역시 더 격렬하게 재개되었다.[14] 산업과 금융의 급격한 성장 배경에는 노동임금의 정체, 신흥 도시 프롤레타리아의 비참함만큼이나 제조업과 은행업의 이윤 팽창도 분명히 자리하고 있었기에, 부의 새로운 원천에 대한 과세가 이루어지지 않고 있다는 점은 점점 더 기이해 보였다. 누진과세 문제가 여전히 두렵더라도 무언가 조치를 취해야 했다. 바로 이런 맥락에서 1872년 6월 28일에 유가증권거래에 대한 소득세IRVM를 신설하는 법이 채택되었다.

어떤 면에서는 이 세금이 '네 늙은이'를 보완하게 되었다. 1790~1791년에 확립된 직접세제에 의해 이제껏 대체로 간과되던 소득 형태들에 이 세금이 부과되었기 때문이다. 사실상 유가증권거래세는 이 시대에 어느 정도 조세의 근대성을 구현했는데 특히 꽤 넓은 과세 기반을 확보했기 때문이다. 주주에게 돌아가는 배당금과 채권 보유자들이 받는 이자뿐 아니라 유가증권 보유자가 출자금 상환 외에 얻을 수 있는 '모든 종류의 소득'이, 이러한 지불금의 정확한 법적 명칭이 무엇이든 간에(적립금 배당, 상환프리미엄, 기업 해산에 따른 시세차익 등), 그 대상이었던 것이다. 게다가 유가증권거래세 데이터는 최초로 1872년에서 1914년 사이에 이러한 소득의 급성장을 계측하는 데 흔히 사용되었다. 또한 이 세금은 원천징수세로, 해당 유가증권 발행기관(은행·금융회사·보험회사 등)이 직접 납부했다.

그러나 세율 면에서 유가증권거래세는 기존 조세제도의 연장선상에 놓였다. 요컨대 새로운 세금은 완전히 비례적이었고, 모든 동산에 3%의 단일세율 소득세로 부과되었다. 그 소득이 은퇴 이후를 대비하는 소소한 채권 보유자가 받는 미미한 이자이든, 다양한 주식을 가진 어느 대주주가 받는 수백 년 치의 평균소득에 상당하는 엄청난 배당금이든 마찬가지였다. 세율은 1890년에 4%로 인상되었고, 이는 1차대전까지 적용된 과세 수준이다. 이 세율을 더 높은 수준으로 인상하고 누진적 계산표를 획정하는 것이 기술적으로는 쉬운 일일 것이다. 하지만 사실, 그 어느 정부도 이와 같은 책임을 지려 하지 않았다. 따라서 1872년과 1914년 사이의 유가증권 거래세 실행의 영향은 궁극적으로 막대한 재산 축적과 그 보전이라는 견지에서 거의 무시해도 좋을 정도였다.

논쟁들은 이어졌고, 여러 곡절 끝에 1909년에 하원은 최초로 종합소득세IGR 창설 법안을 채택했다. 이는 납세자의 총소득(즉 임금·수익·임대료·배당금·이자 등 다양한 범주의 소득 총액)에 과세하는 누진세였다. 1907년에 급진당 출신 재무장관 조제프 카요가 제안한 법안에 따라, 이 체계에는 또한 일군의 이른바 '종별소득'(즉 소득의 각 범주 또는 '종별'로 별도 과세하는)세도 포함되었다. 이 종별소득세는 종합소득세보다 훨씬 더 많은 납세자에게 과세하려는 것이었고, 반면에 종합소득세는 일정한 소득 재분배를 보장하기 위해 오로지 소수의 부유한 납세자들에게 누진적 계산표에 따라 과세하기 위해 구상되었다.

카요의 법안은 종합소득세 안에서 상위 소득에 적용되는 세율이 단지 5%였다는 점에서, 상대적으로 온건한 것이었다. 하지만 반대자들은 이를 두고 일단 작동되면 돌이킬 수 없는 '시한폭탄'이라며 비난했다. 상속세에 대한 반응과 유사했지만, 훨씬 비난의 목소리가 격렬했다. 소득 신고의 의무가 성가시고 참을 수 없는 것이라 여겼기 때문이다. 누진상속세에 대해 그랬듯이 누진소득세에 대해서도 적대적인 상원은 법안 의결을 거부했고 1914년까지 새로운 조세체계 적용을 저지시켰다. 그러나 카요와 소득세 지지자들은 재량껏 모든 논리를 동원했고, 특히 그들은 반대자들의 논리가 지닌 허점을 지적했다. 반대자들의 예상에 따르자면, 최고세율은 빠른 속도로 천문학적인 수준에 달할 것인데, 정작 누진상속세의 세율은 1901~1902년 이후 실제로는 비교적 거의 변한 게 없다는 것이다.[15]

주장의 논점이 진화해가는 와중에 중요한 역할을 한 요인 중에서도, 상속신고에서 도출한 통계를 정리한 백서 간행은 특기할 만한 일이다. 1901년 2월 25일 누진상속세가 법으로 제정된 직후부터 간행된 통계 백서는, 누진과세에 반대하는 이들이 가끔씩 언급하던 '평등한' 프랑스라는 비전을 문제삼게 만들었다. 1907~1908년 의회 논쟁 당시, 소득세 지지자들은 자신의 반대자들이 즐겨 묘사하던 대로 프랑스가 '소小 소유자들'의 나라가 아니라는 점을 보여주기 위해 이 새로운 지식을 내세웠다. 조제프 카요는 직접 하원의원들에게 이 통계를 읽어주며, 프랑스에서 매년 신고되는 지극히 개괄적인 상속의 숫자와 총액이 정말로 천문학적인 수준에 달했음을 강조한 후 다음과 같은 결론을 내렸다. "우리는 프랑스를 말하자면 소규모 재산의 나라, 끝도 없이 자본이 세분되고 분산되어 있는 나라로 여기도록 이끌려왔습니다. 새로운 상속체제가 제공해준 통계는 우리로 하여금 각별히 그렇게 여겨온 것과는 다른 방향을 향할 수밖에 없게 합니다. (…) 의원님들, 제 생각으로 이 숫자들 덕에 저는 방금 제가 말한 선입견 중 일부를 수정할 수밖에 없었음을 털어놓아야겠습니다. 이 수치들이 저를 어떤 성찰로 이끌었거든요. 사실은, 극소수의 사람들이 이 나라 재산의 거의 대부분을 보유하고 있다는 겁니다."[16]

여기서 어떻게 하면 주요한 제도적 혁신—누진상속세 도입—이 불평등에 대한 직접적 효과를 넘어, 진행중인 정치적-이데올로기적 진화에 영향을 미치는 새로운 지식과 범주의 생산을 이끌어낼 수 있을지가 보인다. 이 경우에, 카요는 당시 연간상속액에서 십분위와 백분위가 점하는 갖가지 비중을 계산하는 데까지는 가지 못했지만, 프랑스가 누진세 반대자들이 말하는 '소 소유자들의 나라'와는 전혀 비슷하지 않다는 걸 모두가 깨닫는 데는 순전히 총액을 말하는 것만으로도 충분했다. 이러한 논쟁들은 하원이 1910년에 상속세의 누진적 성격을 강화하겠다고 결정하는 데는 확실히 자극을 주었다. 하지만 누진소득세 창안을 허용하도록 상원을 설득하기에는 불충분한 것으로 드러났다.

1차대전이 발발하지 않았다면 과연 상원의 입법 저지가 얼마나 지속되었을지는 말하기 어렵다. 하지만 1913~1914년의 국제적 긴장, 그리고 특히 3년병역법으로 인해 생겨난 새로운 재정 부담과 '국가방위의 요청'이, 급진주의자들과 사회주의자들이 1914년 5월 선거에서 거둔 좋은 성적보다 국면 타개에 훨씬 더 결정적으로 작용했다. 이 논쟁들에는 수많은 변수가 있었는데, 그중에서도 칼메트Calmette 사건이 틀림없이 가장 드라마틱했다.[17] 사라예보사건 2주 뒤, 선전포고를 채 2주도 남겨놓지 않은 1914년 7월 15일에 긴급 채택된 재정 법안에 결국 상원은 1909년 하원이 채택한 종합소득세 관련 조항을 포함시키기로 했다. 그러면서 누진적 성격을 좀 더 줄이는 방안도 확보해냈다(상위 소득에 적용되는 세율은 5%에서 2%로 줄었다).[18] 전쟁이 한창이던 1915년에 소득에 대한 과세 청구로 프랑스에서 처음 실행되었던 것이 바로 이 누진소득세제다. 이 세제는 많은 개혁과 곡절을 겪으며 오늘날까지도 매년 실행되고 있다. 상속세와 마찬가지로, 최고세율이 현대적인 수준(수십 퍼센트)에 도달한 것은 1차대전 종전 이후 특히 전간기를 거치면서다.[19]

요약해보자. 프랑스혁명부터 1차대전까지, 프랑스에서 시행된 조세재정제도는 소유의 축적과 집중에 이상적인 조건들을 제공했다. 소득 및 자산 상위에 적용되는 세율은 몇 퍼센트, 즉 상징적인 수준을 결코 넘어서지 않았고, 축적과 상속 조건들에 제대로 영향을 미치지 못했다. 새로운 협정과 근본적인 정치적-이데올로기적 전환은 전쟁 전에, 특히 1901년의 누진상속세 제정 이후에 자리잡기 시작했다. 하지만 그 효과들이 충분히 나타난 것은 전간기부터였고, 2차대전 이후 1945년에 채택된 사회·조세재정·정치에 관한 새로운 협약 내에서 훨씬 더 그 효과를 나타냈다.

## 대혁명, 프랑스, 평등

1789년 대혁명 이후, 프랑스는 자국을 자유와 평등과 박애의 나라라고 세계에 즐겨 과시한다. 이 거대한 국가서사의 핵심에 있는 평등에 대한 약속은, 1789년 8월 4일 밤에 이뤄진 귀족과 사제의 조세 '특권' 폐지에서부터, 이 시대로서는 흔치 않은 1792~1794년 보통선거에 의한 공화주의체제를 확립하려는 시도를 위한 명백한 요소들에 입각해 있다. 이 모든 것이 서양의 다른 군주국가들보다 훨씬 더 인구가 많은 나라에서 이루어졌다. 더 일반적으로는, 영주의 특권인 재판권을 종결시키고 언젠가 평등이라는 목표를 실현할 수도 있을 중앙집권적 공권력을 구성한 것이야말로 새로운 체제가 행한 소소한 실현에서 핵심적이었다.

그렇지만 실제적 평등이라는 관점에서, 프랑스혁명의 위대한 약속은 여전히 그 효과들을 발휘하지 못했다. 소유 집중이 19세기 내내 그리고 20세기 초까지 부단히 증대되었으며 1780년대보다 1차대전 직전에 훨씬 더 심각했다는 사실은, 혁명의 약속들과 현실 사이의 격차가 지닌 크기를 보여준다. 누진소득세가 마침내 1914년 7월 15일 투표로 의회에서 채택되었을 때, 이것은 학교나 공공서비스의 재원을 위한 것이 아니라 독일과의 전쟁 재원을 위한 것이었다.

자칭 평등의 나라인 프랑스가, 실제로는 서양에서 누진소득세를 가장 뒤늦게 채택한 나라 중 하나였다는 점은 특히 놀랍다. 누진소득세는 이미 1870년부터 덴마크에서, 1887년부터 일본에서, 1891년부터 프로이센에서, 1903년부터 스웨덴에서, 1909년부터 영국에서, 1913년부터 미국에서 시행되고 있었다.[20] 영국과 미국에서는 전쟁 발발 겨우 몇 년 전에야 이러한 상징적인 조세개혁이 이루어졌는데, 두 나라 모두 어마어마한 정치적 대립과 중대한 입헌개혁을 거쳤다. 하지만 적어도 이는 평화 시기에 성취되었다. 프랑스처럼 전시의 군사적이고 국가적인 위기 상황의 압력하에 이루어진 것이 아니라, 민간 비용의 재원을 마련하고 불평등의 확실한 축소를 촉진하려는 목표를 갖고 있었다. 분명 소득세는 전쟁이 없었더라도, 타국의 성공적인 사례를 참조하거나 어쩌면 금융 및 군사 관련 위기들을 겪으면서 결국엔 채택되었을 것이다. 어쨌거나 프랑스에서는 이런 식으로 다른 나라보다 뒤늦게 이 세금이 채택되었다는 것이 사실이다.

또하나 유념해야 할 핵심은, 이러한 평등주의의 지체와 프랑스적인 위선은 대체로 일종의 지성적 민족주의와 역사적 자족 때문이라는 점이다.

1871년부터 1914년까지 제3공화국의 정치 엘리트와 경제 엘리트가 이용하고 오용한 논거인데, 이에 따르면 프랑스는 대혁명을 통해 이미 평등이 실현되었으며 따라서 주변의 귀족적이고 권위주의적인 (프랑스의 평등주의적 이상에 근접하려는 기회를 붙잡고자 현명하게도 누진세를 신설하려는 영국과 독일을 위시해) 이웃나라들과는 반대로 약탈적이며 혹독한 세금이 전혀 필요 없다는 것이다. 문제는 이례적으로 프랑스가 갖고 있던 이 평등의 논거가 견고한 사실적 토대를 모두 잃었다는 점이다. 상속 문서고는 우리에게, 19세기와 20세기 초의 프랑스가 놀라울 만큼 불평등했으며 소유 집중이 1차대전 시기까지 계속해서 증대되었음을 보여주었다. 조제프 카요는 1907~1908년 의회 논쟁 당시 바로 이 상속 통계들로써 호소했지만, 적어도 이 시점의 정치적-이데올로기적이고 사건적인 맥락에서는 상원의 찬성을 끌어내기에는 선입견과 이해관계가 너무나 강했다.

제3공화국의 엘리트들은 어찌 보면 타당한 몇몇 비교에 근거를 두었다. 특히 토지소유가 프랑스에서는 영국에 비해 명확히 더 세분되어 있다는 사실(이는 특히 프랑스혁명기에 실행된 비교적 제한적이었던 재분배로 인한 것이지만, 무엇보다도 도버해협 너머 나라에서 예외적으로 강력했던 토지 집중 탓이다)과, 1804년 프랑스 민법상으로 형제자매 사이에서 상속의 평등한 분배 원칙이 확정되었다는 사실이 그에 해당한다. 상속 분배에서의 이러한 평등은 실제로는 무엇보다 남자형제에게 해당되는 것이었고(19세기에 고도로 작동한 가부장적인 소유주의체제에서 여자형제는 일단 결혼하면 자기 배우자의 이익을 위해 거의 모든 권리를 잃었다), 19세기 내내 반혁명적이고 반평등한 사상가들의 비난을 받았다. 이들에 따르면, 해괴한 토지 분산의 원인과, 무엇보다도 아들의 상속권을 박탈할 수 없게 됨으로써 아버지의 권위가 실추된 원인이 여기에 있다는 것이었다.[21] 확실히 19세기에 그리고 1914년까지 작동했던 법·조세재정·통화 체제 전체가 소유의 극단적 집중에 매우 우호적이었으며, 이러한 요인들이 프랑스혁명에 의해 제도화된 형제 사이의 평등한 분배보다는 훨씬 중요한 역할을 수행했다.

21세기 초 오늘날의 우리가 벨에포크에서 한 걸음 물러나 이러한 사건들을 다시 읽어보면, 당시 상당수 프랑스 엘리트와 숱한 경제학자들의 위선에 충격을 받지 않을 수 없다. 이들은 때로 어떤 악의를 드러내는 걸 무릅쓰고라도 불평등이 프랑스에서 최소한 어떤 문제를 일으킬 수 있을 거라는 모든 증거에 대해 부인하기를 주저하지 않았다.[22] 이들에게서 볼 수 있는 것은, 강도 높은 누진과세에 대한 직접적 역사 경험이 전혀 없던 시대에, 국가의 번영에 손해를 끼칠 불길한 재분배의 파고에 위협을 느껴 극도로 공포에 질린 표정이다. 그럼에도 불구하고 이런 유형의 사건들에 대한 다시 읽기를 통해 우리는 미래에 있을 수 있는 이런 유형의 표류가 반복되는 일을 경계해야 한다.

이런 유형의 근시안적인 거대 민족서사가, 불행히도 불평등주의체제의 역사에 너무나 만연해 있다는 점을 우리는 볼 것이다. 프랑스에서는, 자국의 예외적인 평등주의와 도덕적 우월성이라는 신화가 이기주의와 민족적 결함들—19세기, 그리고 20세기에도 한동안 진행된 식민지배 또는 가부장적 지배체계라든가, 오늘날에도 여전히 프랑스 교육제도를 특징짓는 심각한 불평등체계가 이에 해당하는 것들이다—에 대한 방패막이 구실을 하는 데 흔히 사용되었다. 우리는 또한 미국에서 지성적 민족주의와 유사한 형태들을 다시 보게 된다. 미국의 불평등과 금권정치적 흐름은 미국 예외주의 이데올로기라는 덮개로 감춰져왔으나, 1990~2020년 시기에는 점점 더 명확해지고 있다. 또한 이미 그런 경우가 아니라 해도, 언젠가 가까운 미래에 유사한 형태의 역사적인 자족이 중국에서도 전개되리라는 개연성이 있다. 하지만 이에 대해 논하기 전에, 복잡한 궤적과 당면했던 분기들을 더 잘 이해하기 위해서, 우리는 유럽 신분사회에서 소유자사회로의 전환에 대한 연구를 이어가야만 한다.

## 자본주의: 산업시대의 소유주의

더 나아가기에 앞서, 이번 연구에서 내가 구사하는 소유주의라는 개념과 자본주의라는 개념 사이의 연관을 또한 명확하게 해두고 싶다. 이 책에서 나는 소유주의와 소유자사회라는 개념을 강조하는 편인데, 내가 제안하는 것은 자본주의를 거대 산업과 국제금융투자시대에 취하는 특수한 형태의 소유주의, 즉 주로 19세기 후반과 20세기 초부터 시작되는 소유주의의 한 형태로 생각하자는 것이다. 일반적으로는, 최초의 산업·금융 세계화(1880~1914년의 벨에포크) 자본주의이든, 또는 여전히 진행 국면인 1990~2020년의 세계화된 디지털 하이퍼자본주의이든, 자본주의는 사적 소유와 자산 축적의 한계들을 전통적인 보유 형태와 오래된 국경들 너머로 부단히 밀어붙이는 역사적인 운동이다. 이 운동은 세계적 차원에서 교환·생산·축적의 성장을 가능케 하는 교통 및 소통 수단의 발전을 통해, 더 근본적으로는 점점 더 정교해지고 세계화되는 법체계의 발전을 통해 이루어진다. 이 법체계는 물질적이고 비물질적인 다양한 보유 형태들을 '법규화'할 수 있도록 해주며, 소유자들을 위해 가능한 한에서 이 보유의 지속성을 보장할 수 있게 해준다. 이것은 (재산이 없는 사람들을 비롯해) 소유자들의 재산을 공격하고 싶어할 수도 있는 사람들이 모르는 사이에, 때로는 국가들과 국내 법체계들도 피해가면서 이루어진다.[23]

이러한 의미에서 자본주의는 소유주의와 내밀하게 연계되며, 나는 이번 연구에서 소유주의를 (원칙적으로 구래의 신분적 불평등과는 별개의 것으로 간주되는 보편적 권리인) 사적소유권의 절대적 보호 자체가 그 기획의 핵심인 정치적 이데올로기라고 정의한다. 벨에포크 시기의 고전적 자본주의는 대규모 산업과 국제금융시대로 이어진 소유주의의 확장이며, 20세기 말과 21세기 초의 하이퍼자본주의는 디지털혁명과 조세피난처 시대로 이어진 소유주의다. 두 경우에, 소유를 보유하고 보호하는 새로운 형식은 자산 축적과 그 지속성을 보장하는 방식으로 확립된다. 그렇지만 소유주의 개념과 자본주의 개념은 구분하는 게 좋은데, 이데올로기로서의 소유주의는 18세기 동안에, 그러니까 대규모 산업과 국제금융보다 훨씬 일찍 무르익었기 때문이다. 소유주의는 아직은 대체로 산업혁명 이전의 사회들에서 삼기능 논리를 극복하는 하나의 형태로서 등장한다. 그리고 이는 왕권적인 기능을 흡수하고 소유권의 전반적 보호를 책임질 수 있는 역량을 지닌, 새로운 중앙집권국가의 수립과 그 능력에 따라 제시된 가능성들 안에서 형성된다.

이데올로기로서의 소유주의는 이론상으로는, 주로 농촌공동체 및 이 공동체를 보존하기 위한 상대적으로 협애하고 전통적인 소유 형태 내에서 적용될 수 있었을 것이다. 실제로 축적의 논리는 가능한 한 소유주의를 압박하여 소유의 경계와 형식을 확장하도록 밀어붙이는 경향이 있다. 물론 다른 이데올로기와 제도가 소유주의에 한계를 짓지만 않는다면 말이다. 이 경우, 19세기 말 20세기 초의 자본주의는 대규모 산업시대의 소유주의를 강화하며, 주주들과 신흥 도시 프롤레타리아 사이에서 점점 더 팽팽한 소유관계를 형성하면서 자본 앞에서 결합된 광대한 생산 단위들 안으로 집중된다.

한편 이러한 소유주의의 강화는 19세기 소설이 소유관계의 진화를 연출하는 방식에서도 확인된다. 발자크가 환기시키는 1810~1830년의 소유자사회는, 소유가 확실한 연간 소득을 낳고 사회질서를 조직할 수 있도록 해주는 하나의 보편적 등가물이 된 세계를 우리에게 보여준다. 하지만 이 세계에서 소득을 얻으려고 노동하는 자들과의 직접적인 대치는 거의 찾아볼 수 없다. 발자크의 우주는 근본적으로 소유주의적이다. 제인 오스틴의 우주도 마찬가지인데, 1790~1810년 영국에서 펼쳐지는 얘기이지만, 이 두 경우 모두를 봐도 우리는 대규모 산업 세계와는 아주 동떨어져 있다.

반면에 1885년 에밀 졸라가 『제르미날』을 출간했을 때는, 그 긴장이 프랑스 북부의 탄광산업지대에서 절정에 달한다. 노동자들이 탄광회사에 반대하는 혹독한 파업 속에서 자신들의 얄팍한 공동기금을 바닥냈을 때, 식료품상 메그라는 그들에게 외상을 주기를 거부한다. 그는 결국, 몇 주간의 투쟁 끝에 녹초가 되고 피에 물든 여성들에 의해, 자본의 이 비열한 대리인이 그토록 오랫동안 자신들과 딸들에게 요구해왔던 성적인 봉사에 진저리치던 여성들에 의해 거세될 것이다. 그의 몸 남은 부분은 중인환시 속에 거리에서 질질 끌려다닐 것이다. 이제 발자크의 파리 살롱들과 오스틴의 무도회장에서 한참 멀리 와 있다. 소유주의는 자본주의가 되었다. 그리고 그 종언도 임박해 있다.

제 5 장

# 소유자사회: 유럽의 궤적

우리는 1789년 프랑스혁명기에 이어 1차대전 시기까지, 프랑스에서 만개했던 소유자사회 내부에서의 불평등의 진화를 연구해왔다. 프랑스 사례가 아무리 시사적이고 흥미롭더라도, 그리고 이것이 주변 국가에 끼친 영향의 중요성이 어떠하든, 이 역시도 유럽의 역사와 세계의 역사에서 상대적으로 특수한 것에 불과하다. 약간의 거리를 두고 보면, 그리고 유럽 공간 내 여러 국가의 경로를 검토해보면, 삼기능사회에서 소유자사회로 전환해나간 과정에서 대단히 다양한 것들이 확인되는데, 이제 이에 대해 분석해야 한다.

나는 유럽에서의 기본적인 비교 요소들을 제시하는 걸로 시작해, 이어서 특히 의미 있는 두 사례, 즉 영국과 스웨덴을 상세하게 검토하려 한다. 영국 사례의 특징은 삼원 논리와 소유주의 논리 사이의 이행이 극도로 점진적이었다는 점인데, 이는 몇몇 측면에서 프랑스의 경로와는 정확히 상반된다고 볼 수 있다. 그렇지만 우리는 여기에서도 역시 단절들이 중요한 역할을 했음을 볼 텐데, 이는 사회의 전환과정에서 위기와 분기의 계기들이 지닌 중요성과, 불평등주의체제의 역사에서 소유체제와 정치체제가 심층적으로 얽혀 있음을 재차 예증해주는 것이다. 스웨덴은 네 신분으로 구성된 사회에서 재산에 비례해 선거권이 주어지는 과격한 소유주의적 이행이 일어나면서, 이른 시기에 입헌제도화과정을 밟은 놀라운 사례를 보여준다. 스웨덴의 사례는 불평등주의체제의 전환에서 집단행동과 그 사회정치적 과정의 중요성을 훌륭히 입증해준 사례다. 가장 납세유권자 중심의 소유자사회였던 스웨덴이 이후에 별다른 어려움 없이 가장 평등한 사민주의사회가 되었기 때문이다. 더 일반적으로는, 이들 여러 나라들(프랑스·영국·스웨덴)이 불평등주의체제의 역사—삼원적이고 소유주의적인 시대, 그리고 이어진 식민주의적이고 사회민주주의적인 시대—에서 중요한 역할을 해왔다는 점에서 이러한 경험들과의 대면은 그만큼 더 흥미롭다.

### 사제와 귀족의 인원: 유럽의 다양성

유럽이 지나온 다양한 궤적을 분석하기 위한 일차적인 작업방식은 여러 나라의 사제계급과 귀족계급의 인원과 자원, 그리고 그 진화를 비교하는 것으로 이루어진다. 가용 자료가 비교하기에는 불완전하기에 이 접근은 나름의 한계를 갖고 있지만, 이런 접근을 통해 유럽사회 안에서의 주된 규칙성과 그 차이를 탐지할 수 있다.

일단 사제의 인원부터 살펴보자. 일견해보면, 유럽 여러 나라에서 비교적 유사한 장기적 진화가 확인된다. 예컨대 에스파냐·프랑스·영국의 경우를 검토해보면(도표 5.1 참조), 이 세 나라에서 사제의 비율은 16~17세기에 매우 높은 수준인, 성인남성 인구의 약 3~3.5% 즉 성인남성 30명 중 사제가 1명이 있는 정도에 달했다는 것이 관찰된다(게다가 1700년경 에스파냐에서는 거의 5%로, 성인남성 20명 중에 사제 1명꼴이다). 그후 사제

**도표 5.1** 유럽에서 사제의 비중, 1530~1930년

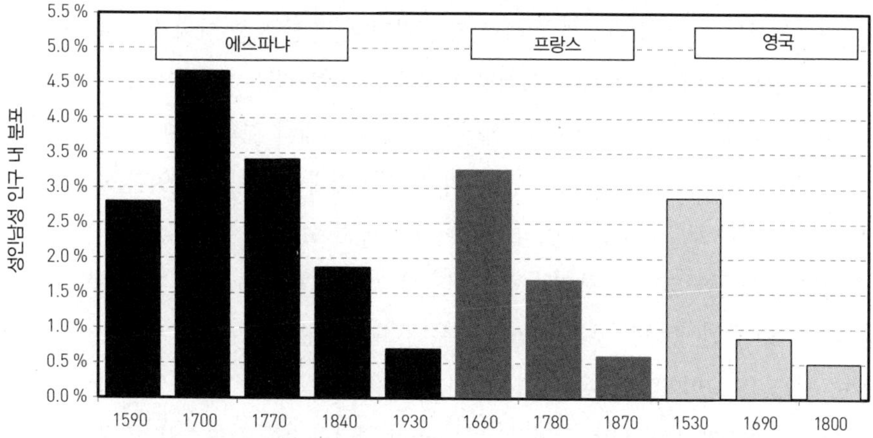


1700년 에스파냐에서 사제는 성인남성 인구 중 4.5% 이상, 1770년에는 3.5% 이하, 1840년에는 2% 이하였다. 나라마다 시기별로 다르긴 하지만, 일반적인 감소 추세가 확인된다. 에스파냐가 좀더 천천히 감소하고, 영국이 좀더 빠르며, 프랑스는 중간이다.

**출처 및 원 통계자료:** piketty.pse.ens.fr/ideologie

의 비율은 세 나라에서 지속적으로 줄었고, 19세기와 20세기 초에는 0.5% 선이었다(200명 중에서 고작 성인남성 1명). 가용 추계는 완벽하지 않지만, 규모의 추이는 아주 명확하다. 21세기 초에 사제계급은 이 모든 나라에서, 모든 종교를 포함하여 인구의 0.1% 미만(1000명당 1명이 채 안 되는 꼴)이다. 우리는 또한 이 책의 뒷부분에서 종교생활의 쇠퇴와 자신을 '무신론자'라고 여기는 인구가 20세기 말 21세기 초에 유럽 여러 나라에서 상당한 비중(3분의 1에서 절반 사이)으로 증가해왔음을 볼 것이다.[1]

종교계급이 거의 사라지고 종교의례가 와해되어가는 등 장기적 진화는 비교적 유사하지만, 그 정확한 연대기는 나라마다 큰 차이가 난다. 이는 그만큼 역사들이 독특하고 특수하다는 걸 드러내주는바, 이 역사들은 특히 각 사회 안에서의 권력관계 진화와, 국가제도와 종교제도 사이, 군주제도와 교회제도 사이의 정치적-이데올로기적 충돌과정의 변모를 주로 반영한다. 프랑스의 경우, 우리는 앞 장에서 사제계급의 인원수가 17세기 중후반부터 18세기까지 이미 크게 줄었고, 그후 프랑스혁명기에 일어난 몰수에

혹독한 영향을 받아 19세기에도 인원수 감소가 이어졌음을 보았다.

영국에서는 이런 과정이 분명 더 일찍 시작된다. 총인구 중 사제가 차지하는 비율의 대대적인 하락은 실제로 16세기부터 일어났는데, 이는 주로 1530년대에 헨리 8세가 결정하고 실행한 수도원 해체의 결과다. 이 주요한 단절에는—궁극적으로 영국성공회의 탄생을 초래할 수밖에 없었던—영국 군주정과 로마교황청 사이의 갈등이라는 배경 속에서, 특히 정치-신학적인 동기들이 있었다. 헨리 8세의 이혼과 재혼에 대한 교황의 거부는 물론 두 권력 간 중대한 분쟁 원인들 가운데 하나일 뿐이었지만, 그럼에도 이는 적잖은 요인이었다. 유럽 기독교사회의 유력한 삼기능 질서 안에서 교황청과 사제계급이 정한, 도덕적이면서 또한 불가분하게 가족적인, 영적이면서 또한 불가분하게 정치적인 규범들에, 과연 어느 정도나 왕실과 귀족계급이 복종해야만 했는가를 아는 것이 중요하다. 단절의 원인 중 재정적인 원인도 떼어놓을 수 없는데, 이는 왕실의 어려운 예산과 관련 있다. 수도원을 해산-몰수하고 이어서 거기에 속한 영지들을 경매에 붙이게 되면 군주에게 상당한 자원이 지속적으로 돌아올 것이고, 사제계급의 세습적이고 정치적인 자율성은 침식당할 것이었다.[2]

한편 영국의 수도사들만 해도 남성 인구의 약 2%가 되는 시기에 결정된 수도원 해산은, 인원수로 보나 그들이 소유한 것으로 보나 모든 면에서 영국 사제계급의 대대적이고도 급속한 약화로 이어졌고, 이는 왕실과 귀족계급의 강화로 귀결되었다. 이들은 저 사제계급 재산의 상당 부분을 되샀고 왕국의 토지자산에 대한 지배를 강화할 수 있었다. 가용 추계에 따르면, 사제의 비율은 17세기 말 영국 성인남성 인구의 1% 이하로 떨어졌는데, 이 시기에 프랑스에서는 이 비율이 아직도 3%를 넘었다(도표 5.1 참조). 영국에서의 이처럼 때 이른 사제계급의 쇠퇴는 최초의 격화된 소유주의의 발전과 나란히 이뤄졌다.

반면 에스파냐에서는 사제의 쇠퇴가 영국과 프랑스보다 훨씬 뒤늦었다. 에스파냐는 국토회복운동시대에 군주와 귀족계급이 교회제도에 의존해왔고, 1590년과 1700년 사이에는 사제 인원이 심지어 늘어났다. 프랑스혁명 당시에도 이 인원은 성인남성 인구의 3%를 넘었는데, 19세기와 20세기 초가 되어야 비로소 사제와 그들 소유의 비중이 무너졌다. 19세기 내내 몰수desamortización에 관한 다수의 법률이 채택되어 교회로부터 금융과 토지 관련 재산 일부를 점차 박탈했으며, 교회의 주택과 영지를 국가에 유리하도록 강제매도했는데, 이는 에스파냐 국가가 스스로를 근대화하고 나라의 시민제도 및 공공기관을 강화하려는 노력의 일환으로 이루어졌다. 이 과정은 20세기 초에도 이어졌고, 폭력적인 반대와 강도 높은 사회적 정치적 긴장이 뒤따랐다. 1911년에, 이어서 1932년에 다시, 교회제도에 대한 사적 기부가 누린 면세 혜택에 대해 문제제기가 있었다.[3] 1931년 에스파냐 제2공화국은 (바로 직전에 에스파냐에서 교단이 해산된) 예수회의 자산을 압류하는 데 매우 큰 어려움을 겪었다. 이전에 있었던 몰수를 피하기 위해 교회 자체가 아니라 교회 지지자들 명의로 종종 자산을 등록했던 것이다.

1932~1933년에 착수된 야심찬 농지개혁은 에스파냐내전으로 이어질 수밖에 없었던 일련의 사건 전개 안에서 결정적 역할을 했음을 또한 상기하자. 그렇지만 이 개혁은 이를 누그러뜨리려 했던 합법적 틀 안에서 구상되었기에 비교적 온건한 재분배 관점에서 진행되었다. 공인된 최대치의 보유는 소유자와 코무나comuna(지역 최소 행정구역)당 수백 헥타르에 달했는데 경작 유형별로 한도가 있었다. 토지 규모와 보유자 소득에 따르는 계산표에 입각하여 고액의 보상이 마련되었지만 '그란데사 데 에스파냐Grandeza de España'라 불리는 에스파냐 대귀족은 예외였다. 과거에 그들이 누렸던 특별한 국가적 특권들을 감안한다면, 일정한 보유 한도를 넘어서는 부분에 대해서는 보상 없이 몰수되어야만 했다. 그렇지만 농지개혁은 공화주의 정부에 반대하는 구심점 역할을 했다. 이는 여전히 재분배되지 않고 있던, 사제와 특히 귀족이 보유한 막대한 소유의 잔재에 농지개혁이 드리운 명백한 위협 탓이기도 하고, 이들보다는 토지를 덜 보유한 소유자들 사이에서 농지개혁이 촉발한 공포 탓이기도 했다. 이 소유자들은 1932~1933년

의 거침없는 토지 점거에 이어, 1936년 2월 좌파 정당이 재집권하면서 이런 점거가 재발될 것을 예견하고 겁을 집어먹었다.[4] 종교학교들에 맞서 세속적인 학교를 지원하면서 공화파가 취한 조치들 역시 가톨릭 진영의 결집에 중요한 역할을 했다. 1936년 8월의 쿠데타와 에스파냐내전, 그리고 이어진 프랑코 독재의 40년은, 삼기능사회에서 소유자사회에 이어 사민주의사회로 전환되는 과정에서의 폭력성을, 그리고 이러한 갈등들이 남긴 지워지지 않은 흔적을 결국 입증해준 셈이다.

## 전사 귀족, 소유자 귀족

이제 유럽 여러 나라의 귀족 수를 검토해보면, 여기에도 역시 대단히 다양한 상황이 있고 사제에 비해 훨씬 더 그 다양성이 뚜렷이 보인다는 게 확인된다. 우리가 앞 장에서 프랑스 사례를 통해 보았듯이, 이러한 시공간적 비교들은 신중하게 이루어져야만 하는데, 귀족 신분은 대부분 지역 단위에서 정의되었고 지역과 배경에 따라 아주 다양한 형태로 존재했기 때문이다. 무엇보다 데이터에 기반해 여러 나라가 밟아온 궤적과 연대기를 섬세하게 비교하기란 어렵다.

그렇지만 가용 자료들은, 유럽 대륙 안에서 두 유형의 양극화 지형을 분명하게 구별하기에는 제법 정확하다. 한편으로는 17세기와 18세기에 귀족 인원이 상대적으로 적었던 나라들이 있다(일반적으로 인구의 1%에서 2%, 심지어 1% 이하). 다른 한편에는 동일한 시대에 현저히 더 많은 인원이 분포된 나라들이 있다(전형적으로 인구의 5%에서 8%). 이 두 집단 사이 중간 정도 되는 곳도 여럿 있음은 의심의 여지가 없지만, 자료 상태상 그것들을 정확하게 구별하기는 어렵다.

귀족 인원수가 적은 게 특징인 전자의 집단에는 프랑스·영국·스웨덴이 포함된다(도표 5.2 참조). 이 나라들에서는, 감소된 귀족 인원이 17세기와

18세기 사이에 더 줄어들고 있었다. 영국의 경우, 우리가 제시한 인원수(1690년에는 인구의 1.4%이고 1800년경에는 1.1%)마저도 상대적으로 귀족을—젠트리 전부를 포함하여—폭넓게 한정한 경우다. 정치적 특권을 지닌 소수 귀족 일원만 놓고 본다면, 인구상 그들의 비율은 훨씬 더 적을 것이다(0.1% 이하). 스웨덴의 경우, 제시된 인원(1750년에는 인구의 0.5%이고 1850년에는 0.3%)은 여러 신분을 집계하고 이들의 정치적 회의체를 조직하기 위해 왕국이 매우 공식적으로 실행한 인구조사에서 나온 수치다. 따라서 이 인원수는 중앙집계 차원에 국한된 현실을 드러낸다. 나는 뒤에서 이 두 경우를 재론하겠다. 지금 단계에서는, 이 전자의 집단은 중앙집권국가의 형성과정이 17세기와 18세기에 이미 극도로 진전되어 있던 나라들에 해당한다는 점만 주목해두자.

귀족 인원수(인구의 5~8%)가 많은 것으로 드러나는 후자의 집단에는 주로 에스파냐·포르투갈·폴란드·헝가리·크로아티아 같은 나라들이 포함된다(도표 5.2 참조). 헝가리와 크로아티아에 관해서는, 오스트리아-헝가리제국이 18세기 말에 실행한 신분조사 덕에, 인원수가 상대적으로 잘 알려져 있다. 다른 나라들에 대한 추계는 덜 정확하다. 그렇긴 하지만 규모의 추이는 유의미하다고 할 수 있다. 특히 전자의 집단에 속한 나라별 추산 인원수 편차는 매우 뚜렷하다.

일부 국가에서 귀족계급이 다른 나라들에 비해 5~10배 더 많을 수 있다는 사실을 어떻게 해석해야 할까? 무엇보다 이와 같은 차이들이 귀족 신분에 따른 매우 상이한 경제적 정치적 인간 현실을 반영한다는 것은 자명하다. 귀족계급의 비중이 아주 크다는 것은 자동적으로 귀족 상당수가 대영지를 소유하지 않았다는 뜻인데, 실제로 해당 시대와 사회에 따라 다소간 인정받은 직위, 왕년의 무훈에 따른 명예, 그리고 경우에 따라 약간의 규정된 특혜 외에는 그다지 보유한 것이 없었다는 것이다. 반면 영국, 스웨덴, 프랑스에 있던 정예 고위 귀족계급은 귀족이 자산·경제·정치 차원에서 막강한 지위를 지닌 소수의 엘리트 소유자를 구성하게 된 상황에

**도표 5.2 유럽에서 귀족의 비중, 1660~1880년**

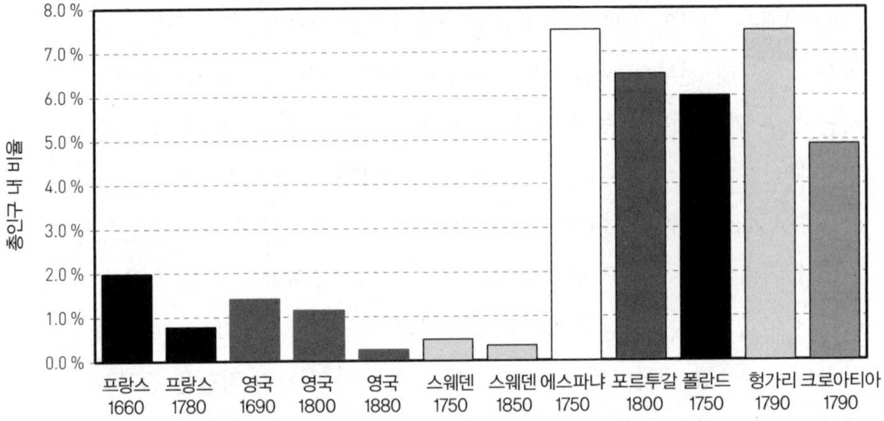


17~19세기에 귀족은 (감소 추세와 더불어) 프랑스·영국·스웨덴에서는 인구의 2% 이하였고, 에스파냐·포르투갈·폴란드·헝가리·크로아티아에서는 5~8%였다.

**출처 및 원 통계자료:** piketty.pse.ens.fr/ideologie

해당한다.

나라들 사이의 이 상당한 차이에 대한 해명은, 유럽의 국가 성립에서 각기 고유한 영토·정치·이데올로기·군사·조세와 불가분의 관계에 있는 역사 내에서, 여러 시대에 대치했던 사회집단들 사이에 맺어진 타협들 안에서 밝혀져야 한다. 예를 들어 레콩키스타 시기에, 에스파냐와 포르투갈에서 있었던 귀족 작위 수여 절차는 기독교 왕들이 다스리는 영토 확장과 무슬림왕국들의 국경 변화 문제와 긴밀하게 연결되어 있었다. 실제로 새로운 영토를 병합하면서 촌락 전체가 귀족화하기도 했는데, 이 귀족 작위 수여는 국왕에 의해, 때로는 촌락민들 자신에 의해 포고되었으며, 촌락민들은 그 대가로 충성을 맹세하고 미래의 조세특권을 보장받았다. 이렇게 해서 에스파냐 귀족은 곧 너무나 많아졌고, 광범위한 영지를 앞세운 그란데사라는 엘리트 대귀족과 대부분 매우 가난한 귀족인 수많은 이달고hidalgo들 사이의 불평등은 매우 심각한 지경에 이르렀다. 에스파냐 군주정은 다가올 여러 세기 동안 그들에게 과세하느라 최악의 난관과 마주하게 되었고 이달고들에게 빈약한 연금을 지급해야 하는 상태에 자주 놓이게 되었으며, 수많은 이달고는 에스파냐 군주정 예산에 부담을 주어 군주정의 근대화를 늦추는 구실을 했다.

폴란드·헝가리·크로아티아의 귀족들 안에서도 이와 흡사한 진행과정과 유사한 불평등이 확인된다. 특히 15세기와 16세기 폴란드-리투아니아 군주정이 영토를 확장하며 봉토를 재병합하던 시기가 그렇다.[5] 포르투갈에서는 국토회복운동이 한창 진행중이던 13~14세기부터 족보Livros de Linhagens가 늘어났다. 족보를 통해 하급 귀족들은 미래 세대와 군주들로 하여금 자신들을 잊지 않게 하려고 수많은 혈통을 따져보게 했고, 가문의 무훈과 용맹한 행위를 이야기하도록 했다.[6] 이런 기록은 상당히 흥미로운데, 왜냐하면 여러 귀족이 자신들의 운명을 얼마나 국가와 군주의 전략에 의지했는지가 아니라, 자신의 권리와 지위를 헤아리고 지켜내기 위해 대귀족이든 하급 귀족이든 간에 스스로를 인식하고 정치적 대책을 세워나갔음을 상기시켜주기 때문이다.

이러한 다양한 궤적과 여러 유형의 귀족들의 형성과 소멸에 대해 만족스러운 연구를 위해서는 책 여러 권을 써야 할 텐데, 이는 내 역량 밖의 일이기도 하지만 이 책의 범주도 훌쩍 뛰어넘는 일일 것이다. 더 소박하게, 이제 나는 영국과 스웨덴의 보충 자료를 제시해보겠다. 두 사례 모두 자료가 양호하며 특히 이어지는 우리의 연구와 직결된다.

## 영국과 삼원적-소유주의적 점진주의

영국의 사례가 분명 흥미로운 이유는, 한편으로는 영국 군주정이 19세기에 그리고 20세기 중반까지도 첫 식민제국이자 세계적 산업화의 선두에 있었기 때문이고, 다른 한편으로는 어떤 면에서 프랑스 사례와는 대조적이기 때문이다. 프랑스의 경로가 1789년 프랑스혁명이라는 휴지기와, 19세기와 20세기의 왕정복고·제정·전제정·공화정으로 이어진 여러 정치적 단절로 이루어진 데 반해, 영국은 절대적 점진주의로 특징지어지는 듯하다.

그러나 삼기능 도식에서 소유주의 논리로, 이어서 노동당의 논리로, 그 후에 신소유주의로 이어지는 영국의 사회·정치 조직이, 단지 잔손질만 가하는 식으로 변모해갔다고 생각하는 것은 잘못일 것이다. 단절의 계기들이 기본적으로 강조해야 할 핵심인데, 이 계기들이 가능한 분기와 경로의 다양성, 그리고 불평등주의체제의 역사에서 위기와 사건의 논리가 지닌 중요성을 다시 한번 보여주기 때문이다. 두 가지 점은 특히 눈여겨볼 만하다. 하나는 누진세 쟁취를 위한 싸움이 상원의 몰락에서—특히 1909~1911년의 치명적인 위기 상황 동안—중심적 역할을 한 것이고, 다른 하나는 1880년과 1920년 사이 영국의 지배질서와 불평등주의체제에 대한 전반적인—삼기능적 차원, 소유주의적 차원, 준식민주의 차원 모두에 대한—문제제기에서 아일랜드 문제가 지닌 중요성이다.

대략의 역사적 배경을 떠올리며 시작해보자. 영국 의회의 오래된 기원은 일반적으로 11~13세기로 소급된다. 국왕 자문기구는 명문귀족과 고위 사제로 구성되는데, 점차 그 구성이 충실해져 촌락과 주의 대표자들도 포함되었다. 의회가 상원과 하원으로 나뉘는 것은 14세기부터다. 이 제도는 이 시대 사회의 삼기능 구조화를 반영한다. 특히 상원은 두 지배계급 성원들로 이루어졌는데, 처음에 이들은 의회 안에서 동등한 비중을 지녔다. 한쪽에는 사제 상원의원들, 즉 주교·대주교·신부, 그리고 종교적인 사제계급의 여타 대표자들이 있다. 다른 한쪽에는 귀족 상원의원들, 즉 공작, 후작, 백작, 그리고 전사계급 및 귀족계급의 여타 대표자들이 있다. 대주교 요크의 울프스턴의 문헌처럼 세 신분으로 이루어진 사회조직을 이론화하는 중세 영국 문헌들에서, 우리가 프랑스 문헌에서 주목했던 것과 같은 세력 균형에 대한 염려가 재확인된다.[7] 귀족은 사제가 베푸는 지혜와 중용의 충고들을 귀담아들어야 하는 반면, 사제는 자신을 전사로 간주해서는 안 되며 자신의 권력을 남용해서도 안 된다. 그러지 않으면 삼기능체계의 정당성 전체가 위협에 처할 수도 있을 것이다.

이러한 균형은 16세기부터 결정적인 첫 단절을 겪는다. 1530년대 교황청과의 갈등과 헨리 8세의 수도원 해산 결정에 뒤이어, 사제 상원의원들에게 제재가 가해지고 그들의 정치적 역할이 축소된다. 이제 그들은 상원에서 완전히 소수파가 되었으며, 상원은 거의 전적으로 세속적 상원의원들에 의해 통제될 것이었다. 18세기와 19세기 사제 상원의원들의 숫자는 주교 26명으로 한정되는 데 비해, 귀족 상원의원들은 460개의 의석을 갖는다. 게다가 명문귀족은 귀족 상원의원에게 돌아가는 의석 거의 전부를 15세기에 확립된 명문귀족 즉 공작·후작·백작·자작·남작이 차지한다는 원칙을 관철시키기에 이르렀다. 이들 귀족은 자신들의 의원직을 아비에게서 아들에게로, 일반적으로 장자상속 원칙에 따라 이양한다.

이 체계는 이들 소수집단에게 중대한 영속성과 우위를 부여했기에, 이들은 국왕의 권력도, 귀족계급 내의 선거 게임이나 권력을 향한 암투와 경쟁도 피해간다(하급과 중간급 귀족은 상원의원의 임명과 영속화에서 아무런 역할이 없다). 물론 국왕은 원론상 무제한으로 새 상원의원을 임명할 권한을 항상 보유하고 있었는데, 이는 심대한 위기 상황일 경우에 국왕이 왕국의 사안들을 다시 온전히 장악할 수 있도록 해준다. 하지만 실제로 이 권한은 대체로 매우 특수한 정황에서 의회의 통제 아래 극도로 신중하게 실행되었다. 예컨대 스코틀랜드연합법(1707년)과 아일랜드연합법(1800년)에 따라 새롭게 공직자들을 임명했는데(예컨대 아일랜드는 상원의원 28명과 주교 4명, 하원 100여 개의 의석을 확보했다), 그럼에도 세력균형이 무너지지는 않았다.

다수의 연구가 권력과 토지소유의 극단적 집중이 유럽 귀족제 내 영국 상층 귀족의 특징임을 보여준다. 19세기 말인 1880년경 영국 토지의 거의 80%를 7000개의 귀족 가문(전체 인구의 0.1% 이하)이 보유했고, 그중 절반 이상을 겨우 250개의 가문(전체 인구의 0.01% 이하)이 보유했다. 이 소수집단은 상원을 구성하는 세습 명문귀족과 대체로 일치한다.[8] 비교하자면, 프랑스 귀족은 사실상 사제계급의 토지가 아직 몰수되지 않았던 1789년 혁명 직전에 왕국 토지의 약 25~30%를 보유했다.

영국 상원이 19세기 중후반까지도 영국 양원제에서 분명 지배적인 역할을 해왔음을 또한 상기하자. 18세기와 19세기 내내 총리와 각료들은, 그들이 토리당(보수당)이든 휘그당(1859년 이후 자유당으로 공식 명칭 개정)이든 간에, 상원에서 배출되었다. 1885~1892년에 토리당 출신 총리였고, 1895~1902년에도 다시 총리를 역임한 제3대 후작 솔즈베리 경의 긴 임기가 끝나서야, 비로소 이러한 전통이 사라지고 정부의 수반이 이후부터 하원에서 배출된다.[9]

무엇보다 하원 자체도 18세기에는, 그리고 1860~1870년까지 19세기 대부분 동안에는 대체로 귀족으로 구성되었다는 점을 특히 강조해야 한다. 1688년 명예혁명과 국왕 제임스 2세의 폐위에 뒤이어 채택된 권리장전은 의회의 권리를, 특히 세금과 예산 관련 법안 채택의 권리를 분명하게 확정하고 성역화했다. 그러나 이 신설된 법안은 의회의 구조와 그 선거양식을 전혀 변화시키지 못했다. 도리어 이는 근본적으로 귀족적이고 과두제적인 의회체제를 강화시키고 말았다. 특히 모든 법안이 언제나 두 의회에서 동일한 내용으로 채택되어야만 했는데, 이를 통해 상원에(따라서 세습 명문귀족 수백 명에게) 왕국의 모든 입법에 대한, 주로 조세와 예산 문제, 그리고 소유권과 관련된 모든 것에 대한 거부권이 부여되었다. 더욱이 하원의원은 대개 소수의 소유자들에 의해 선출되었다. 선거납입금cens électoral—투표권을 갖기 위해 납부해야 할 세금액 또는 보유해야 할 소유물—을 정하는 규칙은 선거구에 따라 복잡하고 가변적이었으며, 지역 유지 엘리트에 의해 통제되었다. 이 규칙은 실제로 토지소유자들에게 유리했고, 이들의 영향력은 농촌 지역에 더 많은 의석을 부여하는 선거구 분할로 더욱 강화되었다.

1860년대 초에는 하원 의석의 대략 75%를 늘 귀족이 차지하고 있었는데, 귀족 수는 당시 영국 인구의 0.5% 이하였다.[10] 하원 의석에는 전통적으로 영국 귀족계급 내의 주요한 세 구성원의 대표자들이 있었다. 명문귀족, 작위를 수여받은 귀족(명문귀족을 제외한 임명귀족), 젠트리(작위 없는 귀족). 명문귀족은 수월하게 선출되었는데, 특히 예외 없이 명문귀족의 차자들인 이들은 상원에 진출할 기회를 갖지 못했고, 흔히들 일반적으로 광대한 영지를 보유한 해당 가문의 선거구에서 선출됨으로써 하원에서 의회정치 경력을 쌓았다. 하원에는 또한 명문귀족의 장자들도 있었는데, 이들은 이곳에서 상원 의석이 공석이 되기를 기다렸다. 솔즈베리 경은 1853년부터 하원의원이었다가 1868년에 부친이 사망하자 상원 의석을 이어받았고 이어서 1885년에 총리가 된다.

또한 하원의원 중에는 대단히 많은 수의 임명귀족들, 특히 준남작과 기사가 있다. 이들 귀족의 일원은 영국에서 그 어떤 직접적인 정치적 영향력도 없었고 사법적 특권도 조세특권도 누리지 못했지만, 영국 정부에 의해 그 작위는 보호받았으며, 공식 행렬이나 의전 행사에서 명문귀족 바로 뒤에 자리잡는 특전을 누렸다. 이들은 대단히 명예로운 집단이었고, 명문귀족보다 약간 더 수가 많았으며, 국왕은 상원의원 임명 절차와 비슷한 절차를 밟아 공개장을 통해 이들을 지명할 수 있었다. 국왕은 원칙적으로는 수에 제한을 받지 않고 의원을 지명할 수 있었지만, 어떤 경우든 항상 신중하게 처리해야 했다. 1880년대 초 영국 왕국에는 약 856명의 준남작이 있었고, 이들은 460명의 상원 명문귀족 바로 아래에 위치했으며, 그 뒤에는 수백 명의 기사가 이었다. 준남작이라는 작위는 또한 명문귀족으로의 진출로 구실을 했는데, 예컨대 후손이 없어서 귀족 혈통이 끊어지는 경우에 그렇다. 이 작위는 오늘날에도 공식 명부 기록대상이며, 영국 법무부가 작성하는 준남작 공식 명부Official Roll of the Baronetage가 그것이다.[11]

마지막으로, 하원에는 또한 다수의 젠트리가 있다. 작위가 없는 귀족인 이들은 18세기와 19세기에 영국 귀족 내부에서 가장 수가 많은 집단을 이루었지만, 그 어떤 유형의 공식적인 지위도, 국가가 수여하는 작위도, 의식 행사에서의 위상도 부여받지 못했다.

이처럼 세 집단으로 나뉜 영국 귀족제의 구조(상원 의석을 갖는 명문귀족, 상원 신분 이외의 임명귀족, 공식 작위가 없는 젠트리)는, 영국에서 귀족 인원 규모의 진화를 완벽하게 정확한 방식으로 추산하기가 왜 그토록 어려운지 설명해준다. 이 어려움들은 프랑스 경우에서 마주치는 것들과는 약간 다른 성격이다. 18세기에 프랑스 귀족 전체는 법적 지위를 가졌고, 그 성원들 모두 정치적 특권(삼부회에서 귀족 신분의 대표자들을 선출하는 것), 조세특권(타유세 같은 특정 세금의 면제), 사법적 특권(영주 재판권)을 누렸기 때문이다. 하지만 귀족 신분은 우선 지역 차원에서, 지방에 따라 비교하기도 힘든데다 그 발자취도 거의 없는 조건과 양상에 따라 정의되었기에, 집단 전체의 규모에 대해서는 상당히 불확실하다.[12] 같은 시대에 영국 귀족에는 소수의 작위가 있는 귀족과 작위 없는 귀족(젠트리)이 통합되어 있었다. 작위가 있는 귀족(전체 인구의 0.1% 이하)—1911년까지도 왕국의 모든 법안에 대해 상원이 가진 거부권을 위시한 막강한 정치적 특권과 광대한 영지가 부여된—은 명문귀족을 포함한다. 작위 없는 귀족(젠트리)은 단연 수가 가장 많았는데, 귀족계급의 전체 규모가 18세기에는 인구의 약 1%였고 19세기 말에는 0.5% 이하였다(도표 5.2 참조). 하지만 이들에겐 공식적인 법적 지위가 없었다.[13]

젠트리는 번성한 소유자계급을 형성했고, 영국의 극소수 작위귀족보다는 확실히 더 많았지만, 에스파냐·포르투갈·폴란드에 과밀되어 있던 소귀족보다는 적었다. 비록 젠트리가 정치와 조세 관련한 명시적 특권을 갖지 못했다 하더라도, 영국의 당대 정치체제에서 큰 혜택을 받았음은 매우 분명하다. 젠트리는 주로 귀족 혈통(명문귀족·준남작·기사) 차자의 후손들로 이루어졌고, 더 일반적으로는 앵글로색슨의 구舊전사 봉건계급 출신들로 이루어졌는데, 이들은 동맹과 승인 전략에 따라 새로운 소유자 집단으로 확대되었다. 하원의원 선거권에 관한 규정은 지역 차원에서 정해지는데, 일반적으로 이 규정은 상당한 토지를 소유한 이들에게 유리해서, 도시·금융에 한정된 재산을 가진 신흥 부르주아·상인계급에 비해 토지를 보유해온 젠트리에게 간접적으로 이득이 되었다.

하지만 핵심은 이들 다양한 소유자 집단의 경계가 비교적 헐거웠다는 점이다. 어디서부터 어디까지가 젠트리인지 그 누구도 확실히 알지 못했다. 젠트리는 지역 단위에서 다른 젠트리들에 의해 젠트리로서 인정되었다는 사실에 의해 정해졌을 뿐이다. 실제로 귀족들의 토지재산 상당분이 18세기와 19세기 동안에 점차 상업·식민·산업 관련 일에 재투자되었고, 그리하여 젠트리의 수많은 성원이 다양한 자산을 확보하게 됐다. 반면 어떤 식으로든 봉건영주로서든 전사로서든 출신을 갖지 못한 수많은 정통 부르주아와 구舊상인은, 확실히 젠트리로 진입하고자 건실한 영지를 확보하고 건전한 생활방식을 영위하며 괜찮은 혼사를 치르고 싶어했다.[14] 구래의 봉건적 전사 가문의 진짜 후손과의 혼인, 또는 보다 최근에 작위를 받은 귀족의 자제와의 혼인은, 젠트리 성원으로서의 인정을 용이하게 해주었지만, 이것이 필수조건은 아니었다. 18세기 그리고 19세기 대부분의 기간에 영국의 당대 사회·정치체제는 대체로 귀족제 논리와 소유주의 논리가 점진적으로 뒤섞인 형태를 반영한다.

선거권 행사의 조건들 자체는 지역 단위별 엘리트들에 의해 정해졌다. 진정한 의미에서 최초의 선거개혁 및 국민 입법 시도가 빛을 본 것은 1832년에 이르러서다. '선거권' 확대를 지지하는 동원과 사회적 논쟁을 통해, 반대가 없었던 것은 아니지만 의회에서 최초로 하나의 법안이 의결되었다. 일부 하원의원들은 여기에서 상원에 맞서는 자신들의 정당성을 강화할 기회를 보았다. 1820년에 성인남성의 약 5%였던 유권자 수는 분명 적었지만, 젠트리 하나에만 비한다면 현저히 더 많은 수의 집단이었고, 1832년 법을 통해 유의미하게 늘어나긴 했으나, 여전히 상대적으로는 적은 수에 머물렀고 분명 소수파였다. 1840년에 유권자 수는 성인남성 인구의 약 14%였는데 지역별 편차가 상당했다. 지역 엘리트, 특히 젠트리에게 전략에 따라 선거구 투표권에 대한 규정을 정하는 특권이 있었기 때문이다. 이 규정은 1867년과 1884년 진정 결정적인 선거개혁이 일어나기 전까지는 바뀌지 않았다. 또한 비밀선거가 1872년에야 비로소 도입되었음을 강조해두자. 이전에는 개별투표가 공개적으로 공표되었으며 선거인명부에 기록되었다(작금의 선거와 관련해 언제든 참조할 수 있는 이 기록은 연구자들에게 귀중한 자료다). 오늘날 이전에는, 유권자들이 지역의 유력한 고용주나 소유자들의 정치적 선택에 반하는 선택을 공표한다는 것이 웬만해서는 쉽지 않은 일이었다. 실제로 대다수 의석은 별다른 변동이 없었다. 지역 하원의원은 선거 때마다, 그리고 어떤 경우는 대를 이어 다시 선출되었다. 1860년대 초 하원은 여전히 근본적으로 귀족적인 과두정 성격을 띠었다.

### 고전소설에서의 소유자사회

귀족과 소유자 사이의 이러한 경계들의 헐거움은 제인 오스틴의 소설들을 필두로 그 시대의 문학에서 특히 명확하게 나타난다. 그녀의 작중인물들은 1790~1810년 사이 영국 젠트리의 다양성과, 그들에게 공통적으로 기입된 소유주의 논리를 완벽하게 보여준다. 어떤 인물들이든 응당 영지와 좋은 저택을 보유하고 있으며, 이야기는 삶의 리듬에 따라 흔히들 해당 지역에 사는 다양한 소유자 가족의 방문을 받기도 하고 무도회에 가기도 하며 흘러간다. 하지만 더 자세히 들여다보면, 그 재산에는 영국 국가가 그 당시 식민지와 유럽에서의 군사원정들에 재원을 조달하기 위해 대량 발행한 여러 공채증서를 위시하여 다양한 투자와 원거리자산이 있다. 특히 노예매매와 제당업 관련 해외 직접투자도 없지 않다. 그리하여 『맨스필드 파크』에서 패니의 삼촌 토머스 경은 자신의 사업과 플랜테이션 농장을 정비하기 위하여 장남과 함께 앤틸리스제도로 1년 넘게 떠나 있어야 한다. 소설가는 두 소유자가 영국령과 프랑스령 섬들에서 당시 절정이던 노예소유와 더불어 마주친 곤란에 대해서는 상세히 다루지 않는다. 하지만 행간에서 감지되는 것은 이 시대에 수천 마일 떨어진 곳에서 이 같은 투자를 관리하는 일이 쉽지 않았다는 점이다. 하지만 이런 사정이 토머스 경이 준남작이 되고 하원의원이 되는 데 걸림돌이 되지는 않는다.

(보트랭이 라스티냐크에게 한 저 유명한 설교처럼, 미국 남부에 투자한 노예매매로부터 발생한 상당한 수익을 생각하지 않더라도[15]) 1820~1830년 파리에서의 파스타 제조업이나 향수 제조업이라든가 금융 및 부동산에서의 대담한 자금운용을 꿈꾸는 발자크의 인물들보다, 더 농촌적이고 지혜로운 제인 오스틴의 주인공들은 다양한 형태로 보유하고 있던 자산이 연합을 이루어가는 한 세계를 잘 보여준다. 실제로 재산 총액이 그 구성요소나 재산의 출처보다 훨씬 더 중요해 보인다. 다양한 인물을 만나고 혼인가능성을 결정짓는 것, 그것은 무엇보다도 그들이 보유한 자본으로 벌어들인 소득수준이다. 연간 100파운드를 버는가(그 시대 평균소득의 3배가량), 1000파운드를 버는가(평균소득의 30배), 4000파운드를 버는가(100배 이상) 하는 것이 바로 핵심 문제인 것이다. 첫번째 경우가 『이성과 감성』에서 세 자매 엘리너, 메리앤, 마거릿이 처한 별로 달갑지 않은, 혼인이 거의 불가능해 보이는 상황이다. 마지막 경우는 그녀들의 의붓형제로, 소설 첫머리부터 아내 패니와 인정머리없는 대화를 나누며 누이들과의 재산 분할을 거부함으로써 그녀들의 운명과 미래의 삶을 봉인해버리는 유복한 존 대시우드의 상황에 더 가깝다. 이 두 극단 사이에는 예상 가능한 생활양식과 사교생활, 가능한 만남과 운명, 미묘하게 다른 사회집단 같은 눈금이 전부 눈에 들어오는데, 발자크처럼 오스틴도 이것들의 은밀한 경계를 조탁해내고 유례없는 힘으로 그 함의들을 펼쳐낸다. 두 작가 모두 매우 강력한 위계들로 특징지어지는 소유자사회를 묘사하는데, 이 사회에서는 적어도 당대 평균소득의 20~30배를 벌지 못한다면 최소한의 위엄과 품위를 지니고 살기가 대단히 어려워 보인다.[16]

이러한 소득을 발생시키는 소유—토지 또는 금융, 제조업 또는 식민지,

부동산 또는 노예—의 성질이라는 문제는 궁극적으로 별로 중요하지 않다. 이제는 보편적인 화폐등가물 덕에, 특히 경제적 정치적 다수의 제도(화폐·법·조세 관련 체제, 교통시설, 더 일반적으로는 중앙집권국가 건설을 통한 국내외 시장 통합) 발전이 점점 더 이러한 실제적 등가화를 가능케 해주고 있어, 자산을 보유한 이 모든 사회집단과 범주가 단일화되고 있기 때문이다. 19세기 초 유럽의 고전소설은 소유자사회의 이 황금시대를, 특히 영국과 프랑스의 변이를 가장 밝게 비춰주는 증언 중 하나다.

발자크만큼이나 오스틴도 그 시대의 재산 위계와 생활양식에 대한 내밀한 지식을 가지고 있을 뿐만 아니라, 자신이 살아가던 시대의 사회를 특징짓는 상이한 형태의 소유와 권력관계와 지배관계를 완벽하게 다루고 있다. 아마 가장 인상적인 것은 작중인물들을 영웅화하지 않는 능력일 것이다. 두 사람은 인물들을 비난하지도 찬양하지도 않는데, 이 덕분에 인물들은 자신의 복잡성과 인간다움을 드러낸다.

일반적으로 소유자사회는 삼기능사회보다 더 복합적이고 섬세한 논리들을 따른다. 삼기능질서에서는 역할과 기질이 명확하게 분담되며, 이 질서의 거대서사는 세 계급의 동맹 서사다. 종교계급과 전사계급과 노동계급은 사회를 구조화하고 사회의 영속성과 안정성을 가능케 하기 위해, 그리고 공동체 전체의 더 큰 안녕을 위해, 서로 구분되면서도 보완적인 역할을 한다. 이에 부합하는—『롤랑의 노래』부터 『로빈 후드』에 이르는—문학 창작들에는 자연스럽게 영웅주의가 넘친다. 태도의 고귀함, 희생, 기독교적인 자비가 온통 자리잡고 있는 것이다. 삼기능 도식은 영화와 공상과학소설에 자주 원용될 정도로 그렇게 잘 한정된 역할과 기능을 제시한다.[17] 소유자사회에는 이런 식의 영웅주의의 흔적이 없다. 그래서 오스틴과 발자크의 소설에서는, 자산 보유 규모와 해당 소유자들의 능력 및 기능적 자질 사이에 아무런 관련도 없다. 어떤 인물들은 막대한 재산을 소유하고, 다른 인물들은 평균소득을 벌고, 또다른 인물들은 하인들이다. 하인들은 사실 별로 언급되지 않는데, 그만큼 그들의 존재감은 흐릿하다.

하지만 어떤 순간에도 소설가는 그들이 그들을 고용한 이들보다 사회적으로 가치가 더 없다거나 쓸모가 덜한 존재라고 묘사하지는 않는다. 각자가 영원하며 신성불가침으로 보이는 등급 안에서 자기 자본이 자신에게 부여한 역할을 한다. 각자는 소유자사회에서 자리 하나씩을 차지하는데, 보편적인 화폐등가물 덕분에 이 사회는 광범위한 공동체들과 원거리투자들을 연결할 수 있으며, 이 모든 것이 사회적 안정성을 보장한다. 발자크처럼 오스틴도 자본이 가져오는 연간수익이 이 자본가치의 약 5%에 해당한다는 점을, 또는 어떤 자본가치가 약 20년 치 연간수익에 상응한다는 점에 대해 독자에게 설명할 필요를 느끼지 않는다. 문제가 되는 재산의 성격과 (거의) 무관하게, 1만 파운드의 연수익을 내려면 20만 파운드 정도의 자본이 필요하다는 걸 누구든 잘 알고 있다. 19세기 소설가들한테나 독자들한테나 자산과 연소득은 당연히 같은 말이라서, 하나의 척도에서 다른 척도로 간단하게 넘어간다. 마치 완벽한 동의어 어휘집 또는 모두가 아는 2개의 유사언어를 사용하듯이 말이다. 자본은 삼원사회에서처럼 기능적 유용성 논리에 호응하는 것이 아니라, 서로 다른 보유 형태들의 등가화 논리에, 이런 방식으로 열리는 교환 및 축적 가능성에 호응한다.

19세기 초 고전소설에서는, 소유주의의 불평등은 원거리 세계들을 연결짓는 능력, 혹은 어쩌면 사회적 안정에 대한 필요 탓에 암묵적으로 정당화되지만(발자크처럼 오스틴도 우리에게 말하는바, 소설가의 역할은 또 다른 경제적 정치적 조직을 상상하는 데 있는 것이 아니라 오히려 자본주의적 결정론과 화폐의 냉소주의에 당면한 개인들이 간직한 자유, 초연함, 아이러니의 공간들과 정서들을 드러내는 데 있다), 능력주의 논리와 담론으로 이를 정당화하는 것은 결코 아니다(이 논리와 담론은 벨에포크 시기의 산업·금융 자본주의에 이르러서야 비로소, 그리고 무엇보다도 1980~2020년의 하이퍼자본주의에 이르러서야 비로소 온전히 발전하는데, 하이퍼자본주의는 우리가 재론할 모든 선행 체제에 비해 훨씬 더 두드러지게 승자를 찬양하고 패자를 비하한다).

때로는 19세기 소설에서 자산 불평등에 대한 또다른 개연성 있는 정당화가 나타나는 것도 감지된다. 이 불평등을 통해서만 자신의 생계와는 다른, 많은 일에 전념할 수단을 가진 작은 사회집단이 존재할 수 있다는 사실을 명분으로 한 정당화다. 달리 말해, 불평등은 때로 가난한 사회에서 문명의 조건으로 나타난다. 오스틴은 특히 이 시대의 생활상—먹고살고, 가구를 장만하고, 의복을 갖춰 입고, 이동하는 데 쓰이는 재원들—을 매우 세세하게 묘사한다. 게다가 책이나 악기를 갖고 싶다고 열망한다면 적어도 이 시대 평균소득의 20~30배를 벌어야 한다는 걸, 이는 소유의 극단적 집중과 이로 인한 소득의 집중을 통해서만 가능하다는 걸 독자는 확인하게 된다. 하지만 여기서도 아이러니는 결코 아주 멀리 있지 않아서, 발자크처럼 오스틴도 작중인물들의 허영과 이른바 억누를 수 없는 욕망에 대해 비웃는 걸 잊지 않는다.[18]

## 버크의 연감, 준남작에서 석유억만장자까지

귀족제적이고 소유주의적인 논리들이 이 시대 영국 젠트리 내부로 침투하고 있음을 보여주는, 특별히 흥미로운(물론 오스틴과 발자크의 소설에 비해 분명 덜 섬세하다) 또다른 문헌도 언급해두자. 존 버크John Burke의 연감이 그것인데, 실제 문헌명은 『버크가 쓴 영국에서의 귀족, 준남작, 젠트리 연감』이다.

전업 계보학자 존 버크는 19세기 초 영국 귀족에 대한 그의 유명한 연감으로 명성을 얻었다. 그의 명단과 가문 목록이 곧바로 이 시대 영국의 귀족제를 연구하기 위한 참고 자료가 되었을 정도다. 이런 연감들은 권위가 있었던데다, 귀족 인원 중 가장 큰 부분을 차지하던 젠트리들에 대한 그 어떤 정의도 없었고 공식 명부도 없었던 만큼 매우 강했던 젠트리의 인정욕구도 충족시켜주었다. 1826년에 출간된 버크의 첫번째 연감은 그 세기 내내 부단히 개정 출간되는 성공을 거두었다. 왕국에서 얼마간 젠트리 성원으로 인증된 모두가 이 연감에 등장하고 싶어했고, 가문과 재산, 혼인과 소유, 아득한 과거의 명예로운 선조와 오늘의 무훈에 대한 버크의 학구적인 분석을 즐겼다. 일부 판본들은 명문귀족과 임명귀족에 대해 다루는데, 특히 왕국 당국에서 공식적인 정무를 맡지 않는다고 버크가 공개적으로 개탄할 정도로 그렇게 저명한 준남작들을 주로 집중 조명했다. 버크가 편찬한 다른 권들은 공식 작위가 없는 귀족들에 초점을 맞췄다. 1883년 판본도 젠트리를 포함하여 임명귀족 4250개 가문을 실었다. 19세기 내내, 그토록 많은 걸 나라에 바친 이들 걸출한 가문 모두를 언급하기 위해, 이 저명한 계보학자와 그 후계자들이 사용한 극도로 공손한 어조에 특히 강한 인상을 받았던 이들은 모두 버크의 연감을 비웃었어도, 귀족 성원들과 그들의 인척들은 연감에 존경을 표했다.[19]

포르투갈에서 13세기와 14세기부터 편찬된 족보부터 19세기와 20세기의 연감들에 이르기까지, 많은 나라에서 이와 동일한 유형의 귀족 연감, 왕실 연감, 상류사회 인명록이 확인된다. 이런 간행물을 통해 귀족들과 그 인척들은 자신들의 수를 헤아리고 그들의 공을 자랑하며 요구사항도 피력할 수 있게 된다. 연감은 귀족이 공식적으로 사라진 후에도 오랫동안 종종 그 명부가 이어진다. 예컨대 1872년에 간행된 『프랑스 귀족 연감』 28판에 따르면, 1871년 의원 선거 당시 선출된 정통 귀족 하원의원이 225명이었다(의석의 3분의 1). 되돌아보면 이 선거는 제3공화국의 첫 선거였지만, 프로이센 군대에 패한 여파로 등장한 새 정권이 과연 공화정 형태로 기울지, 아니면 새로운 왕정복고로 기울지 아직 아무도 몰랐던 시점에 치러진 선거였다. 『연감』 편찬자는 자신이 "국민의 심장의 외침, 국민의 자생적인 도약"이라 느낀 것 앞에서 열광한다. "선조들의 용맹과 덕성의 상속인이라 해야 마땅할 자손들이 레이치쇼펜 전투와 스당 전투에서 그토록 많은 피를 뿌렸던 저 귀족의 품이 아니라면, 더 확실하고 더 공감하는 그 어떤 품에 과연 국민이 안길 수 있단 말인가? 그러니 제정에 가담한 고위층

인사들이 아무리 전투에서 물러나 있었더라도, 드디어 하원이 40년 남짓만에 저명한 귀족들의 이토록 눈부신 집결지가 된 것이다."[20] 그렇지만 귀족 하원의원의 비율은 1914년에 의석의 10% 이하로, 전간기에는 5% 이하로 줄었다.[21] 『연감』 자체는 1938년에 마지막으로 출간되고 그뒤로는 다시 편찬되지 않는다.

특히 인상적인 것은 버크의 연감이 오늘날에도 여전히 존속하고 있다는 점이다. 19세기 초부터 명문귀족과 준남작을 기록한 후로, 20세기 내내 그리고 21세기 초까지 『버크의 귀족 연감』은 '유럽·아메리카·아프리카·중동의 명문가' 목록을 작성해왔다. 최근 판본들에는, 석유와 사업을 통해 등장한 새로운 억만장자들이 나온다. 이들 억만장자들은 왕족이면서 천연자원과 금융 유가증권의 대소유자라는 면모가 기이하게 혼합된 이들로, 한결같이 공손하고 감탄하는 어조로 제시된다. 정말이지 여기 담긴 정신은 1980~1990년부터 전 세계 잡지들, 특히 1987년부터는 전 세계에서 발행되는 『포브스』, 또는 1998년부터 프랑스에서 월간으로 발행하는 『샬랑주』에 발표되던 다수의 재산 분류와 그리 멀지 않다. 흔히 거부들 자신이 보유한 이 매체들은, 전반적으로 재산을 누릴 자격과 불평등의 유효성을 찬양하는 정형화된 담론으로 가득하다.[22]

버크의 연감과 이 전환은 두 가지 본질적인 논점을 보여준다. 하나는, 19세기 영국 귀족이 불가분하게 귀족제적이면서 소유주의적이었다는 점이다. 다른 하나는, 영국 사례를 넘어 불평등주의체제의 전환 너머에도, 불평등을 정당화하는 삼기능 논리와 소유주의 논리와 신소유주의 논리 사이에 심층적인 연속성이 존재한다는 점이다. 불평등 문제는 언제나 강한 이데올로기적 갈등적 차원을 작동시킨다. 다소 미묘하고 모순적인 여러 담론이 대결하며, 다양한 유형의 인지장치들 안에서 구현된다. 소설에서 연감까지, 정치강령과 신문, 전단과 잡지를 망라하는 이러한 장치들은, 현존하는 사회집단들의 인원과 자원, 그리고 각 집단의 능력을 정의하고 헤아려보게 한다.

## 상원의원, 소유주의 질서의 보증인

이제 상원과 영국 소유주의가 몰락하는 숙명적인 순간으로 돌아가자. 두 사건은 떼려야 뗄 수 없다. 18세기 내내 그리고 19세기의 상당 기간 동안, 상원은 나라를 통치하면서 소유권을 더욱 가차없이 강화시키고 보호하며 신성화하는 데 중심적인 역할을 한다. 고전적인 '인클로저 법'이 떠오르는데, 특히 1773년과 1801년에 상원 주도로 의회에서 여러 차례 채택되고 공고해진 이 법은, 토지 주변에 울타리를 쳐서 가난한 농민들의 공유지 및 방목장 사용권에 종지부를 찍으려는 것이었다.

유명한 1723년의 '검댕이칠 금지법Black Act'도 언급해야 한다. 이 법은 자기 땅이 아닌 곳에서, 상원의 소유자들과 하원의 동맹자들이 자신의 배타적 사용이 보존되길 바랐던 땅에서, 나무를 훔치는 사람들과 작은 사냥감을 노리는 사냥꾼들을, 정체를 감추려고 얼굴에 검은 칠을 하고 밤에 위험을 감행하는 습성이 있던 하층민들을 사형에 처하려 했다. 사슴을 공격하고 나무를 베고 양어장 물고기를 훔치고 덤불을 뽑는 사람들과, 악의를 갖고 이런 행동들에 참여하거나 선동하는 사람들이 그 표적이었다. 범죄 용의자는 별도의 절차 없이 교수형에 처해질 수 있었다. 애초에 3년을 예상했던 이 법은 한 세기 이상 지속되며 갱신되고 공고해져갔고, 이 기간 동안 반란자들은 잠잠해져 소유주의 질서 안으로 귀속되어갔다.[23]

상원을 18세기와 19세기에 형성된 소유주의 세계 안에 있는 삼기능적 잔재로 보기보다는, 차라리 새로운 소유주의 질서와 자산 초집중의 보증인으로 보는 것이 더 적절해 보인다. 프랑스혁명 당시, 영국 엘리트들은 바로 소유주의 논리(귀족계급과 사제계급 사이의 균형에 근거하는 삼기능 논리가 아니다. 사제계급이 오랜 기간에 걸쳐 몰락해왔기에 삼기능 논리는 더더욱 몰지각한 것이 되었다)를 명분으로 파리의 사건들에 맞서 일어났던 것이다.

대혁명 발발 당시, 열정적인 프랑스 여행기를 탈고한 아서 영Arthur Young

은 이 나라가 1789~1790년에 귀족과 평민(제3신분)이 한 의회 안에 함께 들어서는 것을 용인함으로써 파멸로 접어들었다고 확신했다. 이 농학자 여행가가 보기엔, 상층 귀족이 거부권을 갖는 영국식 정치체제만이 조화롭고 평온한 발전을 가능케 하며, 미래를 염려하는 책임감 있는 사람들 즉 대소유자들이 이 발전을 이끈다는 것에 의심의 여지가 없다. 그 시대 영국 엘리트들이 보기엔, 제3신분의 대표자들이 납세유권자선거권에 따라 선출된다는 사실은 믿을 만한 게 못 되었다. 틀림없이 이 선거권이 언젠가 더 광범위하고 덜 책임감 있는 계급들에게로 확대될 수도 있을 것이기 때문이다. 그 어떤 무분별한 재분배 정책도 발붙이지 못하게 하고, 나라가 혼돈에 빠져 소유권과 나라의 번영 및 역량에 대한 전면적인 문제제기에 휘둘리지 않도록 보장해주는 것은, 바로 상원을 통해 대귀족이 부여받은 거부권과 신분별 투표인 것이다.

## 누진세 공방과 상원의 몰락

실제로 상원의 몰락과 그에 이어 소유자사회 전체의 몰락을 촉발하게 되는 것은, 바로 하원선거에서의 투표권 확대와 이에 연동된 누진세 문제다. 선거권 확대 지지 운동은 19세기 중반부터, 1848~1852년에 프랑스에서 그리고 다시 1871년부터 남성보통선거가 실험된 그 당시에, 활력이 배가된다. 영국에서는 1867년과 1884년의 선거개혁이 있고 나서야 비로소 선거법이 전국적으로 통일되며, 유권자 수가 각각 성인남성 인구의 30%와 60%에 달했다. 남성보통선거는 1918년에 제도화되었고, 그후 마침내 1928년에야 여성에게로 확대되었는데, 이 마지막 국면의 개혁에는 노동당 최초의 결정적 승리가 동반된다.[24] 하지만 이런 일이 일어나기 전에, 1872년의 기명투표 폐지와 더불어 1867년과 1884년의 개혁을 통해, 하원과 상원의 세력균형이 총체적으로 변한다. 1880년대 중반부터 성인남성의 60% 이상이 비밀투표로 하원의원을 선출하게 되었는데, 1860년대 초까지만 해도 당선자와 지역 엘리트의 감시하에 고작 10% 남짓의 성인남성이 투표할 수 있었다. 남성선거권 확대는 확실히 프랑스에서보다 더 점진적이었는데, 프랑스에서는 극도로 제한적인 납세유권자선거에서 남성보통선거로 곧바로 넘어갔다(도표 5.3 참조). 그럼에도 이러한 선거권 확대는 수십 년 내에 정치적 경쟁조건을 완전히 뒤집어놓았다.[25]

특히 이러한 개혁의 첫 효과는, 1859년에 자유당으로 당명을 개정하는 왕년의 휘그당으로 하여금 새로운 유권자들의 대의를 지지하게끔 했고, 그리하여 중위계급과 인민계급에 분명히 더 우호적인 정강과 이데올로기를 채택하게끔 했다. 1867년의 선거개혁은 1880년 선거에서 자유당 승리에 크게 기여했는데, 바로 이 덕에 1884년의 선거개혁이 가능해졌다. 1884년 개혁으로 인해 귀족 가문들은 여러 세기 동안 계속 보유해온 수십 개 농촌 선거구를 곧바로 상실했다.[26] 1880~1890년부터 자유당은 보수 정당과 (토리당이 주인 행세를 하던) 상원을 최후의 진지로 부단히 밀어붙였고, 나라를 통치할 자신들의 새로운 정당성을 과시했다. 특히 1846년의 '곡물법' 폐지 및 관세율 인하와 왕국의 장인과 임금노동자의 구매력에 부과하는 여타 간접세 인하를 위한 투쟁에서 이름을 얻은 뒤—이로 인해 (자신들 영지의 수익성을 보장하기 위해 농산물 가격을 높게 유지하려 했다는 근거가 없지 않은 의심을 받던) 토리당보다 우위를 점할 수 있게 된—자유당은, 1880~1890년에 소득과 상속에 대한 누진세 및 사회정책 분야에 관한 점점 더 담대한 제안들을 내놓기 시작했다.[27]

1880년대에 토리당 지도자 솔즈베리 경은 '국민투표'이론을 경솔하게 내놓았다. 그에 따르면 상원은 하원 다수파가 선거 전 나라 전체에 공표된 법에 근거하여 명시적으로 선출되지 않았을 때 하원에서 채택된 법안에 대해 도덕적 정치적 차원에서 반대할 권리와 의무를 갖고 있다. 처음에 토리당은 타개책을 찾았다고 믿었다. 상원은 1894년에 (자유당 지도자) 윌리엄 글래드스턴의 아일랜드 자치에 관한 신규 법안에 거부권을 행사했다.

**도표 5.3** 유럽의 남성보통선거의 진화, 1820~1920년

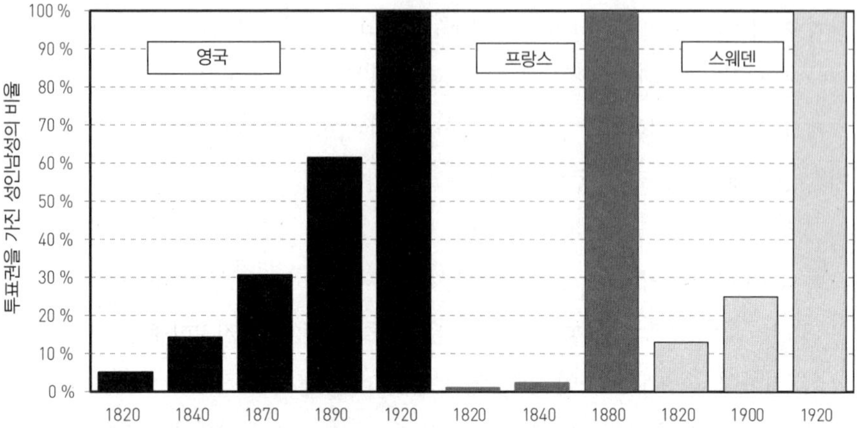


투표권(선거납입금, 즉 투표권 행사를 위해 내야 할 세액 및/또는 보유해야 할 자산)을 가진 성인 남성의 비율은, 영국에서는 1820년 5%, 1870년 30%, 1920년 100%, 프랑스에서는 1820년 1%에서 1880년 100%가 되었다.

**출처 및 원 통계자료:** piketty.pse.ens.fr/ideologie

영국에서 그다지 인기가 없었던 이 개혁은 유권자들에게 명시적으로 고지되지 않았다는 사실을 명분으로 기각됐다. 바로 이것을 통해 보수당은 1895년의 선거에서 승리하여 재집권할 수 있었다.

하지만 국민의 심중을 읽는 상원과 토리당의 우월한 능력을 과신한 솔즈베리 경의 전략이 경솔했음은 곧 백일하에 드러났다. 데이비드 로이드 조지의 주도로 다시 집권한 자유당은 1909년에 하원에서 저 유명한 '인민 예산People's Budget'을 채택했는데, 그 내용은 폭약과도 같았다. 누진적 종합소득세 제정(부가세supertax가 1842년 이래로 다양한 소득 범주에 별도로 부과되던 준비례세에 추가되었다), 상위 유산상속에 대한 상속세(유산상속세death duties) 인상, 무엇보다도 대규모 영지에 부과된 토지세(지세land tax) 인상. 이 예산안 전체로 일련의 새로운 사회정책에 재원을 조달할 수 있게 되었다. 개중에는 특히 노동자 퇴직연금이 있다. 이는 선거 국면에서 자유당이 노동당에 의해 점차 대체되는 걸 두려워하던(이 일은 결국 일어나게 된다) 때에, 자유당으로서는 인민 대중에게 보증할 만한 무언가를 내놓아

야만 했던 것이다. 하원 다수의 동의를 획득하기 위한, 무엇보다도 나라의 여론과 새로운 유권자들을 획득하기 위한 모든 것이 완벽히 다듬어졌다. 특히 로이드 조지가 귀족계급의 나태와 무용함을 공개적으로 조롱할 기회를 붙잡으면서, 상원으로서는 더는 참기 어려운 도발을 감행했기에 덫에 걸린 상원은 '인민예산' 거부권을 행사했다. 상원은 1906~1907년에 노동자와 노조에 더 많은 권리를 부여하는 새로운 노동 입법 가결에 동의했음에도, 자신들과 직접적으로 관련 있는 이 예산안에 대해 거부권을 행사함으로써 치명적인 리스크를 떠안았다. 자신들의 계급이기주의를 백일하에 드러내는 리스크를 말이다.

로이드 조지는 하원이 상정한 새 법안을 채택함으로써 사태를 더 키우려 했다. 헌법적인 성격을 띤 이 법에 따르면, 상원은 더이상 예산법률을 개정할 수 없으며(이후부터 예산법률은 하원의 소관), 여타 법안을 저지하는 상원의 권한은 1년을 초과할 수 없다. 여지없이 상원은 이 뻔한 자살행위에 대해 거부권을 행사했고, 이후 치러진 새로운 선거는 자유당의 새로운 승리로 귀결되었다. 솔즈베리 독트린하에서라면, 상원은 기꺼이 포기하고 논쟁적인 법안 가결을 받아들여야만 했었을 텐데, 이때의 입법 사안들은 예산에 관한 것이면서 동시에 헌법에 관한 것이었다. 쟁점이 지닌 역사적 중요성을 감안하여, 많은 상원의원은—기본적으로 비공식적인 것에 불과했던—자신들의 지도자와의 약속을 재검토할 태세를 갖췄다. 그러나 가장 신뢰할 만한 증거에 따르면, 상원에서 500석까지 새 의석을 만들어내겠다는 (국왕이 선거 전 로이드 조지에게 했던 은밀한 약속에 뒤이은) 국왕의 위협이 이를 결정적으로 무산시켰다. 그렇지만 상원이 마침내 1911년 5월에 새 헌법을 채택하기로 결의하지 않았더라면, 과연 실제로 어떤 일이 벌어졌을지는 말하기 어렵다.[28] 바로 이 시점에 상원은 실제 입법 권한을 모두 상실했다. 1911년 이후, 영국에서 법적 구속력을 갖는 것은 투표함과 하원에서 표현된 다수의 의지이며, 상원은 순전히 자문 역할, 그마저도 대개 의전적인 역할만을 갖는다. 수세기 동안 영국을 통치해왔던 영국 상원은, 18세기와 19세기 내내 최초의 식민주의적이고 산업적인 제국 형성 및 그 운명을 관장해왔던 정치제도 결정의 심급으로서 존재하기를 실제로 멈췄다.

더 작은 범주의 헌법적인 여타 개혁들이 잇달아 이루어졌다. 왕이 종신 상원의원을 지명할 수 있는 법이 1958년에 도입되었고(의원직 세습은 되지 않는다), 특히 이들의 수가 1999년에 크게 늘어나, 21세기 초에는 상원의원 다수가, 의석을 대물림할 수는 없지만, 왕국에 봉사하는 역량과 그 활약에 근거하여 지명된 의원들로 이루어졌을 정도다.[29] 하지만 상원의원들이 자신의 권력을 상실했던 운명적인 계기가 되었던 때는 바로, 누진세 및 사회적 불평등 축소 문제로 인한 1909~1911년 위기 당시다. 30년이 조금 더 지난 뒤인 1945년에, 영국은 최초로 절대다수의 노동당 하원의원들에 의해 통치되었다. 이들을 배출한 정치운동의 존재 근거는 나라의 인민계급과 프롤레타리아계급을 대표하겠다는 것이었고, 이 운동은 국민보건서비스NHS와 일군의 사회적인 조세재정정책을 확립하고자 했다. 이 정책들은 영국의 불평등구조를 근원적으로 전환하는 데 기여하게 될 터인데, 우리는 이에 대해 후술할 것이다.

## 삼기능적-소유주의적-식민주의적 이데올로기 사이의 아일랜드

1909~1911년 당시 상원 몰락의 중심적인 역할을 한 것은 누진세 및 사회적 불평등 감소 문제였다고 해도, 1880~1920년 영국의 불평등주의체제에 대한 전면적인 문제제기에 있어, 이 체제의 삼기능적이고 소유주의적이며 준식민주의적 차원에서 아일랜드 문제가 가진 중요성도 역시 강조해야 한다.

아일랜드 사례는 다양한 정치적-이데올로기적 기원에서 유래한 요소들이 결합된 극도의 불평등 상황을 실제적으로 보여준다. 18세기와 19세기에, 아일랜드는 영국보다 훨씬 더 가난하다. 1인당 농업과 제조업 생산량은 영국보다 두 배 더 낮다. 생활수준의 격차를 더 벌리는 것은 아일랜드 농토의 대부분을, 영국에 거주하면서 개중에는 상원의원이기도 한 대토지소유자들이 보유하고 있다는 사실이다. 이것은 기본적으로, 토지소유의 극단적 집중이라는 영국에서의 지배적 상황과 동일하다. 영국의 자기 성에 살며 아일랜드의 지대를 받는 이 부재하는 소유자들인 '부재지주' 문제가, 아일랜드에 특별한 반향을 불러일으킨다는 점을 제외한다면 말이다. 아일랜드 인구의 80%를 점하는 가톨릭교도들이 대단히 한정된 시민적 정치적 권리를 가지고 있었다는 점을 추가해야 한다. 정작 성공회 신자도 아닌 그들은 아일랜드에 있는 성공회교회에 십일조를 납부해야 한다. 게다가 그들은 아일랜드 의회 대표자를 선출할 권리도 없으며, 이 의회는 1494년부터 웨스트민스터 의회에 종속되어 있고 이 의회의 승인 없이는 아무것도 결정할 수 없다. 그러니 이는 정말이지 식민지적인 상황인 것이다.

그렇지만 미국독립전쟁(1775~1783년)이라는 불길한 사건에 더해 1796~1798년 프랑스 침략의 재발 위협에 불안해진 영국 군주정과 그 의회는 1800년에 아일랜드연합법을 채택하는데, 이는 사실상 아일랜드섬의 재정복 또는 차라리 협잡에 가깝다. 부유한 아일랜드 가톨릭교도들은 납세유권자적인 토대 위에서 투표권을 획득해, 이제 아일랜드는 100명의 대표자를 선출해 영국 하원에 보낼 수 있다. 그렇지만 인구비례는 매우 불균형해서, 1801년 인구조사에 따르면 아일랜드인이 500만 명 이상이고 영국인은 약 900만 명인데, 영국인이 500개 이상의 의석을 갖는다. 런던 하원에서 아일랜드가 대표성을 갖게 되면서 아일랜드 의회는 폐지되는데, 이는 명확히 가톨릭교도가 다수인 구역의 대변자를 피하려는 목표다. 더욱이 가톨릭은 계속해서 성공회교회에 십일조를 내야만 했고, 이것이 점점 더 폭력적인 갈등의 동인이 될 터였다.

19세기 유럽에서 유례없던 규모로 일어난 1845~1848년의 아일랜드 대기근으로 인해 상황은 더욱 심하게 악화된다. 전체 주민 약 800만 명 중에서 이 기근으로 사망자가 100만 명, 기근 이후에 이주한 사람이 150만 명이었다.[30] 영국 엘리트들은 사태를 잘 파악하고 있었는데도 참사를 피하기 위해 필요한 조치들을 취하길 거부했는데, 여기에는 가난한데다가 반역적이기까지 한 아일랜드인의 증가를 막기 위한 맬서스주의적인 인구 조절이라는 거의 명시적 목표가 있었다는 점을 보여주는 증거가 넘친다. 이는 흔히 1943~1944년의 벵골 대기근(5000만 인구 중 사망자 약 400만 명)과 비교되기도 했다. 두 경우 모두 비축식량은 충분했으나 재난 지역에 식량을 즉각 배급할 계획을 세우지 않았다. 그렇게 하지 않은 부분적인 동기는 곡물가격 상승이 신호 역할을 함으로써 비축곡물 보유자들이 시장의 힘을 통해 그 수요에 부응하도록 한다는 데 있었기에, 이러한 비교가 전적으로 부당한 건 아니다.[31]

이 사건들이 부재하는 소유자들을 향한 아일랜드인의 원한을 키웠을 것이다. 멀리서 지대를 챙기는 데 만족하지 않은 이 소유자들은 바다의 다른 쪽 끝에서 일어나는 참사를 방조했다. 보다 일반적으로는, 아일랜드뿐만 아니라 스코틀랜드와 웨일스에서도 1860~1870년대부터 토지소유자들에 맞서는 여러 형태의 저항운동이 발전하는 게 보인다. 지대 납부를 거부하는 이들이 등장했을 뿐 아니라 토지를 점거하는 행동도 점점 더 빈번하게 목격되는데, 이런 일들은 왕왕 경찰 및 소유자 소속 군사들과의 폭력적 대치로 악화되었다. 특히 아일랜드 농민들의 일차적인 주장은, 무엇보다 자신의 땅을 일굴 수 있게 해달라는 것, 즉 소유권을 취득할 수 있게 해달라는 것이다.

글래드스턴 정부는 차지농借地農 축출가능성을 제한하고, 농민이 토지를 되살 수 있도록 하는 정부공채를 발행해 농민이 토지를 개량한 후 축출될 경우(예컨대 토지의 배수나 관개에 관련한 노동을 하다가 축출될 경우인데, 이는 세계의 모든 토지제도에서 비소유자 경작자들이 늘 강력하게 이의를 제기하는 전형적인 경우다) 해당 농민에 대한 보상을 고려하는 최초의 법안(아일랜드 토지법)을 1870년에 의결했다. 하지만 소유자에게 극도로 유리한 당대 법체계의 틀에서, 이런 조치들은 거의 효과를 내지 못했다. 문제를 일으키는 농민들을 초장부터 밀어붙이기 위해서는 '땅주인'들이 지대를 충분히 인상하는 것으로 족했다. 어떤 법정도, 어떤 정부도 이 시대에는 이러한 계약의 자유에 개입해 중재할 엄두를 내지 않았을 것이다. 여기서 더 나아가게 된다면, 토지소유자들과 토지 없는 농민들 사이의 관계 전체를, 아일랜드에서만이 아니라 영국에서도 문제삼을 위험을 감당하게 되지 않았을까? 이 모든 것이 불가피하게 도시 부동산이나 공업부문 같은, 농촌 세계와는 다른 부문들에서의 유사한 주장들로 확장되면서 소유권의 전반적 약화로 이어지지 않았을까? 특정 재산의 점유자가, 특정 자본의 사용자가 이 자본을 이용해 충분히 오래 노동했다는 걸 명분으로 이제는 자신이 소유자가 되겠노라 주장할 수 있다면, 그때 와해 위험에 처하는 것은 사회 전체다. 이러한 아일랜드 토지 논쟁에서는, 프랑스혁명 동안에 부역과 로를 주제로 제기된 동일한 논변이 재확인된다. 요컨대 과거에 확립된 소유권의 정당성에 대한 문제제기에는 사회가 무탈하게 빠져나오지 못할 판도라의 상자를 여는 위험이 있다는 논리 말이다.

아일랜드 상황은 토지 점거와 지대 납부 거부가 전면화되면서 점점 더 격렬해진다. 상황이 성가시게 돌아간다는 걸 소유자들이 깨닫기 시작하고 공포가 그들 쪽으로 방향을 틀게 된 것은, 하원에서의 선거권이 엄청나게 확대되었던 바로 그 시점인 1880~1890년이었다. 토리당이 런던에서 집권하고 있었을 때, 그들은 선동자들에 대한 무자비한 공안적 대응을 해나갈 것임을 지속적으로 표방했다. 예컨대 1891년의 '범죄법Crime Act'은 1881년에 이미 강화된 경찰력을 더 강화하여 '테러리스트들'의 체포와 필요시 투옥을 집행해나가도록 했다. 하지만 이와 동시에 토리당과 자유당 모두, 누구보다 지주들 자신이, 가톨릭 소작농들에게 유리하도록 아일랜드 토지 재분배를 가능한 한 적법하고 평화로운 틀 안에서 신속하게 착수하지 않았다가는, 상황이 더욱 악화되어 아일랜드 독립을 거치며 부재지주 토지는 순식간에 완전히 몰수당하고 말 것임을 깨닫기 시작했다.

마침내 이런 일이 일어났고, 오늘날에도 여전히 그 흔적이 남아 있는 폭력적인 대결을 거쳐 1921년에 아일랜드자유국이, 이어서 1937년에는 아일랜드공화국이 창설되었다. 하지만 실은 이러한 분리독립 위협으로 인해, 1880~1920년 사이에 영국 정치체계가 아일랜드 토지 재분배와 농지개혁의 윤곽을 점점 더 적극적으로 그려나가게 되었다는 건 흥미롭다. 이는 소유주의 지배이데올로기에 생겨난 흠집과 같았다. 구체적으로, 영국 정부는 아일랜드인들이 토지를 되사는 데 점점 더 막대한 금액을 지원하기로 점진적으로 결정했다. 요컨대 이는 정부가 시행한 토지 재분배로, 공적자금을 재원으로 하는 토지소유자에 대한 대대적인 보상이 수반된다. 이런 방향으로 1891년에 법이 의결되는데, 1870년의 법보다 더 자발적이고 재원도 더 넉넉했다. 1891년 법의 뒤를 이은 1903년의 새 '토지법Land Act'을 통해 예전의 임차인들은 자신들이 경작하던 토지를 매수할 수 있게 되었다. 그리고 이 매수액을 3%의 명목이자율로 70년에 걸쳐 상환할 수 있게 되었고(인플레이션을 유발할 만한 사건을 예상할 수 없었던 때였고, 그렇다 해도 실제로 분할상환금은 거의 줄지 않았을 것이다), 더욱이 토지가치의 12% 선에서 정부보조금이 나왔다. 이 모든 것은 1923년 법에 의해 완결되었다. 이 법은 남아 있는 소유자들로 하여금 아일랜드 신생 정부에 자기네 토지를 매도하도록 강제했고, 신생 정부는 이 토지를 임차인들에게 저가에 양도했다. 하지만 일부 추계에 따르면 1870년, 1891년, 1903년에 연달아 제정된 법을 통해, 그리고 무엇보다도 아일랜드 농민들에게 토지 매입을 독려함으로써, 아일랜드 독립전쟁 발발 전에 이미 4분의 3에 이르는 토지의 소유주가 바뀌었다.[32]

아일랜드 사례는 여러 면에서 시사적이다. 우선, 이러한 준식민지적인 불평등 상황은 사적소유체계와 이 체계가 야기한 영속적 불평등의 정당성에 대해 전면적으로 문제제기하게끔 했다. 특히 아일랜드에서 심각했던 극도의 토지소유 집중에 대한 규탄을 종결짓기 위해, 예컨대 영국 상원은

1870년대에 영국 전체에 걸친 대규모 측량을 개시하는 데 합의했다. '토지측량'을 통해 도달한 결론은, 소유 집중이 가장 비관적인 추계보다도 훨씬 더 심하다는 것이었다. 이 측량조사는 불평등 및 재분배 문제와 관련된 전반적인 진화에서 중요한 역할을 했다. 왜냐하면 이 조사에서 드러난 바, 영국이라는 나라는 확실히 산업의 근대성을 보여주는 선봉에 있었지만 이와 동시에 어느 면에서 시대에 뒤떨어진 불평등을 보여준 선봉에 있기도 했고, 이 두 현실은 모순적이기는커녕 오히려 그 반대이기 때문이다(약간은 벨에포크 시기의 프랑스와 닮았다). 아일랜드 사례가 그만큼 더 흥미로운 것은, 예컨대 1990년대와 현재에 이르기까지의 남아공처럼 여러 식민지 이후 국면에서의 소유 재분배 및 농지개혁과 유사한 문제가 아일랜드에서도 재확인된다는 점에서다. 더 일반적으로, 이러한 아일랜드 경험은 국경 문제와 재분배 문제, 정치체제 문제와 소유체제 문제 사이의 긴밀한 연관성을 보여준다. 국경제도와 불평등구조 사이의 이러한 상호작용은, 정치적 국면은 물론 자산 문제와도 관련되고 때로는 이주 문제와도 연결되어, 21세기 초에도 여전히 브리튼제도에서, 그리고 유럽과 그 밖의 세계에서 핵심 역할을 한다.

## 스웨덴과 네 신분사회의 입헌화

이제 네 신분으로 이루어진 사회의 조기 입헌화라는 놀라우면서도 비교적 알려지지 않은 사례를 제공하는 스웨덴의 사례를 검토하자. 입헌화에 뒤이어 소유주의로의 독창적인 이행을 거치면서 스웨덴왕국은 저마다가 내는 세금과 보유한 소유에 비례하는 대담무쌍한 선거제도를 19세기 말에 확립함으로써, 프랑스와 영국보다 소유주의 논리를 훨씬 더 강하게 밀어붙였다.

스웨덴 사례는 이 나라가 20세기에 '사민주의사회'의 상징이 되었기에 그만큼 더 흥미롭다. 실제로 스웨덴사회민주노동당SAP의 사민주의자들이, 이 당의 역사적 지도자 얄마르 브란팅Hjalmar Branting이 총리가 된 1920년대 초부터, 이어 1932년부터 2006년까지 거의 영구적으로 정부를 이끌었다. 이를 통해 그들은 극도로 정교한 사회적 조세재정제도를 확립할 수 있게 되었고 역사적으로 가장 낮은 불평등 수준을 보여주기에 이르렀으니, 이런 점에서 스웨덴을 애초부터 지금까지, 그리고 앞으로도 영원히 평등한 나라일 것이라고 여기게 될 정도다.[33] 실제로는 전혀 그렇지 않다. 스웨덴은 19세기 그리고 20세기 초까지 심각하게 불평등한 나라였다. 어떤 면에서는 다른 유럽 나라들보다 훨씬 더 불평등했거나, 혹은 더 정확히 말하자면 불평등의 구조화가 더욱 치밀했고 소유주의 이데올로기의 표상과 그 제도적 구현은 더욱 체계적이었다. 스웨덴이 경로를 바꿀 수 있었던 것은 오로지 특별히 유효했던 인민의 집단행동과 특수한 정치 전략, 그리고 매우 정밀한 사회적 조세재정제도 덕분이다.

혹자들은 원래부터 평등하거나 불평등한 문명적 문화적 본성이라는 것이 있다고 믿기도 한다. 스웨덴과 스웨덴 사민주의자들은 아마도 바이킹으로부터 이어져온 오래된 정념으로 인해 자고이래로 평등했을 터이고, 반면에 인도와 인도의 카스트들은 영원히 불평등할 터인데 그 이유는 틀림없이 아리아인들에게서 유래한 준신비주의 때문일 것이라고 생각하는 것이다. 사실은 모든 것이 각각의 인간공동체가 지닌 제도와 규범에 달려 있으며, 서로 마주한 다양한 사회집단 사이의 이데올로기적-정치적 역학관계에 따라, 그리고 또한 상세히 연구할 가치가 있는 사건 논리들과 불안정한 경로들에 따라 모든 것은 빠르게 변할 수 있다. 스웨덴 사례에 대한 검토는, 평등과 불평등에 관한 논쟁을 너무나 자주 특정하는 정체성주의적이고 보수적인 경련에 대한 완벽한 해독제다. 이는 또한 평등이란 언제나 취약한 정치적 사회적 구성물이라는 점을, 어떤 것도 고정된 것으로 간주되어서는 안 된다는 점을 상기시킨다. 제도에 의해, 그리고 정치적-이데올로기적 동인에 의해 변형된 것은, 동일한 수단에 의해 더 나은 쪽으로든 더 나쁜 쪽으로든 다시 변형될 수 있다.

거슬러올라가서 가장 중요한 요소들을 짚어보자. 1527년부터 1865년까지 스웨덴 군주정은 리크스다그Riksdag라는 의회에 의해 뒷받침되고 있었고, 의회는 당시 왕국을 이루던 네 신분인 귀족, 사제, 도시 부르주아, 농민 토지소유자의 대표자들로 구성되었다. 일반적인 삼기능 논리와 비교할 때, 스웨덴왕국은 삼원구조가 아니라 명시적으로 사원구조로 되어 있으며, 네 신분 각각은 자기 신분 고유의 규범에 따라 대표자를 지명한다. 실제로는 가장 많은 세금을 내는 가장 부유한 부르주아·농민 구성원이 선거권을 가졌다. 의회 안에서의 공식선거는 프랑스 앙시앵레짐의 삼부회식으로 신분별로 각기 이루어졌다. 1617년 의회조직법에 기반해 확정된 규칙은 네 신분의 의견이 2 대 2로 대등하게 나뉘는 경우 국왕이 단호하게 결정해 해결할 수 있도록 명시해두었다.

1810년 의회조직법에서는, 3 대 1 또는 4 대 0의 다수결이 나오도록 원칙적으로 네 신분이 계속 토론한 뒤 의결하도록 되어 있었다. 그렇지만 실제로는 이론적으로 사원적인 이 체계 안에서 귀족이 분명 지배적인 역할을 맡았다. 귀족은 숫자상으로 리크스다그의 여타 신분보다 더 강력한 대표성을 띠었고, 이를 통해 귀족은 결정을 내리는 위원회에서 더 많은 자리를 점할 수 있었다.[34] 무엇보다도 내각 구성원들은 국왕이 지명했고, 국왕 자신은 예산과 입법 분야에서 중요한 결정권을 가졌으며, 실제로 총리들은 대체로 귀족이었다. 귀족이 아닌 최초의 정부 수반이 나온 것은 1883년에 이르러서다. 1844~1905년의 스웨덴 내각 전체를 본다면, 장관의 56%가 귀족이었음이 확인되는데, 정작 귀족집단은 인구의 0.5% 이하였다.[35]

영국과 프랑스와 비교해, 스웨덴 군주정은 대단히 조숙한 방식으로 체계적인 인구조사를 시행했다는 사실에서 중요한 차이가 나온다. 상대적으로 정교한 인구조사가 1750년부터 정기적으로 실시되었다. 바로 이러한 틀 안에서 스웨덴 군주정 국가는, 오래된 봉건적 전사계급으로 소급되는 인증된 계보와 군주가 결정한 귀족 허가장에 따라, 귀족에 정확한 행정적 지위를 부여했고 귀족의 공적 활동범위를 한정했다. 귀족에 대한 이러한 공식 규정은 (영국의 명문귀족과 고위 임명귀족을 제외하면) 영국에도 프랑스에도 존재하지 않는다. 이 인구조사에 따르면 스웨덴의 귀족 비중이 18세기 중반부터 이미 상대적으로 협소했는데, 이후 귀족의 절대수는 왕국의 총인구보다 느리게 증가한다. 귀족계급은 1750년에 인구의 약 0.5%, 1800년에는 약 0.4%, 1850년과 1900년의 인구조사 당시에는 고작 0.3%였다. 이러한 비중은 영국이나 프랑스에서 추산된 것들과 크게 다르지 않다(도표 5.2 참조). 스웨덴에서는 이것이 행정적이고 정치적인 공식 집계라는 점만 다르다. 이처럼 스웨덴 사례는 중앙집권국가 형성과 삼기능(스웨덴은 사원적인 변이) 도식의 재정립 사이에서 이례적으로 강력한 공생관계의 전개를 보여준다.

사원적 의회(리크스다그)는 1865~1866년에 양원제(극소수의 대지주들—성인남성 인구 1% 이하인 유권자 고작 9000명—이 선출하는 상원과, 역시 납세유권자적이지만 약 20% 성인남성이 의원 선거권을 갖기에 좀더 개방적인 하원)로 이루어진 납세유권자 의회제로 대체되었다.

동시대 다른 유럽 국가에서 시행된 선거개혁과 비교했을 때, 이는 극도로 제한적인 체계였다. 남성보통선거권은 프랑스에서 1871년에 확정적으로 수립되었고, 1867년과 1883년의 영국 개혁에서는 선거권을 가진 성인남성 수를 30%로, 이어서 60%로 끌어올렸다. 스웨덴에서 선거권이 확대된 것은 1909~1911년 개혁 이후였고, 선거권에서 재산소유 조건이 완전히 폐지된 것은 1919년이었다. 이어서 보통선거권이 여성에게로 확대되는 것은 1921년이다. 1900년경에 선거권을 가진 성인남성이 고작 20%를 상회했으니, 스웨덴은 유럽 국가 중 특히 프랑스와 영국에 비해(도표 5.3 참조) 정치적으로 후진국이었고 이는 북유럽 다른 국가들에 비해서도 마찬가지다.[36]

## 성인남성 1인 100표: 스웨덴의 극단적인 납세유권자 민주주의(1865~1911년)

무엇보다도, 1865년에서 1911년 사이에 스웨덴에서 실행된 납세유권자선거체계가 지닌 큰 특수성은 납부하는 세금 및 재산과 소득 총액에 따라 유권자들이 다수의 투표권을 갖는다는 점이다. 하원 선거에서 투표할 수 있을 만큼 충분히 부유한 남성 20% 안에서 유권자들은 40여 개의 집단으로 나뉘었고, 각 집단의 투표 비중이 서로 달랐다. 구체적으로 말해 가장 덜 부유한 집단은 1인당 1표를 가진 것에 비해, 가장 부유한 집단은 1명이 54표까지도 가졌다. 유권자 각자의 선거 비중(퓌르카르fyrkar)을 정하는 정확한 계산표는, 유권자들의 세금 및 재산과 소득의 크기에 따른 공식에 의해 획정되었다.[37]

또한 유사한 체계가 1862년에서 1909년까지 스웨덴에서 실시된 지방의회 선거에서도 적용되었는데, 이 경우에는 주식회사들도 세금 총액과 재산 및 수익 규모에 따른 선거권을 가지고 이 지방의회 선거에 참여할 권리가 있었다. 도시 지자체에서는 1명의 유권자가 개인이든 기업이든 100표 이상을 행사할 수는 없었다. 반면 농촌 지자체에서는 이런 유형의 상한선이 전혀 없어서, 1871년 지방의회 선거 당시 스웨덴의 54개 지방행정구역 콤문에서는 단 1명의 유권자가 50% 이상의 선거권을 행사했다. 완전하게 민주적 정당성을 확보한 이 독재자들 중에는 예컨대 총리였던 아르비드 포세Arvid Posse 백작도 있는데, 그는 1880년대에 자신의 거주지이자 그의 가문이 방대한 영지를 소유했던 콤문에서 과반 이상의 투표권을 행사했다. 또한 414개 콤문에서는 단 1명의 유권자가 25% 이상의 선거권을 행사했다.[38]

1911년 선거개혁에 이은 1919~1921년 보통선거 도입으로 종결된 스웨덴의 이토록 놀라운 극단적인 납세유권자선거제의 경험은 풍부한 가르침을 준다. 우선, 기본적으로 불평등하거나 평등한 문명이란 존재하지 않음을 보여준다. 스웨덴은 수년 만에, 1909~1911년까지도 견지되던 가장 과격하고 극도로 불평등한 소유주의체계에서 스웨덴 사민당의 권력장악과 함께 평등주의적 사민주의사회의 정수를 보여주는 체제로 이행했다. 더구나 후자의 단계는 적어도 부분적으로는 전자의 과도함에 대한 반응으로 간주될 수 있다. 그 시대로서는 예외적으로 교육 수준이 높았던 스웨덴의 중위계급과 인민계급은 극단적인 소유주의에 노출되어 있었고, 이로 인해 그들 사이에서는 이 위선적인 이데올로기를 청산하고 다른 무언가로—이 경우에는 근원적으로 다른 이데올로기를 채택하면서—나아갈 때가 되었다는 정서가 커질 수 있었던 것이다. 우리는 각 나라의 정치적-이데올로기적 궤적들 안에서 이런 유형의 커다란 격차를 빈번하게 재확인할 텐데, 예컨대 20세기에 미국과 영국에서 있었던 누진세 및 정당한 불평등으로 묘사되는 꽤나 혼란스러운 진화와 관련된 것이 그러하다.

특히 스웨덴에서 이루어진 조숙한 근대 중앙집권국가 건설이, 자연스럽게 여러 가능한 경로를 열어준다는 것도 생각해볼 수 있다. 달리 말해, 강력하게 구조화된 하나의 동일한 국가조직이 여러 유형의 정치적 기획을 낳을 수 있다. 스웨덴은 18세기부터 시행한 신분·계급·세금·재산에 대한 조사를 통해, 19세기에 1표를 갖는 유권자와 100표를 갖는 유권자 목록을 담은 선거인명부를 구상할 수 있게 되었다. 엄청난 이데올로기적 전환과 사민주의자들에 의한 국가기구 장악 이후 스웨덴의 국가적 역량은 20세기와 21세기에 사회국가들의 명단을 늘려나가는 원동력이었다. 여하간 스웨덴에서의 이 같은 매우 신속한 전환은 불평등주의체제의 동학에서 인민행동·정당·강령의 중요성을 보여준다. 적절한 조건들만 갖춰진다면, 이러한 과정은 불평등주의체제의 신속하고도 급진적인 전환으로 이어질 수 있다. 스웨덴의 경우에는 법치와 상대적으로 평화로운 정치적 의회주의적 숙의가 그 조건이었다.

스웨덴의 이 경험이 또한 보여주는바, 소유주의 이데올로기는 일사불란하지 않으며 언제나 일정한 형식의 공백 또는 정치적 불확정성을 메우고자 한다. 이로 인해 소유주의 이데올로기는 어떤 집단이 다른 집단에게 가하는 제약과 사회적 지배의 길 안에서 때로는 아주 멀리 나아갈 수 있다. 소유주의 이데올로기는 단순한 관념—사회정치적 질서는 무엇보다도 개인의 해방과 사회의 안정을 위해 사적소유권 보호에 입각해야 한다는 관념—에 입각한다. 하지만 이 전제로 인해 정치체제 문제는 폭넓게 열려버린다. 이 전제의 함의는 소유자들에게 더 많은 정치권력을 부여하는 것이 바람직하며, 이 소유자들은 보다 장기적인 전망을 가지고 자신의 열망을 충족해나가기에 나라의 미래를 망칠 일은 없다는 것이다. 하지만 이 전제가 이런 방향을 따라 어디까지 가는 것이 적절한지, 그리고 어떤 양상을 띠어야 하는지를 알려주지는 않는다.

영국의 납세유권자체계에서, 그리고 대부분의 유럽 국가와 소유자사회에서, 사태는 비교적 단순했다. 시민들은 두 범주로 정렬되었다. 충분하게 부유한 이들은 능동적 시민으로 간주되었고 하원의원 선거권을 행사했다. 이런 조건이 충족되지 않은 이들은 수동적인 시민으로, 그 어떤 선거권도, 하원에서 그 어떤 대표성도 갖지 못하는 시민으로 국한되었다. 1872년까지는 비밀투표가 아니었기에 대지주들과 유력 유권자들이 다른 표에 직접 영향력을 행사하는 게 가능했지만, 스웨덴식 복식선거권 및 능동적 시민들 내부에서의 권리 세분화로 인해 간접적인 방식으로만 이루어졌다.

1815년에서 1848년까지 프랑스에서 실행된 납세유권자체계는 같은 시내 영국에서 유력했던 체제와 매우 흡사한데, 1789년에서 1815년까지 상당수의 프랑스 상층 귀족이 영국에 체류했던 것이다. 의회체계는 (영국 상원처럼, 상층 귀족 중 국왕이 지명하는 세습 상원의원들이 주를 이루는) 상원과 하원으로 이루어졌다. 하원은 영국 하원에서 실행되던 납세유권자

선거에 비해 훨씬 더 제한적인 선거에 따라 선출되었다. 그러나 프랑스 군주정의 법률가들은 하나의 혁신을 도입했는데, 이에 따라 능동적 시민에도 두 범주가 있었다. 1815년에서 1830년까지 1차 왕정복고기에는, '네 늙은이'의 요청에 따라 직접세를 적어도 300프랑은 내는 30세 이상의 남성이 유권자였다(성인남성의 1%를 넘지 않는 대략 10만 명). 하지만 하원의원 피선거권자가 되려면 40세 이상으로 직접세를 1000프랑 이상 내야 했다(성인남성의 0.2% 이하로 대략 1만 6000명). 1820년에 공표된 '이중투표' 법은 가장 부유한 납세유권자의 4분의 1(대략 피선거권자와 일치한다)에게 상당수의 하원의원을 지명하는 두번째 투표를 할 수 있는 기회를 부여했다. 1830년 혁명의 여파로 선거권은 조금 확대되었다. 7월 왕정(1830~1848년)하의 유권자 수는 성인남성의 2%보다 좀더 높았고, 피선거권자 수는 성인남성의 약 0.4%에 달했다. 능동적 시민의 두 범주라는 원칙은 보존되었으나, 이 논리를 더 멀리 밀어붙이려는 시도는 없었다.[39] 1871년에서 1918년까지 독일제국의 중핵이었던 프로이센왕국은 1848년부터 1918년까지 세 신분의 유권자로 이루어진 독자적인 체계를 운용했다. 이들 유권자는 자신이 내는 세금 총액과 각 신분이 총 세금의 3분의 1씩을 낸다는 사실에 의해 정해졌다.[40]

1865~1911년 스웨덴의 시도는 이런 형태가 일반화된 것으로 볼 수 있다. 가장 부유한 자들이 도시 지자체에서 100개의 투표권까지 가졌고, 심지어 농촌 지자체에서는 그들이 무한히 부유하다면 투표권을 무한정 가질 수도 있었다. 이는 주식회사의 주주총회와 동일한 방식으로 정치회의체를 조직하는 셈이다. 또한 흥미로운 것은 두 가지 논의가 19세기 소유자사회의 틀 안에서 명시적으로 긴밀하게 연결되어 있었다는 점이다. 예컨대 18세기와 19세기 초에 영국 주식회사들은 선거권이 여러 부류로 나뉘는 체계를 점차 도입했다. 가장 많은 지분을 가진 주주가 더 많은 의결권을 갖는 식인데, 그렇다고 해서 노골적으로 비례배분을 하는 정도까지는 아니었다. 왜냐하면 자칫 극소수의 주주에게 권력이 과도하게 집중되는 일이 벌어지

거나 주주들 사이의 토의와 관계의 질이 훼손될까봐 두려웠기 때문이다. 전형적으로는, 일정 한도를 넘어서는 여러 주식을 가진 모든 주주가 동일한 수의 의결권을 가지며, 그리하여 사실상 의결권 수의 최대 상한선이 주어졌다. 이와 동일한 유형의 체계를 19세기 초 미국에서도 보게 된다. 여러 기업이 최대주주의 권력을 제한하기 위해 경우에 따라 여러 부문으로 나누어 고정 의결권을 운용했다.[41] 19세기 후반에야 비로소 '1주 1의결권' 모델이 대주주들의 압력 아래 일반화되고 원칙적 규범으로 관철되었다. 영국에서 주식과 의결권의 비례배분 원칙이 주식회사에서 법에 의한 원천적 관리양식이 된 것은 1906년 회사법Company Law이 제정된 이후다.[42] (특히 다양한 인도회사들 또는 버지니아회사 같은 식민회사들에서 있었던) 주주총회, 정치·영토 관련 회의체, 그리고 의회에서 선거체계에 관한 논쟁이 벌어지기에 앞서, 사제 회의체에서 표결 규칙에 관한 복잡하고 해묵은 논쟁들이 있었다는 것은 흥미롭다.[43]

이러한 역사적 경험은 화폐와 소유의 권력 제한을 주제로 한 오늘날의 수많은 논의에서 매우 중요하다. 물론 21세기 초의 그 누구도, 선거권이 다시금 명시적으로 다양한 납세자들의 재산에 달려 있다고 주장하지는 못할 것이다. 그럼에도 불구하고 미국에서, 특히 연방대법원 판결을 통해 최근 수년간 만들어지는 상당수의 원칙들과 이데올로기는, 이를테면 개인의 정치후원금 총액 상한선의 완전 폐지를 정당화하려고 한다. 이는 결국 갑부들에게 잠재적으로 선거에 대한 무한한 영향력을 부여하는 것이 된다. 부자에게 부여된 권력에 제약을 가할지 말지의 문제는 재판상의 불평등(예컨대 부자들이 상식적인 공의公義를 회피하도록 해주는 사적 중재의 발전)과 고등교육 진학(미국 및 전 세계 많은 대학은 예컨대 학부모가 낸 고액 기부금이 자녀의 대학 입학을 정당화할 수 있다는 걸 승인하면서도, 차마 이런 규칙을 공적으로 완전히 명시하지는 못하는데, 이 자체도 흥미롭다) 문제에서도 역시 제기된다. 우리가 또한 보게 되겠지만, 주식회사의 의결권체계와 권한분산 문제는 20세기 중반에 주요한 혁신대상이었다. 스웨덴과 독일을 위시한 많은 나라가 주주의 의결권을 줄이고, 그만큼 노동자들과 그들의 대표자들의 의결권을 늘렸다(이사회 의결권의 3분의 1에서 절반 사이). 이 문제들은 애초에 이런 흐름을 따르지 않던 여러 나라(특히 프랑스·영국·미국)에서 현재 허다한 논의대상이 되고 있으며, 이러한 논의를 통해 이 나라들은 미래의 새로운 혁신을 향해 확실하게 나아갈 수도 있을 것이다.[44]

18세기와 19세기 동안에 구래의 삼기능사회를 소유자사회의 승리로, 이어서 20세기와 21세기 초에 사민주의사회, 공산주의사회, 신소유주의사회로 이끈 정치적-이데올로기적, 제도적 경로들의 다양성과 복잡성을 새삼 강조하고 싶다. 모두에게 열려 있다고 간주되는 사적소유권의 우선시와, 중앙집권국가가 지닌 왕권적 권력(사법·치안·합법적 폭력) 독점이 일단 정립되었다고 해도 여전히 정확히 해야 할 여러 논점이 있는데, 그 앞머리에 오는 것이 국가권력 조직화의 양상들이다.

앙시앵레짐 시기 일부 사회들에서 권력관계와 공직의 수익 창출은 아주 오래전부터 있었던 일이다. 예컨대 프랑스에서는 매관매직이 17세기와 18세기 동안에 일반화되었다. 점점 더 많은 수의 공직이, 주로 조세와 사법 분야에서 매매되기 시작했다. 이는 절대왕정의 재정적인 필요(와 충분한 세수를 확보하지 못하는 무능력)에서 기인한 것이자, 소유주의적인 인센티브 논리 형식에 근거한 것이다. 공직을 맡고 싶어 상당한 자금을 내놓을 준비가 된 사람을 다 나쁘다고만은 할 수 없었다. 여하튼 적어도 그 사람은 자신의 실책과 부실한 행정 결과를 감당해야 할 것이고, 따라서 사회 전체에 가장 득이 되는 방향으로 자신이 맡은 바를 더 잘 수행하려 할 것이다. 게다가 오늘날에도 여전히 이러한 논리의 흔적들이 확인된다. 몇몇 공무원직, 예를 들어 인도네시아를 비롯한 여러 나라의 경찰직, 또는 프랑스의 총괄재무관TPG 같은 세무 관련 주요 공무원직은 '보증'이 있어야 해서, 상당한 액수의 금액을 공탁해야만 하는 직업이라는 의미에서 그렇다. 중대한 과오를 범할 경우 이 공탁금은 상환되지 않는다.[45] 프랑스혁명은 매관매직으로 부패한 공직을 폐지하기로 결정했고 대상자들에게는 보상을 해주었다. 공권력은 더이상 쪼개어 팔 수 없지만, 그렇다고 이러한 투자 형태에 자신의 돈을 집어넣었던 사람들에게 가혹하게 굴 필요는 없다는 것이었다.[46]

이러한 논의들은 소유주의 이데올로기가 단일한 형태로 존재하지 않음을 보여주는데, 이 논의들은 오늘날에도 매우 강력한 반향을 일으키고 있다. 오늘날은 그 누구도 매관매직을 보편화하겠다고 생각하지 않지만(비록 미국에서는 주요 정치후원금 기부자들에게 외교관직이 배분되는 것이 분명하다 하더라도), 부유한 나라들에서 국채가 역사적으로 높은 수준—어떤 경우에는 공적자금의 누적액보다 높은 수준—으로 재상승하는 것이 이와 전적으로 무관하지는 않은 진화다. 왜냐하면 이러한 국채의 재상승은 모든 공중과 국가 공직에 대한 관할을 개인 채권자의 통제 아래 놓는 셈이기 때문이며, 소유 영역을 더 확대하는 셈이기 때문이다(직위나 직무 형태는 다르지만 민간자산의 가능한 보유 규모와 관련해서는 동일한 효과를 지니며, 현재의 조세재정제도와 법률제도의 정교함을 고려한다면 그 효과는 훨씬 커진다). 19세기처럼 21세기에도 소유관계는 절대로 독자적으로 규정되지 않으며, 무엇보다도 주어진 사회적 법률제도와 조세재정제도에 달려 있다. 바로 이러한 이유로, 19세기 소유주의의 여러 형태를 분석하는 것에서 시작하지 않고는 21세기 신소유주의를 탐구하는 일은 불가능하다.

## 19세기 소유자사회의 불평등한 표류

19세기와 20세기 초에 일어난 영국과 스웨덴에서의 소유 집중의 진화와 관련된 이 나라들의 경로를 프랑스에서 관찰된 소유 집중과 비교해 살펴보자. 영국과 스웨덴의 상속 관련 자료들이 프랑스혁명이 프랑스에 물려준 그것들만큼 풍부하고 체계적이지는 못하다 하더라도, 규모의 주요 추이를 확정하기에는 분명 충분하다.

가장 놀라운 결과는 이 국가별 경로들이 구분되는 차이를 만들어내는 그 모든 것에도 불구하고, 19세기 내내 그리고 20세기 초까지 이 세 나라에서 매우 높은 수준의 소유 집중이 확인된다는 것이다. 핵심은 불평등이 벨에포크 시기(1880~1914년)에는 상승 국면이었다가, 1차대전 그리고 1914~1945년의 폭력적인 정치적 충격을 거친 뒤에야 비로소 자산 집중이 강력하게 저하되는 경향이 확인된다는 것이다. 이러한 결론은 프랑스만큼이나 영국(도표 5.4 참조)과 스웨덴(도표 5.5 참조)에도 적용되며,[47] 우리가 적절한 역사 자료를 사용할 수 있는 여타 모든 나라 역시 마찬가지다.[48]

여러 논점을 정확히 해둘 필요가 있다. 무엇보다도 자산 불평등 감소가 1차대전 종전 이후 비로소 실제로 시작된다는 사실은, 전쟁이 없었더라면 불평등을 축소하려는 운동이 일어나지 않았을 거라는 뜻은 당연히 아니다. 구래의 삼원사회의 종언에 뒤이은 해방의 약속들과 대척점에 있는, 19세기 소유자사회의 불평등한 표류는 당시의 특수한 법률·조세재정제도에 입각한 것이었으며, 이런 식의 변화는 19세기 후반에 다양한 경향의 사회주의운동·공산주의운동·사민주의운동·노동운동의 발전을 강력하게 추동했다. 우리가 보았듯이, 보통선거와 누진세 지지 운동들은 19세기 말에서 20세기 초에 실질적인 주요 개혁들로 나아가기 시작했다. 1914년이 지나서야 이러한 변화의 효과들이 감지되었으며, 특히 누진세가 근대적인 수준에 도달했음은 사실이다. 영국과 스웨덴 그리고 서양 나라들 전체에서만큼이나 프랑스에서도 상위 소득과 상속재산을 가진 이들에게 부과되는 누진세 세율은 수십 퍼센트에 달했다. 하지만 불평등한 표류와 연계된 고도의 사회정치적 긴장이, 민족주의와 전쟁 그 자체로 돌진하도록 부추겼음은 논외로 하더라도, 여타의 군사적 재정적 사회적 정치적 위기가 방아쇠 역할을 했던 사건 경로에 대해서는 얼마든지 생각해볼 수 있다. 우리는 20세기 소유자사회의 몰락을 검토할 때 이 논점에 관해 재론하겠다.[49]

**도표 5.4** 영국의 소유 분배, 1780~2015년

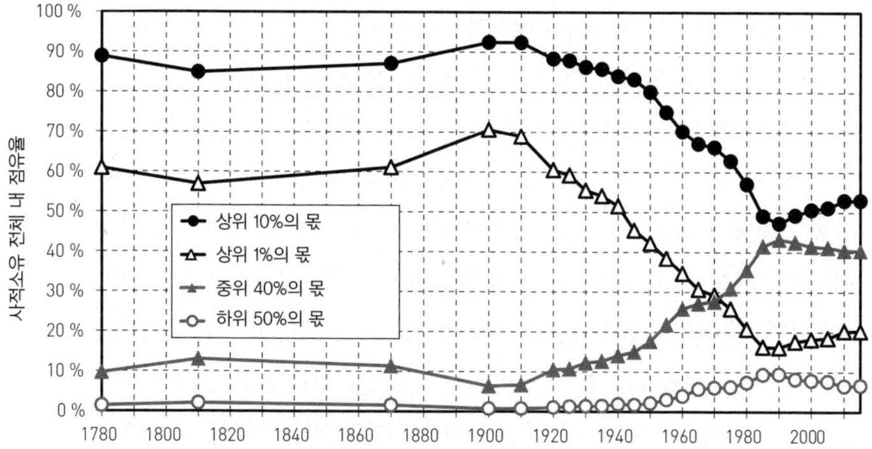


사적소유 전체(부채를 뺀 부동산, 사업자산 및 금융자산)에서 부유한 10%의 점유율은 1780~1910년 영국에서 대략 85~92%였다. 자산 탈집중은 1차대전 이후에 시작되어 1980년대에 멈춘다. 주로 '중위자산계급'(중위 40%)에게 유리했고, 여기서 중간집단은 '인민계급'(가난한 50%)과 '상위계급'(부유한 10%) 사이를 말한다.

**출처 및 원 통계자료:** piketty.pse.ens.fr/ideologie

**도표 5.5** 스웨덴의 소유 분배, 1780~2015년

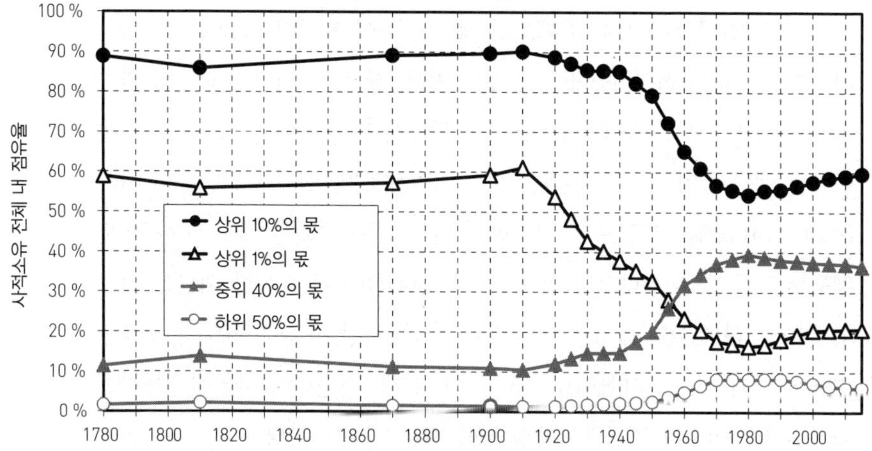


사적소유 전체(부채를 뺀 부동산, 사업자산 및 금융자산)에서 부유한 10%의 점유율은 1780~1910년 스웨덴에서 대략 84~88%였다. 소유 탈집중은 1차대전 이후에 시작되어 1980년대에 멈춘다. 주로 '중위자산계급'(중위 40%)에게 유리한 분산이었고, 여기서 중간집단은 '인민계급'(가난한 50%)과 '상위계급'(부유한 10%) 사이를 말한다.

**출처 및 원 통계자료:** piketty.pse.ens.fr/ideologie

세 나라 사이에는 유의미한 차이가 있다는 점도 적절히 주목해봐야 한다. 사적소유 집중은 영국에서 예외적으로 높으며, 스웨덴은 약간 덜하고, 프랑스는 조금 더 덜하다. 예컨대 총민간자산에서 상위 10%가 보유한 자산 비율은, 영국에서는 1차대전 직전에 92%를 넘었고, 반면 스웨덴에서는 '고작' 88%, 프랑스에서는 85%였다. 더 중요한 것은, 상위 1%가 보유한 자산이 전체에서 점하는 비율은 영국에서는 70%에 달했고, 반면 스웨덴에서는 약 60%, 프랑스에서는 55%였다(그러나 파리로 국한하면 65% 이상이었다).[50] 영국에서 자산 집중이 가장 높았던 것은 특히 토지소유 집중이 예외적으로 강력했다는 것으로 설명된다. 그러나 실은 20세기 초에 농지는 민간자산 전체에서 적은 비중에 불과한 것이었다(영국에서는 겨우 5%, 스웨덴과 프랑스에서는 10~15% 사이).[51] 큰 비중을 차지하는 다수의 재산형태는 도시 부동산·산업자산·금융자산·대외투자였고, 이런 유형의 축적을 가능케 하는 법체계·조세체계는 일견하기에도 영국이나 스웨덴에서만큼 공화국 프랑스에서조차, 제3공화국의 엘리트들이 뭐라 했든지 간에, 소유자에게 유리했다.

여기서 여러 나라 사이의 제도적 정치적 차이를 얼버무리려는 건 아니다. 그 차이들은 현실이었다. 그럼에도 역시, 장기지속적인 비교론의 관점을 취한다면, 19세기와 20세기 초에 유럽에서 만개한 여러 소유자사회 사이에는 대단히 강력한 공통점이 있다. 요약해보자. 벨에포크라 불린 시기(1880~1914년)를 평균으로 잡자면, 유럽 소유자사회는 극도의 자산 불평등으로 특징지어진다고 말할 수 있다. 상위 10%가 보유한 재산은 대략 85~90%, 하위 50%가 보유한 재산은 1~2%가량, 중간의 40%가 보유한 비율은 대략 10~15%다(도표 5.6 참조). 이제 (자산만큼이나 불평등하게 배분되거나 심지어 조금 더 불평등한) 자본소득과 (분명히 덜 불평등한) 노동소득을 모두 합한 뒤 소득 배분을 검토하면서 확인하게 되는 것은, 벨에포크 시기 유럽 소유자사회의 특징이 매우 강력한 소득 불평등사회였긴 하지만, 자산 불평등에 비해서는 현저히 덜 극단적이라는 것이다. 소득의 대략 50~55%가 소득 상위 10%에게 돌아가며, 소득 하위 50%에게는 10~15%가, 중간의 40%에게는 약 35%가 돌아간다(도표 5.7 참조). 이것이 우리에게 유용한 이정표와 추이를 제공하는데, 우리는 책 뒷부분에서 만나게 될 불평등주의체제의 다른 범주들과 이를 비교해볼 수 있을 것이다.

## 소유자사회에 대한 세 가지 도전

소유자사회에 관해 우리가 이해한 바를 요약해보자. 그리고 우리의 연구가 어느 지점에 와 있는지를 보자. 사제·귀족·제3신분의 비교적 엄격한 신분격차와 세 계급 사이의 기능적인 상보성 및 균형과 동맹이라는 전망에 입각한 삼기능사회와 비교해, 소유자사회는 소유권을 통한 사회 안정과 개인의 해방이라는 전망에 의거하고 있다. 이 소유권은 사회적 신분이나 출신과 무관하게 모두에게 개방되어 있다고 간주된다. 그렇지만 실제로는 지배 이데올로기로 발돋움하는 최초의 역사적 단계에서, 다시 말해 19세기와 20세기 초에 소유주의 이데올로기는 세 가지 주요 난점에 봉착했다.

우선, 문제가 되는 사회들에 내재한 불평등의 도전이다. 부의 집중은 19세기 유럽의 모든 소유자사회에서 턱없이 심화되었다. 선행 세기들의 신분사회에서 관찰되는 수준과 동등하거나 때로는 더 높았으며, 어쨌든 공익이라는 명분으로 쉽사리 정당화될 수 있는 수준보다는 훨씬 더 높았다. 그런데 전반적으로 경제적 산업적 발전도 필요했지만, 이 모든 건 소유권의 신성화보다는 교육받을 기회의 평등이 무엇보다도 필요했던 시기의 일로, 소유권의 신성화는 결국 사회 안정성 자체를 위협하게 되었다(안정성이란 물론 사회 발전의 본질적 조건이지만, 최소한의 평등 또는 대다수 사람들이 받아들일 만한 합당한 불평등에 대한 규범의 구축을 경유하는 것

**도표 5.6** 극단적인 자산 불평등:
벨에포크 시기 유럽 소유자사회, 1880~1914년

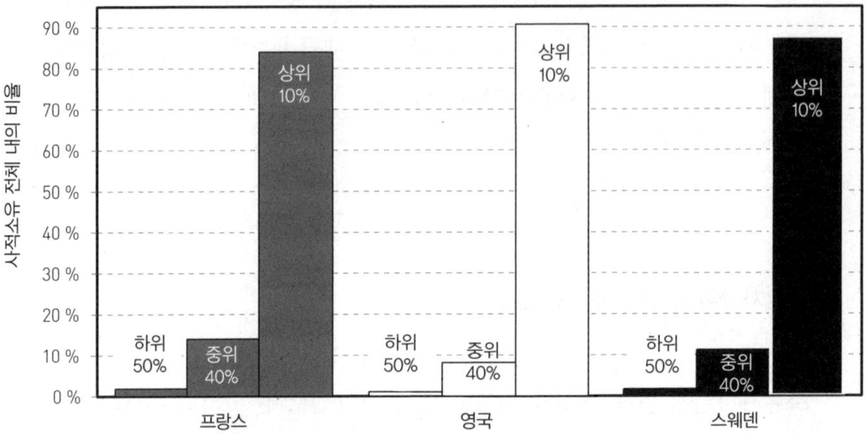


사적소유 전체(부채를 뺀 부동산, 사업자산 및 금융자산)에서의 자산 상위 10%가 차지하는 몫은 1880~1914년 프랑스에서는 평균 84%(그다음 40%는 14%, 하위 50%는 2%), 영국에서는 91%(각각 8%와 1%), 스웨덴에서는 88%(각각 11%와 1%)였다.

**출처 및 원 통계자료:** piketty.pse.ens.fr/ideologie

**도표 5.7** 소득 불평등:
벨에포크 시기 유럽 소유자사회, 1880~1914년

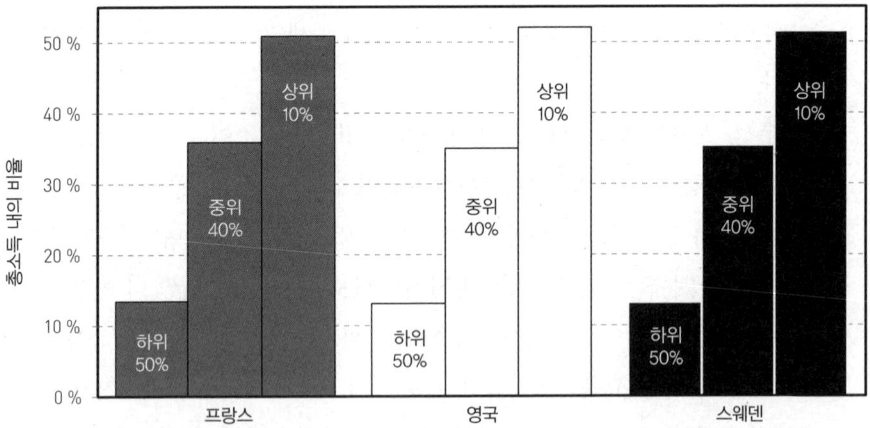


총소득(노동소득과 자본소득: 임대료, 배당금, 이자, 이윤 등)에서 소득 상위 10%가 차지하는 몫은 1880~1914년 프랑스에서는 평균 51%(그다음 40%는 36%, 하위 50%는 13%), 영국에서는 55%(각각 33%와 12%), 스웨덴에서는 53%(각각 34%와 13%)였다.

**출처 및 원 통계자료:** piketty.pse.ens.fr/ideologie

이다). 불평등의 이러한 도전은 19세기 말과 20세기 전반기에 공산주의와 사민주의라는 대항담론 및 대안체제의 출현으로 이어졌다.

다음으로, 외재적이고 식민주의적인 불평등의 도전이다. 18세기와 19세기에 다른 대륙들에 비해 점점 더 명백해진 유럽의 번영은, 유럽의 이른바 도덕적 소유주의적 제도적 우월성보다는, 세계의 다른 부분들에 대한 유럽의 착취 능력 및 군사적 식민지적 지배, 노예제와 훨씬 더 많은 연관이 있다. 서양의 도덕적이고 제도적인 우월성은 서양이 여타 세계를 문명화한다는 소명을 정당화하기 위해 오랫동안 사용된 논거였지만, 그 취약점은 상당수 식민지 개척자들의 눈에, 그리고 무엇보다 이 개척자들을 타도하기 위해 강력한 인민행동을 일으킨 식민지 피지배자들의 눈에는 점점 더 명료해 보였다. 공산주의와 사민주의 대항담론과 대항체제는 소유주의 질서의 이러한 식민주의적 차원(과 정도는 덜하지만 가부장제적 차원)을 고발하는 데도 기여했다.

마지막으로, 민족주의와 정체성주의의 도전이다. 광대한 영토에서의 소유권 보호와 경제와 산업의 발전 촉진이라는 임무를 지닌 유럽 민족국가들은, 19세기에 이어 1914~1945년 사이의 자멸적 시기에 과도한 경쟁, 민족적 정체성 및 국경제도의 강화로 이어지는 단계에 접어들었다. 이 과정 자체는 앞서 제시한 두 문제와 연결되어 있다. 외부에서 벌어진 식민지 쟁탈 경쟁뿐 아니라, 내부의 사회적 긴장도 민족주의 고취와 19세기 소유주의 질서를 날려버릴 전쟁으로 돌진하는 데 커다란 영향을 미쳤다는 의미에서 그렇다.

이 책의 주요 목표 중 하나는, 이러한 세 가지 취약점이 어떻게 결합되어 결국 20세기 동안—특히 양차대전과 공산주의와 사민주의의 도전, 독립운동의 충격 속에—소유주의사회의 극도로 폭력적인 위기로 이어졌는지 분석하려는 것이다. 21세기 우리의 세계는 이러한 위기의 직접적인 산물이다. 공산주의사회의 파국에 이어진 20세기 말 21세기 초의 신소유주의 이데올로기의 부활 이후 이 위기가 던지는 교훈들을 쉽게 망각하곤 하지만 말이다. 하지만 이 문제들을 논하기에 앞서, 유럽의 경로들에 대한 연구에서 빠져나와 노예제사회와 식민사회에 대한 분석에 착수해야 할 시간이다. 더 일반적으로 말하자면, 소유주의적이고 식민주의적인 열강이 유럽 바깥 삼기능사회들의 전환에 개입하여 이 사회들의 발전과정에 작용했던 방식을 분석할 때다.

# 제2부

# 노예제사회와 식민사회

CAPITAL ET IDÉOLOGIE

제 6 장

# 노예제사회: 극단적 불평등

우리는 1부에서 유럽의 경로들에 대한 탐구에 집중하면서 삼원사회의 소유자사회로의 전환을 분석했다. 그러면서 우리는 유럽 바깥 삼기능사회들뿐 아니라, 유럽사회가 1500년부터 1960년경까지 세계의 다른 곳에 식민지배체계를 확립했었다는 사실을 누락했다. 이 체계는 세계 전체의 발전에 영향을 미쳤듯이 유럽사회에도 마찬가지였다. 이제 우리는 2부에서 노예제사회와 식민지사회의 사례, 그리고 유럽 바깥 삼기능사회들(특히 인도에서는 신분을 나누는 오래된 사회 규범이 이례적으로 오늘날까지 이어진다)이 식민주의적이고 소유주의적인 유럽 열강과의 충돌에 의해 어떻게 왜곡된 방식으로 전환되었는지 조사하려 한다. 그 진화들과 궤적들은 국가 내부의 불평등구조뿐 아니라 국가 간 불평등구조를 이해하는 데 결정적인 중요성을 갖는다.

우리는 이번 장에서 두말할 것 없이 가장 극단적인 불평등주의체제 형태인 노예제사회를 검토하는 것으로 시작하겠다. 노예제사회는 유럽 식민주의보다 훨씬 오래전부터 존재했으며, 노예제사회 팽창의 조건과 정당화 도식, 그리고 그 소멸에 대한 연구는 불평등주의체제 통사에서 근본적인 질문들을 제기한다. 특히 우리는 근대 노예제 폐지의 양상들—영국은 1833년에, 프랑스는 1848년에, 미국은 1865년에, 브라질은 1888년에 노예제를 폐지하기로 결정했다—을 알아볼 것이다. 그리고 노예제 폐지에 대한 금전적 배상이 (노예가 아니라) 노예소유자들에게 이뤄지는 다양한 형태에 대해서도 알아볼 텐데, 이는 19세기에 군림했으며 이후 근대세계를 탄생시킨 사적소유 준신성화체제에 관해 귀중한 증언을 들려준다. 미국의 경우, 인종적 불평등과 노예제 문제는 미국의 불평등구조와 정당체계 형성에도 지속적인 영향을 끼쳤다. 우리는 후술되는 다음 장들에서 포스트노예제식민사회의 사례를 살펴볼 것이다. 특히 '2차 식민화 시기'(1850~1960년)라 부를 수 있는 시대에 속한 아프리카, 인도, 여타 사회들(주로 중국·일본·이란)을 집중해서 분석할 텐데, 이 사회들의 불평등주의체제가 어떤 방식으로 식민 현상에 의해 왜곡되었는지를 볼 것이다.

## 노예가 있는 사회, 노예제사회

노예제는 기록으로 남아 있는 가장 오래된 사회제도로, 특히 기원전 2000년에서 기원전 1000년 사이 중동지역 파라오 이집트와 메소포타미아의 노예제가 잘 알려져 있다. 기원전 1750년경 편찬된 바빌로니아『함무라비법전』에는 소유자의 권리가 상세히 적혀 있다. 노예가 절도죄를 저질렀을 때는 사형에 처했으며, 당시 노예의 신원을 나타내는 머릿단을 자른 이발사는 손이 잘렸다. 기원전 1000년의 막바지에 편찬된 구약성서에는 전투에서 패한 민족이 원칙적으로 승리한 민족의 노예가 되며, 부모가 빚을 갚을 수 없는 경우 제 자식을 노예로 팔아야 한다고 나와 있다. 노예제는 사회를 사제·전사·생산자(적어도 이론상으로는 하나로 통합된 자유로운 노동자계급)의 세 계급으로 조직하려는 삼기능 도식, 즉 유럽에서는 서기 1000년경에, 인도에서는 기원전 2세기부터 정식화되는 이 도식의 명시적인 출현보다 훨씬 앞선 흔적을 남겨놓았다. 실제로 노예제 논리와 삼기능 논리는 한 사회 안에서 오랫동안 공존해왔다. 노동자계급이 하나의 동일한 신분으로 통합되는 과정—이론상으로 노예제의 종언만이 아니라 농노 및 다양한 형태의 강제노동의 종언도 내포하는 과정—은 유럽에서도 인도나 여타 문명에서도 여러 세기에 걸쳐 펼쳐져왔던 복합적 과정이기 때문이다.[1]

고전학자 모지스 핀리가 확립한 구분을 떠올리면서 논의를 시작하는 것이 유용하다. 노예들이 존재하기는 하지만 상대적으로 역할이 미약하며 인구의 적은 비중(대부분 몇 퍼센트 정도)을 차지하는 '노예가 있는 사회society with slaves'와, 반면에 노예들이 생산구조·권력관계·소유관계에서 핵심적인 위치를 점하며 인구의 상당 부분(몇십 퍼센트)을 이루는 '노예제사회slave society'가 그것이다. 19세기까지의 거의 모든 인간사회에서 노예들이 보이는데 이런 사회들은 핀리 식으로 구분하면 '노예가 있는 사회'이고, 여기서는 일반적으로 노예의 인원이 매우 적다. 핀리가 보기엔, 역사에 존재하는 진정한 노예제사회는 극소수에 불과하다. 고대 세계의 아테네와 로마, 18세기와 19세기의 미국 남부와 앤틸리스제도. 존재 방식은 다양하지만 이때 노예는 총인구의 30~50% 사이를 차지했다(앤틸리스제도의 경우에는 더 많았다).[2]

최근의 연구들은 노예제사회가 꽤 희소하긴 해도 핀리가 생각했던 것보다는 분명 더 널리 퍼져 있었음을 보여주었다. 고대 세계에서 노예들이 많이 집중되어 있던 곳은 그리스와 로마의 도시들만큼이나 지중해 전역과 중동, 카르타고와 이스라엘인데, 정치적-이데올로기적 경제적 화폐적 상업적 상황에 따라 크게 변주된다.[3] 15세기와 19세기 사이에 서양 바깥 세계에도 노예제사회가 많이 존재했다는 것이 확인된다. 특히 (앙골라와 가봉, 현재의 콩고 사이에 있던) 콩고 왕국, (현재의 나이지리아 북부에 있던) 소코토 칼리프국가, (오늘날 인도네시아 수마트라섬에 있던) 아체 왕국에서 노예는 경우에 따라 인구의 20~50% 사이를 차지했다. 19세기 말에 아프리카에서 (600만 이상의 인구 중 대략 200만 명이 노예였던) 가장 큰 국가로 간주되던 소코토 칼리프국가가 특히 중요하다. 이곳에서는 노예제 및 다양한 형태의 강제노동이 20세기 초에 영국 식민제국으로 병합될 때까지 이어졌기 때문이다.[4] 여전히 더 발견되어야 할, 게다가 정확하게 연구될 수 있을 정도로 충분한 흔적을 남기지 못한 노예제사회들이 더 있음직하다.[5] 아프리카 노예무역만 놓고 보면, 1500년과 1900년 사이에 아프리카 노예가 총 2000만 명이었다고 추산된다(그중에서 3분의 2는 대서양 노예무역에 따른 것으로 앤틸리스제도와 아메리카를 향하며, 3분의 1은 사하라 횡단 노예무역에 따른 것으로 홍해와 인도양으로 향하는데, 이 무역은 서양 국가들과 더불어 유럽·아랍·아프리카의 상인들에 의해 실행되었다). 이 시기 아프리카 대륙의 제한된 인구를 감안하면, 노예무역은 사하라 이남 아프리카Sub-Saharan Africa에서의 엄청난 인구 공백을 불러일으켰다고 볼 수 있다.[6]

핀리의 구분법이 지닌 또다른 한계는 실제로는 노예제와 강제노동에 해당하는 여러 형태가 존재했다는 점이다. 역사적 현실에서는 절대적 예속과 완전한 '자유' 사이에 놓인 노동 지위의 연속체가, 즉 언제나 특수한 사회역사적 구축의 대상이 되며 보유가능한 권리들에 따라 무한히 다양한 상황이 관찰된다. 대서양 노예무역에서 관찰되는 것처럼 노예제가 극단적이고 가장 '산업적인' 형태로 시행되었을 때, 노예는 거의 아무런 권리도 갖지 못했다. 노예는 순수한 노동력에 가깝고 하나의 동산처럼 취급된다(동산노예제動産奴隸制). 노예는 개인으로서의 정체성(개인으로 인정되는 이름)을 갖지 못하며, 사생활을 누릴 권리, 가족생활을 누릴 권리, 결혼할 권리, 소유권뿐 아니라 당연한 말이지만 이동권도 갖지 못한다. 노예의 사망률은 극도로 높아서(약 5분의 1은 대양을 건너오는 도중에 사망하고 거의 그만큼의 수가 다음해에 사망한다), 아프리카에서 오는 새 노예들로 계속해서 대체된다. 프랑스령 앤틸리스제도의 노예제 섬들에서 실행되던 현지법을 안착시키고, 부분적으로는 권한 남용을 제한하기 위해 루이 14세 치하에서 반포된 1685년 흑인법Code Noir에 따르면, 노예는 아무것도 보유할 수 없으며 그들의 하찮은 물건마저 노예소유자의 것이다.

반면에 농노제에서 농노들은 영주의 토지에서만 일해야 하고 다른 곳으로 일하러 갈 수 없기 때문에 당연히 이동권은 없었다. 하지만 한 개인으로서의 정체성은 부여받았다. 교구 명부에 등록되기도 했고, 대체로 결혼할 권리(그렇지만 영주의 허가를 얻어야 한다)와 원칙적으로 얼마 안 되는 재산과 농지 정도는 보유할 권리(역시 소유자의 허가를 얻어야 한다)를 갖는다. 그렇지만 실제로는 노예제와 농노제의 이런 경계들이 흐릿한 경우가 자주 있고, 상황과 소유자에 따라 상당히 가변적일 수 있다.[7] 특히 18세기 마지막 수십 년 동안에 점진적으로, 그리고 1807년의—완전하게 실행되려면 이후 수십 년이 더 걸릴—대서양 노예무역 폐지 이후에는 더욱더 앤틸리스제도와 미국, 브라질의 플랜테이션은 노예 인구의 자체 재생산에 의해 유지되기 시작한다. 이 2차 노예제 시기는 미국 노예제가 가장 번창하던 시기이자 수익성 또한 가장 좋았던 때로 판명되는데, 노예의 수는 1800년에 100만 명 이하에서 1860년에 400만 명으로 늘어났다. 이 기간의 노예반란에 대한 공포로 인해 노예에 관한 규약은 더 엄하게 적용됐는데, 예컨대 1820~1840년 버지니아주·캐롤라이나주·루이지애나주에서는 노예들에게 읽기를 가르치는 모든 이에게 중형을 선고했다. 그럼에도 역시 노예들 사이에서 사생활과 가족, 사교라는 생활양식이 나타난다는 이 단순한 사실은, 19세기 미국·앤틸리스제도·브라질의 노예 상태를 노예무역 및 신참 노예들로 노동력을 계속 대체하던 시대의 지배적인 노예 상태와는 분명히 다른 것으로 만든다. 중세 유럽 농노들의 상황이 언제나 훨씬 나았던 것인지는 단언할 수 없는 것이다.

현재 가용 연구들을 보면, 남북전쟁(1861~1865년) 전야인 1860년 미국 남부에는 피착취노예 400만 명이 존재했는데, 이는 역사상 노예가 한

곳에 가장 많이 집중된 시기다. 이와 관련해서도 역시 고대 노예제사회들에 대한 우리가 가진 지식의 한계와, 더 일반적으로는 18세기와 19세기의 구미 및 대서양 노예제체계 외의 가용 자료들이 지닌 한계를 강조해야 한다. 고대 노예제에 관해 가장 널리 알려진 추계는 1세기에 로마와 주변 지역의 노예를 대략 100만 명(자유민은 약 100만 명)으로, 기원전 5세기 아테네와 주변 지역의 노예를 15만~20만 명 사이(자유민은 약 20만 명)로 인용한다. 하지만 이러한 측정들은 로마시대 이탈리아 전역과 고대 그리스 전역을 포괄하지 못하며, 규모의 추이로서만 짐작할 수 있다.[8]

무엇보다도, 노예의 지위가 지닌 의미가 주어진 상황에 따라 너무 달라져서 순전히 양적인 비교들은 제한적일 수밖에 없다. 19세기 소코토 칼리프국가에서는 일부 노예들이 관공서와 군대에서 높은 직위를 얻을 수 있었다.[9] 13세기부터 16세기까지 이집트에서 맘루크들Mamluks은 고위 군인으로 국가를 통제하는 해방노예들이다. 남성군인노예제는 18세기와 19세기까지 오스만 제국에서 중요한 역할을 하며, 가사노동을 담당하는 여성 노예나 여성 성노예도 마찬가지로 중요했다.[10] 고대 그리스에서는 아주 소수이긴 하지만 일부 노예들이 특히 고도의 기능을 요하는 직무를 공노예나 고위 공무원으로서 수행했는데, 예컨대 법률문헌 검증과 수집, 화폐 칭량 또는 신전 재산목록 작성 같은 업무들을 맡았다. 이런 전문적인 일은 정치 게임과 거리가 먼 사람이, 즉 시민권이 없어 높은 지위를 얻겠다고 나설 수 없는 사람이 맡는 게 바람직하다고 판단되었다.[11] 대서양 노예제에는 이런 유형의 정교함의 흔적이 보이지 않는다. 노예들은 플랜테이션노동에 할당되고, 노예들인 흑인과 자유로운 백인 사이의 거의 절대적인 분리가 극도로 뚜렷한 형태를 띠는데 이는 노예제사회의 역사에서 흔한 것은 아니다.

## 영국: 1833~1843년의 노예제 폐지-배상

이제 우리는 19세기 대서양과 구미의 상이한 노예제 폐지과정을 검토하려고 한다. 이 역사적 시퀀스들은 노예제를, 그리고 포스트노예제의 가능한 여러 궤도를 정당화하거나 또는 비난하기 위해 제시된 논변들을 더 잘 이해하게 해주기 때문이다. 영국의 사례가 특히 흥미로운 이유는 극단적 점진주의의 상황을 다시금 보여주기 때문이다. 우리는 이미 삼기능 논리와 소유주의 논리 사이의 영국적 이행에서 확인했던 것을, 노예제 논리와 소유주의 논리 사이의 이행에서 재확인한다.

1833년에 영국 의회에서 채택되고 1833년과 1843년 사이에 점차 확립된 노예제폐지법은 실제로 노예소유자들에 대한 전면적인 배상을 허용했다. 노예 본인 또는 그 선조가 겪은 피해에 대한 배상은, 그것이 중대한 신체적 피해이든 단지 수세기에 걸쳐 보수를 받지 못하고 노동했다는 사실이든 간에, 영국의 노예제 폐지에서도 그 밖의 다른 어떤 노예제 폐지에서도 전혀 준비되지 않았다. 오히려 그 반대다. 우리가 보게 될 것처럼, 과거에 노예였던 이들이 일단 해방이 되고 나면 꽤나 엄격하고 별달리 득이 될 것도 없는 장기노동계약을 맺어야 할 의무를 가졌다. 그래서 그들은 공식적인 해방 이후—해당 노예제 폐지 방식에 따라 변이되는—장기간의 준강제노동체제에 사실상 놓이게 될 것을 대부분 인지하고 있었다. 반면 영국의 노예소유자들은 소유자로서 입은 손해, 말하자면 소유권 박탈에 대한 완전한 배상을 요구할 권리를 가졌다.

구체적으로, 영국 국가는 노예소유자들이 보유한 노예들의 시장가치와 거의 동등한 배상액을 소유자들에게 지급하는 일을 자신의 책임으로 간주했다. 배상이 가능한 한 가장 공정하고 정확한 것이 되도록, 꽤 정교한 계산표가 노예의 연령·성별·생산성에 따라 확정되었다. 이렇게 해서 4000명의 노예소유자들에게 지급된 배상액은 약 2000만 파운드로 당시 영국 국민소득의 대략 5%에 해당했다. 오늘날 영국 정부가 2018년 영국 국민소득에서 동일한 비율의 금액을 이와 같은 정책에 배정하기로 결정했다면, 약 1200억 유로 즉 4000명 소유자 각자에게 대략 평균 3000만 유로를 지급해야 할 것이다. 여기 해당되는 이들은 매우 부유한 소유자들로, 흔히 노예 수백 명 혹은 수천 명을 보유한 이들이었다. 이 모든 것의 재원은 그만큼 늘어나는 국채에 의해 조달되었는데, 국채 자체가 영국 납세자 전체가 갚는 것이고 당시 영국 조세제도의 강한 역진성을 감안한다면, 실제로 이 국채를 감당하는 이들은 주로 수입이 적은 보통의 가구들이다(20세기까지 대부분의 조세제도처럼 당시 영국 조세제도도 소비와 교역에 부과되는 간접세를 기반으로 한다). 규모의 추이를 가늠하기 위해 함께 주목해봐야 하는 것은 (모든 이수과정을 합친) 학교와 교육 전반에 배정된 공적예산 전체가 19세기 영국 연간국민소득의 0.5%를 초과하지 않았다는 점이다. 따라서 노예소유자들에게 배상하기 위해 투여된 공적자금의 액수가 10년 이상의 교육투자금과 맞먹는다.[12] 일반적으로 과소한 교육투자가 20세기 영국 쇠퇴의 주원인 중 하나로 간주되기에 이런 비교는 그만큼 더 놀랍게 다가온다.[13]

당시에는 (적어도 정치권력을 가진 소수의 소유자-시민들의 눈에는) 완벽하게 합당하고 정당한 것으로 여겨진 이러한 자금운용에 관한 의회 문서들이 최근 체계적으로 발굴되어, 2010년과 2014년에 여러 단행본으로 출간되었고, 완벽한 실명 데이터베이스를 구축하게 되었다.[14] 1830년대에 후한 배상금을 받은 노예소유자들의 후손 중에는 전 보수당 총리 데이비드 캐머런의 사촌도 있는 것으로 알려졌다. 해당 가문의 재산의 원천이었거나 21세기 초에도 영국의 여러 부유한 가문이 여전히 보유하고 있는 부동산과 금융유가증권의 원천인 이 문제의 금액을 국고로 환수하라는 요구들이 표명되었으나, 어떤 것도 해결되지 않아 사태는 오늘날까지도 여전히 그대로다.

1833년 법에 의해 해방된 대영제국의 노예들은 대략 80만 명이었는데, 대부분은 영국령 앤틸리스제도 출신이었고(자메이카·트리니다드 토바고·

바베이도스·바하마·영국령 기아나로, 영국령 서인도제도라고 부르는 이곳 출신이 총 70만 명이다), 그보다 적은 수가 영국 식민지였던 남아공 케이프타운과 인도양 모리셔스 왕국 출신이었다. 이 식민지 영토들은 주로 노예들로 구성되어 있었는데, 결국 해방된 노예의 수는 1830~1840년 본토 영국 총인구(약 2400만 명)의 약 3%에 상응하는 것에 불과했다. 바로 이런 연유로 노예소유자들에 대한 전면배상정책은 많은 비용이 드는 것이었음에도 불구하고 영국사회와 납세자가 감당할 수 있는 것이었다. 우리는 미국의 경우에 사태가 매우 다르게 전개됨을 볼 것이다. 집행해야 할 배상액의 규모가 너무 커서 재정적인 해법을 거의 생각할 수 없을 정도였다.

## 노예소유자들에 대한 배상의 소유주의적 정당화

소유자들에 대한 이러한 배상정책이 당시 영국 엘리트들에겐 당연하게 여겨졌다는 사실을 눈여겨봐야 한다. 배상하지 않고 노예소유자들에게서 노예를 빼앗는다면, 과거에 노예를 보유했으나 이후 다른 투자를 위해 노예를 팔아버린 자들에겐 왜 똑같이 하지 않는가? 과거에 획득된 소유권 전체를 문제시하게 될 위험이 점점 더 커지지 않는가? 이미 다른 맥락에서, 예컨대 프랑스혁명기의 부역, 또는 19세기 말 20세기 초의 아일랜드 부재지주와 관련해 보았던 것과 동일한 소유주의 논리를 여기서 다시 보게 된다.[15]

앞 장에서 언급한 제인 오스틴의 소설들을 다시 떠올려보자. 『맨스필드 파크』에는, 토머스 경이 안티구아에 플랜테이션을 보유한 반면 그의 사윗감 헨리 크로퍼드는 이를 소유하지 않았다는 이야기가 나오는데, 정작 여기엔 그 어떤 특별한 도덕적 함의가 수반되지 않는다. 다양한 형태의 자산(토지·국채증서·건물·투자금·플랜테이션 등)이 연간 기대소득을 낳기만 한다면 이것들은 호환적이라 여겨지는 것이다. 그러니 도대체 어떤 명분으로 의회가 이런 소유들 중 하나를 그대로 두면서 다른 소유를 파괴할 권리를 갖는단 말인가? 소유주의 논리에 대한 문제제기를 마다하는 한에서는 사실상 '이상적인' 해법을 찾기란 그리 쉽지 않다. 노예를 소유함으로써 부유해진 사람들에게서 그들의 '소유'를 박탈하는 데 그치지 않고 노예들에게 배상함으로써, 예컨대 보수 없이 그들이 그토록 오래 노동해왔던 토지들을 노예들에게 양도함으로써, 저들 부유해진 이들이 더 많은 부담을 지도록 하는 편이 틀림없이 옳은 일이었을 것이다. 하지만 배상의 재원 마련을 위해서라면, 재산의 구성이 어찌되었든 그 재산의 크기만큼의 과세표에 입각해, 소유자들 전체에게 과세하는 것도 옳았을 것이다. 이는 많은 사람이 과거에 노예를 보유한 적이 있었다는 점과 더 일반적으로는 모든 소유자가 노예소유자들 및 이들의 면직 생산이나 제당업과 거래함으로써—이런 거래가 당시 경제체계 전체에서 중심적인 역할을 했으니—부유해졌다는 사실을 고려하려는 것이다. 노예에게 배상하기라는 문제가 부각되면서부터는(또는 단순히 소유자들에게 배상하지 않아도 된다면) 소유에 대한 이러한 전면적 문제제기가 거의 불가피할 것이므로, 19세기 엘리트들은 이를 피하고 싶어했다.

소유자들에게 배상해야 할 필요성은 그 시대 정치 엘리트와 경제 엘리트 외에도 상당수의 사상가들과 지식인들에게도 당연시되었다. 프랑스혁명 시기에 '급진파' 계몽주의자들과 '온건파' 계몽주의자들 사이의 의견 대립도 볼 수 있다.[16] 콩도르세 같은 일부 '급진파'가 배상 없는 노예제 폐지 개념을 옹호했다면,[17] '자유주의자'이자 '온건파'인 대다수의 엘리트는 소유자에 대한 배상을 논란의 여지가 없는 당연한 선결조건으로 간주했다. 특히 알렉시 드 토크빌에 대해 생각해보자. 그는 1830~1840년에 노예제 폐지에 관한 프랑스에서의 논쟁에서 본인이 원했던 기발한(우리가 후술하겠지만 소유자들에게 매우 후한) 배상 제안으로 유명해졌다. 확실히 노예제 폐지 논쟁에서 인간의 평등한 존엄성에 관한 도덕적 논의는 한 축을 담당했다. 하지만 사회경제적인 구성 전체에 대한 비전과 노예제 폐지가 소유주의 질서 안에 안착하는 방안을 담은 정밀한 계획이 그 논의들에 수반되지 않는 한, 논의에 대한 지지를 끌어내기가 어려웠다.

18세기와 19세기에 수많은 기독교도 노예제 폐지론자들이 기독교 교리 자체가 노예제를 즉각 끝낼 것을 명한다는 점을, 게다가 고대 노예제에 종지부를 찍을 수 있게 해주었던 것이 바로 기독교의 도래라는 점을 설명하고자 노력했다. 안됐지만 이 논리는 틀렸다. 기독교 유럽에서는 적어도 6~7세기까지 노예를 소유한 수많은 주교들이 확인되는바, 바로 이것이 8세기 에스파냐에 대한 이슬람의 침입과 개종을 가속화했다.[18] 서기 1000년이 되어야 유럽 노예제가 종언을 고하게 되며 그후 여러 세기가 지나야 농노제도 사라지는데, 심지어 정교회 러시아의 경우에는 19세기 말에나 농노제가 폐지된다. 당시 이 논쟁에 참여한 많은 역사가와 고전학자 가운데 특히 독일학파가 기독교 노예제 폐지론자들의 주장에 반대했다. 이들은 노예제야말로 다른 계급이 우월한 예술활동과 정치활동에 전념할 수 있도록 해주는 장치로, 고대 세계의 위대함을, 특히 그리스-로마 문명의 위대함이 이룩될 수 있게 했다는 사실을 강조했다. 노예제에 반대한다는 것은 따라서 문명에 반대한다는 뜻이 되며, 비루한 평등주의로 되돌아간다는 뜻이 된다. 혹자들은 고대 세계만큼 인구가 많았던 적이 없었다는 생각을 옹호함으로써 노예제와 문명 사이의 이러한 연결을 논증하고자 했는데, 이것은 기독교 노예제 폐지론자들의 주장만큼이나 틀린 주장이지만, 르네상스부터 19세기까지 '중세시대'를 암흑시대라고 간주하던 당시의 지적 분위기를 감안한다면 얼마간 그럴듯한 주장이었다.[19]

또한 흥미롭게도 1750년부터 1850년까지 영국과 프랑스에서 특히 활발했던 노예제 폐지 논쟁에서는 예속노동과 자유노동 각각의 장점을 비교하는 데 계량적이고 통계적인 여러 자료가 활용되었다.[20] 노예제 폐지론자들은, 특히 1771년에 뒤퐁Pierre Samuel DuPont의 펜 아래에서 이어 1788년에 라퐁 드 라데바Laffon de Ladébat의 더 정교한 계산에 따라, 자유로운 노동자는 노예보다 훨씬 더 생산적인 만큼 대농장주들은 자신의 노예를 해방시킴으로써 그리고 프랑스와 유럽 농촌에 넘쳐나는 헐값의 가용 인력 상당수를 앤틸리스제도로 보냄으로써 많은 돈을 벌 수 있을 것이라고 주장했다. 노예소유자들은 이런 학문적 계산에 별로 설득되지 않는 모습이었고(엄밀히 말해서 신빙성이 없다고 생각했고), 그들은 도리어 자유노동과 예속노동의 생산성이 동등하거나 노동 강도나 체벌의 필요성을 감안한다면 어쩌면 예속노동의 생산성이 더 높을 것이라고 생각했다. 다양한 나라의 노예제 옹호자들은 자유노동에 따르는 (동일한 생산성에 비해) 더 많은 임금 비용이 다른 식민 열강과의 경쟁에 직면한 자신들의 상업적 경쟁력을 즉각 손상시킬 것이라는 사실도 강조했다. 불행하게도 사람들이 노예제 폐지론자들의 반경제적이고 반애국주의적인 망상을 따른다면, 그들[노예소유자들]의 설탕과 면직물과 담배를 아무도 원하지 않을 것이고, 이는 국민생산과 국가의 위대함의 즉각적인 파산일 것이라고 말이다.

결국 1807년에 대서양 노예무역의 종언이 플랜테이션의 수익성에 해를 끼쳤다는 걸 시사하는 자료는 전혀 없다. 노예무역으로 살아가는 사람들은 물론 생업을 바꿔야 했지만, 대농장주들은 노예 인구의 재생산 쪽이 비용이 덜 든다는 걸 곧 깨달았다. [노예무역 종식] 결정은 영국에서 내려졌고, 1808~1810년에 미국과 프랑스에서도 이 결정을 받아들였다. 1815년 빈 국제회의 당시 여타 유럽 열강에서도 받아들여졌는데, 이미 이 시점에는 출산을 통한 노예 재생산 방식이 널리 퍼져 있었고 그 실효성이 입증되고 있었다. 비슷한 논리로, 영국의 소유자 엘리트와 산업 엘리트가 1833년 노예제 폐지에 동의했다면, 이는 (미국의 독립운동과 경제적 의고주의economic archaism에 대해 보복하고 싶었다는 점은 제외하더라도) 부분적으로는 그들이 바로 이 시점에 임금노동이 예속노동만큼이나 수익성이 좋아 경제발전을 가능케 한다고 보았기 때문이다. 그러나 노예소유자들은 자신의 소유의 손실에 대해 전면적으로 배상받는 조건을 따져봤을 때, 영국에서의 노예제 폐지 논쟁이 그랬듯이, 일부 노예제 폐지론자들이 뭐라 주장했든지 간에 자유노동이 실효성이 매우 큰 이유가 소유자들에게 충분히 배상해줄 수 있기 때문이라는 주장은 너무나 개연성이 없어 보였다. 노예제 폐지는 소유자들에 대한 배상비용을 감당해야 하는 일이었다. 영국은 이 비용을 영국 납세자들이 치르게 하는 정치적 선택을 했고, 이는 당대 사회에서의 소유자들과 소유주의 이데올로기의 정치적 힘을 가늠케 한다.

## 프랑스: 1794~1848년 이중의 노예제 폐지

프랑스 식민지에서의 노예제 폐지는 이것이 두 단계에 걸쳐 일어났다는 데 그 특수성이 있다. 1차 폐지는 생도맹그(아이티)의 노예반란이 원인이 되어 1794년에 국민공회에서 결정되었으나, 1802년 나폴레옹 치하에서 복원되었다. 최종적으로 노예제 폐지가 확정된 것은 왕정이 몰락하고 제2공화국이 성립된 1848년이었다. 게다가 프랑스 사례는 구미 노예제 폐지론자들의 정신의 위대함 또는 소유자들의 소심한 계산이 아닌, 노예들 스스로가 조직한 반란과 이에 따른 새로운 반란에 대한 공포가 노예제 폐지를 이끌어낸 주요 역사적 요인이라는 점을 환기시킨다. 1794년 1차 폐지에서 반란이 결정적 역할을 했다는 것은 명백하다. 이는 근대사에 나타난 최초의 위대한 노예제 폐지였고, 아이티 노예들이 무력으로 자신들의 해방을 선취하고 나라의 독립 선포를 준비했다는 사실의 직접적인 결과다.

반란의 결정적 역할은 영국 1833년 법과 관련해서도 전적으로 명확하다. 이 법은 1831년 크리스마스에 자메이카에서 일어난 대규모 노예반란 이후 두 해가 채 지나지 않아 채택되었다. 영국 언론에 담긴 이 반란의 피로 물든 반향이 영국 여론에 강렬한 인상을 심었고, 1832~1833년 논쟁에서 노예제 폐지론자들을 추동했으며, 자메이카나 바베이도스에서 언젠가 생도맹그와 같은 운명을 겪는 위험을 감수하느니 차라리 재정적으로 후한 보상을 받아들이는 게 더 현명하리라고 소유자들을 설득하는 데 기여했다. 집단 처형으로 막을 내린 1831년 자메이카 반란 자체는 1815년에 영국령 기아나에서 일어났던 반란과 1802년 과들루프섬의 대규모 반란의 뒤를 이은 것이었다. 과들루프 반란은 인구의 10%에 달하는 노예 약 1만 명의 처형과 추방으로 막을 내렸는데, 이로 인해 프랑스 당국은 섬의 인구를 늘리고 설탕 플랜테이션의 활기를 회복시키기 위해 1810~1820년 사이에 잠정적으로 노예무역을 재개하게 되었다.[21]

여기서 기억해야 할 것은 프랑스령 노예제 섬들은 1789년 프랑스혁명 전야에 구미 세계 안에서 노예들이 최고로 집중되어 있었던 곳이라는 점이다. 1780~1790년 무렵에, 앤틸리스제도와 인도양의 프랑스 플랜테이션에는 70만 명 정도의 노예가 모여 있었고(당시 프랑스 본토 인구 2800만 명의 약 3%에 달할 정도였다), 반면 영국 속령들에는 대략 60만 명이, (독립한 지 얼마 지나지 않은) 미국 남부의 플랜테이션에는 50만 명이 있었다. 프랑스령 앤틸리스제도에서, 노예들이 주로 집중되어 있던 곳은 마르티니크섬, 과들루프섬, 특히 생도맹그—이곳에서만 45만 명 이상의 노예가 집계되었다—였다. 1804년에 독립을 선포하면서 오래전 아메리카인디오식 지명을 되살려 아이티로 개명한 생도맹그는 18세기 말 프랑스 식민지 중의 보배로, 주로 설탕·커피·면화 생산 덕에 식민지 중에서 가장 번창하고 가장 수익이 많이 나는 곳이었다. 생도맹그는 1626년부터 프랑스 식민지였는데 1492년에 콜럼버스가 정박했던 히스파니올라라는 큰 섬의 서쪽 지역이며, 동쪽 지역은 옆의 큰 섬 (노예제가 1886년까지 지속된) 쿠바와 마찬가지로 에스파냐 식민지였다(후일 도미니카공화국이 된다).

인도양의 프랑스령 노예제 섬 두 곳은 일드프랑스(18세기에 가장 중요한 곳인 이 섬은 1810년에 영국 군인들에 의해 점령되었고 1814년에 나폴레옹의 패배로 모리셔스라는 이름의 영국 속령이 되었다)와 일부르봉이었다. 일부르봉은 1815년에도 여전히 프랑스령이었고 프랑스혁명기에 레위니옹으로 개명되었다. 전체를 보자면, 이 두 섬의 플랜테이션에는 1780~1790년 무렵에 거의 10만 명의 노예가 있었고, 프랑스령 앤틸리스제도에는 60만 명의 노예가 있었는데 그중 45만 명 이상이 생도맹그에 있

**도표 6.1** 대서양 노예제사회, 18~19세기

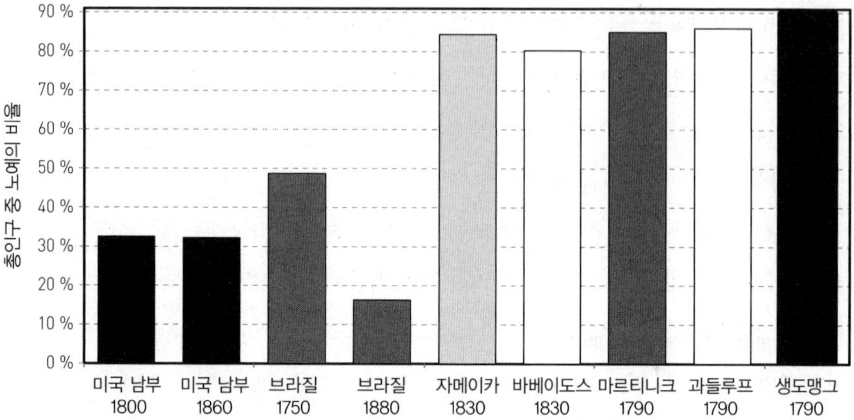


1800년에서 1860년 사이 미국 남부 노예의 수는 남부 전체 인구의 약 3분의 1이었다. 브라질에서 노예의 비율은 1750년과 1880년 사이 거의 50%에서 20% 이하로 줄어든다. 1780~1830년 영국령과 프랑스령 앤틸리스제도의 노예 비율은 80%를 초과하는데, 1790년 생도맹그(아이티)에서는 심지어 90%에 육박한다.

**출처 및 원 통계자료:** piketty.pse.ens.fr/ideologie

었다.

생도맹그가 진정 노예들의 섬이었다는 사실을 또한 강조해야 한다. 노예의 비율이 1780년대 말에 생도맹그 총인구의 90%에 달했다는 의미에서 말이다(메스티소·물라토·유색인종 자유인을 포함한다면 심지어 95%다). 1780~1830년 기간에 영국령 앤틸리스제도와 프랑스령 앤틸리스제도의 다른 곳에서도 유사한 수준이 확인된다. 자메이카 84%, 바베이도스 80%, 마르티니크 85%, 과들루프 86%. 이것은 대서양 노예제사회의 역사에서, 더 일반적으로는 노예제사회의 세계사에서 전혀 관찰된 적이 없는 가장 극단적인 수준이다(도표 6.1 참조). 비교하자면, 같은 시기에 미국 남부 또는 브라질에서는 노예들이 인구의 30%에서 50%를 나타내는데, 가용 자료들에 따르면 이는 고대 아테네 또는 로마와 유사한 비율이다. 영국령 앤틸리스제도의 섬들과 프랑스령 앤틸리스제도의 섬들은 18세기와 19세기 초에 노예가 인구의 거의 전부를 구성하는 사회들에 대한 가장 잘 실증된

**도표 6.2** 팽창하는 노예제 섬: 생도맹그, 1700~1790년

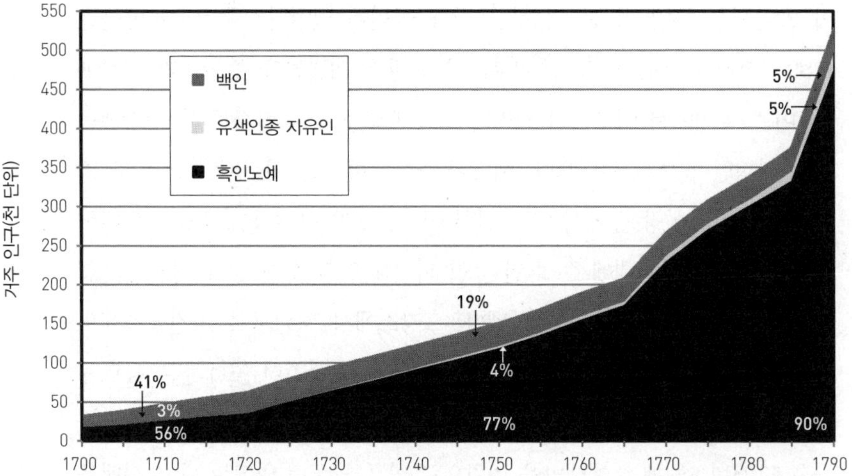


생도맹그(아이티)의 총인구는 1700~1710년 5만 명 정도(노예 56%, 유색인종 자유인과 메스티소 3%, 백인 41%)에서 1790년에 50만 명(노예 90%, 유색인종 자유인과 메스티소 5%, 백인 5%)으로 증가한다.

**출처 및 원 통계자료:** piketty.pse.ens.fr/ideologie

역사적 사례를 보여준다.

노예의 비율이 전체 인구의 80% 또는 90%에 달했을 때는 기존의 억압 기제가 얼마나 잔혹한가와 무관하게 반란의 위험이 매우 높아진다는 점은 아주 분명하다. 아이티 사례는 특별히 극단적이라서, 노예 수가 매우 빠른 리듬으로 증가했고, 다른 섬들의 노예 수보다 훨씬 더 높은 수준에 도달했다. 1700년 무렵, [아이티]섬의 총인구는 대략 3만 명이고, 절반 조금 넘는 수가 노예들이다. 1750년대 초에 아이티에서는 노예 약 12만 명(총인구의 77%), 백인 2만 5000명(19%), 메스티소와 유색인종 자유인 5000명(4%)으로 집계되었다. 1780년대 말, 이 식민지에는 노예 47만 명(총인구의 90%), 백인 2만 8000명(5%), 메스티소·물라토·유색인종 자유인 2만 5000명(5%)이 있었다(도표 6.2 참조).

1789년 전야에 대략 4만 명의 아프리카인이 매년 포르토프랭스와 카프프랑셰에 도착해서 사망한 노예들을 대체하고 노예 보유고를 늘렸으

니, 노예 보유고는 극도로 빠른 속도로 증가했다. 이 체계는 프랑스혁명이 발발했을 무렵 가속도가 붙은 확대 국면에 있었다. 해방된 노예들은 1789~1790년 프랑스혁명 초기부터 투표권과 의결권을 주장하기 시작했다. 이는 파리에서 이루어진 권리의 평등에 관한 위대한 선언을 생각했을 때 논리적인 것으로 보였으나, 해방된 노예들에게는 거부되었다. 북부 평원지대 부아카이망 숲에서 열린 집회 이후인 1791년 8월 노예들의 위대한 봉기가 섬의 산악지대에 수십 년 동안 피신해 있던 수천 명의 '마론marrons'(탈주) 노예가 참여하면서 시작됐다. 프랑스에서 지원군을 파견했음에도 불구하고, 대농장주들이 본국으로 도망친 사이 봉기한 노예들은 빠르게 영토를 장악하고 플랜테이션들을 접수했다. 파리에서 파견된 새 판무관들은 1793년 8월에 노예해방을 법령으로 발포하는 것 말고는 다른 선택을 할 수 없었다. 이 결정은 1794년 2월 국민공회에 의해 식민지 전체로 확대되었고, (비록 실제로 반란에 의해 강제된 것이긴 하지만) 이 확대 적용된 노예제폐지법으로 인해 국민공회는 선행 체제들과 다를 수 있었다. 그러나 이 결정은 제대로 집행되지 못했다. 1804년 독립을 선포한 아이티는 예외였지만, 소유자들은 1802년 이후 나폴레옹으로부터 식민지 섬들 전체에서의 노예제 복원을 얻어냈다. 1825년에 이르러야 샤를 10세가 아이티의 독립을 인정했고, 다른 영토들, 특히 마르티니크·과들루프·레위니옹에서 노예제가 폐지되는 건 1848년이었다.

### 아이티: 노예소유가 국채가 된 경우

아이티 사례가 상징적인 이유는 이것이 승리한 노예반란으로 이룬 근대 최초의 노예제 폐지이고 유럽 강국에 맞선 흑인들이 쟁취한 최초의 독립이기 때문일 뿐 아니라, 이 사건이 어마어마한 국채로 마무리되었기 때문이다. 이 국채 탓에 이후 두 세기 동안 아이티의 발전은 크게 침체되었다.

프랑스가 결국 1825년에 아이티의 독립을 인정하고 프랑스 군대를 동원한 침략 위협을 그만두기로 한 것은, 오로지 샤를 10세가 노예소유자들의 재산 상실에 대한 보상으로 프랑스에 1억 5000만 금본위프랑을 갚겠다는 약속을 아이티 정부로부터 얻어냈기 때문이다. 프랑스의 자명한 군사적 우위, 사태가 타결되기 전 벌어진 프랑스 군대의 항구 봉쇄, 섬을 점령하겠다는 프랑스의 현실적인 위협 등으로 인해 포르토프랭스의 아이티 정부는 선택의 여지가 없었다.

1825년에 확정된 1억 5000만 금본위프랑이라는 액수가 나타내는 의미를 아는 것이 중요하다. 이 액수는 플랜테이션의 수익성과 대혁명 이전의 노예가격에 준한 오랜 협상 끝에 계산되었다. 이는 당시 프랑스 국민소득의 약 2%에 해당하며 오늘날 2018년 프랑스 국민소득에 동일한 비율로 적용해보면 400억 유로 이상이다.[22] 아이티에서 '해방된' 노예의 수가 1833년 영국 노예 전부의 절반 이하였다고 해서 이 액수를 1833년 법 이후 영국의 소유자들에게 지급된 배상 총액과 비교할 수 없는 것은 아니지만, 무엇보다도 가장 중요한 것은 이 액수를 당시 이 섬에서 사용가능했던 자원들과 비교하는 일이다. 그런데 최근 연구들은 1억 5000만 금본위프랑이 1825년 아이티 국민소득의 300% 이상, 달리 말해 3년 이상의 생산에 해당한다는 것을 밝혀냈다. 게다가 이 협정에 따르면 금액 전부를 5년 내에 예금공탁금고CDC(프랑스혁명기에 창설되어 지금까지 존재하는 공공은행기관)로 신속히 납입하도록 되어 있었는데, 그 조건은 예금공탁금고가 약탈당한 노예소유자들에게 배상액을 지급한다는 것(실제 행해졌다)과, 아이티 정부가 프랑스 민간은행들에게 융자를 받아 분할 상환한다는 것이었다(역시 실제 행해졌다). 걸려 있는 총액이 얼마나 많은가를 깨닫는 것이 핵심이다. 이는 그후 수십 년간 섬절된 여러 곡절과 재협상에 따라 은행가들이 빼놓지 않고 추가한 비싼 수수료는 고려하지 않더라도, 그 시대에 전형적인 연리 5%의 융자를 얻은 아이티는 원금 상환은 시작도 못한 채로 채무이자를 갚기 위해서만도 매년 자체 생산의 15%에 상당하는 금액을 무한정 되갚아야만 하리라는 것을 뜻한다.

확실히 프랑스인 소유자들 입장에서는 이 섬이 노예제시대에 더 많은 수익을 가져다주었다고 말할 수 있다. 사실상 오늘날 가용 추계가 시사하는바, 1750년과 1780년 사이 생도맹그 생산의 약 70%가 (섬 인구의 약 5%를 넘지 않는) 대농장주들과 프랑스인 소유자들의 이익으로 이어졌는데, 이것은 특유의 식민지 수탈에 관한 잘 실증되고 특별히 극단적인 사례를 보여준다.[23] 그러나 이론적으로는 엄연한 주권국가를 대상으로 자체 생산의 15%를 이전 소유자들에게 무한정 계속 갚으라고 요구하기는 어려웠으며, 이 모든 것은 이 나라가 노예이기를 멈추고자 했기 때문이다. 게다가 모든 일은 섬의 경제가 혁명 상황에서의 대치, 항구 봉쇄 조치와 함께 설탕 생산 상당 부분이 쿠바로 이전된 사태로 인해 크게 고통을 겪는 상황에서 펼쳐지고 있었다. 쿠바에서는 노예제가 계속 실행되고 있었고, 상당수 아이티 대농장주들은 봉기 시점에 자기 노예들을 데리고 쿠바에 도피해 있었다. 아이티가 지역경제로 편입되는 일 역시, 아이티의 선례를 보며 노예반란이 일어날까 불안에 떨던 미국이 1864년까지 아이티를 국가로 인정하고 교섭하기를 거부했던 사실로 인해 난항을 겪었다.

아이티의 부채는 여러 차례 복잡한 재협상의 대상이 되었지만, 부채의 대부분은 상환되었다. 특히 아이티는 19세기 내내 그리고 20세기 초까지 평균적으로 매우 큰 무역수지 적자를 냈다. 1842년 지진 및 잇달아 일어난 포르토프랭스의 큰 화재로 인해 프랑스는 1843년부터 1849년까지 이자 지불유예에 동의했다. 하지만 상환은 곧이어 정상화되었고, 최근 연구들은 프랑스 채권자들이 1849년부터 1915년까지 아이티에서—시기에 따라 그리고 아이티의 정치 상황에 따라 큰 변동이 있긴 하지만—평균 연간 국민소득의 5%에 상당하는 금액을 수탈해왔다는 점을 보여준다. 아이티의 무역수지 적자는 국민소득의 10%에 달했다. 국민소득은 때로는 제로 지점에 가까운 수준으로 심지어 어떤 때는 마이너스로 떨어졌는데, 여하간 이 기간의 평균은 약 5%였다. 이런 식으로 상당한 금액이 장기간에 걸쳐 평균적으로 상환되었다. 하지만 1825년 협정에 내포된 것보다는 적어서, 프랑스 은행들은 이 불량 채무국에 대해 꾸준히 불만을 제기했다. 프랑스 정부의 지원을 받아 이 은행들은 결국 자신의 나머지 채권을 미국에 양도하기로 결정했다. 미국은 1915년부터 1934년까지 아이티의 질서를 복원하고 자신의 금융적 이익을 보호하기 위해 아이티를 점령했다. 1825년의 부채는 1950년대 초에 마침내 완전히 상환되고 공식적으로 소멸되었다. 1825년부터 1950년까지 한 세기가 넘는 동안, 프랑스가 아이티로 하여금 해방을 위해 치르게 한 대가는 이 섬의 정치적 경제적 발전이—끝없는 정치적-이데올로기적 순환에 따라 때로는 격렬하게 비난하게 하고 때로는 체념하며 받아들이게 했던—배상액 문제에 의해 과도하게 규정되는 결과를 빚어냈다.[24]

이 사태가 근본적인 이유는 노예제 논리, 식민주의 논리, 소유주의 논리 사이의 연속성과 불평등 문제와 소유 문제에 직면한 프랑스혁명의 심층적인 애매모호함을 보여주기 때문이다. 근본적으로 아이티 노예들은 혁명적 해방의 메시지를 가장 진지하게 다루었던 이들이고, 그래서 비싼 대가를 치렀다. 이 사건은 또한 노예제와 부채 사이의 영속적인 밀착을 떠오르게 한다. 고대 세계에서 채무노예제는 널리 실행되었다. 성경과 메소포타미아·이집트의 석비에는 부채의 축적과 이로 인한 노예화의 끝없는 순환의 흔적이 보이는데, 이 순환의 와중에는 사회 평화 복구를 위한 채권 무효화와 노예해방의 국면들이 점철되어 있다.[25] 영어에서는 노예제와 부채 사이의 역사적 연결의 중요성이 'bondage(속박)'라는 단어에서 드러나는데, 이 단어는 농노 또는 노예가 지닌 조건 특유의 의존관계와 관련된다. 'bond'라는 단어는 13세기부터 채권자와 채무자 사이의 금융적인 성질의 합법적인 연결을 가리키는 동시에 지주와 농민 사이의 의존적 연결을 가리킨다. 19세기에 확립된 법체계는 채무 감옥과 특히 부채의 세대 간 양도를 종료시키는 동시에 마침내 노예제를 폐지한다. 그렇지만 세대를 건너 양도될 수 있는, 미래 세대에게 잠재적으로 무제한의 금융 부담을 지울 수 있는 부채 형태가 있다. 바로 국채다. 노예제 폐지 이후 1825년부터 1950년까지 아이티가 짊어진 빚이 바로 이것이며, 19세기와 20세기의 수많은 식민지 부채와 함께 21세기 초의 국채에서도 우리는 이에 대해 보게 될 것이다.[26]

## 1848년의 노예제 폐지: 배상, 징벌작업장, '지원자들'

이제 1848년의 노예제 폐지로 돌아가자. 1833년에 의결되어 1833년부터 1843년까지 실행된 영국 노예제폐지법에 이어, 노예제 폐지에 관한 논쟁이 프랑스 도처에서 벌어진다. 자메이카와 모리셔스의 노예들은 해방됐지만, 프랑스 식민지 특히 마르티니크·과들루프·레위니옹에는 25만 명 이상의 노예가 남아 있었고, 이런 사실로 인해 새로운 반란들이 일어나지 않을까 하는 두려움이 존재했다. 그렇지만 노예제 폐지 논쟁은 여전하게도 또다시 배상 문제에서 좌초한다. 소유자들과 그들의 지지자들로서는, 정당한 배상 없이 자신들의 소유권이 박탈당할 수 있다는 것은 도저히 생각할 수 없는 일이었다. 하지만 이미 1825년에 '망명귀족을 위한 천만금' 법의 재원을 대야 했던 국고와 납세자에게 전면적으로 배상 부담을 지운다는 생각은 전혀 타당하지 않아 보였다.[27] 누구보다도 이 조치의 주요 수혜자들일 노예들도 역시 분담해야 하지 않겠는가? 17세기 초부터 다양한 식민지에서 인구조사나 행정조사부터 시작해, 노예와 그들의 주인에 관한 다수의 통계자료를 펴낸 것으로 잘 알려진 모로 드 조네스Alexandre Moreau de Jonnès는 확신에 찬 노예제 폐지론자인데, 그는 1842년에 노예들이 보수 없는 '특별 노동'을 일정 기간에 실행함으로써 배상액 전체를 상환하는 방안을 주장한다. 게다가 그는 이것이 노예들에게 노동의 의미를 가르쳐줄 수 있으리라는 사실을 강조한다.[28] 혹자들은 이런 상환 방식으로는 이행기간이 길어질 위험이 있으며, 그래서 노예들을 해방시키지 못하게 되고 결국은 예속조건을 영구적인 채무 상태로 변환시키는 것에 그치게 된다는 점을 지적했다. 프랑스혁명 당시 오래 묵은 부역이 임대료로 전환되었던 것과 마찬가지 방식으로 말이다.

토크빌은 1843년에 다음 방안을 제안할 때 자신이 완벽한 조합을 찾았노라고 믿었다. 배상액의 절반은 국채 형태로 소유자들에게 지불되고(그에 따라 늘어나는 국채는 전체 납세자가 갚고) 나머지 절반은 노예들에 의해 지불되는 방안인데, 노예는 소유자에게 배상액의 나머지 차액을 돌려주기 위해 10년간 국가에 낮은 노임으로 고용된다. 이 해법은 “모든 이해관계자들 사이에서 균형을” 취하는데, 소유자 자신들이 10년 뒤에는 해방된 노예의 “노동력가격 상승”을 감당해야 할 것이기 때문이다.[29] 따라서 납세자와 노예와 소유자가 공정한 방식으로 배상을 분담하게 될 것이다. 드브로이 총리가 주재한 하원 위원회는 별 차이가 없는 해법에 도달할 것이었다. 실로 결국은 소유자들의 성채 안에서 펼쳐졌던 이 논쟁에서(1830년과 1848년 사이에 성인남성의 2%를 넘지 않는 수가 하원의원 선거권을 가지고 있었고, 그들은 0.3%의 부자들 중에서 자신들의 대표자를 선출해야 한다), 그 누구도 여러 세기에 걸쳐 무보수노동을 해온 노예들이야말로 배상을 받아야 하는 당사자라는 것에 대해 진지하게 주장하지 않았다. 그리된다면 노예들은 이제 자신을 위해 노동할 수 있는, 예전에 노예로 일했던 작은 땅의 소유자가 될 수 있었을 것이다. 19세기 말 20세기 초에 확립된 농지개혁으로 아일랜드 농민들에게 일어나게 될 일처럼(최소한 독립 시점까지는 귀족들에게 막대한 공적 배상을 해주었지만) 말이다.[30]

여하간, 논의들은 1840년대 중반에 중단된 상태로 남아 있게 되었다. 소유자들이 노예해방을 거부하고 여차하면 자신들의 사병으로 이에 맞서겠다고 위협했기 때문이다. 1848년에 7월 왕정이 붕괴되고 제2공화국이 선포된 후에야 쇨셰르Victor Schœlcher 하원 위원회가 노예제폐지법에 관한 논의를 재개했다. 영국의 1833년 법보다 조금 덜 후한 배상액을 책정했지만, 비용 분담은 최종적으로는 토크빌이 구상한 것과 유사해진다. 소유자들은 이전에 검토된 금액(이미 아주 큰 액수)의 절반 정도를 기본으로 한 배상액을 받는다.[31] 소유자들에 대한 배상 외에도, 1848년 4월 27일에 공표된 노예제폐지법령에는 "부랑과 구걸을 금하고 식민지에 징벌작업장을 개설하는" 조항도 들어 있다. 이는 대농장주들에게 저렴한 노동력을 보장해주려는 것이었다. 달리 말해 노예들에 대한 그 어떤 배상이나 이들의 토지소유 가능성도 고려되지 않았을 뿐만 아니라, 쇨셰르식 노예해방에는 소유자들에 대한 배상에 더해 준강제노동제가 덧붙여진 것이다. 이 제도 덕에 대농장주들은 자신의 실제적인 동맹세력인 국가 공권력의 통제 아래 왕년의 노예들을 감시할 수 있게 된다. 레위니옹에서는 총독이 제도의 적용 방식에 대해 즉시 명확히 한다. 요컨대 이전의 노예는 플랜테이션 일꾼으로든 가정부로든 장기계약을 맺어야 하며, 이를 어길 때는 부랑 혐의로 체포되어 파리에서 제정된 법의 조문에 따라 징벌작업장으로 보내질 것이다.[32]

이 시대의 상황을 잘 이해하려면, 사실상 고용주와 소유자에게 복무하는 국가가 노동에 엄격한 규율을 부과하고 임금을 최소로 유지하기 위해 이런 유형의 법을 제정하는 일이 흔했으며 노예제 폐지 이후 식민지에 이 법이 단지 새롭게 도입되었다는 점을 명확히 해둘 필요가 있다. 특히 해방 노예들 중 많은 수가 이전 주인을 위해 계속 노동하는 걸 거부했는데, 이들을 대체하기 위해 영국과 프랑스 당국은 더 먼 곳에서 노동력을 데려올 수 있는 새로운 체계를 만들어나갔다. 프랑스는 '지원자'와 계약을 맺는 형태로 인도인들을 레위니옹과 모리셔스로 데려왔고, 영국은 '계약노동자indentured workers' 형태로 데려왔다. 인도인 노동자들에게 '지원'이란 장기간에 걸쳐, 예컨대 10년간 자신들이 바다를 건널 수 있도록 해준 고용주들에게 자기 임금의 대부분을 지불함으로써 그 항해비용을 상환하는 것이었다. 노동 실적이 불충분한 경우 또는 심지어 규율을 어기는 경우, 상환 의무는 10년 더 혹은 그 이상 연장될 수 있었다. 지금까지 보존된 일부 사법 문서들이 보여주는바, 특히 모리셔스와 레위니옹에서 사법체계가 고용주들에게 유리한 쪽으로 심각하게 편향되어 있어서 착취와 전횡의 형태들로 이어졌다. 이는 순수한 의미의 가혹한 노예제와 확실히 다르지만 그렇다고 해서 한없이 거리가 먼 것도 아니다. 또한 가용 자료들은 고용주들과 재판관들이 어떤 식으로 이른바 노동의 규율체제로의 전환을 협상하는지 보여준다. 소유자들은 노예제하에서 만연했던 체벌을 줄이는 데 점차 동의하게 되지만, 단 여기에는 사법당국이 소유자들에 협력해 동일한 효과를 낳는 금융제재를 강제한다는 조건이 붙는다.[33]

노동자(와 일반적으로 빈민)에게 매우 불리한 이런 유형의 사법체계는 유럽 노동시장 안에도 매우 널리 퍼져 있었다. 1885년에 스웨덴은 일자리를 얻지 못해 생계를 유지할 만한 재산을 갖지 못한 이들에게 강제노동 의무를 지우고 이를 위반하는 자들은 구금에 처하는 법을 여전히 시행하고 있었다.[34] 이런 유형의 입법은 19세기 유럽 전역에서, 특히 영국과 프랑스에서 확인되는데, 스웨덴에서는 특별히 강고하게 예외적으로 오랫동안 실행된다. 이는 19세기 말 스웨덴왕국에서 지배적이었던 과도한 소유주의에 관해 우리가 보았던 바와 일관된 것이다.[35] 이러한 사법체계는 19세기 말 20세기 초 유럽의 여러 나라에서, 특히 스웨덴에서 노조를 결성할 권리, 파업권, 단체협상권 등이 확립되면서 근원적으로 전환될 채비를 갖추게 된다. 노예제가 오랫동안 시행됐던 섬들을 포함한 식민지들에서는 이행이 훨씬 오래 걸렸다. 다음 장에서 우리는 '부역'과 강제노동의 완벽하게 합법적인 형태들이 20세기 프랑스 식민제국에서, 특히 전간기에, 그리고 거의 탈식민화가 이루어질 때까지도 여전히 유효했음을 볼 것이다.

### 강제노동, 소유주의 신성화, 그리고 배상 문제

이러한 사건들에서 여러 교훈이 도출된다. 우선, 강제노동과 자유노동의 중간 형태들이 다양하게 존재하며, 시행되던 규칙들과 법체계의 '세부항목'(그러나 사소하지 않은 것)을 상세하게 들여다보는 것이 중요하다는 점이다. 이는 21세기 초의 이주노동자들, 그리고 임금과 노동조건에 관한 매우 취약한 권리를 가진 페르시아만 석유왕국의 노동자들, 그리고 유럽과 여타 세계의 (불법체류) 노동자들에게도 해당한다. 물론 이는 노동권 일반에도 해당한다. 다음으로, 이 논의들은 19세기에 지배적이었던 사적소유 준신성화체제의 힘을 입증한다. 또다른 투쟁들과 사건들의 궤적은 틀림없이 다른 결말들로 이어질 수도 있었을 것이다. 하지만 실제 맺어진 결말들은 소유주의 도식의 권능을 보여준다.

역사 속 위대한 노예제 폐지론자로 남아 있는 쇨셰르는, 배상에 대해 난처해하면서도 노예제가 법적 틀 안에 있는 이상 다른 방식으로 폐지하는 게 불가능하다는 사실을 강조했다. 역시 노예제 폐지론자인 낭만주의 시인 라마르틴은 동일한 논조를 하원 단상에서 강력하게 표명했다. "노예들을 빼앗긴 식민지 정착민들의 적법한 소유분에 대해서 이들 정착민들에게 배상"이 절대적으로 이루어져야만 했다. "배상해주지 않고 박탈하는 건 혁명일 뿐이다. 입법자들은 이렇게 행동하지 않는다. 그들은 바꾸고 전환하지, 파괴하지 않는다. 기원이 어떠하든 입법자들은 기성 권리들을 존중한다."[36] 사태를 이보다 더 명확하게 말할 수는 없다. 다양한 기성 소유권들 중 일부를 선택적으로 없애야 한다는 것에 대한 거부가 (노예가 아니라) 소유자가 배상을 받아야 한다는 [라마르틴의] 확신의 근거다. 이러한 사건들이 근본적인 것은, 21세기 초에 재등장한 (특히 그 총액과 기간이 어떠하든지 간에 국채의 전면적 상환, 또는 그 규모와 기원이 어떠하든 간에 민간인 억만장자들의 재산이 절대적이며 공격할 수 없는 것으로 간주되는 정당성과 관련되는) 소유의 준신성화 형식들을 조망할 수 있게 해주고, 현대 세계에서 종족적-인종적 불평등이 지속되는 문제와 복잡하지만 피할 수는 없는 배상 문제를 새롭게 해명해주기 때문이다.

1904년 아이티 독립 100주년 기념식에, 프랑스 제3공화국 정부는 공식 사절단 파견을 거부했다. 실제로 프랑스 정부는—부족하다고 평가했던—1825년 국채의 상환 속도에 매우 불만스러워했고, 그러니 이처럼 불량한 채무자에게 관대한 모습을 보인다는 건 어림없는 일이었다. 당시 확장일로에 있던 식민제국이 국채를 통한 압박 전략에 빈번히 의거했던 상황에서는 더더욱 그러했다. 2004년, 매우 달라진 정치적 상황에서 아이티 독립 200주년 기념식이 열렸다. 프랑스 제5공화국 정부는 불참이라는 같은 결론에 도달했으나 그 이유는 전과 달랐다. 프랑스 대통령이 기념식 참석을 거부했던 것은 아이티 대통령 아리스티드가 이 기회를 통해 앤틸리스제도의 작은 공화국이 100년 넘게 지불했던 (아리스티드가 200주년 바로 전해인 2003년에 추산하기를 200억 달러에 상당하는) 가증스러운 국채를 프랑스에게 되돌려달라고 공식 석상에서 주장할까봐 두려웠기 때문이다(이 두려움에는 근거가 없지 않다). 프랑스 정부는 이 이야기가 언급되는 걸 어떤 구실을 붙여서라도 마다했다. 프랑스 대통령이 2010년의 지진과 장기간의 복구 작업이 이뤄진 뒤인 2015년에 아이티를 방문했을 때도 같은 입장을 되풀이했다. 물론 프랑스는 아이티에 '도덕적인' 부채를 지고 있지만, 프랑스 국가가 지불해야 할 국채 또는 화폐 배상의 이러저러한 형태에 관한 일체의 논의를 허용한다는 것은 어림없는 일이었다.

여기서 이 복잡한 문제를 해결짓는 방식과 아이티에 대한 프랑스의 배상이 취할 정확한 형태에 관한 것은 내 소관이 아니다(세대 간 배상보다 훨씬 더 야심찬 초민족적 정의의 실현 형태 또한 생각해보지 않을 수 없기 때문이다. 우리는 이에 대해 재론할 것이다).[37] 그렇지만 다른 종류의 배상들은 옹호하면서도, 아이티 자료를 다시 열어보길 꺼리는 사람들이 제시하는 논지의 극단적인 약점을 지적할 수밖에 없다. 특히 이 모든 것이 너무 오래된 일이라는 주장은 유지되기 어렵다. 아이티는 1825년에서 1950년까지, 다시 말해 20세기 중반까지 프랑스와 미국의 채권자들에게 국채를 상환해왔다. 오늘날 20세기 전반기에 펼쳐졌던 몰수와 불공정 때문에 계속해서 발생했던 수많은 배상과정들이 존재한다. 특히 2차대전 기간에 나치당국과 (프랑스의 비시 정권을 필두로 한) 동맹 정권들에 의해 되풀이된 유대인 재산에 대한 약탈을 생각해보자. 그 약탈에 대한 정당한 사후적 반환 절차는 아직 진행중이다. 또한 2차대전 직후 동유럽의 다양한 공산주의 정권하에 발생했던 몰수들로 인해 지금도 여전히 지불되고 있는 배상을 거론할 수 있겠다. 또는 2차대전 기간에 억류된 일본계 미국인들에게 2만 달러를 지급한 미국의 1988년 법을 거론할 수 있겠다.[38] 1825년에서 1950년까지 집행된 국채 지불은 잘 기록되어 있고 이에 대해 그 누구의 이의제기도 없는데도 불구하고, 아이티가 더이상 노예로 지내지 않으려고 프랑스에 지불해야 했던 국채에 관한 일체의 논의를 거부함으로써 어떤 범죄는 다른 범죄보다 저지를 만하다는 인상을 심어줄 위험을 불가피하게 감수하게 된다.

2000년대 초부터 프랑스에서는 1825년 예금공탁금고가 아이티로부터 받아 이전 노예소유자들에게 지급한 배상과, 1848년 법을 통해 지급된 배상에 관련해 전국에 걸친 투명성 조사를 시행하기 위해 여러 단체들이 동원되었다.[39] 예를 들어 영국에서 배상과 관련해 아주 최근에 있었던 조사와는 정반대로, 이 두 배상 모두 심층적인 조사가 이루어지지 못했다. 문제가 되는 프랑스의 문서고는 영국의 의회 문서고에 비해 보존이 잘되어 있지 않았지만, 그렇다고 이런 문제들을 규명하려는 시도를 막지는 못한다. 또한 그렇다고 해서 다음과 같은 것들을 저지할 이유도 되지 못한다. 프랑스 국가가 아이티에 막대한 재정 배상의 책임을 지는 것과 노예제도에 관한 교육사업이나 박물관 건립사업에 재원을 조달하는 일(프랑스에는 노예제 박물관이라 불릴 만한 것이 전혀 존재하지 않는다. 심지어 노예제 덕에 번영을 누린 보르도와 낭트 같은 항구도시에도 없다). 이 재원은 아이티에 지급해야 될 배상에 비하면 그 액수는 하찮은 것일 테지만 교육적인 차원에서는 적잖이 중요한 일이다.

2001년 5월 10일, "노예무역과 노예제를 반인도적 범죄로 규정하는" 법이 (식민지였던 기아나에서 당선된) 크리스티안 토비라의 발의로 프랑스 의회에서 채택되었다. 하지만 당시 정부와 여당은 배상 원칙을 확정하고 아이티 문제를 규명하려는 위원회 설치에 관한 5조 조항을 삭제하느라 애썼다(결국 위원회는 설치되지 못했다).[40] 아이티에 대한 재정 배상 문제 외에, 회피하기 어려워 보이는 또다른 대규모의 배상 문제가 존재하는데 이 역시 토비라가 제안했다. 레위니옹·마르티니크·과들루프·기아나에서의 농지개혁의 문제가 그것이다. 이 농지개혁은 토지와 금융 자산이 여전히 1848년 배상의 수혜자들인 대농장주 가문 백인들의 전유물인 상황에서 노예의 후손들에게 토지를 소유할 기회를 주려는 것이다. 2015년에 법무부 장관이던 토비라가 아이티 국채 문제와 해외 데파르트망département d'outre-mer 농지개혁의 중요성을 프랑스 대통령에게 환기시키고자 했으나 결실을 거두지는 못했다.

수십 년간 미국의 지도자들로서는 생각할 수조차 없는 일이라고 여겨왔던 일본계 미국인들에 대한 배상 문제를 놓고 판단해보자면, 2000년대 초가 되어서야 유대인 재산 약탈에 관한 위원회가 설치되었던 프랑스 경우를 놓고 판단해보자면, 이러한 논의들이 장차 성공적으로 여론을 조성하고 뜻밖의 배상 형식에 도달하는 것도 전적으로 가능하다. 1930년대 위기 당시 (특히 캘리포니아에서) 펼쳐졌던 외국인 박해 탓에 추방된 멕시코계 미국인들은 말할 것도 없이, 노예들이었던 오래된 아프리카계 미국인들은 아무것도 얻어내지 못했지만 일본계 미국인들은 마침내 소송에서 이겼다. 이 사례는 배상을 받는 사람들과 그 지지자들의 사법적 금융적 정치적 자원만큼이나 배상하는 사람들의 인종적 문화적 편견이 일정하게 작동한다는 것도 알려준다.[41]

## 미국: 전쟁을 통한 노예제 폐지(1861~1865년)

이제 미국의 사례로 돌아가보자. 1945년 이후 '자유'세계의 자칭 지도자인 미국이 세계의 국가 간 체제에서 수행하는 각별한 역할을 고려하면 미국 사례는 우리의 연구에서 특히 중요하다. 게다가 미국의 노예제 폐지는 격렬한 내전을 거치며 전개된 독특한 사례이며 이 모든 것이 합법적인 인종차별이 1960년대까지도 계속되었던 나라에서 일어난 일이다. 이 나라에서는 종족적-인종적 불평등이 21세기 초에도, 선거와 관련된 정치적 차원뿐 아니라 경제적 사회적 차원에서도, 계속해서 구조적인 역할을 수행하고 있다. 유럽 국가들은 오랫동안 이 독특한 유산을 경이로움과 거리감을 가지고 지켜봐왔다. 그리고 더욱이 유럽 국가들은 1861~1865년 남북전쟁 시기에 노예제의 정당이었던 민주당이 어떻게 1930년대에는 뉴딜의 정당이 되고, 이어서 1960년대에는 민권운동의 정당이 되고, 마침내 2000년대에는 버락 오바마의 정당이 되었는지, 그리고 어떻게 이 모든 일이 심대한 불연속 없이 소소한 작용들에 의해 이루어졌는지 의아하게 생각해왔다. 그렇지만 유럽 국가들은 미국의 궤적을 세심하게 살피다보면 영감을 얻을 것이다. 왜냐하면 미국이 밟아온 길은 1990~2020년 동안 심화된 유럽의 포스트식민 사회의 불평등구조 및 선거와 관련된 이민 갈등—이 문제들의 장기적인 진화는 많은 질문을 유발한다—과 완전히 무관하지 않기 때문이다.[42]

미국 노예매매제도가 거대하게 번성했던 1800년에서 1860년 사이 제2차 노예제 시기를 떠올려보는 것으로 시작하자. 노예 수가 결정적으로 늘어나 1800년에 약 100만 명이었던 것이 1860년에는 400만 명이 되는데, 이는 당시 관찰된 프랑스령과 영국령의 노예제 섬들에서 절정에 달했던 노예 집중도의 무려 5배다. 비록 미국 노예무역이 1810~1820년까지도 은밀하게 계속되었고 이후까지 좀더 진행되었다 하더라도, 노예 인구의 이 엄청난 증가는 본질적으로 위생조건의 일정한 개선과 함께 18세기에는 알려지지 않았던 사생활과 가족모임이 증가함에 따라 출산을 통한 자체적 재생산이 일어나서라는 것이 사실이다. 남부연합법이 억제하려 했음에도 불구하고 종교 교육과 읽기 교육도 완만하고 은밀하게 이루어졌는데, 이는 노예제 폐지론자들에게 무기와 동원 능력을 부여하는 데 기여하게 되었다. 하지만 직접적으로는 미국 노예제의 종언을 예측하게 하는 요인은 없

**표 6.1** 미국의 노예와 자유민의 인구구조, 1800~1860년

| | 전체 인구 (천 단위) | 흑인 노예 | 자유민 | 백인 | 전체 | 흑인 노예 | 자유민 | 백인 |
|---|---|---|---|---|---|---|---|---|
| 1800년 미국 총인구 | 5210 | 880 | 110 | 4220 | 100% | 17% | 2% | 81% |
| 북부 | 2630 | 40 | 80 | 2510 | 100% | 2% | 3% | 95% |
| 남부 | 2580 | 840 | 30 | 1710 | 100% | 33% | 1% | 66% |
| 1860년 미국 총인구 | 31180 | 3950 | 490 | 26740 | 100% | 13% | 2% | 85% |
| 북부 | 18940 | 0 | 340 | 18600 | 100% | 0% | 2% | 98% |
| 남부 | 12240 | 3950 | 150 | 8140 | 100% | 32% | 1% | 67% |

1800년에서 1860년 사이 미국에서 노예의 수는 (88만 명에서 약 395만 명까지) 4배 이상 증가하는데, 미국 남부 주에서는 (약 3분의 1 정도의) 노예 인구 비율이 꽤나 안정적으로 유지되는 한편 (미국 북부 주의 인구가 훨씬 더 빠르게 증가함으로써) 전체 노예 인구의 비율은 낮아지는 것을 보여준다. 참고: 1860년에 노예제를 시행하던 주—앨라배마, 아칸소, 노스캐롤라이나, 사우스캐롤라이나, 델라웨어, 플로리다, 조지아, 켄터키, 루이지애나, 메릴랜드, 미시시피, 미주리, 테네시, 텍사스, 버지니아—는 모두 남부로 분류되었다.

**출처 및 원 통계자료:** piketty.pse.ens.fr/ideologie

었다. 남부 주들에는 1800년에 약 260만 명의 주민이 있었고 그중에 백인이 170만 명(66%), 흑인이 90만 명(34%)이었다. 그들의 수가 1860년에는 거의 5배로 늘었고 총인구 1200만 명 중에서 백인이 800만 명(67%), 흑인 노예가 400만 명(33%)이었다(표 6.1 참조). 미국 노예제는 빠른 속도로 확장되면서도 꽤 균형이 잡혀 있었고 그 임박한 몰락을 예감케 하는 점은 아무것도 없었다.

일부 주들에서는 노예의 수가 50~60%까지 되지만 앤틸리스제도 수준에 달하는 비율(노예 인구가 전체의 80~90%)은 그 어느 곳에서도 관찰되지 않는다. 1790~1800년과 1850~1860년 사이에 미국의 지역들은 점점 더 분화된다. 노예의 비율이 버지니아에서는 이 시기 내내 40% 선에 머물렀다면, 그 비율이 사우스캐롤라이나에서는 1800년에 42%였다가 점차 1850~1860년에 57~58%가 되고 또한 조지아와 노스캐롤라이나에서도 크게 늘어난다. 1817~1819년에 새로 연맹에 가입된 미시시피와 앨라배

**도표 6.3** 미국의 노예 비율, 1790~1860년

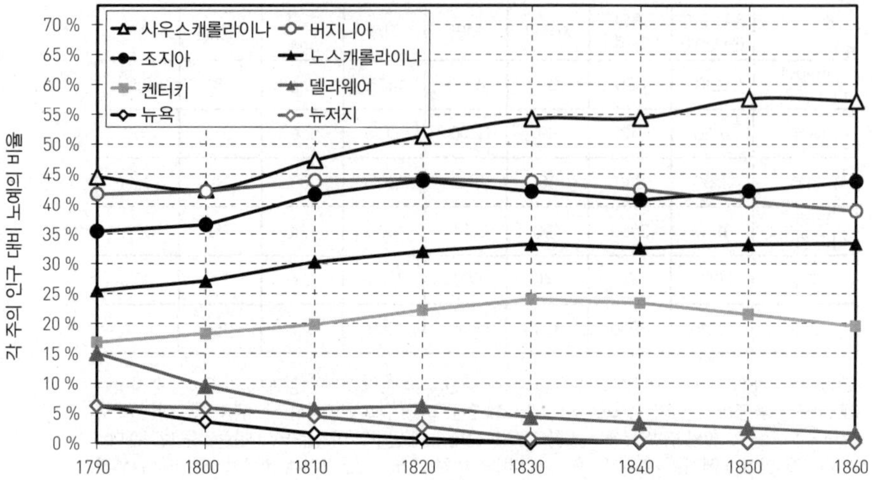


1790년과 1860년 사이 노예제가 시행되는 미국 남부의 주요 주에서는 인구 대비 노예 비율이 증가하거나 일정하게 유지된다(1850~1860년에 35~55%인데 사우스캐롤라이나에서는 57~58%다). 반면 미국 북부에서는 노예의 비율이 줄어들거나 사라진다.

**출처 및 원 통계자료:** piketty.pse.ens.fr/ideologie

마에서는 노예의 비율이 1820년 인구조사와 1860년 인구조사 사이에 크게 늘어나 미시시피에서는 1860년에 55%에 달해 사우스캐롤라이나와 거의 같은 정도다. 이 기간에 북부에 인접한 주들에서는 켄터키(약 20%)에서처럼 노예 비율이 정체 상태에 있거나 또는 델라웨어—1790년에 노예의 비율이 약 15%였다가 1860년에는 5% 이하가 되는—에서처럼 명확히 줄어든다. 1790년 인구조사 당시에 노예 비율이 5% 이상이었던 뉴저지와 뉴욕에서는 노예제가 1804년부터 점차 폐지되고 1830년의 집계에서는 그 어떤 노예도 공식적으로 집계되지 않는다(도표 6.3 참조).

미국의 경우 노예 인원수가 매우 잘 기록된 이유는 노예와 백인 자유민이 1790년부터 10년마다 시행된 체계적인 인구조사의 대상이 되었기 때문임을 강조해야 한다. 하원의 의석수와 대선 선거인단수를 정하는 데 노예의 수가 중심적인 역할을 하는 만큼 조사는 중요했다. 기나긴 협상 끝에 남부의 소유자들이 확보한 저 유명한 '5분의 3 타협Three-Fifths Compromise'

내에서 노예는 백인 자유민의 5분의 3으로 계산되었다. 더 일반적으로는 미국 공화국의 탄생에서 노예제적인 소유의 중대한 비중을 상기해야 한다. 버지니아가 단연 가장 인구가 많은 주였는데 (노예를 포함한 총인구는 1790년 1차 인구조사 당시 75만 명에 달했고 이는 북부에서 가장 인구가 많은 두 주, 즉 펜실베이니아와 매사추세츠의 인구를 합친 것과 같다) 초기의 다섯 대통령 중 버지니아에서 넷(워싱턴, 제퍼슨, 매디슨, 먼로, 이들은 모두 노예소유자들이다)을 배출했고, 유일한 예외는 존 애덤스(매사추세츠)였다. 1860년에 공화당의 링컨이 당선될 때까지 이어진 15명의 대통령 중에서 무려 11명이 노예소유자였다.

또한 미국 남부의 노예제도는 북부 주들의 섬유산업 발전만이 아니라 영국과 유럽의 산업발전에 필수불가결한 면화 생산에서도 결정적인 중요성을 가지고 있었다. 여기서 1750~1860년 기간—유럽의 산업 지배가 확증된 결정적 기간—에 구미 노예제도의 미증유의 규모를 살펴보는 것이 핵심이다(도표 6.4 참조). 1780~1790년까지 주요한 면화 생산자 역할을 한 것은 앤틸리스제도이고 특히 생도맹그다. 1790년대에 생도맹그의 노예제 플랜테이션의 붕괴 이후에 중심적 역할을 이어받았던 것이 미국 남부의 주들이다. 이 주들은 노예 수와 면화 생산 능력의 축적을 1800년에서 1860년 사이에 미증유의 수준까지 밀어붙여서, 노예 수는 4배로 늘어나고 면화 생산량은 10배 이상 증가하는데, 이것은 기술 개량과 생산성 강화에 따른 것이다. 1850년대 미국 남북전쟁 전야에 유럽의 섬유공장으로 수입되는 면화의 75%는 미국 남부에서 왔다. 스벤 베케르트가 최근 분석했듯이, 산업혁명의 핵심에 있었던 것은, 그리고 더 일반적으로 말하자면 전 세계적 차원에서 구미 경제지배의 핵심에 있었던 것은 노예제 플랜테이션과 긴밀하게 연결된 이 '면화의 제국'이다. 영국인들과 프랑스인들은 18세기에 그리고 19세기 초에도 세계에 팔 것이 궁해서, 1839~1842년과 1856~1860년에는 중국에서 마약밀매를 하려고 아편전쟁을 벌일 정도였으나, 이 ['면화의 제국'이라는] 대륙 간 조직을 통해 영국과 프랑스는 세

**도표 6.4** 미국과 유럽 노예제의 흥망성쇠, 1700~1890년

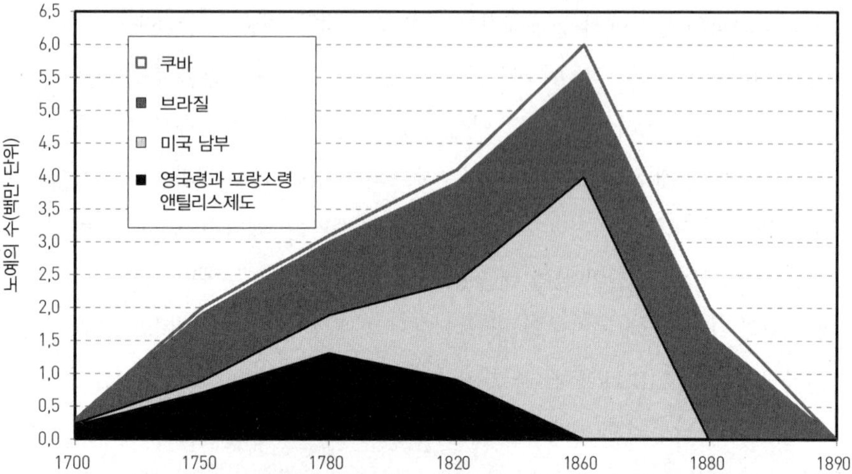


대서양 지역 미국과 유럽 플랜테이션의 노예 수는 1860년에 600만 명에 이른다(미국 남부 400만 명, 브라질 160만 명, 쿠바 40만 명). 영국령과 프랑스령 앤틸리스제도(모리셔스·레위니옹·카프프랑세를 합침)에서는 1780~1790년에 그 수가 절정에 이르렀다가(130만 명), 생도맹그(아이티)의 노예반란과 1833년과 1848년 노예제 폐지 이후로 그 수가 줄어든다.

**출처 및 원 통계자료:** piketty.pse.ens.fr/ideologie

계 섬유 생산 전반에 대한 통제를 확립하고 생산 규모를 근원적으로 바꿨으며, 마침내 19세기 후반에 전 세계 섬유시장을 주름잡을 수 있었다.[43]

그리하여 미국 내의 정치적-이데올로기적 균형은 1800년과 1860년 사이에 급격하게 변화한다. 1800년에 미국에는 대략 520만 명의 주민이 있었고 이들은 거의 정확하게 절반으로 나뉘는데 (노예를 포함한) 260만 명이 남부 노예제 주들에 있었고 이 주들이 새로운 공화국 안에서 촘촘하고 지배적인 블록을 형성했다. 그리고 다른 260만 명은 북부의 비非노예제 주들에 있었다(이 주들 중 다수는 1783년에 매사추세츠를 따라 막 노예제를 폐지했다. 그렇지만 매사추세츠는 남북전쟁 당시까지도 강력한 인종차별정책을 시행했고 특히 1960년대까지도 남부 주들처럼 학교에서 인종차별이 있었다). 1860년에 이 균형은 완전히 깨진다. 남부 인구는 거의 5배 늘었고(260만 명에서 1200만 명 이상으로 증가했다) 북부 인구는 7배 이상 늘

어나서(250만 명에서 거의 1900만 명으로 증가했다) 이제는 비노예제 주들이 총인구의 60% 이상을, 그리고 자유민의 3분의 2 이상을 점할 정도였다(표 6.1 참조). 게다가 상당히 다각화되어 있었던 이 블록은, 이제 이데올로기적-정치적 차원뿐만 아니라 경제적 차원에서도 뚜렷하게 구분되는 두 개의 극을 갖게 되었다. 하나의 극은 북동부로 뉴욕과 보스턴의 대도시와 뉴잉글랜드의 산업·금융자산가들에 의해 구현된다. 그리고 또다른 극은 중서부로 바로 링컨 대통령이 태어난 지역이다. 이곳은 서부 개척자들의 새로운 주들로 소규모 농지소유자들과 시카고를 둘러싸고 한창 발전하던 육류 및 곡류의 거대한 배급망에 의해 구현된다. 달리 말하자면 면화 생산과 노예제를 기반으로 한 남부는 빠르게 성장중이었지만, 자유노동에 기반해 더 빠른 속도로 성장하던 이데올로기적-정치적 경제적 모델의 정치 공간에 편입되었다. 서부와 이 개척자들의 영토 역시 연방정부와 오래된 주정부의 '식민지' 감독에 대한 기억 속에서 건설되었다. 서부와 개척지들이 아직 주州로 통합되지 못했던 때였고 어렵게 획득한 땅을 힘있는 자들의 이익을 위해 중앙정부가 몰수하는 일이 흔하던 시기였다.

그렇지만 처음부터 북부가 남부를 향해 (인종적 평등은 고사하고) 노예제의 즉각적인 폐지를 요청할 의향이 전혀 없었음을 상기해야 한다. 핵심 쟁점은 서부의 새 영토들의 지위에 관한 것이었다. 링컨과 공화당원들은 새 영토가 자유로운 공간이기를 원했다. 왜냐하면 서부는 그들이 알고 있던 발전모델이었고, 대륙적이면서 세계적인 경제 공간에 통합되면서 지니게 될 서부의 잠재력이 무궁무진함을 감지했기 때문이다. 1862년 링컨은 하원에서 "내륙의 광대한 지역에는 (…) 이미 1000만 명의 주민이 있고 어리석은 짓이나 정치적 과오만 범하지 않는다면 50년 내에 인구는 5배가 더 늘어날 것이다"라고 주장했다. 이어서 링컨은 이러한 번영을 위해서는 나라의 통합이 요청된다고 부언했는데, 왜냐하면 이 광대한 내륙지역은 "해안을 끼고 있지 않고 그 어떤 대양과도 면해 있지 않기" 때문이다. "하나의 국가로 통합된 그곳 주민들은 아마도 두고두고 뉴욕을 거쳐 유럽으로 가는 길을, 뉴올리언스를 거쳐 남미와 아프리카로 가는 길을, 샌프란시스코를 거쳐 아시아로 가는 길을 발견할 것이다. 하지만 오늘날의 반역자들이 그렇게 하려고 하는 것처럼, 우리 모두의 나라를 두 개의 국가로 분리시킨다면 이 광대한 내륙의 모든 이가 지닌 하나 혹은 그 이상의 판로가 끊어지게 될 것이다. 그리고 이는 아마도 물리적인 장벽 때문이 아니라 상업적으로 방해가 되는 값비싼 규제들 때문일 것이다."[44] 반면에 남부연합은 서부의 자유주free state들이 커나가도록 놔둔다면, 결국 노예제 옹호론자들이 지녀온 특별함을 더이상 방어할 수 없을 정도로 연방 안에서 노예제를 옹호하는 주가 소수파가 될 것이라 여기며 두려워했다(어쩌면 이 계산이 완전히 틀린 것은 아니었다). 1850년 의회에서 채택된 도망노예법Fugitive Slave Act이 이전 법률보다 상당히 강화된 것이었다고 하더라도, 도주하는 노예들은 늘어만 갔다. 자유주들은 이 법에 따라 공권력을 동원해 지체 없이 노예사냥꾼들을 도와 이들의 소유라고 간주되는 노예들을 체포해야만 했고 도망친 노예를 돕는 사람들을 모두 징역의 중형에 처했다. 그럼에도 불구하고 남부 주들은 자신의 경제모델을 지속적으로 방어하려면 견고한 정치연합이 필요하다는 사실을 절감하고 있었다.[45]

1860년 11월 링컨은 서부의 새로운 주들로 노예제를 확장하길 거부하는 공약을 내세워 당선되었다. 1860년 말과 1861년 초에 링컨은 새로운 주들이 자유주여야 한다는 사실을 명백하게 수용한다는 점과, 남부 주에서의 노예해방이 극도로 점진적으로 진행되는 과정의 시작에 불과하다는 점을 부단히 알려야만 했다. 만일 소유자들에 대한 배상이 수반되는 이 노예해방 계획이 수용되었더라면 노예제가 1880년 또는 1900년까지도, 심지어 그후까지도 연장될 수 있었을 것이다. 하지만 남부연합은 20세기의 남아공 또는 알제리의 백인 소수파와 유사하게, 자신들의 세계와 아주 멀리 떨어져 있다고 여긴 다수파에게 굴복하기를 거부하고 분리 카드를 쓰길 원했다. 사우스캐롤라이나는 1860년 12월에 분리를 선언했고 1861년 2월에는 6개의 다른 주가 노예제연합에 합류했다. 링컨은 대화의 여지를 남겨두고 싶어했지만, 대통령 직무 수행을 시작한 지 얼마 지나지 않은 1861년 4월에 남부연합군이 사우스캐롤라이나 찰스턴항에 위치한 섬터 요새를 점령하고 연방 군대의 항복을 요구하자, 전쟁 아니면 나라의 분리라는 선택을 할 수밖에 없게 되었다.

4년이 지나 60만 명 이상의 사망자(건국 이래로 미국이 관여했던 여타의—양차대전·한국전·베트남전·이라크전을 모두 포함한—모든 분쟁에서의 사망자 누적 총합에 해당하는 수)를 낸 뒤 전쟁은 1865년 남부군의 항복으로 종결되었다. 남부연합에 의해 야기된 피해들을 감안하면 과거의 노예소유자들에게 배상을 한다는 것은 생각할 수도 없는 일이 되었다. 흑인을 연방군으로 동원하기 위해 링컨은 의회를 통해 1864년 4월 미국연방 수정헌법 제13조를 채택했다. 노예들을 (그 어느 쪽으로든 아무런 배상 없이) 해방시키는 제13조는 1865년 12월에 남부 주들을 포함한 모든 주에서 비준되었다. 당시 남부 주들을 점령하고 있던 북부군은 이 기회에 수정조항 제13조에는 흑인들의 정치적 사회적 경제적 권리와 관련된 그 어떤 것도 포함되어 있지 않음을 알리기 위해 애썼다. 1865년 초 북부군 당국은 해방된 노예들에게 승리하게 되면 그들이 "한 마리의 노새와 40에이커의 토지(약 16헥타르)"를 얻게 될 거라고 암시했었다. 이 계획이 전국 차원에서 실행되었더라면 대규모 토지 재분배를 대표하는 사례가 되었을 것이다. 하지만 전쟁이 끝나자마자 약속은 망각되었다. 배상에 관한 그 어떤 문서도 의회에서 채택되지 않았고 40에이커와 노새는 북부군의 기만과 위선의 상징이 되었다.[46]

## 미국에서의 점진적인 노예제 폐지–배상의 불가능성

1860~1861년에 링컨이 남부에 제안했던 소유자들에 대한 배상을 포함한 점진적 노예제 폐지가 과연 미국에서 작동할 수 있었을까? 의심스러운 일

이다. 북부 주들이 남부 소유자들에게 지불해야 할 (일어날 법하지 않은) 막대한 양의 재정적 양도라든가 19세기 내내, 심지어 20세기 초반 몇십 년까지도 진행될 매우 장기적인 이행은 제외하더라도 감당해야 할 배상 총액을 감안한다면 그렇다. 가장 확실한 건, 전쟁이나 노예반란의 승리(노예 인구 비율이 앤틸리스제도에 미치지 못했기에 미국 노예반란의 성공 자체를 생각하기 어렵다)[47]가 없었다면 노예제도는 지속되었을 거라는 점이다. 1860년에 한창 활발하던 노예매매제도의 번창과 당장 걸려 있는 이해관계로 인해 확실히 남부에서는 평화로운 종언을 받아들일 준비가 되어 있지 않았다.

감당해야 할 배상 총액을 잘 이해하려면, 1833년 영국의 배상 결정으로 영국 국내총생산의 약 5%에 상당하는 금액을 영국 납세자들이 부담하게 되었음을 떠올릴 필요가 있다. (당시 영국 인구의 약 3%에 해당하는) 노예 수가 미국보다 훨씬 더 제한적이었음에도, 영국의 1인당 국내총생산이 당시로서는 대단히 높았던 때에 이 비용은 상당한 것이었다. 노예는 수익이 많이 나는 자산이었고 노예의 판매가격은 일반적으로 상응하는 자유노동력의 10~12년치 임금에 해당하는 것이었다. 오늘날의 금액으로 환산해 예를 들어보자. 어느 노예가 자유노동자의 연봉 3만 유로(오늘날 프랑스와 서유럽에서 평균임금과 비슷한 월 2500유로)와 등가로 자신의 고용주-소유자에게 그만큼의 수익을 가져다주는 노동을 제공했다면, 이 노예의 판매가격은 30만 유로에서 36만 유로 사이다. 노예가 노동력의 거의 전부를 이루고 있는 사회에서 노예의 시장가치가 어떤 방식으로 잠재적으로 7년 또는 8년 치 연간생산(국민소득의 700~800%)이라는 천문학적인 수준에 다다를 수 있었는지 쉽게 이해된다.[48] 바로 이런 계산에서 프랑스는 생도맹그의 노예들이 그간 프랑스에 가져다준 수익에 비하면 손해를 본다는 것을 확신하면서도, 1825년에 3년 치 국민소득을 상회하는 국채를 아이티에 부과했다.

노예들이 인구의 대략 3분의 1을 차지하던 미국 남부의 경우, 노예 가치가 연령·성별·생산성에 따라 어떻게 달라졌는지 알게 해주는 수많은 자료들이 존재한다. 최근의 연구들은 1860년에 노예들의 시장가치가 미국 남부 국민소득의 250%를 넘어섰음을, 그리고 미국 전체의 총국민소득의 100%에 가까웠음을 보여준다.[49] 이에 대한 배상이 결정되었다면 국채를 그만큼 늘려야 했을 것이고 그후 수십 년간 납세자들이 원금만큼 이자를 갚아야만 했을 것이다.

요약하자면, 노예들이 소유자의 재산을 약탈하지 않으면서도 자유로워지기 위해서는 나라의 다른 부분에 재정 부담을 지워야만 했을 것이다. 과거의 소유자들은 (과거 노예였던 이들을 포함한) 미국 납세자들에 대한 상당량의 채권소유자가 되었을 것이다. 바로 이것이 영국과 (아이티의 특수성과 함께) 프랑스에서 일어난 일이다. 이와 달리 미국의 경우는 노예제의 규모를 감안하면 필요한 배상액이 훨씬 더 많았다. 모든 이수과정을 포함한 교육에 지출되는 연간공적지출이 19세기에 그 어떤 나라에서도 국민소득의 1%를 넘지 않았음을 상기하자. 국민소득의 100%에 달하는 연방정부 부채란 정부가 100년 넘게 교육투자를 하는 것과 같은 액수인 셈이다. (국민소득의 약 5%에 해당하는) 연방정부 부채의 이자만으로도 초중고와 대학을 다 합친 교육투자보다 5배 많은 세수를 동원해야 할 것이라는 점을 논외로 하더라도 그렇다. 남북전쟁으로 인한 국채는 미국 역사상 처음으로 등장한 대규모 연방정부 부채인데, 이 국채는 5년 동안 200만 명이 넘는 북부군을 지원하기 위한 병사 동원, 보급, 무기 공급으로 인한 것이고 1865년에는 23억 달러까지 올라갔다. 이 국채가 미국 연간국민소득의 약 30%에 상당했다는 점에 주목할 수 있겠다. 이 액수는 그 시대로서는 거대해 보였고 이에 대한 상환은 그후 수십 년에 걸친 복잡한 정치 갈등의 연원이었다. 요약하자면, 시장가치로 노예소유자들에게 배상하려면 전쟁 그 자체 비용의 3~4배 더 많은 비용을 고려해야만 했을 것이다. 행위자들은 바보가 아니었다고 생각하는 게 합리적이다. 링컨이 1860~1861년에 노예소유자들에게 노예제 폐지-배상을 제안했을 때 진정한 배상은 이루어질 수 없다는 것을, 또는 이해당사자 그 누구도 받아들일 수 없는 배상일 것이라는 점을 누구나 잘 알고 있었다. 오히려 진짜 문제는 이러한 골칫거리들을 나중으로 미루려고 했는지 여부, 그리고 새로운 서부의 주들로 노예제가 확장되는 것을 막기로 즉각 동의했는지 여부에 있다. 남부의 소유자들이 거부했던 것이 바로 이것이다.

배상 규모에 관한 추산이 1810~1820년부터 제퍼슨과 매디슨에 의해 시행되어왔음에 주목하는 것도 흥미롭다. 이 두 대통령 모두 배상액이 막대하다(당시 미국의 약 1년 치 국민소득)는 결론에 이르렀다. 그들은 또한 이 금액을 모으기 위한 제안들도 정식화했다. 그들에 따르면 국유지, 특히 새로운 서부 영토의 3분의 1에서 절반 사이를 팔면 배상액을 충당할 수 있었다.[50] 여기에는 이 영토에 정착해 살던 평범한 개척자들의 가족소유지가 아니라, 오래된 대농장주들에게 유리하게 조성된 광대한 토지가 포함되어 있어서, 이는 즉시 상당한 사회정치적 긴장을 야기하게 될 것이었다. 이러한 유형의 제안은 1820년부터 1860년까지 수시로 제시되었다. 하지만 연방 차원의 정치적 다수파연합이 정치체제를 근본적으로 바꾸지 않으면서도 이러한 제안을 채택하는 위험부담을 짊어질 만한 정황을 생각해내기란 쉽지 않은 일이다.

## 노예제에 대한 소유주의적이고 사회적인 정당화

노예제 폐지는 19세기 소유자사회에 가공할 이데올로기적 문제들을 제기했다. 이 소유자사회는 배상 없는 노예제 폐지로 인해 사적소유제와 소유주의 질서 전체가 다시 문제시되는 것을 두려워했다. 게다가 미국의 경우에 이 복잡한 사태는 배상액의 규모 탓에 더욱 악화되었다. 배상이 실행되었더라면 이는 또다른 유형의 긴장을 촉발할 위험이 있었다. 그리되면 이 문제에 어떤 해결책이 제시될 수 있을지는 그 누구도 알 수 없었다.

이러한 소유주의적 쟁점들 외에 노예제를 둘러싼 갈등은 미국에서 대단히 심층적인 정치적-이데올로기적 토대들을 가지고 있었다는 점을 부언해야 한다. 이 토대들은 매우 명확한 발전모델 및 미래 전망과 관련된다. 농업과 노예제에 기반한 남부의 전망은 특히 존 캘훈에게서 강력하게 표명되었다. 1825년에서 1832년까지 미국의 부통령이었던 그는 여러 차례 육군장관과 외교위원회 의장을 역임했고 1850년 사망할 때까지 사우스캐롤라이나의 민주당 상원의원이었다. 상원에서 노예제 옹호론자들의 지도자였던 캘훈은 '필요악'이 아닌 "절대선으로서의 노예제"를 부단히 주장했다. 노예제 옹호자들은 너무나 자주 노예제를 필요악이라고 표현해왔는데, 캘훈에게는 그들의 주장이 소심해 보였다. 캘훈의 기본 논지는, 본인에 따르면, 노예제를 둘러싼 가부장주의 및 연대의 가치와 연관되어 있다. 이 민주당 상원의원에 따르면, 예컨대 노약자들은 북부·영국·유럽의 도시 공업 중심지들에서보다도 남부의 농장 안에서 더 나은 삶을 살았고, 그 중심지들에서 노동할 수 없는 노동자들은 거리와 비인도적인 구호소에 내버려졌다.

캘훈이 보기에 이는 남부 농장에서는 결코 일어날 수 없을 일로, 이곳에서는 노약자들이 항상 공동체의 일부였고 그들은 생의 마지막날까지 존경받으며 위엄을 지킬 수 있었다.[51] 캘훈은 자신과 같은 농장소유자들이 농촌 공화주의와 지역공동체의 이상을 체현하고 있다고 여겼다. 반면에 북부의 기업가들과 금융가들은 노예의 운명을 염려한다고 주장하지만 실은 그 노예들을 프롤레타리아로 만들어 그들이 아무런 수익을 내지 못해 내치기 전에 타자로서의 그들을 착취하는 것이 유일한 목표인 위선자들일 뿐이었다. 틀림없이 캘훈의 연설은, 농장에서 노예들이 겪는 체벌과 여타 신체 훼손에 관한 증언과 사진, 또는 프레더릭 더글러스 같은 도망노예들의 이야기에 친숙한 확신에 찬 노예제 폐지론자들을 설득하기에는 어려움이 있었다. 하지만 당시 수많은 미국인들은 북부의 자본가들이 노동자들의 운명에 관심을 기울이는 것만큼 남부의 일부 대농장주들도 노예들의 운명에 관심을 기울인다는 생각을 그럴듯하게 여겼다(실제로 이런 주장이 완전히 틀린 것은 아님을 보여주는 일화들도 틀림없이 존재한다).

캘훈의 농촌 공화주의 이상은 제퍼슨의 토지소유자 민주주의 이상에 가까웠다. 그렇지만 본질적인 차이가 있다. 제퍼슨은 노예제에서 어떻게 내쫓아야 할지 알 수 없는 어떤 악을 보았다. "나는 신께서 정의롭다는 것을, 그리고 그분의 정의가 영원히 잠들 수 없다는 것을 생각할 때마다 내 조국이 몹시 걱정스럽습니다"라며 「독립선언문」의 기초자인 제퍼슨은 불안해했다. 그는 평화적 해방의 가능성은 없다고 생각했던 것이다. "우리는 늑대의 귀를 잡고 있는 형국에 처해 있습니다. 우리는 계속 귀를 잡고 있을 수도 없고, 그렇다고 안전하게 늑대를 보낼 수도 없습니다. 저울의 한쪽에는 정의가 있고, 다른 한쪽에는 자기보호가 있습니다." 미주리주로 노예제를 확장하는 안을 둘러싸고 1820년 의회에서 벌어진 논쟁 당시 제퍼슨은(그는 미주리주 정착민들의 자유흑인 배척 권리를 지지했던 것과 마찬가지로 노예제 확대도 지지했다), 해방이란 소유자들에 대한 정당한 배상만이 아니라 옛 노예들에 대한 완전하고 즉각적인 추방이 이루어질 경우에만 가능하다고 보았다.[52]

해방노예들의 필연적인 복수, 또는 단지 불가능한 동거에 대한 이러한 공포는 소유자들 사이에 아주 널리 퍼져 있었다. 바로 이것이 1816년 미국식민협회ACS 창설을 설명해준다. 제퍼슨, 매디슨, 먼로와 대다수의 노예제 옹호론자들이 열렬히 지지한 이 협회 창설 목표는 해방노예들을 아프리카로 확실하게 추방하는 것이었다. 말하자면 이것은 1865년에서 1965년 사이에 남부에서 확립된 흑백분리의 극단적인 표현이다. 두 집단의 접근 금지를 무릅쓰는 마당에 도대체 대양을 사이에 두고 둘을 갈라놓으면 안 될 건 무엇이란 말인가? 이 기획은 큰 반향을 일으킨 실패였다. 1816년에서 1867년 사이에 1만 3000명가량의 해방된 아프리카계 미국인이 미국식민협회를 통해 라이베리아로 옮겨갔는데, 이는 전체 노예 수의 0.5% 이하였다(이로 인해 라이베리아의 발전은 심각하게 정체되었으며, 라이베리아는 거의 오늘날까지도 아메리코와 토착민이 분열되어 있다).[53] 제퍼슨 대통령에게 실례일지 모르지만, 해방은 미국 땅에서만 이루어질 수 있는 것이었다. 무엇보다도 두 집단 사이의 관계가 해방 이후에도 가능한 한 좋아지도록 하는 것—예컨대 옛 노예들과 그들의 자녀에게 교육받을 권리와 정치적 권리를 얻을 기회를 열어줌으로써—에 전념해야 했다. 불행히도 이런 길은 추구되지 않았다. 옛 소유자들은 과거의 노예들과의 평화로운 동거가 불가능하다고 확신하고 있었기 때문이다.

## 미국의 '재건'과 사회토착주의의 탄생

노예제 정당화를 둘러싼 이러한 논의들은 진지하게 검토되어야 한다. 이 논의들이 이후의 진화들에 근본적인 영향을 미쳤기 때문이다. 미국에서 지속되고 있는 인종적 불평등과 차별뿐만 아니라 더 일반적으로는 19세기 이후 지속된 미국의 정치적-이데올로기적 갈등과 선거를 둘러싼 갈등의 특수한 구조와 이것의 전환에 근본적인 영향을 미쳤던 것이다. 때로는 토착민도 그렇지만 이방인 관찰자는 다음과 같은 사실에 흔히들 놀란다. 1860년에 링컨의 공화당에 맞서 (두 사람 모두 저명한 민주당원인) 캘훈 또는 제퍼슨의 논지와 유사한 논지들을 사용함으로써 노예제를 옹호했던 민주당이 1932년 루스벨트와 뉴딜의 당이 되고 이어서 1960년에는 케네디와 존슨과 '민권운동'과 '빈곤과의 전쟁'의 당이 되었으며 마침내 1990~2020년에는 클린턴과 오바마의 당이 되었다는 사실. 우리는 이 문제들을 폭넓게 재론할 것이다. 특히 이 책의 4부에서 20세기, 그리고 21세기 초 미국과 유럽에서의, 그리고 인도나 브라질과 같은 여타의 거대한 선거민주주의사회에서, 선거를 둘러싼 정치적 균열들의 사회경제적 구조의 진화를 검토하고 비교해볼 것이다. 따라서 우리는 이 낯선 정치적-이데올로기적 경로가 실제로 전 세계적인 차원에서의 풍부한 교훈과 함의들을 가지고 있음을 보게 될 것이다.

지금 단계에서는 다만 이것을 강조해두자. 심대한 불연속 없이 소소한 조정을 통해서 민주당이 제퍼슨과 캘훈의 정당이기를 멈추고 루스벨트의 정당으로, 더 나아가서는 존슨의 정당(그리고 마침내 클린턴과 오바마의 당)으로 되었다는 것. 민주당은 1870~1880년부터 연방 권력을 다시 획득할 수 있었고 뉴딜시대에 성공을 거두게 되는 연합의 토대를 마련했다. 이것을 가능케 했던 것은 바로 민주당이 북동부의 산업·금융 공화당 엘리트들의 위선과 사회적 이기주의라고 느꼈던 것을—일정 부분 1830년대 캘훈식으로—비난함으로써였다. 1820년부터 1860년까지 선거 갈등은 대체로 민주당과 휘그당의 대립으로 이루어졌다. (1790~1960년 내내 그러했듯이) 민주당은 특히 남부의 주들에 뿌리내리고 있었고 휘그당은 1830년대에 연방주의자들을 대체했는데 이후 1850년대에 공화당에 의해 대체되었고 전통적으로는 북동부에서 최고의 성적을 내왔다. 1860년에 서부로의 이른바 '자유노동'의 확장(과 남부에서의 매우 점진적인 노예제 폐지)을 중심축으로 한 공화당 링컨의 정강이 채택될 때까지 두 진영은 노예제 문제를 놓고 대치하기를 공들여 피해왔다. 이 문제는 1820년에 '미주리 타협Missouri Compromise'을 통해 잠정적으로 마무리되었지만(노예제를 실시하던 미주리주는 자유주 메인과 동시에 연방에 새로 가입하게 된다), 그럼에도 불구하고 특히 도망노예와 관련된 긴장들이 부단히 지속되었다. 남부 주들에서는 두 정당의 입후보자들이 노예제 옹호라는 의제를 차지하기 위해 격렬하게 경쟁하면서 상대 진영이 북부의 노예제 폐지론자들을 그대로 두고 있다고 비난했다. 실제로 각 주의 내부에서는, 예컨대 버지니아주에서는 민주당 표가 특히 농장에 기반을 둔 농촌 선거구의 백인 유권자들(노예제를 벗어난 미래를 도저히 상상할 수 없었던 사람들)에게서 나왔고, 반면 휘그당은 더욱 도시적이고 교육 수준이 높은 선거구를 사로잡았다.[54]

1865년부터 대략 1880년까지의 '재건' 기간에 민주당은 북동부의 산업·금융 엘리트들을 비난하는 데 매우 유능한 모습을 보였다. 민주당에 따르면 이 엘리트들은 자신의 이익을 방어하고 이윤을 늘린다는 유일한 목표를 가지고 공화당을 뒤에서 조종해왔다.[55] 민주당은 주로 전쟁공채의 상환 문제, 통화체제, 그리고 금은양본위제에 대한 비판에 집중했다. 요약하자면, 민주당은 보스턴과 뉴욕의 은행가들을 향해 그들이 다른 무엇보다 전쟁 재원 마련을 위해 자신들로부터 빌린 돈에서 생겨난 막대한 양의 이자에만 관심을 기울인다고 비난했다. 반면 무엇보다도 나라에 필요한 것은 소작인과 소생산자에게 신용대부를 해주고, 형편이 어려운 퇴역군인 연금의 재원을 마련할 수 있는 통화 유연성이라고 주장했다. 어느 정도의 인플레이션을 감내해야 하고 은행가들이 요구하는 대로 금본위달러로 즉각적으로 회귀하지 못하고 오히려 은본위달러와 불환지폐greenback에 통화 환경이 유리해지더라도 말이다. 또다른 중대한 문제는 관세였다. 앞선 연방주의자들이나 휘그당과 마찬가지로 공화당은, 북동부의 공업 생산물을 보호하고 연방국가의 세수를 위하여(이 세수는 부분적으로는 국채를 갚기 위한 것이고 한편으로는 산업발전에 필요한 기간시설들의 재원 마련을 위한 것이다) 영국과 유럽에서 수입되는 섬유 제품과 공산품에 높은 관세를 부과하고자 했다.[56] 전통적으로 국세에 대해 까다롭게 굴고 중앙정부의 몸집이 커지는 데 의심의 눈길을 보내던 민주당은 뉴잉글랜드 엘리트들의 이기주의를 비난할 기회를 잡았다. 이 엘리트들은 자신의 이익을 방어하기 위해 나라의 다른 부문의 구매력에 부담을 지울 준비가 언제든 되어 있었다. 그러나 미국의 서부와 남부에 무엇보다도 필요했던 것은 농산물 수출을 위한 자유무역이었다.

민주당은 또한 유럽에서 새로 이민온 사람들을 옹호했다. 그들은 주로 아일랜드계와 이탈리아계였는데 영국계 개신교도들인 공화당 엘리트들은 이 이민자들을 불신했고 이민자들의 미국 국적 취득을 지연시켰으며, 이민자들에게 보통 선거권 행사를 위한 교육을 조건으로 내걸면서 이민자들을 투표권으로부터 떨어뜨려놓으려 했다. 더욱이 일정하게는 바로 이러한 이유 때문에 북부는 남부의 백인들이 남부 주들을 다시 관할하고 과거의 노예들의 투표권을 금지하는 행위를 방치했다. 기본적으로 많은 공화당원들은 흑인이 공민권을 누릴 자격이 없으며 공민권을 위해 투쟁할 의향도 전혀 없다고 생각했다. 특히 공화당원들은 북동부의 새로운 이민자들에게 계속해서 자격조건을 부과할 수 있길 원했다(반면에 뉴욕과 보스턴의 민주당원들은 아일랜드계와 이탈리아계를 귀화시킬 수 있다고 자부했다). '5분의 3' 규칙을 대체하기 위해 1868년 채택된 수정헌법 제14조는 이후 선거인명부에 실제 등재된 성인남성의 수를 고려해 하원 의석을 분배하도록 했다. 바로 이것이 남부 주들에 압력을 가할 수 있는 정확하고 유효한 메커니즘이 될 것이었다. 하지만 이는 전혀 작동되지 못했다. 투표권 제한들로 인해 북동부 주들이 잃을 게 많다는 사실을 깨달았기 때문이다.[57] 이는 분명 중대한 분기점이었다.

마지막으로, 1870년에 채택된 수정헌법 제15조는 투표권에 관한 일체의 인종차별을 이론적으로 금지했다. 하지만 그 실행은 전적으로 주정부에 맡겨졌다. 새롭게 주어진 권리를 행사하고 공적인 장소를 활보할 수 있어야 한다고 주장했던 과거 노예들에 대한 극단적인 폭력과 숱한 린치, 징벌적인 추방이 만연한 분위기 속에서 인종분리주의자 민주당원들이 남부 주들을 장악하고 있던 중이었고 상황은—경쟁하는 두 주지사(한 명은 민주당원, 다른 한 명은 흑인들의 표로 당선된 공화당원)가 대립하고 있던—1873년 루이지애나에서처럼 봉기로 치닫고 있었다. 남부 주들에서 언제나 권력을 행사해왔던 인종분리주의자들의 결정과 조직력에 맞서 인종적 평등을 관철시키려면 북부의 대단히 강력한 의지가 필요했을 테지만 그런 의지는 존재하지 않았다. 북부에서 가장 팽배했던 여론은 한 줌의 극단주의적인 대농장주들이 전쟁에 책임이 있다는 것이고 남부의 다른 세력이 그곳의 상황과 불평등을 관리하도록 해야 할 때라는 것이었다. 남부의 민주당이 일단 국가장치와 행정부와 경찰, 헌법과 대법원에 대한 통제를 재확립하게 되자, 그리고 일단 무엇보다도 1877년에 연방군이 최종적으로 철수하게 되자(이는 재건기의 공식적 종료를 알리는 상징적 단절이다) 남부의 민주당은 거의 한 세기 동안 흑인들에게서 투표권을 박탈하고 백인

이 다니는 공공장소와 학교에 접근하지 못하게 하는 분리주의체제를 확립했다.[58] 농장에서 임금을 억제할 수 있도록 해주는 사법제도와 특수한 노동권 또한 확립되었다.[59] 한때 충만하고 완전한 자유를 꿈꾸며 언젠가는 자기 땅에서 노동할 수 있으리라는 희망을 키웠던 많은 수의 흑인들이 북부를 향한 '대이동Great Migration'을 마음에 품기 시작했다.[60]

1874년부터 민주당은 의회에서 다수파가 되었고 남북전쟁이 끝나고 10년이 채 지나지 않은 1876년에 하원의원 선거에서 이미 승리를 거둔 뒤에 1884년 대선에서 승리했다. 이것은 이러한 (남부의 비타협적 분리주의 옹호, 통화 유연성 및 전쟁공채 지불기한 연장, 공산품 관세에 대한 반대, 북부의 새 백인 이민자들에 대한 지지라는) 복합적인 정강 위에서, 그리고 더 일반적으로는 민주당이—오로지 자신의 이윤과 이익을 방어하기 위해서만 전쟁을 일으키고 노예들을 해방시켰던—북동부의 산업·금융 귀족이라고 묘사했던 세력에 반대하면서 이루어진 결과다. 정권교체는 선거민주주의에서 당연하게 일어나는 일이고 이러한 민주당의 승계는 부분적으로는 공화당에 대한 자연스러운 권태감의 결과였다. 게다가 공화당은 다양한 금융 스캔들에 휘말렸고 이는 집권시에 흔히 일어나는 일이다. 그렇다고 해도, 그토록 급속한 정권교체를 가능케 한 이념과 열망의 연합 형태들을 이해해보는 일은 흥미롭다. 왜냐하면 바로 이것이 미래 진화들의 조건이 되기 때문이다.

요약하자면, 재건기에 확립된 민주당의 정치 이데올로기는 일반적으로 '사회토착주의' 또는 어쩌면 차라리 이 경우에는 '사회인종주의'라고 부를 수 있는 것에 속한다. 왜냐하면 흑인들도 역시 백인들만큼이나 (아일랜드계와 이탈리아계보다는 훨씬 더) 미국 토착민들이었기 때문이다. 그럼에도 불구하고 노예제 옹호론자들은 흑인들을 기꺼이 아프리카로 추방하려 했다. 특정 인구만을 대상으로 일정한 사회적 평등을 추구하는 정치 이데올로기를 지칭하기 위해 '사회차별주의'라고 말할 수도 있을 것이다. 하지만 이러한 평등의 추구는, 흑인 즉 공동체의 외부자라고 간주되는 사람들

(예컨대 오늘날 유럽에 사는 유럽 외부에서 온 이민자들)에 반대하여, 오로지 백인 즉 (그곳에 자리잡은 다양한 집단들이 진짜 토착민인지 아닌지보다는 이 집단들의 정당성이 더 문제가 된다는 점을 고려한다면) 해당 영토의 진짜 '토착민'이라고 간주되는 사람들 안에서만 이루어지는 것이다. 이 경우에, 민주당의 사회토착주의에서 '사회'라는 차원은 '토착주의'만큼이나 전적으로 사실이다. 민주당은 중간 이하 사회계층의 백인 유권자들에게 그들의 이익을 방어하고 전망을 제공하는 데 있어 공화당보다 더 알맞은 정당으로서 어필하는 데 성공했다.

우리는 이 책의 다음 장들에서 재건기 민주당의 사회토착주의 정치연합이 어떻게 실제로 미국에서의 불평등을 감소시키려는 야심찬 정책의 발전에 기여했는지 보려 한다. 이러한 기여는 특히 1910년대 소득과 상속에 대한 연방세의 제정과 1930년대 뉴딜을 통해, 그후 마침내 1960년대 공민권으로의 전환을 선택함으로써 자신들의 '토착주의'를 청산하며 이루어졌다. 그래서 우리는 또한 1860~1960년에 미국 민주당이 밟아온 궤적과 21세기 초반의, 특히 유럽과 미국(이번에는 공화당을 통해)에서 발전하고 있는 일종의 사회토착주의 사이에서 공통점뿐만 아니라 무엇보다도 심층적인 차이들을 연구해보려 한다.[61]

### 브라질: 제국적이며 혼혈적인 노예제 폐지(1888년)

곧바로 브라질의 사례로 가보자. 영국·프랑스·미국의 노예제 폐지에 비해서는 덜 연구되고 있긴 하지만 1888년의 브라질 노예제 폐지 역시 풍부한 가르침을 준다. 1800년에서 1860년 사이에 노예의 수가 100만 명에서 400만 명으로 급증했던 미국 남부와는 달리, 19세기 브라질에서는 노예 인구가 현저하게 증가하는 일은 일어나지 않았다. 이 나라에는 이미 1800년에 150만 명 정도의 노예가 있었고 이 수는 1888년 노예제 폐지 때까지 전혀 늘지 않는다(도표 6.4 참조). 점점 더 집요해지는 영국의 경고에도 불구하고 브라질의 노예상인들은 19세기 상당 기간 동안, 적어도 1850~1860년까지는, 규모는 점점 축소될지언정 노예무역을 계속해왔다. 무엇보다 [브라질에서의] 노예무역은 미국 노예의 자연증가 같은 신속한 팽창을 허용하지 않았다. 게다가 브라질에서는 혼혈과 점진적인 노예해방이 훨씬 더 폭넓게 진행되고 있었고, 바로 이것이 노예인구 증가를 막는 요소였다. 2010년 브라질에서 시행된 인구조사 당시, 인구의 48%가 자신을 '백인'이라 진술했고 43%는 '혼혈', 8%는 '흑인', 1%는 '아시아인' 또는 '원주민'이라고 진술했다. 이 문제에 관한 가용 연구들이 보여주는바 실은 브라질 사람들이 자신에 대해 생각하는 바와는 달리, 20세기 말 21세기 초 브라질인의 90% 이상이 유럽인과 아프리카인 그리고/또는 아메리카 원주민 혼혈의 후손들이고 여기에는 심지어 자신을 백인이라 여기는 이들도 포함된다. 모든 지표가 19세기 말에 이미 혼혈이 극도로 진전되어 있었음을 나타내고 있다. 반면 미국에서는 오늘날까지도 혼혈이 극도로 주변적인 것으로 남아 있다.[62] 그렇지만 혼혈이 사회적 거리와 차별 그리고 불평등을 막지는 못했고 오늘날에도 여전히 브라질에서 매우 강력하게 지속되고 있다.

1750년과 1880년 사이의 노예 수의 상대적인 안정성(대략 100만~150만 명)은, 브라질 인구가 매우 크게 증가함에도 노예 비율이 저하되는 경향에 따라 알 수 있다. 이 비율은 1750년에는 약 50%이고 1880년에는 15%와 20% 사이였는데 이조차 상당한 것이다(도표 6.1 참조). 더욱 강조해야 하는 것은 이 비율이 일부 지역에서는 30%를 웃돌았다는 것이다. 역사적으로 처음 노예들이 집중되어 있던 곳은 북동부Nordeste의 설탕 플랜테이션인데 특히 바이아주 부근에서 그랬다. 곧 고갈되긴 했지만 금광과 다이아몬드 광산업이 발전함에 따라 18세기에 상당수 노예들은 남쪽 미나스제라이스주로 이동했으며, 특히 19세기에 커피산업이 발전하면서 더 남쪽의 리우데자네이루와 상파울루 지역으로 이동했다. 1850년에 리우데자네이루시에는 25만 명의 주민이 살고 있었고 그중 11만 명이 노예였는데(44%) 바이아주 살바도르시의 노예 수(33%)보다 더 많았다.

1807~1808년에 리스본 왕실이 나폴레옹 군대의 위협으로 인해 포르투갈의 수도를 포기하고 리우데자네이루로 피신했을 때 브라질 인구는 대략 300만 명이었고(그중 절반은 노예였다), 포르투갈 인구와 거의 비슷했다. 유럽의 식민화 역사에서 독특한 사실 하나는 포르투갈 왕위 계승자가 자신의 왕실을 불쾌하게 만들면서 포르투갈의 왕권을 단념하고 페드루 1세라는 이름으로 1822년 독립한 신생국가 브라질의 수반이자 황제가 되었다는 것이다. 그후 수십 년간은 노예반란이 수없이 일어났다. 이미 브라질에는 17세기 팔마레스의 '킬롬부Quilombo' 이후 도망노예들의 자치공동체가 많았다. 킬롬부는 한 세기 넘는 기간 동안 산악지대의 진정한 흑인 공화국이었는데, 이 체제전복적인 시도를 끝장내려고 파견된 군대에 의해 궤멸되었다.[63] 60대 노예들의 해방을 포고한 최초의 법은 오랜 논의를 거친 뒤에 1865년에 채택되었다. 1867년 페드루 2세는 개원식 칙어에서 노예제로 야기되는 문제들을 길게 언급했는데, 이는 상원의 비난을 촉발했다. 협애한 소유주의의 성채인 상원은 인구의 1% 이하에 의해, 그것도 주로 노예소유자들에 의해 선출되었던 것이다.

반란의 재발과 의회 해산의 위협에 직면하여 결국 의회는 1871년에 일명 '벤트리 리브리Ventre Livre'(해방된 뱃속)법을 채택했다. 이 법은 임신한 노예에게서 태어난 아기들을 해방시키려는 것이었고 매우 점진적인 노예제 폐지를 도모할 수 있게 해주었다. '잉게누우스ingénŭus'(자유로운 신분으로 태어난 자)라고 불린 이 수혜자들의 엄마 노예를 소유한 이들은 국가로부터—연 6% 금리의 국채juro로 지급되는—배상을 받기 위해서는 아기들을 6세가 될 때까지 키워야 했고, 또는 어린 흑인들을 무임금으로 일을 시키면서 21세까지 데리고 있을 때는 그보다 더 적은 배상을 받았다. 이 기간 동안에도 완전한 노예제 폐지에 대한 논의들은 계속 이어졌다. 1880년부터 나라 안의 마찰이 점점 더 명백해져서, 1883~1884년에 리우데자네이루와 상파울루를 다녀간 많은 여행객들이 사회혁명이 임박했다고 여길 정도였다. 1887년에 군대는 더이상 노예반란에 대처할 수 없으며 도망노예들을 체포할 수 없다는 입장을 밝혔다. 바로 이런 맥락에서 의회는 1888년 5월에 전면적인 노예제폐지법을 채택했고 그 직후인 1889년에 제국 정권은 와해되었다. 제후들과 토지 귀족들이 자신의 이익을 지켜주지 못하는 정권을 저버렸던 것이다. 정권의 와해는 1891년 브라질 최초의 공화주의 헌법의 채택으로 이어졌다.[64]

노예제는 종언을 고했지만 브라질은 노예제에서 비롯된 극단적 불평등을 청산하지 못했다. 1891년 헌법은 재산 관련 자격조건들을 삭제했지만, 문맹자들을 투표권 행사에서 배제하는 데 공을 들였다. 문맹자들을 배제하려는 규정은 1934년 헌법과 1946년 헌법에서도 이어졌다. 이는 1890년대 선거과정에서 성인인구의 약 70%를 배제하는 결과로 이어졌고, 1950년에도 여전히 50%가, 1980년에는 약 20%가 애당초 선거에서 배제되었다. 실제로 옛 노예들뿐 아니라 더 일반적으로는 빈민들이 1890년대부터 1980년대까지 한 세기에 걸쳐 정치적 과정에서 배제되었던 것이다. 비교해보자면, 인도 같은 나라에서는 과거로부터 비롯된 사회적이며 규약적인 광범위한 균열들과 나라의 빈곤에도 불구하고, 1947년부터 보통선거를 확실하게 제도화하는 데 망설임이 없었다. 19세기 말 20세기 초에 남성들에게 전면적으로 투표권을 부여했던 유럽 국가들이 문자해독을 조건으로 부과하고자 했더라면 상당히 많은 비율의 유권자들(특히 농촌 선거구와 노년 세대)을 배제하게 되었을 것이다. 또한 강조해야 하는 것은 이러한 유형의 조건을 실제 집행하게 되면, 선거인명부 작성을 책임지고 지역행정을 통제하는 사람들에게 권력을 과도하게 부여하는 일이 빈번해진다는 점이다. 또한 이러한 성질의 조건들을 명분으로 미국 남부에서 흑인들은 1960년대까지도 투표권을 갖지 못했다.

노예제와 선거권 및 교육받을 기회라는 문제 외에, 보다 일반적으로는 노동관계가—특히 토지소유자와 농업노동자와 무토지 농민 사이에서—

20세기 내내 브라질에서 극도로 혹독한 상태로 남아 있었다. 북동부 설탕 생산지역에서 일어난 극단적인 사회적 폭력 관련 증언들은 매우 많이 남아 있다. 지주들은 1964년 군사 쿠데타 이후 파업을 탄압하고 임금을 억제하고 날품팔이 농민들을 무제한으로 착취하기 위해 경찰과 국가장치를 활용했다.[65] 투표권이 마침내 문해력에 대한 단서조건 없이 모든 사람에게 확대되는 것은 군사독재(1964~1985년)가 종식되고 1988년 헌법이 확립되고 나서다. 진정한 의미의 보통선거권에 입각한 최초의 선거는 1989년에 치러졌다. 우리는 이 책의 4부에서 브라질에서 보통선거가 시행된 초기 몇십 년간의 정치 갈등의 구조적 진화에 관해 재론할 것이다.[66] 지금 단계에서는 우리가 이미 마주한 적 있는 결론을 무엇보다도 강조하고 넘어가자. 노예제와 식민주의에서 비롯한 막대한 불평등의 유산을 살펴보는 데서 시작하지 않는다면 현대의 불평등구조를 이해하기란 불가능하다는 것.

### 러시아: 약한 국가를 통한 농노제 폐지(1861년)

마지막으로 1861년 차르 알렉산드르 2세에 의해 결정된 러시아 농노제 폐지의 사례를 살펴보자. 러시아와 유럽 역사에서 생겨난 중요한 단절이 정확히 미국 남북전쟁과 동시대에 일어났다는 점 외에, 이 단절이 노예제 폐지와 연계된 배상 문제와 무관치 않은 논의들과 연루된다는 점을 확인하는 것도 흥미로운 일이다. 그렇지만 러시아제국이라는 국가의 취약함으로 인한 특수성 또한 지니고 있다. 18~19세기에 러시아에서 실행된 농노제 형태는 일반적으로 대단히 가혹한 것이었음을 또한 분명히 해두자. 특히 농노들은 자신의 영지를 떠날 권리도 소송을 제기할 권리도 없었다. 1848년까지 토지와 부동산 소유는 그들에게 원칙적으로 금지되었다. 그렇지만 광대한 러시아 공간 안에서 매우 다양한 상황들이 펼쳐졌음을 지적해두어야 한다. 농노제 폐지 직전에 유럽 지역 쪽 러시아에는 2200만 명 이상의 농노들이 대단히 광범위한 영토에 흩어져 있었는데 이는 우랄산맥 서쪽 인구의 거의 40%다. 그들 대다수는 농노 수천 명을 거느리는 거대 영지에 속해 있었다. 지역과 지주에 따라 권리와 생활조건이 세분되어 있음을 확인할 수 있다. 심지어 몇몇 경우에는 토지 관련 행정업무를 맡아 재산을 축적하기에 이르렀던 농노들도 관찰된다.[67]

부분적으로는 크림전쟁(1853~1856년)에서 러시아가 패하면서 촉발된 1861년 농노해방은 이 책에서 모두 다루기에는 불가능한 많은 과정들을 양산했다. 특히 농노제 폐지에 뒤이어 다양한 형태의 공동소유를 확립해냈던 농지개혁이 있었고 이 개혁이 농업성장에서 발휘한 효과는 일반적으로 해방 그 자체의 효과들보다 훨씬 덜 긍정적인 것으로 평가된다.[68] 1861년 러시아 농노해방령의 중요한 측면은 농노소유자들의 재산 상실에 대한 배상을 고려한 복합적인 장치가 이 법령에 들어 있다는 것이다. 이 배상은 영국(1833년)과 프랑스(1848년)와 브라질(1888년)에서 노예제가 폐지되던 당시 결정된 노예소유자들에 대한 배상과 유사한 방식으로 이루어졌다. 일반적인 원칙은 옛 농노들이 공유지를 획득할 수 있기 위해서는 49년 동안 국가와 옛 소유자들에게 배상금을 내야만 했다는 것이다. 원리적으로는 이 상환이 1910년까지 진행되어야 했을 것이다. 하지만 전반적인 많은 것들이 재협상의 대상이 되었고 대부분의 상환은 1880년대에 종료되었다.

일반적으로는, 이 과정이 꽤나 혼란스러웠고 중앙국가—이 국가의 행정적 사법적 취약함을 고려한다면—에 의해 제대로 통제되지 않았다는 사실을 강조해야 한다. 특히 러시아제국에는 토지대장이 없었기에 토지를 취득할 새로운 권리들을 승인하고 보장하기가 어려웠다. 하급심뿐 아니라 징세와 징병은 대체로, 중앙집권국가가 아직 제대로 형성되지 않았던 삼기능사회에서 흔히 그랬듯이, 지역 차원의 귀족과 다양한 엘리트들에게 위임되었다. 따라서 러시아 농촌사회 안에서 권력관계를 변형시킬 만한 제국 권력의 역량은 비교적 제한적이었다. 농민들의 이동에 대한 규제는 계속 공식적으로 실행되었는데, 이는 물론 지역당국이 담당하고 있었지만 모든 것이 시사하는바 실제로는 옛 소유자들이 계속해서 지배적인 역할을 수행했다.

일부 연구에 따르면, 1861년의 해방령은 대부분의 경우 농노에 대한 소유자의 장악력을 다시 강화하는 것으로 귀결되었다. 독립적인 사법제도나 전문화된 공적 기능의 발전에 필요한 조치들이 실제로 전혀 없었기 때문이다. 마찬가지로 조세재정제도도 상당한 정도로 개선해야 할 만큼 취약했다.[69] 러시아 중앙국가의 조세재정제도와 금융제도의 취약함은 러시아제국 정부가—영국과 프랑스의 노예제 폐지 경우처럼—국채와 납세자 전체를 통해 재원을 조달하는 금전적 배상 대신에, 왜 옛 농노들로 하여금 자신들의 구제를 보장하기 위해 소유자들에게 직접 49년 동안 배상금을 내도록 강제했는지를 일정 부분 설명해준다. 농지개혁의 새로운 물결이 1906년 러시아에서 일어났으나 그 효과들은 미미했다. 러시아제국은 마침내 전쟁이 한창이던 1916년 4월에, 이전에 구상했던 개혁보다 훨씬 더 야심찬 세제개혁을 시도하게 된다. 이 개혁을 통해 소득 전체에 부과되는 완전한 누진세제가 제정되는데 이는 기능 측면에서 1914년 7월 프랑스에서 채택된 세제와 매우 유사하다.[70]

당연히 이는 너무 늦은 것이었다. 어쩌면 결정적이었을 이 세제개혁이 착수되기 전, 1917년 볼셰비키혁명이 시작되었다. 러시아제국이 과연 이 개혁을 성공적으로 시행할 수 있었을지는 그 누구도 알 수 없는 일이다. 러시아에서의 농노제 폐지 실패의 경험은 우리에게 중요한 현실을 환기시켜준다. 삼기능사회와 노예제사회의 소유자사회로의 전환은 모든 이들의 소유권을 보장해줄 능력이 있는 중앙집권국가의 형성, 정당한 폭력의 독점, 적법한 법률제도와 조세재정제도의 상대적 자율성을 필요로 한다는 것이다. 이러한 것들이 결핍되면 지역 엘리트들은 권력관계와 종속관계에 대한 자신의 통제력을 그대로 유지한다. 러시아의 경우 이행은 새로운 유형의 사회로 곧바로 향했다. 소비에트 유형의 공산주의사회.

제 7 장

# 식민사회: 다양성과 지배

우리는 노예제사회와 그 소멸의 조건들을 특히 대서양 공간과 구미 공간을 놓고 연구해왔다. 이를 통해 우리는 19세기에 유효했던 사적소유 준신성화체제의 몇 가지 놀라운 양상들을 관찰할 수 있게 됐다. 노예제 폐지 당시 노예가 아니라 노예소유자들에게 배상해야 했다는 점과 해방된 노예들은 옛 소유자들에게 자유에 대한 막대한 대가를 지불해야 했다는 점이 그것들이다. 아이티가 프랑스에 했던 배상이 그 전형이며, 이것이 20세기 중반까지 지속되었다는 점은 놀랄 만한 일이다. 우리는 또한 미국에서 남북전쟁과 노예제 종언이 어떻게 정당과 이데올로기적 균열의 특수한 체계의 발전으로 이어졌는지를 분석했다. 이 발전은 유럽 및 세계 다른 지역들에서처럼 미국에서도 신서 살능의 점진적 진화와 현재의 불평등구조에 상당한 영향을 주었다.

이제 우리는 노예제에 비해 덜 극단적인 지배와 불평등의 형태들을 연구할 것이다. 이 형태들은 유럽 식민제국이라는 틀에서 전 세계의 매우 광범위한 부분과 연관되었던데다 1960년대까지 이어졌고 오늘날 세계에도 큰 영향력을 발휘하고 있다. 최근 연구들이 식민사회와 현대사회 간 사회경제적 불평등의 규모를 비교해볼 수 있는 요소들을 제공해주었기에, 우리는 이 대목에서 시작하려 한다. 또한 매우 강력한 식민지적 불평등을 설명해주는 다양한 요인들을 재검토할 것이다. 식민지는 특히 사회투자와 교육투자 면에서 매우 오랫동안 식민지 정착민들에게만 유리하게 조직되어왔다. 다양한 형태의 강제노동과 연관된 법률적 지위의 불평등은 매우 심각했다. 이 모든 것은 노예제사회와는 반대로, 단순히 군사적이고 수탈적인 지배가 아니라 지적이고 문명적인 지배라는 관점에 근거한 이데올로기에 의해 구조화되었다. 우리는 또한 식민주의의 출구가 지역적이고 초대륙적인 민주연방주의 형태들에 대한 논의들을 추동했다는 것을 볼 것이다. 오늘날 거리를 두고 본다면, 비록 즉각적인 결실을 거둘 수 있는 건 아닐지라도 이 형태들은 미래를 위한 풍부한 교훈을 지녔음을 알게 될 것이다.

## 유럽 식민주의의 두 시기

여기서 다양한 식민사회들의 통사를 제시하려는 것은 물론 아니고 이는 이 책의 기획을 아주 멀리 뛰어넘는 일이다. 내 목표는 이보다는 좀더 소박하게 식민사회의 사례들을 불평등주의체제의 역사 안에 자리매김하는 것이고 이어지는 진화들에 대한 분석에서 중요한 요소들을 짚어보는 것이다.

일반적으로 유럽 식민화는 두 시기로 구별된다. 1차 시기는 아메리카의 '발견'과 유럽에서 인도 및 중국으로 향하는 항로의 발견과 함께 1500년 무렵에 시작되어 1800~1850년 무렵 대서양 노예무역과 노예제의 점진적 종언과 더불어 끝난다. 2차 시기는 1800년~1850년 무렵 시작되어

1900~1940년에 전성기를 누리고—이 식민화 도식에 남아공 사례와 아파르트헤이트의 종언이라는 특수한 경우를 포함하면 1990년대까지도 나아가는—1960년대의 독립 물결과 더불어 완료된다.

단순화하자면, 1500년에서 1800~1850년 사이의 1차 유럽 식민화 시기는 대체로 오늘날 잘 알려진 군사적이고 수탈적인 논리에 근거했다. 프랑스령 및 영국령 앤틸리스제도와 인도양·브라질·북아메리카의 삼각무역과 노예제사회의 발전에서도, 에스파냐의 중남미 정복에서도 폭력적인 군사지배 및 주민들의 강제이주와 절멸에 입각한 이 논리가 작동한다.

1800~1850년에서 1960년 사이의 2차 식민화 시기는 특히 구舊 식민지배국가들 내에서 더 유연하며 자애로운 시각으로 묘사된다. 이 나라들은 이 2차 시기 식민지배가 지닌 지적이며 문명적인 차원을 강조하는 경우가 많다. 두 시기 사이의 차이가 진정 사실이라고 해도 2차 시기에 폭력이 부재했던 것은 아니고 두 시기를 잇는 연속성을 보여주는 요소들은 자명하다. 특히 앞 장에서 보았듯이 노예제 폐지는 거의 19세기 전반에 걸쳐 진행되었으며 무엇보다도 노예제는 다양한 형태의 강제노동을 초래했다. 우리는 특히 프랑스 식민지들에 20세기 중반까지 생생하게 남아 있던 강제노동의 흔적들을 재확인해볼 것이다. 또한 노예제사회와 포스트노예제식민사회 둘 다, 정도의 차이가 정말로 존재했다 해도 경제적 자원의 집중이라는 면에서 역사상 가장 불평등한 사회들에 속한다는 점을 보게 될 것이다.

통상적으로 유럽 출신의 인구가 상당한 식민지들과 이 인구가 극도로 낮은 식민지들을 구별한다. 1차 식민화 시기(1500~1850년)에는 노예제가 절정에 달해 프랑스령 앤틸리스제도와 영국령 앤틸리스제도의 해당 여러 섬들에서 노예가 80% 이상이었다. 그 정점에 90% 이상이 노예들이었던 1780년대의 생도맹그(아이티)가 있다. 생도맹그에는 당시로서는 가장 강하게 노예들이 집중되어 있었고 이러한 집중은 1791~1793년 최초의 승리한 노예반란으로 이어졌다. 그래도 여전히 18~19세기 앤틸리스제도에서 유럽인의 비율은 10%에 가까웠거나 이를 상회했으며 식민사회 전체와 비교해볼 때도 제법 높은 비율이다. 노예제적 지배는 총체적이고 완전한 예속에 입각했고 상당한 비율의 식민지 정착민들을 실제로 필요로 했다. 앞 장에서 연구된 또다른—더 오래 지속되었던—노예제사회에서 유럽인의 비율은 훨씬 더 높아서 미국 남부에서는 평균 3분의 2 정도(노예는 약 3분의 1)였고, 1850년대 사우스캐롤라이나와 미시시피에서는 백인이 최소 40%를 조금 넘었다(노예는 약 60%). 18세기 브라질에서는 노예의 비율이 50%에 가까웠고 19세기 후반기에는 20~30% 선으로 낮아졌다.[1]

'라틴'아메리카와 마찬가지로 북미의 경우에도 유럽인 정착 문제가 토착민의 갑작스러운 쇠락과 혼혈이라는 문제와 연관된다는 점을 강조해야 한다.[2] 예를 들어 멕시코에서는 토착민이 1520년에 1500만~2000만 명이었는데, 에스파냐의 군사정복과 정치적 혼돈, 전염병 확산 이후 1600년 무렵에는 200만 명 이하로 낮아졌다고 추산된다. 이에 더해 토착민과 유럽 출신이거나 아프리카 출신인 주민 사이에서 혼혈이 빠르게 늘어난다는 점이 확인된다. 이 혼혈인들은 1650년 무렵에 인구의 4분의 1에 달했고 1820년에는 3분의 1에서 절반 사이였으며 1920년에는 거의 3분의 2에 이른다. 오늘날 미국령과 캐나다령 아메리카인디오들의 인구는 유럽인들이 도래하던 당시 500만~1000만 명 사이였다가 1900년 무렵에 50만 명 이하로 추락했다고 추산된다. 이때 유럽 출신 인구는 7000만 명을 넘었는데, 이들은 토착민이나 아프리카 출신 주민들과 뚜렷한 혼혈관계를 맺지 않고도 매우 강력한 지배자가 되었다.[3]

2차 식민화 시기(1850~1960년) 제국들의 사례를 검토해보면, 유럽인의 정착은 일반적으로 매우 드물고 극히 미미했지만 그럼에도 역시 상황에 따라 다양한 경우들이 존재했다. 우선 강조해야 할 것은 유럽의 식민제국들이 1850~1960년 기간에 1차 식민화 시기에 비해서 훨씬 더 광범위한 초대륙적인 차원들을 확보했다는 점이고 이는 인류역사상 유례없는 일이었다. 그 전성기인 1938년에 영국 식민제국에는 총인구 4억 5000만 명 이상이 모여 있었고 그중 3억 명이 인도(이 자체로 하나의 진정한 대륙인 인도에 관해서는 우리가 다음 장에서 상세히 재론할 것이다)에 있었으며 영국 본토의 인구는 4500만 명을 약간 상회했다. 같은 시기 역시 전성기를 누리던 프랑스 식민제국에는 1930년대에 약 9500만 명의 주민이 모여 있었다(그중 2200만 명은 북아프리카, 3500만 명은 인도차이나, 3400만 명은 프랑스령 서아프리카와 적도아프리카, 500만 명은 마다가스카르에 있었다). 반면 본토의 주민은 4000만 명을 넘지 않았다. 네덜란드 식민제국에는 같은 시기 약 7000만 명의 주민이 있었고 핵심에는 인도네시아가 있었다. 이 시기 네덜란드 본토 인구는 800만 명가량이다. 이 다양한 제국들의 경계를 정의하는 정치적 사법적 군사적 관계들이 엄청나게 다양하다는 점도 강조해야 한다. 인구조사 시행 조건들은 영토마다 상당히 달랐으며, 따라서 위에 제시된 인구수는 무엇보다 규모의 추이를 보여주지만 근사치일 따름이다.[4]

## 정착 식민지, 비정착 식민지

대부분의 경우에 이 광대한 제국들에 유럽인들이 정착하는 일은 극도로 드물었다. 전간기에 광활한 인도제국에 정착한 유럽인(주로 영국인)은 20만 명을 넘지 않았고(그중 약 10만 명은 영국 군인들이다) 이는 인도 총인구(3억 명 이상)의 0.1% 이하다. 이 수치는 이 시기의 지배 유형이 생도맹그 유형과 얼마나 다른지 명확하게 말해준다. 이때의 식민지배는 확실히 결정적인 대결의 시점에 논란의 여지 없이 입증되는 군사적 우월성에 입각하긴 했지만, 무엇보다도 극도로 정교한 정치기구·행정기구·치안기구·이데올로기적 기구와 수많은 지역 엘리트들 및 탈중심적인 다양한 권력구조에 의거했다. 그리고 이 모든 것은 특정한 형태의 동의와 묵인으로 귀결되었다. 바로 이러한 체계적이고 이데올로기적인 지배를 통해 식민지 정착민의 인구가 극소수임에도 불구하고 식민지 주민의 저항과 조직화 역량

**도표 7.1** 식민사회 내 유럽인의 비중

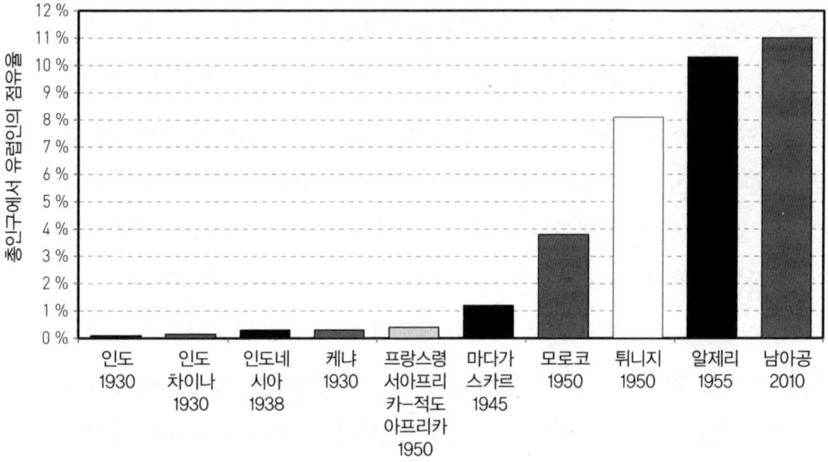


1930~1955년 식민사회 내 유럽 출신 인구 비중은 인도·인도차이나·인도네시아에서는 약 0.1~0.3%, 케냐나 프랑스령 서아프리카-적도아프리카에서는 0.3~0.4%, 마다가스카르에서는 1.2%, 모로코에서는 약 4%, 튀니지에서는 8%, 알제리에서는 1955년 10%(1906년에는 13%, 1931년에는 14%)다. 백인 비중은 2010년 남아공에서 11%였다(1910~1990년에는 15~20%였다).

**출처 및 원 통계자료:** piketty.pse.ens.fr/ideologie

을—적어도 어느 정도까지는—무력화할 수 있었다. 이러한 규모의 추이, 즉 약 0.1~0.5%인 유럽 출신 인구는 실제로 2차 식민화 시기 당시 대다수 영토에서 꽤나 전형적이다(도표 7.1 참조). 예컨대 전간기와 1950년대 초의 탈식민화 전쟁 시기까지 프랑스령 인도차이나에서 유럽인의 비율은 0.1% 가량이었다. 네덜란드령 인도(오늘날의 인도네시아)의 유럽인 인구는 전간기에 총인구의 0.3%였고 같은 시기 케냐와 가나 같은 아프리카의 영국 식민지에서도 확인되는 수준이다. 프랑스령 서아프리카$_{\text{FWA}}$와 프랑스령 적도아프리카$_{\text{FEA}}$에서는 유럽인 인구가 1950년대에 총인구의 평균 0.4% 선이었다. 1945년 마다가스카르의 유럽인 인구는 1.2%였는데 격렬한 독립전쟁 전야의 이 인구수는 꽤나 인상적이다.

진정한 의미의 정착 식민지는 드물지만, 그 가운데에서 프랑스령 북아프리카의 사례를 언급해야 한다. 이곳은 식민지 역사에서 보어인과 영국인의 남아공 사례와 더불어, 소수이지만 막대한 영향력을 가진 유럽인 주민(총인구의 약 10%)과 압도적 다수인 토착민(약 90%) 사이의 대치를 보여주는 드문 사례들 중 하나다. 모든 것은 두 집단 사이의 극도로 폭력적인 관계 속에서 이루어졌으며 혼혈은 거의 없었다. 이 사례는 유럽인들이 도래한 이후 토착민 인구수가 급락했던(그만큼 혼혈이 전무했던) 앵글로색슨 정착 식민지(미국·캐나다·오스트레일리아·뉴질랜드)와 구별되며, 토착민과 유럽인 주민 사이의 매우 강력한 혼혈이 특징인 멕시코와 브라질 같은 라틴아메리카 식민지와도 구별된다.

1950년대에 모로코 총인구 중 유럽 출신, 즉 기본적으로 프랑스 출신이 대다수지만 이탈리아와 에스파냐 출신도 포함된 유럽인 인구는 거의 4%였고 튀니지에서는 8%, 특히 알제리에서는 어김없이 10%를 넘었다. 알제리에서는 독립전쟁 전야에 약 1000만 명의 총인구 중 100만 명가량이 식민지 정착민이었다. 또한 알제리의 유럽 주민들은 상대적으로 오랜 식민지 정착민들로 프랑스의 알제리 식민화가 1830년에 시작된데다 1870~1880년부터 식민지 정착민 인구가 특히 빠르게 증가했기 때문이다. 1906년 인구조사 당시 유럽인의 비율은 알제리에서 인구의 13%를 넘어섰고 1936년에는 14%에 달했으며 그후 1950년대에는 10~11%로 현저히 줄었는데 이는 토착민과 무슬림 주민의 훨씬 빠른 인구성장 탓이었다. 프랑스인 주민은 특히 도시들에 많았다. 1954년 인구조사 당시 알제에는 유럽인 28만 명과 (프랑스당국이 토착민으로 지칭한) 무슬림 29만 명을 합한 57만 명이 살았다. 이 나라의 제2도시 오랑에는 주민 약 31만 명이 살고 있었는데 그중 18만 명이 유럽인, 13만 명이 무슬림이었다. 자신들의 정당한 권리를 확신했던 이들 프랑스 식민지 정착민들은 자기들 것이라 여겼던 나라의 독립을 거부했다.

프랑스 성지권은 모든 자명함을 뒤로한 채, 프랑스는 이 식민지를 지킬 것이라고 되풀이해 천명했다("알제리가 곧 프랑스다"). 하지만 식민지 정착민들은 파리의 정부를 불신했고 파리 정부가 알제리를 독립운동 세력에게 넘기려 한다는, 근거가 없지 않은 의구심을 품고 있었다. 1958년 프랑스 장군들이 알제리에서 군부 쿠데타를 시도했다. 이로 인해 식민지 정착민들이 통치하는 알제리 식민지 자치로 이어질 수도 있었지만, 실제로는 드골 장군의 재집권으로 이어졌다. 드골은 끔찍한 전쟁의 종지부를 찍고 1962년에 알제리의 독립을 신속하게 승인했는데, 자연스럽게 남아공에서 관찰된 궤적과 나란히 대조해보게 된다. 남아공에서는 영국 식민지배가 끝난 뒤 백인 소수파가 아파르트헤이트체제의 틀로 1946~1994년까지 권력을 연장하는 데 성공했는데, 뒤에서 이를 재론할 것이다. 이 백인 소수파는 당시 남아공 인구의 15~20%를 점했고 이 비율은 흑인 인구의 빠른 성장과 백인들의 이탈로 인해 2010년에 11%로 낮아졌다(도표 7.1 참조). 이로 인해 프랑스령 알제리의 유럽인 정착민들과 그 비율이 매우 유사해졌다. 이 두 식민체계 사이의 여러 차이점과 공통점을 고려하면서 두 사례에서 관찰되는 불평등의 규모를 비교해보는 것은 흥미롭다.

## 노예제식민사회들: 극단적 불평등

노예제식민사회들을 특징짓는 사회경제적 불평등의 규모를 근대적 불평등과 비교하면서 말해볼 수 있는 것들에 관해 알아보도록 하자. 예상대로 노예제식민사회들은 역사상 관찰되는 가장 불평등한 사회들에 속한다. 그렇지만 시공간적인 규모의 추이와 변이는 그 자체로 흥미롭고 상세히 검토해볼 가치가 있다.

우리가 관찰할 수 있는 가장 극단적인 불평등 사례는 18세기 말 생도맹그를 위시한 프랑스령과 영국령의 노예제 섬들이다. 1780년대에 생도맹그에서 노예의 비율은 인구의 90%에 달했다. 최근 연구를 통해 추산할 수 있는바 이 섬의 부유한 10%, 즉 (생도맹그에 거주하거나 프랑스에 거주하는 이들을 모두 포함한) 노예소유자들과 식민지 백인 정착민들 그리고 극소수의 메스티소들이 생도맹그에서 매해 생산되는 부의 약 80%를 전유했다. 반면 가난한 90%, 즉 노예들은 화폐가치로 연간생산의 고작 20%에 해당하는 양식과 의복을 지급받는 처지였는데, 이는 최저생활수준을 유지하는 정도였다. 이러한 추산이 불평등을 최소화하는 방식으로 이루어졌다는 사실을 강조하는 것이 바람직하다. 실제로는 상위 십분위에 돌아갈 몫이 생산된 부의 80% 이상, 어쩌면 전체의 85~90%였다고 보는 것도 가능하다.[5] 그러나 최저생활수준의 한계를 고려하면 그 몫이 더 커질 수는 없었을 것이다. 노예들이 인구의 80~90%를 점했던 앤틸리스제도와 인도양의 노예제사회들에서도 생산된 부의 분배가 전혀 다르지 않았음을 모든 가용 자료들이 제시하고 있다. 브라질이나 미국 남부(30~50% 사이, 일부 주에서는 거의 60%)처럼 노예 비율이 덜 높았던 노예제사회들에서 불평등은 덜 극단적이었고, 자유백인 주민들은 그들 내의 불평등 정도에 따라, 산출된 소득 전체에서 상위 십분위가 약 60~70% 정도를 차지했던 것으로 추산할 수 있다.

최근 실시된 다른 연구는 비非노예제식민사회들과 비교해볼 요소들을 제공해준다. 가용 데이터들은 제한적인데 식민지에서 시행된 조세재정제도가 주로 간접세에 기반했기 때문이다. 그러나 20세기 전반기 대영제국 그리고 정도는 덜하지만 프랑스제국 내 상당수의 식민지 영토에서 관할당국(총독들과 관리들은 본국 정부와 식민지부ministère des Colonies의 통제를 받았지만 실제로는 일정한 자율성을 가지고 있었고 그 형태는 상황에 따라 매우 다양했다)이 식민본국에서 확립된 세제와 유사한 직접적이고 누진적인 소득세제를 실행했다. 특히 전간기와 독립 이전 시기의 세금 자료들이 남아 있는데, 파쿤도 알바레도와 드니 코뇨가 프랑스 식민지 문서고에서 관련 자료들을 수집하고 활용했으며 영국 식민지 문서고와 남아공 문서고에서 앤서니 앳킨슨이 관련 자료들을 수집하고 활용했다.[6]

알제리 경우는 가용 데이터들을 통해 추산하면 상위 십분위의 몫이 1930년 총소득의 약 70%였고 불평등은 1780년의 생도맹그보다는 낮은 수준이지만 1910년 프랑스 본토에서 관찰된 수준보다는 현저하게 높았다

**도표 7.2** 식민사회와 노예제사회의 불평등

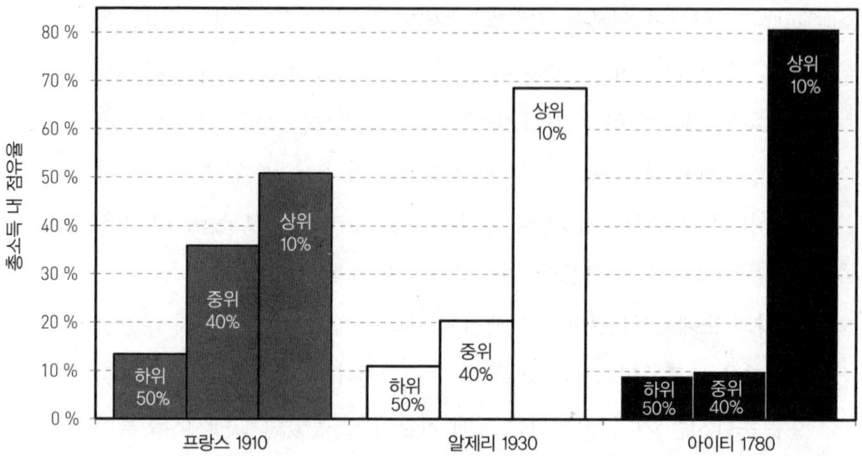


총소득에서 상위 10%가 차지하는 몫은 1780년 (노예 약 90%와 유럽계 식민지 정착민 10% 이하로 구성된) 생도맹그(아이티)에서 80%를 넘었고, 반면 1930년 (토착민 약 90%와 유럽계 식민지 정착민 10%로 구성된) 알제리는 약 70%였으며, 1910년 식민본국 프랑스에서는 약 50%였다.

**출처 및 원 통계자료:** piketty.pse.ens.fr/ideologie

(도표 7.2 참조). 물론 이것은 식민지 알제리의 가난한 90%(다시 말해 무슬림 주민 대부분)의 상황이 생도맹그의 노예들의 상황과 비슷하다거나 비교할 만하다는 의미는 아니다. 사회적 불평등에는 이동권, 사생활과 가족생활을 누릴 권리, 소유권을 필두로 한 본질적인 차원들이 존재하는데 바로 이 차원들에서 두 개의 불평등주의체제는 근본적으로 다르다. 그렇긴 하지만 물질적 자원의 분배라는 관점에서는 1930년의 식민지 알제리는 소유주의적인 1910년 프랑스와 1780년의 생도맹그의 중간적인 상황이었으며, (가용 데이터들의 부정확함 탓에 확정할 수는 없지만) 어쩌면 알제리는 프랑스보다는 생도맹그의 상황과 좀더 비슷했을 것이다.

좀더 넓은 시공간적인 관점에서 한 해 생산된 부에서 부유한 10%가 전유하는 몫을 비교해보면 1780년의 생도맹그 같은 노예제사회와 1950년의 남아공 또는 1930년의 알제리 같은 식민사회들이 역사상 가장 불평등한 사회였다는 점을 확인할 수 있다. 1980년 무렵의 사민주의 스웨덴은 소득

**도표 7.3** 역사적으로 조망한 극단적인 소득 불평등

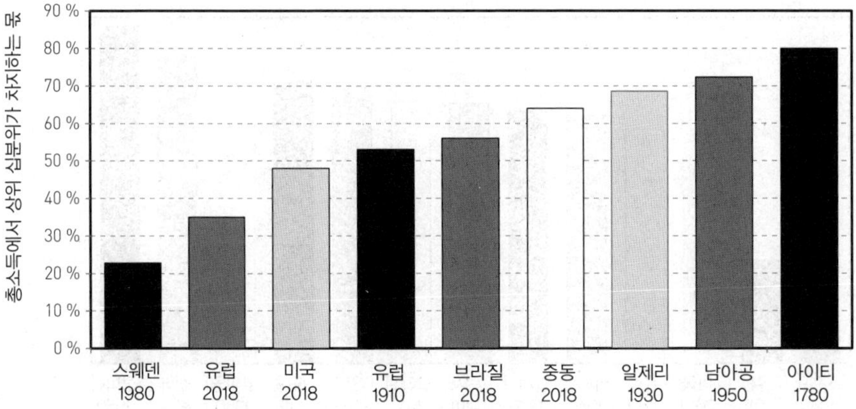


관측한 사회 전체에서 총소득 중 상위 10%가 차지하는 몫은 1980년 스웨덴 23%에서 1780년 (90%가 노예였던) 생도맹그(아이티) 81%까지 다양하다. 알제리와 남아공 같은 식민사회는 1930~1950년에 역사상 가장 불평등한 사회들에 위치하며, 유럽계 주민들로 이루어진 상위 십분위가 총소득에서 약 70%를 차지한다.

**출처 및 원 통계자료:** piketty.pse.ens.fr/ideologie

분배 관점에서 가장 평등한 사회들 중 하나였으며 가능한 상황들의 다양성을 평가해볼 수 있게 해준다. 이 시기 스웨덴 상위 십분위의 몫은 총소득의 25% 이하였다. 반면 2018년 서유럽은 35%, 2018년 미국은 약 50%로 벨에포크 시기 소유주의 유럽과 같고, 2018년 브라질은 약 55%, 2018년 중동은 65%, 1930년의 식민지 알제리와 1950년의 남아공은 약 70%, 1780년의 생도맹그는 80%다(도표 7.3 참조).

상위 백분위(부유한 1%)의 몫을 검토해보면, 더 많은 식민사회들을 비교해볼 수 있게 되는데(특히 유럽인 정착이 제한적이었던 식민사회의 경우 가용 자료들을 통해 상위 십분위 전체의 소득을 추산하기가 어렵다), 이때 비교의 항들에 약간 차이가 생긴다(도표 7.4 참조). 일부 식민사회들은 분배의 상층에서 확인되는 매우 높은 불평등 수준에 의해 특징지어진다. 이는 주로 남아프리카에 해당된다. 상위 백분위의 몫은 1950년대 남아공과 짐바브웨에서 30~35%였고 잠비아에서는 35%를 상회한다. 이는 한줌의 백인 엘리트들이 광대한 토지를 개발하거나 예컨대 광산업 분야에

**도표 7.4** 식민지를 포함해 역사적으로 조망한 상위 백분위

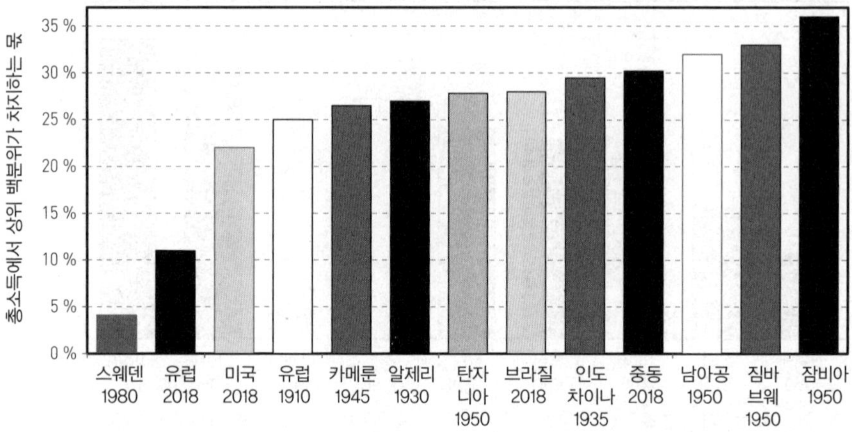


(노예제사회를 제외하고) 관측한 사회 전체에서 총소득 중 상위 백분위(소득 상위 1%)가 차지하는 몫은 1980년 스웨덴 4%에서 1950년 잠비아 36%까지 다양하다. 식민사회는 역사상 가장 불평등한 사회에 속한다.

**출처 및 원 통계자료:** piketty.pse.ens.fr/ideologie

서 엄청난 이윤을 얻는 상황에 부합한다. 이 나라들은 특히 상위 천분위 또는 상위 만분위가 극단적으로 높은 몫을 차지한다는 것이 특징이다. 정도는 약간 덜하지만 이러한 상황은 프랑스령 인도차이나에서도 확인된다. 이곳에서는 상위 백분위의 몫이 30%에 근접하는데, 이는 이 영토의 식민지 행정 엘리트에게 돌아가는 막대한 보수와 (가용 데이터를 통해서는 불행히도 정확한 명세서를 얻기 어렵지만) 고무제조업 같은 분야에서 발생하는 매우 높은 이윤과 상업적 소득을 입증해준다. 반면 다른 식민사회들에서는, 예컨대 1930~1950년 알제리·카메룬·탄자니아에서 상위 백분위의 몫이 총소득의 25% 이상인 것처럼 매우 높은 수준이긴 했으나 궁극적으로는 벨에포크 시기 유럽 또는 오늘날의 미국에서 관찰되는 수준과 크게 다르지 않다는 점, 그리고 심지어 오늘날 브라질 또는 중동(약 30%)에서 관찰되는 수준보다 현저히 낮다는 점이 확인된다. 이 서로 다른 사회들은 무엇보다도 1980년의 사민주의 스웨덴(상위 백분위의 몫 5% 이하)이

나 2018년의 유럽(약 10%)과 비교할 때, 상위 백분위가 차지하는 몫에서는 서로 매우 유사해 보인다.

달리 말해, 식민사회들 내에서 소득 위계의 최정상(부유한 1%와 그 이상)이 차지하는 몫이 적어도 현대세계의 매우 불평등한 사회들에서보다 과도하게 많았다고 보기 어렵다. 식민지 알제리를 예로 든다면, 알제리 평균소득에 대한 알제리 상위 백분위의 몫은 벨에포크 시기 식민본국 프랑스의 평균소득에 대한 상위 백분위의 몫에 비해 그리 높지 않았다. 절대적 생활수준 측면에서 알제리의 상위 백분위는 분명히 본국의 상위 백분위에 비해 열등했다. 반면 상위 십분위 전반을 살펴보면, 1910년의 프랑스에서보다 식민지 알제리에서 사회의 다른 부분과 훨씬 더 크게 구별된다(도표 7.2~7.3 참조). 실제로 극소수 소유자 엘리트(인구의 약 1%)가 부와 생활양식 면에서 사회의 나머지 부분들과 확연히 구분되는 사회들이 한편에 있고, 식민 엘리트 다수(인구의 약 10%)와 토착민 대중이 구분되는 사회들이 다른 한편에 있다. 이 두 상황은 서로 매우 다른 불평등주의체제들과 서로 매우 다른 권력관계 및 지배관계, 그리고 특수한 갈등 해결방식에 따라 형성된다.

더 일반적으로는, 다른 불평등주의체제들과 구분되는 식민지적 불평등이 화폐 불평등의 규모만으로 이루어져 있는 것은 아니다. 어쩌면 차라리 승자들의 정체성, 즉 위계의 상층이 식민지 정착민들로 이루어져 있다는 사실이 다른 불평등주의체제들과의 차이를 가져온다. 식민지 조세 기록들을 통해서 여러 소득 구간에 걸친 식민지 정착민과 토착민의 몫을 언제나 정확하게 연구할 수 있는 것은 아니었다. 하지만 북아프리카든 카메룬이든 인도차이나든 남아공이든 자료가 허용하는 곳에서 결론들은 확정적이다. 유럽인 정착민들은 총인구의 극소수를 차지하지만 그럼에도 언제나 소득 상위의 압도적 다수를 형성했다. 아파르트헤이트 시기에 과세표를 인종별로 분리 작성했던 남아공에서는 백인들이 항상 상위 백분위 납세자의 98% 이상이었음이 확인된다. 나머지 2%는 흑인이 아니라 아시아인

**도표 7.5** 극단적 불평등: 식민적 궤도와 포스트식민적 궤도

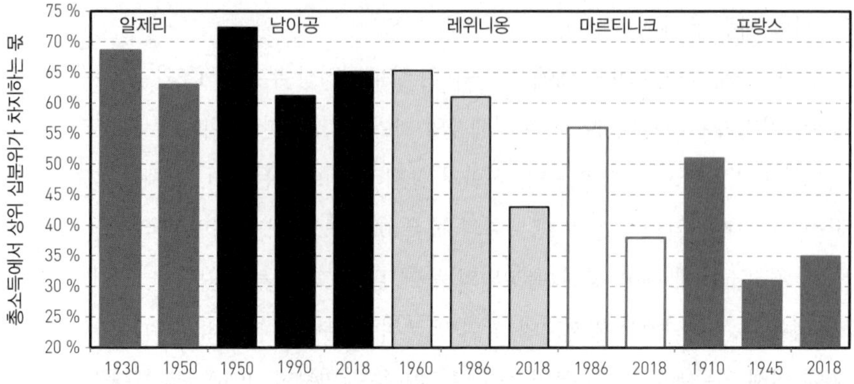


상위 십분위(소득 상위 10%)의 몫이 1930~1950년 식민지 알제리와 1950~2018년 남아공에서 감소했으나, 둘 다 역사상 매우 높은 수준에 머물러 있다. 레위니옹·마르티니크 같은 프랑스 해외 데파르트망에서의 소득 불평등이 한층 더 감소되었으나, 둘 다 프랑스 본국보다는 더 높다.

**출처 및 원 통계자료:** piketty.pse.ens.fr/ideologie

들(주로는 인도인들)로 이루어져 있다는 점도 분명히 해둬야 한다. 흑인들은 소득 상위에서 0.1% 이하를 점한다. 알제리와 튀니지의 데이터들은 온전하게 비교가능한 상태가 아니지만 가용 자료들은 유럽인들이 소득 상위의 80~95% 사이를 점한다는 것을 보여준다.[7] 확실히 남아공보다는 비율은 더 낮지만 그래도 역시 식민지 정착민의 경제적 지배가 사실상 절대적이다.

알제리와 남아공을 비교해보면 소득 분배 면에서 알제리가 남아공보다 덜 불평등하지만, 상위 십분위의 몫을 보면 그 격차는 상대적으로 얼마 되지 않는다는 점을 확인하게 되어 흥미롭다(도표 7.3~7.4 참조). 초엘리트 백인(상위 백분위 또는 천분위)은 확실히 남아공에서보다 알제리에서 덜 번성했지만, 상위 십분위를 보자면 이 두 나라가 그렇게 차이가 나는 것은 아니었다. 두 나라 모두에서 백인 식민지 정착민과 나머지 주민 사이에 엄청난 격차가 있었다. 소득 집중은 물론 1930~1950년 알제리에서뿐만 아니라 1950~1990년 남아공에서도 완화되었던 것으로 보이지만, 그럼에도 소득 집중은 여전히 대단히 높은 수준이었다(도표 7.5 참조).

남아공에서 상위 십분위의 몫이 아파르트헤이트 종언 이후에도 늘어났다는 점을 확인하게 되는 것도 인상적이다(우리는 이에 관해 재론할 것이다). 프랑스령 노예제 섬이었던 레위니옹·마르티니크·과들루프는 1848년에 노예제가 폐지되고 한 세기가 지난 뒤인 1946년에 프랑스의 도(데파르트망)가 되었는데, 소득 분배 면에서 오랫동안 극도의 불평등이 유지되어왔다는 점 또한 주목된다. 예컨대 레위니옹의 조세 기록들을 살펴보면 총소득에서 상위 십분위가 차지하는 몫은 1960년에 65%를 상회했고 1986년에도 여전히—식민지 알제리와 남아공에서 관찰되는 수준과 가까운—60% 이상이었다. 그후 2018년에—프랑스 본국보다는 여전히 훨씬 더 높지만—43%로 줄어들었다. 소득 불평등이 매우 높은 수준으로 지속되는 이유는 부분적으로 투자 부족과 공공 부문의 매우 높은 임금 탓으로 설명된다. 적어도 현지 임금과 비교해보면 매우 높은 이 공공 부문 임금은 주로 본토에서 온 공무원들로 인한 것이다.[8]

## 최대 소유 불평등, 최대 소득 불평등

식민지적 불평등의 기원 및 그 지속이라는 문제를 보다 자세히 분석하기 전에 다음과 같은 점을 명확히 해두는 게 좋겠다. '극단적' 불평등이 문제가 될 때 소유 분배 문제를 소득 분배 문제와 구별해야만 한다. 소유 불평등에 관한 한, 즉 현행 법률제도에서 소유가 가능한 모든 유형의 재화와 자산의 분배에 관한 한, 부유한 10%가 자산의 거의 전부를 보유하거나 심지어 부유한 1%가 자산의 거의 전부를 보유하는 반면에 가난한 50% 또는 심지어 90%는 그 어떤 자산도 거의 완전히 소유하지 못할 정도의 극단적으로 높은 집중은 꽤 흔하게 관찰된다. 특히 우리는 이 책의 1부에서 19세기와 20세기 초 유럽에서 번성했던 소유자사회가 소유의 극단적 집중으로 특징지어진다는 점을 보았다. 영국이나 스웨덴과 마찬가지로 프랑스에서도 부유한 10%가 벨에포크 당시(1880~1914년)에 보유할 수 있었던 모든 것(부채를 뺀 토지·부동산·사업자산·금융자산)의 80~90%를 보유했고, 부유한 1%가 보유할 수 있는 모든 것의 60~70%를 보유했다.[9] 소유의 극단적 불평등은 확실히 정치적-이데올로기적 문제들을 야기했지만 엄격하게 물질적인 관점에서는 별다른 곤란을 야기하지 않았다. 부유한 10% 또는 1%가 자산의 100%를 절대적으로 소유한 사회를 상상해볼 수 있다. 심지어 노예제사회에서는 그 이상으로 나아갈 수도 있다. (예를 들어 노동시간 전체를 소유자에게 바쳐야 하는 노예들처럼 극단적인 상황에서) 부채가 자산보다 클 때 대다수 인민계급의 자산은 마이너스이기 때문이다. 이 경우 소유자계급은 자산과 사람을 동시에 소유할 수 있기에 전체 재산의 100% 이상을 보유하게 된다. 한 사회에서 소유의 불평등은 다른 무엇보다 권력의 불평등이다. 소유자들이 확립한 억압기제나 (경우에 따라) 설득기제가 사회를 통합하고 지속적으로 균형을 유지하는 데 성공하기만 한다면 소유 불평등에는 잠재적으로 한계가 없다.

소득 불평등은 다르다. 즉 한 해 동안 생산된 부의 이동에서의 분배는 사정이 다르다. 단기간에 인구의 상당 부분이 사라지는 게 아니라면 가난한 사람들의 최저생활수준을 고려하지 않을 수 없는 것이다. 소유하지 않고는 살 수 있어도 먹지 않고는 살 수 없다. 구체적으로, 1인당 생산이 거의 최저생활수준에 상응하는 매우 가난한 사회에서는 소득 불평등이 지속되기가 불가능하다. 각자가 동일한 소득을 얻어야 하고, 따라서 총소득에서 상위 십분위의 몫은 10%일 것이다(상위 백분위의 몫은 1%). 반면 사회가 부유할수록 소득 불평등이 높게 유지되는 것이 물질적으로 점점 더 가능해진다. 예컨대 1인당 생산이 최저생활수준의 약 100배라면, 이론적으로는 상위 백분위가 생산된 부의 99%를 차지하고 나머지 인구가 최저생활수준에 만족하는 것이 가능할 것이다. 더 일반적으로 한 사회의 평균 생활수준이 높아질수록 물질적으로 도달할 수 있는 최대 불평등도 커진다는 점을 보여주기란 쉽다(도표 7.6 참조).[10]

**도표 7.6 최저생활소득과 최대 불평등**

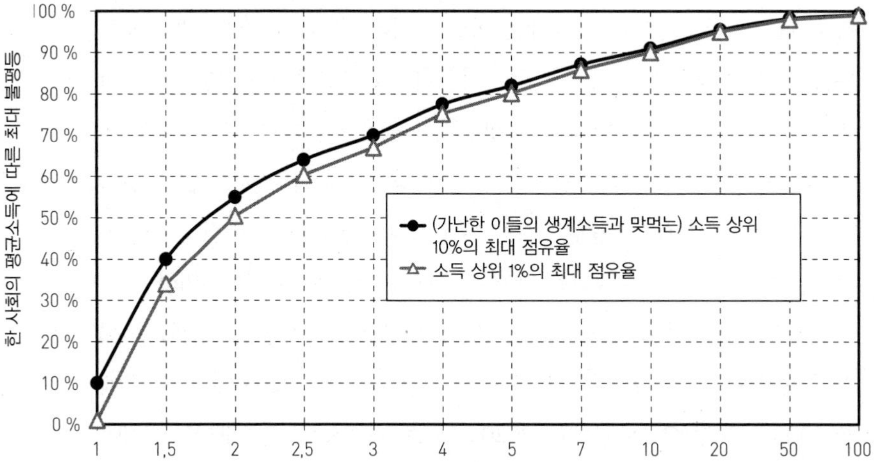


평균소득이 생계소득보다 세 배 더 높은 사회에서, (가난한 90%의 생계소득과 맞먹는) 소득 상위 10%의 최대 점유율은 총소득의 70%와 같고, (가난한 99%의 생계소득과 맞먹는) 소득 상위 1%의 최대 점유율은 총소득의 67%와 같다. 사회가 부유해질수록 불평등은 더 고조될 수 있다.

**출처 및 원 통계자료:** piketty.pse.ens.fr/ideologie

최대 불평등이라는 개념이 유효한 이유는 이 개념을 통해 소득 불평등이 왜 소유 불평등만큼 그렇게 극단적일 수는 없는지를 이해할 수 있기 때문이다. 실제로 총소득에서 가난한 50%의 몫은 언제나 최소한으로는 5~10%인데(일반적으로는 약 10~20%), 가난한 50%의 소유는 거의 전무할 수도 있다(1~2%가량이거나 심지어 마이너스). 마찬가지로, 총소득에서 부유한 10%의 몫은 가장 불평등한 사회에서도(이 몫이 70~80%까지 올라갈 수 있는 18~20세기 일부 노예제식민사회를 예외로 하면) 일반적으로 50~60%를 넘지 않는데 부유한 10%의 소유는 특히 19세기와 20세기 초 소유자사회에서 어김없이 80~90%에 달하며, 21세기 초에 비약적으로 발전하고 있는 신소유주의사회들에서 이 같은 수준에 빠르게 재도달할 수도 있다.

그렇지만 불평등의 '물질적인' 규정요소들의 중요성을 과장해서는 안 된다. 역사적 현실에서, 불평등의 수준을 규정하는 것은 무엇보다도 사회들이 불평등을 정당화하고 구조화하는 이데올로기적 정치적 제도적 역량이지 부 또는 발전의 정도 그 자체는 아닌 것이다. '최저생활소득' 개념 자체는 단순한 생물학적 현실보다 더 복잡하다. 이 개념은 각 사회가 다듬어낸 표상들에 달려 있고 따라서 언제나 다차원적(양식·의복·주거·위생 등)인 개념이자 화폐지표 하나만으로는 결코 정확하게 나타낼 수 없는 것이다. 2010년대 말 최저생활한도는 하루 1~2유로라고 한다. 예컨대 하루에 최소한 1유로 이하로 연명하는 세계 인구수로 극단적 빈곤을 정의하는 것이다. 가용 추산들이 보여주는바, 1인당 평균국민소득은 18세기와 19세기 초에 전반적으로 한 달에 100유로 이하였다(반면 2020년에는 한 달에 약 1000유로다. 이 두 금액은 2020년 유로 기준으로 산출했다). 이것이 함의하는 바는 상당수의 인구가 당시에는 최저생활한도에서 전혀 멀리 떨어져 있지 않았다는 점이다. 이에 대해서는 모든 연령대에서의 매우 높은 사망률과 낮은 기대수명으로 확인되지만, 여러 형태의 불평등주의체제가 가동될 여지도 존재했다.[11] 이와 관련해, 설탕과 면화로 번영을 누린 섬 생도맹그에서 1인당 생산의 시장가치는 당시 세계 평균보다 2~3배 더 많았고, 따라서 엄격하게 물질적 관점에서 보면 최대한의 수탈도 쉬웠다. 어떤 논리에서든 상위 십분위 또는 상위 백분위가 총소득의 80~90%를 점하는 극단적인 최대 불평등에 도달하는 데는 한 사회의 평균 생활수준이 최저생활수준을 대략 4~5배 넘어서는 것으로 충분하다는 점 또한 주목해 볼 수 있다(도표 7.6 참조).

달리 말해, 극도로 빈곤한 사회에서 고도로 위계화된 불평등주의체제가 성립되기가 실제로 어렵다면 사회가 매우 부유해야만 매우 불평등한 것도 아닌 것이다. 구체적으로, 고대세계 이후 매우 많은 사회들이, 확실히 대부분의 사회들이 엄격한 물질적 관점에서 생도맹그의 불평등과 유사한 극단적 불평등을 택할 수도 있었을 것이다. 오늘날의 부유한 사회들은 이보다 더 나아갈 수도 있을 것이다(어쩌면 그 사회들 중 일부는 미래에 그렇게 될 것이다).[12] 불평등은 무엇보다도 경제적이고 기술공학적인 제약의 효과에 의해서가 아니라 이데올로기적이고 정치적인 고려에 의해 규정된다. 노예제식민사회들이 예외적으로 높은 불평등 수준에 도달했다면, 이는 그 사회들이 특정한 정치적-이데올로기적 기획을 중심으로 특수한 법률 및 제도 체계와 권력관계에 기반해 건설되었기 때문인 것이다. 소유자사회, 삼기능사회, 사민주의 또는 공산주의사회, 모든 인간사회에서 사정은 동일하다.

상위 십분위의 몫을 기준으로 볼 때 최대 소득 불평등에 근접하는 상당수의 사회들이 역사 속에 존재한다면(가장 불평등한 노예제식민사회에서 총소득의 70~80% 정도의 수준, 가장 불평등한 오늘날의 사회—특히 중동과 남아공—에서 60~70% 정도), 상위 백분위의 몫을 기준으로 보면 사정이 다르다는 점 또한 주목해야 한다. 그 가장 높은 수준은 총소득의 20~35% 선인데(도표 7.4 참조), 이 역시 물론 상당한 것이지만 평균 생활수준이 최저생활수준의 서너 배를 넘긴 때로부터 연간 생산되는 부에서 상위 백분위가 이론적으로 전유할 수 있는 것이 70~80%인 것에 비하면 훨씬 더 낮은 수준이다(도표 7.6 참조). 틀림없이 이 설명은, 백분위에 해당하는 그토록 소수의 집단이 나머지 부분을 향해 자원 거의 전부에 대한 지배권을 자신들에게 자신들에게 양도하라고 설득하는 걸 가능케 하는 제도들과 이데올로기를 정립하기가 전혀 간단치 않다는 사실과 관련된다. 어쩌면 매우 창의적인 테크노억만장자 집단이 미래에 해낼 수 있을지도 모르겠다. 하지만 지금까지 그 어떤 엘리트도 해내지 못한 일이다. 우리의 연구에서 절대적 불평등을 구현하는 생도맹그의 경우, 상위 백분위의 몫이 생산된 부의 최소 55%에 달했다고 추산할 수 있다. 이것은 정말이지 이론적 최대치에 달한 것이다(도표 7.7 참조). 그렇지만 이 계산은—생도맹그의 수출품 덕에 부유해진—주로 프랑스에 거주하는 소유자들을 부유한 1% 안에 포함해 산출했다는 점에서 어느 정도는 인위적이라는 점을 강조해야 한다.[13] 분명 이 같은 거리두기 전략은 한 사회 안에서 공존보다는 불평등을 더 쉽게 유지시키는 훌륭한 방식이다. 그렇지만 이

**도표 7.7** (아이티를 비롯해) 역사적으로 조망한 상위 백분위

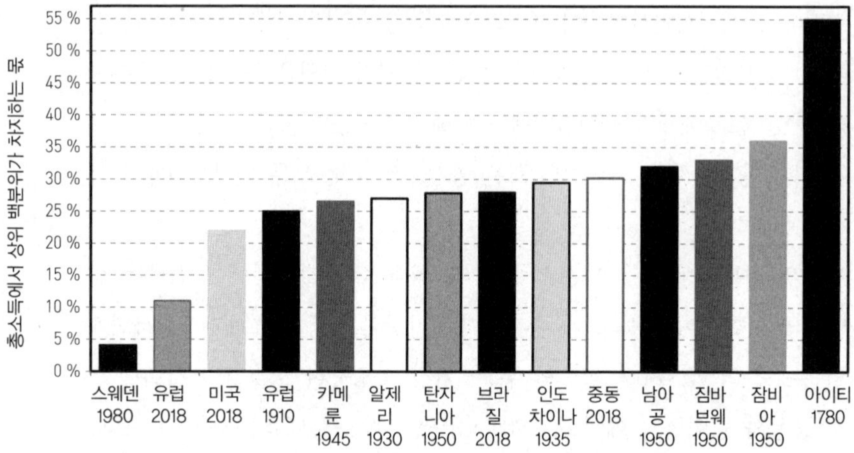


1780년 생도맹그(아이티) 같은 노예제사회를 포함시키면, 소득 상위 1%한테 돌아가는 생산된 부의 몫은 총소득에서 약 50~60%에 달할 수 있다.

**출처 및 원 통계자료:** piketty.pse.ens.fr/ideologie

같은 전략을 사용해도 반란과 몰수를 모면하지 못했음을 강조하고자 한다.

## 식민지 정착민들을 위한 식민화: 식민예산

이제 식민지적 불평등의 기원과 지속이라는 문제로 가보도록 하자. 노예제적 불평등을 정당화하는 여러 과정에서 열강끼리 경제적 상업적 각축을 벌이는 가운데 산업적 불평등이 지닌 위선에 대한 고발도 행해졌음을 우리는 앞선 장에서 보았다. 포스트노예제적 식민지배에서도 이러한 논지들이 그 나름의 역할을 수행하지만 원칙적인 정당화는 무엇보다도 식민지 정착민들의 문명화 사명을 강조하는 방식으로 이루어졌다. 식민지 정착민들의 관점에서 보면, 이러한 사명은 한편으로 질서유지와 잠재적으로 보편적인 소명을 지닌 소유주의 발전모델의 촉진을 바탕으로 삼았고, 다른 한편으로는 과학과 지식 보급을 기반으로 그토록 지적이고자 했던 지배에

중점을 두었다.[14] 따라서 식민지 체계화가 구체적으로 어떻게 이루어졌는지를, 예산·조세 및 사회적 법률제도를 통해 더 일반적으로는 식민지배자에 의해 확립된 발전모델을 통해 연구해보는 것은 흥미롭다. 이 문제들에 관한 가용 연구들은 아쉽게도 제한적이지만 그럼에도 제법 여러 가지 결론을 도출해볼 수 있다.

일반적으로, 식민지는 무엇보다 식민지 정착민과 본국에 이익이 되는 쪽으로 체계화된다는 점, 토착민들을 위한 사회투자나 교육투자는 매우 적거나 심지어 무시해도 좋을 정도라는 점을 보여주는 수많은 자료가 있다. 또한 이러한 투자의 취약성은 매우 오랫동안 프랑스의 속국으로 남았던 해외 영토들, 특히 앤틸리스제도와 인도양에 있는 영토들에 영향을 끼쳤다. 그리고 이러한 취약함은 해외 영토들 내의 불평등만이 아니라 식민본국과의 관계에서도 매우 심각한 불평등이 지속되는 사태를 설명해준다. 예를 들어 1920년대와 1930년대 프랑스 의회보고서에는 마르티니크와 과들루프의 극도로 낮은 취학률이 기록되어 있고 보다 일반적으로 전반적인 교육행정의 "개탄스러운" 상태가 기록되어 있다.[15] 이런 상황은 1946년에 데파르트망으로 승격된 이후에 점차 개선되지만—제국의 조각들이라도 유지하고 싶었던—1950년대 프랑스의 다른 식민지들보다 그 개선 정도는 덜했다. 하지만 누적된 지체는 심각해서, 해외 데파르트망들의 불평등 수준은 반세기가 지나서야 본국 수준에 근접한다(도표 7.5 참조).

드니 코뇨, 야니크 듀프러즈, 엘리즈 위예리, 그리고 상드린 메플레송이 시행한 최근 작업들을 통해 인도차이나 및 서아프리카와 적도아프리카, 북아프리카에서의 프랑스 식민화 당시 실행된 식민예산의 구조와 19세기 말부터 20세기 전반까지 전개된 식민예산의 진화를 더 잘 이해할 수 있게 되었다.[16] 프랑스 식민화 당시, 적어도 1850년에서 대략 1960년 사이의 2차 식민제국의 일반 원칙은 식민예산이 자족적이어야 한다는 점이었다. 달리 말해, 식민지 영토에서 징수된 세금으로 바로 이 동일한 영토에서 발생하는 지출의 재원을 직접 그만큼 충당할 수 있어야 한다는 의미다. 식민지에서 프랑스로든 프랑스에서 식민지로든, 그 어떤 이전도 있어서는 안 되었다. 사실 겉에서 보기에 식민예산계정은 식민화가 지속되는 전 시기에 걸쳐 균형적이었다. 특히 벨에포크 시기와 전간기 동안에, 더 일반적으로는 1850~1945년의 시기 내내 세입과 세출은 균형을 이루었다. 유일한 예외는 독립의 물결이 일기 직전이었는데, 대체로 제4공화국(1946~1958년) 시기에 해당하며 이때 프랑스 예산에서 식민지로 약간의 재정 이전이 이루어졌다.

그렇지만 1850~1945년 식민예산에서의 이러한 '균형'이 의미하는 바를 제대로 들여다보아야 한다. 이는 실제로 피지배자들에게 주된 부담을 지우고 식민지 정착민들에게 배타적으로 이익이 되는 예산 안에서 이루어진 균형이었다. 과세 면에서 이는 기본적으로 역진세, 즉 사실상 소득 상위보다 소득 하위에 높은 세율로 부과되는 세금들이었음이 확인된다. 소비세·간접세, 무엇보다도 '인두세'가 바로 이런 세금들이다. 인두세란 납세자의 납세 능력을 산정하려는 그 어떤 시도도 하지 않고 부자든 빈자든 각각의 주민에게 동일한 액수를 부과하는 세금으로 가장 덜 정교한 세금 형태에 속하며, 심지어 프랑스혁명 이전 18세기 앙시앵레짐 시기에 이미 대부분 폐지되었다. 더욱이 이러한 예산계정이 부역을 고려하지 않는다는 점을 명확히 해야 한다. 피지배 주민들이 식민지 행정을 위해 행한 강제노동일로 이루어진 부역에 관해 뒤에서 재론할 것이다.

또한 해당 사회들의 빈곤을 감안하면 조세 수탈의 수준이 비교적 높았다는 점도 강조되어야 한다. (식량 자체 생산을 포함한) 생산 수준에 관한 가용 자료들을 활용하면 1925년에 징수된 세금이 북아프리카와 마다가스카르에서는 국내총생산의 약 10%, 인도차이나에서는 12% 이상이었다고 추산할 수 있다. 다시 말해 이는 동시기의 본국(국내총생산의 약 16%)과 비슷한 수준이고 19세기에서 1914년까지의 프랑스(10% 이하)와 21세기 초의 여러 빈국보다는 더 많다.

마지막으로 무엇보다, 지출 면에서는 식민예산이 거의 배타적으로 프랑스계와 유럽계 주민들의 이익이 되는 쪽, 즉 주로 총독과 그 아래의 고위 행정부와 경찰의 높은 임금을 지급하기 위해 설계되었음을 알 수 있다. 요약하면, 식민지 주민들은 자신들을 정치군사적으로 지배하러 온 자들의 생활수준의 재원을 위해 무거운 세금을 냈던 것이다. 약간의 기간시설 투자와 교육·보건 분야에 대한 빈약한 지출이 있긴 했어도 주로 식민지 정착민들을 위한 것이었다. 일반적으로는 공무원들, 특히 교사와 의사의 수가 극도로 적었는데, 이는 이들이 해당 사회의 생활수준에 비해 예외적으로 높은 보수를 받았다는 사실에 의해 상쇄되었다. 1925년의 식민예산 전체를 수합하면 예를 들어 프랑스 식민지에서는 주민 1000명당 공무원의 수가 약 평균 2명인데 이 공무원들 각자가 당시 식민지 성인 평균국민소득의 약 10배의 보수를 받았다는 점이 확인된다. 반면 같은 시기 본국에서는 주민 1000명당 약 10명의 공무원이 있었으며 이들 각자는 1인당 평균국민소득의 약 2배를 받았다.[17]

일부 식민지의 식민예산에서는 본국에서 온 관리들에게 지급되는 임금과 토착민 중에서 채용된 관리들에게 지급되는 임금이 별개로 나타난다. 예를 들어 인도차이나와 마다가스카르에서는 유럽인들이 공무원의 약 10%를 점하지만 임금 총액에서는 60%를 차지한다. 또한 지출들은 주민에 따라 구분되기도 했다. 식민지 정착민들의 자녀와 토착민들의 자녀들에게 적용되는 교육제도가 대체로 엄격하게 분리되었다는 사실을 고려할 때, 이는 특히 교육 분야에 해당되었다. 모로코에서는 유럽인에게 배정된 초중등학교가 1925년 교육지출 총예산의 79%를 지급받았다(수혜를 받는 인구는 고작 전체의 4%였다). 같은 시기 토착민 아동들의 초등학교 취학률은 북아프리카와 인도차이나에서 5% 이하였고 프랑스령 서아프리카에서는 2% 이하였다. 이 심각한 지출 불평등은 식민화가 끝난 뒤 본국이 식민지에 더 많은 자원을 투자하기 시작했다는 사실에도 불구하고 전혀 개선되지 않은 것으로 보여 특히 인상적이다. 1925년 알제리 예산에 따르면 식민지 정착민들에게 배정된 교육기관이 전체 교육지출의 78%를 지급받았고, 독립을 향한 투쟁이 이미 시작된 1955년에는 82%가 되었다. 식민체계는 너무나 불평등하게 작동했기에 개혁은 전반적으로 불가능했던 것으로 보인다.

확실히 이 시대의 모든 교육제도는, 물론 본국도 포함해, 극도로 엘리트 중심이었음을 고려해야 한다. 오늘날에도 여전히 취학아동의 입학성적만이 아니라 사회적 출신에 따라(이 두 기준은 부분적으로 교차한다) 교육지출이 불균등하게 배분되고 있다는 사실에 관해 재론할 기회가 있을 것이다. 이 주제에 관한 투명성과 개혁 열망의 결여는 미래를 향한 중요한 불평등주의적 도전 중 하나다. 그 어떤 나라도 이 주제에 관해 가르침을 줄 만한 처지에 있지 않다. 그러나 식민지 교육제도를 특징짓는 불평등의 크기는 다른 상황들에 비해 턱없이 심각했다는 점은 엄연한 사실이다. 예컨대 1950년대 초 알제리를 보면, 각 연령 코호트 내에서 교육지출의 가장 큰 수혜를 받은 10%의 초중고등 학생들(다시 말해 식민지 정착민의 자녀들)이 전체 교육지출의 80%를 받았음을 추산할 수 있다(도표 7.8 참조). 인민계급의 중등학교 진학이 드물었던 만큼 교육 부문이 극도로 계층화되어 있던 1910년의 프랑스에 대해 동일한 계산을 해보면, 교육투자의 수혜를 가장 많이 받는 연령 코호트의 10%가 전체 교육지출의 38%를 받았던 반면 덜 교육받은 50%는 26%만을 받았음이 확인된다. 후자 집단의 수가 전자 집단보다 5배 많다는 점에서 이는 엄청난 불평등이다. 즉 우대받는 10% 아동이 덜 우대받는 50%에 비해 개별적으로 거의 8배나 더 교육투자의 수혜를 입었다. 교육지출 불평등은 1910년에서 2018년 사이에 프랑스에서 현저히 낮아졌으나 그럼에도 불구하고 기존 체계는 오늘날까지도 계속되어 우대받는 아동 10%에게 덜 우대받는 아동 50%보다 한 명당 거의 3배 더 많은 공적자금을 투자한다. 이것은 사회적 세습을 축소한다고 여겨지는 체계에서는 꽤 놀랄 만한 일이다(교육정의의 조건들을 연구하면서 이를 재론할 것이다).[18] 지금 단계에서는, 프랑스령 알제리 같은 식민사회 내에서 교육 불평등이 비할 바 없이 높은 수준이었다는 점만을 주

**도표 7.8** 식민지 정착민을 위한 식민지:
역사적으로 조망한 교육투자의 불평등

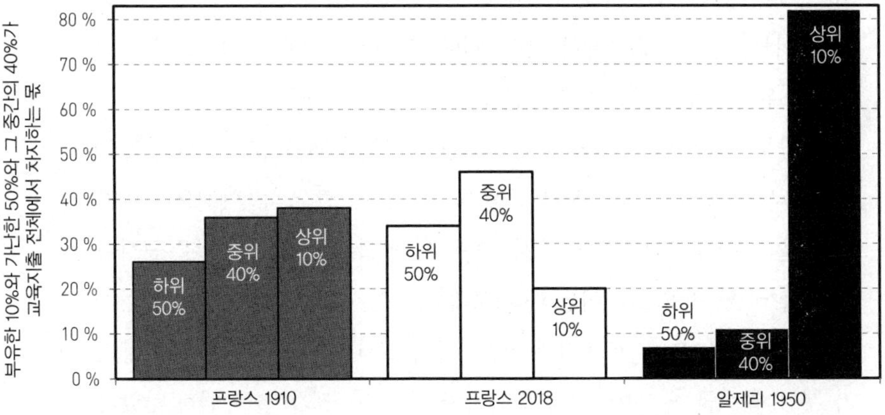


1950년 알제리에서 부유한 10%(식민지 정착민)는 교육지출 전체에서 82%를 차지했다. 이와 비교하여, 교육투자에서 가장 큰 이득을 취한(즉 가장 길게 공부하고 가장 비싼 교육을 받은) 10%가 교육지출 전체에서 차지하는 비율이 프랑스에서 1910년에는 38%, 2018년에는 20%였다.

**출처 및 원 통계자료:** piketty.pse.ens.fr/ideologie

목하자. 식민지 피지배자의 자녀와 식민지 정착민의 자녀 사이의 교육지출 비율은 1 대 40이다.

1945~1960년 식민화의 마지막 국면에서, 프랑스 국가는 최초로 식민지에 상당액을 투자하고자 했다. 끝나가는 식민주의 국가가 해당 주민들에게 제국에 계속해서 남아 있으라고 설득할 수 있다는 희망을 가지고, 사회적이고 민주적이고자 하는 프랑스연합Union française으로 제국을 재정의하면서 발전주의 국가가 되고자 했던 것이다. 그러나 지출 배분이 선행 불평등구조를 재생산한 것도 사실이어서 식민본국의 이 돌연한 관대함의 크기를 과대평가해서는 안 된다. 1950년대에 프랑스에서 이전된 식민예산은 본국의 연간국민소득의 0.5%를 결코 넘지 않았다. 본국에서 곧장 수많은 반대를 불러일으켰던[19] 이 금액 자체가 완전히 무시할 만한 것은 아니었다. 이 금액은 2010~2020년 유럽연합의 가장 부유한 국가들의 (국민소득 대비) 순분담금 비율과 얼추 비슷하다. 따라서 우리는 유럽의 정치통합의

전망과 곤란을 검토할 때 이러한 금액이 구체적으로 의미하는 바를 재론할 것이다.[20] 그러나 프랑스 식민제국과 관련해 '식민지로의 이전' 운운하는 것은 어불성설임을 강조해야 한다. 왜냐하면 이 금액은 본질적으로 해외로 파견된—보수를 받으면서 식민지 정착민들의 이익을 위해 일하는—프랑스 공무원들의 임금 재원 충당을 위한 것이었기 때문이다. 여하튼 1950년대에 본국 국민소득의 0.5%에 상응하는 세금이 민간 식민예산으로 이전된 것을 1950년대 말 식민지 질서유지를 위해 집행된 훨씬 더 많은 군사지출(본국 국민소득의 2% 이상)과 비교해보는 것은 유용하다. 이 마지막 국면을 제외하면 1830~1910년에 식민제국의 질서유지와 확장을 위해 파리가 부담하는 군사예산이 본국 연간국민소득의 0.5%를 결코 넘지 않았다는 것 또한 주목할 만하다. 국민소득의 0.5%를 넘지 않았다는 것은 어떤 면에서는 비싼 대가를 지불했다고 할 수 없는 것이다. 전성기에 이 식민제국에는 본국에 비해 거의 2.5배나 더 인구가 많았기 때문이다(9500만 명 대 4000만 명).[21] 발전 수준과 국가 간 군사력의 격차를 통해 비용을 거의 들이지 않고 거대한 식민지를 경영할 수 있다는 유혹이 어떤 식으로 생성되는지 이 대목에서 어느 정도는 이해된다.

## 역사적으로 조망해본 노예제와 식민지에서의 수탈

본국과 식민지 사이의 '이전' 문제를 다룰 때 공적예산수지 조사에 연연하는 것이 얼마나 잘못된 일인지를 강조해야 한다. 식민지에서 징수된 세금은 1830~1950년 기간 내내 그 지출과 균형을 이루었지만 이것이 일체의 '식민지 수탈'이 없었다는 뜻은 아니다. 즉 식민지배권력이 거두는 이득이 없었다는 뜻이 아니다. 1차적으로 식민지의 총독들과 관리들이 이득을 얻었다. 우리는 이들이 식민지 피지배 주민이 납부한 세금으로 보수를 받았다는 것을 이미 알고 있다. 더 일반적으로 공무원으로 일하든, 알제리에서 농부로 일하든, 혹은 인도차이나의 고무제조업 경영자로서 민간 부문에서 일하든 식민지 정착민들은 자신들이 본국에서 누렸거나 누릴 수 있었을 지위에 비해 식민지에서 훨씬 더 높은 지위를 누릴 수 있었다. 물론 삶이란 언제나 간단치 않아서 식민지 정착민들이라고 다 부자인 것도 아니었고 환멸도 만연했다. 예컨대 작가 마르그리트 뒤라스의 모친이 겪은 어려움과 태평양 연안의 늘 잠기던 그녀의 땅을 생각해보자. 그리고 자본가이든 관리이든 간에 옹졸하고 부패한 이들 식민지 상층 부르주아와 대면하는 '하층 백인들'의 불행들에 대해 생각해보자. 그러나 아무리 그렇다 해도 '하층 백인들'은 토착민들에 비해서는 조금이라도 더 자신들의 운명을 스스로 선택할 수 있었고 타고난 '인종' 덕에 더 많은 권리와 기회를 누렸다.

식민지 정착민 문제 이외에, 식민지에서 수탈된 민간금융 이윤도 고려해야 한다. 노예제와 대서양 노예무역의 시기인 1차 식민화 시기(1500~1850년)에 수탈은 난폭하고 노골적으로 이루어졌으며 수익의 형태는 현금이었다. 해당 총액은 액수가 막대했는데 잘 기록되어 있다. 생도맹그 사례를 보면, 설탕과 면화 수출 덕에 이 섬에서 프랑스가 수탈해간 수익은 1780년대 말에 연간 1억 5000만 리브르투르누아를 넘어섰다. 가용 추계는 이 시기 식민지 전체를 포함하면 1790년에 수탈된 수익이 약 3억 5000만 리브르투르누아였음을 보여주는데 같은 시기 프랑스의 국민소득은 50억 리브르투르누아 이하였다. 프랑스는 이런 식으로 국민소득의 7% 이상을 부가적으로 가져간 것이고(이중 3%가 아이티에서만 나왔다), 그 수혜자가 극소수라는 사실을 고려한다면 액수는 어마어마하다. 이는 모든 비용을 계산한 이후, 즉 이 생산을 실현하는 데 필요한 모든 수입품들과 노예 구입 및 유지비용(노예무역에서 실현된 수익은 무시한다), 대농장주들이 현지에서 소비하고 투자하는 데 쓴 비용을 공제한 이후의 순수 수탈이다. 1780~1790년 영국이 노예제 섬들로 벌어들인 수익은 국민소득의 약 4~5%였다.[22]

초대륙적 거대제국의 시기인 2차 식민화 시기(1850~1960년)에, 민간금융 이윤은 더 복잡한 형태를 띠었지만 단지 몇몇 노예제 섬들만이 아니라 전 세계적 규모로 실현된 투자를 고려하면 그 수익은 엄청난 것이었다. 우리는 이미 이 책의 1부에서 벨에포크 시기 파리의 자산구조에서 국제투자의 중요성에 대해 언급했다. 전쟁 전야인 1912년에 해외자산은 파리 자산 전체의 20% 이상을 점했고 매우 다양한 형태를 띠었다. 여기에는 주식, 외국회사 직접투자, 기업들이 자신들의 국제투자 자금을 조달하기 위해 발행한 회사채가 포함되어 있고, 다양한 공채와 국채도 있는데 이것만으로도 전체의 거의 절반을 이룬다.[23]

이 시대의 주요 두 식민권력인 영국과 프랑스를 놓고 보자면, 이 두 나라의 소유자들이 세계의 다른 곳에 보유한—오늘날의 규모에 결코 비할 바 아닌—투자액의 엄청난 크기를 강조해야 한다(도표 7.9 참조).[24] 전쟁 전야인 1914년에 영국의 순해외자산 즉 세계의 다른 곳에서 영국 소유자들이 보유하고 있는 금융투자액과 세계의 다른 곳에서 온 소유자들이 영국에서 보유하고 있는 금융투자액 사이의 차액은 영국 국민소득의 190% 이상 즉 거의 2년 치의 국민소득이다. 프랑스 소유자들도 이에 뒤지지 않았으니, 이들의 순금융자산은 1914년에 프랑스 국민소득의 120%를 넘어선다. 세계의 다른 곳에서 보유하고 있는 이 어마어마한 자산은 다른 유럽 권력들 중에서도 특히 독일이 보유한 자산에 비해 훨씬 컸는데, 독일의 해외자산은 이 나라의 엄청난 산업적 인구통계적 비약에도 불구하고 국민소득의 40%를 겨우 넘겼다. 이는 어떤 면에서는 이렇다 할 독일 식민제국이 없다는 데서 기인하고, 더 일반적으로는 세계적인 무역과 금융의 거대한 네트워크 안에서 덜 오래되고 덜 중요한 위치를 점하고 있다는 데서 기인했다. 식민지를 놓고 벌이는 이러한 각축은 열강 사이에서 증대되는 긴장의 중심 요인이었는데, 예컨대 1911년 2차 모로코 위기Agadir Crisis가 이에 해당한다. 빌헬름 2세는 결국 모로코와 이집트에 대한 1904년 영-프 협약을 받아들였다. 하지만 빌헬름 2세는 카메룬의 주요 영토를 보상으로

**도표 7.9** 역사적 관점에서 본 해외자산:
영국·프랑스 식민지배의 정점

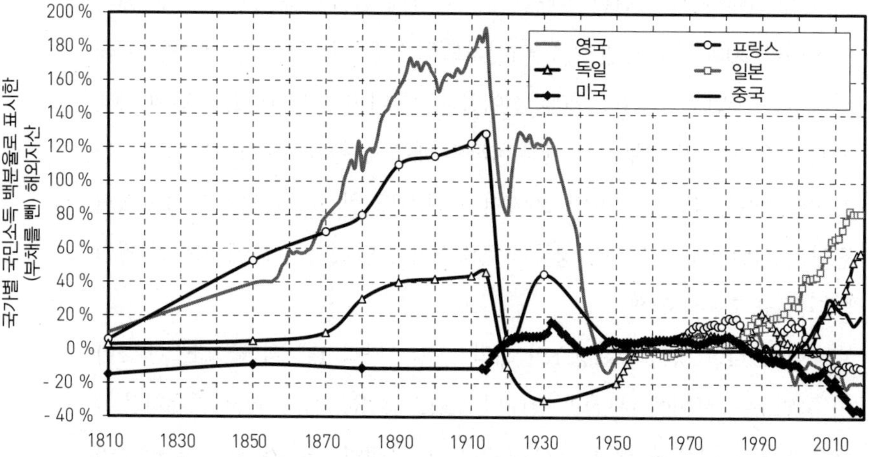


순해외자산, 즉 해당 국가에 거주하는 소유자(정부 포함)가 보유한 해외자산과 나머지 다른 국가의 소유자가 이 나라에서 보유한 금융자산의 차액은 1914년에 영국에서는 국민소득의 191%, 프랑스에서는 125%로 상승했다. 2018년 순자산은 일본에서는 국민소득의 80%, 독일에서는 58%, 중국에서는 20%에 달한다.

**출처 및 원 통계자료:** piketty.pse.ens.fr/ideologie

획득했고 이것이 전쟁을 몇 년 더 늦춘 셈이다.

영국과 프랑스가 보유한 해외자산은 벨에포크 시기에 가속적으로 증가했는데, 1차대전이 없었더라면 과연 이 궤도가 어디까지 뻗어나갔을지 자연스럽게 궁금해진다(소유자사회의 몰락을 연구할 때 우리는 이 문제를 재론할 것이다). 여하간 영국과 프랑스의 해외자산은 1차대전이 끝난 뒤, 더 확정적으로는 2차대전의 여파 속에서 붕괴한다. 이는 한편으로는 상당수의 몰수(특히 유명한 러시아 국채가 떠오르는데 1917년 혁명 이후에 이 국채 전면무효화는 특히 프랑스 소유자들에게 고통스러운 것이었다)에서 기인하며, 무엇보다도 영국과 프랑스의 소유자들이 자국 정부의 전쟁 재원을 위해 해외자산의 많은 부분을 매각해야만 했다는 데서 기인한다.[25]

19세기 말 20세기 초 영국과 프랑스가 축적한 국제자산 보유의 규모를 잘 이해하려면, 이 시기 이후 그 어떤 나라도 세계의 다른 곳에서 이

만큼 막대한 자산을 보유해본 적이 없다는 점을 주목하면 된다. 예를 들어 1980년대 이후 실현된 막대한 무역흑자에 힘입어 축적된 일본의 해외자산이나 2000년대 중반 이후 이례적으로 높은 무역흑자를 낸 독일의 해외자산은 국민소득의 60~80% 선이었다. 두 나라가 1950~1980년에 국제자산 보유가 거의 전무했던 것에 비하면 매우 높은 수준이고 중국의 금융자산(2018년 국민소득의 약 20%)에 비해서도 현저히 높았지만, 1차대전 전야의 식민지배 전성기에 영국과 프랑스가 도달했던 수준에 비하면 훨씬 낮다(도표 7.9 참조).[26]

또한 1914년 영국과 프랑스의 해외자산(두 나라 1년 치 국민소득과 2년 치 국민소득 사이에 해당)과 당대의 프랑스 소유자들과 영국 소유자들이 보유한 자산(부채를 뺀 부동산·사업자산·국내외 금융자산)—두 나라의 6년 치 국민소득과 7년 치 국민소득 사이에 해당하는—총가치를 비교해 볼 수 있다. 달리 말해서 소유자들이 가진 자산 전체의 약 5분의 1에서 4분의 1이 해외자산이었던 것이다. 따라서 벨에포크 시기 프랑스와 영국에서 번영했던 소유자사회는 해외자산에 크게 기초해 있었던 셈이다. 핵심은 이 자산이 엄청난 수익을 올렸다는 점이다. 이러한 투자를 통해 벌어들인 평균수익은 연간 4%에 가까웠고 프랑스의 경우 해외자본이 국민소득 5%에 해당하는 소득을 부가적으로 벌어들였으며 영국에서 이는 8% 이상이었다. 이러한 이자·배당금·이윤·임대료 및 세계의 다른 곳에서 들어오는 수수료들을 통해 두 식민권력의 생활수준, 또는 적어도 그 내부의 특정 주민들의 생활수준은 실질적으로 향상되었다. 여기서 거론되는 금액이 얼마나 엄청난지 제대로 알려면, 1900~1914년에 해외자산 덕에 프랑스가 벌어들인 5%의 부가적 국민소득이 이 나라의 (가장 산업화된) 북동부 여러 데파르트망의 총산업생산에 대략 상응했다는 점을 보면 된다. 따라서 이는 대단히 중요한 금융 기여였다.[27]

## 난폭한 식민지적 전유에서 '온화한 무역'이라는 미망으로

프랑스와 영국의 식민지들이 본국에 가져다준 금융이익이 1760~1790년과 1890~1914년에 두 나라에서 대략 비슷한 수준이었다는 점은 인상적이다. 전자의 시기에는 국민소득의 4~7% 사이였고 후자의 시기에는 5~8% 사이였다. 두 상황에는 분명 중요한 차이들이 있다. 1차 식민화 시기의 전유는 난폭하고 집약적이며 작은 영토에 집중된다. 요컨대 노예들을 섬으로 운반해 설탕이나 면화를 생산하게 하고 이로 인한 막대한 비율의 부(생도맹그에서는 70%까지)를 식민지 정착민들을 위한 이윤과 소득의 형태로 수탈하는 것이다. 수탈의 효율성은 최대화되지만 반란의 위험성도 심각해서 이 체계는 세계적으로 일반화되기가 어렵다. 2차 식민화 시기에는 전유양식과 착취양식이 더 치밀하고 정교하다. 요컨대 여러 나라의 주식과 채권을 보유하는 방식이었는데, 노예제체제에 비할 바는 아니지만 무시할 수 없는 일정량의 생산(한 나라 생산의 약 5%와 10%, 때로는 그 이상)을 각 식민지 영토에서 수탈할 수 있었고 무엇보다 이 방식은 훨씬 더 많은 영토에서, 심지어 전 세계에서 실행될 수 있는 것이었다. 결국 후자의 이 체계는 실제로 전자보다 훨씬 더 광범위한 세계적 차원에 적용되었고, 1914~1945년의 심대한 정치적 충격에 의해 이 체계의 발전이 중단되지 않았더라면 훨씬 더 광범하게 적용되었을 것이다. 1차 식민화 시기는 반란에 의해 파괴되었다. 반면 후자는 전쟁과 혁명에 의해 파괴되었는데 이 자체가 식민지배권력들의 광폭한 경쟁과 폭력적인 사회적 긴장—글로벌화된 소유자사회가 만들어낸 국내외적인 불평등—에 의해 야기되었다(적어도 부분적으로는 그러한데 우리는 이를 재론할 것이다).

1차 식민화 시기에는 섬들에서의 노예무역과 착취가 '불법적인'(적어도 '부도덕한') 방식으로 벌어진 반면에 2차 식민화 시기에는 고결하고 상호 이득이 되는 '온화한 무역'의 논리를 따라 영국과 프랑스의 해외금융자산은 완벽하게 '적법한'(그리고 확실히 좀더 '윤리적인') 방식으로 축적되었다는 식으로 두 시기를 구분하고 싶을 수도 있겠다. 실제로 2차 식민화 시기의 제국들은 (비록 매우 비대칭적으로 적용되긴 했어도) 잠재적 보편성을 지닌 소유주의 이데올로기에 의거하고자 했다. 그리고 어떤 면에서는 현재의 신소유주의모델과 유사한 발전과 교환의 모델—국가들 사이에 금융보유가 많아지는 게 이론상 모두에게 이익이 될 수 있다는 모델—에 의거하고자 했다. 이 고결하고 조화로운 시나리오에 따르면, 어떤 나라는 예를 들어 이 나라가 세계의 다른 곳들에 팔 만한 양질의 생산품들을 가지고 있거나, 혹은 (인구 고령화나 뜻밖의 재난에 대비해서) 생산품들을 미래를 위해 비축해둘 필요가 있다는 판단을 통해서 큰 무역수지 흑자를 낼 수 있다. 그리고 이는 타국을 상대로 자산을 축적하도록 해주고 이로 인해 응당 정당한 대가를 받는다. 그렇지 않으면 누가 자산을 모으려 노력할 것이며, 장차 누가 인내와 절제를 감수하려 하겠는가? 문제는 두 식민주의 시기 사이의 대립, 즉 난폭하고 폭력적인 수탈의 논리와 고결한 상호이익 논리 사이의 대립이—확실히 이론 차원에서는 수용될 만한 구별이지만—현실에서는 지나치게 완고하다는 것이다.

실제로는 1880~1914년 영국과 프랑스 금융자산의 상당 부분은 예컨대 아이티가 자신들의 자유의 대가로 지급한 배상, 또는 노예소유자들의 소유(쇨셰르가 즐겨 되풀이했듯이 '적법한 틀 내에서' 취득된 것이라 따라서 정당한 배상 없이 무조건적으로 폐지될 수는 없었던 것) 손실을 벌충해주기 위해 두 나라의 납세자들이 지급한 배상에서 직접 유래했다. 더 일반적으로 상당량의 해외금융자산은 무력으로 확보된 것이고 대부분은 군사적 공물과 유사했던 공채와 회사채의 형태를 띠었다. 이에 해당하는 사례가 1839~1842년과 1856~1860년 아편전쟁 이후 중국에 강제되었던 공채다. 영국과 프랑스는 중국 국가가 무력 충돌에 책임이 있다고 판단해(그렇다면 중국이 아편 수입을 더 일찍 받아들여만 했다는 말인가?), 자신들이 짊어지고 싶지 않았던 군사비용에 대해 보상을 받고 장차 중국을 더 고분고분하게 만들기 위해 중국에 무거운 부채를 강제했다.[28]

'불평등조약'이라는 바로 이런 장치를 통해 식민지배권력들은 많은 나라와 해외자산을 통제할 수 있게 되었다. 이들은 얼마간 설득력 있는 구실(문호개방 요구에 대한 거부나 유럽인 거류민들에 맞선 폭동, 또는 질서유지의 필요)을 만드는 것에서 시작해 군사작전을 펼쳤고 사법적 특권과 금융적 공물을 요구했다. 또한 공물을 받기 위해 세관을 장악했고 식민지 채권자들의 수익 개선을 위해 세제도 장악했으며(이 모든 것은 과중하게 역진적인 세금을 통해 이루어지는데 이로 인해 높은 사회적 긴장과 때로는 점령자에 맞서는 실질적인 조세저항이 발생했다), 마침내 나라 전체를 손에 넣었다.

모로코가 이런 관점에서 전형적이다. (1830년 프랑스에 점령된) 인접한 알제리의 무슬림들을 도우라는 자국 여론의 압박에 모로코의 술탄은 마침내 알제리의 반란 지도자 압델 카데르에게 피난처를 제공했다. 프랑스는 이 기회를 빙자해 탕헤르에 폭격을 가했고 1845년 1차조약을 강제했다. 에스파냐는 베르베르인들의 반란을 구실 삼아 테투안을 점령하고 1860년에 과중한 전쟁 배상을 강제했다. 모로코는 이 전쟁 배상금을 갚기 위해 런던과 파리의 은행가들에게서 자금을 융자하게 될 것이고 이를 갚느라 관세 수입의 절반이 곧 탕진될 것이었다. 프랑스는 마라케시와 카사블랑카에서 발생한 폭거 이후 자국의 금융이익과 거류민들을 보호한다는 공식적인 명분으로 1907~1909년 모로코의 주요 지역을 공격했고 1911~1912년 마침내 아무 조건 없이 모로코를 보호령으로 삼게 되었다.[29] 1830년 프랑스의 알제리 정복은 당시 지중해무역을 위협하던 바르바리 해적을 섬멸함으로써 정당화되었다. 바르버리 해적이 알제리의 항구를 이용했기에 알제리의 태수dey가 비난을 받던 터였고, 바로 이 대목에서 프랑스의 문명화 소명이 부각된다는 점에 주목해보는 것은 흥미롭다. 역시 중대한 또다른 동기는 프랑스가 1798~1799년 이집트원정 당시 식량보급과 관련해 알제리 태수에게 채무를 졌으나 나폴레옹도 루이 18세도 그 상환을 거부했고 이로 인해 왕정복고기에 부단한 긴장이 이어졌다는 사실에 있다. 이것은 국가 간 관계와 같은 사회적 관계를 규제하는 데 소유주의 이데올로기가 가진 한계들을 다시금 보여준다. 각자가 축적과 권력에 대한 욕망을 정당화하기 위해 저마다의 방식으로 소유주의 이데올로기를 활용하는데, 모두가 받아들일 만한 정의 표준을 세우려다 곧바로 논리적 모순들에 부딪히고 만다. 그리고 이 모순들에 대한 해법은 강경한 전투적 폭력과 세력균형을 거쳐서 도출된다.

이 시대 국가권력들 사이의 이러한 거친 소행들, 그리고 고대의 군사적 공물과 현대의 국채 사이의 이러한 지속적인 혼동은 유럽 내부에서도 나타났음을 명확히 해야 한다. 1815년 독일연방 수립과 그에 이은 1866년 북독일연방 수립으로부터 준비된 장구하고 복잡한 과정인 프로이센과 독일 공국들의 정치적 통합에 즈음하여, 새로운 독일 제국주의 국가는 1870~1871년의 군사적 승리를 기회로 프랑스에 75억 금본위프랑, 즉 이 시대 프랑스 국민소득의 30% 이상에 상당하는 과중한 배상액 지급을 강제했다.[30] 이것은 출병으로 인한 군사적 비용에 비해 말도 안 되게 막대한 금액이었지만 프랑스는 자국 재정을 무겁게 짓누를 만한 눈에 띄는 후과를 남기지 않고 즉각적으로 깨끗이 지불했는데, 이는 19세기 말 프랑스의 소유자들과 예금자들이 누린 커다란 번영의 증거다.

유럽의 식민지배권력들은 때때로 서로 간에 공물을 강제했지만 반면에, 적어도 1914~1945년의 전쟁을 통한 최종적 자기파괴가 일어나기 전까지는, 세계의 다른 곳에 대한 수익성 높은 지배를 위해 대체로 동맹을 맺는데, 여기에 실제적인 차이가 있다. 정당화의 메커니즘과 압박의 형태가 진화했다고 하더라도, 국가권력들 사이의 이러한 거친 행태들이 완전히 사라졌다거나 이 나라들의 재정적 위상의 진화에서 국가 간 알력이 그 어떤 영향도 미치지 않는다고 생각하는 것은 잘못일 것이다. 예를 들어 외국 기업들에 터무니없는 제재를 가하거가 또는 비협조적이라고 판단한 정부들을 압박하기 위해 상업·무역 및 금융 제재를 가하는 미국 정부의 막강한 힘이 이 나라의 군사적 세계 지배와 무관치 않다는 점도 떠올려볼 수 있다.

## 타국에 의해 소유된다는 것의 곤란함

1880~1914년 영국과 프랑스의 국제자산은 일정 부분 19세기 초 이후 이 두 나라의 산업적 역량에 의해 실현된 무역흑자에서도 유래했다. 그러나 여러 논점들을 명확히 해야 한다. 우선, 세력 다툼과 군사적 폭력이 그 효과들을 발휘하지 않는다면, 무역의 흐름이란 게 어떤 형태일지 말하기는 쉽지 않다. 이는 아편전쟁에 이어 중국에 무력으로 강제된 아편 수출을 봐도 명확하다. 아편 수출은 19세기의 상반기와 중반기에 기록된 무역흑자의 일부를 이룬다. 또한 이는 또다른 수출, 특히 섬유 수출에서도 분명하다. 이 섬유 수출은 국가 간의 극단적인 폭력과 국제적 세력균형 속에서 발전했다. 이는 섬유 생산에서 필수적인 노예노동에 기반한 면화 공급과 관련된 것이자, 인도와 중국의 생산에 부과된 징벌적 조치와도 관련되는데 우리는 이를 뒤에서 재론할 것이다.

19세기의 이러한 무역 흐름을 '보이지 않는 손'과 '시장의 힘'의 단순한 효과로 본다는 것은 너무나 진지하지 못한 것이고, 세계 국가 간 무역체계의 현저하게 정치적인 전환들의 현실을 이해하지 못하게 하는 것이다. 여하간 재화들의 흐름을 전제했을 때 1800~1880년에 관한 가용 자료에 근거해 측정할 수 있는 무역흑자는 1880년 무렵 두 나라가 보유한 막대한 해외금융자산의 일부(4분의 1에서 2분의 1 사이)만을 나타내주는 게 사실이다. 이 해외금융자산 대부분은 다른 작동들과 관련 있다. 예컨대 앞에서 언급한 군사적 공물에 준하는 것들과 반대급부 없는 다양한 전유들, 또는 오히려 특정 투자들에서 거두는 매우 높은 자본수익이 여기에 해당된다.

마지막으로 어쩌면 무엇보다도 중요한 것은, 1880~1914년 영국과 프랑스의 금융자산이든 미래의 다른 어떤 자산이든—그것이 합법적이든 불법적이든 윤리적이든 비윤리적이든지 간에—일정 규모에 도달한 자산은 제 나름의 축적 논리를 따른다는 점을 이해하는 것이다. 이 시대의 무역통계에 의해 매우 잘 입증되었고 당대 사람들이 매우 잘 알고 있었음에도 지금은 잘 알려지지 않은 사실을 여기서 강조하고자 한다. 1880~1914년에 영국과 프랑스는 세계의 다른 곳으로부터 너무나 많은 투자이익을 거둬들여서(프랑스에서는 국민소득의 약 5%, 영국에서는 8% 이상이 추가되었다) 구조적이고 영구적인 무역적자 상태(이 기간에 두 나라의 평균무역적자는 국민소득의 1~2%였다)를 감당할 수 있었고, 세계 다른 나라들에서 채권을 모으는 일은 계속 가속화되었다. 즉 세계의 다른 곳들은 식민지배권력들의 소비와 생활수준을 향상시키기 위해 노동하면서도 점점 더 식민지배권력들에 큰 빚을 지게 되었던 것이다. 예컨대 이는 어떤 노동자가 임금의 대부분을 아파트 소유자에게 임대료를 지불하는 데 사용하는데, 그 소유자는 빠듯하게 살아갈 임금밖에 없는 노동자 가구들과는 달리 호화생활을 하면서도 이 임대료로 다른 건물들을 더 사들이는 상황과 같다. 어쩌면 혹자들은 이에 분개하겠지만(분개하는 게 정상이라고 나는 생각하지만), 소유의 목표는 정확히 미래의 더 큰 소비 능력과 축적 능력을 확보하는 데 있음을 깨닫는 게 중요하다. 마찬가지로 무역흑자를 통해서든 식민지적 전유를 통해서든, 해외자산 축적의 목표는 후속 무역적자를 낼 수 있게 되는 것이다. 바로 이것이 국내 수준에서든 국제적 수준에서든 통용되는 모든 자산 축적의 원리다. 무한한 축적이라는 이 논리에서 빠져나오기를 갈망한다면 사적소유 개념의 진정한 극복을 위한 지적이고 제도적인 수단들을, 예컨대 일시소유와 소유의 영속적 재분배라는 개념을 마련해야 한다.

21세기 초의 우리는 무역흑자가 그 자체로 목적이며 무한히 지속할 수 있다고들 생각한다. 이러한 지각은 그 자체로 대단히 흥미로운 정치적-이데올로기적 전환을 드러낸다. 이에 부합하는 세계에서는 자국 주민들을 위해 수출 부문의 일자리를 만들어내는 것과 세계의 다른 곳에서 금융채권을 축적하는 데 공을 들인다. 하지만 금융채권은 예나 지금이나 해당 나라에 단지 일자리와 위신과 힘을 제공하기 위해 모으는 것만은 아니다

(비록 이러한 목표들이 간과되어서는 안 되지만 말이다). 금융채권은 미래의 금융수익 또한 겨냥하며 확실히 새로운 자산을 취득하게 해주지만, 다른 나라들에서 생산된 재화와 용역을 이 나라들에 아무것도 수출하지 않고도 얻을 수 있게 해준다.

대규모 국제자산 축적을 보여주는 가장 분명한 우리 시대의 예인 산유국을 고려하면, 석유와 가스의 수출 및 이에 상응하는 무역흑자가 영원히 지속될 수 없음은 매우 명백하다. 추구된 목표는 분명히 세계의 다른 곳에 대한 금융채권을 충분하게 축적하는 데 있다. 이는 이러한 투자로 인한 소득과 외환보유고로 살아가면서 탄화수소 고갈 이후에도 세계 다른 곳의 모든 재화와 용역을 수입하기 위한 것이다. 일본은 오늘날 전 세계에서 가장 막대한 해외자산을 보유하고 있다(도표 7.9 참조). 이는 수십 년간 이어진 일본 산업의 무역흑자에서 비롯한 것인데, 일본은 구조적인 무역적자 단계로의 진입 지점에 있다(또는 적어도 자산 축적 국면을 지났다)고 할 수 있겠다. 이러한 전환은 아마도 외환보유고가 일정 수준에 달하거나 나라의 인구 고령화가 오늘날보다 더 진전되는 때, 독일이나 중국에서도 일어나게 될 텐데 이러한 진화들에는 특별히 '자연스러운' 그 어떤 것도 분명히 존재하지 않는다. 이 진화들은 해당 나라들의 정치적-이데올로기적 전환에 달려 있으며 개개의 정부와 경제 행위자들이 이 쟁점들을 어떻게 인식하고 논하는가에 달려 있다.

나는 이러한 문제들과 미래 갈등의 원천이 될 만한 것들에 관해 뒤에서 재론할 것이다. 여기서 강조하고픈 중요한 점은 국제적 소유관계가, 무엇보다도 이 관계가 이토록 큰 규모에 달했을 때는 결코 단순치 않다는 점이다. 제대로 말하자면, 경제학 교과서의 우화에서 가끔씩 언급되는 자생적으로 조화롭고 상호 이익이 된다고 간주된 관계와는 달리 이 소유관계 일반은 언제나 더 복합적이라는 것이다. 어느 임금노동자가 자기 노동생산물의 많은 부분을 자신의 소유자에게 이윤이나 임대료로 지불하느라 바친다는 것, 또는 임차인의 아이들이 소유자의 아이들에게 임대료를 지불한다는 것은 결코 단순한 일이 아니다. 바로 이것이 소유관계가 언제나 갈등의 대상이 되며 소유관계의 형태와 지속조건을 규제하는 수많은 제도들의 발전을 초래하는 이유다. 이러한 규제는 노조투쟁이나 기업 내 권력 분유 메커니즘, 임금체계나 임대료 규제에 관한 입법, 소유자의 퇴거 권한 제한, 임대차 계약기간이나 이런저런 인수조건, 새로운 사회집단들이 소유에 접근하도록 촉진하고 자산 불평등의 세습을 제한하려는 상속세와 여타 조세 및 법률장치들을 수단으로 이루어진다.

하지만 한 나라가 다른 나라에게 지속적인 기반 위에서 이윤과 임대료와 배당금을 지불하는 것이 문제일 때, 이와 같은 관계는 훨씬 더 복잡하며 폭발적인 것이 될 수 있다. 대다수가 받아들일 수 있는 정의 표준을 민주적 숙의와 사회적 투쟁을 통해 건설하는 것—하나의 정치적 공동체 안에서 이미 매우 복합적인 과정—은 소유자가 이 공동체의 외부에 있을 때 실질적으로 불가능해진다. 가장 흔하고 가장 개연성 있는 경우는 이 관계가 폭력과 군사적 강압에 의해 규제되는 것이다. 벨에포크 시기에 식민권력들은 이윤과 배당금 지급이 제때 이루어지고 그 누구도 채권자 수용을 생각지 못하도록 보장하기 위해 무던히도 군함 외교를 활용했다. 다양한 나라의 국제금융관계와 투자 전략의 이러한 군사적이고 강압적인 차원은 21세기 초에도, 훨씬 더 복잡해진 국가 간 체계 안에서 핵심적 역할을 수행하고 있다. 특히 오늘날 두 주요한 국제채권자들인 일본과 독일은 군대가 없는 나라들인 데 반해 주요한 두 군사 강국인 미국과—정도는 덜하지만—중국은 해외채권을 축적하는 것보다는 자국의 영토에 투자하는 데 더 신경을 쓰고 있는데, 이것은 이 두 나라가 지닌 대륙적 차원과 인구통계적 역동성(중국의 경우는 이제 막 변화하려는 요인이고 미국에서도 아마 언젠가는 변화될 요인)에 의해 설명될 수 있다.

벨에포크 당시 영국과 프랑스의 해외자산이 지닌 경험은 미래를 위한, 그리고 소유주의적 불평등주의체제에 대한—특히 이 체제의 국제적이고 식민주의적인 차원에 관한—우리의 전반적인 이해를 위한 풍부한 가르침들을 여전히 지니고 있다. 이 주제에 관해, 식민권력들이 축적을 존속하기 위해 발전시킨 금융적 군사적 강압 메커니즘은 명시적으로 식민화된 영토들에서뿐만 아니라 그렇지 않았던(또는 아직은 그렇지 않은) 나라들에서도, 예컨대 중국·터키 및 오스만제국·이란·모로코에서도 실행되었다. 일반적으로, 당시의 국제포트폴리오에 관한 가용 자료들을 조사해보면, 이 포트폴리오들은 엄격한 의미의 식민지를 훌쩍 뛰어넘어 널리 퍼져 있었음이 확인된다.

파리 사람들이 1912년에 보유한 국제금융자산 안에는, 프랑스 식민제국과 직접 결부될 수 있는 부분이 4분의 1에서 3분의 1 사이 정도 포함되어 있고, 나머지는 매우 다양한 여타 영토들(러시아·동유럽·레반트·페르시아·라틴아메리카·중국 기타 등등)에 나눠져 있다.[31] 식민제국의 새로운 영토적 구성요소들, 특히 프랑스령 적도아프리카와 프랑스령 서아프리카는 금융소득 면에서는 늘 가장 수익성이 좋은 것은 아니었다. 이 식민지들은 무엇보다도 이곳에 사는 식민지 정착민들과 행정가들의 이익을 위해, 또한—당대 프랑스의 일부 엘리트들과 그 주민들이 그래야 한다고 여겼던—문명화 역량의 윤리적 권위를 명분으로 작동했다.[32] 영국의 경우에도 이와 같은 다양한 상황들이 확인된다. 전반적으로 영국 소유자들의 국제포트폴리오는 매우 많은 소득을 가져다주었고, 이 포트폴리오를 통해 세계의 다른 곳에 대한 구조적 무역적자를 메울 수 있었던 가운데 계속해서 가속적으로 채권을 모아갔다. 하지만 제국의 일부 구성요소들은 다른 요소에 비해 이윤이 훨씬 적었고, 엄격한 의미의 금융거래라기보다는 일반적인 문명화 소명 또는 특정한 소유자 집단이나 식민지 정착민 집단의 이익을 위한 전략에 속하는 것이었다.[33] 요약해보자. 벨에포크 당시의 국제적 불평등주의체제는 자신의 정당화 도식 안에서 소유주의 차원과 문명화 차원을 혼합했는데 이 각각의 차원은 이후의 진화에 본질적인 흔적을 남겼다.

## 식민본국의 합법성, 식민지의 합법성

이제 식민사회들에서의 불평등의 기원 및 지속이라는 문제로 돌아가보자. 우리는 식민지적 불평등의 생성과 그 지속에서 식민예산이 수행했던 역할을 짚었다. 식민지 피지배 주민이 납부한 매우 과중한 세금들이 주로 식민지 정착민들의 이익을 위해, 특히 교육투자 분야에서 사용되면서부터 애초의 불평등이 지속되기 시작한다는 것은 놀랄 만한 일이 아니다. 세제 및 공적지출구조에 의해 초래된 불평등 외에—식민지 정착민에게 훨씬 더 유리했던—법률제도를 필두로 한 여타의 불평등 요소들이 식민체계에 존재한다는 점을 덧붙여야 한다. 특히 소유권·노동법 문제라든가 민사 사건 같은 상업적 사안들에서 유럽인 주민과 토착민은 동등하게 재판받지 않았고, 경제적 경쟁에서도 대등한 입장이 아니었다.

식민지적 불평등의 이 특수한 난폭함은 예컨대 프라무댜 아난타 투르가 1980년에 출간한 대하소설 『밍케—인간의 대지』의 여주인공 토착민 사니켐의 파멸에서 표현되고 있다. 1875년 무렵 자바 동쪽 수라바야 근처에 사는 사니켐의 아버지는 네덜란드인 플랜테이션 소유자 헤어만 말레마에게 14살 난 자기 딸을 첩nyae으로 팔아서 승진도 하고 돈도 모으고 싶어한다. 어린 딸은 의지할 게 자기밖에 없다는 것을 이해한다. "이구아나의 피부처럼 거친 그의 팔은 금색 털로 덮여 있었고 내 허벅지만큼 두껍다." 하지만 헤어만 그 자신도 약점이 있다. 그는 네덜란드와 자신의 주변과 불륜을 저지른 아내를 버리고 도망쳤다. 알코올중독에 빠지기 전 그는 사니켐에게 네덜란드어를 가르치면서 스스로를 다시 일으키려 한다. 이제 사니켐은 네덜란드에서 도착한 잡지의 내용을 그에게 읽어줄 수 있고, 온갖 희생과 조롱을 대가로 치르고 워노크로모의 소유지를 경영하는 법을 홀로 익힌다. 사니켐은 자신의 딸 아넬리스가—수라야바에 있는 네덜란드 고등학교에 기적적으로 입학한—토착민 청년 밍케와 가까워지는 것을 행복하게 바라본다. 반면 '혼혈'로서 모욕을 당해온 그녀의 아들 로버트는 순혈 백인보다 더 사나운 방식으로 토착민들에게 폭력을 휘두른다. 사니켐이 간과한 것은 자기 노동의 결실이 아무런 합법적 가치도 갖지 못한다는 점이다. 자신의 피를 토착민의 피와 섞어버리고 결국 근처의 중국인 매음굴에서 죽은 채로 발견될 자격 없는 애비에 대한 분노에 취해 네덜란드로부터 도착한 헤어만의 적자는 자신의 권리를 주장하려 들고, 수라바야에 있는 네덜란드 법원의 판결 덕에 마침내 플랜테이션을 차지하게 된다. 아넬리스는 강제로 네덜란드로 보내지고 정신착란에 빠지며, 사니켐과 밍케는 만신창이가 되어 자바에 남는다. 우리는 1900년대 초에 있고 그들이 해야 할 일은 오로지 하나뿐이니, 정의와 독립을 위한 장구한 투쟁에 자신을 바치는 것이다.

프라무댜 아난타 투르는 알고 말하는 사람이다. 그는 공산주의 활동에 참여하고 인도네시아의 중국계 소수자들을 옹호한 탓에 1947~1949년에 네덜란드 감옥을 겪었고 1960년대와 1970년대에는 수카르노의 감옥과 수하르토의 감옥을 겪었다. 그의 텍스트는 또한 금본위제와 제로인플레이션이 화폐에 사회적 의미를 부여하고, 소유에 비길 데 없는 견고함을 부여했던 소유주의시대의 화폐 불평등을 해부한다. 사니켐은 자신의 아버지에 의해 "시골의 한 가족이 30개월 동안 편안하게 살 수 있는" 25플로린에 팔렸다. 하지만 우리는 유럽의 고전소설 안에 있지 않고 핵심은 다른 곳에 있다. 식민지적 불평등주의체제는 무엇보다도 규약적이고 정체성주의적이며 종족적-인종적인 불평등에 근거한다. 순혈의 백인과 혼혈인과 토착민은 동등한 권리를 갖지 않으며, 이들 모두는 통제불능의 결과들을 빚어내는 경멸과 원한으로 한데 뒤얽혀 있다.

최근 연구들, 특히 에마뉘엘 사다의 연구는 식민권력들이 어떻게 자신들의 제국에서 특수한 법률제도를 20세기 중반까지 발전시켰는지 보여주었다. 이 법률제도는 정확하게 분류된 종족적-인종적 범주에 따라 권리들을 부여했다. 하지만 이 범주들은 노예제 폐지 이후 식민본국의 법에서 폐지되었다고 여겨졌던 것들이다(예컨대 인종에 관한 정보는 1848년 이후 레위니옹이나 프랑스령 앤틸리스제도에서 실시된 인구조사에서 발견되지 않는다). "인도차이나에서 법적으로 신원미상인 부모에게서 태어난 혼혈인의 지위를 규정하는" 1928년 법령은 적어도 부모 중 한 사람은 "프랑스인으로 간주되는" 모든 개인에게 프랑스인의 자격을 부여했다. 이로 인해 법원은 고소인의 신체적 인종적 특징에 주의를 기울이게 되었다.

당시에는 여러 유파가 대치하고 있었다. 일부 식민지 행정가들은 '황인종 여성'과의 일시적 결합으로 태어난 혼혈인들의 사회적응능력에 문제가 있다고 여겼기에 이 자동귀화정책을 비난했다. 하지만 인종 간 결합의 경험이 있는 수많은 식민지 정착민은 도리어 "혈관에 우리의 피가 흐르는 사람들을 부랑자로 방치하는" 위험과, "반프랑스 세력이 만들어지도록 방치하는 것, 우리가 우리의 아들인 자들을 포기한다고 비난하는 안남 사람들의 경멸을 촉발하는 것"이 얼마나 "현명치 못한" 행위인지 강조했다. 식민당국은 허위 [자녀] 인정과 맞서 싸우기 위해 인종 기준을 마련하려고도 했다. 모든 증거들이 이런 허위 [자녀] 인정 사실이 (혼혈인 일반과 마찬가지로) 매우 드물다는 것을 드러내고 있지만, 그럼에도 어떤 이들은 허위 인정이 (당시 어느 법률가의 말을 빌리자면) "빈곤해진 영약한 유럽인들이 노후를 보장받기를 열망하며 벌일 실제 사업"으로 이어질까 두려워했다. 마다가스카르에서는, 인도차이나에서 구상되었던 이와 같은 입법의 실행이 지닌 어려움들을 다른 면에서 불안해했다. 판사는 ('프랑스인'은 아니더라도 프랑스 시민인) 레위니옹 사람이 아버지인 아이와 마다가스카르 사람(토착민 주민)이 아버지인 아이를 어떻게 구별할 수 있을 것인가? 이것이 인도차이나에서 법령이 시행되는 것을 막지는 못했다. 1930년대에는 의료 기록을 통해 프랑스-인도차이나 혼혈 아동을 확정할 수 있게 되었고 2차대전 이후 수천 명의 혼혈 미성년자들이 강제'귀환'되었다.[34]

인종 간의 결혼이 식민본국에서처럼 식민지에서 원칙적으로 인정되었다고 하더라도 실제로 공권력은 이 결혼을 억제하려 했으며 무엇보다도 프랑스 여성과 토착민 남성의 결혼일 때 그러했다. 1917년 당시에는 식민지 출신 노동자들, 특히 인도차이나에서 온 많은 노동자들이 자신들과 같은 본국 공장들에 다니는 노동자들인 프랑스 여성들과 연분을 맺었는데 예컨대 법무부 장관은 공문을 보내 시장들에게 그들 사이를 떨어뜨리는 데 모든 노력을 기울일 것을 주문했다. 시장들은 "너무 무분별하고 경솔해서 의심을 하지 않는 위험을 동포들에게" 경고할 책임을 졌고 이때의 위험은 토착민 특유의 일부다처제뿐만 아니라 생활수준과도 관계된 것이었다. "토착민의 임금으로는 유럽인 여성이 괜찮은 삶을 누리기가 쉽지 않기" 때문이었다.[35]

혼혈 문제 외에, 병행되는 식민지 법률제도 전반이 식민본국의 합법성이 기초하는 원칙과 정면으로 배치되는 경우가 흔했다. 1910년 하이퐁 상공회의소는 토착민에 의해 강간죄로 고소당한 프랑스 청년들이 최대한 너그럽게 조치되어야만 하는 이유를 본국 식민지부에 설명한다. "프랑스에서는 이웃 아가씨에게 못된 짓을 저지른 농민이나 노동자는 그 아가씨에게 '배상[의 뜻으로 결혼]한다'. 지위를 이용해 자기보다 어리거나 가난한 여성을 손아귀에 넣을 수 있었던 남성은 부인할 수 없는 빚을 진 것이다. 하지만 피부색과 열등한 인종은 언급할 필요도 없이, 이 땅에 도착한 프랑스 청년과 그에게 제공된 토착민 여성들의 사회적 관계는 대개 동등하지 않다."[36]

네덜란드령 인도네시아 사례와 관련해, 드니 롱바르는 1854년 식민지 법규의 유해한 역할을 분명히 보여주었다. 이 법규에 따라 '토착민'과 '동양계 외국인'(중국계·인도계·아랍계의 다양한 소수자들이 속한 범주)의 엄격한 분리가 결정되었다. 이러한 분리는 정체성과 적대를 지속적으로 고착시키는 데 일조했고, 반면에 '자바 교차로carrefour javanois'와 [상상이 왕국이자 인도네시아를 지칭하기도 하는] 인술린디아Insulindia는 천년이 넘는 동안 힌두 문화와 유교 문화, 불교 문화와 이슬람 문화의 독특한 혼합이라는 특징을 가져왔던 것이다. 이는 유럽인들이 세계화에 대해 갖고 있는 이미지에는 부합하지 않지만, 궁극적으로는 아마도 지역 문화와 (자카르타부터 광저우까지 그리고 프놈펜에서 마닐라까지 이르는) '동양지중해'에 서양의 군사적 질서보다 훨씬 지속적인 영향을 끼쳤을 것이다.[37]

## 프랑스 식민지에서의 합법적인 강제노동(1912~1946년)

1912년부터 1946년까지 프랑스 식민지에서 합법적인 형태로(또는 최소한 일정하게 합법성의 외양을 띠고자 했던 형태로) 실행된 강제노동은 특히 시사적이다. 이 사례는 노예제사회로부터 식민사회로의 연속성과, 다양한 불평등주의체제에서 실행된 법률제도 및 조세제도에 대한 섬세한 검토의 중요성을 보여준다. 아프리카의 경우, 모든 자료가 대서양 노예무역의 종언과 2차 식민화 시기 사이에도 강제노동이 전혀 중단되지 않았고 실제로는 19세기 내내 계속되었음을 보여준다. 19세기 말 유럽인들이 천연자원과 광물자원 개발을 위해 내륙 깊숙한 곳까지 밀고 들어갔을 때 이들은 대개 강제노동에 의존했는데 이 강제노동이 매우 난폭한 조건에서 이루어지는 일이 다반사였다. 유럽에서 1890~1891년에 논쟁들이 전개되기 시작했고, 벨기에령 콩고에서 자행된 학살에 관한 증언들이 늘어남에 따라 논쟁은 1903~1904년에 재개되었다. 1885년부터 레오폴 2세의 개인 소유였던 벨기에령 콩고에서는 고무제조업이 현지 노동력을 동원하고 노동에 규율을 강제하기 위해서 특히 폭력적인 경영방식에 기초해 있었다. 예컨대 실탄을 절약하려고 촌락에 불을 지르거나 노예의 손을 절단하는 식이다.[38] 마침내 유럽인들은 의회의 감시가 이 체제를 유연하게 해주리라는 기대를 가지고 1908년에 벨기에로 영토를 이전할 것을 요구했다.[39] 프랑스 식민지들에서 발생한 비리는 계속해서 고발되고, 바로 이러한 상황에서 본국 식민지부는 프랑스령 아프리카의 주민들에게 요구된 '용역'(보통은 '부역corvées'이라고 불린다)의 합법적인 틀을 마련하기 위한 여러 문헌을 간행하게 된다.

논리는 흠잡을 데가 없어야 했다. 식민지 행정당국은 만인의 납세에 기초하고 있었다. 일부 토착민들은 세금을 납부하기에 충분할 정도의 화폐 자원을 갖고 있지 않았고 따라서 무급노동일 형태로 그만큼의 세금 벌충을 요구받았다. 문제는 식민지 피지배 주민이 현금 형태의 과중한 세금과 (수확물에서 공제하는 식의) 현물 세금을 이미 납부하고 있었는데도 여기에 부역이 추가된 것만이 아니었다. 무급노동에는 온갖 착취의 가능성이 열려 있으며 이 가능성을 미리 합법화한 것 또한 문제다. "프랑스령 서아프리카의 식민지와 속령에서 토착민들의 용역 규칙에 관한" 1912년 법령은 약간의 보호막을 정해두지만 이는 상대적으로 제한적이며 제대로 통제되지 않았다. "토착민들은 도로·교량·우물 등의 교통로 확보"와 "전신선 가설" 같은 여타의 기간시설과 "일체의 공공사업"을 위한 "용역에 동원될 수 있다"고 명시되어 있다. 이 모든 것은 각 식민지 부총독 또는 판무관의 배타적인 통제하에 놓였다. 법규에 따르면 "노인을 제외한 건장한 모든 성인남성 개인"(연령 규정은 없다)이 해당된다.[40] '용역'은 원칙적으로 연간 1인당 무급 '12노동일'로 제한된다. 이러한 합법적 부역만이 식민지 문서고에 기록되어 있는데 이 공식 기록은 식민지 조세압박의 추계를 실질적으로 상향 조정하고, 강제노동이 식민체계 전체의 핵심적인 요소라는 결론을 내리기에 충분할 정도다.[41]

전간기의 많은 증언은 현실적으로 전간기에 요구된 노동일의 양이 실제로 훨씬 더 많았음을 알려준다. 프랑스 식민지에서는 필요한 경우 표준은 대체로 30~60일 사이였고, 벨기에·영국·에스파냐·포르투갈 식민지에서도 마찬가지였다. 프랑스의 경우, 강제노동은 콩고횡단철도 건설의 비극이 있었던 1921~1934년에 특별히 물의를 빚었다. 프랑스령 적도아프리카 행정부는 처음에는 약 8000명의 현지 노동자들을 공급하겠다고 약속했고 그 철도를 따라 주변 100킬로미터의 땅에서 노동자들을 '충원'할 수 있다고 생각했다. 하지만 작업 현장의 이례적으로 높은 사망률과 그곳의 입증된 위험성 탓에 충원된 노동자들이 도망쳤고, 식민지당국은 중앙콩고

Middle Congo의 다른 지역에서 '성인남성들'을 구하러 나섰다. 1925년부터 식민지당국은 카메룬과 차드까지 가서 약탈을 해와야만 했다. 이러한 "인간 생명의 끔찍한 소비"에 관한 증언들이, 특히 1927년 앙드레 지드의 유명한 『콩고 여행』과 1929년 알베르 롱드르의 르포르타주 『칠흑빛 땅』의 출간을 계기로 쏟아져나왔다.

프랑스에 대한 국제적 압력, 특히 신생 조직인 국제노동기구ILO로부터의 압력이 커져갔다. 1919년에 국제연맹과 동시에 창립된 국제노동기구의 정관은 다음과 같은 전문으로 시작된다. "세계의 항구적 평화는 사회정의에 기초함으로써만 확립될 수 있다. 세계의 평화와 화합이 위협을 받을 만큼 커다란 불안을 가져오고 수많은 사람들에게 불의·고난 및 궁핍 등을 안기는 노동조건이 존재하기에 이러한 조건들이 시급히 개선되기를 요구하며, 또한 어느 나라가 인도적인 노동조건을 채택하지 아니하는 것은 다른 나라들이 노동조건을 개선하려는 데 걸림돌이 된다." 그 뒤를 이어 노동시간과 노동의 위험성, 임금 책정, 임금노동자와 그들의 대표자들의 권리에 관한 일련의 권고와 보고가 나온다. 그렇지만 국제노동기구 단독으로는 자신의 권고를 실행에 옮길 만한 제재 수단 및 권한이 없었다.

1920년대에 국제노동기구는 프랑스가 무급노동 및 노동력의 강제이동이라는 관행을 중단할 것을 정기적으로 촉구했다. 국제노동기구에 따르면 이 관행들은 노예노동의 형태와 유사한 것이었다. 하지만 프랑스당국은 이런 고발을 인정하지 않았고 자신들은 노역의 화폐 변제 가능성을 (유럽적 생활양식을 택했고 당시까지는 유일하게 이러한 변제권을 가지고 있었던 극소수의 토착민을 지칭하기 위해 식민지 행정당국이 사용한 용어법에 따르면 "진화한 사람들"에게만이 아니라) '토착민' 전체에게로 막 확장한 참이라는 사실을 강조했다. 또한 프랑스 행정부가 애호했던 주장 중 하나는 많은 비난을 받았는데, 콩고횡단철도 건설은 용역이 아닌 병역체계에 속한다는 주장이 그것이다. 병역은—이 군사체계가 민간 업무 실행을 위해 왜곡되어서는 안 된다는 조건하에(국제노동기구는 프랑스가 바로 이 군사체계를 왜곡했다고 의심했다) — 국제노동기구가 허용한 무급노동의 드문 경우들 중 하나였다. 프랑스당국은 자신들이 '국가주권'이라고 간주했던 것을 이와 같이 침해당했다는 데 격분해 1930년 국제노동기구의 협약 비준을 거부했다. 따라서 무급강제노동은 용역과 병역의 형태로 2차대전 시기까지 프랑스 식민지에서, 예컨대 코트디부아르의 카카오 플랜테이션 경영에서 계속되었다. 1912년 법령은 1946년에 이 시기와 매우 다른 정치적 상황에서 폐지되었다. 당시 프랑스는 자신들의 제국이 붕괴되는 것을 막기 위해 모든 양보를 할 준비를 다급하게 갖췄던 것이다.

## 후기식민주의: 남아공의 아파르트헤이트(1948~1994년)

1948년부터 1994년까지 남아공 아파르트헤이트체제는 식민지 정착민과 식민지 피지배자들을 분리하고 두 집단 사이에 지속적인 불평등을 구조화하려는 합법적 체제의 가장 극단적인 경우 중 하나라는 점에 의심의 여지가 없다. 이 자리에서 아파르트헤이트의 역사를 쓰려는 것은 아니며 다만 불평등주의체제들의 일반적 역사라는 관점에서 특별히 중요한 여러 논점을 강조해두려 한다. 네덜란드에서 온 식민지 정착민들의 후손들에 맞서 영국인들이 어렵게 승리한 보어전쟁(1899~1902년)이 끝난 뒤 남아프리카연방이 수립되고 다양한 영토의 통합이 시도됐다. 일부의 경우에, 특히 영국인이 장악한 케이프 식민지에서 정치체계는 인종주의적인 것이 아니라 납세유권자적이었다. 부유한 흑인과 유색인(혼혈인) 및 아시아인(특히 인도계 주민)은 투표권을 가졌고 1910년에는 극소수의 선거인단을 구성했다.[42] 하지만 보어인들은 이 체계가 연방의 다른 곳으로, 특히 트란스발과 나탈과 오렌지강 식민지Orange River Colony로 확장되는 것을 원치 않았다. 아프리카너Afrikaner 엘리트들은 매우 신속하게 차별체계를 강고히 하고

자 했다. 1911년 이후 토착민노동규제법을 채택해 모든 흑인 노동자들에게 자신의 고용 구역을 벗어나려면 통행증을 소지하도록 강요함으로써 노동력 이동을 통제했다. 1913년 토착민토지법으로 '토착민 거주지정구역'이 만들어졌고 이 지역의 총면적은 국토의 7%에 해당되었다(반면 흑인은 인구의 80% 이상이었다). 백인들은 이 거주지정구역에서 토지를 경작하는 것도 금지되었고 아프리카인들이 '백인 구역'에서 토지를 소유하거나 임대하는 것도 물론 금지되었다.[43] 이러한 조치들은 1948년에 아파르트헤이트의 공식적 확립과 더불어 강화되었고, 1961년 영국 관리감독의 공식 종료 이전인 1950~1953년에 주민등록법·집단구역법·편의시설분리법에 의해 완성되었다.

선거체계 자체는 엄격한 인종적 토대 위에서 조직되었다. 모든 백인, 오로지 백인만이 재산 기준 없이 투표권을 가졌다. 독립의 물결이 한창이고 냉전의 한복판이던 1960년대와 1970년대 커져간 국제적 지탄에 직면하여, 일부 흑인들에게 납세유권자적인 토대 위에서 선거권을 다시 부여할지 말지에 관한 논의가 남아공에서 일어났다. 백인과 흑인에게 동일한 세금 기준 또는 소유 기준을 사용하게 되면 기준은 극히 높아져서 백인들이 정치적 다수파를 유지할 수 있도록 해주겠지만, 이는 인민계급 및 중위계급 백인들의 투표권 박탈이라는 대가를 치러야 하는 것이었다. 그리고 이 백인들은 부자 흑인들을 위해 자신들의 새로운 정치적 권리를 단념할 의사가 없었다는 것이야말로 큰 어려움이었다. 하지만 이 기준을 지나치게 낮추면 흑인이 다수파가 되고 흑인들이 권력을 잡을 위험부담이 있었다. 마침내 1990~1994년에 아파르트헤이트의 종료와 1994년의 넬슨 만델라의 당선으로 이런 일이 일어났지만 이것은 아프리카너 주민으로서는 오랫동안 생각할 수도 없는 일이었다. 마침내 국제 제재의 도움을 받은 시위자들과 대도시 주변 흑인 구역 주민들의 결의가 아프리카너 주민들로 하여금 규칙 변경을 받아들이도록 압박할 때까지도 그랬다.

아파르트헤이트와 차별이 종식되면서 흑인 소수자들의 지위 상향과 나라의 정치경제적 엘리트로의 편입이 가능해졌다. 예컨대 소득 분배의 상위 백분위 안에서 흑인이 점하는 비율은 1985년에 1% 이하였는데 1995~2000년에는 거의 15%였고, 이는 특히 흑인들이 고위 공직에 진출하고 일부 백인이 남아공을 떠났다는 데서 기인한다. 상위 백분위 안에서 흑인의 비율은 이 시점 이후에는 약간 줄어들어서 2010년대에는 약 13~14%다. 즉 백인이 계속해서 상위 백분위의 85% 이상이었고(상위 십분위의 거의 70%), 반면 총인구의 고작 10%를 상회했다.[44] 남아공은 흑인들이 사회 고위직에서 완전히 배제되어 있었던 상황으로부터, 이론적으로는 허용되더라도 계속해서 백인이 과도하게 지배적인 위치를 점하는 상황으로 넘어갔다. 소득 상위 10%와 나머지 인구 사이의 격차가 아파르트헤이트 종식 이후에도 남아공에서는 커져갔다는 점을 확인하게 되는 것 또한 인상적이다(도표 7.5 참조).

이는 남아공의 정치적 형세의 특수성에 의해 부분적으로 설명될 수 있다. 남아공에서는 반反아파르트헤이트 투쟁에서 탄생한 정당인 아프리카국민회의ANC가 거의 계속해서 헤게모니를 장악하고 있었지만 진정한 부의 재분배를 위한 정치를 수행하지는 못했다. 특히 그 어떤 농지개혁도 아파르트헤이트의 종식 이후에 실시되지 못했고, 충분히 야심찬 세제개혁도 전혀 채택되지 않았다. 그리하여 흑인들이 (1913년의 토착민토지법으로부터 1990~1994년까지) 거의 100년 동안 영토의 10% 이하인 곳에 사실상 가둬진 채로 있었다는 사실로부터 유래하는 뿌리깊은 불평등은 본질적으로 그대로 남아 있다. 실제로 소유의 재분배 문제와 누진세 문제에 관해 이러한 방향으로의 사회정치적 압력이 2010년대 초 이후에 더 강력해졌음에도 불구하고, 상대적으로 보수적인 흐름이 아프리카국민회의를 전반적으로 지배했다.[45] 또한 1990~2010년 세계의 이데올로기적 환경은 전혀 보탬이 되지 않았다. 남아공 정부가 토지 재분배정책에 뛰어들었더라면 거의 틀림없이 소수 백인층의 매우 강력한 항의를 야기했을 것이고 당시의 아프리카국민회의가 서양 국가들로부터 받았던 지지가 그토록 오래 지속되었을는지 확실치 않다.

아프리카국민회의 정부가 농지개혁의 가능성을 제시했던 2018~2019년에 미국 대통령 도널드 트럼프는 백인 농민과 그들의 토지에 대한 자신의 열렬한 지지를 표하느라 열심이었고 자신의 행정부에 이 사안을 아주 면밀하게 주시하라고 명령했다는 것은 또다른 측면에서 징후적이다. 트럼프가 보기에는 흑인이 여러 세대에 걸쳐 폭력적인 차별을 겪었으며 1990년대까지도 거주지정구역에 격리되어 있었다는 사실이 그 어떤 보상에 대한 명백한 정당화도 되지 못하는 것이다. 이 사안은 오래된 것이고 신속하게 망각되어야 하는 것이다. 토지 한 조각도 백인에게서 회수되어 흑인에게 할당되는 일은 일어날 수 없을 것이다. 이와 같은 과정이 어디에서 멈출지 그 누구도 알지 못하기 때문이다. 그러나 20세기에 여러 나라에서 실제로 일어났던 것처럼, 선거를 통해 강력한 민주적 위임을 받은 남아공 정부가 농지개혁과 누진세를 통해 가능한 한 평화적인 방식으로 이와 같은 재분배에 착수한다는 것에 대해 그 누구도 감히 반대할 수 없었을 것이라고 생각해볼 수 있다.

남아공은 소유주의적인 불평등주의 메커니즘의 힘을 나름의 방식으로 입증한다. 소유의 집중은 가장 절대적인 인종적 불평등 위에 세워졌고 권리의—당연히 불충분한—형식적 평등의 확립 이후에도 대체로 계속되었다. 대부분의 또다른 식민사회에서, 토지와 재산의 재분배는 백인 공동체의 이탈과 꽤 혼란스러운 국유화 국면에서 이루어졌다. 하지만 남아공처럼 폭력적인 식민사회의 오래된 지배계급과 피지배계급이 평화적이고 지속적으로 공존하고자 한다면 부의 재분배를 가능케 할 또다른 법률 메커니즘과 조세재정 메커니즘이 구상되어야 한다.

## 식민주의의 출구와 민주연방제 문제

노예제식민사회는 국가 내부에서뿐만 아니라 국가 간에서도, 근대적 불평등구조에 상당한 흔적을 남겼다. 하지만 이제 나는 이 장구한 역사의 제대로 알려지지 않은 또다른 유산을 강조하고 싶다. 식민주의의 출구는 지역적이고 초대륙적인 민주연방제의 형태들에 대한 논의로 이어졌다. 이 형태들이 비록 즉각적으로는 달성되지 못했다 하더라도 미래를 위한 풍부한 가르침들을 지니고 있다.

프랑스 식민제국의 출구가 특히 흥미로운데 이것이 프레더릭 쿠퍼의 최근 연구 대상이었다.[46] 4년이 넘는 독일 점령으로부터 본국 프랑스가 해방되도록 식민지들이 도왔던 이후인 1945년 일부 식민지 정착민들이 어떻게 생각했든지 간에 그 누구도 전쟁 이전의 식민제국으로 되돌아가지는 않으리라는 점이 모두에게 매우 자명했다. 프랑스당국은 제국을 유지하고 싶어했다. 이를 위해서는 한편으로는 본국에서 식민지로의 재정 이전과 투자를 적극적으로 추진하는 정책을 통해(우리가 앞에서 보았던바 이 정책은 식민지 정착민들에게 몹시 편향된 예산구조를 온존시켰음에도 선행 시기와의 명백한 단절을 나타냈다), 그리고 다른 한편으로는 무엇보다도 제국 정치구조의 근원적 전환을 통해 제국의 작동방식을 재정의해야만 했다. 프랑스의 특이함은 1945~1960년 식민본국과 식민지에서 선출된 대표자들이 모이는 의회로부터 출발하여 정치제도를 재정의하려는 시도가 목도된다는 점이다. 그러나 이 대의제는 수적 평등에 기초하여 이루어진 것이 아니었다. 왜냐하면 수적 평등은 본국의 우위를 위협할 것이기 때문이다. 바로 이러한 제도적 창의성의 부족으로 인해 모든 시도는 약화됐다. 서아프리카 또는 북아프리카 연방 건설을 구조화하고 견고하게 하는 것으로 시작한 후에 초대륙적인 의회 주권의 발전을 고려하는 게 확실히 더 적합했을 것이다. 그럼에도 불구하고 권위주의적인 제국을 민주적 연방으로 전환하려는 이 시도는 비교적 독창적이었고(영국 식민지들은 웨스트민스

터의 의회에서 상원이든 하원이든 대표성을 갖지 못했다) 재검토할 가치가 있는 것이다.[47]

새로운 헌법을 제정하기 위하여 1945년 10월에 선출된 제헌의회는 본국에서 당선된 522명의 의원과 다양한 제국 영토에서 당선된 64명의 의원으로 구성되었다. 이는 수적 평등과는 매우 거리가 먼 것이었다. 당시 본국의 인구는 약 4000만 명이었고 (이미 독립전쟁에 돌입한 인도차이나를 제외하고) 식민지에는 대략 6000만 명이 모여 있었다. 64명의 식민지 의원은 게다가 고도로 불평등한 토대 위에서 식민지 정착민과 토착민의 별도 투표자 집단에 의해 선출되었다. 예컨대 프랑스령 서아프리카는 10명의 의원을 가졌는데 그중 4명은 2만 1000명의 식민지 정착민에 의해, 6명은 약 1500만 명의 토착민에 의해 선출되었다. 그럼에도 불구하고 레오폴 상고르와 펠릭스 우푸에부아니를 비롯한 아프리카의 많은 지도자들이 1945년부터 1960년까지 프랑스 의회에서 중요한 역할을 했으며, 상고르와 우푸에부아니는 이 시기에 여러 차례 프랑스 정부의 장관을 역임했다. 1960년부터 1980년까지 상고르는 세네갈의 대통령을 지냈으며 우푸에부아니는 1960년부터 1993년까지 코트디부아르의 대통령을 지냈다. 우푸에부아니의 발의로 제헌의회는 1946년에 해외 영토에서 모든 형태의 강제노동을 폐지하는 법을 채택했다(특히 토착민들이 감당하는 '용역'에 관한 1912년 법도 폐지되었는데 이는 평등의 토대 위에서 관계들을 재건하겠다는 식민권력에 대한 최소한의 요구였다). 아마두 라민 게에(1960~1968년 세네갈 의회 의장)의 발의로 제헌의회는 프랑스연합을 창설하고 제국의 소속민 모두에게 시민 자격을 부여하는 법을 채택했다.

제헌의회에서 준비한 1차 헌법안은 1946년 5월의 국민투표에서 근소한 차이로 부결되었다(53%의 반대). 6월에 새 제헌의회가 선출되어 준비한 헌법안이 1946년 10월 국민투표에서 근소한 차이로 채택되었다(53%의 찬성). 바로 이것이 1946년부터 1958년까지 실행되는 제4공화국 헌법이다. 1차 헌법안에 대한 드골주의자들과 중도 정당과 우파 정당의 비난의 핵심은 그들이 보기에는 이 헌법안이 과도하게 단원제적이었다는 것이다. 요컨대 이 헌법안은 의회에 충분한 권력을 부여하고자 했는데 그들은 이 의회에서 사회주의자 의원들과 공산주의자 의원들이 절대적 다수파가 되는 것을 두려워했다. 따라서 2차 헌법안은 제2의 의회인 공화국평의회로 의회의 균형을 잡으려 했다. 제5공화국하의 상원과 마찬가지로 이 공화국평의회는 간접선거로 선출되었고 구조적으로 더 보수적이었다(그러나 거부권은 더이상 없었다). 덜 알려졌지만 그만큼 본질적인 두번째 요인이 논쟁에서 결정적인 역할을 했다. 의원 구성을 정확하게 규정하는 법에 정성을 기울인 1차 헌법안에 따르면 단일의회에 프랑스연합 전체(본국과 구식민지)에서 배출되는 의원들이 모이게 되는 것이었다. 이것이 보수적인 본국 의원들(일부 사회주의 의원과 공산주의 의원도)을 불안하게 했는데, 그들은 의회가 "검둥이 지도자들"로 채워질까봐 두려워했고 선거인명부가 준비되지 않았다는 점과 아프리카인들이 문맹임을 지적했다. 세금 징수가 문제라면 명부는 완벽하게 준비되었으며 제3공화국 초 프랑스 농민들 역시 문맹이었다는 답변이 그들에게 돌아갔다. 하지만 단일의회일 경우 본국 주민과 해외 주민 사이에서 준비례대표제가 적용될 것이고 본국이 우위를 점차 상실하게 될 것이라는 공포가 1946년 5월 국민투표에서의 근소한 패배에서 본질적 역할을 했다.

2차 헌법안도 역시 [보수파들이 보기에] 애매한 지점이 있었는데, 본국 의원과 해외 의원의 수를 법정 비율에 따라 정했기 때문이다. 다만 차이는 구조적으로 보수적인 공화국평의회에 의해, 또한 (국민의회와 공화국평의회에 의해 선출되는) 본국 대표자들과 (장차 해외 영토의 의회에서 선출될) 해외 영토의 대표자들이 50 대 50으로 구성되는 프랑스연합회의에 의해 국민의회의 균형이 잡힐 수 있었다는 점이다. 프랑스연합의 군사력 전체는 국민의회와 공화국평의회의 통제 아래 프랑스공화국 정부에 의해 행사되며 프랑스연합회의는 오로지 자문 역할만을 한다는 것이 이 헌법안에는 명시되어 있었다. 비록 의회 의석 배분이 확정되어 있지는 않다 하더라도 구성 전체를 보자면 본국 의원들이 의회에서 압도적 다수파를 유지하기에 적합하고 프랑스연합의 이름으로 왕권적regalien 기능을 확고히 하기에 적합하다는 사실은 의심의 여지가 없다. 이 프랑스연합은 여하간 프랑스가 이끄는 제국으로 남는 것이었다. 이는 평등한 민주연방제의 옹호자들에 대한 명백한 거부였다.[48]

## 프랑스-아프리카 연합에서 말리연방까지

아프리카의 많은 지도자들은 연방주의라는 선택지를 여전히 신뢰하고 있었다. 1946년 5월 국민투표[49]에서 흑인 유권자들은 특히 세네갈과 앤틸리스제도에서 1차 헌법안을 압도적으로 지지했던 반면 백인들은 반대했다.[50] 특히 상고르는 세네갈과 코트디부아르처럼 성립 와중에 있는 영세하고 인위적인 민족국가들은 완전하게 경제적 주권을 갖기가 어렵다는 점, 자유로운 이동과 재정 연대 및 유럽 사회주의 흐름과 아프리카의 연대주의적이고 집단주의적인 전통의 동맹에 기초한 대규모 연방체에 가입하는 것만이 세계자본주의 안에서 조화로운 사회경제적 발전을 도모할 수 있게 해주리라 확신했다. 되돌아보자면, 프랑스 유권자 다수가 평등한 정치적 토대 위에서 프랑스-아프리카 연방주의를 받아들일 수 있을지 떠올려보기란 확실히 쉽지 않다. 1950년대 초 프랑스의 지도자들은 계속해서 경고한다. "의회에서 식민지의 존재감이 계속 커지게 되면 우리는 일부다처제에 따라 여러 처를 거느린 200명의 사내가 프랑스인 가족에 관한 법을 만드는 사태에 처하게 된다."[51] 국민공화주의운동MRP(주요 중도우파 정당)의 의장인 피에르 앙리 타이트겐은 다음과 같은 나름의 계산까지 했다. 평등한 정치적 대표성은 "본국의 생활수준이 적어도 25~30% 하락하는" 것으로 이어질 것이다.

평등한 프랑스-아프리카 연방제보다 더 현실주의적인 해법은, 자유로운 이동과 제한된 재정 연대 형태를 관할하는 프랑스-아프리카 의회라는 형태를 상정하고, 서아프리카 정치경제연합(오늘날에도 여전히 사용되는 통화 세파프랑franc CFA 형태로 출현하게 될 이 연합은 의회와 재정 주권은 갖지 않는다)을 발전시키고 공고히 하는 데 있었을 것이다. 프랑스연합의 곤경을 확인한 상고르가 1955~1956년부터 우푸에부아니와 서아프리카의 여타 지도자들에게 제안한 것이 바로 이것이다. 하지만 이는 이미 너무 늦은 것이었다. 각국은 자기 영토에서의 의회를 견고히 하는 데 이미 몰두하고 있었다. 코트디부아르는 1957~1958년에 진정한 서아프리카연방의 창설을 거부하고 무조건적인 독립의 길로 나서며 작은 영토로 후퇴하고 수십 년 뒤에는 초기 식민지 국경의 대체로 추상적인 특성에도 불구하고 과도한 민족적 정체성(코트디부아르적인 것ivoirité)의 발전을 도모한다. 북아프리카와 관련해서 보면, '알제리 데파르트망'에 할당된 의석수는 1958년에 (마침내 인구를 기준으로 한 할당에 근접한 의석수인) 74석에 달했고 당시 해외 영토 전체의 의석은 총 579석 중 106석이었다. 이 시기에는 이미 (프랑스연합을 대체했던) 프랑스 공동체가 말기에 접어들었고 알제리는 전쟁을 통해 독립에 나섰다.[52] 이러한 체계의 잔재로, 2017년에 선출된 의회의 총 577명 의원 중에 해외 데파르트망의 의원이 27명이었다. 대표성은 완전히 인구에 비례하게 되었지만 해당 지역의 영세한 규모로 인해 본국 주민들의 리스크는 적어졌다.

1958~1959년 인구가 더 많은 유럽국가들이 정치경제적 연합을 창설해 가고 있는 마당에 아프리카의 여러 지도자들(그중 상고르가 있다)은 2000만의 서아프리카인들이 통합되지 못하리라고는 생각지 못했다. 1959년에 세네갈, 수단(오늘날의 말리), 오트볼타(오늘날의 부르키나파소), 다호메이(오늘날의 베냉)가 모여 말리연방을 창설했는데 이 결집은 (별도로 남아 있었던) 코트디부아르와 니제르, (프랑스연합을 계속 믿고 있던) 프랑스의 협력 부족으로 인해, 그리고 세네갈과 (덜 부유하지만 인구는 더 많아서 세네갈 250만 명에 비해 400만 명의 주민이 살던) 수단의 예견된 재정 갈

등 탓에 1960년에 종언을 맞이했다. 결국 홀로 연방에 남아 있던 수단이 말리라는 이름을 지키게 될 것이었다. 중요한 난점은 이 다양한 영토들이 이미 1945년 이후부터 따로 통치되기 시작했다는 것이며 그들의 지도자들은 주로 국민의회에서 마주쳤고 1945년과 1960년 사이 공동 통치의 관례를 전혀 만들어내지 못했다는 점이다.[53] 1945년부터 아프리카와 프랑스의 지도자들이 본국이 아닌 곳과의 보다 균형잡히고 보다 현실주의적인 연합이 가능하도록 강력한 지역연방제 구성에 기대를 걸었다면 사정이 달라질 수도 있었을 것이다. 1974년 마침내 프랑스는 구식민지에서 1960년 이전에 출생한 사람들의 자유로운 이동을 종료하기로 결정했다. 이제 권위주의적인 제국의 민주연방제로의 전환이라는 관념은 끝났고, 또다른 페이지가 열렸다.

수십 년이 지난 뒤 이 논의를 다시 읽어본다면, 분기들이 지닌 계기의 다수성과 가능한 궤도들의 다양성을 확인하게 되어 특히 인상적이다. 연방제적인 대규모 정치적 공동체를 어떻게 해야 더 잘 조직할 수 있을지를 오늘날도 그렇지만 당시에는 아무도 제대로 알지 못했다. 하지만 많은 행위자들이 영세한 영토와 인구로의 후퇴가 당연히 최상의 해법은 아님을 느끼고 있었다. 오늘날 이 논의를 다시 읽어보면, 고려해볼 만한 연방제 형태들의 다양성을 확인할 수 있게 되고 자연스럽게 현재 존재하는 연방제 형태들을 다시 조사하게 된다. 오늘날의 이 연방제 형태들은 혹자들이 어떻게 생각하든 간에 계속해서 미래로 진화해갈 것이다. 예컨대 유럽연합이라는 오늘날의 제도가 영원히 이 상태 그대로 유지되리라는 것은 별로 개연성이 없으며, 미국의 일부 민족주의자들 말고는 합중국이라는 제도가 개선될 수 없다고 생각하지 않는다. 더 일반적으로 지역적이고 대륙적인 차원에서의 정치적 결정과 숙의의 공간을 구성하는 일은 21세기 아프리카와 라틴아메리카와 아시아와 세계 전체에 똑같이 연관된 도전이다. 유럽과 아프리카 사이의 새로운 협력은 그 어느 때보다도 필수적이며 특히 이민 문제가 그러하다. 오늘날 민족국가 수준에서 존재하는 것과 같은 선거민주주의는 역사의 종언이 아니다. 정치제도는, 특히 포스트민족적인 차원에서, 언제나 영구적 전환 상태이며 앞으로도 그럴 것이니, 과거의 분기들에 대한 검토가 미래의 분기들에 대비하는 최상의 방식일 것이다. 이와 관련해 우리는 뒤에서, 특히 정의로운 경계의 조건들을, 국제경제관계 및 이민자 유동성의 민주적 조직화의 조건들을 검토할 때 재론할 것이다.[54]

제 8 장

# 삼원사회와 식민주의: 인도의 사례

우리는 이제 인도의 사례를 살펴볼 텐데 인도 사례는 우리의 연구에서 특히 중요하다. 이는 인도공화국이 20세기 중반 이후 '세계에서 가장 큰 민주국가'이고 21세기에 지구상 가장 인구가 많은 나라가 될 것에 대비하고 있기 때문만은 아니다. 인도가 불평등주의체제들의 역사에서 핵심적이라고 한다면, 그것은 또한 이 나라가 카스트제도와 떼려야 뗄 수 없기 때문이다. 일반적으로 이 카스트제도는 매우 엄격하고 극단적인 불평등주의체제의 한 형태로 간주된다. 이 제도의 기원과 특수성에 대한 탐사는 우리의 연구에서 매우 중요하다.

카스트제도의 역사적 중요성 외에 중요한 사실은, 이 제도가 (영국의 세습귀족처럼 대체로 상징적인 경우를 제외하면 거의 완전히 사라진) 유럽 신분사회의 규범적 불평등에 비해 비교할 수 없을 정도로 훨씬 강력한 흔적을 현대 인도사회에 남겼다는 점이다. 이 독특한 진화가 유럽의 신분질서와 인도의 카스트제도 사이의 구조적 차이를 통해 어느 정도 설명될 수 있는지, 아니면 오히려 특수한 사회정치적 궤적들과 명백한 분기들로써 설명되어야 하는지 이해해보려고 시도할 것이다.

우리는 인도의 불평등한 궤적이 고대 삼기능사회들의 전환이라는 보다 일반적인 틀 안에서만 정확하게 분석될 수 있다는 점을 보게 될 것이다. 유럽의 경로와 비교했을 때, 인도 사례의 특유함은 주로 인도공화국이 광대한 영토 안에서 독특한 진화를 거치며 성립되었다는 사실과 연관 있다. 특히 사회 전환, 국가 건설, 심각하게 괴리되어 있던 규범과 법규의 동질화 같은 절차는 영국 식민권력에 의해 중단되었다. 영국 식민권력은 19세기 말부터, 구체적으로는 1871년부터 1941년까지 실시한 인구조사를 통해 인도 카스트사회를 측정하고 관리하기 시작했다. 이는 카스트제도를 경직되게 만들었으며 뜻밖에도 이 제도가 행정적 기능을 지속적으로 담당하는 데 일조했다.

1947년 이후, 독립인도는 법치국가로서 특히 교육과 공무원직, 선출직을 향한 접근 기회를 열면서 해묵은 차별의 유산을 교정하려는 노력을 했다. 이러한 정책들은 완벽한 것과는 거리가 멀었지만, 차별의 현실은 모든 나라에, 특히 유럽 국가들에도 해당되는 만큼 풍부한 교훈을 지니고 있다. 인도가 수세기 동안 겪어온 신분 갈등과 다종교사회의 특정한 적대 형태를 유럽사회는 이제 막 발견하기 시작했다. 인도의 불평등한 경로는 외부 세계, 주로 머나먼 이국과의 충돌을 통해 깊은 영향을 받았다. 이제는 지구 위의 나머지 곳들이 인도의 경험으로부터 많은 것을 배워야 하리라.

### 인도의 창안: 주요 좌표들

인구통계적인 자료를 통해 최대한 멀리 소급해보면 오늘날 인도공화국과 중화인민공화국이 차지하고 있는 영토는 이전부터 유럽과 세계 여타 지역

**도표 8.1** 인도와 중국, 유럽의 인구 분포, 1700~2050년

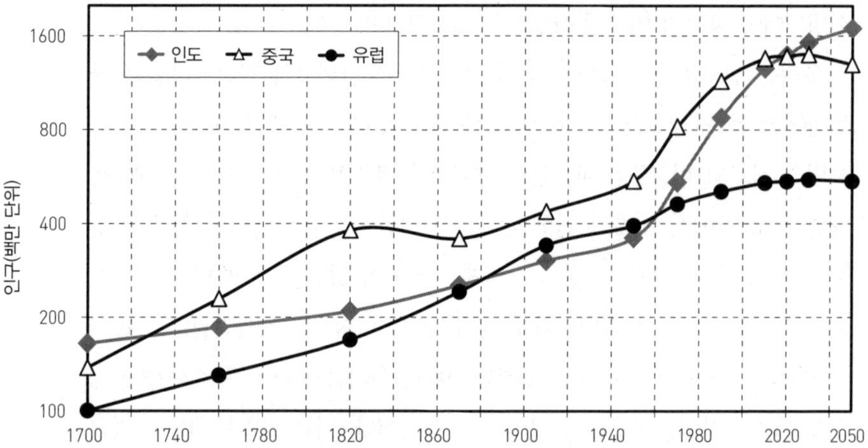


1700년경 인도 인구는 약 1억 7000만 명, 중국 인구는 1억 4000만 명, 유럽 인구는 1억 명(현재의 러시아·벨라루스·우크라이나 지역들을 포함하면 약 1억 2500만 명)이었다. 유엔의 예측 조사에 따르면 2050년에는 인도 17억 명, 중국 13억 명, 유럽(EU)은 5억 5000만 명(러시아·벨라루스·우크라이나를 포함하면 7억 2000만 명)에 이를 것이라고 한다.

**출처 및 원 통계자료:** piketty.pse.ens.fr/ideologie

의 인구보다 더 많은 인구가 모여 있는 곳이었다. 1700년에 인도에는 약 1억 7000만 명의 주민이 있었고 반면 중국에는 약 1억 4000만 명, 그리고 유럽에는 1억 명의 주민이 있었다. 이후 중국은 19세기와 20세기를 거치며 선두에 서게 된다. 1980년에 확립된 '한 자녀 정책計劃生育政策'의 여파로 현재진행형인 중국 인구의 대폭 감소를 고려하면 인도가 2020년대 말 즈음 지구상에서 인구가 가장 많은 대륙국가가 될 것이 틀림없고, 최근 유엔의 예측 발표를 신뢰한다면 2050년 무렵에는 주민이 거의 17억 명에 육박하면서 21세기 내내 인구가 가장 많은 국가가 될 것이다(도표 8.1 참조). 페르낭 브로델의 『물질문명과 자본주의』를 포함한 많은 연구들이 중국과 인도의 이례적인 인구밀도에 관해 설명하기 위해 식생활의 다양성을 강조했다. 식물성 칼로리에 비해 동물성 칼로리를 생산하는 데 훨씬 더 많은 땅이 필요하다는 점을 감안하면 아시아의 높은 인구밀도를 설명해주는 것은 유럽인들의 무절제한 육식이다.

이 연구에서 나는 불평등주의체제들의 역사에 강조점을 두고 있고 우리가 보았던 것은 불평등구조의 진화에서 중앙집권국가의 성립이 지닌 결정적 중요성이었다. 이러한 연구 틀에서 제기되는 주요한 문제는 인도처럼 엄청난 인구(유럽에서 인구가 가장 많은 프랑스가 3000만 명 이하의 인구를 가지고 혁명에 진입했던 시기인 18세기 말에 인도에서는 이미 2억 명 이상의 주민이 있었다)가 어떻게 조직되어 단일한 국가적 구성 내에서 평화롭게 공존하는 데 성공할 수 있었는지 이해하는 것이다. 이 문제에 대한 기초적인 답은 인도의 통일이 실제로는 매우 최근의 일이라는 점이다. 정치적 인간공동체로서의 인도는 복잡한 사회정치적 경로를 따라 점진적으로 구성되어왔다. 다수의 국가 형태가 여러 세기 동안 인도 땅에 공존했다. 이 정치적 구성체 중 일부는 인도아대륙印度亞大陸의 광대한 영역에 펼쳐져 있었다. 예컨대 기원전 3세기 마우리아왕조 또는 서기 16세기와 17세기에 전성기를 누린 무굴제국이 그러한 정치적 구성체들인데 이들은 지속되지 못했고 오늘날 인도의 전체를 아우르지도 못했다.

영국령 인도제국(브리티시 라지British Raj)이 1947년 독립인도에 자리를 내주었을 때, 이 나라에는 562개의 토후국과 식민지배자들의 감독 관리 아래에 있는 다양한 정치체들이 있었다. 영국인들은 인도 인구의 75% 이상을 상대로 직접 통치했고 1871년부터 1941년까지 실시된 인구조사는 (토후국과 자치령을 포함한) 국토 전체를 대상으로 이루어졌다. 이러한 행정은 대체로 현지 엘리트들에 의지해 이루어졌고 흔히 단순한 질서유지를 위한 것이었다. 기간시설과 공공서비스 역시 프랑스 식민지에서처럼 초라하고 빈약했다.[1] 생생한 다원적 의회민주주의 안에서 이 나라의 행정적이고 정치적인 통일성을 실현하는 일은 1947년 이후 독립인도의 몫이 될 것이었다. 이러한 정치적 실천 자체는 영국의 경험 및 영국 의회주의모델과의 접촉에서 직접적 영향을 받았다고 생각해도 무방할 것이다. 그렇지만 인도는 역사적으로 미지의 인간적이며 공간적인 척도 위에서 의회주의를 발전시켰다는 사실을 강조해야 한다. 이러한 규모의 의회주의를 유럽은 최근에야 유럽연합과 유럽의회를 통해서 나름의 방식으로 시도하고 있고(인구는 인도에 비해 두 배 이상 적은데 정치적 재정적 통합 정도는 훨씬 더 느슨하다), 영국은 브리튼제도에서 이러한 규모의 민주주의를 유지하는 데 많은 어려움을 겪었다(20세기 초에는 아일랜드와 분리되었고 21세기 초에는 어쩌면 스코틀랜드와도 분리될지 모른다).

영국인들이 인도 안으로 더 깊숙이 개입할 태세를 갖춘 18세기에 인도는 힌두 또는 무슬림의 군주들이 이끄는 다수의 국가들로 분열되어 있었다. 이슬람은 8~10세기에 초기 왕국이 형성되면서 인도 북서부 쪽으로 확산되기 시작했고, 뒤이어 12세기 말에는 터키-아프간계 왕조들이 델리를 점령했다. 델리 술탄국Delhi Sultanate은 13~14세기에 여러 차례 영토 확장과 전환을 겪었으며 이어 터키-몽골계 이주민들의 새로운 물결로 인해 무굴제국의 발전으로 이어졌다. 무굴제국은 1526~1707년 사이에 인도아대륙에서 최대로 팽창했다. 무슬림 군주들이 처음에는 아그라에서, 이후에는 델리에서 통치했던 무굴제국은 다종교·다언어 국가였다. 압도적 다수 주민과 힌두 엘리트들이 구사한 인도의 언어들 외에 무굴 왕실에서는 페르시아어·우르두어·아랍어를 동시에 사용했다. 무굴제국은 복잡하고 불안정한, 1707년부터 침체에 접어든 국가 구성체였다. 처음에는 현재의 (뭄바이 부근) 마하라슈트라에서 성립되고 그후 1674~1818년에는 인도의 북부와 서부로 팽창한 마라타제국 같은 힌두 왕국들과 지속적인 경쟁 상태에 놓였다. 바로 이러한 이슬람국가·힌두국가·다종교국가 사이의 국가 간 경쟁과 무굴제국의 순차적인 붕괴가 이어지는 상황에서 영국의 인도 땅 전체에 대한 통치가 점진적으로 이루어졌다. 영국인들은 먼저 1757년에서 1858년까지 동인도회사EIC 주주들의 지휘 아래, 이어서 1858년부터 1947년까지 인도제국이라는 틀 안에서 인도를 통치했다. 1857년 세포이반란 이후 영국인들이 직접적인 통치의 필요를 느껴 인도제국은 영국 왕실과 의회에 직접적으로 연결되었다. 영국인들은 직접 인도의 행정을 집행하기 위해 1858년에 무굴의 마지막 황제를 퇴위시켰는데, 그는 델리 주변의 작은 영토에서 명목상 통치를 하고 있었지만 여전히 힌두 반란자들과 무슬림 반란자들에게는 토착민 주권의 상징이자 도덕적 권위를 나타냈다. 이 반란자들은 그런 상징과 권위의 보호 아래, 유럽의 식민지배자들에 맞선 전투의 선봉에 서려 했으나 허사였다.

일반적으로, 인도에서 12세기 말 델리 술탄국으로부터 19세기 무굴제국의 최종적 몰락에 이르기까지, 힌두와 무슬림 사이의 매우 오래된 공통의 역사는 인도아대륙에서 힌두와 이슬람 사이의 독특한 문화적 정치적 융합으로 이어졌다. 인도에서 소수이지만 중요한 일부 군인·지식인·상인 엘리트가 차차 이슬람으로 개종했고 매우 소수의 인구를 가진 터키–아프간계와 터키–몽골계 정복자들과 동맹을 맺었다. 술탄국은 16세기에 힌두 왕국들, 특히 비자야나가라왕조(현재의 카르나타카)를 몰락시키면서 인도의 중부와 남부로 확장해감에 따라 다양한 왕실에 있던 힌두 엘리트 및 지식인들과, 때로는 무슬림 술탄을 위해 일하던 브라만 학자들 및 여러 궁전을 출입하던 페르시아계 연대기작가들과 밀접한 관계를 맺었다. 유럽의 식민지배자들, 특히 포르투갈인들과의 관계는 훨씬 밀접했다. 1510년부터 인도양 연안에, 특히 고아와 캘리컷에 정착했던 포르투갈인들은 이슬람왕국들을 제압하고 힌두인들과 비자야나가라왕조의 편에 섰으나, 정작 비자야나가라왕조가 제안한 혼인 교류는 거부했다.[2] 힌두와 무슬림 사이에 적대의 계기들도 물론 존재했다. 힌두사회에서 가장 수혜를 받지 못하는 계층에서 이슬람으로 개종하는 일이 빈번하게 일어났다. 이들은 개종을 매우 위계적이고 불평등한 카스트제도로부터 탈출하는 하나의 방식이라고 여겼던 것이다. 무슬림은 오늘날에도 여전히 인도사회의 가난한 집단들 안에서 과대 대표되고 있고, 우리는 이 책의 4부에서 그들을 대하는 힌두 민족주의자들의 태도가 20세기 말 21세기 초에 인도에서 선거로 표출되는 정치적 균열을 가장 잘 구조화하는 요소들 중 하나를 이룬다는 점을 볼 것이다. (인도에서는 무슬림 신앙고백을 한 사람들이 수세기 전부터 존재했지만 유럽에서는 불과 수십 년이 되었을 뿐이라는 중요한 차이를 빼

**도표 8.2** 인도의 종교구조, 1871~2011년

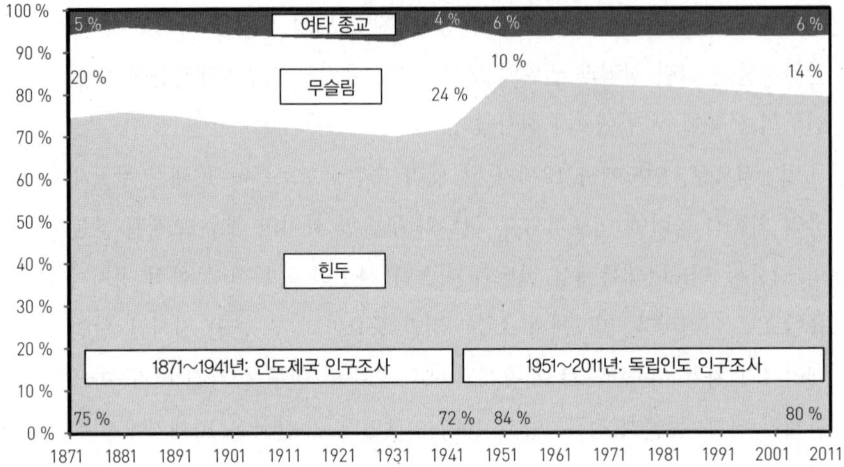


2011년 인구조사는 인도 인구의 80%가 힌두, 14%가 무슬림, 6%가 여타 종교 신자(시크교, 기독교, 불교, 무종교 등)임을 보여준다. 식민지 시기 1871년의 조사에서는 각각 75%, 20%, 5%였고, 1941년에는 72%, 24%, 4%였다. 1951년에 이루어진 독립인도 최초의 (파키스탄 및 방글라데시와의 분할이 반영된) 인구조사에서는 각각 84%, 10%, 6%였다.

**출처 및 원 통계자료:** piketty.pse.ens.fr/ideologie

면) 이는 유럽에서 관찰되는 특정한 진화들과 전혀 다르다고 할 수 없는 측면이 있다.[3]

지금 단계에서는 인도제국에서 1871년부터 1941년까지 실시된 10년 단위 인구조사와, 이후 독립인도에서 1951년부터 2011년까지 역시 10년 단위로 이루어진 인구조사를 통해 이 나라의 종교적 다양성과 그 진화 추이에 대한 최초의 평가를 할 수 있게 되었다는 점만을 명확히 해두자(도표 8.2 참조). 1871년과 1881년의 식민지 시기 초기 인구조사에서는 약 2억 5000만 명 중 무슬림이 약 20%였고, 이 비율이 1931년과 1941년의 조사에서는 약간 더 오른 출생률로 인해 24%에 도달했다는 것이 확인된다. 1951년에 독립인도에서 실시한 최초의 인구조사에서는 무슬림 비율이 10%로 떨어졌는데 이는 나라의 분할(무슬림이 가장 많았던 곳인 파키스탄과 방글라데시는 더이상 인도의 일부가 아니고, 따라서 인구조사에 포

함되지 않는다)과 이에 따른 힌두 주민과 무슬림 주민의 이주로 설명된다. 무슬림의 비율은 그후 (평균을 조금 상회하는 출생률로 인해) 약간 더 상승해서, 2011년 인구조사에서는 12억이 넘는 총인구 중 14%에 달했다.

힌두와 이슬람 이외의 종교를 가진 이들은 1871년에서 2011년 사이에 실시된 인구조사에서 언제나 약 5%다. 실제로 그들은 주로 시크교도, 기독교도, 불교도이고(이 세 종교는 비슷한 비율을 이룬다) 매우 소수이지만 무종교를 선언하는 사람들도 있다(항상 1% 이하). 그렇지만 식민지시대의 인구조사는, 독립인도의 인구조사보다 덜했지만, 개인이 직접 신상정보를 신고하는 방식과 조사 담당자와 해당 행정부서에 의해 신원이 지정되는 방식이 복합적으로 혼합된 방법에 기초하고 있음을 명확히 해두자. 개인이 인구조사 목록의 여타 종교(무슬림·시크교도·기독교도·불교도)에 뚜렷하게 소속되지 않을 때는, 분류의 기본 설정에 따르면 일반적으로 문제가 되는 개인들을 '힌두'(식민지시대에는 인구의 72~75%, 독립인도에서는 80~84%)로 간주하게 되어 있었다. 피조사자들이 힌두교 내에서 차별받는 천민 집단, 예컨대 하층 카스트나 오랫동안 이어져온 불가촉천민과 원주민에 속할 때도 여기에 포함된다.

이처럼 압도적 다수인 '힌두'는 어느 정도는 인위적으로 구성되어 있으며, 힌두 다신교 내 종교의식과 사원에 대한 접근 권한이 집단마다 다른 만큼, 위상·신분·종교적 실천에서 엄청나게 벌어져 있는 격차를 은폐한다. 이슬람교·기독교·불교가 평등한 종교로 보이는 것(출신이나 사회계급과 무관하게 누구든 원칙적으로 같은 방식으로 신 또는 지혜에 접근할 수 있다)은 적어도 이론적으로만 그런 것인데, 왜냐하면 실제로 이 종교들 역시 사회적 불평등과 성별분업을 정당화하고 사회정치적 질서를 구주하하게 해주는 삼기능적이고 가부장적인 이데올로기들을 발전시켜왔기 때문이다. 힌두교는 종교 문제와 사회조직 및 계급 간 불평등 문제를 더욱 명시적인 방식으로 연결한다. 우리는 뒤에서 힌두 카스트들이 식민지시대의 인구조사에서 정의되고 측정된 방식과, 독립인도에서 낡은 차별들을 교정

**표 8.1** 인도 인구조사에서의 인구 분포, 1871~2011년

| | 1871 | 1881 | 1891 | 1901 | 1911 | 1921 | 1931 | 1941 | 1951 | 1961 | 1971 | 1981 | 1991 | 2001 | 2011 |
|---|---|---|---|---|---|---|---|---|---|---|---|---|---|---|---|
| 힌두 | 75% | 76% | 76% | 74% | 73% | 72% | 71% | 72% | 84% | 83% | 83% | 82% | 81% | 81% | 80% |
| 무슬림 | 20% | 20% | 20% | 21% | 21% | 22% | 22% | 24% | 10% | 11% | 11% | 12% | 13% | 13% | 14% |
| 여타 종교 (시크교, 기독교, 불교 등) | 5% | 4% | 4% | 5% | 6% | 6% | 7% | 4% | 6% | 6% | 6% | 6% | 6% | 6% | 6% |
| 총합 | 100% | 100% | 100% | 100% | 100% | 100% | 100% | 100% | 100% | 100% | 100% | 100% | 100% | 100% | 100% |
| 지정카스트 | | | | | | | | | 15% | 15% | 15% | 16% | 17% | 16% | 17% |
| 지정부족 | | | | | | | | | 6% | 7% | 7% | 8% | 8% | 8% | 9% |
| **인도 전체인구** (백만 단위) | 239 | 254 | 287 | 294 | 314 | 316 | 351 | 387 | 361 | 439 | 548 | 683 | 846 | 1029 | 1211 |

1871년부터 1941년까지 인도제국이 실시한 인구조사와 1951년부터 2011년까지 독립인도가 실시한 인구조사의 결과다. 무슬림의 비율은 1941년 24%에서 1951년 10%로 감소하는데 파키스탄과 방글라데시가 분리된 결과다. 1951년부터는 인구조사에 (오랫동안 차별받아온 불가촉천민과 원주민으로 구성된) 지정카스트(SC)와 지정부족(ST)이 기록되는데, 이들은 종교가 다를 수 있다(크게 힌두교와 여타 종교들).

**출처 및 원 통계자료:** piketty.pse.ens.fr/ideologie

하려는 목표로 최근 조사에서 인구의 약 25%였던(표 8.1 참조) 지정카스트SC, scheduled castes와 지정부족ST, scheduled tribes 범주를—이 범주를 존치하는 위험부담을 감수하면서—발전시킨 방식에 관해 재론할 것이다. 그에 앞서, 우선 카스트의 기원을 잘 이해해야만 한다.

## 인도와 사원질서: 브라만, 크샤트리아, 바이샤, 수드라

유럽의 신분사회에 대한 연구에서 우리가 주목했던 것은—종교계급oratores, 전사계급bellatores, 노동하는 계급laboratores이라는—사회의 삼기능적 조직을 정식화하는 초기의 문헌들이 10세기와 11세기 무렵에 영국과 프랑스의 주교들에 의해 출현했다는 점이다.[4] 인도의 삼기능적 기원은 훨씬 더 오래되었다. 힌두체계의 기본 사회계급을 지칭하는 바르나varna는 이미 베다시대의 산스크리트어 종교문헌에서 거인 푸루샤Puruṣa의 네 기관으로 나타났다. 그 종교문헌들 중 가장 오래된 것은 기원전 2000년까지 소급된다. 하지만 근본적인 문헌은 무엇보다도 『마누법전Manusmriti』인데 이는 기원전 2세기에서 서기 2세기 사이에 산스크리트어로 편찬되고 그후 부단히 개정되면서 주석이 추가돼온 법전이다. 『마누법전』은 규범적이고 정치적-이데올로기적인 목적을 가진 문헌임을 지금 바로 명확히 해두자. 법전의 편찬자들은 그들이 생각하기에 사회가 조직되어야 하는 방향을, 그리고 노동하는 피지배계급이 종교 엘리트와 전사 엘리트가 정한 규칙들에 순응하는 법을 묘사한다. 법전에는 당시 또는 이후 시대의 인도사회에 대한 사실적이거나 역사적인 기술이 전혀 담겨 있지 않다. 실제 인도사회에는 수많은 미시적 사회계급과 직업적 동업조합이 존재했으며 인도의 사회정치적 질서는 지속적으로 문제가 되었다. 그에 대한 문제제기는 피지배계급의 반란과 대오를 이탈한 새로운 전사계급의 꾸준한 등장을 통해 이루어졌으며, 이들은 기독교 유럽과 세계의 여타 지역에서처럼 조화와 정의와 안정성에 대한 얼마간의 효력을 갖는 새로운 약속을 가져오는 자들이었다.

『마누법전』의 핵심은 다양한 바르나, 즉 사회계급의 권리와 의무를 묘사하는 데 있다. 그들의 역할은 초반의 장들에서부터 정의된다. 사제, 학자, 지식인의 역할을 맡는 자가 브라만이다. 공동체의 질서와 안전 보장을 책임지는 자들이 전사들인 크샤트리아다. 농부·사육자·수공업자·상인은 바이샤다. 가장 낮은 노동자계급을 이루는 자들이 수드라이고 이들의 유일한 임무는 다른 세 계급에 봉사하는 것이다.[5] 이는 중세 기독교의 이론적인 삼기능 질서와 다른, 명시적인 삼원체계가 아닌 사원체계다. 실제로 기독교체계는 한참 뒤까지도, 적어도 서유럽에서는 14세기까지, 동유럽에서는 거의 19세기 말까지 농노를 두고 있었으며 따라서 실제 노동자계급은 인도에서처럼 두 개의 하위집단(자유노동자와 예속노동자)을 포함했다. 『마누법전』의 도식은 이론적이며, 사회적 현실이라는 실제에서 두 노동자 집단인 바이샤와 수드라의 서로 다른 지위와 대등하지 않은 존엄성이라는 경계는 흐릿해질 수 있었음을 명확히 해두자. 경우와 상황에 따라, 이는 대략적으로 토지를 소유한 농민과 토지 없는 농업노동자 사이의 구분 또는 유럽에서 자유농과 농노를 구분하는 것과 비슷하다.

네 개의 기본 사회계급을 정의하고 나서 『마누법전』은 브라만이 따라야 할 제례와 규칙, 왕권 실행의 조건들을 자세하게 기술한다. 왕은 원칙적으로 크샤트리아 출신이지만 가장 지혜롭고 가장 학식이 높은 자들 중에서 선정된 7명 또는 8명의 브라만으로 구성된 자문단을 곁에 두어야 한다. 왕은 국가의 경영과 재정에 관해 일상적으로 그들의 자문을 받아야 하고 가장 중대한 군사적 결정은 원칙적으로 가장 저명한 브라만의 동의를 받아야 한다.[6] 바이샤와 수드라는 더 짧게 언급된다. 『마누법전』은 또한 잘 조직된 힌두왕국에서 어떻게 심판과 사법 절차가 작동되는지에 대한 상세한 기술을 포함하고 있다. 여기에 더해 다수의 민형사상 규칙과 조세 및 상속 관련 규칙이 들어 있는데 예컨대 상속과 관련해서는 네 바르나 사이에서 (만류되고 있지만 그렇다고 금지되진 않은) '뒤섞인' 혼인으로 태어난 자녀들에게 돌아갈 유산의 몫에 관한 규칙도 있다. 주로 새로운 영토에 자신의 왕국을 세울 군주를 상대로 내용이 전개되기도 하지만, 기존의 힌두왕국들과도 관련이 있다. 이역의 야만인들도 언급되는데 주로 페르시아인들, 그리스인들, 중국인들이다. 그들이 크샤트리아 태생인 경우도 포함해 그들을 수드라로 간주하고 대우해야 한다는 점이 명시되어 있다. 브라만의 법에 순응하지 않기 때문이다. 달리 말해 이방인 귀족은 브라만에 의해 교화되지 않았다는 이유로 수드라에 해당된다.[7]

많은 연구들은 이 문헌이 편찬되고 보급되고 활용되었던 맥락을 규정하려고 노력해왔다. 이 『마누법전』은 일군의 브라만의 집단 저작일 텐데('마누'라는 이름은 이 문헌의 역사적 저자가 아니라 법전이 저술되기 수세기 전에 존재한 신화적인 입법자와 연관된다), 브라만들은 기원전 2세기부터 이 이론적 문집을 단계별로 정교하게 다듬어왔다. 목표는 명확히 마우리아왕조(기원전 322년~기원전 185년)의 몰락에 뒤따른 특수하게 어긋나버린 정치적 상황에서 힌두사회의 정치사회적 조화의 초석과 브라만의 권력을 복구하는 데 있었다. 브라만의 권력은 크게는 기원전 3세기에 아소카 황제(재위 기원전 268~기원전 232년)가 불교로 개종하는 데서 문제시되었다. 최초의 부처인 싯다르타 고타마는 기원전 6세기 말부터 5세기 초에 실제로 생존했는데, 그는 전통적인 크샤트리아 가문 출신이었지만 그의 고행하고 명상하는 수도사적인 삶이라는 모델은 전통적인 브라만 사제계급에 대한 문제제기의 형식을 취했다. 아소카 황제는 실제로 전통적인 브라만 사제들과 불교 고행자들에게 동시에 의지했음에도 불구하고 기원전 3세기 그의 개종은 브라만들에 의해 실행된 동물공여제례 일부를 주로 문제삼았다. 달리 보자면 브라만들이 엄격한 채식주의자가 된 것은 부분적으로는 경쟁관계의 불교 고행에 대한 반응이고 다른 계급들이 보는 앞에서 자신들의 존엄을 드높이기 위함이었다.

『마누법전』은 브라만 지식인들을 정치체계의 핵심에 배치하려는(또는 재배치하려는) 의지를 명확하게 표현한다. 이 문헌의 저자들은 브라만이 그리는 사회모델의 지속성을 보장하기 위해 법적인 동시에 정치적-이데올로기적인 방대한 문고가 편찬되고 보급되어야 할 때라고 분명하게 생각했다. 이 문헌에 나타나는 또다른 중요한 불만은 마우리아 황제들이 비천한 수드라계급 출신으로 돌연 두각을 나타낸 군사 지도자들이었다는 사실과 관련된다. 브라만들은 알렉산드로스대왕의 원정 군대가 기원전 320년 인도아대륙의 북서부에 도달하기 전후의 시기에 북인도에서 이어진 여러 왕조에게 이와 동일한 비난을 가했다.

『마누법전』은 지속되는 혼란으로부터 빠져나와 힌두체계의 사회정치적인 질서를 회복할 규칙들과 사회조직화 방안을 제안한다. 수드라는 자신의 자리에 머물러야만 하고 왕은 크샤트리아 출신으로 브라만 지식인의 엄격한 통제하에 있어야만 한다.[8] 왕이 진정한 크샤트리아 출신이어야 한다는 브라만들의 이러한 요청을 왕과 (왕을 배출하는) 전사들이 종교 지식인들과 그들의 지혜에 복종해야 한다는 요구로 평범하게 읽을 수 있고, 또한 여기에는 정치군사적 권력의 주인이 거듭해서 변하는 것을 원치 않는다는 함의도 있는데, 실제로는 이러한 요청은 온전히 충족되지 못했다. 유럽뿐 아니라 모든 인간사회에서도 마찬가지지만, 인도의 다양한 지역의 전사 엘리트들은 서로 끌어내리고 서열을 뒤집느라 시간을 보냈다. 인도에서도 다른 곳에서도 지식인들의 영원한 임무는 그들의 규율을 바로잡아 주는 것, 또는 더 소박하게 말하자면 그들이 자신들의 광대한 지식에 조금은 더 존중을 표하도록 하는 데 있을 것이다.

『마누법전』에서 브라만들이 개진하는 언술은 물론 사회정치적 지배장치의 핵심적 부분으로 분석되어야 한다. 중세 유럽에서 대주교들이 정식화한 삼기능 도식과 마찬가지로 일차적 목표는 열등한 계급들이 사제와 전사의 통제 아래 자신들의 노동자로서의 운명을 받아들이도록 하는 데 있다. 인도의 경우에 보충적으로 정교화된 것은 환생에 관한 이론이다. 가장 비천한 바르나인 수드라의 구성원들은 더 상위의 바르나로 다시 태어날 이론적 가능성을 갖는다. 반면에 상위에 있는 세 개의 바르나 구성원들, 즉 브라만·크샤트리아·바이샤는 두번째로 태어난 자들이다. 그들의 입문 의식은 제2의 탄생再生으로 간주되며, 자신들의 가슴에 성유聖紐를 거는 의식을 치르는 것이 그들에게는 원론적인 가치가 있다. 이는 능력주의 논리와 개인의 재능에 대한 비대해진 기대의 정반대에 있는 것이다. 각자는 사회적 조화를 위해, 마치 한 신체의 다양한 기관들처럼 자신에게 할당된 자리를 점유하지만 두번째 삶에서는 확실히 이와 다른 자리를 점유할 수도 있을 것이다. 이것은 지식과 기술의 습득과 가족적 전승에 명백하게 의거함으로써 지상의 조화를 보장하고 혼돈을 피하는 것이다. 이러한 견습과 전승의 과정에서는 개인의 노력과 훈련이 요구되며 때로는 개인의 신분상승이 이뤄지기도 하지만, 과도한 사회적 경쟁에 빠져들어서는 안 된다. 과도한 경쟁은 전체의 안정을 위협하기 때문이다. 사회적 위치와 정치적 기능의 할당이 에고의 비대함과 인간의 오만이 우세해지는 현상을 피할 수 있게 해준다는 관념은 다양한 형태의 세습 논리를, 특히 군주제적이고 왕조적인 논리를 옹호하기 위한 모든 문명에서 관찰된다.[9]

## 브라만적인 질서, 채식주의 식생활과 가부장제

기독교 삼기능 도식의 틀과 마찬가지로, 브라만적인 질서는 통치를 위한 다양한 형태의 정당성 사이에서 이상적 균형을 나름의 방식으로 표현한다. 두 경우 모두, 왕과 전사의 난폭한 힘이 사제와 지식인의 지혜로운 충고를 무시하지 않도록 하는 것과 정치권력이 앎과 지성의 힘에 의거하도록 하는 것이 본질적으로 중요하다. 인도를 효과적으로 분할통치하기 위해 과거 유동적이었던 카스트의 경계를 경직되게 만들어버렸다고 영국인들을 비난했던 간디가 다른 한편으로는 브라만의 이상을 존중하는 상대적으로 보수적인 태도를 가지고 있었음을 생각해보는 것은 흥미롭다. 물론 간디는 힌두사회가 비천한 계급들, 특히 수드라와 '불가촉천민'에게 덜 불평등하고 더 포용적이도록 싸웠다. 불가촉천민은 주로 도축과 피혁노동과 관련한 부적절하다고 여겨지는 직업을 가진 탓에 힌두 질서 내에서 수드라보다도 더 천하다고 차별받으며 사회 주변부에 놓인 범주를 통합하는 지칭이다.

하지만 간디는 브라만 또는 적어도 브라만처럼 처신한다고 자처하는 사람들, 다시 말해 거만하지 않고 탐욕이 없으며 오히려 자비심과 고결함을 가지고 지식인으로서 자신들의 지혜와 앎을 사회 전체에 봉사하기 위해 사용하는 자들이 수행하는 핵심적 역할을 강조했다. 본인 역시 두번째 태어난 집단인 바이샤에 속했던 간디는 여러 차례의 대중연설, 특히 1927년 탄자부르에서 했던 연설에서 자신이 전통적 힌두사회의 토대라고 간주했던 기능적 상보성 논리를 옹호했다. 재능과 직업의 전승에서, 절대적이고 경직된 규칙이 아니라 개별적 예외를 받아들일 수 있는 일반론으로서의 세습 원리를 인정함으로써 카스트제도는, 간디에 따르면, 각자에게 하나의 자리를 부여하고 사회집단 사이의 만연한 경쟁과 만인의 만인에 대한 전쟁, 특히 서양식 계급전쟁을 회피할 수 있는 것이었다.[10] 무엇보다도 간디는 반브라만 담론이 지닌 반지성적인 면을 가장 불신했다. 간디는 (본인이 브라만은 아니었어도) 자신의 개인적 실천을 통해 이어져 있던, 지식인들과 그들의 절제와 지혜와 덕이 사회 전반의 조화를 위한 필요불가결한 자질들이라고 생각했다. 그는 또한 서양의 유물론과, 권력과 부의 축적을 향한 이 유물론의 무절제한 욕구를 불신했다.

일반적으로, 브라만적 통치는 특히 풍속과 식생활과 관련해서 언제나 지성적이고 교화적인 차원을 견지하고자 했다. 도축에 대한 금기와 엄격한 채식주의는 예컨대 청렴과 금욕이라는 이상을 표현했고 자연과 미래에 대해 좀더 책임 있는 자세로 여겨지는 전망을 품도록 해주었다(그리고 여전히 그러하다). 오늘 도축한 소로는 물론 주연酒宴을 준비할 수 있지만 미래의 경작과 수확을 준비하지는 못한다. 경작은 동물사육에 비해 더 큰 공동체를 지속적으로 먹여 키울 수 있다는 장점을 갖고 있다. 브라만은 또한 음주가 일절 금지되었으며, 매우 엄격한 가규와 관습, 무엇보다도 반여성적인 규칙들(과부는 재혼이 금지되었으며 딸들은 부모의 통제 아래 2차 성징이 나타나기 전에 결혼해야 할 의무를 갖는다)을 따라야 했다. 반면에 비천한 카스트들은 방탕하게 산다고 늘 비난받았다.

삼기능 도식을 묘사하는 기독교 수도사나 주교들의 중세문헌과 마찬가지로 『마누법전』은 실제의 사회조직이 아니라 이론적 도식과 정치적-이데올로기적 이상형에 조응한다는 사실을 다시 강조하는 것이 중요하다. 이 문헌들의 저자들에 따르면 이러한 이상적 사회에 다가가려고 노력할 수 있고 그렇게 해야 하지만 현실은 불가피하게 언제나 지역 차원의 권력관계 안에서 더 혼란스럽다. 유럽 중세 초기에 삼원적 도식은 분명 사회 현실의 작동에 관한 묘사라기보다는, 몇몇 사제들이 구상한 규범적이고 관념적인 구성물로 출현했다. 사회 현실에서 실제 움직이는 것은 여러 형태의 엘리트들이고 이들을 단 하나의 동일한 귀족으로서 그 윤곽을 그려내기란 매우 어렵다.[11] 삼기능사회가 다른 형태의 사회로 전환되는 마지막 단계, 예컨대 18세기 중반부터 스웨덴에서 실시된 신분별 인구조사를 통해, 또는 더 일반적으로는 18세기와 19세기에 다양한 유럽 국가에서 삼원적 도식을 절대주의적이고 소유주의적이며 납세유권자적으로 재정의한 것에서 비로소, 특히 영국과 프랑스에서는 근대 중앙집권국가 건설과 사법적 지위들의 통합을 중핵으로 하는 장구한 진화의 끝에서야 비로소 삼원적 범주는 경화됨과 동시에 소멸하기 시작했다.[12]

마찬가지로 인도사회도 실제로 수많은 사회적 범주와 뒤얽힌 신분들로 이루어져 있다. 이 신분들의 일부는 직업적인 동업조합이나 군사적 종교적 신분에 따라 나뉘었을 뿐 아니라, 일상의 식생활이나 사원과 다양한 장소들에 대한 접근성과 관련된 특정한 종교적 행위들과도 연계되어 있다. 포르투갈인들이 16세기 초 인도를 발견했을 때, 이 수없이 구별되는 소집단들을 '카스타casta'라고 명명했다. 이 작은 집단들은 『마누법전』의 네 가지 바르나와는 아주 느슨하게만 연관된다. 18세기 말 영어로 번역된 대표적인 산스크리트어 문헌 중 하나였던 『마누법전』에 대한 독해에 근거해 힌두사회에 대한 지식을 주로 습득했던 영국인들은 이 복잡한 직업적 문화적 신분들을 네 개의 바르나라는 경직된 틀에 집어넣는 일에서 가장 큰 곤란을 겪었다. 하지만 그들이 해냈던 것이 바로 그것이다. 그들에겐 인도 사회를 상층집단과 하층집단으로 분류하는 것이 이 나라를 이해하고 통치하는 최상의 방식으로 보였기 때문이다. 바로 이러한 마주침과, 앎의 기획이자 동시에 지배의 기획인 것에서 현대 인도의 여러 본질적 특징이 유래한다.

## 자티들의 다문화적인 다중성, 사원적인 바르나 질서

게다가 '카스트'라는 용어에 관해서는 애초에 주요한 혼란이 있었고 여기서 그것을 명확히 하는 것이 중요하다. '카스트'는 대부분 직업적 또는 문화적 미시집단(인도에서는 자티Jāti)을 지칭하기 위해 사용되지만 『마누법전』의 4개의 기본 이론적 계급(바르나)을 지칭하기 위해서도 사용된다. 그렇지만 이는 매우 상이한 두 가지 현실이다. 자티는 가장 국지적인 수준에서 동질적인 사람들로 구성된 기본적인 사회 단위다. 광대한 인도아대륙에는 수많은 자티가 있다. 이들은 특정 영토와 지역뿐 아니라 동업조합에 속하기도 하고, 문화·언어·종교 또는 독특한 음식을 통해 신분이 혼합된다. 프랑스와 유럽에서는 크뢰즈 석공, 피카르디 목수, 브르타뉴 유모, 웨일스 굴뚝청소부, 카탈루냐 포도 따는 사람, 폴란드 인부가 이에 해당하는 것일 수 있다. 인도 자티의 특수성 중 하나는—그리고 틀림없이 인도 사회체계 전반의 주요한 특수성은—자티 내부의 족내혼이 오늘날까지도 매우 높은 정도로 존속하고 있다는 것이다. 물론 도시 환경에서는 족외혼의 비율이 크게 늘어나고 있기는 하다. 여기서 강조해야 할 중요한 논점은 자티가 위계화된 정체성들에는 일반적으로 부합하지 않는다는 점이다. 자티의 정체성들은 직업적이고 지역적이며 문화적인 것들인데, 유럽이나 지중해에서는 일정 부분 민족적 지역적 또는 인종적 정체성들로 규정될 만한 것들로, 이는 바르나의 수직적이고 정치적인 질서가 아니라 수평적인 연대와 사회 네트워크의 토대가 된다.

자티와 바르나 사이의 혼동은 일정 부분은 인도 역사 자체에서 유래한다. 일부 인도 엘리트들은 수세기 동안 4개의 바르나를 축으로 하는 위계적 방식으로 사회를 조직하고자 했고, 때로 이는 성공적인 듯했으나 결코 완전하고 지속적이지는 못했다. 이러한 혼동은 또한 영국 식민권력이 식민국가의 틀 안에서 자티를 바르나에 포함하고 그 전체에 행정적이며 지속적인 존재양식을 부여하려고 시도했던 것에서 설명된다. 우리가 보겠지만, 이러한 시도는 브라만 범주를 비롯해 다수의 범주들을 엄청나게 경직화하는 결과로 나타났다. 브라만 범주는 수백 가지 자티로 나뉘는 사제와 학자를 브라만이라는 흔히 혼란스러운 정체성에 포함시켰다. 영국인들은 브라만 범주에 인도 전체에서 블록으로서의 정체성을 부여할 수 있기를 원했다. 이는 부분적으로는 자신들의 권력을 지방 수준까지 미치도록 하기 위함이고 더 일반적으로는 자신들에게 끝없이 복잡하고 판독 불가능한 것으로 여겨졌던 어떤 사회를 인식을 통해 지배하기 위함이었다.

## 힌두 봉건제, 국가 건설과 카스트의 전환

영국령 인도제국하에서 시행된 인구조사를 논하기에 앞서, 영국인들이 인도에 당도하기 이전 18세기 말과 19세기 동안에, 따라서 카스트의 식민지적인 형태가 창안되기 이전의 인도 사회구조에 대해 알려진 바를 요약하는 걸로 시작하는 편이 유용하다. 우리의 앎은 제한적이긴 해도 최근 수십 년간 발전해왔다. 일반적으로, 새로운 연구들이 계속됨으로써 제시할 수 있게 된 것은 15세기와 18세기 사이 인도의 사회정치적 관계가 지속적으로 전환되면서 재정의되고 있었다는 점이다. 이는 같은 시기 전통적인 삼기능적 봉건제와 새로운 중앙집권국가적 구성물의 성립이 대치중이던 유럽에서 관찰된 것들과 틀림없이 크게 다르지 않은 절차와 논리에 따라 이루어졌다. 인도의 카스트와 연계된 정치적-이데올로기적이고 불평등주의적인 체제의 특수성들을 부인하는 것이 아니다. 이런 특수성에 해당하는 것들로는 제례와 엄격한 식생활, 자티 내의 강한 족내혼, 최상층계급과 최하층계급(불가촉천민) 사이의 분리와 배제의 특별한 형태들에 대한 독특한 개념들을 들 수 있다. 하지만 가능한 궤도와 분기의 다수성을 잘 이해하기 위해서는, 유럽과 인도 진화의 공통점을, 특히 사회의 삼기능적인 정치적 조직화와 이 사회들 전체를 흔든 사회적 갈등과 전환에 초점을 맞추는 것이 본질적이다.

식민지배의 맥락에서, 유럽인들은 인도 카스트의 절대적인 낯섦을 대단히 강조했다. 경직되고 비역사적인 것으로 간주된 카스트가 유럽인들에게는 자신들의 문명화 소명을 정당화해주었던데다 인도인에 대한 자신들의 통치에 명분을 주었던 것이다. 동양적 전제주의의 화신이자, 모든 점에서 유럽의 현실 및 가치와 대립하는 인도 카스트는 식민사업을 정당화해주는 지적인 구성물의 전형적인 사례였다. 18세기 말 기독교 선교사들의 몇몇 산발적인 증언에 근거해 '인도인의 풍속·제도·의례'에 관한 책 가운데 첫 번째 권을 1816년에 출간한 뒤부아 신부는 다음과 같은 확정적인 결론을 도출한다. 우선, 힌두교도를 개종시키기가 불가능하다. "가증스러운" 종교가 그들을 장악했기 때문이다. 다른 하나는 이러한 사람들의 규율을 확립하는 유일한 방식이 카스트다. 더 보탤 것이 없다. 카스트는 억압적이지만 질서유지를 위해서는 이를 이용해야 하는 것이다. 19세기 영국·독일·프랑스의 많은 학자들의 의견이 이러했고, 이런 흐름은 20세기 중반까지, 이따금 그 너머로 이어졌다. 1966년에 출간된 루이 뒤몽의 저작과 마찬가지로 1916년에 출간된 힌두교에 관한 막스 베버의 연구는 카스트제도가 『마누법전』 이후로 기본적인 윤곽이 변하지 않았다고 암묵적으로 가정했다. 카스트제도의 최상층에는 영원한 브라만이 있고, 그들의 청렴함과 권위에 대해 다른 사회집단들이 진지하게 이의를 제기하는 일은 결코 일어난 적이 없었다는 것이다.[13] 이 저자들은 늘 인용되는 『마누법전』을 비롯하여 주로 힌두의 고전문헌과 규범적이고 종교적인 목적의 법률 논고에 의거한다. 힌두교에 대한 평가에서 그들이 뒤부아 신부에 비해 좀더 절제된 태도를 보인다 해도, 여전히 그들의 접근방식은 상당히 문헌 중심이고 비역사적이다. 이들은 인도사회를 갈등하며 진화하는 사회정치적 과정으로 연구하려 하지 않았으며, 이 사회의 전환을 분석할 수 있는 자료들을 수집하려 하지도 않았고, 오히려 영구적으로 경직되어 있다고 가정되는 어떤 정체성을 제시하려 했다.

1980~1990년 이후 새로운 자료에 근거한 수많은 연구를 통해 빈틈을 메울 수 있었다. 별로 놀랄 일도 아닌 것이, 인도사회는 식민지시대에 제시된 경직된 카스트 또는 『마누법전』의 4개의 이론적 바르나와는 큰 관련이 없는 복합적이고 진화적인 역사적 사회였다. 인도 역사학자 산자이 수브라마니암Sanjay Subrahmanyam은 연대기와 힌두 및 무슬림 관련 자료들을 대조함으로써, 예컨대 1500년과 1750년 사이 힌두왕국들과 이슬람 술탄국 및 이슬람제국 사이의 권력관계와 왕실관계의 전환을 연구했다. 작동했던 역동성을 이해하기 위해서는 다종교적인 차원이 중심적이었는데도, 식민지시대의 연구들은 인도아대륙의 힌두와 이슬람 사회에서 작동하고 있는 정체성들과 사회정치적 논리들을 철통같이 분리하려는(또는 대체로, 이슬람을 무조건적으로 무시하려는) 경향을 가졌다.[14] 이슬람 국가들 내부에서도 비자푸르왕국 같은 시아파 술탄국과 무굴제국 같은 수니파 국가를 구분해야 하는데, 이들 국가 사이에서는 엘리트들과 관례들, 다원적 공동체를 통치하는 기술에 관한 성찰들이 교류되었다. 그렇지만 통치방식은 영국의 식민지배자들의 그것과 매우 달랐고, 식민지 인구조사에 비견될 만한 그 어떤 인구조사도 이들 국가들에 의해서는 실시된 적

이 없다.[15]

또한 역사학자 수전 베일리와 니컬러스 덕스의 연구들을 통해 힌두왕국들 내부의 다양한 군사적 정치적 경제적 엘리트의 지속적인 쇄신과정이 존재했으며, 브라만이 전사계급의 지배하에 있던 때가 자주 발생했음을 입증할 수 있게 되었다. 일반적으로, 이슬람 술탄국과 마찬가지로 힌두국가들의 지배적인 사회구조는 프랑스와 유럽에서 관찰된 것들을 상기시키는 소유관계와 권력관계를 작동시킨다. 주로 동일한 토지에 대한 누계지대체계가 언급되는데, 자유농민이 현지의 브라만과 크샤트리아에게 상납하는 이 지대는 그들의 종교적 기능과 왕권적 기능에 대한 대가다. 반면에 수드라와 동일시되는 일부 농촌노동자 집단은 토지를 소유할 수 없으며 농노와 유사한 지위를 갖는다. 관계들은 종교적인 것만큼이나 사회정치적이고 경제적이며, 사회집단 간 정치적–이데올로기적 역학관계에 따라 변한다.

남인도(오늘날 타밀나두)의 푸두코타이에 있던 힌두왕국의 경우가 시사적이다. 활력이 넘치는 현지의 소부족 칼라르Kallar를 주변의 도처에서는 천민 출신의 카스트로 간주했고, 영국인들은 자신들의 행보에 용이하도록 후일 이들을 '범죄자 카스트'로 분류하는데, 바로 이들 칼라르족이 17세기와 18세기에 권력을 장악하여 새로운 왕실 전사 귀족이 되는 데 성공했다. 그들은 결국, 사제와 사원과 브라만 기금에 면세토지 특권을 부여하는 것을 통해, 현지 브라만을 회유해 자신들에게 충성을 바치도록 했다. 이 권력관계는 유럽 봉건제에서 교회 및 수도원들과 새로운 왕실 귀족계급 사이에 유지되던 관계와 그리 멀리 있는 것이 아니다. 이들은 정복을 통해 출현하거나 기존의 룰을 깨면서 등장했는데, 이는 인도에서도 유럽에서도 늘 발생했던 일이다. 영국의 식민지배자가 푸두코타이의 힌두 전사계급과 여타 현지 엘리트들을 희생시켜 왕국에 대한 장악을 강화하려던 19세기 후반에, 브라만은 자신의 영향력이 증대되고 있음을 실감했다. 새로운 지배자들이 주로 자신들의 종교적 가족적 가부장적 규범들을 관철

시키기 위해 브라만의 우위를 인정했음은 눈여겨볼 만하다.[16]

더 일반적으로는, 1700년경 무굴제국 중앙정부가 와해되면서 새로운 군사·행정 엘리트들의 힌두왕국들이 난립했다. 이들 집단과 브라만 동맹자들은 자신들의 지배를 확립하는 데 해묵은 바르나 이데올로기를 내세웠다. 그리하여 이 이데올로기는 17세기 말 18세기 동안에 일종의 르네상스를 겪는데, 이는 새로운 국가 형태의 발전을 통해 상층 카스트의 종교·가족·식생활 관련 규범들이 더 광범위하고 더 체계적으로 실행될 수 있었기 때문이다. 마라타제국의 창설자 시바지 본슬레Shivaji Bhonsle는 애초에 마라타 농민계급의 일원이었다가, 무굴제국과 동맹을 맺은 이슬람 술탄국들에서 징세관 직무를 수행했다. 그는 1660년대와 1670년대에 인도 서부에서 독립적인 힌두국가 권력을 견고히 하는 데 성공했고, 이어서 현지 브라만 엘리트들에게 자신이 두번째 태어난 크샤트리아임을 인정하라고 요구했다. 브라만들은 망설였고, 심지어 일부는 고대의 진정한 크샤트리아와 바이샤는 이슬람의 도래와 더불어 소멸했다고 생각했다. 시바지는 마침내 귀중한 비책을 확보했으니, 이는 고전적인 시나리오를 따르는 것으로 유럽에서처럼 인도에서도 빈번하게 확인되는 것이다. 요컨대 새로운 군인 엘리트와 전통적인 종교 엘리트 사이에, 그토록 소망하는 사회정치적 안정을 위해 하나의 타협이 이루어진 것이다. 유럽에서라면, 1000년 전 샤를마뉴를 본떠 교황이 그 신성함을 인정하는 황제가 되고 난 후, 자신의 장군들과 가족과 신봉자들에게 귀족 작위를 나눠주기 시작했던 나폴레옹 보나파르트를 떠올릴 수 있겠다.

라자스탄에서는 13세기와 14세기 이후로 새로운 크샤트리아 집단인 라지푸트족이 현지 토지소유자들과 전사계급들로부터 생겨났다. 이슬람 술탄들은 사회질서 유지를 위해 라지푸트족의 힘을 빌리기도 했는데, 이후 무굴제국도 마찬가지였다. 라지푸트족은 자치 공국을 만드는 협상에 성공한 때도 있었다.[17] 영국의 식민지배자들 역시 그때그때의 이익에 따라 그들 상층계급의 전부 혹은 일부에게 의존하는 길을 택했다. 시바지가 창건한 마라타제국의 경우 브라만 대신들인 페슈와peshwa들이 1740년대부터 정치권력을 세습하며 장악하게 되었다. 이들은 영국인들의 동인도회사 활동을 방해했고, 영국인들은 그들이 제 것이 아닌 크샤트리아 지위를 참칭했다고 주장하면서 1818년에 페슈와들의 해임을 결정했다. 이를 통해 영국인들은 지식인들에 의한 이례적인 정치권력 장악을 폄하했던 모든 이들 곁에서 확실히 성공하게 된다.[18]

## 인도 국가 건설의 특수성

이러한 연구들에서 명확하게 도출되는 결론은 17세기와 18세기에 힌두 바르나가 중세시대와 르네상스 또는 앙시앵레짐하 유럽의 계급이나 엘리트와 마찬가지로 경직되어 있지 않았다는 점이다. 바르나는 전사집단과 종교인집단의 지배를 정당화하면서 가능한 한 지속적이며 조화로운 사회질서를 구현하는 유연한 범주였다. 이 사회질서는 실제로 사회집단 사이의 역학관계에 따라 지속적으로 진화했고 이 모든 것이 가속화되는 경제발전과 인구 증가, 영토의 확장, 새로운 상업 및 금융 엘리트의 등장이라는 맥락에 따라 이루어졌다. 17~18세기의 인도사회는 유럽사회만큼이나 대단히 진화하고 있었던 것으로 보인다. 영국의 식민지배가 없었더라면 인도아대륙의 다양한 사회와 국가적 구성물이 과연 어떻게 전환되었을지 말하기란 어렵다. 하지만 생각해볼 수 있는 것은 구래의 삼기능적 논리로부터 유래한 규범적 불평등이, 유럽뿐만 아니라 (우리가 다음 장에서 보겠지만) 중국과 일본에서도 관찰되는 것과 동일한 방식으로, 국가적인 중앙집권화과정과 더불어 점차 약화되었으리라는 점이다.

이러한 일반적 도식 안에는 폭넓은 가능성들이 펼쳐져 있다. 우리는 다른 곳에서 이미, 특히 유럽의 경우 궤적의 다양성과 가능한 분기의 다수성을 주목한 바 있다. 스웨덴의 소유자들은, 그리고 구舊귀족들은 예컨대

1865년과 1911년 사이에 투표권이 전적으로 재산에 비례하는 사회정치체계를 구상하는 창의력을 발휘했다.[19] 브라만과 크샤트리아에게 권력이 주어졌더라면, 이후 인민 군중에 의해 쫓겨나는 한이 있더라도, 마찬가지의 창의력을 발휘했을 것이라는 점은 의심의 여지가 없다(특권증명서, 특권에 따른 생활양식·식습관, 또는 더 진부하게는 재산에 비례하는 투표권을 생각해낼 수 있었을 것이다). 인도와 유럽의 삼기능적인 다양한 불평등주의체제 사이에 구조적 차이들이 객관적으로 존재하는 만큼 구상할 수 있는 경로는 더욱 다양하다.

매우 장기지속적인 전망을 취한다면, 유럽과 비교할 때 인도 사례의 중요한 특수성은 틀림없이 이슬람왕국 및 제국의 역할과 관련된다. 매우 광범위한 인도아대륙에서, 왕권적 권력은 수세기 동안, 즉 12~13세기부터 18~19세기까지 이슬람 통치자들에 의해 행사되어왔다. 이러한 조건에서 힌두 전사계급의 위엄과 권위는 가혹한 시련에 처해 있었음이 매우 분명하다. 다수의 브라만이 보기에, 진정한 크샤트리아는 많은 지역과 속령에서 더이상 존재하지 않았고 실제로 힌두 군인계급은 이슬람 군주들의 보충병 역할을 하거나, 라자스탄의 라지푸트족처럼 독립 힌두국가나 공국을 만들면서 뒤로 물러났다. 크샤트리아의 이러한 상대적 소멸은 또한 해당 지역 브라만 지식인 엘리트의 위엄과 우위를 증대시켰다. 그들은 계속해서 자신이 가진 종교적 교육적 기능을 확고히 했고 이슬람 군주들은(이후 영국의 공권력도) 사회질서 보장을 위해 브라만의 이러한 기능에 의존했다. 예컨대 식생활 및 가족 관련 규범 준수 또는 사원·우물·학교에 대한 접근부터 공동체로부터의 추방까지 아우르는 브라만의 판결이 흔히 법적으로 유효하게 집행되기에 이르렀다. 유럽뿐만 아니라 아시아(특히 중국과 일본)와 전 세계의 여타 지역들의 삼기능사회와 비교할 때, 이곳의 종교인 엘리트와 전사 엘리트의 관계는 특수하게 불균형하다. 종교인 엘리트에게 지나치게 쏠린 권력으로 인해, 심지어 일부 지역과 사회적 형국에서는 브라만의 영적이면서 동시에 세속적인 권력이 거의 신성시되었다. 그렇지만 이미 알고 있는바, 새로운 군사·정치 엘리트들에 의한 힌두국가구조의 발전을 통해 이와 같은 질서는 매우 빠르게 전환되며 재정의될 수 있었다.

유럽의 진화와 비교해 인도 경로의 중요한 두번째 특수성은 브라만이 완전히 독자적인 사회계급을 이룬다는 사실과 관련된다. 브라만은 자신의 가족과 자녀를 둘 수 있는데다 재산 축적과 상속을 할 수도 있는 데 반해, 가톨릭 사제는 독신이기에 다른 계급들에 의해 지속적으로 부양되어야 한다. 우리는 이러한 독특함이 유럽 신분사회 안에서 어떻게 교회제도와 종교조직(수도원, 주교구 등)의 발전으로 이어졌는지 알고 있다. 종교조직은 사제의 이름으로 막대한 부를 축적하고 보유했는데 이는 또한 경제 및 금융에 관한 정교한 법의 발전을 초래했다.[20] 그리고 또한 아마도 이러한 법의 발전이 (진정 단일하다고는 할 수 없었던) 유럽의 사제계급이 취약해지는 원인이었을 것이다. 16세기 영국에서의 수도원 몰수 또는 18세기 프랑스에서의 사제재산 국유화는 쉬운 결정은 물론 아니었지만 그 어떤 세습계급도 타격을 입지 않았고 오히려 반대로 귀족과 부르주아는 큰 이득을 보았다. 인도의 경우, 브라만과 그들의 사원과 기금에 대한 몰수는 필히 더 점진적인 형식을 취했을 텐데, 이것이 전혀 불가능한 일이 아니었음을 18세기와 19세기 힌두왕국 내의 비종교적인 새로운 지배계급의 등장이 보여준다. 여하간, 영국의 식민지배가 자생적인 국가 건설을 중단시켰던 시기에 교육·자산·문화·직업 관련한 자원들의 매우 큰 부분이 브라만계급에 집중되었다는 점을 인구조사를 통해 보게 될 것이다.

## 인도의 발견과 이슬람의 우회

19세기에 영국인들이 식민지 인구조사를 통해 인도 카스트를 파악하고자 한 방식을 분석하기에 앞서, 애초 유럽인들의 인도 발견이 매우 제한적인 앎에서 출발해 얼마나 단계적으로 이루어졌는지, 그리고 발견 자체가 특이한 성격의 탐험에서 시작되었음을 떠올려보는 것 또한 유용하다. 많은 연구들이, 특히 인도·아랍·포르투갈 사료들에 대한 체계적 교차검토에 근거한 산자이 수브라마니암의 연구들이 잘 보여주는바, 1497~1498년 바스쿠 다가마의 원정은 숱한 오해에 기반한 것이었다.

15세기 후반, 포르투갈 권력은 해외 팽창 문제를 놓고 심각하게 분열되어 있었다. 토지귀족 일부는 국토회복운동(레콩키스타)의 성공에 만족했고 거기서 그치기를 원했다. 하지만 무슬림들에게서 이베리아 영토를 '수복'하는 수세기 동안 소귀족 전사들을 동원하는 데 중심적 역할을 해왔던 기사단들, 특히 그리스도기사단과 (바스쿠 다가마 가문이 속했던) 산티아고기사단은 무어인들을 가능한 한 멀리 몰아내기 위해 모로코 해안에서 모험을 계속해나가기를 갈망했다. 그중 가장 대담한 이들은 아프리카 해안을 따라 탐사를 연장해나가는 계획을 세웠다. 이들은 전설의 '프레스터 존Prester John 왕국'과 접촉하고 아프리카 남부과 동부를 경유해 무슬림을 우회하는 작전을 구상했다. 에티오피아의 영향을 받은 이 가상의 기독교왕국은 십자군시대(11~13세기)부터 대항해시대에 이르기까지 유럽인들이 세계 지리에 대해 지닌 혼란스러운 표상에서 중요한 역할을 했고, 이슬람에 대한 결정적 승리의 희망을 품게 주었다. 이슬람 적군을 포위한다는 이 야심찬 전략은 그렇지만 만장일치를 이루지 못했고, 내륙적인 전망과 반이슬람을 표방하는 제국적 전망 사이의 이러한 이데올로기적 갈등이 포르투갈 왕의 망설임을 잘 보여준다. 기사단의 압력에 직면하여, 그리고 기사단들을 국가의 영향력 안에 두기 위해 마침내 왕은 1497년에 바스쿠 다가마의 원정 개시를 결정했고 그의 사명은 1488년에 이미 바르톨로메우 디아스가 도달했던 희망봉 너머로 나아가는 것이었다.

보존되어온(일부는 19세기에 재발견된) 선원들의 이야기에 대한 조사와 함께 아랍 및 인도의 사료들과의 대조를 통해 이 여정의 단계들을 매우 정확하게 재구성할 수 있게 되었다.[21] 1497년 7월 리스본을 떠난 포르투갈인들의 배 세 척은 11월에 남아프리카 해안에 당도했고 이어서 모잠비크·잔지바르·소말리아의 이슬람 항구들을 따라 동아프리카 해안을 서서히 거슬러올라가며 기독교인들을 계속 찾았지만 그 위치를 찾는 데 실패했다. 당시 인도양 무역은 아랍·페르시아·구자라트·케랄라·말레이시아·중국 등 다수의 네트워크에 의해 활성화되어 있었고, 제국적인 농업대국들(비자야나가라, 명, 오토만, 사파위, 무굴)과 상업적인 연안국들(킬와, 호르무즈, 아덴, 캘리컷, 말라카)이 만나 광대한 다언어적 공간을 이루고 있었다. 예상치 못했던 이러한 만남들에 실망하고, 무슬림 상인들의 박대에 불안해진 다가마는 항해를 계속했고 1498년 5월부터 인도 해안을 탐색하기 시작했다. 일련의 파란만장한 만남들과 반복적인 오해들이 뒤따랐는데, 특히 캘리컷(오늘날 인도 남부의 케랄라)에서 그랬다. 다가마는 힌두사원을 방문하면서 자신이 기독교왕국의 교회에 왔다고 확신했는데, 브라만을 보고서는 매우 크게 놀랐다. 반면 브라만들은 유럽의 가장 거대한 왕국을 대표한다고 자처하는 자가 가져온 선물들의 초라함에 또한 놀랐다. 마침내 다가마는 리스본으로 돌아갔고 곤란한 조건들에 처한다.

1499년 7월 포르투갈 왕은 다른 기독교왕들에게 인도 항로가 열렸고, 자신의 사절이 인도 해안에서 여러 곳의 기독교왕국을 발견했노라고 거만하게 공표한다. 그 왕국들 중 하나가 캘리컷에 있으며 "리스본보다 더 큰 도시로 기독교인들이 모여 살고 있다"는 말도 덧붙였다.[22] 포르투갈인들이 자신의 착각을 확인하고 캘리컷과 코친의 군주들이 힌두였음을 깨닫는 데는 여러 해가 더 필요했다. 무슬림들, 말레이시아인들, 중국인들과 교역했던 이 군주들은 게다가 오래지 않아 기독교도들과의 교역이라는 사안을 놓고 자기들끼리 전쟁을 벌였다. 이 전쟁은 아시아의 여러 곳에 이미 있었던 포르투갈의 해외 교역소들을 강화하기 위해 다가마가 1523년 인도 총독이 되어 코친으로 의기양양하게 돌아오기 전에 벌어진다. 그사이, 카브랄은 1500년에 인도로부터 귀환하던 도중 (다가마가 1497~1499년에 지나친) 브라질을 발견했고 마젤란은 1521년에 세계일주를 완료했다.

포르투갈의 제국 건설 기획의 성격이 달라지는 데는 훨씬 더 오랜 시간

이 필요했을 것이다. 이 기획의 고유한 메시아적 차원은 이슬람에 맞서 기독교를 전파하는 글로벌 프로젝트라는 형식을 취했고, 16세기 내내, 특히 1540년 예수회 창설 이후 포르투갈이 지속적으로 중심적 역할을 했다. 이러한 과도한 메시아적 측면이 고작 150만 명 주민을 가진 나라가 어떻게 인구도 더 많고 더 선진적인 면모를 갖춘 국가들을 장악하고 세계를 정복하겠다고 나설 수 있었는지를 설명해준다. 이는 중상주의적 목표에 의해 완전하게 가려지지는 않을 것이다. 오히려 이 중상주의는 네덜란드 식민 기획의 근본이었고, 1602년 네덜란드의 (역사상 최초의 거대 주식회사들 중 하나인) 동인도회사VOC 창립을 통해 드러난다. 그리고 이는 17세기에 네덜란드의 이익이자 일부 포르투갈 아시아 교역소들의 손실로 막을 내린다.[23] 포르투갈은 오늘날 말레이시아와 (인도네시아) 수마트라섬 사이의, 인도와 중국을 연결하는 항로상 전략적 해역을 통제했던 이슬람 술탄국을 멸망시키고, 1511년부터 전략적 요충지인 말라카 항구를 점령했다. 1641년에 네덜란드가 포르투갈로부터 이곳을 탈취했는데 1810년에는 싱가포르처럼 영국의 수중으로 넘어갔다.

포르투갈제국과는 달리 에스파냐제국은 훨씬 재빠르게 대륙을 공략했다. 1519년부터 코르테스가 멕시코 점령에 나섰고 1534년 이후 피사로가 쿠스코와 페루를 정복한다. 에스파냐 선원들이 태평양 해류에 숙달되어 있었기에 양쪽을 횡단하는 일이 수월했던 에스파냐제국은 1560년대부터 아시아 거점들과 필리핀, 멕시코 사이를 확실하게 접속시킬 수 있었다. 1600~1610년 무렵 멕시코는 진정 에스파냐제국 다문화의 심장이었다. 멕시코에서는 역사학자 세르주 그루진스키가 말한 것처럼 "세계의 네 부분"이 만나 서로 가깝게 지냈다. 이 시대는 국경과 신분에 대한 통제가 후대에 비해 훨씬 제한적이었고, 멕시코 인디오·유럽인·브라질 혼혈인·필리핀인·일본인들이 뒤섞인 이 시기는 다양한 언어와 문화의 기록자들이 놀랍도록 다채로운 이야기를 남길 수 있게 해주었다. 전 세계를 통틀어—에스파냐 단일왕조로 포르투갈왕조를 합병했던 전성기(1580~1640년)—가톨릭 군주국 에스파냐의 경쟁자는 다시금 이슬람이었다. 무슬림들은 이베리아반도 사람들이 필리핀과 말루쿠제도(인도네시아)에 당도하기 전 이미 이곳의 기반을 다져두고 있었는데, 그라나다와 안달루시아에서 그토록 멀리 떨어진 이곳에서 유럽의 옛 경쟁자들인 에스파냐 군사들을 다시 만나게 되었다. 1492년 그라나다와 안달루시아에서 에스파냐 군사들은 최후의 불신자들을 축출해냈었고 마침 그해는 콜럼버스가 인도를 찾아 떠났다가 히스파니올라섬(생도맹그)에 착륙했던 해였다.[24]

## 무력에 의한 지배, 지식에 의한 지배

인도에 당도했을 당시 이슬람 술탄국과 제국이 인도에 커다란 영향력을 행사하고 있음을 발견한 유럽인들은 당연히 힌두왕국 편에 서기 시작했다. 하지만 종교적 상업적 군사적 갈등이 불거지는 데는 그리 오랜 시간이 걸리지 않았다. 메시아시대 이후에 중상주의시대가 도래했고, 네덜란드 동인도회사와 영국 동인도회사는 이 시대를 완벽하게 구현했다. 1600년 무렵 창립된 이 주식회사들은 무역 독점에서 이득을 취하는 상업회사의 수준을 넘어섰고, 사실상 영토 전체에서 질서유지와 수탈을 책임진 사기업들이었다. 이 시기 공적 통치권 중 (소작료 같은) 일부는 민영화되었고, (예컨대 무역허가증을 통한) 사적 경제활동과의 경계는 극도로 헐거웠다. 18세기 중반부터, 특히 1740~1750년 벵골 군대에 맞서 거둔 승리 이후에 영국 동인도회사는 사실상 인도아대륙의 광대한 영역을 통치했다. 영국 동인도회사는 주로 자신들로부터 보수를 받는 인도인 사병으로 구성된 군대를 관리했고, 무굴제국의 해체와 더불어 대치중인 힌두와 무슬림 등의 국가체계들 사이의 경쟁 탓에 생겨난 공백을 활용해 자신의 영역을 확대했다.

영국 동인도회사는 인도 땅에서 숱한 비리를 저질렀고, 이에 대한 추문은 매우 빠르게 퍼져나갔다. 1770~1780년부터 영국 의회에서는 동인도회사에 대한 왕실 감독을 강화하라는 목소리가 높아졌다. 특히 보수적 철학자 에드먼드 버크의 주장이 그랬는데 그는 1790년에 출간된, 프랑스혁명에 대한 매우 비판적인 책 『프랑스혁명에 관한 성찰』로 유명해졌다. 버크는 동인도회사 직원들의 부패와 폭력성을 끝장낼 필요를 강조했고 1787년에 하원에서 (동인도회사의 옛 경영진이자 벵골의 총독이었던) 워런 헤이스팅스를 단죄하는 파란만장한 소송을 마무리했다. 상원은 1795년에 결국 헤이스팅스 석방을 결정했지만 영국의 엘리트들은 의회가 인도의 식민지배에 더욱 관여해야만 한다고 점점 더 확신했다. 영국의 문명화 소명이 엄밀한 행정과 견고한 지식에 의거해야만 한다는 것, 그리고 치안과 통치권을 용병과 탐욕스러운 상인 무리에게 위임하는 것은 더이상 가능하지 않다는 것이 점점 더 명확해 보였다. 행정가들과 학자들이 무대로 나서야만 했다.

에드워드 사이드는 '오리엔탈리즘'의 탄생에 관한 자신의 책에서 유럽의 아시아 식민지배가 맞닥뜨린 이 새로운 시간의 중요성을 보여주었다. 아시아 식민지배는 더이상 단순한 야만적 군사력이 아닌, 지적 문명적 인지적 탁월함을 필요로 했다.[25] 사이드는 메시아적 시기와 중상주의적 계기가 지나고 난 뒤 등장하는 이 인지적 계기를 보나파르트의 이집트 원정(1798~1801년)을 통해 보여준다. 정치적 군사적 상업적 동기가 확실히 없었던 것은 아니지만, 프랑스인들은 이 전투의 학술적인 면을 강조하느라 애를 썼다. 약 167명의 학자, 역사가·기술자·식물학자·데생화가·미술가가 군대와 동행했고 그들의 작업은 1808년부터 1828년 사이에 커다란 판형의 『이집트 지Description de l'Égypte』 시리즈 28권 간행으로 이어졌다. 1798년 말부터 프랑스인들을 몰아내려는 반란에 나섰던 카이로 주민들은 이 자비로운 문명 전파자들의 사심 없음을 전혀 믿지 않았다. 하물며 이집트와 오토만의 군인들은 말할 것도 없었다. 그들은 영국 함대의 도움을 받아 1801년 보나파르트 원정대를 프랑스로 돌려보내는 데 성공했다. 이 사건 역시 하나의 역사적 전환을 보여준다. 이제 식민지배는 점점 더 문명적 필연성으로, 즉 경직되어 있고, 자생적으로 발전할 능력도 자기인지 능력도 없으며, 심지어 고대로부터 내려온 문화유산을 보존할 능력도 없는 문명들을 위한 유럽의 원조로서 작동되었다.

1802년에 『기독교의 정수Génie du christianisme』 그리고 1811년에 『파리에서 예루살렘까지의 여정Itinéraire de Paris à Jérusalem』을 집필한 문학가 샤토브리앙은 십자군의 문명 전파자 역할을 정당화하고 이슬람을 기탄없이 비난하기 위해 매우 가혹한 언사를 구사했다.[26] 시인 라마르틴은 1835년에 자신의 유명한 『동양으로의 항해Voyage en Orient』를 출간하는데, 책에서 그는 동양에 대한 통치권을 유럽의 이론화한다. 프랑스가 알제리에서 야만적인 정복전쟁을 벌이던 바로 그 시기다. 이 폭력적인 문명전파자는 틀림없이 유럽의 주요하고도 은폐된 트라우마에 대한 반응의 형식으로 분석될 수 있다. 8세기 초 이슬람이 최초로 에스파냐와 프랑스에 침입한 이래로 18~19세기 오스만제국의 쇠퇴에 이르기까지 천년 동안, 기독교왕국은 이슬람국가들을 극복하지 못하리라는 두려움을 가지고 있었다. 이슬람국가들은 비잔틴제국뿐 아니라 이베리아반도를 장악했었고 실제로 지중해 연안 상당 부분을 점령했다. 이 해묵은, 하지만 마침내 압도되어버린 실존적 공포가 샤토브리앙에게서 수백 년 동안 후대에 이어져 내려온 복수의 갈망과 더불어 명확하게 표현되는 데 반해, 라마르틴은 보존과 문명화 소명을 보다 더 강조한다.

사이드가 보기에, 오리엔탈리즘은 식민지시대 이후까지도 서양인들의 표상에 영향을 미쳤다. '동양'사회를 역사화하는 것에 대한 이러한 거부, 그 사회들을 경직되어 있으며 영원히 타락해 있고 구조적으로 스스로를 통치하지 못하는 무능한 사회로 본질화하고 표상하는 방식, 모든 잔혹함을 정당화해온 이 시각이, 사이드에 따르면, 20세기 말 21세기 초 구미인들의 지각에도 계속해서 각인되어 있다. 2003년의 이라크 침공이 그 예다. 오리엔탈리즘의 특수성은 그것이 지식과 교양을 생산하면서 동시에 먼 곳의 사회들에 대한 특정한 관점을 제공했다는 것이다. 또한 오리엔탈리즘은 식민지배라는 정치적 기획에 오랫동안 명시적으로 복무했으며 애초의 편견을 식민지시대 이후의 학계와 사회 전체에 계속해서 드러내는 지식의 흐름을 만들어왔다. 불평등은 한 국가에 내재하는 사회적 격차의 사안인 것만은 아니다. 그것은 또한 집단적 정체성과 발전모델을 대립시키곤 하는데 각각의 한계들과 장점들 그 자체는 차분하고 건설적인 숙의의 대상이 될 수 있을 것이다. 하지만 실제로 불평등은 일부 관련 행위자들에 의해 정체성을 둘러싼 폭력적인 적대로 전환되어 나타나기도 한다. 과거 몇 세기 동안 그러했듯이 오늘날의 불평등 역시 바로 이러한 경우에 해당한다. 다만 오늘날 불평등의 형세는 많이 달라졌으며 현재의 쟁점들을 더 잘 분석하기 위해서는 그 역사적 계보를 추적하는 일이 핵심적이다.

## 식민지 인도에서 영국이 실시한 인구조사(1871~1941년)

이제 우리가 미뤄놨던, 영국 식민지배자들이 인도제국에서 시행한 인구조사 자료들로 돌아가자. 1857~1858년에 진압된 반란은 식민권력을 두렵게 했으며 식민권력으로서는 직접통치의 필요를 확신하게 되었다. 이를 위해, 특히 과세를 위해 당시 인도의 토지제도를 더 잘 이해할 필요가 있었다. 현지 엘리트들과 사회구조, 특히 잘 파악되지 않던, 미래의 연대와 반란을 키워낼 수 있으리라는 두려움을 안겼던 카스트를 더 잘 인식하는 것이 또한 본질적이었다. 실험적인 초기 인구조사는 1865년과 1869년에 북인도의 '북서지방'과 아우드에서 실시되었다. 이곳은 영국령 인도제국 초기의 행정 관할구역이었는데 대체로 갠지스강 유역과 오늘날의 우타르 프라데시(2011년 인구조사에서는 주민이 2억 400만 명인데 당시 이미 4000만 명 이상이었다)에 해당하는 지역이었다. 이후의 인구조사는 1871년에 인도제국 전체로, 즉 약 2억 3900만 주민을 대상으로 확장되었고 그중 1억 9100만 명은 영국의 직접통치 지역에 살았고 4800만 명은 영국이 신탁통치하는 군주국들에 살았다. 1871년 인구조사는 이후 1881년과 1891년에 시행되었고, 1941년까지 10년 단위로 행해졌다. 수많은 조사원을 광활한 영토에 파견해 벌인 인구조사 이후에는, 카스트를 가로지르는 각 지방별 지구별 종교·직업·교육 수준·토지소유 규모에 관한 수많은 도표가 담긴 수백권짜리 방대한 백서를 출간했다. 이는 식민지 인구조사라는 현저히 정치적인 이 사업의 광범위함을 상세히 보여준다. 또한 인구조사 사업은 인도의 다양한 언어들로 이루어졌고 이후 영어로 번역되어 수만 페이지의 결과물로 이어졌다. 이 자료들과, 더 나아가 이따금 식민지 행정가들과 학자들의 주저와 의구심을 드러내는 다수의 보고서들과 소책자들은 우리에게 식민화과정의 본성에 대해, 적어도 그 시기 인도의 사회적 현실에 대해 자세히 보여준다.

영국인들은 처음에는 『마누법전』의 4개의 바르나라는 프리즘을 통해 사업에 접근했지만 이 범주들이 전혀 작동하지 않는다는 것을, 조사대상이 되는 이들이 훨씬 섬세하고 유동적인 집단정체성, 즉 자티로 자신들을 인지한다는 것을 깨달았다. 문제는 식민지 조사원들이 자티의 완벽한 목록을 전혀 확보하지 못했다는 것, 그리고 조사대상인 이들이 자신이 속한 자티와 집단 설정에 대해 극도로 다양한 견해를 가지고 있다는 것이었다. 이들은 자신을 다수의 집단과 동일시하는 일이 흔했다. 많은 인도인들은 도대체 왜 이 낯선 영국 신사들과 그들의 조사원들이 그토록 자신들의 정체성·직업·식생활에 관심을 갖는지, 그토록 간곡하게 이 모든 것을 분류하고 정리하기를 요구하는지 의아할 수밖에 없었다. 1871년 인구조사에서는 3208개의 상이한 (자티에 해당하는) '카스트'가 열거되었고 1881년에는 모든 하층 카스트를 포함하여 구별되는 집단이 총 1만 9044개까지 늘어났는데, 카스트당 평균인구는 앞의 조사에서는 10만 명 이하, 뒤의 조사에서는 2만 명 이하였다. 따라서 이들은 인도 영토의 제한된 부분들 위에서 확인되는, 대부분 지역사회의 직업에 따른 소집단들이었고, 이와 같은 분석망을 통해 제국적인 차원의 정보를 정리하고 생산하기란 매우 어려운 것이었다. 이러한 프로젝트에 대한 사고실험을 위해, 인도의 군주들이 18세기와 19세기에 유럽을 장악했다면 과연 이들이 브르타뉴에서 러시아까지, 포르투갈에서 스코틀랜드까지 이어지는 대륙의 인구를 조사하고 직업·종교·식생활 관련 사회적 범주들로 분류해야 할 순간에 어떻게 대처했을지 상상해볼 수 있겠다. 틀림없이 군주들은 오늘날의 우리를 놀라게 할 분석망들을 창안했을 것이다.[27] 영국의 식민지배자들은 실제로 이러한 망들을 창안하고 자신들의 행정과 통치 시스템에 이를 활용함으로써 인도인들의 정체성 그 자체와 인도사회의 구조에 심층적이고 지속적인 영향을 끼쳤다.

일부 식민지 행정가들은 인종주의적인 길을 탐색해보려 했다. 그들은 일부 힌두 신화가—정복과 연결된—바르나체계의 오래된 인종적 기원들을 담고 있다는 원칙에서 출발했다. 북쪽 이란에서 내려온 흰 피부의 아리아인은 갠지스강 유역에 당도했고 아마도 기원전 2000년 초에는 남인도까지 내려왔을 것이다. 그들이 브라만·크샤트리아·바이샤가 되었고 반면에 거뭇한 피부의 토착민은, 심지어 인도아대륙의 최남단 지역에 거주하는 완전한 흑인인 토착민은 예속적인 수드라가 될 것이다.[28] 그리하여 대다수의 행정가들과 학자들은 인도 카스트의 비밀을 찾을 수 있다는 희망으로 두개골과 턱의 크기를 재고 코와 피부조직을 조사하는 일에 착수했다. 1901년 조사의 판무관이었던 민족지학자 허버트 리슬리는 영국인들의 인종 연구를 관장하고, 당시 이 문제에 관해 특히 적극적이었던 독일인들과 그 학자들을 앞지르는 데 인도 땅이 지닌 전략적 중요성을 강조했다.[29] 이러한 인종주의적 접근은 실제로 그 어떤 구체적 결과로도 이어지지 못했는데, 대부분의 카스트가 다양한 종족적-인종적 기원으로 뒤엉켜 있기 때문이었다.

1885년에 인도의 사회적 현실을 더 잘 묘사할 수 있는 새로운 분류에 대해 검토할 책임을 졌던, 그리고 카스트가 무엇보다도 사회의 직업군 집단들로 이해되어야 한다고 생각했던 행정가 존 네스필드는 이미 인종주의적 이론이 별로 타당하지 않음을 지적했다. 그에 따르면 베나레스로 가서 최고 명문 산스크리트어 학교의 젊은 브라만 학생 400명을 관찰하는 것만으로도 충분히, 인도아대륙에 존재하는 모든 피부색의 팔레트가 그 학교에 있음을 확인할 수 있다.[30] 허버트 리슬리도 이 문제에 관한 자신의 이론을 가지고 있었다. 한편으로, 기원전 2000년 초 아리아족 침략의 시대와 『마누법전』이 브라만에게 엄격한 족내혼을 권했던 시대(대략 기원전 2세기) 사이에 브라만은 뒤섞였다. 또한 특히 기원전 5세기부터 기원후 5세기까지 치열했던 불교와의 경쟁이 브라만들로 하여금 하층 카스트 다수를 자신들의 대열에 합류하도록 끌어올렸다. 마침내 힌두의 많은 군주들과 라자들 자신도 수세기에 걸쳐, 유동적인 브라만들의 무규율에 대처하기 위해 지식인 브라만들로 새로운 계급을 창출하게 될 것이었다.

일반적으로 네스필드 같은 행정가의 증언은 리슬리나 에드거 서스턴Edgar Thurston 같은 인종주의적 민족지학자들의 증언보다 훨씬 더 유익하다. 왜냐하면 그의 증언에서는 조사대상인 주민들과의 흥미로운 교류방식들이 보고되기 때문이다. 물론 그의 분석도 자신의 편견과 (주로 상층 카스트 출신인) 대담 상대의 편견에서 벗어나지 못한다. 하지만 그의 편견들은 그 자체로 의미가 있는 것이 사실이다. 네스필드는 예컨대 원주민과 불가촉천민이 행실로 인해 힌두공동체 외부에 놓이게 되었음을 설명한다. 그들은 주로 숲속 또는 마을 주변에서 상상할 수 없이 불결하게 살아가면서, 언제든 약탈과 노골적인 폭동을 일으킬 만한 사냥꾼 무리다. 그들의 사원 출입이 금지되는 이유는 그들이 가진 풍속이 고약하기 때문으로 그들은 필요하다면 자기네 딸들을 몸을 팔게 한다는 것이다. 네스필드 이야기의 이 부분은 지형학적인 묘사로 인해 고유한 의미의 불가촉천민보다는 오히려 고립된 원주민 부족을 떠오르게 한다. 물론 그의 증언에서 두 집단의 차이는 언제나 그렇게 명확하지는 않다. 하지만 마을과는 가깝지만 숲지대 또는 산악지대에서는 비교적 멀리 떨어진 주거 환경은 일반적으로 원주민들과 연계된다. 그들의 생활양식은 무엇보다도 일반적인 규범과는

완전히 딴판이다.[31]

네스필드는 풍속과 식생활이 최하층 카스트와 연결되어 있는 소수의 농촌 카스트들이 이 천민집단에 포함된다는 점을 추가한다. 그는 특히 수달 및 들판의 설치동물을 먹고 사는 사람들을 언급한다. 그들의 관습은 가련하지만 『마누법전』에 의해 오래전부터 금지된 것이다. 또한 차마르 chammar나 인간의 노폐물, 쓰레기, 짐승의 해골을 수거하고 '먹을 것을 찾아 쓰레깃더미를 뒤지는' 특정 직업을 가진 이들도 있다. 그들의 가족 풍속 역시 네스필드가 수집한 정보에 따르면 매우 의심스러운데, 그들은 너무 빈번히 취해 있고 유감스러운 잡거 상태에 있다고 네스필드는 기록한다. 게다가 네스필드가 확신하는바, 예컨대 정교한 기술이 필요 없는 작은 바구니 제조 같은—유럽의 여타 롬족이나 집시와 마찬가지로 인도의 하층 카스트들이 맡고 있는—활동은 가장 천한 사회계급에 부합하는 것이며, 반면에 사회적 지위가 높다는 것은 도기제조나 직조와 같은, 그리고 수공업 위계 상층의 야금업자·유리제조인·보석상·석공 같은 더욱 정교한 직업적 능력들에 부합한다. 다른 활동들의 경우도 사정은 마찬가지다. 사냥꾼들보다는 어부들이 더 명예로운 자들이고 어부들보다는 농부들과 사육자들이 더 명예로운 자들이다.

가장 중요한 바니야(상인)들은 자신들이 브라만에 근접할 수 있도록 해주는 풍속을 채택하는데, 특히 과부 재혼이 금지된다. 또한 네스필드는 라지푸트(처음에는 왕족의 혈통을 가진 사람을 가리켰던 용어)와 차트리(크샤트리아와 크샤트라에서 파생한 용어로 토지소유자를 가리킨다)라는 형태로 확인되는 전통적인 전사들인 크샤트리아들이 이슬람 지배하에서, 그리고 이후 영국의 지배하에서 위엄을 상실했다는 것에 주목한다. 그들 중 일부는 식민지배자들에게 복무하는 군인 또는 경찰관으로 채용되었고 다수가 지대로 살아가고 있으며 개중에는 근근이 살아가는 자들도 있었다. 네스필드는 브라만들이 오랫동안 사제활동을 다양하게 펼쳐왔고 농촌 공동체의 다른 이들로부터 상당한 양의 지대를 수취하면서도 주로 교사·

의사·회계사·행정가의 일을 해왔다는 점을 명확히 한다.

브라만들의 행정 능력이 식민지당국에 훨씬 더 유용하고, 지금은 백수로 지내고 있는 과거의 전사들에 비하면 브라만의 재능이 분명히 근대사회에 더 잘 들어맞는 점을 인정하면서도 네스필드는 이 브라만들이 자신들이 행하는 봉사에 비해 확실히 그 수가 더 많다고(북인도 일부 지역에서는 인구의 10%에 이르렀다) 생각한다. 실제로 네스필드는 자신의 지배적 지위를 남용하는 브라만의 수가 지나치게 많다는 것을 제외하면 인도의 사회적 위계는 꽤 괜찮은 외양을 가지고 있다고 생각한다. 결론은 당연했다. 영국인 행정가들이 나라의 상층부 브라만들을 대체해야 할 때가 온 것이다.

### 인도와 유럽의 삼기능사회의 인원

이제 이러한 인구조사들로부터 받아들일 수 있는 통계 결과들을 보자. 일반적으로, 식민지 행정가들은 수많은 자티들을 인지적으로 파악가능한 범주들로 재편성하기 위해 어떻게 대처해야 하는지를 너무 몰랐다. 인구조사마다 결과를 서술하는 양식에서 매우 편차가 컸다. 네스필드 같은 사람들은 바르나들을 거의 완전히 지워버리고 직업과 기술에 토대를 둔 완전히 새로운 사회직능별 분류를 확립할 것을 제안했고, 그는 이를 제국 전체 차원에서 다시 규정해보겠다는 계획을 세웠다. 1871년부터 1931년까지 모든 인구조사에서는 브라만집단을 단일한 존재로 규정하는 것이 선택되었고, 영국인들이 보기에 브라만과 유사했던 모든 지역 집단들이 브라만에 편입되었다. 1834년 베나레스에서 실시된 조사에서는 이미 107개의 상이한 브라만집단의 존재가 밝혀졌다. 네스필드 역시 자신이 연구했던 지역에서 수많은 하위집단을 분류했다. 종교의례를 관장하는 아차르자, 아이들 교육이 전문인 파탁, 두번째 태어난 자들의 입문 의식을 책임지는 딕시트, 사제를 보좌하는 강가푸트라, 의사로서 제식을 집행하는 바이디야, 중하층 카스트의 교육을 담당한 판데 등등. 또한 카탁과 바트도 있는데 그들은 과거엔 브라만이었으나 이제는 가수와 예술가가 된 자들이다. 이외에도 행렬에서 사용하는 왕관을 만들고 꽃을 재배하는 일에 특화된 고상한 농촌 카스트인 말리도 있는데 이들은 이따금 브라만에 편입되었다. 네스필드는 브라만 중 단 4%만이 상근 사제직을 수행하고 있으며 60%는 교사·의사·행정가·토지소유자로서의 자신들의 주요 활동을 이행하면서 이런저런 방식으로 종교적 기능에 기여한다는 점을 명확히 한다. 그들은 이를테면 교리교육에 관여하는 교양 있는 부르주아 소유자들인 것이다.

인도 전역에서, 영국의 인구조사에 의해 정식으로 목록에 기재된 브라만의 인원수는 상당하다. 1881년의 인구조사에서 브라만은 총인구(2억 5400만 명)의 5.1%, 힌두 인구(1억 9400만 명)의 6.6%로, 브라만(과 그들의 가족)은 거의 1300만 명에 이른다. 지역과 주에 따라 브라만의 비율은 편차가 있어서 남인도에서는 인구의 2~3%가량이었고 갠지스강 유역과 북인도에서는 약 10%였으며 벵골(캘커타)과 마하라슈트라(뭄바이)에서는 평균(5~6%) 정도였다.[32] 크샤트리아와 관련해서는 인구조사 보고서들에서 총계를 내지 않는데, 왜냐하면 이 용어가 그 자체로는 전혀 사용되지 않았던데다 식민지배자들은 이 용어를 되살리는 것을 포기했기 때문이다. 차트리와 특히—전체의 핵심을 형성하는—라지푸트의 다양한 카스트들 안에서 조사된 인원수를 합치면 1881년에 크샤트리아는 700만 명 이상인데 이는 인도 인구의 2.9%이며 힌두 인구의 3.7%다. 이 비율 또한 지역적 편차를 보이지만 브라만에 비하면 그 편차가 덜 현저하다(북인도는 평균을 약간 웃돌고 남인도와 여나 지역은 평균에 약간 못 미친다). 요컨대 두 상층 카스트에 1881년 힌두 인구의 10% 정도가 모여 있음이 확인된다(브라만 6~7%, 크샤트리아 3~4%). 반세기 뒤, 1931년 인구조사에서 브라만의 비율은 (6.6%에서 5.6%로) 약간 낮아졌고 크샤트리아의 비율은 (3.7%

**도표 8.3** 삼원사회의 진화: 유럽과 인도, 1530~1930년

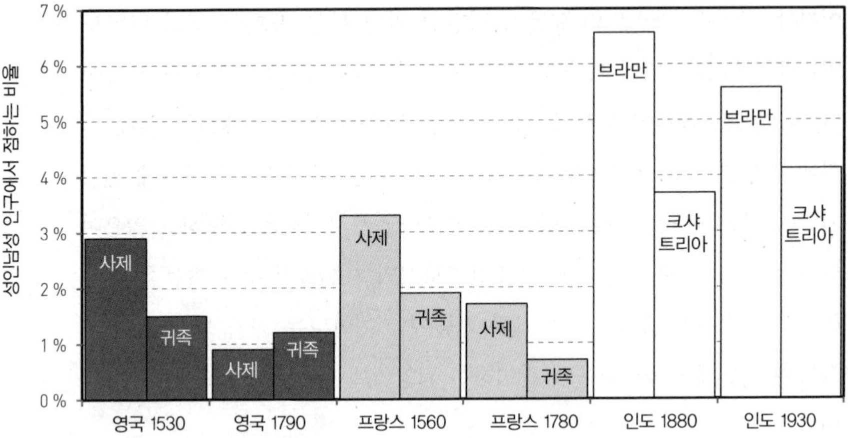


16~18세기 사이, 영국과 프랑스 삼원사회의 지배적인 두 계급(사제와 귀족)은 인원수가 줄어듦을 경험하게 된다. 영국 식민지 인구조사에 따르면 인도에서는 (이전의 사제와 전사계급이었던) 브라만과 크샤트리아의 수가 1880~1930년 사이에 약간 줄어들긴 하지만 여전히 16~18세기 유럽의 두 계급보다는 현저히 높은 수준을 유지한다.

**출처 및 원 통계자료:** piketty.pse.ens.fr/ideologie

에서 4.1%로) 약간 늘었지만 그 전체는 달라지지 않았다. 인구조사들에 따르면 브라만과 크샤트리아는 1881년에 힌두 인구의 10.3%, 1931년에 9.7%를 점했다(도표 8.3 참조).[33]

중앙집권국가 형성이 이미 상당히 진척되었던 16~18세기 영국 또는 프랑스의 사제와 귀족 인원수와 그에 해당하는 인도의 인원수를 비교하면 19세기 말 20세기 초 인도의 브라만과 크샤트리아가 상대적으로 더 많은 것이 확인된다. 가용 추계에 따르면 16세기 영국과 프랑스에서 사제는 성인남성 인구의 약 3%였고 귀족은 2% 미만이었으며 두 특권 신분을 합치면 5% 이하인 데 비해 19세기 말 인도에서는 브라만과 크샤트리아가 약 10%였다. 그렇지만 규모의 추이는 별반 다르지 않다. 18세기 유럽의 다른 나라들에서는 영국과 프랑스에 비해 사제계급과 전사계급이 과도하게 많았다는 점 또한 상기해야 한다. 에스파냐의 경우 사제는 1750년에 성인남성 인구의 4%였고 대소귀족은 7% 이상이었으며 사제계급과 전사계급

을 합치면 약 11%로 1880년에 인도에서 관찰된 것과 매우 유사한 수준이다.[34] 포르투갈·폴란드·헝가리 같은 나라들은 귀족만으로도 1800년 무렵에 인구의 약 6~7%를 점했다.[35] 관련 인원수 면에서, (다수의 지역적 편차를 수반하는) 유럽과 인도의 상이한 삼기능사회들은 상대적으로 유사해 보인다. 두 대륙의 하위 지역들에서 일어난 국가 건설을 향한 다양한 사회정치적 과정을 반영하는 변이를 보이기는 하지만 말이다.

### 교양 있는 소유자들, 행정가들, 그리고 사회적 통제

인구조사 세부 보고서들을 통해 피조사 인구의 중요한 여러 특징들을 명확히 할 수 있다. 마드라스주에서는 1871년에 브라만이 인구의 평균 3.7%를 점했는데 지구별로 1.5%에서 13.1%까지 편차를 보인다. 브라만은 교육(마드라스 학생 중 70%가 브라만이다)과 지적인 직업(마드라스주 교사·의사·법률가·회계사·점성가의 60%에서 70%가 브라만이다)에서 매우 지배적인 비율을 차지한다는 것이 확인된다. 게다가 농촌재산에서도 토지소유자로 분류되는 사람들의 40%가 브라만이고(반면 크샤트리아는 단 20%) 이 비율은 일부 지구에서는 60%에 달한다. 이러한 도표의 주석을 단 행정가는 네스필드보다 훨씬 더 노골적이다. 이 행정가에 따르면 브라만의 다른 계급들에 대한 통치가 너무나 숨막힐 정도라 영국인들이 이 나라를 떠난다면 즉각 정치적 혼돈과 반란이 뒤를 이을 것이다.[36] 이 언급은 시사적인데 영국인 식민지 정착민들은 자신들의 문명화 소명을 더욱 정당화하기 위해 인도에 각인된 브라만의 독재적인 흔적을 비난하면서도 나라를 통제하고 관리하기 위해 현지의 브라만 엘리트들에게 의지했던 것이다. 이 와중에 망각되는 것은 소유와 정치권력의 집중이 영국에서도 못지않게 극단적이었다는 점이다. 영국에서는 부재지주들이 상당수의 아일랜드 주민들을 아사시켰고 그로 인해 거대한 전복이 준비되고 있었다.[37]

또다른 인구조사들은 브라만(차라리 브라만 남성이라고 해야 하는데 왜냐하면 모든 가용 자료가 인도가 고도로 가부장적인 사회라는 점을 보여주기 때문이다) 범주로 묶이는 사람들의 수중에 교육과 자산 관련 자원들이 극단적으로 집중된다는 것을 확인해준다. 1891년 인구조사는 영국령 인도제국 남성들 중 10.4%만이 문해력을 갖추고 있다는 결론에 도달한다(여성은 0.5%). 브라만들만 놓고 보자면 이 비율이 마드라스주 남성들에서는 72.2%(여성에서는 3.8%)에 달하고 뭄바이주에서는 65.8%(여성에서는 3.3%)에 달했다. 문맹퇴치가 상당한 수준에 도달했던 유일한 주는 미얀마인데 이곳에서는 인구의 95% 이상이 불교도로 등록되어 있고(미얀마는 불교가 힌두교의 자리를 빼앗은 유일한 지역이다) 평균 문맹퇴치율이 44.3%(하지만 여성은 단 3.8%)다. 식민지 행정가들은 이처럼 훌륭한 성과를 불교 승려들과 그들의 학교들 덕분이라고 간주한다. 실제로는 조사원들이 어느 정도나 사람들의 능력을 제대로 평가했는지 또는 자신들의 편견이나 자신들이 상대한 세대주들의 편견을 옮겨 적는 데 그쳤는지를 그 누구도 잘 알지 못했다. 그럼에도 불구하고 이 수치는 시사적이다. 1911년 인구조사에서 벵골 브라만 중 여성들의 문맹퇴치율은 11.3%에 달했다(브라만 남성은 64.5%). 이것은 소소하지만 그래도 명백한 진보이고 벵골에서 문해력을 갖춘 여성의 60% 이상이 브라만 여성일 정도였다. 반면에 문해력을 갖춘 남성들 중 브라만 남성은 30%에 불과했는데 이것만으로도 상당한 것이다.

대부분의 주에서, 토지소유 측면에서 브라만은 라지푸트나 차트리와 적어도 대등한 상태였고 일반적으로는 더 높은 수준에 있었음이 확인된다. 교육 면에서는 그 격차가 심대해서, 브라만이 크샤트리아보다 비할 바 없이 앞서 있었으며 크샤트리아의 문화적 지적 자원은 매우 취약해 보인다(대부분의 주에서 라지푸트 남성들의 문맹퇴치율은 10~15% 사이로 전국 평균을 겨우 넘어선다). 그렇지만 교육 분야의 선진성은 지역별 편차가 있어서, 북인도가 남인도에 비해 덜 선진적임을 강조해야 한다. 북인도에서는 브라만 수는 많지만 그들의 문맹퇴치율은 20~30%로 떨어지기도 하는데, 남인도 브라만은 문맹퇴치율이 60~70% 이상인 훨씬 더 세련된 엘리트(인구의 10%가 아닌 2~3%)를 형성한다.

카야스트라고 불리는 소집단은 브라만의 교육적 지적 자본과 대등하거나 때로는 이를 넘어서는 자본을 가진 유일한 카스트로, 이들은 인구조사에서 인도 인구의 약 1%(벵골에서는 2% 이상)를 이루며 식민지 행정가들을 특히 난처하게 만든다. 카야스트는 명확히 최상층 카스트에 속하지만 그들을 브라만 또는 크샤트리아로 분류하는 것은 불가능해 보였고 따라서 이들은 별도로 취급되었다. 그들의 기원에 관해서는 대체로 입증되기 어려운 여러 서사가 존재했다. 고대 전설에 따르면 어려움에 처한 차트리 여왕은 적들이 자신의 아들들을 온전히 살려둘 수 있도록 아들들을 전사 대신 문필가나 회계사로 만들겠다는 약속을 했다는 것이다. 더 개연성 있는 것은, 카야스트는 크샤트리아 전사들 또는 차트리 전사들의 오래된 계보에서 유래했고, 크샤트리아나 차트리는 영국의 감독에서 벗어나 자율성을 되찾고 자체적인 학자를 보유하기 위해 아들들 중 일부가 학자나 행정가의 직무를 맡길 원했다는 것이다(이는 인도왕조들의 역사에서 흔히 돌발할 수밖에 없던 매우 자연스러운 경향으로 브라만을 키우고 쇄신하는데 아마도 크게 기여했을 것이다).

이런 경우 카야스트에게는 브라만과는 달리 크샤트리아처럼 음주가 허용되는데, 바로 이 대목에서 영국 행정가들은 카야스트의 복잡한 기원을 확인한다. 이외에는 모든 면에서 브라만과 유사했고 교육 성취도와 고위 행정직 및 학자 직업군에의 접근성이라는 면에서는 몇몇 경우에 브라만을 뛰어넘기도 했다. 카야스트는 무굴제국 황제들과 이슬람 술탄들에게 복무하기 위해서 우르두어를 매우 빠르게 습득했던 것으로 평판이 높았다. 그리고 영국의 식민지 행정당국에서 일하기 위해 영어도 역시 그렇게 빠르게 습득했다.

일반적으로, 카스트들에 대한 인구조사가 영국과 유럽 학자들의 오리엔탈리즘과 이국 취향 또는 호기심을 충족시켜주기 위한 것만은 아니었다는 점을 강조해야 한다. 인구조사는 무엇보다도 식민지 인도를 통치하는 데 중심 역할을 했다. 조사들은 우선 영국인들이 고도의 행정이나 군사 관련 직무를 수행하기 위해, 또는 과세하기 위해 이용할 수 있는 집단을 파악할 수 있도록 해주었다. 인도제국 내 영국 출신 주민이 극도로 한정되어 있었기에(언제나 총인구의 0.1% 이하였다) 인구에 관한 지식은 그만큼 더 결정적인 관건이었다.

오로지 촘촘한 체계화만이 이와 같은 건축물을 유지해줄 수 있었다. 가장 낮은 사회계층과 관련한 카스트 인구조사는 문제를 야기할 만한 계급, 특히 그들의 일탈적 행실과 입증된 약탈 성향에 따라 분류된 '범죄자 카스트'를 식별하는 기능도 했다. 이 집단의 구성원들을 신속한 절차를 거쳐 체포하고 투옥할 수 있게 해주었던 '범죄자부족법Criminal Tribes and Castes Act'은 1871년부터 1911년까지 정기적으로 강화되었다.[38] 영국인들은 주로 프랑스령 아프리카에서 행해진 부역이나 노역의 방식[39]으로 도로를 건설하기 위해 인도에서 대규모 강제노동을 시행했는데, 카스트 인구조사는 '충원할' 만한 집단을 수월하게 가려내는 데 사용되었다. 일반적으로, 영국령 인도제국하 노동 징집을 위한 부랑자 관련법 활용에서는 어떤 정교함 같은 게 보인다. 19세기 말 농장주들이 차 플랜테이션과 면화 플랜테이션에서 징용의 어려움을 겪자 관련법들이 강화되는 모습이 관찰되는데, 법이 강화될수록 '고용'은 가속화된다.[40]

상층 카스트 행정가들과 범죄자나 또는 준노예 카스트들 사이에는 일련의 중위계급들이 존재하는데 그중에서도 특히 농촌 카스트들이 식민지 인도 통치에서 중심적인 역할을 수행했다. 예컨대 펀자브에서는 1901년에 토지양도법Punjab Land Alienation Act이 만들어지는데, 이를 통해 특정 농촌 카스트들의 토지 매도매수를 허가했고 차제에 해당 카스트들의 범주도 다시 정했다. 이 법의 공식적 취지는 채권자들에게 토지가 넘어갈 위험에 처할 정도로 과중한 채무 상태에 있던 특정 농민계급을 재보증하는 것이었다.

지방에서 봉기가 일어날 위험이 고조되고 있었고 농촌 카스트들이 전통적으로 중요한 징병 통로였던 만큼 이 문제는 영국 공권력을 불안하게 했다. 그러나 카스트 범주에 대한 재평가는 후속 인구조사에서 수많은 갈등을 유발했다. 농촌의 여러 집단이 토지를 소유하기 위해 자신의 카스트를 바꿔달라고 요구했고 이러한 요구가 받아들여졌기 때문이다.[41]

본질적인 점은, 나라를 규제하고 권리와 의무를 배분하기 위해 영국인들이 창출한 행정적 범주들이 인도인의 사회적 정체성과 거리가 멀었다는 것이다. 그리하여 이러한 정체성 배정정책은 인도 사회구조를 심층적으로 뒤집었고, 많은 경우에 과거에는 유연했던 집단들의 경계가 강화되고 새로운 긴장과 적대가 만들어지는 결과로 이어졌다.

『마누법전』의 바르나에 따라 인구를 분할하려던 식민지당국의 원래 야심은 전반적으로 후퇴할 수밖에 없었다. 크샤트리아는 라지푸트 아래에서만 비로소 존재하게 되었다(또한 보다 은밀하긴 해도 차트리도 마찬가지였다). 『마누법전』의 바이샤·수공업자·상인·자유농은 그 모습 그대로는 현실에서 발견되지 않았다. 이 포괄적인 범주에 편입될 수 있었던 지역의 자잘한 직업군은 매우 다양했지만, 인도 전체 규모로 볼 때는 그 어떤 단위도 잘 들어맞지 않았다. 아마도 바니야(상인) 정도가 예외일 텐데, 영국당국은 그들을 그 모습 그대로 기장記帳하여 두번째 태어난 집단인 바이샤에 편입시키고자 했다.

초기의 인구조사들에서 식민지 행정당국은 공식 승인과 관련한 수많은 갈등을 중재해야 하는 상황에 처했는데, 이런 상황은 자초한 것이기도 하지만 그로부터 빠져나올 방법을 찾는 일은 요원했다. 특히 관련한 갈등이 종교적 차원을 내포했을 때가 그랬다. 마드라스주에서, 예컨대 1891년 인구조사에서 나다르 카스트는 식민지당국으로부터 크샤트리아로 인정받았다. 이러한 토대 위에서 나다르집단은 1897년에 카무디의 미나크시 사원 구역에 침투해 들어갔고, 이는 그곳을 관할하는 상층 카스트 사이에서 물의를 일으켰다. 식민지 법원은 결국 나다르의 틈입으로 인해 필요해진 정화의례 비용을 그들이 치르도록 결정했다. 행렬을 위한 다양한 공적 공간의 사용을 놓고도 수많은 갈등이 벌어졌다.

영국 당국은 벵골의 카야스트, 뭄바이 지역의 마라타, 마드라스 인근의 벨라라르와 같은 특별한 지역의 고위집단들을 상대할 때 특히 난처했다. 이들은 모두 상위 카스트처럼 행세했지만 그 어떤 바르나에도 기입되어 있지 않았다. 바니야처럼 애초부터 명확하게 정의되는 상층 카스트의 신분을 지니지 않았던 집단들은 19세기 말에 (예컨대 과부의 재혼을 금지하고, 매우 엄격한 채식주의 규칙을 준수하고, 순혈 카스트가 아닌 자들과의 접촉을 끊어버리는 등) 가족이나 식생활의 순수성을 위한 매우 엄밀한 규범들을 따르기 시작했고, 이렇게 해서 그들은 두번째 태어난 자들에 편입되고 브라만에 가까워질 수 있었으며, 그들의 통일된 존재방식이 인구조사에 의해 선언되고 비준되었다는 사실이 여러 연구에 의해 밝혀졌다.[42]

## 식민지 인도와 카스트의 경직화

일반적으로, 식민화되지 않았더라면 이 나라가 어떻게 진화해나갔을지 말하기는 분명히 불가능하지만, 식민지 인구조사와 더불어 사회 범주들의 이 놀라운 관료화가 불러일으킨 효과 중 하나는 카스트들의 경계를 엄청나게 경직되게 만들었다는 점이다. 예전에는 존재하지 않았거나 또는 적어도 그만큼 뚜렷하고 일반적인 형태로는 존재하지 않았던 범주들에 명확한 행정적 존재양식을 부여함으로써, 영국의 식민지 건설은 하나의 오래된 삼기능사회의 자생적인 발전을 중단시켰을 뿐만 아니라 그 사회의 윤곽을 고착시킨 것으로 보인다.

이런 관점에서, 인구의 엄청난 증가에도 불구하고 상층 카스트로 분류된 인구의 비율이 1871~1931년 기간만이 아니라 2014년까지도 거의 변하지 않고 유지되고 있음을 확인하는 것은 인상적이다(도표 8.4와 표 8.2 참

**도표 8.4** 인도 상층 카스트의 경직화, 1871~2014년

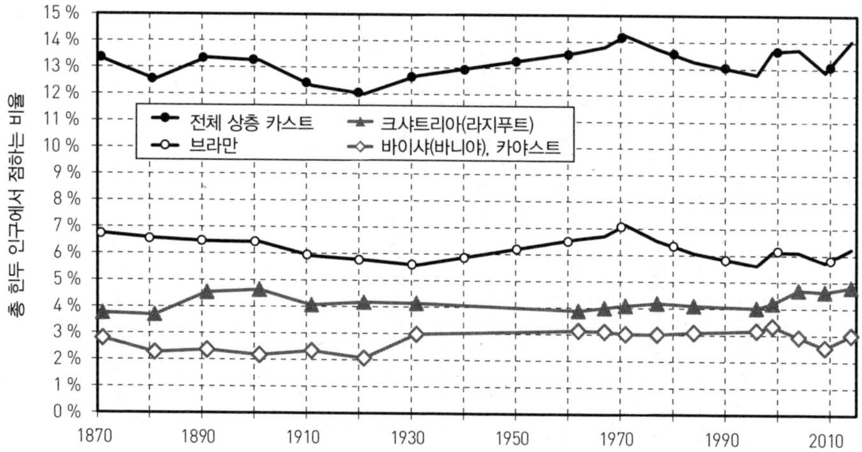


이 도표는 1871~1931년 영국 식민지 인구조사와 1962~2014년 (자진신고) 선거 사후조사의 결과다. 브라만(오래된 사제 및 학자 계급), 크샤트리아(라지푸트, 오래된 전사계급), 그 외의 상층 카스트인 바이샤(바니야, 장인, 상인), 카야스트(작가, 회계사)로 등록된 사람들의 비율은 시간이 흘러도 비교적 안정성을 띠는 것을 볼 수 있다. (인구의 약 2%인) 마라타 같은 지역 여타 상층 카스트들은 여기에 포함시키지 않았다.

**출처 및 원 통계자료:** piketty.pse.ens.fr/ideologie

조). 인도 인구조사를 진행함에 있어 1931년부터 상층 카스트 진입에 관한 기록을 중단했다는 것을 명확히 해두자. 영국인들은 자신들이 일조한 사회적 경계 문제와 신분 갈등 악화의 심각성을 마침내 깨달았고 1941년 인구조사에서 그 시도를 단념했다. 독립인도의 정부들은 카스트에 기반한 차별 종식을 목표로 삼았고, 카스트의 정체성에 관한 문제제기를 중단했다(우리가 뒤에서 보겠지만 최하층 카스트에 관해서는 예외다). 그렇지만 인도인의 소속 카스트에 관한 조사는 수없이 이어졌고, 우리가 여기에서 제시하는 결과들은 1962~2014년까지 대부분 인도 의회선거 이후 실시된 선거 사후조사에서 확보된 것들이다. 따라서 매우 상이한 두 종류의 자료가 있다. 하나는 조사원들이 권위를 가지고 인구 전체를 대상으로 진행한 인구조사이고, 다른 하나는 수만 명을 대상으로 주로 자진신고에 근거한 조사다.

**표 8.2** 인도 상층 카스트의 구성, 1871~2014년

| | 1871 | 1881 | 1891 | 1901 | 1911 | 1921 | 1931 | 1962 | 1967 | 1971 | 1977 | 1996 | 1999 | 2004 | 2009 | 2014 |
|---|---|---|---|---|---|---|---|---|---|---|---|---|---|---|---|---|
| **전체 카스트** | 13.3% | 12.6% | 13.4% | 13.2% | 12.3% | 12.0% | 12.7% | 13.6% | 13.8% | 14.2% | 13.7% | 12.8% | 13.6% | 13.7% | 12.8% | 14.0% |
| 브라만 (사제, 학자) | 6.7% | 6.6% | 6.5% | 6.4% | 5.9% | 5.8% | 5.6% | 6.6% | 6.7% | 7.1% | 6.5% | 5.6% | 6.1% | 6.1% | 5.7% | 6.2% |
| 크샤트리아 (라지푸트, 전사) | 3.8% | 3.7% | 4.5% | 4.6% | 4.1% | 4.2% | 4.1% | 3.9% | 4.0% | 4.1% | 4.2% | 4.0% | 4.2% | 4.7% | 4.6% | 4.8% |
| 여타 상층 카스트: 바이샤(바니야), 카야스트 | 2.8% | 2.3% | 2.4% | 2.2% | 2.3% | 2.1% | 3.0% | 3.1% | 3.1% | 3.0% | 3.0% | 3.2% | 3.3% | 2.9% | 2.5% | 3.0% |
| **총 힌두 인구** (백만 단위) | 179 | 194 | 217 | 216 | 228 | 226 | 247 | 375 | 419 | 453 | 519 | 759 | 800 | 870 | 939 | 1012 |

이 표는 1871~1931년 영국 식민지 인구조사와 1962~2014년 (자진신고를 통한) 선거 사후조사 결과다. 브라만(오래된 사제와 학자 계급), 크샤트리아(라지푸트, 오래된 전사계급), 그 외의 상층 카스트인 바이샤(바니야, 장인, 상인), 카야스트(작가, 회계사)로 등록된 사람들의 비율은 시간이 흘러도 비교적 안정성을 띠는 것을 볼 수 있다. (인구의 약 2%인) 마라타 같은 지역 여타 상층 카스트들은 여기에 포함시키지 않았다.

**출처 및 원 통계자료:** piketty.pse.ens.fr/ideologie

각각의 비율이 거의 변하지 않았다는 점을 확인하는 것은 흥미롭다. 1871년부터 1931년까지 실시된 인구조사들에서 힌두 인구 중 브라만 비율은 6~7% 사이를 오갔다. 그 비율은 1962년과 2014년 사이에도 같은 수준에 놓여 있다. 크샤트리아(실제로는 주로 라지푸트)의 비율은 19세기 말 20세기 초 식민지 인구조사들에서 4~5% 사이이다. 20세기 말 21세기 초 선거 사후조사에서도 사정은 동일하다. 또한 나는 도표 8.4와 표 8.2에 바이샤(바니야)와 카야스트로 등재된 비율을 제시했는데, 이 두 집단을 합치면 이 기간 내내 힌두 인구의 2~3% 사이임이 확인된다. 이 두 집단을 포함해서 상층 카스트 전체를 고려한다면, 1871~2014년 기간에 이들은 항상 힌두 인구의 12~14% 사이를 점했음이 확인된다. 상층 카스트 소속 여부가 새로운 갈등과 논쟁의 대상이던, 특정 지역 여타의 상층 카스트들과 마라타(인구의 약 2%)를 추가한다면, 채택된 정의들에 따라 그 총합이 15~20% 사이가 될 것이다.

이 문제들의 이면에 있는 쟁점을 제대로 이해하기 위해서, 이러한 분류의 결과들이 20세기에 근원적으로 전환되었음을 명확히 해야 한다. 19세기 말에, 상징적인 위엄 때문만이 아니라 일부 사원과 학교·샘물·저수지·여타의 공공장소에 출입하기 위해서도 상층 카스트로 인정되느냐 아니냐는 중요한 쟁점으로 존재했다. 식민지 시기 말에, 특히 전간기에 영국 당국은 독립운동의 압력을 받아 불가촉천민 같은 하층 카스트를 차별하는 규칙들을 철폐하고 과거의 차별들을 교정하려는 우대조치들을 시행하기 시작했다. 그렇지만 인도가 독립되고(1947년) 나서야 해묵은 차별들이 결정적으로 철폐되고 체계적인 '적극적 우대조치'정책이 실행되었다. 1931년 인구조사의 판무관 존 휴턴은 '불가촉천민 출입금지'라는 푯말이 1929년 마드라스의 식당이나 이발소에 매우 많이 걸려 있었음을 기록하고 있다.[43] 독립운동 지도자 페리야르Periyar는 인도 국민회의가 독립투쟁에 대해 너무 소극적인 태도를 취한다고 판단해 1925년에 탈당했다. 그는 하층 카스트에 대한 사원 전면 개방을 가장 보수적인 재생족再生族(브라만·크샤트리아·바이샤 카스트)에게 관철시키고, 학교에서 브라만과 브라만이 아닌 학생이 따로 식사하는 관행을 폐지하고자 했다. 그는 더 많은 것을 더 빨리 이룰 수 있다고 생각했다.[44]

컬럼비아대학과 런던경제학교에서 법학과 경제학으로 학위를 받은 최초의 불가촉천민이자 1950년 인도 헌법의 기초자인 암베드카르Ambedkar는 1920년대 인도에서 변호사로 일하는 데 심대한 어려움을 겪었다. 그는 '달리트'(산스크리트어로는 '부서진'이란 뜻인데, 암베드카르는 구舊불가촉천민을 이렇게 부르자고 제안했다) 해방운동 출범에 기여했고, 1927년에 차바다르(마하라슈트라) 저수지에서 열린 대규모 달리트 집회에서 『마누법전』을 공개적으로 불태웠다. 암베드카르는 후일 달리트가 불교로 개종할 것을 권장했다. 그는 힌두교체계에 대한 근원적인 문제제기만이 카스트제도를 파괴하고 해묵은 차별들을 종식시키는 것을 가능케 하리라고 확신했다. 그는 간디에 대해 격렬하게 반대했는데, 간디는 역으로 『마누법전』을 불태우는 것이 매우 불경하다고 판단했다. 간디는 바르나들의 기능적인 유대라는 이상과 브라만을 옹호했고 '하리잔'('신의 아이들'이라는 의미로 간디는 불가촉천민을 이렇게 명명했다)에게 힌두교 안에서 자신의 자리를 찾으라고 호소했다. 상층 카스트에 속한 많은 인도인이 보기에, 이것은 또한 무엇보다도 상층계급이 구현하고자 했던 순수성에 가장 가까운 가족·식생활·위생 관련 규범과 품행을 채택하는 것을 뜻했다(약간은 빅토리아 시대 영국 부르주아의 가부장제적 풍조와 비슷한데, 이들은 노동자계급에게 절제와 정숙한 행실을 권장했다). 간디와 유사한 일부 재생족은 불가촉천민, 원주민, 심지어 무슬림에게 힌두공동체로 그들이 충분하고 완전하게 회귀했음과 그들이 순수한 삶 안으로 들어섰음을 표하도록 힌두교로 상징적인 개종을 할 것을 제안하기까지 했다.

1920~1930년에는 누구나 식민지체제가 결코 영원히 지속되지 않으리라는 사실을 잘 알고 있었고, 투표권 확대와 더 많은 권력을 선출된 인도인 회의체들에 부여하기 위한 협상도 영국인들과의 사이에서 진행되었

다. 식민지당국은 벵골에서 1차대전이 발발하기 전인 1909년에 힌두와 무슬림이 분리된 납세유권자명부를 작성하기 시작했고, 바로 이것이 1947년 파키스탄과 방글라데시와의 분리로 이어진 결정적인 최초의 행위였다. 1920년대 말 암베드카르도 역시 분리된 유권자명부 작성안을 옹호했지만, 달리트와 달리트가 아닌 힌두를 분리해야 한다는 전제를 달았다. 그는 이것이야말로 유구한 불가촉천민이 자신을 표현하고 대표하며 방어할 수 있는 유일한 길이라고 생각했다. 간디는 이에 격렬하게 반대했고 단식투쟁을 시작했다. 독립운동의 두 지도자는 결국 1932년에 푸나협정이라는 타협책을 찾았다. 달리트와 달리트가 아닌 힌두가 함께 단일의회를 선출하지만(달리트가 인구에서 점하는 비율에 따라) 일부 선거구는 달리트에게 할당되고 이 선거구에서는 오직 달리트만이 입후보한다는 것을 골자로 한 이 협정의 '할당'제가 1950년 헌법에서 채택되어 오늘날에도 여전히 실행되고 있다.

영국의 행정언어가 불가촉천민과 여타의 차별받는 범주들을 명명하는 대로 표현하자면 '배제된 사람들outcasts' '부족tribes' 그리고 여타의 '억압당하는 계급depressed classes'이자 이후에는 '지정카스트scheduled castes'와 '지정부족scheduled tribes'으로 분류되는 이들이 1931년 인구조사에서 약 5000만 명으로 추산되었고, 이는 2억 3900만 힌두 인구의 약 21%였다. 1920년대 말, 인구조사에 대한 보이콧이 독립운동 진영에 의해 여러 지방에서 일어났다. 독립운동 진영은 조사원들에게 자티 혹은 바르나에 대해 알려주지 말 것을 권장했다. 엘리트와 상층 카스트의 권리와 특혜를 명시적으로 보장하기 위해서라도 상층 인구를 파악하려 했던 인구조사는, 도리어 과거의 차별을 교정하기 위해 하층 카스트를 파악하는 것으로 그 목표가 조금씩 수정되어갔다. 특징 공식에서 '지정카스트'를 우대하는 제도가 식민지 정부에 의해 실험되던 1935년에, 1890년대에 크샤트리아로 인정받아 일부 사원과 공공장소에 출입하기 위해 결집했던 일부 자티들이 이제는 하층 카스트로 간주되기 위해 다시 결집했다는 사실이 확인된다.[45] 이는 다시금 개별 정체성이 지닌 유동성과, 식민권력에 의해 만들어진 모순적인 우대조치에 그 정체성들이 적응하는 능력을 보여준다.

대학과 공직을 특권을 가진 카스트들이 장악하는 일을 제한하려는 제도가 1902년 이후에 콜라푸르의 마라타 토후국에서 최초로 실험되었음에 주목하는 것은 흥미롭다. 콜라푸르 군주는 브라만들이 군주의 출신이 수드라이기에 군주가 의례석상에서 베다를 낭송하는 것을 금지하자 심한 모욕감을 느꼈다. 격노한 그는 즉각 50%의 할당량을 정해서 브라만이 아닌 자들이 자기 행정구의 고위직을 차지할 수 있도록 했다. 유사한 흐름이 1916년 인도정의당Justice Party 창립을 통해 마드라스에서 전개되었다. 또한 1918년 마이소르(카르나타카) 토후국에서는 3%의 브라만이 대학과 최고위 공직 70%를 점유하는 것에 대해 콜라푸르에서와 마찬가지로 브라만이 아닌 엘리트들과 군주는 더이상 가만두지 않았다. 유사한 흐름은 1921년에 타밀나두에서 정의당의 자극을 받아 등장한다. (말레이시아 중국인들의 상황과 거의 유사한데) 브라만 엘리트를 북인도에서 온 찬탈자들로 보는 시선이 없지 않았던 남인도에서, 브라만 엘리트들이 수세기 동안 이곳에 정착해왔음에도 불구하고, 이러한 할당제는 독립 이전부터 꽤나 급진적인 반反브라만 양상을 띠었다. 비교하자면, 네루와 간디를 비롯해 북인도의 고위 카스트 출신인 진보적 대표자들을 여럿 두고 있었던 국민회의는 '배정'과 관련해 언제나 훨씬 더 온건한 입장을 옹호했다. 당연히 하층 카스트의 발전을 도와야 하지만 이것이 상층 카스트에게서 그들의 재능을 돋보이게 하고 사회의 다른 영역에 혜택이 돌아가도록 그 재능을 활용할 기회를 빼앗아서는 안 된다는 것이었다. 이런 식의 갈등은 그후 수십년간 증폭되었다.

## 과거에서 유래한 규약적 불평등에 직면한 독립인도

1947년의 독립 이후 인도공화국은 이전에는 그 어느 나라에서도 실험된 적 없는 가장 체계적인 적극적 우대조치정책을 실시했다. 이 정책은 미국을 연상시키기도 하지만 실제로 미국에서 흑인이나 여타의 소수자들에게 유리한 할당제가 공적인 것으로 여겨지는 정치의 대상이 되었던 적은 결코 없었다. 미국에서, 예컨대 대학특례입학 조치는 전국적인 차원에서 체계적으로 시행되는 것이 아니라 언제나 합법적 제도의 주변에서 자원 기관에 의해 이뤄진다. 반면에 1950년 인도 헌법은 과거에서 비롯한 차별을 교정하려는 법적인 틀을, 법치국가의 원리적 수단을 통해 명시적으로 준비한다. 일반적으로 1950년 헌법은 카스트 특권 일체를 철폐하고 종교에 대한 준거 일체를 폐지하는 것으로 시작한다. 15~17조는 불가촉천민이라는 지위를 종식시키고 사원과 여타의 공공장소에 대한 출입금지를 해제한다.[46] 그러나 48조는 소의 도축 조건을 규제할 재량을 국가에 폭넓게 부여한다. 이 문제를 둘러싼 갈등이 달리트나 무슬림에게 가해지는 린치와 숱한 소요의 원인일 텐데, 이들은 부정한 방식으로 도축된 짐승의 고깃덩어리를 들여온다는 비난을 받았다. 46조는 '지정카스트'와 '지정부족', 즉 불가촉천민과 차별받는 원주민의 교육적 경제적 이익을 재고하려는 장치를 마련했다. 338~339조는 전국적으로 지정카스트 또는 지정부족 분류의 까다로운 작업을 책임지는 위원회를 조직한다. 340조는 '기타하층계급 OBC, other backward classes'에 유리한 유사한 장치들을 준비한다.

최초로 지정카스트-지정부족을 명확하게 규정하기 위한 단독 위원회가 설치되었다. 일반적인 원칙은 이중의 조건을 충족하는 주민들을 지정카스트-지정부족으로 분류되는 집단에 모아놓는 것이었다. 한편으로 이들은 교육 수준, 생활과 주거 조건, 고용된 형태 등에서 객관적으로 열악한 처지에 놓여 있어야 한다(이러한 사회경제적 차원들 각각은 인구조사와 공식 설문을 통해 평가된다). 다른 한편으로는 이러한 사회경제적 지체와 물질적 궁핍이 적어도 부분적으로는 과거에 겪었던 특별한 차별에 의해 설명되어야만 한다. 따라서 여기에 암묵적으로 해당되는 자들은 전통적인 힌두사회의 주변에 놓여 있는 (예컨대 네스필드가 1885년에 언급한) 집단인 불가촉천민과 원주민이다. 실제로 이 위원회들이 실행하고 주기적으로 재검토한 분류에 따라 다양한 인구조사와 설문이 확정한 바 지정카스트–지정부족은 1950~1970년에 인도 총인구의 약 21%였고 2000~2020년에는 25%였다.

원칙적으로, 종교에 관계없이 어떤 사회집단이든 어떤 자티든 간에 모두 지정카스트 또는 지정부족의 지위를 부여받을 수 있었다. 사실상 무슬림들은 거의 배제되었다(무슬림 중 지정카스트와 지정부족은 고작 1~2%였다). 반면 불교도의 거의 절반이 지정카스트로 인정되었고(주로 힌두교에서 벗어나기 위해 암베드카르가 재개한 개종운동의 여파로 인한 것이다), 기독교도의 3분의 1이 지정카스트로 인정되었다(많은 원주민과 고립된 부족이 식민지시대에 기독교로 개종했는데 이는 위장 여부에 대한 식민지권력의 의구심을 불러일으켰다). 지정카스트–지정부족 분류는 대학과 공직에서의 자리를 배정받는 권리뿐만 아니라, 지정카스트–지정부족이 인구에서 점하는 비율에 따라 연방 총선에서 지역구를 배정받는 권리를 열어주었다.

기타하층계급과 관련된 헌법 340조는 실행되는 데 더 오랜 시간이 걸렸다. 해당 조사 범위가 너무 광범위하다는 것이 큰 어려움이었다. 사회경제적 지체 또는 물질적 궁핍의 상황에 있는, 하지만 이 상황이 반드시 과거의 차별 탓은 아닌 모든 사회적 범주들이 여기에 해당될 수 있었다. 구체적으로, 기타하층계급에는 잠재적으로 수드라 전체, 즉 지정카스트–지정부족과 상층 카스트들을 제외한 모든 인구가 포함될 수 있었다. 게다가 기타하층계급에 속하는 집단의 상한과 하한을 정하기가 어려웠는데, 이 문제가 인도사회 엘리트들에게 끼친 영향은 잠재적으로 훨씬 더 불리한 것이었다. 할당량이 20~25%에 불과했던 만큼, 브라만과 여타 상층계급은

**도표 8.5** 인도의 적극적 우대조치, 1950~2015년

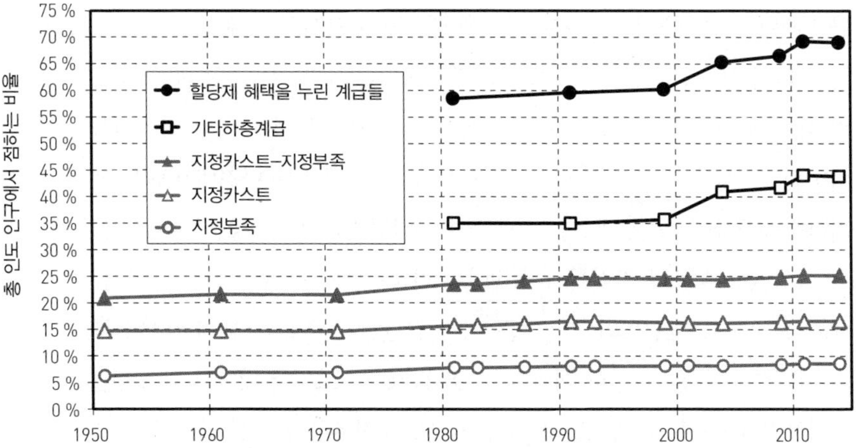


1951~2011년 사이 10년 단위 인구조사와 1983~2014년 실시된 전국표본조사의 결과다. (과거의 불가촉천민과 차별받는 원주민들로 구성된) 지정카스트-지정부족을 위한 대학 정원 및 공직 할당제가 1950년부터 시행되었고, 1979~1980년 만달 위원회에 의해 1980~1990년부터는 기타하층계급으로 확장되었다. 기타하층계급은 1999년부터 전국표본조사를 통해서 조사되었고, 여기에 제시된 1981년과 1991년 계산(전체 인구의 35%)은 근사치다.

**출처 및 원 통계자료:** piketty.pse.ens.fr/ideologie

할당제를 그다지 위협적으로 여기지 않았다. 여전히 75~80%의 자리가 있었고, 따라서 그들의 자녀들이 얻은 학교 성적은 좋은 자리를 얻기에 충분했음이 틀림없다. 하지만 인도처럼 가난한 나라에서는 학생과 공무원의 절대수가 상대적으로 적기 때문에, 독립 이전 남인도국가에서 그랬듯이 할당량이 두 배 혹은 세 배로 커지면 사정은 달라진다. 1953~1956년에 소집된 최초의 위원회는 기타하층계급이 총인구에서 최소 32%라는 결론을 내렸는데 이는 지정카스트-지정부족의 할당량을 포함하면 53%의 자리가 '배정'된다는 뜻이 된다. 상층 카스트 내부에서 반발이 터져나왔고, 연방정부는 그대로 시행하지 않되 주정부들이 계속해서 실험을 하도록 하는 현명한 결정을 내렸다. 주정부들은, 특히 남인도에서, 이를 대대적으로 실행했다. 1970년대 초 대부분의 주정부는 특히 기타하층계급과 관련해서 연방정부정책을 넘어서는 적극적 우대조치정책을 확립했다.

1978~1980년 만달Mandal 위원회는 헌법이 제시한 연방정부정책의 확립을 더이상 늦춰서는 안 된다는 결론을 내리고 할당제의 수혜를 받아야 하는 기타하층계급이 인구의 54%라고 추산했다(32%가 아니라는 주장인데, 이 대목이 보여주는 것은 기타하층계급의 범위를, 특히 그것의 상한선을 정하려 할 때 부딪히는 엄청난 어려움이다). 연방정부는 마침내 1989년에 기타하층계급에 대한 '배정'을 실행하기로 결정했고, 이는 상층 카스트 젊은 학생들 사이에서 자신들의 성적이 기타하층계급 동급생들보다 월등함에도 불구하고 자신들의 커리어는 이제 끝났다는 결론을 내리고 분신하는 사태를 촉발했다. 인도 대법원은 1992년에 이 조치의 법적인 유효함을 인정하면서도 (기타하층계급과 지정카스트-지정부족을 위한 자리들을 모두 포함한) 할당량이 50%를 초과할 수 없다는 점을 분명히 했다.

기타하층계급 범위를 규정하는 위원회가 설치되었고, 1999년 이후에는 인도의 공식 통계인 전국표본조사NSS에 기타하층계급에 속한 개인들이 기재되었다. 기타하층계급으로 분류된 인구비율은 1999년에 36%, 2004년에 41%, 2011년과 2014년에 44%였다(만달 위원회가 제시한 기타하층계급 비율과 매우 다른데 이는 더욱더 이 범주의 유동성을 보여준다). 실제로 2010년대 중반에 인도 인구의 거의 70%가 지정카스트-지정부족의 명목으로든 기타하층계급의 명목으로든, 적극적 우대조치의 수혜를 받는다는 것이 확인된다(도표 8.5 참조). 수혜를 받지 못하는 약 30% 중에서, 20%를 약간 넘는 집단은 힌두 상층 카스트(더 일반적으로는 지정카스트-지정부족 또는 기타하층계급으로 분류되지 않는 모든 힌두)로 구성되어 있고 10%가 조금 안 되는 부분은 지정카스트-지정부족 또는 기타하층계급으로 분류되지 않는 무슬림, 기독교도, 불교도, 시크교도로 구성된다. 이러한 상층 사회집단들은 역사적으로는 대학과 공직의 거의 전부를 독식했던 집단들이다. '배정'의 공언된 목표가 70%의 하층민이 이러한 자리들 중 상당 부분에 접근할 수 있도록 하는 것임은 분명하다.

지정카스트-지정부족과는 반대로 기타하층계급이라는 범주가 대체로 무슬림들에게 열려 있음에 주목해야 한다. 바로 이 문제가 힌두인민당BJP, Bharatiya Janata Party이라는 힌두민족주의자들의 발흥을 조장하는 원인이기도 하다. 매우 두드러진 반反이슬람 담론에 기초한 힌두인민당은 점점 상층 카스트 중심의 유권자를 끌어들이는데, 이는 유권자의 사회경제적 구조가 선거에서 표출되는 정치적 갈등의 핵심인 재분배 메커니즘의 진화와 결정적인 상호작용을 한다는 점을 분명히 보여준다(우리는 이 책 4부에서 이를 재론할 것이다). 또한 정확히 해야 하는 것은 인도 대법원이 1993년에 할당제 적용을 위한 소득 기준을 확정했다는 점이다. 특정 카스트 또는 자티가 기타하층계급에 포함된다면 여기에서 '크림 층creamy layer'(특혜를 누리는 계층)을 이루는 성원들, 즉 연간소득이 일정 기준을 넘어서는 자들은 이로 인해 실제로 할당의 수혜에서 배제되었다(시행 첫 해인 1993년에는 소득이 10만 루피, 2019년에는 80만 루피[47]로 확정되었고 인도 인구의 10% 이하가 배제된다).

그러나 사태는 여기에서 끝나지 않는다. 특히 이 후자의 기준은 사회경제적으로 열악한(지정카스트-지정부족의 경우에는 과거에 차별당한) 집단에 소속되어 있다는 것과 소득이나 자산 같은 개별적 특징 사이의 연결고리에 관한 핵심적인 문제를 제기했다. 2011년 인구조사는, 1931년 인구조사 이후 최초로 다양한 집단들의 사회경제적 특성에 대한 일반적인 재평가를 위해 카스트와 자티 정체성에 관한 정보를 수집하기로 결정했다. 이것은 교육 수준, 고용된 형태와 (벽과 지붕의 소재가 대나무인지 플라스틱인지 나무인지 벽돌인지 돌인지 콘크리트인지 같은) 주거 형태, 소득 구간, 보유자산 유형(냉장고, 휴대전화, 경오토바이, 자동차 등), 보유토지의 크기 같은 측면들을 포함해 이루어진다. 2011년 사회경제적 카스트 인구조사SECC, Socio-Economic and Caste Census는 1951년부터 2001년까지 시행된 조사와 뚜렷이 구분된다. 후자의 조사들 역시 동일한 유형의 사회경제적 정보를 수집했지만 카스트와 자티에 관해서는 조사하지 않았다(지정카스트-지정부족 소속 여부에 대해서는 예외다). 이러한 점검은 '배정'제도 전체를 재고하게 만들 수도 있다. 그렇지만 이 문제가 지닌 폭발성으로 인해, 2010년대 말에도 2011년 인구조사의 세부 결과는 아직 공개되지 않았다.

인도 대법원은 2018년 말에 '크림 층'에 대한 법규를 지정카스트-지정부족으로 확대하기로 결정했는데, 이것은 해묵은 규약적 차별이 보상 조치를 영원히 정당화할 수는 없다는 것을 뜻한다. 그러나 여기에 사용된 소득 기준의 상대적으로 높은 수준을 감안하면 이 결정의 영향력은 제한적일 것이다. 2019년 초에 힌두인민당 정부는 다른 집단에 돌아갈 할당량은 축소하지는 않으면서, 이 기준에 미달하는 소득을 가진 상층 카스트 성원에게 배정의 수혜를 확대하려는 조치를 채택했다. 다가올 수십 년간 이 문제들은 계속해서 논의될 개연성이 있다.

## 인도의 적극적 우대조치정책의 성공과 한계

인도에서 시행된 적극적 우대조치정책은 해묵은 규약적 범주로 인한 사회적 불평등을 해소하는 데 일조했나, 아니면 오히려 그 불평등을 고착화하는 데 일조했나? 우리는 뒤에서, 특히 세계에서 가장 거대한 민주주의사회 내부의 선거를 둘러싼 정치적 균열의 사회경제적 구조 변형에 대해 연구할 때 이 복잡한 문제를 재론할 것이다.[48] 이미 여러 가지를 짚어볼 수 있었다. 우선, 인도 사례에 대한 검토는 21세기 불평등주의체제에 대한 분석에 들어가기에 앞서 광범위한 비교사적 전망의 도정을 수행하는 것이 얼마나 필수적인지를 보여준다. 오늘날 인도의 지배적인 불평등구조는 복합적인 역사의 산물이다. 그리고 이 역사는 오래된 삼기능사회의 변형과 연관된다. 인도 삼기능사회는 영국 식민지배자들과의 충돌에 의해 엄청난 영향을 받으며 진화했다. 영국 식민지배자들은 인도 현지의 사회적 신분을 경직된 행정적 법규로 확립하고자 했다. 오늘날의 쟁점은 과연

**도표 8.6** 적극적 우대조치정책과 불평등 비교

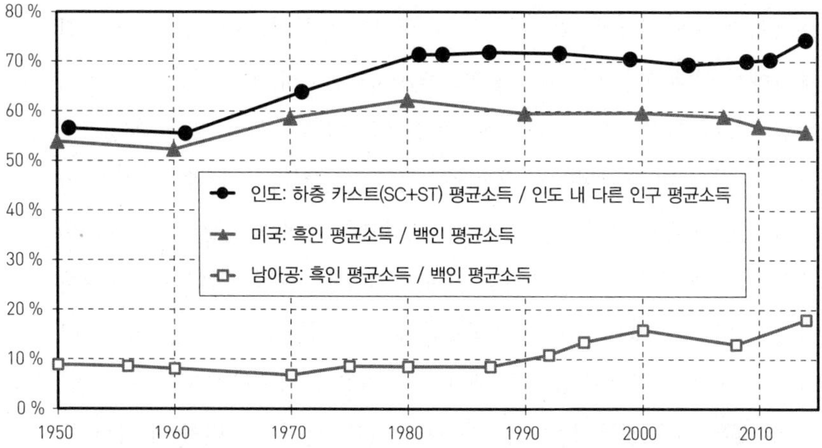


인도 하층 카스트(지정카스트와 지정부족, 불가촉천민과 원주민) 평균소득은 1950년에 인도 내 다른 인구의 평균소득의 57%에서 2014년 74%까지 상승했다. 같은 시기 미국 흑인의 평균소득은 백인의 54%에서 56%로 상승했고, 남아공의 경우는 9%에서 18%로 상승했다.

**출처 및 원 통계자료:** piketty.pse.ens.fr/ideologie

식민화가 없었더라면 인도의 불평등주의체제가 어떻게 진화했을지 알아보는 데 있지 않다. 이는 대체로 결정 불능의 문제다. 동인도회사의 지배(1757~1858년)와 이후의 직접통치(1858~1947년)를 통한, 두 세기에 걸친 영국의 존재가 과거의 논리들을 완전히 전복시켰기 때문이다. 차라리 중요한 문제는 삼기능적이면서 동시에 식민주의적인 이 매우 심대한 불평등의 유산으로부터 빠져나올 수 있는 최상의 전략을 짜는 것이다.

가용 자료들이 나타내는바, 인도에서 실시된 정책들은 1950년대부터 2010년대 사이에, 예컨대 미국 흑백 인종 간 불평등 감소 정책보다 더 강력하게, 아파르트헤이트 종언 이후 남아공 흑백 인종 간 불평등에 비해서도 훨씬 더 큰 폭으로, 오래전부터 차별받아온 카스트들과 나머지 주민 사이의 불평등을 현저히 감소시키는 데 성공했다(도표 8.6 참조). 물론 이러한 비교들로 논의가 끝나는 것은 전혀 아니다. 과거 불가촉천민이었던 지정카스트와 차별받는 원주민이었던 지정부족은 다른 주민들 소득의

70%를 상회하는 데 반해 남아공 흑인들의 평균소득은 2010년대에 백인 소득의 20%에 미달한다는 사실은, 두 국가의 상황이 매우 상이하다는 전제하에서 상대화되어야 한다. 흑인은 남아공 인구의 80% 이상인 데 비해 지정카스트-지정부족은 인도 인구의 25%를 이루고 있다. 미국 흑인(인구의 12%)과의 비교는 이러한 관점에서 좀더 타당하다고 볼 수 있는데, 인도가 1950년대에 출발점(불완전한 데이터임을 감안하고 보자면 소득 수준은 약 50%였다)은 동일했지만 훨씬 현저하게 격차를 줄였음을 보여준다. 그러나 표준 생활 수준은 미국보다 인도가 훨씬 더 낮은데, 바로 이러한 조건이 비교 연구의 효과를 제한한다. 가용 조사들을 통해 또한 확인할 수 있는 것은 전통적인 상층 카스트 성원들(특히 브라만들)이 다른 주민들에 비해 매우 높은 소득, 자산, 학력의 혜택을 계속해서 누린다고 하더라도, 남아공처럼 강력한 규약적 불평등이 두드러진 여타 나라들에 비해 관찰된 격차의 수준이 분명히 더 낮다는 것이다. 그러나 다시 한번, 여기에 까다로운 기준을 들이대지 않았다는 점은 감안해야 한다.[49]

어쩌면 훨씬 더 설득력 있는 것은, 많은 연구가 보여주었던바, 인도 의회민주주의 틀 안에서 확립된 메커니즘이 인민계급을 정치와 선거라는 게임에 대체로 통합하는 데 성공했다는 점이다. 특히 1950년대 초 이후의 모든 연방 총선에서 실행된 지정카스트-지정부족을 위한 의석 '배정'은 모든 정당으로 하여금 지정카스트-지정부족 출신 당선자들을 내세우도록 만들었다. 의회민주주의 메커니즘이 부재했더라면 이 같은 성과를 거둔다는 것은 거의 개연성 없는 일이다.[50] 1993년 수정헌법은 주정부들로 하여금 판차야트(기초 지방자치의회)의 3분의 1을 여성에게 할당하도록 강제했다. 여성들을 판차야트의 선두에 세우는 실험을 했다는 사실이—예컨대 동일한 정치 연설을 남성의 목소리로 하느냐 여성의 목소리로 하느냐에 따른 반응들을 통해 확인되는 것과 같은—여성들에 대한 부정적인 고정관념을 대폭 완화할 수 있게 해주었음을 많은 연구들이 보여주었다. 아마도 이것이 오래된 편견들을 제거하기 위한 적극적 우대조치정책들의 잠재적인 실효성과 필요성에 대한 가장 설득력 있는 증거일 것이다.[51] 연방 총선에서 선거구 3분의 1을 여성에게 배정하기 위해 헌법을 수정해야 하는지에 관한, 그리고 이러한 새로운 '할당'이 지정카스트-지정부족에게 할당된 의석과 어떤 방식으로 접합되어야 하는지에 관한 논의가 인도에서는 여전히 진행중이다.

더 일반적으로 빈민계급, 특히 (지정카스트-지정부족과는 반대로 연방 의석할당제의 수혜를 받지 못하는) 기타하층계급을 인도 의회민주주의 내부로 정치적으로 통합하는 문제에 관해서는, 1980~1990년 이후 하층 카스트들을 동원하고자 하는 새로운 정당들이 수행한 중요한 역할을 강조해야 한다. 주로 크리스토프 자프렐로Christophe Jaffrelot[52]에 의해 분석된 이러한 "카스트에 의한 민주주의"는 엘리트들을 깜짝 놀라게 하는 정당 형태를 취하기도 했다. 다른 나라에서와 마찬가지로 인도에서도 엘리트들은 자신들이 배제된다고 느끼는 인민 동원을 흔히 '포퓰리즘적'이라고 규정하고 싶어했다. 1990년대와 2000년대에 우타르프라데시에서 집권했고 이어서 2014년 연방 총선에서 (힌두 민족주의자들의 힌두인민당과 국민회의 다음으로) 제3정당이 된 하층 카스트들의 정당인 인도대중당BSP의 1993년 당시 슬로건 중 하나는 "사제와 상인과 군인을 모두 영원히 몰아내자"였다. 여기에는 상층 카스트들에 대한 완벽하게 명시적인 거부가 표현되어 있다.[53] 우리는 이 책의 4부에서 이러한 유형의 동원이 강력한 민주적 참여를, 또한 인도 선거제도 내부의 계급적 형태의 발전을 가능케 했음을 볼 것이다. 이는 지난 수십 년간의 맥락에서는 전혀 작동하지 않았던 것이다.

사정이 이렇다면, '배정'제가 인도에서 불평등을 감소시키는 특출한 매개로 비화되는 일은 전적으로 부적절할 것이다. 그리고 좀더 일반적으로는 카스트 신분은 인도에서 정치라는 게임의 도구가 되어왔다. 구성적인 면에서, 대학 정원과 공직과 선출직에서의 배정은 소수의 가장 가난한 계급에게만 주어질 수 있는 것이다. 이런 식의 개인적 신분상승은 매우 중요하고, 무엇보다도 인도의 맥락에서처럼 차별과 편견이 명확하게 정립되어 있는 곳에서는 할당제가 전적으로 정당화될 수 있다. 하지만 이러한 상승들만으로는 충분하지 않다. 인도에서 사회적 불평등을 진정으로 해소하기 위해서는, 무엇보다도 해묵은 규약적 종교적 경계들을 넘어, (지정카스트-지정부족, 그리고 기타하층계급을 모두 합친) 빈민계층에게 개방된 기초 공공서비스, 특히 교육, 공중위생, 보건 인프라, 교통 등에 대한 대대적인 투자가 필요할 것이다.

그런데 실상, 부유한 나라들과의 비교에서도 당연히 그럴 뿐 아니라, 또한 무엇보다도 아시아 주변국에 비해서도 투자된 자원은 매우 제한적이었다. 2010년대 중반, 보건에 지출된 공공예산 전체는 인도 국민소득의 고작 1%를 상회했고 반면 중국에서는 3% 이상이었다(유럽에서는 8%다). 장 드레즈와 아마르티아 센이 보기에, 인도의 부유한 계급이 사회적 필수비용을 충당하기 위한 세금 납부를 거부했다는 사실은 부분적으로는 특수하게 엘리트주의적이고 불평등한 힌두 정치문화(할당제가 어떤 방식으로든 은폐할 수 있게 해주었던 것)의 결과다. 그로 인해 인도는, 의회민주주의·법치국가·인민계급의 정치적 사법적 포용모델이 거둔 부인할 수 없는 성공에도 불구하고, 사회적 기초 지표만이 아니라, 1960년대와 1970년대에 인도보다 특히 더 발전적이었다고 볼 수 없는 주변국들과 비교해볼 때도 경제발전 면에서 많이 뒤처졌다. 1970~1980년 이후 보건과 교육 분야에 관한 가용 지표들의 변화를 검토해보면, 중국이나 여타의 베트남 같은 공산주의(또는 신공산주의)국가들뿐만 아니라 방글라데시처럼 인도보다 덜 엘리트주의적인 국가들에 비해서도 결과는 인도에 불리하게 나타난다.[54] 인도의 경우, 수돗물과 화장실 같은 보건 위생 인프라의 심각한 부족(가용 추계에 따르면 2010년대 중반에도 인구의 절반이 노상 배변을 한다)은 해당 주민들에 대한 명시적으로 차별적인 조치들과 더불어 정치적 혐오담론과 함께 작동한다.[55]

물론 이러한 요인들에 국제환경 요인이 지닌 비중을 추가해야 한다. 부유한 개별 투자자들과 납세자들을 끌어들이려는 과도한 국제조세경쟁과 조세피난처의 유례없는 발전이 두드러지는 이데올로기적 제도적 맥락에서, 인도뿐 아니라 세계의 다른 곳(특히 사하라 이남의 아프리카)에 있는 가난한 나라들로서는 1980~1990년 이후 사회국가 건설이라는 야심찬 전략에 적합한 세수 수준과 조세정의 규범을 발전시켜나가는 일이 점점 더 어려워지고 있음이 확인된다. 우리는 3부에서 이 문제들을 상세히 재론할 것이다.[56] 그럼에도 인도의 경우에는, 빈민계급을 위한 교육과 보건 비용의 불충분함이 해묵은 국내 요인들과 연결된다고 할 수 있다. 특히 이러한 지체는 1950년 이후의 하층 카스트를 위한 '배정'제의 발전과 대조해보아야 한다. 이 정책을 지지한 (특히 국민회의 내부의) 진보적인 특권계층이 보기엔 세수의 측면에서 이 정책은 그 누구에게도 고통을 주지 않는다는 커다란 장점이 있었지만, 결국은 주로 기타하층계급을 희생시키는 형태가 되었다. 역으로, 교육과 보건에서 모든 이에게—특히 지정카스트-지정부족과 기타하층계급에게—돌아가는 양질의 보편적인 공공서비스를 확립하는 데는 주로 부유한 집단들이 부담해야 할 막대한 재정비용이 투여되었을 것이다.

### 소유주의적 불평등, 규약적 불평등

교육과 보건 외에, 인도 사회계급 사이의 불평등을 큰 폭으로 축소할 수 있는 또다른 구조적인 정책은 당연히 소유 재분배, 특히 농지의 재분배였을 것이다. 불행히도 그 어떤 농지개혁도 연방정부 차원에서 개시되지도 지지되지도 않았다. 일반적으로, 독립인도의 주요 정치행위자들이 그랬듯이 1950년 헌법은 소유 문제에 대해 꽤나 보수적으로 접근했다. 이는 국민회의 지도자들뿐만 아니라 암베드카르 같은 달리트 지도자들도 마찬가지였다. '카스트 폐지'(1936년 검열로 삭제된 연설 제목)를 향한 암베드카르의 전투는 분리된 유권자 명부와 불교로의 개종 같은 급진적인 조치들을 거쳤지만 소유체제를 문제삼는 조치는 취하기를 거부했다. 이러한 태도는 부분적으로는 마르크스주의에 대한 그의 불신에 의해 설명된다. 당시 인도의 마르크스주의자들은 모든 것을 생산수단 소유 문제로 귀착시키는 경향을 가지고 있었다. 암베드카르에 따르면, 마르크스주의자들은 뭄바이 섬유공장에서 비非달리트 진영이 달리트노동자들에게 가한 차별을 묵과하고, 마치 이 문제가 사유재산이 철폐되면 저절로 해결될 것처럼 믿는 척했다.[57]

암베드카르 사례를 넘어서, 1950~1970년에 인도에서 대담한 농지개혁의 기회와 카스트가 아닌 익숙한 '객관적인' 요소들(소득, 자산, 학력 등)에 근거해 할당제를 정립할 만한 가능성에 관해 많은 논의가 있었다는 점에 주목해보는 것은 흥미롭다. 이러한 논의들은 두 개의 중요한 반대 논리에 부딪혔다. 한편으로는 많은 사람이 카스트제도가 인도에서 불평등을 축소하고 공적인 정치를 만들어가는 데 적합한 범주라는 사실을 강조했다(이는 차별 관행이 카스트 그 자체에 근거할 수 있기 때문이기도 하고 '객관적인' 요소들을 파악하려 할 때 생겨날 엄청난 곤란 때문이기도 하다). 다른 한편으로는 농지개혁이 과연 어디에서 끝이 날지 알 수 없다는 두려움이 존재했다. 더 일반적으로는 할당제를 규제하기 위해, 더 나아가서는 재분배를 구조화하기 위해 적합한 여타의 변수들과 자산과 소득을 결합하는 최상의 방식에 관한 합의에 도달하기가 어렵다는 것이었다.[58]

인도에서 벌어진 이러한 논의 전체는 여러 이유로 우리의 연구에서 본질적이다. 우선, 우리는 이미 여러 차례에 걸쳐 소유와 소득의 재분배라는 판도라의 상자에 대한 이런 식의 두려움을 만났다. 어떻게 다시 닫을 수 있는지 알 수 없다는 점을 우려해 판도라의 상자를 절대 열어서는 안 된다는 두려움. 이 주장은 과거에 확립된 소유권의 현상 유지를 정당화하기 위해 모든 시대, 모든 풍토에서 개진되었다. 우리는 이를 프랑스혁명에서, 영국의 귀족들에게서, 노예제 폐지와 그 소유자들에 대한 필수적인 보상을 둘러싼 논의에서 마주쳤다. 규약적 불평등과 소유주의적 불평등이 병합되는 인도의 맥락에서 이 주장을 다시 본다는 것은 놀랍지 않다. 문제는 이 '판도라' 운운하는 주장이 불공정에 대한 감정과 폭력의 리스크를 전혀 해소하지 못한다는 데 있다. 특히 인도 영토의 많은 부분이 1960년대 이후 낙살라이트 마오주의자Naxalite-Maoist들의 봉기에 거의 지속적으로 타격을 받았다. 이 마오주의자들은 전통적인 불가촉천민과 원주민들로 구성된 무토지 농민들과 상층 카스트 토지소유자들을 대립시켰다.[59] 이러한 갈등은 힌두 봉건제 아래에서, 그리고 영국 식민지배자에 의해 이 봉건제가 견고해지고 난 이후 거의 변하지 않았던—오늘날에도 여전히 정체성의 악순환과 카스트 내부의 폭력을 키우고 있는—소유관계와 토지제도의 틀 안에서 펼쳐졌다.[60]

더 나은 교육과 보건 서비스의 재원이 될 재분배적 과세와 병행되는 과감한 농지개혁은 빈민계급을 위로 끌어올리면서 인도에서의 불평등 축소를 가능케 했다. 연구들이 보여주었던 것은 일부 주에서, 특히 1977년 서벵골에서 공산주의자들이 총선 승리 이후에 실시한 농지개혁의 경험이 농업 생산성의 상당한 개선으로 이어졌다는 점이다. 1964년 케랄라에서 공산주의자들이 추진한 농지개혁은 인도의 그 어느 곳보다 평등한 발전모델의 확립—특히 교육과 보건 분야—과 함께 실시되었다. 반면, 독립 이전 가장 불평등한 토지제도와 가장 심각한 토지소유 집중으로 특징지어지는 인도 지역들의 사회경제적 발전은 가장 더뎠다.[61]

## 여성할당제와 사회적 할당제, 그 변화의 조건들

마지막으로 무엇보다도, 인도에서의 논의들이 본질적인 이유는 (필요시에는 할당제를 동원하는) 차별에 반대하는 정치의 문제를 진지하게 다루어야 할 필연성과 아울러 이러한 정치가 경직되지 않도록 부단히 다시 사유하고 조정해야 할 필요를 보여주기 때문이다. 세계의 거의 모든 곳의 여성 또는 다양한 나라의 특정한 (인도의 하층 카스트와 같은) 사회집단처럼 한 집단이 기존의 오래된 편견과 고정관념의 희생물일 때, 오로지 소득과 자산과 학력에 따라 재분배를 조직하는 것으로는 분명히 불충분하다. 따라서 이러한 집단들 그 자체에 귀속하는 직접적 문제를 해결하는 할당제와 우대 조치(인도의 맥락에서는 배정제)의 실행이 필요할 것이다.

인도의 뒤를 이어, 지난 수십 년간 많은 나라들이 유사한 제도들을, 특히 선출직 진출과 관련해 발전시켜왔다. 2016년에 아시아와 유럽, 그 밖의 모든 대륙의 77개국이 입법부 내 여성의 대표성을 증진시키기 위해 할당제를 실시하고 있고, 28개국은 국적·언어·소수민족의 대표성을 위해 역시 할당제를 시행하고 있다.[62] 부유한 나라들의 선거민주주의에서는 최근 수십 년간 인민계급(특히 노동자와 피고용인) 의원의 비율이 큰 폭으로 감소하는 문제로 인해 정치적 대의제 형태에 대한 성찰을 쇄신하게 되었다. 여기에는 추첨제와, 인도식 '배정'과 유사한—우리가 재론할—제도인 '사회적 할당'[63] 형태가 포함된다.

우리는 또한 프랑스나 미국 같은 나라에서 이제 막 교육 일반과 고등교육에서의 우대 조치들을 공식화하기 시작한 것을 보게 될 것이다. 예컨대 2007년 이후 파리의 고등학교와 2018년 이후 프랑스의 대학 입시에서 (예컨대 저소득 가정 또는 빈민가 학생들에게 가산점을 부여하는 형태로) 사회적 출신이 명시적으로 고려된다. 출신지 또는 출신 학교 같은 다른 기준들이 추가되기도 한다. 이러한 조치들은 1950년 이후 연방 차원의 지정카스트-지정부족 학생들을 위해 마련한 할당제와, 그리고 이를 뛰어넘어 인도의 (델리의 자와할랄 네루 대학교 같은) 여러 대학이 1960년대 이후에 실험한 입학제도와 유사하다. 이 대학들은 성적 이외에 지정카스트-지정부족 일원에게 부여되는 가산점뿐 아니라 젠더, 부모의 소득과 출신지까지도 고려한다.

이러한 문제들에 관해서 인도가 선구자였다는 사실은 이 나라가 법치

국가의 수단을 통해 매우 과중한—오래된 삼기능 논리에서 유래한 규약적 불평등과 연계되고 게다가 영국 식민당국의 법규화로 경직되어버린—불평등의 유산에 대처하려고 노력했다는 사실을 입증한다. 그렇다고 여기서 독립인도가 이러한 불평등에 대처했던 방식을 미화하고자 하는 것은 아니고, 다만 이 경험으로부터 많은 가르침을 끌어낼 수 있다는 점을 확인하려고 한다. 다른 나라들은, 특히 유럽에서는 이와 같은 적극적 우대 조치들이 무용하다고 오랫동안 생각해왔다. 다양한 사회계급의 성원들이 법 앞에서, 특히 교육에서 모두가 평등하다고 간주해왔기 때문이다. 21세기 초에 형식적 평등이 얼마나 불충분한지를, 이따금 더욱 주의주의主意主義적인 장치들에 의해 이 평등이 보완되어야 한다는 것을 더 잘 깨닫게 된다.

인도의 경험은 또한 정체성과 범주의 퇴적이라는 측면에서 할당제가 확산시키는 위험성을 예증하고, 더욱 유연하며 발전적인 제도를 창안해야 할 필요를 강조해 보여준다. 인도의 경우에, 수십 년간의 식민지 인구조사와 신분 지정정책을 거쳐서 1950년 이후에는 지정카스트-지정부족을, 이어서 1990년 이후에는 기타하층계급을 위해 확립된 할당제가 카스트와 자티의 정체성을 경직시키는 데 기여했다고 할 수 있겠다. 자티의 족외혼은 확실히 늘어났다. 가용조사에 따르면 농촌과 도시에서 1950년대에 족외혼은 고작 5%였는데, 2010년대에는 농촌에서는 8%, 도시에서는 10%에 달했다. 또한 상기해야 하는 것은 자티의 족내혼이 미시집단들 내부에서 인접성과 사회적 유대가 지속되고 있다는 것을 표현한다는 점이다. 이 미시집단들은 수직적이고 위계적인 논리보다는 사회적이고 직능적이며, 지역적이고 문화적인, 또는 이따금 식생활과 관련된 공통의 기원들을 갖는다. 예컨대 같은 수준의 학력을 가진 사람과(또는 상대 부모가 자기 부모와 비슷한 수준의 학력을 가진 사람과) 결혼할 개연성을 따져본다면, 인도에서 사회적 호모가미homogamie[동일 사회집단·인종 간의 결혼]의 정도는 매우 높긴 하지만 그래도 대체로 프랑스나 여타 서양 나라에서 관찰되는 정도와 비슷한 수준임이 확인된다.[64] 국적, 종교, 인종이 서로 다른 사람들 사이의 결혼 비율이 유럽과 미국에서는 대개 대단히 낮았음을(우리는 이것을 재론할 것이다), 인도에서 자티는 부분적으로 구별되는 지역적 문화적 정체성을 반영한다는 점을 또한 상기하자. 그렇지만 여전히 인도에서 자티의 족내혼의 비율은 매우 높고 폐쇄적인 사회 형식을 표현한다고 볼 수 있다. 또한 카스트에 근거한 정치적 동원 전략과 할당제의 과도한 사용은 이러한 상황을 지속시키는 데 기여하는 것이라고 생각할 수 있겠다.

이상적으로는, 할당제 그 자체의 고유한 변화를 꾀해야 할 것이다. 달리 말해, 차별받는 집단들을 위한 '할당제'가 시행되면서 그들에 대한 편견이 줄어듦에 따라 제도의 이행 중단을 대비해야 한다는 것이다. 성차별적이지 않은 사회적 할당제에 관해서 말하자면, 가능한 한 신속하게 소득·자산 또는 학력 같은 객관적인 사회경제적 기준을 마련하는 게 핵심이라 여겨진다. 그러지 못하면 (지정카스트-지정부족 같은) 타깃이 된 범주들은 경직되고, 모두가 수용가능한 정의 표준을 발전시키는 일은 상당히 지난해질 위험이 있다. 인도의 할당제는 해묵은 규약적 범주들에 의거하는 논리로부터, 소득과 보유자산 그리고 여타의 집단에 적용가능하며 객관화할 수 있는 사회경제적 기준에 근거한 제도로 점차 이행해가는 거대한 전환의 한가운데에 있다고 할 수 있다. 그렇지만 이행은 매우 더뎌 보이고, 이행이 정당한 방식으로 실행되려면 소득과 소유에 대한 등기제도가 최대한 발전되어야 할 것이다. 그리고 이러한 발전은 이 책의 뒤에서 우리가 재론할 조세제도의 변화와 연관이 있다. 요약하자면, 인도 경험의 성공과 한계에 대한 충분한 평가가 이루어진다면, 인도에서뿐만 아니라 세계의 다른 곳에서도 해묵은 규약적 사회적 불평등의 극복을 향해 더 멀리 나아가는 일이 가능해질 것이다.

제 9 장

# 삼원사회와 식민주의: 유라시아의 궤도

우리는 앞선 장들에서, 특히 아프리카 사례와 인도 사례를 분석함으로써 노예제사회와 포스트노예제식민사회에 대해 연구했다. 우리는 3부에서 20세기 소유자사회와 식민사회의 위기를 연구할 텐데, 이에 앞서 비유럽 불평등주의체제의 전환에 식민주의가 끼친 영향에 대한 분석을 완결해야 한다. 우리는 이 장에서 주로 중국·일본·이란의 사례를 검토하고, 더 일반적으로는 유럽 열강과 아시아의 주요한 국가구조들 사이의 충돌이 정치적-이데올로기적이고도 제도적인 차원에서 다양한 불평등주의 궤도를 빚어내는 데 기여했던 방식을 검토할 것이다.

우리는 17~18세기에 군사·재정능력의 유례없는—같은 시기 중국제국과 오스만제국에서 관찰된 것과는 비교할 수 없는—발전에서 유럽 국가들 사이의 경쟁이 수행했던 중심 역할을 검토하는 것으로 시작하겠다. 유럽에서 비슷한 규모의 사회정치적 공동체들과 국가적 구성물들(특히 프랑스·영국·독일) 사이의 과도한 경쟁에서 추동된 유럽의 이러한 국가역량이 대체로 근대세계를 오랫동안 특징지은 서양의 군사·식민·경제지배의 기원에 있는 것으로 보인다. 그리고 우리는 아시아 삼기능사회들에서 유럽 식민주의와 충돌한 이후 나타난 다양한 정치적-이데올로기적 구성물들을 분석할 것이다. 인도 사례 외에 주로 중국·일본·이란의 사례를 거론할 것이다. 우리는 가능했던 다수의 진화와 분기를 살펴보면서 다시금 문화적이고 문명적인 결정론의 중요성을 상대화하고, 불평등주의체제의 전환에서 사회정치적이고 사건적인 논리들이 지닌 중요성을 다시 한번 확인하게 될 것이다.

## 식민주의, 군사지배, 서양의 번영

우리는 이미 여러 차례에 걸쳐 1500~1960년 유럽의 발흥과정에서 노예제와 식민주의 그리고 더 일반적으로는 가장 야만적인 형태의 강제와 경찰-군사지배가 수행한 중심 역할을 거론했다. 프랑스령과 영국령의 노예제 섬들, 미국 남부와 브라질에서 아프리카 사람들을 노예로 고용하고 삼각무역을 하는 데 있어 강력한 무력이 그 바탕에 있었음은 이론의 여지가 없다. 이곳들의 플랜테이션에서 수탈된 원료가 식민권력에 막대한 이익을 가져다주었다는 사실, 특히 섬유산업의 발전에서 면화가 중심 역할을 수행했다는 사실은 너무나 명백하다. 우리는 또한 노예제 폐지에 소유자들에 대한 막대한 배상이 수반되는 방식에 대해 분석했다(아이티는 1950년까지 프랑스에 과중한 부채를 지고 있었고, 미국에서는 1960년대까지 노예의 후손들에게는 시민권이 주어지지 않았고, 심지어 남아공의 변종에서는 1990년대까지 그랬다). 마지막으로는 포스트노예제식민주의도 이전과 마찬가지로 다양한 형태의 법률적이고 규약적인 불평등과, 예컨대 1946년까지 프랑스 식민지들에서 실행된 것과 같은 강제노동에 의거했음을 연구했다.[1]

이제 우리는 17~18세기에 점차적으로 나타나고 19세기와 20세기 초에 헤게모니를 장악하게 된 유럽의 군사지배가 어떤 식으로 이 기간 유럽 국가들의 전례 없는 행정·재정능력의 발전에 근거하게 되는지 검토하려 한다. 19세기 이전 다양한 나라의 세수를 측정할 수 있게 해주는 데이터들은 확실히 제한적이다. 그렇지만 잘 확정된 사실들도 많다. 특히 최근의 연구들은 가능한 한 동질적인 토대 위에서 16세기 초부터 19세기 말까지의 주요 유럽 국가들과 오스만제국의 세수 자료들을 수집할 수 있게 해주었다.[2] 주요한 난점은 유의미한 방식으로 총액을 비교하는 데 있다. 각 국가들의 인구는 적어도 1차 근삿값으로는 비교적 잘 알려져 있다 하더라도 경제활동 수준에 관해서는 사정이 그렇지 않아서 이 수준은 매우 불완전하게만 파악된다. 수많은 강제(또는 반강제적)과세가 여타 행위자들과 집단적 기관들에 유리하게 실행되었다는 점 또한 강조해야 한다. 특히 종교기관, 종교기금, 지역 영주권 또는 군령을 위한 강제과세들이 있었는데, 유럽뿐만 아니라 오스만제국·페르시아·인도·중국에도 있었던 이 강제과세들을 이 지점에서 비교하는 것 또한 흥미로울 것이다. 여기에서 제시되는 자료들은 오직 엄밀한 의미의 중앙국가의 세수에만 관련된다.

가장 먼저 진행할 작업은 각 국가들이 다양한 당대 화폐로 거둬들인 세수의 가치를 등가의 금과 은으로 추산하는 것이다. 여전히 금속을 본위로 하는 화폐가 통용되던 시대에, 이러한 작업은 국가들이 정책들의 재원을 조달하는 능력, 예컨대 군인들에게 급여를 지급하고 재화를 확보하고 도로 건설이나 선박 제조의 재원을 조달하는 능력을 정확하게 파악할 수 있게 해준다. 이와 관련해서 16세기 초에서 18세기 말 사이 유럽 국가들이 거둬들인 세수 총량의 눈부신 증대가 확인된다. 1500~1550년 무렵 프랑스왕국과 에스파냐왕국과 같은 유럽의 주요 강국의 세수는 대략 연간은 100~150톤이었고 이는 오스만제국에서도 거의 동일한 양이었다. 같은 시기에, 잉글랜드는 연간 50톤가량을 거둬들이는데 이는 부분적으로 잉글랜드의 인구 감소로 인한 것이다.[3] 그후 수백 년간 이 규모의 추이는,

**도표 9.1** 국가별 재정력, 1500~1780년(은화를 톤으로 계산했을 때)

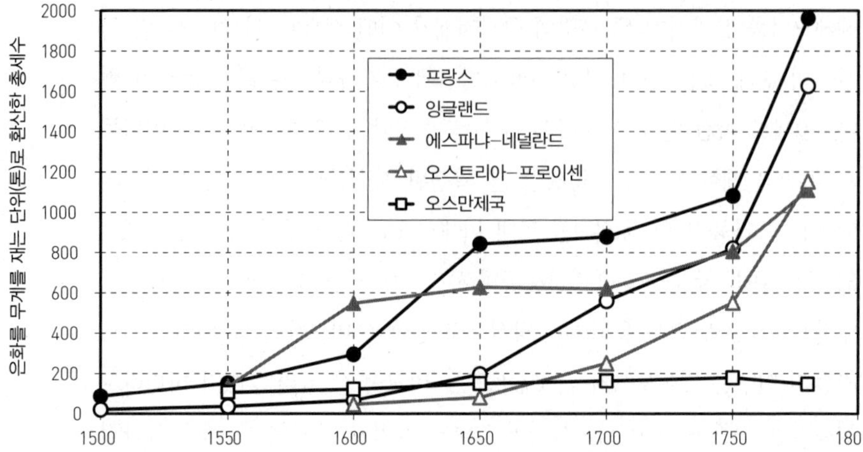


1500~1550년경, 오스만제국과 마찬가지로 주요 유럽 국가의 세수는 은화로 연간 100~200톤에 상응하는 수준이었다. 1780년대에 프랑스와 잉글랜드의 세수는 연간 은 1600~2000톤이었던 반면, 오스만제국의 세수는 200톤 미만을 유지했다.

**출처 및 원 통계자료:** piketty.pse.ens.fr/ideologie

특히 잉글랜드와 프랑스의 격화되는 경쟁에 따라 근원적으로 전환된다. 1700년 무렵에 두 나라는 각각 연간 은 600톤과 900톤에 이르는 세수를 거둬들였고, 1750년대에는 800톤과 1100톤, 그후 1780년대에는 1600톤과 1900톤에 이르러 다른 유럽 국가들을 멀찌감치 따돌렸다. 무엇보다도 핵심적인 사실은 오스만 국가가 거둬들인 세수가 1500~1780년 동안 거의 동일한 수준인 150~200톤가량에 머물렀다는 것이다. 1750년부터는 프랑스뿐 아니라 잉글랜드도 오스만제국·오스트리아·프로이센·에스파냐·네덜란드보다 명확히 우월한 재정능력을 갖게 되었다(도표 9.1 참조).

이러한 진화들은 부분적으로 인구수(프랑스는 18세기에 단연 가장 인구가 많은 유럽국가였음을 상기하자)와 생산된 부(예컨대 잉글랜드의 적은 인구는 1인당 생산이 더 높은 것에 의해 상쇄된다)의 진화에 의해 설명된다. 하지만 이러한 진화들은 무엇보다도 유럽 국가들의 조세압력 강도가 높아진 데서 기인한다. 반면 오스만제국은 안정적이었다. 징세의 강도

**도표 9.2** 국가별 재정력, 1500~1850년(일당)

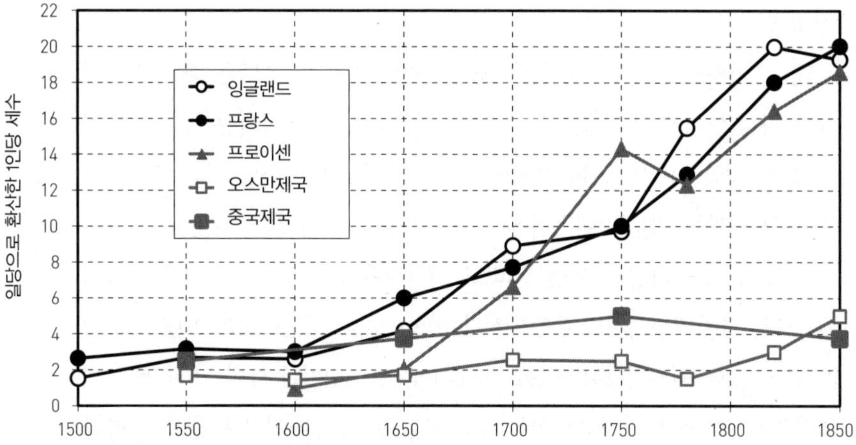


1500~1600년경 유럽 국가의 1인당 세수는 도시 미숙련공 일당의 2~4일 치, 1750~1850년에는 10~20일 치에 해당한다. 중국제국과 마찬가지로 오스만제국에서는 약 2~5일 치 일당에 해당되었다. 도시 임금의 약 250일 치로 평가되는 1인당 국민소득에서, 세수는 중국과 오스만제국에서는 국민소득의 약 1~2%였던 반면, 유럽에서는 국민소득의 1~2%에서 6~8%에 이르렀다.

**출처 및 원 통계자료:** piketty.pse.ens.fr/ideologie

를 측정하기 위한 좋은 작업방식은 1인당 세수를 계산하는 것이고, 그 액수를 건설 부문 도시 노동자의 일당과 비교하는 것이다. 이 일당은 실제로 장기간에 걸쳐 유럽과 오스만제국뿐 아니라 어느 정도는 중국하고도 비교할 수 있는 임금에 속한다. 가용 데이터는 불완전하지만 규모의 추이는 대단히 인상적이다. 예컨대 1500~1600년 무렵 1인당 세수는, 주요 유럽 국가들뿐 아니라 오스만제국과 중국제국에서도 비숙련 도시 노동자의 2~4일 노동일에 해당한다는 것이 확인된다. 그후 1650~1700년부터 유럽 국가들에서 조세압력이 강화된다. 조세압력은 1750~1780년경에는 10~15일 치 일당에, 1850년에는 20일 치 일당에 상응했다. 이는 주요 국가들, 특히 매우 오래전에 시작되었으나 18세기에 국가와 정부 건설이 가속적으로 이루어진 프랑스·잉글랜드·프로이센에서 대단히 유사한 궤적을 따랐다. 유럽의 조세압력은 매우 가파르게 증가했다. 1650년 무렵에는 유럽과 오스만과 중국 사이의 격차는 명확히 보이지 않다가 1700년 무렵에 형성되기 시작하고 마침내 1750~1780년부터는 궤도 이탈이 상당해진다(도표 9.2 참조).

왜 17~18세기 유럽 국가들은 조세압력의 강도가 그토록 빠르게 증가하는 경험을 겪게 됐을까? 왜 오스만 국가 또는 중국 국가는 동일한 진화를 겪지 않았을까? 이 조세압력 수준들은 현대에 비하면 낮은 것이었음을 우선 명확히 해두자(여전히 국민소득의 10% 이하였다). 다음 장들에서 보게 될 텐데 공과금과 세금, 그리고 이런저런 강제과세의 총액은 19세기에 그리고 1차대전까지도 유럽에서나 미국에서나 국민소득의 10%를 넘지 않았다. 그후 20세기 1910~1920년에서 1970~1980년 사이 그 총액은 비약적으로 늘어났다가 1980년대 이후 부유한 나라들에서는 경우에 따라 국민소득의 30~50% 사이에서 안정된다.[4]

국민소득, 즉 한 나라의 주민들이 획득한 화폐소득과 현물소득의 총액에 대한 최초의 추계들은 영국과 프랑스에서 1700년 무렵에 윌리엄 페티, 그레고리 킹, 피에르 드 부아길베르, 세바스티앵 르 프르스트르 드 보방 같은 저자들의 작업에서 출현했다.[5] 중앙국가의 조세압력이 증가했음이 확연하고 계량화와 합리화 필요성이 요구되던 시대에 이 작업들은 주로 국가들의 재정 잠재력을 추산하고 가능한 세제개혁을 논의하는 것을 목표로 했다. 이 추계들은 농지면적과 농업생산, 건설 부문의 일당 같은 임금 데이터와 상업 데이터에 근거했고 유용한 추이를 제공했다. 17~18세기의 자료들로 국민소득과 국내총생산의 통계를 만들어봄으로써 전반적인 발전 수준을 확인할 수 있게 되었다. 그러나 10년 단위의 수치 변이가 너무 불확실해서 여기에 적용하기 힘들다. 바로 이것이 내가 세수의 진화를 톤 또는 도시 노동자 일당으로 나타내길 선호하는 이유다(아마도 이 기간의 특정한 통계 구성에 더 적합한 척도일 것이다). 정리하자면, 프랑스와 영국과 프로이센에서 관찰된 진화, 즉 1500~1550년에 약 2~4일 치의 임금으로부터 1780~1820년에 15~20일 치 임금으로 1인당 세수가 증대된다는 것은 16세기 초 국민소득의 1~2%가량이었던 세수가 18세기 말 국

민소득의 약 6~8%가 된다는 의미로 볼 수 있다(도표 9.2 참조).[6]

## 야경국가가 아니었을 때: 근대국가의 두 약진

이러한 규모의 추이가 아무리 개략적이더라도 고려할 가치가 있는 이유는 서로 매우 다른 국가능력들을 설명해주기 때문이다. 국민소득의 단 1%만을 징세하는 국가는 사회를 동원하는 역량과 능력을 제대로 갖지 못한다. 대체로 이 국가들은 스스로 유용하다고 판단한 기능을 이행하기 위해 인구의 1%를 자신에게 복무하도록 한다고 볼 수 있다.[7] 반면에 국민소득의 약 10%를 징세하는 국가는 인구의 약 10%를 자신에게 복무시킬 수 있는데(또는 상응하는 액수의 재정이전이나 재화와 설비를 구매하는 데 재원을 조달할 수 있다) 이는 훨씬 엄청난 것이다. 구체적으로는 19세기의 유럽 국가들처럼 국민소득의 8~10%를 세수로 확보한다면, 정교한 사회·교육·보건체계(초중등 무상교육, 보편적 건강보험, 퇴직연금과 사회적 이전 등)의 재원을 조달하는 것은 확실히 불가능하다. 앞으로 보게 될 텐데 이런 기능들은 20세기에 분명히 더 높은 조세압력 수준(전형적으로 국민소득의 30~50% 사이)을 필요로 했던 것들이다. 반면에 이 정도의 세수는 중앙집권국가가 자신의 '야경'기능을 유효하게 조직하는 데는 아주 충분하다. 이 '야경'기능은 대규모 해외 파병을 위한 재원을 조달하면서 자국 영토 전체의 질서유지와 재산보호를 이행할 수 있게 해주는 사법적이고 치안적인 기능이다. 19세기와 20세기 초의 유럽처럼 조세압력이 국민소득의 8~10%일 때, 또는 18세기 말 유럽 국가들처럼 국민소득이 6~8%일 때는 일반적으로 군사지출에만 세수의 절반 이상을, 이따금 3분의 2 이상이 쓰였다.[8]

반면에 국민소득의 고작 1~2%에 해당하는 세수를 가진 국가는 질서를 유지하지 못하고 야경이라는 최소한의 기능을 이행하지 못하는 약한 국가가 될 수밖에 없다. 이러한 정의를 채택한다면 비교적 최근 시점까지 지구상 대부분의 국가들, 특히 16세기까지의 유럽 국가와 예컨대 19세기까지의 오스만 국가와 중국 국가는 약한 국가였다고 볼 수 있다. 더 정확히 말하자면, 이론상 국가가 통제한다고 가정되는 영토 전체에서의 소유권과 공공질서 준수 및 재화와 인민의 보호를 자치적으로 보장하지 못하는 약하게 중앙집권화된 국가구조들이었다. 이 국가들은 따라서 이러한 왕권적 임무를 이행하기 위해 삼기능사회들과 이 사회들의 다양한 변종 틀에서 영주·군인·사제·지식인·지역 엘리트들과 그 구조들에 의지했다. 지구상의 국가들이 똑같이 약한 국가였다는 점에서 특정한 균형이 지배했는데, 유럽의 여러 국가들이 막강한 재정·행정능력을 갖추기 시작한 이후 새로운 동학이 시작된다.

해당 중앙집권국가 내부에서 이루어진 이러한 발전은 삼원사회의 소유자사회로의 전환과 맥을 같이했고, (지금은 국가가 독점하는) 왕권적 권력과 (모두에게 열려 있다고 간주되는) 소유권 사이의 엄격한 분리에 근거한 소유주의 이데올로기의 발흥에 의거했다. 대외적으로는 유럽 국가들의 파병능력이 노예제적 제국들과 이어지는 식민제국들이 형성되는 데서 주된 역할을 했으며, 다양한 정치적-이데올로기적 구성물들의 총체적 발전을 이끌었다. 대내적으로든 대외적으로든 재정·행정능력의 구축과정은 정치적-이데올로기적 발전과 분리될 수 없다. (예컨대 이슬람과의 경쟁 속에서) 사회를 대내외적으로 구조화하려는 목표를 가질 때는 언제나 갈등적이고 불안정한 사회정치적 과정들을 거치면서 국가능력의 특정 형식이 발전하게 된다.

요약해보면, 근대국가의 두 가지 대약진을 구별할 수 있다. 대략 1500~1800년 사이 주요 유럽 국가들에서 펼쳐졌던 첫번째 대약진은 이 국가들이 국민소득의 1~2%에 그쳤던 세수를 약 6~8%로 늘리면서 이루어졌다. 이 과정은 대내적으로는 소유자사회의 발전, 대외적으로는 식민사회의 발전과 병행되었다. 1910~1920년부터 1970~1980년까지 펼쳐진 두번째 대약진은 부유한 나라들 전체가 1차대전 전야에 국민소득의 약 8~10%를 세수로 확보했던 데서 1980년대 이후 30~50%로 늘리도록 했다. 이 전환은 경제발전과 생활조건의 역사적 향상이라는 일반적 과정과 분리될 수 없으며, 다양한 사민주의사회가 확립될 수 있도록 해주었다. 이 일반적 도식에는 무척이나 다양한 분기들과 궤도들이 존재가능한데, 두번째 대약진과 더불어 20세기 말 21세기 초의 빈국들로 이 두번째 대약진이 확장되기 어려운 이유에 관한 문제들을 3부와 4부에서 재론할 것이다.

애초의 문제로 되돌아가자. 전례 없는 재정능력의 발전을 가져온 첫번째 대약진은 예컨대 왜 오스만 국가나 아시아 국가가 아니고 1500년에서 1800년 사이에 주요 유럽 국가들에서 펼쳐졌을까? 이 같은 질문에는 단일하거나 결정론적인 해답은 있을 수 없다. 그렇지만 특별히 중요한 요인 하나는 명확해 보인다. 유럽이 비슷한 규모의 여러 국가로 정치적으로 파편화되고 그 결과 과도한 군사적 경쟁이 벌어진 것이다. 이러한 설명은 특히 중국의 상대적인 통일성 또는—중국보단 덜하지만—인도의 상대적인 통일성과 비교해 이러한 정치적 파편화의 기원에 대한 질문을 자연스럽게 제기하게 만든다. 유럽 고유의, 특히 대륙 서쪽 고유의 지리적 물리적 장벽들이 일정한 역할을 해왔다고 생각할 수 있겠다(프랑스는 산악·해양·하천들로 주요 이웃국가들과 경계가 나뉜다). 하지만 떼어놓을 수 없게 사회경제적이면서 동시에 정치적-이데올로기적인 궤도들에 따라, 세계의 다른 지역이나 유럽에서 관찰된 것과는 또다른 영토 재편과 국가 건설이 이루어질 수도 있었으리라는 점은 분명해 보인다.

1500년 무렵에 일어난 국가 분할들을 주어진 것으로 간주하고 1500~1800년에 유럽 국가들의 재정능력을 거의 열 배로 키운 사건들의 전개를 검토하면(도표 9.1~9.2 참조), 세수 증대가 이루어진 주요 단계들은 당시 유럽을 지배했던 거의 영구적인 전쟁 상황에서 신병 징집과 부대 증설의 필요에 실효적으로 부합했다는 점이 확인된다. 해당 국가의 정치체계와 사회경제구조에 따라, 이러한 필요가 광범위한 행정·재정능력의 발전을 초래한 것이다.[9] 특히 30년전쟁(1618~1648년), 에스파냐왕위계승전쟁(1701~1714년), 나아가 아메리카·앤틸리스제도·인도의 식민지들을 놓고 유럽에서 진정 세계적인 규모로 전개된 최초의 전쟁이자 미국·남미·프랑스에서 벌어진 혁명의 지형들이 만들어지는 데 크게 일조한 7년전쟁(1756~1763년)의 역사는 선명하다. 하지만 이러한 주요 전쟁들 외에도 단기간에 벌어진 수많은 국지적 전쟁들이 존재했다. 대륙에서 전개된 군사적 갈등들 전체를 계산해보면, 유럽 국가들은 16세기 95%의 기간이 전쟁 상태였으며, 17세기는 94%, 18세기에도 78%였다(반면 19세기는 40%, 20세기는 54%다).[10] 1500~1800년 기간에 유럽 강국들 사이에 부단한 군사적 경쟁이 펼쳐졌고, 전례 없는 재정능력과 수많은—특히 대포와 군함 제조에서의—기술 혁신의 발전을 자극했던 것이 바로 이 경쟁들이다.[11]

반대로 1500~1550년 무렵 유럽 국가들과 비슷한 재정능력을 가졌던 오스만 국가와 중국 국가는(도표 9.1~9.2 참조) 이런 유의 자극과 대면하지 않았다. 두 나라는 1500~1800년 사이에 상대적으로 탈중앙집중화된 방식으로 거대한 제국을 다스렸다. 따라서 군사능력과 재정 중앙집중화를 발달시킬 필요가 없었다. 16~19세기 사이에 형성중이던 중간 규모의 유럽 민족국가들 사이에서 펼쳐진 과도한 경쟁은 오스만·중국·무굴에서 제국이라는 틀로 발전중이던 국가들에 비해 더 강력하게 중앙집중적이고 재정적으로 발전된 특수한 국가구조들의 기원에서 핵심 요인으로 보인다. 유럽 국가들의 재정능력과 군사능력이 애초에 주로 유럽 대륙 내의 갈등들 속에서 발전되었음에도, 결국 이러한 경쟁이 세계 다른 지역의 다른 국가들보다 훨씬 더 강력한 타격능력을 지니게 된 것으로 귀결되었음은 사실이다. 1550년 무렵 오스만제국은 14만 명의 보병과 해병을 보유하고 있었고 이는 프랑스와 영국의 군대 인원을 합친 것과 비슷하다(각각 8만 명과 7만 명). 이러한 균형은 유럽 내의 끝없는 전쟁이 두드러졌던 다음 두 세기에 뒤집힌다. 1780년에 오스만의 병력 수는 거의 변하지 않았다(15만 명). 반면 분명히 우월한 함대와 화력을 갖춘 프랑스와 잉글랜드의 육군과 해군은 45만 명에 달했다(프랑스는 보병과 해병 28만 명, 잉글랜드는 17만 명). 이 시기 오스트리아에도 25만 명의 병력이 있었고 프로이센에도 18만 명이 있었다(이 두 국가는 1550년에는 군사적으로 초라했다).[12] 19세기에 중국제국과 오스만제국은 군사적인 차원에서 유럽 국가들에 의해 완전히 지배될 것이었다.[13]

## 국가들의 경쟁과 공동의 혁신: 유럽의 창안

서양의 경제적 번영은 과연 18~19세기에 있었던 지구의 다른 곳들에 대한 유럽 국가들의 군사적 지배와 식민화에 전적으로 기인하는가? 그것들 자체가 유용한 것으로 판명된 기술혁신과 금융혁신의 탄생에 군사적 지배 역시 기여했던 만큼, 이토록 복합적인 질문에 일의적一義的으로 답한다는 것은 분명히 매우 곤란한 일이다. 절대적인 관점에서 식민지배가 없었더라도, 예를 들어 유럽이라는 하나의 대륙-섬으로 환원된 지구 위에서 그 어떤 대외 정복도 없고 세계의 다른 부분들을 '대발견'하는 일도 없고 그 어떤 수탈도 없었더라도, 유럽 국가들이 동일한 번영과 동일한 산업혁명을 겪게 해주었을 역사적 궤도와 기술적 궤도를 상상해볼 수 있다. 하지만 이와 같은 시나리오를 구상하려면 어느 정도 상상력을 발휘하여 일련의 대담한 기술적 가설들을 세울 준비를 갖춰야 할 것이다.

역사학자 케네스 포메란츠는 자신의 책 『대분기』에서 18세기 말 19세기 초 영국에서 그리고 이어서 유럽의 다른 곳에서 일어났던 산업혁명이 어느 정도나 중점적으로 거대한 규모의 원료(특히 면화) 및 에너지 자원(주로 목재) 수탈에 기초했었는지를 잘 보여준다. 세계의 다른 곳에서 가져오는 이 원료와 에너지 자원에 대한 수탈은 강제적이고 식민적인 조직화 틀에서 이루어졌다.[14] 포메란츠가 보기에 1750~1800년 무렵 중국과 일본의 가장 선진적인 지역들은 서유럽에서 그에 상응하는 지역들과 비교적 유사한 발전 상태에 있었다. 두 경우에서 주되게 관찰되는 것은 매우 유사한 형태의 경제발전들인데 이 형태들은 한편으로 지속적인 인구성장과 (주로 경작기술 개량 및 개간과 벌채를 통한 경작 면적의 엄청난 증대에 의해 가능해진) 농업성장에 근거했고, 다른 한편으로는 섬유산업 부문에서의 유사한 원산업화과정에 근거했다. 포메란츠는 본질적인 두 요소가 1750~1800년부터 분기하는 궤도들을 만들었다고 본다. 우선 유럽은 산림 벌채와 관련된 중대한 제약과 함께 잉글랜드에 풍부하게 매장되어 있는 석탄으로 인해 목재가 아닌 다른 에너지원 활용으로 빠르게 고개를 돌릴 수 있었고 이에 상응하는 기술도 신속하게 발전했다는 것이다. 무엇보다 두번째 요소인 유럽 국가들의 재정능력과 군사능력은 대체로 과거에서 이어져온 경쟁의 산물이고 국가 간 경쟁에서 비롯된 기술혁신과 금융혁신에 의해 강화되는데, 이를 통해 유럽은 18~19세기에 국제 분업과 매우 수익성 뛰어난 공급망을 조직할 수 있게 된다는 것이다.

포메란츠는 벌채로 인해 유럽이 18세기 말에 거대한 규모의 '생태주의적' 제약에 봉착하기 직전이었다는 사실을 강조한다. 프랑스에서처럼 영국에서도, 프로이센에서처럼 덴마크에서도, 에스파냐에서처럼 이탈리아에서도 앞선 몇백 년 동안 숲이 급속도로 사라져서, 1500년 무렵 토지면적의 약 30~40%였던 것이 1800년에는 약 10%정도밖에 남지 않았다(프랑스에서는 16%, 덴마크에서는 4%). 처음에는 동유럽과 북유럽의 아직 숲이 많은 지역들과의 목재 교역으로 어느 정도 결핍을 잠시 완화할 수 있었지만 이는 곧 불충분해졌다. 중국에서도 1500~1800년 사이에 점차적인 산림 벌채가 관찰되지만, 덜 두드러졌던 이유는 중국 내의 발전된 지역과 숲이 많은 지역 사이의 정치적 상업적 통합이 더 강력했다는 데 있기도 하다.

유럽은 아메리카의 '발견', 아프리카와의 삼각무역, 아시아와의 교역을 통해 제약들을 타개하게 된다. 북미와 앤틸리스제도와 남미의 땅을 아프리카에서 이식한 노동력을 통해 수탈하면서 1750~1800년부터 비약적으로 발전한 섬유공장들과 식민지배자들의 이윤을 위한 원료(주로 목재·면화·설탕)를 생산할 수 있게 된다. 장거리 운송 항로들을 군사적으로 통제할 수 있게 되면서 대규모의 상보성 또한 발전하게 된다. 앤틸리스제도와 미국 남부의 당시 노예들에게 공급하는 식량은 영국에서 북미로 섬유제품과 공산품을 수출하게 되면서 충당되는데, 이 수출은 거꾸로 플랜테이션들에서 가져온 목재와 면화에 의해 가능해진다. 18세기에 노예들의 의복에 사용되는 섬유의 3분의 1은 인도에서 왔으며, 아시아에서 가져오는 이러한 수입품들(직물·비단·차·도자기 등)은 대부분 16세기부터 아메리카에서 가져온 은으로 지불되었다. 포메란츠의 계산에 따르면 1830년 무렵 잉글랜드가 플랜테이션으로부터 가져오는 면화·목재·설탕은 1000만 헥타르 이상의 토지 즉 영국의 경작가능한 토지 전체의 1.5~2배에 달하는 토지 수탈에 의한 것이다.[15] 생태주의적 제약을 식민지를 통해 타개하지 못했더라면 이러한 공급원들을 다른 곳에서 찾아야만 했을 것이다. 유럽이 자급자족하면서 동일한 산업적 번영을 누릴 수 있었던 길에 대한 역사적 기술적 시나리오를 떠올려보는 건 물론 자유이지만, 상상력이 필요한 일이다. 예컨대 랭커셔의 영국인 농부들이 관리하는 비옥한 면화 플랜테이션이라든가 또는 맨체스터 인근에 하늘까지 솟은 교목들을 상상하는 것과 마찬가지인 것이다. 여하간 이는 우리가 지나온 세계와는 전혀 무관한 진정 다른 역사이자 다른 세계다.

산업혁명이 유럽·아메리카·아프리카·아시아의 긴밀한 상호작용의 소산이라는 사실을 자명한 것으로 간주하고 이 상호작용과 접속의 역사를 조직하는 대안적 양식을 성찰하는 게 더 타당해 보인다. 1500년부터 1900년까지 이러한 접속들은 아프리카의 노예 노동력을 아메리카와 앤틸리스제도로 강제 이전시키거나 인도와 중국을 무력시위를 통해 개방케 하는 일 등이 수반된 유럽의 군사적 식민적 지배라는 형태하에 이루어졌다. 하지만 이 접속들은 여러 가지 상이한 방식으로 이루어질 수도 있었을 것이다. 예컨대 21세기의 세계 경제관계가 서로 구별되는 다수의 규제체계에 의해 구조화될 수 있는 것과 마찬가지로, 유효한 정치적-이데올로기적 세력균형에 따라 공정무역, 자유로운 이동, 임금노동이라는 형태로 이루어질 수 있었다.

이러한 관점에서, 18~19세기에 유럽을 성공으로 이끌었던 군사적인 제도와 전략들이 1776년 애덤 스미스가 『국부론』에서 권장한 덕망 있는 제도들과 얼마나 관련이 없는지 확인하게 되는 게 인상적이다. 경제적 자유주의를 정립한 이 책에서, 알다시피 애덤 스미스는 적은 세금과 (국채가 거의 없는) 균형예산, 소유권의 절대적 보장, 노동과 재화의 통일적이고 경쟁적인 시장의 발전을 채택할 것을 정부에 권고했다. 그런데 포메란츠에 따르면 이 모든 측면에서 18세기 중국의 현행 제도들이 영국에서 실행되었던 제도들보다 훨씬 더 애덤 스미스적이었다. 특히 시장은 중국에서 훨씬 더 통합되어 있었다. 곡물시장은 더욱 넓은 지리적 권역 위에서 작동했고, 노동의 이동성은 현저히 더 높았다. 이것은 유럽에서 적어도 프랑스혁명까지는 봉건제의 영향력이 더 컸다는 점과 관련이 있다. 농노제는 19세기까지 동유럽에 존속했고(중국에서는 16세기 초에 거의 완전히 사라졌다), 18세기에는 대륙의 서쪽으로 이동하는 데 여전히 제한이 있었다. 특히 영국과 프랑스에서는 지방 영주법정들과 엘리트들에게 주어진 커다란 자치권과 구빈법하에서 노동계급에 강제적 규칙을 관철시키기 위해 이동이 제한되었다. 부분적으로 교역이 동결된 교회 재산도 유럽에 훨씬 많았다.

마지막으로 무엇보다도 세금은 중국에서 훨씬 더 가벼워서 국민소득의 고작 1~2%였다. 18세기 말 유럽에서는 세금이 국민소득의 6~8%에 육박했다. 청나라제국은 엄격한 예산 규정을 적용했다. 요컨대 엄밀하게 세금으로 지출을 충당했으며 적자는 없었다. 반대로 프랑스왕국과 영국을 비롯한 유럽 국가들에서는 세금이 더 높은 수준이었음에도 불구하고 엄청난 국채가 특히 전시에 쌓였다. 국가 간 분쟁들뿐 아니라 선행 부채에 연동된 이자의 납부로 늘어난 예외적으로 많은 지출을 충당하기에는 세수가 충분치 않았기 때문이다.

프랑스혁명 전야에 프랑스의 국채는 영국에서처럼 1년 치의 국민소득에 육박했다. 혁명전쟁과 나폴레옹전쟁(1792~1815년)이 끝난 뒤에, 영국의 국채는 심지어 국민소득의 200%를 초과해, 1815~1914년 사이에 영국 납세자들(주로 중위계급과 인민계급)이 납부한 세금의 거의 3분의 1이 (전쟁 자금을 융자해준 소유자들에게는 막대한 이윤을 안긴) 국채와 그 이자를 갚는 데 쓰였을 정도다. 우리는 20세기와 21세기에 국채와 그 상환으로 야기된 문제들을 3부와 4부에서 거론할 때 이 에피소드들을 재론할 것이다. 지금 단계에서는, 다만 이 끝이 없는 부채가 유럽의 발전에 방해가 되었던 것으로 보이지 않는다는 점에 주목해두자. 유럽의 높은 세금과 마찬가지로, 국채 역시 유럽의 발흥에서 결정적이었음이 확인된 국가 건설과 군사적 역량을 강화하는 데 일조했다. 물론 장기적으로는 세금과 국채가 군대보다 더 유용한 것들(예컨대 학교·병원·도로·수질 정화)에 사용될 수도 있었을 것이다. 또한 영국의 소유자들에게 과세하는 것이 (그들이 국채를 통해 더 부유해지도록 하기보다는) 틀림없이 바람직했을 것이다. 당시 국가 간의 폭력적인 경쟁 속에서 소유자들이 정치권력 장악을 통해 택했던 것은 국채에 의한 재원 조달과 군사지출이었으며, 이 모든 것은 세계의 다른 곳에 대한 유럽의 지배를 확립하는 데 기여했다.

### 애덤 스미스적인 중국인들, 아편 밀매자 유럽인들

추상적으로 보자면, 안정적이고 덕망을 갖춘 애덤 스미스적 제도들이 18~19세기에 모든 나라에서 채택되었더라면 물론 좋았을 것이다(이러한 스미스적인 전망이 생산적 투자의 재원 조달을 위한 세금과 공권력의 유용성을 과소평가하고 경제발전에서 교육적 사회적 평등이 지닌 중요성을 소홀히 했음에도 불구하고 말이다). 하지만 일부 나라가 다른 나라들보다 군사적 역량의 우위를 확보한 세계에서는 가장 덕망을 갖춘 나라가 반드시 최상의 나라인 것은 아니다. 유럽인들과 중국인들이 맺어온 관계의 역사는 이러한 관점에서 전형적이다. 이제껏 중국과 인도와의 무역수지 균형을 맞춰준 아메리카의 은이 고갈됨에 따라, 18세기 초부터 유럽인들은 두 거대 아시아 국가에서 수입해오는 비단·직물·도자기·향신료·차와 교환할 수 있는 것을 갖지 못하게 될까 불안해했다. 영국인들은 아편을 즐길 재력이 있는 중국 소비자들과 소매상인들에게 수출하기 위해 인도에서 아편 경작의 강도를 높이고자 했다. 이런 식으로 18세기에 아편 밀매의 규모는 커져갔고 동인도회사는 1773년에 벵골에서의 아편 생산과 수출을 독점했다.

1729년부터 기분전환용 아편 소비 금지를 명했던 청 왕조는 교환 물량의 엄청난 증가와 자국 행정 및 계몽된 여론의 압력에 직면해, 공중보건이라는 명확한 이유로 마침내 행동에 나서게 되었다. 1839년 청 황제는 광저우에 사절을 파견해 밀매를 중단시키고 아편 재고를 즉각 불태우라는 명을 내렸다. 1839년 말 1840년 초 영국에서 시작된 격렬한 반중국 여론전은 소유권에 대한 참을 수 없는 침해와 자유무역 원칙에 대한 허용할 수 없는 문제제기를 비난하기 위한 것이었고 아편 상인들이 그 자금을 제공했다. 청 황제는 영국의 증대된 재정능력과 군사능력에 대해 명백히 잘못 평가했고, 1차 아편전쟁(1839~1842년)은 중국의 즉각적인 패배로 이어졌다. 영국인들은 함대를 보내 광저우와 상하이를 포격했고, 이를 통해 1842년에 최초의 '불평등조약'(1924년 쑨원에 의해 대중화된 명칭)을 맺었다. 중국인들은 파괴된 아편과 전쟁 비용에 대해 재정적인 배상을 했고 영국 상인들에게 사법과 조세상의 특권을 부여했으며 홍콩을 양도했다.

그러나 청나라 국가는 아편무역 합법화를 공식화하기를 계속 거부했다. 영국의 무역적자는 늘어났고, 2차 아편전쟁(1856~1860년)과 1860년 프랑스-영국 군대에 의한 베이징 이화원 침탈은 마침내 황제가 항복하게 만들었다. 아편은 합법화되었고, 무엇보다도 중국 국가는 1860~1862년에 유럽인들에게 일련의 교역소와 조계지를 보장하고, 막대한 전쟁배상금도 지불해야 했다. 종교의 자유를 명분으로 기독교 선교사들이 자유롭게 국내를 돌아다니는 것도 관철되었다(불교·이슬람·힌두의 선교사들은 유럽에서 동일한 권리를 누리지 못했다). 역사의 아이러니는 프랑스-영국에 의해 강제된 이러한 군사적 공납으로 인해 중국 국가는 자신의 애덤 스미스적인 예산 규정을 포기하고 최초로 막대한 국채를 실험적으로 발행해야만 했다는 것이다. 이 국채는 눈덩이처럼 불어나 청 왕조는 상환을 위해 증세해야 했고 자국 조세주권의 큰 부분을 양도해야 했다. 부채에 의한 강제라는 이 고전적인 식민지 시나리오를 우리는 이미 다른 곳(모로코)에서 만난 적이 있다.[16]

17~18세기에 유럽 국가들이 유럽 내부 전쟁의 자금을 조달하기 위해 발행한 과중한 국채와 관련해서, 금융시장의 발전에서 이 국채가 수행했던 중심 역할 역시 강조되어야 한다. 나폴레옹전쟁으로 인한 영국의 국채가 특히 이에 해당하는데, 이것은 오늘날까지도 역사상 가장 큰 국채 중 하나로 남아 있으며(영국의 2년 이상의 국민소득과 국내총생산에 해당하는 이것은 1815~1820년 세계 경제에서 영국의 비중을 감안하면 엄청난 것이다) 영국의 소유자들과 예금자들에게 이 국채를 매각하기 위해서는 견고한 은행제도와 금융 중재 네트워크의 발전을 필요로 했다. 우리는 이미 영국 동인도회사와 네덜란드 동인도회사를 비롯한 세계적 규모의 최초의 주식회사들이 창립되는 데 식민지 팽창이 미친 영향에 대해 거론했다. 이 회사들은 광대한 영토에서 왕권적인 권력을 행사하는 실질적인 사병조직의 선두에 서 있었다.[17] 이후 중대한 역할을 하는 운송회사와 보험회사가 발전하게 된 것도 해운 수송품들을 둘러싼 수많은 값비싼 불확실성 때문이었다.

유럽의 전쟁들과 관련된 국채들이 금융증권화과정과 금융혁신 또한 추동했음을 추가해야 한다. 이러한 실험들 중 일부는 1718~1720년의 유명한 존 로John Law의 파산을 필두로 한 떠들썩한 파산들로 마무리되었다. 존 로의 파산은 (금융거품의 붕괴를 재촉했던 미시시피회사처럼) 상궤를 벗어난 식민지회사들이 증권 보유자들에게 주식을 제공하면서 각자의 부채를 청산하려고 벌였던 경쟁에 프랑스 국가와 영국 국가가 개입하면서 벌어졌다. 당시 이러한 주식회사 계획의 대부분이 식민지형 무역 독점 또는 조세 독점의 활용에 기초했고, 이는 생산적인 창업가정신보다는 고도의 군사적 강탈에 더 가까웠다.[18] 그럼에도 불구하고 유럽인들은 전 세계적 차원에서 금융·무역기술을 발전시킴으로써 19세기와 20세기 초의 글로벌 산업·금융자본주의시대에 결정적인 역할을 한 비교우위와 기간시설을 확립했다.

## 보호주의와 중상주의: '대분기'의 기원들

최근의 연구들은 '대분기'의 기원들에 관한 포메란츠의 결론들과 군사적-식민지적 지배가 행했던 중심적인 역할 및 이로 인한 기술혁신과 금융혁신 대부분을 인정했다.[19] 장 로랑 로젠탈과 웡로이빈의 연구들은 아주 오랜 기간 전반적으로 부정적인 효과들(1914~1945년의 극단적인 자기파괴와 2차대전 이후 유럽통합의 곤란함, 더 최근에 직면한 2008년 금융위기의 결과들)을 낳았던 유럽의 정치적 파편화가 1750~1900년 사이에 군사경쟁을 통한 혁신을 불러일으키고 이로 인해 중국을 앞질러 전 세계에서 가장 우세해질 수 있었다는 사실을 특별히 강조한다.[20]

또한 스벤 베케르트의 연구는 영국인들과 유럽인들이 1750~1850년에 세계 섬유생산을 장악하는 데 노예제적 면화 수탈이 지닌 결정적 중요성을 보여주었다. 특히 베케르트는 1492~1888년에 대서양을 건너 이송된 아프리카 노예들의 절반이 1780~1860년(주되게는 1780~1820년)에 넘어왔음을 환기시킨다. 노예제와 면화 플랜테이션이 가속적으로 성장했던 이 마지막 국면은 영국 섬유제품의 발흥에서 중심적인 역할을 수행했다.[21] 요컨대 이제 영국과 유럽이 앞서나간 것이 안정적이고 유덕한 의회주의적-소유주의적 제도들에 의거했기 때문이라는 애덤 스미스적인 관념은 더이상 옹호되지 못한다.[22] 다른 연구자들은 '대분기' 이전과 '대분기' 동안의 유럽·중국·일본의 수준을 비교할 수 있게 해주는 임금 및 생산 관련 세부 데이터들을 수집했다. 자료의 취약성에도 불구하고 가용 데이터들은 유럽과 아시아 사이의 뒤늦은 분기라는 테제를 확인해준다. 이 분기는 저자들에 따라 뉘앙스에 차이가 있지만 18세기에만 실질적으로 구체화된다.[23]

프라사난 파르타자라티의 연구로 영국 섬유산업이 출현하는 데 있어서 인도에 적대적인 보호주의 정책이 행한 핵심 역할을 강조할 수 있게 되었다.[24] 17~18세기에 수출 공산품들(모든 종류의 섬유·비단·도자기)은 주로 중국과 인도에서 왔고, 대체로 유럽과 아메리카(그리고 일본)에서 들여온 은과 금으로 그 자금이 충당된다.[25] 인도의 날염된 천과 푸른 옥양목 같은 섬유제품은 유럽과 전 세계에서 크게 인기를 얻었다. 18세기 초 서아프리카 잉글랜드 상인이 노예와 교환한 섬유제품의 80%는 인도에서 제조된 것들이고, 이 비율은 18세기 말에도 여전히 60%에 달했다. 해상무역 기록에 제시된 바에 따르면, 1770년대에 프랑스 북부 루앙으로 들어가는 인도의 섬유제품은 이것만으로도 노예무역 선박에 실린 화물의 3분의 1을 점했다. 오스만제국의 기록에 따르면, 중동으로 수출된 인도 섬유제품은 서아프리카로 수출된 것보다 훨씬 더 많았고, 현지 소비자의 이익에 민감했던 투르크 당국은 이를 주요한 문제로 여기지 않았다.

유럽 상인들은 섬유제품 기술 일부를 전유하고 자신들의 대륙횡단 기획을 발전시키기 위해 인도 섬유제품에 대한 긴장을 조성함으로써, 이익을 재빠르게 챙겼다. 1685년부터 영국 의회는 섬유제품에 20%의 관세를 매겼고 1690년에는 30%를 매겼으며 1700년에는 채색 날염된 섬유제품이 수입을 완전히 금지했다. 이 시점부터 인도에서는 오직 가공되지 않은 섬유만 수입되었고, 이로 인해 영국 생산자들은 채색 날염 천 생산을 발전시킬 수 있게 되었다. 프랑스에서도 유사한 조치들이 시행됐고 영국에서는 18세기 내내 강화되었는데, 특히 1787년에는 인도 섬유제품 전체에 100%

의 관세가 매겨졌다. 아프리카 해안에서 자신들의 금속화폐를 지출하지 않으면서 노예무역을 확장하고자 양질의 섬유제품을 절실히 필요로 했던 리버풀 노예상인들의 압력이 1765~1785년에 주된 결정적인 역할을 했는데, 이 기간은 잉글랜드의 생산이 급속하게 개선되던 시기였다. 또한 석탄을 사용하게 되면서 영국은 섬유산업에서 논란의 여지가 없는 비교우위를 확보했고, 19세기 중반 이후 (중국으로의 아편 수출에서처럼 애매함이 없지는 않았지만) 더욱 단호하게 자유무역주의 담론을 견지하기 시작했다.

17~18세기에 인도에서 번창했던 조선업에서 영국인들은 또한 보호주의 정책을 구사했고 1815년에 인도에서 제조된 선박으로 수입되는 모든 재화에 15%의 특별세를 부과했으며, 이어서 희망봉의 동쪽에서 오는 상품들을 영국으로 들일 수 있는 것은 오직 잉글랜드 선박뿐이라는 법령을 공표했다. 전반적인 추계를 제시하기는 어렵지만, 대포를 들이대며 세계의 다른 곳에 강요한 이러한 보호주의적이고 중상주의적인 정책 전체는 영국과 유럽의 산업 지배에 중대한 역할을 했다. 가용 추계에 따르면, 세계의 제조업 생산에서 중국과 인도가 차지하는 몫은 1800년에 53%였던 것이 1900년에는 5%에 불과했다.[26] 다시 말하지만, 이것이 산업혁명과 근대의 번영에 이르는 유일하게 가능했던 궤적이라고 보는 것은 부조리할 것이다. 예컨대 유럽과 아시아의 생산자들로 하여금 인도와 중국에 적대적인 보호주의 없이도, 군사적-식민지적 지배 없이도, 지구상의 다양한 지역들 사이의 더욱 평등하고 균형 잡힌 상호작용과 교환의 형식들에 입각해 모두가 동등한 산업 성장에(나아가 심지어 더 높은 성장에) 도달할 수 있게 해줄 또다른 역사적 궤도들을 상상해볼 수 있다. 이는 물론 우리를 배출한 세계와는 매우 상이한 세계일 것이다. 하지만 역사 연구의 역할은 대치하는 다양한 집단들 사이의 정치적-이데올로기적 세력 균형을 통해 만들어지는 대안과 분기들의 존재를 분명하게 보여주는 데 있다.

## 일본, 그리고 삼원사회의 가속적 근대화

우리는 이제 유럽 식민권력과의 충돌이 아시아의 여러 곳에서 유럽인들의 도래 이전에 우세했던 삼원적 불평등주의체제들의 전환에 작용했던 방식을 검토할 것이다. 우리는 앞선 장에서 식민지 이전 인도에서의 불평등들이 어떻게 삼기능 이데올로기에 의해 구조화되었는지를 살펴보았다. 힌두와 무슬림 사이의 경쟁과 자티들의 유동하는 정체성과 연대 속에서 새롭게 출현한 전사 엘리트들로 인해 불안정하게 진화하는 형세들에 따라, 인도의 삼기능 이데올로기는 군사적인 전사 엘리트(크샤트리아)와 지적인 사제 엘리트(브라만) 사이의 균형 형식과 함께 구조화되었다. 무엇보다도 우리는 영국의 행정당국이 식민지 인구조사와 정책들로 카스트를 경직되게 함으로써 인도 삼기능사회의 전환을 어떤 식으로 중단시켰는지, 또한 오래된 규약적 불평등이 근대의 소유주의적 불평등 및 교육 불평등과 전례 없이 혼합되면서 인도식 불평등주의체제가 만들어지는 데 영국 행정이 어떤 영향을 끼쳤는지를 확인했다.

일본의 사례는 인도의 경우와는 많은 차이를 드러내지만 여러 가지 유사성도 있다. 에도시대(1600~1868년)의 일본은—구체제의 유럽 또는 식민지 이전의 인도에서 관찰되는 몇몇 측면과 유사한 논리들을 따라—다수의 사회적 격차와 삼기능적 유형의 규약적 경직성을 내포한 강력하게 위계화된 사회였다. 일본사회는 쇼군(군사적 수장)의 권위 아래 다이묘들(봉건적인 대영주)이 상층을 점한 전사 귀족과, 신도神道 사제들과 불교 승려들로 이루어진 계급(시기에 따라 공생하거나 경쟁하는 두 종교)에 의해 지배되었다. 에도시대 일본체제의 특수성은 전사계급이 다른 계급들에 대해 강력한 영향력을 행사했다는 점이다. 도쿠가와막부의 세습 쇼군들은 수십 년간의 숱한 봉건적인 전쟁들을 치른 뒤인 1600~1604년에 질서를 회복했고 점차 단지 군사적 수장이기를 그치고 나라의 실질적인 정치 지도자들이 되었다. 이들은 자신들의 수도인 에도(도쿄)에서 행정제도와 법률제도 전체의 수장이었고 반면에 교토에 근거를 둔 황제는 정신적 수장이라는 상징적 기능으로 축소되었다.

그러나 쇼군과 전사계급의 정당성은 1853년에 미국 해군 준장 매슈 페리가 군함을 이끌고 도쿄만에 도착했을 때 혹독한 시련에 처했다. 그가 1854년에 유럽의 여러 동맹들(영국·프랑스·네덜란드·러시아)의 함정들로 보강된 두 배나 커진 대함대를 이끌고 다시 왔을 때 쇼군은 연합한 열강이 열중하는 무역·조세·사법 관련 특권들을 용인하는 것 외의 다른 선택은 할 수 없었다. 이 노골적인 굴욕으로 일본은 강도 높은 정치적-이데올로기적 문제제기 국면에 들어섰으며 이는 1868년에 메이지시대의 시작으로 이어졌다. 나라의 근대화와 서양 열강과의 경쟁을 열망한 일본의 일부 귀족과 엘리트의 주도하에, 마지막 쇼군인 도쿠가와가 퇴위했고 황제의 권위가 복원되었다. 따라서 일본은 (실상은 대체로 상징적인) 제국복고로 시작된 가속적인 사회정치적 근대화라는 미증유의 사례를 제공한다.[27]

1868년부터 시행된 개혁들은 여러 축에 기초해 있었다. 특히 오래된 규약적 구별들이 폐지되었다. 전사 귀족은 법적 특권과 조세 특권을 잃었다. 이는 (영국의 귀족에 비견될 만큼 소수계층인) 상층 귀족 다이묘들뿐만 아니라 봉토(촌락의 생산에 입각해 받는 소득)를 가진 전사들 전체에게 해당되었는데 그들은 금전적으로 부분적인 보상을 받았다. 주로 영국체제와 프로이센체제에서 영감을 받은 1889년 헌법은 (오래된 귀족 중 엄선된 일부가 정치적 역할을 보존할 수 있도록 해주는) 상원과 무엇보다도 하원에 의거했다. 하원은 처음에는 납세유권자적인 토대 위에서 성인남성의 고작 5%에 의해 선출되었고, 남성보통선거는 1910년과 1919년에 확장되고 1925년에 보편화되었다. 여성들에게 투표권이 확대되는 시기는 1947년이고 이때 상원은 확정적으로 폐지되었다.[28]

1720년부터 도쿠가와 치하에서 실시된 계급별 인구조사에 따르면 다이묘들과 봉토를 가진 전사계급은 총인구의 5~6% 사이였고 지역과 번藩에 따라 커다란 편차가 있었다(2~3%에서 10~12%까지). 이 집단의 수적인

**도표 9.3** 삼원사회의 진화: 유럽-일본, 1530~1870년

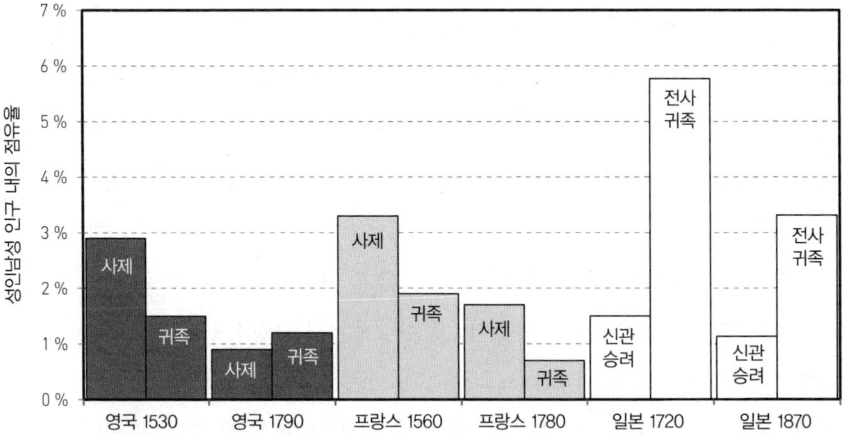


영국과 프랑스에서 삼기능사회의 두 지배계급(사제와 귀족)은 16~18세기에 수적 크기가 감소된다. 일본에서는 고위 전사 귀족(다이묘)과 봉토를 가진 전사의 숫자 비중은 신도 신관과 불교 승려 비중보다 현저히 높았지만, 에도시대와 메이지시대 초기의 일본의 인구조사에 따르면 1720~1870년에 큰 폭으로 줄었다.

**출처 및 원 통계자료:** piketty.pse.ens.fr/ideologie

크기는 에도시대를 거치면서 줄어들었던 것으로 보인다. (귀족을 제외한) 규약적 계급으로서의 전사와 봉토의 폐지를 앞둔 메이지시대 초기인 1868년에 실시된 인구조사에서 전사계급은 인구의 3~4%였기 때문이다. 신도 사제들과 불교 승려들은 인구의 1~1.5%였다. 이를 16~18세기 유럽의 현실과 비교해본다면 전사계급은 프랑스나 영국보다 일본에서 더 많았던 반면에 사제계급은 조금 적었다(도표 9.3 참조).[29] 우리가 보았듯이, 다른 유럽국가들이나 인도의 여러 하위 지역들은 일본에서 관찰된 것과 유사하거나 또는 더 큰 규모의 전사귀족계급을 가지고 있었다.[30] 요컨대 적어도 전반적인 형식상의 구조라는 관점에서는 이러한 규모의 추이는 크게 다르지 않고 다양한 삼기능사회와의 일정한 유사성을 입증한다.

메이지시대 초기에 시행된 개혁은 조세 특권과 부역의 폐지 외에도 이전 체제를 특징지었던 도시와 농촌 노동자들이 지닌 수많은 신분적 불평등을 폐지했다. 특히 새로운 권력은 부라쿠민部落民을 대상으로 했던 차별

들을 공식적으로 종식시켰다. 부라쿠민은 도쿠가와 치하에서 가장 천한 노동자 범주를 형성했고, 이들의 천민으로서의 지위는 일정한 측면에서 인도의 불가촉천민과 토착민의 지위에 가까웠다. 대체로 부라쿠민은 에도 시대 인구의 5% 이하였던 것으로 간주되지만 일반적으로는 인구조사에서 배제되었고, 메이지시대에는 이 범주가 더이상 공식적으로 존재하지 않았다.[31]

또한 메이지체제는 서양 열강들을 따라잡고 나라를 가속적으로 산업화하려는 일련의 정책들을 가동했다. 재정적 행정적 중앙집중화가 빠르게 강화되었고(도지사와 도가 다이묘와 봉토를 대체했다), 사회경제적 발전을 위한, 특히 교통기간시설(도로·철도·항만)과 교육 및 보건 분야 투자를 위한 재원을 조달하기 위해 막대한 세금이 징수되었다.[32]

교육에 들인 공은 서양의 엔지니어 및 학자와 경쟁할 수 있는 새로운 엘리트의 형성과 관련해서뿐만 아니라 대중의 문해력과 직업훈련 면에서도 대단했다. 엘리트들과 관련해서는 그 동기가 대단히 뚜렷하다. 요컨대 서양의 지배를 피해보겠다는 것이었다. 서양의 대학에서 공부하기 위해 1872년 가고시마에서 출발하는 일본인 학생들은 자신들의 적나라한 체험을 전했다. 유럽으로 가는 배를 타고 인도의 해안에 기항해 있는 동안 그들은 인도의 어린아이들이 동전을 주우려고 바다에 잠수하면서 자신들을 바라보는 영국 식민지 정착민들을 즐겁게 해주는 모습을 보았다. 그들이 내린 결론은 일본이 동일한 운명을 겪는 것을 피하기 위해서는 전력을 다해 공부해야만 한다는 것이었다.[33] 대중의 문해력과 기술훈련은 성공적인 산업화를 위한 필수불가결한 조건으로 간주되었다.

## 부라쿠민과 불가촉천민과 집시의 사회적 통합

여기서 이러한 사회적 교육적 통합정책을 미화하려는 것은 아니다. 일본은 여전히 위계적이고 불평등한 사회로 남아 있었다. 부라쿠민 같은 집단들은 계속해서 (법적인 것은 아닐지라도) 현실적인 차별들에 맞서 투쟁해왔다. 이들은 2차대전의 여파 속에도 여전히 그러한 차별의 대상이었고 이 무거운 유산의 흔적들은 21세기 초에도 계속해서 가시적이다(비록 이 흔적들이 인도의 하층 카스트들이 남긴 것들과는 비교가 되지 않는다 해도 그렇다). 게다가 일본의 사회통합 기획에는 민족주의와 군사주의의 발흥이 수반되었고, 이는 진주만과 히로시마로 이어졌다.

예컨대 도쿄 야스쿠니신사의 전쟁박물관에 표현되어 있는 것과 같은 일본의 일부 민족주의 여론에 따르면 1854년부터 1945년까지 펼쳐진 오랜 갈등이 '대동아전쟁'으로 간주되어야 한다. 말하자면 이 전쟁에서 일본은 쓰라린 역경을 딛고 아시아와 세계의 탈식민화로의 길을 열게 되리라는 것이다. 이러한 전망은 2차대전 동안에 인도·인도차이나·인도네시아에서의 독립운동에 대한 일본의 지지를, 더 일반적으로는 유럽인들과 미국인들이 아시아에 독립적인 대국이 있을 수 있다는 생각을 결코 받아들이지 않을 것이고 무력에 의해서가 아니라면 자신들의 식민지배를 끝내는 데 결코 동의하지 않을 것이라는 사실을 강조한다. 1895년에 중국에 대해, 1905년에 러시아에 대해, 그리고 1910년에 조선에 대해 거둔 빛나는 군사적 승리—메이지시대의 개혁 성공의 논란의 여지가 없는 증거들—에도 불구하고 일본은 식민지적이고 산업적인 열강 내에서 자신들이 서양인들로부터 온전히 존중받지는 못할 것이라는 생각을 가지고 있었다.[34] 일본 민족주의자들의 눈에, 최고의 굴욕은 1919년 베르사유조약에서 자신들의 거듭된 요구에도 불구하고 인종적 평등의 원칙을 명문화하는 것에 대한 서양의 거부였고,[35] 무엇보다도 1921년 워싱턴조약에 미국·영국·일본의 함대 용적 비율이 5 대 5 대 3으로 고정되는 규칙이 명시되었다는 점이었다. 이 규칙으로 인해 일본은 산업적 성취와 인구성장을 이뤘다 하더라도 아시아의 해역에서 영원히 군사적 열세에 처하게 되었다. 일본제국은 1934년에 이 규칙을 맹렬히 비난하며 전쟁으로의 길을 열었다.

1940~1941년에 점점 더 적대적인 두 개의 전망이 대치했다. 일본은 동아시아에서 서양의 완전한 후퇴를 요청했던 반면에 미국은 중국에 들어와 있는 식민열강의 전면적 후퇴(따라서 특히 일본의 후퇴)를 요구했고 탈식민화라는 더 일반적인 문제를 뒷날로 미루었다. 루스벨트가 일본의 해군과 육군이 가까운 시일 내에 움직이지 못하도록 일본에 대한 석유 수출 금지를 공표했을 때, 일본의 장군들은 진주만을 공격하는 것 말고는 다른 선택은 없다고 간주했다. 일본의 이러한 민족주의적 전망은 흥미롭고 어떤 면에서는 이해할 만하지만 본질적인 점을 간과하고 있다. 요컨대 한국과 중국, 그리고 일본에 점령당한 아시아의 다른 나라들의 주민들은 해방자를 상대했다는 기억을 갖고 있지 않다. 오히려 그 주민들은 유럽인들처럼 지배자의 야만성을 드러낸 식민권력을 상대했다고 기억한다(사례별로 평가될 필요가 있긴 해도 어떤 경우엔 일본에 대한 기대치가 높았기에 그 야만성은 훨씬 더 심각했다). 인민들의 의사와 무관하게 그들을 해방하고 문명화하려는 식민주의 이데올로기는, 식민지배자의 피부색이 무엇이든 간에, 일반적으로 파국으로 이어진다.[36]

상이한 식민권력들 및 이데올로기들과 식민지 피지배 주민의 기억 사이에 놓인 여전히 첨예한 갈등들을 논외로 한다면, 메이지시대(1868~1912년)와 1945년 이후 무장해제된 일본에서 실행된 사회적 교육적 통합과 경제발전을 꾀한 정책들은 오래된 불평등주의체제가 급속하게 사회정치적으로 전환될 때의 경험을 구성한다. 일본의 소유주의적이고 산업적인 이행의 성공은 해당 메커니즘이 이런저런 기독교문화 또는 유럽적인 문명의 본질과 얼마나 무관한 것인지를 보여준다.

이어서 마지막으로, 공공기간시설과 교육투자에 대한 적극적인 정책들을 펼친 일본의 경험은 특히 강력하고—다른 맥락에서는 굳어서 변할 수 없는 것으로 여겨지는—오래된 규약적 불평등들을 수십 년 이내에 종식시킬 수 있다는 점을 보여준다. 과거 천민계급을 향한 차별의 흔적들이 여전히 남아 있음에도 일본은 20세기를 거치면서 평균생활수준이 지구상에서 가장 높은 축에 들고 소득 불평등은 유럽과 미국 사이의 중간 수준에 놓이는 나라가 되었다.[37] 사회경제적이고 교육적인 발전과 일정한 사회통합을 확고히 하기 위해 1870년부터 1940년까지 일본 국가가 실시한 정책은 완벽하진 않았지만, 예컨대 영국 식민국가가 인도에서 실시한 것에 비하면 훨씬 통합적이었다. 영국의 식민국가는 사회적 불평등을 감소시키거나 또는 하층 카스트의 문맹퇴치와 교육투자에 별로 전념하지 않았다. 우리는 일본의 사회적 불평등 감소가 1945~1950년에 실시된 야심찬 농지개혁에 의해, 또한 상위 소득과 상속에 부과된 강력한 누진세의 발전(메이지 시대와 전간기에 시작되었지만 패전 이후에 강화된 정치적-재정적 진화 과정)에 의해 강화되었음을 3부에서 볼 것이다.

유럽의 맥락에서는 확실히 집시들Roms이 일본의 부라쿠민과 인도의 하층 카스트에 가장 직접적으로 비견될 만한 차별받는 사회집단의 사례다. 유럽회의는 여타의 다양한 명칭들(치간Tsigane, 지탄Gitan, 마누슈Manouche, 떠돌이gens du voyage)로 알려진 일군의 유목민과 정착민을 집시라는 용어로 지칭한다. 이들 대부분은 적어도 1000년 전부터 유럽에 들어와 있었으며 다중적인 혼혈이 있었던 점을 감안하면 편차가 있지만 대개 인도와 중동의 여러 곳에서 유래했다.[38] 이 정의에 따르면, 집시들은 2010년대에 1000만~1200만 명이었는데 유럽 전체 인구의 약 2%다. 이것은 일본의 부라쿠민(인구의 2~5%) 또는 인도의 하층 카스트(10~20%)에 비해 더 제한적이지만 그럼에도 유의미한 수치다. 집시들은 유럽의 거의 모든 나라에 살며, 특히 헝가리와 루마니아에 모여 있는데 헝가리와 루마니아에서는 1856년에 집시들에 대한 노예제-농노제가 폐지되었고 새롭게 해방된 주민들은 옛 영주들에게서 떠나 대륙의 다른 곳들로 흩어졌다.[39]

집시들을 부라쿠민과 오래된 불가촉천민 및 토착민들과 비교하자면, 집시들의 매우 완만한 통합은 대체로 적절한 정책의 부재에 의해, 특히 다양한 유럽국가들이 이 주민들을 돌볼 책임을 서로 떠넘긴다는 사실에 의해 설명된다. 여전히 집시들은 엄청난 차별과 상대적으로 제한적인 통합정책에 직면해 있다. 집시들의 풍속은 기이하다 여겨지며 이들이 스스로 통합되기를 거부한다는 부정적인 편견의 대상이 되고 있는 것이다.[40] 집시들의 사례가 흥미로운 이유는, 흔히 온 세상을 가르치려 드는 유럽 여론으로 하여금 일본이나 인도가 부라쿠민이나 하층 카스트와 관련해 직면할 수밖에 없었던 곤란들을 더 잘 이해하게 해줄 수 있기 때문이다. 이 범주들은 역사의 흐름에서 동일한 편견의 대상이었지만, 그럼에도 이 나라들은 지속적으로 실행한 갖가지 사회적 교육적 통합정책을 통해 이 편견들을 극복해냈다.

## 삼기능사회와 중국 국가의 건설

이제 식민주의가 중국 불평등주의체제의 변환에 작용을 가했던 방식을 보도록 하자. 공화국을 수립한 1911년 혁명에 이르기까지 역사 내내 중국은, 18~19세기까지의 유럽 또는 인도와 유사한, 삼기능적이라고 규정할 수 있는 이데올로기적 배열에 따라 조직되었다. 중요한 차이는 유교의 성질과 관련되는데, 유교는 일신론적인 기독교·유대교·이슬람교의 의미에서 또는 힌두교적 의미에서의 종교라기보다는 인륜적 지혜에 가깝다. 기원전 6세기와 5세기 초에 생존했던 독보적인 학자이자 교육가이며 왕국들 간의 부단한 갈등 탓에 시련에 처한 왕족의 후예인 공자는 자신의 가르침을 설파하고 공적인 평화와 사회적 조화는 교육과 중용과 합리적이며 실용적이고자 하는(하지만 실제로는 장유유서뿐만 아니라 소유자와 소유에 대해 마땅히 존중해야 한다는 관점에서 매우 보수적인) 해법 추구에 근거해야만 한다는 점을 제시하기 위하여 전통에 따라 중국을 일주했다. 삼기능사회에서 언제나 그렇듯이, 중요한 것은 학자와 지식인의 중용을 정치질서의 핵심에 놓는 것이고 이를 통해 전사들의 무절제에 균형을 잡아주는 것이었다.

유교('지식인들의 가르침儒學')는 이렇게 해서 기원전 2세기에 국가 교리가 되었고, 자체적인 변천과 불교와 도교와의 다양한 교류와 공생을 거쳐 1911년까지도 국가 교리로 남아 있었다. 아주 오래전부터 유교 지식인들은 자신들의 박학과 유능함을, 중국의 문자와 역사에 대한 자신들의 인식을, 또한 자신들의 매우 엄격한 가족 윤리와 인륜을 국가와 분리된 종교조직이 아니라 공동체에, 공적 질서와 국가에 투영하는 학자요 행정가로 묘사되었다. 유교의 삼기능 논리와 기독교의 삼기능 논리 사이의 이러한 본질적 차이는 중국의 국가적 통일성과 유럽의 정치적 파편성에 대한 가장 자연스러운 설명들 중 하나다. 유럽은 기독교 왕국들을 접근시키려는 교회의 시도들에도 불구하고 정치적으로 파편화되었다.[41]

중국제국의 역사에서 유교가 특정한 방식으로 만들어낸 이 '국가 통일성을 위한 종교'를 근대 중국 공산주의가 나름의 방식으로 구성한 또다른 형태의 국가종교와 비교하고 싶어질 수 있다. 달리 말하자면, 한나라·송나라·명나라·청나라의 황제들에게 복무한 유교 행정가들과 학자들이 단순히 중국 공산당 관리들과 대사제들이 되어 인민공화국의 주석에게 복무한다는 것이다. 이러한 유형의 대조는 사회적 조화와 나라의 통일성을 위한 공산당체제의 행동을 강조하기 위해 중국 역사와 유교의 연장선상에서 행해진다. 중국 공산당 지도자들이 2010년대 초부터 공자를 예우하기 시작했던 것은 바로 이러한 정신에 따른 것이지, 극적인 돌변은 아니다("네 가지 구태"와 토지소유자와 고관대작에 맞서는 전투의 시대였던 문화혁명하에서 유교의 사회경제적인 보수주의는 멸시되었다). 다른 나라들에서는, 때로는 중국에서도 이러한 역사적 대조가 도리어 부정적인 방식으로 사용되는 경우가 많았다. 영원히 권위주의적일 거라고 간주되는 중국권력과 중국의 문화와 정신에 고유한 아주 오래된 독재 형태에 변함없이—황제와 그 휘하 고관대작들의 통치에, 나중에는 공산당 지도자들과 간부들의 통치에—복종하는 대중을 묘사하는 데 사용돼온 것이다. 어떤 경우든 이와 같은 비교는 많은 문제를 야기한다. 이 비교들은 모든 역사적인 사회정치적 궤도들과 마찬가지로 중국의 궤도를 특징짓는 분기들의 복합성과 다양성을 사유할 수 없게 하는 근거 없는 연속성과 결정론을 상정한다.

이러한 비교들의 첫번째 문제는 중국제국의 국가가 독재를 감당할 자원을 갖지 못했었다는 점이다. 중국제국은 구조적으로 약한 국가로, 극히 제한된 세수를 가지고 있었으며 사회경제적으로 개입하여 사회를 감독할 능력이 현재의 중국 국가에 비해 절대적으로 미미했다(심지어 하찮았다). 가용 연구에 따르면 명 왕조(1368~1644년)에서나 청 왕조(1644~1911년)에서나 조세압력 수준은 국민소득의 2~3%를 넘지 않았다.[42] 1인당 세수를 노동자의 일당으로 나타내면 청나라 국가가 통제한 자원이 18세기 말 19세기 초 유럽 국가들의 자원에 비해 3~4배 더 적다는 점이 확인된다(도표 9.2 참조).

(유럽인들이 '맨더린mandarin'이라고 지칭한) 중앙과 지방의 관리 등용은 매우 엄격한 절차에 따랐는데, 605년부터 1905년까지 13세기에 걸쳐 제국 전역에서 실시된 유명한 과거시험들은 그후에도 (특히 프랑스와 프로이센의) 서양인들에게 커다란 영향력을 발휘했고 영감을 주었다. 하지만 관리들의 총인원은 항상 대단히 제한적이었다. 19세기 중반에 중앙과 지방의 관리는 고작 4만 명이었고 이는 (4억 명 정도) 인구의 약 0.01%로, 시대가 달라져도 대체로 인구의 약 0.01~0.02%였다.[43] 실제로 청나라 국가의 핵심 자원은 (제한된 자원을 가진 국가들이 언제나 그렇듯이) 전사계급과 군대를 위해 쓰였고, 문민행정 또는 보건지출과 교육지출을 위한 가용 자원은 보잘것없었다. 우리가 앞에서 보았듯이, 18세기와 19세기 초에 청나라 국가는 예컨대 중국 영토에서 아편 소비에 대한 금지를 유효하게 관철시킬 자원을 갖고 있지 못했다. 실제로 중국의 행정은 대단히 탈중앙집중

적인 방식으로 작동했고 중앙과 지방의 관리들은 지역 차원의 다양한 전사 엘리트, 지식인 엘리트, 소유자 엘리트의 권력에 기초하는 것 말고는 달리 택할 것이 없었다. 중국 관리들은 이들의 권력을—근대적인 중앙집권국가의 발흥 이전의 유럽과 세계의 다른 곳들에서와 마찬가지로—매우 제한적인 방식으로만 통제했다.[44]

다른 삼기능사회들과 마찬가지로 중국의 불평등주의체제도 지식인 엘리트들의 막강함이 아니라, 지식인 엘리트들과 전사 엘리트들 사이의 타협과 경쟁이 진화하는 복합적인 형식들에 기초해 있다는 사실을 또한 강조해야 한다. 이는 특히 중국을 정복한 적이 있는 만주족 전사들에게서 발원하여 1644년에 베이징과 나라를 장악했던 청나라 시대에 뚜렷하다. 만주족 전사계급은 17세기 초부터 만주 일대에서 '팔기군'이라는 군제에 따라 조직되었다. 이 계급의 구성원들은 다른 주민들에 비해 행정·조세·법률상의 특권과 토지에 대한 권리를 누렸다. 만주족은 이러한 군사체계의 편성을 베이징에 이식했고, 만주족 전사들 외에 새롭게 한족 출신들을 이 전사계급 안에 점차 통합했다.

최근 연구들은, 중국 인구가 1억 3000만 명에 육박했던 1720년 무렵에 이들 전사 귀족인 팔기군에 모여 있는 총인원이 거의 500만 명이라고 추산했는데, 이는 인구의 거의 4%다. 팔기군의 인원이 만주족의 정복이 이루어졌던 17세기 중반(인구의 약 1~2%)과 새로운 권력이 견고해졌던 18세기(인구의 약 3~4%) 사이에 늘어났다가 19세기에 줄어들었다는 것은 있을 수 있는 일이다. 자료의 취약함과 함께 이와 같은 추산과 연결되는 여러 가지—우리가 17~18세기 프랑스와 유럽의 귀족 인원수를 추산할 때 부딪혔던 어려움들과 동일한 성격의—어려움은 20세기 이전의 중국에 대한 체계적인 인구조사가 없이서(이는 제국 국가의 약한 중앙집권화를 보여준다) 완벽하게 정확해지기가 불가능하다는 것을 의미한다.[45] 이 인원수(18세기에 팔기군 전사귀족은 인구의 약 3~4%였다)는 같은 시기의 프랑스와 영국 귀족에 비하면 상대적으로 많지만(도표 9.3 참조) 일본 또는 인도에서 보았던 인원수와는 동일한 수준이고[46] 에스파냐·헝가리·폴란드처럼 영토 확장과 군부의 비중이 두드러지는 유럽 국가들에서 보았던 인원수에 비하면 더 적다.[47]

청나라 시대 초기에, 팔기군 전사들은 주로 대도시 인근 수비대에 주둔했다. 그들은 지역의 생산에 기초해 제국 국가가 지급하는 소득과 지세로 살아갔다. 그러나 18세기 중반부터 청나라 국가는 이 전사 귀족의 수가 너무 많고 그들에게 너무 많은 자원을 지출한다고 생각하기 시작했다. 그렇지만 모든 삼기능사회에서 그렇듯이 이 사안이 미묘했던 이유는 전사 귀족에 반하는 지나치게 급진적인 조치들이 체제를 위태롭게 할 위험이 있었기 때문이다. 1742년부터 청 황제는 팔기군의 일부를 만주로 재배치하기 시작했다. 1824년부터 이 정책은 새롭게 강화된다. 예산 절감이라는 목표와 아울러 북방 영토의 개척과 식민화에 대한 관심을 갖고 제국 국가는 북만주의 영토를 일부 전사 귀족에게 배분하기 시작했고, 이 새로운 토지소유자들을 위해 노동할 비귀족 주민의 이주를 장려했다. 사업이 단순치 않았고 그 범위도 제한적으로 유지되었던 이유는 한편으로는 팔기군 대부분의 구성원들과 그 식솔들이 그토록 먼 곳으로 그리 쉽게 옮겨가려 하지 않았기 때문이고, 다른 한편으로는 전사계급 출신의 이주자들보다 평민 이주자들이 토지 개척을 더 잘할 수 있었기 때문인데 바로 이것이 수많은 긴장을 유발했다. 20세기 초 만주의 북부에서는 오래된 전사 귀족의 수중에 토지가 고도로 집중되는 것으로 특징지어지는 놀라운 소유주의적인 미시사회들이 관찰된다.[48]

## 중국제국의 선발시험: 지식인, 소유자, 전사

더 일반적으로는, 청나라 국가는 전사계급과 여타의 사회집단들 사이의 일정한 균형에 면밀한 주의를 기울여야만 했다. 그렇지만 실제로 국가가 특히 주의를 기울인 것은 엘리트 사이의 균형이었다. 이는 주로 제국의 시험체계 조직화에 해당되는데, 이 체계는 오랜 역사의 흐름 속에서 대치하는 집단들의 세력균형에 따라 부단한 개혁의 대상이 되었다. 이러한 타협들이 흥미로운 이유는 지식의 정당성과 소유주의적 정당성 및 전사적 정당성 사이의 균형 형식에 대한 모색을 나름의 방식으로 나타내고 있기 때문이다. 실제로 관리의 등용은 여러 단계로 이루어졌다. 제국의 여러 현에서 두 해 치르고 한 해를 거르는 방식으로 실시되는 생원시에서 우선 합격해야 했다. 이 자격이 공직에 진출할 권리를 즉각 부여하는 것은 아니었지만 지방과 중앙 차원의 다양한 관리 선발시험에 응시할 수 있게 해주었다.

생원 자격을 보유한 사람은 관리가 되지 못하더라도, 사법적 정치적 경제적 특권(예컨대 사법절차에 따라 재판에서 증언하는 일이나 지역 활동에 참여하는 일)과 커다란 사회적 명예를 부여받았다. 이 시험들에 관한 문헌들과 인원 명단에 입각한 가용 연구에 따르면, 19세기에 약 4%의 성인남성이 (그들이 한자와 전통적인 지식에 숙달되어 있으며, 생원시에 적어도 한 번은 응시했다는 의미에서) 고전 교육을 받았다고 추산할 수 있다. 이 집계에서는 약 0.5%의 성인남성이 귀중한 자격을 보유할 수 있는 시험에 합격했다. 그러나 두번째 집단의 사람들은 관리 선발시험에 곧바로 응시할 권리를 가졌으니, 이들은 진사 자격을 이미 매수했던 것이다. 이 집단은 19세기에 늘어나서, 1820~1830년에는 성인남성의 0.3%였던 것이 1870~1880년에는 거의 0.5%가 되는데 이들 대부분은 생원 자격을 실효적으로 획득한 자들이다.[49]

강남 지방의 문헌들을 최근에 활용함으로써 이 메커니즘이 관리 선발에서 사회적 세습을 상당히 강화하게 되었음을 보여줄 수 있게 되었다. 요컨대 이 메커니즘을 통해 소유자와 부유한 계급의 아들들이 국가가 필요로 하는 세수를 확보할 수 있도록 해줌으로써(이로써 이러한 관행이 정당화된다) 진사시라는 난관을 거치지 않고 등용되는 기회를 가질 수 있게 되었다는 것이다. 문헌들에 따르면 세습은 전통적인 절차 안에서도 매우 강했다. 이를테면 진사시에 합격해 마침내 중앙정부와 지방정부의 관리로 등용된 압도적인 다수의 지원자는, 물론 예외가 있긴 하지만(20% 이하), 유사한 관직을 맡았던 부친과 조부를 두고 있었다는 것이다.[50]

이러한 자격 매수 가능성은 18~19세기 중국 국가가 지닌 예산상의 곤란들에 부분적으로 반응했던 것이고 앙시앵레짐하 프랑스에서의 수많은 매관매직, 그리고 유럽 여러 나라에서의 유사한 관행들과 비교될 수 있다. 그렇지만 차이는 중국의 경우에는 자격을 매수한 자들이 원칙적으로 실제 관리가 되기 위해서는 다른 이들과 동일한 선발 시험에 따라야만 했다는 것이다(이 최종 단계에서의 묵인에 대한 의구심이 만연해 있었지만 과연 이 의구심들이 어느 정도나 과장된 것이었는지를 말하기란 불가능하다). 중국의 이 체계는 아마도 21세기 초 미국 명문대학에서 시행되는 입학제도와 매우 유사할 것이다. 이 미국 대학들은 부모가 충분히 많은 기부를 한 일부 학생들legacy students은 그들의 학교 성적이 충분치 않아도 곧바로 입학하는 혜택을 누릴 수 있다고 공공연히 시인한다. 우리는 이어지는 장들에서 이 문제를 재론할 것이다. 이 문제는 21세기에 교육정의와 사회정의에 대한 공동의 표준을 정의하는 일과 관련된 상당한 쟁점을 제기하며 비교사적인 전망 안에서—상호 비교되길 원치 않는 나라들과 시대들과 제도들을 비교하는 일을 포함해—불평등주의체제에 대한 연구를 진행해야 할 필요를 다시금 보여준다.[51]

중국제국 선발시험과 관련해서는, 청나라시대에 유효했던 규칙들의 본질적이면서도 비교적 잘 알려지지 않은 또다른 차원을 추가해야 한다. (19세기 중국 총인구의 약 0.01%이자 성인남성의 약 0.03%에 상응하는) 약 4만 개의 관직 중 거의 절반이 팔기군의 전사 귀족 구성원들에게 배정되었다는 점이다.[52] 전사계급 구성원들은 한자에 대한 불충분한 지식을 보완하기 위해 만주어로 특정 선발시험을 치르거나, 일부 관직에 대해서는 실제 자격이 있거나 자격을 매수한 이들이 응시했던 것과 유사한 선발시험을 치르기도 했는데, 이때는 팔기군의 구성원들에게 이미 자리가 배정되어 있었다. 하층 카스트를 우선 선발하기 위해 20세기에 발전된 인도의 할당제와는 많이 다른 중국식 '배정'체계는 공적 기능에 진입하는 선발시험 외의 다른 영역으로도 확대되었다. 각각의 행정부와 관직 범주 내에는 전사 귀족(만주족과 한족)의 구성원들에게 배정된 자리도 있고 또한 여타의 등용 절차를 거친 지식인들과 소유자들에게 배정되는 자리도 있다.[53] 이러한 규칙들은 숱한 갈등과 지속적인 재협상의 대상이 되었지만 본질적으로 전사 귀족은 1911년에 제국이 몰락할 때까지 자신들의 우위를 유지하는 데 성공했고, 소유주의적인 유형의 (특히 자격증 매수와 연계된) 특권들은 부분적으로 (유럽 열강에 점점 더 많은 부채를 갚아야만 했던) 청나라 국가의 늘어나는 예산상의 수요로 인해 19세기와 20세기 초에 강화되었다.

### 중국의 반란들과 미완의 분기들

요약해보자면 중국제국의 사회는 대단히 불평등하고 위계화된 사회였고 지식인 엘리트와 소유자들과 전사들 사이의 갈등이 두드러진 사회였다. 모든 가용 자료는 이 집단들이 부분적으로 서로 교차한다는 점을 보여준다. 전사 엘리트들과 마찬가지로 지식인 행정가 엘리트들도 다른 주민에게 지대를 받는 토지소유자였고, 이 상이한 집단들 사이에는 많은 동맹이 맺어졌다. 그러나 체제는 경직되어 있지 않았고, 엘리트들 사이의 경쟁 이외에 많은 반란과 인민혁명이 일어났으며, 이런 사건들이 중국이 실제 최종적으로 맞이한 것과는 다른 궤도를 밟아가도록 이끌 수도 있었을 것이다.

가장 유혈이 낭자했던, 또한 가장 장관이었던 것은 태평천국의 난(1850~1864년)이었다. 처음에는 숱한 다른 반란들이 그랬듯이 소유자들에게 지대를 납부하기를 거부하고 불법으로 토지를 점거한 농민들의 반란이었다. 이런 반란들은 오래전부터 흔했지만, 1차 아편전쟁(1839~1842년) 당시 유럽인들에게 굴욕적인 패배를 당한 이후에 증가하면서 점점 더 체제를 강하게 위협했다. 실제로 태평천국의 난은 운동의 초창기인 1852~1854년에는 청나라 제국을 전복시킬 만한 것이 아니었다. 반란 세력은 (상하이 근처) 난징에 자신들의 수도를 세웠다. 1853년 새로운 체제의 법령은 필요할 경우에는 가족 단위 토지 재분배를 시행하겠다고 예고했고 자신들이 통제하는 지역에서 실행하기 시작했다. 1853년 6월 14일에 카를 마르크스는 『뉴욕 데일리 트리뷴』에 기고한 논설에서 혁명이 막 승리하려는 참이고 중국에서의 이 사건들이 세계의 산업체계에 엄청난 동요를 유발하여 결국에는 유럽에서 연쇄적으로 혁명이 일어날 것이라고 주장했다. 갈등은 빠르게 중국 중심부에서의 거대한 내전으로 전화되었고, 북부에 기반을 둔 (그 스스로 약한 국가의 소산인) 제국 세력과 남부에 기반을 두고 점점 더 체계화되어가는 반란 세력이 대립했으며, 이 모든 것은 지난 100년간 어마어마하게 인구가 성장했고(1720년에 약 1억 3000만 명이었던 인구가 1840년대에는 거의 4억 명이 되었다) 아편과 기아 위험으로 황폐화된 나라에서 벌어졌다. 가용 추계에 따르면 태평천국의 난은 1850~1864년에 2000만~3000만 명에 이르는 군인과 민간인 사망자를 냈는데, 이는 1차대전에 연루된 여러 나라의 사망자들을 모두 합친 것(1500만~2000만 명)보다 더 많았다. 연구들은 가장 큰 타격을 받은 중국 지역들이 이후 인구성장의 지체를 완전하게 만회하지는 못했으며, 제국이 몰락할 때까지 반영구적인 무장투쟁과 농민반란의 상태를 겪었음을 보여주었다.[54]

서양 열강은 처음에는 갈등 앞에서 중립적인 태도를 취했다. 이것은 주로 태평천국의 난의 지도자가 기독교적이고 메시아적인 소명을 지녔던 것과 관련된다. 반란 지도자의 이러한 면모는 기독교 국가들, 특히 미국이 동조하도록 만들었다. 미국의 여론은 (선교사들에게 충분히 개방적이지 않다고 알려진) 청 황제를 왜 미국이 지지해야 하는지 전혀 이해할 수 없었던 상태였다. 유럽에서는 일부 사회주의자들과 급진적 공화주의자들이 이 반란을 일종의 중국판 프랑스혁명이라고 보았지만 이는 별다른 영향력을 발휘하지 못했다. 태평천국의 난이 소유권에 급진적인 문제제기를 하고 무역과 (프랑스-영국이 1860년의 베이징 약탈에 뒤이어 부과했던) 부채를 서양에 상환하는 것을 지속적으로 위협하기 시작한 순간부터 유럽 열강은 청 왕조의 편을 들기로 결정했다. 유럽 열강의 지지는 1862~1864년 제국 세력이 반란 세력에게 거둔 최종적인 승리에 틀림없이 결정적인 영향을 주었다. 이 모든 것은 미국 남북전쟁이 한창이던 때에 일어났다(미국 기독교계의 이목이 다른 사건들에 몰려 있던 시점에 유럽의 개입을 촉진시켰다).[55] 반란이 성공했더라면, 그후 중국의 정치구조와 국경이 과연 어떻게 진화했을지 예측하기란 매우 어렵다.

19세기 말 청나라 국가와 이곳의 다양한 엘리트(전사 귀족·지식인·고관대작)뿐만 아니라 황제의 도덕적 정당성은 중국의 여론에서 바닥으로 떨어져 있었다. 청나라는 유럽인들과의 일련의 '불평등조약'을 모두 받아들여야만 했고, 군사적 공물에 다름 아닌 바로 이것으로 인해 생긴 누적된 이자를 서양인들과 그 은행가들에게 상환할 수 있도록 세수를 크게 늘려야만 하는 상황에 처해 있었다.[56] 이 같은 맥락에서 1895년에 중국이 (수천 년 동안 군사적으로나 문화적으로나 지배해왔던) 일본에 당한 패배와 일본의 조선과 대만 점령은 청나라에는 버거운 충격으로 다가왔다.

1899~1901년에 꽉 쥔 주먹을 상징으로 삼고 제국적이고 봉건적인 만주족 권력의 타도와 외세 축출을 위해 투쟁했던 비밀결사인 의화단이 일으킨 반란으로 체제가 다시 몰락할 뻔했다. 자신들의 조계지에서 위협당한 서양 열강은 청나라 국가의 반란 진압을 도왔고 1900~1902년에 (베이징으로 가기 위해 반드시 거쳐야만 하는 전략적 어귀에 해당하는) 톈진에서 전대미문의 국제적인 통치 형태를 실험했다. 이미 중국에서 자리를 잡았거나 또는 새로 축하연에 참석한 무려 열 개의 식민권력이 주로 최후의 의화단 단원들을 처리할 책임을 진 행정부 내에서 권력을 나눠 가졌다. 이 놀라운 통치의 문헌들에는 프랑스군과 독일군이 특히 야만적이고 규율이 문란했으며 현지인으로부터 끊임없이 강간과 강탈에 대한 고발을 당했

고, 또한 영국인들은 중국인들에게 하듯 영국령 인도제국에서 데려온 인도 병사들(중국인 자신들은 접촉이 별로 없었어도 이들을 존중했다)에게도 폭력적으로 굴고 그들을 멸시했음이 기록되어 있다. 다양한 열강의 대표자들이 모인 위원회가 도시의 물자 또는 법정 조직화나 군 사창가와 관련된 온갖 유형의 복잡한 경제적 법률적 문제들을 해결해야만 했다. 주로 프랑스와 일본 사이에서 숱한 논의를 거친 뒤에 중국인 소녀들의 성매매 최소연령을 예컨대 13세로 정했는데 1885년에 영국에서는 13세에서 16세로 그 연령이 바뀌었다. 1902년 청나라 국가에 권력을 반환하고 중국을 떠나는 시점에 프랑스 병사들이 남긴 그 야만성을 드러내는 일기와 편지들에는 중국을 점령한 뒤 보냈던 황홀하고 유쾌한 긴 나날들을 뒤로하고 본국으로 돌아가 또다시 프롤레타리아의 삶을 살아야 한다는 그들의 슬픔에 대한 증언이 담겨 있다.[57]

1911년 혁명은 마침내 중국에서 제국의 몰락과 공화국의 수립을 이룩했고, 쑨원이 난징에 소집된 의회에서 초대 대총통으로 선출되었다. (결국 1949년에 타이완으로 망명한) 민족주의자들과 공산주의자들 사이의 거의 40년에 걸친 준내전, 일본과 서양 점령자들에 맞선 투쟁에 뒤이은 공산당의 최종적 승리, 1911년 부르주아혁명으로부터 1949년 인민혁명으로의 이행을 설명하기 위하여, 1911~1912년에 확립된 체제의 지나치게 보수적인 특성을 거론하고 싶어진다. 이 체제는 불평등한 청나라 체제에서 오랜 세월을 보낸 중국 농민들의 토지 재분배와 평등을 향한 열망에 확실히 부응하지 못했다. 실제로 쑨원은 성공회 신도로 공화주의자이고 만주족에 반대하는 의사였는데, 사회경제적인 문제들에 대해서는 비교적 보수적이었고 1911년의 부르주아 혁명가들 대다수는 (오래된 전사계급이 부당한 특권을 박탈당한 순간부터) 기성 질서와 소유권에 대한 그의 존중을 공유했다. 1911년 중국 헌법은 이러한 관점에서 별로 혁신적이지 못했다. 이 헌법은 과거에 획득된 소유권을 성역화했고 안정적인 법적 테두리 안에서 이루어질 모든 재분배를 거의 불가능하게 만들었다. 예컨대 1910년 멕시코

헌법 또는 1919년 독일 헌법과 차이가 있었는데, 멕시코와 독일의 헌법은 소유를 공동선에 복무하는 사회제도로 제시했으며 입법부가 소유권 실행의 조건들을 재정의하고 필요한 경우에는 광범위한 농지개혁 또는 소유자들의 권리에 대한 또다른 타당한 제한을 가할 가능성에 대해 고려했다.[58] 쑨원 대총통 자신은 1912년에 서양인들의 압력을 받아 권력에서 축출되어 제국의 장군인 위안스카이로 대체되었다. 서양인들은 강력한 군사력이 중국에서 질서를 더 잘 유지하며 식민권력에 대한 부채 및 이자 상환과 징세를 더 잘 보장해줄 거라고 생각했다.

1911~1949년 중국에서 전개된 정치적-이데올로기적이고 군사적이고 인민적인 동원들과 사건들의 복합성을 고려하면, 인민공화국의 출현에서 1911~1912년 부르주아혁명의 불충분함과 지난 수백 년간 중국 농민 대중에게 누적된 제국·소유주의·고관대작에 대한 반대와 뿌리깊은 불공정하다는 감정의 불가피하고 결정론적인 결과를 본다는 것은 그다지 신뢰할 수 없을 것이다. 다양한 형태의 사민주의 공화국을 비롯한 여러 형태의 진화가 일어날 수도 있었던 것이다.[59] 우리는 3부에서 중국 공산주의 공화국의 출현이 정치적-이데올로기적이고 제도적으로 가능한 궤도들을 과연 얼마나 크게 열어놓았는지(오늘날에도 여전히 열어놓고 있는지) 볼 것이다.[60] 여타 불평등주의체제들의 전환과 마찬가지로, 중국의 삼기능적 불평등주의체제의 소유주의체제로의 전환과 이어진 공산주의체제로의 전환에 대한 연구는, 미래를 위한 가르침과 미완의 분기가 풍부하게 담긴 일군의 사회정치적 경험으로 이러한 전환을 간주해야 한다.

### 입헌 사제공화국의 사례: 이란

마지막으로 이란의 사례를 거론하자. 이란 사례는 사제 권력의 뒤늦은 입헌화라는 전대미문의 사례를 제공하는데, 1979년에 수립된 이슬람공화국은 취약한 체제이지만 2010년대 말 여전히 현존한다. 이러한 유형의 모든 사건들과 마찬가지로, 이란혁명은 얼마든지 다르게 배치될 수도 있었던 어느 정도 우발적인 요인들과 사건들의 총체에 기인한다. 이란의 마지막 샤shah 무함마드 리자 팔레비 황제와, 그가 서양인들 그리고 그들의 석유회사들과 맺은 결탁이 주민들 사이에 불러일으킨 반감이 이맘 호메이니의 전술적 능란함과 더불어 특히 중요한 역할을 했다. 그렇지만 이런 특별한 사건적 논리들 외에 중요한 점은 이란의 사제 공화국의 가능성 자체가 시아파와 수니파 이슬람의 역사에서 삼기능구조가 지녔던 특수한 형태와, 그리고 더욱 특별하게는 식민주의에 대한 저항에서 시아파 사제가 수행한 역할과 연계되었다는 점이다.[61]

일반적으로, 이슬람사회들은 오래전부터 군사적인 전사 엘리트와 지적인 사제 엘리트에게 부여하는 상대적 중요성에 따라 차이가 있었다. 기원에서부터, 수니파는 무슬림 공동체 움마umma를 이끄는 세속적인 군사 지도자로 선택된 칼리프의 권위를 인정하는 데 비해, 시아파는 학자 중의 학자로 인정받는 영적인 종교 지도자로서의 이맘imam을 추종한다. 수니파는 선지자의 사위이자 최초의 이맘이며 4대 칼리프인 알리와 그의 후대 이맘들에 대해 칼리프의 권위를 무시했으며 공동체를 분열시켰다고 비난했다. 반대로 시아파는 초기의 열두 이맘의 권위를 숭배하고, 자신들의 통합 행동을 방해했으며 때로는 종교에 대한 실질적 지식이 없는 난폭한 칼리프들의 편에 섰던 수니파를 용서하지 않는다. 874년 12대 이맘의 은신隱身 이후에 시아파의 위대한 율법학자들은 잠정적으로 세속적 권력을 포기하며, 열두 명의 이맘이 공표한 평결들과 전승들을 모은 문집을 11~13세기에 이라크 시아파의 신성한 도시들에서 출간한다. 이제 모든 신자는 이맘들의 이상적인 모범을 모방하려는 노력을 하는 가운데 동등하다고 간주된다.

정치적-이데올로기적 균형은 16세기에 재정립된다. 이란의 서쪽과 이라크와 레바논에서는 시아파가 일부 온상에 국한되었던 것에 비해(흔히 강자들과 군주들에 대한 비난 언술에 예민하게 반응하는 빈민들 내에 시아파가 존재했다. 레바논과 이라크의 시아파 소수파는 오늘날까지도 열악한 사회적 지위를 유지하고 있다), 사파위왕조는 정치적-종교적 이유들로 시아파 율법학자들에 의거하기 시작하면서 페르시아 전체를 시아파로 개종시킨다(이렇게 해서 이란은 거의 전체가 시아파인 유일한 이슬람 국가가 되었다).[62] 조금씩 시아파 율법학자들은 자신들의 해석 권력을 확대하며, 오래된 계율들을 각색하고 확장하기 위해 이성의 사용을 정당화한다. 그들의 정치적 역할은 사파위왕조가 끝나고 카자르왕조가 시작되는 18세기 말 19세기 초에 계속 확대되는데, 이 시기에 예컨대 새로운 군주들은 그들에게 러시아에 맞선 지하드를 공표할 것을 요구하고, 율법학자들은 자신들의 판결을 실행하고 세금을 징수할 권리를 인정받는다.

(알리의 능이 있는 바그다드 남쪽의) 나자프, (알리의 아들인 후세인이 희생된) 카르발라, (12대 이맘이 자취를 감춘 곳인) 사마라에 있는[63] 자신들의 영지에서 율법학자들은 페르시아와 오스만의 군주들이 자신들의 행동에 반대했을 때 어김없이 그 군주들에게 도전하고 진정한 대항권력으로 자처한다. 19세기에는 교리가 명확해진다. 모든 시아파는 무즈타히드를 따라야 하고, 마르자는 무즈타히드들 중에서 가장 지혜로운 자로 지혜와 능력이 탁월한 자다. 마르자의 통고는 그와의 직접 접촉에 의해 또는 마르자가 표명하는 바를 들은 사람들의 매개에 의해 전달된다.

대체로 시아파 세계에는 살아 있는 마르자가 대여섯 명만 존재한다. 무즈타히드의 지위에서 마르자의 지위로 나아가는 것은 평생의 위업이며 지혜와 종교적 학문의 토대 위에 결정된다. 이와 달리 수니파 율법학자들은 세속 권력의 공식적 인정에 근거한다. 사실상 18~20세기의 페르시아제국과 오스만제국하에서, 이라크와 이란의 시아파 성도들이 지니게 된 도덕적 재정적 군사적 역량과 치외법권적 지위가 시아파 사제를 준국가적 수장으로 만들었다. 이들의 지위는 중세와 근대 유럽의 교황령의 지위와 별반 다르지 않다. 다만 중요한 차이는 시아파 사제계급은 온전히 별도의 실질적인 사회계급으로, 위대한 율법학자 가문들 사이에서 결혼이 이루어지며(예컨대 호메이니의 손자는 나자프에 근거한 위대한 마르자 시스타니의 손녀와 결혼했다), 비록 자산 보유는 주로 사원·학교·사회복지 및 여러 종교기금을 매개로 조직되지만 그럼에도 불구하고 자녀가 있으며 재산도 있다는 점이다.

## 시아파 사제의 반식민적인 정당성

오스만제국과 페르시아제국의 권력 자체도 타락했을 뿐만 아니라 점점 더 기독교 식민권력의 명령에 굴복한다는 비난을 받으면서, 시아파 사제는 특히 1890~1892년 담배 폭동 기간에 저항의 목소리로 여겨졌다. 1870년 메소포타미아 기근 당시에 자신의 사회적 활동으로 이미 매우 인기가 높았던 위대한 마르자 시라지는, 페르시아제국 은행이 영국 채권자의 통제 아래 들어간 시기인 1890~1891년에(오스만제국 은행으로 말하자면 1863년 이후 프랑스-영국 차관단의 통제하에 있었다) 영국에 부여된 담배, 철도, 여타 천연자원 독점에 반대한다. 폭동과 인민동원은 샤가 1892년에 자신의 기획을 일시적으로 포기해야 했을 정도로 거셌다.[64] 그후 특히 1908년 석유 발견, 1911년 영국-러시아 군대에 의한 이란 도시들의 점령, 1919~1920년 프랑스-영국의 오스만 중동 분할 이후에 서양인들은 열세를 만회했다. 하지만 시아파 사제는 핵심적인 반식민 세력으로 인정받았으며 후일 그 결실을 거둘 것이었다. 일반적으로 19세기 말 (자신들의 문화적 종교적 모델의 우월함을 확신하는) 서양인들이 펼친 강도 높은 기독교 선교는 20세기 초부터 힌두와 이슬람에 다양한 형태의 종교적 혁신을 이루도록 추동한다.[65] 예컨대 무슬림형제단(수니파)은 1928년에 이집트에서 창립된 이후 신자들 사이의 연대와 사회복지 형태들을 발전시키는데 이는 시아파 준국가들과 무관하지 않다. 다만 이 준국가들은 훨씬 더 구조화되어 있는 사제계급과 종교적 위계에 의거할 수 있다는 점에서 차이가 있다.

1951년 모사데크 수상의 석유 국유화 시도 이후에, 영국-미국의 사주를 받은 쿠데타가 1953년에 일어나 (그다지 종교에 관심이 없고 1925년에 집권했으나 족벌주의 탓에 늘 비난을 받았던 군인 명문 출신인) 샤를 복위시키고 특히 서양인 회사들의 특권들을 복원했다. 이 체제는 1962년에 와크프waqf(종교재단)가 토지를 매각하도록 압박하는 일종의 농지개혁을 매개로 시아파 사제에게서 재정적인 독립성을 박탈함으로써 이들 사제들에게 최후의 일격을 가하려 했다. 이어서 대대적인 군중집회들이 일어났고 1965~1978년 호메이니가 나자프로 망명했으며 점점 더 폭력적인 억압이 뒤따른다.

너무나 인기가 없던 샤는 결국 1979년 2월에 이 나라에서 도망치고 호메이니에게 권력을 넘겨야만 했다. 호메이니는 역사에서 찾아보기 어려운 놀라운 헌법을 시아파 율법학자들과 함께 제정한다. 1906년에 페르시아 헌법은 의회에서 의결된 법이 하나 혹은 여럿의 마르자가 임명한 최소 다섯의 무즈타히드에 의해 승인되어야 한다고 결정했다. 하지만 이 규칙은 1908~1909년부터 기피되었는데, 1979년 헌법의 기초자들은 이란의 이슬람공화국 안에 사제의 권력을 이중으로 잠가두고자 했다. 마즐리스majlis(의회), 국가지도자운영회의, 대통령은 물론 (이란에서 1963년부터 유권자였던 여성들도 포함하는) 직접보통선거로 선출된다. 하지만 (원칙적으로 신학 학위를 가지고 있거나 또는 적절한 종교 교육을 이수한) 종교인들만이 86인의 국가지도자운영회의에 입후보할 수 있다. 이 회의는 최고지도자를 선출하고 원칙적으로는 그를 해임할 수도 있는 심급이다. 실제로는 단 두 명의 최고지도자가 있다. 1979년부터 1989년 사망할 때까지 이맘 호메이니와 1989년 이후의 아야톨라 하메네이. 최고지도자는 세속 권력과 여타의 정치적 심급들을, 특히 심각한 위기시에 확실히 장악한다. 최고지도자는 군통수권자이고, 군부와 사법부의 고위공직을 임명하며, 행정부·입법부·사법부 사이의 갈등들을 중재한다. 또한 헌법수호위원회를 구성하는 12인의 종교인 중에서 6인을 직접 임명한다(나머지 6인은 최고

지도자가 통제하는 사법당국의 추천인사를 마즈리가 승인해야 한다). 헌법수호위원회는 마즈리와 국가지도자운영회의와 대통령에 출마하는 모든 입후보자들을 승인해야 하는 곳으로 선거제도 전체를 보호하는 헌법상의 최고 심급이다.

군인계급에 절대권력을 부여하는 근대 정치체제가 여럿 존재한다면(일반적으로 제대로 된 법률적 형식을 갖추지 못한 군부 독재 틀에서 그렇다), 그리고 심지어 의회체계를 통해 군부에 (예컨대 이집트 또는 태국의 현행 헌법처럼) 예산안 의결과 관련된 특수한 대권을 부여하는 헌법들이 존재한다면,[66] 이란의 헌법은 진정으로 특수한 경우를 나타낸다. 이란 헌법은 사제계급이 정치권력 장악을 체계화하고 법규화한 대단히 정교한 방식에 근거한다. 이 모든 것은 비교적 논란의 여지가 있지만 적어도 중동의 대다수 정치체제들에 비하면 훨씬 다원주의적인 선거를 매우 폭넓게 허용하는 틀에서 이루어진다.

그렇지만 이란 헌법이 시아파 종교지도자들에게 공식적으로 부여한 국가권력은 상당수 사제계급의 극단적인 불신을 늘 유발해왔다는 점이 강조되어야 한다. 이들은 일반적으로 정치와 거리를 두고자 했으며 자신들의 악습에 다시 빠져들까 두려워했다. 이라크의 성도들에 기반을 둔 고위 마르자와 성직자, 이란에 있는 모스크들의 시아파 하위 성직자와 이맘들이 바로 그러한 경우인데, 이들은 대부분 현체제에 적대적이다. 종교인과 신학자(또는 그렇다고 인정되는 자)들 중에서 국가지도자운영회의·정계·국가기관에서 경력을 쌓은 자들은 특수한 집단을 형성하며, 이들을 종교인 일반과 혼동해서는 안 된다.[67] 1979년 헌법이 처음에는 진정한 마르자만이 이슬람공화국의 최고지도자로 선출될 수 있다고 규정했던 것에 주목해보는 것은 흥미롭다. 1989년 (나자프에 망명해 있던 당시 마르자의 지위를 부여받은) 호메이니가 사망하자, 살아 있는 마르자 중 그 누구도 조건을 충족시키지 못했고 최고지도자가 되기를 원하지 않았다. 차선책으로 현재의 최고지도자 (아야톨라에 불과했던) 하메네이의 선출이 결정되었는데, 이는 엄청난 위헌이었다. 헌법은 1989년 말에 그 합법적인 틀을 회복하기 위해 사후적으로 수정되었다. 이후 체제는 살아 있는 마르자들에게서 최고지도자의 마르자 지위를 승인받으려 했으나 허사였다.[68] 제법 굴욕적인 이 사건은 시아파의 고유하게 종교적이며 초민족적인 심급들과 이슬람공화국의 국가적이며 민족적인 심급들 사이의 반목을 드러냈다.[69]

## 평등주의적인 시아파 공화국, 수니파 석유-왕국: 담론과 현실

21세기 초의 이란 체제는 항상 자신을 다른 이슬람 국가들보다, 특히 가문과 왕조와 씨족의 자원 독점을 감추기 위해 종교를 도구화한다고 늘 비난받는 사우디 국가와 페르시아만의 여타 석유-왕국들보다 더 도덕적이고 평등주의적임을 내세우려 한다. 왕가와 대부호 그리고 벼락부자에 의해 통치되는 이 체제들과는 반대로, 이란 체제는 그 어떤 왕조적 특권도 없는 시민들의 공화주의적 평등에, 그리고 종교학자들의 사회적 출신이 어떠하든 이들의 지혜에 근거하고자 한다.

가용 데이터가 나타내는바 오늘날의 중동은 실제로 세계에서 가장 불평등한 지역으로 나타나며,[70] 이는 본질적으로 제한된 인구를 가진 산유국들, 그리고 이 국가들 내부의 극소수 사회계층이 경제력을 독점하는 상황 때문이다. 이 극소수 계층에는 주로 사우디와 아랍에미리트와 카타르의 왕가들이 포함되는데, 이들은 자신들의 금융적인 파렴치가 감춰지길 바라면서 수십 년 동안 특정한(특히 여성에 적대적인) 차원에서 엄밀한 종교적 담론에 의거하고 있다. 우리는 이 책 3부에서 현재의 세계적 불평등주의체제가 지닌 이러한 중요한 측면을, 그리고 더 일반적으로는 지역적이고 국제적인 차원에서 불평등을 감소시킬 수 있는 방법에 관한 문제에 대해 재론할 것이다.[71]

지금 단계에서는, 이토록 극단적인 불평등이 엄청난 사회적 정치적 긴장을 낳을 뿐이라는 것만을 지적해두자. 이 같은 체제들은 정교한 억압장치에 의해, 서양 특히 미국의 군사적 보호에 기초해 지속된다. 쿠웨이트 국왕이 이 영토와 석유 자원에 대한 주권을(또한 미국과 유럽 회사들의 이익을) 회복할 수 있도록 1991년에 서양 군대가 들어와 이라크 군대를 격퇴시키지 못했다면, 지역의 국경을 다시 정하는 과정이 그 상태로 중단되지 않았으리라는 데는 개연성이 있다. 이슬람 내에서 이란의 시아파체제가 석유-왕국들의 부패와 이 왕국들이 서양인들과 맺고 있는 불경하다고 여겨지는 결탁을 비난하는 유일한 행위자는 아니다. 이러한 담론은 또한 대개 (그럴 권리가 주어질 때마다) 자신들의 주장을 피력하려 애쓰는 평화주의자들인 많은 수니파 시민들과 정치집단들, 테러를 자행하며 지난 수십 년간 세계 뉴스의 중요한 부분을 차지한 또다른 이들(특히 알카에다와 IS조직들)에 의해 공유되고 있다.[72]

이란 체제는 그 모든 언설에도 불구하고 부의 분배에서 매우 불투명하다는 특징을 가진다는 점을 또한 강조해야 하다. 이 투명성 결핍은 주민들 사이에서 피어오르는 대대적인 부패에 대한 의구심과 더불어 오늘날 체제의 극단적인 취약함을 말해준다. 최고지도자 휘하에 있는 이슬람공화국 혁명수비대Pasdaran는 국가 내부의 국가를 형성하고, 일부 추산에 따르면 이란 경제의 30~40%를 통제한다. 최고지도자와 그 동맹자들 수중에 놓여 있는 다수의 종교재단은 공식적으로는 자신들의 사회적 역할과 나라의 발전을 위해 막대한 재산과 분담금을 보유하고 있다고 알려져 있다. 하지만 그들의 역할에 관한 신뢰할 만한 정보는 거의 아무것도 알려진 바 없기 때문에 정확하게 평가할 수 없고 따라서 당연히 의구심을 키운다.[73] 이란의 영화는 이따금 체제의 불안한 축도를 보게 해준다. 〈집념의 남자〉(2017년)에서, 레자는 체제 및 지역당국에 밀착한 정체불명의 회사로부터 자신의 집과 토지를 몰수하겠다는 위협을 받으며 살고 있다. 마침내 그는 자신의 물고기들이 죽어나가는 가운데 격렬해질 것이다. 감독인 모하마드 라술로프는 공식적인 이유가 제시되지 않은 채 소환당해 여권을 박탈당했고, 그후 투옥의 위협을 받으며 살고 있다.

## 이슬람 나라들에서의 평등, 불평등, 그리고 자카트

일반적으로 역사 속에서 기독교·힌두교와 그 외 다른 종교들이 그랬듯이 이슬람이 늘 내놓았던 사회적 정치적 경제적 평등의 약속들은 어김없이 환멸로 이어질 수밖에 없었다. 모든 종교들은 수천 년 동안 모든 대륙에서 지역 수준의 본질적인 사회적 봉사와 중요한 연대의 발전을 지탱하는 데 복무했다. (유교와 불교를 포함한) 다양한 종교적 구성물과 교리의 소산인 지적인 사제계급들은 한결같이 세계 모든 지역의 삼기능사회 내에서 수백 년간 군사적인 전사계급 권력과 균형을 맞춰왔다. 종교들이 제시하는 평등과 보편성의 메시지는, 예컨대 힌두사회 내에서 일어난 이슬람으로의 개종(일부 힌두민족주의자들은 이를 두고 이슬람과 그 당사자들을 항상 비난한다)이 보여주었듯이, 차별받는 소수자들을 위한 가능한 해방의 길을 늘 제공해왔다.

하지만 사회들을 구조화하고 불평등을 광범위하게 축소하는 것이 문제일 때, 종교 이데올로기들의 경직성·보수주의·비일관성은 특히 가족·법률·조세의 영역에서 노골화된다. 물론 모든 종교에서처럼 이슬람에서도 이론적인 수준에서는 사회적 평등의 이념에 대한 일정한 지지가 표명된다. 하지만 이로부터 도출되는 제도적이고 실천적인 권고들은 대체로 비교적 불분명하다. 이것들은 당대의 모든 보수적 이데올로기들에 복무하기가 가능할 정도의 유연성이 특징이다. 노예제를 예로 들자면, 대항해시대 이후의 기독교 왕국과 교황의 태도라든가 19세기 초 제퍼슨 또는 캘훈이 제시한 사회적 정당화에서도 보았듯이, 기독교는 수백 년 동안 완벽하게 노예제에 적응해왔고 이슬람의 역사에서도 이와 동일한 근본적인 애매함을 보게 된다. 이론상으로는 노예제가 특히 같은 신앙을 가진 자들 또는 무슬림 개종자들과 관련해서 금지되어 있다. 그러나 실제로는 헤지라 이후의 많은 이슬람 국가에서, 아바스조 칼리프의 '황금시대'인 8~9세기에 이라크의 플랜테이션에서 쓰인 흑인노예들을 비롯해 엄청난 노예 집중이 관찰된다.[74] 21세기 초의 이슬람 신학자들도 19세기 버지니아와 사우스캐롤라이나의 상원의원들처럼 현학적으로, 노예제는 역사적 차원에서 확실히 불만족스럽지만 그 폐지는 시대의 맥락에 따라, 해당 주민들이 주인의 보호를 받지 않고도 살아갈 충분한 역량과 성숙도를 보유하는 데 필요한 시간을 갖고서 세심하게 준비되어야 하는 과정이라고 계속해서 설명한다.[75]

이슬람은 원칙적으로 사회계급들 간 조세와 연대의 일환으로 자카트 zakat(구빈세)의 의무를 부과한다. 자카트의 자원을 가진 신자들은 원칙적으로 보유한 재산(현금·귀금속·재고자산·토지, 수확물·가축 등)에 비례해 공동체의 필요와 극빈자를 돕기 위해 헌금해야 한다. 자카트는 코란의 여러 장에 등장하지만 그 형식이 완벽하게 명확하지는 않다. 이슬람의 여러 법률 전통은 자카트에 관한 다양한 정식화를 잇달아 제안하는데 모순적인 경우가 흔하다. 19세기에 이라크와 이란의 시아파 지역에서, 신자들은 원칙적으로 자기 소득의 5분의 1과 상속분의 3분의 1까지를 자신이 택한 무즈타히드에게 납부해야 했다.[76] 하지만 납부된 실제 총액이 기밀인 경우가 많다는 점을 강조해야 한다. 대부분의 이슬람사회에서 자카트는 대체로 신자들 사이의 직접적인 대화의 결실 즉 신자의 양심과 신성으로 간주되는데, 이로부터 일정한 유연성에 대한 필요가 나오는 것이다. 이는 해당 사회의 부와 소득 분배에서 무슬림들이 차지하는 위치에 따라 실제로 납부한 자카트 총액을 연구하기 위해 활용할 수 있는 관련 문헌자료를 역사상의 (시아파든 수니파든) 그 어떤 이슬람사회도 보유하고 있지 못한 이유이기도 하다. 그러나 석유-왕국들에서 그 나라 군주들과 대부호들이 소유한 부와 연동된 납입금은 공동체에 상당한 수익이 되어줄 수 있었을 것이고, 또한 소유의 분배와 그 진화에 관한 귀중한 정보를 제공해줄 수 있었을 것이다. 자카트가 일반적으로 (빈민과 부자에게 동일한 세율이 부과되는) 엄격한 비례세, 또는 두 개의 구간을 갖는(일정한 면제액이 있고 이 기준을 넘어서면 단일세율이 부과되는) 세금으로 간주되었다는 점을 강조해야 한다. 자카트는 여러 구간을 갖는 명시적인 누진세로 간주되지는 않았는데, 그랬더라면 신자들의 납세능력에 따라 요구되는 노력을 실질적으로 적합하게 설정할 수 있었을 것이고 부의 재분배에 대한 현실적 전망을 열어주었을 것이다.[77]

자카트의 이러한 투명성·누진성·재분배 열망의 결여는 대체로 종교들 전체에서 발견되는 특징이기도 하다. 예컨대 앙시앵레짐하의 프랑스에서 실행되었던, 군주제 국가와 영주 엘리트들이 법적 효력을 부여했던 교회 십일조는 엄격한 비례세였다.[78] 프랑스혁명과 20세기의 논의들을 거치고 난 후에야 세속적인 사회에서 사회정의와 불평등 감소를 열망하는 형태들을 구상하게 해주는 명시적인 누진세가 발전하기 시작했다. 이와 동일한 유형의 보수주의는 보다 최근의 종교들에서도, 예컨대 예수그리스도후기성도교회(모르몬교)에서 보게 된다. 1830년에 조지프 스미스가 미국의 망각된 땅을 아브라함과 그리스도의 거대서사와 결부시킬 수 있게 해주는 계시를 받아 창립한 이 종교는 현실적인 재원을 원칙적으로 동등하게 신자들 소득의 10분의 1에 해당하는 십일조에 기초하고 있다.[79] 막대한 이 헌납금을 통해 전 세계에 걸친 1600만(약 700만 명은 주로 미국 유타주에 있다) 신도 공동체 내에서 새로운 형태의 공유와 연대를 발전시킬 수 있게 되었다. 하지만 이는 엄격하게 비례적인 징세이고, 운동의 재원은 매우 불투명하며 전반적인 것이 모르몬교의 번창하는 본거지인 솔트레이크시티에 소재한 (가톨릭교회의 교황이나 미국의 대법원 재판관들처럼) 종신직인 12사도회의 배타적인 통제 아래에 있다. 가장 나이가 많은 사도가 자동으로 교회의 수장이 되며 공식적인 선지자가 된다. 사도들 중 한 명이 사망할 경우 남아 있는 열한 명의 사도가 모여 대체할 사도를 선출한다. 현재의 선지자인 러셀 넬슨은 2018년에 94세의 나이로 91세에 서거한 전임자를 대신하여 그 직무를 맡았다. 이참에 주목하게 되는 것은 1970년 교황 칙서 이후에 오로지 80세 이하의 추기경만이 새 교황을 선출하는 콘클라베conclave에 참여할 수 있었다는 것이다. 바로 이것이 가장 유서 깊은 제도들을 포함하여 모든 제도는 진화의 기회를 갖는다는 증거다.

## 소유주의와 식민주의: 불평등의 세계화

요약하자. 우리는 이 책의 1부와 2부에서 삼기능사회의 소유자사회로의 전환과, 유럽의 식민적이고 소유주의적인 권력들 사이의 충돌이 세계의 다른 부분의 삼원사회들의 진화에 작용을 가했던 방식을 연구했다. 우리는 유럽·아시아·아프리카·아메리카 대다수 구래의 사회들이 삼기능 논리에 따라 조직되었음을 보았다. 사회의 영적인 틀을 세우는 책임을 진 종교적인 사제 엘리트와 질서유지의 책임을 진 군사적 전사 엘리트를 축으로, 권력은 지역 수준에서 다양하게 진화하는 정치적-이데올로기적 형상들에 따라 구조화되었다. 1500~1900년 중앙집권국가의 형성에는 사회적 불평등구조를 정당화하고 조직하려는 정치적-이데올로기적 장치들의 근원적인 전환이 수반되었다. 특히 삼기능 이데올로기는 (모두에게 개방적인 것으로 간주되는) 소유권과 (이제는 중앙집권국가가 독점하는) 왕권적 권력의 엄격한 분리에 근거한 소유주의 이데올로기로 점차 대체되었다.

소유주의를 향한 이 흐름은 새로운 교통과 커뮤니케이션 수단의 발전 및 국가 건설과 병행되었는데, 이 흐름에는 예전에는 거의 완전히 또는 총체적으로 서로에 대해 무지했던 원거리 문명들과 세계 지역들의 접촉도 수반되었다. 유럽 국가들이 자신들의 내부 경쟁을 거쳐 확보한 우월한 재정능력과 군사능력을 주로 고려하면, 이러한 충돌들은 분명히 위계적이고 불평등한 구도에 따라 이루어졌다. 유럽의 식민권력과 다른 대륙 사회들의 접촉은 오래된 지식인 엘리트나 전사 엘리트의 정당성이 이러한 충돌에 영향 받은 방식에 따라, 일군의 다양한 정치적-이데올로기적 궤도들을 산출했다. 근대세계는 이러한 과정의 직접적인 소산이다.

이러한 역사적 경험들과 궤적들에서 끌어낼 수 있는 여러 교훈들 중에서도, 국제적 수준에서만이 아니라 가장 지역적인 수준에서도 다수의 신속한 전환들이 일어나는 상황에서 다양한 사회들이 사회적 불평등을 구조화하기 위해 고안한 정치적-이데올로기적이고 제도적인 수단들의 엄청난 다양성을 강조하고자 한다. 예컨대 아프리카 해안으로 이슬람을 우회하여 인도를 발견(하고 이어서 인도의 카스트들을 법규화)한 유럽인들의 전략, (20세기에 사회-조세재정적 국가가 되는) 강력한 전사-조세재정적 유럽 국가들, 소유주의 이데올로기 또는 유럽에서 구상된 대담한 식민회사와 주식합자회사에 대해 생각해본다. 다음과 같은 개념들도 떠오른다. 인도에서 발전된 섭생의 순수성 개념과 다언어적이며 다종교적인 혼합, 사회적 할당제 또는 대규모의 연방의회제를 떠올리게 된다. 중국에서 창안된 국가와 공동선에 복무하는 지식인 행정가들과 제국의 선발시험, 새로운 공산주의 형태들을 떠올리게 된다. 일본의 쇼군과 [메이지]유신과 사회통합의 전략들을 떠올리게 된다. 이란에서 구상된 시아파 준국가의 사회적 역할과 헌법수호위원회 그리고 전대미문의 공화국 형태들을 떠올리게 된다. 이러한 정치적-이데올로기적 구성물들과 제도들의 상당수는 역사의 난관을 돌파하지 못했다. 그중 일부는 여전히 실험중이고 우리는 그것들이 지닌 약점을 감추려고 하지 않았다. 이 모든 역사적 경험들의 공통점은 사회적 불평등이 얼마만큼이나 '자연적'인 것과 거리가 먼지를 보여준다는 데 있다. 사회적 불평등은 언제나 심층적으로 이데올로기적이며 정치적이다. 각각의 사회는 자신의 불평등에 대해 의미를 부여하는 것 말고는 달리 택할 것이 없으며 공동선을 위한 이러한 담론들은 최소한의 그럴듯함을 가지고 지속가능한 제도들 안에 구현될 때만 비로소 유효하다.

1부와 2부를 통해 우리는 20세기 초까지, 가끔은 더 최근까지 넘어가면서 삼기능적이거나 소유주의적이거나 노예제적이거나 식민주의적인 불평등주의체제들의 역사를 일주해왔다. 이것의 목표는 인간사회들의 정치적-이데올로기적 창의력을 보여주려는 데만 있었던 것은 아니다. 내가 또한 이 서사에서 보여주고자 했던 것은 이러한 역사적 경험들로부터 미래를 위한 교훈들, 특히 다양한 이데올로기들과 제도들이 정치적 조화와 사회정의라는 자신들의 목표를 견지할 수 있는 능력과 관련된 교훈을 끌어내는 것이 가능했다는 점이다. 예컨대 우리는 프랑스혁명 당시에 강력하게 표현된, 부의 더 큰 확산에 대한 소유주의적 약속이 전혀 다른 현실에 부딪혔던 것을 보았다. 1차대전 전야에 프랑스와 유럽에서 소유의 집중은 이전 한 세기 또는 앙시앵레짐하에서보다 훨씬 더 고도화되었다(1~5장 참조). 우리는 문명화 담론의 기만과, 소유를 신성화하는 형식과 인종적 문화적 지배 형식들에 주목했다. 이 형식들은 식민사회의 발전과 더불어, 구래의 규약적 불평등을 근대국가적인 법규로 전환시킴으로써 생산된 지속적인 효과들을 주도해왔다(6~9장 참조). 무엇보다도 이 다양한 궤적들에 대한 연구를 통해 우리는 세계의 다양한 부분들을 서로 접촉하게 만들고 근대세계를 탄생시켰던 뗄 수 없이 사회경제적이며 정치적-이데올로기적인 과정들을 더 잘 이해할 수 있게 되었다. 더 멀리 나아가기 위해, 이제 우리는 20세기의 사건들과 이데올로기들이 국가 내부에서뿐만 아니라 국제적인 수준에서도 불평등구조를 근원적으로 전환시켜왔던 방식을 분석해야 한다.

## 제3부

# 20세기의 거대한 전환

CAPITAL ET IDÉOLOGIE

제10장

# 소유자사회의 위기

우리는 이 책의 1부와 2부에서 (지방 수준에서의 소유권과 왕권적 권력의 얽힘, 그리고 사제-귀족-제3신분의 삼분에 근거한) 삼기능사회의 (모두에게 개방되어 있다고 간주되는 소유권과 중앙집권국가가 독점하는 왕권적 권력의 엄격한 분리를 축으로 형성된) 소유자사회로의 전환을 탐구했다. 또한 우리는 유럽의 소유주의적이고 식민주의적인 권력의 충돌이 세계의 다른 곳들에 존재하는 삼원사회들의 진화에 작용을 가했던 방식을 조사했다. 이제 우리는 3부에서 20세기가 이러한 불평등구조를 심층에서 전복했던 방식을 분석할 것이다. 1914년 6월 28일의 사라예보사건에서 2001년 9월 11일의 뉴욕 테러로 이어지는 이 세기는 더 정의로운 세계와 더 평등한 사회를 향한 희망, 그리고 과거로부터 유래한 불평등주의체제들의 근원적인 전환을 향한 기획에 의해 주로 특징지어진다. 이러한 희망은 소비에트 공산주의(1917~1991년)의 서글픈 결산과 마주하게 된다. 이는 부분적으로는 현재에 대한 환멸과, 불평등에 대한 어느 정도의 숙명론을 설명해준다. 이러한 역사의 실을 다시 쥐고 그로부터 충분히 교훈을 끌어낸다는 분명한 조건하에서 숙명론을 극복하는 것은 가능하다. 20세기는 또한 (그리고 어쩌면 무엇보다도) 식민주의의 종언과, 이전에는 서로에 대해 거의 완전히 무지한 채로 국가 간 외교와 군사적 지배의 측면에서만 교류했던 사회들과 문화들의 접촉에 의해 특징지어진다.

우리는 이 장에서 1914~1945년 소유자사회의 위기를 검토하는 것으로 시작할 것이다. 이어서 다음 장에서 2차대전 이후 성립한 사민주의사회들의 약속과 한계를 연구할 것이다. 다음으로는 공산주의사회와 포스트공산주의사회의 사례를 분석하고, 마지막으로 20세기 말 21세기 초의 하이퍼자본주의사회와 포스트식민사회의 사례를 분석할 것이다.

## 20세기 전반기의 '거대한 전환'을 다시 사유하기

1914~1945년에 세계의 불평등구조는 한 국가 안에서뿐만 아니라 국제적 수준에서도 틀림없이 불평등주의체제의 역사에서 관찰된 적 없는 가장 빠르고 가장 심층적인 전환을 겪었다. 전쟁 전야인 1914년에, 사적소유제의 번영은 식민지체제의 번영만큼이나 절대적이고 영구적인 것으로 보였다. 소유주의적이면서 동시에 식민주의적인 유럽 열강은 자신들의 힘의 정점에 있었다. 당시 영국과 프랑스의 소유자들은 세계의 다른 곳에서 오늘날까지도 전례 없는 규모의 금융자산 포트폴리오를 보유했다. 30년이 조금 더 지난 1945년에 사적소유는 소련에서, 그리고 곧 중국과 동유럽에서 관철된 공산주의체제에서 사라졌다. 명목상으로는 자본주의로 남아 있지만, 국유화·공공보건 및 공교육 시스템·상위 소득 및 자산에 대한 강력한 누진세 등의 다양한 혼합을 통해 사민주의사회가 되어가던 나라들에서 사적소유제는 영향력을 크게 잃었다. 식민제국은 곧 붕괴될 것이었다. 유럽의 낡은 민족국가들은 자멸했고, 그들의 군림은 공

산주의와 자본주의 사이의 전 지구적 이데올로기 경쟁으로 대체되었다. 그리고 대륙국가적 역량을 갖춘 소련과 미국이 이 경쟁을 구체화했다. 우리는 20세기 전반기에 유럽과 미국에서 일어난 소득 및 자산 불평등의 급감을, 그리고 무엇보다도 1914~1945년 사이에 이 나라들에서 전개된 사적소유 비중의 폭락을 평가하는 것으로 시작하려고 한다. 전쟁으로 인한 물질적 파괴가 이러한 변화의 극히 작은 일부만을—가장 큰 타격을 입은 나라들에서는 무시할 수 없는 부분이긴 해도—설명해준다는 점을 볼 수 있을 것이다. 이러한 폭락은 또한 무엇보다도 흔히 긴급하게 채택된 다수의 정치적 결정에서 비롯한다. 예컨대 해외자산 몰수, 국유화, 임대료와 부동산 가격 통제, 인플레이션에 의한 국채 비중의 감소, 민간자산에 대한 특별과세 또는 무조건적 폐지로 이루어진 정치적 결정들의 공통점은 사적소유의 사회적 장악력을 축소하려는 데 있었다. 우리는 또한 20세기 전반기에, 상위 소득 및 자산에 대한 세율이 70~80%를 상회하는—이 세율은 1980~1990년까지 유지된다—고강도의 누진세 창안이 수행한 역할을 분석할 것이다. 오늘날 우리에게 허용된 시간의 거리를 가지고 생각해보면 이러한 역사적 혁신은 20세기에 일어났던 불평등 감소에서 핵심적인 역할을 했음이 분명해 보인다.

마지막으로 우리는 이러한 역사적 전환, 특히 사적소유와 시장에 대한 입장들의 이 '거대한 전환'을 가능케 했던 정치적-이데올로기적 조건들을 연구할 것이다. 칼 폴라니는 1944년에 그의 책 『거대한 전환』(급박한 정세 속에서 열정적으로 써내려간 이 걸작에 대해서는 재론할 것이다)에서 이에 대해 분석한다.[1] 1914~1950년에 채택된 금융적 사법적 사회적 재정적 결정들은 물론 특수한 사건 논리들의 산물이었다. 이 결정들은 이 시기만의 독특하고도 상당히 혼란스러웠던 정치적 진화의 표지이기도 하고, 당시 집권 세력들이 미처 예비하지 못한 전대미문의 상황에 대처하고자 했던 방식을 증언한다. 하지만 이때의 결정들은, 무엇보다도 사적소유제와 그 정당성, 경제적 번영을 가져오고 위기와 전쟁으로부터 우리를 보호하는 그 능력에 대한 사회적 인식이 심층적이고도 지속적으로 전환되어왔기에 가능했다. 민간자본주의에 대한 이러한 문제제기는 19세기 중반부터 준비되었고, 세계대전·볼셰비키혁명·1930년대 불황을 거치면서 주류 여론으로 구체화되었다. 이와 같은 충격들 이후에는 1914년까지 지배적이었던, 개인들 사이에서든 또는 국가들 사이에서든 일반화된 경쟁의 효용성에 대한 절대적 믿음과 사적소유에 대한 준신성화된 이데올로기로 되돌아간다는 일은 더이상 가능하지 않았다. 이런 식으로, 대치하는 정치 세력들이 새로운 길—특히 유럽에서는 다양한 형태의 사민주의와 사회주의, 미국에서는 뉴딜정책—을 제안하는 지점에서 서로 마주치게 되었다. 이때의 가르침들은 21세기 초에 진행되고 있는 사태들의 추이에 대한 분석을 위해서도, 게다가 20세기 말부터 신소유주의 이데올로기가 더욱 강력해진 만큼, 분명한 중요성을 갖고 있다. 신소유주의 이데올로기가 강력해진 것은 일정 부분 소비에트 공산주의의 파국적인 실패 탓이라고 할 수 있다. 하지만 이는 또한 역사에 대한 망각과 더불어 경제적 역사적 지식의 분열과 20세기 중반에 확립된 사민주의적 해법들의 불충분함에 의해 설명되는데, 이 모든 것을 오늘날 면밀히 조사하는 일이 긴요하다.[2]

## 불평등과 사적소유의 붕괴(1914~1945년)

1914~1945년 소유자사회의 몰락은 삼중의 도전의 결과로 분석될 수 있다. 19세기 말 20세기 전반기에 공산주의와 사민주의라는 대항담론과 대항체제의 등장을 초래했던 유럽 소유자사회 내부의 불평등주의라는 도전, 같은 시기에 점점 더 막강해진 식민질서에 대한 문제제기와 식민지 독립운동과 연결된 외부의 불평등주의라는 도전, 마지막으로 유럽 열강을 점점 더 과도한 경쟁과 마침내 1914~1945년의 전쟁과 학살이라는 자멸로 이끌었던 민족주의적이고 정체성주의적인 도전이 있다. 이 시기에 관찰되

**도표 10.1** 미국과 유럽의 소득 불평등, 1900~2015년

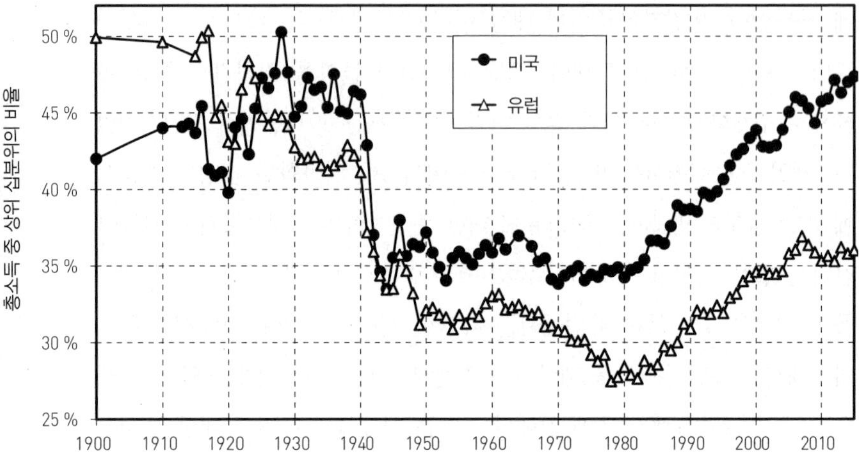


총소득에서 상위 십분위(소득 상위 10%)의 비율은 서유럽에서 1900~1910년에 평균 약 50%다. 이는 1950~1980년 사이에 30%로 떨어지고, 2010~2015년엔 35% 이상으로 상승한다. 불평등 증대는 미국에서 훨씬 심했다. 2010~2015년 미국 상위 십분위의 비율은 45~50%를 차지하는데, 이는 1900~1910년 수준을 상회하는 것이다.

**출처 및 원 통계자료:** piketty.pse.ens.fr/ideologie

는 문제제기와 전환의 급진성을 설명해주는 것은 바로 이 세 가지 근본적인 지적 위기(공산주의와 사회주의의 등장, 식민주의의 황혼, 민족주의와 인종주의의 고조)와 특수한 사건적 경로들의 접속이다.[3]

작동되던 메커니즘과 이때의 진화를 가능케 했던 장기적인 정치적-이데올로기적 전환에 대해 분석하기에 앞서, 이 시기에 전개된 사적소유의 몰락과 사회경제적 불평등의 역사적 감소에 대해 평가하는 일로 시작하는 것이 중요하다. 소득 불평등에서 시작해보자(도표 10.1 참조). 상위 십분위(소득 상위 10%)의 몫은 19세기와 20세기 초 1차대전이 시작될 때까지도 유럽 총소득의 약 50%였다. 이는 1914~1945년 사이 혼선을 거듭하며 저하되었고, 1945~1950년에 30% 선에서 진정되면서 1980년까지 이어진다. 1914년까지 미국보다 현저히 높았던 유럽의 불평등은 이렇게 해서 '영광의 30년Trente Glorieuses' 동안 미국보다 감소된다. 1950~1980년은 (특히 유럽과 일본에서) 예외적인 고도성장과 역사적으로 감소한 불평등이 특징

이다. 1980년 이후 대서양 저편 미국에서 불평등이 더욱 분명하게 심화되었다는 사실 역시 미국이 20세기 말 21세기 초에 유럽을 제치고 불평등의 최선두가 되는 데 일조했다. 그러나 정작 20세기 초만 하더라도 그 반대가 사실이었다.

유럽 내부의 다기한 여러 상황을 검토해보면, 한편으로는 가용 데이터가 존재하는 모든 나라들에서 1914년에서 1945~1950년 사이에 불평등이 감소되었다는 것과, 다른 한편으로는 1980년 이후 불평등이 매우 다양한 방식으로 심화되었다는 게 확인된다(도표 10.2와 10.3 참조). 예컨대 영국은 미국에서 관찰된 경로와 가장 유사하고, 반면 스웨덴에서는 불평등이 가장 낮은 상태로 유지된다. 독일과 프랑스는 이 두 상황의 중간 지점에 있다.[4] (상위 십분위가 아닌) 상위 백분위 몫의 추이를 검토해보더라도 동일한 결과들이 확인되며, 이 지표에서는 지난 수십 년간 미국이 계속해서 앞서 있는 게 두드러진다. 우리는 다음 장들에서 1980년 이후 확인되는 불평등의 이러한 일반적 재상승과, 유럽 국가들과 미국에서 관찰되는 이 다양한 궤적과 연대기의 원인을 재론할 것이다.

## 유럽의 소유주의로부터 미국의 신소유주의로

지금 단계에서 명확히 해둘 것은, 1900~1910년 유럽에서 관찰되는 수준(소득 상위 십분위는 총소득의 약 50%이고 상위 백분위는 20~25%인데 심지어 영국에서는 좀더 높다)과 거의 비슷하게 2000~2020년 미국 상위 십분위 소득이 총소득의 45~50%이고 소득 상위 백분위는 약 20%로 매우 높지만, 이러한 매우 높은 수준의 소득 불평등의 회귀가 이 두 형태의 불평등이 정확히 동일한 구조를 갖는다는 의미는 아니라는 것이다. 벨에포크(1880~1914년) 당시 유럽에서는 소득 불평등 수준이 소유자사회의 표지였다. 상위 소득은 거의 배타적으로 소유에서 파생되는 소득(임대료·

**도표 10.2** 1900~2015년 소득 불평등: 유럽의 다양성

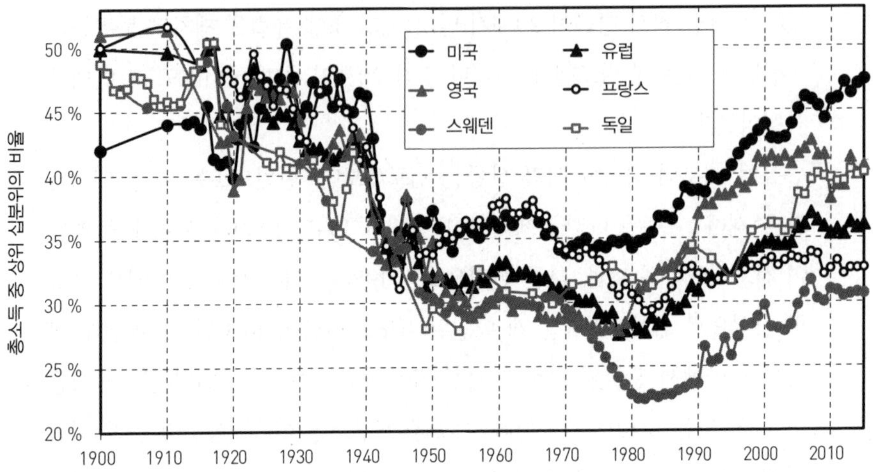


1900~1910년 서유럽 상위 십분위(소득 상위 10%) 비율은 총소득의 평균 약 50%다. 이는 1950~1980년에 약 30%(심지어 스웨덴에서는 25%) 이하로 떨어지고 2010~2015년 35% 이상(심지어 영국에서는 40% 이상)으로 증가한다. 2015년 영국과 독일은 유럽 평균보다 높고 프랑스와 스웨덴은 평균보다 낮다.

**출처 및 원 통계자료:** piketty.pse.ens.fr/ideologie

**도표 10.3** 1900~2015년 소득 불평등: 상위 백분위

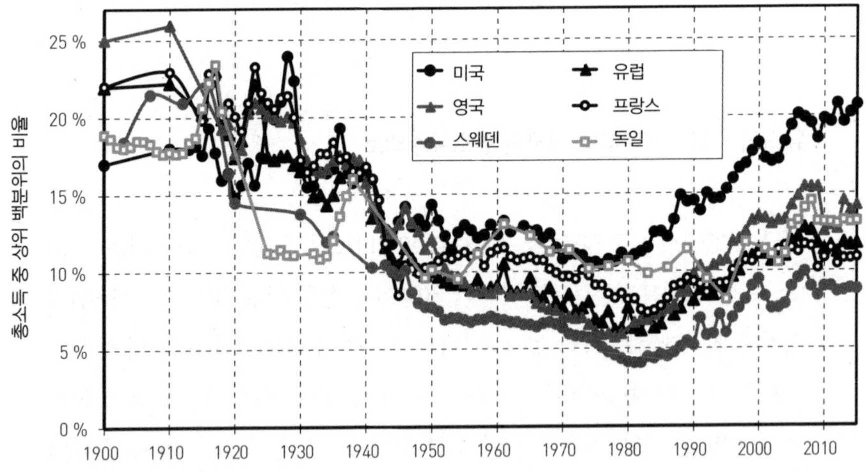


1900~1910년 서유럽 상위 백분위(소득 상위 1%) 비율은 총소득의 약 20~25%였다. 이는 1950~1980년에 5~10%(심지어 스웨덴에서는 5% 이하)로 떨어진다. 이후 2010~2015년에는 10~15% 선으로 상승한다. 미국에서는 불평등 증대가 훨씬 심했는데, 2010~2015년 상위 백분위의 비율은 20%에 이르며 1900~1910년 수준을 능가한다.

**출처 및 원 통계자료:** piketty.pse.ens.fr/ideologie

이윤·배당금·이자 등)으로만 구성되었다. 그리고 총소득에서 소득 상위의 몫이 폭락하고 고전적 방식으로 소유자사회가 무너지게 된 것은 바로 이런 부의 집중과 자산 상위가 급격히 와해되었기 때문이다.

2000~2020년 미국 불평등의 기원은 이와는 조금 다르다. 상위 자본소득은, 미국의 자산 집중이 1980년 이후 크게 늘어났던 만큼, 여전히 사회적 위계의 상층에서 중심적인 역할을 한다. 하지만 이러한 자산 집중은 1880~1914년 유럽에서 관찰된 수준에 비하면 조금 덜 극단적인 수준으로 유지된다. 21세기 초 미국의 높은 소득 불평등은 부분적으로 다른 요인, 즉 1980년대 이후 최저임금 대비 기업 간부와 경영진의 고액 연봉 급증의 소산이다. 주요 이해당사자들이 고취하려는 믿음과는 반대로 이러한 형태의 불평등은 애초에 더 '정의로운' 또는 '능력에 따른' 것이라는 의미를 전혀 내포하지 않는다. 우리는 이미 미국에서 고등교육 진학에서의 불평등이 능력주의에 대한 공공연한 담론과는 별개로 대단히 심각한 상황임을 주목했다.[5] 다음 장에서는 고액 연봉의 이러한 급등이 또한 무엇보다도 해당 기업 내부의 대항권력의 부재와 누진세의 완충 역할 쇠퇴를 반영한다는 점을 볼 것이다. 단적으로 말해, 사회경제적 관점에서뿐만 아니라 정치적-이데올로기적 관점에서도, 2000~2020년 미국의 신소유주의사회와 1914년 이전의 소유자사회에서 완벽하게 동일한 메커니즘이 작동하지는 않는다는 것이다.

소유 집중의 진화와 관련해서는, 소유 집중이 언제나 소득 불평등보다 훨씬 더 강도 높게 진행되었다는 점을 우선 상기하게 될 것이다. 상위 10%가 보유한 몫은 20세기 초반 1914년까지도 유럽에서 사적소유 전체의 90%에 달했고, 이어서 전간기와 전후에 줄어들어 1980~1990년에는 50~55%까지 줄고 이 시기 이후 다시 오르기 시작한다(도표 10.4 참조).[6] 달리 말해 자산 집중이 역사적으로 가장 낮은 수준에 도달했을 때조차, 이는 소득 불평등의 가장 높은 수준에 필적한다. 상위 백분위의 경우도 사정은 비슷하다(도표 10.5 참조).[7] 자산 관리의 국제화·조세피난처의 증가·투명성을 확립하려는 국가의 정치적 의지 결핍으로 인해 한 세기 전보다도 오히려 덜 정확한 가용 자료 탓에, 역설적이지만 (빅데이터의 시대라고 여겨지는) 21세기 초에 우리는 지난 수십 년간 상위 자산이 점하는 비율의 재증가를 과소평가하게 될 수도 있다.[8]

그렇지만 두 가지 사실은 확실해 보인다. 하나는, 지난 수십 년간 소유 집중이 유럽에서보다 미국에서 현저히 강력했다는 것이다. 다른 하나는, 불확실성에도 불구하고 2000~2020년에 관찰된 집중의 수준이 벨에포크의 유럽에서보다 조금 덜 극단적으로 보인다는 것이다. 미국에서는, 최근의 가용 데이터에 따르면 상위 십분위의 몫이 2010년대 사적소유 전체의 70~75% 사이를 점하는데, 이는 분명히 엄청난 것이지만 1900~1910년 무렵 프랑스·스웨덴·영국에서 관찰된 약 85~95% 수준에 비하면 높지 않은 것이다(도표 10.4 참조). 상위 백분위의 몫만으로도 2010년대 미국에서는 40%에 육박했고, 반면에 1900~1910년 무렵 프랑스·스웨덴·영국에서는 55~70%였다(도표 10.5 참조). 진행중인 진화의 빠른 속도를 감안하면, 그 아래 90%(가난한 50%가 보유하는 몫이 거의 전무하다는 사실을 감안하면, 실제로 핵심적으로는 '중위자산계급'의 몫에 상응하는 것으로, 다시 말해 50%에서 90% 사이에 있는 사람들의 몫)가 보유한 몫이 다가올 수십 년 동안 계속해서 저하되리라는 사실을 배제하지는 못한다. 따라서 미국은 19세기 말 20세기 초 유럽에서 관찰된 것과 동일한 수준의 소유의 초집중에 도달할 수도 있을 것이다. 게다가 노동 급여도 전례 없이 불평등하니 이로 인해 신소유주의는 벨에포크의 유럽에서보다 훨씬 더 불평등한 형태를 띨 것이다. 하지만 이는 다만 가능한 경로들 중 하나일 뿐이다. 왜냐하면 뒤에서 보겠지만 21세기 초 미국에서 새로운 형태의 재분배 정책이 관철되는 것은 불가능한 일이 아니기 때문이다.

**도표 10.4** 1900~2015년 미국과 유럽의 소유 불평등

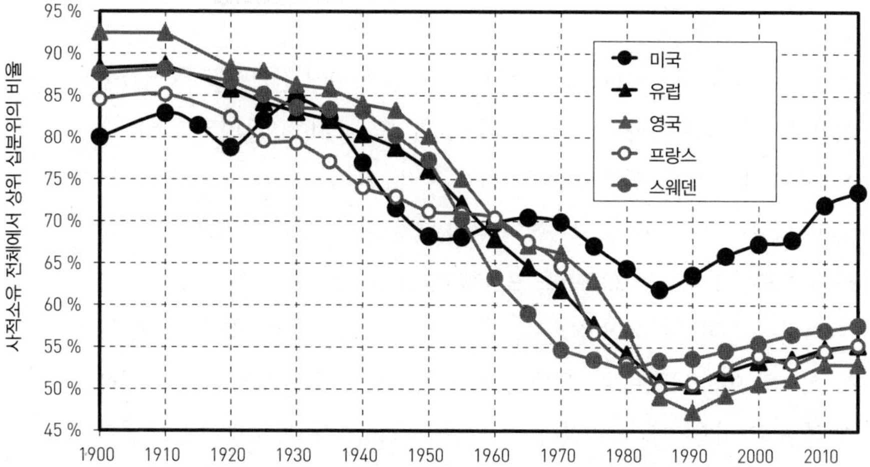


1900~1910년 서유럽 사적소유 전체(부채를 뺀 부동산, 사업자산, 금융자산) 중 상위 십분위(부유한 10%) 비율은 약 90%다. 이는 1980~1990년에 약 50~55%로 떨어지고 그후 다시 증가한다. 이러한 증가율은 미국이 훨씬 가파른데 2010~2015년 상위 십분위의 비율은 75%로 1900~1910년 수준에 가깝다.

**출처 및 원 통계자료:** piketty.pse.ens.fr/ideologie

**도표 10.5** 1900~2015년 소유 불평등: 상위 백분위

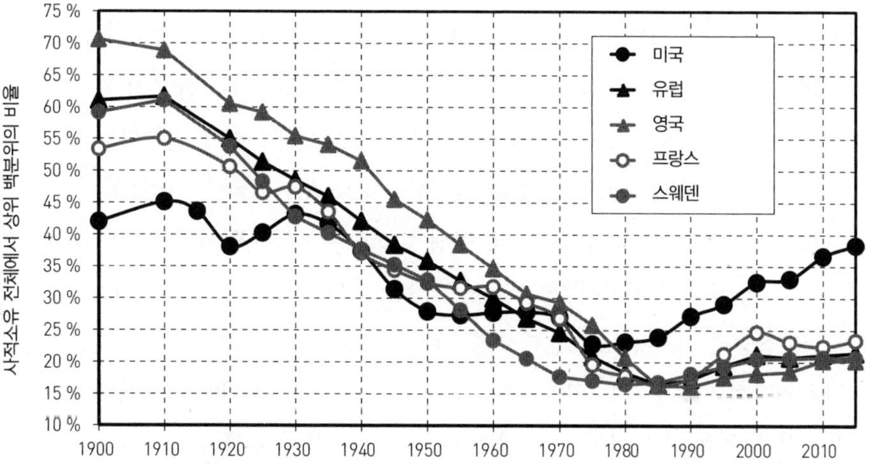


1900~1910년 서유럽 전체 사적소유에서 상위 백분위(부유한 1%)의 비율은 대략 60%였다(프랑스 55%, 영국 70%). 이는 1980~1990년에 20% 이하로 떨어지고 그후 다시 증가한다. 이러한 증가율은 미국이 훨씬 가파른데 2010~2015년 상위 백분위의 비율은 40%에 육박하며, 1900~1910년 수준에 가깝다.

**출처 및 원 통계자료:** piketty.pse.ens.fr/ideologie

## 소유자사회의 종언, 임금 불평등의 안정

유럽에 관련해서는, 1914년에서 1970~1980년 사이에 전개된 소유 탈집중 현상의 역사적 특징과 규모를 강조해야 한다(도표 10.4와 10.5 참조). 특히 1900~1910년에 프랑스에서는 전체 사적소유의 55%를, 스웨덴에서는 60%, 영국에서는 70%를 보유했던 상위 백분위는 1980년대에는 이 세 나라에서 모두 불과 15~20%만을 보유했고, 2000~2020년에는 약 20~25%로 다시 상승한다(어쩌면 실제로는 조금 더 상승했을 수도 있다). 상위 자산 비율의 이러한 폭락은 1차대전 발발 이전에는 이와 같은 변화를 예감케 하는 그 어떤 지표도 없었기에 그만큼 더 경이롭다. 자산에 관한 적절한 가용 데이터들이 존재하는 유럽의 모든 나라에서는, 소유 집중이 19세기 내내 그리고 1914년까지도 대단히 높은 수준으로 이루어졌으며, 심지어 1914년 이전의 수십 년간은 상승 경향에 더해 가속화 경향까지 보였다.[9] 소득세 관련 데이터들을 통해 19세기 후반 수십 년에 대한 연구가 가능한 나라들의 경우에도 사정은 마찬가지다. 예컨대 독일에서는 1870년대부터 1914년까지 소유 집중의 증대가 관찰되는데 이는 상위 자본소득에 의해 견인되었다.[10] 임금은 확실히 19세기 후반 수십 년과 20세기 초반에 미미하게 상승하기 시작하는데 이는 19세기 전반기(1860년대까지)에 관찰되는 거의 완전한 정체(심지어 하락)와 확실히 선명한 대조를 이룬다. 산업화의 이러한 암흑 시기는 사회주의운동의 탄생에 크게 기여했다.[11] 여하간 불평등은 1870~1914년 시기에 대단히 높은 상태로 지속되었고 소유와 자본소득의 집중은 심지어 1차대전까지 계속해서 증대된다.[12]

더 일반적으로는, 모든 가용 자료들은 소유 집중이 18세기에도 그리고 그에 앞선 수백 년 동안에도, 다시 말해 왕권적 권력과 뒤얽힌 소유권을 가졌던 귀족 엘리트와 사제 엘리트들의 삼기능사회에서도 역시 매우 높았다는 것을 제시하고 있다. 일부 연구는 15~18세기 사이에 유럽사회에서 소유 집중이 증대되었으며 이 경향은 (영국과 스웨덴의 데이터들과 더불어 프랑스의 상속 데이터들이 나타내는 바와 같이) 소유권의 강화를 통해 19세기로 연장되었다는 견해에 신빙성을 더한다. 19세기 이전 시기와의 이러한 비교가 확정되기 곤란한 이유는, 한편으로는 가용 데이터들이 대체로 특정 도시와 영토에 한정되어 있고 빈민층 전체를 항상 포괄하지는 않기 때문이고 다른 한편으로는 당시의 소유 개념 자체가 계량하기 어려운 합법적인 사법적 특권과 연동되어 있었기 때문이다. 여하간 이러한 불완전한 자료들은 15~18세기 자산 집중의 수준이 20세기에 관찰된 것보다 현저히 더 높다는 점을 나타내고 있다.[13]

20세기에 전개된 소유 집중의 감소는 그 중요성이 과소평가되어서는 안 되는 중대한 역사적 혁신이다. 자산은 물론 여전히 매우 불평등하게 분배되고 있다. 하지만 근대사회의 역사상 최초로 총재화의 상당 부분(수십 퍼센트, 심지어 거의 절반)이 부유하지 않은 90%에 속하는 사회집단에 의해 보유되었다.[14] 흔히 자가 주택 또는 작은 사업체를 소유한 이들 새로운 사회계층의 소유자들에게 있어, 소유는 생활을 영위하기에는 충분치 않을 정도이고 어렵게 성취한 지위와 인정의 형태로 노동소득에 더해지는 것이다. 반면에, 총자산에서 상위 자산 몫의 감소와 특히 (20세기 유럽에서 약 3분의 1로 줄었던) 상위 백분위 몫의 폭락은 부동산 또는 금융자산으로 살아갈 수 있을 만큼 그렇게 충분히 부유한 이들이 많지 않다는 점을 의미한다. 따라서 소유의 성격 자체와 소유의 사회적 의미 작용의 총체적인 전환이 문제인 것이다. 소유의 분산과 엘리트의 쇄신이라는 이러한 과정에는 경제성장의 가속화가 수반되었고 게다가 역사상 20세기 후반기의 경제성장만큼 고도의 경제성장은 없었기에 이는 그만큼 진부하지 않은 사건인 것이며, 우리는 이 사건을 제대로 이해하기 위해 노력해야 할 것이다.

소유(와 소유에서 발생하는 소득)의 이러한 탈집중이 20세기 유럽에서 소득 불평등의 감소를 설명해주는 주요한 이유를 구성한다는 점을 추가해야 한다. 예컨대 프랑스의 경우 노동소득(임금과 비임금 활동에서 발생하는 소득)의 불평등은 20세기에 크게 줄지는 않았음이 확인된다. 중단기

**도표 10.6** 소득과 소유의 불평등, 프랑스 1900~2015년

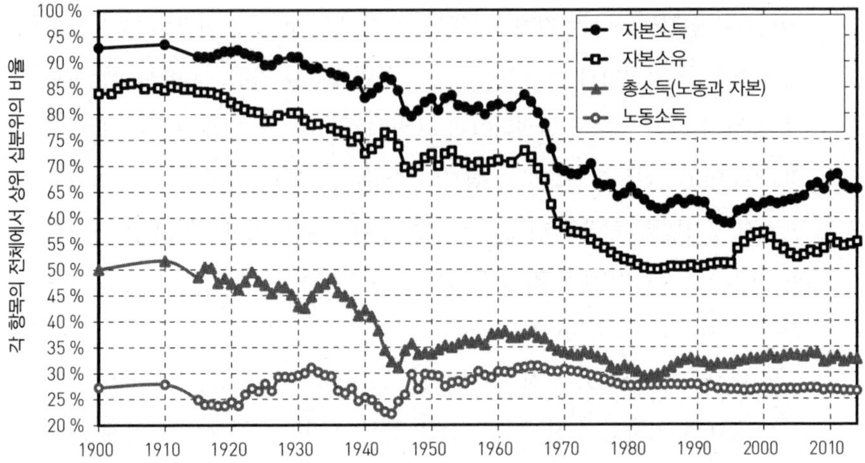


1900~1910년 자본소득(임대료, 이윤, 배당금, 이자 등) 상위 10%는 자본소득 전체의 90~95%를 차지했다. 노동소득(임금, 비임금 소득, 퇴직연금) 상위 10%는 노동소득 전체의 약 25~30%를 차지했다. 20세기의 불평등 감소는 대부분 소유의 탈집중에서 발생하고 노동소득의 불평등은 거의 변화가 없다.

**출처 및 원 통계자료:** piketty.pse.ens.fr/ideologie

**도표 10.7** 상위 백분위의 소득과 소유, 프랑스 1900~2015년

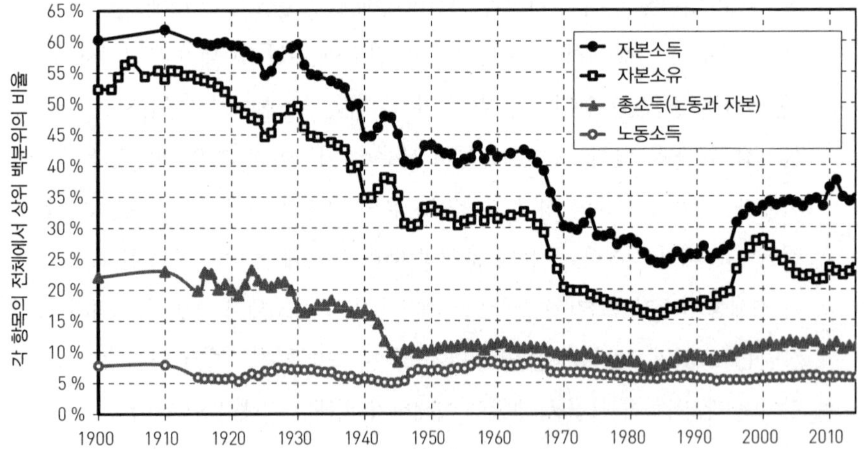


1900~1910년 자본소득(임대료, 이윤, 배당금, 이자 등) 상위 1%는 대략 전체의 60%를 차지한다. 자본소유(부채를 뺀 부동산, 사업자산 및 금융자산) 상위 백분위는 대략 전체의 55%를 차지한다. 총소득(자본과 노동)의 상위 백분위는 대략 전체의 20~25%를 차지한다. 노동소득(임금, 비임금소득, 퇴직연금)의 상위 백분위는 대략 5~10%다. 장기적으로 보았을 때 불평등의 감소는 전부 소유의 탈집중에 의해 설명된다.

**출처 및 원 통계자료:** piketty.pse.ens.fr/ideologie

적 변이를 논외로 하면, 노동소득 상위 10%의 몫은 언제나 총노동소득의 25~30% 선이었고 자본소득 불평등의 폭락만이 총소득 불평등의 하락을 설명할 수 있게 해준다(도표 10.6 참조).[15] 상위 백분위의 몫을 검토해보더라도 사정은 비슷해서, 명확한 경향은 아니지만, 20세기 프랑스에서 총노동소득의 5~8%를 오르내렸으며 반면에 자본소득에서 상위 백분위의 몫은 하락했는데 이로 인해 총소득에서 상위 백분위의 몫이 감소하게 된 것이다(도표 10.7 참조).

지난 세기의 노동에서의 불평등의 총체적인 안정이라는 생각은 확실히 과장되어서는 안 된다. 화폐적 차원만을 고려하는 것을 넘어서, 임금규정이나 고용안정, 노조를 할 권리와 사회적 권리, 특히 보건·직업교육·퇴직연금 같은 기본 재화들에 접근할 권리에서의 진화를 고려한다면, 노동에서의 불평등은 특히 다양한 계층의 임금노동자들 사이에서 20세기에 크게 감소했다는 결론에 도달하게 된다(우리는 이에 대해 재론할 것이다). 그럼에도 불구하고 사람들 사이의 권력관계에서만큼이나 생활조건에서도 중요한 문제인 화폐소득의 격차에 대한 엄격한 관점에서 보면, 노동소득 불평등은 비교적 안정적으로 유지되었으며 소유와 소유에서 발생하는 소득의 탈집중만이 총소득의 격차 감소를 가능케 했다. 유럽의 다른 나라들에 관한 가용 자료들은 모두 유사한 결과들을 나타낸다.[16]

## 사적소유의 쇠퇴 분석하기(1914~1950년)

이러한 다양한 진화를, 특히 유럽 소유자사회의 소멸에 대해 설명해줄 수 있는 메커니즘들을 더 잘 들여다보자. 20세기 상당 기간 동안(1914년부터 1970~1980년까지) 진행된 자산 탈집중화과정 외에, 가장 돌발적이고 인상적인 현상은 1914년부터 1945~1950년 사이에 대단히 빠른 속도로 전개된, 사적소유 총가치의 급락이라는 점을 우선 강조해야 한다.

19세기 말 20세기 초에는 민간자본이 융성했다. 개인 소유자들이 보유한 부동산·사업자산·금융자산 총합(부채 제외)의 시장가치는 프랑스와 영국에서는 국민소득의 7~8년 치를 오갔고 독일에서는 약 6년 치였다(도표 10.8 참조). 이러한 소유에는 식민제국을 포함한 전 세계에 걸친 해외 보유자산이 포함되었다. 벨에포크는 호화찬란한 국제투자의 시기였고, 우리는 이 투자가 1차대전 전야에 프랑스에서는 1년 치의 국민소득, 영국에서는 거의 2년 치의 국민소득, 독일에서는 반년 이하의 국민소득에 상당하는 것을 초과했다는 점을 보았다. 독일의 국제투자는 비교사적 전망에서 보자면 이미 막대한 것이지만 당시의 유럽 표준에서 보자면 불충분한 것으로 평가될 수 있다.[17]

영국과 프랑스라는 거대한 두 식민권력의 막대한 국제투자액과 이보다 적은 독일의 해외자산 사이의 격차는 전체 보유에서의 격차에 대략적으로 조응하는데, 이것은 소유주의 및 식민주의가 보다 일반적인 차원에서 경제관계 및 소유관계의 국제화과정과 맺는 연결이 중요하다는 것을 보여준다. 해외자산 외에, 사적소유는 비슷한 크기로 반분된다. 한편에는 부동산과 농지가 있고(이 부분의 점유율은 시간이 흐르면서 크게 줄어든다) 다른 한편에는 직접 보유한 사업자산(공장·창고 등)이나 금융자산(주식·사채·공채·모든 유형의 투자)이 있다.

이러한 지표—사적소유의 시장가치와 국민소득 사이의 비율—는 정의상 우리에게 보유의 불평등에 관한 그 어떤 정보도 제공하지 않는다는 점을 지금 바로 명확히 해둔다. 그렇지만 이는 사적소유의 전 세계적인 규모와 다양한 사회에서의 소유관계를 시공간적으로 비교할 수 있게 해준다는 장점을 갖는다. 이 비율이 높다는 것은 생산자본을 축적하기 위해 과거에 막대한 투자가 실행되었음을, 예컨대 토지의 개간과 개발, 주택과 건물과 공장의 건설, 모든 유형의 기계와 설비의 축적 등이 이루어졌다는 사실을 입증할 수 있다. 실제로 이 비율이 높다는 것은 또한 해당 사법적 정치적 체제가 개인 소유자들에게 제공하는 전유의 기회들이, 예컨대 식민

**도표 10.8** 서유럽의 사적소유, 1870~2020년

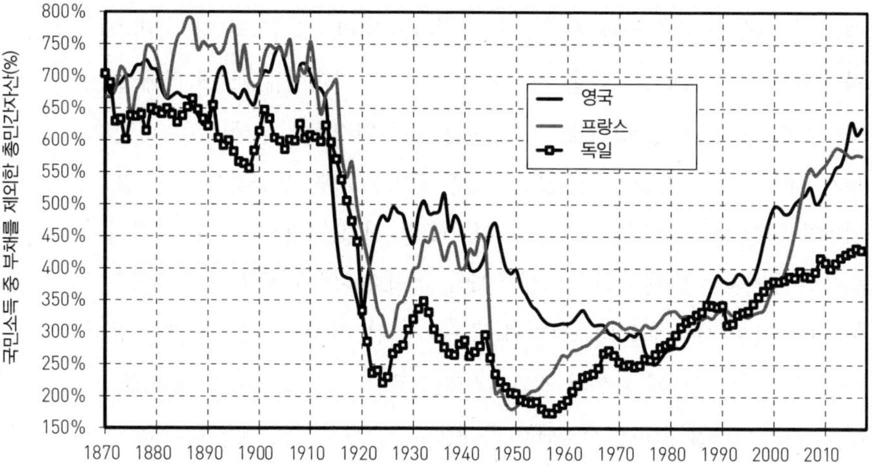


1914~1950년 사적소유(부채를 뺀 부동산, 사업자산 및 금융자산)가 붕괴되기 전, 1870~1914년 서유럽 전체 사적소유의 시장가치는 국민소득의 6~8년 치에 가까웠다. 그후 1950~1970년에 국민소득의 2~3년 치 선이었고, 2000~2010년 5~6년 치로 다시 상승한다(독일의 수준이 더 낮은 이유는 부동산과 주식의 가치가 더 낮았다는 점에 의해 주로 설명된다).

**출처 및 원 통계자료:** piketty.pse.ens.fr/ideologie

지재산·천연자원·공채증서 또는 지식 특허를 보유할 가능성과 관련한 기회들이 늘어난다는 것의 증거일 수 있다. 무엇보다도, 소유의 시장가치는 미래의 모든 유형의 이득과 이윤에 대한 기대를 표현한다. 하나의 생산자본을 놓고 보자면, 그것의 자산가치의 다양한 수준을 규정하는 것은 바로 기성 정치체제가 소유자들에게 보장하는 권리들의 견고함이며 그 권리들의 어느 정도 확고한 지속성에 대한 지각이다. 여하간 이러한 지표는 해당 사회에서 사적소유가 발휘하는 장악력을 일정하게 측정한다. 이 비율이 낮다는 것은 원칙적으로 수십 년의 저축을 통해 충분히 소유자들을 따라잡을 수 있다는 것을(또는 적어도 평균 정도의 자산에 근접할 수 있다는 것을) 뜻한다. 반면에 비율이 높다는 것은 아무것도 소유하지 못한 자들과 소유자들을 갈라놓는 구렁을 메꾸기가 매우 어려움을 뜻한다.[18]

이 경우, 벨에포크 당시의 소유자사회에서 관찰되는 높은 수준의 자산가치 인상은 일견하기에도 1700~1914년 전체에 걸쳐 있었던 것임을 확인

하는 것은 놀랍다. 소유의 총가치에 대한 다양한 추산들이 17세기 말 18세기 초부터, 특히 영국과 프랑스에서, 윌리엄 페티, 그레고리 킹, 세바스티앵 르 프르스트르 드 보방, 피에르 르 프장 드 부아기유베르에 의해 실행되었고, 프랑스혁명 당시에(특히 앙투안 라부아지에에 의해) 그리고 19세기 내내 여러 저자들(특히 페트릭 커훈, 로버트 기펜, 알프레드 드 포빌, 윌리엄 콜슨)에 의해 정교화되었다. 이 자료들 전체를 대조해본다면, 사적 소유의 총가치는 대체로 18~19세기 내내 국민소득의 6~8년 치 사이였으며 이는 앞선 시기들과 비교한다면 극도로 높은 것임이 확인된다.[19] 소유의 성격은 이 기간에 완전히 전환되지만(주로 농지의 중요성은 쇠퇴하고 부동산자산·사업자산·국제자산은 증대했다), 소유자들의 번창은 결코 흔들린 적이 없었다. 1790~1830년을 배경으로 하는 오스틴과 발자크의 소설들은 소유의 이러한 유연성을 완벽하게 보여준다. 재산의 총액이 견실하고 기대소득의 수준과 이에 걸맞은 사교성만 수반된다면, 재산이 토지·원거리투자·공채증서 그 어떤 것으로 구성되든 상관이 없다.[20] 거의 한 세기가 지난 뒤인 1913년에 프루스트가 『스완네 집 쪽으로』를 출간했을 때, 소유의 형태는 변했지만 여전히 불멸하는 것으로 보였으니, 이제는 금융 유가증권 또는—이 소설가가 여름 나기를 즐겼던—프랑스 카부르에 있는 호화 호텔이 중요해지는 것이다.

그래도 모든 것이 매우 빠르게 변해갔다. 사적소유의 총가치는 1차대전 기간과 1920년대 초에 문자 그대로 붕괴했고 1920년대에 조금 회복되었다가 1930년대의 위기, 2차대전과 전후 기간을 거치면서 1950년에 프랑스와 독일에서는 2년 치 국민소득에 상응하는 가치에 불과할 정도로 다시금 몰락했다. 영국에서는 그 하락세가 조금 덜 뚜렷했지만 그럼에도 대대적이었고, 영국 사적소유의 가치는 1910년대 초에 7년 치 국민소득 이상이었던 것에 반해 1950년대에는 국민소득 3년 치를 조금 상회했다. 세 나라에서, 사적소유의 가치는 수십 년 사이에 2분의 1과 3분의 1 정도로 줄었다(도표 10.8 참조).

이러한 붕괴를 설명하기 위해서는 여러 요인을 고려해야 한다. 상세한 계량적인 분석은 나의 선행 연구에서 이미 제시되었고 여기서는 주요 결론들을 요약하고 특히 이러한 변화들이 자리잡은 정치적-이데올로기적 맥락을 명확히 하는 데서 그치고자 한다.[21] 일반적으로, 다양한 시대에 걸친 소유 진화를 추산하는 데 사용할 수 있는 여러 자료(부동산 가격과 증권 가격 등록부, 건물·토지·기업 등에 대한 명세목록)는 그 자료들의 불충분함에도 불구하고 주된 규모의 추이를 명확하게 확정할 수 있도록 해준다는 점을 강조하고자 한다. 특히 두 차례의 전쟁 기간에 벌어진 주택·건물·공장 같은 모든 유형의 재화의 물리적 파괴는 엄청난 규모였음에도 불구하고(1914~1918년의 전투에 비해 단기간이었지만 훨씬 더 파괴적인 과학기술로, 더 광범위한 지리에서 실시된 1944~1945년의 대공습으로 인해 파괴되어) 이로 인해 상실한 소유는 일부에 지나지 않았다. 요컨대 프랑스와 독일에서는 4분의 1에서 3분의 1 사이(이것만으로도 엄청난 것이다), 영국의 경우에는 기껏해야 몇 퍼센트 정도였다.

사적소유 붕괴의 다른 요인들은, 우리가 차례차례 검토하겠지만, 유사한 크기를 갖는 기본적인 두 계열의 요인들에 기인한다. 이 요인들 각각은 프랑스와 독일에서 국민소득 대비 사적소유 비율의 하락 전체에서 3분의 1 조금 넘는 부분(영국에서는 거의 절반)을 설명해준다. 하나는 일련의 몰수와 국유화인데, 더 일반적으로는 소유자들의 사적소유 가치 감소와 소유자들의 사회적 권력 축소를 명시적으로 지향하는 정책들이다(예컨대 임대료 규제나 기업이 노동자 대표자들과 권력을 분유하는 것에 관한 법규). 다른 하나는 1914~1950년의 저조한 민간투자와 저조한 민간투자 수익, 특히 대부분의 민간저축이 전비 충당을 위해 국가에 융자되었다가 인플레이션과 여타의 이유들로 인해 잿더미가 되었다는 사실이다.

### 몰수, 국유화–제재 그리고 '혼합경제'

몰수에서 시작하자. 가장 상징적인 사례 중 하나는 러시아에 대한 (특히 프랑스의) 해외투자액에 관한 것이다. 1차대전 이전에 프랑스공화국과 차르제국 사이의 동맹은 러시아 정부가 발행한 막대한 국채와 다수의 사기업(예컨대 철도)으로 구체화되었다. 차르 정부가 뇌물을 돌리면서까지 자금을 댄 대대적인 홍보로 말미암아 프랑스의 예금자들과 소유자들은 동맹국 러시아의 견실함과 이 투자의 안정성을 확신하게 되었다. 1917년 볼셰비키혁명 이후, 새로운 소비에트 정부는 이러한 채무 전체와 채권과 자산을 포기하기로 결정했다. 그들이 보기에 이런 것들은 차르권력의 생명을 연장시키는 것일 뿐이었다(이것이 완전히 틀린 것은 아니었다). 영국·프랑스·미국이 혁명을 질식시키겠다는 바람을 가지고 1918~1920년에 러시아 북부로 군대를 파병했지만 허사였다.

이 시기의 또다른 끝에서, 1956년 이집트 대통령 나세르가 결정한 수에즈운하의 국유화는 영국과 프랑스의 주주들에 대한 몰수로 이어졌는데 이들은 1869년 운하가 개통된 후부터 운하를 소유하고 배당금과 로열티를 받아왔다. 자신들의 오래된 습관대로 영국과 프랑스는 군대를 파병하여 재산을 회수하고자 했다. 하지만 제3세계 국가들이(특히 신흥독립국들은 주로 과거의 식민지 종주국들을 상대로 한 국유화–몰수를 흔히 선호했다) 소련의 손에 넘어가는 것을 신경쓰던 미국은 유럽 동맹국들을 포기하기로 결정했다. 소련과 미국의 일치된 압력에 직면해, 과거의 식민권력인 두 나라는 자국의 군대를 철수해야만 했고, 당시 모두의 눈에 자명해졌던 것, 요컨대 소유주의적이고 식민주의적인 낡은 세계는 더이상 존재하지 않는다는 것을 인정할 각오를 해야만 했다.

외국 자산에 대한 몰수는 20세기 전반기 세계의 정치적–이데올로기적 기울기를 완벽하게 보여준다. 1914년에서 1950년 사이에, 사회정치적 투쟁과 군사적 사건들의 영향을 받아 소유에 대한 관점 전체가 즉각 변했던 것이다. 과거에 획득된 소유권의 견고함은 1914년에는 흔들릴 수 없는 것으로 보였지만, 1950년대에는 소유에 대한 좀더 사회적이고 도구적인 관점에 자리를 내주었다. 이는 생산자본과 투자를 발전과 정의와 국가의 자주성에 복무하도록 하는 관점이다. 이러한 몰수들은 국가 간 불평등을 축소하는 데 상당한 역할을 했을 뿐 아니라(구식민지국가 또는 채무국이 스스로를 소유하는 상태로 되돌아갔기 때문이다) 유럽사회 내부의 불평등을 축소하는 데도, 우리가 파리의 상속 문서고를 조사하면서 보았듯이 해외자산이 부유한 소유자들이 애호하는 투자들 중 하나였던 한에서, 상당한 역할을 수행했다.[22] 1차대전 이전에 예컨대 독일에 비해 영국과 프랑스에서 특별히 높은 것으로 관찰된 소득 불평등은 대체로 영국과 프랑스의 부유한 소유자들이 세계 도처에서 벌어들이는 많은 투자소득에 의해 설명된다. 이러한 의미에서, 유럽사회 내부의 불평등주의체제는 국제적이고 식민주의적인 차원의 불평등이라는 외부구조와 밀접하게 연결되어 있었다.

때로는 사실상의 국유화–몰수였던 국유화의 물결이 유럽에서도 국가별로 다양한 규모로 일어났음을 추가하자. 일반적으로, 민간자본주의에 대한 믿음은 1930년대 경제위기와 이로 인한 재앙에 의해 심각하게 흔들렸다. 1929년 10월, 월스트리트 증시의 대폭락으로 촉발된 '대공황'은 현재와도 비교할 수 없을 만큼 난폭하게 부유한 나라들을 타격했다. 1932년에 미국·독일·영국·프랑스에서 경제활동인구의 4분의 1이 실업 상태에 처했다. 19세기에 그리고 대체로 1930년대 초까지도 모든 나라에서 압도적이었던, 공권력은 경제활동에 개입해서는 안 된다는 '자유방임주의'의 전통적 신조가 지속적으로 신뢰를 잃게 되었다. 사방에서, 좀더 적극적인 개입주의로의 방향 전환이 일어났다. 아주 자연스럽게, 정부와 여론은 세계를 구렁으로 내몰면서 부유해졌던 경제·금융 엘리트들에게 책임을 물었다. 전통적인 사적소유 형태와 기업에 대한 다양한 공적소유가 병존하는 '혼합'경제 형태, 혹은 최소한, 금융제도와 민간자본주의 전반에 대한 매우 강력한 공적 통제와 규제가 구상되기 시작했다.

다수의 경제 엘리트가 독일 점령군에 부역했으며 1940~1944년 사이에 부당하게 치부致富했다는 의심으로 인해 프랑스와 여타 나라들에서 민간 자본주의에 대한 불신이 팽배했으며, 1945년에 이런 풍조는 더욱 강화되었다. 바로 이러한 강렬한 기운 속에서 해방적인 거대한 국유화의 물결이 일었던 것이다. 이 국유화는 주로 은행업·탄광업·자동차산업에서 일어났고 특히 르노자동차 공장의 국유화-제재가 유명하다. 르노의 소유자 루이 르노는 1944년 9월에 부역자로 체포되었고 그의 공장은 임시정부에 의해 압류되었다가 1945년 1월에 국유화되었다.[23] 동일한 취지의 제재조치로 1945년 8월 15일에 행정명령으로 신설된 국민연대세를 언급할 수 있겠다. 나치독일 점령기에 증대된 치부와 자본에 동시에 과세되는 이 이례적인 누진세는 단 1회만 징세되었지만, 대단히 높은 세율로 말미암아 당사자들에게는 매우 무거운 충격이 뒤따랐다. 국민연대세는 모든 자산에 대해 1945년 6월 4일자로 추산된 가치에 따라 과세했는데 상위 자산에 대해서는 세율이 20%까지 올라갔다. 또한 이례적으로 1940~1945년 사이에 일어난 명목상의 모든 치부에 과세되었으며 가장 두드러졌던 치부에 대해서는 100%까지 올라가는 세율의 징세가 포함되었다.[24]

국유화는 유럽의 많은 나라에서 중심적인 역할을 했고 1950~1970년에 광범위한 공공 부문의 창설을 이끌었다. 우리는 또한 다음 장에서 일부 나라들, 특히 독일과 스웨덴 그리고 대부분의 북유럽 나라들에서 2차대전 이후에 새로운 기업조직 형태와 지배구조가 확립된 방식을 재론할 것이다. 이는 주로, 주주의 이사회 선출권의 대규모 축소와 이에 상응하는 선출된 노동자 대표자들에게(또는 국영 법인체나 지역 공공단체에) 새롭게 귀속되는 의결권의 증대라는 형식을 띠었다. 이러한 경험은 자본의 시장가치와 사회적 가치 사이의 단절을 보여준다는 점에서 그만큼 더 흥미롭다. 실제로 모든 것이 시사하는바 이러한 정책들은 해당 나라들에서 기업의 주식가치를 떨어뜨렸다(이 현상은 오늘날까지 연장되고 있다). 그렇지만 이것이 경제활동 수준과 성장에 해를 끼치는 것은 아니고 오히려 그 반대다. 독일 또는 스웨덴 기업들의 장기 전략에 노동자들이 깊이 개입함으로써 오히려 전반적인 생산성 향상에 기여한 것으로 보인다.[25]

마지막으로, 국유화와 기업의 새로운 권력 분유 외에, 유럽 나라 대부분이 1914~1950년 사이에 착수했던 것은 부동산시장과 금융시장에 대한 다양한 규제정책들이다. 이 정책들은 사실상 소유자의 권리와 그들 재산의 시장가치를 축소시키기에 이르렀다. 가장 상징적인 정책은 임대료 동결 조치로, 1914~1918년 전쟁 기간에 발전하기 시작했다. 이 조치는 2차 대전 이후에 다시금 새롭게 확대되어, 1950년 프랑스에서는 임대료의 실질가치가 1914년 수준의 5분의 1 이하로 떨어졌고, 부동산 가격의 비슷한 하락을 초래했다.[26] 이 기간 대부분의 유럽 나라들에서 유사한 정책들이 관찰된다. 이러한 정책들은 소유관계에 의해 야기되는 불평등과 사적소유의 정당성에 대한 입장의 근본적인 변화를 나타낸다. 1914년 이전에는 겪어보지 못한 매우 높은 인플레이션이 두드러졌던, 그리고 실질임금이 전전의 수준을 전혀 회복하지 못했던 상황에서, 막 전선에서 돌아온 중간 이하의 사회계급들과 노동자들을 희생시키면서 토지소유자들이 계속해서 부유해진다는 것은 참을 수 없는 일로 다가왔다. 바로 이러한 상황에서 여러 국가들은 임대료를 통제하고 임차인의 권리를 신장시켜 퇴거당할지도 모르는 임차인을 보호하려는 새로운 법규들을 발전시켰다. 특히 임대기간을 연장하고, 임대료를 장기간 고정시키며, 임차인이 살던 집을 매우 저렴한 가격에 매입할 수 있는 우선권을 제도화하려 했다. 이러한 조치들이 가장 과감한 형태를 띤다면, 대토지를 분할해 농업 경작자에게 유리하도록 소유 이전을 촉진하려는 (이미 앞서 언급한 아일랜드나 에스파냐의 사례와 같은) 농지개혁과 매우 유사하다.[27] 일반적으로, 모든 보완 법규와는 별개로 1950~1980년 동안의 낮은 부동산 가격은 새로운 사회집단이 소유에 접근하고 자산이 분산되는 것을 자동으로 촉진했다.[28]

## 민간저축, 국채와 인플레이션

이제 1914~1950년에 일어난 개별 자산의 하락에서, 저조한 민간투자 및 인플레이션과 국채가 수행한 역할을 보도록 하자. 1930년대와 마찬가지로 전쟁 기간에도 우선권이 없었던 민간 부문에서 시행된 투자는 너무 저조해서 흔히 노후설비를 교체하지 못할 정도였다는 점을 우선 강조해두자.[29] 다음으로 무엇보다도, 1914~1945년의 민간저축은 대부분 전비 충당을 위해 늘어났던 국채 매입에 사용되었다는 점을 강조해야 한다.

1차대전 전야인 1914년에 국채는 영국·프랑스·독일에서 국민소득의 약 60~70%에 상응했고, 미국에서는 국민소득의 30% 이하였다. 2차대전 직후인 1945~1950년에는, 국채가 미국에서는 국민소득의 150%, 독일에서는 180%, 프랑스에서는 270%, 영국에서는 310%에 달했다(도표 10.9 참조). 1차대전 기간에 쌓인 국채의 일부가 특히 독일에서, 그리고 정도는 덜하지만 프랑스에서 1920년대의 인플레이션 속에 미리 묻히지 않았더라면 그 총합은 더 커졌을 것이라는 점을 분명히 해야 한다. 1914년에서 1945~1950년 사이에 이와 같이 증가한 국채로 인해 여러 나라의 예금자들은 저축의 대부분을 자신들의 일상적인 (부동산·사업·국제) 투자를 늘리는 대신, 단기국채와 이런저런 국채증서를 매입하는 데 사용해야만 했다. 영국·프랑스·독일의 소유자들은 정부가 필요로 하는 금액을 융자해 주기 위해 해외자산의 막대한 부분을 점차 매각하게 되었는데, 어쩌면 애국심도 어느 정도 작용했겠지만 그에 못지않게 수익을 내고 싶었기 때문이기도 하다. 정부는 호언장담하며 소유자들에게 원칙적으로 원금 외에도 이자가 꼬박꼬박 상환될 것이라 보장했는데, 이는 과거 수백 년 동안 별달리 특별한 일은 아니었다. 어떤 경우에는, 특히 전쟁 기간에, 정부는 준강제적으로 국채를 발행해 은행이 막대한 양의 국채증서를 보유해줄 것을 요구하면서도 이자율의 상한을 설정하는 조치를 취했다.

그런데 사실상 이러한 저축과 국채에 투자된 자산은 햇볕 아래의 눈처

**도표 10.9** 1850~2020년 국채의 추이

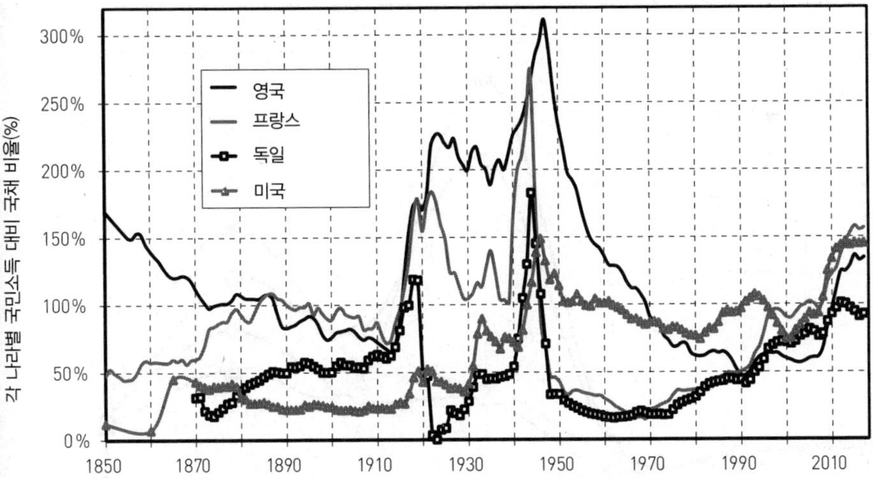


양차 세계대전이 끝난 뒤인 1945~1950년에 국채는 국민소득의 150~300%로 가파르게 상승한다. 이후 (국채 탕감과 높은 인플레이션으로 인해) 독일과 프랑스에서는 급격히 줄어드는 반면, (성장과 완만한 인플레이션으로 인해) 영국과 미국에서는 좀더 점진적으로 줄어든다. 시간이 지나도 공적자산(특히 부동산과 금융)은 크게 변하지 않았으며 일반적으로 국민소득의 약 100%로 나타났다.

**출처 및 원 통계자료:** piketty.pse.ens.fr/ideologie

럼 매우 빠르게 녹아버렸고, 소유자들에게 건네던 '호언장담'은 다른 우선순위에 의해 대체되었다. 실제로 주요 메커니즘 중 하나는 지폐를 대량으로 발행해 물가를 상승시키는 것이었다. 18세기와 19세기에는 인플레이션이 거의 제로에 가까웠다(도표 10.10 참조). 화폐가 금과 은이라는 내용물 자체에 연동되어 있었기에 화폐의 구매력은 거의 변동이 없었고, 특히 파운드스털링과 금본위프랑이 여기에 해당된다. 앙시앵레짐에서 사용되었던 화폐 리브르투르누아를 프랑스혁명기에 승계해 사용한 금본위프랑은 1726년부터 1914년까지 동량의 금속을 [내용물로] 가지고 있었는데, 바루 이것이 소유주의의 연속성을 보여주는 증거다. 19세기 초 프랑스 작가들은 사회적 경계와 값어치를 묘사하기 위해 파운드와 프랑을 무차별적으로 사용했고 흔히 별다른 자각 없이 양자를 혼용했을 정도였다.[30]

전쟁은 거의 즉각적으로 이 오랜 통화 안정성의 시기를 끝냈다. 1914년 8월

**도표 10.10** 유럽과 미국의 인플레이션, 1700~2020년

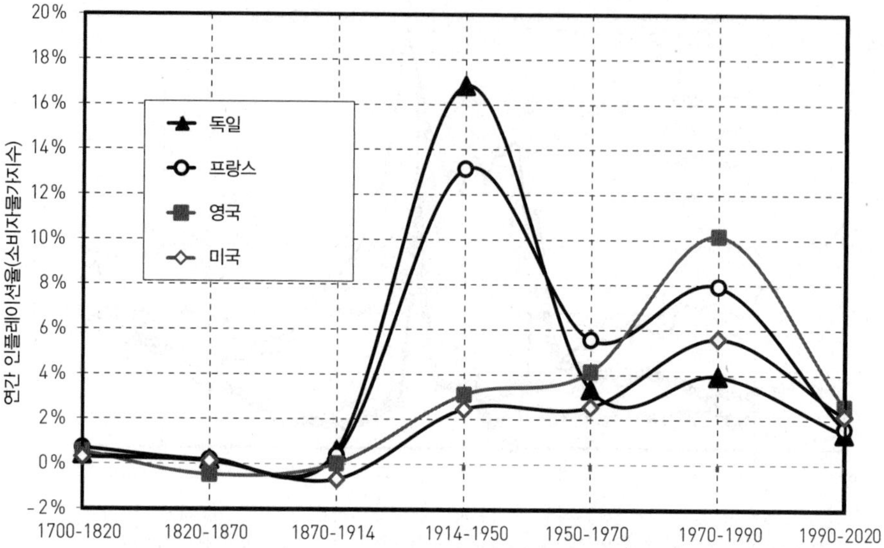


18~19세기에 거의 0에 수렴되던 인플레이션은 20세기에 들어와 상승한다. 1990년부터 매년 약 2%다. 인플레이션은 1914~1950년 사이 독일과 프랑스에서 특히 높았고, 1970년대 영국, 프랑스, 미국에서는 이보다는 덜했다. 참고: 1914~1950년 독일의 인플레이션은 평균 약 17%였고 1923년의 하이퍼인플레이션은 고려하지 않았다.

**출처 및 원 통계자료:** piketty.pse.ens.fr/ideologie

부터, 주요 교전국들은 자국 화폐의 금태환성을 유예했다. 1920년대 금본위제를 재도입하려는 다양한 시도들은 1930년대의 위기를 견디지 못했다.[31] 결국 1914년과 1950년 사이에 인플레이션은 프랑스에서 연평균 13%를 넘어섰고(즉 물가의 100배 상승), 독일에서는 17%에 달했다(즉 물가의 300배 이상 상승).[32] 전쟁으로 인한 타격이 덜했고 정치적 불안정성이 크지 않았던 영국과 미국에서는, 인플레이션율이 분명히 더 낮아서 1914~1950년 사이에 연평균 3% 정도였다. 그럼에도 이는 200년 동안 유지된 거의 절대적인 통화 안정성의 시대가 지나고 물가가 3배 올랐다는 것을 의미했다. 영국의 경우에는, 이 정도 인플레이션율은 전쟁으로 인한 막대한 국채를 없애기에 불충분했다. 바로 이 대목이 영국에서 1950~1970년에 국채가 높은 수준으로 유지되었던 이유를 설명해준다. 결국 1970년

대 영국의 인플레이션(연간 10~20% 사이)이 국채를 해소하기에 이른다.

프랑스와 독일에서는 훨씬 더 신속하게 사태가 진행되었다. 1950년대 초부터 두 나라의 막대한 국채가 국민소득의 30% 이하로 다시 내려갔다(도표 10.9 참조). 프랑스에서는 1945~1948년까지 연달아 4년 동안 인플레이션이 연간 50%를 넘었다. 국채는 자동으로 미미한 수준으로 줄어들었고, 이는 1945년에 시행된 민간자산에 대한 특별세 효과보다 훨씬 더 급격했다. 문제는 수백만 명의 소액 예금자들 역시 인플레이션에 의해 유린되었다는 점이고, 1950년대 노년층의 만성적인 빈곤을 악화시키는 데 영향을 미쳤다는 것이다.[33]

1920년대에 하이퍼인플레이션으로 인해 나라 전체와 사회관계가 심대하게 불안정했던 독일에서는, 물가상승이라는 사회적 폐해에 대한 국민의 불신이 더욱 클 수밖에 없었고, 정부는 1947~1952년에 채무를 최대한 빠르게 줄이기 위해 보다 더 정교한 방법들을 사용했다. 특히 신생 독일연방공화국은 민간자산에 대한 다양한 형태의 특별누진세를 제정했고 해당 소유자들은 수십 년에 걸쳐 그 세금을 납부해야만 했으며 일부는 1980년대까지도 납부했다.[34] 마지막으로, 1953년 런던회의에서 서독은 외채상환유예라는 수혜를 받았고, 이는 1991년 독일 통일과정에서 결국 해소되었다. 특히 1952년에 신설된 특별세 같은 다른 조치들과 더불어 이러한 빚 탕감은 서독 국가가 1950~1960년에 재건에 전념하고 사회복지지출과 기간시설 투자를 위한 여력을 현저히 키울 수 있게 되었다.[35]

### 과거 청산과 정의 세우기: 민간자본에 대한 특별세

사적소유에 대한 특별세는 이미 1차대전 직후 유럽의 많은 나라에서, 특히 1919~1923년 이탈리아·체코슬로바키아·오스트리아·헝가리에서 상위 자산에 대해 최대 50%까지의 세율로 시험되었다. (세수 측면에서) 가장 대대적이고 실효적인 원천징수 중 하나는 1946~1947년에 일본에서, 고액의 유가증권에 최대 90%의 세율로 시행된 특별세였다. 1945년에 프랑스에서 채택된 국민연대세는 그 세수가 (국채 탕감을 특정한 것이라기보다는) 일반예산용이었지만 그럼에도 이 범주에 속한다.[36]

가난한 사람들의 것이든 부자들의 것이든 모든 유동자산을 비례적인 방식으로 삭감하는 인플레이션에 비해, 사적소유에 대한 특별세의 장점은 부담을 배분할 수 있는 여지를 훨씬 더 많이 가지고 있다는 데 있다. 그 이유는 한편으로는 특별세가 재산의 크기에 따라 다양한 세율을 적용했기 때문이고(대체로 하위 재산에 대해서는 완전 면세하고, 중위 재산에 대해서는 약 5~10%, 상위 재산에 대해서는 30~50%, 심지어 그 이상의 세율로 과세한다), 다른 한편으로는 특별세가 부동산이든 토지자산이든 사업자산이든 금융자산이든 간에, 대체로 개별 자산 전체를 대상으로 시행되었기 때문이다. 인플레이션은 실제로는 자산에 대한 역진적 과세 형태와 유사하다. 어음이나 은행예금으로 이루어진 일부 유동자산만을 보유한 사람들은 인플레이션에 즉각 충격을 받는 반면에, 고액의 자산을 가진 사람들은 대부분 부동산과 사업상의 재산 또는 (그중에서도 가장 많은 액수가) 금융 유가증권에 투자되어 있어서, 임대료 동결과 자산가격 동결 같은 여타의 조치들이 시행되지 않는 한, 대부분 물가상승의 영향에서 벗어난다. 금융자산 중에서도 국채증서를 위시해 채권과 여타의 고정투자는 인플레이션의 타격을 받지만, 고액의 재산 중에서도 가장 값이 나가는 주식이나 회사 지분, 여타의 가변투자는 대체로 인플레이션으로 인한 급감에서 벗어나는데 이것들의 가격이 일반적인 물가상승을 따르는 경향을 갖기 때문이다. 더 일반적으로는, 인플레이션의 문제는 재산을 적시 적소에 다시 재배분할 수 있는 사람들의 독자성에 따라, 이익과 손해가 꽤나 자의적으로 나뉜다는 데 있다. 인플레이션은 한 사회가 중대한 분배 갈등에 직면했다는 징후다. 예컨대 한 사회가 과거로부터 대물림된 채권을 청산하고자 하지만, 정작 고초를 배분하는 최상의 방식에 대한 자유로운 논의가 이루어지지 못할 때 물가와 투기의 변덕에 의존해 문제를 해결하려 하기 때문이다. 이때의 분명한 위험은 불공정함에 대한 분노를 크게 키운다는 데 있다.

이런 관점에서 보면, 여러 나라가 그토록 1914~1918년과 1939~1945년의 전쟁 이후 국채의 하중을 줄이기 위해 사적소유에 대한 특별세를 부과하고자 했다는 점은 놀라운 일이 아니다. 이러한 시도들을 여기서 미화하려는 것은 아니다. 이 시도들은 이 과제를 해결하는 데 아직 미숙했던 행정을 통해 실행되었고 이 시대에는 오늘날 사용가능한 정보기술이 전혀 존재하지 않았다. 그럼에도 이 과세는 작동했으며, 예컨대 일본과 독일처럼 막대한 국채를 신속하게 해소하고 사회 재건과 이례적으로 성공적인 경제성장을 이끄는 데 한몫을 했다. 독일의 경우를 보면, 1949~1952년에 확립되어 1980년대까지 시행된 개별 자산에 대한 특별세가 1920년대의 하이퍼인플레이션보다 국채를 줄이는 훨씬 더 나은 방식이라는 점은 경제적 관점에서뿐만 아니라 사회적이고 민주적인 관점에서도 명확해 보인다.

기술적 행정적 측면을 제외하고, 이 시도들이 드러낸 중대한 정치적-이데올로기적 전환을 강조해야 한다. 아주 먼 시대부터 역사를 통틀어 국채와 사채를 탕감했던 수많은 사례들을 찾을 수 있다. 하지만 민간자본에 대한 누진세제가 이와 같은 규모로 정교하게 시행된 건 20세기에 들어서였다. 현대 유럽에서만이 아니라 중세시대에도, 군주들은 자신의 부채를 탕감하기 위해 기꺼이 금속화폐의 함량을 변경하곤 했다.[37] 18세기 말 프랑스혁명 당시에, 소득과 자산에 과세하는 누진적 과세표에 대한 공개토론회가 열렸고 1793~1794년의 짧은 기간에 상위 소득에 소득의 70%에 달하는 강제공채를 시행했다. 사후적으로 보자면, 이 제도는 20세기에 전쟁들이 끝난 뒤 많은 나라에서 실행될 것의 전조처럼 보인다.[38] 그럼에도 이 제도만으로는 충분치 않았다. 앙시앵레짐에서는 특권계급에게 즉각적으로 충분히 과세하지 못했기 때문에 실제로 막대한 국채가 쌓였다. 국채는 그 시대의 약 1년 치의 국민소득에 달했고, 매관매직의 가치를 포함한다면 심지어 1년 6개월 치의 국민소득에 달했다. 매관매직은 국가가 미래에 주민에게서 징수할 세금 대신에 즉각적인 유동자산을 취득하는 것이라는 의미에서 채무 형태에 가까웠다. 결국 프랑스혁명은 세제 확립을 통해 귀족과 사제의 특권은 종식시키지만 이 세제는 엄격하게 비례적이었고 누진세를 향한 열망에는 등을 돌렸다. 국채는 특별세의 징수에 의해서보다는 오히려 1797년에 공표된 '3분의 2 감가상각banqueroute des deux tiers' 법령과 프랑스혁명기에 발행된 불환지폐인 아시냐assignat의 높은 인플레이션에 의해 크게 줄었고, 이렇게 해서 프랑스 국가는 1815년에 매우 적은 부채 상태(국민소득의 20% 이하)에 놓였다.[39]

1815년에서 1914년 사이 유럽사회는 사적소유의 신성화와 화폐 안정성의 장기적인 국면에 들어섰는데, 이 국면에서는 국채상환 불이행 자체가 완전히 금기시되었고 생각할 수조차 없는 것으로 간주되었다. 물론 유럽의 권력들은 그들이 서로 간에 군사적 조공을 강요했을 때 그리고 무엇보다도 세계의 다른 부분에 그렇게 강요했을 때 대단히 무례한 행태를 보였다. 하지만 일단 국채가 확정되면, 그것이 1815년 연합군주국들이 프랑스에 부과한 것이든, 1871년 프로이센에 대한 프랑스의 국채이든, 또는 영국이나 프랑스에 대한 중국·오스만제국·모로코의 국채이든, 국채가 금본위제의 토대 위에서 깨끗이 지불되는 것이야말로 체제가 원활하게 작동하는 데 본질적이었다. 그렇게 지불되지 않을 시에는 군함이 출동했던 것이다. 유럽 나라들은 전쟁을 벌이겠다고 서로 위협하고 무장을 위해 막대한 비용을 지출하기도 했지만, 채권이 상환되어야 했으므로 분쟁은 중단되었고, 소유주의적 권력들은 채무자가 채권자의 소유권을 존중해야 한다는 사실에 합의했다. 예를 들면 1875년 터키가 채무상환 불이행을 선언하려 하자 상환 재개와 함께 1878년 오스만왕조에 베를린조약 체결을 강요하기 위해 유럽의 대자본가들과 국가들이 즉각 연합을 구성했다. 채무상환 불이행은 18세기에 점점 드물어지긴 했지만 꽤나 흔히 발생했다(예컨대 프로이센은 1752년에 영국을 상대로 슐레지엔 공채의 상환을 거부했다).[40] 채

무상환 불이행은 프랑스혁명의 숱한 지불 유예에 이어진 지불 거절 이후 중단되었고, 이는 사실상 유럽에서 소유주의적 화폐 안정성의 승리로 이어졌다.

특별한 의미를 갖는 것은 영국의 사례인데, 영국의 국채는 나폴레옹전쟁이 끝난 1815년에 국민소득의 200%를 넘어섰다. 이 시대의 직접적 수혜자인 극소수 소유자들에 의해 지배되던 이 나라는 100년 동안 자국 납세자들(이 시대 간접세의 우위를 감안하면 주로 중간층 이하 가정들)이 낸 세금의 거의 3분의 1을 (전쟁자금을 융자해준 자들에게 가장 큰 이윤이 돌아가도록, 그리고 특히 부의 분배에서 상위 백분위에게 수혜가 돌아가도록) 국채의 원금과 이자를 갚는 데 지출하기로 결정했다. 이러한 경험은 이처럼 규모가 큰 국채를 기초흑자예산을 수단으로 줄여나가는 것이 기술적으로 가능하다는 점을 보여준다. 이러한 예산 흑자는 평균적으로 1815~1914년 사이에 영국 국민소득의 2~3% 사이였는데, 이 시기 총세수가 국민소득의 10%를 넘지 않았고 교육에 지출된 총자원이 국민소득의 1% 이하였다. 그렇지만 공적자금을 이런 식으로 활용하는 것이 나라를 위한 최상의 유망한 전략이었는지는 확실치 않다. 여하간, 문제는 이 같은 방법으로 국채를 갚는 일은 극도로 속도가 느리다는 결함을 갖는다는 사실이다. 영국의 국채는 1850년에도 국민소득의 150%를 넘어섰고, 1914년에는 여전히 70%였다. 기초흑자는 아무리 막대한 양일지라도 고작 이자를 갚는 것만을 가능케 했고, 원금을 줄이기 위해서는 국민소득의 성장(이 경우에는 100년 동안 연 2% 이상이라는 상대적인 고속성장) 효과가 감지되는 것을 기다려야만 했다. 최근의 연구들은 이러한 상환이 1815~1914년에 영국에서 불평등과 소유 집중을 증대시키는 데 기여했다는 점을 보여주었다.[41]

20세기의 전쟁들을 거친 뒤 발생한 국채의 사례들은 사태가 다르게 진행되는 것이 가능하다는 점을 보여준다. 1945~1950년에 국민소득의 200~300% 사이였던 프랑스와 독일의 국채는 수년 만에 거의 바닥으로 줄었고, 영국의 경우에는 20년 조금 넘게 걸렸는데 이는 인접한 프랑스-독일에 비하면 느렸지만 1815~1914년 기간에 비하면 훨씬 빠른 것이었다(도표 10.9 참조). 오늘날 우리에게 허용된 거리를 가지고 사후적으로 보자면, 국채 축소 가속화 전략이 더 바람직했던 것으로 보인다. 유럽 나라들이 19세기 영국의 전략을 추종했더라면, 그들은 1950년부터 2050년(과 그 이후)까지, 사회적 불평등 감소 및 전후의 예외적 성장을 가능케 했던 교육 및 기간시설 투자비용을 희생시키면서, 이전의 소유자계급에게 과중한 이자를 납부해야 하는 상태에 처하게 되었을 것이다. 하지만 사태가 다급하게 진행되는 와중에, 이러한 문제들을 다루기가 단순치 않다. 과중한 국채를 짊어진 사회들은 이런저런 정당성들 사이에서 우선으로 받아들일 만한 것, 즉 과거에 확립된 소유권의 정당성과 (흔히 미래를 위한 사회적 교육적 투자라는 형태의) 또다른 필요와 우선순위를 갖는 비소유자 사회집단의 정당성 사이에서 중재를 해내야 하기 때문이다. 우리는 이러한 경험들로부터 21세기에 국채로 인해 야기되는 문제들을 해결하기 위한 가르침들을 끌어내 재론할 것이다.[42]

### 하락으로부터 지속적인 탈집중화로: 누진세의 역할

우리는 1914년부터 1945~1950년 사이 유럽에서 일어난 사적소유 총가치의 붕괴를 설명해주는 상이한 메커니즘들을 분석했다. 이러한 진화는 일군의 요인들(특히 파괴·몰수·인플레이션)의 귀결이며, 그 효과가 누적되어 민간자본과 국민소득 사이의 비율은 급강하했다. 민간자본과 국민소득 사이의 비율은 1945~1950년 무렵에 저점에 달했고, 그후 수십 년을 지나 2010~2020년까지 점차 상승한다(도표 10.8 참조). 이제 우리는 이러한 자산의 전반적 수준 저하에 왜 큰 폭의 소유 집중 완화가 수반되었는지를 더 잘 이해할 필요가 있다. 소유 집중이 큰 폭으로 완화되는 현상은

1914~1945년에 시작되어 1970~1980년까지 지속되었다. 1980~1990년 이래로 관찰되는 새로운 상승 경향에도 불구하고, 자산의 이러한 탈집중화, 특히 상위 백분위 몫의 하락은 장기적으로는 현저하게 나타난다(도표 10.4와 10.5 참조).

그렇다면 왜 1914~1950년 자산의 전반적 수준 하락에 소유구조의 지속적인 탈집중화가 수반되었는가? 당연히 애초의 하락은 상위 십분위 또는 상위 백분위 몫에 실질적인 타격을 주지 않으면서, 모든 보유 수준에서 유사한 비율로 이루어졌다고 생각할 수 있을 것이다. 우리는 이미 왜 상위 자산이 다른 부분보다 더 큰 폭으로 하락했는지 설명해주는 여러 요인을 제시했다. 특히 해외자산 몰수가 (해외자산을 비례적으로 더 많이 보유했던) 규모가 큰 유가증권에 더 큰 타격을 주었고, 국채를 청산하는 과정에서 (또는 [전시에 적군에 부역한 이들이나 부당이득을 취득한 이들에 대한] 과세-제재과정에서) 시행된 민간자본에 대한 누진적 특별세는 체계적으로 상위 자산 단위에 집중되었다.

이러한 특수한 요인들 외에, 더 일반적인 메커니즘을 추가해야 한다. 1차 대전이 끝난 뒤 전간기 내내, 막대한 소득과 자산을 보유한 이들은 지속적인 누진세제, 다시 말해 다른 주민들에 비해 더 많은 소득과 자산을 보유한 이들에게 구조적으로 더 무거운 세율을 적용하는 강화된 세제에 대처해야만 했다. 이 주제에 관한 논의들이 수백 년 동안, 특히 18세기와 프랑스혁명기에 벌어졌지만 이 같은 세제가 대대적으로 그리고 지속적으로 시행된 적은 결코 없었다. 유럽 대부분의 나라들에서, 또한 미국과 일본에서도 누진세는 이중의 형태로 발전했다. 한편으로는 총소득(즉 주급·월급·비임금소득·연금·임대료·배당금·이자·로열티·이윤, 모든 유형의 수익 등 다양한 범주들의 소득의 총액)에 대한 누진세. 다른 한편으로는 상속(즉 사망시, 증여시, 또는 다양한 양상에 따르는 부동산·사업·금융 등 모든 유형의 자산의 양도)에 대한 누진세.[43] 역사상 최초로 모든 나라에서 거의 동시에, 상위 소득과 상위

상속에 적용된 세율이 수십 퍼센트의 대단히 높은 수준을 유지했다. 1900년부터 2018년까지 미국·영국·일본·독일·프랑스에서 소득과 상속 위계의 상층에 적용된 세율의 진화는 도표 10.11과 10.12에 제시되어 있고, 당면한 격변의 규모에 대해 기본적인 평가를 내릴 수 있게 해준다.[44] 1900년에, 상위 소득과 상속에 부과된 세율은 어느 나라에서든 10% 이하였다. 1920년에는 그 세율이 상위 소득에 대해서는 30~70% 사이, 상위 상속에 대해서는 10~40% 사이에서 점층적으로 적용되었다. 최고 한계세율은 1920년대의 짧은 소강 국면에서 약간 줄었고, 1930~1940년에 특히 1932년 루스벨트의 당선과 뉴딜정책 시행 이후에 다시 증대되기 시작했다. 실업이 경제활동인구의 4분의 1을 덮친데다 대규모 공사와 새로운 사회정책의 재원을 위해 자금을 늘려야 했던 상황에서, 최대 수혜를 입은 사회적 범주가 지난 수십 년간(특히 '광란의 20년대Roaring Twenties'에) 나라를 위기로 몰아가면서도 자신들은 눈부시게 번창했던 만큼, 그들이 납세하게끔 해야 한다는 것은 자명해 보였다. 1932~1980년 사이 상위 소득에 적용된 최고 한계세율은 미국에서 평균 81%였다. 같은 기간, 상위 상속에 적용된 세율은 75%였다.[45] 불황으로 말미암아 경제·금융 엘리트들에 대해 심도 깊은 재평가가 이루어졌던 영국에서는 1932~1980년 사이에 적용된 세율이 상위 소득에 대해서는 평균 89%, 상위 상속에 대해서는 평균 72%였다(도표 10.11과 10.12 참조).

프랑스에서, 1914년 7월 15일 법으로 마침내 의원들이 누진소득세 시행을 승인했을 당시의 최고세율은 2%에 불과했다. 제3공화국의 정치·경제 엘리트들은 오랫동안 이 같은 개혁을 거부했다. 그들의 판단으로는 프랑스처럼 평등한 나라에서 이 개혁은 해롭고 부적합한 것이요 다량의 위선과 악의가 없지 않은 것이었다.[46] 그후 전쟁을 치르는 동안 최고세율은 높아졌고, 이어진 1920년에는 50%, 1924년에는 60%, 1925년에는 무려 72%가 되었다. 50% 세율을 채택한 1920년 6월 25일의 결정적인 법이 이른바 '청색 의회Chambre bleu horizon'(공화국 전체 역사에서 가장 우파적인 의

**도표 10.11** 누진세의 창안: 소득세 최고세율, 1900~2018년

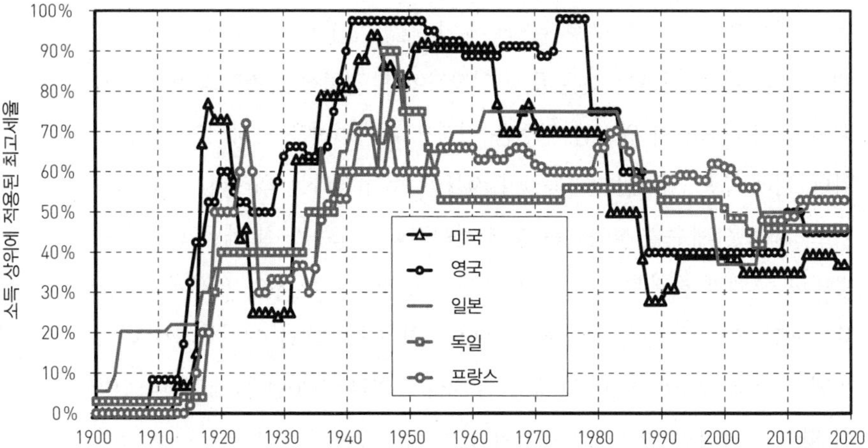


1900~1932년 미국에서 소득 상위에 적용된 최고세율은 평균 23%였고, 1932~1980년에는 81%, 1980~2018년에는 39%였다. 같은 기간 영국의 최고세율은 각 30%, 89%, 49%였고, 일본은 26%, 68%, 53%, 독일은 18%, 58%, 50%, 프랑스는 23%, 60%, 57%였다. 누진세는 20세기 중반에 특히 미국과 영국에서 최고 수준이었다.

**출처 및 원 통계자료:** piketty.pse.ens.fr/ideologie

**도표 10.12** 누진세의 창안: 상속세 최고세율, 1900~2018년

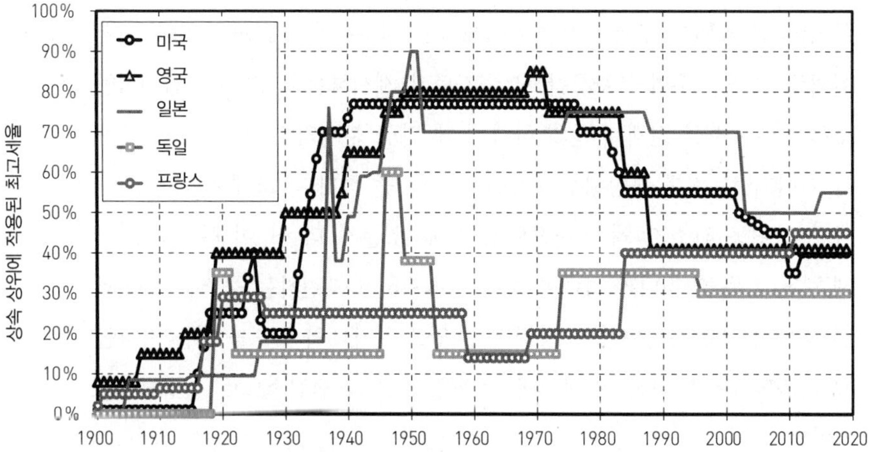


1900~1932년 미국에서 상속 상위에 적용된 최고세율은 평균 12%였다. 이후 1932~1980년에 75%였다가 1980~2018년에는 50%다. 같은 기간 영국은 25%, 72%, 46%, 일본은 9%, 64%, 63%, 독일은 8%, 23%, 32%, 프랑스는 15%, 22%, 39%였다. 누진세는 20세기 중반에 특히 미국과 영국에서 최고 수준이었다.

**출처 및 원 통계자료:** piketty.pse.ens.fr/ideologie

회)에서, 전쟁 이전에 최고세율을 2%로 하는 소득세 제정에 가장 완강하게 반대했던 의원들로 구성된 '국민진영Bloc national'이 다수파인 의회에서 채택되었음을 확인하는 것은 특히 인상적이다. 정치적 각축장의 오른쪽에 위치한 의원들의 이 완전한 돌변은 전쟁으로 물려받은 파국적인 재정 상황에 의해 주로 설명된다. "독일이 지불할 것이다"라는 의례적인 언술 너머로, 새로운 세수를 찾아내는 것이 필수적임을 모두가 잘 깨닫고 있었다. 방만한 조폐와 물자부족이 전쟁 이전에는 겪어본 적 없는 인플레이션을 유발했던 상황, 노동자 임금이 1914년 이전의 구매력을 여전히 회복하지 못했던 상황, 1919년에 여러 차례 몰아친 파업과 1920년 봄에 다시 몰아친 파업이 나라를 마비시킬 위험이 있던 상황에서 정치적 색채는 궁극적으론 전혀 중요하지 않았다. 재원을 찾아야 했고, 고소득자들을 너그럽게 봐준다는 건 그 누구도 생각하지 않았다. 프랑스 사회주의 노동운동 대부분이 지지했던 1917년 볼셰비키혁명이 새겨진, 폭발적인 정치사회적 상황에서 누진세의 성격이 변했다.[47]

이러한 과중한 과세 충격은 1914~1945년 기간에 상위 자산이 겪은 다른 충격의 효과를 증폭시키고 무엇보다도 지속시키는 효과를 발휘했다. 실제로 오늘날 우리가 보유한 모든 자료가 제시하는바, 이러한 급진적인 조세개혁은 자산 전체 수준의 하락에 왜 자산 분배의 지속적인 탈집중화가 수반되었는지를 설명해주는 주요 요인들 중 하나다. 조세 분석은 또한 자산 불평등 감소가 왜 점진적으로 전개되었는지 더 잘 이해할 수 있게 해준다. 소득, 그러니까 막대한 자산을 적립하고 재편하는 능력은 소득세의 강화에 의해 삭감되었고, 상위 자산 양도는 세대와 양도를 거듭 거치면서 감퇴되었는데, 이로 인해 자산 불평등 감소가 점진적으로 전개되었던 것이다.

전간기와 전후의 파리 상속 문서고에서 이루어진 최근 연구들은 이 과정을 개별적 수준에서 밝혀주었다.[48] 19세기 말 그리고 1차대전까지, 파리의 상위 자산 보유자 1%는 자신들의 소유에서 발생한 수입(배당금·이자·

임대료 등)으로부터 이득을 봤는데, 예컨대 당대 평균임금에 비해 약 30배에서 40배까지 높은 평균 생활수준을 누렸다. 그들이 소득과 상속에 대해 납부한 세금은 5%를 넘지 않았고, 자신의 후손들이 (역시 늘어난 평균임금에 비해) 동일한 생활수준을 누리기에 충분할 정도로 많이 늘어난 자산을 양도하기 위해, 자신의 소유에서 발생하는 소득의 작은 일부(4분의 1과 3분의 1 사이)만을 저축하면 되었다. 1차대전 이후 모든 것이 급격히 변했다. 전쟁 기간에 겪은 충격(해외자산 몰수, 인플레이션, 임대료 동결)과 (실효세율이 1920년대에는 부유한 1%의 파리 시민들에게는 약 30~40%, 부유한 0.1%의 파리 시민들에게는 50% 이상이었던) 새로운 소득세를 감안했을 때, 이 집단의 생활수준은 평균임금의 5~10배 선으로 주저앉았다. 이러한 조건에서, 지출을 독하게 줄이고 많은 하인을 해고하더라도(전쟁 이전에는 안정적이었던 하인의 수는 전간기에 급격하게 줄었다), 이 집단에 부과되는 상속세의 실효세율이 1920년대에는 10~20%로, 1930~1940년에는 거의 30%로 점차 올랐던 만큼, 1914년 이전에 비견되는 재산을 다시 비축한다는 것은 물질적으로 불가능해졌다.

이것은 물론 모든 해당 가정이 파산에 이르렀다는 뜻은 아니다. 발자크와 고리오 영감과 세자르 비로토의 시대와 마찬가지로 모든 것은, 인플레이션과 재건과 되풀이되는 위기로 인해 이 시기에 특히 불안정하지만 괜찮은 투자와 많든 적든 취득된 수익에 달려 있다. 누군가는 부유해질 수 있었고 생활수준을 유지할 수 있었다. 반면에 다른 누군가는 생활수준을 이전처럼 유지하고 싶었던데다, 자신의 소득으로는 전전과 동등한 수준으로 살아갈 수 없게 되었다는 사실을 제때 받아들이지 못하다보니 재산을 빠른 속도로 탕진하게 되었다. 확실한 것 그것은, 상위 소득(실제로는 무엇보다도 자산으로 인해 발생하는 상위 소득)과 상위 상속에 과세되는 새로운 누진세를 감안하면, 이 사회집단의 평균적 위상이 1914년에서 1950년 사이에 와해되고 그후에도 계속 저하되며, 생활수준의 조정 속도와 수행된 저축률이 어떠하든 간에 선행 수준을 재건할 물질적 가능성은 없다는 게 명확했다는 점이다.

## 현대 누진세의 앵글로색슨적 기원들

영국에서도 유사한 현상이 확인된다. 1909~1911년에 '인민예산'의 채택으로 야기된 위기를 떠올려보자. 이 위기는 상원에서 상위 소득과 상위 상속에 대한 누진세 인상을 거부하면서 시작되었는데(이 세금의 수입은 노동자계급을 위한 사회정책의 재원으로 쓰이도록 되어 있었다), 오히려 이로 인해 상원의 몰락과 정치적 역할의 종언이 앞당겨졌다.[49] 상위 소득과 상위 상속에 적용되는 세율은 1차대전이 끝나고 다시 인상되어, 영국의 소유자들이 전전의 생활수준을 유지하는 것이 물질적으로 곤란해졌을 정도다. 이처럼 어려운 적응과정은 예컨대 영국 TV드라마 〈다운턴 애비Downton Abbey〉에서 묘사되고 있는데, 소유주의체제에 대한 문제제기에서 아일랜드 문제의 중요성이 드러나는 것을 보게 된다. 하지만 1920년대와 1930년대에 (실제로는 자본소득, 특히 임대료·이자·배당금이 핵심이었던) 상위 소득에 대해서는 매우 빠른 속도로 50~60%, 상속에 대해서는 40~50%에 달한 세율에 대처하기 위해서는, 하인의 수를 조금 줄이는 것으로 충분치 않았다. 유일한 해법은 재산 일부를 매각하는 것이었고, 바로 이러한 일이 전간기의 영국에서 가속되었다.

이러한 과정은 특히 역사상 이례적일 정도로 집중되어 있던 영국의 대토지소유와 관련된다. 토지 이전의 규모와 속도는 1920년대와 1930년대에 전대미문의 비율로 이루어졌고, 이는 1066년의 노르만 정복과 1530년의 수도원 해산 이래로 영국에서는 겪어보지 못한 것이었다.[50] 이 현상은 또한 무엇보다도 19세기 동안 그리고 20세기 초에 영국의 소유자들이 국내외에서 축적한 막대한 금융 유가증권과 관련된다. 영국의 전체 소유에서 상위 백분위 몫의 대대적인 붕괴가 증언하듯이 영국의 소유자들은 빠르게 분할되었다(도표 10.5 참조).[51] 이러한 진화는 2차대전 이후에 다시금 확대된다. 이 시기에 상위 소득에 적용되는 세율은 90%를 넘어섰고, 고액 상속에 대한 세율은 수십 년 동안 80%에 달했으며, 이는 영국뿐 아니라 미국에서도 그러했다(도표 10.11과 10.12 참조). 이 같은 세율을 적용할 때의 목표는 이런 유형의 자산 규모를 온전히 없애거나 또는 적어도 (상속받은 소유에서 발생하는 엄청난 고수익으로 인한) 자산의 영속을 까다롭게 만드는 것임은 매우 분명하다.

일반적으로, 소득뿐 아니라 상속과 관련해서도, 대대적인 누진세의 발전에서 미국과 영국이 수행한 중심적 역할을 강조해야 한다. 최근 연구들은 1932~1980년 동안에 이 두 나라에서 전대미문의 수준으로 인상되었던 것이 이론적인 한계세율만은 아님을 보여주었다. 상위 자산가 집단이 실제로 납부하는 실효세율 역시 정점에 달했다. 1930년대부터 1960년대까지, 상위 소득 0.1%와 0.01%가 납부한 (직접세와 간접세 등 모든 과세를 포함한) 세금 전체는 세전소득의 약 50~80%를 오갔고, 반면 중간층의 주민은 15~30% 사이, 50%의 가난한 사람들은 10~20% 사이였다(도표 10.13 참조). 더욱이 모든 징후가 약 70~80%의 한계세율이 무엇보다도 세전소득 분배 효과를 발휘했음을(이는 정의상 실효세율에서는 일어날 수 없다) 가리키는 것으로 보인다. 실제로 이 같은 한계세율은 (생활수준을 대폭 낮추거나 또는 일부 자산을 점차 매각하지 않고는) 이전 수준의 자본소득 유지를 거의 불가능하게 했고, 또한 기업경영진의 지나친 고액 연봉 책정을 억제하는 효과의 주요 원인이었다.[52]

상속세와 관련해서는, 앵글로색슨 두 강국이 70~80%의 세율을 적용하던 시기에 독일과 프랑스가 1950~1980년 기간에 대자산가들에게 고작 20~30%의 세율을 적용했음은 주목할 만하다(도표 10.12 참조). 이는 독일과 프랑스의 전쟁 피해와 인플레이션의 크기에 의해 부분적으로 설명될 수 있다. 두 나라는 과거로부터 이어진 불평등주의체제를 전환하기 위해 영국이나 미국에 비해 조세라는 무기가 덜 필요했던 것이다.[53]

**도표 10.13** 미국의 실효세율과 누진세, 1910~2020년

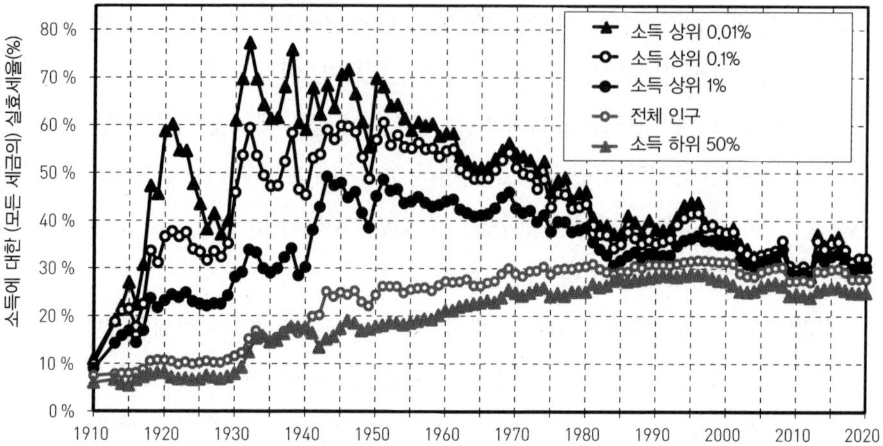


1915~1980년 사이 미국의 세금제도는 인구 전체(특히 하위 50%)가 납부하는 평균 실효세율에 비해 상위 소득이 납부하는 실효세율(세전 총소득에 대비한 모든 세금의 백분율)이 매우 높았다는 점에서 매우 누진적이었다. 1980년부터는 실효세율에서 제한적 편차들이 있지만 누진성이 약화된다.

**출처 및 원 통계자료:** piketty.pse.ens.fr/ideologie

독일이 상위 소득에 90% 세율을 적용했던 유일한 시기가 1946~1948년 기간과 일치한다는 점을 확인하게 되는 것 역시 인상적이다. 이 기간에 독일의 조세재정정책은 실질적으로 미국이 주도하는 연합국관리이사회Allied Control Council가 결정했던 것이다. 독일이 1949년에 재정 주권을 되찾은 이래로, 후속 정부들은 이 세금을 감축하고 재빠르게 50~55% 선으로 안정시키기로 했다(도표 10.11 참조). 미국의 취지에서 보자면, 1946~1948년의 이 90% 세율은 독일의 엘리트들에게 가하는 처벌이 전혀 아니었다. 당시 동일한 세율이 앵글로색슨 엘리트들에게도 적용되었기 때문이다. 그 시대 미국과 영국에서 지배적이었던 이데올로기에 따르면, 이처럼 강력한 누진세는 전후의 새로운 세계가 의거해야 할 제도적 총체에 통합된 일부였다. 말하자면 선거제도는 민주주의가 다시금 과두지배적인 금융적 이익에 의해 포획되는 것을 피할 수 있게 해주는 견고한 조세재정제도에 의해 보완되어야만 했던 것이다. 특히 1980년대부터 누진세의 해

체 형태를 보이기 시작했던 앵글로색슨 나라들에 관한 이러한 묘사가 먼 과거로 느껴지거나 의외라고 여겨질 수 있지만 이 과거의 경험들은 우리 공통 유산의 일부다. 이러한 전환들이 다시금 예증하는 것은 불평등주의 체제의 동학에서 정치적-이데올로기적 과정이 지닌 중요성, 그리고 가능한 이행들과 분기들의 신속함과 다수성이며, 또한 평등하거나 또는 불평등한 문화적 또는 문명적 본질 그 자체는 존재하지 않으며 다만 사회정치적 갈등의 경로들—이 경로들에서 다양한 사회와 다수의 사회집단과 그 집단 내의 감수성들이, 자신들이 대결해온 경험과 사건에 따라, 정의에 대한 일관된 전망을 구축하려고 시도한다—이 존재할 뿐이라는 사실이다.

영국의 경우, 우리는 소득 및 소유 재분배와 누진세의 뜻하지 않은 출현이 19세기 초 보통선거권 확대과정에서 촉발된 사회정치적 투쟁에 의해 마련되었음을 보았다. 이 투쟁들은 19세기 말 아일랜드 문제와 '부재지주' 문제를 둘러싼 논쟁, 노조운동의 발전, 1909~1911년에 '인민예산'과 상원의 최종적 몰락에서 결정적인 전환점을 맞이했다.[54]

미국과 관련해서 우리가 이미 주목했던 건, 남부의 극렬 분리주의 정당이었던 민주당이 1870~1880년부터 북동부의 금융 엘리트와 산업 엘리트의 이기주의를 규탄하고 더 정의로운 부의 분배 필요를 옹호함으로써 백인 필부들과 소규모 식민지 정착민들, 이탈리아계·아일랜드계 새 이민자들의 열망을 끌어안으려는 시도를 해왔다는 점이다.[55] 1890년대에, (실제 명칭은 인민당People's Party이지만 인민주의당Populist Party이라 불리기를 요구하기도 했던) 인민당은 토지 분유, 소농에 대한 대출, 주주와 소유자와 대기업의 연방정부 장악 반대를 정강정책으로 내걸고 선거에 후보자들을 내세웠다. 인민주의자들이 권력에 오르지는 못했지만 그들은 나라의 세제개혁을 위한 캠페인에서 중심적 역할을 수행했고, 이 캠페인은 1913년 수정헌법 16조 채택과 더불어 같은 해 연방소득세 가결에 이어 1916년 연방상속세 가결을 성사시켰다. 연방세는 이 시점 전까지는 실제로 헌법상 공인되지 않았으며, 대법원은 여당인 민주당이 채택한 초안을 1894년에 기각하면서 이에 대해 상기시켰다. 미국의 헌법 수정 과정의 복잡함을 감안하면(수정 조항은 우선 상하 양원 각각에서 3분의 2 이상의 동의를 얻어야 하며 그후 주정부 4분의 3의 비준을 얻어야 한다), 앞서 거론한 과정은 강도 높은 인민 동원을 필요로 했으며, 당시 이 나라에서 표출된 조세정의와 경제정의를 향한 외침의 강도를 증언한다. 이 시기는 '대호황시대'라 불리는 시대와 일치하는데, 이 시대 미국에서는 이제껏 겪어보지 못한 산업적 금융적 재산이 축적되었으며, 록펠러와 카네기 혹은 J. P. 모건 같은 이들이 쌓아올린 권력에 대한 불안감들이 퍼져 있었고, 더 큰 평등에 대한 요구가 점점 더 강력하게 표출되고 있었다. 이제껏 제한된 역할을 수행해왔으며 주로 관세에 의해 재원을 마련해왔던 연방국가에서, 소득과 상속에 대한 직접적 누진세를 핵심으로 하는 이처럼 새로운 연방세제가 정당들, 특히 민주당이 수행한 동원과 매개의 역할에 크게 힘입어 등장할 수 있었다.[56]

19세기 말 20세기 초에 미국이 소득세를 지지하는 국제적 움직임의 중심축을 이루고 있었다는 점을 확인하는 것 또한 흥미롭다. 특히 미국 경제학자 에드윈 셀리그먼Edwin Seligman이 1890~1910년 사이에 총소득에 대한 누진세의 장점을 찬양하기 위해 출간한 다수의 저작과 논고가 여러 언어로 번역되면서 뜨거운 논쟁을 촉발했다.[57] 1915년에 미국에서의 부의 분배에 관해 수행한 연구(이 문제에 관한 최초의 총괄적인 연구)에서, 통계학자 윌퍼드 킹Willford King은 이 나라가 점점 더 불평등해지고 최초의 개척자적인 이상으로부터 점차 멀어지고 있다는 사실을 우려한다.[58]

1919년에 미국경제학회 회장인 어빙 피셔는 더 멀리 나아간다. 그는 자신의 '회장 취임사'를 불평등 문제에 할애하기로 하고는, 심화되는 재산 집중은 미국의 주요한 경제 문제로 떠오르는 중인바 이를 경계하지 않으면 미국도 늙은 (당시엔 미국 정신에 반하는 과두지배적인 것으로 여겨진) 유럽만큼이나 불평등해질 위험이 있다고 자신의 동료들에게 직설적으로 이야기한다. 피셔는 킹이 실행한 추산에 불안해한다. "2%의 인구가 50% 이상의 재산을 소유"하고 "인구의 3분의 2는 거의 아무것도 소유하지 못한다는" 사실이 그에겐 미국 사회의 토대 자체를 위협하는 "부의 비민주적인 분배"로 여겨졌다. 이윤 배분과 자본 수익을 임의로 제한하는 것보다는, 피셔가 이를 확실히 논박하기 위해 거론한 해법인데, 그는 차라리 고액의 상속재산에 무겁게 과세하는 것이 더 적절한 방법이라고 보았다. 특히 양도된 가치의 3분의 1에 상당하는 것을 1세대에게 과세하고, 3분의 2를 2세대에게, 3세대 이후로도 상속재산이 이어진다면 아예 양도된 가치 전체에 과세한다는 구상을 꺼내들었다.[59] 이러한 특정 해법이 채택되지는 않았지만, 실제로 미국에서는 다른 나라들에 앞서 (민주당 윌슨 대통령 재임 당시인) 1918~1920년부터 소득 위계의 최상층에 70% 이상의 세율이 적용되었다(도표 10.11 참조). 루스벨트가 1932년에 당선되었을 때, 강력한 누진세를 확립하기 위한 지적 지형은 이미 오래전부터 준비되어 있었던 것이다.

## 사회적 조세재정국가의 발흥

19세기 그리고 1914년까지 유력했던 불평등주의체제는 누진세에 대한 거부와 상대적으로 제한적인 총세수에 기반하고 있었다. 18~19세기 유럽 국가들은 선행 세기들의 국가구조들이나 동시대의 오스만제국 또는 중국 정부에 비하면 재정적으로 풍족했다.[60] 하지만 당시 유럽 국가들은 조세재정국가로의 결정적 도약으로 특징지어지는 시기인 20세기에 관찰되는 수준에 비하면 재정적으로 가난했다. 누진세 문제 외에, 사회적 조세재정국가의 발흥은 소유자사회의 사민주의사회로의 전환에서 중심적 역할을 해왔다.

주요한 규모의 추이는 다음과 같다. (중앙정부·지자체·사회보장국 등의 법인체를 다 합쳐서) 모든 성격의 세금, 분담금, 여타 공과금 전체를 포함

**도표 10.14** 부유한 나라들에서의 조세재정국가의 발흥, 1870~2015년

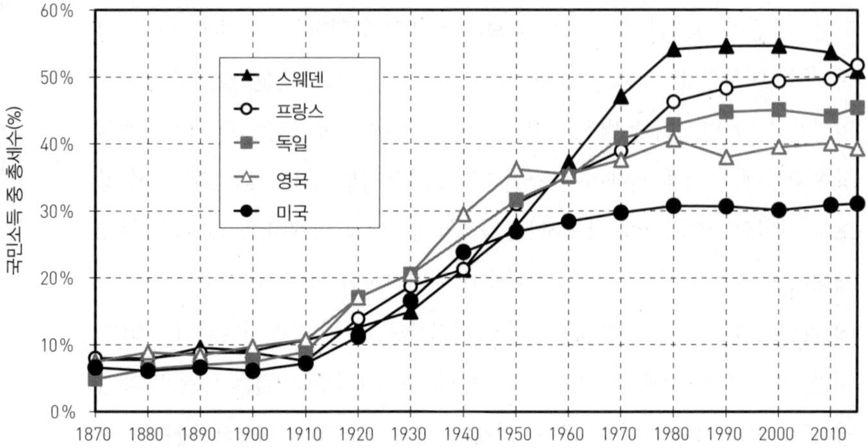


19세기와 1차대전까지 부유한 나라들에서 총세수(모든 세금, 사회적 분담금, 각종 공과금 포함)는 국민소득의 10% 이하였다. 이후 1910~1920년부터 1970~1980년까지 가파르게 증가한 뒤 국가별로 다양한 수준에서 안정화된다. 미국은 국민소득의 약 30%, 영국 약 40%, 독일·프랑스·스웨덴은 45~55%다.

**출처 및 원 통계자료:** piketty.pse.ens.fr/ideologie

한 총세수는 19세기 말 20세기 초 유럽과 미국에서 국민소득의 10% 이하였고, 1920~1930년에 약 20%, 이어서 1950~1960년에는 약 30%로 올랐다가, 1970~1980년부터는 나라마다 현저히 상이한 수준에서 안정화된다. 미국에서는 국민소득의 약 30%, 영국에서는 40%, 독일에서는 45%, 프랑스 또는 스웨덴에서는 50%(도표 10.14 참조).[61] 그렇지만 어떤 부국도 국민소득의 10% 또는 20%로 제한된 세수를 가지고 국가 발전에 성공한 적이 없다는 점과, 오늘날에는 그 누구도 자국이 19세기의 세수 수준으로 되돌아가야 한다고 주장하지 않는다는 점을 주목해야 한다. 논의들은 대부분 강제과세 수준의 가능한 안정화, 또는 경우에 따라 약간의 인하, 또는 이따금 다소간의 실질적인 인상에 대한 것들이지 조세재정국가의 현재 규모를 4분의 1 내지 5분의 1로 축소하자는 것은 전혀 아니다.

수많은 연구들은 조세재정국가의 강화가 경제성장을 저해하기는커녕, 오히려 20세기에 유럽과 미국에서 추진된 현대화와 발전 전략의 핵심적

**도표 10.15** 유럽 사회국가의 발흥, 1870~2015년

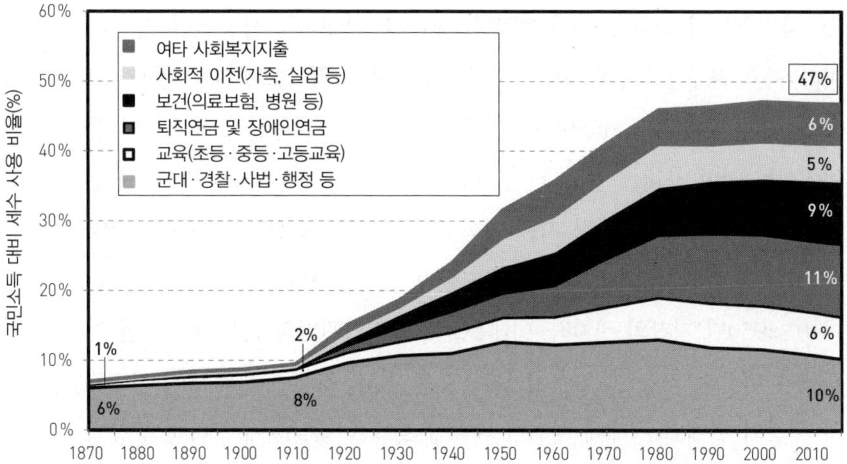


2015년 서유럽의 세수는 평균 국민소득의 47%에 해당했다. 용처는 다음과 같다. 10%는 왕권적 지출(군대, 경찰, 사법, 행정 일반, 도로 같은 기간시설 정비), 6%는 교육, 11%는 퇴직연금, 9%는 보건, 5%는 사회적 이전(퇴직연금 제외), 6%는 여타의 사회복지지출(주택 등). 1914년 이전에는 왕권적 지출에 거의 모든 세수를 사용했다. 참고: 여기 제시된 추이는 독일·프랑스·영국·스웨덴의 평균치다(도표 10.14 참조).

**출처 및 원 통계자료:** piketty.pse.ens.fr/ideologie

요소였음을 보여주었다.[62] 새로운 세수는 실제로 발전을 위해 필수불가결한 재원, 특히 교육과 보건 분야에 대한 상대적으로 평등하고 대대적인(또는 최소한, 이전보다는 훨씬 더 평등하고 대대적인) 투자의 재원 마련과, (퇴직연금처럼) 노후에 대처하고 (고용보험처럼) 불황기에 경제와 사회를 안정화하기 위해 필수불가결한 사회복지지출을 가능케 해주었다.

유럽의 다양한 나라들의 가용 데이터들로 평균을 낸다면, 1900~1910년과 2000~2010년 사이의 세수 상승은 교육·보건·퇴직연금, 그리고 여타의 이전과 대체소득에 연동된 사회복지지출 상승에 의해 거의 온전히 설명된다(도표 10.15 참조).[63] 또한 국가의 역할이 전환되는 데 있어 1910~1950년 기간의 결정적인 중요성도 주목해야 한다. 1910년대 초 국가는, 19세기 내내 그러했듯이 국내 지형에서도 국가 간의 식민주의적 무대에서도, 질서유지와 소유권 존중의 보증인이었다. 왕권적인 지출(군대,

경찰, 법원, 행정 일반, 기본 기간시설)에 세수의 거의 전부가 소요되는데, 국민소득의 고작 10%에 불과한 세수 중 약 8%를 사용했던 것이고, 여타 지출 전체는 국민소득의 2% 이하에 그쳐야 했다(그중 1% 이하가 교육을 위한 것이었다). 1950년대 초에는, 사회국가의 본질적 요소들이 유럽에서는 이미 자리를 잡았다. 총세수는 국민소득의 30%를 넘었고, 이전에는 지배적이었던 왕권적 지출 대신 교육과 사회 관련 지출의 다종다양한 총합이 총세수의 3분의 2를 가져갔던 것이다. 이러한 눈부신 변화는 1910~1950년 기간의 정치적-이데올로기적 역학관계의 근본적인 전환 이후에야 비로소 가능했으며, 이 모든 것은 전쟁, 경제위기, 혁명이 자기조정 시장의 한계와 경제에 사회가 배태될 필요를 백일하에 드러낸 상황에서 이루어졌다.

또한 지적할 것은, 인구의 노령화와 세수의 전반적 수준이 동결되는 상황에서 퇴직연금과 의료비가 증대되는 경향은 1990~2020년에 자동으로 부채 증가를 초래했고 교육에 대한 공적 투자의 침체(심지어 약간의 저하)를 동반했다는 것이다(도표 10.15 참조). 지식경제와 혁신의 중요성에 대한 이야기가 회자되고 고등교육을 받는 연령 코호트의 비율이 점점 더 높아지는(이는 그 자체로 훌륭한 일이지만 적절한 지원이 부재하다면 엄청난 인적자원 낭비와 커다란 사회적 좌절을 초래할 수 있다) 시대에 벌어지는 역설적인 현상이다. 우리는 이어지는 장들에서 이러한 근본적인 도전에 대해, 20세기 말 21세기 초의 사민주의가 내놓은 답변의 불충분함에 대해 재론할 것이다.

이론적으로는, 강제과세가 국민소득의 50%에 육박한다는 사실은 (다양하게 체현되는) 공권력이 경제활동인구의 절반을 고용할 수 있다—민간 부문과 동일한 평균소득을 급여로 받으며, 평균적으로 동일한 설비와 장소 등을 사용하고 국내 생산물의 절반을 생산한다—는 것을 의미한다. 실제로는 중앙과 지방의 행정부·초등학교·중고등학교·대학·병원 등 공공 부문의 일자리는 2000~2020년 서유럽 나라들에서 전체 일자리의

15~20%를, 민간 부문은 80~85%를 점한다. 이는 세금과 분담금 대부분이 공공 부문의 급여가 아니라 이전(퇴직연금, 각종 수당 등) 재원 및 민간 부문의 재화와 용역(건설 및 공공사업, 설비, 아웃소싱) 매입 재원으로 사용된다는 사실에 기인한다.[64] 국민소득에서 세금이 점하는 비중(서유럽에서는 40~50%)과 전체 일자리에서 공공 부문 일자리가 점하는 비중(15~20%) 외에, 국가의 비중을 측정하는 제3의 방식이 있다. 이는 국민자본에서 국가의 비중을 측정하는 것으로 이루어진다. 이 마지막 기준에 따라, 우리는 국가의 비중이 지난 수십 년간 많이 낮아졌고 심지어 많은 나라에서 마이너스가 되었음을 볼 것이다.[65]

## 조세의 다양성과 누진세의 역할

사회적 조세재정국가의 발흥이 실제로 매우 다양한 조세에 의해 이루어졌음을 또한 주목해볼 것이다. 국민소득의 45%에 상당하는—2000~2020년 서유럽 나라들의 대략적인 평균에 해당하는—세수를 확보하기 위해서는, 일률적으로 45%의 세율로 모든 소득에 과세하는 단일 조세에 의존하는 것으로 당연히 충분할 것이다. 또는 단일하지만 누진적인 소득세로도 충분할 텐데 이때의 세율은 분배의 하위에는 45% 이하이고 상위에는 45% 이상이어서 평균세율은 45%다.[66] 실제로는 단일 세금이 아니라 다수의 조세·공과금·분담금으로 세수가 확보되는데, 이것들은 흔히 시민들이 이해하기 어려운 복잡하고 일관성 없는 총체를 형성한다.[67] 특히 과도한 조세경쟁으로 말미암아 상층의 유동적이고 부유한 집단에 대한 과세는 낮추고 다른 집단에 대한 과세는 점차 늘려간다면 총체의 수용가능성을 위태롭게 할 수 있다. 그렇지만 단일 세금은 해법이 아니고, 정의롭고 이상적인 세금이라는 문제는 복합적이고 상세한 방식으로 검토될 만한 가치가 있다. 소득의 유입에 대한 과세와 자산 보유량에 대한 과세 사이에서 균형을 찾는 것에는 특히 정의와 실효성이라는 두 가지 측면에서 그럴 만한 이유가 있는데, 이에 관해 우리는 재론할 것이다.[68]

지금 단계에서 내가 무엇보다도 강조하고 싶은 것은 20세기의 강력한 누진세 발전과 사회국가 발흥 사이의 역사적 상보성이다. 1920~1930년과 1960~1970년 사이의 상위 소득과 상속에 적용된 70~80%의 세율은 소수의 인구에만 해당되었다(대체로 1% 또는 2% 선이고 이따금 약 0.5%). 그렇지만 모든 것이 시사하는바 이 세율은 벨에포크 당시의 유럽을 특징지은 소유와 경제력의 극단적 집중을 지속적으로 완화시키는 본질적인 역할을 수행했다. 그러나 이것만으로는 사회국가의 재원에 필요한 세수를 확보하기에 충분치 않았을 것이고, 임금과 소득 전체에 부과하는 또다른 조세를 동시에 발전시키는 일이 결정적으로 중요했다. 소유자사회의 사민주의사회로의 전환을 가능케 했던 것은 조세의 역할에 대한 이 두 가지 보완적 관점(불평등 감소와 지출자금 조달)의 결합이다.

1920~1930년과 1960~1970년 사이 유럽에서도 미국에서도 상위 소득과 자산에 적용된 (흔히 70~80%에 달했고 심지어 그 이상이기도 했던) 세율과 (국민소득의 약 20~40%로 계속 증가하던) 평균세율 사이에 엄청난 격차가 있었다는 점을 특히 눈여겨볼 것이다. 이 체계는 분명히 누진적이었으며, 사회적 등급의 하층과 중간층 모두가 이해할 수 있었던바 위계의 상층에게서 엄청난 양보를 얻어낸 것이었고 이로 인해 세금에 대한 합의의 유지와 불평등 감소가 동시에 촉진되었다.

20세기 조세재정국가의 이러한 이중성(강력한 누진성, 사회국가의 재원)은 소유 집중의 장기적 저하가 왜 투자와 축적이 순조롭게 진전되는 과정을 저해하지 않았는지를 더 잘 이해할 수 있게 해준다. 2차대전 이후로 생산자본 및 교육자본의 축적이 1914년 이전에 관찰된 것보다 더 빠른 속도로 지속되었던 이유는 부분적으로는 축적 경로가 공적인 것으로 대체되었기 때문이고, 다른 한편으로는 (누진세에 별로 영향을 받지 않는) 매우 평범한 사회집단들의 늘어난 축적이 부자들의 줄어든 축적을 보전했기 때문이다. 1990~2020년의 실제 상황은 엄밀히 이와 반대다(중위계급과 인민계급에 적용된 평균세율은 상위계급에 적용된 세율과 같거나 그보다 높다). 이는 당연히 불평등의 증대 경향, 조세 합의에 대한 문제제기, 총체적으로 낮은 축적 등의 반대 효과를 갖는다. 우리는 다음 장에서 이를 재론할 것이다.

## 소유자사회, 누진세, 1차대전

이제 특히 복잡하고 미묘한 문제로 가보자. 1920~1930년부터 상위 소득과 상속에 70~80%의 세율을 부과한 누진세의 대단히 급속한 강화는 1차대전이 발발하지 않았다면 과연 일어날 수 있었을까? 더 일반적으로는, 1914년에 그토록 견고해 흔들릴 수 없는 것으로 보였던 소유자사회가, 1914년과 1918년 사이에 폭발한 미증유의 파괴적 폭력이 없었더라면, 마찬가지의 신속함으로 다른 사회로 전환될 수 있었을까? 1차대전이 발발하지 않았더라면, 유럽과 미국을 사로잡은 소유자사회가, 심지어 식민지배를 통해 세계를 관통했던 소유자사회가 향한 곳은 대체 어디였을까, 그리고 그 사회는 언제까지 유지되었을까?

역사적 '가상'[69]에 대한 이러한 질문들에 명확하게 답하기란 당연히 불가능하다. 1차대전의 돌발이 사회적 경제적 정치적 동학의 총체를 너무나 심하게 교란시켰던 나머지 1차대전이 부재하는 역사적 경로를 상상하기는 이제 너무나 어려운 일이 되었다. 하지만 이러한 질문은 21세기의 재분배와 불평등 문제를 생각하는 방식에 영향을 미치며 얼마간의 답변을 내놓는 것 또한 가능하고, 특히 결정론적인 독해 안에 갇히지 않게 해준다. 나는 이번 연구에서 불평등주의체제의 동학 속 정치적-이데올로기적 요인들의 비중을, 또한 장기적인 지적 진화들과 단기적인 사건 논리들 사이의 상호작용을 강조했는데, 이 연구에서 제시된 분석 관점에 따르면 1차대전은 가능한 여러 갈래의 경로를 열어줄 수 있었던 주요한 사건이다. 소유주의적이고 식민주의적인 불평등주의체제에 끼친 이 전쟁의 심층적이고 다형적인 영향을 보기 위해서는, 최고세율의 극적인 인상(도표 10.11 참조) 또는 사적소유(도표 10.8 참조)나 해외자산[70]의 극적인 붕괴를 주시하는 것으로 충분하다. 20세기의 불평등 감소와 소유자사회로부터의 이탈은 평온한 과정이 아니다. 대부분의 중대한 역사적 전환들과 마찬가지로 이것들은 위기들의 산물이자, 이 위기들의 사회정치적 투쟁 및 새로운 관념들과의 마주침의 산물이다. 그렇지만 과연 1차대전이 일어나지 않았다면, 다른 위기들을 겪으면서는 유사한 변화 발전이 어떻든지 간에 틀림없이 없었으리라고 주장할 수 있을까?

최근 연구들은 1차대전이 끝난 뒤 누진세의 도입과정과 상위 소득 및 자산에 대한 거의 몰수에 가까운 세율의 확립에서 전쟁 경험 그 자체의 중요성을, 특히 대대적인 징병의 역할을 강조해왔다. 인민계급은 수없이 피를 흘렸고, 전쟁으로 인한 부채 처리와 더불어 혹독한 시련에 처한 나라의 재건, 그리고 더 큰 정의의 수립을 위해 특권계급에게 전례 없는 양보를 요구하는 일은 불가피했다. 심지어 일부 연구들은 1차대전이 없었더라면 강력한 누진세는 출현하지 못했을 것이고, 21세기에 (지금 단계로서는 개연성이 거의 없는) 유사한 대대적인 징병이 없다면 이 같은 누진세는 미래에 다시는 출현할 수 없을 것이라는 결론에 도달한다.[71]

이러한 가설이 아무리 흥미롭다고 해도, 내게는 너무 경직되고 결정론적으로 보인다. 이러저러한 사건의 인과적 영향을 확정할 수 있다고 주장하기보다는, 위기의 다양한 계기들에서 내생적인 분기점들을 보는 것이 내게는 더 유망해 보인다. 이 내생적인 분기점들은 행위자들이 결집하여 사태의 흐름을 재정의하기 위한 새로운 관념들과 공유된 경험들을 소환하는 방식에 따라 더 심층적인 요인들을 반영하며, 다수의 가능한 변화의 경로를 열어준다. 이런 식으로 본다면, 1차대전은 화성에서 지구로 내동댕이쳐진 외생적인 사건이 아닌 것이다. 그 전쟁이 적어도 부분적으로는,

1914년 이전의 유럽사회를 침식했던 매우 강력한 불평등과 사회적 긴장에 의해 야기되었다고 생각하지 못할 이유가 없다. 경제적 쟁점들도 또한 매우 중요했다. 예컨대 우리는 해외투자가 전쟁 전야의 프랑스와 영국에 국민소득의 5~10%를 부가적으로 가져다주었음을 보았는데, 1880~1914년에 가속적으로 증대된 이 엄청난 소득은 탐욕만을 자극했을 뿐이다. 일반적으로, 프랑스-영국의 해외 금융투자는 1880~1914년에 너무나 빠르게 증가했고, 투자된 나라와도 유럽의 경쟁국들 사이에서도 엄청난 정치적 긴장을 유발하지 않으면서 이런 속도로 투자를 계속 늘려갈 수 있었으리라고 상상하기는 어렵다.[72] 게다가 이와 같은 투자 총량은 프랑스와 영국의 소유자들뿐 아니라 사회적 평화를 보장하기 위한 재정정책 및 금융정책을 추진하는 다양한 나라의 역량에도 영향을 미친다. 상징적인 것이라고는 전혀 없는 경제적 이해관계라는 현안 외에도, 이러한 식민지 경쟁은 정체성 갈등 역시 불러일으켰는데, 예컨대 남프랑스에서 프랑스인 노동자들과 이탈리아인 노동자들 사이의 갈등은 내국인과 외국인 사이의 단절을 강화하고 민족적 언어적 문화적 정체성들을 공고히 하며 마침내 전쟁이 벌어지는 데 일조했다.[73]

더욱이 소유자사회의 붕괴에서 1914~1918년 전쟁이 수행한 핵심적 역할이 1930년대의 대공황과 볼셰비키혁명을 위시한 그 시기의 다른 주요 사건들의 중요성을 간과하는 것으로 이어져서는 안 된다. 이러한 다양한 위기들이 다른 시나리오들에 따라 전개되고, 다르게 배치될 수도 있었을 것이다. 다양한 나라들과 그 경로들에 대한 분석은, 다른 사건들의 효과에 견줘 전쟁의 효과를 분립시키기는 어렵다는 것을 보여준다. 프랑스의 1914년 7월 15일 법으로 소득세가 채택되었듯이, 어떤 때는 1914~1918년 전쟁이 결정적인 역할을 했다.[74] 하지만 사태는 일반적으로 더 복잡했고, 전쟁과 대대적인 징병이 그 자체로 했던 역할이 상대화되도록 만들었다.

예컨대 영국의 경우 상속세율과 소득세율의 증가는 전쟁 발발 이전인 1909~1911년의 정치적 위기에 뒤이어 이미 개시되었다(도표 10.11과

10.12 참조). 상원의 몰락은 1차대전 또는 징병제에서 기인한 것이 전혀 아니고, 하물며 1530년 수도원 해산, 1789년 프랑스혁명, 1890~1900년 무렵 아일랜드에서 착수된 농지개혁, 1911년 스웨덴의 재산비례투표의 폐지[75]는 말할 나위도 없다. 정의와 평등을 향한 열망은 역사에서 다수의 형태를 취하며, 그 열망이 잘 자라도록 하기 위해 참호를 경험할 필요는 없다. 일본에 대해서도 영국에 대한 것과 같은 지적을 할 수 있다. 일본에서 누진세의 발전은 이미 1914년 이전에, 특히 상위 소득에 과세하기 위해 진전되고 있었다(도표 10.11과 10.12 참조). 이러한 발전은 부분적으로는, 1914~1918년 전쟁보다 더 비중이 큰 수많은 요소가 내재된 일본 역사의 특수성에서 유래한 고유의 논리에 복속한다.[76]

### 소유주의 몰락에서의 사회적 이데올로기 투쟁의 역할

미국과 관련해서, 우리는 조세정의를 지지하는 인민들의 결집과 사회적 요구가 1880~1890년 이후로 점점 더 강하게 표출되었음을 보았다. 1913년의 수정헌법 16조 채택으로 이어진 장구한 과정은 1914~1918년 전쟁에서 기인한 것은 별로 없으며, 이 전쟁은 누진세 강화와 소유 집중 및 거대재산의 지배력을 완화시켜야 할 필요에 대한 1919년의 피셔 또는 1932년의 루스벨트의 언술에서 그 어떤 역할도 하지 않은 것으로 보인다. 일반적으로, 무엇보다도 유럽의 트라우마인 1차대전이 미국에 준 정치적 충격의 크기를 과장해서는 안 된다. 대서양 저편 미국의 대부분 주민에게는 1929~1933년의 대공황이 훨씬 더 큰 충격이었다. 존 스타인벡이 『분노의 포도』에서 오클라호마 소작인과 농업노동자의 고통에 대해, 캘리포니아 수용소의 노사관계의 폭력과 착취에 대해 묘사한 서사는 루스벨트의 뉴딜과 누진세로 이어지는 맥락에 대해 북프랑스의 참호의 서사보다 많은 것을 우리에게 말해준다. 1914~1918년 전쟁이 없었더라도 1929년의 위기(또는 동일 유형의 금융위기)는 뉴딜(또는 유사한 발전들)에 버금가는 전환을 초래하기에 충분했으리라고 생각하더라도 합리적일 것이다. 마찬가지로 1939~1945년 전쟁, 특히 (세율을 91% 이상에 이르게 한) 1942년에 제정된 '승리세법Victory Tax Act'이 부자들에 대한 과세 증대를 정당화하는 데 큰 역할을 했음이 의심의 여지가 없다 해도,[77] 사실상 이러한 변화는 한참 전인 루스벨트 임기중에, 1930년대의 위기 상황에서 시작되었던 것이다.

1917년 볼셰비키혁명이 끼친 중대한 영향도 역시 강조되어야 한다. 이 혁명은 특히 유럽 자본가 엘리트들로 하여금 부의 재분배와 조세정의라는 문제에 대한 자신들의 입장을 근원적으로 재정립하도록 했다. 1914년에 2% 세율의 소득세를 거부했던 정치세력들이 상위 소득에 대한 60% 세율에 급작스레 찬성표를 던졌던 1920년 프랑스의회 논쟁에서 명확히 부각되는 측면은, 총파업이 나라를 적화시킬 위험이 다분하고 사회주의 투사 다수파가 소련에 동조하며 모스크바가 지도하는 새로운 공산주의 인터내셔널에 가입하기로 한 상황에서 프랑스의회가 혁명에 대해 느끼는 공포다.[78] 전면적인 몰수의 위험에 비하면, 누진세가 돌연 덜 끔찍해 보였던 것이다. 1945~1948년(특히 1947년)에 프랑스에서 일어났던 거의 봉기에 가까웠던 파업들도 사정은 동일하다. 누진세 강화와 사회보장 확립은 공산주의혁명을 두려워했던 모든 이들의 눈에 차악으로 보였다. 물론 러시아혁명 자체가 1차대전의 소산이라고 지적할 수 있다. 그렇지만 그 전쟁이 없었더라면 차르체제가 무한정 지속되었으리라는 건 개연성이 없다. 전쟁은 또한 유럽의 투표권 확대에서 중심적인 역할을 했다. 예컨대 남성들의 보통선거는 1918년에 영국과 덴마크와 네덜란드에서, 1919년에 스웨덴과 이탈리아와 벨기에에서 제도화되었다.[79] 다시 말하거니와, 전쟁이 없었더라도 또다른 위기들과 무엇보다도 또다른 인민적이고 집단적인 결집으로 인해 유사한 진화가 일어났으리라는 사실은 매우 그럴듯하게 보인다.

우리는 이미 스웨덴 사례에서 사회적 투쟁의 중요성을 주목했다. 과도한 소유주의체제(단 한 명의 자산가 유권자가 한 지역 주민들 전체보다 지자체선거에서 더 많은 투표권을 행사한 때도 있다)에서 야심찬 사회국가와 강력한 누진세로 특징지어지는 사민주의체제로의 전환을 주도했던 것은 바로, 1890~1930년에 이례적인 인민 동원을 이끌어낸 스웨덴 사민주의 노동자운동이다. 스웨덴은 참전하지 않았기에 1차대전은 이 변화과정에서 전적으로 부차적인 역할을 한 것으로 보인다. 스웨덴의 누진세율은 1차대전과 1920년대에는 상대적으로 낮게(20~30% 선에서) 유지되었음이 또한 지적되어야 할 것이다. 1930년대와 1940년대에 사민주의자들이 권력의 고삐를 견고하게 쥔 이후에야 비로소 상위 소득과 상속에 적용되는 세율이 70~80%에 달했고, 이 세율은 1980년대까지 유지되었다.[80]

독창적인 정치적 경로의 또다른 사례는 이탈리아에 의해 제공된다. 1921~1922년에 확립된 파시즘체제는 누진세를 달가워하지 않았다. 전간기 내내 상위 소득에 적용된 세율은 상대적으로 낮은 수준으로 동결된 채 유지되었고(약 20~30%), 파시즘의 몰락과 이탈리아공화국의 수립과 더불어, 공산주의자와 사회주의자의 정당들이 커다란 인기를 누리던 1945~1946년에 돌연 80% 이상으로 뛰었다. 다른 여러 나라에서 벌어지던 일과는 정반대로 무솔리니체제는 심지어 1924년에 상속세를 무조건 폐지하기로 결정하고, 1931년에 10%라는 극도의 저세율로 재도입한다. 상위 상속에 적용된 세율은 2차대전 이후 즉각적으로 약 40~50%까지 뛰어올랐다.[81] 이를 통해 확인되는바, 세제와 불평등의 진화과정을 설명해주는 것은 무엇보다도 정치적 동원(또는 동원의 부재)이다.

요약하자. 소유자사회의 종언은 무엇보다도 정치적-이데올로기적 전환의 결과다. 사회정의·누진세·소득 및 소유 재분배를 중심으로 한 성찰과 논의는 이미 18세기와 프랑스혁명기에도 활발했지만, 산업자본주의로 인한 부의 집중 심화와 함께 교육의 진보와 이념과 정보의 확산은 19세기 말 20세기 초부터 대부분의 나라에서 다시금 이 논의를 확대했다. 불평등주의체제의 전환을 이끌어낸 것은 이러한 지적인 진화와—부분적으로는 불평등으로 인한 긴장들로부터 야기된—일군의 군사적 금융적 정치적 위기들의 마주침이다. 정치적-이데올로기적 진화들, 각 국가의 역사가 지닌 고유한 특수성, 또한 동시에 점점 더 세계적 차원에서 공유되며 접속되는 경험들—이는 특정한 실천들과 파열들이 빠르게 확산될 수 있도록 한다—을 통해 사회적 투쟁들과 동원들이 불평등주의체제 전환의 핵심 역할을 한다. 아마 미래에도 사정은 같을 것이다.

### 사회가 배태된 시장의 필요성

칼 폴라니는 『거대한 전환』에서 19세기의 자기조정 시장이라는 이데올로기가 1914~1945년에 유럽사회의 파괴로 이어지고 마침내 경제적 자유주의의 사망으로 이어진 과정에 대해 걸출한 분석을 제시한다. 이 사망이 일시적일 뿐이었음은 이제 주지하는 바다. 1938년부터 자유주의 경제학자들과 지식인들이 파리에 모여 후속작업을 준비한다. 1914년 이전의 자유주의 학설이 패배했음을 자각한, 계획경제와 집산주의의 승리에 불안해지고 전체주의(비록 이 단어가 별로 사용되지 않았지만)라고 알려진 충격에 얼어붙은 그들이 내세운 목표는 당시의 자신들이 '신자유주의'라 명명하자고 제안한 것이 재탄생될 수 있는 가능한 조건들을 성찰하는 것이었다. 월터 리프먼(이 파리 회동의 기획자인 미국 평론가의 이름) 회합의 참석자들 중에는 실제로 매우 상이한 관점을 가진 이들이 있었다. 어떤 이는 사민주의에 가까웠고 또다른 이는 완고한 경제적 자유주의로의 회귀를 옹호했는데, 그중 특히 프리드리히 하이에크는 1970년대와 1980년대에 아우구스토 피노체트와 마거릿 대처에게 영감을 주었으니 우리는 그에 관해 재론할 것이다.[82] 그에 앞서 폴라니의 언설에 대해 조금 길게 논의할 텐데, 폴라니는 소유자사회의 붕괴를 분석하는 데 있어서 완벽한 적합성을 가지고 있었다.[83]

폴라니가 1940~1944년에 미국에서 『거대한 전환』을 집필할 때 유럽은 자기파괴적이고 대량학살적인 충동으로 가득했고, 자기조정에 대한 믿음은 바닥으로 떨어졌다. 헝가리 출신의 경제학자이자 역사가인 그가 보기에 19세기 문명은 힘의 균형, 금본위제, 자유주의국가, 자기조정 시장이라는 네 개의 기둥에 의거했다. 폴라니는 특히 수요와 공급의 조정 능력에 대한 절대적 믿음을 노동시장—인간 종의 생활과 생존의 조건들이 균형가격(임금)에 맞물려 있는 시장—에 무제한으로 적용할 때 어떻게 심각한 문제들이 발생하는지 보여준다. 공급을 줄여 가격을 올리려면 그 종의 일부가 사라져야 하는데, 이는 아일랜드 기근 또는 벵골 기근 당시 영국의 소유자들이 고려했던 해법에 가깝다. 1944년에 (공산주의가 아니라) 민주적 사회주의의 가능성을 믿었던 폴라니에게는, 시장경제가 사회적 배태의 대상이어야만 했다. 노동시장의 경우 이것이 의미하는 바는, 임금 형성·숙련기술 습득·노동 유연성에 가해지는 임의적인 제한·공동기금을 통한 임금 보조금 등은 시장 외부에서 이루어지는 사회정치적 협상의 대상이 되어야 한다는 것이다.[84]

유한하고 소멸하기 마련인 천연자원시장과 토지시장의 경우에도 사회적 배태성이라는 동일한 문제가 제기되는데, 이를 놓고 시장에서 대치하는 힘들을 수요와 공급으로 조정하여 자원의 사회적 사용을 충분히 체계적으로 보장할 수 있으리라고 생각하는 것은 환상일 터이다. 특히 토지와 천연자원의 '시초' 소유자들에게 권한을 부여하는 일은 아무런 의미도 없으며, 하물며 그들에게 이 권한을 무한히 보장한다는 것은 더욱더 의미가 없다.[85] 마지막으로, 국가 재정과 긴밀하게 연결된 화폐시장에 대해, 폴라니는 시장의 자기조정에 대한 믿음이, 경제관계의 일반화된 화폐화 및 시장의 확대와 중첩되어 어떻게 현대사회를 대단히 위태로운 상태로 몰아넣었는지 보여준다. 전간기는 이러한 위태로움이 자신의 폭력성을 온전히 드러낸 계기다. 완전하게 시장화되고 화폐화된 경제에서, 금본위제의 와해와 화폐의 파국은 실제로 헤아릴 수 없는 결과들을 빚어냈고 이 결과들은 1920년대에 백일하에 드러났다. 사회의 모든 집단이 빈곤해지는데 투기꾼들은 재산을 모은다. 바로 이것이 특히 독일에서 강력한 권위주의적 권력에 대한 요구를 키웠다. 자본유출은 프랑스를 포함한 여러 나라에서, 19세기에는 겪어본 적 없는 조건 아래 신속하게 정부의 몰락을 가져왔다.

### 제국주의 경쟁과 유럽 균형의 붕괴

마지막으로, 폴라니는 자기조정 이데올로기가 유럽 열강 사이의 균형에서도 작용했음을 상기한다. 1815년부터 1914년까지, 사적소유·금본위제·세계의 다른 지역에 대한 식민지배를 옹호하며 단결한 유사한 규모와 역량을 갖춘, 유럽의 거대 민족국가들의 존재가 자본축적과정의 영속과 대륙과 세계의 번영을 틀림없이 보장해주리라고들 생각했다. 균형잡힌 경쟁에 대한 이러한 희망은 특히 세 '제국주의적 사회'(독일·프랑스·영국)와 관련되는데, 이 사회들 각각은 자신들의 영토적 금융적 토대와 문화적이고 문명적인 모델을 세계 차원으로 격상시키고자 했지만 정작 자신들의 권력의지로 인해 자신들을 내부로부터 침식시키는 사회적 불평등을 인지하지 못하게 된다.[86] 폴라니가 주목하듯이, 자기조정적 경쟁의 이론적 원칙을 새롭게 적용하는 것이야말로 가장 위태로운 것이었다. 독일이 오스트리아-헝가리와의 동맹을 견고히 해나가던 바로 그 시기에, 영국은 1904년 프랑스와의 협정에 서명하며 이집트와 모로코를 나눠 갖는다. 이어서 러시아와는 1906년 페르시아를 나눠 갖는 또다른 협정에 서명하는데, 이로써 서로 적대하는 두 집단은 총체적인 대결을 앞두게 된다.

인구통계적인 반전의 명백한 중요성을 여기서 또다시 강조해야 한다. 서유럽의 주요 민족국가들은 확실히 수백 년 동안 비슷한 수준의 인구를 가지고 있었다. 또한 이러한 현실은 15~18세기를 거치면서 군사경쟁·이른 중앙집권화·금융과 기술혁신에 일조했다.[87] 그러나 이러한 일반적인 양상 속에서 여러 대규모 반전이 만들어지고 있었다(도표 10.16 참조). 18세기에 프랑스는 유럽에서 단연 인구가 가장 많은 나라였고, 이는 그 프랑스의 군사적이고 문화적인 비중을 일부 설명해준다. 특히 1800년 무렵 프랑스 인구(약 3000만 명)는, 독일이 아직 통일되지 않았다는 점을 감안하더라도, (2000만 명을 넘지 않는) 독일보다 독일 인구의 절반만큼 많다.[88] 바로 이러한 맥락에서 나폴레옹은 프랑스적 색채를 띤 단일한 유럽제국을 건설하려고 한다. 이후의 프랑스 인구는 150년간 거의 완벽한 정체를 겪는데(1950년에 4000만 명을 약간 넘는다), 그 이유는 온전히 밝혀지지는 않았지만 비기독교화와 특히 때 이른 산아제한과 관련된 것으로 보인다.[89] 반면에 독일은 19세기에 인구가 가속적으로 팽창했고, 게다가 제국 프로젝트를 중심으로 정치적 통일을 달성한다. 1910년에 독일은 이제 프랑스보다 프랑스 인구의 절반만큼 더 많은 인구를 가진다. 요컨대 프랑스인은 4000만 명 정도였던 데 비해 독일인은 6000만 명이 넘는다.[90] 이러한 사태를 되풀이되는 군사적 대결의 유일한 원인으로 삼지는 않더라도, 이와 같은 반전이 생각할 거리를 줄 수 있음은 분명하다.

1차대전이 끝난 뒤, 프랑스는 1870~1871년 전쟁의 복수라고 믿으면서 독일에 막대한 배상금을 요구한다. 이 사건은 잘 알려져 있지만, 총액과 그 의미를 명확히 하는 일은 대체로 희미하게 이루어졌다. 프랑스가 독일에 요구한 공식 금액은 상상을 초월했다. 1919년 베르사유조약과 1921년에 조항을 명시한 배상위원회의 결정에 따라, 독일은 1320억 금본위마르크 즉 1913년 독일 국민소득의 250% 이상, 1919~1921년 (두 시기 사이에 일어난 감소를 감안했을 때) 독일 국민소득의 약 350%인 금액을 배상해야 했다.[91] 이는 1825년에 아이티에 부과된, 이 나라가 1950년까지 족쇄처럼 매달고 있었던 부채의 국민소득 대비 비율(약 300%)과 거의 비슷하다는 점이 주목될 것이다.[92] 다만 차이라면, 유럽적이고 세계적인 규모를 갖는 독일의 국민소득이 훨씬 더 많다는 점이다. 프랑스 당국의 입장에서는 이 총액이 정당하다. 1871년의 패배 이후에 프랑스는 75억 금본위프랑 즉 자기네 국민소득의 약 30%를 바로 지불했고, 1914~1918년 전쟁으로 야

**도표 10.16** 유럽의 인구통계와 세력균형

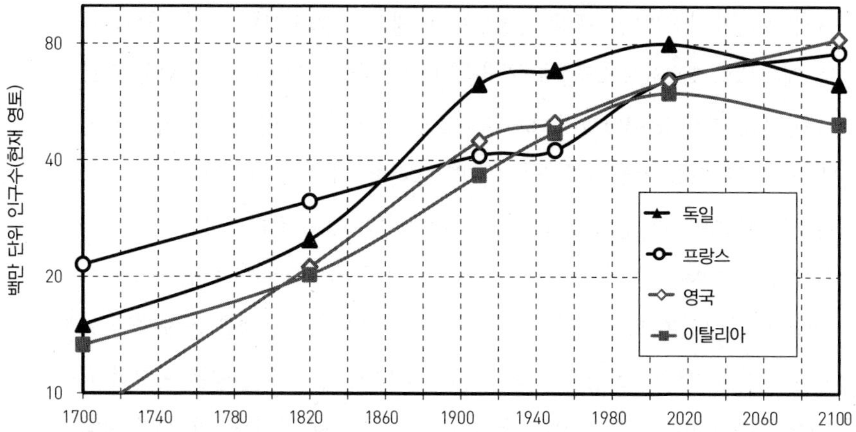


독일·영국·이탈리아·프랑스는 수세기 동안 비슷한 인구수를 가졌다. 이들 네 나라 인구수는 1820년에 약 2000~3000만 명이었고 2020년에 6000~8000만 명이다. 그렇지만 상대적인 위상의 반전이 빈번했고 대대적이었다. 예컨대 1800년 프랑스는 독일 인구의 50%만큼이 더 많았지만(프랑스 3100만 명, 독일 2200만 명) 1910년 독일은 프랑스 인구의 50%만큼 더 많았다(독일 6300만 명, 프랑스 4100만 명). 유엔의 예측에 따르면, 영국과 프랑스는 2100년에 인구가 가장 많은 나라일 것이다.

**출처 및 원 통계자료:** piketty.pse.ens.fr/ideologie

기된 피해는 훨씬 더 막대하니 말이다. 프랑스와 영국의 협상가들은 자국의 소유자들과 예금주들에게 진 막대한 국채에 상응하는 액수를 회수해야 한다는 사실 또한 강조했다. 이 시점까지는 그들은 부채를 갚아서, 전쟁자금 조달을 위해 저들에게 했던 호언장담을 지키겠다는 의도를 가지고 있었다.

어쨌든, 요구된 금액으로 말미암아 독일은 승전국들, 특히 프랑스에게 항구적으로 의존적인 처지에 놓였다. 이를 이해하는 데(혹은 두 나라 사이의 커가는 인구통계적 격차를 이해하기 위해서) 대단한 통계학적 지식이 필요한 것은 아니었기에, 전간기 독일의 정치가들은 유권자들에게 조약에 대해 성심을 다해 설명했다. 국민소득의 350%에 달하는 부채는, 원금 상환은커녕 4%의 이자율로 단지 이자만 지불해도 독일은 1920년대와 1930년대에 매년 약 15%의 생산을 양도하는 꼴이 될 것이었다. 독일의 지불 속도가 불만스러웠던데다, (독일의 변변찮은 식민지들과 마찬가지로 프랑스-영국 동맹이 1919~1920년에 압류하여 즉각 나눠 가진) 독일 해외자산의 미미함에 실망한 프랑스 정부는 탄광과 산업지대를 직접 사용하려는 계획으로 1923~1925년에 군대를 파견해 루르 지방을 점령했다. 프로이센 군대 역시 1873년까지, 1871년 조약에 따른 배상금이 완전히 납부될 때까지 프랑스를 점령하지 않았던가? 이러한 비교가 설득력이 떨어졌던 이유는 한편으로는 1920년대 독일의 피폐함은 1870년대 프랑스의 상대적인 번영과 아무 관련이 없었기 때문이며, 다른 한편으로는 요구된 금액이 10배 이상 많았기 때문이다. 하지만 이는 마찬가지로 전쟁을 통해 혹독한 시련을 겪은 프랑스 상당수 여론의 지지를 받았다. 루르 점령은 독일의 원한을 격화시켰다는 것 말고는 별반 효과를 거두지 못했다. 이 시기 독일은 하이퍼인플레이션의 수렁에 빠져 있었고 생산 수준은 여전히 1913년 수준의 30% 이하였다. 독일의 부채는, 전 세계가 대공황에 빠져들고 독일의 부채 상환 전망이 완전히 결정적으로 사라진 1931년에야 마침내 무효화되었다. 이 모든 게 나치즘과 2차대전으로의 길을 연 것에 불과했음을 이제는 누구나 알고 있다.

이 시대의 명석한 앵글로색슨 관찰자들이 강력하게 비난한 프랑스의 이러한 악착스러움에서 가장 부조리한 점은 프랑스의 정치 엘리트들과 경제 엘리트들이 그만한 액수의 배상금이 프랑스 경제에 좋지 않은 결과를 가져올 수 있음을 1920년대를 거치며 겨우 깨달았다는 부분이다.[93] 매년 생산의 15% 상당을 상환하기 위해서는, 독일이 해마다 15%의 부를 생산하는 것에 상응하는 무역흑자를 실제로 내야만 했을 터이다. 이것은 그야말로 경제학적 차원의 계산이다. 그런데 독일에서의 이와 같은 무역흑자는 프랑스 산업 생산성의 재도약을 저해하고 그럼으로써 고용 창출을 제한하며 실업률을 증가시킬 위험이 있다. 19세기 국가들은 이런 유형의 문제를 겪지 않고 서로 전쟁 배상을 했다. 이런 작업은, 저마다 자신의 소유자·예금자·납세자·노동자와 더불어(무엇보다도 소유자들과 더불어) 국가를 조직하는 일을 떠맡은 국가권력들 사이의 순수한 금융 이전으로 간주되었다.

동일한 초민족적 구매자들을 대상으로 경쟁하는 관계에 놓인 다양한 국민경제와 그에 속한 다수의 부문이 서로 긴밀하게 연계되어갔던 세계에서는 사정이 다르다. 이러한 금융 이전이 무역이라는 반대급부를 통해 일부 부문에서는 경제활동, 고용, 궁극적으로 노동자계급에 부정적 영향을 끼칠 수도 있음을 자각하게 되었던 것이다. 산업발전·완전고용·고용의 질·국민생산 그 자체 수준의 고양이 정확히 정부들의 주요한 관심사가 되어가던 때였다. 사실, 오로지 자국의 생산성과 고용 성장만 고려하는 사회에서는, 세계의 다른 곳에서 별다른 조치 없이 무한정 무역흑자를 내더라도 이웃나라에 금융 배상을 요구하는 일은 절대로 없을 것이다(그렇게 할 때 이웃나라의 구매력이 감소되기 때문이다). 생산과 노동의 가치를 소중히 여기는 세계는 소유와 소유에서 발생하는 소득에 의거하는 세계와 이데올로기적으로도 정치적으로도 매우 상이하다. 1914~1945년에 붕괴된 세계는 식민주의적이고 소유주의적인 과도함의 세계였고, 이 세계의 엘리트들은 점점 더 과도해진 식민주의적 배상의 측면에서 계속 생각했고 가능한 사회적 화해의 구도와 조건을 이해하지 못했다.[94]

## 비정상적인 전쟁배상금으로부터 새로운 전사 질서로

독일에 요구된 국민소득의 300%라는 배상금이 중요한 이유는 이 배상이 이전의 관습과 동일선상에 있고 그런 의미에서 영국의 채권자들 그리고, 특히 프랑스 채권자들이 보기에 완벽하게 정당했기 때문이며, 이와 동시에 이것이 체제의 한계점으로 이어지기 때문이다. 이 사건은 산업적이고 식민주의적인 시대에 국민의 생존은 무엇보다 국가의 군사력에 달려 있으며, 국력이 강해야 국민이 당당할 수 있다고 독일 다수 여론을 설득하는 데 기여했다. 오늘날 히틀러의 『나의 투쟁』을 다시 읽어보면, 가장 오싹한 것은 잘 알려져 있고 예측가능한 병적인 반유대주의 요소가 아니라, 오히려 국제관계에 대한 분석의 거의 합리적이기까지 한 차원과 이러한 유형의 분석과 실망이 선거를 통해 권력에 이를 수 있었던 속도다. 책의 첫 장이 모든 것을 말해준다. "독일 국민이 후손들을 단일국가 아래로 결집시키지 못하는 한 정치적 활동으로서의 식민지 건설은 그 어떤 정당성도 갖지 못할 것이다."

조금 더 들여다보면, 히틀러는 세계의 다른 먼 곳에서 가져온 이윤으로 식민본국이 부유해지는 상업적 금융적 식민주의와, 식민본국의 국민이 식민지에 직접 투자하고 농업과 산업 활동을 발전시키는 대륙적이고 영토적인 식민주의를 명확하게 구별한다. 그는 영국과 프랑스를 전자의 모델로 봤고 "뾰족한 꼭짓점을 딛고 [거꾸로] 선 피라미드"와 동일시하며 거부한다. 이 두 제국은 식민본국의 작은 영토에서(프랑스 인구가 줄어들고 있다는 점을 그는 지속적으로 환기한다) 먼 곳에 위치한 광대한 식민지의 이윤을 사취하며, 히틀러에게는 위태로워 보이는 잡다한 덩어리를 형성한다. 반대로, 미국의 역량은 영토적이고 대륙적인 강력한 토대에 의거한다. 하나의 대륙을 토대로 하는 미국의 인민은 독일인보다 덜 동질적이지만 그럼에도 게르만적이고 색슨적인 건실한 기원을 독일인과 공유한다. 저자의 결론은 영토적인 전략이, 특히 한창 인구가 폭발적으로 늘어나던 독일의 인민으로서는, 상업적 금융적 식민주의보다 더 건전하다는 것이다. 전체적인 일관성을 확고히 하기 위해 영토 팽창은 카메룬만이 아니라 유럽에서도 반드시 이루어져야만 하는데, 왜냐하면 "그 어떤 신성한 의지"도 "한 인민이 다른 인민보다 50배 이상 더 큰 땅을 소유하는 것을 보려" 하지 않기 때문이다(러시아를 겨냥한 표현이다).

루르 점령이 한창이던 1924년에 옥중에서 집필하고, 1933년 국가사회주의독일노동당NSDAP(나치)이 집권하기 몇 년 전인 1925~1926년에 두 권으로 출간된 이 저작에서 히틀러는 또한 무엇보다도 사민주의자, 교육받은 엘리트, 겁에 질린 부르주아, 모든 평화주의자에 대한 자신의 증오를 표현한다. 그들은 감히 나라의 구원이 회개와 국제주의로부터 올 것이라고 주장하는데, 오직 힘과 재무장만이 단결된 인민과 그 인민의 국가로 하여금 현대 산업 세계에서 존속하게 할 것이었다.[95] 이 지점에서, 그가 유럽의 발흥과 역사의 교훈을 매우 잘 통합해내고 있다는 점을 인정할 수밖에 없다. 유럽의 발흥은 실제로 1500년에서 1914년까지 식민지에 대한 군사적 지배와 군함 정치에 결정적으로 의거했다.[96] 독일에 혐오스러운 배상금(배상금 총액이 어김없이 환기된다)을 부과함으로써 피해를 입히겠다고 결심한 인구 쇠퇴국 프랑스에 대한 그의 혐오는 프랑스 점령군이 라인강가에 "뛰노는" "검둥이떼"(그가 틀림없이 들어본 적 있거나 마주친 적 있는 식민지 군대)를 몰고 왔다는 사실에 의해 강화된다. "유럽 한복판에 있는 검둥이 공화국"의 가능성에 대한 이런 식의 거론은 계속해서 되풀이된다.[97] 흑인과 유대인에 대한 이러한 비약들 너머에서, 그의 목표의 핵심은 국제주의자들과 평화주의자들이 몽상가이자 겁쟁이일 뿐이며, 강력한 국가를 중심으로 한 독일 인민의 절대적 단결을 통해서만 독일인들을 일으켜세울 것이라고 자신의 독자를 설득하려는 것이다. 그는 마지막으로, 1923~1924년 프랑스 점령군에 맞서 다시 전투에 나서지 못했던 비겁한 독일 지도자들을 비난하고, 국가사회주의독일노동당이 이제 자신의 역사적 임무를 완수할 준비가 되어 있다는 점을 독자에게 알리면서 저작을 끝맺는다. 가장 오싹한 것은 분명히 이러한 전략이 마침내 더 우월한 기계공학적 군사력과 대치하기 전까지는 성공을 거두고 있었다는 점이다.[98]

1927년 『서생들의 배반』에서, 에세이스트 쥘리앵 방다Julien Benda는 서생계급—그는 이 계급에 사제·학자·지식인을 포함한다—이 민족주의적이며 인종주의적이고 계급주의적인 정념에 굴복했다고 비난했다. 그에 따르면 서생들은 2000년 이상을 전사들과 통치자들의 정치적 정념과 격정을 자제시켜왔으나(그는 "소크라테스와 예수그리스도 이후로"라고 명확히 제시까지 한다), 20세기 초부터 등장한 유럽의 정체성주의적 적대들의 전례 없는 부상과 죽음충동—비록 그들 자신이 이를 주동한 것은 아니지만—에 반대하지 못했다. 그가 특별히 독일의 교수들과 서생들을 주시했더라도, 또한 그에 따르면 그들이 1914~1918년에 전쟁과 민족주의의 세이렌들에게 가장 먼저 굴복했다 하더라도, 손가락질당하는 것은 유럽 서생계급 전체다.

인류학자이자 언어학자인 조르주 뒤메질은 1939년에 『게르만 신화와 신들』을 출간했다. “비교해석을 위한 에세이”인 이 책에서는 고대 게르만 신화와 인도유럽어족의 종교관 및 표상의 관련성이 분석된다. 저자는 출간 뒤에 논쟁적인 상황에 처하게 되는데 특히 1980년대에 날카로웠던 이 논쟁에서 그는 나치를 묵인한다는, 또는 적어도 동쪽에서 온 전사의 열정에 대한 인류학적 정당화 시도에 참여한다는 비난을 받았다. 사실 저자는 왕당파적 경향의 프랑스 보수주의자였지만 히틀러주의 또는 독일 숭배의 혐의는 별로 없었다. 그는 자신의 책에서 고대 게르만 신화의 삼기능 이데올로기가 오래전부터 구조적으로 균형을 잃고 있었으며, 이는 (예컨대 브라만이 크샤트리아를 지배했던 인도와는 반대로) 전사계급의 비대함과 진정한 지식인·사제계급의 부재 탓이라는 점을 보여주고자 했다.[99]

전간기의 한복판에서 삼기능 논리에 준거하는 것은 의외라고 여겨질 수 있다. 이러한 준거는 다시금 불평등구조들과 그 진화들에, 이 경우에는 유럽에서 새로운 전사질서의 등장에 의미를 부여해야 할 필요를 보여준다. 또한 이러한 준거들은 소유주의 이데올로기가 실제로는 부단히 불평등을 정당화하기 위해 삼기능 레지스터[데이터 기억장치]를 동원해왔음을 상기시킨다. 유럽의 경제적 비약은 자체의 유덕하고 안정적인 소유주의체제 덕이 아니고[100] 오히려 유럽 국가들이 자신들에게 유리하도록 국제질서를 유지하는 능력 덕분이었다. 유럽 국가들은 전사들의 군사적 지배 레지스터와 문명적이고 지적인 우월함이라고 간주되는 것들의 레지스터에 동시에 의거했던 것이다.

요약해보자. 19세기 유럽의 소유자사회는 구래의 삼기능사회의 규약적 불평등을 대체하고, 만인의 소유권 및 국가의 보호를 받을 권리로 이어지는 개인의 해방과 사회의 조화에 대한 약속에서 태어난다. 대체로 이 사회는 군사적 기술적 금융적 힘을 바탕으로 세계를 정복했으며, 유럽 내부의 경쟁으로부터 이러한 역량이 배양되었다. 소유자사회의 몰락은 이중의 실패에서 유래한다. 하나는, 이 사회가 처한 1880~1914년의 불평등과 부의 집중은 자신이 극복했다고 자처했던 앙시앵레짐사회보다 훨씬 더 극단적인 수준에 도달했다는 것이다. 다른 하나는, 유럽 민족국가가 마침내 자기파괴에 이르렀으며, 새로운 정치적-이데올로기적 기획을 축으로 조직된 대륙적 차원의 다른 국가권력들로 대체되었다는 것이다.

망명중이던 미국에서 1945~1949년에 집필하고 1951년에 출간한 『전체주의의 기원』에서, 한나 아렌트는 유럽사회의 자기파괴 이유를 이해해보려고 노력한다. 폴라니처럼, 그녀는 1914~1945년 유럽의 붕괴가 조정되지 않은 채 제멋대로였던 1815~1914년 유럽 자본주의의 모순들의 결과에 기인한 것일 수 있다고 생각한다. 그녀는 유럽의 민족국가들은 자신들이 창출에 기여했던 산업적 금융적 자본주의의 글로벌화에 의해 말하자면 추월당했다는 사실을 특히 강조한다. 무역·자본축적·산업성장에 의해 달성된 미증유의 초민족적 규모와 지구적 차원을 감안하면, 민족국가들은 작동중인 경제와 그 사회적 결과들을 통제하고 조정할 힘이 없었다. 아렌트가 보기에, 전간기 유럽 사민주의자들의 기본적인 약점은 정확히, 그들이 대체로 민족국가를 극복할 필요성을 충분하게 통합해내지 못했다는 데 있다. 어떤 면에서는 정녕 그들만 그랬다. 1880~1914년 사이에 가속적인 확장 국면에 있던 영국 식민제국과 프랑스 식민제국이 오랫동안 의거했던 식민주의 이데올로기는 나름의 방식으로 민족국가를 극복한 셈이었다. 이 정치 형태는, 문명화 논리에 따라 강력하게 위계적으로 구조화된 중심부와 식민지로 이루어진 거대한 제국공동체 내에서 무역과 세계자본주의를 조직하기를 바랐다. 그렇지만 이 공동체는 독립을 지향하는 원심력에 의해 침식되는 지경에 처했다.

아렌트가 보기에, 볼셰비키와 나치의 정치적 기획은 둘 다 세계경제 차원에 들어맞은 포스트민족적인postnational 새로운 국가 형태들에 의거했기에 성공했다. 소비에트 국가는 광대한 유라시아 영토 위에서 범슬라브주의와 공산주의적 메시아주의를 세계적 차원에서 혼합한 형태다. 나치 국가는 유럽 차원의 라이히Reich에 근거를 두고, 전 세계를 위계적 인종적으로 조직하려는 기획과 범게르만주의 이데올로기를 통해 이제 가장 유능한 자들로 하여금 통치하게 하려는 것이다. 각각의 기획은 자신의 인민에게 계급 없는 사회를 약속하며, 이 사회의 모든 적은 외부화된다. 다만 차이는 나치의 민족공동체Volksgemeinschaft가 독일인이라면 누구나 자신을 (세계적 규모의) 공장소유자로 여기도록 하는 것이라면, 그에 반해 볼셰비즘은 누구나 (보편적 프롤레타리아의 성원인) 노동자가 되기를 바랐다는 데 있다.[101] 역으로, 사민주의자들의 실패는 새로운 연방 형태를 사유하지 못하는 그들의 무능력과 그들이 허울뿐인 국제주의에 그쳤다는 사실에서 기인할 것이다. 그들이 세우고자 했던 사회적 조세재정국가와 그들의 정치적 기획은 민족국가의 협소한 한계들 안에 틀어박혀 있었다.[102]

주로 19세기 말과 20세기 전반기 프랑스·독일·영국의 사회주의·사민주의·노동당 운동에 맞서며 정식화된 이러한 분석은 전후 사민주의사회의 한계와 20세기 후반기와 21세기 초 사민주의 정치운동을 이해하는 데 대단히 적합한 것이어서 그만큼 더 흥미롭다. 이 분석은 또한 1945~1960년의 논쟁과 관련되는데, 이는 유럽 경제공동체 건설뿐만 아니라 프랑스 식민제국의 민주적 연방으로의 전환에 관한 것이기도 했다. 이 시기에 많은 서아프리카 지도자는 세네갈이나 코트디부아르 같은 극소 '민족국가'가 세계자본주의 내에서 독자적 생존이 가능한 사회모델을 발전시키기가 곤란하다는 것을 명확하게 지각했다.[103] 아렌트의 분석은 또한 무엇보다도 현재 유럽연합의 명백한 불충분함과 관련되는데, 자본주의 조정과 사회·조세재정·환경 관련 정의의 새로운 표준들의 확립을 감당해보려는 유럽연합의 초라한 시도들은 오늘날까지 성공을 거두지 못했으며, 오히려 유럽연합은 본의는 아니더라도 가장 융성하고 가장 힘이 센 경제행위자들에게 득이 되는 방향으로 움직여왔다는 비난을 늘 받아왔다.

그러나 아렌트의 입장은 새로운 연방주의의 형식과 내용이라는 문제에 큰 여지를 남겨놓는데, 이것이 차후의 난점들을 더 잘 이해할 수 있게 해준다. 불평등을 감소시키고 자본주의를 극복하려는 연방주의인가, 아니면 반대로 자본주의 전복을 가로막고 경제적 자유주의의 합헌성을 구현하려는 연방주의인가? 이어서, 아렌트는 미국모델에 대해 점점 더 강한 믿음을 피력한다. 미국모델은 진정으로 개인의 권리 존중에 근거하는 유일한 정치 기획인 데 비해, 유럽의 정치과정은 거의 불가피하게 전체주의로 이어지는 루소주의적이고 로베스피에르주의적인 일반의지 및 사회정의 추구에 사로잡혀 있다는 주장이다. 이러한 관점은 냉전이 한창이던 1963년에 출간된 『혁명론』에서 특히 명확하게 개진된다. 이 책에서 그녀는 프랑스혁명의 진정한 본성을 고발하고 미국독립혁명을 복권하려 시도한다. 그녀에 따르면 미국독립혁명은 평등의 가치를 너무나 중요시한 나머지 자유에 대한 사유가 불충분했던 유럽 지식인들에 의해 부당하게 홀대되었다.[104] 유럽에 대한 이 도저한 회의주의는 틀림없이 그녀 개인의 궤적과 그 시대의 맥락에서 기인하며, 1975년에 작고한 아렌트가 과연 2019년의 미국과 유럽연합을 어떻게 평가할지는 알 수 없는 일이다. 여하간 민주적 사회정의의 가능성에 대한 이처럼 매우 부정적인 논증은 또다른 저명한 유럽인 망명객인 프리드리히 폰 하이에크가 1944년에 취한 입장과 결국엔 매우 가깝다. 『노예의 길』에서 하이에크가 설명하는 것은 대체로, 사회정의를 주된 바탕으로 삼는 모든 정치 기획은 곧바로 집산주의와 전체주의로 이어진다는 것이다. 당시 런던에서 집필하던 그는 1945년 선거를 통한 집권을 준비하던 영국 노동당을 특히 겨냥했다. 되돌아보자면, 수십 년 뒤에 피노체트 장군의 군부독재를 지지할 태세를 갖췄던 누군가가 내린 이런 평가는 고약한 것이고 거의 몰지각한 것이라 여겨진다.

## 민주사회주의와 질서자유주의 사이의 연방

연방주의와 민족국가 극복에 관한 논의들과 그 애매함은 우리의 연구에 풍부한 가르침들을 준다. 또한 이는 1930년대와 1940년대에 허다했던 연방주의 논의들이 왜 결실을 거두기가 어려웠는지 더 잘 이해할 수 있게 해준다. 1938년에 영국에서 출범한 '연방연합Federal Union'운동은 신속하게 전 세계에 수백 개의 지부를 두었으며, 연방이라는 형식에서 전쟁을 피할 해법을 보았다.[105] 이 기획은 영국 식민본국과 식민지 사이의 민주적 연방, 영미 연방, 나치즘에 맞서는 유럽 민주주의 연방을 동시에 제시한다. 1939년 뉴욕의 언론인이자 에세이스트 클래런스 스트라이트는 자신의 책『유니언 나우Union Now』에서 대서양 연안 15개국을 망라하는 연방연합을 제안한다. 이 연방은 인구에 비례해 선출되는 하원과 40명의 상원(미국 8인, 영국 4인, 프랑스 4인, 그 외 12개국 각 2인)에 의해 통치된다. 또한 그는 1945년에 보통선거를 통한 (지구 위 주요 9개 지역을 50개 선거구로 나누고 서양 열강은 과대 대표되는) 대의원회를 갖는 세계연방 기획을 제안하기까지 하는데 여기서 대통령 및 비핵화와 천연자원의 일정한 재분배를 주로 담당할 40인 이사회를 선출한다.[106] 1945년에 채택된, 국가별 대표자로 구성되는 총회와 거부권을 갖는 상임이사국 5개국, 총회에서 선출된 비상임이사국 10개국으로 이루어진 안전보장이사회를 두기로 명시한「유엔헌장」[107]은 이런 유형의 논의들, 특히 1930년대와 1940년대에 허다했던 논의들의 직접적 소산이다.

낡은 식민 세계가 무너질 참이라는 걸 누구나 짐작하던 때, 1929년 대공황이 경제관계의 상호의존과 새로운 집단적 조정의 필요를 입증한 참이었던 때, 또한 새로운 항공로가 거리들을 눈부시게 줄여놓은 참이었던 때에,[108] 미래 세계를 향한 완전히 새로운 정치적 조직의 형태를 상상하는 수많은 목소리들이 힘을 얻었다.

이러한 관점에서, 영국의 연방연합운동과 이 운동이 촉발한 논의들은 특히 시사적이다. 연방주의가 식민지 독립을 가속화하고 이에 평화적인 정치적 틀을 제공할 것이라 보았던 젊은 투사들이 시작한 운동에 곧 윌리엄 베버리지(사회보험에 관한 1942년의 유명한 보고서의 저자로 1948년 영국 노동당의 국민보건서비스 정책 수립에 기여했다)와 (훨씬 더 자유주의적인 신념을 가진) 라이어널 로빈스 같은 학자들이 합류했다. 이 운동은 1940년 6월에 처칠이 공식화한 프랑스-영국 연방 창립 제안에 영감을 주었다. 그러나 이 제안은 페탱에게 전권을 부여하고 싶어했던 프랑스의 보르도 망명정부에 의해 거부되었다. 프랑스 정부의 여러 각료가 공공연히 "영국령보다는 차라리 나치의 지방으로 남는 게" 더 낫다고 이야기했다는 점을 떠나서라도, 영속적인 군사동맹 및 아직은 독일 치하에 놓인 토지와 영해, 식민지 군대의 완전한 합병 외에 제안된 연방의 제도적 내용이 꽤나 모호했다는 점을 인정해야만 한다.

영국과 프랑스의 일단의 대학교수가 1940년 4월 파리에서 회동하여, 우선은 프랑스-영국에서 시작해, 유럽 전체로 확대되는 연방의 가능성에 대해 논의했으나 합의에 이르지는 못했음에 주목하는 것은 흥미롭다. 그중 경제적 자유주의가 가장 잘 배어든 관점은 하이에크에 의해 옹호되었다. 그는 빈을 떠나 1931년 이후로 (로빈스의 주선으로 채용된) 런던정치경제대학에서 교편을 잡고 있었으며, 경쟁·자유무역·통화 안정성이라는 원칙들에 근거한 순수한 무역 연방을 옹호했다. 로빈스도 그와 매우 비슷한 노선이었으나, 연방예산의 가능성, 특히 자유무역과 각 개인의 자유로운 활동이 번영을 가져오고 불평등을 감소시키기에 충분치 않을 때를 감안한 연방상속세의 가능성을 구상하기도 했다.

사회보험의 신봉자 베버리지와 사회학자 바버라 우턴을 위시한 다른 성원들은 민주사회주의에 훨씬 더 가까운 관점을 갖고 있었다. 우턴은 소득과 상속에 대한 상한제를 갖춘, 최고세율 60%의 연방 소득세 및 상속세를 제안했다. 회동 참석자들은 군사 연방이 조속히 확립되길 바라면서도, 구상되고 있는 연방의 사회경제적 내용에 대한 불일치라는 명백한 사실 앞에서 갈라섰다. 우턴은 자신의 1941년 저서 『사회주의와 연방제』와 1945년 저서 『계획하의 자유』에서 자신의 제안들을 명확히 했다. 하이에크가 1944년에, 이 책을 쓰면 자신이 귀화한 나라에서 친구들을 잃게 될 위험이 있지만 그가 보기에 영국 노동당과 온갖 유형의 집산주의자들이 대표하는 위험에 대해 여론에 경종을 울리는 것이 자신이 할 일임을 명확히 하면서 『노예의 길』을 출간했던 것은 일정 부분 바버라 우턴에 답하려는 것이었다. 그는 또한 바로 이 책에서, 진보주의자들의 새로운 총아인 스웨덴 사민주의자들을 경계하면서, 나치의 경제적 의지주의도 당대엔 환호를 받았으나 결국 자유에 대한 위협의 운반자였음을(지금 시점에서 보자면 이 역시 상당히 무모해 보이는 판단인데) 나중에야 깨닫게 되었다는 점을 상기시킨다.[109] 연방운동을 둘러싼 이 모든 논의들은 유럽 전체에서 반향을 얻었다. 예컨대 전투적 공산주의자로 당시에 무솔리니의 감옥에 투옥되어 있던 알티에로 스피넬리는 여기서 영감을 받아 1941년에 『통합된 자유 유럽을 위한 선언』 즉 '벤토테네(투옥되어 있던 섬의 이름) 선언'을 집필한다.[110]

연방주의에 관한 이러한 논의들과 그 애매함이 중요한 이유는 이 문제들이 여전히 우리의 것이기 때문이다. 소유자사회의 몰락은 자본주의를 극복하고 소유관계를 조정하기에 알맞은 정치체의 규모라는 문제를 중점적으로 제기한다. 경제무역관계와 소유관계가 초민족적 수준에서 조직되기 시작한 순간부터, 소유자사회와 자본주의를 넘어서는 길은 민족국가 이상의 정교한 어떤 형태를 필요로 한다는 사실이 분명해 보인다. 기본적인 문제는 이와 같은 기획에 부여될 명확한 내용과 형식이다. 우리는 다음 장들에서 특히 유럽 수준에서, 더 일반적으로는 냉전기(1950~1990년)

와 포스트공산주의 시기(1990~2020년)에 세계화를 조직하기 위해 체결된 경제무역협정들의 틀 안에서, 전후 정치운동들이 내놓은 답변들이 지닌 상당한 한계들을 볼 것이다.

제 11 장

# 사민주의사회들: 미완의 평등

우리는 1차대전 이전에 그토록 융성하고 견고해 보이던 소유자사회가 어떻게 1914~1945년에 붕괴되었는지, 명목상은 자본주의인 국가들이 1950~1980년 사이에 어떻게 국유화와 교육·보건·퇴직연금 제도와 상위 소득 및 자산에 대한 누진세를 다양하게 혼합한 실제적인 사민주의사회가 되었는지를 연구했다. 그러나 사민주의사회들은 엄연한 성공에도 불구하고, 1980~1990년부터 정체되기 시작한다. 무엇보다 이 시기 이후로 여기저기서 전개된 불평등 증대에 이 사회들은 대처하지 못했다.

우리가 이 장에서 주목하는 것은 이 실패의 이유들이다. 우선은, 기업의 권력 분유 및 사회적소유와 관련한 새로운 형식을 제도화하려는 시도가 오랫동안 소수의 나라들(특히 독일과 스웨덴)에 국한되어 있었던데다, 사적소유와 자본주의의 극복을 위한 가장 유망한 시도 중 하나였음에도 진정 해볼 수 있는 만큼 최대한 시도되지는 않았다는 점이다. 또한 사민주의는 특히 초중등교육에서 고등교육으로 넘어감에 있어서 교육 및 지식에 대한 균등한 기회 부여라는 심층적 욕구에 유효한 답을 내놓지 못했다. 마지막으로 우리가 분석할 것은 조세, 주로 누진소유세에 대한 사민주의적 성찰이 지닌 한계들이다. 무엇보다 사민주의는 사회적 조세재정과 분유된 주권에 기반한 새로운 초민족적 연방 확립에 성공하지 못했다. 실제로 자유무역과 자본의 자유로운 이동이 일체의 규제를 무너뜨린 세계화 구도에서 나라 간 과도한 경쟁으로 인해(사민주의자들 자신이 이 상황을 촉발한 것은 아니더라도 대안을 제시하지는 못했다), 조세합의와—20세기 사민주의국가의 기반이 된—사회계약은 21세기 초 현재 심각한 위험에 처해 있다.

## 유럽 사민주의사회들의 다양성

사민주의의 황금기에 해당되는 1950~1980년에 소득 불평등은 그 어떤 역사 시기보다 현저히 낮아졌다. 이는 미국뿐만 아니라 영국·프랑스·독일·스웨덴·일본에서, 그리고 적절히 데이터 활용이 가능한 유럽과 유럽 바깥의 거의 모든 나라에서도 마찬가지였다.[1] 이처럼 낮아진 불평등은 아무것도 소유하지 못한 사람들보다 많이 소유한 사람들이 더 많은 것을 잃게 된, 전쟁이 초래한 파괴에 일정 부분 기인한다. 하지만 이러한 불평등 감소는 무엇보다도, 모든 선행 사회보다 더 평등하고 더 번창했으며 '사민주의사회'라고 할 만한 사회들을 구조화한 일군의 사회적 조세재정정책 덕으로 설명된다.

여기서 살피는 '사민주의사회'와 '사민주의'라는 개념은 상대적으로 넓은 의미에서 이해해야 한다는 점을 일단 밝혀두자. 즉 이 경험 자체를 가리키고자 '사민주의적'이라는 표현을 명시적으로 쓰든 아니든 간에, 이는 20세기에 유럽과 유럽 바깥의 대다수 비공산주의사회의 사적소유제와 자본주의에 사회를 배태시키기 위한 일군의 제도와 정치적 실천을 묘사하기 위한 개념이다. 엄밀한 의미에서는, 오직 스웨덴에서만 공식 스웨덴 사민당이 1930년대 초부터 2000~2020년까지 (우리가 후술할 1991~1992년 스웨덴은행 위기 이후에 이른바 '부르주아' 정당들이 몇 차례 정권교체를 했어도) 거의 중단 없이 집권해왔다. 중요한 것은 사민주의의 전형인 이 나라에서 사민주의의 역사적 형태가 가장 철저히 실험될 수 있었다는 점이다. 스웨덴 사례가 그만큼 흥미로운 건, 이 나라가 1910~1911년 정치개혁 당시까지 극소수의 소유자에게 유례없이 투표권이 집중되어 있는, 소유주의적 납세유권자사회로서 특히 불평등한 나라였다는 점이다.[2] 또한 2000~2020년에 프랑스가 따라잡기는 했어도, 1950~2000년에 가장 높은 수준의 과세와 사회복지지출을 실행했던 나라가 스웨덴이다. 일반적으로, 사회적 조세재정국가의 강력한 부상이 여기서 살펴보게 될 사민주의 사회 개념의 가장 특징적인 지표다.[3]

독일의 경우, 19세기 말부터 당원 수라는 면에서 역사상 가장 큰 사민주의정당이던 독일 사민당이 2차대전 이후로 단속적으로만 집권해왔다. 그렇지만 독일의 사회국가 확립에 끼친 사민당의 영향력은 엄청난 것이어서, 1949년부터 1966년까지 내리 집권한 기민당이 공식 노선으로 '사회적 시장경제'를 채택했을 정도다. 사실상 '사회적 시장경제' 노선이 분명 함축하고 있는 바는, 사회보장의 핵심 역할과 주주와 노조 사이의 일정한 권력 분유에 대한 인정이다. 기민당의 이 노선에 사민당이 1959년의 바트고데스베르크강령에서 국유화 및 마르크스주의에 대한 일체의 준거를 포기했다는 사실을 추가하면, 전후 독일의 두 주요 정당의 특정 강령이 수렴된다. 두 정당 공히 나치즘의 파국 이후 나라의 재건을 가능케 하며 '사민주의적'이라고 규정될 수 있는 새로운 발전모델을 추구했던 것이다. 그럼에도 이것이 두 정당 사이의 상당한 차이를 없애지는 못한다. 예컨대 사회제도와 그 체계화의 허용 범위에 대한 입장이 서로 달랐다. 다만 (독일과 여타 유럽 국가들의) 그 어떤 정치운동도 결코 되돌아가고 싶어하지 않는 1차대전 이전의 사회적 조세재정제도에 비해, 더 높은 수준의 강제과세와 사회복지지출이 특징인 새로운 틀을 수용했다는 공통점을 갖는다. 스웨덴에서도('부르주아' 정당들이 1991년 이후로 여러 차례 집권했음에도 사민당이 확립한 사회국가에 대해 전면적으로 문제삼지는 않았다), 전후에 강력한 사민당이 들어서는 중부유럽과 북유럽의 여타 국가들(오스트리아·덴마크·노르웨이)에서도 유사한 형국이 확인된다.

우리는 또한 2차대전 이후에 영국과 프랑스와 여타 유럽 국가들에서, 특히 명시적으로 '사민주의'라는 인증표를 달지 않은 다양한 노동당·사회당·공산당의 주도 아래 발전한 사회국가의 여러 모델을 (넓은 의미에서) '사민주의적'이라고 규정할 것이다. 영국의 노동당은 주로 노조운동·페이비언사회주의·의회제에서 비롯된 고유한 역사를 갖고 있다.[4] 영국의 노동당모델은 무엇보다도, 1945년에 노동당이 압도적 다수 의석을 확보한 클레멘트 애틀리 정부에서 국민보건서비스와 영국 사회보장국가의 토대를 확립했던 특수한 정치적 역사와 그 실천의 결과다. 이후의 상당한 문제제기들, 특히 1980년대에 마거릿 대처가 이끈 보수당에 의한 문제제기에도 불구하고, 영국의 사회적 조세재정국가로서의 면모는 2000~2020년에도 실질적으로 유지된다. 영국의 세수는 국민소득의 약 40%인데, 이는 독일·프랑스·스웨덴(약 45~50%)보다는 확실히 적지만 미국(30% 정도)보다는 분명히 더 많다.

프랑스 사회주의운동은 투르전당대회(1920년) 이후 소련을 지지하는 공산당PCF과 소비에트주의와는 다른 형태의 민주사회주의를 채택한 사회당PS으로 완전히 갈라졌고, 두 정당은 1936년에 급진당과 함께 수립한 인민전선을 통해 권력을 분점했다.[5] 그후 두 당은 1945년의 해방 국면에서, 어느 정도는 1944년 채택된 전국레지스탕스평의회CNR 강령에 고무되어 사회보장제도 수립과 아울러 국유화·단체협상에서 노조의 역할·임금체계·노동기구 문제를 체계화하는 데 핵심 역할을 했다. 사회주의자들과 공산주의자들은 1981년 좌파연합이 승리하면서 또다시 공동으로 통치를 맡게 되었다. 프랑스에서 '사민주의'라는 호칭은 어느 정도는 사회주의자들과 공산주의자들 사이의 (때로는 말뿐인 공수표) 경쟁으로 인해, 지나치게 '중도적'이라는 비난을 받아왔다. 독일 사민당이 이미 오래전에 포기한 국유화가 1981년 좌파 강령의 핵심을 형성했고, 사민주의라는 개념은 자본주의 극복을 향한 일체의 진정한 열망을 포기한 형태로 간주되곤 했다. 그럼에도 불구하고 2차대전 이후 프랑스에서 실시된 사회적 조세재정제도가 유럽 사민주의사회라는 대가족에 확실히 속한다는 건 두말할 나위가 없다.[6]

## 미국의 뉴딜: 삼류 사민주의사회

1932년부터 시작된 루스벨트의 뉴딜정책과 1960년대에 이어진 존슨 행정부의 '빈곤과의 전쟁' 이후 미국에서 확립된 사회제도를 (아주 넓은 의미에서) '사민주의적'이라고 또한 규정해볼 수 있을 것이다. 유럽의 사민주의에 비해, 민주당의 주도로 20세기 중반에 미국에서 수립된 사민주의사회는 일종의 삼류 사민주의에 해당하는데, 이런 이유로 우리는 이에 대해 더 잘 살펴봐야 할 것이다. 구체적으로는 미국의 강제과세와 사회복지지출 수준을 1950~1980년에 유럽 나라들이 빠르게 제쳤는데, 19세기와 20세기 초에는 전혀 없었던 일이다.[7] 특히 전후 유럽에서는 표준이 된 것과는 반대로, 미국에서는 보편적인 의료보험제도가 수립되지 못했다. 1965년에 채택된 메디케어Medicare와 메디케이드Medicaid라는 공공정책은 각각 65세 이상의 노년층과 저소득층 가정에 해당된다. 메디케이드의 혜택을 받을 만큼 충분히 가난하지 않거나 민간 의료보험에 가입할 정도로 부유하지 못한 임금노동자들은 보험 사각지대에 방치되었다. 메디케어의 보편화, 다시 말해 메디케어를 모든 미국 주민에게 적용하자는 논의들이 2010년대 중반 이후에 새롭게 재개되었고, 이 같은 개혁이 미래에 빛을 보는 일이 불가능하지만은 않을 것이다.[8] 또한 1935년 제정된 연방사회보장제도는 유럽 제도들에 비해 더 오래되긴 했으나 덜 포괄적인 퇴직연금과 실업보험 프로그램을 포함하고 있다. 우리가 앞 장에서 보았듯이, 소득세와 상속세의 누진성은 1932~1980년에 대부분의 유럽 나라들에 비해 오히려 미국에서 더 급격했다. 미국이 누진세 면에서는 유럽보다 더 평등하고 사회국가 측면에서는 덜 과감했다는 사실이 역설적으로 보일 수 있는데, 이는 차후에 상세히 검토해볼 것이다.

1950~1980년에 유럽 사민주의와 결부될 만한 사회제도들을 발전시킨 유럽 바깥의 수많은 사회들 역시 존재한다. 예컨대 라틴아메리카에서는, 나라와 시기에 따라 상당한 편차들이 있지만 특히 아르헨티나가 그런 경우다.[9] 예컨대 1950~1980년의 인도 같은 대다수의 신흥독립국을 민주사회주의라는 모호한 성운星雲에 결부시키고 싶을 수도 있다. 그렇지만 남아시아나 아프리카 대부분의 나라들과 마찬가지로 인도는 항상 과세 수준이 낮은 편이었고(국민소득의 10~20%, 때로는 심지어 10% 이하), 더욱이 1980년대와 1990년대에는 (우리가 후술하겠지만) 일반적으로 낮아지는 경향을 보였다는 사실을 주목해봐야 한다. 따라서 이 같은 상황을 유럽 사민주의사회들과 비교하기란 매우 어렵다. 우리는 또한 다음 장들에서 공산주의사회 및 포스트공산주의사회의 특수한 사례와 이 사회들이 사민주의국가의 인식에 미친 영향을 연구할 것이다. 더 일반적으로는 이 책의 4부에서 유럽과 미국, 그리고 세계의 다른 부분들에서 '사민주의'연합 및 유권자구조의 진화에 관해 상세하게 재론할 것이다. 이는 우리가 이러한 다양한 궤적들과 정치적 구성물들의 특수성을 더 잘 이해할 수 있도록 해줄 것이다.

## 사민주의사회들의 한계

지금 단계에서는 다만 세계 대부분의 거대 지역이, 그곳이 인도나 중국이든 미국이든 사민주의 유럽이든, 1980년 이후에 소득 상위 10%의 몫이

**도표 11.1 소득 상위와 소득 하위의 격차, 1980~2018년**

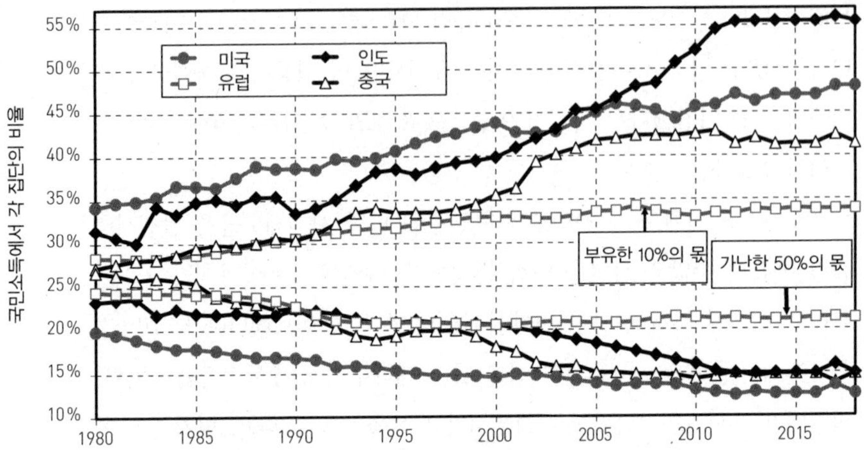


상위 십분위(부유한 10%)의 몫은 세계 전 지역에서 상승했다. 1980년에는 27~34%였고, 2018년에는 34~56%였다. 가난한 50%의 몫은 감소해 20~27%였다가 현재 12~21%다. 소득 상위와 하위의 격차가 일반적이긴 하지만 나라별로 다양한 규모를 보여주는데, 중국과 유럽(연합)보다 인도와 미국에서 격차가 더 크다.

**출처 및 원 통계자료:** piketty.pse.ens.fr/ideologie

총소득에서 큰 폭으로 증가하고 가난한 50%에게 돌아가는 몫이 크게 줄어드는 불평등 회귀 흐름을 겪어왔음을 주목하자(도표 11.1 참조).[10] 물론 이러한 전반적인 세계정세 안에서 1980~2018년에 불평등이 가장 덜 크게 증대한 사회가 유럽 사민주의사회들이다. 이런 의미에서, 유럽 사민주의모델이 그 어떤 다른 모델들(특히 미국의 빈약한 사회국가)보다 1980년대 이후에 작동하고 있는 세계화의 불평등주의적 경향에 대한 방패막이가 되어주는 것으로 보인다. 그렇긴 하지만 선행 시기들과의 단절, 특히 1914~1950년의 역사적 불평등 감소와 1950~1980년의 안정화와 비교해 보면 그 단절은 대단히 뚜렷하며, 유럽에서도 역시 그러하다.[11] 유럽 사민주의 정부들이 스스로 사회적 조세경쟁이 벌어지는 데 크게 기여했으며, 이 경쟁은 또한 실현가능한 사회모델을 발전시키고자 했던 아프리카·아시아·라틴아메리카 나라들에서 많은 난관을 야기했다. 이러한 사회적 조세경쟁이 증대되는 상황에서, 1980년 이후의 불평등주의적 경향이 미래에

**도표 11.2** 소득 하위와 소득 상위: 프랑스와 미국, 1910~2015년

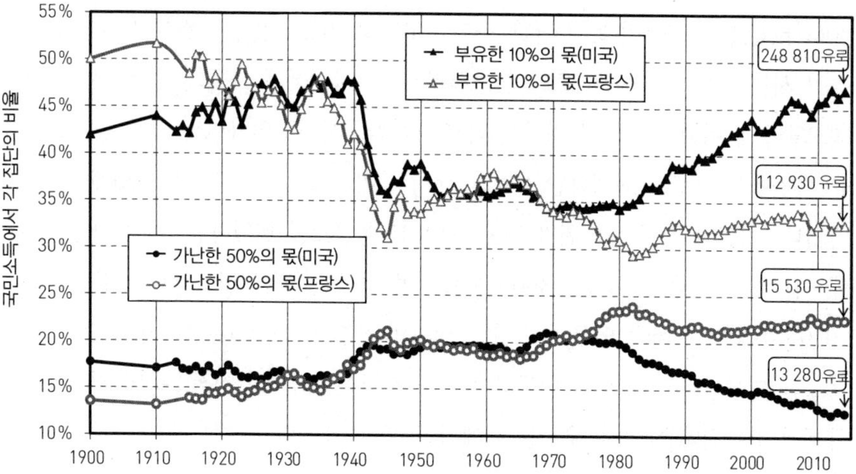


미국의 소득 불평등은 2010~2015년에 1900~1910년의 수준을 넘어선 반면, 프랑스(와 유럽)는 감소했다. 그럼에도 불구하고 두 나라의 불평등은 여전히 매우 크다. 그 수가 5배 적은 부유한 10%가 늘 총소득에서 하위 50%보다 훨씬 많은 부분을 가져갔다. 제시된 소득은 2015년 (구매력평가지수로 표현되는) 유로로 환산한 각 집단별 연간 평균소득이다.

**출처 및 원 통계자료:** piketty.pse.ens.fr/ideologie

증폭되리라는 것이 배제되지는 않는다. 이 전망에 더해 2000~2020년에 구대륙의 나라 대부분이 민족주의적인 반이민자운동들의 새로운 발흥과 마주했다는 사실을 추가한다면, 유럽의 사민주의가 과거의 성공과 결산에 기대어 자족하기란 얼마나 어려운지 알게 된다.

그렇다고 1950~1980년의 평등주의적 면모가 과장되어서는 안 된다. 예컨대 (비교적 서유럽의 발전을 대표한다고 할 수 있는) 프랑스와 미국의 경우를 살펴보면, 국민소득 중 가난한 50%에게 가는 몫이 부유한 10%에게 돌아가는 몫보다 늘 확연히 적었다는 점이 확인된다(도표 11.2 참조). 20세기 초 프랑스에서는 부유한 10%가 총소득의 약 50~55%를 가져갔다면, 가난한 50%는 4배 정도 적은 몫을 가져간다(총소득의 약 13%). 정의상 전자의 수가 후자보다 5배 더 적으니, 이는 부유한 10%의 평균소득이 가난한 50%보다 약 20배 더 많음을 뜻한다. 2010년대에는 이 비율이

거의 8이다. 2015년에는 부유한 10%의 평균소득이 성인 1인당 약 11만 3000유로였던 것에 비해, 가난한 50%는 1만 5000유로였다는 뜻이다. 따라서 사민주의사회가 벨에포크의 소유자사회 또는 세계 도처의 여타 사회모델들에 비해 덜 불평등하다고 해도, 여전히 사민주의사회는 경제·금융 차원에서 고도로 위계화된 사회인 것이다. 미국에서는, 이 비율이 20에 가깝다. 요컨대 상위 십분위가 평균 거의 25만 유로를 벌었다면, 이에 반해 가난한 절반은 고작 1만 3000유로를 번 것이다. 세금 및 이전소득은 2010~2020년에 미국 인구의 가난한 절반의 생활조건을 아주 미미한 정도로만 개선한다는 (게다가 미국과 유럽의 격차는 세금 및 이전소득의 격차에서 비롯된다는) 점을 우리는 뒤에서 보게 될 것이다.

### 공적소유, 사회적소유, 일시소유

이런 모든 이유로, 사민주의사회들의 성취와 한계를 다시 묻는 것은 필수적이다. 법률(특히 회사법이나 노동법)제도든 사회보장제도든 교육제도든 조세재정제도든 여하간, 사민주의의 제도들은 대부분 전후(또는 이따금 1930년대 위기)의 긴박함 속에서 수립되었기에 실질적으로 하나의 일관된 전체로 사유된 적이 전혀 없었다. 특히 각국은 대부분 자국의 경험에만 의존했고 타국의 경험에는 별로 기대지 않았다. 경험 공유와 상호학습은, 예컨대 누진적 소득세-상속세의 최고세율 등급을 정할 때 같은 경우에는 중요했지만, 사회정책이나 법률제도에서 이는 훨씬 더 제한적이었다.

우리가 우선적으로 관심을 두는 것은 소유체제 문제다. 단순화하자면, 개인의 기업소유와 주주들의 전능함에 기반한 체제를 극복하는 방법에 세 가지가 있다고 할 수 있다. 하나는 공적소유다. 요컨대 중앙국가와 지자체(지역권, 도, 시·읍·면 등) 또는 공권력의 통제하에 있는 기관이 개인 주주들을 대신해 기업소유자가 되는 것이다. 다른 하나는 사회적소유다. 요컨대 기업의 임금노동자들이 경영에 참여하고 개인(또는 공적) 주주들과 권력을 분유하거나 경우에 따라서는 주주들에게서 소유권을 완전히 박탈하는 것이다. 마지막으로 내가 '일시소유'라고 부르자고 제안하는 것이 있다. 요컨대 사적소유 및 경제력 집중 감소와 재화의 순환이 가능하도록, 많은 재산을 사적으로 소유한 이들은 자신이 소유한 것의 일부를 매년 공동체에 되돌려줘야 한다는 말이다. 이는 예컨대 모든 청년에게 지급되는 보편적 자본지원의 재원을 마련할 수 있게 해주는 누진소유세 형태를 취할 수 있는데, 이에 대해서는 다시 논의할 것이다.[12]

요약하자. 공적소유는 공권력으로 사적소유가 지닌 힘들의 균형을 잡는다. 사회적소유는 기업 차원에서 생산수단 통제와 권력 분유를 지향한다. 일시소유는 사적소유를 순환시키며 지나치게 막대한 보유가 지속되는 것을 막아준다.

현재 우리가 활용할 수 있는 모든 역사적 자료에 따르면, 사적소유 극복을 위한 이 세 가지 형태는 상호보완적이다. 달리 말해 공적소유, 사회적소유, 일시소유의 혼합에 의거해야 자본주의를 현실적으로 그리고 지속가능하게 극복해낼 수 있다. 소비에트 유형의 공산주의사회들은 거의 공적소유에만, 거의 모든 기업과 부동산자본에 대한 초중앙집중국가의 소유에만 의거하려 했던 경우고, 이것이 그 사회들을 쓰라린 좌초로 이끌었다. 사민주의사회들은 더 균형잡힌 접근들을 발전시켜왔고, 어떤 면에서는 세 영역에 의거해 있었지만 각 영역마다 취한 방식이 충분히 과감하고 체계적이지는 못했으며, 특히 사회적소유와 일시소유와 관련해서 그랬다. 너무나 자주 그 방점이 국유화와 국가소유에 찍혀 있었고, 이 옵션은 공산주의 몰락 이후 결국 포기되며, 이 이름에 값하는 대안 강령으로 제대로 대체되지도 못했다. 그리하여 사민주의자들은 흔히 사적소유 극복이라는 이 문제 자체를 거의 완전히 포기해버렸다.

일반적으로 말해, 이 세 가지 사적소유 극복 방법에는 다양한 형태가 있을 수 있으며, 저마다에 역사적 사회적 정치적 실험의 무궁무진한 장이 놓여 있음을 강조해야겠다. 이 연구에서 중요한 점은, 논의를 끝내는 데 있는 게 아니라 오히려 그 복잡성 속에서 논의를 여는 데 있다. 예컨대 공기업의 지배구조가 조직되는 방식에 따라—이를테면 경영이사회 또는 감독이사회 내에서 사용자, 시민, 다양한 이해관계자가 대표성을 가짐으로써—또는 국가기관과 해당 공기관들이 이사들을 임명하고 통제하는 방식에 따라, 공적소유가 더 많거나 적거나 하는 여러 민주적 참여적 형태가 존재한다. 공적소유는 온전히 정당화될 수 있다. 이를테면 교통·보건·교육 같은 여러 부문에서 기업의 지배구조와 해당 공기관들이 시민과 사용자의 욕구에 부응하는 능력과 투명성을 촉진시키는 한에서는 사적소유보다 공적소유가 우위에 있음을 보여주었다. 일시소유와 보편적 자본지원과 관련해서 말하자면, 일시소유에는 주로 다양한 형태의 누진소유세 적용이 포함될 수 있는데, 지금까지는 불충분하게 실행된 이 형태들에 대해 나는 상세히 재론할 것이다. 마지막으로, 임금노동자와 주주 사이의 권력 분유와 사회적소유는 역시 다양한 방식으로 조직될 수 있으며, 이중 일부는 1950년대 이후로 유럽의 여러 나라에서 운용되고 있다. 우리는 바로 이 대목에서 시작할 것이다.

## 권력을 분유하기, 사회적소유를 제도화하기: 미완의 역사

독일과 스웨덴, 더 일반적으로 게르만어권 및 북유럽 나라들(주로 오스트리아·덴마크·노르웨이)의 사민주의사회는 아주 오래전부터 공동관리가 확립된 사회들로, 공동관리는 기업에 대한 사회적소유와 임금노동자와 주주 간의 권력 분유를 제도화하는 특수한 경영 형태다. 공동관리는 그 자체가 목적이 아니며 틀림없이 그 이상으로 나아갈 수 있다는 점을 지금 바로 짚고 넘어가자. 바로 이 중요한 역사적 경험에서 출발해야만 이후에 가능한 것들을 더 잘 이해할 수 있게 된다.

독일의 경우, 유럽 사민주의 내에서 독일의 사회적 제도적 모델이 갖는 중요성을 확실히 감안하면 특히 흥미롭다.[13] 1951년 법은, 철광과 석탄 부문의 대기업들에서 이사회 이사직과 의결권의 절반을 (일반적으로 노조가 정한 명부에 근거해 선출되는) 임금노동자 대표자들에게 배정해야 한다는 의무를 최초로 도입한 법이다. 구체적으로 이것이 의미하는 바는, 임금노동자 이사들이 (경영진 임명과 퇴출 및 재무 승인을 비롯해) 기업의 모든 전략적 선택과 관련하여 의결할 수 있으며, 주주들이 뽑은 이사들과 동등하게 같은 자료에 접근할 수 있다. 이후 1952년 법은, (철강과 석탄 부문 이외의 모든 부문) 대기업 전체를 상대로, 노동자 대표자들에게 이사직 3분의 1을 배정해야 한다는 의무를 제도화했다. 기민당 총리 콘라트 아데나워의 재임기(1949~1963년)에 채택된 이 두 법안에는, 특히 임금 문제와 노동 및 직업교육 조직과 관련한 단체교섭에서 노조 대의원들과 기업이사회의 역할에 대한 폭넓은 조항들이 포함되어 있다.

이 법안들은 1969~1982년 사민당의 집권(빌리 브란트와 뒤이은 헬무트 슈미트의 재임기)을 통해 심화되었다. 논의들은 1976년에 공동관리에 대한 기본법 의결로 이어졌고, 오늘날까지도 이 기본법의 전반적인 윤곽은 변하지 않은 채, 임금노동자 대표자들에게 이사직과 의결권의 절반을 배정해야 하는 의무를 2000명 이상의 임금노동자가 있는 기업들 전체로 일반화했다(500~2000명의 임금노동자가 있는 기업에서는 이사직과 의결권의 3분의 1을 배정해야 할 의무가 있다). 이러한 이사직과 의결권은, 자본참가와 무관하게 임금노동자 대표자들에게 귀속된다. (개인 자격이거나 연기금 또는 여타 단체를 통해 자격을 획득한) 임금노동자 주주의 존재로 인해, 필요한 경우에 이사회 내부에는 추가 의석이 만들어질 수 있고, 어쩌면 다수파구조가 흔들릴 수도 있다. 소수파인 공적 주주의 경우에도 사정은 마찬가지다.[14]

1951~1952년의 법과 1976년의 법 이후로 강제적 법 효력을 갖는 이 제도에서 중요하게 강조해야 할 점은, 이것이 무엇보다도 19세기 말 20세기

초 이후 독일 노조가 보여준 매우 강력한 인민 동원의 결과이자, 특수한 역사적 궤적에서 나타난 결과라는 사실이다. 오늘날 이 규칙들이 고용주들까지 포함해 독일사회 전체에 수용되었다고 하더라도 잊지 말아야 할 점은, 이 규칙들이 수립되던 당시 주주들과 소유자들이 이에 격렬하게 저항했다는 점, 그리고 임금노동자들과 주주들 사이의 세력균형이 통상적인 상황보다 조금 덜 불균형했던 역사적 정황에서 벌어진 강도 높은 사회정치적 투쟁이 있고 나서야 비로소 이 규칙들이 관철되었다는 점이다. 특히 1차대전이 끝난 1918~1922년의 (때때로 반란이 일어나기도 했던) 매우 특수한 상황에서, 독일 노조운동은 고용주들과 기업위원회·노조대의원·임금획정에 관한 새로운 권리들을 협상하는 데 처음으로 성공했다. 이러한 조치들은 단체교섭과 임금노동자 대표자들에 관한 1922년 법에 담겼다.

노조운동과 사민주의자들의 압력을 받아, 1919년 바이마르헌법은 선행하는 모든 헌법 조문에 비해 소유에 대한 훨씬 더 사회적이고 도구적인 관점을 제도화했다. 특히 1919년 헌법은 소유권의 실행조건과 한계를 법률로 정한다는 점을 명시하고 있으며, 이제 소유권은 신성불가침의 자연권으로 간주되지 않는다. 헌법 조문에서는, '공동체의 선'이 필요로 한다면 법이 정하는 바에 따라, 몰수와 국유화의 가능성을 확실히 고려하고 있다. 또한 토지제도와 토지 분배도, 명시적인 사회적 목적에 따라 법으로 규정된다.[15] 1949년의 독일 기본법은 소유권이 공동체의 일반적 복지에 기여하는 한에서만 정당하다는 것을 분명히 밝히면서 유사한 조치들을 채택하게 된다. 법조문에서 생산수단의 사회화는 명시적으로 공동관리 같은 조치들의 가능성을 열어주는 관점에서 언급되는데,[16] 비록 일부 정식화한 것들이 명확히 심의 및 개정 대상이 될 수 있다 하더라도, 이는 어디까지나 근본적인 법률적 헌법적 혁신이었다.[17] 여러 나라에서 기업의 권력 분유에 대한 논의들은, 더 일반적으로는 소유체제의 재정의와 재화의 재분배와 관련한 논의들은, 실상 흔히들 절대적이고 무제한인 것이라고들 여기는 소유권에 대한 침해니 위헌이니 하는 관점의 주장들과 충돌했다(여전히 충돌하고 있다).

독일에서는 1933년부터 1945년까지의 단절기 이후 나치즘이 몰락하고 연합군이 점령한 시기에, 1922년 법에 규정된 노조의 권리들이 다시 활성화되었다. 재건 상황에서 다시 유력한 위치에 선 노조는 1945~1951년에 철강 부문과 에너지 부문의 고용주들과 새로운 권리들, 특히 기업 경영기관에 대한 노사의 동수 참여를 협상했다. 협상과 투쟁을 통해 획득한 이 새로운 권리는 1951년 법에 그대로 입안되었다. 이러한 관점에서 보면 1952년의 법은, 독일노동조합연맹(독일노총DGB)에게는 기만으로, 심지어는 퇴행으로 느껴졌다.[18] (철강과 석탄 부문 외의 부문에서) 임금노동자들의 이사회 참여가 3분의 1로 (즉 실제로는 이사회 규모에 따라 이사직 두세 자리에 불과한 비율로) 제한되었지만, 노조들은 임금노동자와 주주의 동수 대표라는 원칙의 일반화를 위해 투쟁했던 것이다. 게다가 법은 육체노동자와 비육체노동자 대표자들을 구분해 산정했던 만큼, 노조가 보기에 이는 임금노동자들의 의결권을 분열시키고 약화시키는 법이었던 셈이다.

## 독일식 공동관리의 성공과 한계

일반적으로 역시 강조해야 할 점은, 추가적인 임금노동자 주주 또는 공공주주가 부재할 경우 노동자-주주 동수제는 일정 부분 망상이라는 점이 독일식 공동관리의 주요 한계 중 하나라는 것이다. 의결권이 동등한 경우, 예컨대 기업경영진 임명이나 투자 및 채용 전략 선택을 위한 결정권은 주주들이 선출한 이사들이 실제로 보유하고 있다. 이 결정권은 이사회 의장이 행사하는데, 그는 언제나 주주들의 대표자다. 고려해야 할 또다른 본질적인 지점은, 대다수의 독일 기업은 (대부분의 나라에서 그러하듯) 단일이사회가 아니라, 감독이사회와 경영이사회로 이루어진 쌍두구조가 지배한다는 점이다. 임금노동자 대표자들은 감독이사회의 이사직 절반을 보유하지만, 주주들의 재결권을 감안하면 이 주주들은 자신들이 원하는 인사들을 기업의 실제 경영기구인 경영이사회에 임명할 수 있다. 오늘날에도 충족되지 못한 독일 노조들의 반복적인 주장들 중 하나는, 경영이사회에서도 동수제가 적용되어야 한다는 것이다. 다시 말해 임금노동자 대표자들이 그저 인사관리자(독일의 대기업에서는 흔히 노조 대표자가 맡는 직위로, 이것이 대부분의 다른 나라에서 실행되는 것들과 이미 상당한 차이를 빚는다)만이 아니라 경영진의 절반을 선출할 수 있어야 한다는 것이다. 이러한 논의들은 오늘날까지 실험되어왔던 사회적소유와 공동관리가 이미 끝난 해법들로 간주되어서는 안 된다는 점을 보여준다. 이것들은 차라리 충분히 심화되고 연장되지 못해서 대체로 미완인 채로 진행중인 역사다.

스웨덴의 경우, 1974년 법이 1980년과 1987년에 확장되어, 25명 이상의 임금노동자가 있는 모든 사업장에서 이사회 이사직 3분의 1을 임금노동자로 배정한다.[19] 스웨덴 기업은 단일이사회가 지배하는데, 이러한 소수 대표성이 때로는 독일식 감독이사회 동수제보다도 더 진전된 실용적 통제를 가능케 할 수 있다(독일의 감독이사회는 기업에 대한 실질적 관리 측면에서 스웨덴에 한참 뒤진다). 게다가 이 규칙들은 독일과는 달리 훨씬 더 영세한 기업에도 적용된다(독일은 500명 이상의 임금노동자가 있는 기업들만 해당되는데, 이는 대단히 제한적이다). 덴마크와 노르웨이에서는, 각각 35명과 50명 이상의 임금노동자가 있는 기업들에서 임금노동자들이 3분의 1 이사직 권리를 갖는다.[20] 오스트리아에서도 비율은 3분의 1이지만, 이 규칙은 임금노동자가 300명이 넘을 때만 적용되는데, 이는 적용 영역을 상당히 (거의 독일과 마찬가지로) 한정한 것이다.

2차대전 이후에 실행된 독일과 북유럽의 공동관리가 지닌 한계가 무엇이었든 간에, 모든 가용 자료에서 나타나는바, 이 새로운 규칙들은 해당 기업 내에서 임금노동자와 주주 사이의 권력이 일정한 균형을 회복하도록 하고, 더 조화롭고 결국은 더 효율적인 사회경제 발전을 가능케 했다(적어도 이사회에 임금노동자 대표가 전혀 없는 상황에 비하면 말이다). 특히 노조가 기업의 장기적 전략 설정에 참여하고 이에 필요한 모든 정보와 자료를 가진다는 사실은, 임금노동자들의 적극적인 참여를 유도해 전반적으로 생산성을 더욱 높여주는 것으로 보인다. 또한 이사회 안에 임금노동자들이 들어옴으로써 임금 불평등 규제가 가능해졌으며, 특히 다른 나라들에서 관찰되다시피 이따금 아찔하게 오르는 임원진 연봉 인상을 더 잘 통제할 수 있게 되었다. 구체적으로 말해 독일·스웨덴·덴마크 경영자들은 1980~1990년 이후로 자신들의 앵글로색슨 동료들에 비해 현저히 미미한 연봉 인상에 만족해야 했는데, 오히려 이것이 해당 기업들의 생산성과 경쟁력에 해를 끼치기는커녕 그 반대였다.[21]

이사회 내에 임금노동자가 소수자로 존재하는 일이 임금노동자들이 주주들의 일방적 결정을 추인함으로써 노조의 투쟁성에 해를 끼칠 것이라는 비판은, 그다지 정당화될 수 없다. 공동관리제도는 물론 개선되고 극복되어야 한다. 그럼에도 이사회에 임금노동자 이사직을 도입했던 모든 나라에서는 물론 단체교섭제도도 시행해왔다. 이 제도를 통해 임금노동자들은 기업운영위원회와 노조 지도부 안에서, 또는 임금노동자들로만 구성되어 기업 경영진과(경영진이 임금노동자 이사들의 동의로 임명되었는지와 무관하게) 고용 및 임금 조건들을 직접 협상하는 책임을 진 여타 기관들 안에서 대표될 수 있다. 스웨덴에서는 1930년대와 1940년대부터 사민당이 집권한 이후에 노조가 이러한 노·자 협상 기구들에 집중했다. 거의 모든 선진국에서, 기업 이사회 내에 노동자 대표가 없다고 해도 노사위원회 같은 유형의 제도들을 둠으로써 (19세기에 우세했던 도급과 일급 대신에 월급 형태로) 임금소득 보장 형태를 정하고 부당해고를 막아 (임금노동자들이 회사의 장기적인 전망에 더 투자하도록 독려하면서) 임금노동자의 위상을 실질적으로 높였다.[22] 하지만 이사회 이사직 확보는 영향력 행사

면에서 완충 역할을 한다. 이는 특히 산업 및 노조의 쇠퇴 국면에서 타당한 이야기로, 1980년대와 1990년대 이후 왜 게르만어권과 북유럽 나라들의 사회경제모델이 회복 탄력성이 더 컸는지를 설명해준다.[23] 요약하자면, 공동관리는 노동자와 자본 간 힘의 균형을 제도화한 가장 정교하고 가장 지속가능한 형태 중 하나로, 19세기 중반 이래 노동자들의 정치적 노조투쟁이 계속되는 가운데 매우 오랜 과정을 거쳐 20세기 중반부터 도입되었다.[24]

## 게르만어권과 북유럽식 공동관리의 느린 확산

요약해보자. 게르만어권과 북유럽 나라들(주로 독일·오스트리아·스웨덴·덴마크·노르웨이)에서, 임금노동자 대표자들은 (적어도 대부분의) 기업 이사회 내에서 자본 참가와 무관하게, 이사직과 의결권의 3분의 1에서 절반 사이를 가지고 있다. 이 문제에서 선구자인 독일의 경우 이 제도가 자리잡힌 건 1950년대 초반부터다. 그렇지만 2010년대까지, 높은 생활수준과 생산성 그리고 낮은 불평등이 특징인 게르만어권과 북유럽 나라들의 사회적 산업적 모델의 잘 알려진 성공에도 불구하고, 다른 나라들은 이 흐름을 따라오지 못했다. 영국·미국·프랑스·이탈리아·스페인·일본·캐나다·오스트레일리아에서, 민간기업들의 지배구조는 여전히 주식회사라는 불변의 규칙을 따르고 있다. 달리 말해 이 나라들에서는 주주총회가 임금노동자들에게 그 어떤 대표성도 부여하지 않고(또는 때로 의결권 없이 순전히 자문 권한만 있는 대표성을 부여하고 있으며), '1주 1의결권'이라는 토대 위에서 계속 이사 전체를 임명하고 있다.

2013년 프랑스에서는 5000명 이상의 임금노동자가 있는 기업들에 이사회 이사 12명 중 노동이사 1명을 둘 것을 의무화하는 법을 채택하면서 사태가 약간 변하기 시작했다. 그렇지만 프랑스의 이 새로운 규칙들은 게르만어권과 북유럽 나라들에서 시행되고 있는 제도들에 비하면 (노동이사의 수라는 측면뿐만 아니라 여기에 해당하는 기업 범위에서도) 대단히 한정적이다.[25] 이 같은 조치들이 2020년대에는 프랑스뿐만 아니라, 최근에 노동당과 민주당 책임자들이 꽤나 야심차고 혁신적인 안을 논의하고 있는 영국과 미국으로 확장되지 말란 법도 없을 것이다. 프랑스와 앵글로색슨에서 이 안들이 실행된다면, 훨씬 광범위한 세계적 확산조건을 갖추게 되는 셈이다. 그래도 여하간 2019년 현재, 2013년에 프랑스에서 도입한 궁색한 이사직을 제외한다면, 권력 분유와 공동관리 장치는 게르만어권과 북유럽 나라들에 국한되어 있다. 이 장치는 오늘날에도 여전히 앵글로색슨 자본주의가 아니라 (프랑스·라틴·일본 자본주의는 더더욱 아니고) 라인강과 스칸디나비아 자본주의의 품질보증 마크인 것이다. 1차대전이 끝난 뒤 전간기에 강력한 누진세가 신속하게 전면적으로 확산된 것에 비해, 공동관리제도의 확산이 이토록 제한적이고 느린 이유를 어떻게 설명할 수 있을까?

첫번째 이유는, 임금노동자의 자본 참가가 없는데도 상당수의 의결권을 이들에게 부여할 때 사적소유 개념에 대한 꽤나 급진적인 문제제기가 된다는 것이다. 주주와 소유자는 언제나 이런 문제제기에 특히 격렬하게 반대해왔다. 경제 문제에 대해 비교적 보수적인 정당들도 어느 정도의 소유권 확산 이론을 옹호하기 쉽다. 프랑스에서 드골주의운동은 이렇듯 참여개념(의결권은 없으나 수입과 연동된 이익배분과 임금노동자 주주를 동시에 포괄하는 개념)을 장려했다. 미국의 공화당과 마찬가지로 영국의 보수당은, 이를테면 1980년대의 대처리즘에 따른 공기업 민영화 국면에서도, 우리사주제를 일관되게 옹호했다. 하지만 해당 재화에 대한 자율처분권(고전적인 소유 개념에서는 절대적이라고 간주된 권한)과 연계된 자본소유의 규칙을 바꾸는 것과, 아무것도 소유하지 않은 이에게 의결권을 부여한다는 것은, 개념적으로 매우 불안정한 행위들을 조성하며 관점에 따라서는 누진세보다 훨씬 심각한 것이다. 북유럽 나라들과 마찬가지로 독일에서도, 이러한 전환과 더불어 소유에 관한 법과 회사법이 대담하게 개정될 수 있었던 것은 특정한 역사적 조건들과 노조운동과 사민주의 정당들의 특히 강력했던 동원 때문이었다.

첫번째 이유를 보완하는 두번째 이유는, 다른 나라들의 정치사회 세력들에는 이와 같은 동일한 결정력이 없었다는 점이다. 그 이유는 각 나라의 고유한 정치적-이데올로기적 궤적과 관련된다. 이 맥락에서 프랑스를 살펴보면 사회주의운동의 (예컨대 1970년대 좌파연합 강령의 초석이던) 국유화에 대한 지속된 애착과 공동관리에 대한 무심함을 들 수 있는데, 이는 프랑스 사회주의의 이른바 국가주의 이데올로기 및 노조운동과의 약한 유대 탓이다. 실제로 1981~1986년 프랑스에서는 민간기업에 임금노동자 이사제를 도입하려는 그 어떤 조치도 채택되지 않았는데, 이 시기는 바로 사회당이 의회에서 절대다수 의석을 보유하던 때다. 임금 및 노동 조건에 대한 협상에서 노조 지도자들의 역할은 확대되었고, (지자체에 매우 큰 자율성이 주어진 것처럼) 탈중앙집중화와 참여를 촉진하는 여타의 조치들이 다른 부문에서 실행되었지만, 기업 내 주주와 의결권 사이의 독점적 연결은 깨지지 않았다. 반면 1982년의 엄청난 국유화정책은 거의 전 은행 부문과 주요 산업 복합체를 공공 부문에 포함시켜 해방 이후 진행되어온 국유화를 완성하고자 했고, 그 결과 주주들이 경영이사회 이사를 선출하는 게 아니라 국가가 이사를 임명했다. 달리 말해 프랑스 사회주의자들의 머릿속에서는, 이 나라의 모든 경영이사회에 국가와 고위공무원이 개입할 수는 있어도 임금노동자 대표자들의 자리는 거기 없었던 것이다.

공산주의 진영의 점진적 붕괴와 대처주의-레이건주의의 탈규제 및 민영화라는 새로운 맥락에서, 1986~1988년에 드골주의 정당들과 자유주의 정당들이 다시 집권하면서 1945년과 1982년에 국유화된 것들은 대부분 매각되었다. 게다가 민영화의 흐름은 1988~1993년, 1997~2002년, 2012~2017년 입법부에서 일정하게 이어졌는데, 이 기간에 사회주의자들이 집권하고 있었음에도 게르만어권-북유럽식의 공동관리는 2013년의 소심하고 뒤늦은 입법을 제외하면 전혀 실행되지 않았다.[26] 프랑스 사회주의자들과 공산주의자들은 1945~1946년 이래로 공동관리를 관철시키겠다는 선택을 할 수도 있었지만, 이들은 국유화와 사회보장 같은 다른 전투에 더 집중하고 싶어했다.

공동관리에 대한 이러한 무심함이 프랑스 노조운동의 취약함 때문인지는 확실치 않다. 한편으로는, 프랑스의 노조운동이 독일이나 영국에 비해 역사적으로 덜 강력하고 덜 구조화되어 있으며 정당과 덜 긴밀하게 연결되어 있다고 하더라도,[27] 역시 이 나라의 정치사에서(특히 1936년, 1945년, 1968년, 1981년, 1995년, 2006년에) 노조와 사회적 동원은 핵심적인 역할을 수행해왔다. 다른 한편으로는 무엇보다도, 영국에는 그 기원에서부터 강력한 노조운동과 구조적으로 연결된 노동당이 있음에도 게르만어권과 북유럽 나라들의 공동관리가 영국으로 확대되지는 않았다. 두 나라의 이러한 무심함을 가장 그럴듯하게 설명해줄 만한 건, 영국 노동당이나 프랑스 사회당 모두가 오랫동안 대기업의 국가소유와 국유화를 통해서만 힘의 균형을 깨뜨리고 자본주의를 극복할 수 있다고 생각해왔기 때문이라는 설명이다. 이는 (1981년의 강령에서 드러나듯이) 프랑스에서 분명 그러했지만, 영국도 역시 마찬가지였다. 1918년 노동당의 규약은, 저 유명한 '당헌 4조'를 통해, 생산수단의 집단화(또는 적어도 집단화라고 해석되는 것)를 중심 목표로 설정했다. 노동당의 강령은 1980년대에도 여전히 더 많은 국유화와 공공 부문의 무한 확대를 약속했으며, 이는 토니 블레어의 신노동당New Labour이 1995년에 '당헌 4조'에 담긴 소유체제에 대한 모든 준거를 폐기할 때까지 이어졌다.[28]

## 사회당, 노동당, 사민당: 교차하는 궤적

이러한 관점에서 보면 오히려 독일 사민당은 하나의 예외다. 프랑스와 영국의 정당들이 1989~1991년에 소련이 몰락하고서야 강령의 핵심 요소인 국유화를 포기했던 반면, 독일 사민당은 1950년부터 공동관리 원칙으로 무장하고 1959년 바트고데스베르크에서 국유화를 포기한다. 전간기에는 사정이 달랐다는 점을 주목하면 흥미롭다. 1920년대와 1930년대에 독일 사민당은 프랑스와 영국의 동류 정당들과 마찬가지로 국유화를 강령의 핵심에 두고 있었으며, 공동관리에는 전혀 관심을 보이지 않았다.[29] 사태가 1945~1950년에 변했다면 이는 독일의 정치적-이데올로기적 궤적이 지닌 특수성에 기인한다. 전간기에 독일 사민당과 독일 공산당의 너무나 혹독했던 대결이 남긴 여파도 있었거니와,[30] 1950년에 서독의 사민당은 당연히 동독의 공산당과 국가소유로부터 자신들을 분리하고자 했던 것이다. 나치 체제하에서의 비대한 국가권력에 대한 트라우마 경험으로 인해 사민당과 서독 여론의 눈에는 국유화와 국가소유가 믿을 만한 것이 되지 못했으며, 외려 자주관리 해법들에 조금이나마 관심을 갖게 되었다.[31]

여하간 1990년대 초 국유화에 대한 준거를 포기했다고 해서 프랑스 사회당과 영국 노동당이 공동관리 의제를 지지하게 되지는 않았다는 점에 주목할 필요가 있다. 1990~2010년 기간에 이 두 정당에는 소유체제 전환에 대한 최소한의 의지도 실제로는 없었던 것으로 보인다. 민간자본주의와 '1주 1의결권' 원칙이 그들에게는, 적어도 일시적으로는 극복할 수 없는 지평이었던 것으로 보인다. 더구나 그들은 자본이동의 자유화와 법인세 인하를 향한 과도한 질주만큼이나 일정하게 민영화를 향해 나아감으로써 이 지평에 기여했다.[32] 프랑스의 경우 공동관리가 2013년의 소심한 법을 통해 마침내 무대 전면에 등장한 데는 일부 노조들(특히 프랑스민주노동연맹CFDT)의 공동관리에 대한 줄기찬 주장과 독일 산업 부문의 점점 더 확고한 성공에 크게 빚지고 있다. 2000년대 말 2010년대 초에는 독일과 그 경제모델에 근거한 것들을 어디에서나 볼 수 있었으며 여기엔 일정하게 그럴 만한 이유가 있기에, 프랑스의 주주들과 고용주들은 공동관리를 거부하고 임금노동자가 이사회 안에서 혼란을 조장할 것이라고 말하기가 점점 더 어려워졌다.[33] 수십 년간 자리잡아온 게르만어권과 북유럽 나라들의 제도와 비교했을 때, 2013년의 진전이 보여준 소심함은 작동중인 정치적-이데올로기적 저항들과 더불어 정책적 학습과 실험과정들이 지닌 협소한 민족적 특질을 여실히 말해주고 있다.

영국의 경우, 불평등 증대에 맞선 투쟁의 새로운 길을 찾으려는 욕구와, 또한 이 나라의 불평등주의적 표류와 블레어 노선에 대한 불만족에서 기인한 2015년의 노동당 지도부의 변화가, 지난 수년간 이 문제들에 관한 새로운 정치 의제 발전에 기여했다. 국유화 문제에 더욱 개방적인 접근과 함께(교통이나 수도와 같은 일부 부문에서는 다시금 공기업이 바람직한 형태로 고려되고 있는데, 이는 이전 단계에 비해 확실히 실용주의를 보여준다), 영국의 노동법 및 기업 지배구조의 새로운 체계를 추친하고 있는 모습이 확인된다. 이사회 내에 임금노동자들의 대표를 앉힌다는 생각이 앵글로색슨 나라들에서 인기가 높아지고 있는데다, 이전엔 이에 대해 회의적이었던 미국 민주당과 영국 일부 보수당원들마저 최근 수년간 공동관리를 내세우고 있는 것은, 공동관리가 공적자금이 전혀 들지 않는 사회적 수단이며 불평등이 증대되고 적자가 악화되는 이런 시기에 특히 유용하다는 사실 때문이다. 좋은 이유든 나쁜 이유든 여하간 이 모든 이유 때문에, 언제 어떻게 변화가 일어날지를 지금 단계에서 말하기는 불가능하더라도, 이 문제들은 장차 계속해서 논의될 가능성이 있다.

### 유럽의 공동관리 지침에서 '2x+y'안까지

새로운 전망들을 논하기 전에, 앞서 요약한 여러 정치적-이데올로기적 궤적은 실제로 일어난 일들이었을 뿐임을 강조해야 한다. 일어날 수 있었던 다른 많은 일들이 있었을 것이다. 왜냐하면 소유체제의 역사는 불평등주의체제의 역사 일반과 마찬가지로, 다수의 가능성을 지닌 분기들로 이루어져 있기에 선형적이고 결정론적 관점으로는 사유될 수 없기 때문이다.

특히 흥미로운 사례는, 1977~1978년에 영국에서 논의된 '2$x$+$y$'안이다. 노동당 총리 해럴드 윌슨은 역사학자 앨런 불럭이 주재하고 법률가·노조운동가·고용주로 구성된 위원회에 보고서를 위촉했고 1977년에 그 결론을 보고받았다. 이 보고서는 유럽위원회의 요청에 따라 작성됐는데, 특히 독일의 압력을 받고 있던 당시 유럽위원회는 유럽 회사법 지침을 마련하려 하고 있었다. 1972년에 브뤼셀 당국이 공표한 지침 초안은 500명 이상의 임금노동자를 고용한 모든 기업은 이사회에 적어도 3분의 1의 노동이사를 두도록 명시했다. 수정 지침안이 1983년과 1988년에 나왔지만, 유럽 나라들에서 이를 채택하는 데 필요한 충분한 과반수 확보가 되지 않아 결국은 전부 포기되었다.[34] 우리는 유럽의 의사결정 규칙이 이런 유형의 공동 정책 채택을 거의 불가능하게 한다는 것과(법률체계뿐만 아니라 사회적 조세재정 개혁과 관련해서도 마찬가지다), 제도들의 심층적인 민주화만이 이러한 일들을 변화시킬 수 있다는 점을 다시 살펴보겠다. 그럼에도 불구하고 흥미로운 사실은 1970년대와 1980년대에 임금노동자와 주주 간의 권력 분유라는 유럽식 모델을 촉진하기 위한 비교적 진전된 시도가 있었다는 점이다.

여하간 불럭 위원회는 1977년 영국 노동당 정부에 '2$x$+$y$'체계 채택을 제안했다.[35] 구체적으로, 2000명 이상의 임금노동자를 고용한 모든 기업에서 주주들과 임금노동자들은 각각 이사회에서 $x$명의 이사를 선출하고, 국가는 일련의 독립이사들을 $y$명 임명함으로써 이사회 구성을 완료한다. 이들 독립이사는 주주와 임금노동자가 가부동수일 경우에 결정적인 캐스팅보트 역할을 할 것이다. 이를테면 이사회가 주주 5명, 임금노동자 5명, 정부 대표 2명으로 구성됐다고 치자. 기업은 법규상 $x$와 $y$의 수를 정할 수는 있지만, 이사회에 가장 중요한 결정(경영진 임명, 회계 승인, 배당금 배분 결정 등)을 내릴 권한이 있다는 사실은 바꿀 수 없다. 여지없이 주주들과 금융계는 이 안에 강력히 반대했다. '2$x$+$y$'안은 자본주의에 대한 상식적인 신념을 급진적으로 전복시킨 것이자 잠재적으로는 독일이나 스웨덴

식의 공동관리를 훌쩍 넘어선 것이었다. 이는 노조운동가들과 노동당 당원들 대부분의 열렬한 지지를 받았으며, 그 어떤 타협도 있을 수 없는 것으로 보였다.[36] 1976년에 윌슨으로부터 승계받은 신임 노동당 총리 제임스 캘러헌은, 여론조사에서 노동당의 승리가 예측되던 1978년 초가을, 조기 총선 여부를 진지하게 고려했으나 결국 그는 1년을 더 기다리기로 결정했다. 인플레이션이 한창 비등한 사회적 맥락에서 1978~1979년 '불만의 겨울'이라 불리는 그 시기 동안에, 영국은 숱한 사회 갈등으로 마비되어 있었다. 마거릿 대처가 이끈 보수당이 마침내 1979년 총선에서 승리했고, 이 기획은 결정적으로 매장되고 말았다.

### 공동관리를 넘어서: 사회적소유와 권력 분유를 다시 사유하기

우리는 이 책의 4부에서, 역사의 교훈을 따르며 사회적소유와 일시소유의 요소를 결합함으로써, 21세기를 위한 새로운 형태의 참여사회주의를 만들어가는 방식에 대해 다시 다룰 것이다.[37] 지금 단계에서는 다만, 사회적소유 즉 기업 내에서의 권력 분유가 잠재적으로 게르만어권과 북유럽 나라들의 공동관리와는 다른 형태를 취할 수 있다는 것과, 최근의 여러 제안과 논의가 보여주듯 이 공동관리의 역사는 전혀 끝난 게 아니라는 점을 이야기하고 싶다.

전반적으로 보면 중심 문제 중 하나는, 독일 공동관리제의 주주 자동다수를 과연 어느 정도나 극복할 수 있는가다. 하나의 해법은 불럭 위원회의 $2x+y$안이지만, 이는 국가의 막중한 역할에 기초해 있고, 경우에 따라 대기업에서 작동할 수 있겠지만(이는 지자체와 중앙정부에 소수 주주로서의 역할을 부여하는 셈이다), 중소기업 수십만 개에 이 시스템을 적용하려면 문제가 발생한다.[38] 일반적으로, 독일 공동관리제도의 중요한 한계는 (500명 이상의 임금노동자들을 고용한) 대기업에만 해당된다는 점인데,

반면 북유럽의 공동관리는 더 광범위하게 적용된다는 장점이 있다(경우에 따라 30명, 35명, 또는 50명 이상의 임금노동자들이 있는 기업). 많은 임금노동자가 작은 회사에서 일한다는 사실을 감안하면, 어떤 식으로든 모든 기업에 적용가능한 조치를 구상하는 일이 필수적이다.[39]

$2x+y$안 외에 임금노동자들이 주주가 되도록 권장하는 것이 하나의 보완적 해법이 될 텐데, (자본 참가와 무관한) 상당수의 노동이사에 임금노동자 주주가 추가됨으로써 기업 상층부에 새로운 다수파가 형성될 여건이 마련될 것이다. 미국에서 민주당의 여러 상원의원이 2018년에 제출한 법안을 보면, 예컨대 미국 기업 이사회 내에 임금노동자 대표자들을 위한 30~40%의 이사직을 의무적으로 두도록 하는 안을 담고 있다.[40] 이런 형태의 규칙이 전혀 없었던 미국 상황에서 이 같은 입법 흐름은 혁명적이다. 임금노동자 주주의 전통이 있긴 하지만, 지난 수십 년간 소유 집중의 심화로 중위자산계급의 비중이 크게 줄었다. 상위 소득과 자산 보유자들에게는 불리하더라도, 임금노동자 주주를 장려하는 조세재정정책이 임금노동자 주주의 지위를 강화할 수 있을 것이다.[41] 우리가 누진소유세와 보편적 자본지원과 관련해 뒤에서 거론할 제안들 또한, 새로운 다수파로써 세력균형을 흔들고 임금노동자들이 동등하게 경제활동에 참여하고 경영에 개입할 수 있는 능력을 갖게 해줄 것이다. 하지만 노동이사직 신설이 미국에서는 아직까지 가설로만 남아 있다는 점을 강조해야 한다. 미국의 정치적-이데올로기적 상황에서, 게르만어권과 북유럽 나라들에서 성공한 공동관리든 또는 어떤 다른 나라들의 성공사례든 간에, 그에 대해 참조하더라도 대부분 제한된 영향력만 가지기 때문이다. 대주주의 권력을 제한하는, 앵글로색슨의 오래된 (대체로 잊힌) 전통이 존재하고 있다는 점을 떠올려야 할 것이다. 19세기 초 영미 기업들은 일정 기준을 넘어서면 흔히 주주 의결권에 상한을 두었다.[42]

최근 영국의 논의 또한 기존의 공동관리모델을 극복할 수 있게 해주는 새로운 길을 제시한 바 있다. 어느 법률가 집단이 애쓴 끝에 2016년 『노동법 선언』을 출간했고, 일부는 노동당의 공식 정강 안에 포함되었다. 그 목표는 노동법 및 회사법을 전반적으로 상세히 검토해 대대적인 임금노동자들의 참여, 노동 및 급여 조건의 개선뿐 아니라 사회경제적 효율성을 더 증대시키기 위함이다. 『노동법 선언』은 특히 임금노동자 대표자들이 이사회에서 즉시 최소 두 자리(전체 이사직의 약 20%)를 확보할 것을 제안하고 있다. 무엇보다도, 가장 독창적인 제안은 이사들을 주주-임금노동자 공동회의에서 선출하도록 하는 데 있다.[43] 달리 말해, 모든 임금노동자가 장기적인 기업 발전의 행위자로서 주주와 동등한 자격을 갖는 기업 구성원으로 간주된다는 말이다. 그만큼 임금노동자들은 이사 임명을 책임지는 공동회의 내에서 의결권을 갖게 된다. 이 책은 애초에 임금노동자들이 공동회의 내에서 20%의 의결권을 보유한다고 제시하지만, 그러면서도 (아마도 50% 또는 그 이상으로) 이 비율이 증가하리라 본다. 게다가 이 규칙들을 영세기업까지 포함해 모든 기업에 적용하자고 제안하는데, 이는 다른 나라의 경험들과는 본질적인 차이를 가지며 모든 임금노동자의 참여가 일반화될 수 있게 해줄 것이다.

저자들에 따르면, 이 같은 체계의 장점은 잠재적 이사들이 임금노동자와 주주 모두와 소통하게 된다는 데 있다. 공동회의에서 선출한 이사들은 두 집단 중 어느 한쪽의 이익만을 대변하기보다는 두 범주의 행위자들이 가진 정보와 열망에 의거한 장기적 전략을 제시해야 할 것이다. 또한 임금노동자들이 개인 자격으로든 집단을 통해서든 주식을 일부라도 보유한다면 새로운 역학이 출현하게 될 것이다.[44]

### 협동조합과 자주관리: 자본, 권력, 의결권

마지막으로 협동조합의 지배구조와 관련해 최근 성찰되고 있는 것들을 언급해보자. 더 일반적으로는 조합 및 재단과 같은 비영리기구들에 대한 성찰로, 이 기구들은 특히 교육·보건·문화·대학·미디어 등의 여러 부문에서 중심 역할을 수행하고 있다. 협동조합에 관한 한, 그 발전에서 주요한 한계 중 하나는 지나친 경직성이었다. 가장 고전적인 형태는 협동조합 조합원 각자가 동일한 의결권을 갖는 것이다. 조합원 각자의 엇비슷한 출자금과 동등한 협력에 기반한 특정 프로젝트에서는, 이 형태가 완벽히 들어맞을 수 있다. 역사적으로 다양한 협동조합 조직들은 평등한 토대 위에서 공동의 천연자원을 관리하는 능력을 보여주었다.[45]

하지만 이는 서로 다른 수많은 상황에서 복잡한 사태를 유발하는데, 특히 개별적 특성에 따라 달라지는 신규 투자에 재원이 필요한 경우에 그렇다. 이는 대규모 프로젝트뿐만 아니라 작은 벤처사업일 경우에도 난관을 야기할 수 있다. 카페-레스토랑 또는 유기농 식료품점을 창업하면서 사업에 5만 유로의 예금을 투자하려는 사람의 경우를 예로 들어보자. 창업자와 그가 함께 일하기 위해 채용했지만 자본은 출자하지 않은 두 명의 임금노동자를 합해, 도합 세 명의 임금노동자가 있다고 가정해보자. 완벽하게 평등한 협동조합구조에서, 세 명의 임금노동자는 각자 동등한 의결권을 가질 것이다. 어쩌면 한 주 전에 이 사업에 합류했을 수도 있고 또는 자기 사업을 위해 곧 떠날 채비를 하고 있을 수도 있는 새로 채용된 두 명의 임금노동자는, 이 사업에 자신의 예금뿐만 아니라 어쩌면 자신에게 소중한 꿈과 고민의 세월을 투자한 창업자를 모든 유형의 결정에서 소수자로 만들 수도 있다. 이 같은 배치가 어떤 상황에는 들어맞을 수도 있지만 이를 모든 경우에 관철시킨다면 정의롭지도 효율적이지도 않을 것이다. 매우 다양한 개별적 열망과 경로가 존재하며, 여러 가능한 형태의 권력 분유는 이러한 다양성을 질식시키는 것이 아니라 이러한 다양성에 맞춰져야 한다. 나는 다음 장에서 공산주의사회와 포스트공산주의사회와 관련해 이 결정적인 문제를 다시 이야기할 것이다.[46]

더 일반적으로, 더 많은 임금노동자와 더 다양한 자본구조가 연루된 기획들의 경우, 임금노동자들이 결정기관 안에서 (독일의 공동관리 원칙에 따라 선출되거나 임금노동자-주주 공동회의에서 선출된) 대표자가 된다는 조건, 그리고 자산 불평등을 감소시키고 사회경제활동에 대한 평등한 참여를 위한 모든 것이 이루어진다는 조건하에서, 자본을 더 많이 출자한 사람들이 더 많은 의결권을 보유한다는 것은 잘못된 일이 아니다. 또한 일정 기준 이상의 의결권을 보유하면 그 상한을 설정하거나, 또는 여러 개로 분류된 의결권을 둘 수도 있다.[47]

예컨대 최근에 '비영리 미디어기업'에 대한 법규를 제정하자는 제안이 있었다. 기업에 대한 고액 기부자의 의결권에는 상한이 설정되고, 소액 기부자(언론인, 독자, 크라우드펀딩 참여자 등)의 의결권은 그에 비례해 가중치가 부여된다. 이 경우에, 기본 총자본의 10%를 넘는 금액을 기부한 개인은 금액의 3분의 1에 해당하는 의결권을 갖는다고 정할 수 있을 것이다.[48] 이 아이디어는 100유로보다는 1만 유로를 기부한 어느 언론인 또는 어느 독자에게 더 많은 의결권을 부여한다는 의미일 수도 있지만, 신문을 '구하기' 위해 요구되는 1000만 유로 전부를 기부한 한 명의 억만장자 기부자에게 전권을 주는 일은 피해야 한다. 이는 말하자면 '1주 1의결권'이라는 원칙에 근거한 전통적인 주식회사와, 기부를 해도 의결권을 전혀 부여받지 못하는(적어도 직접적으로는 받지 못하는) 재단·조합·여타 비영리기구 사이의 중간 형태인 셈이다.

처음에는 미디어 부문에서, (회수가 불가한) 기부 형태로 재원이 출자되는 틀에서 사유된 이 같은 모델은, 다른 활동 부문들의 협동조합을 위해서도 활용되거나 자본출자를 회수할 수 있는 경우에도 적용될 수 있을 것이다. 일반적으로는, 순수한 협동조합모델(1인 1의결권)과 순수한 주식회사모델(1주 1의결권) 사이의 대결에 한정될 이유가 전혀 없다. 중요한 점은 새로운 혼합 형태들이 구체적이고 대대적으로 실험되어야 한다는 것이다. 자주관리에 대한 논의들은 예컨대 1970년대 프랑스에서 거대한 희망을 불러일으켰다. 하지만 그 논의들은 대체로 구호 수준에 그쳤고, 정밀한 제안들로 구체화되지 못해서 결실을 거두지 못했다.[49] 이러한 새로운 법규를 장려하려면 비영리기구의 조세체제에 대한 개조도 수반되어야만 한다. 대부분의 나라에서 기부금과 관련한 조세특혜는 불균형하게도 자선·문화·예술·교육 분야를 비롯해 때로 정치자금까지 기부하는 부자들에게 유리하게 돌아가는데, 이는 사실상 부자들이 중간층 이하의 납세자들로부터 보조금을 받는 것이다. 우리는 이 동일한 수단들을 훨씬 더 민주적이고 참여적인 논리 안에서 활용해볼 수 있는 방안에 대해 이 책의 4부에서 재론할 것이다. 예컨대 같은 액수로 시민 각자가 자신이 선택한 비영리집단들에 풍부한 재원을 제공하게끔 할 수도 있는데, 이런 기획들은 이제껏 구상된 것(예컨대 미디어 또는 지속가능한 발전과 같은 것들)과는 다른 부문에도 역시 연관시킬 수 있다.[50]

요약해보자. 19세기에 그리고 1차대전까지, 지배 이데올로기는 사적소유와 소유자의 권리를 신성화하는 것에 있었다. 그후 1917~1991년의 소유 형태에 대한 논의는 소비에트 공산주의와 미국 자본주의 사이의 양극적인 대결로 인해 과잉결정되었고, 이로써 담론과 성찰은 동결되고 말았다. 모든 문제에 대한 해법으로서, 기업에 대한 국가소유를 무한정 확장하는 것에 찬성하든가 아니면 민간 주식회사에 찬성해야만 했다. 이는 공동관리나 자주관리 같은 대안 경로를 도대체 왜 그만큼 최대한 탐구하지도 심화시키지도 못했는지를 설명해준다. 소련의 몰락은 사적소유를 무한정 신봉하는 새로운 시기를 열어젖히기 시작했는데, 우리가 이 시기에서 완전히 빠져나오진 못했어도 어쨌든 이 사적소유에 대한 믿음이 고갈되고 있다는 심각한 징후가 드러나고 있긴 하다. 소비에트가 대실패였다고 해서 소유와 그 극복에 대한 사유를 멈춰야 한다는 뜻은 아니다. 구체적인 소유와 권력 형태는 거듭 다시 창안되어야 한다. 특히 게르만어권과 북유럽 나라들의 공동관리 경험에서 다시 시작하고 이를 일반화함으로써, 이 경험을 참여적이고 혁신적이면서도 실현가능한 자주관리 논리로 확장함으로써, 이 역사의 흐름을 되찾아야 할 시간이다.

## 사민주의, 교육, 미국 우위의 종언

이제 21세기 초 사민주의사회들이 직면한 주요 도전 중 하나인 기술과 직업 훈련, 특히 고등교육에 대한 접근 문제로 넘어가보자. 일반적으로 소유체제 문제를 넘어 강조해야 할 점은, 국내뿐만 아니라 국제적 차원에서, 불평등주의체제의 역사와 사회경제적 불평등구조의 진화와 관련해 교육이 지닌 핵심 역할이다. 분명 두 가지 지점에 특히 주목해볼 만하다. 우선은, 20세기의 많은 시간 동안 미국이 서유럽 및 세계 다른 곳에 비해 교육에서 상당한 우위를 누려왔다는 점이다. 이 현실은 19세기 초 이 나라의 기원까지 거슬러올라가며, 대체로 20세기의 대부분 동안 나타난 생산성 및 평균 생활수준의 격차는 이로써 설명된다. 이런 우위는 20세기 말에 사라져, 고액 기부금을 받는 대학들에 진학한 사람들과 중위계급 및 인민계급 사이에서 드러난 교육투자상의 심각한 격차와 더불어, 미국에서는 유례없는 교육 계층화 또한 발생했다. 미국의 경우를 넘어, 내가 강조하고 싶은 사실은 초중등교육 혁명에서 고등교육 혁명으로의 이행은 그 어느 나라도 충분히 만족스럽게 대처하지 못한 불평등주의 도전에 해당된다는 것이다. 이처럼 대처하지 못했다는 것이 부분적이나마, 1980년 이후 불평등 증대라는 일반적 현상과, 사민주의모델 및 이 모델을 가능케 했던 선거연합의 쇠퇴에 대해 설명해준다.

미국의 우위에서 시작하자. 1950년대 초, 독일과 프랑스의 노동생산성은 미국에서 관찰되는 수준의 고작 50%였다. 영국은 미국 수준의 60%에 못 미쳤다. 그후 1960년대와 1970년대에 독일과 프랑스는 영국을 추월했고, 1980년대 말에는 미국을 따라잡았다. 이어 1990년대 초부터 독일과 프랑스의 노동생산성은 미국과 대등한 수준으로 거의 안정된 반면, 영국의 생산성은 [미국에 비해] 약 20% 낮은 수준에 머물렀다(도표 11.3 및 11.4 참조).

이러한 진화들과 관련해서는 여러 가지를 짚고 넘어가야 한다. 우선 강

**도표 11.3** 노동생산성, 1950~2015년 (2015년 유로)

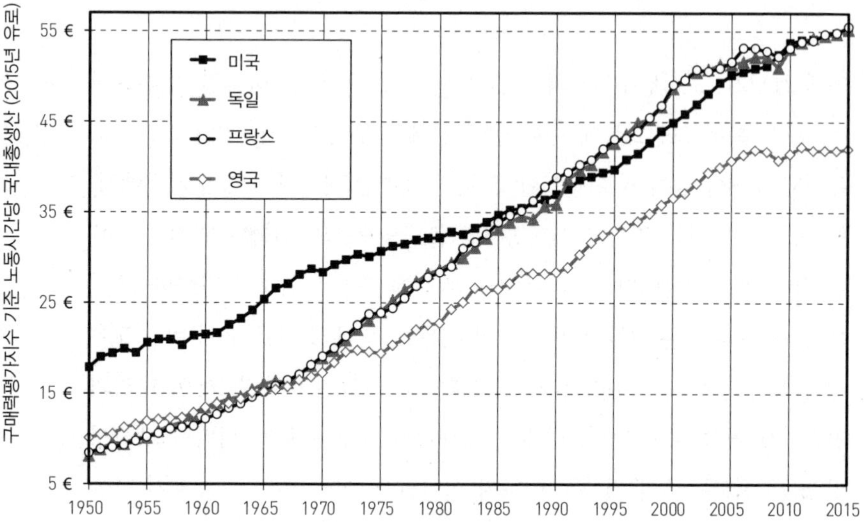


(2015년 구매력평가지수 기준 고정 유로로 나타낸) 노동시간당 국내총생산인 노동생산성은 독일과 프랑스에서 1950년에 8유로던 것이 2015년에는 55유로가 되었다. 독일과 프랑스는 1985~1990년경 미국의 수준을 (약간 앞지르거나) 따라잡은 반면, 영국은 여전히 20% 더 낮았다.

**출처 및 원 통계자료:** piketty.pse.ens.fr/ideologie

조해야 할 사실은 도표 11.3과 11.4에 제시된 노동생산성 측정 방식, 즉 해당 연도별 각국의 경제활동인구의 총노동시간으로 나눈 국내총생산은 전적으로 만족스러운 것과는 거리가 멀다는 점이다. 무엇보다도 '생산성' 개념 자체가 본질적으로 문제적이며 이에 대해서는 좀더 명확히 논의될 필요가 있다. 때로 생산성이라는 단어는 부단히 더 생산하라는 일종의 명령을 나타내는 듯 보이는데, 그 결과로 지구가 살 수 없는 곳이 된다면 그야말로 아무런 의미도 없는 짓이다. 바로 이러한 이유로 국내총생산이 아니라 국내순생산, 즉 천연자원을 포함하여 자본이 입은 손해 및 감가상각을 공제한 이후의 생산을 놓고 논증하는 것이 매우 바람직한데, 이는 현행의 가용 공식 국민계정에서는 계산하기가 매우 어렵다. 그렇다고 우리가 여기서 집중하는 국가 간 비교에 영향을 주지는 못하지만, 이는 21세기 세계의 불평등한 생산체제에 대한 분석에는 본질적인 영향을 끼친다.[51]

**도표 11.4** 노동생산성, 유럽 대 미국

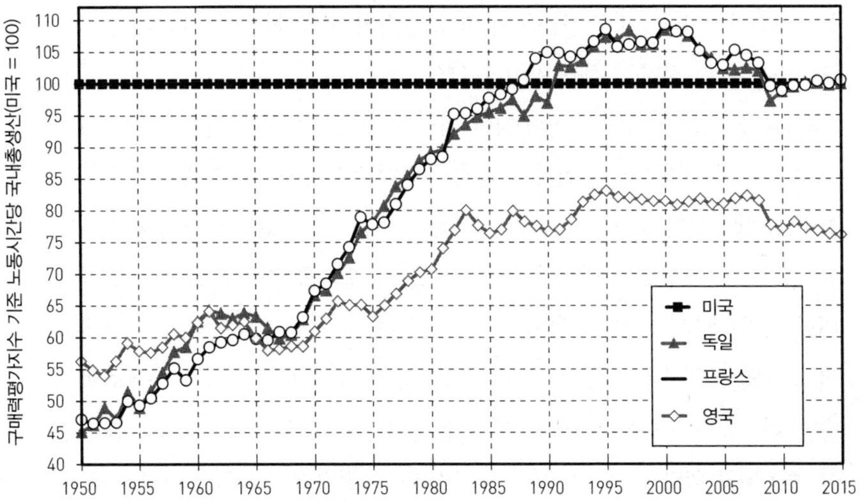


(2015년 구매력평가지수 기준 고정 유로로 나타낸) 노동시간당 국내총생산인 노동생산성은 1950년 미국보다 서유럽이 2배 더 낮았다. 독일과 프랑스는 1985~1990년 미국의 수준을 (약간 앞지르거나) 따라잡은 반면, 영국은 여전히 20% 더 낮았다.

**출처 및 원 통계자료:** piketty.pse.ens.fr/ideologie

다음으로는, 다양한 나라에서의 노동시간을 온전히 비교가능하고 신뢰할 수 있는 방식으로 측정하는 것이 꽤나 복잡하다는 점이다. 물론 1960년대와 1970년대부터 주당 노동시간과 휴가와 기타 등등을 추산할 수 있게 해주는 다수의 조사가 있긴 하다. 하지만 이 조사들이 시공간상 완전히 같은 방식으로 이뤄진 경우는 드물고, 그마저도 선행 시기에 관해서는 조사 횟수가 훨씬 적고 완전하지도 않다. 내가 여기서 인용한 것은 국제통계기구들이 모아놓은 노동시간표들이다. 우리가 쓸 수 있는 최상의 통계들이긴 하지만, 그 정확도를 과장해서는 안 된다. 유념해야 할 (그리고 이 경우에 적절히 잘 기록된) 주요 사실은, 직종별 노동시간이 1970년대 초까지는 서유럽 여러 나라와 미국에서 (직종별로 연간 1900~2000시간으로) 거의 동일했고, 유의미한 격차가 생기는 건 1980년대와 1990년대부터라는 점이다. 2010년대 중반에, 독일과 프랑스에서는 직종별 연간 노동시간이 1400~1500시간인 반면, 영국에서는 거의 1700시간이고, 미국에서는 1800시간이다. 이 격차는 독일과 프랑스의 노동하는 기간이 더 짧고 휴가기간이 더 길다는 점을 반영한다.[52]

(영국을 포함해, 정도는 덜하지만 미국에서도) 노동시간 단축은 장기적으로 일반적 경향이라는 점에 주목해야 한다. 이 경향은 논리적인 것으로 보인다. 생산성이 증대됨에 따라, 더 짧게 노동하고, 가족과 아이와 친구를 챙기거나 세상일과 여타의 일을 찾아보며 오락을 즐기고 교양을 쌓기 위한 추가 생활수준을 누린다는 것은 당연하다. 이것이 바로 기술적 경제적 진보의 목표인데, 생활의 질적 향상이라는 이 일반적 목표가 앵글로색슨 나라들보다는 독일과 프랑스에서 관찰되는 진화에서 전반적으로 좀더 잘 충족되고 있다고 여기지 못할 것도 없다. 그렇지만 노동시간 단축과 관련한 이상적인 속도와 조정 방법이라는 문제는 극히 복잡하고 여기서 해결할 문제는 아니다. 노동시간의 경향적 단축은 현저히 정치적인 과정인 데다, 늘 각국의 고유한 이데올로기적 진화와 사회 갈등을 만들어낸다.[53] 단지 눈여겨보게 되는 점은, 국가 수준에서든 혹은 적어도 한 부문에서든, 전체 임금노동자에 대한 국내법이나 단체협상이 없는데도 역사상 노동시간이 대폭 단축된 경우를 보기란 극히 드물다는 것이다.[54]

여하간 다양한 나라에서 택한 주당 노동시간 또는 유급휴가에 대해 무엇을 생각하든, 내가 여기서 강조하고픈 중요한 사실은, 노동시간 대비 국내총생산으로 측정한 평균 노동생산성은 1950년대에는 미국에 비해 독일과 프랑스가 2배 낮았지만, 1985~1990년 이후에는 거의 동일하다는 것과, 영국에서는 그것이 약 20% 낮았다는 점이다. 가용 데이터의 한계로 인해 어떤 방향으로든 비교상 약간의 편차가 있을 수 있으나 이 규모의 추이는 납득할 만하다.[55]

마지막으로 명확히 해두자면, 여기서 사용된 생산성 개념은 비록 매우 불완전하고 불만족스럽긴 하나 그래도 단순히 시장에 기반을 둔 생산성 개념보다는 더 정교한 개념이다. 특히 공공 부문과 비영리 부문의 생산은 생산비용을 토대로 국내총생산에서 계산되는데, 이것은 이 서비스를 행하는 교사나 의사에게 급여를 주는 데 쓰이는 세금·보조금·기부금이 사회가 그들의 것으로 간주하는 '가치'에 상응한다고 전제한다는 뜻이다. 어쩌면 이것이 (민간기업이 이 서비스를 더 비싸게 제공하는 나라들과 비교해볼 때) 공공 부문이 더 확대되어 있는 나라들의 국내총생산을 약간 저평가하는 것일 수도 있지만, 가령 비시장 부문이 단순히 무시된 경우보다 그 편향성은 한결 덜할 것이다.

## 미국, 초중등교육이 조숙했던 나라

미국의 우위와 1950년대 이후 그 우위의 단계적 하강이라는 문제로 돌아가보자(도표 11.3 및 11.4 참조). 우선 20세기 중반에 관찰되는 유럽의 생산성 수준은 미국에 비해 상대적으로 낮은데 이는 오래된 현실이다. 그 차이는 양차대전과 연관된 생산기구의 해체와 파괴로 악화된 게 분명하지만, 중요한 사실은 19세기 말 20세기 초에 이미 그 격차가 매우 컸다는 점이다. 1900~1910년경 프랑스와 독일의 국내총생산이나 1인당 또는 직종별 국민소득은 미국 수준의 60~70%였다. 영국은 격차가 덜해서 약 80~90%였다. 하지만 사실상 주로 1차산업혁명기에 (특히 섬유산업을 세계적으로 지배한 덕에) 우위를 확보하여 19세기 대부분 기간에 세계 최고였던 영국의 생산성은, 1차대전 이전 수십 년간 가속적으로 저하되다가 1900~1910년에는 이미 확실히 미국에 추월당했다.

모든 가용 자료에서 보이는바, (적어도 1950~1960년대까지) 지속적으로 증가한 이 생산성의 오래된 격차는 노동력 훈련의 측면에서 미국의 역사적 선진성에 의해 대부분 설명된다. 19세기 초 미국 인구는 유럽 인구에 비해 적었지만 취학 인구는 대체로 더 많았던 것이 사실이다. 인구조사에 기반한 가용 데이터를 보면, 초등학교 취학률은 1820년대에는 거의 50%,

1840년대에는 70%, 1850년대에는 80% 이상이다(여기서 취학률은 소년 소녀를 합쳐 5~11세의 초등학교 취학아동 비율로 정의된다). 흑인 인구를 빼면, 백인의 초등학교 취학률은 1840~1850년간부터 거의 보편적인 것(해당 연령대에서 90% 이상)으로 보인다. 같은 시기에 영국·프랑스·독일에서 초등학교 취학률은 20~30%였다. 이들 세 나라는, 1890~1910년이 되어야 미국에서는 반세기 전에 관찰된 보편적인 초등학교 취학률에 도달한다.[56] 미국이 지닌 이러한 교육에서의 우위는 프로테스탄트적 종교적 기원에 의해 어느 정도 설명되긴 하지만(스웨덴과 덴마크는 19세기 전반기에 미국보다 그렇게 한참 뒤처지진 않았다), 더 특수한 요인들로도 설명된다. 독일은 19세기 중반에 초등학교 취학률이 프랑스와 영국보다는 약간 우위에 있지만, 미국보다는 한참 뒤처졌다. 미국이 지닌 교육에서의 이러한 우위는 오늘날에도 관찰되는 이민자와 관련한 고전적인 현상과 연관될 수밖에 없다. 구체적으로, 18세기 혹은 19세기에 미국으로 이민해 온 사람들은, 그 시대의 유럽 인구에 비해 평균적으로 교육 수준이 높았고 이는 지리적 기원이나 종교가 같은 사람들 안에서도 마찬가지였으며, 자녀 교육에 대한 투자에서도 그랬다.

유럽에 대해 미국이 지닌 이런 교육상의 우위는 1820~1850년부터 초등교육에서 매우 두드러졌고, 게다가 이와 함께 남성보통선거도 매우 빠르게 확대되었다. 이 연관성을 이미 1835년에 토크빌이 지적했으니, 그는 교육과 토지소유 확대를 미국에서 '민주주의 정신'이 꽃필 수 있게 해주는 기본적인 두 힘으로 보았다.[57] 실제로 가용 데이터를 보면, 미국 대선에서 백인 성인남성의 참여율이 1824년 26%에서, 1832년 55%, 1844년 75%로 높아졌다.[58] 여성과 흑인은 확실히 오랫동안 선거에서 배제된 채로 남아 있었다(흑인은 1960년대까지 그랬다). 유럽에서 이 같은 선거권 확대를 보려면 19세기 말, 어떤 경우에는 20세기 초까지 기다려야 한다.[59] 지역의 선거 참여도 역시 같은 속도로 늘어나는데, 결국 이로 인해 지방세에 의한 학교 재원 조달은 더욱 강력하게 공중의 지지를 받게 된다.

무엇보다도 중요한 점은, 미국의 이 교육상의 우위는 20세기 대부분 기간에 계속될 거라는 점이다. 1900~1910년 유럽 나라들이 이제 막 초등교육 보편화를 이룬 이 시기에, 미국은 이미 중등교육까지 보편화하면서 한참 앞서 있었다. 실제로 중등학교에 취학한 (성별과 상관없는) 12~17세까지의 청소년 비율로 정의되는 중등학교 취학률이 1920년대에 이미 30%, 1930년대에 40~50%, 1950년대 말 1960년대 초에는 거의 80%에 달했다. 달리 말해, 2차대전 직후에 미국은 이미 중등학교 취학 보편화를 달성했던 것이다.[60] 같은 시기에 영국과 프랑스의 중등학교 취학률은 20~30%였고, 독일에서는 이제 막 40%에 달했다. 이들 세 나라에서는 1960년대 초 미국에서 관찰되는 80%의 중등학교 취학률이 1980~1990년에 이르러서야 달성된다. 반면 일본은 아주 빠르게 따라잡아서, 중등학교 취학률이 1950년대부터 60%에 달했고, 1960년대 말 1970년대 초에는 80%를 넘어간다.[61]

유럽에서는 19세기 말에, 특히 영국과 프랑스에서, 교육투자 부족에 관한 목소리가 높아지기 시작했다는 점을 주목해보면 흥미롭다. 세계에 대한 두 식민강국의 지배력이 흔들리고 있다는 점을 많은 관찰자가 감지하기 시작했다. 교육 확대가 분명 도덕적 문명적 관건으로 나타났다는 점 말고도, 미래의 경제적 번영에서 기술 숙련이 중심 역할을 하리라는, 그 시대로서는 어느 정도 새로운 생각이 점차 통용되었다. 사실 되돌아보면, 1880~1940년 화학·철강·전기·자동차·가정용 설비 분야에서 점차 확산된 2차산업혁명은 훨씬 더 숙련된 기술을 요했다는 것이 분명해 보인다. 1차산업혁명기에는, 특히 석탄과 섬유 산업 분야의 경우 상대적으로 비숙련 노동력을 동원하는 정도로 충분했고, 이 노동력은 십장들과 소수의 사업가, 새로운 기계와 생산 공정에 숙련된 기술자들이 관리 감독했다. 결정적으로는, 원재료 공급의 체계화 및 업무와 역할의 세계적 분업을 관장하는 책임을 진 자본주의적이고 식민적인 국가구조들에 전 산업이 기초해 있었다.[62] 2차산업혁명기에는 문해력과 기초적인 기술 지식을 통해 설비 사용 매뉴얼을 읽고 생산 공정을 숙지하는 노동자가 얼마나 많은지가 점점 더 관건이 되었다. 이것이 바로 미국이 1880~1960년에 새로운 산업 부문에서 영국과 프랑스보다 점차 우세해진 이유이고, 독일과 일본이 새롭게 국제무대에 등장해 그 뒤를 이었다.

19세기 말 20세기 초 영국과 프랑스는 자신들의 우위를 과신했고, 교육이라는 새로운 도전에 대처하는 자신들의 역량에 대해 의심하지 않았다. 프랑스에서는, 1870~1871년에 프로이센에 당한 군사적 패배로 인한 트라우마가 교육 확대를 가속화하는 결정적 역할을 했다. 초등교육 재원의 중앙집중화 및 의무교육에 관해 제3공화국하에서 1880년대에 채택된 법들은 취학률 증가에 확실히 긍정적인 역할을 했다. 하지만 사실 이 법들은, 18세기에 시작되어 19세기 동안에 점차 가속화된 초등학교 취학률과 문맹퇴치율의 완만한 증가 끝에 꽤나 뒤늦게 확립된 것들이다.[63]

영국에서는, 자국의 교육투자 부족에 관한 불안이 19세기 중반부터 표출되기 시작한다. 하지만 이 나라의 정치 엘리트들과 경제 엘리트들은 이에 대해 별로 개의치 않았고, 영국의 번영이 무엇보다 산업 및 금융에서의 자본축적과 소유주의적 제도들의 견고함으로 인한 것이라고 확신했다. 최근 연구들에 따르면, 1851년 영국의 인구조사 결과들은 다른 나라들—특히 미국과 독일—과의 교육 격차를 최소화하기 위해 조작되었다. 1861년 공식 의회 보고서는 11세 이하의 거의 모든 아동이 학교에 다니고 있다고 자신만만하게 발표하는데, 이는 몇 년 뒤 현장 조사로 번복된다. 이 조사의 결론에 따르면 취학아동은 절반 이하였다.[64]

1871년 프로이센이 프랑스를 상대로 거둔 승리와 마찬가지로 1865년 미국에서 북부가 남부에 대해 거둔 승리는 영국과 프랑스의 엘리트들 사이에서 교육의 우위로 인한 것으로 해석되었고, 이후 의식이 바뀌기 시작한다. 그렇지만 예산 통계를 보면, 영국의 교육투자는 1차대전까지 계속해서 현저하게 지체되었다. 1870년 (모든 단계의 교육과 공공기관들을 합친) 교육에 대한 공적지출은, 미국에서는 국민소득의 0.7% 이상인 반면, 프랑스에서는 0.4% 이하, 영국에서는 0.2% 이하다. 1910년에는 미국이 1.4%에 달한 반면, 프랑스는 1%, 영국은 0.7%다.[65] 비교를 위해서, 1815~1914년에 영국이 국채증서 소지자에게 이자를 지급하고자 국민소득의 2~3%를 매년 지출한다는 점을 떠올려보자. 이는 소유주의 이데올로기에 부여된 중요성과 교육 문제에 부여된 중요성의 격차를 보여준다.[66] 교육에 대한 공적지출이 1980~2020년 유럽 주요국들에서 국민소득의 6%에 육박한다는 것 또한 상기하자.[67] 여기서 20세기에 거쳐온 거대한 여정은 물론, 교육 문제가 대두되는 이 일반적 구도 안에서 사회집단 사이의 불평등 및 국가 간 격차의 잠재적 규모도 짐작해볼 수 있다. 특히 영국의 교육제도는—상류층이 다니는 사립학교와 공립학교 사이에서 나타나는—매우 강력한 사회적 교육적 계층화로 특징지어진다. 이는 이 나라가 1990년대 말 2000년대 초부터 시행한 교육예산 투자 노력에도 불구하고 어째서 생산성 지체를 겪고 있는지 설명해준다.[68]

### 1980년 이후 미국 인민계급의 쇠락

미국은 초중등교육에서 교육의 보편화를 이룬 선구자였고 20세기 초반까지 소득 분배 및 소유 분배에서도 유럽에 비해 훨씬 더 평등한 나라였는데, 1980년 이후 어쩌다가 과거에 성공적으로 다진 토대 자체가 위험해질 정도로 선진국 중에서도 가장 불평등한 나라가 되었을까? 우리는 이 나라 교육의 진화과정에서도 특히 핵심적이었던 것이 고등교육 진학에 동반되는 매우 극단적인 교육 계층화라는 사실임을 보게 될 것이다.

물론 이 나라의 평등주의적 뿌리의 건실함을 과장해서는 안 된다. 미국은 언제나 평등과 양가적인 관계를 맺어왔다. 어떤 측면에서는 유럽보다 더 평등했지만 다른 측면, 특히 노예제적 기원으로 인한 불평등은 훨씬 심각했다. 게다가 우리는 미국의 '사민주의'에 사회토착주의 형태의 이데올로기적 기원이 있음을 보았다. 요컨대 민주당은 오랫동안 흑인에 대해서는 분리주의 정당이었고 백인에 대해서는 평등주의 정당이었다.[69] 4부에서는 20세기와 21세기 초에 미국과 유럽에서 나타난 선거연합들의 진화를 다룰 것이다. 특히 사회적 조세재정국가의 발전이 유럽보다 미국에서 더 제한적이었던 이유와 비슷한, 인종적 또는 종족적-종교적 요인들이 유럽의 맥락에서도 장차 유사한 역할을 할 수 있는 그 이유를 설명하는 데 있어, 과연 이런 차이들이 얼마나 도움이 될 수 있는지를 분석할 것이다.

어쨌든 미국은 1950년대까지만 해도 프랑스 같은 나라에 비해 불평등 정도가 비슷하거나 더 낮았는데, 그러면서도 생산성(과 생활수준)은 평균적으로 2배 더 높았다. 반면 2010년대에 미국은 이전보다 훨씬 더 불평등한 나라가 되었고, 생산성 면에서 미국이 갖고 있던 우위는 완전히 사라졌다(도표 11.1~11.4 참조). 유럽 나라들, 특히 독일과 프랑스가 생산성에서 미국을 앞질렀다는 사실이 그리 놀라운 일은 아니다. 이 나라들은 전후에 막강하게 키운 국가 재정력을 바탕으로 그에 상응하는 자원을 교육에 투자했고, 더 일반적으로는 사회복지지출 및 공공 기간시설에 투자했다. 따라서 이 시기부터 교육 후퇴와 경기 침체가 회복되었다는 점은 전혀 이상할 게 없다. 미국에서의 불평등 증대는 많은 의문을 제기한다. 특히 가난한 50%가 1950년대에는 유럽의 동류 집단에 비해 더 높은 생활수준을 누렸음에도, 2010년대에는 그 상황이 완전히 뒤집혔기 때문이다.

먼저 짚고 넘어가야 할 점은, 미국 인민계급의 상대적 위상이 이처럼 붕괴한 원인들은 복합적이고 교육제도의 진화만으로 환원될 수 없다는 점이다. 전반적인 사회제도와 노동자들이 양성되는 방식, 고용 상황 등등이 모두 위태로웠다. 무엇보다도 강조해야 할 사실은 이것이 진정 '붕괴'였다는 점이다. 가난한 50%의 몫은 1960~1970년 동안에, 그리고 1980년까지도 총소득의 약 20%였는데, 2010~2015년에는 이것이 거의 반토막이 나서 12%를 조금 상회한다. 부유한 1%의 몫은 정반대로 진화해, 간신히 11%였던 것에서 20% 이상이 되었다(도표 11.5 참조). 비교 차원에서 주목해

**도표 11.5** 미국에서 소득 하위 몫의 하락, 1960~2015년

소득 하위 50%의 몫은 1970년대 미국에서 총소득의 약 20%였다가 2010년대에는 12~13%가 되었다. 같은 시기에, 소득 상위 1%의 몫은 총소득의 11%에서 20~21%가 되었다.

**출처 및 원 통계자료:** piketty.pse.ens.fr/ideologie

보면, 1980년 이후 유럽에서도 불평등이 증대되어 상위 백분위의 몫이 상당히 늘어나고 가난한 절반의 몫은 줄어들었다. 성장이 전반적으로 둔화되는 상황에서 이는 간과될 수 없는 것이긴 하지만, 그럼에도 그 규모의 추이는 미국과 전혀 다르다. 유럽에서는 총소득에서 가난한 50%에게 돌아가는 몫이 부유한 1%에게 돌아가는 몫보다 분명히 더 큰 상태가 유지된다(도표 11.6 참조).

발전 수준과 생산성 수준이 평균적으로 비슷하고 규모 또한 비슷한 두 지역인 미국(2015년 인구 약 3억 2000만 명)과 서유럽(약 4억 2000만 명) 사이에서 보이는 이 같은 차이가, 어느 면에서는 확연하지만은 않다는 점 또한 강조해야 한다. 특히 미국은 노동이동성이 더 높다. 무엇보다도 언어상으로나 문화적으로나 매우 강력한 동질성을 갖고 있는 나라이기에 가능한 것으로, 이 같은 요인 덕에 소득수준이 수렴된다고 여겨진다. 또한 미국은 연방조세제도(특히 연방소득세와 연방상속세)를 가지고 있어서 (특

**도표 11.6** 유럽의 소득 하위와 소득 상위, 1980~2016년

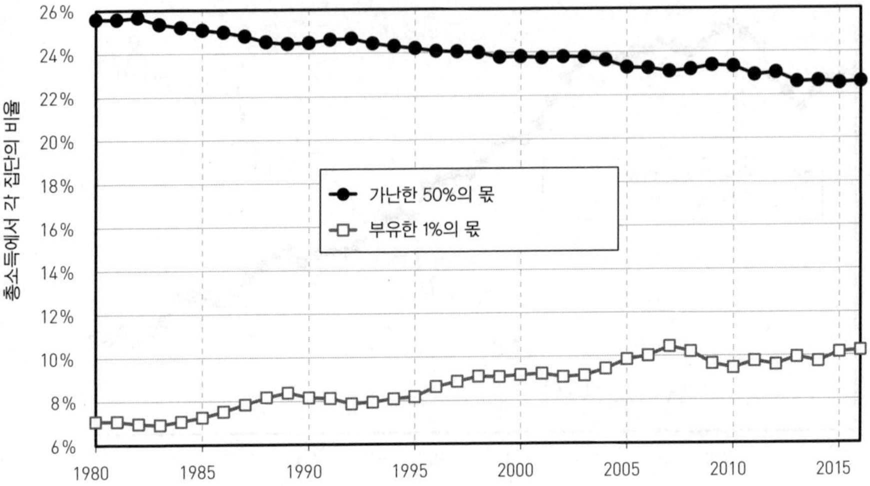


1980년대 초 서유럽에서 소득 하위 50%의 몫은 총소득의 약 26%였다가 2010년대에는 23%가 된다. 같은 시기, 소득 상위 1%의 몫은 총소득의 7%에서 10%가 된다.

**출처 및 원 통계자료:** piketty.pse.ens.fr/ideologie

히 퇴직연금 및 보건과 관련한) 연방 차원의 중요한 사회정책들을 수행하는데, 유럽의 경우는 그렇지 않다. 민족국가들 차원에서 실시되는 더 평등한 사회·조세재정·교육정책들과 길항하는 다른 요소들이 유럽에서는 분명 더 중요한 역할을 한다.[70]

이제 잘 알고 있는 바대로, 1980년 이후 미국의 불평등이 급증한 이유는, 특히 저 유명한 '1%'의 소득이 전례 없이 폭등했기 때문이다. 구체적으로는, 총소득에서 부유한 1%의 몫이 가난한 50%에게 돌아가는 몫을 초과하려면 전자의 평균소득이 후자보다 50배 더 높아야 한다는 게 필요충분조건이다. 정확히 그런 일이 벌어진 것이다(도표 11.7 참조). 1980년까지, 부유한 1%의 평균소득은 가난한 50%의 평균소득보다 약 25배 높았다(부유한 1%는 성인당 연간 약 40만 달러, 가난한 50%는 성인당 연간 1만 5000달러). 2015년에는, 부유한 1%의 평균소득은 가난한 50%의 평균소득보다 80배 이상 높다. 전자는 130만 달러가 되었으나, 후자는 여전

**도표 11.7** 미국의 소득 하위와 소득 상위, 1960~2015년

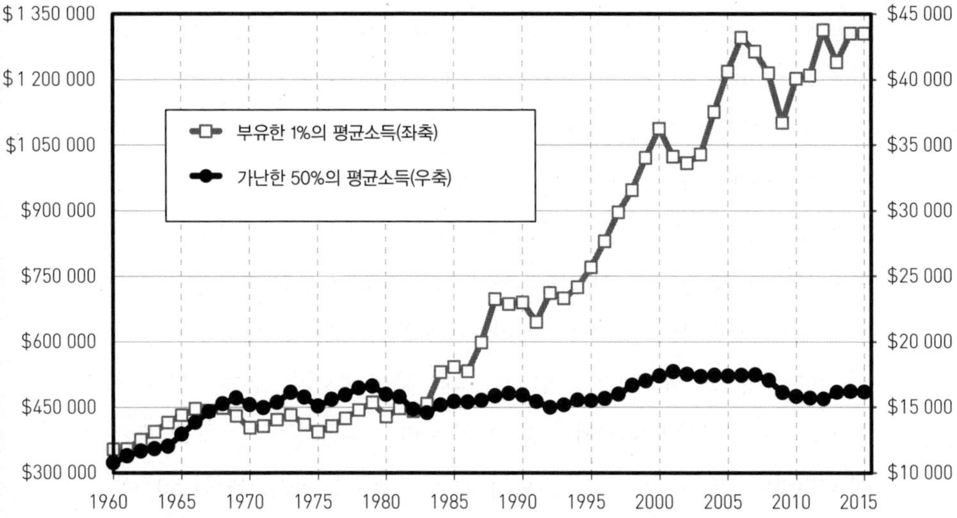


1970년대에 가난한 50%의 평균소득은 성인 1인당 연간 1만 5200달러였고, 부유한 1%의 평균소득은 40만 3000달러였는데, 그 비율은 1:26이다. 2015년에 가난한 50%의 평균소득은 1만 6200달러, 부유한 1%의 평균소득은 130만 5000달러로, 1:81이다. 모두 2015년 달러 기준이다.

**출처 및 원 통계자료:** piketty.pse.ens.fr/ideologie

히 약 1만 5000달러다(여기 표시된 모든 금액은 2015년 기준 고정 달러다).

하지만 1%의 소득 급등보다도, 가장 중요한 현상은 틀림없이 가난한 50%의 몫이 보여준 이 추락이다. 이 역시 결코 당연한 일이 아니었다. 부유한 1%의 몫의 상승은 부유한 10% 안에서 1% 바로 아래 있는 사람들을 희생시키면서 이루어졌을 수도 있고, 아니면 적어도 부분적으로는 그다음의 40%를 희생시키면서 이루어졌을 수도 있다. 한데 사실상 부유한 1%의 몫의 상승은 거의 배타적으로 가난한 50%를 희생시키면서 이루어졌다. 특히 인상적인 것은, 가난한 50%의 구매력이 1960년대 말 이후 미국에서 거의 완전히 정체되어 있었다는 점이다. 이전소득을 포함하지 않은 가난한 50%의 평균세전소득은 1960년대 말에 이미 성인당 연간 약 1만 5000달러였고, 반세기가 지난 2010년대 말에도 (2015년 달러 기준으로) 여전

히 거의 같은 수준이다. 이 기간에 미국의 경제와 사회가 겪은 엄청난 사회경제적 전환들(특히 평균생산성의 큰 폭의 증가)을 감안하면 이는 범상치 않은 일이다. 게다가 금융체계의 탈규제화가 두드러지게 확대되고 있는 상황에서, 이러한 진화는 가난한 가구의 채무 증대와 2008년의 위기로 이어졌던 은행제도의 약화에 일조할 수 있었을 뿐이다.[71]

이제 세금과 이전소득을 계산에 포함하면, 가난한 50%의 상황은 근소하게나마 개선되는 것이 확인된다(도표 11.8 참조).[72] 우선 확보한 결과를 현금이전에 국한하여 검토해보자. 여기에는 푸드스탬프도 포함되는데, 이는 엄밀한 의미의 현금이전은 아니지만 대부분의 현물이전보다는 훨씬 더 자유롭게 쓸 수 있다. 여기에서 알 수 있는 바는 세금과 이전소득을 계산에 넣더라도 평균소득이 크게 다르지 않다는 것이다. 이는 가난한 50%가 (특히 간접세 형태로) 납부한 세금이 (푸드스탬프를 포함한) 현금이전과 거의 같다는 말이 된다.[73]

이제 공공건강보험제도(메디케어와 메디케이드)와 연관된 환급 및 이에 상응하는 병원비를 포함한다면, 가난한 50%의 이전소득을 포함한 세후 소득은 일정하게 증가해서, 1970년 약 1만 5000달러에서 2015년에는 약 2만 달러가 되었다(도표 11.8 참조). 그렇지만 매우 장기간에 걸쳐 생활수준이 아주 제한적으로 향상된 것이고, 더구나 이 생활수준 향상을 해석하기란 꽤나 어렵다. 의료비와 연계된 이 5000달러의 '부가소득' 덕에 일반적으로 평균수명이 길어진 상황(그러나 유럽에 비해 미국 인민계급의 평균수명은 짧다)에서 확실히 삶의 질이 개선된 것으로 보이긴 한다. 하지만 이 부가이전소득은 보건복지비용, 즉 사실 지난 수십 년간 미국에서 증대한 의사들의 급여와 제약회사들 이윤 등의 증대를 부분적으로 반영한 것이기도 하다. 구체적으로는, 가난한 50%의 증가한 소득 5000달러는 소득 상위 10%의 일부인 의료제공자의 약 1주 치 세전소득, 그리고 소득 상위 1%의 일부인 의료제공자의 약 1일 치 세전소득에 상응한다. 따라서 이는 제한된 규모의 재분배인 것이다. 또한 현금이전뿐만 아니라 현물이전

**도표 11.8** 미국의 소득 하위와 이전소득, 1960~2015년

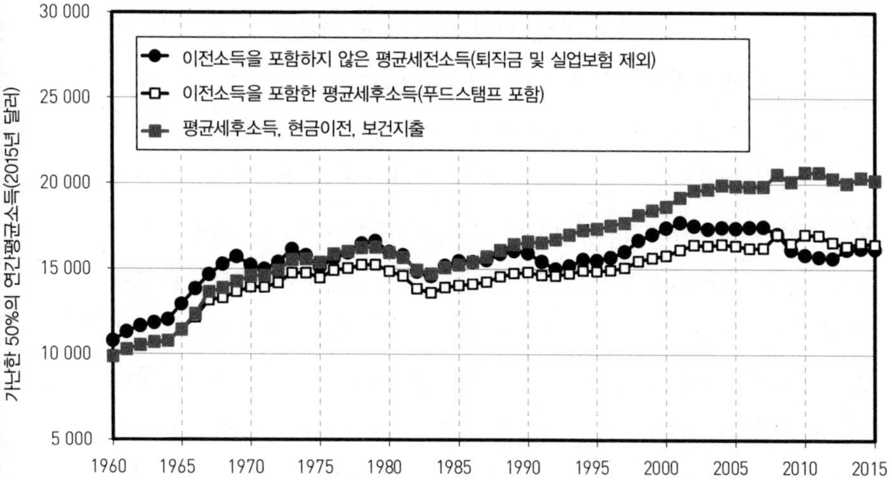


2015년 고정 달러로 나타냈을 때, 가난한 50%의 이전소득을 포함하지 않은 평균세전소득은 1970~2015년 성인 1인당 약 1만 5000달러에 정체되어 있다. 현금이전을 포함한 평균세후소득(간접세 포함)도 마찬가지로, 세금과 이전소득은 대략 균형을 이룬다. 보건지출 형태의 현물이전을 포함하면 2010~2015년 평균소득은 2만 달러까지 오른다.

**출처 및 원 통계자료:** piketty.pse.ens.fr/ideologie

도 계산에 넣으려고 할 때 마주하게 되는 해석상의 어려움이 바로 여기에서 기인한다.[74]

## 법률·조세재정·교육 제도가 1차적 불평등에 미치는 영향

여하간 분명해 보이는 것은 (현금이전이든 현물이전이든) 이전소득정책으로는 1차소득(즉 이전소득을 포함하지 않은 세전소득) 분배의 이토록 대대적인 왜곡을 반속스럽게 해결하기에 충분치 않다는 점이다. 1차소득 분배에서 인구의 가난한 50%의 몫이 40년 만에 거의 반토막이 나고 그에 따라 부유한 1%의 몫이 2배로 늘어난 마당에(도표 11.5 참조), 오로지 사후적 재분배정책을 통해서만 이 같은 변화를 저지하려고 하는 것은 헛된

일 같다. 이러한 재분배정책은 물론 필수적이지만, 또한 무엇보다도 소득의 1차적 분배를 조정하는 정책, 다시 말해 법률·조세재정·교육 제도를 심층적으로 바꿔 가난한 50%가 더 나은 급여를 받는 일자리를 갖고 재산을 소유할 수 있도록 하는 정책에 관심을 기울여야 하는 것이다.

일반적으로 강조해야 할 주요 사실은, 역사에서 관찰되는 불평등주의 체제들이 무엇보다도 자원의 1차적 분배를 결정하는 데 그 체제가 어떤 작용을 하느냐에 따라 구분된다는 것이다. 이는 노예제사회에서와 마찬가지로 삼기능사회에서도, 소유자사회에서뿐만 아니라 식민사회에도 해당되는 말이다. 20세기와 21세기 초에 이어졌던 사민주의사회, 공산주의사회, 포스트공산주의사회 또는 신소유주의사회의 다양한 형태에도 해당되는 이야기다. 예컨대 미국이 유럽보다 더 불평등해졌다면, 이는 오로지 미국에서 1차소득 불평등이 훨씬 더 커졌기 때문이다. 미국과 프랑스의 이전소득을 포함하지 않은 세전소득과 이전소득을 포함한 세후소득에 대한 부유한 10%와 가난한 50%의 평균소득 간의 비율로 측정해 불평등 수준을 비교한다면, 세금과 이전소득이 두 나라에서 유사한 비율로 (심지어 미국에서는 좀더 많이) 불평등을 감소시킨다는 것과, 포괄적인 불평등 격차는 이전소득을 포함하지 않은 세전소득에서 관찰되는 차이로 온전히 풀이된다는 것을 확인하게 된다(도표 11.9 참조).[75] 달리 말해, 관건은 적어도 '재분배'정책(다시 말해 주어진 1차적 불평등에 대해 가처분소득의 불평등을 감소시키는 정책)만큼이나 '사전분배'정책(다시 말해 1차적 불평등 수준에 작용하는 정책)에도 관심을 두는 것이다.[76]

해당 사회제도들이 지닌 복잡성과 가용 데이터들의 한계들로 인해, 1차적 불평등 수준의 시공간적 편차를 설명하고자 다양한 제도적 기구가 하는 역할을 완벽히 정확하게 계량화하기는 어렵다. 그래도 주요 메커니즘을 서술해보는 건 유용하다. 특히 회사법과 노동법 같은 법률제도는 핵심적인 역할을 한다. 우리는 이미 단체협상과 노조, 그리고 더 일반적으로는 임금 결정에 적용되는 규칙들과 제도들이 지닌 중요성을 짚었다. 게르

**도표 11.9** 1차적 불평등과 재분배: 미국 대 프랑스

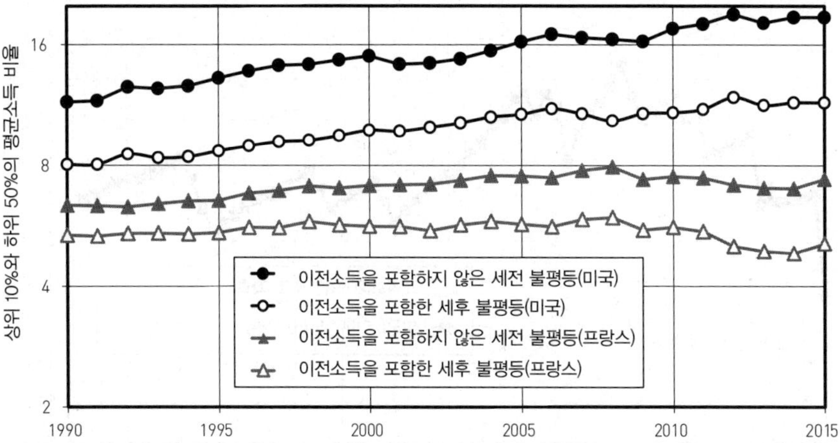


프랑스에서 상위 십분위(상위 10%)와 하위 절반(하위 50%)의 이전소득을 포함하지 않은 평균세전 소득 비율은 1990년에 6.4이던 것이 2015년에 7.4였다. 미국에서는 마찬가지로 비율이 11.5에서 18.7이 되었다. 두 나라에서 세금과 현금이전(푸드스탬프 및 주거비 지원 포함)을 고려하면 불평등은 약 20~30% 감소된다.

**출처 및 원 통계자료:** piketty.pse.ens.fr/ideologie

만어권과 북유럽 나라들의 공동관리라는 틀에서는 이사회에 임금노동자 대표자들이 참여하면서, 이를테면 임원진 연봉의 폭등이 제한되고 더 일반적으로는 임금표가 더 촘촘하고 덜 자의적으로 작성되는 경향이 있다.[77] 최저임금과 그 진화 역시 시대별 국가별 임금 불평등의 격차를 설명하는 데 핵심적이다. 1950년대와 1960년대에, 미국은 단연 세계에서 최저임금이 가장 높은 나라였다. 1968~1970년 미국 연방최저임금은, 오늘날로 치면 노동시간당 10달러 이상에 도달해 있었다. 1980년 이후 평가절상의 불규칙성이 연방최저임금의 실질가치를 점차적으로 잠식했고, 2019년에는 연방최저임금이 고작 7.20달러이며 이는 반세기 전에 비해 구매력이 30% 이상 낮아졌음을 나타낸다. 별다른 부침 없이 경제가 성장하는 나라에서는 범상치 않은 일이다. 이 반전은 1970~1980년 이후 미국의 정치적-이데올로기적 격변의 규모를 말해준다. 같은 기간에, 프랑스의 최저임금은 1960년대에 시간당 고작 3유로이던 것이 2019년에는 10유로가 되었다(도

**도표 11.10 최저임금: 미국 대 프랑스, 1950~2019년**

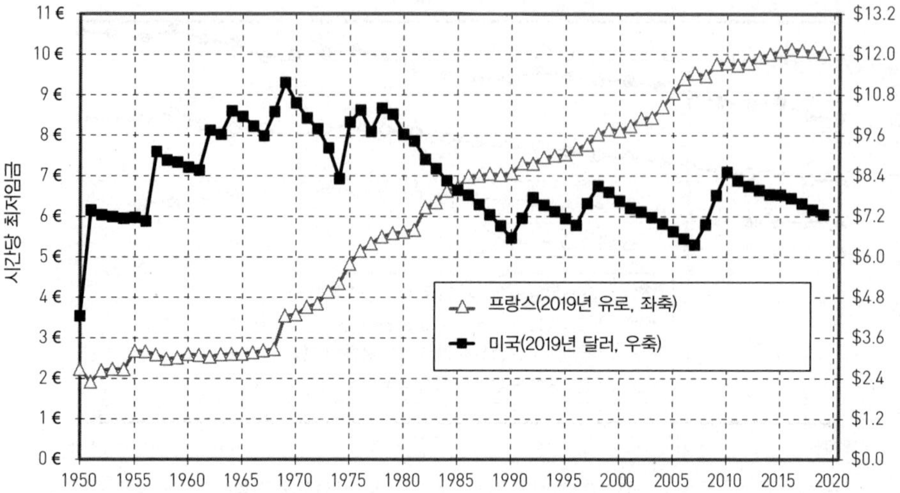


2019년 구매력으로 환산한 미국 시간당 연방최저임금은 1950년 4.25달러에서 2019년 7.25달러가 된 반면, 프랑스에서는(1950년 전 직종 보장 최저임금제SMIG에서 1970년부터 물가상승률을 반영한 전 직종 보장 최저임금제SMIC로 개정된) 최저임금이 1950년 2.23유로에서 2019년 시간당 10.03유로가 되었다. 좌우축은 구매력평가지수(2019년 1유로당 1.2달러)에 따른 것이다.

**출처 및 원 통계자료:** piketty.pse.ens.fr/ideologie

표 11.10 참조). 이는 평균 노동생산성과 같은 수준의 증가다(도표 11.3 참조).

많은 연구들이 보여준바, 미국에서의 이 최저임금 하락은 1980년대 이후 임금노동자들의 협상력이 전반적으로 약화되는 국면에서 임금노동자의 위상 하락에 큰 영향을 미쳤다. 연방최저임금은 이 나라의 일반적 생산성에 비해 너무 낮은 수준으로 떨어지는 바람에 여러 주정부가 주최저임금을 현저히 높은 수준으로 끌어올렸는데, 그럼에도 고용 수준에는 전혀 영향을 미치지 않았다. 캘리포니아주의 최저임금은 2019년 시간당 11달러인데, 점차 증가해 2023년에는 시간당 15달러에 이를 것이다. 마찬가지로 미국이 고도의 생산성과 뛰어난 숙련기술을 갖추게 된 1930년대부터 1960년대 사이에 적용된 연방최저임금의 높은 수준은, 고용 수준이 매우 높게 유지된 상태에서 임금 불평등을 줄였다. 최근의 연구들은 또한,

1960년대에 아프리카계 미국인들의 노동력이 가장 집중되어 있던 고용 부문으로 (특히 어느 정도는 남부의 민주당 주정부들의 적대감 탓에 1938년 연방최저임금법에서 제외되었던 농업 부문으로) 연방최저임금제가 확대됨으로써, 흑인과 백인 사이의 임금 격차와 임금 차별을 크게 줄일 수 있었다는 것을 보여준다.[78]

또한 흥미로운 점은, 유럽의 여러 나라가 전국적 수준에서의 최저임금제를 비교적 뒤늦게 확립했다는 점이다. 특히 1999년의 영국과 2015년의 독일이 그렇다. 예전에 이 나라들은 기업별 산별 임금협상에만 의존했고, 이를 통해 최저임금을 높게 인상할 수도 있었지만 각 부문마다 편차가 생겼다. 고용구조의 전환, 특히 제조업 분야 고용의 쇠퇴, 서비스업의 점진적인 제조업 대체, 노조 설립 감소는 1980년대 이래로 단체협상의 역량을 점차 축소시켰다. 이것이 부분적으로는 최저임금에 대한 의존도가 높아지는 이유를 설명해준다.[79] 이 수단이 필수불가결하다고는 해도, 산별 기업별 차원에서의 권력 분유와 임금협상을 대신할 수 있는 것은 아니며, 앞날에 이것들은 새로운 형태를 취하게 될 것이다.

법률제도와 노동법 및 회사법 외에, 다음으로 강조해야 할 것은 조세재정제도 역시 1차적 불평등에 결정적인 영향력을 발휘할 수 있다는 점이다. 상속세 또는 누진소유세와, 이런 세금으로 재원이 조달될 수 있을 보편적 자본지원이 분명 여기에 해당한다. 자산에 대한 이 조세재정정책들은 새로운 세대들 내에서 소유 불평등을 구조적으로 감소시키고, 투자 기회를 평등하게 가지도록 함으로써 결국 미래의 노동소득 분배를 평등하게 해줄 것이다. 어쩌면 더 놀라운 점은, 누진소득세가 세후 불평등만이 아니라 일차적인 (이전소득을 포함하지 않은 세전) 불평등에 매우 강한 영향력을 발휘한다는 점이다. 무엇보다 상위 소득에 대한 누진세는 분배의 상위에 예금과 자본축적이 집중될 가능성을 제한하고, 역으로 중위계급과 인민계급이 저축할 여력과 재산을 소유할 가능성을 키우는 데 일조한다.

게다가 1930~1980년에 특히 미국과 영국에서 상위 소득에 적용된 약 70~90%의 극도로 높은 최고세율이 끼친 중요한 역사적 결과 중 하나는,[80] 경영진의 천문학적인 연봉을 종식시켰다는 점일 것이다. 반대로, 1980년대에 이 세율이 매우 큰 폭으로 인하되면서 상위 소득 급등에 결정적으로 기여한 것으로 보인다. 실제로 1980년 이래 선진국 전체에서 상장기업 임원진들 연봉의 진화를 검토해보면, 관찰되는 차이를 해명해줄 주요 요인이 기업의 업종·규모·실적이라기보다는 오히려 세율 변동임이 확인된다.[81] 이때 작동하는 메커니즘은 임원들의 연봉 책정방식의 전환 및 이들의 협상력과 관련된 듯 보인다. 한 임원이 다양한 이해당사자(직속 부하, 다른 임금노동자, 주주, 임금위원회 위원)들에게 자기 연봉을 대폭(예컨대 100만 달러 더) 인상하는 게 필수적이라고 설득한다는 것은 결코 당연한 일이 아니다. 1950년대와 1960년대 앵글로색슨 대기업 경영진은 이 같은 연봉 인상을 위해 다투려는 의사가 별로 없었던데다 상이한 이해당사자들은 이를 수용하려 하지 않았는데, 왜냐하면 어차피 인상액의 80~90%가 직접 국고로 들어갔기 때문이다. 1980년대부터 사태는 성격이 완전히 변해, 모든 자료들은 임원들이 자신의 무제한적인 연봉 인상을 위해 주위를 설득하려고 엄청난 노력을 기울였다는 것을 보여준다. 이것이 그리 어려운 일도 아닌 것이, 회사에 대한 개인의 공헌도를 가늠한다는 게 객관적으로 매우 어려울 뿐만 아니라 임금위원회 구성 자체가 대체로 끼리끼리 이뤄지기 때문이다. 게다가 이런 설명은 임원 연봉과 해당 기업의 실적(또는 생산성) 사이의 유의미한 연관성을 가용 데이터에서 통계적으로 검출하기가 왜 그만큼 어려운지를 말해주는 이점이 있다.[82]

1980~1990년 이후 미국의 생산체계가 대기업 수중에 더 크게 집중되고 있는 것이 (정보통신기술 부문뿐 아니라) 모든 부문에서 관찰되는데, 이는 또한 다양한 부문 대기업 임원들의 협상력을 높여준데다, 중저임금을 억제하고 그들이 민간 부문의 부가가치에서 더 많이 이익을 차지하도록 역량을 강화해주었다.[83] 이런 변화 자체는 반독점정책이 지닌 취약함과 자체 쇄신이 불가능한 정책의 빈약함, 무엇보다도 역대 행정부들이 이 정

책을 발전시켜나가려는 정치적 의지의 결핍을 반영한다. 이는 '자유방임주의'에 친화적인 이데올로기가 지배적인 상황 일반과 과도한 국제경쟁, 그리고 어쩌면 거대 집단들과 그 리더들에 점점 더 유리해지는 정치자금제도 때문으로 풀이된다.[84]

## 고등교육과 전 세계 교육의 새로운 사회적 계층화

마지막으로 어쩌면 무엇보다도, 법률제도와 조세재정제도 문제를 넘어, 교육제도가 1차적 불평등 형성에서 결정적 역할을 한다. 장기적으로는 국내뿐 아니라 국제적 수준에서도 다른 무엇보다 기술 습득과 지식 보급이 불평등을 감소시킨다. 기술의 진보와 고용구조의 전환으로 인해, 생산체계는 점점 더 고도의 숙련을 요구한다. 이와 같은 요구에 대해 숙련기술 공급이 균형 있게 이뤄지지 못한다면, 예컨대 한 사회집단에서는 교육투자가 정체되거나 축소되는데 다른 집단에서는 더 많은 숙련기술 자원을 집중시키려 한다면, 기존의 법률제도나 조세재정제도가 아무리 훌륭해도 두 집단 사이의 고용 및 임금 불평등은 더 증가하는 경향을 띨 것이다.

모든 자료는 1980년대 이후 미국에서 교육투자에서의 불평등 증가가 소득 불평등을 특히 심화하는 데 있어 핵심적이었다는 것을 보여준다. 1950년대와 1960년대에 미국은 중등학교 취학의 보편화를 거의 완전히 달성한 최초의 나라였다. 이어 1980~1990년에 서유럽 대부분의 나라와 일본이 이를 뒤따라 이루게 된다. 이후 이 나라들은 모두 고등교육의 대중화시대에 접어든다. 이 시기의 특징은 점점 더 많은 젊은 세대가 고등교육을 받을 수 있게 된 것이다. 2010년대 중반에 (고등교육기관에 입학하는 18~21세의 청소년 비율로 정의되는) 고등교육 진학률은 미국과 모든 서유럽 나라에서 50%에 달하거나 이를 넘어서며, 일본이나 한국에서는 진작 60~70%에 가까워진다.[85] 이는 교육이 지닌 상징적 질서가 전복되었음을 의미한다. 예로부터 고등교육은 언제나 인구의 (20세기 초까지는 언제나 1% 이하였고 1960년대까지는 10% 이하의) 소수에게만 주어진 특권이었다. 이제 부유한 나라들의 청년세대 다수가 고등교육을 받고 있으며, 점차 이 나라들 인구의 다수가 고등교육을 이수하게 될 것이다. 이 과정은 여전히 진행중이다. 아시아와 유럽의 선진국들, 그리고 미국의 성인인구 중 고등교육 이수자 비율은 현재 30~40%인데, 세대 갱신의 속도를 고려할 때 이 비율은 앞으로 수십 년이 지나면 50~60%에 다다를 것이다.

교육에서의 이러한 전복은 각국 내에서나 국제적으로나 새로운 불평등을 불러온다. 미국은 1980~1990년에 교육에서의 우위를 상실했다. 이 나라의 교육투자 둔화가 1980년대와 1990년대부터 학력과 연동된 임금 불평등 증대에 어떤 식으로 영향을 미쳤는지는 수많은 연구에서 밝혀졌다.[86] 또한 강조해야 할 것은 초중등교육의 재원 조달은 (모든 선진국에서) 대부분 공적인 기원을 갖는데도, 미국에서는 극도로 탈중앙집중화되어 있다는 점이다. 주로 지방의 재산세 세수에 의존하는데, 이는 해당 지역의 부에 따라 상당한 불평등을 초래할 수 있다. 유럽과 아시아 나라에서 초중등교육의 재원 조달은 일반적으로 국가 수준으로 집중되어 있는데 이렇게 본다면 미국에서 중등교육은 다른 나라들에 비해 조금 덜 보편화되어 있다. 거의 모두가 고등학교에 가긴 하지만, 수준도 금전적 자원도 학교마다 천차만별이다.

게다가 최근 연구에 따르면, 미국에서 고등교육 진학은 부모 소득에 따라 과도하게 결정된다. 구체적으로 2010년대 중반의 대학 진학률을 보면, 가난한 부모의 자녀들의 경우 20~30%인데 부유한 부모의 자녀들은 90% 이상까지 거의 직선으로 상승한다.[87] 다른 나라들의 유사한 가용 데이터를 보면, 이 데이터 자체가 매우 불완전한 게 문제적이긴 하지만, 그래프는 덜 가파르다. 마찬가지로 소득과 연계된 자녀와 부모의 위상을 비교한 연구들은, 유럽 중에서도 특히 북유럽 나라들에 비해 미국의 그래프 곡선이 특히 가파르다는(따라서 세대 간 이동성이 매우 낮다는) 것을 보여주었다.[88] 최근 수십 년간 미국의 소득 위계에서 부모와 자녀의 세대 간 상관관계가 눈에 띄게 증가했다는 점도 보아야 한다.[89] '능력주의'와 기회의 평등 운운하는 이론적 담론과 명백히 모순되는 이러한 사회적 이동성의 현저한 감퇴는, 미국의 교육제도 및 사회제도의 극단적 계층화를 드러낸다. 또한 이 대목에서 확인되는 것은 이런 유형의 정치적-이데올로기적 담론에 대한 체계적이고 실증적인 평가가 중요하다는 점인데, 만족스러운 비교사적 토대 위에서 그런 평가를 하기에는 언제나 가용 자료들이 여의치 않다.

미국에서 고등교육 진학이 부모의 소득에 따라 과도하게 결정된다는 사실은 여러 가지 방식으로 설명될 수 있다. 이는 일정 부분 선행된 계층화가 발현된 것이다. 요컨대 초중등교육 자체가 이미 매우 불평등하다면, 불우한 환경에서 자란 아이들에게는 명문대학에 입학할 성적 기준을 충족할 기회가 적어진다는 말이다. 이는 또한 1980년대부터 미국에서 사교육비가 천문학적 수준에 달했음을 보여준다. 일반적으로 모든 선진국에서 자국의 초중등교육 재원은 거의 전적으로 공적자금으로 조달하더라도, 고등교육 재원 조달에서는 커다란 편차가 있다. 민간자금의 비중은 미국에서는 60~70%이고, 영국·캐나다·오스트레일리아에서는 거의 60%인 데 반해, 등록금이 대체로 앵글로색슨 나라들보다 저렴한 프랑스·이탈리아·에스파냐에서는 평균 약 30%이며, 초중등교육과 마찬가지로 거의 절대적인 무상교육이 일반원칙인 독일·오스트리아·스웨덴·덴마크·노르웨이에서는 10% 이하다(도표 11.11 참조).[90]

미국의 경우, 막대한 민간자금으로 인해 미국 명문대학들은 매우 크게 번창할 수 있었으나(덕분에 이 대학들은 해외에서 일부 우수한 연구자들과 학생들을 끌어들일 수 있었다) 이로 인해 고등교육제도 또한 극단적으로 계층화되었다. 고등교육 전체를 놓고 가용 자원 전부(공적자금과 민간자금)를 살펴보면, 미국은 여전히 세계의 나머지에 비해 교육에서 우위에 있는 상황이다.[91] 문제는 명문대학의 가용 자원과 공립대 및 지역 전문대

**도표 11.11 교육에서 민간재원 비율: 미국과 유럽 모델의 다양성**

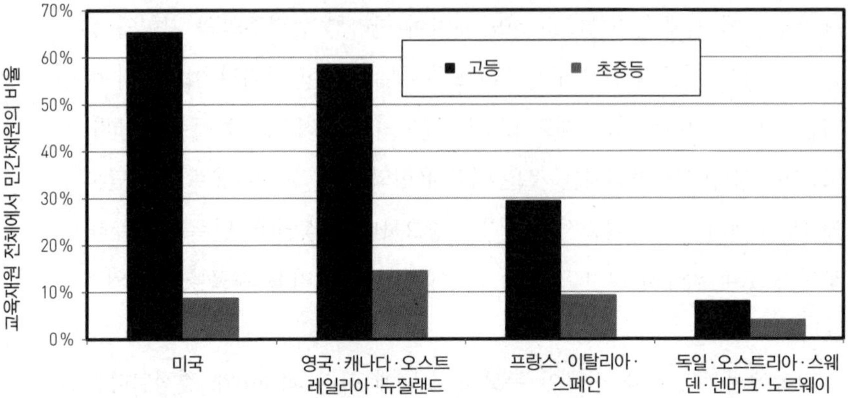


미국 고등교육 교육재원(민간+공공) 전체에서 민간재원은 65%이고, 초중등교육 민간재원은 9%다. 고등교육 민간재원은 앵글로색슨모델, 남유럽모델, 북유럽모델에 따라 다양한데, 모든 지역에서 초중등교육에 대한 민간재원의 비율은 상대적으로 낮다(2014~2016년 총계).

**출처 및 원 통계자료:** piketty.pse.ens.fr/ideologie

가 기부받는 가용 자원의 격차가 지난 수십 년간 한없이 벌어졌다는 점이다. 대학 재원에서 기부금의 비중이 커짐에 따라 이러한 불평등은 또한 세계 자본주의에서 작동중인 자산 및 금융의 동학에 의해 격화되고 있다. 기부금을 많이 받는 쪽이 적게 받는 쪽보다 진정 더 높은 수익을 내고, 이로 인해 대학 간 격차는 더욱 벌어지는 것이다.[92] 우리가 검토해볼 수 있는 대학 국제 순위 데이터를 보면, 물론 이런 순위란 게 불완전하긴 하지만, 놀라운 점은 미국 대학들이 세계 상위 20위권 내에서 극도로 우세하지만 100위권 또는 500위권으로 넓혀보면 분명 유럽 대학들, 아시아 대학들보다 아래로 처진다는 것이다.[93] 이는 부유한 미국 대학들이 갖고 있는 국제적 명성이 대학들 전체 체계 내의 불균형을 은폐시키고 있다는 말일 수 있다. 세계의 다른 곳에서 흡인력을 갖지 못했다면 이 불균형은 틀림없이 더 명확하게 드러났을 것이다. 여기서 주목하게 되는 것은, 이전 시기에는 부재했던 세계적인 불평등주의체제와 국내의 불평등주의체제 사이의 새로운 상호작용 형태다.

## 대학 입학은 구매될 수 있을까?

게다가 미국의 고등교육 진학에서의 불평등은, 부유한 부모들이 자녀의 성적이 별로 좋지 않더라도 그간 내온 기부금 덕에 자녀를 명문대에 입학시키는 경우들이 종종 있다는 사실로 인해 악화된다. 일반적으로는 '레거시 스튜던트legacy student'(즉 가족 중 해당 학교 졸업생이 있는 지원자)에게 주어지는 우대입학의 그다지 투명하지 못한 메커니즘이 문제인 것이다. 아니나 다를까 해당 미국 대학들은 인원이 턱없이 적고, 너무나 소수라서 이를 공개하거나 합격자들을 판정하는 데 사용되는 알고리즘과 절차를 명백히 밝히는 일이 무용하다고 설명한다. 실제로 해당 인원이 제한적일 수 있고, 체계의 전반적인 불평등을 설명하는 데 있어 이 불투명한 관행이 작동중인 다른 메커니즘들(이를테면 초중등교육에 투여되는 공적자금의 탈중앙집중화, 비싼 등록금, 고등교육 재원 조달에서의 기부금 수익)에 비해 정량적으로 비중이 덜할 확률이 크다.

하지만 이 문제는 여러 이유로 특히 눈여겨볼 만하다. 우선 연구자들이 밝힌바 이런 관행이 대학들이 주장하는 것보다는 어쩌면 덜 부차적일지도 모른다는 점이다. 실제로 확인해보면 부유한 졸업생들의 모교 기부는 자녀가 대학에 입학할 연령대일 때 비정상적으로 집중되었다.[94] 또한 매우 분명한 건 여기 내재된 투명성 결여가 그 자체로 문제적이라는 점이다. 이는 (최근 수십 년간 미국에서 증대된 불평등에서 생겨난) 새로운 상속자들이 사회적 풍경에서 점점 더 도드라지게 나타나면서 엘리트들을 향한 원한감정을 키울 수 있다는 점에서 그렇다.[95] 이 같은 투명성 결여는 곧, 대학들이 그들이 행하는 바를 공개적으로 설명할 마음이 없다는 점을 말해주는데, 이는 사람들로 하여금 시스템 전체의 공정성에 대해 심각한 의구심만 품게 만들 수 있다.

미국 대학에 재직중인 교수-연구자들이 연구 및 훈련 프로그램을 후원하는 명문가의 억만장자들을 대상으로 벌이는 불가피한 모금 캠페인의 효율성을 명분 삼아, 이 활동들과 이를 둘러싼 은밀함을 정당화하는 쪽으로 점점 더 경도된 듯 보인다는 점도 흥미롭다. 이러한 이데올로기적 진화가 흥미로운 이유는 보다 일반적인 문제를 제기하기 때문이다. 돈의 힘은 정확히 어디까지 미쳐야 하는가? 그 힘에 한계를 설정할 수 있는 제도와 절차는 무엇인가? 우리는 이미, 예컨대 1865~1911년 사이 재산에 비례해 투표권이 주어졌던 스웨덴 사례를 통해, 이런 식의 질문과 마주한 적이 있다.[96] 이와 관련해서는 오히려 중국 청나라 때의 과거제도와 더 적확하게 비교할 수 있을 텐데, 과거제도는 소유자 엘리트의 자제를 위한 관직매매가 폭넓게 이뤄질 가능성(과 오래된 전사계급의 자제들을 위한 관직 할당)을 용인했고, 틀림없이 이로써 체제가 약화되고 그 도덕적 정치적 정당성 또한 문제시되었다.[97]

마지막으로, 미국 명문대학들의 입학절차 관행에서의 이 명명백백한 투명성 결여가 염려스러운 이유는 무엇보다 모든 나라에 중대한 과제, 즉 21세기의 교육정의를 어떻게 규정할 것인가라는 문제를 제기하기 때문이다. 예컨대 인도에서 실행되는 것과 같은, 사회적 약자들이 더 잘 대표되도록 가산점제도 또는 할당제를 활용하고자 하는 경우를 가정해보자.[98] 모든 대학이 (가난한 학생들이 아니라) 부유한 학생들에게 가산점을 부여하는 입학 알고리즘을—이런 경우가 매우 드물고 비밀로 유지되어야 한다면서—빈틈없이 통제한다면, 이는 무엇보다도 인민계급·중위계급·상위계급 자녀들의 사회적 지위 문제 같은 매우 미묘하고 복잡한 문제에 대한 민주적 의사결정과 숙의를 심각한 곤란에 빠뜨릴 위험이 있다. 이 문제에 관해 대다수가 받아들일 만한 정의 표준을 만들어내는 것은 그 본성상 대단히 어려운 일이다. 그럼에도 미국 공권력이 과거 자국의 대학들에 오늘날에 비하면 훨씬 단호한 방식으로 표준과 규칙들을 부과할 수 있었다는 점을 상기할 필요가 있다.[99] 언제나 그렇듯, 역사는 어떤 것에도 미리 정해진 숙명은 없다는 것을 보여준다.

## 유럽과 미국에서 진학의 불평등

우리는 교육에 대한 접근에서, 현재 미국에서 특히 심각한 불평등을 강조했다. 그렇지만 이러한 불평등이 유럽에서도 매우 심각하다는 점 또한 강조해야 한다. 더 일반적으로는, 기회의 평등을 향한 목표라든가 '능력주의'의 이상 등등을 운운하는 표면적인 이론적 언술들과, 교육에의 접근 면에서 다양한 사회집단이 직면한 불평등한 현실 사이에 놓인 상당한 격차가 세계 모든 나라에서 확인된다. 어떤 나라도 이 주제에 관해 결코 교훈을 줄 만한 위치에 있지 않다. 특히 자녀가 고등교육 연령에 들어설 때 교육 평등 이념 자체에 대한 구조적인 도전이 도처에서 제기되었다는 점을 눈여겨봐야 한다.

초중등교육 연령을 대상으로 하는 교육에는 매우 분명하게 평등한 플랫폼이 존재했다. 요컨대 해당 연령대 전체가 초등교육을 이수하고 나면 중등교육을 이수해야 하고, 모든 아이들이 대체로 비슷한 수준의 기본 지식을 습득할 수 있어야 한다는 목표가 있는 것이다. 고등교육에 와서는 사태가 훨씬 복잡해진다. 같은 연령대 아이들 모두가 박사학위를 받도록 이끄는 게 적어도 가까운 미래에는 일어나지 않을 비현실적인 일로 보인다는 점 외에, 실제로는 고등교육 수준에 도달하는 경로가 당연히도 상당히 다양하게 존재한다는 점 때문에 그렇다. 이는 일정 부분 개인의 열망과 지식 분야의 정당한 다양성을 반영하기도 하지만, 이 다양성은 또한 위계적으로 직조되는 경향과, 미래의 사회적 직업적 위계를 강력하게 규정하는 경향을 가지고 있다. 달리 말해, 고등교육 대중화시대로 진입하면서 새로운 성질의 정치적-이데올로기적 문제가 나타난다는 것이다. 특히 고등교육을 오래 받은 사람들과 짧게 받은 사람들 사이에서 벌어지는 지속적인 교육 불평등은 어느 정도는 감수할 수밖에 없다. 그렇다고 자원의 분배에서, 그리고 다양한 코스들의 진학 규칙에서 새로운 형태들의 정의를 구상해내지 못할 것도 없다. 하지만 이 과제는 초중등교육에서 절대적 평등의 원칙

을 확정하는 일보다 훨씬 복잡한 것이 되고 있다.[100]

이 책의 4부에서 우리는 전후 '사민주의' 선거연합을 와해시킨 주요 요인 중 하나가 바로 이 새롭게 등장한 교육 문제임을 볼 것이다. 1950~1970년 유럽의 다양한 사민당과 사회당은 미국 민주당과 마찬가지로 저학력 집단에서 최고 성적을 냈다. 이러한 선거의 현실은 1980~2010년에 완전히 뒤집혀서 이제는 고학력자들 사이에서 최고 성적을 내게 된다. 우리가 상세히 재론할 테지만 이와 관련한 하나의 가능한 설명은, 점점 더 사회적-교육적 경쟁의 승자들에게 더 우호적인 정치조직으로 인식되고 있는 이 정당들이 시행한 정책들의 진화와 자연스럽게 연결된다.[101]

지금 단계에서 짚고 넘어갈 점은, 미국보다 전반적으로 더 평등한 교육제도에도 불구하고, 유럽 나라들 역시 지난 수십 년간 일어난 교육 팽창 문제에 제대로 대처하지 못했다는 점이다. 특히 놀라운 것은, 1870~1910년에 국민소득의 고작 1~2%이던 것이 1980~1990년에 5~6%가 될 정도로 20세기 동안 상당한 증가를 이루었던 교육 부문에 대한 공적지출이 1980~1990년 이후로는 증가하지 않았다는 점이다.[102] 모든 서유럽 나라에서, 프랑스처럼 독일에서도 영국처럼 스웨덴에서도 교육투자가 1990~2015년에 국민소득의 약 5.5~6%로 정체되어 있음이 확인된다.[103]

이러한 정체는 물론 공적지출 전체가 이 시기에 증가하기를 멈췄다는 사실로 설명될 수 있다. 보건 및 퇴직연금에 대한 지출의 구조적 확대가 거의 불가피하다는 것이 명확해지는 상황에서 혹자들에게는, 교육 지출을 안정시키고 나아가 국민소득에 비례해 그 지출을 줄이며 등록금과 민간자금 조달에 더 많이 기대는 일이 긴요해 보였던 것이다. 하지만 반대로 다양한 수준의 소득과 자산에 공정하게 과세한다는 조건하에 교육투자 증대를 위한 한정적인 강제과세 확대를 구상하는 일이 가능했었을 (그리고 미래에도 여전히 가능할) 것이라고 생각하는 게 합리적이다. 달리 말해 국가 간 조세경쟁과, 정의로운 조세는 불가능하다는 예단이 이러한 교육투자의 정체뿐만 아니라 부채 확대도 역시 설명해줄 수 있다.

여하간 강조되어야 할 것은 이 정체에는 진정 역설적인 면이 있다는 점이다. 선진국들이 고등교육 대중화시대에 접어들고 고등교육에 접근하는 각 연령 코호트 비율이 고작 10~20%에서 50% 이상이 된 시점에 (국민소득 백분율로 나타나는) 공적 교육투자가 정체된 것이다. 그 결과, 고등교육 접근 기회의 확대에 관한 약속을 믿었던—주로 중간층 이하 사회계층인—이들 중 일부는 학비 부족과 더불어 졸업 이후의 진로가 불투명한 현실과 직면하게 된다. 이와 관련하여 강조해야 할 점은, 무상교육 또는 무상교육에 준하는 공적자금 조달만으로는 고등교육 접근의 실질적 평등을 보장하기에 전혀 충분치 않다는 사실이다. 부유한 환경에서 자란 학생들은 부모로부터 물려받은 재산과 남들보다 더 좋은 초등학교와 고등학교에 다닐 수 있는 기회의 우위 덕에 유망한 경로를 확보하는 데 더 유리한 위치에 놓이는 경우가 흔하다.

프랑스 사례는 표면적으로는 평등하며 무상인 공교육제도 내에 존재하는 교육 불평등의 예를 특히 잘 보여준다. 실제로 사회 특권층 학생 대다수가 가고자 하는 그랑제콜 및 그 준비반의 엘리트 코스에 투자되는 공적자원은, 덜 엘리트적인 대학 코스에 투자되는 것보다 학생당 두세 배 더 높다. 프랑스 교육제도의 이러한 오래된 계층화는 초중고등학교에 투자되는 자원을 평준화하겠다는 약속이 실현된 적이 전혀 없었던 만큼 고등교육 대중화와 함께 노골화되었다. 바로 이러한 점이 매우 강렬한 사회정치적 긴장들을 유발했다. 자원 배분 및 입학절차의 투명성, 그리고 교육정의라는 문제는 프랑스를 넘어 모든 나라가 미래에 힘써 대처해야 할, 그리고 우리가 이번 연구에서 계속 폭넓게 재론할 중심 쟁점이다.[104]

## 교육 평등, 근대적 성장의 근원

1980~1990년 이래로 부유한 나라들에서 교육투자의 이러한 정체는 불평

등 증대뿐 아니라 성장 둔화를 설명하는 데도 영향을 미칠 수 있음을 마지막으로 명확히 해두자. 미국의 1인당 국민소득 성장률은 1950~1990년에 평균 연간 2.2%였던 것이 1990~2020년에는 연간 1.1%로 줄었다. 같은 시기에 불평등은 증대됐고, 1950~1990년에 평균 72%였던 소득세 최고세율은 1990~2020년에 35%가 되었다(도표 11.12 및 11.13 참조).

유럽에서는, 고도성장의 시기였던 1950~1990년에 불평등이 가장 낮았고 누진세는 가장 높았다는 점이 또한 확인된다(도표 11.14 및 11.15 참조). 유럽의 경우, 1950~1990년의 예외적인 고도성장은 일정 부분 양차 세계대전으로 인한 손실을 만회하기 위한 것으로 간주될 수 있다. 이러한 설명은 미국에는 해당되지 않는다. 1870~1910년에 비해 1910~1950년에 더 크게 성장했고, 1910~1950년에 비해 1950~1990년에 더 급속하게 성장했는데, 1990~2020년에는 성장이 반토막 난다.

이 엄연한 역사적 현실에는 미래를 위한 교훈들이 풍부하다. 특히 이를 통해 일부 잘못된 길을 제거할 수 있다. 우선, 충분히 높은 수준의 소득과 자산에 최고세율이 적용되기만 한다면 강력한 누진세제는 분명 빠른 생산성 향상의 장애물이 아니다. 약 80~90%의 세율이 중간층 바로 위의 모든 이들에게 적용됐다면, 그 효과는 완전히 달랐을 것이다. 하지만 이 세율이 오로지 매우 높은 수준(전형적으로 상위 백분위 또는 오십분위)에만 적용될 때, 우리가 보유한 역사적 경험이 제시하는바, 강한 누진세제와 약한 불평등과 고도성장을 조화시키기란 전적으로 가능하다. 구체적으로는, 20세기에 실시된 강력한 누진세제는 19세기와 20세기 초에 유력했던 소유 및 소득의 극단적 집중을 끝장내는 데 도움을 주었다. 불평등의 이러한 감소는 1950~1980년에 이때까지 관찰된 적 없는 고도성장기로의 길을 열었다. 그러므로 적어도 1차대전 이전의 매우 높은 불평등은, 당시 대다수 엘리트들의 지배적 담론과 달리, 성장에 필수적인 것이 전혀 아니었음을 모두가 동의할 것이다. 1980~1990년 레이건주의의 '보수혁명' 실패에 대해서도 모두가 이론상 동의할 수 있을 것이다. 미국의 성장은 반

**도표 11.12** 미국의 성장과 불평등, 1870~2020년

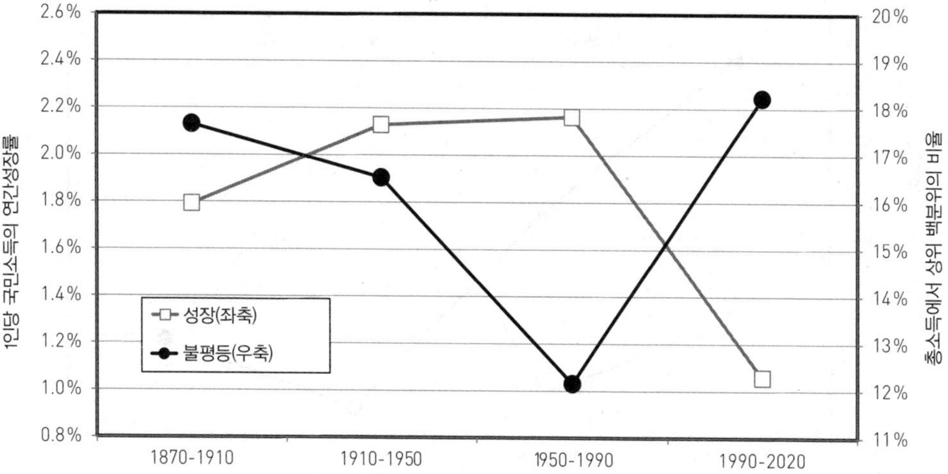


미국의 1인당 국민소득 성장률은 1950~1990년 연간 2.2%에서 1990~2020년 연간 1.1%가 되었다. 같은 기간, 국민소득 상위 백분위(소득 상위 1%) 비율은 12%에서 18%가 되었다.

**출처 및 원 통계자료:** piketty.pse.ens.fr/ideologie

**도표 11.13** 미국의 성장과 누진세, 1870~2020년

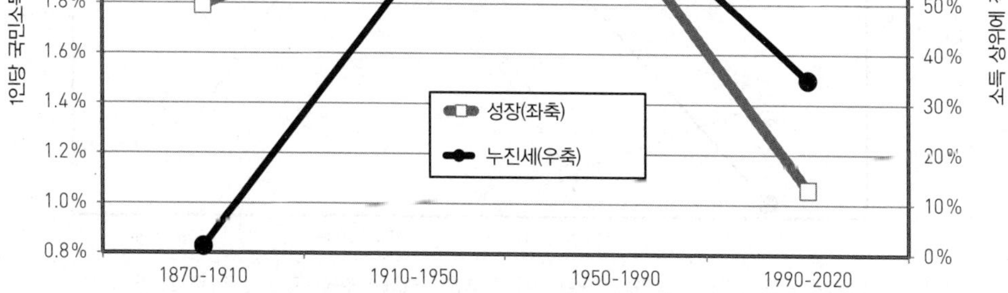


미국의 1인당 국민소득 성장률은 1950~1990년 연간 2.2%에서 1990~2020년 연간 1.1%가 되었다. 같은 기간에, 소득 상위에 적용된 최고세율은 72%에서 35%가 되었다.

**출처 및 원 통계자료:** piketty.pse.ens.fr/ideologie

**도표 11.14** 유럽의 성장과 불평등, 1870~2020년

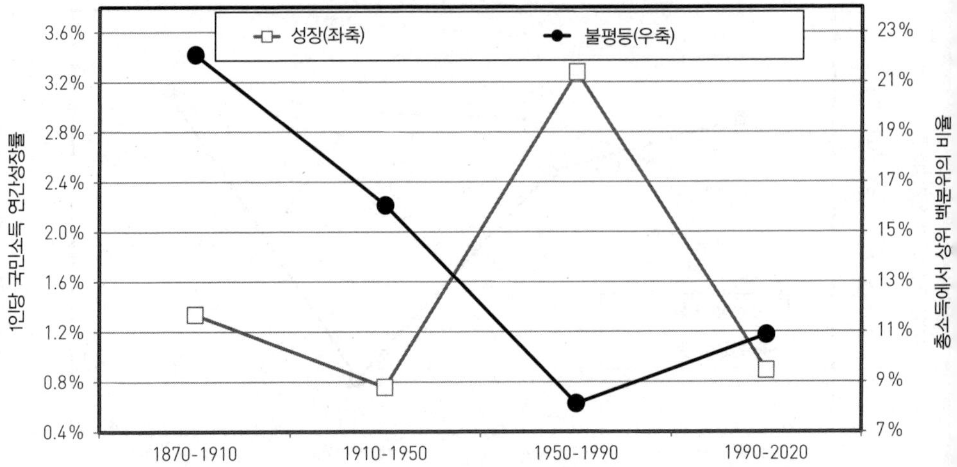


서유럽의 1인당 국민소득 성장률은 1950~1990년 연간 3.3%에서 1990~2020년 연간 0.9%가 되었다. 같은 기간, 국민소득 상위 백분위(소득 상위 1%) 국민소득에서의 비율은 (독일·영국·프랑스 평균) 8%에서 11%가 되었다.

**출처 및 원 통계자료:** piketty.pse.ens.fr/ideologie

**도표 11.15** 유럽의 성장과 누진세, 1870~2020년

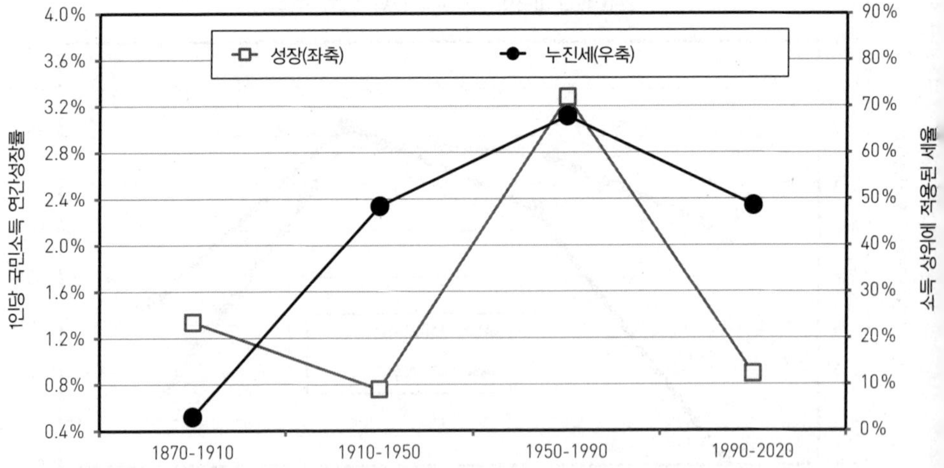


서유럽의 1인당 국민소득 성장률은 1950~1990년 연간 3.3%에서 1990~2020년 연간 0.9%가 되었다. 같은 기간, 상위 소득에 적용된 최고세율은 (독일·영국·프랑스 평균) 68%에서 49%가 되었다.

**출처 및 원 통계자료:** piketty.pse.ens.fr/ideologie

토막 났으며, 이 정책이 없었더라면 성장이 훨씬 심각하게 지체됐으리라는 생각에는 전혀 설득력이 없어 보이기 때문이다.[105]

다음으로 무엇보다도, 각 나라들의 교육 및 경제 궤적 비교를 통해 알 수 있듯이, 19세기와 20세기 대부분의 기간에 미국에서 교육 우위가 수행한 역사적 역할은, 직업훈련 및 교육에서 평등한 투자 확대가 얼마나 결정적인지를 보여준다. 미국이 19세기와 20세기 초에 유럽보다 더 생산적이고 더 빠르게 발전했다면, 이는 미국에서 소유권이 더 잘 보호되었거나 세금이 더 낮았기 때문이 아니다. 세금은 어디서나 매우 낮았고 프랑스와 영국, 여타 유럽보다 소유권이 더 잘 보호되는 곳은 어디에도 없었다. 중요한 요점은 미국이 초중등교육 보편화에서 반세기 이상 유럽보다 앞섰다는 점이다. 이러한 우위는, 생산성 격차와 마찬가지로, 20세기 말에 고갈되었다. 더 일반적 수준에서 보면 1950~1990년에는 부유한 나라들 전체에서 선행 시기에 비해 훨씬 더 높은 교육투자가 이례적으로 이루어졌다. 바로 이것이 예외적인 높은 성장 수준을 설명하는 요인일 수 있다. 반면 고등교육을 받으려는 이들이 점점 더 늘어났음에도 1990~2020년 정체되어버린 교육투자는, 생산성 증가 리듬의 둔화와 짝을 이룬다.

요약해보자. 지난 두 세기의 역사에 비춰 보면 불평등·소유·안정성의 신성화보다는 평등과 교육이 오히려 발전을 주도하는 요인들이었던 것으로 보인다. 더 일반적으로, 발전에 대한 역사적 분석은 역사 속에서 많은 사회가 직면했던 '불평등의 덫'이 되풀이되는 위험을 보여준다. 엘리트들이 개진하는 언술은 안정과, 특히 과거에 획득된 소유권의 보존이라는 목표를 과대평가하는 경향이 있는 데 반해, 발전은 흔히 새로운 사회집단을 위한 기회와 소유관계 재정의를 요구한다. 부를 재분배해 교육과 사회국가에 투자하는 데 대한 영국과 프랑스 엘리트들의 거부는 1차대전 시기까지 이어졌다. 이러한 거부는, 현 21세기 초의 미국과 마찬가지로, 정교한 이데올로기적 구성물에 기반했다.[106] 역사가 보여주는바 변화란 사회정치적 투쟁과 도저한 이데올로기적 혁신의 마주침을 통해서만 일어날 수 있을 뿐이다.

### 사민주의와 정의로운 조세: 미완의 마주침

이제 정의로운 세금이라는 문제로 가보자. 이것이 우리를 민족국가의 극복이라는 문제로 데려갈 것이다. 사민주의사회들이, 국유화를 주된 구성요소로 한 의제에는 매력을 잃게 되고 고등교육시대에 접어들게 되면서, 특히 1980~1990년부터 정의로운 교육과 정의로운 소유의 표준을 재정의하는 가운데 마주쳤던 난관들을 우리는 보았다. 이러한 정치적-이데올로기적 한계들은 세금에 대한 불충분한 성찰과도 관련된다. 다양한 경향의 사민당·사회당·노동당·민주당에는 정의로운 세금이라는 문제와 세금론을 홀대하는 경향이 있었다. 1914~1945년의 소득 및 상속에 관한 누진세의 눈부신 발전은 대체로 진정한 지적이고 정치적인 전유 없이 급박하게 이루어졌던 것이어서, 바로 이 점이 이러한 제도적 구성물들의 취약함과 1980년대부터 이것들이 문제시된 이유를 부분적으로 설명해준다.

일반적으로 사회주의운동은 국유화라는 목표를 조준선에 두고 소유체제 문제에서 출발하여 형성되었다. 우리가 보았듯이 1980년대까지도 프랑스 사회당과 영국 노동당 내에서 기업에 대한 국가소유는 여전히 강력한 핵심적 의제였고, 공동관리 또는 자주관리에 관한 성찰만큼이나 조세에 관한 성찰도 막아버리는 경향을 가지고 있었다. 요약해보자. 자본주의 극복에 대한 유일한 해법으로서의 중앙집권화에 대한 믿음은 기업 내의 의결권 배분과 권력 분유 문제와 마찬가지로 세금과 세율과 과세대상 문제를 충분히 진지하게 다루지 못하도록 막곤 했다.

조세 문제에 관한 사민주의적인 성찰의 불충분함 가운데, 두 가지 점이 특히 언급될 가치가 있다. 우선, 사민당과 사회당과 노동당 운동들은 누진세를 유지하고 심화하는 데 필요한 국제협력을 발전시키지 못했으나, 그렇다고 이 시기에 조세정의라는 이념 자체를 유린하는 조세경쟁의 조건들을 직접 만들어낸 것은 아니었다. 다음으로, 정의로운 세금에 관한 성찰은 누진소유세 문제를 충분히 통합해내지 못했는데, 이것이야말로 보편적 자본지원과 더 거대한 소유 순환을 통한 민간자본주의 극복이라는 과감한 시도에서 핵심적이다. 우리가 뒤에서 보겠지만, 정의로운 세금이라는 개념은 누진소득세와 누진상속세, 그리고 연간누진소유세라는 누진세의 정당하고 보완적인 세 형태 사이의 균형에 기초해야 한다.

## 자본주의 및 민족국가의 극복에 직면한 사민주의

20세기에 사민주의는 항상 원칙에서는 국제주의적이었지만 정치적 실천에서는 국제주의에 한참 못 미쳤다. 요컨대 한나 아렌트가 1951년에 20세기 전반기의 사민주의자들에게 가한 이러한 비판은,[107] 1950~2020년의 그 후계자들에게로 확장될 수도 있을 것이다. 사민당운동은 1950년 이후로 민족국가라는 좁은 틀 안에서 사회적 조세재정국가 건설을 추구했으며, 이는 이론의 여지가 없는 성공을 거두었다. 그러나 (아렌트가 분석한 식민체제·볼셰비키체제·나치체제와 유사하지만 이에 대한 사회적이고 민주적이며 평등주의적인 버전인) 새로운 초민족적 또는 연방주의적 정치 형태를 발전시키려는 노력은 전혀 없었다. 유럽 공동의 사회정책 및 공동 조세의 상징적인 부재가 보여주듯, 사민주의는 포스트민족적인 차원의 연대와 조세를 확립하는 데 실패했기에 일국 수준에서 발전시킨 구성물들을 약화시켰고 이는 사민주의의 사회정치적 토대를 위태롭게 하는 데 일조했다.

유럽 차원에서, 사민당과 사회당의 다양한 운동은 1952년 유럽석탄철강공동체ECSC, 1957년 로마조약으로 수립된 유럽경제공동체EEC, 1992년 유럽경제공동체를 승계한 유럽연합EU을 발전시켜온 시도들을 시종일관 지지했다. 조약들을 거치면서 견고해지는 이러한 일련의 정치·경제·무역 협정들은 일차적으로 주요 산업생산과 농업생산에 관한 경쟁조건들을 규제하려는 협력을 통해, 유럽에서 전례 없는 평화와 번영의 시대를 여는 것을 가능케 했다. 프랑스 군대가 루르 지방을 점령하여 독일 국내총생산의 300%에 상당하는 부채-공물을 받아내려고 했던 1920년대와, 프랑스·독일·이탈리아·베네룩스 3국(벨기에·네덜란드·룩셈부르크)의 조화로운 재건 보장과 가격 안정을 위해 석탄과 철강의 생산 수준을 조율하는 1950년대의 대비는 충격적이다. 1986년 단일유럽의정서는 유럽 공간에서 재화·용역·자본·인민들의 이동에 관한 자율원칙("네 가지 자유")[108]을 확정했다. 1992년 마스트리히트조약은 유럽연합뿐만 아니라, 원하는 나라들 사이에서 단일화폐(1999년에는 은행용으로, 2002년에는 개인용으로 실효성을 갖게 된 유로) 또한 확정했다. 이후 유럽연합 회원국들은 급속하게 확대되는 국제적 경제개방 상황에서 유럽과 세계의 다른 곳 사이의 무역협정 협상을 위해 유럽의 제도들에 점점 더 의존하게 됐다. 역사가들은 1950~2000년의 유럽 건설을 두고, 많은 이들이 보기엔 1945~1950년에 유죄 선고를 받은 정치 형태인 "민족국가의 구출" 작업이라고 정확하게 말했다. 실제로 유럽경제공동체와 이후의 유럽연합은 유럽의 낡은 민족국가들이 정치행위의 핵심에 머물면서도 자신들 사이에서, 나아가 자신들과 여타 세계와의 사이에서, 생산과 교환을 조율할 수 있도록 했다.[109]

유럽 건설은 그 성공에도 불구하고 다수의 한계를 지녔다. 2016년 브렉시트 국민투표가 보여주듯이, 이런 한계들로 인해 유럽 건설 전체가 21세기 초 현재 유럽 인민의 거부 속에서 위태로운 상황이다. 지난 수십 년간, '유럽'(브뤼셀 당국의 유럽 건설을 가리키는 데 사용하게 된 단어)은 인민계급과 중간층을 희생시키고 주로 특권층과 대기업에 유리한 쪽으로 작동한다는 막연한 감정이 유럽 인민 사이에 점차 널리 퍼졌다. 또한 이 '유럽회의주의Euroskepticism'를 키운 것은 새로운 이민 현실과 마주한 데서 생겨난 적대감과, 일부 유럽인들의 (나라에 따라 포스트식민적인 또는 포스트공산주의적인) 낙오감이다. 여하간 유럽 정부들은 1980~1990년 이래로 전개되고 있는, 불평등 증대와 성장 저하가 혼합된 이 사태에 대처하지 못했다. 반향이 큰 이 실패는 유동성이 높은 집단들에 유리한 영토 및 인력 경쟁에 근거한 발전모델에 유럽이 거의 배타적으로 의지해왔다는 사실과, 회원국이 최소한의 공동 조세 또는 사회정책도 채택하지 못한 무능력에 의해 설명된다. 이 무능력 자체는 조세 분야에서 만장일치 규칙을 선택한 탓인데, 이 규칙은 1950년대 이후로 오늘날까지 이런저런 조약들을 거쳐 갱신되었다.[110]

오늘날까지 전개된 것과 같은 유럽 건설은 대체로 집단적 번영과 사회의 조화를 가져오는 데 자유경쟁과 재화 및 자본의 자유로운 이동으로 충분하리라는 가설, 그리고 (특히 국가가 너무 비대해지거나 또는 끝없는 재분배 욕망에 빠지는 걸 막아주는) 국가 간 조세경쟁의 이익이 비용보다 크다는 확신에 기초한다. 이는 이론적 관점에서 완전히 방어할 수 없는 가설은 아니다. 특히 대규모 공동체에 과세하기 위한 정당한 공권력을 건설하는 일은 무엇보다도 유럽 차원에서 사소하거나 자명한 것이 전혀 아니다. 그러나 지난 수십 년간의 불평등주의적 전개와 이것이 초래한 위험을 보면, 그리고 유사한 규모 혹은 더 큰 규모의 공동체들(예컨대 미국 또는 인도)이 수십 년간 연방 수준에서 분유되는 공동 조세를 그것도 민주적인 틀 안에서 채택하는 데 성공했다는 사실을 감안하면, 이러한 가설은 상대적으로 취약하다. 유럽 통합이 1950년대부터 공동 시장 건설 전략에 의거했다는 사실은 또한 그에 앞선 수십 년의 역사에 의해 설명될 수 있다. 전간기에는, 보호주의의 대두와 비협력적 중상주의 전략이 위기 격화에 일조했다. 경쟁주의 이데올로기는 제 나름의 방식으로 과거의 위기에 대한 하나의 대응이다. 이런 식으로 유럽의 건설자들은 역사의 또다른 교훈을 망각했다. 1815~1914년의 끝없는 불평등주의적인 표류가 시장에 사회적 조세재정이 배태되어야 할 필요를 입증한다는 것.

유럽 사민주의는, 특히 프랑스 사회당과 독일 사민당이 그때그때 (이따금은 같은 시기에) 집권해왔고 기존 조약을 개정할 수 있는 상황에 있었음에도 불구하고, 조세 분야에서의 만장일치 규칙을 대체할 수 있는 정확한 제안을 실제로 정식화해본 적이 없다는 점을 확인하는 것은 특히 인상적이다. 틀림없이 두 당에는 공동 조세의 (현실적인) 복잡함이 감수할 만한 가치가 있는 것이라는 확신이 전혀 없었다. 유럽과 유럽의 낡은 민족국가들에 알맞은 적합한 연방 형태를 건설하는 문제에는 자명함이라곤 전혀 없다. 그럼에도 여전히 민주적 유럽연방 안에서 공동 조세를 채택할 수 있도록 하는 다수의 제도적 해법이 있을 수 있다는 사실은 남는다. 이러한 전망은 이미 1938~1940년에 연방연합운동을 둘러싼 논의에서 구상되었고,[111] 다가올 수십 년 내에 빠르게 현실이 될 수도 있을 것이다.[112]

유럽 국가들 사이의 조세경쟁과 만장일치 규칙이 1990~2020년에 특히 법인세와 관련하여 가속화된 조세 덤핑 흐름으로 대륙을 이끌었다는 것은 어쨌든 사실인데, 1980년대에는 대부분의 나라에서 약 45~50%였던 법인세율이 점차 인하되어 2018년에는 유럽연합에서 정확히 평균 22%가 되었다. 이 모든 것은 강제과세의 전반적 세율이 안정되어 있는 맥락에서 이루어졌으며, 그렇다고 기업 이윤에 대한 과세의 경향적인 인하 흐름이 그 종착점에 이르렀다는 보장도 없었다(세율은 0%까지도 인하될 수 있고, 이미 흔한 경우지만 심지어 투자 유치를 위한 지원금으로 전환될 수도 있다).[113] 사회국가의 재원 마련을 위해 이 같은 세수를 몹시도 필요로 하는 유럽 나라들이 그럼에도 법인세 인하 경쟁에서 (소득세·상속세와 마찬가지로 연방 수준에서 법인세가 과세되는) 미국보다도 더 세계적인 선도 역할을 수행했다는 사실은 조세경쟁 효과의 중요성만이 아니라 선거와 관련된 정치제도의 중심 역할을 증명한다.[114] 유럽이 다른 무엇보다 "자유롭되 왜곡되지 않은" 경쟁원칙들을 옹호하는 것으로 비춰지고 대체로 사회국가 발전에 무심하거나 적대적인 힘으로 인식되어왔다는 사실은, 왜 영국 노동당이 1972년 국민투표와 마찬가지로 2016년 국민투표에서—이 두 시기 사이에 유럽에 다른 내용을 부여할 만한 기획을 제안하지도 못한 채로—유럽 지지 여부를 놓고 분열되었는지도 설명해준다.[115]

또한 연구들은 유럽의 사민당들, 특히 프랑스 사회당이 1980년대 말부터 유럽과 전 세계에서 시행된 자본이동의 자유화 흐름에서 수행했던 중심적 역할을 보여주었다.[116] 1981년의 국유화, 1981~1982년의 실기한 경기부양책, 부자들의 자본유출을 줄이지 못해 중위계급에 충격을 주게 될 1983년의 외환관리에서 마주쳤던 어려움들에 난감해진 프랑스 사회당은 1984~1985년부터 정치경제 전략을 근본적으로 바꾸기로 결정했다. 1986년 단일유럽의정서의 여세를 몰아 프랑스 사회당은 자본이동의 완전한 자유화를 겨냥한 독일 기민당의 요구에 동의한다. 이러한 자유화는 1988년의 유럽지침서에 구체화되고, 1992년의 마스트리흐트조약에 재기입되며, 이 조약의 조항들은 OECD와 IMF에서 원용될 것이고 다시금 국제 표준으로 사용될 것이었다.[117] 수집된 증언에 따르면, (통화·금융 문제의 완전한 '탈정치화'를 보장하려는) 독일의 요구에 대한 이러한 양보는 단일통화와 미래의 유럽중앙은행에 대한 연방 주권 분유를 확보하기 위해 수용할 만한 타협조건으로 여겨졌다는 것이다.[118] 실제로 유럽중앙은행은 유럽에서 진정으로 연방적인 유일한 제도가 되었으며(프랑스 대표는 말할 것도 없고 독일 대표도 이사회의 다수 결정에 맞설 수 없다), 이렇게 됨으로써 유럽중앙은행이 2008년 위기 이후에 무시할 수 없는 역할을 수행할 수 있었음을 우리는 볼 것이다.

그렇지만 이 시대의 행위자들이 자본이동의 절대적 자유화의 장기적 결과를 충분히 지각했었는지는 확실치 않다. 문제는 1936년에 루스벨트 대통령이 '핫 머니hot money'라 부르며 비난한 단기 자본이동 경우에만 관련된 것은 아니다. 단기 자본이동은 1930년대(특히 1931년 오스트리아 은행 위기 당시)에 통화 불안정을 조성했고, 1945~1985년 사이에 이를 일정한 틀로 제한했던 것은 이유가 없는 것이 아니었다. 또한 단기 자본이동의 과도한 자유화는 1997년 아시아 위기에 일조하게 된다.[119] 더 일반적으로 자본이동 자유화는, 자본 보유자 신원정보의 자동교환과 해당 이윤·소득·자산에 대해 적절하게 과세하고 규제할 수 있는 균형잡힌 정책 수립을 위한 국제협정들이 수반되지 않아서 문제적이다. 정확히는 1980년대부터 미국과 유럽의 동시적인 영향하에 세계적 차원에서 진행된 재화 및 자본의 자유로운 이동이 일체의 사회적 조세재정 목표와 무관하게 구상되었다는 것이야말로 문제인 것이다. 이는 마치 세수, 교육투자, 사회·환경 규칙이 없는 세계화가 있을 수 있다고 생각하는 것이나 마찬가지다. 각각의 민족국가가 이 같은 소소한 문제들은 자체적으로 해결해야 하며 국제조약들의 유일한 기능은 자유로운 이동을 조직하고 각 나라가 이를 방해하는 것을 막는 일이라는 암묵적인 가설이 있었던 것으로 보인다. 이러한 성격의 역사적 분기점들이 흔히 그렇듯이 준비 부족과 임기응변의 정서가 보이는 것이 가장 인상적이다. 또한 차제에 주목하려는 것은 1980~1990년 이래로 관찰되는 경제·금융 자유화 흐름이 앵글로색슨의 '보수혁명'으로 전적으로 귀속될 수는 없을 것이라는 점이다. 왜냐하면 프랑스와 독일의 영향이 이처럼 복합적인 여정에서 중심 역할을 수행했기 때문이다.[120] 다양한 유럽 국가에서(예컨대 룩셈부르크에서) 나오는 다수의 금융 로비에 대해 정당들과 단체들이 실효적인 반대를 내놓지는 못했는데, 이 로비들이 한 역할 또한 주목해봐야 한다.[121]

전후의 사민주의가 포스트민족적인 차원에서 사회적 조세재정국가를 조직하지 못하는 이러한 무능력은 유럽에 고유한 것이 아니고 모든 대륙에서 확인된다는 점 또한 강조해야 한다. 라틴아메리카와 아프리카와 중동에서 전개된 지역통합 시도들은 비슷한 어려움에 봉착했다. 우리는 소규모 민족국가들이 세계자본주의 안에서 실현가능한 사회모델을 발전시키고 자신들의 지위를 구축하고자 할 때 직면할 수밖에 없는 어려움들을 보았다. 이를 자각한 서아프리카 지도자들이 1945~1960년 기간에 세네갈·다호메이·오트볼타 및 오늘날의 말리가 모인 말리연방을 통해 독창적인 연방 형태를 발전시키려고 노력했으나 허사였다.[122] 1958~1961년에 이

집트와 시리아(와 짧게는 예멘)가 연합하여 만들어졌으나 단명한 통일아랍공화국 역시 자본주의 경제의 힘을 규제하기 위해서는 대규모의 인간 공동체가 필요하다는 사실에 대한 자각을 보여준다. 이러한 맥락에서, 유럽연합의 경우는 그 주역들이 가진 부와 유럽 건설의 고도화 및 그 궤도에 내포된 연동 효과로 인해 당연히 특별한 역할을 수행한다.

더욱이 1990~2020년 유럽의 사회적 조세재정국가에서, 나라에 따라 강제과세가 국민소득의 약 40~50%에 상당하는 규모를 갖는다는 것[123]에는 조세정의 및 과세에 대한 동의라는 문제가 결정적인 역할을 한다는 함의가 담겨 있다. 이 동의 문제는 혹독한 시련을 겪었다. (연쇄적인 여러 층으로 되어 있는 경우가 많은데다 가능한 만큼의 개혁과 합리화가 이루어진 적이 없는) 해당 조세재정제도의 복잡함과 투명성 결여 탓이기도 하고—이미 무역 세계화의 일차적 수혜자들인 사회집단들에 유리한 경향을 갖는—국가들 사이의 과도한 조세경쟁과 조율 부족 탓이기도 하다.

이러한 관점에서, 소유 및 자본소득의 집중은 벨에포크(1880~1914년)에 비해서는 덜 극단적일지라도 20세기 말 21세기 초에도 여전히 매우 심각하며, 특히 노동소득 집중에 비하면 훨씬 더하다는 점을 상기해야 한다.[124] 이는 대부분의 상위 소득이 자산소득으로, 특히 금융자본에서 나오는 배당금과 이자로 이루어져 있다는 뜻이다(도표 11.16 및 11.17 참조).

불평등은 자본과 관련해서도 노동과 관련해서도 공히 컸으나 그 규모의 추이가 동일한 것은 아니다. 자본소득에서, 소득 하위 50%는 2015년 프랑스에서 전체의 5%가량을 점하는 데 반해 소득 상위 10%는 66%을 점한다(도표 11.18 참조). 노동소득과 관련해서는, 전체의 24%가 소득 하위 50%에 속하고 (수치상 5배 적은) 상위 10%에는 약 27%가 돌아간다. 또한 강조해야 하는 것은 소유 및 소유에서 발생한 소득의 과도한 집중은 부의 연령별 단면도와 연계된 편향은 아니라는 점이다. 오히려 이러한 집중은 모든 연령 코호트 안에서—청년층에서도 노년층에서도—확인된다. 달리 말해, 연령에 따른 소유의 확산은 매우 미미할 뿐이다.[125]

**도표 11.16 프랑스의 소득 구성, 2015년**

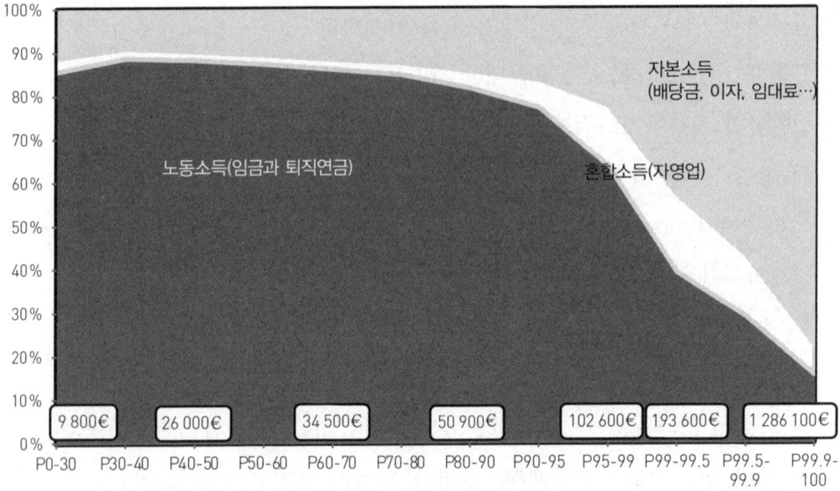


2015년 프랑스의 (데이터가 제공되는 모든 국가가 그렇듯) 하위 및 중위 소득은 대부분 노동소득이고, 상위 소득은 자본소득(특히 배당금)으로 구성된다. 참고: 여기서 제시된 분포는 세전 성인당 연간 소득 분포다. 다만 퇴직연금 및 실업급여는 반영되어 있다.

**출처 및 원 통계자료:** piketty.pse.ens.fr/ideologie

**도표 11.17 프랑스의 자산 구성, 2015년**

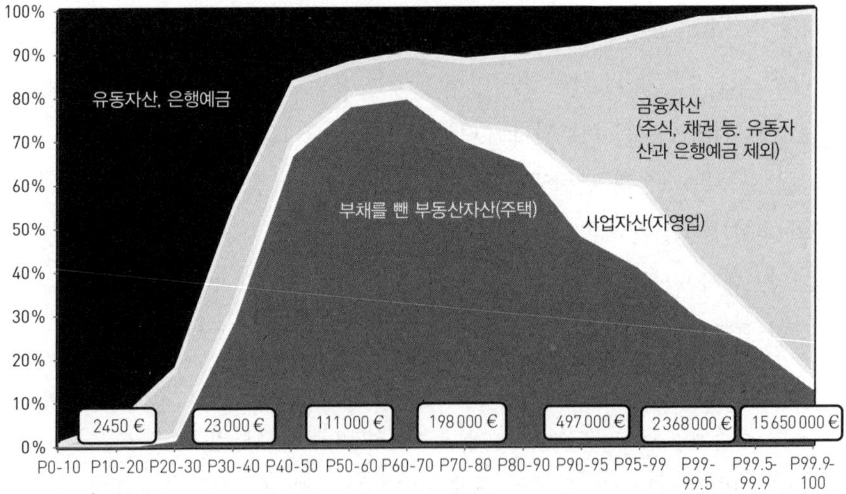


2015년 프랑스의 (데이터가 제공되는 모든 국가가 그렇듯) 하위 자산은 유동자산과 은행예금이고, 중위 자산은 부동산, 상위 자산은 금융자산(특히 주식)으로 주로 구성된다. 참고: 여기 제시된 분포는 성인 1인당 자산 분포다(커플의 자산은 반분).

**출처 및 원 통계자료:** piketty.pse.ens.fr/ideologie

이처럼 매우 강력한 (주로 금융자산의) 소유 집중을 감안하면, 정보 교환도 조세 조율도 없는 자본이동의 자유화가 과연 어느 정도나 조세재정제도 전체의 누진성을 잠식할 수 있는지가 보인다. 법인세 인하 무한경주 외에, 유럽의 많은 나라들은 또한 1990~2020년에 다양한 조세특례체계를 발전시켜 배당금과 이자가 누진소득세 과세표에서 빠져나갈 수 있도록 해 등가의 임금소득에 비해 더 적은 세금을 내도록 해주는데, 이로 인해 선행 시기와 견줘 누진소득세에 대한 관점이 근본적으로 달라지게 된다.[126]

실제로 포괄적인 강제과세 단면도를 계산해보면, 1980~1990년 이래로 누진성이 많이 약화되었음이 확인된다. 이는—조세특례체계들의 발전으로 악화되어온 일반적 요소인—평균세율은 정체되어 있는데도 상위 소득에 적용되는 세율이 줄어들었다는[127] 사실의 자동적인 결과다. 현재 프랑스에서, 강제과세의 전반적 세율은 가난한 50%에서 약 45~50%이던 것이 중간층 40%에서는 50~55% 선으로 올랐다가 부유한 1% 사이에서 45%로 다시 내려간다(도표 11.19 참조). 달리 말해, 세금은 분배의 하위와 중위 사이에서는 다소 누진적이지만 상위에서는 역진적이다. 이는 간접세(부가가치세, 에너지세 등)의 비중과, 중위계급과 중상위계급에 적용되는 누진소득세에 추가되는 가난한 이들의 사회적 분담금에서 비롯된다. 부자들에 대해서는, 줄어든 간접세와 분담금을 벌충할 정도로 누진세가 충분히 무겁지 않은데, 이는 자본소득이 누리는 수많은 면세에 의해 주로 설명된다. (소득 분배가 아니라) 자산 분배에서의 위치에 따라 납부된 세금들의 진화를 검토해보거나 또는 소득 및 자산 분배를 결합해보면—이렇게 하는 것이 틀림없이 가장 정당할 텐데—상위에서의 역진성은 훨씬 더 두드러질 것이다. 이 모든 추계가 부자들이 이용하는 조세피난처와 납세 최적화를 계산에 넣지 않은 것임을 또한 강조하고자 한다. 이 역시도 상위에서의 역진성 크기를 저평가하는 요인이다.[128]

물론 인민계급과 중위계급이 상당한 세금을 납부한다는 사실 그 자체가 문제는 아니다. 높은 수준의 사회복지지출과 교육투자를 위한 재원 조

**도표 11.18** 프랑스에서 자본과 노동에 관련된 불평등, 2015년

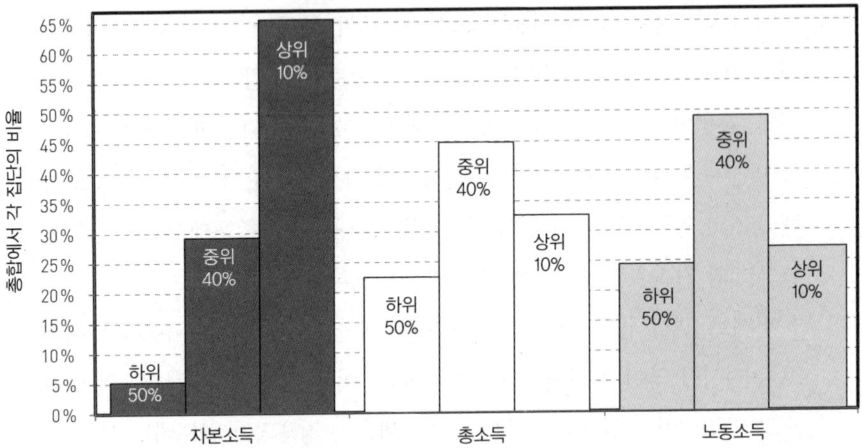


자본소득 전체에서 상위 10%는 66%, 하위 50%가 5%이고, 그다음 40%가 29%를 점한다. 노동소득에서는 각각 27%, 24%, 49%를 점한다. 참고: 여기서 제시된 분포는 성인 1인당 소득 분포다(커플의 경우 반분).

**출처 및 원 통계자료:** piketty.pse.ens.fr/ideologie

**도표 11.19** 프랑스에서의 강제과세 단면도, 2018년

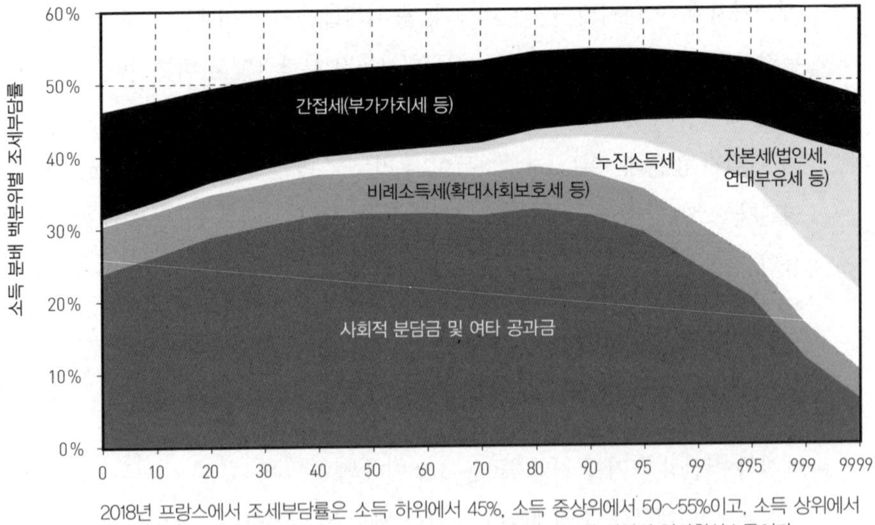


2018년 프랑스에서 조세부담률은 소득 하위에서 45%, 소득 중상위에서 50~55%이고, 소득 상위에서 45%다. 참고: 여기 제시된 분포는 시간제까지는 포함해 25~60세 성인의 연간합산소득이다.

**출처 및 원 통계자료:** piketty.pse.ens.fr/ideologie

달을 원한다면, 모든 이가 납세자가 되는 것은 불가피한 일이다. 하지만 조세에 대한 동의가 유지되려면 투명하고 정의로운 조세재정제도는 필수적이다. 인민계급과 중위계급이 자신들이 부자들보다 더 많이 납세한다고 느낀다면, 조세동의도 사민주의사회들을 정초한 사회계약도 점차 와해될 명백한 위험이 존재한다. 이러한 의미에서, 민족국가를 극복하지 못하고 초민족적 조세정의의 형태를 추구하지 못하는 사민주의사회들의 무능력은 이 사회들을 내부에서 잠식하는 주요 약점이다.

## 미국, 유럽, 소유세: 미완의 논의

민족국가 극복과 새로운 조세 공조 및 공동 조세의 확립이라는 문제 외에도, 정의로운 조세 개념에 관한 성찰들은 그 자체로 심화시킬 만하다는 점을 마지막으로 강조하고자 한다. 일반적으로, 이 성찰들은 18세기 이후 누진세, 즉 빈민에게 낮은 세율로 과세하고 부자에게는 세율이 점층적으로 상향 적용되는 세금을 중심으로 집중적으로 논의되어왔다. 누진세에 관한 다양한 기획이 프랑스혁명기에 논의되었고,[129] 20세기에는 모든 대륙에서 대대적으로 시행되었다.[130] 이러한 맥락이 중요하긴 하지만 이것으로 끝나지 않는 이유는 일반적인 누진세 개념 이면에 여러 가지 상이한 현실이 놓여 있기 때문이다.

일반적으로, 누진세는 기본적인 세 범주로 구별될 수 있다. 누진소득세, 누진상속세, 연간누진소유세. 이 세 범주의 세금은 각자의 정당성을 가지며 상호보완적인 것으로 간주되어야 한다. 원칙상 누진소득세는 소득의 원천이 무엇이든, 노동소득(임금·연금·비급여 사업소득 등)이든 자본소득(배당금·이자·임대료·이윤 등)이든, 당해 연도에 취득된 소득 전체에 부과된다. 이것은 해당 시기의 각자의 자원에 따라, 따라서 각자의 현행 납세능력에 따라 납세하는 것을 가능케 한다. 일반적으로 증여도 계산에 넣는 상속세는 자산이 양도된 시점에 부과되며, 부가 세대 간에서 이어지고 자산이 집중되는 것을 감소시킬 수 있도록 해준다.[131] 재산세나 자본세 또는 부유세라고도 불리는 연간소유세는 연간소득에 비해 더 현상적이고 더 지속적인 (그리고 어느 정도는 조작하기가 쉽지 않은) 납세 능력 지표로 간주될 수 있는 소유 재화 전체를 대상으로 매년 부과된다. 더욱이 이 세금은 소유의 항구적인 재분배와 자산의 진정한 순환을 가능케 하는 유일한 것이다. 역사적 경험에 따르면 이상적인 조세제도는, 역사가 남긴 인식의 토대 위에서, 선험적으로 타당한 누진세의 세 형태 사이에서 균형을 찾으려고 노력해야 한다. 이 목표를 실현하기가 쉽지 않은 이유는, 의제들에 대한 폭넓은 사회정치적 전유가 전제되기 때문이다. 당연히 이 의제들은 모두에게 해당되지만 그 명백한 기술적 복잡성으로 인해 최선의 의지를 가진 이들조차 (불행히도 모두가 사심이 없다고는 할 수 없는) 다른 의지를 가진 이들에 기대도록 만들 수 있다.

실제로 거의 모든 선진국은 19세기 말 20세기 초에(누진소득세와 누진상속세를 시행했다는 점이 확인된다) 분배의 하위에는 낮은 세율로, 그리고 1950~1980년에 매우 높은 수준에 달했던 상위 소득과 자산에는 전형적으로 60~90%의 세율을 적용했다.[132] 비교하자면, 소유세와 연관된 궤적들은 더 다양하고 불확실했다. 많은 나라에서 사적소유에 대한 누진적인 특별세가 중요한 역할을 수행해왔다. 소유에 대한 지속적인 연간누진세의 경험들은 훨씬 제한적이었지만, 우리는 그 논의들(과 때로는 실행들)이 미국에서뿐만 아니라 유럽에서도 대단히 풍부하고 교훈적이었음을 볼 것이다. 1980~1990년 이래로 자산의 집중과 사적소유의 전반적 수준이 매우 높게 재상승했던 것을 감안하면, 누진소유세라는 이 문제가 21세기에 중심적 역할을 하게 되리라고 생각할 수밖에 없다.[133] 더 일반적으로, 보편적 자본지원의 재원을 조달해줄, 소유에 대한 진정한 누진세의 확립이 현행 세계 자본주의의 불평등주의적이고 정체성주의적인 표류에 대한 대처 방안이 될 수 있으리라는 점은 이 책에서 옹호되는 테제 중 하나로

나는 이에 대해 이 연구의 끝에서 더 상세히 제시할 것이다.[134]

## 누진소유세 또는 영속적인 농지개혁

사적소유에 대한 특별과세 사례를 분석하는 것으로 시작하자. 세계대전들을 거친 뒤, 국채를 청산하기 위한 부동산·사업·금융 관련 소유에 대한 다수의 특별세가, 특히 일본·독일·이탈리아·프랑스 및 여타 많은 유럽 나라에서 성공적으로 시행되었다. 단 한 번 과세되는 이 세금들은, 중하위 자산에 적용되는 세율은 0이거나 낮았던 데 비해 상위 민간자산에 적용되는 세율은 흔히 40~50%에 달했고 (우리가 이미 언급했듯이) 심지어 이보다 더 높기도 했다.[135] 이런 과세들은 불충분했고 특히 국제공조가 취약했음에도 불구하고, 막대한 부채를 가속적으로(그리고 혼란스러운 인플레이션과정을 거치는 것보다는 더 정의롭고 제어된 방식으로) 청산하고 재건과 미래 투자에 가용 자원을 투입할 수 있도록 했다는 의미에서, 전반적으로는 성공적이었다.

어떤 면에서는 농지개혁 역시 사적소유에 대한 특별세의 한 형태였다. 농지개혁이란 광범위한 농촌 소유지 일부를(어떤 때는 지역 전체에 걸친 농지의 40~50%까지 또는 거의 전체를) 몰수하여 개별 경작자들에게 소규모 토지로 재분배하는 것으로 이루어지기 때문이다. 대체로 농지개혁이 강도 높은 사회정치적 투쟁의 대상이라는 점은 별로 놀랍지 않다. 우리는 이미 프랑스혁명기에 실현된 토지 재분배, 에스파냐의 농지개혁, 19세기 말 20세기 초 영국 정부가 시도한 아일랜드 토지소유권 재정립과 아일랜드 부재지주에 대해 거론했다.[136] 일본과 한국에서 1947~1950년에 시행된 대규모 농지개혁은 일반적으로 대성공으로 간주된다. 농지개혁으로 인해 상대적으로 평등한 농지 재분배가 이루어진데다, 발전 전략에 관한 정치적 합의와 차후의 경제적 도약을 이룰 사회적 교육투자 전략들과 병행해 이루어졌기 때문이다.[137] 우리가 또한 주목했던 것은, 특히 1970년대 말과 1980년대 인도 서벵골에서 실시된 농지개혁은 안타깝게도 매우 소심하게 이루어지긴 했어도, 생산성 면에서 매우 긍정적인 효과들을 가져왔다는 점이다.[138] 반면에, 라틴아메리카 특히 멕시코에서 1910년 혁명을 시발점으로 실시된 농지개혁은 소유자들의 강경한 저항에 부딪혔고, 매우 길고 흔히 혼란스러운 정치적 과정이 뒤따랐다.[139]

일반적으로 농지개혁, 그리고 더 포괄적으로는 사적소유에 대한 특별세의 중요한 한계는, 소유 및 정치경제 권력의 집중이라는 문제를 일시적으로 해결할 뿐이라는 데 있다. 역사적 경험은 실제로, 새로운 불평등이 새로운 소유 형태로부터 끊임없이 다시 만들어진다는 것을 보여준다. 바로 이러한 이유로 지속적인 연간누진소유세가 필요한 것이다. 여기서 상위 자산 보유에 적용되는 최고세율은 특별세 형태에서 적용되는 세율보다는 제한적이지만, 재산의 본격적 변동을 가능하게 하고 과도한 집중이 재확립되지 못하도록 막기에는 충분할 정도로 높다. 청년 각자에게 지급될 보편적인 자본지원 재원 조달을 위해 이와 같은 조세가 시행된다면, 이는 사실상 농지만이 아니라 민간자본 전체에 적용되는, 영속적이고 연속적인 농지개혁의 한 형태일 것이다.

토지는, 더 일반적으로 천연자원은 그 어느 인격체에도 집적되지 않고 인류 공동 자산의 일부인 한에서 특수한 재분배 형태를 정당화한다고 간주될 수 있다. 실제로 대부분의 나라들은 예컨대 지하자원 소유 규제와 다양한 형태의 집단적 전유와 분유를 위한 특별법들을 제정해놓고 있다. 어떤 사람이 자기 마당 지하에서 지구 위 온 생명을 구할 이례적 가치를 지닌 새로운 천연자원을 발견했지만 이를 다시 분유하지 않아 지구인 모두가 사라질 참이라면, 그 행운의 마당 소유자가 원하든 원하지 않든 이와 같은 재분배를 위해 법률제도 및 정치제도가 신속하게 개정되는 일이 있을 법하다. 이런 문제들이 오로지 천연자원에 대해서만 제기되리라고 간주하는 것은 착각일 터이다. 인용한 예에서, 마당 소유자가 낮잠에서 깨어나 지구를 구할 마법 같은 치료제 제조법을 천재적으로 생각해냈던 거라면 재분배의 정당성은 그만큼 더 커지는 것이다. 부가 만인에게 귀속되는 천연자원인지 아니면 고립된 단 한 명의 개인이 지닌 주식에 귀속되는 사적인 부인지는 문제가 아니다. 사실상 모든 부는 무엇보다도 사회적이기 때문이다. 특히 모든 부의 창출은 사회적 분업에, 인류의 시초부터 축적된 지식자본에 의존한다. 이 자본에 대해서는 살아 있는 그 누구도 담당자 또는 소유자라고 간주될 수 없다.[140] 중요한 문제는 차라리 공익이, 특히 빈곤한 사회집단들의 이익이 과연 어떤 한도 안에서—소유의 성격이 어떠하든지 간에—소유 불평등의 이런저런 수준을 정당화하느냐다.[141] 여하튼 사회를 정의롭게 만들기 위해서는 토지 및 모든 천연자원에 대한 대대적인 농지개혁을 일거에 확정적으로 시행하고 그에 이어 누구든 얼마든지 교환하고 축적하게 하는 걸로 충분하리라고 생각하는 건 환상이다.

19세기 말 대호황시대가 한창일 때, 몇몇 사람들의 수중에 부가 집중되는 경우가 많아지고 대기업들과 그 주주들의 권력이 비대해지는 것에 미국이 불안해하던 그 무렵에, 독학자인 문필가 헨리 조지는 사적 토지소유를 규탄하면서 커다란 성공을 거두었다. 1879년에 출간된 뒤 수십 년간 부단히 판을 거듭하며 수백만 부가 팔린 그의 책 『진보와 빈곤』은, 미국 토지구획의 기원이 에스파냐 왕과 영국 왕과 프랑스 왕, 심지어 교황의 시대로 소급되는데도, 땅 소유자들이 차지한 그 괴상한 권리를 기꺼이 조롱했다. 그의 반군주제·반유럽·반소유주의 주장과 같은 맥락에서 그는 토지소유자들의 배상 주장을 비난했고, 1833~1843년 영국 노예제 폐지 당시 두둑한 배상금을 챙겼던 노예소유자들에 그들을 견주기까지 한다.[142] 그렇지만 이 나라의 해악에 대한 처방을 제시하면서 조지는 결국 매우 부수적인 모습을 드러낸다. 그는 이 모든 문제를, 건설도 배수도 개량도 전혀 없는 미개간지의 임대가치 전체에 상응하는 토지소유에 대한 비례세를 수단으로, 각자가 자기 노동의 결실을 충분히 누릴 수 있을 방식으로 해결하자고 주장한다.[143] 그는 미래의 상속세를 예견하지 못했고 따라서 미래의 비非토지소유가 다시 극도로 집중될 가능성을 열어두었다는 점 외에도, 시간이 흐르며 많은 정비와 개량이 가해진 땅의 가치와 순수한 땅의 가치를 구별하기가 ([발자크의] '나귀 가죽'처럼 줄어드는 세금을 수용하지 않는다면) 거의 불가능하다는 사실로 인해 그의 제안은 실행 불가능한 것이 된다. 바로 이러한 이유로 이 제안의 그 어떤 실천적 실행도 실제로 고려되지 않았던 것이다. 헨리 조지가 기여했던 불평등 규탄운동은 마침내 1913년에는 소득에 대한, 그리고 1916년에는 상속에 대한 누진세 신설로 귀결되었다.

50년 뒤, 소유세 문제는 루이지애나의 민주당 상원의원 휴이 롱의 제안을 통해 미국의 논의에서 훨씬 더 전면적으로 재등장했다. 대기업과 주주의 권력에 매우 분노한 그는 1930년대 초, 이 나라의 문제를 해결하는 데 소득 및 상속에 대한 누진세로는 충분치 않으리라고 설명하면서, 누진세 문제를 루스벨트보다 더 급진적으로 다루고자 했다. 1934년에 그는 자신의 행동 계획을 담은 「우리의 부를 나눈다: 모든 사람이 왕」이라는 제목의 팸플릿을 배포했다. 그의 강령의 핵심은 적어도 이 나라 평균의 3분의 1에 상당하는 자산 형태로 각 가정의 "미국의 부에 대한 지분"을 보장할 수 있도록 100만 달러 이상의 모든 자산(그 시대 평균자산의 약 70배)에 무거운 누진세를 부과하는 것이었다. 적은 자산을 보유한 모든 노년층의 퇴직연금 증액과 노동시간 단축 및 완전고용 복원을 겨냥한 투자계획의 재원 조달을 위해 소득 및 상속에 대한 누진세를 강화하는 것으로 그의 계획은 보강된다.[144] 독특한 개성에 권위적이고 논란을 몰고 다니는 인물 휴이 롱은 루이지애나의 가난한 백인 가정 출신으로 1936년 민주당 경선에서 루스벨트에게 도전하겠다는 의사를 밝혔다. 루스벨트는 1935년 '세입법 Revenue Act' 안에 '부유세'를 포함시켰는데, 이는 일정 부분 휴이 롱의 압박에 대한 반응이었고 실제로는 상위 소득에 75%의 세율로 부과되는 소득세에 대한 부가세였다. 휴이 롱의 인기가 절정에 달했던 1935년 9월('우리의 부를 나눈다' 지역위원회의 회원이 800만 명 이상이었고 그 위원회의

라디오 방송은 2500만이라는 기록적인 청취자 수를 가지고 있었다)에 그는 배턴루지의 주 의사당에서 정치적 반대자의 소총에 살해됐다.

### 18세기에 생긴 소유세의 타성

이제 역사적으로 실험되었던 연간소유세로 가보자. 두 부류의 나라들이 구별될 수 있다. 주로 미국·프랑스·영국이 포함되는 첫번째 부류에서는, 연간누진소유세 구상이 오랫동안 소유자들의 강경한 반발을 불러일으켰고, 따라서 18세기와 19세기에서 유래한 자산에 대한 비례세제가 실질적으로 전혀 개정되지 않았다. 반면에, 게르만어권과 북유럽 나라들(특히 독일·오스트리아·스위스·스웨덴·노르웨이·덴마크, 다시 말해 주주와 임금노동자 사이의 권력 분유를 도입했던 바로 그 나라들)은 1890~1910년부터 연간누진자산세를 도입했고, 대체로 이와 동시에 소득 및 상속에 대한 누진세가 신설되었다.

첫번째 부류, 특히 미국에서 시작해보자. 헨리 조지와 휴이 롱의 제안들이 실행되지 못했다고 하더라도 소유세는 이 나라의 조세 역사에서, 오늘날에도 여전히 주정부와 지자체의 주요 세수 중 하나인 재산세라는 형태로 중심적 역할을 수행해왔다. 일반적으로 소유세는 구상되는 방식에 따라 매우 상이한 의미를 가질 수 있다. 소유세가 그 규모가 어떻든 모든 소유를 대상으로 낮은 비례세율로 부과된다면, 막대한 자산 보유자들에게는 그다지 위협적이지 않은 세금이며, 이 경우 그 보유자들은 심지어 소득세보다 이 세금을 더 선호할 수도 있다. 예컨대 미국의 재산세가 여기에 해당하며 프랑스혁명기에 확립된 토지세제도 마찬가지인데, 우리가 이미 지적했듯이, 이것은 19세기 내내 프랑스 소유자들이 보기에는 (미미하고 별로 가혹하지 않은데다 재산의 축적과 집중에 도움이 되는) 이상적인 세금이었고 1차대전까지 상속세와 더불어 국가의 주요 세수였다.[145] 이에 상응하는 미국의 세금이 마찬가지로 18세기 말에 실시된 재산세였는데, 이는 프랑스에서처럼 19세기와 20세기 초에 미국의 주요한 직접세였으며, 연방정부가 아니라 주정부와 지자체에 의해 징세된다는 특징을 가진다. 재산세는 1913년 연방소득세가 신설될 때까지 미국에서 별다른 비중이 없었다. 프랑스에서 토지세(contribution foncière에서 taxe foncière로 개명되었다)는 1914년 소득세가 신설된 이후 지방세가 되면서 중앙정부의 재원이 아니게 되었다.

21세기 초 현재에도 지방세로 존재하며 미국의 재산세처럼 프랑스에서도 매우 실질적으로 세수를 올려준 세금인 토지세(2010~2020년 두 나라에서 국민소득의 2~2.5%다)는 주택 보유만이 아니라 기업의 생산자본으로 사용되는 사무실·토지·창고 등과 같은 사업용 재화에도 부과된다.[146] 누진자산세와의 핵심적 차이는 토지세와 재산세가 항상 엄격하게 비례적이었다는 점이다. 달리 말해, 집 한 채를 소유하든 수백 채 건물을 소유하든 세율이 동일하다.[147] 사업용 재화들에 대해, 기업을 소유한 주주가 아니라 이 재화들을 소유하고 사용하는(또는 예컨대 주택처럼 다른 사용자들에게 임대하는) 기업에 과세된다는 사실의 함의는, 한 사람의 소유 전체를 단일한 세금신고 안에 모아 넣는 일이 전혀 필요하지 않다는 데 있다(그렇지 않다면 세금이 더이상 비례적이지 않고 너무 빠르게 누진되어 불안해할 수 있는 다중-소유자들에게는 안심이 되는 일이다). 세금의 지방세적 성격은 과도한 재분배 지향을 막아주는 부가적인 보장을 해준다.[148] 그렇지만 토지세도 재산세도 그 본질에 있어 일체의 소득과 무관하게 자산 그 자체에 과세한다는 조세철학에 기초한다는 점을 알아야 한다. 예컨대 수십 채의 건물과 주택과 토지와 창고를 보유한 사람에게, (이 재산을 임대하지도 개발하지도 않아서) 그가 어떤 소득도 얻지 못할 거라는 핑계로, 토지세 또는 재산세를 면제해주자고 공공연히 제안하는 이는 없었다. 조세제도와 소득 및 자산에 대해 너나없이 흔히들 매우 불완전한 인식을 지니고 있기에 그만큼 더 혼란스러운 합의이기는 해도, 여하튼 이런 사람은 자기 소유 중 일부를 처분하거나 더 잘 사용할 타인에게 양도해서라도 토지세 또는 재산세를 납부해야 마땅하다는 생각에 일정한 합의가 존재한다.[149] 달리 말해 소득보다는 소유가 납세자의 실제 납세능력을 더 지속적이고 덜 조작적인 방식으로 평가할 수 있도록 해준다는 점에서, 소유에 대한 과세가 원칙이다.

(이상적으로는 모든 형태의 소유에 과세되는) 일반적인 누진소유세와의 두번째 본질적 차이는 토지세와 재산세가 다수의 자산, 특히 금융자산을 면세해준다는 점인데, 이 자산이야말로 막대한 자산의 핵심을 이룬다(도표 11.17 참조). 토지세와 재산세가 오직 주거용 부동산에만 과세된다고 말하는 것은 물론 과장일 것이다. 기업이 보유한 사무실·토지·창고·여타 부동산도 과세대상이며, 따라서 기업 주주들의 소득 역시 과세대상이다. 그렇긴 하지만 금융자산에 대한 과세는 부동산에 대한 과세에 비해 훨씬 약한데, 그 이유는 한편으로는 해외 또는 국채에 투자된 금융자산이 전체적으로 면세되기 때문이고,[150] 다른 한편으로는 국내 기업에 투자된 자산의 여러 요소(특히 기계와 설비, 또한 특허증과 같은 비물질적 재화)가 전체적으로 또는 부분적으로 조세를 피해가기 때문이다.[151] 이처럼 일관되지 못한 전체는 구상한 계획의 결과가 아니다. 이는 소유세 문제를 둘러싼 특수한 정치적-이데올로기적 동원들(또는 이런 동원들의 부재)과 특수한 역사적 과정들의 소산이다.

미국의 재산세는 그 이름이 시사하듯 프랑스의 토지세보다 때로는 더 야심찬 것이었음을 또한 명확히 해야 한다. 일반적으로, 미국에서 시행된 다양한 형태의 재산세에는 커다란 편차들이 존재한다. 주정부와 기초지자체에 따라, 재산세는 부동산real property(토지·주택·건물·사무실·창고 등)만이 아니라 때로는 동산personal property(가재, 모든 유형의 금융자산을 포함한 유동자산)에도 과세될 수 있다. 오늘날 가장 흔한 상황은 부동산만 해당되는 것인데, 언제나 그랬던 것은 아니다.

이런 관점에서, 최근에 놈 매거가 연구한, 19세기 말 보스턴에서 펼쳐진 매우 날카로운 논쟁은 특히 흥미롭다.[152] 그 시대에 이 나라 상층 산업·금융 귀족 다수가 살던 매사추세츠 주도에서 시행된 재산세는 부동산에도 동산에도, 특히 보스턴의 엘리트가 이 나라의 다른 곳과 해외에 보유한 금융자산 포트폴리오에도 부과되었다. 보스턴의 부유한 소유자들은 이러한 과세에 강경하게 반대했다. 그들은 이미 자신들의 자본이 투자된 영토에서 과중한 세금을 납부했다는 사실을 주로 강조했고, 유럽 특히 프랑스에서 그렇듯이 납세능력의 과히 부당하지 않은 지표로 간주되는 부동산에 국한되는 재산세를 주장했다.[153] 그들은 주장을 뒷받침하기 위해, 주변 대학들 특히 하버드의—유럽 세법의 지혜로움을 찬양했던—경제학자들과 세법 전문가들의 지지를 청했다. 1870~1900년 보스턴의 최고 세무 책임자인 토머스 힐스는 그렇게 하지 않으려 했다. 그는 1875년에, 부동산은 보스턴의 상위 소유의 극미한 일부에 불과하고 금융자산 포트폴리오의 면세는 막대한 세수 손실로 이어졌다는 것을 보여주는 최초의 보고서를 발표했다. 게다가 이러한 세수 손실은 도시가 한창 확장중이고 새로 이주해오는 이탈리아계와 아일랜드계가 모여 사는 교외에 공적투자가 많이 필요했기 때문에 그만큼 더 유해한 것이었다.[154] 그 시기의 정치적 세력균형과 이러한 논쟁들은 일반재산세가 유지되도록 했다. 하지만 논쟁은 1880~1890년에도 계속되었고, 마침내 소유자들은 1900~1910년에 자신들의 요구를 관철시켜, 동산 요소들은 보스턴 재산세 기초 범위에서 점차 소거되었고(특히 금융자산은 점점 더 많이 면세되었다) 1915년 이후에 이 재산세는 부동산에 국한되었다.[155]

이러한 논의들은 다수의 가능한 분기와 궤적을 보여주기에 그만큼 더 흥미롭다. 특히 이러한 논의들의 중심 요소는 주정부와 기초지자체 사이에서 누가 무엇을 소유했는지에 관한 정보를 서로 공유하는 공조가 부재했다는 점이다. 이러한 모순들을 극복하기 위해서는, 연방 수준에서 소유세를 조율하고 이를 개인의 순자산에 대한 진정한 누진세로 전환하는 훌륭한 해법이 있을 수 있었을 것이다(미래에도 있을 수 있다). 1913~1916

년에 미국에서 추구된 길은 달랐다. 연방정부는 소득 및 상속자산에 대한 연방세 개발에 집중했던 데 비해, (대부분, 그것도 엄격히 비례적인 방식으로 부동산에 국한된) 연간소유세는 주정부와 기초지자체의 소관 사항으로 남았다.

마지막으로, 18세기 말 즉 소유주의적이고 납세유권자적인 시대 이래로 포괄적 개혁의 대상이었던 적이 없는 미국 재산세와 프랑스 토지세는, 금융자산과 부채가 무조건적으로 간과되기 때문에 21세기 초에도 특별히 역진적인 세금이다. 예컨대 30만 유로(또는 달러) 가치의 부동산에 대해 납부할 재산세 또는 토지세가 3000유로 즉 재산가치의 1%라고 가정하자. 27만 유로 정도의 빚을 진 사람의 경우, 그의 순자산은 실제로 3만 유로라고 간주될 것이다. 따라서 이때 세율은 순자산의 10%다(3만 유로의 순자산에 대한 3000유로의 세금). 반대로, 똑같은 30만 유로의 부동산에 더해 270만 유로의 금융자산 포트폴리오를 보유한 사람이 있고 그의 순자산은 따라서 300만 유로라고 간주해보자. 프랑스 또는 미국에서 현재 시행되는 토지세 또는 재산세 체계에서, 이 사람은 앞 사람과 동일한 3000유로의 세금, 즉 그의 경우 자기 자산에 대한 세율 0.1%의 세금을 납부하게 된다(300만 유로의 자산에 대한 3000유로의 세금). 이와 같은 현실은 정당화되기가 매우 어려운데다, 조세에 관한 합의를 잠식하고 정의로운 경제의 가능성에 대한 환멸을 키우는 데 일조하는 일부 요소다. 이 주제로 실시된 조사에서 피조사자들이 연소득과 자산에 동시에 근거하는 혼합 조세체계 구상을 압도적 다수로 찬성한다는 것은 인상적이다(자산의 성격이 부동산인지 금융인지는 이러한 인식에 대해 논리적으로 하등의 영향도 미치지 못한다).[156] 금융자산 및 부채 면세에 대해 (꽤나 허무주의적이고 사실상으로는 잘못된) 유일하게 가능한 정당화는, 이것들이 모든 과세를 완전히 빠져나갈 수 있고 따라서 전면 면세해주는 것 외에는 다른 선택이 없다고 내세우는 것이다. 실제로 이자와 배당금에 대한 과세는 오랫동안 전국적 수준에서 금융기관과 세무당국 사이의 자동전송 대상이었고, 이 체계가 (금융자산에서 발생하는 소득만이 아니라) 금융자산 자체에 적용되고 자본이동에 관한 현행 협약의 변경을 통해 국제적 차원으로 확대되는 것을 그 무엇도 막지 못할 것이다.[157] 2차대전이 끝난 뒤 독일과 일본 그리고 여러 나라에서 성공적으로 시행된 민간자산에 대한 특별세는 분명히 금융자산에 부과된 것임을 또한 상기하자. 부자 과세가 분명한 목표였기 때문에 사정이 달랐다고 하면 이는 완전히 몰상식해 보이는 짓이다.

## 집단 학습, 소유세에 대한 앞으로의 전망

이 장구한 역사는 전혀 끝나지 않았다고 생각할 수밖에 없다. 기존 체계는 정치적-이데올로기적 세력균형과 이런저런 사람들을 동원하는 능력에 의존하는 사회정치적 과정의 소산이며, 이 체계는 동일한 방식으로 계속 진화할 것이다. 무엇보다도 빈약한 성장과 짝을 이루는 1980~2020년 미국에서 자산 불평등의 급증은 1980~1990년의 이데올로기적 방향 전환을 다시 문제시할 만한 조건들을 창출했다. 2010년대 중반 이래로, 상위 소득 및 상속자산에 대한 약 70~80% 세율로의 회귀를 미국 민주당 지도자들이 점점 더 빈번하게 거론하는 것을 보게 된다. 2016년 민주당 경선에서 힐러리 클린턴에게 분패한 버니 샌더스가 특히 그런 경우인데, 그는 상위 상속(10억 달러 이상)에 77%의 세율을 제안했다.

2020년 대통령 선거를 전망하면서, 일부 민주당 후보들은 미국에서 최초로 연방재산세 신설을 제안했다. 예컨대 2019년 초 엘리자베스 워런은 5000만 달러에서 10억 달러 사이의 자산에 대해서는 2%의 세율로, 10억 달러 이상에는 3%의 세율로 과세하자고 제안했다.[158] 이 프로젝트에는 미국 시민권을 버리고 나라를 떠나려는 사람들에게 자산 40%에 상당하는 출국세를 과세하는 안도 포함되어 있다. 이 세금은 그 어떤 면세도 없이 모든 자산에 집행되며, 해외에 보유한 자산에 관해 적절한 정보를 제공하지 않는 이들과 정부들에는 제재 조치가 가해질 것이다.

지금 단계에서는 이런 유형의 논의가 언제 어떤 형태로 결실을 거둘지 말하기는 불가능하다. 10억 달러 이상에 적용되는 3% 세율은 부의 순환에 대한 분명한 의지를 나타낸다. 이 세율이 함의하는 바는 예컨대 정체된 자산 1000억이 몇십 년에 걸쳐 공동체로 되돌아온다는 것이다. 달리 말해, 고액 자산 보유는 일시적인 현실이 되는 것이다. 상위 금융자산의 평균적 증가를 감안하면, 더 상당한 보유에 더 높은 세율을 적용해야 하리라고 생각할 수 있겠다. 권력 이동과 부의 신속한 쇄신을 위해 적어도 연간 5~10%, 나아가 거부들에게는 수십 퍼센트의 세율을 적용하는 것이다.[159] 초고액 재산에 적용되는 이 과세표를 (부채를 지고서 재산을 소유하려 노력하는 이들을 위한 세금 인하 가능성이 관건인) 필수적인 재산세 정비와 연결하는 것이 바람직하리라고도 생각할 수 있겠다.[160] 여하간 이 논의들은 전혀 완료되지 않았고, 그 결론은 최근의 진화들을 이전의 경험들과 접합하는 행위자의 능력에 달려 있을 것이다.

진행중인 논의들을 역사적 전망 속에 다시 놓아볼 필요는 다른 나라들에서도 확인된다. 미국처럼 프랑스에서도 제대로 된 누진세를 시행해보려는 많은 논의가 19세기 말 20세기에 이루어졌다. 초안들은 1차대전 이전부터, 특히 1914년 초에 논의되었지만, 1914년 여름의 긴박함 속에서 연간 누진자산세로 촉발된 이데올로기적 저항과 공포에 직면한 상원은 일반소득세만 채택하기로 결정했다. 1920년대에 좌파연합Cartel des gauches 내의 논의가 결실을 거두지 못했던 까닭은 급진주의자들이 소규모 토지소유자들을 불안하게 하고 싶어하지 않았기 때문이기도 하고, 사회주의자들이 조세 법안보다는 국유화 문제에 더 관심을 두었기 때문이기도 하다. 또한 사민주의운동과 사회주의운동이 누진소유세를 향해 나아가는 데 제동을 건 걸림돌 중 하나는, 중도 정당들에게 누진세 기획이 너무나도 무시무시한 것으로 간주되었던 반면 가장 좌파적인 세력은 생산수단의 국가소유라는 목표에 집착한 나머지 이에 대한 충분한 동력을 갖지 못했다는 점이다.

1936년 인민전선이 형성되면서 공산당은 연정 참여에 열렬한 관심을 기울였고, 100만 프랑부터는 세율이 5%이고 5000만 프랑 이상에는 세율이 25%인(각각 그 시대 평균자산의 10배와 500배) 누진자산세를 옹호했다. 하지만 의회 다수파 구성의 관건을 쥐고 있던 급진주의자들은 이 제안을 사회주의혁명의 트로이목마라 여기고 법안 의결을 거부했다. 이후로도 여러 다른 제안이 산발적으로, 특히 1947년 노동총동맹CGT에 의해, 1972년에 사회당과 공산당 의원들에 의해 제출되었다.

마침내 1981년 선거에 뒤이어 고액재산세IGF가 사회당-공산당 다수파에 의해 채택되었지만, 1986년 드골주의자-자유주의자 다수파에 의해 폐지되었다가, 1988년 선거에 뒤이어 연대부유세ISF라는 형태로 부활했다.[161] 우리는 2017년 선거로 집권한 정부가 2018년에 연대부유세를—금융투자에 대해, 따라서 상위 자산의 거의 전체에 대해 완전히 면세해주는 내용이 핵심인—부동산자산세IFI로 대체하려고 덤벼들었던 방식에 관해 이 연구의 뒷부분에서 재론할 것이다.[162] 지금 단계에서는, 이러한 개혁이 촉발한 너무 날카로운 대립들이 이 장구한 역사는 앞으로도 계속될 거라고 암시한다는 점만을 분명히 해두자. 게다가 고액재산세도, 그후 1982~1986년과 1989~2017년에 시행된 연대부유세도 언제나 제한된 수(인구의 1% 이하)의 납세자들에게만 해당하며, (대체로 0.2%에서 1.5~2%까지 늘어서는) 세율은 낮고 특히 면세가 매우 많았다는 점을 유념해야 한다. 이로 인해, 프랑스에서는 1790년대 이후 기본 윤곽이 개혁된 적 없는 토지세가 줄곧 자산에 대한 주요 세금이었다.[163]

## 교차되는 궤도들, 소유세의 재발견

영국에서는, 누진자산세가 1974~1976년에 노동당의 윌슨 정부와 그 뒤를 이은 캘러헌 정부에 의해 채택된 것과 진배없었다. 경제학자 니컬러스 칼

도어의 주도로, 노동당은 1950년대와 1960년대에 소득 및 상속에 대한 누진세를 주요 구성요소로 하는 조세체계가 정의와 효율이라는 두 이유로 연간누진소유세에 의해 보완되어야 한다는 결론에 도달하게 되었다. 특히 이는 노동당이 보기에, 자산과 자산의 진화를 실시간으로 정확히 파악하고 트러스트들과 여타 유사기관들에 의한 상속세 회피에 맞서 투쟁할 유일한 방식이었다. 1974년 선거 승리 이전에 작성된 노동당 강령은 상위 자산에 대한 5%에 달하는 세율의 누진세를 담고 있었다. 이 안은 재무부의 반대뿐만 아니라, 1974~1976년 영국을 강타한 통화인플레이션 위기(특히 1976년의 IMF의 개입)와 석유 파동의 여파에 부딪혔고, 결국 포기되었다.[164]

미국과 더불어 영국은 소득 및 상속과 관련해 가장 강력한 누진제에 도달했던 나라의 면모를 보였으나, 연간누진자산세를 실험하지는 못했다. 그렇지만 '맨션세mansion tax'라는 최근의 경험을 지적해두자. 주택에 대한 영국 지방세제는 특히 역진적임에도, 실제로 이 나라는 부동산거래에 대해서는 강력한 누진세제를 갖고 있다는 특징이 있다. 소유 부동산 가치가 12만 5000파운드스털링 이하일 때는 거래시 납부 세율은 0이며, 12만 5000~25만 파운드스털링일 때는 1%, 소유 부동산의 가치에 따라 점차 올라서 50만 파운드스털링 이상이면 4%가 된다. 2011년에 100만 파운드스털링을 초과하는 가치의 재산('맨션') 매도에 대해서는 새로이 5% 세율이 제정되었다.[165] 노동당 정부가 도입한 이 5%의 세율은 애초에 보수당에 의해 혹독한 비판을 받았으나, 정작 나중에 집권한 보수당이 200만 파운드를 초과하는 가치의 소유 부동산에 대해 7%의 세율을 도입했다는 점에 주목해보는 건 흥미롭다. 이는 불평등이 커지고, 특히 자산이 고도로 집중되고, 대다수가 재산을 소유하기 너무 어렵다는 맥락에서 자산에 대한 더욱 누진적인 세제를 발전시켜야 할 필요가 정파적 소속을 떠나 감지된다는 것을 보여준다. 이는 또한 자산세제 전체를 일관된 방식으로 다시 사유해야 할 필요를 제시한다. 요컨대 거래시 세율을 높이는 것보다는 차라리 모든 유형의 자산을 다 합쳐 보유 자산에 따라, 연간 토대 위에서 낮은 세율의 누진 과세표를 적용하는 것이 보다 정의롭고 효율적일 것이다.

마지막으로 게르만어권 및 북유럽 나라들의 경우를 언급하자. 이들은 대부분 소득과 상속에 대한 누진세 측면에서 영국과 미국에 뒤지지 않았고, 도리어 자산에 대한 연간누진세체계를 통해 이 두 세금을 매우 빠르게 보완했다. (부채를 뺀 부동산·사업·토지·금융) 자산 전체에 대한 연간 누진세는 1891년에 누진소득세가 채택된 바로 뒤 1893년에 프로이센에서 시행되었으며, 이어서 1901년에 작센에서 시행되었고, 1919~1920년에 독일 주정부들 전체로 일반화되어 연방세가 되었다.[166] 스웨덴에서는 누진자산세가 1911년에 시행되었고, 같은 시기에 누진소득세 개혁이 있었다.[167] 게르만어권 및 북유럽의 다른 나라들(특히 오스트리아·스위스·노르웨이·덴마크)에서는 소득·자산·상속에 대한 누진세들을 결합하는 유사한 체계들이 동일한 시기에, 대체로 1900년과 1920년 사이에 시행되었다. 자산에 대한 이 세금들은 대체로 인구의 고작 1~2%에 해당되고 그 세율은 0.1%에서 1.5~2%에 걸쳐 있는데(1980년대 스웨덴에서는 3~4%까지 올라간다), 이 세금들은 소득에 부과되는 세금에 비해 현저히 덜 중요한 역할을 해왔다는 점을 강조해야 한다.

무엇보다도 1990년대와 2000년대 초에 대부분의 해당 나라(아직 이 세금들이 자리잡고 있는 스위스와 노르웨이는 예외다)에서 이 세금들이 폐지되었는데, 이와 관련한 부분적인 원인들은 (1980년대 말 유럽에서 자본 이동의 자유화가 두드러졌던 기간의) 국가 간 조세경쟁, 앵글로색슨 '보수혁명'으로 조성된 이데올로기적 맥락, 소련의 몰락이다. 잘 알려진 이러한 요인들 외에, 최초의 개념적 오류들이 지닌 결정적(이고 교훈적)인 중요성 또한 강조해야 한다. 1차대전 이전에 인플레이션이 없는 금본위제에서 구상된 게르만어권 및 북유럽 나라들의 이 자산세들은, 실제로 대부분 (청구된 세금이 갑자기 매우 큰 폭으로 오르거나 낮아진 경우를 피할 수 있도록 해주는 과세표를 통해) 부동산 및 금융 관련 다양한 자산의 시장가치에 따라 과세되는 게 아니라, 정기적인 (예컨대 10년마다의) 전수조사를 통해 모든 소유의 가치를 기록한 등기부 가치에 입각해 확정되었다. 인플레이션이 없던 시대에 실현가능했던 이와 같은 체계가 세계대전들을 거친 뒤 전후 수십 년간 관찰된 매우 높은 인플레이션에 의해 급속도로 구식이 되어버렸다는 것이 문제다. 이것이 (프랑스의 토지세처럼) 자산에 대한 비례세제라는 점에서 이미 공정성에서 심각한 문제들은 제기되었다. 누진세에서는 누가 과세 기준을 초과하는지 누가 초과하지 않는지를 아는 게 특히 중요하기에, 기초지자체 또는 지구에서 다소간 오래전에 정비했던 가치들에 의거한다는 것은 유지될 수 없다. 자산세는 바로 이 맥락에서 1997년에 독일 헌법재판소에 의해 조세 앞의 평등 원칙을 깨뜨린다는 이유로 유예되었다. 이 시점 이후 베를린의 집권 연정들은 이 세금을 원천적으로 재개하는 것보다 더 우선해야 할 것들이 있다고 판단했는데, 우리는 그 이유들에 대해서 재론할 것이다.

마지막으로 1991~1992년 은행 위기가 스웨덴의 정치적-이데올로기적 진화에 미친 특수한 역할을 언급해야 한다. 이는 스웨덴 사민주의의 상징성으로 인해 타국들에 중대한 결과들을 빚었다. 스웨덴 주요 은행들이 거의 파산 상태에 이르렀던 위기의 심대함으로 인해 크게는 은행 및 통화에 대한 규제와 자본이동의 역할에 관한 문제들이 제기되었다. 그러나 이 위기는 스웨덴의 사회적 조세재정모델의 과도함이라 여겨지던 것들에 대한 전반적인 문제제기를 불러일으켰고, 더 일반적으로는 스웨덴 스스로가 세계화된 금융자본주의 내에서 이 나라가 대단히 취약하다는 것을 감지하게 했다. 사민당은 1932년 이후 최초로 실각했으며, 유리해진 자유당은 1991년부터 이자 및 배당금 과세에 대한 조세특례체계를 조성했고 누진자산세의 누진성을 크게 축소했다. 이 누진세는 2007년 자유당에 의해 마침내 폐지되었는데, 사민당이 상속세를 폐지한 2년 뒤의 일이었다. 놀랄 만한 이 일은 조세경쟁에 대한 두려움이 현 21세기 초에 스웨덴 정도의 나라를 사로잡을 수 있을 정도로 강력했다는 사실을 반영하는 것이자, 어쩌면 스웨덴의 평등모델이 워낙 견고해서 이와 같은 제도들은 더이상 필요하지 않다는 인식의 반영이다. 그렇지만 이토록 전면적인 조세재정정책의 방향 전환은 장기적으로 매우 현저한 불평등 효과들을 가져올 수 있으며, 이것이 스웨덴 사민당이 왜 점점 더 사회특권층에게 매력적인 정당으로 비춰지고 전통적인 인민 유권자에게는 점점 덜 그런지 설명해주는 요소라고 생각해도 될 것이다.[168]

우리는 이 문제들을 이 책의 4부에서, 주요 의회민주주의들의 정치 갈등과 유권자구조의 진화를 검토하면서 재론할 것이다. 지금 단계에서는 여러 교훈이 도출될 수 있다. 일반적으로 사민주의는 그 모든 성공에도 불구하고, 특히 사회적소유, 평등한 교육 기회, 민족국가 극복, 누진소유세 문제들과 관련해 지난 수십 년 동안 여러 지적이면서 제도적인 한계에 직면했다. 이 누진소유세에서는 대단히 다양한 궤적들과 분기점들, 강한 비일관성들, 이따금 경험 공유의 한계들을 우리는 확인했다. 틀림없이 이것들은 부분적으로는 정치운동들과 시민들이 이 문제들을 제대로 껴안지 못했음을 나타낸다. 최근의 진화들은 의심의 여지 없이 커다란 망설임을 반영한다. 한편에서는 자산 불평등 증대가 새로운 형태의 누진세들을 도입할 필요성을 자연스럽게 나타낸다. 그러나 다른 한편에서는 비정한 조세 경쟁에 대한 인식이 진행중인 불평등주의적 진화를 격화시킬 위험을 무릅쓰고 누진제를 최저 수준에서 수용하고자 하는 움직임을 정당화하는 것이다.

실제로 누진소유세에 대한 합리적인 논의를 거부하는 태도—특히 거대자산에 과세하는 것이 전적으로 불가능하고 중위계급과 인민계급은 자신의 위치에서 납세할 수밖에 없다는 담론—는 극단적으로 위험한 정치적 선택이다. 인간사회의 역사 전체가 보여주는 것은, 부와 소유의 분배에 관한 대다수가 받아들일 만한 정의 표준이 모든 시대 모든 문화에서 추구되었다는 점이다. 이러한 정의 추구는 정보와 교양의 수준이 올라감에 따라 점점 더 강하게 표출되는 것으로 보인다. 21세기에는 사정이 다르며 무엇보다도 자산 집중이 경향적으로 강화되는 상황에서 이러한 논의들이 핵심에 놓이지 못한다는 것은 놀라운 일일 터이다. 이에 대처하기 위해 과거의 경험들과 논의들에 대한 평가에서 시작해 그 한계들을 잘 극복하는 일은 더욱 값지다. 이를 마다한다면, 사회적 조세재정 연대의 야심찬 계획 전체에 대한 환멸과, 사회의 정체성주의적인 퇴행 증대에 일조하는 꼴이 될 것이다.

제12장

# 공산주의사회와 포스트공산주의사회

우리는 1914~1945년 사이의 소유자사회들의 몰락과, 이어서 1950~1980년 사이에 성립된 사민주의사회들이 1980~1990년부터 위기에 접어들었던 방식을 분석했다. 특히 사민주의는 그 모든 성공에도 불구하고 불평등 증대에 충분히 대처하지 못했는데, 이는 재산·교육·조세에 대한, 무엇보다도 민족국가의 극복과 세계경제의 조정에 대한 성찰과 실천계획을 쇄신하고 심화시키지 못했기 때문이다.

우리는 이제 공산주의사회와 포스트공산주의사회의 사례를, 특히 러시아와 중국과 동유럽 사회들의 역사 속 위상과 불평등주의체제의 미래를 분석할 것이다. 공산주의는 20세기 초에, 특히 그 소비에트적 형태에서, 소유주의 이데올로기에 던져진 가장 급진적인 도전이었다. 이는 사실상 소유주의 이데올로기를 가장 정면으로 반대하는 이데올로기다. 소유주의는 사적소유에 대한 절대적 보호가 경제적 번영과 사회적 조화로 귀착되리라는 것을 단언하는 데 비해, 소비에트 공산주의는 사적소유 전면 폐지와 이를 완전한 국유화로 대체하고자 한다. 실제로는 사적소유 이데올로기에 던져진 이 도전은 결국은 무엇보다 이 이데올로기를 강화하는 것으로 귀결될 것이다. 소련 공산주의 실험(1917~1991년)의 극적인 실패는 1980~1990년 이후 경제적 자유주의의 대대적 반격에, 사적소유를 신성화하는 새로운 형태들의 발전에 가장 크게 기여했던 요인 중 하나다. 러시아는 특히 이러한 급변을 대표하는 상징이 되었다. 오랫동안 사적소유 철폐의 나라였던 러시아는 이후에, 해외에 있는—조세피난처의 불투명한 구조에 숨겨둔—부와 새로운 과두지배자들(올리가르흐)의 세계적 선두에 서게 된다. 더 일반적으로, 러시아와 중국과 동유럽 변종들의 포스트공산주의는 21세기 초 하이퍼자본주의 최상의 동맹자가 된다. 또한 포스트공산주의에는 정의로운 경제의 가능성에 대한 환멸의 형태가 깃들어 있는데, 이러한 환멸이 정체성주의적 퇴행을 키우고 있다.

우리는 소비에트 러시아 사례를, 특히 이러한 실패의 이유들, 그리고 초중앙집중적 국가소유와는 다른 사회경제적 조직과 형태들을 구상하지 못한 공산주의 권력의 무능함의 이유들을 분석하는 것으로 시작할 것이다. 또한 공산주의 종언 이후 러시아체제의 약탈정치적인 변동의 규모와, 국제적 차원에서 발흥하는 조세피난처라는 보다 일반적인 현상 안에서 러시아가 지닌 위상을 연구할 것이다. 다음으로 중국 사례를 분석할 텐데, 중국은 유능한 혼합경제 형태를 개발하는 데 실패한 소련과 서구를 참조함으로써 포스트마오이즘의 기치 아래 잃었던 기반을 만회할 수 있었다. 게다가 중국체제는 서양의 선거민주주의에 근본적인 의문을 던진다. 그렇지만 중국체제가 제시한 답변들은 사적소유가 초래한 불평등을 실효적으로 규제하기에 별로 적합해 보이지 않는 불투명함과 중앙집권주의에 기초하고 있다. 마지막으로 우리는 동유럽 포스트공산주의사회의 사례, 유럽과 세계의 불평등주의체제로의 전환에서 그 사회들의 위상, 그리고 유럽연합이 지닌 현행 정치경제체계의 한계들과 애매함을 그 사회들이 어떻게 드러내는지 그 방식을 검토할 것이다.

## 소유이론 없이 집권할 수 있을까?

오늘날 소비에트 공산주의 실험(1917~1991년)에 관심을 갖는다는 것은 우선은 극적인 실패의 이유들을 이해하려고 노력한다는 것이다. 이 실패로 인해 자본주의를 새롭게 극복하려는 모든 사유에 무거운 장애물이 놓이게 되었으며, 또한 이는 1980~1990년 이후 불평등의 세계적 심화를 설명하는 주요 정치적-이데올로기적 요인 중 하나다.

실패의 이유는 많지만, 가장 큰 이유는 자명하다. 1917년 볼셰비키가 집권했을 때 그들의 행동 계획은 자신들이 주장하는 것만큼 그렇게 '과학적인' 게 전혀 아니었다. 사적소유가 철폐되리라는 것은 적어도 대공업 생산수단과 관련해서는 분명했지만 이러한 생산수단이 러시아에서는 많지 않았다. 과연 어떻게 새로운 생산관계와 소유관계를 조직할 것인가? 교역·운송·농업 부문의 소생산 단위들에 대해서는 정확히 무엇을 할 것인가? 거대한 국가계획장치 안에서 어떠한 메커니즘에 의해 의사결정이 이루어지고 부가 분배되는가? 이에 대한 명확한 답변 없이, 권력의 과잉 인격화로 빠르게 퇴행했다. 그리고 희망에 걸맞은 결과들을 내지 못해서, 이유들과 속죄양을, 다시 말하면 요컨대 배신과 자본주의적 음모라는 이데올로기들을 찾아내야만 했다. 이렇게 해서 체제는 감금과 숙청의 끝없는 순환에 갇혔고, 체제가 몰락할 때까지도 이 순환으로부터 완전히 빠져나오지 못했다. 사적소유와 부르주아 선거제도 폐지를 선언하기는 쉽다. 문제는 대안적 국가조직을 명확하게 서술하는 것이 훨씬 복잡하다는(하지만 또한 흥미롭다는) 데 있다. 이 과제는 불가능한 것은 아니지만 숙의, 탈중앙집중화, 타협, 실험을 받아들여야만 한다.

여기서 마르크스나 레닌을 단죄하려는 건 아니다. 다만 이러한 본질적 문제들에 대한 정확한 해법을 1917년 집권 이전에 이들뿐 아니라 그 누구도 제시하지 못했음을 확인하려는 것이다. 마르크스는 1850년부터 『프랑스에서의 계급투쟁』에서, 공산주의와 무계급사회로의 이행은 '프롤레타리아 독재' 단계를 필요로 하며 이 단계에서는 생산수단을 국가 수중에 두는 것이 필요하리라는 점을 예견했다. '독재'라는 용어는 전혀 불안을 없애주지 못했다. 실제로는 이런 용어를 쓴다고 해서 국가조직화 문제가 해결되는 것은 전혀 아니었다. 마르크스가 1917년 혁명과 그것의 여파들을 지켜볼 정도로 그렇게 오래 살았다면 과연 무어라 충고했을지는 알 수 없다. 레닌에 대해 말하자면, 그가 1924년 사망하기 직전에 (여전히 잘못 정의되어 있긴 해도) 규제된 시장과 사적소유 형태에 의거하는 신경제정책NEP의 장기 계획에 우호적이었음은 잘 알려져 있다. 스탈린이 이끈 새로운 노선은 이러한 복잡성이 나라의 산업화를 지연시킬 우려가 있다는 점에서 신경제정책을 불신했고, 그리하여 1928년부터 이를 종료하고 모든 생산과 소유 형태의 전면적 국가소유와 농업집산화에 착수하기로 결정했다.

체제의 부조리는 1920년대 말부터 매우 분명하게 표출되었다. 정부는 새로운 체제에 들어맞진 않지만 그럼에도 소비에트 경제와 도시생활 전체의 기능에 필수불가결했던 독립적인 영세노동자 인구를 모조리 범죄자 취급했던 것이다. 특히 시민권 박탈 조치(이는 바람직하지 못한 주민들을 선거인명부에서, 무엇보다 배급체계에서 빼버리는 것으로 귀착되는데 특히 배급체계에서 제외되는 것은 해당 가족의 생존에 훨씬 더 심각한 일이었다)는 차르체제의 오래된 전사계급과 사제계급 성원만이 아니라 무엇보다도 "민간 상업이나 중개업으로 소득을 얻는" 모든 이들과 "이윤을 목적으로 임금노동자를 고용한" 이들에게도 해당되었다. 1928~1929년에 도시인구의 약 7%, 농촌 인구의 4%가 금지된 활동에 연루된 사람들을 의미하는 소위 '리첸지야Лицензия 명단'에 기재되어 있었다. 실제로 표적이 되었던 것은 영세한 마차 운송인들, 식료품 행상들, 온갖 종류의 장인들과 수리공들이다.

끝없는 관료적 행정 절차를 따르는 권리복구 신청 서류에서, 그들은 자신들의 삶을 고작해야 말 한 마리나 구멍가게 하나를 소유한 '영세한' 것으로 묘사하며, 자신들이 가깝게 느꼈던 체제에 대한 몰이해를 자인하고

용서를 간청한다.[1] 상황의 부조리는 대공장의 노동자들인 자격 있는 프롤레타리아들만으로는 하나의 도시와 사회를 조직할 수 없다는 사실과 분명히 관련된다. 무엇보다도 먹는 것과 입는 것과 타고 다니는 것과 주거하는 것이 필요한데, 바로 이러한 기능들은 가변적인 규모의, 때로는 영세한 규모의 생산 단위에서 일하는 노동자들 전부를 필요로 한다. 이 노동자들의 조직화는 오로지 탈중앙집중화된 방식으로, 각자의 열망과 정보에 따르며, 필요한 경우에는 민간 소자본과 약간의 임금노동자를 구함으로써만 이루어질 수 있다.

이러한 탈선행위들이 결정적으로 근절된 것으로 간주되는 시기에 제정된 1936년의 소비에트헌법은 '사회주의소유', 다시 말해 국가소유(국가에 의해 긴밀하게 통제되는 협동조합과 집단농장에 대한 소유도 포함된다)와 나란히 '개인소유'의 가능성을 제도화한다. 하지만 이러한 '개인소유'는 자기 노동의 소득으로 취득한 개인적 재화와 생산품에만 해당되고, 이와 대립하는 '사적소유'는 생산수단 소유 및 타인에 대한 노동착취에 근거한 것으로 그 생산 단위가 아무리 영세해도 완전히 금지된다. 예컨대 집단농장 노동자들이 자신들의 생산물 중 소량을 콜호스 시장에 내다팔 수 있는, 또는 카스피해 작업반의 어부들이 잡은 물고기 일부를 자신들을 위해 팔 수 있는 행동반경은 계속해서 협상해야 한다. 문제는 체제가 이러한 규칙들을 문제삼고 그 허용치를 재협상하는 데 공을 들인다는 것인데, 이는 체제의 이데올로기적 교조주의와 반체제적 행동에 대한 불신 탓이기도 하지만, 이 체제의 실패와 주민의 실망을 다독일 만한 속죄양과 '파괴자들'에 대한 필요 때문이기도 하다.

스탈린이 사망한 1953년에 소비에트 성인인구의 5% 이상이 감옥에 있었고, 그중 절반 이상은 "사회주의소유에 대한 절도"와 먹고살려는 소소한 좀도둑질 때문이었다. 바로 이것이 역사학자 쥘리에트 카디오Juliette Cadiot가 묘사한 "도둑들의 사회"이며, 이 사회는 해방자이고자 했던 어떤 체제의 극적인 실패를 나타낸다.[2] 유사한 감금 수준을 보려면, 오늘날 미국의 흑인 성인남성의 경우를 고려해야 한다(미국 흑인 성인남성 중 약 5%가 수감되어 있다). 미국 전체를 놓고 본다면 2018년 미국 성인인구의 약 1%가 구금되어 있는데, 이는 확실히 이 나라를 작금의 21세기 초에 이 분야에서 논란의 여지 없는 세계적 선두에 놓기에 충분하다.[3] 1950년대의 소련이 5배 더 높은 감금 수준에 도달할 수 있었다는 사실은 인간적이고 정치적인 파국의 크기를 여실히 말해준다. 반체제 인사들과 정치범들만이 아니라, 지상에서 사회정의 실현을 가능케 하리라 여겨졌던 국가의 재산을 훔쳐서 유죄 선고를 받은 경제범들이 주로 투옥되어 있다는 점을 확인하는 것은 특히 인상적이다. 이 감옥들에는, 공장과 집단농장에서 굶주리던 어린 날치기들과 남부 지방에서 닭과 물고기를 훔친 사람들과 비리와 횡령이라는 죄목으로 대개는 부당하게 유죄 선고를 받은 국가기업의 대표들이 많았다. 이들은 소비에트 지도부의 표적이었다. 소비에트 지도부는 이들 사회주의소유의 '도둑'을 인민의 적으로 몰아세우고자 했고, 결국 좀도둑질을 한 죄로 수용소에서 5년에서 25년까지의 징역을 살거나, 더 심각한 경우에는 사형을 당했다. 심문과 소송 관련 문서에서 '도둑들'의 항변을 들을 수 있는데, 그들은 생활조건을 개선해주겠다는 약속을 지키지 못한 체제의 정치적 정당성에 대해 문제를 제기하는 데 주저함이 없었다.

소비에트체제가 사적소유에 대해 적어도 외관상으로는 좀더 개방된 관점을 채택하는 데 2차대전이 역할을 했다는 역설에 주목하는 것은 흥미롭다. 이는 러시아의 전쟁에 대한 배상 및 보상 요구가 그 시대의 국제법을 따라야 했던 상황과 관련된다. 러시아는 1941~1944년 나치가 러시아 영토에서 자행한 수탈과 약탈에 대한 전후 배상 및 보상을 정식화하는데, 국제법에 따르면 공적 피해보다는 사적 피해에 더 많은 배상이 이루어졌던 것이나. 소비에트위원회는 1936년 헌법 이후 소멸된 것으로 간주되었던 영세 생산수단의 피해까지도 포함해 사적소유 피해에 대한 증언들을 철저히 기록하는 일에 착수했다. 그렇지만 실제로, 이는 무엇보다도 외교적이고 사법적인 전선에서 체제가 구사한 논증 전략이고, 전후 복구의 실효성

측면에서 당사자에게 직접적인 혜택이 주어지는 경우는 거의 없었다.[4]

### 집권한 '마르크스주의-레닌주의'의 생존

이 슬픈 대차대조표를 감안하면, 소비에트체제가 어찌 그리 오래 생존할 수 있었는지를 자연스럽게 물을 수 있겠다. 체제가 지닌 탄압능력 외에, 모든 불평등주의체제가 그렇듯이, 이 체제의 설득력도 고려해야 한다. 사실상 집권계급이 집권 유지를 위해 사용했던 '마르크스주의-레닌주의' 이데올로기는 숱한 약점에도 불구하고 여러 측면에서 유리한 점을 가지고 있었다. 가장 분명한 것은 선행 정치권력과의 비교다. 뿌리깊이 불평등한 차르체제는 러시아의 경제·사회·보건·교육 발전이라는 면에서 실제로 특히 취약한 대차대조표를 가졌다. 구래의 삼기능체제에서 직접 유래한 귀족계급과 사제계급에 기초하는 차르권력은 1917년 혁명이 있기 불과 수십 년 전인 1861년에 농노제를 폐지했다. 1860년대 초에 농노는 여전히 러시아 인구의 거의 40%를 점하고 있었다. 제국권력은 1861년에 과거에 농노였던 이들이 과거의 소유자들에게 1910년까지 채무를 상환하도록 규정했다. 이 메커니즘은 그 취지에서 1833년 영국과 1848년 프랑스에서 결정된 노예제 폐지 당시 제도화된 노예소유자에 대한 금전적 배상과 매우 유사했다. 다만 차이라면 농노들은 노예제 섬이 아니라 러시아영토 한복판에 살고 있다는 점이었다.[5] 대부분의 상환은 1880년대에 종료되었지만, 이는 차르체제와 1917년의 단절을 다시 전망해볼 수 있도록 해주며, 더 일반적으로는 (문제의, 소유의 본질과 기원이 어떻든) 사적소유와—1차대전 이전의 세계를 특징짓는—소유자들의 권리를 신성화하는 극단적 형태들을 상기하게 해준다.

차르권력과 비교해보면, 소비에트체제는 이 나라를 위해 훨씬 더 유망한, 평등주의적이면서도 근대화를 지향하는 기획의 담지자로 등장하기가

**도표 12.1** 러시아의 소득 불평등, 1900~2015년

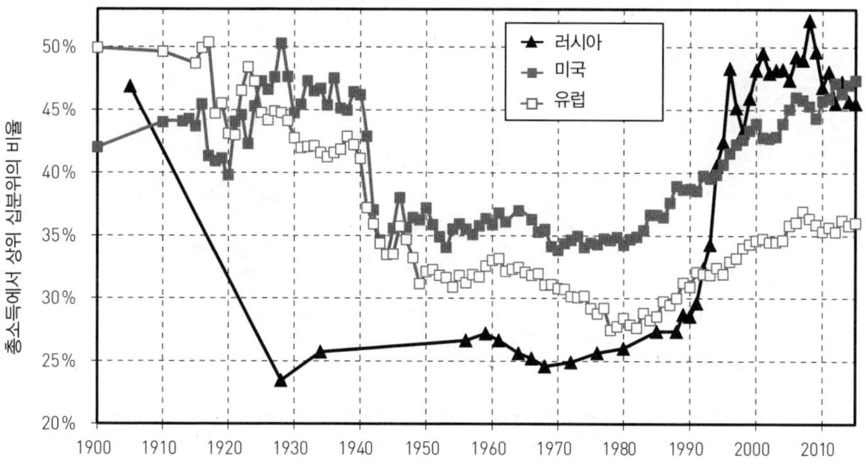


소비에트 러시아에서 상위 십분위(소득 상위 10%)의 몫은 전체 국민소득에서 평균 약 25%이고, 이는 같은 기간 미국과 서유럽보다 낮은 수준이었다. 공산주의 몰락 이후 상위 십분위의 몫은 45~50%로 상승하는데, 미국과 서유럽의 수준을 초과한다.

**출처 및 원 통계자료:** piketty.pse.ens.fr/ideologie

어렵지 않았다. 실제로 소유체제와 사회경제적 조직화의 과잉국가적이고 초중앙집중적인 비전과 억압에도 불구하고, 1920~1950년에 실현된 공공투자는 나라의 근본적 근대화를 가능케 했고 서유럽 나라들을 따라잡기 위한 출발에 유리하게 작용했다. 이는 특히 기간시설, 운송수단, 무엇보다도 문자해독과 더 일반적으로는 교육·학문·보건 투자 분야에 해당된다. 가용 자료들을 통해 확인할 수 있는 것은 소득 및 경제 자원의 집중이 차르체제와 비교해 소비에트 권력의 초기 수십 년 동안에 큰 폭으로 축소되었다는 점인데, 이 모든 것이 서유럽과 비교해 생활조건 및 소득이 상대적으로 개선되는 맥락에서 이루어지며 적어도 1950년대까지는 이어진다.

소득 불평등과 관련해서는, 예컨대 최근 연구들을 통해 볼 수 있게 된 것은 상위 십분위의 몫이 1920년대부터 1980년대까지 소비에트 시기 전체를 통해 총소득의 약 25%라는 상대적으로 낮은 수준에 놓여 있었던 것에 반해 차르 치하에서는 약 45~50%였다는 점이다(도표 12.1 참조).

**도표 12.2** 러시아 상위 백분위, 1900~2015년

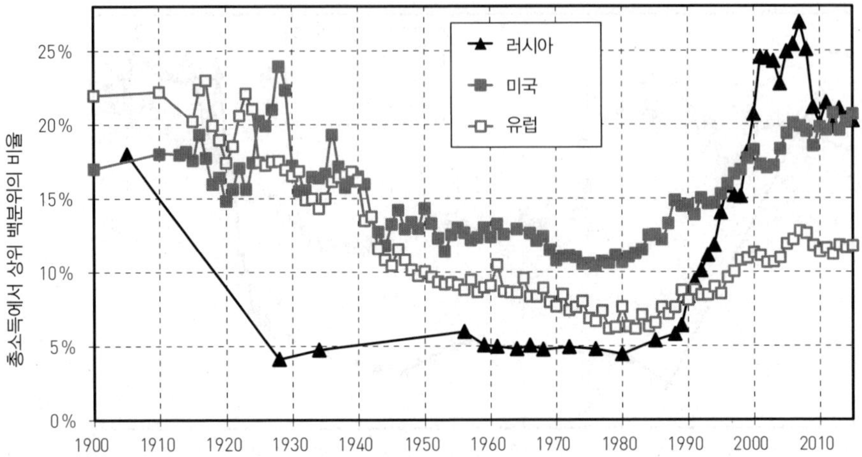


소비에트 러시아에서 상위 백분위(소득 상위 1%)의 몫은 전체 국민소득에서 평균 약 5%였고, 이는 같은 기간 서유럽과 미국보다 낮은 수준이었다. 공산주의 몰락 이후 상위 백분위의 몫은 20~25%로 상승하는데 이는 서유럽과 미국의 수준을 초과한다.

**출처 및 원 통계자료:** piketty.pse.ens.fr/ideologie

상위 백분위 몫은 소비에트 시기에 총소득의 약 5%까지 떨어졌는데, 1917년 이전에는 15~20%였다(도표 12.2 참조). 물론 이와 같은 추계의 한계들을 강조해야 한다. 통화 관련 가용 데이터들은 소비에트체제의 특권계급이 누리는 화폐소득(상점, 휴양시설 등을 운영할 권리 획득의 용이함)을 고려해 교정되었지만, 이와 같은 교정은 정의상 상대적으로 근사치로만 이루어질 수 있다.[6]

결국, 소비에트 시기의 소득 불평등에 관한 이 데이터들은 특히 공산주의체제가 통화 수단에 의해 불평등을 구조화하지는 않았다는 사실을 표현한다. 여타 사회들에서는 상위 소득의 핵심 부분을 이루는 재산소득이 완전히 소멸했을 뿐 아니라, 사실상 기술자나 소비에트 장관과 노동자를 분리하는 임금 위계가 (완전히 사라진 것은 아니지만) 상대적으로 축소되었다는 것이다.[7] 이는 새로운 체제의 고유한 실존적 특징인데, 노동자 임금보다 백 배 많은 임금이나 상여금을 돌연 그 체제의 지도자들에게 퍼줄

경우, 그 체제는 모든 정당성과 내재적인 이데올로기적 일관성을 즉각 상실하게 될 것이다.

하지만 그렇다고 해서, 완전하게 계산에 넣기 어려운, 현물급부라든가 특정 재화에 대한 특권적 접근과 같은 다른 경로들에 의해, 또한 폭력적인 규약적 격차들에 의해 이 체제가 자신의 불평등을 구조화했다는 사실이 가려져서는 안 된다. 이런 격차의 가장 극단적인 형태는 대대적인 투옥이며, 촘촘한 국내 통행증 제도가 또한 이런 격차에 포함된다. 이 제도는 (산업화 강행과 농업집산화 기간에 극심하게 고통을 겪은) 농민들의 도시 이주가능성을 저지하고, 특정 범죄 용의자나 범죄자 인구를 격리시키며, 계획경제에 따른 필요와 주택 건설 진행 현황에 따라 도심과 고용 지대 사이의 인구 유동성을 규제하려는 것이다.[8] 이 모든 측면을 화폐를 통한 단일한 계량적 불평등 지표에 통합하려는 것은 허망한 짓이다. 화폐 불평등에 대해 알려진 바를 제시하는 것이 내게는 더 적절해 보이는데, 여하간 강조해야 할 사실은, 역사 속 여타 불평등주의체제들이 그렇듯 이는 소비에트 불평등주의체제를 특징짓는(그렇다고 반드시 가장 두드러지는 것도 아닌) 하나의 차원에 불과하다는 점이다.

소비에트시대 평균 생활수준의 변화와 관련해서는, 자료들의 취약함을 역시 강조해두어야 한다. 최상의 가용 추계에 따르면, 1인당 국민소득에 의해 측정되는 평균 생활수준은 러시아에서 1870년대부터 1910년대까지 (영국·프랑스·독일의 평균으로 정의되는) 서유럽 수준의 35~40% 선으로 정체되었고, 1920~1950년에 점차 올라가 1950년대에는 서유럽 수준의 약 60%에 도달한다(도표 12.3 참조). 이러한 비교의 정확함에 대해 미망을 가져서는 안 되지만, 그래도 규모의 추이는 잘 나타낸다고 간주할 수 있다. 러시아가 1917년 혁명에 뒤이어, 1910년대 말부터 1950년대까지 서유럽을 경제적으로 추월하기 시작했다는 것에는 의심의 여지가 없다. 이러한 추월은 출발선이 특히 낮았다는 사실에 일정 부분 기인한 것이며, 또한 자본주의국가들, 특히 1930년대 서유럽과 미국에서 생산성이 급락하

**도표 12.3** 러시아-유럽의 생활수준 격차, 1870~2015년

구매력평가지수로 평가했을 때, 1870~1910년 러시아 성인 평균국민소득은 서유럽(독일·프랑스·영국) 평균의 약 35~40%였다. 이는 1920~1950년에 상승하고 1950~1990년에 서유럽 수준의 약 60%로 안정화된다.

**출처 및 원 통계자료:** piketty.pse.ens.fr/ideologie

면서 경제적으로 부진했던 데 비해 소비에트 계획경제는 전력을 다해 돌아갔다는 점을 통해 가시화되었다. 여하간 구조적이고 정세적인 이 다양한 이유들 때문에 소비에트체제의 경제적 대차대조표가 1950년대에는 전반적으로 매우 긍정적인 것으로 보일 수 있었다.

1950년에서 1990년에 이르는 그후 40년 동안, 러시아 국민소득이 서유럽 수준의 약 60%에서 정체되는 것이 목도된다(도표 12.3 참조). 동유럽에서처럼, 무엇보다도 이 시기 러시아에서 관찰된 교육 수준의 급속한 상승을 감안하면 이는 분명 뜻밖의 부진이다. 보통 이러한 교육 수준 상승은, 러시아 국민소득이 서유럽 수준에 점진적으로 수렴되면서도 경제 추격이 지속되는 요인이어야 마땅하다. 그렇다면 문제가 되는 것은 바로 생산체계 조직이다. 공산주의 생산성의 승리가 정기적으로 선포되던 1950년대와 1960년대 국내외에서, 공산주의체제의 과학·기술·산업에서의 성취가 광범위하게 찬양되고 평가되었던 만큼 실망은 더욱 컸다. 1970년에 경

제학자 폴 새뮤얼슨은 북미 지역 여러 세대의 학생들이 사용한 자신의 유명한 경제학 교과서 8판에서, 1920년대부터 1960년대까지 관찰된 경향에 입각해, 1990~2000년 사이에 소비에트의 국내총생산이 미국을 추월할 가능성을 계속해서 예견했다.[9] 그렇지만 1970년대에 경제 추격이 멈춰버렸다는 것과 러시아의 생활수준이 자본주의국가들의 임금에 비해 정체되는 현상은 점점 더 명확해진다.

이러한 비교는 무엇보다도 이 시기 말 동구와 서구의 생활수준의 현실적 격차를 과소평가하는 것일 수도 있다. 특히 공산주의국가들에서 구할 수 있는 소비재(가전제품, 자동차 등)의 조악한 품질을 이 비교를 위한 물가지표에 이론적으로 반영하면, 시간이 흐를수록 이 요인의 비중은 더 커지고 특히 1960년대와 1970년대에는 저평가되었다고 볼 수 있다. 냉전 시기 미국에서는 5~7%였던 것에 비해[10] 국내총생산의 20%까지 점유했던 소련 군사 부문의 과도한 비중은 이러한 비교를 좀더 복잡한 것으로 만든다. 1957년 10월 최초의 인공위성 스푸트니크 1호 발사를 필두로 하는 군사전략 부문에 대한 물적 투자와 지적자원 집중은 미국을 괴롭게 할 정도로 눈부시게 성공적이었다. 하지만 이것이 일상 생존조건들의 초라함과 자본주의국가들에 대한 지체를 가리기에는 충분치 않았고, 오히려 1970년대와 1980년대에는 점점 더 명백해졌다.

## 공산주의적이고 반식민주의적인 해방의 행운과 불행

생산성 및 소득 관련 등록제도와 회계제도의 상당한 차이와, 동구와 서구의 격차가 지닌 다차원적 특성 탓에, 소비에트 러시아의 열악한 생활조건을 평가하는 최상의 방식은 확실히 인구통계 데이터들을 활용하는 것이다. 그런데 이 데이터들은 1950년대부터 기대수명의 염려스러운 정체를 보여준다. 심지어 1960년대 말부터 1970년대까지는—평화로운 시대의 나라로서는 이례적인—기대수명의 미세한 단축 경향과 더이상 줄어들지 않는 유아사망률이 관찰된다.[11] 이러한 양상들은 보건제도가 그 자체의 한계들로 인한 것으로 보이는 커다란 곤경에 처해 있음을 나타낸다. 1980년대에 알코올 과소비를 저지하려는 미하일 고르바초프의 노력은 이 소비에트 지도자의 인기 추락과 체제의 종국적 와해에 주요한 역할을 했다. 러시아 인민을 차르와 빈곤으로부터 탈출시킨 체제였던 소비에트 공산주의가 이제는 취약한 복지와 단축된 수명의 동의어가 되고 만다.

1970~1980년 소비에트체제의 종국적인 정치적-이데올로기적 쇠퇴는 또한 전후의 가장 인상적인 성취들 대부분이 점차 소멸되어갔다는 사실에 기인한다. 1950년대에 소련은 국제적 수준에서 상당한 도덕적 명성을 누린다. 이 명성은 나치에 맞서 거둔 승리에서의 결정적 역할뿐만 아니라, 국제공산주의운동을 통해 식민주의와 인종주의에 명확하고도 급진적으로 반대하는 정치적-이데올로기적인 유일한 힘을 소련이 조직하고 지도했다는 사실과도 관련된다. 1950년대에 인종분리주의는 미국 남부에서 맹위를 떨친다. 1963~1965년에 미국 흑인들이 매우 강력하게 들고일어나 반발하자 그제야 민주당 케네디 정부와 존슨 정부(이들은 애초에는 남부 주들에 군대를 파견해 흑인의 권리를 보장하려는 생각이 전혀 없었다)는 그들에게 시민권 및 선거권을 부여한다. 남아공에서는 1940년대 말 1950년대 초에 아파르트헤이트가 법제화되고 강화되면서, 흑인을 보호지역에 가두고 다른 곳으로는 이동하지 못하게 하는 여러 법률이 제정된다.[12] 인종주의적 선동이라는 면에서 나치즘과 유사한 이 체제를 미국에서는 반공주의를 명분으로 지지한다. 1980년대에 이르러서야 남아공에 대한 국제적 제재 흐름이 힘을 얻는데 레이건 정부는 1986년까지도 공개적으로 이에 반대한다.[13]

1950년대에 탈식민운동이 특히 프랑스 식민제국 안에서 막 시작되었고, 프랑스는 알제리에서 잔혹한 전쟁을 벌일 태세를 갖춘다. 사회주의자들은 정부에 참여하여 점점 더 폭력적으로 변해가는 '치안유지' 작전에 동참했는데, 유일하게 공산당만이 즉각적인 알제리 독립과 프랑스 군대 철수를 찬성하며 애매함 없는 명확함으로 투쟁한다. 이 전환점에서, 국제공산주의운동은 상당수의 지식인과 국제 프롤레타리아의 눈에 세계를 평등의 토대 위에서 사회경제적으로 조직할 것을 제안하는 유일한 정치적-이데올로기적 세력으로 보인다. 반면 식민주의 이데올로기는 계속해서 세계를 불평등주의적이고 소유주의적이며 위계적이고 인종주의적인 논리에 입각해 조직하고자 했다.

1966년에 신흥독립국 세네갈은 다카르에서 '흑인예술 세계축전'을 조직한다. 이는 1930년대와 1940년대에 주로 레오폴 세다르 상고르에 의해 공들여 기획된 문학적이고 정치적인 운동 '네그리튀드négritude'와 범아프리카주의에 있어 획기적인 사건이다. 지식인이자 작가인 상고르는 광범위한 서아프리카 민주연합을 만들어내려 노력했으나 허사였고 그후 1960년에 세네갈의 초대 대통령이 된다.[14] 자본주의 강국들과 공산주의 강국들이 모두 취임식 초대에 응했고 좋은 인상을 남기려고 노력했다. 소비에트 전시장에서는, 모스크바에서 온 대표단이 자신들의 신념과 역사적 분석을 명확하게 담은 팸플릿들을 전시했다. 미국이나 프랑스와는 반대로 러시아는 산업화를 위해 노예제를 필요로 한 적이 없다는 내용이었고, 따라서 이는 러시아가 평등의 토대 위에서 아프리카와 발전의 동반자관계를 맺기 위한 최상의 위치에 있다는 의미였다.[15] 러시아의 이러한 주장은 당시 상황으로서는 자연스러웠기에 그 누구도 놀라지 않았던 것으로 보인다.

1970년대와 1980년대에 러시아의 도덕적 우위라는 이러한 요소는 거의 완벽하게 사라졌다. 탈식민운동은 종료되었고, 미국에서는 흑인들에게로 시민권이 확대되었으며, 인종과 인민의 평등 및 반인종주의 가치들은 이제 포스트식민적인 사민주의사회로 변모한 자본주의국가들 내에서 합의된 것으로 간주되는 공통 기반이 마련되었다. 인종과 이민 관련 문제들은 1980년대와 1990년대부터 유럽과 미국의 선거 갈등 국면에서 역할이 커지기 시작한다. 우리는 이를 4부에서 길게 재론할 것이다. 하지만 여전히 공산주의 진영이 1970년대와 1980년대에 이런 문제들에 대해 명확한 도덕적 우위를 상실했다는 사실은 그대로이며, 공산주의 진영에 대한 비판들이 억압적인 감옥정책, 반체제 인사들에 대한 대우, 사회경제적인 초라한 실적에 집중할 수 있게 되었다는 것이다. 미국 드라마 〈디 아메리칸즈〉에서, 주인공 엘리자베스와 필립은 1980년대 초 미국에서 활동하는 KGB 요원들이다. 엘리자베스는 미국 흑인 민권운동가와 사랑에 빠지는데 바로 이것이 그녀가 가짜 남편—소비에트체제의 최종적 몰락을 지척에서 겪었던 자신이 무엇을 한 건지 약간의 의구심에 젖어 있는—필립보다는 공산주의 이상에 전반적으로 더 진지하게 충실하다는 걸 보여준다. 2013~2018년에 방영된 이 시리즈는 소비에트 공산주의가 반인종주의와 반식민주의에 자동적인 원칙으로 연결되는 일은 이미 오래전에 사라졌다는 사실과 더불어 지나간 시절에 대해 찬찬히 돌아보게 해준다.[16]

정도는 덜하지만 페미니즘 문제에서도 동일한 흐름이 확인된다. 전업주부의 존재를 사회적 성과로 간주하는 가부장제 이데올로기가 자본주의 나라들에서 한창이던 1950~1980년에, 공산주의체제는 특히 노동 현장에서의 여성과 남성의 평등을 위한 전투의 최선두에 있었고, 탁아소와 공공보육 복지, 그리고 피임과 가족계획을 지지했다. 공산주의 세계의 정치 지도자들 역시 다른 곳만큼이나 남성지배적이었다는 사실에 비춰 판단한다면, 이런 행보에 위선이 없는 것은 아니다.[17] 여하간 소련과 동유럽의 다양한 의회 단위와 소비에트에는 1960년대와 1970년대에 30~40%까지 여성들이 포함되었는데, 이 시기 서유럽과 미국에서는 여성들이 의석의 5% 이하였다. 공산주의 나라들의 의회는 정치적 자율성이 제한되어 있고 흔히 단일후보가 입후보하거나 또는—실제 권력을 거의 모두 보유한—전술한 단일정당 옆에서 들러리 구실을 하는 허수아비 정당들의 후보가 입후보하는 선거를 통해 구성된다고 혹자들은 반박할 것이다. 따라서 여성들의 의석수는 실제 권력과 그 배분에서 제한적인 의미를 가졌던 것에 불과하다.

어쨌든 여성 의원의 비율은 러시아와 동유럽에서 1980년대에 30~40%였던 것이 1990년대에는 10%를 넘지 못하는 정도로 급락해 거의 서구 수준이 되었고 심지어 그 수준에 약간 못 미치기도 했다.[18] 또한 주목할 것은 중국과 남아시아 및 동남아시아 여러 나라가 1960년대와 1970년대에 여성 의원의 비율에서 서구 국가들을 훨씬 앞질렀다는 점이다. 비아프라 전쟁 전야인 1960년대 초반을 배경으로 줄거리가 펼쳐지는 『태양은 노랗게 타오른다』에서 이보족 지식인 오데니그보는 신흥독립국 나이지리아에서 정치에 열광한다. 그는 세계시민으로서 미시시피의 인종적 평등을 위한 전투부터 쿠바혁명에 이르기까지 시사를 따라가며, 실론에서 막 집권한 세계 최초의 여성 총리도 떠올린다. 1990~2000년부터 서양 나라들은 실제적인 양성평등을 성취하는 문제에서는 어느 정도의 진지함과 실효성을 가지고, 이전의 다른 것들에 대해서도 그랬듯이, 페미니즘 대의를 독차지하려 했다.[19]

## 공산주의, 정당한 차이들이라는 문제

소유 문제에 대한 소비에트 공산주의의 입장으로 돌아가자. 왜 소비에트 권력은 가장 영세한 것들을 포함한 모든 형태의 생산수단에 대한 사적소유에 반대하는 그토록 급진적인 입장을 채택하게 되었는가를 이해하려 노력하는 것이 중요하다. 마차와 구멍가게 보유자들을 투옥시킬 정도의 범죄인 취급을 한다는 사실은 부조리해 보일 수 있다. 그렇지만 이 정책은 일정한 논리에 따른 것이다. 우선 무엇보다도 어디에서 멈춰 집중해야 할지를 알지 못한다는 두려움이 있다. 영세한 사업체의 사적소유를 용인하기 시작한다면, 그 한계를 어디에 두어야 할지 알지 못해 다시금 자본주의를 부활시킬 위험이 있는 건 아닐까? 19세기 소유주의 이데올로기가 과거에 획득한 소유권을 문제시하는 모든 것을 거부한 이유가 이 판도라의 상자를 열었다가는 곧장 전면적인 카오스로 이어지리라는 공포 때문이었던 것과 마찬가지로, 20세기 소비에트 이데올로기는 사적소유에 주어진 최소한의 틈이 전체를 부패시키고 말 거라는 공포로 인해 국가소유 외의 어떤 것도 엄격하게 허용하지 않으려는 것이었다.[20] 사실상 어느 이데올로기든—하나는 사적소유를 다른 하나는 국가소유를 신성화한다—신성화와, 공백에 대한 공포의 제물이다.

오늘날 우리가 보유한 역사적 경험을 통해, 특히 20세기에 관찰되는 성공과 실패를 통해, 참여사회주의와 일시적이며 분유되는 소유의 윤곽을 그려볼 수 있으며, 이는 자본주의와 소비에트주의를 동시에 극복할 수 있게 한다. 구체적으로 특히 누진적 소유세, 보편적 자본지원, 주주와 노동자의 의결권 분유를 통해 자산 보유의 과도한 집중을 저지하면서도, 합리적 규모의 사적소유가 받쳐주는 탈중앙집중적인 이니셔티브들에 기초하는 일은 가능하다. 역사적 경험을 통해 한계들을 설정하고 경계석을 고정할 수 있게 되는데, 물론 이런 역사적 경험이 아무때나 어디에나 적용하기만 하면 되는 완벽한 정책들로 이어지는 수학적 확실성을 부여해주는 것은 아니며, 오히려 그 함의들은 지속적인 숙의와 실험을 따라야만 하는 것이고, 그럼에도 역사적 교훈들에 의거하여 더 멀리 나아갈 수 있다. 예컨대 총소유에서 상위 백분위 몫은 성장을 저하시키지 않고도 70%에서 20%로 줄일 수 있다는 것(20세기 서유럽 나라들의 경험이 보여주듯이 성장을 유지하면서도 상위 백분위의 몫을 줄일 수 있다)을, 또는 (게르만어권 및 북유럽의 공동관리처럼) 노동자 대표자들이 의결권의 절반을 보유할 수 있다는 것을, 그리고 권력의 이러한 분유가 경제 성적 전반의 향상을 가능케 한다는 것을 이제는 알고 있다.[21] 이러한 구체적 경험들로부터 충분히 만족스러운 참여사회주의 형태로 이어지는 길은 복잡하다. 게다가 작은 단위의 생산을 더 큰 단위의 생산과 분리해내기란 불가능한 만큼 더욱 복잡한 것이다. 작은 사업체에서 큰 사업체로, 상이한 시나리오들에 점진적으로 적용되는 연속적인 조세 법규에 따라 저들 생산 단위 전체를 사유하는 것이 차라리 필수적이다.[22] 하지만 시도가능한 실험들을 통해 앞으로 나아갈 정확한 길들을 그려내기에 충분할 정도로 축적된 역사적 경험은 풍부하다.[23]

볼셰비키 지도자들이 1920년대에 탈중앙집중적인 참여사회주의의 길로 나서기를 거부했다면, 이는 아마도 그들이 20세기 그리고 21세기 초에 인간사회들의 역사(그리고 특히 사민주의사회들의 성공과 한계)를 통한 실험에서 얻은 지식을 보유하지 못했기 때문일 뿐만 아니라, 그들이 이러한 복잡성을 불신했기 때문이기도 하다. 탈중앙집중화의 미덕이 명확해지려면, 특히 열망과 정보라는 면에서, 개인들 간 정당한 다수의 차이와 나라의 사회경제적 조직화에서 이 차이들이 지닌 중요성에 대한 평화로운 승인이 인간평등의 비전과 접합되는 것 또한 필수적이다. 그런데 소비에트 치하의 공산주의는, 확실히 일정 부분 산업주의적이고 생산주의적인 특정한 미망의 영향을 받아, 이러한 차이들의 중요성과 무엇보다도 그 정당성을 간과하는 경향이 있다. 구체적으로, 인간 욕구의 형태(의식주·교육·의료)가 단순하고 비교적 동질적이며, (또한 부분적으로 인간이라는 종의 근본적인 단일성으로 인한 매우 그럴듯한 이유들 때문에) 여기에 상응하는 재화와 서비스가 누구에게든 거의 동일하게 만족을 준다고 확신한다면, 탈중앙집중화는 큰 의미가 없다. 중앙집권적 계획경제에 근거한 조직은 인적 물질적 자원을 자신에게 주어진 과제에 할당함으로써 그 효과를 얻을 수 있다.

인간사회가 해결해야 하는 사회경제적 조직화 문제의 현실이 너무 복합적이라는 것이 문제다. 그 문제가 근본적 욕구들의 단일성으로 환원될 수는 없다. 모든 사회에는, 1920년의 모스크바에도 2020년의 파리 또는 나이지리아 수도 아부자에도, 개인들이 각자의 삶을 영위하고 각자의 기획과 열망을 발전시키기 위해 '욕망'하는 무한히 다양한 재화와 서비스가 존재한다. 이러한 '욕망'들 중 여럿은 물론 인위적인 것들로, 이따금 타인들에 대한 착취에 근거하며, 또는 유해하고 자연을 오염시키는 것들이고, 다른 개인들의 근본적인 욕구들을 위협하니, 이런 경우에는 유효한 제도와 법과 집단적 숙의가 이런 욕망들의 표현을 축소하거나 금지하는 것이 본질적이다. 개별성과 개인들의 야만에 노출될지도 모르지만, 이처럼 다양한 욕망들 중 많은 것들이 정당하며 국가의 꼭대기로부터 규제될 수 없다. 예컨대 1920년대 모스크바에서 어떤 개인들은 자신의 역사와 특수한 사교관계 때문에 특정 구역에 살기를 원하거나, 특정한 음식과 복식을 선호했다. 또다른 개인들은 고유한 삶의 궤도로 인해 마차를, 구멍가게를, 특수한 자격을 보유한다. 오로지 탈중앙집중적인 조직화만이 개인들 간의 이 모든 정당한 차이들이 회통하고 표현될 수 있도록 조치할 수 있다. 중앙집중적 국가조직은 그렇게 할 수 없다. 적절한 개인정보를 그 어떤 국가구조도 결코 모조리 집계할 수 없기 때문이고, 정보들을 체계적으로 모으려 한다는 단순한 제스처만으로도 개인이 스스로에 대해 알게 되는 사회적 과정에 부정적으로 작용할 위험이 있을지도 모르기 때문이다.

### 탈중앙집중화된 사회적 조직화에서 사적소유의 역할

1920년대 신경제정책을 둘러싼 논의 와중에 러시아에서 자주 거론되었으며 1980년대에 고르바초프가 주도한 경제개방정책에서 구상되고 지지된 노동자협동조합 형태의 조직화를 통해서는 인간의 욕구와 열망의 다양성으로 인해 생겨나는 문제들에 전면적으로 대응하기 어렵다. 우리가 카페-레스토랑 또는 유기농 식료품점 창업이라는 예에서 보았듯이,[24] 자신의 저축 전부와 에너지를 이 같은 계획에 투자한 사람과, 창업 직전에 고용된 임금노동자에게 동등한 의사결정권을 주는 일은 큰 의미가 없을 것이고, 어쩌면 자신의 창업을 준비하고 있을 그 임금노동자의 계획에 대한 우선적 통제권을 이 임금노동자에게서 빼앗는다는 것 또한 말도 안 되는 짓일 터이다. 계획과 열망이라는 측면에서 개인들 사이의 이 같은 차이들은 정당하며, 각자가 엄밀하게 출발점에서 동일한 경제적 교육적 자본을 보유한 완벽하게 평등한 사회에서도 이와 같은 차이들은 존재할 것이다. 이 차이들은 단지 다양한 인간 열망, 주관성, 개성, 개인적 여정을 나타낼 것이다. 그러나 그 외연에서 정확히 규제되고 제한된, 생산수단의 사적소유는 개인들의 다양한 열망과 특성이 지속적으로 발전되고 표출되게 하는 탈중앙집중적인 제도적 조직화 요소들의 일부다.

이러한 사적소유와 여기에서 발생하는 권력 집중의 크기는 물론 엄밀하게 논의되고 통제되어야 하며, 특히 강력한 누진적 소유세, 보편적 자본 지원, 임금노동자 및 주주의 의결권 균형 같은 수단을 통해 반드시 제한되어야 한다. 이상적인 사회경제조직이 다양한 열망·정보·재능·자격이 만들어내는 인류의 부에 본질적으로 기초해야 한다고 간주되는 순간, 그 어떤 신성화 없이 순전히 도구적인 관점에서 고려되는 사적소유 또한 필수적이다. 반면에 1920년대 소비에트 권력이 그렇게 결정하듯이, 마차 또는 구멍가게 같은 사적소유 일체를 범죄시하는 것은 이처럼 다양한 열망과 주관성이 이 나라의 산업화와 생산의 조직화에서 제한적인 가치만을 갖는다는 가설로 사실상 귀결된다.

마지막으로 복합성의 중요한 부차적 요소 하나를 짚어보자. 실제로 개인들 사이의 열망의 이러한 정당한 차이들의 환기는 역사 속에서 불평등을 정당화하려는, 논란의 여지가 있는 논증 전략으로 어김없이 사용되어 왔다. 예컨대 학부모가 다양한 유형의 학교나 교육과정을 선택할 수 있도록 하자는 주장이 교육 불평등 및 학교 간 경쟁을 정당화하기 위해 흔히 제시되곤 하는데, 이것은 실제로 입시 규정을 이해하고 더 발전적인 학교나 교육과정을 선택하는 능력이 안 되는 부모를 둔 아이들로부터 부유한 학부모들이 자신의 아이를 분리시킬 수 있게 한다. 이 경우, 교육을 시장 기능에서 분리하고 적절하며 평등한 공적 재원을 교육에 제공하는 것이 좋은 해법이라고 합리적으로 생각해볼 수 있는데, 이는 어느 정도 대부분의 나라에서 적어도 초등 또는 중등교육 수준에서 실행되는 것이다.[25] 일반적으로, 각각의 부문에 최적화된 규칙과 해법을 확정하는 일은 민주적이고 집단적인 숙의에 달려 있다. 해당 재화 또는 서비스가 상당히 동질적일 때, 예컨대 일정한 연령대의 모든 아동이 성취해야 할 지식과 능력의 총체에 대해 해당 공동체 내부에서 합의가 이루어질 수 있다면, 이러한 서비스를 제공하는 단위들의 경쟁은(하물며 이런 서비스를 위한 생산수단의 영리적인 사적소유는) 이로울 것이 없으며 흔히 유해한 결과를 초래할 수 있다. 반면 예컨대 의류 또는 식품 공급과 같은, 개인들의 선호와 열망의 정당한 다양성이 존재하는 부문들에서는 생산수단 사적소유의 통제된 사용이나 경쟁과 탈중앙집중화는 정당하다.

정당한 차이들의 정도에 관한 이러한 성찰은 사적소유가 모든 문제에 대한 해법이라고 포고하거나 반대로 모든 상황에서 사적소유를 범죄시하는 것으로 이루어진 단순한 해법에 비해 물론 더 복잡하다. 하지만 소유를 일시적으로 점유하지만 궁극에는 사회로 되돌리는 일을 해방 전략 전반의 한 요소로 사유하며 소비에트 공산주의의 치명적 오류들을 되풀이하지 않기를 원한다면, 이러한 성찰은 필수불가결한 것이다.

## 포스트공산주의 러시아: 과두지배적이고 약탈정치적인 변동

소비에트체제라는 '작은 도둑들의 사회'에 비교하자면, 포스트공산주의체제에서는 공공자산 대약탈과 과두지배가 무대에 등장한 셈이라고 말할 수 있겠다. 사건의 흐름을 되짚어보자. 1990~1991년 소련의 해체와 그 생산기관의 해체는 우선적으로 1992~1995년의 생활수준 하락으로 이어졌다. 이어서 1인당 소득이 1990년대부터 다시 오르고 2010년대 초 이후로 구매력 평가지수로는 서유럽 수준의 약 70%가 되지만(도표 12.3 참조), 현행 환율을 사용하면 루블화의 약세로 인해 두 배 낮은 수준이 된다. 요컨대 공산주의의 종언 이후 평균적인 상황이 개선되었다고 하더라도, 1990년대에 불평등이 현저히 증가했던 만큼 대차대조표는 여전히 극도로 혼합적이다(도표 12.1~12.2 참조).

이러한 관점에서, 포스트공산주의 러시아에서의 소득 및 소유에 대한 측정과 분석을 특징짓는 극도의 불투명성을 강조해야 한다. 이는, 옐친과 이후 푸틴 권력이 조세피난처에 숨긴 자산과 역외기관들을 통해 자국 법제도를 피하는 비율이 유례없이 증가하는 것을 방치했던 것에 주된 원인이 있다. 이러한 일반적 요인은 포스트공산주의체제가 재분배 차원에서의 모든 야심뿐만 아니라 소득 또는 자산을 등록하려는 모든 시도를 포기했다는 사실에 의해 악화된다. 예컨대 포스트공산주의 러시아에는 상속세가 전혀 존재하지 않는다. 따라서 상속 관련 공식 통계도 전혀 존재하지 않는다. 소득세는 존재하지만 완전히 비례적이어서 세율은 2001년 이후로 소득이 1000루블이든 1000억 루블이든 13%일 뿐이다.

차제에 주목할 것은 그 어떤 나라도 누진세 이념 자체를 이토록 심하게 파괴한 적은 없었다는 것이다. 미국에서는 레이건 정부와 트럼프 정부가 물론 경제활동과 기업가정신을 고무할 수 있으리라고 기대하면서, 상위 소득세율 인하를 그들 정치적 기획의 핵심에 두었다. 하지만 그들은 누진세 원칙 자체를 폐지하는 데까지 가지는 않았다. 하위 소득세율이 상위 소득세율보다 여전히 낮았고, 공화당 정부는 기회를 잡았을 때 상위 소득세율을 13%가 아닌 약 30~35%로 낮췄다.[26] 13% '일률과세'(비례세)는 미국에서라면 매우 날카로운 반대를 촉발시켰을 것이며, 이와 같은 정책에 찬성할 수 있는 이데올로기나 선거 다수파를 그려보기는 (적어도 예견가능한 지평에서는) 상상하기도 어렵다. 이와 같은 조세정책이 러시아에서 채택될 수 있었다는 사실은 어떤 면에서는 포스트공산주의가 1980년대와 1990년대의 급진자유주의적이고 불평등주의적인 파열의 극단점에 얼마큼 다가섰는지를 말해준다.

또한 주목할 것은, 소득이나 상속에 대한 누진세가 공산주의국가들에서 존재하지 않았던(또는 완전히 부차적인 역할을 수행했던) 이유는 중앙집중적 계획경제와 기업에 대한 국가의 통제를 통해 임금 수준을 직접 획정할 수 있었기 때문이다. 그러나 계획경제가 붕괴되고 기업이 사유화되었을 때 누진세는 20세기에 자본주의 나라들에서 수행했던 역할과 유사하게 자신의 역할을 온전히 수행할 수 있었을 것이고 그래야만 했을 것이다. 실제로 그런 일이 일어나지 않았다는 것은 나라 간 경험의 전수나 공유가 취약하다는 점을 보여준다.

흔히 이런 경우에 그렇듯이, 누진세 도입을 위한 정치적 노력의 부재는 러시아의 조세행정이 특히 불투명하며 가용 조세 데이터는 극단적으로 초보적이고 제한적이라는 사실과 연동되어 있다. 그렇지만 필리프 노보크메트와 가브리엘 쥐크망 덕에 접하게 된 자료들을 통해, 자진신고에 근거하며 상위 소득을 거의 완전히 간과하는 러시아의 공식 추계가 공산주의 몰락 이후의 소득 불평등 상승을 크게 과소평가하게 했다는 점을 보여줄 수 있게 되었다. 구체적으로, 총소득에서 상위 십분위의 몫은 1990년에 25%를 넘지 못했는데, 2000년 무렵에는 약 45~50%가 되고 이후에는 매우 높은 이 수준에서 안정화된다(도표 12.1 참조). 더욱 눈길을 끄는 건, 상위 백분위 몫은 1990년에 5%가량이었던 것이 2000년에 약 25%, 즉 미국보다 현저히 더 높은 수준이 되었다는 점이다(도표 12.2 참조). 불평등이 정점에 달했던 시기는 2007~2008년 무렵이었을 것이다. 2008년 경제위기, 그리고 2013~2014년 우크라이나 위기 이후 러시아에 대한 경제 제재가 이뤄지면서 러시아의 상위 소득수준은 약화되었지만 그럼에도 여전히 매우 높은 수준을 유지한다(가용 데이터들의 한계를 감안하면 틀림없이 저평가되어 있다). 요약하자면, 1990년에서 2000년 사이 10년도 채 지나지 않아 공산주의 이후의 러시아는 화폐 불평등을 역사에서 관찰되는 가장 낮은 수준으로 축소시켰던 나라에서 세계에서 가장 불평등한 나라가 되었다.

WID.world 데이터베이스에 수집된 역사적 데이터로 보자면, 세계적 차원에서 유례가 없는, 1990~2000년 포스트공산주의 러시아가 추구한 불평등주의적 이행의 속도는 공산주의에서 자본주의로 나아가기 위해 러시아가 추구한 경제 전략의 특수성을 보여준다. 중국과 같은 다른 공산주의국가들이 단계별로 사유화를 진행하고 혼합경제와 국가소유의 많은 요소를 유지했으며, 이와 같은 점진적인 전략이 많은 편차를 보이더라도 어느 정도는 동유럽에서도 확인되는 데 비해, 러시아는 단 수년 만에, 1991~1995년에 시행된 '바우처'제도를 통해 공공자산의 거의 전부를 사유화하려는 저 유명한 '충격요법'을 택했다. 원칙적으로는 러시아의 어떤 시민이든 자신이 선택한 기업의 주주가 될 수 있도록 해주는 '민영화 쿠폰'('민영화 바우처')을 보유했다. 하지만 실제로는, 하이퍼인플레이션 상황에서(1992년 물가상승률은 2500% 이상이다) 다수의 임금과 연금이 실질적으로 매우 낮은 수준으로 떨어졌고, 수천 명의 노인 또는 실업자가 모스크바 거리에 나와 자신의 소지품을 팔았는데, 반면 러시아 정부는 다량의 주식을 매수하려는 핵심 주주들에게 유리한 조건을 제공했으니 벌어져야 했던 일이 벌어졌던 것이다. 대다수의 러시아 기업은 특히 에너지 부문에서 수년 만에 소수의 주주 집단 수중으로 떨어졌는데, 이 주주 집단은 수백만 러시아인들의 바우처를 흡수하고 단기간에 이 나라의 새로운 '과두지배자'가 되었다.

『포브스』의 분류에 따르면, 러시아는 수년 만에 분야를 막론한 억만장자들을 보유한 세계 선두국가가 되었다. 1990년대 초에는 모든 소유가 완전히 공적이었기 때문에 논리적으로 이 나라에 그렇게 평가를 내릴 수 있을 만한 게 전혀 없었다. 2000~2010년에, 『포브스』에 등재된 러시아 억만장자들의 누적 재산은 러시아 국민소득의 약 30~40%에 달했는데, 이는 미국·영국·프랑스·중국에서 관찰되는 것보다 서너 배 더 높은 수준이다.[27] 또다시 『포브스』에 따르면, 이 억만장자들의 압도적 다수는 러시아에 주로 거주하며, 특히 2000년대 초 블라디미르 푸틴 집권 이후 특별히 더 윤택해졌다. 더욱 명확히 해야 하는 것은 이러한 데이터들이 수천만 달러 또는 수억 달러를 축적한, 거시경제적 관점에서 보면 훨씬 더 그 수가 많고 중요한 인물들을 계산에 넣지 않았다는 사실이다.

실제로 2000~2020년의 러시아의 특수성은 러시아에 거주하거나 또는 일부는 러시아에 그리고 일부는 런던이나 모나코·파리·스위스에 거주하는 매우 부유한 소유자들의 소집단이 이 나라와 나라의 부를 보유한다는 것이다. 이들의 재산은 (실상은 제대로 감시도 못하는) 러시아 조세재정 및 법률 제도의 있을지도 모를 요동을 가능한 한 피할 수 있도록 조세피난처에 소재하는 법인체들(페이퍼컴퍼니, 트러스트 등)을 통해 조직된다는 것이다. 기업의 실질적 경제활동은 언제나 문제의 영토 내에서 펼쳐짐에도 불구하고, 해당 국토 외부의 관할지역에 대한 자산투자를 가능케 하며 그 소유자들에게 견고한 보장을 제공하는 법적 단위와 자산 운용의 발전은 1980~1990년 이후로 한창 번창하는 경제적 금융적 사법적 세계화의 일반적 특징이다.[28] 이는 유럽과 미국에서 자본이동을 자유화하기 위해 체결한 국제 조약과 협정이, 국가들로 하여금 적절한 조세재정·사회·법률 관련 정책을 계속 실행하고 이 분야에서 요구되는 국제 협력을 발전시킬 수 있도록 해주는 그 어떤 규제 및 정보 교환 메커니즘도 마련하지 않았다는 사실에서 유래한다.[29] 따라서 이러한 사태에 대한 책임을 폭넓게 나눠 가지게 된다. 그럼에도 이러한 전반적인 풍경 속에서 러시아 법률제도의 왜곡이 전대미문의 수준에 달했는데, 최근의 법률 관련 연구들은 이에 대해 잘 보여준다.[30]

### 해외자산이 적법한 금융자산 전체를 초과할 때

자본유출의 거시경제적 규모가 실제로 러시아를 예외적인 상황에 놓는다는 점을 또한 강조해야 한다. 일반적으로 이런 유형의 은폐를 정확하게 계산하기란 본래 쉽지 않은 법이다. 러시아의 경우, 횡령 액수가 엄청나다는 점과 이 나라가 1993~2018년에 막대한 무역흑자—이 25년 동안 평균 국내총생산의 거의 10%, 즉 국내총생산의 250%(2년 6개월 치 국내총생산)—를 기록했다는 사실에 의해 상황이 단순화된다. 달리 말해 1990년대 초부터 러시아의 수출, 특히 가스와 석유 수출이 매년 재화 및 서비스 수입을 대대적으로 초과했다는 것이다. 원칙적으로 이 나라는 대략 같은 수준의 막대한 외환보유고를 축적했어야 마땅할 것이다. 다른 산유국들이 그런 경우다. 예컨대 노르웨이는 2010년대 중반부터 국내총생산의 250%가 넘는 자산을 국부펀드에 보유한다. 그런데 러시아의 공식 보유고는 2018년에 러시아 국내총생산의 30% 이하다. 따라서 이 자산으로 얻는 소득을 계산에 넣지 않더라도 러시아 국내총생산의 약 200%가 비는 것이다.

러시아의 국제수지로부터 산출되는 공식 데이터들은 또다른 놀라운 특징들을 드러낸다. 해외에 투자된 공공자산과 민간자산은 매우 초라한 수익을 냈으며, 심지어 특정 연간에는 대규모 자본 손실을 입었던 것으로 보이는 데 비해 러시아에 투자된 외국자산은 특히 루블화의 등락과 연동되어 꾸준히 엄청난 수익을 냈으니, 바로 이것이 러시아의 순자산 징세 항목이 세계의 다른 곳에 비해 증가하지 않는다는 것을 일부 설명해준다. 이러한 회계 문서들 자체가 자본유출 작전들을 은폐한다는 것은 충분히 있을 법한 일이다. 여하간 이러한 수익 격차를 주어진 정당한 것으로 치부한다고 해도, 사실상 국제수지에서 나타나는 공식 보유고가 계속해서 턱없이 적다는 것이다. 극도로 보수적인 가설을 세워서, 1990년대 초부터 누적된 자본유출이 2010년대 중반에는 약 1년 치의 러시아 국민소득에 달했다고 추산할 수 있겠다(도표 12.4 참조). 이는 최소한의 추산임을, 현실은 두 배 더 많거나 심지어 그 이상일 수도 있음을 명확히 해두자.[31] 여하튼 이러한 최소 평가의 함의는 조세피난처를 통해 보유한 금융자산이 러시아에 있는 러시아인 가구들이 보유한 합법적 금융자산 전체의 액수와 거의 같다는 것이다(즉 약 1년 치 국민소득). 달리 말해 해외재산은 적어도 거시경제적 관점에서는 합법적 금융재산만큼 중요해졌고, 게다가 이미 이를 틀림없이 초과했다. 말하자면 불법이 표준이 된 것이다.

**도표 12.4** 러시아에서 조세피난처로의 자본도피

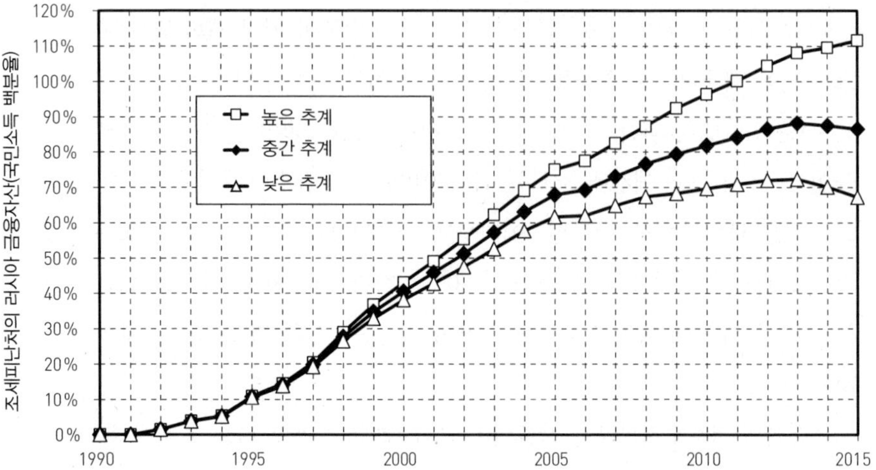


러시아 누적 무역흑자(1993~2015년 사이 연평균 국민소득의 약 10%)와 공식 보유고(2015년에 국민소득의 거의 30%) 사이의 증가하는 불일치를 조사하면, 그리고 이로부터 발생한 수익에 대한 가설을 달리할 때 2015년 국민소득의 70~110%에 해당하는 러시아의 금융자산이 조세피난처에 있다고 추정할 수 있고 그 평균가치는 90%다.

**출처 및 원 통계자료:** piketty.pse.ens.fr/ideologie

러시아의 횡령 규모를, 더 일반적으로는 1980~1990년부터 세계적 수준에서 조세피난처의 전례 없는 발전을 이해하는(그리고 확인하는) 것을 가능케 하는 여타 자료들은 주로 국제금융통계IFS의 비일관성에서 나온다. 이론상 일국의 국제수지는 금융 흐름을, 특히 자본소득(배당금, 이자, 각종 이윤)의 유출과 유입을 측정할 수 있게 한다. 원칙적으로 유입과 유출의 총량은 매년 세계적 차원에서 균형을 이뤄야 할 것이다. 이러한 통계 작업의 복잡함은 물론 소소한 편차들을 초래할 수 있지만, 이는 쌍방향으로 진행되어 시간이 흐르면서 균형을 이루게 된다. 그런데 1980~1990년부터는 자본소득의 유출이 유입을 초과하는 체계적 경향이 존재한다. 이러한 비정상을 통해 추산할 수 있게 되는 것은 다른 나라들에 신고하지 않고 조세피난처에 보유한 금융자산이 2010년대 초에는 세계 금융자산 전체의 거의 10%에 달했다는 점이다. 게다가 모든 것이 그때부터 계속 증

**도표 12.5** 조세피난처에 은닉된 금융자산

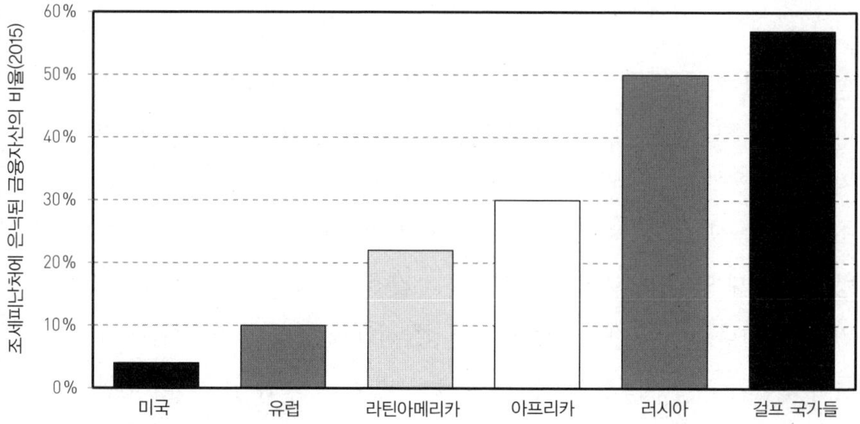


IMF 통계월보의 변이들과 국제결제은행 및 스위스국립은행의 거주지국 명세를 이용해, 조세피난처에 은닉된 미국의 금융자산이 4%, 유럽이 10%, 러시아가 50%임을 추정할 수 있다. 이 수치들은 (부동산 같은) 비금융자산과 국제결제은행 및 스위스국립은행에 신고되지 않은 자산을 제외한 최소 추정치를 반영한 것이다.

**출처 및 원 통계자료:** piketty.pse.ens.fr/ideologie

가되고 있다는 점을 시사한다.[32]

국제결제은행BRI과 스위스국립은행BNS이 불법점유국가들에 관해 공표한 데이터들을 활용함으로써, 각국 주민이 보유한 (합법적) 금융자산과 (불법) 금융자산의 합에서 조세피난처에 보유된 역외자산의 대략적인 비율을 추산할 수 있다. 결론을 말한다면, 이 비율은 미국에서는 '고작' 4%이고, 유럽에서는 10%, 라틴아메리카에서는 22%, 아프리카에서는 30%인데, 러시아에서는 50%, 산유 군주국에서는 57%에 달한다(도표 12.5 참조). 이러한 추산은 역시 최소주의적인 것으로 간주되어야 함을 강조해야 한다. 특히 비상장회사의 지분과 부동산자산이 이 계산에서는 배제된다(또는 잘못 계산된다).[33] 차제에 주목할 것은 금융 불투명성이 모든 나라에, 특히 저발전국가에 해당된다는 것인데, 이러한 불투명성으로 인해 저발전국가에서는 대다수가 받아들일 수 있는 조세정의의 표준과 국가의 건설이 유난히 까다로워진다.

## '충격요법'과 러시아 약탈정치의 기원들

소비에트와 화폐 평등의 나라였던 러시아가 과두지배자들과 약탈정치의 나라인 포스트공산주의 러시아로 변한 이유들로 돌아가보자. 과거에 저지른 오류의 '자연스러운' 반동이라고 말하는 것은 그럴듯하다. 이 나라는 소비에트의 실패에 따른 트라우마를 가지고 있기에, 매우 자연스럽게 역방향을 향해 열정적으로 다시 움직인다는 것이다. 이런 설명이 완전히 틀린 것은 아니지만, 약간은 단견이고 결정론적인 실수다. 불평등주의체제들의 전환의 여타 궤도들에서는 말할 것도 없고 포스트공산주의의 전환에서도 '자연스러운' 것은 전혀 없다. 1990년에도 선택의 여지는 많았고, 여전히 선택할 수 있는 미래들이 있다. 결정론적인 다시 읽기를 선호하기보다는, 이러한 진화들 안에서 모순되고 갈등적인, 사회경제적 정치적-이데올로기적인 과정의 결실을 보는 것이 더 흥미롭다. 이러한 과정은 다수의 가능한 분기들로 특징지을 수 있고, 이들 분기점에서는 대결하는 다양한 집단과 언술의 역학관계와 인민동원능력에 따라 향방이 달라질 수 있었을 것이다.

포스트소비에트로의 이행에서 러시아가 선택한 '충격요법'은 1990년대 초에 짧지만 강렬한 투쟁의 대상이었고, 이 시기에 나라의 상황은 극도로 위태로웠다. 충격요법의 신봉자들 중에는 서방 (특히 미국) 정부에서 파견된 다수의 관계자들과 세계은행이나 국제통화기금을 필두로 워싱턴에 기반을 둔 국제기구들이 주로 포함된다. 일반적인 생각은 러시아 경제의 급속한 사유화가 진행중인 변화의 비가역성을 보장하고 공산주의로의 회귀 가능성을 저지하는 유일한 방법이라는 것이었다. 일반적으로, 이러한 기관에 종사하면서 1990년대 초반에 이러한 논의에 개입한 경제학자들 안에서 지배적인 이데올로기는 유럽사민주의 또는 게르만어권 및 북유럽식 공동관리보다는 레이건-대처 유형의 앵글로색슨 자본주의에 훨씬 더 가까웠다. 특히 당시 모스크바에서 일하던 서구 자문관들 사이에 가장 널리 퍼져 있던 생각은 소련이 평등의 과도함이라는 결점을 가지고 있고 따라서 사유화 및 '충격요법'으로 발생할 수 있는 불평등 증대 문제는 부차적인 고려사항으로 간주되어야 한다는 것이었다.[34]

오늘날 우리에게 허용된 거리를 두고 본다면, 1980년대에 소비에트 러시아에서 관찰된 (화폐) 불평등 수준은 같은 시기 북유럽, 특히 스웨덴에서 관찰된 수준과 큰 차이를 보이지 않는다는 점에 주목할 수 있겠다. 두 나라 모두 총소득에서 상위 십분위 몫의 비율이 25%이고 상위 백분위 몫의 비율은 5%라는 것인데, 이 점이 생활수준과 생산성이라는 면에서 스웨덴이 세계적으로 가장 높은 수준의 국가에 속한다는 것을 결코 가리지 못했다.[35] 문제는 평등의 과도함 그 자체가 아니라, 생산수단 사적소유의 절대적인 철폐와 중앙집중적 계획경제 속 경제 및 생산의 조직화다. 러시아에서 북유럽 유형의 사민주의제도들—강력한 누진세, 선진적인 사회보장제도, 노조-주주 공동관리—을 채택하는 것이 높은 수준의 생산성과 생활조건을 제공하면서도 일정한 평등을 유지할 수 있게 해주었으리라고 생각하는 것은 합리적일 수 있다. 1990~2000년의 포스트공산주의 러시아사회에서 실제로 이루어졌던 선택은 매우 다른 것이었다. 이 나라 대부분의 부를 소수집단(과두지배자들)이 계속해서 독차지하도록 했고 소득에 대한 13%의 '일률과세'(상속에 대해서는 0%)는 이 상황이 지속되도록 했던 것에 비해, 소득 및 상속에 대한 누진세는 20세기에 서구 국가 전체에서 성공적으로 실행되었다. 무엇보다도 국제협력에 도움이 되는 전문성과 지식을 생산하는 것이 존재의 이유인 기관들과 인물들에게서 발견되는 역사적 기억의 부재와 공유된 경험에 대한 취약한 학습능력은 이따금 놀라울 정도다.

이러한 정치적-이데올로기적 선택을 외부의 영향 탓으로만 돌리는 것은 지나친 일일 수 있다. 그 선택들은 또한 무엇보다도 러시아사회 내에서 벌어진 대결의 소산인 것이다. 1980년대에 고르바초프는 사적소유의 규제된(그러나 언제나 제대로 정의되지 않았던) 형태들과 협동조합을 일정하게 개방함으로써 사회주의의 가치들을 보존하는 경제모델을 추진하고자 했으나 성공하지 못했다. 러시아 권력 내부의 다른 집단들은, 특히 보안기관 출신 집단들은 같은 견해를 갖지 않았음이 명백했다. 이러한 관점에서, (매우 친푸틴적인) 영화감독 올리버 스톤이 2017년에 연출한 대담 다큐멘터리에서 블라디미르 푸틴이 제시한 분석들은 특히 시사적이다. 푸틴은 주로 평등주의적 욕망과 사회주의를 구하려는 1980년대 고르바초프의 강박을, 특히 '프랑스 사회당'(막연한 참조였지만 유의미한 것이었는데, 프랑스 사회당은 이 시기 서구의 정치 지형에서 가장 사회주의적이었던 것을 대표했기 때문이다)에 대한 그의 애호를 비웃는다. 요컨대 푸틴의 결론은 평등주의와 사회주의의 모든 형태를 애매하지 않게 포기하는 것만이 러시아의 위대함을 복원하는 일을 가능케 할 것이며, 러시아는 무엇보다도 정치적 차원만큼이나 경제적 지형에서 주주들도 위계와 수직성을 필요로 한다는 것이다.

이러한 궤도는 미리 정해진 숙명이 아니라는 사실을 또한 강조해야 한다. 특히 포스트소비에트로의 경제적 이행은 대단히 혼란스러운 환경에서, 민주적 선거를 통한 실질적 정당성을 확보하지 못한 채로 진행되었다. 보리스 옐친이 1991년 6월에 보통선거로 러시아연방의 대통령에 당선되었을 때, 그의 권력이 과연 어떤 형태일지 그 누구도 정확히 알지 못했다. 1991년 8월의 실패한 공산주의 쿠데타 이후에 모든 것이 가속되었고, 12월에 소련의 급속한 해체로 이어졌다. 곧이어 1992년 1월의 가격자유화와 1993년 초 '민영화 바우처'를 통해 경제개혁이 압축적인 방식으로 착수되었다. 이 모든 것이 새로운 합법적 선거를 치르지 않은 채 전개되었고, 따라서 (한줌의 비공산당 후보들만 허용되는) 소비에트 시기였던 1990년 3월에 선출된 적대적인 의회를 상대로 행정부가 핵심적인 결정들을 관철시켰다. 대통령 권력과 입법부 권력 사이의 폭력적인 갈등이 이어졌고, 이 갈등은 1993년 가을의 폭격이 수반된 무력행사와 의회 해산에 의해 해결되었다. 옐친이 2차 투표에서 54%의 득표율로 공산당 후보를 상대로 신승을 거둔 1996년 대통령선거를 제외하면, 소련 몰락 이후 러시아에서 실제로 백중한 선거는 전혀 없었다. 1999년 푸틴의 등장 이후 이루어진, 반대자에 대한 탄압과 언론에 대한 제약은 사실상 국민투표에 준거한 권위주의적 권력의 확립으로 이어졌고, 공산주의 몰락 이후 과두지배적이고 불평등주의적인 기본적 방향 설정은 제대로 논의되거나 문제제기된 적이 전혀 없었다.

요약해보자. 러시아의 공산주의와 포스트공산주의 경험은 불평등주의 체제의 진화에서 정치적-이데올로기적 동학의 비중을 극단적으로 보여준다. 1917년 혁명 이후 적용된 볼셰비키 이데올로기는 초중앙집중화된 국가라는 과도한 형태에 대한 믿음에 기초했다는 의미에서 꽤나 조악한 것이었다. 이 이데올로기의 실패는 점점 더 막무가내식 탄압과 전례 없는 수준의 투옥으로 나타났다. 1991년 소비에트주의의 몰락은 하이퍼자본주의의 극단적 형태와 역시 전례 없는 형태의 약탈정치적 변동으로 이어졌다. 이러한 사건들은 불평등주의체제의 역사에서 위기의 순간들이 갖는 중요성을 또한 보여준다. 분기점에서 작용하는 이념이, 대결하는 다양한 세력들과 언술들의 인민동원능력에 따라, 역사적 궤적을 지속적으로 전환시킬 수 있다. 하이퍼자본주의적이면서 동시에 권위적이고 정체성주의적인 의제에 비해 1980년대 말 1990년대 초 사민주의적이고 참여사회주의적인 정강에는 국제적인 구조를 만들고 쇄신해가는 것이 부족했음을 러시아 포스트공산주의 궤적이 부분적으로 예시해준다.

이제 미래를 전망해본다면, 서유럽 국가들이 왜 러시아 재산가들의 연원에 대해 전혀 개의치 않으며 오히려 그토록 대대적인 횡령에 관대한지 정당하게 질문해볼 수 있겠다. 하나의 가능한 설명은 서유럽 국가들이 '충격요법'의 출현에 일부 관여했으며 러시아 부자들의 (부동산·금융·스포츠 또는 이따금 언론사에 대한 투자를 통한) 자본유출의 수혜자들이라는 것이다. 영국이 분명 여기에 속하며, 프랑스와 독일도 그렇다. 러시아 정부의 격렬한 반격에 대한 두려움도 거론할 수 있을 것이다.[36] 아무리 그렇다고 해도, 나라 전체에 영향을 미치는 무역 제재보다는 수상한 기원을 갖는 금융자산과 부동산자산에 무거운 벌칙을 가하거나 이들 자산을 동결하는 것이 더 맞는 일일 것이다.[37] 그럴 때만이 약탈정치적 변동의 일차적 피해자인 러시아 국민들에게 호소해볼 수 있을 것이다. 유럽 국가들이 더이상 이 문제에 대해 주도적으로 나서지 않는 것은 틀림없이 과거에 이루어진 사적 전유에 문제제기를 시작하면 정작 어디에서 끝내야 할지 알지 못하는 사태를 마주칠까 두려워하기 때문이다(이는 이미 여러 차례 마주친 판도라의 상자 증후군이다).[38] 금융 불투명성을 해소하려는 노력과 실질적인 금융자산 등기부의 운용은 유럽이 직면한 또다른 여러 문제를 해결할 수 있는 가능성을 열 것이다.

## 권위주의적 혼합경제로서의 중국

중국의 공산주의 및 포스트공산주의 사례를 보도록 하자. 중국이 소련의 실패와 마오주의 시대(1949~1976년)—사적소유의 완전한 폐지와 강제적인 산업화-집산화 시도들이 결국 파국으로 막을 내렸던 기간—의 자체적인 오류를 거울삼아, 1978년부터 전대미문의 정치경제체제 형태를 실험했다는 사실은 잘 알려져 있다. 이 실험의 두 가지 기본축은 한편으로는 중국공산당中國共産黨의 지도적 역할 유지(더 나아가 강화)이고, 다른 한편으로는 공적소유와 사적소유 사이의 전대미문의 지속적인 균형에 바탕을 둔 혼합경제의 발전이다.

이 두번째 측면에서 시작하자. 이는 중국의 특수성을 이해하는 데 본질적이며, 아울러 서양의 경로들을 새로운 각도에서 보게 해주는 것이기도 하다. 최상의 작업 방식은 기업, 농지, 주택용 부동산, 각종 소유와 금융자산 및 부채의 보유에 관한 가용 자료를 모두 수집하여 전체 소유에서 공권력(각급 정부와 기관을 합친)의 몫을 추산하는 것이다. 그렇게 해서

**도표 12.6** 공적소유 비율의 하락, 1978~2018년

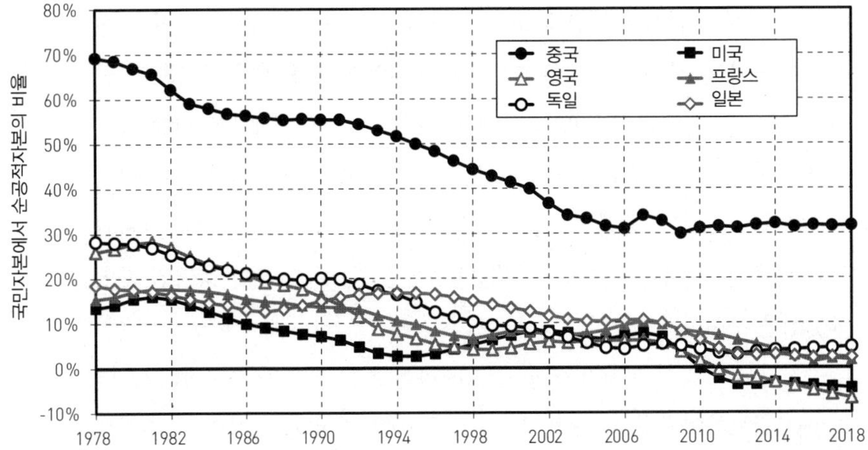


(공적자본과 민간자본을 합친) 국민자본에서 공적자본(모든 공적자산에서 부채를 뺀 건물·토지·투자·금융자산 등의 자산을 포함한 순공적자산)의 비율은 1978년 중국에서 대략 70%였던 것이 2000년대 중반 이후로 30% 선에서 안정된다. 그 비율이 1970년대 말 자본주의국가들에서는 15~30% 선이었고, 2010년대 말에는 거의 제로에 수렴하거나 마이너스가 된다.

**출처 및 원 통계자료:** piketty.pse.ens.fr/ideologie

도달한 결과가 도표 12.6에 제시되는데, 여기에서 우리는 중국에서 확인된 변화를 주요 자본주의국가들(미국·일본·독일·영국·프랑스)에서 관찰되는 변화와 비교한다.[39]

주요 결론은, 경제개혁이 개시된 시점인 1978년 중국에서 공적자본 부문은 국민자본의 70%에 육박했고, 1980년대와 1990년대, 그리고 2000년대 초반까지도 큰 폭으로 감소되다가 2000년대 중반부터 국민자본의 30% 선에서 안정된다는 것이다. 달리 말해, 중국에서 소유의 점진적 사유화과정은 2005~2006년 이후 중단되었다. 요컨대 공적소유와 사적소유의 균형은 이 시점 이후 변동이 없었다는 것이다. 중국 경제의 초고속성장으로 인해 민간자본은 분명히 계속 증가한다. 새로운 토지가 정비되고 공장과 고층 건물이 지어지며 이 모든 것이 광적인 속도로 이루어지는 것이다. 간명하게 말해, 공공의 보유 아래 발전되는 자본이 사인私人들이 보유한 자본과 대략 같은 속도로 증가한다. 이러한 의미에서, 중국은 혼합경제

라고 규정될 수 있는 소유구조를 축으로 안정되어 있는 것으로 보인다. 이 나라는 이제 사적소유가 전체 소유의 거의 70%를 점하기에 더이상 공산주의가 아니다. 하지만 공적소유가 항상 전체의 30%를 약간 상회하고, 물론 사적소유보다 적긴 하지만 그럼에도 매우 실질적이기에 완전하게 자본주의도 아닌 것이다. 이 나라에서 소유해야 할 모든 것의 거의 3분의 1을 보유한다는 사실이, 중국공산당의 지도 아래 있는 중국 공권력에, 투자와 고용 창출의 장소를 결정하고 지역발전정책을 주도하기 위한 상당한 개입 가능성을 부여한다.

공적자본 부문이 이처럼 평균 약 30%라는 것이 부문과 자산 범주에 따른 매우 큰 차이들을 은폐한다는 점에 주목할 것이다. 한편으로, 주택용 부동산은 거의 완전히 사유화되었다. 공권력과 기업들은 2010년대 말에 주택 보유고의 5% 이하를 보유하는데, 주택이야말로 그럴 형편이 되는 중국 가구에는 전형적인 민간투자대상이 되며, 이런 사태는 금융저축 가능성이 제한적이고 퇴직연금제도 준비금이 부족하여 많은 불안을 야기하는 만큼 부동산 가격 급등에 일조해왔다. 반면에, 공권력은 2010년대에 (각급 규모와 부문을 합치고 상장회사와 비상장회사 전부를 모은) 기업 총자본의 약 55~60%를 보유한다. 이 비율은 2005~2006년 이후로 거의 변하지 않고 있으며, 생산체계에 대한 국가와 중국공산당의 밀착 통제의 유지와 그에 더해 대기업에 대한 통제의 강화를 보여준다.[40] 또한 2000년대 중반 이후로 기업자본 중에서 외국 투자자 보유 비율의 상당한 감소가 관찰된다. 이 감소는 중국 가구들이 보유한 비율의 증가에 의해 상쇄된다(도표 12.7 참조).[41]

1950년대부터 1970년대까지, 경우에 따라 상당한 편차가 있긴 하지만 자본주의국가들도 역시 혼합경제였다. 기간시설과 공공건물, 학교와 병원, 흔히는 공기업, 다양한 부문에서의 재정 분담이라는 형태의 공적자산이 상당했다. 게다가 전후 인플레이션과 국채를 줄이기 위해 전력을 기울여 시행된 다양한—특히 무조건적 채무면제와 민간자본에 대한 특별세라는

**도표 12.7** 중국 기업들의 소유, 1978~2018년

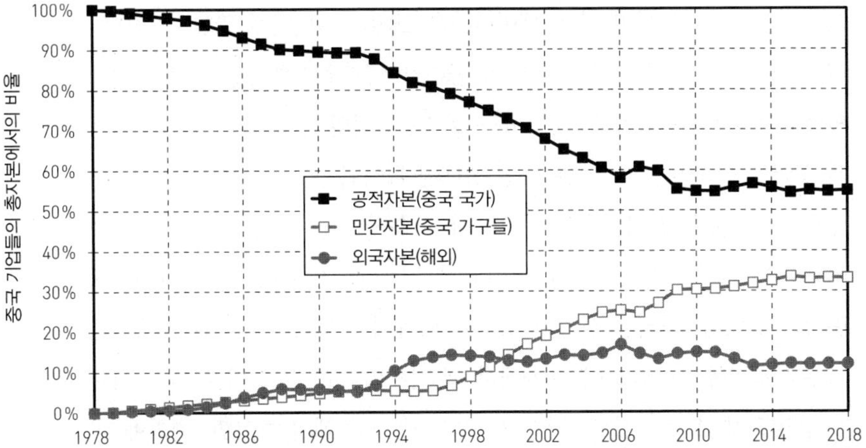


2017년 중국 국가(모든 단위의 정부와 지역 공기관 포함)는 (상장 및 비상장, 모든 규모와 부문을 포함한) 중국 기업들의 총자본의 약 55%를 점유했으며, 중국 가구들이 33%, 외국인 투자자는 12%다. 외국인 투자자의 몫은 2006년부터 줄어들고 중국 가구의 자본은 증가하는데 중국 국가의 소유는 약 55% 선에서 안정화되었다.

**출처 및 원 통계자료:** piketty.pse.ens.fr/ideologie

형태의—대책들로 인해 국채는 역대급으로 낮은 수준이었다.[42] 요컨대 국민자본에서 부채를 배제한 공적자본의 비율은 1950~1980년에 자본주의 나라들에서 대체로 20~30%였다.[43] 1970년대 말에, 가용 추계에 따르면, 이 비율은 독일과 영국에서는 약 25~30%, 프랑스와 미국과 일본에서는 15~20%였다(도표 12.6 참조). 이는 물론 오늘날 중국에서의 공적자본의 비율에 못 미치는 것이지만 비할 수 없을 만큼 다르지도 않다.

차이는 서양 나라들이 혼합경제이기를 그친 지가 오래되었다는 것이다. 공적자산의(특히 수도, 전기, 가스, 정보통신망 같은 공익산업의) 사유화, 그외 공공 부문들(특히 교육과 보건)에 대한 제한된 투자, 국채의 지속적 증가를 감안하면, 모든 자본주의 강대국에서 국민자본에서의 공적자본 비율은 거의 전무해졌으며(5% 이하), 심지어 미국과 영국에서는 마이너스가 되었다. 달리 말해 이 두 나라에서는 국채가 공적자산 전체의 가치를 초과하는 것이다. 이것의 의미와 함의를 뒤에서 재론하겠다. 지금 단

계에서는 단지 진화의 속도만을 지적해두자. 내가 『21세기 자본』을 출간한 2013년에 완전한 최신 가용 데이터들은 2010~2011년에 관한 것들이었고, 선진국 중에서는 이탈리아만이 공적자본을 초과하는 국채를 가지고 있었다.[44] 6년 뒤인 2019년에, 2016~2017년까지의 데이터들을 보면, 미국과 영국도 공적인 부가 마이너스인 상태에 들어선 것으로 나타난다.

반면, 중국은 혼합경제구조 안에서 지속적인 안정 상태에 있는 것으로 보인다. 물론 이런 상황이 얼마나 장기적으로 진화할 것인지 예견하기란 불가능하다. 중국은 상당한 정도로 역사에서 독특한 경우다.[45] 새로운 사유화에 관한 논의가 이 나라에서 맹위를 떨치고 있고 이 논의가 어디로 흘러갈지 예상하기는 어렵다. 예측가능한 지평에서 보자면, 변화에 대한 요구가 대립적인 이데올로기 진영들로부터 이따금씩 나오고 있으며 모순적인 형태들을 띠고 있는 만큼 현재의 균형을 상실하게 될 개연성이 가장 높다. '사민주의' 지식인들은 특히 임금노동자 대표자들과 (현재는 존재하지 않는) 독립노조獨立工會의 중요성과 더불어 권력 분유 및 탈중앙집중화의 새로운 형태들, 지역의 국가행정 단위들과 당의 역할 축소를 요구한다.[46] 반면, 재계에서는 중국을 앵글로색슨 유형의 자본주의모델로 바꾸기 위해 새로운 사유화와, 개인 주주私人株主들 그리고 시장 메커니즘의 강화를 요구한다. 중국공산당 지도자들은 두 가지 변화 방향 모두에 있어 자신들이 반대하는 타당한 이유를 갖고 있다고 생각하는데, 그들이 보기에 이럴 경우 결국엔 나라의 통일되고 조화로운 발전에 문제가 생길(그리고 자신들의 역할이 축소될) 위험이 있다는 것이다.

더 나아가기 전에, 이 결과들과 관련된 몇 가지 논점은 정확히 해둘 만하다. 일반적으로, 공적소유 개념과 사적소유 개념이 고정불변한 것이 아님을 상기해야 한다. 이 개념들은 각각의 사법적 경제적 정치적 제도의 특수성에 의존한다. 도표 12.6에 제시된 국제적 비교와 시간에 따른 변화는 유의미한 것으로 간주될 수 있는 규모의 추이를 제공하지만 그 정확도를 과장해서는 안 된다.

예컨대 중국에서는 부모가 자식에게 일부 양도할 수 있다는(경우에 따라 해당 토지에 이루어진 개량으로 이득을 볼 수 있다는) 의미에서 1978년 개혁 이전부터 농지는 사적소유였다. 단 후커우戶口제도 안에서 해당 농민이 농촌 주민의 지위를 공식적으로 계속 유지해야 한다는 조건이 있다. 이러한 주거등록 및 이주통제 제도의 틀 안에서, 중국인 각자는 실제로 농촌 후커우 또는 도시 후커우라는 형태의 공식 주거허가증을 보유한다. 농촌 주민이 도시로 일을 하러 떠나면서 농지소유를 유지할 수 있지만, 이는 어디까지나 이러한 이주가 일시적일 때만 허용된다. 그가 영구적인 이주를 원한다면, 그리고 필요한 (특히 거주기간과 관련된) 조건들을 충족한다면 농촌 후커우에서 도시 후커우로 변경 신청할 수 있다. 이것은 흔히 그의 자식들과 가족이 특정한 학교 및 다양한 공공서비스(보건 등)에 접근하기 위해 필요불가결한 것이다. 하지만 이 경우에 그는 촌락에 남겨놓은 자신의 농지를, 토지가격 상승(왜 일부 이주민들이 농촌 후커우를 유지하기를 선호하는지 설명해준다)을 감안하면 상당한 액수일 수 있는 토지가치 상승분을 포함하여, 완전히 상실하게 될 것이다. 해당 토지는 지방정부에 이전될 것이고, 지방정부는 이 토지를 해당 촌락의 농촌 후커우를 소지한 다른 개인들에게 불하해줄 것이다. 이것은 사적소유와 공적소유 사이의 중간적인 소유 형태라고 보이는데, 이 소유 형태의 정확한 규칙들은 시간이 흐르면서 진화했고 유연해졌다. 우리는 이런 점들을 우리의 추계 안에서 당연히 대략적인 방식으로라도 고려하려고 했다.[47]

## 마이너스 상태의 공적인 부, 사적소유의 전능함

더 일반적으로, 이러한 추산에서 고려되는 공적자본 개념은 전반적으로 사적소유에 대해 사용되는 평가양식과 개념을 따른다는 의미에서 대단히 한정적이라는 것을 강조해야 한다. 경제개발 또는 양도의 대상이 될 수 있는 자산만이 실질적 공적자산으로 간주되며, 그 공적자산의 가치는 이러한 양도가 성사될 때의 시장가격으로 평가된다. 예컨대 학교와 병원과 같은 공공건물은 이와 같은 자산들의 양도 사례가 있고 해당 경우에 관찰되는 시장가격(또는 유사한 건물에서 확인되는 제곱미터당 가격)이 적용될 수 있는 순간부터 계산된다.[48] 우리는 이 대목에서 국민계정과 관련해 유엔이 정한 공인 규칙을 따랐다.[49] 다음 장에서 이 규칙에 관해 재론할 것인데, 이 규칙은 특히 천연자원과 관련한 수많은 문제를 야기한다. 천연자원은 상업적으로 개발되는 순간부터 비로소 공식 국민계정 안에서 계산되기 시작한다는 것이다. 이렇게 되면 자동적으로 자연자본의 감가상각 크기를 저평가하게 되고 실질 성장을 고평가하게 된다. 실질 성장은 언제나 매장된 자원을 파헤침으로써 달성되는 것이기에 이 모든 것은 대기오염과 기후온난화에 일조하게 되며, 이런 것은 공식 국민계정 안에서 전혀 계산되지 않는다.

지금 단계에서는 두 가지를 언급할 만하다. 하나는, 가장 넓은 의미에서 공적자산 전체—특히 풍경·산·바다·공기·과학지식·예술 및 문학을 포함한 인류가 보유하고 있으나 매우 다행스럽게도 아직은(적어도 현재까지는) 대부분 사적 전유의 대상이 되지 않은 자연 및 지식의 자산 요소들 전체—에 반드시 가치를 부여하고자 한다면, '가치'라는 개념에 부여될 수 있는 합당한 정의가 무엇이든 간에, 공적자본의 가치가 사적소유 일체의 가치를 상회하리라는 점은 매우 명백하다.[50] 이 경우에, 과연 이와 같은 일반화된 기장記帳 시도가 공적인 논의를 위한 최소한의 의미 또는 최소한의 유용성을 갖는지는 전혀 확실치 않다. 그래도 여하튼 이러한 본질적인 사실을 환기하는 것은 중요하다. 국민계정을 위해 시장가격에 입각해 평가되는 이 같은 민간자본과 공적자본의 가치는 인류에게 가치 있는 것의 극히 일부에만, 즉 공동체가 시장에서의 경제적 거래에 이용하기를 (옳든 그르든) 선택한 자산에만 조응한다. 우리는 다음 장에서, 특히 기후온난화 및 지식소유 문제와 관련해 더 상세하게 이를 재론할 것이다.

다른 한편, 자연자본의 가치절하 경향이 함의하는 바는, 공식 국민계정에 제시된 (시장에서 양도할 수 있는 자본이라는 협의의 의미에서) 공적자본 비율 감소는 진행되고 있는 변화들의 중대함을 과소평가한다는 것이다. 특히 (제한적 의미에서) 공적자본이 대부분의 자본주의 국가에서 마이너스 값 또는 제로 상태가 된다는 사실은 대단히 염려스럽다(도표 12.6 참조). 이것은 특히 기후·불평등·교육 같은 주요한 과제들에 맞서고자 할 때, 정부의 행동반경을 실제로 상당히 축소한다. 미국과 영국 또는 이탈리아에서 확정된 공식 국민계정에서 오늘날 관찰되는 의미를 볼 때, 공적자본의 마이너스 상태가 의미하는 바를 실제로 명확히 해두자. 이것이 뜻하는 바는 양도할 수 있는 공적자산 전체—특히 공공건물(학교, 병원 등)과 (만일 존재한다면) 공적금융자산 및 공기업 전체—의 매도가 국채를 (직접적으로든 간접적으로든) 보유한 채권자들에게 국채 전체를 상환하기에는 충분치 않을 것이라는 점이다. 구체적으로, 마이너스 상태의 공적인 부는 민간소유자들이 자신의 금융자산을 통해 공공건물과 공적자산—여기서 민간소유자들은 이익을 남긴다—전체뿐만 아니라 납세자들이 납부한 세수에 대한 미래의 인출권을 보유하는 상황에 상응한다. 달리 말해 민간소유자들이 납세자들을(또는 이를테면 납세자 일부를) 소유하기 때문에, 사적소유 전체가 국민자본의 100%를 상회한다는 것이다. 공적인 부가 이 경로를 계속 이어가고 점점 더 마이너스가 된다면, 징수한 세수 중 잠재적으로 상당한데다가 이후 더 늘어날 액수가 부채의 이자로 흡수될 것이다.[51]

이러한 상황의 기원들과 이 상황이 열어주는 전망들은 다른 방식으로 분석될 수 있다. 1980~1990년 이후로 거의 모든 부유한 나라들에서 공적자본이 거의 전무하게 (심지어 마이너스가) 된다는 사실은 1950~1980년의 공권력이 국민자본의 약 20~30%를 보유했던 기성체제에 비해 정치적-이데올로기적으로 심층적인 전환이 있었음을 우선 드러낸다. 이러한 상황은 민간자본주의의 재장악 의지가 표출된 것이었다. 1930년대의 위기, 양차대전, 공산주의의 도전으로 특징지어지는 상황에서, 공공 기간시설과 교육과 보건에 투자할 행동반경을 확보하기 위해, 정부들은 오래된 민간기업들을 국유화하는 조치에 착수하면서도 과거로부터 넘어온 국채들을 전속력으로 청산하기를 택했다. 반면에, 1980~1990년 이후 공적인 부의 몰락은 일정 부분, 공적자산이 공공 영역 바깥에서 더 잘 관리되며 따라서 사유화되어야 한다는 관념의 발흥이 동반된 이데올로기적 전망의 역전에서 유래한다.

더구나 주목해야 할 것은, 1980년대에서 2010년대 사이에 부유한 나라들에서 고작 3년 치 국민소득이었던 것에서 약 5~6년 치 국민소득으로 늘어났던 사적소유 총가치의 증가는 공적인 부의 감소에 비해 비할 바 없이 더 큰 폭이었다는 점이다.[52] 달리 말해, 부유한 나라들은 여전히 부유하다. 다만 그 정부들은 가난해지기로 택했던 것인데 이는 매우 다른 문제다. 또한 부유한 나라의 소유자들이야말로 평균적으로 나라의 국채를 보유한 이들이라는 점을 상기하자. 이는 부유한 나라들(미국·유럽·일본)의 순자산의 대차 상황이 흑자라는 의미다. 요컨대 이 나라들이 세계의 다른 곳에 보유한 금융자산가치가 세계의 다른 곳이 이 나라들 각각에 보유한 금융자산가치를 분명히 초과한다는 것이다.[53]

### 부채의 확대, 정의로운 세금은 불가능하다는 지각

국채 증가와 관련하여, 이러한 진화에 대한 분석은 더 복잡하다. 국채 누적에는 그 자체로 온갖 유형의 이유가 있을 수 있다. 예컨대 (단기든 장기든) 잘못 투자된 민간저축이 과잉되어 있다든가, 또는 공권력이 물질적 투자(기간시설·교통·에너지 등) 또는 비물질적 투자(교육·보건·연구) 기회를 보유하는데 이 투자의 사회적 수익이 민간투자의 수익보다 높거나 공권력이 갚게 될 이자율을 상회한다든가 하는 이유들. 문제는 무엇보다도 비율과 이자율이다. 요컨대 갚아야 할 부채가 너무 많거나 이자율이 너무 높으면 이는 공적인 행위의 모든 가능성에 재정적 부담을 지우게 된다.[54]

실제로 1980~1990년 이후 국채 증가는 일정하게는 국가의 비중을 줄이려는 의도된 전략의 결과다. 전형적인 사례는 1980년대 레이건 정부에서 추구한 예산 전략이다. 레이건 정부는 상위 소득에 대한 세금을 큰 폭으로 줄이기를 택했던 건데, 이는 적자를 키웠고 이어서 사회복지지출 축소 압력을 증가시켰다. 많은 경우에 부자들에 대한 세금 인하는 공공자산의 사유화의 자금원이 되었고, 이는 결국 부동산 등기의 무상 이전이었던 셈이다(부자들에게 10억 달러의 세금을 인하해주면, 그들은 이 10억 달러로 해당 자산을 매입한다). 이 전략은 미국과 유럽에서 오늘날까지도 계속되고 있으며, 불평등 심화와 사적소유 집중의 증대라는 궤도와 직접 연결된다.[55]

더 일반적으로, 이러한 진화는 정의로운 세금은 불가능하다는 지각의 결과라고 보일 수도 있다. 나라들 사이의 조세경쟁으로 인해 상위 소득과 자산 집단들에게 과세하지 못하게 되는 순간부터, 그리고 세금에 대한 중위계급과 인민계급의 동의가 약해지는 순간부터, 부채는 유혹적인 선택일 수 있다. 여하간 남은 문제는 이러한 진화가 과연 어디로 이어질 것인가다. 이와 관련한 중요한 역사적 선례가 있다. 나폴레옹전쟁을 겪은 뒤 2년치 국민소득을 초과하는 (이 나라에 보유된 사적소유의 거의 3분의 1인) 국채를 짊어졌던 19세기 영국은 공적인 부가 엄청나게 마이너스인 상황이었다. 우리가 이미 지적했듯이, 영국은 소유자들을 보호하기 위해 중간층 이하 납세자들로부터 나온 예산 흑자(세수의 약 4분의 1)를 정기적으로 상환함으로써 그 상황을 해결했는데, 이 모든 것에 1815년부터 1914년까지 한 세기가 걸렸다.[56] 이 시대(적어도 이 시기 초반)에는 소유자들만이 선거권과 정치권력을 보유했고, 소유주의 이데올로기의 설득력은 오늘날보다 더 강력했다. 매우 많은 나라가 양차대전에서 비롯된 부채를 급속히 청산한 20세기 이후인 21세기에 와서는, 중위계급과 인민계급 납세자들이 이러한 인내심을 갖는다는 것은 개연성이 별로 없어 보인다. 그러나 지금 단계에서는, 주요 국채에 대한 이자율이 비정상적으로 낮은 수준임을 감안하면, 이 문제가 현저하게 중요한 건 아니다. 이러한 상황이 영구적으로 지속될지는 확실치 않다. 그럴 경우, 국채 문제는 매우 빠르게, 특히 유럽에서, 선거 국면에서의 사회정치적 갈등이 재편성되는 주요 원인이 될 것이다. 우리는 이것을 재론할 것이다.[57]

마지막으로 주목할 것은 2000년대 중반 이후 중국의 경로와 서양 나라들의 경로가 매우 대조적이라는 점이다. 중국에서는 2006년 이후 국민자본에서 공적자본 비율이 30% 선에서 안정된 데 비해, 2007~2008년 금융위기(민간금융에 대한 과도한 규제 완화가 기원인 이 위기는 새로운 민간재산 증대에 일조했다)는 역으로 서양에서 공적인 부의 새로운 침하로 이어졌다.

물론 중국의 공적소유 상황을 이상화하려는 것은 아니고, 정의로운 사회의 '이상적인' 공적자본 비율 수준을 알아냈노라 주장하려는 것도 아니다. 국가가 다수의 재화와 서비스 생산(특히 교육과 보건)을 보장할 때, 국가가 총고용에서 차지하는 비율(약 20% 정도라고 가정하자)과 연계된 비율로 국가가 생산자본을 보유하는 것은 이상한 일이 아니다. 그러나 이러한 기준은 여전히 매우 불충분한데, 왜냐하면 예컨대 국가와 국채는 적립금을 자연자본 보존과 비물질적 자본의 축적을 위해 사용해야 하는 잠재적인 역할을 맡고 있는데, 이 기준은 이를 간과하기 때문이다. 무엇보다도 진정한 문제는 상이한 공적소유와 사적소유 형태들의 토대 구실을 하는 거버넌스 및 권력 분유 형태에 관해, 부단히 질문하고 재평가하고 이를 재발명해야 한다는 것이다. 그러나 중국 국가소유의 거버넌스양식은 수직적이고 권위주의적인 특징을 가지고 있어서 보편적인 모델이라고 보기는 어렵다.

그렇다고 해도 금융위기 이후 서양 국가에서 벌어진 최근의 공적인 부의 붕괴는 여전히 역설적인 면을 갖는다. 시장의 탈규제는 수많은 치부에 일조했고, 공권력은 경기후퇴에 대처하고 은행과 사기업을 구하기 위해 빚을 졌다. 마침내 민간자산은 증가했으며, 다가오는 수십 년간 이에 대한 계산을 치러야 한다는 근심은 중간층 이하 납세자들이 떠안는다. 우리는 이러한 사건들이, 특히 경제정책과 화폐 창출이라는 면에서 할 수 있는 것과 해서는 안 되는 것에 대한 지각에 심층적인 반향을 일으켰다는 점을, 아직 끝나지 않은 이 문제를 볼 것이다.

## 중국의 불평등에 대한 용인이 지닌 한계들

중국의 불평등 문제로 돌아가서, 경제 자유화 및 소유 사유화 과정 초기인 1978년 이후 소득 분배의 변화과정을 검토해보자. 가용 자료들이 나타내는바, 개혁 초기부터 소득 불평등이 급증했으며, 2000년대 중반 이후로는 안정화된 것으로 보인다. 2010년대 말 국민소득에서 상위 10%에게 가는 비율과 하위 50%에게 가는 비율로 평가해본다면, 중국은 미국에 비해 덜 불평등하고 유럽에 비해서는 분명히 더 불평등하다. 그런데 1980년대 초에는 중국이 세 지역-대륙에서 가장 평등했다(도표 12.8 참조).

중국을 아시아의 다른 거인 인도와 비교해본다면, 중국이 1980년대 초 이후로 성장이라는 면에서 더 실효적인 동시에 분배라는 면에서 더 평등했음이 명백해 보인다(또는 소득 집중이 인도에서보다 덜 큰 폭으로 증대되었다는 의미에서 덜 불평등했다).[58] 인도와 관련해서 우리가 이미 지적했듯이(8장 참조), 일차적 설명 요인은 중국이 공공 기간시설·교육·보건에 대한 투자를 가능케 하는 더 많은 자원 동원에 성공했다는 점이다. 특히 중국은 (보건과 교육을 기본으로 하는 복지의 재원이 현저히 낮은) 인도에 비해 훨씬 높은 세수 수준에 도달하는 데 성공했고, 나아가 2010년대에는 서구 수준에 근접하는 데 성공했다. 세수가 국민소득의 거의 30%였고, 공기업의 이윤과 공유지 매각을 추가하면 약 40%였던 것이다.[59]

**도표 12.8 중국·유럽·미국의 불평등, 1980~2018년**

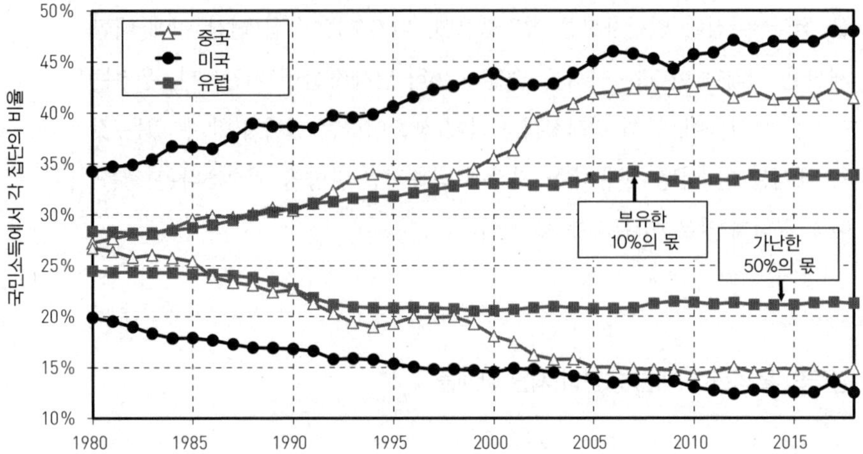


1980~2018년 사이 중국의 소득 불평등 수준은 가파르게 증가했다. 하지만 가용 자료에 따르면 이는 여전히 (유럽보다 높긴 하지만) 미국의 소득 불평등보다는 낮다.

**출처 및 원 통계자료:** piketty.pse.ens.fr/ideologie

중국의 이러한 성공은 잘 알려져 있다. 체제가 이러한 경제적 성공(과 또한 분리주의에 대한 공포)에 의거할 수 있는 한, 체제는 확고부동하리라고 보는 게 통상적이다. 그렇지만 중국 인민의 불평등에 대한 감내가 한계에 달했음을 강조해야 한다. 우선, 중국이 유럽보다 급속하게 훨씬 불평등해졌다는 사실에는 당연한 것이라고는 전혀 없으며, 체제의 실패가 명확하게 드러난다. 1980년대 소득 불평등 수준은 스웨덴과 같은 가장 평등한 유럽 나라들에 가까웠다. 그런데 2010년대에는 그 수준이 미국에 더 가깝다. 자산 집중과 관련해서도 동일한 결론이 확인되는데, 이는 사유화 과정이 얼마나 불평등했는지를 보여준다. 사적소유 전체에서 상위 십분위의 몫은 1990년대 초에 약 40~50%로 스웨덴과 유럽 나라들에 못 미치는 수준이었다. 그런데 2010년대에는 70%로 미국에 가까우며 러시아보다 못하지 않은 수준이다.[60]

스웨덴의 불평등 수준에서 미국의 불평등 수준으로, 그것도 수십 년 이내에 증대되었다는 사실은 '중국 특색 사회주의'를 계속해서 공식적으로 내세우는 중국 같은 나라로서는 소소한 변화라며 무시할 수 있는 것이 아니다. 이런 슬로건이 사회경제적 평등을 이루는 데 전혀 현실적 효력이 없다고 오랫동안 간주해온 재계가 보기에는, 앵글로색슨 자본주의모델이 자기들에게는 분명한 매력을 가진 것이기에, 이러한 사태가 틀림없이 아무런 어려움도 야기하지 못하는 것이리라. 하지만 '사민주의' 지식인들에게는, 그리고 대부분 국민에게는, 이와 같은 진화가 어디까지 진행될지 아무도 알지 못하는 만큼, 불평등의 이와 같은 극단적인 급증은 문제적이다. 불평등을 억제하면서도 경제적으로 번영할 수 있는 가능성을 유럽이 보여준 이후부터, 중국 사회주의가 미국 자본주의에나 어울리는 불평등 수준에 관용을 발휘해야 할 이유는 불명확해진다.[61] 그렇다면 사유화가 진행돼온 방식에 대해, 중국 재분배정책에 대해, 더 일반적으로는 개혁과정의 방향 재설정에 대해 문제가 제기될 수밖에 없다.

유럽에서는 노동자들의 자유로운 이동이 일반적이나 중국에서는 특히 농촌지대와 도시지대에서 국내 통행허가증과 이주 제한이 존재한다는 점은 중국에서 관찰되는 최고 수준의 불평등을 설명하는 데도 일조할 수 있다. 구체적으로, 경제개혁은 무엇보다도 중심 도시들에 이익이 되었으며, 농민들은 원하던 만큼의 혜택을 볼 수는 없었다. 시간이 흐르면서 제도에 가해진 유연화조치도 중국의 높은 수준의 불평등을 해소하기에는 충분치 않았고, 이 불평등은 중국의 도시 내부에서도 (정도는 덜하지만 중국 농촌에서도) 확인되는 만큼, 그 밖의 요인들과 연결되어 있는 것으로 보인다.[62] 매우 권위주의적인 메커니즘으로 유지되는 후커우제도의 유연화가 지난 수년간 잠재적으로 훨씬 더 간섭적인 사회통제제도의 발전과, 소셜네트워크를 통한 정보의 대량 수집에 근거한 '사회적 평가' '사회신용' 조치들과 병행되었음을 추가하도록 하자. 최근 연구들은 이러한 조치들에 대해 빈곤층이 부자들에 비해 덜 관대하다는 점을 보여준다. 이 조치들의 억압적 차원과 여타 주민을 관리·감독하는 정책과의 연계도 역시 강조되어야 한다.[63]

## 중국 불평등의 불투명성

2000년대 중반 이후 안정화된 불평등 덕에 불평등이 최고조로 상승하는 시기는 지나갔다고 생각할 수도 있을 것이다. 하지만 중국에서 소득과 자산 등록 및 평가를 특징짓는 극단적인 불투명성을 강조해야 한다. 도표 12.8에 제시된 추계는 중국의 현재 가용 자료들로 우리가 확정할 수 있었던 가장 신뢰할 만한 것이다. 하지만 이 자료들의 취약함과 상당한 결함을 감안하면, 우리가 불평등 수준과 그 진화과정 모두를 과소평가하는 일은 당연히 발생가능하다. 원리적으로, 중국에도 누진소득세가 있다. 이 세제는 경제개혁이 시작된 직후인 1980년에 시행되었고, 하위 소득에 부과되는 5%에서 상위 소득에 부과되는 45%에 이르기까지 한계세율과 과세표준 구간을 포함한다(이 세율은 1980년 이후 변하지 않았다).[64] 포스트소비에트 러시아에서 실행된, 2001년 이후 동일한 13% 비례세율을 견지한 '일률과세'제도와 비교한다면, 중국의 세제가 이론상 훨씬 더 누진적이다.

문제는 중국의 소득세 관련 상세 데이터들이 전혀 공표되지 않았다는 점이다. 정기적으로 공표되는 유일한 정보는 총수입이다. 얼마나 많은 납세자가 매년 세금을 내는지, 그들이 소득 구간별로 어떻게 나뉘는지, 이런 저런 성과 도시에서 고소득 납세자의 수가 얼마나 증가했는지 알기란 불가능하다. 이런 정보에 대해 알 수 있다면 중국 성장의 결실이 매년 어떻게 분배되는지를 더 잘 알 수 있을 것이다. 그리고 어쩌면 조세법이 마땅히 그래야 하는 만큼 항상 실행되지는 않는다는 것도 깨닫게 될 터이다.[65] 2006년에 중국 국가세무총국은 연소득 12만 위안 이상을 보유한 모든 납세자(즉 실제로 당대 성인인구의 1% 이하)들에게 해당 데이터가 반부패 투쟁에 사용될 수 있도록 특별 신고를 하라는 공문을 보냈다. 전국 수준의 결과들이 2006년부터 2011년까지 공표되었으나 데이터는 초보적인 형태였다. 데이터는 이 기준을 넘는 납세자 전체 수만 나타내거나 별다른 면세 없이 그들의 소득 총액을 표시한 것도 있었다. 이러한 공표도 2011년에 중단되었다. 지역 조세행정에서, 때로는 일부 성과 도시에서 2011년과 2017년 사이에 비정기적이고 비일관된 방식이나마 50만 위안 또는 100만 위안 이상의 납세자들에 관한 유사 데이터들이 공표되는 걸 확인한 정도다.

우리가 활용한 것은 바로 이처럼 극도로 단편적인 데이터들이다. 그러나 불완전하기는 해도 이 데이터들은 중국에서 불평등을 측정하는 공식 기준과 그 변화에 대해 실질적으로 상향 조정하게 해주었다. 공식 측정은 각 가구의 신고에 의한 조사에만 기초했는데, 이 가구들 중에는 기준이 되는 소득수준에 해당하는 가구가 거의 포함되어 있지 않았다.[66] 확보된 추계는 유럽과 미국의 (훨씬 더 상세하며 주로 조세 관련 데이터들에 기초한) 가용 추계와, 이전 방식보다는 더 타당하고 만족스러운 방식으로 비교될 수 있다(도표 12.8 참조). 하지만 이것이 극도로 취약하며 불평등의 수준도 그 변화 양상도 과소평가할 수 있는 추계라는 사실은 매우 명백하다. 고소득 납세자에 관한 전국 데이터들이 2011년 이후로 공표되지 않는다는 사실은 특히 우려된다. 어떤 면에서 소득세제의 작동과 관련해 공표된 정보는 러시아보다 중국에서 훨씬 더 빈약한데, 이로 인해 불평등을 측정하는 기준이 꽤나 낮아진다.[67] 불평등에 관한 투명성 부족이 세계적 문제이긴 하지만(우리는 이를 다음 장에서 재론할 것이다), 이 두 나라의 불투명성이 특히 심각하다는 점은 확인해두어야 한다.

중국의 자산 등록 및 평가와 관련해서는 소득보다 상황이 훨씬 더 나쁘다. 특히 중국에는 상속세가 아예 존재하지 않으며, 따라서 상속에 관련된 그 어떤 유형의 데이터도 존재하지 않는데, 이로 인해 소유 집중에 관한 연구가 유난히 까다로워진다. '중국 특색 사회주의'를 선언한 공산당이 지도하는 나라가 이와 같은 선택을 할 수 있다는 점이 얼마나 역설적인지를 강조해야 한다. 사적소유의 크기가 제한된 한에서, 상속세의 부재는 전혀 놀라운 일이 아니다. 하지만 중국 자본의 3분의 2 이상을 민간소유자들이 보유하게 된 이후로(도표 12.6 참조), 사유화와 경제적 자유화로 가장 큰 특혜를 입은 자들이 세율 인하 문제는 고사하고 아예 세금 한푼 내지 않고서 자녀에게 자기 재산 전부를 물려주는 일이 허용된다는 것은 놀랍다. 20세기 내내 많은 변이를 거친 뒤, 상위 상속에 적용되는 세율이 미국·영국·일본·독일·프랑스에서 2000~2020년에 30~55% 사이라는 점을 상기하자.[68] 일본에서는 2015년에 최고세율이 50~55%로 올랐다. 동아시아 지역의 다른 자본주의 나라들에서도, 예컨대 한국에서, 높은 상속세(상위 상속에 적용되는 50% 세율)가 존재한다.

작금의 21세기 초에도 현저히 역설적인 상황에서 확인되는 것은, 세금 한푼 내지 않고 자기 재산을 자녀에게 물려주길 원하는 아시아의 억만장자라면 공산주의 중국에 정착하고 싶어할 거라는 점이다. 특히 의미심장한 경우가 홍콩이다. 영국이 통치하던 시대에 상속세가 존재했던 홍콩은 1997년의 반환과 중화인민공화국으로의 통합이 이뤄진 지 얼마 되지 않은 2005년에 상속세를 폐지했다. 타이완 재계 역시 이제는 대부분이 인민공화국으로의 통합을 지지하며, 그 와중에도 상속세 폐지를 요구한다. 일정 부분 중국에 의해 촉발된 동아시아에서의 이러한 조세경쟁은, 세계적 추세를 강화하면서 이 지역의 불평등 상승 경향을 증대시키는 데 기여한다.[69]

일반적으로, 홍콩은 특별히 흥미로운 전대미문의 궤도를 보여준다. 먼저, 홍콩 사례는 공산주의체제에 통합되면서 훨씬 더 불평등해진 자본주의 국가라는 독특한 경우인 것이다.[70] 그리고 무엇보다도, 금융 허브로서의 홍콩이 가진 위상이 중국의 발전에서 중심적인 역할을 수행한다. 홍콩의 금융 허브는 특히 인민공화국의 은행제도 안에서 실행하기 어려웠던 자본유출을 중국의 부자들이 할 수 있도록, 그리고 중국 대기업과 체제가 투자와 해외 거래를 더 탄력적으로 할 수 있도록 해준 것으로 보인다. 현 단계에서는 중국의 자본유출이 러시아에서 관찰되는 규모로 벌어졌다고 시사하는 것은 전혀 없다. 하지만 이 나라의 부패 규모, 지난 수십 년간의 성장과 사유화에서 발생한 이런저런 소유권이 지닌 취약성을 감안하면, 이러한 유출이 장차 더 심각해져 체제를 내부로부터 잠식하는 데 일조하

게 될 가능성이 있다.[71]

## 중국, 공산주의와 금권정치 사이에서

홍콩에 적용된 정치제도는 원론적으로는 공산주의에서 연유하지만 실제로는 특정 형태의 금권정치에 더 가까운 중국체제의 애매함을 또한 예시한다. 1997년까지 홍콩 총독은 영국 여왕이 임명했다. 식민지는 간접선거로 선출되는 복잡한 의회에 의해 통치되었지만, 실제로는 경제 엘리트가 지배하는 위원회에 기초했다. 이는 19세기 영국과 프랑스에서 (심지어 1911년까지 재산에 비례하는 선거권이 존속한 스웨덴에서) 시행된 것들처럼 명시적인 납세유권자적 제도는 아니었지만,[72] 비슷한 효과를 발휘했다. 권력의 핵심이 재계에 집중되었던 것이다. 이런 유형의 식민주의-소유주의 체계는 공산주의 중국으로의 반환 당시에도 그다지 변경되지 않았다. 21세기 초 홍콩은 형식상으로는 자유선거를 치렀지만, 어디까지나 지명위원회에서 다수결로 사전 승인된 소수의 입후보자들을 놓고 그럴 뿐이다. 이 위원회는 베이징 당국에 의해 구성되며, 실제로는 홍콩 재계 인사들과 여타 친중국파 과두지배자들에 의해 독점된다.

당연히 중국이 유럽과 미국, 세계의 여타 지역과 함께 금융 투명성 확립을 위한 협력에 동참하는 세계와, 이러한 협력을 통해 다양한 대륙—홍콩에 있든 스위스에 있든 케이맨제도에 있든—에 걸쳐 존재하는 조세 피난처들이 사라진 세계를 상상해볼 수 있다. 이러한 상황은 언젠가 도래할 것이다. 대부분 중국 국민은 나라의 금권정치적인 변동에 분개하고 있다. 일부 지식인들은 체제가 실시하는 정책들과 직접적으로 모순되는 사민주의적 해법들을 옹호했고, 천안문사건(1989년) 이후 또다른 지식인들은 불평등에 맞서 싸우는 새로운 형태의 참여를 발전시켜왔다.[73] 하지만 지금 단계에서 분명한 것은 아직 갈 길이 멀다는 점이다.

권력 주변의 중국 대표자들과 지식인들은 이런 문제들에 대해 질문을 받을 때면, 당국이 러시아식 자본유출의 위험성을 알고 있으며, 소득·상속·자산에 대한 새로운 누진적 과세가 중국에 시급하게 도입되어야 한다고 답한다. 하지만 이런 언명들은 지금까지는 별무효과인 상태다. 일반적으로 제시되는, 틀림없이 가장 의미심장한, 두번째 답변은 중국은 복잡하고 비효율적인 서양식 조세 해법이 필요 없으며 중국공산당과 국가장치가 이끄는 무자비한 반부패 투쟁을 중심으로 중국만의 해법을 창안해야 한다는 것이다.

실제로 (2018년 이후로 이 나라의 헌법 전문에 마오쩌둥, 덩샤오핑과 나란히 그 이름이 오른) 시진핑 주석이 '중국 특색 사회주의'에 대해 쓴 많은 이론적 저술에는 기업 공동관리, 자주관리, 권력 분유체계는 물론이거니와 누진세에 대한 언급도 전혀 없다. 반면, 모든 남용을 통제하고 교정할 수 있게 해주는 정부의 "보이는 손看得見的手"이 시장의 "보이지 않는 손看不見的手"의 균형을 강력하게 잡아줘야 한다는 사실에 대한 언명은 많다. 시진핑은 "지속적인 권력 행사 탓에 생기는" "당의 잠재적인 타락"이라는 위험과, 이것의 방지를 가능케 하는 것은 "가차없는 반부패 투쟁"뿐임을 거듭 재론한다.[74] '새로운 실크로드'에 대한 전망도 길게 언급하는데, 이를 통해 신중하지만 단호하게 인류의 중화 세계로의 회귀라는 구상이 피력된다. 이 세계화는 상업적이고 호의적이며, 정치적 간섭 의지 없이 공간들을 접속시키며, 유럽인의 식민주의적 도취와 그들이 중국과 세계에 강제한 불평등조약들을 종료시킨다. 이 전체를 통해 가능해지는 것은 마침내 제자리로 돌아간 주변부 아메리카를 마주보는 (중국을 중심축으로 하는) 중심부 유라시아 블록으로의 회귀라는 지정학적 비전의 고취다.

불평등을 규제하고 불공정 및 부패를 종식시키기 위한 구체적 제도들과 관련하여, '중국 특색 사회주의' 담론이 아주 정밀하지는 않다는 점을 확인해두어야 한다. 정부와 당의 '보이는 손'이 '가차없을' 것임은 알 수 있지만, 그 이상의 의미를 알아내기란 어렵다. 너무나 노골적으로 추잡하게 부유해진 과두지배자들이나 국가장치의 간부들을 감옥에 보내는 법이 과연 이 쟁점에 부합하는 것인지는 전혀 알 수 없다. 2018년 가을, 국영방송의 어느 인기 진행자가 스타 배우 판빙빙이 미신고 계약으로 총 5000만 위안을 벌었는데 정작 그녀의 공식 수입은 1000만 위안에 불과했다고 폭로한 뒤 그녀는 구금되었다. 이 사건은 커다란 반향을 일으켰으며, 권력은 과도한 불평등과 화폐 숭배를 훈계하려던 참이라는 것을 보여줄 기회를 움켜잡았다. 이 사건은 물론 흥미롭다. 하지만 13억 인구의 나라에서, 자산과 상속에 대한 그 어떤 체계적인 형태의 등기와 과세도 없이 비난과 감금에 의지함으로써, 언론·시민·노조가 조사하고 참여하는 자율적 능력의 발전을 저지함으로써, 권력에 밀착해 축재한 이들에게 지나치게 관심 갖는 이들을 구금함으로써 과연 불평등을 유효하게 규제할 수 있을지는 심히 의심스럽다. 중국체제가 러시아식 약탈정치적 진화를 면할 수 있으리라는 보장은 어디에도 없다.

## 문화혁명이 불평등에 대한 인식에 미친 효과

요컨대 중국은, 19세기와 20세기 전반기 유럽이 보여주듯 사회적 조세 재정 보호막 없는 사적소유에 기반한 사회는 장기적으로 손해를 불러오는 불평등이 심화될 위험성이 있다는 사실을 아주 진지하게 받아들이지는 않았던 것으로 보인다. 틀림없이 여기서 보아야 할 점은, 역사에서 숱한 사회들을 특징짓는, 자신은 특별하다는 감각과 다른 사회의 경험들에서 배우지 않겠다는 거부의 새로운 표현이다.[75] 또한 중국 특유의 역사적이고 정치적-이데올로기적인 요인, 즉 마오주의와 문화혁명 시기의 엄청난 폭력성도 언급해야 한다. 이러한 요인은 불평등에 대한 인식, 특히 부의 대물림에 대한 인식에 깊은 영향을 미쳤다. 중국은 심대한 트라우마 경험에서 빠져나온 지 얼마 되지 않는다. 이 시절에는 세대 간 불평등 재생산을 끊어내려는 시도가 매우 급진적인 형태를 띠었다. 가문에 구래 중화제국의 지주 및 지식인 계급이 있거나 간접적으로라도 연결되어 있는 모든 이를 체포하고 사회에서 매장했던 것이다. 중국사회의 주요 부문에 걸쳐, 특히 오늘날 지도계급 내에서, 문화혁명 기간에 살해되거나 박해받은 부모, 조부모, 친지를 가진 이들을 보게 된다. 대물림에 대한 그토록 폭력적인 매듭을 짓고 난 후, 즉 각 가정이 그토록 비싼 대가를 치른 이후, 축적의 논리가 그 권리를 되찾아야 마땅하다는 생각이, 적어도 한동안은 중국에서 각별한 타당성을 가졌던 것으로 보인다.

2006년 완간된 소설 『형제』에서 작가 위화는 지주의 후손을 소탕하고 여성의 순결이 중시되었던 문화혁명 시기부터 모든 것을 사고팔게 된 2000년대까지, 중국의 가치들이 급진적으로 전환되는 모습을 두 형제의 엇갈린 운명을 통해 보여준다. 이 소설에는 탐욕스러운 지역 당 간부가 등장한다. 그는 공장과 토지를 게걸스레 현금과 맞바꾼다. 그는 모든 것을 닥치는 대로 이용해 이윤을 얻으려는 새로운 유형의 중국 남자들의 즐거움을 위해 '처녀미인대회'를 기획하고, 그 참가자들에게 팔기 위해 가짜 가슴과 가짜 처녀막을 만든다. 이 대회로 한몫 잡으려는 미인대회 주최자들도 마찬가지 유형이다. 경제개방과 사유화를 거치면서, 통계를 통해 지역 내총생산 상승을 확인만 한다면 모든 것이 용인된다. 1960년생 동갑내기 의붓형제 이광두와 송강이 있다. 이광두는 정직하지 않은 사람임이 틀림없으나 억만장자가 되는 건 바로 그다. 그는 1980년대를 게으름과 폐지 수집과 종이공장 일로 보내다가, 1990년대에 일본에서 온 헌옷 화물을 (구식의 인민복 대신에) 팔아치워서 큰돈을 벌고 2000년대에는 대부호가 되어 아르마니를 입으며 달로 개인 우주여행을 가려 한다. 하지만 결국엔, 시대가 어떠하든, 속절없이 만신창이가 된 송강보다도 오히려 그가 더 동정을 받는다.

폭력적으로 두 의붓형제를 강타한 문화혁명(1966~1976년)은 1950년대와 1960년대에 농업 및 공업 집산화를 선포한 대약진운동이 지지부진하자 이에 대한 의식을 전환시키고 속죄양을 찾아내려는 시도였던 것으로 보인다. 두 아이를 자랑스러워한 송강의 아비는 붉은 완장을 차고 선량한 공산주의자 시민으로서의 활기를 지녔던 인물이나, 곧 체포되어 심문을 받는 처지가 된다. 지주의 아들이자 본인 역시 중학교 선생인 그는 낡은 지배계급을 체현한다. 이 계급은 모르는 사이에 혁명을 파괴한다. 사실상 이 계급은 인민을 무시하고 경멸하기 때문이다. 홍위병이 그를 맡아서, 중국이 문화적 이데올로기적 전환을 통해 불평등했던 무거운 과거를 속죄할 것임을 그에게 숙지시킨다. 홍위병은 또한 특정한 실천적 의미를 수호한다. 홍위병들이 그의 집을 수색하러 왔을 때, 그들은 "체제가 최소한만 변해도 다시 튀어나올" 땅문서를 찾아내겠노라며 모든 장롱을 다 뒤진다. 그들은 아무것도 찾지 못했으나, 송범평은 결국 약식 처형을 당한다. 두 아이는 타오칭의 도움으로 짐수레에 실려 류진을 통과한다. 극적인 측면들 이외에, 이 텍스트는 수십 년 안에 문화혁명으로부터 중국식 하이퍼 자본주의로 나아간 당황스러운 정치적-이데올로기적 전환에 대해 평가해 볼 수 있게 한다. 1960년대 말 1970년대 초(지역 인민군 사령관만이 번쩍이는 자전거를 가질 권리가 있던 시대)에 아이들을 홀린 사회주의 공산품 '흰 토끼' 캐러멜부터, 1990년대 "경제를 위한 인민의 거대한 쇄도"와 수입이 좋은 모조품 제조를 거쳐, 2000~2010년 신흥 억만장자들의 우주여행 꿈에 이르기까지의 전환.[76]

## 중국모델과 의회민주주의 극복

중국은 또한 체제의 지속을 위해 다른 모델들의 약점에 의거한다는 점에 주목하면서 결론을 맺자. 소비에트주의와 마오주의의 실패에서 교훈을 얻은 중국체제는 이제 서양의 의회선거민주주의의 오류들을 반복하지 않으려 한다. 이런 관점에서 『환구시보』 독해는, 특히 브렉시트 국민투표와 트럼프 당선 이후의 상황에 매우 유익하다. 이 지면의 기사들은 온통, 서양 나라들의 민족주의적이고 제노포비아적이며 분리주의적인 변동들과, 서양이 세계에 관철시키고자 한 소위 자유선거와 훌륭한 정치제도가 불가피하게 귀착하게 될 천박함, 리얼리티쇼와 화폐왕의 마구잡이식 혼합을 비난하는 데 할애된다. 한편 지면은 중국 지도자들이 전 세계 지도자들을 대하는 자세, 특히 이른바 '자유세계' 지도자라는 미국 대통령이 늘 '거지소굴 같은 나라들'이라 해대는 아프리카의 지도자들에 대한 중국의 예우를 강조한다.

이 텍스트에 대한 독해는 유익하며, 읽다보면 사실상 서양의 선거민주주의가 자처하는 문명적이고 제도적인 우월함에 대해 자문하게 된다. '서양' 민주주의의 가치와 제도가 누구도 뛰어넘을 수 없는 일종의 독특한 완벽함에 도달했다는 생각에는 명백히 부조리한 면이 있다. 입법권을 갖는 대표자들을 선출하는, 4년 혹은 5년마다의 직접보통선거에 입각한 의회체제는 역사적으로 결정된 특수한 정치조직 형태다. 이 형태는 나름의 미덕을 가지고 있지만 한계 역시 가지고 있기에 부단히 다시 문제삼고 극복하려 애써야 한다.[77] 공산주의체제, 특히 러시아와 중국이 서양의 의회제도에 가한 전통적인 비판 중 두 가지는 특별히 주목할 만하다.[78] 하나는 언론정보 미디어가 화폐권력에 포획되어 있고, 따라서 화폐권력이 사람들의 생각을 이데올로기적으로 통제하고 불평등을 존속시키려 하는 한 정치적 권리의 평등은 미망이라는 것이다. 다른 하나는 앞의 비판과 긴밀하게 연결된다. 정당에 대한 정치자금 제공을 통해 부자들이 강령과 그에 따른 정책에 영향력을 행사한다면 정치적 평등은 순수하게 이론적으로만 가능하다는 것이다. 부자들이 정치를 포섭하는 행위에 대한 이러한 두려움은, 1990~2000년 이후 대법원이 개인의 정치기부금에 대한 거의 모든 제한을 산산조각내버린 미국에서 특히 강하게 표명되어왔다.[79] 하지만 이것은 실제로 훨씬 더 광범위한 문제다.

일반적으로, 사실상 미디어와 정당에 자금을 대는 이런 문제를 놓고 모든 함의를 일일이 고려해본 적이 없었다는 것이다. 대부분의 나라는 미디어소유 집중을 제한하고 정치자금을 규제하는 다양한 입법을 확실히 시행해왔다. 하지만 주로 지난 수십 년간 (특히 미국과 이탈리아에서) 퇴행이 너무 많았다는 점은 차치하고라도, 이러한 조치들은 대체로 너무 불충분했고, 참정권의 평등에 대한 요청이 함의하는 바에 훨씬 미치지 못했다. 역사의 교훈에 의거함으로써, 새로운 해법들을 도출하는 것이 가능하며, 한편으로는 비영리적인 참여 미디어를 발전시키고 다른 한편으로는 정치운동자금 제공에서의 평등을 확고히 할 수 있다.[80] 우리는 이 책의 4부에서 이를 재론할 것이다.[81]

여하간, 선거를 무조건적으로 폐지하거나 또는 집권당에 호의적인지 아닌지에 따라 위원회에서 후보자를 제한하는 행위를 정당화하기 위해, 화폐의 힘이 미디어 및 정당을 포섭하는 문제를 논거로 사용하기는 정말 어려워 보인다. 이런 유형의 주장은 러시아와 동유럽 공산주의 지도자들이 실제적인 선거 경쟁 없이 집권을 유지하기 위해 집권 기간 내내 견지해온 것이다. 이런 경험들 안에는 쇄신해볼 만한 점이 전혀 없다.

역사 속 많은 체제에서 민주적 절차가 화폐에 장악된다는 주장을 펼치면서 이 절차를 억누르는 경우가 확인된다. 예컨대 민영 언론사에 의해 퍼지는 반대 선동을 상쇄하기 위함이라는 공식적 목적을 내세워 공영 언론사를 도구화한다든가, 어떤 때는 특정 선거 결과를 번복한다든가 하는 것이다. 1998년부터 2013년까지 집권한 베네수엘라 차베스 대통령과 이어서 2013년 집권한 마두로 대통령의 '볼리바르주의'체제를 그 사례로 생각해볼 수 있다. 이 체제는 국민투표 및 '인민'과의 직접 대화에 의해 승인되는 사적이고 초중앙집중적이며 권위주의적인 권력에 기초해 있으면서도, 전임 정부들보다 더 사회적이고 평등한 방식으로(과두제적인 선행 실천들을 감안하면 이런 방식이 그렇게 어려운 건 아니지만 그래도 중요한 것이다) 석유 자금을 사용한다고 자처한다는 의미에서 국민투표형 '사회주의'라는 새로운 형태의 체제를 갖추고 있다고 여긴다. 공영방송의 유명한 프로그램

〈알로 프레지덴테〉에서 차베스는 매주 일요일 혼자서 아주 긴 시간 동안 국민을 상대로 호소했다(8시간을 넘긴 기록도 있다). 많은 선거에서 이기고 2002년 (미국의 지지를 받았던) 쿠데타 시도를 버텨낸 이후에, 이 책에 그 서사를 다 담을 수 없는 숱한 파란을 겪은 이후에, 볼리바르주의 권력은 2015년 의회선거에서 결국 완패하게 된다. 권력은 승복을 거부했고, 이로 인해 심대한 폭력적 위기가 발생했으며 하이퍼인플레이션과 경제 붕괴를 배경으로 2019년에도 여전히 그 위기는 진행중이다.[82]

차베스와 언론의 관계가 흥미로운 이유는, 라틴아메리카의 여러 나라나 세계의 다른 나라들과 마찬가지로, 베네수엘라에서 지배적인 민영 언론사들은 언론사 소유주가 지지하는 세계관(그리고 대체로는 서양 대기업들과의 커넥션 속에서 행해지는 석유자원의 극도로 불평등한 사적 개발과 연루된 이 소유주들의 금융 이득)에 우호적으로 편향되어 있었다는 점은 논란의 여지가 없기 때문이다. 그렇지만 공영 언론을 통제하기 위해, 마음에 들지 않는다고 선거 결과를 번복하기 위해, 이와 같은 현실을 근거로 드는 것은 만족스러운 대응이 아니다. 민주적 제도들을 학대하고 권력을 초중앙집중화하는 대응은 맞서겠다던 소유주의 이데올로기를 궁극적으로 강화해주는 것—현재 그런 일이 일어났다—일 수 있을 뿐만 아니라, 아무것도 해결하지 못한다. 입장의 다양성과 정권교체의 필요성을 존중하면서 각자의 감성이 평등한 토대 위에서 표출될 수 있도록('1달러 1표'가 아닌 '1인 1표') 언론과 정당의 재원 및 거버넌스 체계를 근원적으로 개혁하는 것이 더 유망하다. 우리는 이를 재론할 것이다.

## 선거민주주의, 경계와 소유

미디어와 정당의 재원에서 화폐의 역할이라는 문제는 물론 중요하지만, 그렇다고 해서 서양의 의회선거제도에 가해질 수 있는 유일한 비판인 것은 전혀 아니다. 미디어와 정치자금에 대한 접근의 평등이라는 문제가 완전히 해결되었다고 가정하자. 서양의 민주주의 이론은 여전히 세 가지 주요한 개념적 제한에 직면할 것이다. 요컨대 여기에는 여전히 경계이론, 소유이론, 숙의이론이 부족하다는 것이다.

경계 문제는 자명하다. 다수파의 법이 어느 정도의 영토 위에서, 그리고 어떤 인간공동체에 적용되어야 하는가? 하나의 도시, 하나의 동네, 하나의 가족이 다수결을 통해 다수파의 법을 거부하고 정치적 공동체와 분리되기를 결정할 수 있을까? 그러고 난 뒤 종족의 다수파가 지지하는 법에 의해 통치되는 정당한 주권국가를 설립할 수 있을까? 끊임없이 무제한으로 격화되는 분리주의에 대한 공포는 수많은 권위주의 정권들이 선거를 거부하는 주요 논거였다. 이는 특히 중국체제에 해당하는데, 이 체제의 정체성은 대체로 인구 13억의 광대한 공동체를 평화롭게 공존시키는 능력에 의거한다. 이는 오래전부터 유럽을 잠식하는 종족적 증오와는 반대인 것이다. 이것이 베이징체제의 눈에는 자칭 '자유로운', 하지만 실상은 정체성주의적이고 민족주의적인 정념들을 자극할 뿐인 선거에 대한 거부를 정당화해준다. 중국의 이런 대응은 흥미롭지만, 어쨌든 궁극적인 문제에 대한 허술한 대응인 것이다. 더 만족스러운 답은 민주적 사회연방주의와 지역적이면서도 세계적인 수준에서의 사회경제적 정의 표준 건설에 바탕을 둔, 초민족적 민주주의 이론을 표명하는 데 있을 것이다. 임무가 단순하지는 않지만 다른 선택지가 별로 없다.[83]

소유 문제는 서양 민주주의 이론에 역시 가공할 도전을 제기한다. 다수파의 법은 소유권을 재정의하고 소유의 완전하고 즉각적인 재분배에 다다를 수 있는가? 법률·사회·조세재정·교육 관련 제도의 특정 측면들을 지속시키는 규칙과 절차(예컨대 가중다수결加重多數決이라는 형태)를 정해볼 수도 있다. 사회경제적 변화의 필요성이 널리 공유될 때, 그 변화를 저지하지는 않으면서도 너무 급격한 변화는 피하겠다는 목표가 부조리한 건 전혀 아니다. 문제는 이런 주장이 소유주의 이데올로기들에 의해 너무 남용돼왔다는 것이다. 소유주의 이데올로기는, 극단적으로 부가 집중되는 상황에서도 혹은 초기의 전유양식이 매우 미심쩍고 심지어 전혀 용납할 수 없는 방식이었을지라도, 적법하고 평화로운 법적 개정가능성을 차단하는 규칙들을 헌법상에 명문화해왔다.[84]

어떤 결정들(특히 생산수단의 공적소유체제)은 선거에서의 논쟁 바깥에서 이루어진다는 걸 정당화하기 위해, 또는 심지어 아예 선거제를 폐지하기 위해(또는 입후보자들을 당 위원회에 복속시키기 위해), 안정성에 대한 이와 동일한 주장을 다양한 단일정당체제에서 사용해왔다는 점도 주목할 것이다. 이것은 좁은 의미의 공산주의체제들에만 해당되는 것이 아니다. 아프리카에서 독립 물결이 일던 당시, 때로는 분리주의와 내전을 피하기 위해 때로는 4~5년 만에 특정한 사회경제적 정책들의 효과를 판단하기란 불가능하다는 사실을 명분으로, 많은 나라가 잠정적인 단일정당제도를 수립했다.[85] 굳이 그렇게 하지 않더라도, 유럽 대부분의 사민주의국가의 의료보험제도와 퇴직연금제도는 사회보장기금과 노조가 많은 부분에서 개입하는 복잡한 거버넌스에 기초한다. 어떤 한도 안에서는 이를 통해 사회제도들이 선거로 뒤집히는 상황에 면역력을 가질 수 있는 것이다. 충분한 정도의 규모와 지속성을 갖춘 의회 다수파가 이러한 조치들을 다시 통제할 수는 있지만 이는 특별히 강력한 민주주의적 선거 정당성을 요구한다. 더 일반적으로는, 사회적 권리와 교육정의와 누진세의 헌법적 보호 문제를 둘러싼 숙고들을 더 멀리 진전시켜볼 만하다고 생각할 수 있겠다.

복잡하면서도 정당한 이 모든 문제에 대해 중국체제는 하나의 답을 갖고 있다. 중국공산당과 같은 견고한 매개체에 의거함으로써(2015년에 당원이 9000만 명으로, 이는 성인인구의 약 10%다), 정체성주의적 충동과 서양의 슈퍼마켓식 선거의 원심력을 막아주는 숙의와 의사결정을 조직하는 일도, 안정적이고 조화로우며 합리적인 발전모델을 구상하는 일도 가능하다는 것이다. 예컨대 이러한 입장은 2016년 중국 당국이 주최한 '세계 경제 거버넌스에서 정당의 역할'에 관한 토론회에서 강력하게 개진되었으며, 『환구시보』에서도 어김없이 확인된다.[86] 중국공산당의 이처럼 매우 많은 당원은 미국이나 프랑스의 대선에서 정당 후보를 지명하는 경선의 전체 참여자에 대략 상응한다(두 나라의 최근 선거들에서 성인인구의 약 10%가 참여했다). 서양 나라들에서 정당활동에 열성적인 당원은 분명히 더 적다(일반적으로 기껏해야 인구의 몇 퍼센트다).[87] 반면 총선과 대선에 참여하는 사람은 분명히 더 많다(최근 수십 년간 특히 노동자계급 인구 안에서의 저하가 눈에 띄긴 하지만 대체로 50% 이상이다).[88]

이 모든 경우에, 중국의 주장은 중국공산당 같은 조직 내부의 숙의와 의사결정이 서양의 광장민주주의보다 더 심층적이고 숙고된 것이라는 생각에 의거한다. 서양의 선거민주주의가 실행하듯이 유권자들이 4~5년마다 몇 분 동안 겉핥기식으로 투표에 관심을 집중하는 대신, 중국식의 관리된 당파적 민주주의는 충분한 정보를 바탕으로 정치에 관여하며 오랜 시간 집단적으로 나라의 공동선에 관해 숙의해온 당원들로 이루어진 유의미한 소수(이 경우 인구의 약 10%)에 기초한다. 이와 같은 제도가 특히 경계 문제와 소유 문제에서, 나라와 공동선을 위한 합당한 타협점을 더 잘 찾아낼 수 있을 터이다.

관리된 민주주의가 선거민주주의보다 경계 문제를 더 유효하게 해결하는 능력이 있다는 중국의 믿음에 대한 흥미로운 예증은 『환구시보』의 현 총편집인 후시진胡錫進이 자신의 이력에 대해 말하는 어느 인터뷰에서 볼 수 있다. 1989년 천안문사건에 열렬히 참여한 청년 학생이었던 그는 자신에게 트라우마가 되었던 것이 소련의 돌연한 해체와, 더 심하게는 유고슬라비아의 분리주의 전쟁이었다고 말한다. 그가 보기에 이 전쟁은 당의 진정제 역할의 필요와, 이와 같은 결정들을 내릴 책임을 유권자들의 정념에 맡기는 일의 불가능함을 보여주는 것이었다.[89]

또한 주목할 점은, 홍콩의 민주화운동 활동가들에 반대하는 베이징체제의 가장 고전적인 (그리고 가장 날카로운) 비난 중 하나는 그들이 특히 인민공화국으로부터의 이민에 대한 반대(적어도 주저)를 표현할 때의, 추정컨대 이기주의라는 점이다. 달리 말해, 민주주의와 '자유로운' 선거에 대한 그들의 소위 애호는 자신들의 특권적인 도시-국가 안에서 폐쇄적인 동류집단을 보존하려는 것이 우선적인 목표라는 것이다. 그러나 실제로 홍콩의 분리독립에 대한 주장은 홍콩운동 내부에서 소수파라는 점과, 주요 요구는 무엇보다도 민주주의에 대한 것이라는 점을 주목해야 한다. 이때의 민주주의는 민주적이고 연방제적인 중국이라는 전체 안에서 사람들의 자유로운 이동과 다당제에 의거하는 것인데, 중국공산당은 이런 전망을 명확하게 거부한다.[90]

### 단일정당과 관리된 민주주의의 개혁가능성

중국의 또다른 핵심적 주장은 중국공산당은 모든 계층의 주민에 기반한다는 사실을 강조하는 데 있다. 단일정당제도는 중국사회 내 소수의 인원이지만 (당에 가입할 때 시행하는 면접과 기존 당원의 지명제로 인해) 평균적인 시민들보다 더 의욕적이고 단호하면서도, 동시에 서양의 정당 및 의회선거민주주의에 비해 주민들을 더 심층적으로 대표하는 일군의 사람들 안에서 협력과 참여의 조직을 가능케 한다. 실제로 가용 추계에 따르면, 2015년 중국공산당의 약 9000만 당원 중 약 50%는 노동자·사무원·농민, 20%는 퇴직자, 30%는 기업 및 국가의 행정기술직관리직이다.[91] 관리직 비율은 나라의 인구에서 점하는 비율(20~30%)에 비해 확실히 높지만, 그 차이는 그리 크지 않으며 대부분의 서양 정당에 비하면 덜하다.[92]

중국식의 관리된 당파적 민주주의가 숙의의 품질 및 대표성에서 더 낫다는 이러한 주장은 엄밀한 이론적 관점에서 흥미로우면서도 잠재적으로 설득력이 있다. 하지만 이 주장은 심각한 어려움에 부딪힌다. 우선, 지역 수준에서의 당의 실효적 작동에서 이들 노동자·사무원·농민의 실질적 역할을 파악하기가 어렵다는 점이다. 상층 수준, 다시 말해 중국헌법의 기본적인 입법기관인 전국인민대표대회全國人民代表大會나, 전국인민대표대회 연례 회기들 사이에 실제 권력을 행사하는 상임위원회에서는, 중국의 재계와 억만장자에 대한 현저한 과대 대표가 확인된다.[93] 서양 언론은 중국 체제의 위선, 즉 이 체제가 사회적 대표성 및 의결권이 있는 세포조직들로 구성된 공산주의라기보다는 오히려 금권정치(화폐권력)에 가깝다는 점을 보여주기 위해 이런 자료들을 흔히 인용해왔다. 비판은 매우 옳다. 그렇지만 주목해야 할 것은 가용 자료가 매우 부정확하다는 점이다. 수집된 자료에 따르면, 중국 전국인민대표대회 내부에서 재산가들의 과대 대표가 심하고 논란의 여지가 없는 것이라고 해도, 미국 하원에 비해 훨씬 심하다고는 할 수 없을 것이다(그렇다고 특별히 안심되는 것은 아니다). 반면, 유럽에서 관찰되는 것에 비하면 훨씬 심하다. 유럽 의회들이 인민계급을 극도로 과소 대표한다는 점이 눈에 띄기는 하지만, 과대 대표되는 세력은 재계와 고액의 자산 보유자보다는 전문직 지식인들이다.[94] 여하간, 중국식의 관리된 민주주의가 서양의 선거민주주의보다 모든 계층의 주민을 아우르며 더 잘 대표하는 방식에 도달했다는 생각은 지지하기 매우 어려워 보인다.

더 일반적으로, 숙의가 계몽된 소수 당원 내부에서 심화된다는 중국식 생각은 현재로서는 중요한 문제를 야기한다. 이러한 숙의는 기록을 남기지 않기에, 그 외의 시민들은 그 누구도(하물며 중국 밖에서는 말할 것도 없다) 이러한 숙의와 의사결정의 실제 모습을 확인할 수 없으며, 따라서 당파적인 숙의모델이 지녔다는 정당성에 관해 의견을 가지기도 어렵다. 사정이 다르게 전개될 수도 있었을 것이다. 당원들 사이에서 진행된 논의가 완전하게 공표될 수도 있었을 것이고, 무엇보다도 후보의 선정은 공개적으로 경쟁하는 투표로 이어질 수도 있었을 것이다. 하지만 이러한 방향으로 체제의 진화가 임박했음을 시사하는 것은 전혀 없다.

단일정당제도가 다른 의견집단이나 다른 정당 후보자들을 점차 용인해온 흥미로운 역사적 사례들도 존재한다. 예컨대 세네갈을 생각해볼 수 있다. 독립 이후 단일정당제도를 시행했던 세네갈은 1976년 개헌으로 (정식으로 등재된) 다른 이데올로기세력이 후보를 낼 가능성이 점차 도입된다. 1980년대에 치러진 초기 유사-자유선거는 대체로 사회당(과거 세네갈이 단일정당체제일 때 상고르 대통령을 배출한 정당)의 승리가 뻔했지만, 1990년대에는 그 선거들이 점차 백중세가 되어, 마침내 2000년 선거에서 압둘라예 와데의 세네갈민주당PDS의 승리로 민주적 정권교체에 성공했다. 이를 이상화하려는 건 아니지만, 이런 사례는 정치적 이행이 취할 수 있는 형태의 다수성을 보여준다.[95]

요약하자. 중국식의 관리된 당파적 민주주의는, 특히 명백한 투명성 부족으로 인해, 서양의 의회선거민주주의에 대한 우월함을 전혀 입증하지 못했다. 중국에서 불평등 급증과 이를 특징짓는 극도의 불투명성은, 중국공산당이 구현한다고 자처하는 인민계급이 깊숙이 참여하는 사회적 대표 선발과 숙의과정의 현실성에 대한 심각한 의구심을 또한 촉발한다. 그럼에도 서양 정치제도에 중국모델이 제기한 다수의 비판은 진지하게 검토되어야 한다. 언론과 정당을 화폐가 장악하는 것이나 경계 및 소유 문제에 관해 마주치는 구조적인 어려움 말고도, 사실상 의회들은 유럽연합에서도 미국에서도 다양한 폐쇄적인 동류집단에 의해 지배되는 경향이 점점 더 짙어진다는 것이다. 여하간, 대의제 논리는 4~5년마다 단순히 투표용지에 도장 찍기를 넘어서는 숙의 및 참여 장치들을 통해 완성되기를 요구받는다. 민주주의의 구체적 형태들은 언제나 다시 창안되어야 하며, 정체성주의적 경련과 민족주의적 거만함을 극복한다는 조건 아래에서, 역사적 경험들과 모델들의 차분한 대조가 그런 창안에 자연스럽게 기여할 수 있다.

## 동유럽: 포스트공산주의 환멸의 실험실

이제 동유럽 공산주의 및 포스트공산주의사회들의 사례로 가보자. 동유럽의 경우 공산주의의 흔적은 러시아보다 덜한데, 그 이유는 한편으로는 공산주의의 경험이 러시아보다 덜 오래되었기 때문이고 다른 한편으로는 공산주의에 합류하던 당시 동유럽의 발전 수준이 대부분의 경우 러시아보다 현저히 높았기 때문이다. 더욱이 1950~1990년에 공산주의였던 동유럽 나라 대부분은 2000~2010년에 유럽연합에 합류했다. 이러한 정치경제적으로 번영하는 공간에의 통합은 생활수준을 따라잡고, 의회제 유형의 선거체제라는 틀 안에서 정치적으로 안정되는 데 유리하게 작용했다. 그렇지만 이 과정은 또한 유럽연합 내부에 점점 더 커지는 실망과 몰이해를 낳았고, 그리하여 동유럽은 포스트공산주의 환멸의 진정한 실험실이 된다.

가장 긍정적인 측면들에서 시작하자. 개인 수준의 소득 불평등을 (서쪽과 동쪽을 합쳐) 유럽 전체 차원에서 측정해보면, 그 결과는 서유럽에만 한정하는 것에 비해서는 확실히 더 높지만 미국에 비해서는 현저히 더 낮게 유지된다는 점을 확인하는 것이 우선 특히 인상적이다(도표 12.9 참조). 유럽연합의 가난한 회원국과 부유한 회원국 사이의, 예컨대 루마니아 또는 불가리아와 스웨덴 또는 독일 사이의 평균소득 격차는 상당한 수준이고, 미국의 주들 사이의 격차에 비해서도 더 높다. 하지만 그 격차는 축소되었으며, 무엇보다도 유럽 국가들 사이의 불평등은 (서유럽과 마찬가지로 동유럽에서도) 미국 내 주들 사이의 불평등보다 덜하다고 하기에 충분할 정도로 미국에 비해 유럽의 불평등이 덜하다. 특히 유럽에서는 가난한 50%의 몫이 총소득의 20%에 육박하는 데 비해, 미국에서는 고작 12%다. 멕시코와 캐나다를 미국에 통합한다면 이 격차는 훨씬 커진다는 점 또한 명확히 해두어야 한다. 이와 같은 비교는 틀림없이 더욱 설득력을 얻게 될 텐데, 그 이유는 한편으로는 두 집합의 총인구가 더 비슷해질 것이고, 다른 한편으로는 북미 나라들이 유럽연합에 비해서는 더 제한된 사회경제적

**도표 12.9** 지역 간 불평등, 미국 대 유럽

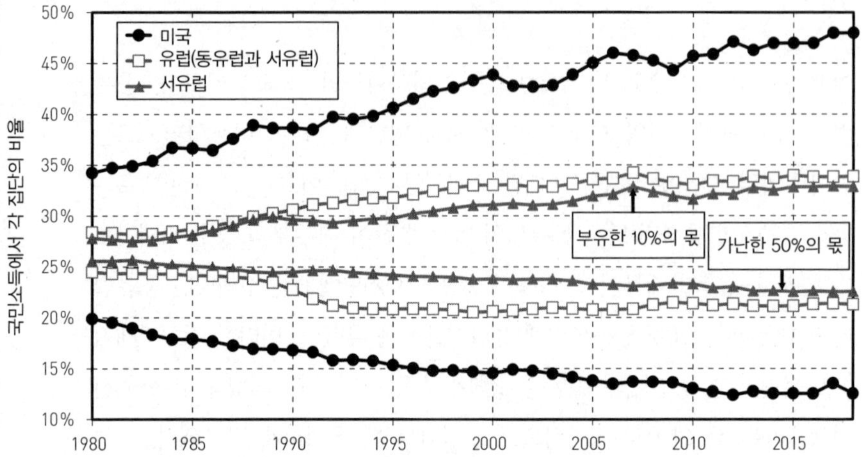


대륙의 서쪽과 동쪽의 평균소득의 지속적 격차를 감안하면 유럽의 동쪽과 서쪽(인구 5억 4000만 명)을 합쳤을 때의 소득 불평등 수준은 동유럽(1억 2000만 명)을 뺀 서유럽(4억 2000만 명)보다 높으며, 그러나 두 경우 모두에서 미국(3억 2000만 명) 내의 소득 불평등보다는 현저히 낮다.

**출처 및 원 통계자료:** piketty.pse.ens.fr/ideologie

이고 정치적인 통합에 머물지만 그래도 역시 무역협정으로 결속되어 있기 때문이다. 유럽연합은 후진지역을 위한 구조기금에 출자하고 노동자들의 자유로운 이동을 보장하는데, 바로 이런 것이 현 단계에서 북미 앙상블에 필수적인 것으로 보인다.

소득 불평등이 미국이나 포스트소비에트 러시아에 비해 동유럽의 구공산주의 나라들에서 덜 심하다는 사실은 여러 요인에 의해, 특히 공산주의 시기에서 이어져온 상대적으로 발전된 평등주의적 사회보장제도 및 교육제도가 동유럽에 존재한다는 사실에 의해 설명된다. 또한 강조해야 할 것은 포스트공산주의 이행이 러시아보다 덜 불평등하고 더 점진적인 방식으로 진행되었다는 점이다. 예컨대 중동부 유럽 나라 중 체코공화국과 더불어 1990년대 초 '충격요법'을 선택한 나라들에 속하는 폴란드에서도, 실제로 이행이 러시아보다 분명히 더 점진적이고 안정적이었다. 폴란드의 민영화 바우처제도는 1990~1992년부터 소기업, 특히 소매업과 제조업에 적용됐고 대기업으로의 확대는 1996년에야 비로소 시작되는데, 이렇듯 새로운 조세재정 및 법률제도가 자리잡아감에 따라 점진적으로 민영화가 이루어진 탓에 주식이 러시아식으로 소수 과두지배자집단의 수중에 집중되는 일을 어느 정도 제한할 수 있게 되었다. 애초에는 1990년 법에 따라 신속하게 실현될 것으로 예상되던 대기업 사유화가 지연된 것은, 사민당SLD으로 변신해 이행기에 집권한 구공산당보다는 오히려 자유노조Solidarność의 날카로운 반대에 의한 것이었다.[96] 최근 연구들에 따르면, 이러한 점진주의는 폴란드의 이행 성공과 1990~2018년에 관찰되는 고도성장에 기여했다.[97]

러시아의 과두제적이고 약탈정치적인 변동을 비교대상으로 할 때, 논란의 여지가 없는 동유럽의 포스트공산주의 궤도의 성공적 안착은 그럼에도 상대화되어야 한다. 우선, 불평등이 러시아처럼 스펙터클하게 폭발하진 않았다고 하더라도 중동부 유럽의 모든 나라에서 크게 증가했다. 국민소득에서 상위 10%에 가는 몫이 1990년에 25% 이하였으나, 2018년에는 헝가리·체코공화국·불가리아·루마니아에서 30~35%, 심지어 폴란드에서는 40%에 육박했다. 가난한 50%에 가는 몫은 유사한 비율로 낮아졌다.[98] 생활수준에서 서유럽을 따라잡는 정도 역시 바로 이 비율로 환원되었을 것이다. 구매력평가로 표현되는 동유럽 나라들에서의 현행 평균소득은 1993년에는 유럽 평균의 45%가량이었던 것이 2018년에는 약 65~70%가 되었다. 하지만 1989~1993년 공산주의체계 붕괴 당시 확인되는 생산 및 소득의 몰락을 감안하면, 2010년대 말에 관찰되는 수준은 필경 서유럽 수준에 한참 못 미치며, 1980년대의 수준(가용 통계를 통해 평가할 수 있는 한에서 보자면 약 60~65%)과 별 차이가 없다.[99]

비묘한 본의 이러한 사회경제적 결과들은 2000~2020년 유럽연합 내부에서 자라난 몰이해와 실망의 감정들을 더 잘 파악하게 해준다. 유럽연합에 통합된 뒤의 행복감은 기만과 불평에 빠르게 자리를 내주었다. 서유럽인들이 보기에, 동쪽 시민들이 한탄하는 것은 전혀 옳지 않다. 그들은 유

**도표 12.10** 동유럽에서의 유입과 유출, 2010~2016년

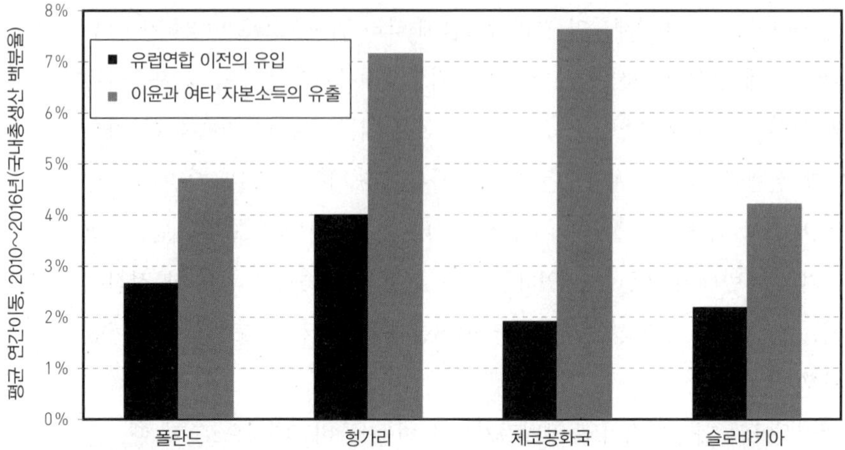


2010년과 2016년 사이 유럽연합에서 들어오는 연간 순이전(지급받은 액수와 유럽연합 예산으로 쓰이는 분납금을 뺀 것)은 폴란드 연간 국내총생산의 평균 2.7%인데 같은 기간 이윤과 여타 (상응하는 유입을 뺀) 자본소득의 유출은 국내총생산의 평균 4.7%다. 헝가리는 각각 4.0%, 7.2%다.

**출처 및 원 통계자료:** piketty.pse.ens.fr/ideologie

럽연합에 도킹하면서 주로 혜택을 누렸고, 유럽연합은 그들이 공산주의적 악습으로 말미암아 처해 있던 궁지에서 그들을 빼내주었다. 연합의 서쪽에서 오는 풍부한 이전을 그들이 받아왔고 계속 받고 있음은 굳이 따질 것도 없다. 실제로 유럽연합통계국Eurostat에 매우 공식적으로 등재된 것과 같은, (특히 구조기금 명목으로) 수령한 비용과 지불한 기여 사이의 차이를 조사해보면, 예컨대 폴란드·헝가리·체코공화국·슬로바키아 같은 나라들은 2010~2016년에 자국 국내총생산의 2~4%에 해당하는 순이전을 받았다(도표 12.10 참조). 반면, 독일·프랑스·영국을 위시한 주요 서유럽 나라는 같은 시기에 자국 국내총생산의 약 0.2~0.3%의 순이전을 지불했다. 브렉시트 옹호자들이 바로 이러한 이전 문제를 들먹인 것이 영국에서는 2016년 국민투표 선거운동에서 상당한 역할을 했다.[100] 이처럼 관대한 경비를 지출한 서유럽인 입장에서는 동쪽의 좌절과 적의, 그리고 특히 헝가리와 폴란드에서 브뤼셀·베를린·파리를 공공연히 비난하는 민족주의 정

부가 들어서는 현상을 이해하기 어렵다.

대륙의 동쪽에서는 완전히 다르게 인식한다. 유럽연합의 지배적 강국들에 의해 동유럽의 주변부 나라들이 영구적인 경제적 종속 상태에 처했으며 그들이 계속해서 자신들을 이등 시민 취급을 하기에 소득 정체가 발생했다고들 여긴다. 구체적으로, 바르샤바·프라하·부다페스트에 넓게 퍼져 있는 생각은 서쪽에서 온 (주로 독일과 프랑스의) 투자자들이 동쪽 나라들을 값싼 노동력의 저장고쯤으로 사용해왔으며, 그들이 이곳에서 엄청난 이윤을 실현했다고 보는 것이다. 실제로 공산주의 붕괴 이후에 서방 투자자들은 점차 구동구권 자본 상당량의 소유자가 되었다. (부동산을 포함한) 자본금 전체를 고려한다면 약 4분의 1, 기업(더구나 대기업) 보유에 한정한다면 절반 이상이 될 것이다.

필리프 노보크메트의 계몽적 연구들은, 러시아나 미국에 비해 동유럽에서 불평등이 덜 증가했다면 이는 대체로 동유럽자본에서 나오는 고소득 대부분이 해외로 흘러갔기 때문임을 보여준다(공산주의 이전에도, 이미 그때도 독일인·프랑스인·오스트리아인 투자자들이 동쪽의 자본금을 소유했다).[101] 사실상 동유럽이 서쪽의 투자자들에 의해 소유되지 않았던 적은 공산주의 시기 말고는 없다. 그렇지만 그 시기에는 거대한 이웃 러시아의 군사적 정치적-이데올로기적 영향 아래 있었고, 이 훨씬 괴로운 상황으로 아무도 되돌아가길 원하지 않는다. 이러한 코르네유의 비극과 같은 선택으로부터 모종의 혼란이 유래하는 것이 틀림없다.

소득의 흐름이라는 측면에서 이러한 초경계적인 자산 보유의 결과는 간과할 수 있는 정도가 아니다. 실제로 국민계정은 이윤 및 여타 소유에서 발생하는 소득(이자, 배당금 등)의 유출이 이에 조응하는 신규 유입을 제외하고 2010~2016년에 동유럽 여러 나라에서 평균적으로 국내총생산의 4~7%에 이른다는 것을 보여준다. 이는 체코공화국·슬로바키아·폴란드·헝가리에 대한 유럽연합의 이전에 비해서도 현저히 높은 수준이다(도표 12.10 참조).

유럽연합 내 시장의 힘의 '자연화'

유출과 유입이라는 두 흐름 사이의 이러한 비교는 물론 유럽연합으로의 통합이 동유럽에 손해였다는 것을 뜻하지 않는다(일부 민족주의 지도자들이 퍼뜨리려 하는 것과는 반대다). 이윤 유출은 실제로 이 나라들에서 실현된 투자의 (때로는 값싼 사유화의) 반대급부이고, 이러한 투자는 논리적으로 당연히 동유럽에서 생산성 전반과 임금 수준의 향상에 기여할 수 있었다. 그럼에도 여전히 임금 상승은 기대했던 것에 비해 훨씬 제한적이었으니, 그 이유는 일정 부분 서방소유자들의 협상력 때문이었다. 그들은 수익성이 불충분할 때 자본을 철수시키겠다고 협박할 수 있었고, 이것이 임금 인상을 억제하는 요인 중 하나였다.

여하간, 작동되고 있는 자본이동 규모는 그 문제가 제기될 만하다는 것을 함축한다. 일반적으로 임금과 이윤의 정확한 수준은 하늘에서 뚝 떨어져 정해지는 게 아니며, 각 나라의 제도·규칙·노조 협상력뿐 아니라, (소국이 단독으로 임금 결정 메커니즘에 영향력을 발휘하기는 어렵다는 점에서 그만큼 중요한) 유럽 수준에서 확립된 조세 관련 법적 규제(의 부재)에 주로 영향을 받는다. 기업의 부가가치에서 임금 비율이 1980~1990년 이후로 유럽과 세계 수준에서 하락 경향을 보이며, 이윤의 비율은 대칭적인 상승 경향을 보인다는 역사적 맥락—부분적으로는 주주와 노조 각각의 협상력 진화 탓으로 돌릴 수 있는 현상—에서 이 문제는 특히 적실성을 갖는다.[102] 구체적으로, 유럽의 다양한 임금 및 세금 관련 규칙과 제도는 동유럽 임금 수준을 상승시켜 이윤 유출을 상당히 감소시킬 수 있었을 것이다(혹은 언젠가 감소시킬 수 있었을 것이다). 동유럽에 대한 유럽연합으로부터의 자본유입도 마찬가지로 잠재적으로 거시경제에 미칠 영향이 꽤 크다.[103] 따라서 이 문제는 선험적으로 소거될 수 없다. 동유럽이 유럽연합에 편입됨으로써 실질적으로 서유럽 나라들이 상업적 금융적 이익을 얻었다는 것은 논란의 여지가 없다(지리적 위치와 산업적 전문화를 감안하면 특히 독일이 이에 해당한다). 따라서 그로부터 나오는 수익의 분할 문제는, 그 수익이 독일의 미증유의 무역흑자 형성에 일조했다는 점에서 그만큼 정당하고 중요하다.[104]

그러나 유럽 대륙의 지배적 강국, 특히 독일과 프랑스는 동유럽의 민간의 이윤 유출이라는 문제를 완전히 간과하는 경향이 있다. 암묵적으로 이 나라들은 '시장'과 '자유경쟁'이 부의 정의로운 분배로 이어진다는 원리에서 출발하며, 이처럼 '자연스러운' 균형에서 출발하여 실현된 이전을 체계의 승자가 베푸는 시혜로 간주한다(따라서 온전히 공적이전에만 관심을 둔다). 실제로 소유와 생산의 관계는 무엇보다도 유럽연합과 같은 대규모의 인간공동체 안에서는 언제나 복잡하며, '시장'의 은총만으로는 조절될 수 없다. 시장의 균형에는 특별히 '자연스러운' 것이 전혀 없다. 시장은 특수한 사회역사적 타협들로부터, 특히 법률·조세재정·사회 관련 제도로부터, 노동 및 기업 관련 법으로부터, 임금노동자들의 협상력으로부터 나오는 특별한 규칙들과 제도들에 항상 영향받는다. 유럽연합이 그 어떤 공동의 사회적 조세재정정책도 없이 자본 및 재화의 자유로운 이동과 영토 경쟁에 우선적인 근거를 둔다는 사실은 임금 및 이윤 수준 결정에 불가피하게 영향을 끼치며, 이 경우에는 유동성이 높은 행위자들(임금노동자들보다는 투자자들과 소유자들)이 유리해지는 경향이 있다.

지배적 경제행위자들이 시장의 힘과 이로부터 귀결되는 불평등을 '자연화하는' 경향은 국제적으로도 국내적으로도 빈번하게 관찰된다. 이런 경향은 유럽연합 내에서 특히 두드러졌는데, 이는 1990~2020년에 대륙의 동과 서뿐만 아니라 북과 남 사이의 불화와 오해로 이어졌으며 특히 유로존 채무위기와 이자율 투기 물결이 일던 시기에 유럽 프로젝트를 심대하게 위협했다. 단일 화폐의 기능 작용에 대한 규칙을 확정했던 1992년 마스트리히트조약은 국채 또는 세제를 통합하는 것이 유용하다고 판단하지 않았다. 다양한 나라들 사이에서 이루어진 이 타협은 이처럼 복잡한 정치적 문제를 한참 뒤로 미뤘고, 적자 한도에 대한 단순한 규칙과 무엇보다도 단순다수결로 결정을 내리는 강력한 연방제도인 유럽중앙은행의 구성과 권한에 집중했다.[105] 1999년 유로 창설 이후 초기 몇 년간은 단일 화폐가 이곳에서 계속 유지될 것이라는 가설이 자연스러웠다. 논리적으로 당연히, 이자율은 유로존의 모든 회원국에서 거의 동일했다. 2002년과 2008년 사이, 10년 만기 국채 이자율은 이탈리아·에스파냐·포르투갈·그리스에서도 독일·프랑스에서도 연간 약 4%였던 것이다. 이런 상황이 평온한 시절에는 그리 놀랄 만한 일은 아니지만, 오래 버틸 수는 없었다.

실제로 서브프라임 모기지와 리먼브러더스 파산으로 2007~2008년 촉발된 금융위기가 심화함에 따라, 그리고 유럽중앙은행 자체가 그리스 부도 사태에 일조했던 이후에, 이자율이 크게 분화되기 시작했다.[106] 가장 확실하고 견실하다고 평가되는 나라들(특히 독일과 프랑스)에 요구되는 이자율은 연 2% 이하로 내려갔던 데 비해, 이탈리아와 에스파냐에 요구된 이자율은 6%로 올랐다(심지어 2012년에 포르투갈은 12%이고 그리스는 16%였다). 금융시장이 언제나 그렇듯, 이와 같은 투기 흐름은 대단히 강력한 자기실현적 차원을 가졌다. 어떤 나라가 미래의 채무에 대해 그만큼 높은 이자를 지급해야 한다고 예상되는 순간부터 잠재적인 지급불능 상황에 대한 시장의 의구심은 고개를 들고, 더 인상된 이자율에 대한 채권매입자들의 요구는 강화된다. 경제 금융화와 투기자본이 전례 없이 커진 것을 감안하면 이를 훨씬 엄격하게 규제하는 것이 현명할 텐데, 중앙은행과 공권력의 단호한 조치만이 이러한 공황 흐름을 진정시킬 수 있다. 바로 이런 일이 일어난 때가 유럽중앙은행과 프랑스-독일 지도자들이 유로화를 구제하는 것 말고는 다른 선택지가 존재하지 않는다는 점을 마침내 이해하게 된 2011~2012년부터다. 이처럼 뒤늦은 대응으로는 그리스와 유럽 남부에서의 심각한 경기후퇴를, 더 일반적으로는 유로존에서의 경제활동이 다시 저하되는 상황을 모면할 수 없었다.[107]

나는 다음 장에서 중앙은행 역할의 이러한 최근 변화와 현재의 과도하게 금융화된 세계에서 변화한 중앙은행의 위상에 대해 재론할 것인데, 이 문제는 유로존을 훌쩍 넘어서는 것이다.[108] 지금 단계에서는, 이러한 뒤늦은 개입에 동반된 것이 적자에 관한 규칙들을 강화하는 새로운 예산 조약[109]과, 시장에서 공격받는 나라들에 회원국들이 각자의 국내총생산에 비례하여 융자해주는 풍부한 유럽기금이었다는 점[110]을 단지 명확히 해두고자 한다. 구체적으로, 이 기금을 통해 독일과 프랑스를 위시한 유럽의 부국들이, 금융시장에서 (천문학적인 이자율을) 요구하는 것보다는 확실히 낮으면서도 이들 관대한 두 공여자가 시장에서 (거의 제로에 가까운) 이자율로 차용할 때보다는 분명히 높은 이자율로, 그리스에 자금을 융자해줄 수 있게 되었다. 동유럽의 이윤 유출에 대해서와 마찬가지로, 이런 사업은 사건들에 대한 두 개의 정반대 독해에 도달했다. 독일과 프랑스에서는 흔히들 그리스를 도왔다고 생각한다. 시장가격(여기서는 이자율)이 준거가 되며, 이 균형 대비 편차는 모두 관대한 행위로 간주된다. 그리스에서는 독해가 매우 다르다. 무엇보다도 프랑스인-독일인이 짭짤한 금융 마진을 거두었다고들 본다. 이 모든 것은 이 나라에 심대한 내핍을 강제한 이후 이루어졌고, 그 핵심에는 실업, 특히 청년 실업 급상승과 공적자산의 대대적 염가판매가 있었다.

시장가격과 이것의 귀결인 불평등을 신성시하는 관점은 단순함이라는 장점이 있어서 이미 여러 차례 거론한 판도라의 불확실성을 면할 수 있다. 또한 무엇보다도 그 관점은 가장 힘있는 자들에게 분명 이득이 된다. 하지만 이는 편협한 이기주의를 드러낸다. 『거대한 전환』에서 폴라니가 이미 지적했듯이,[111] 시장에는 사회와 정치가 배태되어야 하며 시장의 신성화는 민족주의적이고 정체성주의적인 긴장들을 격화시킬 뿐이다. 이는 특히 노동시장과 금융시장에 영향을 끼치고, 이 시장들에 의해 임금과 국채의 이자가 결정된다. 바이에른 또는 브르타뉴의 청년들이 자신들이 받는 이자에 대해 책임질 것이 없듯이 그리스나 헝가리의 청년들도 자기 나라의 부채와 금융시장의 이자율에 대한 책임이 없다. 유럽이 시장관계 외에 제공할 것이 없다면, 그 앙상블이 항구적으로 유지될지 확실치 않다. 반면에,

그리스인·헝가리인·바이에른인·브르타뉴인이 동일한 정치공동체의 일부라면, 그리하여 그들이 예컨대 임금 결정과 소득 및 소유에 관한 누진세 등과 관련해 공동의 사회·법률·조세재정 규칙을 숙의하고 시행할 동일한 권리를 보유한다면, 이러한 정체성주의적 균열들을 극복하고 포스트민족적인 사회경제적 토대 위에서 그 균열들을 다시 정의하는 길을 생각할 수 있을 것이다. 나는 유럽의 조약들에 대해, 그리고 대다수가 받아들일 수 있는 정의 표준을 발전시킬 수 있도록 민주적이고 사회적인 토대 위에서 그 조약들을 재정립할 수 있는 현실적인 방법에 대해 뒤에서 재론하겠다.[112]

## 포스트공산주의, 그리고 사회토착주의라는 덫

이제 마지막으로 특히 사회토착주의의 발흥과 관련해서, 포스트공산주의 동유럽을 특징짓는 특수한 정치적-이데올로기적 상황으로 가보자. 사회경제적 불평등과 재분배 문제에 당면한, 더 일반적으로는 자본주의 규제와 극복이라는 문제에 당면한 포스트공산주의 나라 전체에 환멸이 전반적으로 퍼져 있다는 점에는 의심의 여지가 없다. 러시아나 중국처럼 동유럽에서도, 과거 다양한 공산주의 혁명가들과 사회주의 혁명가들의 신중하지 못한 약속으로 피해를 입었다고들 생각하며, 동일한 유형의 환상을 다시 추구한다는 인상을 주는 이들 모두에 대해 일반적으로 회의적이다. 물론 이런 유형의 반응에는 이따금 섬세함과 정확함이 부족하고 매우 상이한 역사적 경험들을 섞어버리는 경향이 있다고 유감스러워할 수 있다. 우리가 이미 지적했듯이, 러시아 소비에트주의가 극적으로 실패했다는 것이 사실이라고 해도, 스웨덴 사민주의가 대성공이었다는 사실은 전혀 달라지지 않는다. 그래서 포스트공산주의 러시아가 (나아가 동유럽도) 과두제적이고 불평등주의적인 변동에 휩쓸리기보다는 차라리 사민주의 유형의 제도 확립을 추구해야 했는데 그렇게 하지 않았다는 것이 못내 유감스럽다. 여하튼 환멸이라는 감정이 포스트공산주의사회 전반에 너무 깊이 박혀 있어서 작금의 21세기 초에도 신소유주의 이데올로기와 더 일반적으로는 어떤 형태의 경제적 보수주의의 하중을 받쳐주는 버팀목이 되고 있다.

동유럽이라는 특수한 경우에, 이러한 일반적 요인은 해당 나라들이 인구와 천연자원이라는 면에서 소국이라는 사실에 의해 더욱 강화되는데, 이것이 자율적 발전 전략을 주도할 가능성을 제한한다. 비교하자면, 러시아와 중국은 대륙적인 차원을 지녀서 (최선이든 최악이든) 자신에게 고유한 정치적 기획에 뛰어들 수 있다. 게다가 동유럽 나라들은 유럽연합에 통합되어 있는데, 불평등 감소 또는 세제라는 영역에서 그 어떤 공동정책도 시행하지 않는 경제적 공간인 유럽연합 내부에서는 회원국 사이의 조세경쟁이라는 힘이 재분배 욕망을 강하게 제한한다. 여기서는 소국이 사실상 준조세피난처가 되도록 부추긴다.

이러한 상이한 요인들이 수렴되어 왜 사회당 또는 사민당 유형의 정당들이 동유럽 선거판에서 거의 사라졌는지를 설명해준다. 폴란드가 전형적인 경우로, 현재 시민연단PO의 자유주의-보수파와 법과정의당PiS의 민족주의-보수파가 정치적으로 대립하고 있다. 두 당 모두 경제 차원, 특히 누진세제 문제에 관해서는 꽤나 보수적 태도를 취하지만, 시민연단은 친유럽적이라고 자처하는 데 비해 법과정의당은 민족주의 정서에 호소하는데, 법과정의당은 폴란드가 언제나 이등국가 취급을 받아왔다고 주장하며 분노한다. 무엇보다도 이들은 폴란드적이고 가톨릭적인 전통가치라고 여기는 것, 예컨대 낙태와 동성결혼 금지, 폴란드의 홀로코스트에 대한 동조 및 폴란드 반유대주의에 대한 부정(반대 증거들을 수집하는 연구자들을 범죄인 취급할 정도다), (자유주의적 가치에 위협받고 있다고 여기는) 미디어 및 법원 재장악, 유럽 바깥에서 들어오는 모든 형태의 이민에 대한 비타협적 반대를 옹호한다. 이런 관점에서, 독일이 시리아 난민에게 꽤 개방적인 정책을 일시적으로 채택했던 2015년의 시리아 난민 위기는 이러한 정치적 재구성을 나타내는 중요한 계기를 이룬다. 이 위기를 통해 법과정의당 같은 정치적 조류가 유럽 지도자들이 잠시나마 구상하던 난민쿼터제를 맹렬하게 반대할 수 있었고, 이 기회를 이용해 시민연단(이 당의 원로 지도자 도날트 투스크는 유럽연합 정상회의인 유럽이사회의 상임의장이 되었다)을 브뤼셀·베를린·파리의 강요에 복종하는 자들이라고 낙인찍을 수 있었다.[113] 이와 동시에 법과정의당은 가족수당과 같은 사회적 재분배정책을 추진하면서 동시에 브뤼셀 예산 기준의 경직성을 비난하면서, 자신을 인민계급과 중위계급의 더 나은 옹호자로 제시하고자 했지만 크게 성공하지는 못한다. 요컨대 법과정의당의 이데올로기적 위상은 어떤 면에서는, 우리가 19세기 말 20세기 초 미국 민주당에서 이미 마주했던 '사회토착주의'[114] 형태와 유사하다. 물론 포스트공산주의적 환멸을 위시한 많은 차이가 있지만 말이다. 확실한 것은, 헝가리와 여타 동유럽 나라들에서도 전반적으로 확인되는 이런 유형의 민족주의-보수파와 자유주의-보수파 대결이 20세기 대부분의 시간 동안 서유럽과 미국에서 관찰된 사민당과 보수당 사이의 '전통적인' 좌우 선거 갈등과는 아무런 연관도 없다는 점이다.

우리는 4부에서 이러한 정치적-이데올로기적 전환들을 상세하게 재론할 것인데, 불평등 진화라든가 평등주의적 재분배 연정의 미래 재건가능성을 이해하기 위해서는 이런 전환들이 핵심적이라고 나는 생각한다. 지금 단계에서는, 자유주의-보수파와 민족주의-보수파 사이의 이러한 균열이 포스트공산주의 동유럽의 희한함만은 아니라는 점을 지적해두자. 이것은 예컨대 이탈리아뿐만 아니라 프랑스와 미국에서의 최근 진화들이 보여주듯이, 서양 선거민주주의 전반에서 선거에서의 정치 갈등구조가 미래에 나아가게 될 가능한 궤도 중 하나다. 일반적으로 이는 사회경제적 불평등 감소의 지평이 닫히고 정체성주의적인 갈등 공간이 열리는 사회에서 이데올로기적 갈등이 취하게 될 수 있는 형태 중 하나다. 보편주의적이고 국제주의적인, 새로운 평등주의 지평의 건설만이 이러한 모순들에서 빠져나올 수 있도록 해줄 것이다.

제13장

# 하이퍼자본주의: 현대성과 의고주의 사이에서

우리는 불평등주의체제의 역사에서, 특히 1980~1990년 이후 가동된 불평등의 회귀 흐름에서 공산주의사회와 포스트공산주의사회가 수행한 역할을 분석했다. 일반적으로, 오늘의 세계는 20세기 불평등주의체제의 진화에 각인된 거대한 정치적-이데올로기적 전환들의 직접적 소산이다. 공산주의의 몰락은 정의로운 경제의 가능성 일체에 대한 환멸의 확산으로 이어졌는데, 21세기 초 현재의 정체성주의적 퇴행을 부추기는 이 감정은 극복되어야 한다. 식민주의의 종언으로 인해 과거에 비해 덜 불평등하다고 여겨지는 토대 위에서 세계의 다양한 부분들 사이의 경제교류와 인구이동이 크게 늘어났다. 하지만 세계체제는 강하게 위계화되어 있는데다 사회적이고 민주적인 발전은 부족하기에, 이러한 관계들은 국내적으로도 국제적으로도 새로운 긴장들을 유발했다. 요컨대 현재의 신소유주의 이데올로기는 19세기의 지배적인 소유주의 이데올로기와는 차이가 많고 겉보기보다 더 혼성적이며 취약하다고 해도, 이 소유주의 이데올로기의 회귀는 명백하다.

우리는 이 장에서, 21세기 초 지구상의 다양한 사회가 당면한 공통의 불평등주의 이데올로기의 여러 주요한 도전들을 연구하며 변화와 진화의 잠재력을 강조할 것이다. 우리는 우선 21세기 세계의—오래된 논리와 새로운 논리의 합류점에 있는—극단적이고도 다양한 불평등 형태를 분석할 것이다. 이어서 나는 특히 소득과 금융자산의 평가 및 등록과 관련하여, 오늘의 세계를 특징짓는 경제·금융 불투명성의 증대를 강조할 것이다. 정보와 빅데이터 시대의 도래를 어김없이 찬양하는 문명에서는 놀라운 일일 수도 있을 이런 사태는 국가 공권력과 통계당국의 책임 회피 문제를 드러낸다. 무엇보다도 이런 사태는—변화의 시동장치 구실을 할 수도 있을—기후온난화 문제를 위시해 제기되는 문제들에 대한 해법들과 불평등들에 관한, 정보에 근거한 세계적 논의의 발전을 유난히 까다롭게 한다. 더 나아가 우리는 불평등주의의 다음과 같은 여타의 여러 기본적인 지구적 도전을 검토할 것이다. 격심한 가부장제적 젠더 격차의 존속은 대단히 강력한 의지로 뒷받침되는 대책들만이 끝장낼 수 있을 것이다. 개발도상국의 역설적인 빈곤은 정치적 준비와 조율이 불충분한 채로 수용하게 된 무역자유화의 결과다. 마지막으로 2008년 이후 화폐 창출이 새롭게 수행한 역할은 국가와 중앙은행들 그리고 조세와 화폐 각각에 대한 인식, 그리고 더 일반적으로 정의로운 경제에 대한 표상을 심층적으로 혼란케 했다. 이런 문제들 전체를 통해 우리는 현대 신소유주의의 윤곽을 그릴 수 있고, 이를 극복하기 위해 해결해야 하는 문제들을 더 잘 이해할 수 있을 것이다.

## 21세기 세계의 불평등 형태들

현 21세기 초에 세계적 수준에서 시행되는 불평등주의체제의 가장 분명한 특징은 지구의 다양한 사회들이 전례 없는 강도로 서로 연결되어 있다는 사실과 관련된다. 세계화는 물론 매우 장구한 과정이다. 세계의 다양한 부분들 사이의 연관은 1500년 이후 식민주의와 노예제의 폭력적인 형태들 아래, 하지만 또한 평화적인 인적 혼합과 문화적 교류 형식들을 내포하면서 점차 증대되어왔다. 무역·인구이동·금융을 통한 지구의 통합은 이미 벨에포크(1880~1914년)를 지나며 엄청난 수준에 도달했다. 인적 교류와 정보 이동의 규모는 1990~2020년 하이퍼자본주의적인 디지털 세계화를 거치며 전혀 다른 차원에 들어섰다. 늘어난 운송수단 이용과, 특히 정보기술로 가능해진 세계 곳곳으로의 텍스트·이미지·사운드의 즉각적인 전파는 전에는 겪어본 적 없는 문화적이고 사회경제적이며 정치적-이데올로기적인 상호 의존과 교류로 이어졌다. 게다가 이러한 진화들은 광범위한 균형 회복과 인구 급증을 배경으로 일어났다. 유엔은 2050년 세계 인구를 90억으로, 그중 50억은 아시아, 20억은 아프리카, 10억은 아메리카, 10억 이하는 유럽에 살 것이라고 예측한다(도표 13.1 참조).

그렇다고 세계의 이러한 접속이 불평등주의체제의 사회정치적 다양성을 없애는 것은 아니다. 가용 자료에 따르면, 총소득에서 상위 십분위의 몫은 유럽에서는 35% 이하이고, 중동·남아공·카타르에서는 70%에 근접한다(도표 13.2 참조).

국민소득에서 가난한 50%와 그다음 40%, 그리고 부유한 10%(또는 부유한 1%)에게 돌아가는 몫을 검토해보면, 나라들 사이의 엄청난 차이를 확인하게 된다. 가장 덜 불평등한 나라들에서, 총소득에서 부유한 10%에게 돌아가는 몫은 가난한 50%에게 돌아가는 몫에 비해 '단지' 1.5배 더 큰데, 가장 불평등한 나라들에서는 7배 더 크다(도표 13.3 참조).

부유한 1%에게 돌아가는 몫은, 가장 평등한 나라들에서 가난한 50%에게 돌아가는 몫의 절반이다(인구가 50배 적은 집단임을 감안하면 이는 이미 상당한 것이다). 가장 불평등한 나라들에서는 부유한 1%의 몫이 3배 이상 더 많다(도표 13.4 참조).

이 모든 것은 나라들을 (1인당 국내총생산 같은) 거시경제적인 평균으

**도표 13.1 대륙별 세계 인구, 1700~2050년**

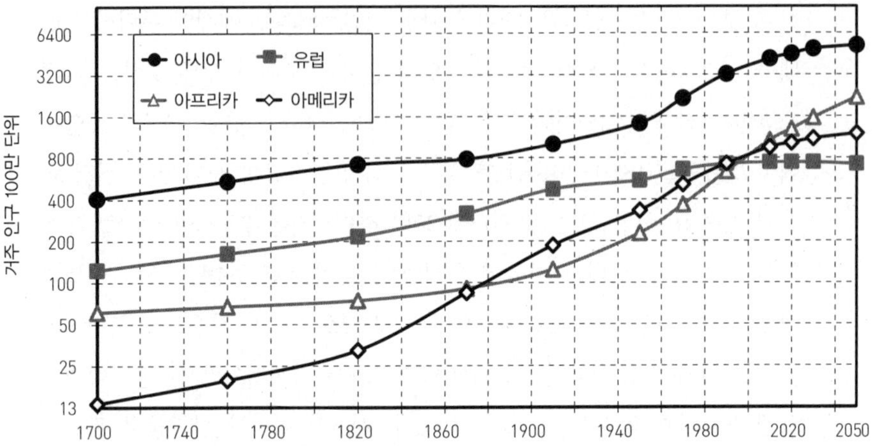


1700년경 세계 인구는 약 6억이었고, 그중 아시아-태평양은 4억, 유럽-러시아는 1억 2000만, 아프리카는 6000만, 아메리카는 1500만 명이었다. 유엔의 예측에 따르면 2050년 세계 인구는 93억 명인데, 그중 아시아-태평양은 52억, 아프리카는 22억, 아메리카는 12억, 유럽-러시아는 7억이다.

**출처 및 원 통계자료:** piketty.pse.ens.fr/ideologie

**도표 13.2 세계의 불평등주의체제, 2018년**

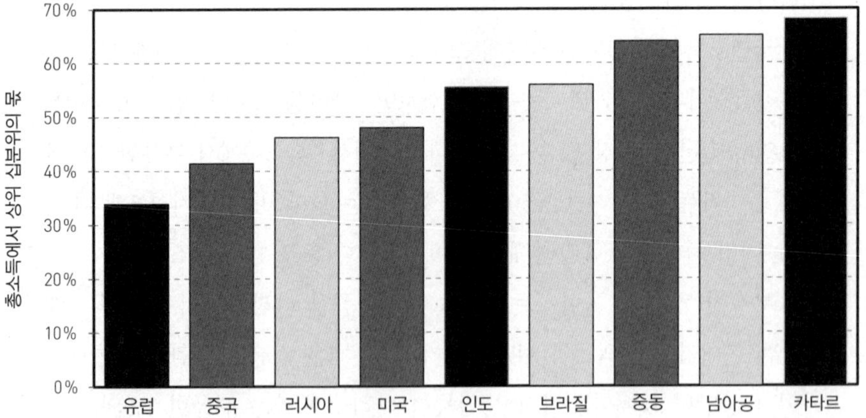


2018년 국민소득 상위 십분위의 몫(소득 상위 10%)은 유럽 34%, 중국 41%, 러시아 46%, 미국 48%, 인도 55%, 브라질 56%, 중동 64%, 남아공 65%, 카타르 68%였다.

**출처 및 원 통계자료:** piketty.pse.ens.fr/ideologie

로 비교하는 것이 얼마나 잘못된 일인지를 보여준다. 등량의 평균은 각 나라의 유효한 사회집단 간 분배에 따라 전적으로 달라지는 현실을 은폐할 수 있다.

일반적으로, 세계의 지역들 사이의 이러한 편차를 확인하는 일은 중요한데다 유익하고, 다른 어떤 사회보다 덜 불평등하도록 보전해주는 (예컨대 유럽의) 사회적 조세재정제도들의 본성을 더 잘 이해할 수 있게 해준다. 그렇지만 유념해야 할 것은 불평등 수준이 (유럽을 포함해) 지구의 거의 모든 곳에서 높은데다가 증대하고 있다는 점이다.[1] 따라서 유럽의 인민계급과 중위계급에게, 한없이 부러워할 만한 운을 타고났으니 약간의 희생은 정당하리라고 설명하기 위해 이런 유형의 정보를 근거로 삼는 것은 별로 적절치 않을 것이다. 유감스럽게 21세기 초에도 소득 및 소유 분배에서 서양과 세계의 상위 등급에 위치한 사회정치집단들이 인민계급과 중위계급의 희생을 정당화하려고 자신들의 입맛에 맞게 이 논증 전략을 사용한다. 이런 유형의 언술은 주요 당사자들에게는 정치적 실효성을 가질 수는 있지만, 위험하기도 하다. 대부분의 유럽인은 유럽의 불평등이 남아공·중동·브라질·미국보다 덜 심하다는 사실을 아주 잘 알고 있다. 신성불가침의 경제법칙과 세계화법칙은 반드시 이런 수준의 불평등을 겪게 한다고 주장하는 것(완전 사실무근의 허위인 이 주장은 제기되는 문제들을 해결하는 데 하등 도움이 되지 않는다)은 틀림없이 유럽인들로 하여금 세계화를 거부하게 만드는 가장 확실한 수단이다.

유럽 대륙 주민들에게는, 예컨대 20세기에 크게 줄어든 유럽의 소득 불평등이 1980~1990년 이후로 눈에 띄게 증대했다는 점에 주목해 비교하는 것이 더 의미 있다.[2] 증대는 확실히 다른 곳보다는 덜했어도, 충분히 입증된 이전과의 단절 경향이 명확하게 관찰된다. 그리고 이는 완전히 정당화되기가 힘들다. 특히 이 불평등 증대에는 성장 저하가 수반되었다.[3] 게다가 당연하게도 불평등은 계속해서 극단적으로 높은 상태로 유지됐다는 점을 분명히 해두어야 한다. 무엇보다도, 소유 집중은 실제로 유럽의

**도표 13.3** 유럽·미국·중동의 불평등, 2018년

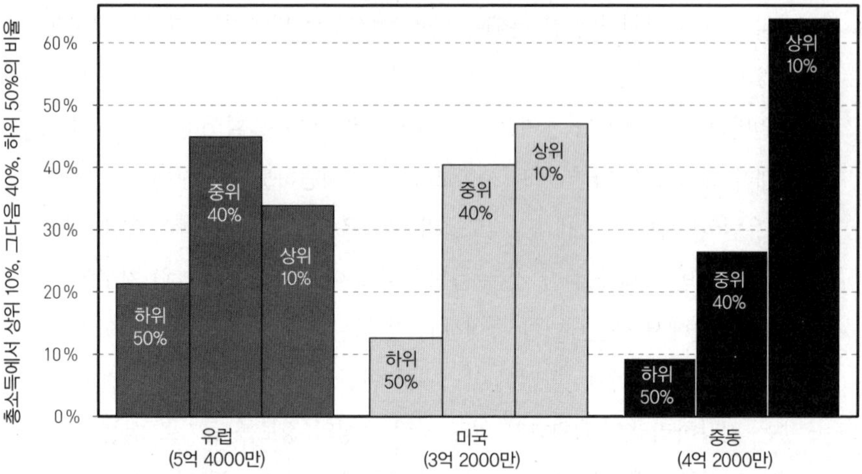


중동(4억 2000만) 총소득에서 소득 상위 10%의 몫은 64%이고 가난한 50%의 몫은 9%다. 유럽(확대된 유럽연합, 5억 4000만)에서는 각각 34%, 21%이고 미국(3억 2000만)에서는 47%, 13%다.

**출처 및 원 통계자료:** piketty.pse.ens.fr/ideologie

**도표 13.4** 세계의 불평등주의체제, 2018년:
하위 50% 대 상위 1%

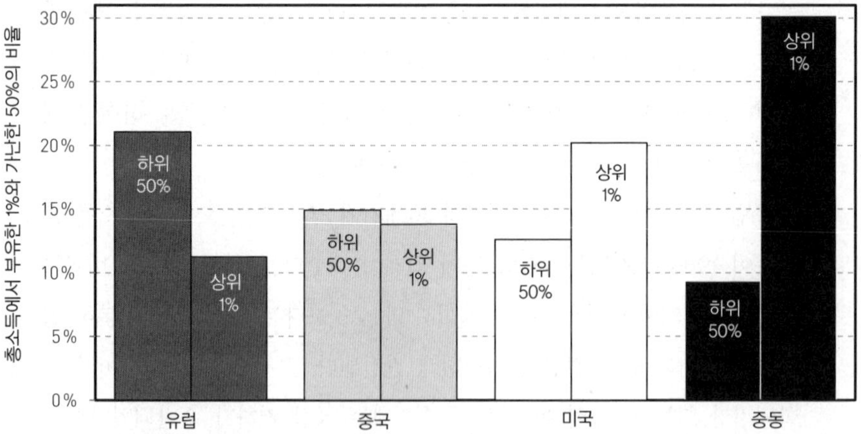


중동에서는 소득 상위 1%가 총소득의 30%, 가난한 50%가 9%를 차지한다. 유럽은 각각 11%와 21%, 중국은 14%와 15%, 미국은 20%와 13%다.

**출처 및 원 통계자료:** piketty.pse.ens.fr/ideologie

여러 나라에서 부단히 엄청난 수준에 놓여 있었다. 이제 이 자산 집중은 1980~1990년 이후로 증가되어, 민간자산 전체에서 가난한 50%는 고작 5%를 보유하는 데 반해 부유한 10%는 50~60%를 보유한다.[4]

전 세계에서 가장 극심하게 불평등한 지역들을 검토해보면, 이 지역들이 여러 뚜렷한 유형의 정치적-이데올로기적 체제들과 조응함을 확인하게 되는 것이 인상적이다(도표 13.2 참조).[5] 21세기 초 현재 가장 불평등한 나라와 지역 중에는, 규약적 불평등과 인종차별·식민주의적 차별·노예제적 차별이라는 무거운 유산으로 특징지어지는 나라들이 한편에 있다. 이에 해당하는 나라는 1990년대 초에 아파르트헤이트를 폐지했던 남아공이나 19세기 말에 마지막으로 노예제를 폐지한 브라질이다.[6] 인종 문제와 과거의 노예제는 왜 미국이 유럽보다 더 불평등하며 사민주의 유형의 제도를 세우기 힘든지 설명해주는 요소들이다.[7]

## 중동, 세계 불평등의 정점

세계 불평등 위계의 정점에는 중동과 같은 지역들이 있다. 이곳에서의 불평등은 구래의 인종적이고 노예제적인 분할들이 아니라, 지역 전체에 비해 제한된 인구를 가진 작은 나라에 석유 자원이 집중된 것과 연관된다는 의미에서 더 '현대적인' 기원을 갖는다고 할 수 있다.[8] 지구 전체로 수출되는 이 석유 자원은 금융시장과 국제법체계를 통해 항구적인 금융자산으로 전환되고 있다. 이 정교한 메커니즘을 통해 중동지역을 특징짓는 이례적 수준의 불평등을 이해할 수 있게 된다. 예컨대 인구 1억에 달하는 이집트 같은 나라의 교육제도가 보유한 선제 가용 자원은, 대체로 소수 인구를 가진 사우디아라비아·아랍에미리트·카타르가 벌어들이는 석유 수입보다 100배나 적다.[9]

또한 중동의 불평등은 1차대전이 끝나고 프랑스-영국이 지역에 수립한 국경체계와, 서양 열강이 석유-왕국들에 제공한 타산적인 군사 보호와 긴밀하게 연결되어 있기도 하다. 이런 보호가 없었더라면, 지역의 정치 지도는 특히 1990년 이라크의 쿠웨이트 침략 이후 큰 전환을 겪었을 것이라고 할 수 있겠다.[10] 쿠웨이트의 석유를 그 태수들에게 되돌려주면서 서양의 이익 증진을 노린 1991년 군사 개입은 소비에트 붕괴와 같은 시기에 전개되었는데, 소련의 붕괴 덕에 (이제 경쟁자가 없는) 서양의 개입은 용이했다. 이 사건들은 새로운 하이퍼자본주의적인 정치적-이데올로기적 시대로의 상징적 진입을 나타낸다. 이는 또한 이 시대에 이루어진 타협의 허약함을 보여준다. 수십 년이 흐른 뒤, 실제로 중동의 불평등주의체제는 우리 시대를 특징짓는 집단적 비합리성과 초금융화된 현대성, 그리고 의고주의擬古主義의 압축된 폭발성 혼합체로 보인다. 이 혼합체에는 강하게 새겨진 식민주의적이고 군사적인 논리의 흔적이 보인다. 여기에는 기후온난화를 피하기 위해 매장된 채로 있는 것이 더 나을 유전과, 소유권을 보장하고 탐욕으로부터 보호해주는 극도로 정교한 국제 법률제도와 금융제도가 포함된다. 또한 주목할 것은 페르시아만의 석유-왕국들이 포스트공산주의 러시아와 더불어 세계에서 가장 집중적으로 조세피난처를 이용하는 나라들이라는 점이다.[11]

이 주제에 관해, 가용 자료들과 우리가 수립한 가설들의 한계를 감안해 도표 13.2에 제시된 중동 또는 카타르에 대한 추계는 하한으로 간주되어야 한다는 점을 추가하자. 중동 나라들 내의 불평등에 대한 평가는 특히 석유-왕국들의 소득 및 자산 데이터가 극단적으로 불투명해서 진정 까다롭다. 그렇지만 이 석유-왕국들은 자국인들 내에서만이 아니라 자국인들과 외국인 인력들(카타르·아랍에미리트·쿠웨이트에서는 총인구의 90%, 사우디아라비아·오만·바레인에서는 40% 이상) 사이에서도 매우 강력한 부의 집중이 이루어지는 특징을 가진다고 생각할 수밖에 없다. 충분한 데이터가 없기에, 여기서 원용한 추계는 중동 나라들 내의 불평등에 관한 최소한의 가설에 기초하여, 나라들 사이의 매우 큰 편차에서 주로 도출된 것이다. 대안적인 (틀림없이 더 현실적일) 가설을 채택한다면, 석유-왕국들, 특히 카타르와 아랍에미리트에서 상위 십분위의 몫은 총소득의 약 80~90%인데(65~70%가 아니다), 이는 역사 속에서 관찰된 가장 불평등한 사회인 노예제사회에 근접하는 불평등 수준이다.[12]

중동에서 관찰되는 이처럼 극단적인 불평등 수준이 지역의 불안정을 지속시키고 긴장을 고조하는 데 일조하고 있다는 점은 의심의 여지가 없다. 특히 신자들의 공동체 내의 나눔과 사회적 조화라는 원칙들에 근거한 기존 체제들이 공식적으로 표방한 종교적 가치들과 현실 상황 사이의 커다란 간극은 영락없이 특정한 형태의 위법에 대한 비난과 폭력들을 격화시키기 마련이다. 원리적으로는, 아랍연맹 또는 여타의 정치조직 형태를 띤 민주적이고 연방적인 지역조직체가 부를 나누고 지역 청년들을 위한 광범위한 투자 프로젝트를 책임지는 일이 가능할 수도 있었을 것이다. 당장에는 아무도 그 길을 가지 않고 있다.[13] 이는 지역의 정치행위자들이 펼친 전략들의 한계들에서 기인하지만, 또한 세계가 이런 성격의 해법들을 위해 정치적-이데올로기적인 상상력을 충분히 집중시키지 않고 있는 탓이기도 하다. 특히 유럽과 미국의 개별 행위자들처럼 서양의 국가들도, 석유-왕국들이 자신들에게서 무기를 구매하고 자신들의 스포츠클럽과 대학에 출자하는 현 상태에서 이득을 보고 있다. 그렇지만 그 어디에서나 마찬가지로 이곳에서도 기존의 소유권 및 지배관계에 대한 절대적 존중은 실현가능한 발전모델을 정의하기에 충분치 않다. 실제로 서양 행위자들로서는 자신들의 단기적 금융이익을 넘어 더 멀리 내다보면서, 이런 모순들에서 벗어나는 것을 가능케 하는 사회적이고 민주적인 연방제 의제를 고취하는 것이 유익할 것이다. 유럽은 포스트민족적이고 평등주의적인 새로운 해법들을 생각하길 거부했기에, 20세기 말 21세기 초 중동에서 그렇듯, 20세기 전반기에 결국 권위주의적이고 반동적인 정치 프로젝트들을 탄생시키고 말았던 것이다.[14]

## 불평등에 대한 평가, 민주적 투명성이라는 문제

불평등 증대는 기후온난화와 더불어 21세기 초 현재 지구가 당면한 주요 도전 중 하나다. 20세기에는 불평등의 역사적 감소가 뚜렷했음에도 불구하고, 1980~1990년 이후 관찰되는 불평등 재증대는 진보 개념 자체에 대한 심각한 도전을 야기한다. 또한 불평등과 기후 문제는 긴밀하게 연결되어 있기에 둘을 연계해야만 해결할 수 있다. 기후온난화의 해결, 또는 적어도 그 완화를 위해서는 생활양식의 실질적 전환이 필요하리라는 것은 사실 분명하다. 이런 전환이 대다수에게 받아들여질 수 있으려면, 요구되는 변화들과 노력들을 가능한 한 가장 정의로운 방식으로 분담하는 것이 필수적이다. 국내에서든 국제적으로든 부자들이 온실가스 배출에 대한 책임 비중이 막중하고 이로 인한 기후온난화는 가난한 자들에게 더 가혹한 고통을 안겨줄 것이기에 정의로운 분담은 당연하다.

이처럼 다양한 이유들로 불평등과 부의 분배에 관한 민주적 투명성이라는 문제는 본질적이다. 믿을 만하고 체계적인 자료에 근거한 명료한 지표들이 없기에, 세계적 차원은 말할 나위도 없고 일국 내에서나 지역 차원에서 차분한 공적 논의를 발전시키기가 불가능하다. 이 책에 제시되는 데이터들은 대부분 세계불평등데이터베이스에서 가져온 것이다. 국제기관들과 수많은 연구소에 기반한 독립 컨소시엄인 세계불평등데이터베이스의 주요 목표는 불평등에 관한 공적 논의가 가능한 한 가장 접근하기 쉽고 완전한 정보에 근거할 수 있도록 하는 것이다.[15] 이 작업들은 다양한 가용 자료들(국민계정, 가구조사, 상속과 세금 데이터 등)의 체계적인 대조에 기초한다. 이 자료들을 통해 세계의 불평등주의체제들과 그 진화에 대한 최초의 포괄적인 지도를 만들 수 있게 된다. 그렇지만 현재의 가용 자료들은 연구자들의 노력에도 불구하고 여전히 단편적이고 불충분하다는 점을 강조해야 한다. 이는 주로 정부들과 행정부서들에 의해 공표되는 데이터들의 상당한 한계에서 기인한다. 심지어 오늘의 세계는 어떤 면에서는 경제와 금융, 특히 소득 및 금융자산의 평가와 등재와 관련해 증대되는 불투명성으로 특징지어진다. 원칙적으로 정보기술을 이용해 이와 관련한 문제들에서 더 큰 투명성을 확보할 수 있는 시대에 이런 사태는 역설적으로 보일 수 있다. 이 사태는 관련 세무·통계·국가행정이 이 문제들을 실질적으로 외면한다는 점과, 무엇보다도 불평등—특히 소유 불평등—문제를 진지하게 다루는 것에 대한 정치적-이데올로기적 거부를 드러낸다.

부의 분배를 묘사하고 분석하기 위해 사용되는 지표의 문제에서 시작하자. 더 많은 시민들이 이에 관한 지식을 얻도록 하려면 지표가 가능한 한 직관적이어야 한다는 게 핵심이다. 바로 이런 이유로, 총소득(또는 총자산)에서 가난한 50%와 그다음 40%, 부유한 10%에게 돌아가는 몫과 같은 지표를 사용하는 게 바람직하다. 이런 식으로 각 분배가 의미하는 바에 관해 모든 이가 꽤 구체적으로 알 수 있게 되는 것이다(도표 13.2~13.4 참조).

각 나라의 불평등 수준을 비교하는, 데이터에 근거한 매우 단순하고 명확한 지표는 부유한 10%의 평균소득과 가난한 50%의 평균소득의 대비 지수, 또는 부유한 1%의 평균소득과 가난한 50%의 평균소득의 대비 지수다. 이를 통해 대단히 유의미한 나라별 편차를 구하게 된다. 예컨대 부유한 10%의 평균소득과 가난한 50%의 평균소득의 대비 지수가 유럽에서는 약 8에 상당하고, 미국에서는 19, 남아공이나 중동에서는 35다(도표 13.5 참조).

부유한 1%의 평균소득과 가난한 50%의 평균소득의 대비 지수는, 현재 유럽에서는 약 25, 미국에서는 80, 중동에서는 160이다(도표 13.6 참조).

이런 유형의 지표가 지닌 장점은 두 가지다. 아주 단순하게 이해될 수 있다는 점과, 사회정책 혹은 조세재정정책 문제들과 직접 연결된다는 점이다. 무엇보다, 다양한 세율을 통해 소득 분배가 조정될 수 있는 방식에 관해 저마다 자신의 의견을 가질 수 있다.[16] 소유 집중과 그 재분배 가능성을 검토하는 경우에도 사정은 동일하다. 소유권 재분배가 각자가 보유

**도표 13.5** 상위 10%와 하위 50% 간 불평등, 2018년

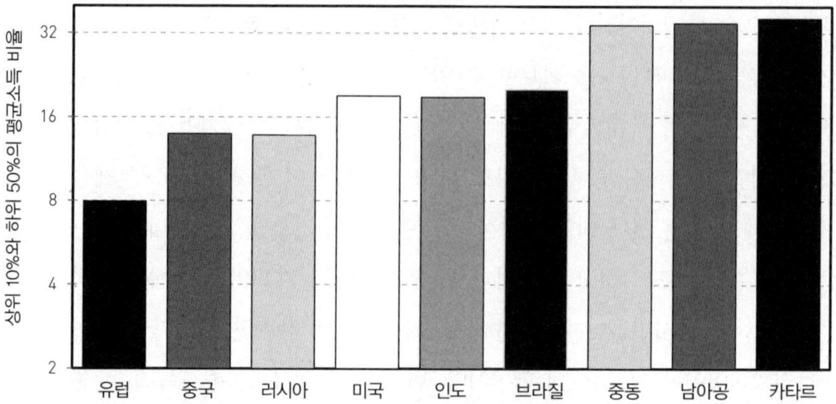


2018년 상위 십분위(소득 상위 10%)와 하위 절반(소득 하위 50%)의 평균소득 비율은 유럽 8:1, 중국과 러시아 14:1, 미국과 인도 19:1, 브라질 20:1, 중동 34:1, 남아공 35:1, 카타르 36:1이었다.

**출처 및 원 통계자료:** piketty.pse.ens.fr/ideologie

**도표 13.6** 상위 1%와 하위 50% 간 불평등, 2018년

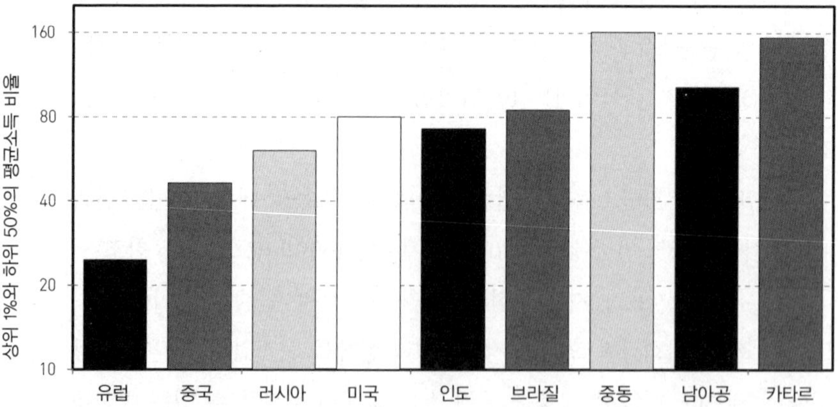


2018년 상위 백분위(소득 상위 1%)와 하위 절반(소득 하위 50%) 간 평균소득 비율은 유럽 25:1, 중국 46:1, 러시아 61:1, 미국 80:1, 인도 72:1, 브라질 85:1, 중동 161:1, 남아공 103:1, 카타르 154:1이었다.

**출처 및 원 통계자료:** piketty.pse.ens.fr/ideologie

한 것에 어떤 영향을 줄 수 있는지를 각 집단에 돌아가는 몫을 통해 즉각 이해할 수 있게 되는 것이다(우리는 이를 뒤에서 재론할 것이다).

반면, 불평등을 평가하는 공식 지표로 자주 사용되는 지니계수는 해석하기가 훨씬 어렵다. 특히 0(완전 평등)과 1(완전 불평등) 사이에서 표현되는 이런 유형의 계수를 통해서는 시간의 흐름 속에서 혹은 나라들 사이에서 어떤 사회집단들이 이런저런 지표의 변이를 야기했는지 알 수가 없게 된다. 이를테면 세계 소득 분배에서 중위와 하위의 불평등은 분명히 줄어든 반면, 중위와 상위의 불평등은 1980년 이래로 강력히 증대되었다. 그런데 지니계수 같은 종합지표는 총체적 안정과 균형성장이라는 잘못된 인상을 줄 수 있다.[17] 더 일반적으로, 지니계수는 불평등에 대해 지나치게 차분하고 살균된 관점을 갖게 한다. 게다가 소득 및 자산 위계를 구성하는 사회집단들 사이의 구체적인 갈등을 무마하는 경향이 있으며, 그에 따라 진행중인 진화를 평면화하는 경우가 흔하다.[18] 지니계수 계산은 일반적으로 불평등 정도를 구조적으로 저평가하는 경향이 있는 데이터들, 즉 상위 소득 및 자산이 어이없이 적게 집계된 자진신고를 통한 가구조사들에 근거한다는 점을 추가하자. 이런 조건에서, 지니계수 같은 지표들은 기저 데이터의 약점(심지어 완전히 노골적인 일탈)을 은폐하거나, 최소한 이러한 곤란함들을 감추는 용도로 사용된다.[19]

흔히 사용되는 또다른 지표는 특정 상한값 이상, 예컨대 백분위 90 이상(부유한 10% 이상)의 분배 부분을 간단히 무시한다. 그러고는 백분위 90 상한값을 중위 경곗값(인구를 같은 규모의 두 부분으로 나눈 백분위 50에 해당하는 경곗값)으로 나누거나 또는 (가난한 10% 이하가 놓인) 백분위 10의 경곗값으로 나누는 것이다.[20] 이와 같은 접근의 문제는, 이렇게 되면 선제 부의 상당 부분을 무시하게 된다는 것이다. 총소득에서 상위 십분위의 몫은 일반적으로 30~70%이며, 소유 전체에서는 일반적으로 50~90%인데 말이다. 이 정도 비율의 부를 카펫 아래 깔아두겠다고 한다면, 민주적 논의의 투명성이 떨어질뿐더러 통계학자와 공공기관의 신뢰도 또한 그다지 높아지기는 어려울 것이다.

## 국가재정 투명성의 부족

어떤 지표를 택할 것인가라는 문제 이상으로, 불평등을 평가하는 데 가장 중요한 문제는 분명히 가용 자료 문제다. 불평등을 총체적으로 바라볼 수 있는 유일한 방식은 가용 자료 전체(국민계정·가구조사·세금)를 대조하는 것인데, 이 자료들은 분배의 각 부분들의 부가정보를 제공해준다. 경험상 조세재정 데이터들은 아무리 불완전하다고 해도, 평가의 질을 실질적으로 개선하고 특히 분배의 상층에 관한 조사 데이터들(이 데이터들은 항상 분배의 상층을 심각하게 저평가한다)의 중요한 오류를 바로잡아준다. 이는 소득세 데이터가 초보적 수준이거나 세금당국에 사기행각을 통제하는 수단이 부족한 나라들에서도 마찬가지다. 예컨대 우리가 앞선 장에서 보았듯이, 러시아와 중국의 가용 조세재정 데이터들은 너무나 불완전하고 불충분함에도 (가구조사에만 기반한) 공식적인 불평등 평가를 실질적으로 상향 조정하면서 (저평가되었겠지만) 더 수긍할 만한 결과들을 도출할 수 있게 해주었다. 인도와 브라질의 경우, 특히 수많은 연구자·시민·언론인의 지원 덕분에, 최근 몇 년간 정부와 행정부서들이 전에는 접근 불가였던 조세재정 데이터들을 공개해주었는데, 이로 인해 이 나라들의 소득 불평등에 대한 우리의 정보는 개선되었다.[21] 마찬가지로 레바논·코트디부아르·튀니지에 관한 최근 연구들은 조세재정 데이터들을 사용함으로써 이전의 불평등 평가방식보다 더 향상된 평가방식을 도입할 수 있음을 보여주었다.[22] 이 모든 나라의 다양한 현행 소득세제에서 나오는 데이터들은, 그 불충분함에 더해 많은 소득이 틀림없이 조세를 피해간다는 사실에도 불구하고, 불평등에 대한 공식 평가를 실질적으로 상향 조정하도록 해주었다. 여기에서 알 수 있는 점은 일반적으로 사용되는 공식 평가에서는 저평가 정도가 상당하며 자진신고를 통한 조사들을 사용하는 데 그치는 경우가 흔하다는 것으로, 이로 인해 공적 논의는 심각하게 편향되고 만다.[23]

아무리 불완전하다 해도 조세재정 자료를 연구에 사용하면, 경우에 따라서는 잘못된 세법 집행과 무능한 조세행정을 밝혀내기도 한다. 연구는 사회의 개선 요구에 힘을 실어줄 수 있고 그 개선과정을 감시하게 해준다. 예컨대 중국의 경우, 소득 상위 구간의 납세자 수와 그 소득 구성에 관한 상세정보를 매해 도시별로 공표한다면 현체제의 요란한 빈 수레보다는 훨씬 더 실효적으로 부패에 맞서 싸울 수 있을 것이다. 모든 나라에서 사정은 같다. 조세재정 투명성은 불평등에 관한 조사가 국가의 전환 및 시민의 정치적 결집을 고무하도록 해준다.

안타깝게도, 조세재정 데이터를 개방하라고 중앙정부와 그 행정부서들에 가하는 압력만으로는 이 모든 문제를 해결하기 어렵다. 국제 조세체계와 법률체계의 진화 또한 가용 데이터의 질을 저하시키는 경향을 가진다는 사실에서 야기되는 또다른 어려움이 있다. 조세에 관한 충분한 국제 공조가 없고 특히 초경계적 자산 보유에 관한 정보의 자동전송체계가 없는 상황에서 이루어지는 자유로운 자본이동은 여러 나라, 특히 유럽에서 자본소득에 관한 조세특례체계들이 만들어지게 했다. 실제로 이로 인해 한 사람의 노동소득과 자본소득을 연결지을 수 있는 자료들이 훼손되는 결과가 빚어졌다. 유럽 나라들의 자료들이 부실해진다는 건 가난한 나라들에게 좋은 전조가 아니다. 소득 불평등 평가의 이러한 어려움들은 소유분배를 추산할 때 훨씬 더 문제가 되며, 소유 분배는 소득 분배보다 훨씬 더 파악하기 어려운데 우리는 이를 뒤에서 보게 될 것이다.

우선, 우리가 그 불평등 정도를 평가하려 하는 소득 개념이 지닌 한계들, 특히 환경 및 기후의 파괴를 온전히 고려할 때 마주치는 어려움들을 상세히 검토해보자. 일반적으로 한 나라와 그 주민의 경제 번영을 측정할 때 국내총생산보다는 국민소득 개념을 사용하는 것이 훨씬 바람직하다. 두 개의 본질적 차이를 떠올려보자. 국민소득은 (고정자본, 즉 설비·장비·건물 등의 소모라 일컫는) 자본의 감가상각을 빼고 외국에서 벌어들인 순소득을 더한(또는 경우에 따라 외국으로 빠져나가는 순소득을 뺀) 국내총생산에 상응한다. 예컨대 모든 인구가 태풍으로 파괴된 자본의 재건에 매달리고 있는 나라가 있다면 국내총생산은 높아질 수 있겠지만, 국민소득은 0이다. 자본소유자의 수익을 위해 모든 생산이 외국으로 빠져나가는 나라가 있다 해도 사정은 마찬가지다. 국내총생산 개념은 자본(특히 자연자본)의 훼손도, 소득 및 소유의 분배도 괘념치 않으면서 생산에 중점을 둔 관점이다. 따라서 국민소득이 분명 더 적절한 개념이다. 또한 더 직관적인 개념이기도 한데, 1인당 국민소득은 해당 나라의 주민들이 현실적으로 벌어들이는 평균소득에 조응하기 때문이다.[24]

문제는 가용 추계가 자연자본의 감가상각을 정확하게 평가해주지 못한다는 점이다.[25] 실제로 공식 국민계정은 자본 감가상각이 증가하는 경향을 보여준다. 세계적 수준에서, 고정자본 소모는 1970년대에 국내총생산의 10%를 겨우 넘길 정도였고, 2010년대 말 국내총생산의 거의 15%에 달했다.[26] 달리 말해 국민소득은 평균적으로 1970년대 국내총생산의 약 90%였고, 오늘날에는 국내총생산의 85%다.[27] 이처럼 증가하는 감가상각은 특정 설비·기계·컴퓨터의 노후와 조응하는데, 이것들은 과거보다 오늘날에 더 정기적으로 교체될 필요가 있다.[28]

원칙적으로, 이러한 추계에는 자연자본의 소모도 포함되어야 한다. 이는 실제로 여러 계열의 어려움을 야기한다. 우선 1970년대부터 2010년대까지의 천연자원—특히 탄화수소(석유·가스·석탄), 광물자원(철·구리·아연·니켈·금·은 등), 목재—의 연간 채굴 규모에 관한 가용 추계를 검토해보면, 한편으로는 공급이 엄청나다는 것(일반적으로 해에 따라 세계 국내총생산의 약 2~5% 사이)과 다른 한편으로는 이러한 공급이 시기와 나라에 따라 (주로 가격 변동에 따른) 엄청난 변이를 보인다는 것을 확인할 수 있다. 채굴된 물질의 연간가치—(탄화수소와 광물자원의 경우에는 너무 느리고, 삼림의 경우 조금 덜 느린) 자원들의 복원력을 배제한—를 기준으로 산출했기에 데이터에는 수많은 불확실성이 포함된다는 것도 추가하자.[29]

첫번째 문제는 이러한 공급을 평가하는 데 시장가치가 가장 적합한 기준은 아닐 수도 있다는 점이다. 논리적으로, 이러한 채굴의 사회적 비용과 특히 기후온난화에 미치는 탄소배출(과 여타 온실가스)의 영향을 계산에 넣어야 할 것이다. 이와 같은 추산은 본성상 매우 불확실하다. 『스턴 보고서』는 2007년에 기후온난화가 결국 연간 세계 국내총생산의 5~20%에 달하는 손실을 초래할 수 있다고 평가했다.[30] 지난 십 년간 측정된 온난화의 가속화는 훨씬 심각한 폭주 형태와 연쇄효과를 내포한 경로의 가능성을 열어놓는다.[31] 우리가 이미 지적했듯이, 모든 것을 화폐 비용으로 정량화해 환산하는 게 언제나 합리적인지는 확실치 않다.[32] 이 경우에는, 온난화 기준 초과 한계치 설정과 그에 따른 최대 탄소배출 허용량을 산출하고 이에 관한—(이것만이 유일한 방안은 아니겠지만) '탄소가격'을 책정해 심각한 탄소배출에 대해 세금을 부과하는—다양한 정책을 수립하는 게 더 적절할지도 모른다. 여하간 앞으로는 국내총생산이 아니라 국민소득의 성장이라는 관점에서 논증하는 것과, 고정자본 소모에 관한 계산에서 (복수의 다양한 추산을 제시하는 것을 각오하고) 천연자원 채굴의 실제 사회적 비용에 대해 개연성 있는 추산들을 산정하는 것이 필수적이다.[33]

두번째 어려움은, 현재까지의 국민계정은 천연자원을 경제적 착취의 대상일 때부터 계산에 포함한다는 점이다. 달리 말해 어떤 회사나 나라가

2000년 또는 2010년에 채굴을 시작한다면, 일반적으로 해당 매장량의 가치는 2000년 또는 2010년부터 비로소 공식 국민계정의 사적소유 또는 공적소유 전체 추산에 등장한다.[34] 이미 이 시점에 지구에 매장되어 있는 것이 명백함에도 불구하고, 1970년 또는 1980년의 추산에는 등장하지 않는 것이다. 이로 인해 1970~1980년 이후 관찰되는 사적소유 전체(국민소득 또는 국내총생산 대비 백분율)의 증가라고 여겨지는 진화들에 심각한 편향이 잠재되어 있을 수 있다.[35] (캐나다와 같은) 천연자원 부국들에 대해 진행중인 연구들은 이런 사태가 장기 경향들을 완전히 뒤집기에 충분할 정도이며, 다양한 통계 계열들이 사후적으로 재론될 만하다는 점을 보여준다.[36] 이러한 사태가 재차 보여주는 결론은 우리가 이미 여러 차례 강조했던 것, 즉 사적소유 총가치의 증가는, 사회제도로서 사적소유에 부여되는 권력의 증대를 나타내는 것이지 일반적 의미에서 '인류 자본capital de l'humanité'의 증대를 나타내는 것은 아니라는 점이다.

지식의 사적전유에서도 같은 문제가 확인된다. 어느 날 어떤 회사가 피타고라스정리를 독점해 이 정리를 사용하는 초등학생에게 요금을 청구할 권리를 획득하게 된다면, 피타고라스정리의 시가총액은 상당할 것이고, 무엇보다 이런 작태가 다른 지식 분야로 확대된다면 전 세계 사적소유의 총합은 엄청나게 증대될 것이다. 그렇지만 인류 자본은 한푼도 증대되지 않을 것이다. 왜냐하면 피타고라스정리는 수천 년 전부터 알려진 것이기 때문이다. 이는 극단적인 예로 보일 수 있지만, 구글 같은 사기업들이 공공도서관과 장서들을 디지털-전유하는 데 착수해 이전에는 공적이고 무상이었던 자원 접근에 요금을 청구하고, 이런 식으로 막대한 (그리고 집행된 투자와 잠재적으로 무관한) 수익을 낳을 가능성이 생긴 상황과 무관하지 않다. 더 일반적으로, 테크놀로지 기업들의 시가총액에는 수십 년간 인류가 축적해왔고 공적자금이 투여된 기초 연구와 지식 없이는 빛을 볼 수 없었을 기술정보와 특허가 포함된다. 이러한 공동 지식의 사적전유들은 21세기에 대단히 현저하게 늘어날 수 있을 것이다. 모든 것은 주로 조세재정제도와 법률제도의

진화에, 이 문제에 관한 사회정치적 동원에 달려 있다.[37]

### 나라들 사이, 그리고 개인들 사이의 탄소배출 불평등

마지막으로, 틀림없이 가장 중요한 세번째 어려움은 발생한 손상과 손상으로 인한 피해 양 측면 모두에서 환경 불평등을 고려하는 것이 긴요하다는 점이다. 특히 탄소배출은 탄화수소 배출국들 또는 집약적 탄소배출 공장들을 수용한 국가들만의 책임이 아니다. 이는 수입국 소비자들, 그중에서도 특히 부자들의 책임이기도 하다. 다양한 나라의 소득 분배에 관한 가용 데이터들과, 소득수준을 소비 양태와 연결해주는 조사들을 활용함으로써, 전 세계 주민들이 어떻게 나뉘는지를 추산할 수 있다. 획득된 주요 결과들은 도표 13.7에 요약되어 있다. 이 추계는 (예컨대 개인들의 이동과 난방을 통한) 직접배출과 간접—즉 소비하는 재화들을 통한—배출, 재화의 생산과 소비지로의 운송에 필요한 배출까지 계산에 넣은 것이다.[38] 2010~2018년의 탄소배출 총합을 계산해보면, 미국과 중국이 각각 전 세계 탄소배출의 약 22%, 유럽이 16%, 나머지 세계가 약 40% 책임이 있다. 하지만 탄소를 심각하게 배출하는 개인들에 집중한다면, 분포는 완전히 달라진다. (전 세계 탄소배출 전체의 약 45%를 차지하는) 탄소배출 상위 10%, 즉 세계 평균의 2.3배를 상회하는 탄소배출 중에서는 북미가 전체의 46%, 유럽이 16%, 중국이 12%를 차지한다. 세계 평균의 9.1배를 상회하는 탄소배출, 즉 (전 세계 탄소배출 하위 50%보다 더 많으며 총배출의 14%가 집중되는) 탄소배출 상위 1%를 검토해보면, 북미(사실 핵심은 미국이다)가 전체의 57%, 유럽이 15%, 중국이 6%, 나머지 세계가 22%(그중에서 중동과 러시아가 거의 13%, 인도·동남아시아·사하라 이남 아프리카가 4%가량)를 점한다.[39]

이처럼 미국에 가장 많은 배출이 극단적으로 높게 집중되어 있다는 것

**도표 13.7** 세계 탄소배출 분포, 2010~2018년

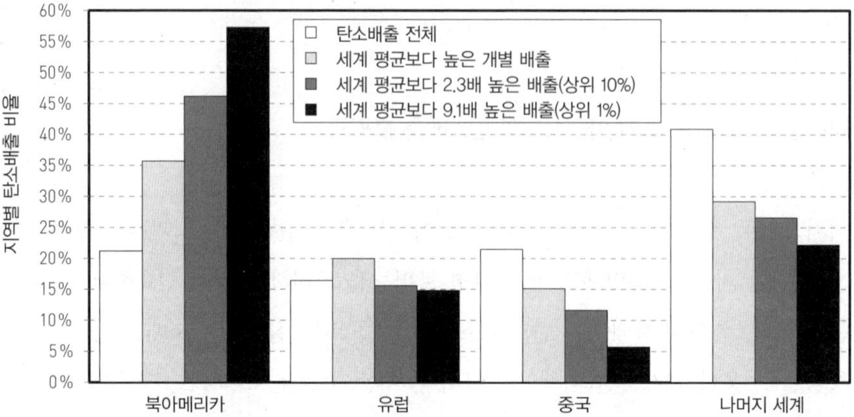


2010~2018년 (직간접) 탄소배출 전체에서 북미(미국·캐나다)가 평균 21%를 점하고, 세계 평균(연간 6.2톤의 이산화탄소)보다 높은 개별 배출의 36%, 평균보다 2.3배 높은 배출(개별 배출 상위 10%로 총배출의 45%, 그에 반해 하위 50%는 13%)의 46%, 평균보다 9.1배 높은 배출(상위 1%로 총배출의 14%)의 57%를 점한다.

**출처 및 원 통계자료:** piketty.pse.ens.fr/ideologie

은 가장 큰 소득 불평등 탓이기도 하고 특히 에너지 집약적인 생활양식(넓은 주거 형태, 대기 오염도가 높은 차량 등) 탓이기도 하다. 하지만 이 결과들로는 탄소배출 감소를 위한 전 지구적 차원의 노력을 배분하는 데 대한 합의가 도출되지 못한다. 현실적인 책임을 생각하면 당연히, 세계적 차원의 안녕에 가한 (기후온난화가 야기한 피해가 세계 국내총생산의 약 5~20%이거나 심지어 그 이상에 달할 수 있다는 사실을 생각한다면) 잠재적으로 막대한 피해에 대해 미국이 나머지 세계에 보상한다는 것은 하등 비논리적이지 않다. 실제로 미국이 자발적으로 이렇게 할 리는 전혀 없다. 오히려 반대로, 언젠가 나머지 세계가 미국에 책임을 묻고 그간 겪은 피해에 대한 보상을 받을 수 있는 제재를 가하는 일을 상상해볼 수도 있다. 기후온난화로 인한 피해가 너무 크기 때문에, 이로 인해 미국과 나머지 세계 사이에 폭력적인 정치적 긴장들이 초래된다고 해도 이상하지 않을 정도다.[40] 분명한 건, 대다수가 받아들일 수 있는 정의 표준과 타협안

은 전 세계 탄소배출 분포에 대한 공유된 지식에 근거를 둬야 한다는 점이다.

매우 심각한 개인별 탄소배출 불평등도 한 나라 안에서 시행될 기후정책에 영향을 미친다. 주요 온난화 대응 논리는 건축·오염 기준 및 재생에너지 투자에 관한 일련의 정책들을 보완하는, 탄소배출에 비례하는 탄소세 논리다. 달리 말해, 탄소배출 1톤당 세액을 정하는 것이다. 예를 들어 최근의 보고서는 2015년 파리협정에서 채택된 기준을 충족하기 위해서는 지금부터 2030년까지 톤당 100달러까지 세액을 올리는 방안을 권장했다.[41] 즉 각국은 배출의 원인이 무엇이든 간에 모든 탄소배출에 대해 톤당 100달러 상당을 부가세로 내도록 세제를 수립하는 것이다.[42] 이와 같은 비례탄소세제의 문제는 국내적으로도 국제적으로도 너무 불공평하다는 점이다. 실제로 많은 중하위 소득 가구들은, 특히 대중교통 수단이 없거나 너무 고립된 지역에 주거하는 경우, 부유한 가구들에 비해 소득의 많은 부분을 교통비와 난방비에 사용할 수밖에 없다. 최상의 해법은 탄소배출 상위에 더 높은 세율로 과세하는 것이다. 예컨대 세계 평균 이하의 배출에 대해서는 면세해주고, 평균을 상회하는 배출에 대해서는 톤당 100달러, 평균의 2.3배 이상일 경우 500달러, 평균의 9.1배 이상일 경우 1000달러(심지어 더 많이)를 과세할 수 있을 것이다.

우리는 정의로운 조세의 윤곽에 대해 연구하면서 누진탄소세 문제를 재론할 것이다(17장 참조). 지금 단계에서는, 사회적 조세정의라는 문제를 성찰의 핵심에 두지 않는 한 그 어떤 정책도 기후온난화에 맞서 실효적인 투쟁을 해내지 못하리라는 점만을 지적해두자. 누진적이고 지속적이며 모두가 받아들일 만한 탄소세로 나아가는 여러 방식이 존재한다. 최소한 탄소세 세수 전부를 생태적 이행에, 특히 가장 타격받는 빈곤 가구들에 보상하는 데 할당하는 것으로 시작해야 한다. 전기 및 가스 사용료에 대해서도 명시적으로 첫번째 최소 소비 구간은 면세하고 상위 구간은 더 많이 과세할 수 있다. 항공권처럼 높은 탄소배출량과 각별히 연계된, 탄소가 사용되는 특정 재화 및 용역에 대해서도 고세율로 과세할 수 있다.[43] 확실한 것은, 불평등 문제를 진지하게 다루지 않는다면 모든 기후정책은 몰이해 속에 매몰차게 외면당하는 위험을 무릅쓰게 될 것이라는 점이다.

이런 관점에서, 2018년 말 프랑스에서 벌어진 노란 조끼 시위는 특히 상징적이다. 2018~2019년에 탄소세를 대폭 인상하겠다고 예고했던 정부는 저항운동이 거세지자 결국 그 인상안을 포기하기로 했다. 이 사안은 우스꽝스러울 정도로 잘못 주도되었다고 말할 수밖에 없다. 탄소세의 신규 세수의 극소한 부분(20% 이하)만이 생태적 이행과 보상 조치에 할애되고, 나머지는 다른 우선 사안의 재원, 그것도 주로 상위 소득 및 자산을 보유한 사회집단들의 세금 인하에 할애되었다.[44]

프랑스와 유럽에서 현재 시행되는 다양한 형태의 탄소세는 수많은 면세를 포함한다는 점도 주목해야 한다. 주로 등유가 이에 해당하는데, 유럽의 규칙과 나라 간 경쟁 속에서 등유에 대한 탄소세는 완전히 면세된다. 구체적으로, 매일 아침 출근하느라 차를 모는 중하위 가구들은 사용한 가솔린에 대해 공제 없는 탄소세를 내지만, 비행기를 타고 주말을 즐기러 떠나는 부유한 가구들은 제트 연료에 대한 탄소세를 전혀 내지 않는다. 달리 말해, 여기서 문제가 되는 탄소세는 비례적이지도 않은 것이다. 오히려 더 많은 탄소배출에 더 적은 세율을 부과하는, 대대적이고도 명백한 역진세다. 2018~2019년 겨울 프랑스의 시위 기간에 수없이 원용된 이런 유형의 사례는, 시위자들에게 이 정책이 무엇보다도 그들로 하여금 세금을 더 많이 내도록 하는 핑계라는 점, 그리고 프랑스 정부와 유럽 당국이 무엇보다도 부유한 사회집단을 챙긴다는 점을 보여주는 중요한 논거 역할을 했다.[45] 물론 어떤 기후정책이 시행되든지 반대를 표명하는 이들은 항상 있을 것이다. 하지만 정의로운 탄소세를 채택하려 노력하지 않는다면, 그에 대한 반대는 격화될 수밖에 없으리라는 점은 명백해 보인다. 이 사건은 새로운 형태의 초민족적인 조세—이 경우는 진정 유럽 차원의 조세—확립이 결정적으로 중요하다는 점을 새삼 보여준다. 유럽 국가들이 언제나 그래왔듯이, 즉 공동 조세재정제도에 드는 비용과 그 복잡함(이것들은 현실적인 문제지만 극복할 수 있는 것들이다)보다 조세경쟁의 효용이 더 크다는 원칙 위에서 계속 작동한다면, 이 국가들은 미래의 새로운 조세저항운동에 부딪힐 것이고 그리하여 자신들의 기후 전략을 지속적으로 절충해야 할 것이다. 반면, 청년 세대에서 커지기 시작한 기후행동은 민주적 투명성과 초민족적 조세정의 문제의 판도를 결정적으로 바꿔놓을지도 모른다.

## 불평등 평가와 국가의 회피

정보화와 빅데이터의 시대로 묘사되는 현시대에 불평등에 관한 공용 통계에 누락이 많다는 것이 역설적으로 보일 수 있다. 그렇지만 소유와 그 분배에 대한 평가 및 등재에서 발생하는 문제들이 극단적으로 보여주듯이 이는 현실이다. 우리는 소득 관련 가용 데이터의 불충분함에 대해 앞에서 이미 지적했다. 그런데 자산, 특히 금융자산과 관련해서는 상황이 더 나빠 보인다. 요컨대 통계당국과 세무당국, 그리고 특히 정치권력은 국제화된 금융자산 포트폴리오를 평가하는 데 지금껏 성공하지 못했으며, 금융소유 및 그 분배의 진화를 실효적으로 등록할 수 있는 수단들을 마련하지 못했다. 이는 기술적으로는 전혀 불가능한 일이 아니며, 오히려 정치적이고 이데올로기적인 선택이라는 점을 바로 명확히 해두자. 우리는 이에 대해 더 잘 파악해보고자 한다.

현재 가용 자료 전체(국민계정, 각종 조사, 조세 데이터)를 체계적으로 대조함으로써 세계 대부분의 지역에서 진행되는 소유 집중 진화의 기본 윤곽을 그리는 것은 물론 가능하다. 도표 13.8과 13.9는 프랑스·영국·미국·인도·중국·러시아에서 전체 사적소유 중 상위 십분위(부유한 10%)와 상위 백분위(부유한 1%)가 차지하는 몫의 주요 진화를 보여준다. 가장 오

**도표 13.8** 상위 십분위와 소유, 부국과 신흥국

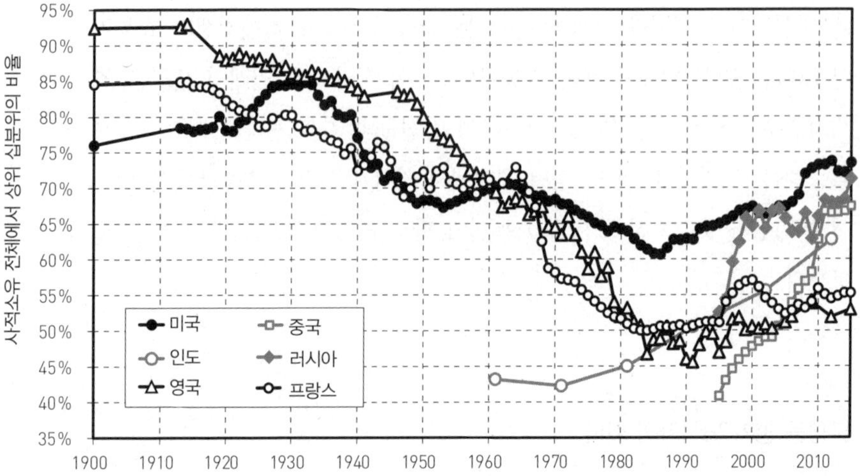


사적소유 전체(부채를 뺀 부동산, 사업자산 및 금융자산)에서 상위 십분위(부유한 10%)의 몫은 중국·러시아·인도·미국에서 1980~1990년 이후 크게 증대되었고, 영국과 프랑스에서는 훨씬 덜 증대되었다.

**출처 및 원 통계자료:** piketty.pse.ens.fr/ideologie

래된 원 통계자료를 가진 나라는 프랑스로, 매우 풍부한 상속 데이터들이 프랑스혁명기까지 소급하는 것을 가능케 한다.[46] 영국과 (스웨덴 같은) 다른 유럽 나라들에 관한 가용 자료들은 덜 정확하긴 해도 역시 19세기 초까지 소급가능하다.[47] 미국은 19세기 말 20세기 초, 주되게는 1916년 연방상속세 신설 이후부터 시작된다. 인도는 (특히 자산 조사 형태의) 가용 자료들이 1960년대에 시작된다. 중국과 러시아에 관해서는 1990년대 사유화 물결 이후부터 사적소유 분배의 진화를 분석하는 것이 비로소 가능하다.

진화의 주요 기본 경향은 꽤나 명료하다. 서양 나라들에서 소유 집중은 1차대전부터 1970~1980년까지 크게 줄었다가, 1980~1990년 이후로 다시 분명하게 상승하기 시작한다.[48] 자산 불평등 재증대는 소득 불평등과 마찬가지로 프랑스나 영국보다 미국이나 인도에서 더 컸다. 사적소유 집중의 증가는 사유화 이후의 중국과 러시아에서 특히 심했다. 이러한 일반적

**도표 13.9 상위 백분위와 소유, 부국과 신흥국**

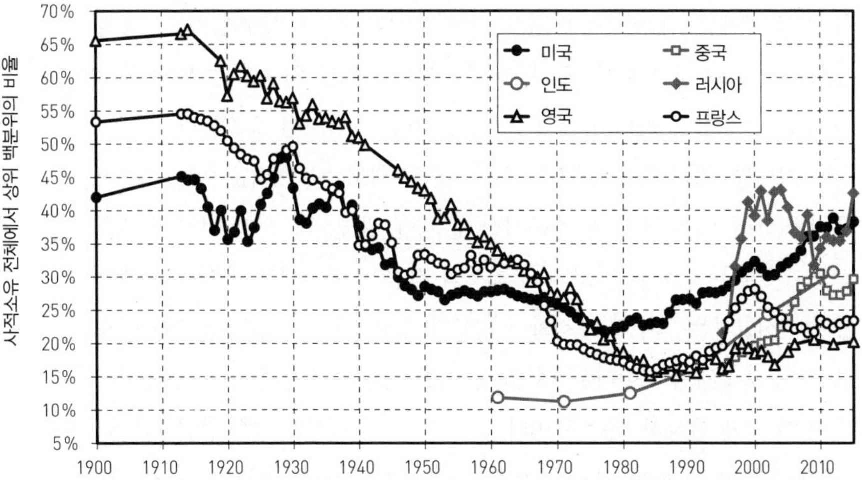


사적소유 전체(부채를 뺀 부동산, 사업자산 및 금융자산)에서 상위 백분위(부유한 1%)의 몫은 중국·러시아·인도·미국에서 1980~1990년 이후 크게 증대되었고, 영국과 프랑스에서는 훨씬 덜 증대되었다.

**출처 및 원 통계자료:** piketty.pse.ens.fr/ideologie

인 진화 도식이 잘 확증된 것이라고 해도, 최근 수십 년간의 가용 추계를 둘러싼 수많은 부정확성을 강조해야 한다. 역설적으로 도표 13.8~13.9에서 1990~2020년에 해당하는 원 통계자료가 1900~2020년 기간 전체에서 틀림없이 가장 취약하고 부정확하다. 이는 한편으로는 가용 자료들이 손상됐기 때문이며, 다른 한편으로는 자산 국제화에 적용할 만한 새로운 장치들을 정부 당국들이 개발하지 못했다는 사실에서 기인한다.

소득과 마찬가지로, 자산을 파악하는 자료에는 여러 유형이 있다. 우선 국민계정이 있다. 생산·임금·주거 등에 관한 각종 설문조사와 인구조사를 기업의 대차대조표와 결합함으로써 통계기관은 국내총생산, 국민소득, 가구·정부·기업이 보유한 금융 및 비금융 자산과 부채에 대한 추계에 도달하는 것이다. 자연자본 훼손을 계산하지 못하는 문제 외에도 국민계정의 주요 한계는 정의상 총합과 평균만을 나타내고 분배는 나타내지 못한다는 점이다. 그렇지만 국민계정은 사적소유와 공적소유 전체에 대해서와 마찬가지로 소득 전체에 대해서도 가장 완전하면서도 나라별로 가장 비교할 만한 추계를 제공한다. 따라서 소득 분배를 연구하기에 앞서 그 총합에서 출발하는 것이 자연스럽다. 가구조사는 분배를 연구할 수 있게 해주는 주요 자료들 중 하나다. 소득 및 보유 자산의 다양한 요소들에 관해서만이 아니라, 조세 데이터에서는 일반적으로 확보하기 어려운 여타 개인적 특성들(학력 또는 직업 및 가족사항 같은)에 관해서도 수십 가지 질문을 던질 수 있다는 점이야말로 가구조사의 장점이다. 단점은 제재와 통제가 없기에 신고하는 액수가 부정확한 경우가 많고, 특히 분배의 상층이 대체로 크게 축소해 신고한다는 데 있다. 이런 사정은 소득 불평등 평가에서도 이미 크게 문제가 되는 것이다. 하지만 (일반적으로 소유 상위 십분위가 전체의 50~90%를 차지할 정도로) 훨씬 더 강하게 집중된 자산의 분배에 대한 평가와 관련해서 이런 사정은 분명 중대한 결함이다.

주요 자산조사는 통계기관과 중앙은행이 공동으로 실시한다. 중앙은행이 자산 및 부채 구조의 진화와 가장 직접적으로 관련된 공공기관이라는 점을 감안하면 이는 자연스럽다. 특히 중앙은행은 통화·금융정책을 통해 자산가치와 그 수익의 진화 및 분배에서, 기업과 정부만큼이나 개인들에도 중대한 영향을 끼친다. 가장 오랫동안 실시돼온 가장 완벽한 자산조사는 미국에서 1960년대 이후 수만 가구를 대상으로 3년에서 4년마다 실시하는 소비자금융조사SCF다. 유럽에서는 유로존 내 다양한 나라에서 실시하는 자산조사를 유럽중앙은행이 2006년 이후로 통괄하는데, 이는 특히 1999~2002년 유로가 창설되기 이전 제각각이었던 조사방법과 설문지를 동질화하기 위함이다.[49] 이러한 조사의 신뢰도를 향상시키기 위해 미국과 유럽의 중앙은행 통계학자들은 열심히 노력했지만, 이 과제는 힘에 부치는 것이었다. 자산, 특히 금융자산 포트폴리오의 분배를 자진신고를 통한 조사에만 의거해 정확하게 평가한다는 것은 불행히도 불가능하다. 이러한 현실적인 노력들에도 불구하고, 유럽중앙은행이 통괄한 가구소비실태조사HFCS에 신고된 자산 전체는 국민계정에서 추산되는 총합의 50~60%

를 대체로 넘지 못한다. 이는 주로 분배의 정점에서 벌어지는 축소 신고에서 기인하며, 특히 금융자산과 관련된다. 요약하자면, 유럽중앙은행은 수천억 유로(또는 우리가 뒤에서 보겠지만 심지어 수조 유로)를 찍어내서 유럽 경제와 자산가치 형성에 영향력을 발휘하지만, 이 자산의 분배를 정확하게 평가하는 방법은 알지 못한다.

## 불투명에서 빠져나가기: 공공 금융등기부

더 나은 수단들을 마련해 풀 수 있는 과제여서 이 같은 상황은 그만큼 더 갑갑하다. 조사 데이터를 금융기관과 세무당국의 자산 및 포트폴리오 등록 데이터에 교차시켜보는 걸로 사실 충분할 것이다. 부동산소유는 매우 오랫동안 등록되어왔으며, (공증인 같은) 민간 중개인에 의해 등록되기도 하지만, (미국의 재산세나 프랑스의 토지세 같은) 소유에 대한 과세를 위해 세무당국을 통해서도 등록되고 있다. 사업용과 주거용을 포함한 모든 유형의 토지자산과 부동산 전체(농지와 비농지, 주택·건물·창고·공장·상점·사무실 등)를 포괄하는 토지대장의 확립은 프랑스혁명이 채택한 주요한 제도 혁신들 중 하나다. 대부분의 다른 나라에서도 유사한 개혁들이 실시되었고, 어떤 면에서 이는 소유자사회의 출생증명서와도 같다. 구래의 삼기능사회 안에서 권력과 소유의 관계를 지역 수준에서 관장하던 귀족계급과 성직자계급을 대신해 중앙집권국가가 소유권의 등록과 보호를 책임진 것이다.[50] 이 과정은 이전에 비해 더 광범한 영역에서의 생산과 교환 관계를 체계화할 수 있도록 해주는 법률적 기반의 발전과 병행되었다.

그런데 논리적으로는 금융소유도 역시 보유자 식별을 가능케 하는 다양한 형태로 등록된다. 문제는 이러한 기능을 전반적으로 국가가 민간 금융 중개인에게 떠맡겨왔다는 것이다. 각국에서 또는 때로 대륙 수준에서 유가증권의 중심 수탁자 역할을 하는 민간기관들(수탁은행custodian bank)이 존재하는데, 그 기능은 바로 여러 회사가 발행한 비물리적인 소유증서들(주식·채권·지분과 각종 증서)을 정밀하게 관리하는 것이다. 이를 통해 지구상에 존재하는 여러 사람이 같은 금융자산에 대한 소유권을 주장하는—명백히 경제의 원활한 활동을 저해하는—사태를 피할 수 있는 것이다. 가장 잘 알려진 수탁은행은 미국의 예탁결제원DTC과 유럽의 클리어스트림Clearstream, 유로클리어Euroclear다.[51] 최근까지도 그 불투명성으로 인해 불만의 대상이었던 민간기관들이 이와 같은 기능을 수행한다는 사실은 여러 가지 문제를 야기한다. 금융유가증권의 실질적인 공공 등기부 작성을 위해 미국과 유럽 공권력은 이 기관들을 국유화하거나, 적어도 훨씬 더 강력하게 규제하겠다고 결정할 수도 있었을 것이다. 그랬다면 특히 국가들이 유가증권의 최종 보유자들(즉 복잡한 자금운용구조 너머에서 실효적인 통제를 하는 자연인들)로 소급가능한 보다 엄격한—수탁은행들이기능하는 방식을 감안하면 오늘날에도 여전히 제대로 실행되지 않는—강제를 부과하는 것이 가능했을 것이다.[52]

이와 같은 공공 금융등기부를 가능한 한 가장 광범위한 수준, 예컨대 유럽, 유럽-아메리카, 유럽-아프리카 수준에서, 그리고 결국은 세계적 수준에서 작성하는 것이 바람직하다고 해도, 각국이 타국의 시행을 기다리지 않고 먼저 이 방향으로 나아갈 수 있다는 사실을 강조해야 한다. 특히 각국은 자국 영토에서 경제활동을 펼치는 기업들에 이미 여러 가지 규제를 가하고 있다. 그 일환으로, 각국은 기업에게 주주에 관한 상세 정보를 제출하라고 요구하겠다는 결정을 확고하게 내릴 수도 있을 것이다. 또한 이러한 규칙들은 이미 상장기업과 비상장기업 모두에 적용되고 있긴 하지만, 새로운 정보기술 발달로 인해 훨씬 더 보강되고 체계화될 수 있다.

더구나 조세행정은 특히 납세자들이 받는 이자와 배당금 및 여타 금융소득에 관한 적절한 정보들을 금융기관들이 세무당국에 전달하도록, 오래전부터 은행·보험회사 같은 금융기관에 의무를 부과해오고 있다. 많은 나라에서 금융소득에 관한 정보들은 이제는 제3자가 지급한 여타 소득

(주로 임금과 퇴직연금) 정보들과 더불어, 세무당국이 확인을 위해 납세자에게 발송하는 미리채움소득신고서에 자동으로 포함된다. 기술이 열어준 이 새로운 가능성은 예전엔 단편적이었던 조정 절차들을 상당히 체계화해주었다. 더 일반적으로, 이러한 혁신들은 원리적으로는 금융소득과 그 원천인 자산 및 유가증권에 대한 대단히 정교한 정보를 얻을 수 있도록 해야 한다. 이 정보들은 더 실효적인 세무행정과 아울러, 소유의 분배 및 그 진화에 관한 통계 정보들을 산출하는 데 동원될 수 있을 것이다.

그러나 이제껏 이루어진 정치적 선택들은 이처럼 긍정적인 잠재 효과들을 크게 감퇴시켜왔다. 한편 은행들의 의무 보고는 조세특례체계를 통해 얻는 다양한 형태의 금융소득을 누락하곤 한다.[53] 그런데 이런 유형의 조세특례체계가 특히 유럽에서는 지난 수십 년간 늘어나는 경향에 있으며, 여타 소득(특히 임금)에 적용되는 누진과세표 대신에 금융소득에 대해서는 비례세율로 별도의 과세를 하는 결정을 내리기에 이르렀다.[54] 이론상으로는, 이러한 과세 양식 문제를 정보 전달 문제로부터 분리하는 것이 전적으로 가능할 것이다. 실제로는 어떤 형태의 금융소득이 조세특례체계—특히나 비례세제 형태—덕을 보는 이상, 소득신고와 가용 통계 데이터에서는 정보들이 사라지고, 사실상 자본소득에 대한 공식 통계와 민주적 투명성은—새로운 정보기술이 이에 대한 반대 현상을 막을 수 있어야 했음에도 불구하고—훼손되고 만다.[55] 여기에 상속 데이터들의 선명한 훼손(심지어 소멸)을 추가한다면, 자산에 대한 공적 통계의 실질적인 퇴화 운운이 과장은 아닌 것이다.

다른 한편, 은행에서 세무당국으로 정보가 자동전송되는 일이 금융소득에서는 대체로 제한되어왔다는 점을 추가해야 한다. 반면에 이런 식의 정보 전송이 자산으로는 쉽사리 확대될 수 있었을 것이다. 달리 말하면, 금융기관과 부동산 등기부제도에 의해 전송된 정보를 바탕으로 행정당국은 소득신고와 마찬가지로 미리채움자산신고서를 작성할 수 있었을 것이다. 이러는 대신 유럽중앙은행과 유럽의 통계기관들은 순전히 자진신고에 의한 자산조사를 실시함으로써, 유로존에서 (주로 금융)자산구조의 진화를 신뢰할 수 있는 방식으로 추적하고 자신들의 정책적 고유함의 효과들을 연구하기가 전적으로 불가능한 상황에 처한다. 미국에서도 통계에 있어 동일한 구태의연함이 관찰된다. 연방준비제도이사회가 실시한 자산조사는 훨씬 더 동질적이며 전반적으로 양질임에도 불구하고, 은행과 당국의 데이터들을 일절 사용하지 않고 전적으로 자진신고에만 기초하기에 특히 상위 금융자산 포트폴리오 평가와 관련하여 정확도에서 심각한 문제들을 야기한다.

## 정보화시대의 공식 통계 퇴화

조세행정 데이터 사용이 소득 분배 평가에서 표준으로 통용되고 있기에 이런 상황은 그만큼 더 놀랍다. 미국에는, 주로 자진신고를 기반으로 하는 소득 데이터는 정확도가 떨어지기에 소득세신고에서 도출한 조세 데이터들로 필히 보완해야 한다는 광범위한 합의가 존재한다. 특히 조세 데이터는 1980년대 이후의 불평등 급등(조사 데이터에서는 저평가되었던 것)을 확증하도록 해주었다. 유럽에서는 자진신고를 통한 소득 관련 정보들의 한계들을 확인하고, 수십 년 전부터 여러 통계기관이 혼합모델을 사용하기로 결정했다. 우선은 조세 데이터에서는 얻을 수 없는 사회인구통계학적 정보나 직업·교육 정보들을 가구조사 데이터들로 수집하고, 세무당국을 통해 가구조사 대상 가구들의 소득신고를 확보한다. 이 신고들은 다양한 범주의 소득을 지급하는 기업·정부·금융기관 측의 정보 자동전송에 의해 즉시 제공된 것들이다. 이 혼합모델은 자진신고모델보다 더 신뢰할 만하고 만족스러운 것으로 널리 인정되고 있다.[56] 하지만 모든 가용 자료가 나타내는바 소득보다 자산에서 자진신고가 더 문제적임에도 불구하고, 유럽 나라들과 미국은 마치 자진신고를 통한 자산조사만으로 충분하다는 듯이 굴고 있다.

더 일반적으로는 빅데이터와 정보기술 시대로의 진입과 동시에, 특히 소유와 그 분배의 평가에 관한 공식 통계가 퇴화 양상을 보이는 이런 상황을 어떻게 설명할 것인가?

복잡한 진화가 문제이고 이는 다수의 원인들로 인한 것임을 분명히 해두자. 예컨대 1980~1990년부터 실행한 조세행정 디지털화는 일부 경우에는 역설적으로 통계 저장자료가 실질적으로 유실되게 만들었다.[57] 그럼에도 원인의 또다른 일부는 투명성과—이로부터 귀결된—재분배 요구에 대한 어느 정도의 정치적 두려움에 직접 연결되는 것으로 보인다. 실제로 내가 방금 묘사한 공공 금융 등기부 및 미리채움자산신고 제도에 신빙성을 더하기 위해서는, 이와 병행하여 자산에 대한 과세체계가 확립되는 것이 바람직할 것이다. 당연히 처음에는 매우 낮은(예컨대 연간 0.1%이거나 더 낮은) 세율의 단순한 등록세일 수 있고, 각 소유자가 자신의 소유권을 행사하고 국내외적으로 법률제도의 보호를 받기 위해서는 의무적으로 납부해야 할 것이다. 공권력은 이런 식으로 소유 분배에 관한 진정한 투명성을 확립할 수 있을 것이고, 이 정보들은 공적 논의와 민주적인 숙의를 육성하면서 훨씬 더 실질적인 누진과세표 채택과 다양한 형태의 소유 재분배로 이어지게(또는 이어지지 않게) 할 것이다.[58] 내 생각엔 이와 같은 진화에 대한 정치적 두려움이, 자산 투명성 거부를 설명해줄 이유들 중 하나로 보인다.

내게는 이와 같은 거부가 유럽에도 미국에도 그리고 나머지 세계에도 극도로 위험한 일로 보인다. 특히 현실의 불평등을 인지하고 소득 및 소유 집중의 완화정책을 시행하기 위한 핵심적 도구를 상실하게 만든다. 이는 과감한 국제주의 평등주의 정치의 발판이 마련되지 못하도록 저해하는 반민주적 선택이며, 정체성주의적 퇴행 및 이민 갈등의 상승과 민족국가로의 퇴행이라는 흐름을 격화시키는 데 결국 일조한다. 요컨대 사회경제적 불평등, 특히 소유 불평등을 감소시킬 수단이 마련되지 않는다면, 정치 갈등은 거의 불가피하게 공동체들 사이의 정체성주의 문제와 경계 문제를 중심으로 일어나는 경향을 갖게 된다. 우리는 이 책의 4부에서 이에 대해 폭넓게 재론할 것이다.

투명성에 대한 거부를 극복하기 위해서는, 이러한 태도의 정치적-이데올로기적 뿌리를 더 잘 이해하는 것이 중요하다. 일반적으로, 저변의 이데올로기는 19세기 그리고 20세기 초까지 지배적이었던—소유권과 그 분배라는 '판도라의 상자'를 언제 닫아야 할지 모르겠다는 공포로 인해 상자를 열기를 절대적으로 거부하는—소유주의 이데올로기와 꽤나 가깝다. 20세기 말 21세기 초 현행 신소유주의의 주요한 새로움 중 하나는 20세기의 위대한 재분배 경험들을 거쳤다는 것이다. 특히 공산주의의 실패 경험은 포스트공산주의 나라들에서도 자본주의 나라들에서도 과감한 재분배 기획 일체를 앞서 비난하기 위해 어김없이 거론된다. 그러면서 정작 20세기 자본주의 나라들의 사회경제적 성공은 불평등 감소에 대체로 성공한 야심찬 정책들, 특히 매우 강력한 누진세에 근거한다는 점이 기억에서 지워진다(10~11장 참조). 역사적 기억의 불충분함과 더불어 분과학문적 지식의 분할이 아마도 이러한 망각에 일조했을 테지만, 그렇다고 망각이 영원한 것은 전혀 아니다. 20세기에 실행된 부동산과 금융의 상위 자산에 대한 특별세는 국채를 청산하고 미래를 향해 돌아서는 데, 특히 독일과 일본에서 본질적인 역할을 했다. 이와 같은 창설적인 경험 이후에는, 당시 상황이 특수했던 것이고 그때의 실행들이 결코 되풀이되어서는 안 되리라는 확신을 갖고 싶을 수 있다. 하지만 현실에서는 과도한 불평등이 거듭 되풀이되고 있고, 인간사회에는 소유권과 그 분배를 정기적으로 재정의할 수 있는 제도들이 필요하다. 가능한 한 투명하고 안정적인 방식으로 이런 일들을 해내기를 거부하는 것은 훨씬 더 폭력적이며 따라서 그만큼 덜 실효적인 해법들에 우호적인 경향들을 격발시킬 따름이다.

## 신소유주의, 자산 불투명성과 조세경쟁

자산 투명성에 대한 신소유주의적 거부는 법적이고 제도적인 특수한 체제에 의거한다. 소유의 등록과 그 과세에 관한 공동 체계가 부재한 가운데 이루어지는 자유로운 자본이동이 그것이다. 19세기에 소유주의는 오랫동안 납세유권자선거에 의지했다. 부유한 소유자들만이 투표권을 보유했고, 따라서 재화의 정치적 재분배 리스크는 강하게 제한되었다. 21세기 초 현재 그 누구도 명시적으로 납세유권자선거로 되돌아가자고 제안하지 않는다. 국제적 수준에서 확립된 신소유주의 법률제도는 어떤 면에서는 납세유권자제도를 대체하면서 소유권에 대한 헌법적인 방어를 보완한다. 소유 투명성에 대한 거부는 관련 정보들이 독재정부들에 의해 오용될 수 있다는 생각에도 기반을 두고 있다. 이 주장은 유럽 국가들에서는 별로 설득력이 없어 보인다. 유럽 국가들은 오래전부터 은행들이 자국의 세무당국에 정보들을 자동으로 전송하도록 해왔고, 세무당국은 법치의 틀 안에서 그 누구도 해칠 수 없는 독립성을 보장받으며 중립을 지킨다. 여기서 몽테스키외의 주장이 연상되는데, 보르도 고등법원장이라는 매우 벌이가 좋은 직책을 가진 행복한 소유자인 그는 사법권의 과도한 집중은 불가피하게 독재로 이어지리라고 주장하면서 귀족의 사법적 특권 유지를 위해 투쟁했다.[59]

유럽의 공동 조세 거부에서 중심적 논거 역할을 하는 잠재적으로 더 설득력 있는 주장은, 유럽의 조세제도가 이미 너무 과중하다는 것이며, 따라서 국가들 사이의 치열한 조세경쟁만이 이 조세제도가 무한정 덩치를 불리는 걸 피하게 해주리라는 것이다. 이 주장은 그 반민주성 외에도 많은 어려움을 초래한다. 우선, 유럽인들이 공동의 민주적 의회 틀에서 공동 조세를 채택할 수 있다면 과연 무한정의 세금 인상에 찬성할지는 전혀 확실치 않다. 적어도 개연성 있는 가설은 유럽인들이 중하위계급에 부과되는 (간접세 또는 임금 및 퇴직연금에 부과되는) 세금을 경감하기 위해 다른 세금, 예컨대 유럽의 상위 소득과 상위 자산에 더욱 무겁게 과세하는 것에 찬성하리라는 것이다. 게다가 바로 이들 유럽 국가들은 공동 화폐와 강력한 유럽중앙은행을 수립할 정도로 서로 간에 충분한 신뢰를 가지고 있다는 점을 상기하자. 유럽중앙은행은 단순 다수결로 수조 유로를 창출할 권한이 있으며, 이 모든 것은 최소한의 민주적 통제에 입각한다. 이런 조건에서 자산 투명성과 민주적 공동 조세에 대한 거부는, 유럽중앙은행이 유럽의 자산과 그 분배 및 진화에 관한 충분한 양질의 정보 없이 무모한 토대 위에서 통화정책을 시행해야 하는 상태라는 의미이기에, 그만큼 더 위험해 보인다.[60]

또한 주목할 것은 2008년 금융위기 이후 다양한 (특히 G8과 G20) 국제정상회담에서 여러 차례 천명된 조세피난처와 금융 불투명성과의 전쟁 선포는 원칙적으로 이러한 방향으로의 진전을 가능케 했어야 했다는 점이다. 2010년 미국에서 해외금융계좌신고법Fatca 같은 대책이 채택되었다. 이 해외금융계좌신고법은 원칙적으로 전 세계 금융기관으로 하여금 자국민의 은행계좌와 금융자산 포트폴리오에 관해 보유하고 있는 모든 정보를 자국의 세무당국에 전송하도록 한다. 실제로 이런 대책들은 매우 불완전한 채로 남아 있으며, 수탁은행들을 대신하는 공공 금융등기부를 작성하려는 그 어떤 진정한 시도도 존재한 적이 없다. 적어도 이런 삽화들을 통해 확인할 수 있는 것은, 스위스 은행들에 대해 미국에서의 사업 인가를 철회하겠다는 위협 같은 적절한 제재들이야말로 뭔가 진보를 기대할 수 있는 (이런 경우라면 가장 명백한 남용을 부분적으로 완화시키기 위한) 분명한 조건이었다는 점이다. 안타깝게도 이런 문제들에 대해 유럽은 실제 행동보다는 선언만 요란했다는 게 현실이다. 이는 조세 분야의 모든 결정이 만장일치 규칙에 의해 차단된다는 사실에 의해 주로 설명된다.

지난 수년간 유럽에서는 금융 및 조세 스캔들이 증가해왔다. 룩스리크스LuxLeaks라고 불리는 스캔들은 장 클로드 융커가 유럽집행위원회 의장 직책을 맡게 된 시점인 2014년 11월에 국제 언론인 컨소시엄에 의해 폭로

되었다. 주로 2000~2012년의 이 기록들은 룩셈부르크 정부가 기업별 비밀협약체계(일명 '조세 밀담récrits fiscaux')를 얼마나 대규모로 운용해왔는지를 보여주었다. 이 협약을 통해 대기업들은 (이미 룩셈부르크에서는 대폭 인하된) 공식 세율보다 낮은 세율을 불투명하게 협상할 수 있었다. 그런데 1995~2013년 재임한 룩셈부르크 총리는 다름 아닌 장 클로드 융커였고, 이 시기에 그는 룩셈부르크 대공국의 재무장관과 유로그룹(유로존 재무장관 회의) 의장을 겸직하고 있었다.

룩셈부르크에서 세금 탈루가 자행되었다는 것에는 그 누구도 그다지 놀라지 않았지만(기민당과 중도우파 정당들의 동맹인 유럽국민당EPP이 융커를 집행위원회 의장 후보로 지명하는 걸 막지 않았을 정도로), 그 규모에 대해서는 놀라워했다. 앞 장에서 나는 중국 조세행정의 놀라운 관행들을 지적했다. 중국은 소득세에 대해 세율과 구간에 따라 정확한 과세표를 운용한다고는 하지만, 규칙이 실제로 실행되었음을 보증하는 정확한 기록은 전혀 남기지 않는다. 정말이지 룩셈부르크의 관행은 별 차이가 없어 보인다. 궁지에 몰린 융커는 사실을 인정했다. 요약하자면 그의 해명은, 이런 관행들은 물론 윤리적 차원에서는 문제가 있지만 자국 세법의 견지에서는 완벽하게 적법한 틀 안에 놓여 있다는 것이다. 유럽 언론과의 여러 인터뷰에서 그는 룩셈부르크가 1980~1990년부터 탈산업화로 큰 타격을 입었기에(실제로 유럽에서는 매우 공통적인 일이다), 나라의 새로운 발전 전략을 찾아야만 했고 결국 금융 부문, 조세 덤핑, 금융 불투명성, 이웃 국가들의 세수 편취에 기대게 되었노라고 해명하며 자신을 정당화했다.[61] 여하튼 그는 이 모든 것은 재발되지 않을 거라고 약속했고, 유럽의회의 (본인의 정당인 중도우파 정당뿐만 아니라, 사민당들과 중도좌파 정당들이 결집한 유럽사회당과 자유주의자들을 포함한) 주요 정치 세력들은 그를 재신임하기로 했다.

이후 수년간 언론인 컨소시엄은 연이어 또다른 스캔들들을 폭로했다. 2015년 스위스리크스SwissLeaks와 2016~2017년의 파나마 페이퍼스Panama

Papers 같은 스캔들은 조세피난처 사용과 불투명한 관행들이 얼마나 커졌는지를 보여주었다. 이런 폭로들에는 적어도 한 가지 장점이 있었다. 세금 탈루의 범위를 확증해준다는 점인데, 여기에는 심지어 노르웨이처럼 조세 행정이 실효적이라는 평판이 있는 나라들도 포함된다. 스위스리크스와 파나마 페이퍼스 데이터들과 (이 연구에 예외적으로 개방된) 노르웨이의 세금신고를 연동함으로써, 아울러 무작위추출 세무감사 데이터들도 활용함으로써, 연구자들은 노르웨이의 세금 탈루가 중하위 자산에서는 무시할 만한 것이지만 0.01%의 상위 자산 수준에서는 평균적으로 내야 할 세금의 거의 30%에 달했다는 점을 보여줄 수 있었다.[62]

마지막으로, 이들 다양한 사건—특히 2014년부터 2019년까지 유럽연합 최고 정치 심급의 의장이었던 융커 사건—이 유럽의 여론에 어떤 영향을 주었는지 알기는 어렵다. 확실한 것은, 2014년과 2019년 사이에 공공금융등기부 확립도, 가장 유동성이 큰 납세자들을 대상으로 하는 유럽 공동 조세 확립도, 더 일반적으로는 이런 유형의 스캔들 재발을 방지하기 위한 그 어떤 결정도 이뤄지지 않았다는 점이다. 이 연쇄적인 사건들은, 조세정의와 지배적인 경제행위자들에 대한 과세 증대를 위한 싸움은 유럽연합의 실제 우선순위가 아니라는 인상을 남겼노라고 합리적으로 생각해 볼 수 있겠다. 내게는 이런 궤적이 위험해 보이는데, 왜냐하면 이는 중위계급과 인민계급 사이에서 뿌리깊은 반유럽 감정을 부추길 따름이며, 이들을 민족주의적이고 정체성주의적인 퇴행의 길로 밀어붙일 수 있기 때문이다. 이런 퇴행 자체에는 긍정적인 출구가 없다.

### 자산의 과도한 집중의 지속

소유 집중 및 그 진화에 대한 평가로 돌아가자. 공공 금융 등기부 또는 금융기관을 통한 미리채움자산신고서를 아직 활용할 수 없는 우리는 훨씬 더 불완전한 자료에 만족해야 한다. 최상의 해법은 소득 및 상속 신고에서 도출된 조세 데이터들과 가구조사들을 결합하는 것이다. 도표 13.8~13.9에 제시된 미국·프랑스·영국의 진화들은 이러한 혼합적 방법들(가구조사와 조세 데이터)의 소산이다. 확보된 결과들의 일관성을 시험하기 위해, 우리는 이 진화들을 잡지들이 발표하는 재산가 분류에서—특히 1987년 이후로 『포브스』가 매년 발표하는 세계 억만장자 명단에서—분배의 정상에 대해 관찰되는 진화들과도 비교했다.

미국을 놓고 봤을 때, 소득신고에 근거한 방법은 『포브스』에서 관찰된 것과 매우 유사한 증가를 제시하는 데 비해, 상속 데이터에 근거한 방법은 그에 못 미치는 증가를 보여준다(그렇지만 이 방법 역시, 심지어 교정을 거치지도 않은 신고조사들에서도 나타나듯이, 자산 집중의 급증을 나타낸다).[63] 이는 1980~1990년 이후로 미국에서는 상속세가 소득세에 비해 잘 통제되지 않는다는 사실과,[64] 그리고 더 일반적으로 (소위 '사망률 승수'를 통한) 상속 데이터에 근거한 방법은 시간이 지나고 인구가 고령화됨에 따라 그 정확도와 대표성을 잃어버린다는 사실로 인한 것으로 보인다.[65] 그러나 (소위 '자본환원'을 통한) 소득신고에 근거한 방법도 이것대로 역시 많은 한계가 있으며, 확보된 결과들이 완전히 만족스럽다고 간주되기 어렵다.[66] 일반적으로, 분명히 (사망률 승수와 자본환원을 통한) 이 두 조사법은 부득이한 해결책에 해당한다. 살아 있는 사람들의 자본소득이나 망자의 자산에서 추산하려고 노력하는 대신, 살아 있는 사람의 자산에 대한 금융 정보와 조세 정보를 직접 사용하는 것이 훨씬 바람직할 것이다. 영국의 자본소득에 관한 조세 데이터는 1980~1990년 이후로 너무나 빈약하고 불완전해져서 상속 데이터에 근거한 방법에 만족해야 하지만, 1970년대까지만 해도 두 방법을 적용하여 결과들의 일관성을 확인할 수 있었다.[67] 마지막으로 프랑스에는 두 방법을 적용했으며 『포브스』 분류에 제시된 것과 전반적으로 일치하며 유사한 진화를 보여준다.[68] 그렇지만 지난 수십 년간 프랑스 당국이 산출한 상속 데이터의 질이 현저히 악화되었다는 점을 강조해두어야 한다.[69] 상속세를 폐지했거나 이 데이터들이 완전히 없어진 나라들에서는 상황이 더 나쁜 것도 사실이다.[70]

요컨대 이러한 어려움에도 불구하고 지난 수십 년간의 미국·영국·프랑스에 관해 도표 13.8~13.9에 제시된 경향은 적어도 제1근삿값으로서는 비교적 일관되고 신뢰할 만하다고 간주될 수 있다. 제시된 다른 나라들(중국·러시아·인도)은, 자본소득에 관한 충분히 상세한 상속 데이터도 조세 데이터도 없어서 우리는 분배 상층부에 관한 조사 자료를 교정하기 위해 『포브스』의 분류를 사용할 수밖에 없었다.

확보된 결과들은 틀림없이 현실을 일정하게 반영하지만, 이토록 모호한 '자료'를 사용해야 한다는 것이 얼마나 만족스럽지 못한지를 강조해두어야 한다. 재산가들에 대한 이러한 분류는 물론 모든 나라에서 지난 수십 년간 일어난 현저한 변화들을 나타내며, 이러한 변화들은 우리가 여타 가용 자료들로 평가한 변화들과 전반적으로 일치하는 것으로 보인다. 세계 상위 재산의 연간 증가속도는 『포브스』에 따르면 1987~2017년에 연간 약 (인플레이션을 감안해 수정했을 때) 6~7%에 달했는데, 이는 세계 평균자산보다 3~4배 더 빠르고 평균소득보다 약 5배 빠른 증가다(표 13.1 참조).

분명히 이와 같은 격차가 무한정 벌어질 수는 없다. 억만장자에게 돌아가는 자산의 비율이 점차 100%를 향한다면 모르겠지만, 그런 일은 바람직하지도 않거니와 현실성도 없다. 아마도 이런 일이 일어나기 전에 정치적 반응이 감지될 것이다. 이토록 현저한 급증은 러시아와 중국뿐만 아니라 서양 나라에서도 그리고 전 세계에서도 1987~2017년에 일어났던 많은 공적자산의 사유화 흐름에서 가속화될 수 있었던 것인데, 그렇다면 (사유화할 자산이 점점 더 줄고 있는 한에서) 이 진화가 미래에는 굴절될 수도 있을 것이다. 아무리 합당한 상상이라 해도 이런 희망에 의지해야 하는 건지는 확실치 않다. 가용 데이터들이 나타내는 바에 따르면 이 격차는 금융위기에도 불구하고 1987~2002년과 2002~2017년의 시기에 극심했으니, 금융시장이 거대 포트폴리오들에 유리하도록 구조적으로 편향되어 작동할 수 있다. 이들은 훨씬 더 많은 실질수익을 올리는데, 이는 최근 수십 년간 미국 대학 상위 기부금 포트폴리오에 비해 연 8~10%가 높다.[71] 모든 가용 자료는 세계 거부들이 특별히 유리한 조세회피 전략으로도 이익을 얻는데, 자산 보유 규모가 아래인 이들과 이로 인해 격차가 더 벌어진다는 점을 보여준다.

이러한 재산가 분류를 위해 잡지들이 사용하는 방법과 개념은 너무나 헐렁하고 부정확해서 이 같은 '자료'를 사용하여 이 문제들에 대한 더 진전된 답을 도출하기란 아예 불가능한 일이다.[72] 불평등에 관한 세계적인 논의가 일정 부분 이와 같은 데이터에 근거하며 때로는 심지어 각국 행정부들도 이 데이터들을 인용한다는 사실은 자산 불평등을 등록하고 평가하는 일에 대한 일종의 국가 방기를 나타내는 징후다.[73] 그렇지만 이처럼 본질적인 민주주의 문제들에 대한 공적 재투자 필요에 대해 일정하게 자각하기 시작했다는 점에 주목하고자 한다. 우리가 이미 지적했듯이 미국에서는 불평등 증대로 인해 더 강력한 조세 누진성을 요구하는 흐름이 생기기 시작했고,[74] 이런 흐름에는 더 확실한 통계 투명성에 대한 요구가 수반된다.[75]

요약하자. 심대한 금융 불투명성과 병행된 강력한 소유 집중의 회귀는 21세기 초 현재의 신소유주의 불평등주의체제의 주요 특징 중 하나다. 일반적으로는, 20세기에 관찰된 탈집중화가 중위자산계급을 출현하게 했음에도 소유는 부단히 너무나 불평등하게 분배되었고 총자산 중 가난한 50%에게 돌아가는 몫은 미미했다(도표 13.10 참조). 특히 미국에서 진행되는 부유한 10%에게 돌아가는 몫의 급증은 나머지 인구에게 돌아가는 몫의 점진적이고도 염려스러운 하락을 뜻한다. 소유 확산의 부재는 21세기의 중심 문제다. 그리고 이는 가난한 신흥국에서도 부국에서도 중위계급과 인민계급의 경제체계에 대한 신뢰를 약화시키는 데 일조할 수 있다.

**표 13.1** 전 세계 상위 자산가의 부상, 1987~2017년

| 연평균 실질성장률, 1987~2017년 (인플레이션 반영) | 세계 | 미국-유럽-중국 |
|---|---|---|
| 가장 부유한 1억 명(『포브스』) | 6.4% | 7.8% |
| 가장 부유한 2000만 명(『포브스』) | 5.3% | 7.0% |
| 가장 부유한 0.01%(WID.world) | 4.7% | 5.7% |
| 가장 부유한 0.1%(WID.world) | 3.5% | 4.5% |
| 가장 부유한 1%(WID.world) | 2.6% | 3.5% |
| 성인 1인당 평균자산 | 1.9% | 2.8% |
| 성인 1인당 평균소득 | 1.3% | 1.4% |
| 총 성인인구 | 1.9% | 1.4% |
| 국내총생산 또는 총소득 | 3.2% | 2.8% |

1987년부터 2017년까지, 전 세계에서 가장 부유한 1억 명(1987년에는 30억 명 중 약 30명, 2017년에는 50억 명 중 50명)의 평균자산은 세계 수준에서 연간 6.4% 증가했고, 부유한 0.01%(1987년에는 약 30만 명, 2017년에는 50만 명)는 연간 4.7%, 전 세계 평균자산은 연간 1.9% 증가했다. 전 세계 상위 자산가를 미국·유럽·중국으로 제한할 시 더 강력한 급증을 보여준다.

**출처 및 원 통계자료:** piketty.pse.ens.fr/ideologie

**도표 13.10** 극단적인 소유 집중의 존속

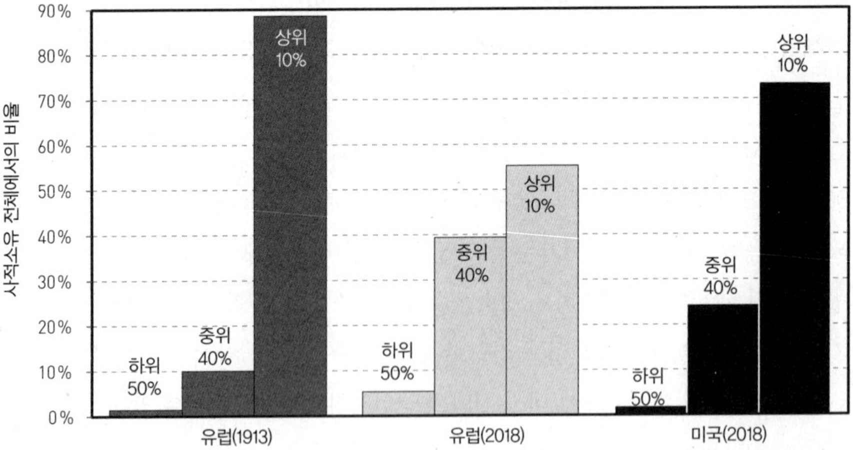


사적소유 전체 중 상위 십분위의 몫은 1913년 유럽에서 89%(영국·프랑스·스웨덴 평균), 가난한 50%의 몫은 1%였다. 2018년 유럽에서는 각각 55%, 5%이고 2018년 미국에서는 각각 74%, 2%다.

**출처 및 원 통계자료:** piketty.pse.ens.fr/ideologie

## 21세기에도 이어지는 가부장제에 대하여

21세기 초의 하이퍼자본주의사회들은 꽤나 다양하다. 이 사회들은 물론 세계화된 디지털자본주의체계에 의해 서로 접속되어 있다. 하지만 예컨대 사민주의, 포스트공산주의, 또는 석유-왕국 같은 각자가 거쳐온 여러 정치적-이데올로기적 궤적의 흔적도 품고 있다. 일반적으로, 현재의 다양한 불평등주의체제들에는 현대성과 의고주의 요소들이 혼합되어 있다. 이전에는 없었던 제도들과 언술들이 사적소유 준신성화 같은 오래된 믿음으로의 회귀 형태를 나타내는 여타의 것들과 결합되어 있는 것이다.

그중 가장 의고적이고 전통적인 요소인 가부장제가 존속되고 있다. 역사 속 대부분의 사회는 다양한 형태의 남성 지배, 특히 남성의 정치경제 권력 독점으로 특징지어진다. 구래의 삼기능사회들이 명백히 여기에 해당한다. 문명과 종교를 떠나 전사 엘리트와 성직자 엘리트는 언제나 남성 엘리트였다. 또한 19세기 소유자사회도 해당된다. 소유주의사회에서 중앙집권국가와 그 법전 및 법규의 새로운 지배로 인해, 남성 지배는 어떤 면에서는 새로운 차원으로 확장됐고, 또는 적어도 전례 없이 체계적으로 실행되었다. 프랑스혁명기의 페미니즘적 주장들은 빠르게 고사되고 망각되었으며, 1804년 나폴레옹 민법전은 전 국토, 그리고 부자부터 빈민에 이르는 모든 가족 안에서 남성 소유자와 가장의 절대권력을 인정했다.[76] 프랑스를 포함한 많은 서양 나라에서, 기혼여성이 예컨대 남편의 동의 없이 근로계약서에 서명하거나 은행 구좌를 열 권리를 갖게 된 것, 또는 이혼법에서 남성 간통과 여성 간통을 비대칭적으로 다루는 일이 중단된 것은 1960년대와 1970년대에 이르러서였다. 여성들의 투표권 투쟁은 장구한 충돌의 과정이었고 지금도 끝나지 않았다. 뉴질랜드에서는 1893년, 영국에서는 1928년, 터키에서는 1930년, 브라질에서는 1932년, 프랑스에서는 1944년, 스위스에서는 1971년, 사우디아라비아에서는 2015년에 여성들이 투표권을 획득했다.[77]

이 장구한 역사 속 21세기 초 현재의 서양 나라들에 이제는 젠더평등에 대한 합의가 존재할 것이라고, 가부장제와 남성 지배 문제는 다 지나간 일이라고 생각할 때가 있다. 현실은 더 복잡하다. 상위 노동소득(임금과 비급여 사업소득)에서 여성 비율을 조사하면, 시간의 흐름에 따른 증가가 확인된다. 프랑스에서는, 노동소득 상위 1% 안에서 여성의 몫이 1995년 10%에서 2015년에는 16%가 되었다. 문제는 이러한 진화가 극도로 더디다는 것이다. 구체적으로, 이러한 상승이 앞으로 수십 년간 1995~2015년과 같은 속도로 유지된다면, 여성은 2102년에야 상위 백분위 안에서 절반의 인원이 될 것이다. 동일한 계산을 상위 천분위(소득 상위 0.1%)로 놓고 해본다면, 동등성은 2144년이 되어서야 달성되리라는 결론이 나온다(도표 13.11 참조).

그 비율과 진화의 형태가 미국에서도 거의 정확히 동일하다는 점은 놀랍다. 구체적으로, 남성은 1990년대에 임금 상위 1% 안에서 약 90%를 차지했고, 2010년대 중반에도 여전히 약 85%를 차지한다.[78] 달리 말해, 국민소득 상위 백분위에 돌아가는 몫의 급등은 무엇보다도 남성과 관련된 진화라는 것이다. 이런 의미에서, 남성 지배는 아직도 호시절을 구가하고 있다. 유사한 데이터들을 사용할 수 있는 모든 나라에서, 상위 소득 내의 이처럼 매우 두드러진 남성 우위와 동등성을 향한 꽤나 더딘 움직임이 확인된다.[79]

이러한 더딘 진행은 여러 방식으로 설명될 수 있다. 우선, 여성이 책임과 권한이 따르는 직무를 맡는다는 것에 대한 역사적 편견이 상당하다. 우리는 이미 똑같은 정치연설문을 남성이 읽을 때와 여성이 읽을 때의 차이에 대해 인도 사례를 통해 언급했다. 여성이 읽을 때 연설문은 철저하게 덜 신뢰할 만한 것으로 여겨지지만, 이런 편견은 여성 지도자를 경험해본 지자체에서 줄어든다. 이런 경험은 여성을 의무적으로 추첨을 통해 선출직에 '배정'하는 정책들을 거치면서 이루어졌다.[80]

서양 문화에서 1950~1980년은 가부장제의 일종의 황금기에 해당한다

**도표 13.11** 21세기 프랑스에서의 가부장제 존속

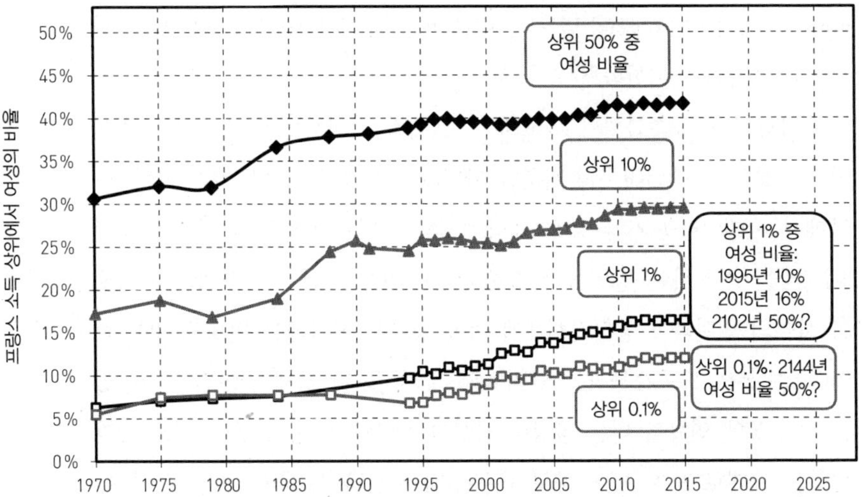


노동소득(임금과 비임금) 분배의 상위 백분위(상위 1%) 중 여성 비율은 1995년 10%에서 2015년에 16%가 되었고, 이 추세가 1994~2015년과 같은 속도로 계속된다면, 2102년 여성의 비율은 50%에 도달할 것이다. 마찬가지 조건으로 상위 천분위(상위 0.1%)에서는 2144년이 되어서야 50%가 된다.

**출처 및 원 통계자료:** piketty.pse.ens.fr/ideologie

는 사실도 강조해야 한다. 아이와 가정을 돌보기 위해 전문적이고 수입이 좋은 직업을 포기하는 가정주부라는 이상은 당시 부르주아계급뿐만 아니라 중하위계급들에게도 목표가 되었다. 사실 우리는 이 시기를 최근에야 벗어났다. 예컨대 1970년 프랑스에서, 직업을 통해 얻는 30~55세 평균 화폐소득은 남성이 여성보다 거의 4배 높았다. 달리 말해, 임금 총량의 거의 80%를 남성이 받았던 것이다. 이것은 여성의 노동시장 참여가 저조하다는 것과 여기서 얻는 소득이 너무 적다는 것에 동시에 기인했다.[81] 이 세계에서 여성들은 가사노동과 산업시대에 다정함과 따스함을 가져다주는 책임을 졌지만, 실상은 돈 문제에서 배제된 것이었다. 여성에게는 많은 사명(특히 육아)이 부여되었지만, 분명 가계를 장악하지는 못했다. 이 시기 이후로 상황은 크게 달라졌지만, 남성과 여성의 평균 화폐소득의 격차는 여전히 크다. 2015년 그 격차는 사회에 진출할 무렵(약 25세)에는 '고작'

25%지만, 직업적 경로와 승진 기회의 차이로 인해 그 격차가 40세에서는 40%, 65세에서는 65%를 넘는다. 이는 또한 퇴직연금에서도 엄청난 불평등이 존재함을 의미한다.[82]

수렴과정을 가속화하기 위해서는, 선제적인 대책들을 채택하는 것이 필요해 보인다. 예컨대 선출직뿐만 아니라—선출직 경우는 이미 많은 나라에서 시행되니—기업·공직·대학에서의 고위직에 인도식 할당제 또는 '배정제'를 적용하는 방법을 생각해볼 수 있다. 개인·가족생활과 직업생활 사이의 연관과 노동시간체계에 대한 생각을 전환해볼 필요도 있어 보인다. (박봉의 노동자들과는 달리 다른 활동을 할 경제적 여건을 갖추었음에도) 고액 연봉을 받는 상당수 남성이 자녀와 가족, 친구, 그리고 바깥 세상을 제대로 보지 못한 채로 대부분의 시간을 보내고 있다. 여성들에게 이들과 똑같이 지내도록 부추기는 게 젠더불평등을 해결하는 최상의 해법인 것은 아니다. 연구들이 보여주는 바에 따르면, 노동 조직화에 있어 노동시간을 상황에 맞게 조절하는 직종에서 젠더평등이 가장 진전되었다.[83]

사적소유의 규모 및 집중의 재증대는 젠더불평등에도 특수한 결과들을 초래한다는 점을 마지막으로 언급하자. 우선 이 재증대의 함의는 형제자매 사이든 부부 사이든 자산 분할 문제가 특별한 중요성을 갖게 되었다는 것이다. 그러나 형제자매 사이에서, 또는 남편과 아내 사이에서 분할의 평등을 지향하는 이론상의 규칙들은, 예컨대 사업적 재화에 더 많은 가치를 부여함으로써 숱한 우회의 대상이 될 수 있다.[84] 최근 수십 년간 프랑스에서는 (임금 수준과 학력뿐만 아니라) 자산 보유 수준이 비슷한 개인들 사이에서 부부가 되는 성향이 상당 정도로 증가했다.[85] 이는 발자크와 오스틴의 세계로의 회귀 형태를 나타낸다. 비록 동일한 자산 규모 사이의 혼인이 정점에 달했던 19세기보다야 21세기 초 현재가 낮은 수준이긴 해도 말이다.[86] 지난 수십 년간—유럽에서도 미국에서도 부부간 소득 불평등 증대에서 중요한 역할을 했던—직업적 동류집단 간 결혼이 매우 빠르게 증가했다는 점을 고려하면, 동일한 자산 규모 사이의 결혼이 21세기에도 줄곧 증가하리라는 예측은 당연히 가능하다.[87]

아울러 지난 수십 년간 관찰되는 것은 전통적인 결혼을 통하든 새로운 형태의 동성혼을 통하든, 커플 사이의 재산분리가 눈에 띄게 늘어난다는 것이다. 이론상으로는, 이러한 진화가 남녀의 직업적 평등을 향한—직업 궤도들의 개별화가 더 커지는 진화와 중첩되는—흐름의 논리적 보완일 수 있을 것이다.[88] 실제로는 임금 불평등이 매우 크게 지속되고 있다는 사실과 특히 출산으로 인한 여성의 경력단절을 감안하면, 재산분리를 향한 진화는 주로 남성에게 유리했다. 이 현상은 임금이 수렴되는 현상과는 반대로 1990~2000년 이후 (특히 이혼과 별거 이후의) 남녀 간 자산 불평등의 역설적인 증가에 일조했다.[89] 별로 연구되지 않은 이러한 진화들은 불평등주의체제의 구조화에서 세법체계의 중심적 역할을 새삼 예시해준다. 이러한 진화들은 젠더평등을 향한 흐름이 얼마간 '자연스럽고' 비가역적이라고 생각하는 것이 얼마나 잘못일 수 있는지도 보여준다. 정치적 균열구조의 진화에서 젠더불평등이 미치는 역할에 관해 우리는 4부에서 재론할 것이다.

## 빈국의 빈곤화와 무역자유화

이제 21세기 초 현재의 세계 불평등주의체제의 진화에서 특히 중심적인 문제로 가보자. 지난 수십 년간, 특히 사하라 이남 아프리카와 남아시아와 동남아시아 빈국의 상대적이고 역설적인 빈곤화라는 문제가 그것이다. 일반적으로 빈국과 부국 사이의 경제적 격차가 줄어드는 속도는 1970~1980년 이후로 많이 달라졌다. 우리는 중국과 인도를 이미 충분히 비교했다. 중국이 1980년대 이후 인도보다 빠르게 성장하면서도 불평등을 덜 양산했다면, 이는 틀림없이 대체로 이 나라가 발전에 필수불가결한 교육·보건·기간시설 투자에 많은 공적자원을 동원하는 데서 인도에 비해 성공적이었기 때문이다.[90] 더 일반적으로, 발전의 역사가 국가 건설과정과 긴밀하게 연결되어 있다는 것을 우리는 보았다. 상당한 자원들을 동원하고 할당하면서도 대다수 주민의 신뢰를 받는 정당한 공권력의 구성은 성공적인 발전을 위한 가장 본질적이고 가장 복잡한 관건임이 틀림없다.

이런 관점에서 세계의 빈국들이 1970~1980년부터 1990~2000년 사이에 더 빈곤해졌다는 점은 놀랍다. 2000~2010년 사이 상황은 매우 미미하게 회복되지만, 그렇다고 (이미 매우 낮았던) 이전 수준을 되찾지는 못했다. 더 정확히는, 세계 각국을 세 그룹으로 나누고 그중 가난한 3분의 1의—본질적으로 사하라 이남 아프리카와 남아시아 국가들로 편성되는—나라들에서 평균세수를 조사해보면, 1970~1979년 동안 세수가 국내총생산의 약 16%에서 1990~1999년에 14% 이하로, 이어서 2010~2018년에 14.5%였다는 점이 확인된다(도표 13.12 참조).

이는 극도로 낮은 세수 수준인데다가 심각한 편차를 은폐한다. 나이지리아·차드·중앙아프리카공화국 같은 많은 아프리카 나라에서 세수는 국내총생산의 6~8%다. 우리가 오늘날 선진국의 중앙집권국가 형성을 분석하면서 지적했듯이, 이와 같은 세수는 기초적인 질서유지와 기간시설을 확보하는 데는 그럭저럭 충분하지만 교육과 보건을 위한 상당한 투자재원을 마련하는 데는 엄두가 나지 않을 수준이다.[91] 이와 동시에 관찰되는 것은 3분의 1의 부유한 나라들(주로 유럽·북미·일본)에서는 세수가 계속 증가해 1970년대에 평균적으로 국내총생산의 약 30%에서 2010년대에 40%로 늘었다는 점이다.

빈국들의 특수한 궤도를 설명하기 위해서는, 국가 건설이 길고 복잡한 과정이라는 사실을 물론 고려해야 한다. 1960년대 말 1970년대 초 대부분의 아프리카 나라들은 식민지 상황에서 막 벗어난 상태였다. 신흥독립국들은, 분리주의와의 갈등이나 그 어떤 서양 나라도 대처할 필요가 없었던 인구성장 속도로 인해, 국내외적으로 지위 강화와 관련한 상당한 도전

**도표 13.12** 세수와 무역자유화, 1970~2018년

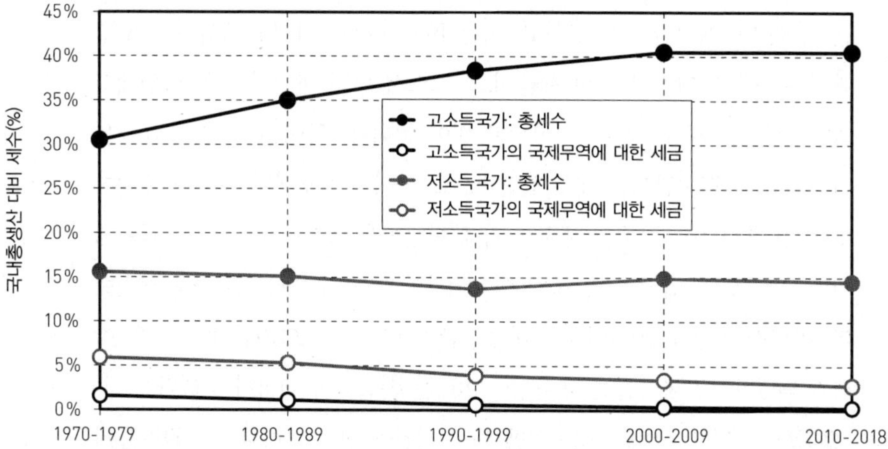


저소득국가들(빈국들의 3분의 1: 아프리카·남아시아 등)에서 1970~1979년에 국내총생산 대비 15.6%였던 세수가 1990~1999년에 13.7%, 2010~2018년에 14.5%로 줄어든다. 이는 부분적으로 국제무역에서의 관세 및 여타 세금이 보전되지 않고 하락한 데서 기인한다(1970~1979년에 국내총생산 대비 5.9%, 1990~1999년 3.9%, 2010~2018년 2.8%). 고소득국가들(부국들의 3분의 1: 유럽·북아메리카 등)에서는 같은 기간에 관세가 이미 매우 낮았고 세수는 안정화되기 이전에 계속해서 증가했다.

**출처 및 원 통계자료:** piketty.pse.ens.fr/ideologie

에 직면했다. 과제는 광범위했고 아무도 수년 내에 세수가 국내총생산의 30% 또는 40%로 뛰는 걸 기대할 수 없었는데, 그리된다 해도 바람직하지 않을 효과들을 낳게 되었을 것이다. 여하간 1970~1980년과 1990~2000년 사이에 관찰되는 (국내총생산의 약 2%가 안 되는) 명백한 세수 감소는 역사적인 기형이다. 그리고 이는 실효적인 사회국가로 발전하는 데 있어서 결정적이었을 수십 년간의 심각한 걸림돌이었다. 이러한 역사적 기형은 특별히 설명할 가치가 있다.

최근 연구들에 따르면 이러한 세수 감소는, 빈국들이 관세 형태의 오래된 세수를 (예긴대 소득세나 소유세 같은) 새로운 세수로 대체하기 위해 필요한 시간과 지원을 확보하지 못한 채, 일정 부분 부국들과 국제기구들이 강제한 이례적으로 급속한 무역자유화과정과 긴밀하게 연결되어 있었던 것이다.[92] 1970년대에 빈국들의 전체 세수에서 국제교역에서의 관세

와 여타 세금은 매우 큰 부분을 차지해 국내총생산의 약 6%였다. 이와 같은 상황이 이례적인 것은 아니고, 이는 19세기 유럽 나라들에서도 그랬다. 관세는 징수가 가장 용이한 세금이고, 그래서 나라 발전의 초기 국면에서 과도하게 징수하게 되는 건 이상한 일이 아니다. 차이는 서양 나라들은 자신의 속도대로 관세를 매우 점진적으로 줄이면서 오래된 세수를 대체하고 세수 총량을 늘려주는 새로운 과세 형태들을 발전시킬 수 있었다는 데 있다. 지구상의 빈국들은, 특히 아프리카에서, 매우 다른 상황에 직면했다. 관세가 돌연 1990년대에 국내총생산의 4% 이하, 2010년대에는 3% 이하가 되었고, 그 국가들은 애초부터 이러한 손실을 상쇄하지 못했다.

아프리카에서 일어난 모든 것에 대한 책임을 전부 과거의 식민권력들에 전가하려는 것은 아니다. 조세재정제도의 발전은 또한 무엇보다도 국내의 사회정치적 갈등들과 그 구조화에 달려 있다. 그렇다고는 해도 빈국들이 가속화된 무역자유화를 향한 부국의 압력을 견디기란 매우 어렵다. 이런 압력은 1980~1990년부터 특히 워싱턴에 기반을 둔 국제기구(IMF와 세계은행)와 미국에서 국가와 누진세제를 비방하는 이데올로기적 분위기 속에서 이루어졌다.

더 일반적으로, 부국들 내의 경제·금융 투명성 부족에 관해 앞서 거론된 모든 문제들이 빈국들에서는 더욱 심대한 영향을 끼친다는 사실을 강조하는 것이 적절하다. 특히 1980~1990년 이후 유럽과 미국의 주도로 수립된, 정치 공조도 금융 정보 자동전송도 없는 자본이동의 자유화와 과도한 조세경쟁체제는 아프리카의 빈국들에서 전혀 바람직하지도 않은데다 유해한 결과들을 낳았다. 가용 추계에 따르면, 조세피난처에 보유된 자산은 아프리카 전체 금융자산의 적어도 30%에 해당하며 이는 유럽보다 3배 더 많다.[93] 상당수의 부유한 납세자가 재산을 해외에 두고 탈세할 수 있으며 필요시 파리든 런던이든 도망칠 수 있는 환경에서 조세에 대한 합의를 발전시키고 조세정의의 새로운 집단적 표준을 구성하는 일은 쉽지 않다. 반면에, 부국들과의 담대한 법률적 조세 공조와 더불어 다국적기업의 금융자산 및 이윤의 국제투명성 향상은 빈국들이 한결 더 나은 조건에서 조세재정 능력을 발전시키는 것을 가능케 할 수 있을 것이다.

## 화폐 창출이 우리를 구원해줄까?

2008년 금융위기 이후 관찰된 가장 현저한 진화 중 하나는 화폐 창출에서 중앙은행이 맡게 된 새로운 역할이다. 이러한 전환은 국가와 중앙은행들, 세금과 화폐, 더 일반적으로는 정의로운 경제에 대한 표상들이 갖는 각각의 역할에 대한 인식을 극도로 혼란스럽게 만들었다. 2008년 위기 이전에는 중앙은행들에 그토록 많은 화폐를 그토록 신속히 창출하라고 요구하는 게 불가능하거나 적어도 권장되지는 않았다. 바로 이러한 기반 위에서 1990년대 유럽인들은 유로 창출의 법적 유효성을 승인했던 것이다. 1970년대의 '스태그플레이션'(스태그네이션 또는 적어도 성장 둔화와 인플레이션의 혼합) 이후, 1992년에 채택된 마스트리흐트조약의 틀에서, 유로를 가능한 한 독립적인—인플레이션을 플러스 상태이되 낮은 수준(2%)으로 유지하면서 경제활동에 최소한으로 개입하는 것을 우선적인 임무로 하는—중앙은행이 관리해야 한다고 유럽인들을 설득하는 것은 그리 어려운 일이 아니었다. 2008년 이후 중앙은행이 돌연 갖게 된 새로운 역할은 유럽과 그 외 다른 나라들을 대단히 혼란스럽게 했는데, 이 역할을 잘 이해하는 것이 중요하다.

논의의 관점을 명확히 하기 위해, 1900년부터 2018년까지 주요 중앙은행들의 대차대조표 진화를 검토하는 것에서 시작하자(도표 13.13 참조). 중앙은행의 대차대조표에는 일반적으로 은행제도를 통해 경제행위자에게 빌려준 대출금과 금융시장에서 매입한 금융유가증권(주로 채권)이 모두 제시된다. 이 유가증권 매입과 대출금의 대부분은 은행권과 주화의 제조 없이 중앙은행의 순전히 전자적 방식의 화폐 창출을 통해 이루어진다. 이 메커니즘에 대한 이해와 논의를 단순화하기 위해서는, 완전히 디지털화된 화폐경제의 맥락 안에서 생각해보는 것이 바람직하다. 다시 말해 이런 화폐경제에서는 화폐가 오로지 은행 컴퓨터 안에서 가상의 기호로만 존재하며 모든 지출은 전자적으로, 그리고 신용카드에 의해 결제될 것이다(이는 이미 멀지 않은 상황이고, 여기서 묘사되는 사태들을 전혀 변화시키지 않을 것이다).

2000년대 중반 2007~2008년 금융위기 전야에, 연방준비제도의 대차대조표는 미국 국내총생산의 5%를 약간 상회하는 것이었던 데 비해, 유럽중앙은행의 대차대조표는 유로존 국내총생산의 10%에 육박했다. 이것은 주로 은행들에 해준, 흔히 수일 또는 기껏해야 수주 만기의 초단기 대출이었다. 이것은 평상시 중앙은행의 전통적 역할이다. 개별적으로 움직이는 각 민간은행 계좌들을 통한 자금 입출금은 수백만의 사람과 기업의 결정에 달려 있고, 따라서 매일매일의 달러나 유로만으로는 절대 균형을 이룰 수 없다. 은행들은 지불체계의 균형을 이루기 위해 상호 간에 초단기로 대출을 하며, 중앙은행은 전체의 안정성을 보장하고 필요한 유동성을 제공한다. 민간은행들 사이, 중앙은행과 민간은행들 사이의 이러한 대출은 대부분 수일 또는 수주 안에 청산되며 잔재를 남기지 않는다. 이것은 사실상 순전히 기술적인 금융의 기능이며, 전체의 안정을 위해서는 본질적이지만 외부 관찰자들로서는 대체로 별 관심이 없는 것이다.[94]

특히 리먼브러더스의 파산으로 인한 2008년 9월의 금융위기 이후 상황은 완전히 변했다. 세계의 주요 중앙은행들은 점점 더 복잡한 화폐 창출 작업에 돌입했다. 이 작업은 '양적완화quantitative easing'라는 수수께끼 같은 이름으로 지칭되었다. 양적완화는 구체적으로 금융 부문에 점점 더 (수일 또는 수주가 아니라 3개월이나 6개월, 심지어 12개월로) 만기를 늘려 대출해준다는 뜻이고, 민간기업과 국가가 발행한 유가증권을 예전에 비해 훨씬 더 긴 기간을 조건으로(수년), 훨씬 더 대량으로 매입한다는 뜻이다. 가장 빠른 반응은 연방준비제도에서 나왔다. 연방준비제도의 대차대조표

**도표 13.13** 중앙은행의 대차대조표 규모, 1900~2018년

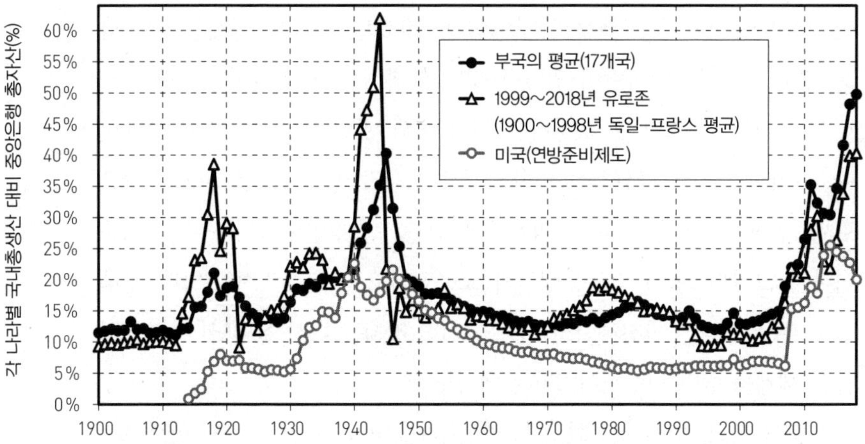


유럽중앙은행의 총자산은 2004년 12월 31일 유로존 국내총생산의 11%에서 2018년 12월 31일 41%로 증가한다. 1900~1998년의 곡선은 독일과 프랑스 중앙은행의 대차대조표에서 얻은 평균값을 가리킨다(1918년에 38%, 1944년에 62%로 정점이었다). (1913년 설립된) 연방준비제도의 총자산은 2007년 미국 국내총생산의 6%에서 2014년 말에 26%에 도달한다. 참고: 부국들의 평균은 독일·오스트레일리아·벨기에·캐나다·덴마크·스페인·미국·프랑스·핀란드·네덜란드·이탈리아·일본·노르웨이·포르투갈·스웨덴·스위스·영국 총 17개국의 산술평균이다.

**출처 및 원 통계자료:** piketty.pse.ens.fr/ideologie

는 국내총생산의 5% 상당하던 것이 2008년 9~10월에 15%가 되었으니, 수주 안에 미국 국내총생산의 10%에 상당하는 화폐를 창출했다는 의미다. 이런 선제성은 그후 수년간 계속되어, 연방준비제도의 대차대조표는 2014년 말에 미국 국내총생산의 25%에 달했고, 그후 약간 줄었다가 지금은 위기 이전에 비해 상당히 높은 수준으로 유지되고 있다(2008년 9월 중순에 국내총생산의 5%였던 것에 반해 2018년에는 국내총생산의 20%다). 유럽은 반응이 느렸다. 유럽중앙은행과 유럽당국은 오로지 중앙은행의 강력한 개입만이 금융시장을 안정시킬 수 있고 나라마다 국채 금리가 다른 상황을 줄일 수 있다는 것을 이해하는 데 오랜 시간이 걸렸다.[95] 하지만 이후 사채와 공채 매입정책은 가속화되었고, 유럽중앙은행의 대차대조표는 2018년 말 유로존 국내총생산의 40%에 육박했다(도표 13.13 참조).[96]

중앙은행의 이처럼 대대적인 개입을 통해, 미국과 유럽에서 활동성

이 평균 약 5% 하락하는 등 부유한 나라들에서 전후에 가장 심각했던 2008~2009년의 '대불황'이 (1929~1932년에 주요 경제들에서 약 20~30%의 활동성 하락이 있었던) 1930년대 위기에 비견되는 '대공황'으로 전환되는 걸 피할 수 있었다는 것에 대해 매우 폭넓은 합의가 존재한다. 연쇄적인 은행 파산을 모면하고 '최종대출자'라는 역할을 확고히 함으로써, 연방준비제도와 유럽중앙은행은 전간기 중앙은행들의 오류를 되풀이하지 않았다. 당시 중앙은행들의 교조적이고 '청산주의적인'(달리 말해 질 나쁜 은행들은 파산해야만 하고 그러면 경제는 다시 살아난다는) 학설들은 세계를 심연으로 떨어뜨리는 데 일조했다.

이렇게 되면, 이러한 통화정책들이 최악을 피하는 걸 가능케 함으로써 도리어 사회·조세재정·경제의 보다 심층적인 구조적 변화가 전혀 필요하지 않다는 인상을 줄 위험이 있다. 그러나 사실 중앙은행들이 세계의 모든 문제들을 해결하고 자본주의에 대한 포괄적인 규제(극복은 말할 것도 없고)를 위한 수단을 갖춘 곳은 아니다.[97] 금융 탈규제의 과잉, 불평등 증대, 기후온난화에 맞서 싸우기 위해서는 다른 공적 제도들이 필요하다. 법률·세금·국제조약이라는 이 제도들은 모두 집단적 숙의와 민주적 절차에 근거하는 의회들에 의해 이루어진다. 중앙은행들의 힘은 극도로 신속한 행동능력이다. 2008년 가을에, 그 어떤 기관도 그토록 많은 자원을 그토록 빠르게 동원할 수 없었을 것이다. 금융공황, 전쟁 또는 이례적으로 중대한 자연재해가 발생할 경우에, 오직 화폐 창출만이 공권력에 즉각적인 개입 수단들을 제공할 수 있다. 비교하자면, 세금·예산·법률·조약은 수개월간의 의회 숙의를 필요로 하며, 적절한 정치적 다수파를 확보하려면 새로운 선거가 필요할 수도 있고 그나마 결과를 보장하지도 못한다는 건 굳이 말할 것도 없다.

아울러 중앙은행들의 이러한 힘은 주요한 약점이기도 하다. 중앙은행은 은행과 금융이라는 협소한 전문 영역을 넘어서 모험을 감행하기에 충분한 민주적 정당성을 갖추고 있지 않다.

원리적으로는, 중앙은행들이 몸집을 10배 혹은 그 이상으로 불리고자 한다면 아무도 이를 저지하지 못한다. 예컨대 대부분의 부유한 나라들에서 가구들이 보유한 사적소유 전체(부채를 뺀 부동산·사업자산·금융자산)가 2010년대에 국민소득의 약 500~600%에 달했음을 상기하자(반면 1970~1980년에는 겨우 300%였다).[98] 엄밀하게 기술적인 관점에서, 연방준비제도 또는 유럽중앙은행이 달러와 유로로 국내총생산 또는 국민소득의 600% 상당을 창출하여 미국과 서유럽의 민간자본 전체를 되사는 것은 가능할 것이다.[99] 문제는 이런 것이 심각한 통치 문제를 야기하리라는 점이다. 소련의 중앙집중적 계획경제체계가 그렇지 못했듯이 중앙은행들과 그 이사회들도 나라의 소유 전체를 관장할 수 있는 수단을 갖추지 못했다.

## 신소유주의와 새로운 통화체제

실제로 그렇게까지 되지는 않더라도, 중앙은행들의 대차대조표는 미래, 특히 새로운 금융위기가 도래할 경우에 전적으로 계속 성장할 것이다. 경제의 금융화가 지난 수십 년간 놀라운 정도에 이르렀다는 사실을 강조해야 한다. 특히 기업 간 국가 간 경계를 넘나드는 금융재산 규모가 실물경제와 순자본의 규모보다 현저하게 빠른 속도로 커졌다. 유로존에서, 다양한 제도적 행위자들(금융기업·비금융기업·가계·정부)이 보유한 금융자산 및 부채 전체는 2018년 국내총생산의 1100%를 초과했는데, 이에 반해 1970~1980년에는 고작 300%였다. 달리 말해 이제는 유럽중앙은행의 대차대조표가 유로존 국내총생산의 40%에 달한다고 해도, 이는 유통되는 금융자산의 4% 이하에 불과하다. 어떤 면에서는, 만연한 금융화에 중앙은행들이 적응했던 것일 뿐이고, 중앙은행들의 대차대조표 증대는 중앙은행이 금융자산—이것 자체가 문어발식으로 사방으로 뻗어나가고 있는데

—가격에 작용을 가할 수 있는 일정한 능력을 보존해주었을 뿐이다. 상황에 따라, 유럽중앙은행과 연방준비제도는 훨씬 더 멀리까지 나아가야 할지도 모른다. 또한 주목할 것은 일본은행과 스위스국립은행의 대차대조표가 2018년 말에 국내총생산의 100%를 넘어섰다는 점이다(도표 13.14 참조). 두 경우 모두 해당 나라들 금융 상황의 특이성과 관계있다.[100] 그렇지만 유사한 진화들이 언젠가 유로존 또는 미국에서 일어날 가능성을 배제할 수는 없다. 예전 같으면 전혀 생각도 못할 통화정책의 시행을 점차적으로 이끌어낼 수 있을 정도로 금융 세계화의 규모가 커진 것이다.

그렇지만 이런 진화들은 많은 문제를 야기한다. 우선, 진정한 우선순위는 민간기업 대차대조표와 보조를 맞추려고 애쓰기보다는 오히려 반드시 대차대조표의 규모를 줄이는 것이어야 한다. 모든 행위자들이 점점 더 서로에게 어느 정도 부채를 지며 (자산과 부채를 합친) 금융 부문의 전체 규모가 실물경제보다 구조적으로 빠르게 성장하는 상황이 영원히 유지될 수는 없고, 이는 경제와 사회를 크게 위태로운 상태로 몰아넣는다.[101]

다음으로, 이처럼 '변칙적인' 통화정책들의 장기적인 실제 효과들을 잘 모른다는 것이고, 이 정책들이 금융수익 불평등 및 자산 집중 증대에 얼마든지 일조할 수 있다는 것이다. 중앙은행의 대차대조표가 2차대전 직후에 비슷하게 정점에 도달했을 때(나라에 따라 국내총생산의 40~90%), 이처럼 강력한 화폐 창출에는 높은 인플레이션이 동반되었다. 당시 경제는 정부가 공공 부문 임금인상으로 일조했던 임금-물가 상승 악순환에 사로잡혀 있었다. 이러한 인플레이션 과정은 국채가치를 사실상 완전히 떨어뜨렸고, 이는 최소한 전후 수십 년간 투자와 재건을 용이하게 해주는 장점을 지니고 있었다.[102] 현 시기에는 이와 같은 것이 전혀 없다. 임금은 공공 부문에서도 민간 부문에서도 거의 동결되어 있고, 소비자물가 상승은 2008년 위기 이후로 특히 유로존에서는 극도로 낮았다(연간 1%가량). 통화 개입이 없었더라면 이는 틀림없이 마이너스가 되었을 것이다.

화폐 창출이 소비자물가를 상승시키지 않았지만, 특정 자산의 가격 상

**도표 13.14 중앙은행들과 금융 세계화**

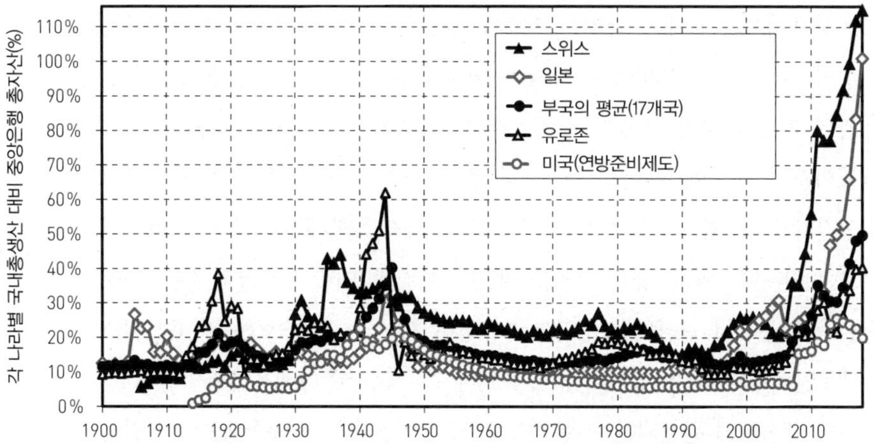


부국들의 중앙은행 총자산은 2000년 12월 31일 국내총생산의 평균 13%에서 2018년 12월 31일 51%로 증가했다. 일본과 스위스의 중앙은행 자산은 2017~2018년에 국내총생산의 100%를 초과했다. 참고: 부국들의 평균은 독일·오스트레일리아·벨기에·캐나다·덴마크·스페인·미국·프랑스·핀란드·네덜란드·이탈리아·일본·노르웨이·포르투갈·스웨덴·스위스·영국 총 17개국의 산술평균이다.

**출처 및 원 통계자료:** piketty.pse.ens.fr/ideologie

승에 일조하여 큰 차익을 창출했다. 현재 독일과 프랑스 국채의 명목금리는 확실히 거의 제로이고 실질금리는 마이너스다. 이것은 유럽중앙은행이 국가 간 금리 차이를 줄이려고 시행한 상당한 국채 환매, 그리고 은행들로 하여금 포트폴리오의 상당 부분을 안전자산으로 보유하도록 압박하는 새로운 신중한 기준 때문이다. 또한 이것은, 각국이 금융공황의 표적이 될까봐 두려워하는 일반적인 분위기에서(이로부터 나온 것이 준비금 과잉이다), 세계의 많은 금융행위자들이 필요성을 느끼던 예비적 저축의 대상을 서양 국채에서 찾았다는 사실에서 기인한다.

어떤 면에서는, 이처럼 제로에 가까운 금리는 (매우 확실한 안전자산을 가지고만 있으면) '잠자면서 부유해지는' 것이 불가능한 상황에 조응한다. 이는 선행 시기뿐 아니라 국채의 실질수익률이 일반적으로 적어도 3~4%였던 19세기 금본위제시대의 고전적 소유주의와 명료하게 차이가 난다(하지만 1914년 이전 수십 년간은 더 낮았는데 이는 자본의 과잉축적으로 인한 것으로, 이로 인해 해외 식민지에서의 광적인 수익성 추구를 낳았다). 현상황에서는 국채의 금리는 제로에 가깝지만, 이는 모두에게 돌아가는 수익률이 제로가 되었다는 의미는 아니다. 실제로 이처럼 은행에 의해 전가된 거의 제로인 (심지어 마이너스인) 수익률은 무엇보다도 중소자산에 돌아가며, 반면에 (부분적으로는 중앙은행들을 통해, 무엇보다도 비대해진 민간기업 대차대조표를 통해) 특정 자산의 가격 동향에 밝은 상위 포트폴리오는 언제나 수익성 좋은 사업을 벌인다. 예컨대 (대학 기부금과 같은) 거액 금융 기부에서 관찰되는 수익성이나 상위 재산의 증가속도는 이처럼 거의 제로인 수익률과 별 상관이 없어 보인다. 두 경우에는 연간 약 6~8%의 성장이 계속해서 관찰되며, 부분적으로 이는 변변찮은 포트폴리오로는 접근할 수 없는 정교한 금융상품에 의해 이루어진다.[103]

마지막으로 무엇보다도, 이러한 통화 행동주의activisme monétaire는 조세 및 예산의 영역만큼이나 금융 규제의 측면에서도 공공정책들이 직면하는 여러 장애를 입증한다. 이에 해당하는 미국의 경우, 정파적 갈등구조와 의회의 기능 쇠퇴는 법안 채택을 어렵게 하고, 심지어 단순한 예산 채택마저도 점점 더 까다롭게 만든다(그리하여 연방정부의 셧다운이 반복된다). 유럽의 경우는 훨씬 더 명백한데, 유럽의 연방제도들은 미국보다 기능장애가 심하다. (각 회원국의 거부권으로 인해) 최소한의 공동 조세도 채택하기 불가능한 상황에서, 유럽연합의 예산 운용능력은 당연히 매우 제한된다. 유럽연합의 예산은 7년 주기로 국가들의 만장일치로 채택되고, 유럽의회에서 다수결로 승인된다. 그 예산은 주로 회원국들의 총국민소득GNI에 비례한 분담금으로 충당된다. 2014~2020년에 연간 집행된 유럽연합 예산은 유럽연합 국내총생산의 딱 1%였다.[104] 비교하자면, 회원국들이 관리하는 공공예산은 나라에 따라 국내총생산의 30~50%에 달한다. 미국 연방정부 예산은 국내총생산의 거의 20%인 데 반해, 주정부와 여타 지자체의 예산은 10% 이하다.[105]

요약하자. 유럽연합은 금융 난쟁이로, 조세와 예산에서 만장일치 규칙에 의해 마비된다. 이와 같은 맥락에서, 유럽중앙은행은 유일하게 강력한 연방제도로 등장한다. 유럽중앙은행은 단순 다수결로 정책을 결정하며, 바로 이러한 기반 위에서 자신의 대차대조표를 2008~2018년에 유럽 국내총생산의 거의 30% 상당으로 키웠다. 달리 말해 유럽중앙은행의 화폐 창출은 매년 유럽 평균 국내총생산의 거의 3%로, 유럽연합 총예산보다 3배 많았다. 이러한 수치들은 경제와 금융의 동학을 규정하는 정치적이고 제도적인 체제의 중요성을 매우 명료하게 말해준다. 무엇보다도 민주주의와 정의로운 조세에 대한 공포가 어떻게 통화 비대증을 키웠는지 보여준다. 달리 말해—유럽의 거버넌스 역할을 하는 유럽 국가 정상들의 단순 협정보다 훨씬 과감한 의회연합을 통해야 할—공동 조세·공동 예산·공동 부채·공동 금리에 관한 합의에 도달하지 못함으로써, 통화라는 무기로 허겁지겁 달려들게 되는 것이다. 그러하기에 유럽중앙은행과 그 이사회는 해결수단을 가지고 있지 못한 문제들을 해결하라고 요구받는다.

이러한 표류는 우려스러운 것이며 아주 오래 지속될 수는 없을 것이다. 왜냐하면 금융 문제들이 시민들의 이해 범위를 벗어난 고도의 기술적인 것으로 간주된다 하더라도, 그 액수는 어머어마해서 경제와 금융에 대한 인식을 바꿔놓기 시작했기 때문이다. 매우 당연하게도, 많은 시민이 왜 이와 같은 금액을 창출해—유럽 경제의 재약진에 결정적인 영향을 발휘하지도 못하면서—금융제도들을 구제하려는지, 그리고 인민계급을 구제하고 공적인 기간산업들을 발전시키며 에너지 이행에의 대대적 투자계획 재원을 마련하는 데 비슷한 자원들을 동원하는 것은 왜 불가능한지를 묻는다. 실제로 유럽 공권력이 현재의 낮은 금리로 융자하여 유용한 투자에 재원을 조달하는 것은 하등 부조리한 일이 아닐 것이다. 그러나, 두 가지 조건하에서다. 하나는, 이것이 비공개리에 숙의하는 총재 회의가 아니라 논쟁적인 민주적 구조의 의회 틀 안에서 이루어져야 한다는 것이다. 다른 하나는, 모든 문제가 화폐 창출과 부채로 해결될 수 있다는 관념을 믿도록 하는 것은 위험하다는 점이다. 어느 공동체가 공동의 정치적 기획을 위해 자원을 동원하게 해주는 주요 도구는 이전에도 그랬듯이 앞으로도 과세다. 그리고 이는 완전한 투명성 속에서 집단적으로 논의되어 확정되며, 각자의 납세 능력과 재산에 따라 이루어져야 한다.

2013년 7월, 영국의 록밴드 뮤즈는 로마의 올림픽스타디움에서 콘서트를 열었다. 공연 제목인 '동물들'은 '양적완화'가 은행가들을 구하기 위해 고안되었다는 사실을 명시적으로 지목한다. 보컬은 평범한 사람들의 삶을 놓고 투기를 벌이는 지상의 이 모든 주인들을 그려내며 "지상의 저 모든 프레드 굿윈들에게" 곡을 바친다(프레드 굿윈은 2008년 스코틀랜드왕립은행 파산에 책임이 있다고 평가된 은행가의 이름이다. 그럼에도 그는 고액의 퇴직금을 받고 자리에서 물러났다). 끔찍한 모습의 혐오스러운 은행가 하나가 무대에 등장해 군중에게 은행권을 뿌려댄다. 보컬은 어느 인터뷰에서 이 퍼포먼스에 대해 말했다. "우리가 어떤 입장을 취한 건 아닙니다. 그저 우리 시대의 혼란을 표현하는 겁니다."[106] 실제로 혼란은 상당하다. 화폐 창출과 금융 부문의 비대함으로 허둥지둥 도피하기만 한다면 정의로운 경제의 가능성 일체에 대한 환멸의 감정만 커질 뿐이다. 이것이 현재의 신소유주의체제의 주요 모순들 중 하나이며, 이 모순은 시급히 극복되어야 한다.

## 신소유주의와 질서자유주의: 하이에크에서 유럽연합으로

요약하자. 21세기 초 신소유주의 이데올로기는 거대서사들과 견고한 제도들에 의거하며, 여기에는 규제·정보 공유·공동 조세 없는 자유로운 자본이동체제, 소유 재분배라는 '판도라의 상자'에 대한 거부, 공산주의 실패가 포함된다. 하지만 이 정치적-이데올로기적 체제의 여러 가지 약점에 관해서도 특히 강조해야 한다. 이 약점들은 변화와 극복을 향한 추진력이기도 하다. 금융 불투명성과 불평등 증대는 기후 문제 해결을 상당히 까다롭게 만들고, 더 일반적으로는 사회적 불만으로 이어진다. 점점 더 강해지는 정체성주의적 긴장들의 고조를 방치하려는 것이 아닌 한, 저 사회적 불만의 해법은 더 큰 투명성과 더 많은 재분배다. 모든 불평등주의체제와 마찬가지로 이 체제는 불안정하며 계속 진화중이다.

일반적으로, 신소유주의와 그 정치적-이데올로기적 매트릭스의 내적 일관성을, 특히 유럽연합과 관련해 과대평가하지 않는 것이 내겐 중요해 보인다. 국가의 본질적 역할은 '왜곡되지 않은 자유로운' 경쟁조건을 보장하는 것이라는 질서자유주의나 아예 프리드리히 하이에크의 기꺼이 권위주의적인 입헌자유주의와 유럽연합을 연결짓는 일이 흔하다. 실제로 의회민주주의 우회, 자동규칙들에 의한 통치, 조세 분야에 관한 회원국들의 만장일치라는 (사실상 모든 공동 조세를 저지하는) 원칙은 질서자유주의 관념이나 하이에크적인 관념과의 유사성을 보여준다. 그러나 이런 영향들의 크기를 상대화하고 유럽 건설의 지적이고 정치적인 일관성을 과장하지 않는 게 중요하다. 유럽 건설은 다양한 영향이 교차하는 지점에 놓여 있으며, 미리 구상되거나 규정된 어떤 계획도 따르지 않는다. 유럽연합의 제도적이고 정치적-이데올로기적인 구성은 대체로 여전히 미완인 것이다. 이는 앞으로 다양한 경로를 거칠 수 있으며 어쩌면 정치·사회·조세재정의 통합 정도에 따라 몇 개의 구심적 중핵 또는 동심원으로 재구성될 수 있을 것이다. 그리고 이는 세력균형, 사회정치적 위기와 금융위기 그리고 이런 위기를 이끌어가는 논쟁에 따라 정해질 것이다.

현재의 유럽연합이 (또는 더 일반적으로는 현재의 세계가) 체계적이고 일관된 신소유주의와 구별되는 점을 보려면, 1973~1982년 사이에 하이에크가 출간한 논고 『법, 입법 그리고 자유』를 살펴보는 게 무용한 일은 아니다. 이 논고는 어쩌면 승리감에 도취된 의기양양한 소유주의를 가장 뚜렷하게 표현하고 있다.[107] 우리는 이미 이 책에서 프랑스-영국 연합 기획과 연방연합운동을 둘러싼 1938~1940년의 논의를 다루는 지점에서, 그리고 그의 1944년 저서 『노예의 길』과 관련하여 하이에크를 다루었다. 『노예의 길』에서 그는 사회정의라는 미망에 근거해 완고한 자유주의 원칙들로부터 일탈해버린 모든 기획에 내포된, 자신이 보기에, 전체주의적인 표류의 위험성을 경고했다.[108] 그는 특히 당시 영국 노동당과 스웨덴 사민당을 겨냥했는데, 그는 이 당들이 개인의 자유를 문제삼으려 한다고 의심했던 것이다. 되돌아보면 이는 무엇보다도 그후 1970년대와 1980년대에 칠레의 피노체트의 극도로 자유주의적인 군부독재를 적극적으로 지지했던 자와 관련된 것이기에 놀랄 만하다(같은 시기에 그는 영국의 대처를 지지하고 자문했다). 『법, 입법 그리고 자유』 독해가 유익한 이유는 전체적인 일관성을 더 잘 이해하게 해주기 때문이다. 1931년 런던에 정착한 하이에크는 그후 1950년에 시카고대학(후일 칠레의 독재자의 자문에 응하게 되는 젊은 경제학자들인 '시카고 보이들'의 신전)으로 갔다가 1962년에 유럽으로 돌아와서는 93세의 나이로 1992년에 사망할 때까지 프라이부르크대학(질서자유주의의 역사적 심장부)과 잘츠부르크대학에서 교편을 잡았다. 1950년대와 1960년대부터 그는 위기에 처한 유럽 자유주의 가치들을 방어하기 위한 출발점인 정치·법·철학으로 방향을 튼다.

자신의 웅대한 1973~1982년 논고에서, 하이에크는 모든 재분배 형태에 대한 소유주의적 공포를 명료하게 표현한다. 과거로부터 유래하는 소유권을 문제시하고 누진세라는 연쇄장치에 손을 대기 시작하면, 어디에서 끝낼지를 알 수 없게 된다는 것이다. 그는 누진세에 대한 절대적 거부와 '판도라의 상자' 운운하는 성찰의 최초로 명료한 표현을, 1538년에 이런 유형의 과세안에 직면했던 피렌체의 프란체스코 귀차르디니에게서 발견한다. 미국과 영국에서 시행된 90%를 상회하는 최고세율에 기겁한, 그리고 집단주의의 최종 승리가 임박했다고 확신한 하이에크는 이미 1960년의 전작에서 누진세 원칙 자체의 확고한 금지를 헌법에 명시하자고 제안했다. 그의 제안의 관점에 따르면, 상위 소득에 적용되는 세율은 어떤 경우에도 해당 국가 세수의 평균세율을 초과해서는 안 된다. 이는 세금이 역진적일(나머지 인구에 비해 상위의 세율이 더 낮을) 수는 있어도 결코 누진적일 수는 없다는 의미다.[109] 일반적으로, 18세기와 19세기를 지나면서 과거에 끈기 있게 세운 권리들(특히 소유권)을 손상시키고, 의회를 선출해 입법권을 부여하는 것에 대해 받아들이면서, 자유주의가 길을 잘못 들어섰다고 하이에크는 확신한다. 그는 사회적 관계들과 권리들을 무에서 출발하여 재정의할 수 있다고 주장하는 구성주의적 합리주의에 반대하며, 입법기구에 선재하는 관계들과 권리들에 대한 존중에 기반을 둔 진화주의적 합리주의를 옹호한다. 그가 특히 강조하는 것은 '법이 입법에 선행law precedes legislation'한다는 이념과, 이 지혜로운 원리에 대한 망각이 불가피하게 일종의 최고 입법자의 등장과 전체주의적 표류로 이어진다는 점이다.[110]

『법, 입법 그리고 자유』의 마지막 권에서 그는 논지를 더 멀리 밀어붙여, 의회민주주의 원칙을 모조리 재정초하여 이제부터는 정치적 다수파의 권한을 준엄하게 제한하자고 제안한다. 그는 소유권의 절대적 존중에 근거한 광대한 연방 정치체를 구상한다. '행정의회'는 지역 수준에서 보통선거로 선출될 것인데, 다만 공무원과 연금수령자 그리고 더 일반적으로 공적자금 이전의 수령자 전원은 투표권을 박탈당할 것이다. 무엇보다도 이 의회들은 지역 수준에서 국가 서비스를 관장하는 권한만을 가질 것이고, 법률체계—다시 말해 소유권과 민법과 상법 또는 세법—를 개정하는 일은 전혀 할 수 없다. 이처럼 신성하다시피 한 기본적인 입법은, 하이에크에 따르면 연방 수준의 권한을 지닌, 보통선거의 변덕에 굴하지 않는 '입법 의회'에서 이루어져야 한다. 그에 따르면, 이 최고 의회는 최소 45세 이상의 사람들로 구성되며 이들은 이미 자신의 능력과 직업적 성공을 입증한 뒤 15년 동안 선출직으로 일하는 것이다. 그는 납세유권자선거를 명시적으로 재도입하자는 주장 앞에서 주저하는 듯 보이는데, 결국은 현인들이 징기적으로 회동하다가 그중에서 45세에 달한 가장 현명한 자들을 선출하는 "로터리클럽 같은" 전문직업인 단체들에 의한 선출이라는 기이한 정식화를 선택한다. 대법원은 이 의회의 의원을 지낸 자들로 구성될 것이고, 지역행정의회와의 권한 갈등을 중재하며 사회적 혼란이 발생할 때 비상사태를 발동하는 일체의 권한을 갖는다.[111] 전체적인 목표는 분명히 보통선거와 그 변덕의 힘을 가능한 한 축소하는 것이며, 특히 청년과 이들의 사회주의적 욕망을 침묵시키는 것이다. 1970~1980년 맥락에서 하이에크의 눈에는 그런 욕망이 유럽 또는 미국처럼 칠레에서도 각별히 우려스러웠던 것이다.[112]

이런 제안이 흥미로운 이유는 신소유주의와 그 모순들의 극단적인 지점을 보여주기 때문이다. 사실상 소유주의와 충분히 일관되는 유일한 정치체제는 납세유권자체제(다시 말해 정치권력이 명시적으로 소유자들에 기초하며, 이 소유자들만이 책임감을 갖고 멀리 내다보며 입법하는 능력과 지혜를 갖는다는 체제)다. 하이에크는 명시적으로 납세유권자적인 정식화를 통하지 않고도 동일한 결과에 도달하는 창의력을 보여주지만, 실제로 그가 염두에 둔 것이 납세유권자선거다. 유럽이라는 제도적인 정치적-이데올로기적 구성물을 그의 신소유주의라 여겨지는 것으로부터 분리해내는 모든 것이 또한 확인된다. 유럽연합의 제도들은 특히 조세 분야의 만장일치 규칙에서 벗어나기 위해 심층적으로 전환될 수 있고 그래야만 한다. 하지만 그렇게 되기 위해서는, 유럽을 일관되고 천하무적인 질서자유주의 또는 신소유주의 음모로 생각하기를 멈춰야 하고, 현재 유럽의 체계를 불안정하고 허술하며 진화중인 타협으로서 보아야 한다. 특히 유럽연합은 자신의 역사에 걸맞은 의회 형태를 언제나 추구해야 한다. 조세 만장일치 규칙은 미흡하다. 유럽이사회에 들어가는 국가수반들과 재무장관들은 보통선거로 선출되지만, 그들 모두에게 부여된 거부권으로 인해 항구적인 교착 상태에 빠지고 만다. 그렇다고 가중다수결 규칙으로의 전환과 (전통적인 연방주의적 해법인) 유럽의회의 권한 강화가 모든 문제를 해결해주는 것은 물론 아니다. 우리는 이를 재론할 것이다.[113]

## 능력주의와 신소유주의의 창안

20세기 말 21세기 초에 생성된 신소유주의 이데올로기는 19세기와 20세기 초 소유주의로의 단순 회귀라기에는 좀더 복잡하다. 신소유주의는 주로 과도한 능력주의 이데올로기와 연결된다. 일반적으로, 능력주의 언술은 경제체계의 승자를 찬양하며 패자를 본인의 능력과 덕성과 근면의 부족 탓이라 간주하고 매도한다. 이것은 당연히 오래된 이데올로기로, 모든 엘리트가 어떤 풍토에서든 자신들의 입지를 정당화하기 위해 이런저런 방식으로 활용해온 것이다. 이처럼 가난한 자들에게 가난의 귀책사유를 묻는 행위는 역사가 흐르면서 더욱 확장되었고, 오늘날 불평등주의체제의 독특한 특성 중 하나이기도 하다.

경제사가 자코모 토데스키니가 보기엔, '가난한데다 능력도 없는' 인물의 기원이 심지어 중세까지, 어쩌면 일반적으로는 부유한 계급이 가난한 계급을 전면적으로 소유하고 강제노동을 시키는 노예제 말기까지 소급될 수 있다. 빈민이 그저 물건이 아니라 주체인 이상, 다른 수단들, 특히 언술과 능력의 영토 안에서 빈민을 소유하는 것이 필수적이다.[114] 이후 불평등에 관한 이 새로운 관점이 통용되고, 토데스키니가 연구한 중세의 또다른 혁신인, 기독교 교리에 의해 유효해진 새로운 형태의 소유 및 투자의 창안과 연결된다.[115] 달리 말해 '현대성'이 지닌 두 양상은 서로 호응하는 것이니, 경제와 소유의 규칙들이 정의의 원칙들을 따르게 된 그 순간부터, 빈민은 말하자면 자신의 운명을 책임져야 하고, 이에 대해 그들을 이해시키는 일이 중요하다.

소유주의 질서가 삼기능체제에, 이어서 납세유권자체제에 기초해 있던 시기에는 능력주의 언술은 언제나 제한된 역할만 수행했다. 산업시대가 도래하고 계급투쟁과 보통선거가 엘리트들에게 새로운 위협을 드리우면서, 개인의 능력에 호소하여 사회적 격차를 정당화할 필요가 더 강화된다. 자유주의 경제학자이자 7월 왕정에서 도지사를 지낸 샤를 뒤누아예는

1845년 자신의 책 『노동의 자유에 대하여』(이 책에서 그는 강제력을 갖는 사회적 입법 일체에 맹렬히 반대한다)에서 이렇게 쓰고 있다. "산업체제의 효과는 인위적 불평등을 해체하는 데 있다. 하지만 이는 어디까지나 천부적인 불평등을 더 잘 드러나게 하기 위함이다." 뒤누아예에게 있어 천부적인 불평등에는 신체적 능력·지적 능력·도덕적 능력의 격차들이 포함되며, 새로운 혁신경제의 핵심에 놓여 있다. 게다가 그가 자신의 주변 사방에서 목도하는 이 경제는, 그 어떤 국가 개입에 대해서도 반대한다. "위대하고 유용한 모든 것의 원천에는 우월함이 있다. 모든 것을 평등으로 환원하라. 그리하면 모든 것을 무기력으로 환원하게 될 것이다."[116]

하지만 무엇보다도 고등교육시대로 접어들면서 비로소 능력주의 이데올로기는 결정적으로 확대된다. 1872년 사회학자 에밀 부트미는 다음과 같은 명확한 사명을 부여하면서 파리정치대학Sciences Po을 창립했다. "다수자의 법을 감수해야 하는, 스스로를 고결하다 여기는 계급은 가장 유능한 자의 법을 제시함으로써만 정치적 헤게모니를 유지할 수 있다. 그들의 특권과 전통이라는 쓰러져가는 성벽 뒤에 놓인, 눈부시고 유용한 능력과 명성이 따르는 우월함, 그리고 미치지 않고서는 포기될 수 없는 역량으로 세워진 제2의 성벽에 민주주의의 물결은 부딪히고 만다."[117] 이 믿기 어려운 주장은 진지하게 검토할 가치가 있다. 이 주장의 의미는, 고결한 계급이 무위도식을 버리고 능력주의를 창안한 것은 바로 생존본능 때문이며 그렇게 하지 않으면 보통선거가 그들에게서 소유권을 박탈할 위험이 있다는 것이다. 물론 이 주장을 그 시대의 맥락 탓으로 돌릴 수도 있다. 파리코뮌은 막 진압되었고, 남성보통선거가 최근 복원된 상황 말이다. 그렇지만 이 주장은, 불평등에 의미를 부여하고 승자의 입지를 정당화하는 일이 사활이 걸린 문제라는 핵심적 진실을 환기해주는 장점이 있다. 불평등은 무엇보다도 이데올로기적이다. 현재의 신소유주의는 19세기 초의 고전시대 소유주의와는 다르게 더이상 명시적으로 납세유권자적일 수 없기에 그만큼 더 능력주의를 고취하려 한다.

『상속자들』에서 피에르 부르디외와 장 클로드 파스롱은 1964년 당대의 고등교육제도에서 작동하는 사회질서 정당화 메커니즘을 분석했다. '능력'과 '재능'이라는 치장 아래 사회적 특권이 존속하는데, 왜냐하면 소외계층은 인정이 작동하는 코드와 비결에 대해 모르기 때문이다. 대학생 인원은 폭증하고, 학력을 통한 인정은 사회적 불평등의 구조화에서 역할이 더 커진다. 하지만 인민계급은 거의 완전히 배제된다. 농업노동자의 자녀 중에서는 1% 이하가 대학생이 되는 데 반해, 기업가의 자녀는 70%, 전문직업인 자녀는 80%가 대학생이 된다. 책이 출간된 1964년에 미국에서 사라진 명시적인 분리주의체계보다 더하면 더했지 덜하지는 않다. 기껏해야 문화적이고 상징적인 지배가 더 음험해져서, 이론상 누구든 동일한 기회를 가져 자유롭게 선택한 과정의 결과가 불평등인 것처럼 여겨질 따름이다. 바로 이 때문에 부르디외와 파스롱은 인류학자 마거릿 미드가 연구한 오마하 인디오들의 주술사 카스트 재생산 메커니즘과 비교하기를 좋아한다. 젊은 인디오 남성들은 혈통이 어떻든 원칙상 자신들의 운을 시험해볼 수 있었다. 그들은 "고독 속으로 침잠해 단식을 하다 되돌아와서 자신들이 본 것을 어른들에게 이야기해야" 했는데, "그들이 엘리트 가족의 일원이 아니면 그들이 본 것은 진본이 아니라고 발표됐다."[118]

교육 불공정과 능력주의적인 위선이라는 이 문제는 1960년대 이후로 더 중요해졌다. 고등교육은 상당히 확대되었지만 여전히 매우 계층화되고 불평등하며, 자원이 실제로 누구에게 할당되는가의 문제와 교육에 대한 접근의 현실적 평등을 실현할 교육방법의 개혁이라는 문제는 그 누구도 진지하게 제기하지 않았다. 미국과 프랑스 그리고 대부분의 나라에서, 자국의 능력주의모델을 기리는 언설들이 사실들에 대한 세밀한 조사에 기반한 경우는 드물다. 대부분의 언설은 기존 체제의 명백한 실패와 인민계급과 중위계급이 상위계급과 동일한 재원과 코스에 접근할 수 없는 서글픈 현실은 전혀 고려하지 않은 채로, 불평등을 정당화하는 게 관건이다.[119] 우리는 교육 불평등이 지난 수십 년간 진행된 '사민주의' 선거연합의 파열의 주요 요인 중 하나라는 점을 4부에서 볼 것이다. 사회당·노동당·사민당 같은 다양한 정당들은 점차 사회적-교육적 경쟁의 승자들에게 더 우호적인 정당으로 여겨지게 되었고, 이 정당들은 전후 저학력 사회집단들 사이에서 누렸던 지지를 상실했다.[120]

영국 사회학자 마이클 영이 1958년부터 이런 성격의 진화를 경고했던 것에 주목해보면 흥미롭다. 1945년 노동당 정강 초안 작성과 확립에 참여한 이후 그는 당 자체의 강령, 특히 교육 문제에 관한 강령이 충분히 쇄신되지 못했다고 생각하며 1950년대에 노동당과 거리를 두었다. 마이클 영은 영국 중등교육제도의 극단적인 계층화를 특히 우려했다. 당시에 그는 『능력주의의 발흥 1870~2033년. 교육과 평등에 관한 에세이』라는 제목의 놀라운 미래예측서를 발표했다.[121] 그는 영국 및 세계 사회가 실제로는 사회적 출신과 (체계적이지는 않더라도) 긴밀히 연결된 인지능력에 따라 점점 더 계층화되는 것을 상상한다. 토리당은 고학력자의 당이 될 것이고 지식인의 이처럼 새로운 지배라는 토대에서 상원에 권력을 되돌려주는 것은 성공할 것이다. 노동당은 '전문가'의 당이 될 것이고 '포퓰리스트'와 맞서게 될 것이다. 포퓰리스트는 과학이 인구의 3분의 1만 고용될 수 있다고 선포하는 세계에서 사회경제적 추방에 격분한 인민층을 결집시킨다. 포퓰리스트는 영국의 모든 청년에게 마침내 동일한 교육과 재원을 제공하는 '종합학교comprehensive school'를 제시하며 교육 평등과 교육제도 통합을 주장하지만 허사가 되고 만다. 이들은 평등주의를 향한 야망을 오래전에 포기한 토리당과 전문가들의 공동 거부에 봉착하고 만 것이다. 영국은 마침내 2033년 포퓰리스트 혁명에 빠져든다. 이야기는 여기서 중단된다. 이 증언을 전하는 사회학자-기자가 이 나라를 유린한 폭동 와중에 사망했기 때문이다. 마이클 영 자신은 2002년에 사망했으니, 현실이 자신의 이야기를 압도하는 모습을 확인할 시간이 없었다. 적어도 이야기의 한 부분에서 그의 예측은 빗나갔다. 2000년대와 2010년대에 토리당이 아닌 노동당이 고학력자들의 제1당이 되었으니 말이다.[122]

## 박애주의의 환상부터 억만장자의 신성화까지

현재의 능력주의 이데올로기는 기업가와 억만장자를 찬양하는 언술들과 쌍을 이룬다는 점을 명확히 하며 결론을 내리자. 이 이데올로기에는 한계가 없어 보일 때도 있다. 어떤 이들은 빌 게이츠, 제프 베이조스, 마크 저커버그가 컴퓨터·책·친구를 발명했다고 여기는 듯 보인다. 이들은 더 부유해져도 당연하고 지상의 가장 낮은 데 있는 사람들은 이들의 선행에 아무리 감사를 표해도 모자라다는 생각들을 갖는다. 이들을 더 제대로 옹호하려고, 악독한 러시아 과두지배자들과 선한 캘리포니아 기업가들 사이에 벽을 세우려 들고, 이들을 향한 모든 비판—이들에게 너무나 유리한 준독점 상황, 힘센 당사자들인 이들에게 특혜를 주는 법률과 조세재정 체계, 공적자원에 대한 이들의 사적 전유 등—을 잊은 듯 행동한다.

억만장자들은 현대 상상의 세계에서 너무 존재감이 뚜렷해 소설과 여타 창작물에서도 두드러지게 부각되는데, 정말 다행스럽게도 소설 및 창작물에서는 잡지보다 아이러니와 거리감이 있다. 2008년에 출간된 소설 『의지와 운명』에서 작가 카를로스 푸엔테스는 멕시코 자본주의와 이 나라를 관통하는 폭력의 풍경을 묘사한다. 이 작품에는 다채로운 인물들이 교차한다. 코카콜라 홍보에 열을 올리는 대통령은 종국에는 정치권력의 가련한 임차인에 불과하다. 그가 마주한 이는 영원한 자본으로, 전능한 억만장자로서 구현된다. 이 억만장자는 나라의 최고 갑부로 2010년부터 2013년까지 (빌 게이츠 이전의) 세계 최고 갑부이기도 했던 전기통신업계 거물 카를로스 슬림을 많이 닮았다. 젊은 남성 둘은 체념과 섹스와 혁명 사이에서 주저한다. 이들은 그들의 유산을 노리는 야망 가득한 미모의 여성에게 살해당하고 만다. 그녀는 범죄를 저지르기 위해 보트랭 같은 인물을 필요로 하지 않으니, 1820년 이후 폭력의 수위가 높아졌다는 증거가 필요하다면 이것이 그 증거다. 특권층 가족 서클의 외부자에게는 모든 탐욕의 대상이자 그 서클에 속해 있는 자들에게는 개개 인격의 파괴자인 자산 상속이 소설가의 성찰의 핵심에 있다. 또한 작품 여기저기서 라틴계가 아닌 백인gringo들, 즉 '멕시코 영토'와 그 자본의 '30%'를 소유하고 불평등을 더 참을 수 없게 만드는 미국인들의 해로운 영향이 보인다.

2016년 탕크레드 보아튀리에Tancrède Voituriez가 발표한 『하늘의 제국』에서는, 어느 억만장자 중국인이 기후변화를 위해 기발한 생각을 한다. 인도 열대계절풍이 중국을 흔들어 베이징을 덮어버린 이 고약한 오염 망토를 벗겨내려면 히말라야 꼭대기를 몇천 미터 잘라내면 되리라는 것이다. 공산주의자든 아니든 억만장자들은 모든 것이 허용된다고 믿으며, 지구공학을 열렬히 좋아하고 단순하고 따분한 해법(세금 내기, 검소하게 살기)을 끔찍이 싫어한다.[123] 〈올 더 머니〉(2017)에서 리들리 스콧 감독은 존 폴 게티라는 인물을 연출한다. 1973년 세계 최고 갑부인 그는 너무나 구두쇠여서 (세금공제를 받았음에도) 너무 많은 몸값을 지불해야 하는 것을 피해 보겠다는 심산으로 이탈리아 마피아가 손자의 귀를 자르는 위험한 상황도 감수한다. 여기 나오는 심하게 인색하고 불쾌한 억만장자는, 계속되는 정형화된 정치 언설과 매체들로 인해 자격 있는 재산과 상냥하고 사회적 공로가 큰 기업가에 대한 영원한 찬양에 더 익숙해진 2010년대의 관객들마저도 조금 거북하다고 느낄 정도의 인물이다.

여러 요인이 현재의 이데올로기가 가진 힘을 설명해줄 수 있다. 우선, 언제나 그렇듯 공백에 대한 공포가 있다. (셋이 순자산 3000억 달러를 소유하는 대신에) 빌 게이츠와 제프 베이조스와 마크 저커버그 각자가 10억 달러만 소유하는 것에 만족할 수 있을 것이고, 그들은 미리 알았더라도 (이는 개연성이 매우 높은 것인데) 자신들의 삶을 아마 동일하게 영위했으리라는 생각이 용인되기 시작하면, 사람들은 그 생각이 어디서 멈출지를 몰라 두려워한다. 우리가 보유한 역사적 경험들은 학습을 통해 정연하게 실험을 해나갈 수 있도록 해준다. 하지만 이 모든 게 헛되기도 하니, 여전히 어떤 이들은 이 판도라의 상자를 여는 것이 너무 위험하다고 확신하고 있는 것이다. 공산주의 몰락이라는 요인도 있다. 스포츠클럽과 미디어에 투자하는 러시아나 체코의 과두지배자들이 그렇게 훌륭해 보이지는 않아도, 소비에트주의에서는 빠져나와야 했던 것이다. 그러나 이제 사람들은 억만장자가 민주주의제도에 끼치는 해악이 염려스러울 정도로 심각하다고 평가하기 시작했다. 그렇지 않아도 (마이클 영이 예견한 2033년의 폭동까지 가지 않더라도) 민주주의제도는 불평등과 '포퓰리즘'의 증대로 위협받고 있다.

억만장자들을 정당화하는 데 일조하는 또다른 중요한 요인은 '박애주의 환상'이라 부를 만한 것이다. 달리 말해 국가 규모와 강제과세 수준이 1980~1990년 이후로 과거에 겪어본 적 없는 수준에 도달한 시대에는, 박애주의(즉 공익을 위한 사심 없는 사적인 재원 조달)가 더 큰 역할을 맡아야만 한다는 생각에 자연스러운 대목이 있다는 것이다. 실제로 공권력이 새롭게 확대되었던 순간부터, 과세 및 공적 지출체계에 대해 (항상 투명한 건 아니니) 더욱 투명성을 요구하는 일은 정당하다. 문화·미디어·학문연구 같은 여러 부문이 탈집중적이고 참여적인 연합구조를 통한 이런저런 공적 재원과 사적 재원에 의지하는 것 또한 적절하다. 문제는 박애주의 언술이 매우 위험한 반국가 이데올로기에 동원되곤 한다는 점이다. 특히 빈국의 경우가 그렇다. 국가를 우회하는 박애주의(와 때로는 부국의 개발원조)는 빈국에서 국가가 빈약해지는 데 일조한다. 사실, 빈국의 국가는 전혀 전능하지 않다. 대부분의 경우 극도로 제한된, 특히 부국들이 그 발전 경로에서 보유해왔던 것보다 훨씬 적은 세수를 보유한다.[124] 억만장자의 입장에서는, 또는 이보다는 덜 부유한 기부자의 입장에서는, 한 나라의 보건과 교육에서의 우선순위를 정해볼 수 있다는 것은 물론 기쁜 일일 것이다. 그렇지만 부국들의 역사를 볼 때 이것이 최상의 방법이라고 시사하는 바는 전혀 없다.

박애주의 환상의 또다른 문제는 참여적이고 민주적인 차원이 취약하다는 점이다. 실제로 기부는 부자들 사이에 극도로 집중되어 있으며 이들은 매우 큰 세제 혜택을 누린다. 이는 사실상 인민계급과 중위계급이 세금으로써 부자들의 선호대상에 보조금을 대주는 셈이며, 공공재 몰수와 납세유권자적인 표류의 새로운 형태에 가깝다.[125] 정당의 재원을 평등주의적 형태로 조달하는 앞서 거론한 방식으로, 공공재를 사회적이고 집단적으로 정하는 일에 시민들이 평등하게 참여한다면 의회민주주의 극복에 매우 유용한 역할을 하면서 기여할 수 있을 것이다.[126] 교육의 평등 및 소유의 확산과 더불어, 이와 같은 전망은 내가 이 책의 4부에서 제시할 참여사회주의를 위한 요소들 중 일부가 될 것이다.

제4부

# 정치적 갈등의 차원들을 다시 사유하기

CAPITAL ET IDÉOLOGIE

제14장

# 경계와 소유: 평등의 건설

우리는 이 책의 1~3부에서 구래의 삼기능사회와 노예제사회부터 소유주의·식민주의·사민주의·공산주의 사회를 거쳐 하이퍼자본주의사회와 현재의 포스트공산주의사회까지 불평등주의체제들의 전환을 연구했다. 나는 주로 이러한 진화들의 정치적-이데올로기적 차원들을 강조했다. 각각의 불평등주의체제는 사실상 나름의 정의이론에 기초한다. 불평등은 정당화되어야 하고 이상적인 사회적 정치적 조직화의 그럴듯하고 일관된 관점에 의거해야 한다. 모든 사회에서 이는 공동체의 경계, 소유관계의 조직화, 교육 접근성 및 조세 분배라는 문제와 관련된 일련의 개념적 실천적 문제들을 해결한다는 뜻이다. 과거의 사회들이 내놓은 답변들에는 나름의 약점들이 있다. 대부분 그것들은 시간을 버티지 못하고 다른 것들로 대체되었다. 금융 불투명성을 신성화하거나 능력에 따라 재산을 모았다는 식의 다양한 신성화 형식들에 그럭저럭 근거를 둔 현행 이데올로기들이 덜 기이하다거나 더 지속적이라고 생각하는 것은 잘못일 것이다.

선거민주주의와 보통선거의 시대에, 사회정의와 정의로운 경제를 둘러싼 정치적-이데올로기적 갈등은 시위와 혁명 속에서, 팸플릿과 책 속에서 계속해서 표현된다. 하지만 이는 투표함 속에서도, 누구든 저마다의 세계관과 개별적인 사회경제적 위치에 따라 동의한 연정들과 정당들을 통해서도 표현된다. 혹자들은 또한 투표하지 않기를 선택하는데, 이는 그 자체로 하나의 선언이다. 모든 경우에 선거에서의 이런 작용은 정치적 믿음과 이것의 진화에 관해 흔적을 남기는데, 이 흔적들은 물론 불완전하고 그 해석은 복잡하지만 선거 없는 사회들에 비해 더 풍부하고 체계적이다.

우리가 4부에서 연구하려는 것은 그런 흔적들이다. 특히, 우리는 선거로 표출된 정치적 균열의 '계급주의적' 구조가 1950~1980년의 사민주의시대와 1990~2020년의 하이퍼자본주의적이고 포스트식민적인 세계화시대 사이에서 근원적으로 전환된 방식을 연구할 것이다. 전자의 시기에 인민계급은 당대의 좌파를 이루는 다양한 사회당·공산당·노동당·민주당·사민당을 통해 대표되었다. 후자의 시기에는 그렇지 않아서 이 정당들과 정치운동들은 고학력자들의 정당이 되었고, 어떤 면에서는 상위 소득 및 자산을 가진 유권자들의 정당으로 되어가는 지점에 있다.[1] 이러한 진화는 전후 사민주의연합이 자신들의 정강을 혁신하는 데, 특히 조세재정·교육·국제 문제에 관한 혁신에 실패했음을 주로 드러낸다. 이러한 전환은 또한 평등주의연합의 구성이 복합적인 정치적-이데올로기적 건설의 결실이라는 것을 보여준다. 경계와 소유에 관한 갈등들을 위시한 다수의 사회적이고 이데올로기적인 균열은 언제나 유권자를 관통한다. 사회역사적이고 정치적-이데올로기적인 특수한 진화과정들만이 그런 균열을 극복하도록, (도시 출신이든 농촌 출신이든, 임금노동자든 자영업자든, 자국민이든 외국인이든) 다양한 궤도와 기원에서 유래하는 인민계급을 단일하게 통합할 수 있도록 해준다.

우리는 이 장에서 프랑스 사례를 연구하는 걸로 시작할 것이다. 우리는 다음 장들에서 미국과 영국으로, 서유럽과 동유럽의 여타 선거민주주의로, 인도와 브라질 같은 비서양의 여러 선거민주주의로 연구를 확장할 것이다. 이처럼 상이한 궤적들을 비교함으로써 우리는 이러한 전환들의 원인들과 가능한 미래 동학을 더 잘 이해할 수 있게 될 것이다. 우리는 작금의 21세기 초에 모습을 드러낸 사회토착주의라는 가공할 덫에서 빠져나올 수 있는 조건은 무엇인지를 분석하고자 시도할 것이다. 이 사회토착주의는 공산주의 이후의 환멸, 세계화의 조직화에 대한 불충분한 반성, 포스트식민적 다양성에 대한 적응의 어려움으로부터 귀결된 것이다. 우리는 특히 이처럼 새로운 정체성주의적 위협에 대한 대처를 가능케 할 참여사회주의 및 사회연방주의의 윤곽을 그려내는 일이 어느 정도로 가능한지 보려 한다.

## 좌파와 우파 해체하기: 사회정치적 갈등의 차원들

선거로 표출된 정치적 균열들에는 예컨대 '빈자'와 '부자'의 대립이라는 단일한 차원의 갈등으로 결코 환원될 수 없는 다수의 이유가 존재한다. 우선, 정치적 갈등은 무엇보다도 이데올로기적이며 비'계급주의적'이다. 이 갈등은 정의로운 사회에 관한 신념체계들과 세계관들을 대립시키는데, 이것들은 개인의 사회경제적 특성 또는 각자의 사회계급으로 환원될 수 없다. 개인별 속성에 관해서는 가족적이고 개인적인 삶의 궤적, 만남과 교류, 해석, 각자가 지닌 주관의 고유한 성찰과 여정에 따라 언제나 매우 다양한 견해가 존재가능할 것이다. 사회의 이상적 조직화 문제는 너무나 불확실한 것이라서 '계급 위상'과 정치 신념 사이의 결정론적 관계가 있을 수 없다. 물론 여기서 모든 신념을 상대화하려는 것은 아니다. 도리어 나는 역사의 교훈들을 동원하고 상이한 역사적 경험들을 상세하게 비교함으로써 이상적 소유체제나 이상적 조세재정 및 교육 제도의 윤곽을 더 잘 그려보는 일이 가능하다고 확신한다. 다만 이 문제들은 너무 복합적이라서 광범위한 집단적 숙의를 통해서만, 개인적 경험들과 정의로운 사회 표상들의—결코 계급 위상으로 환원될 수 없는—다양성에 의거하면서, 현실적이고 지속적인 진보를 희망해볼 수 있다. 무엇보다도, 집단적 조직들(정당과 정치운동, 노조, 다양한 성격의 조합)이 이처럼 평등과 해방을 향한 열망들과 표상들을 정강으로 나타내는 방식은 다양한 형태의 개인적 찬동 및 정치참여를 규정하는 결정적 역할을 한다.

다음으로, 사회계급 개념 자체는 심층적으로 다차원적인 개념으로 사고되어야 한다. 이 개념에서 우선 작용하는 것은 직업, 활동 부문과 지위, 임금 또는 다른 형태의 노동소득, 숙련, 직업적 정체성, 지도 또는 지휘의 위치, 생산의 결정 및 조직에 참여할 가능성과 관련된 모든 것이다. 여기에는 교육 및 학력 수준이 포함되는데, 이 수준은 직업 접근성, 정치참여 및 사회적 상호작용 형태들의 일정한 조건이 되며 가족 및 개인의 네트워크를 통해 개인의 문화적 상징자본을 규정하는 데 일조한다. 마지막으로, 사회계급은 소유에 의해 긴밀하게 규정된다. 어제처럼 오늘도 부동산·사업·금융 자산 보유는 다중적인 영향력을 갖는다. 자산 보유의 함의는 예컨대 누구는 자기 임금의 상당 부분을 평생 임대료로 내야 하고 다른 누구는 그 임대료를 받는다는 것이다. 누군가가 생산하는 재화와 서비스를 구매하는, 하여 다른 이의 시간을 마음대로 처분하는 힘인 구매력에 대해 소유는 간과될 수 없는 영향력을 갖는다. 또한 소유는 사회적 권력 일반의 결정요인이다. 예컨대 소유는 고도로 위계화된 비대칭적 관계의 틀에서 기업을 만들고 타인을 자기 기획에 사용하는 능력에 직접 영향을 미친다. 또한 소유는 타인의 기획을 지지할 가능성을, 그리고 때로는 특히 정당 또는 정보 미디어에 자금 제공을 통해 정치활동에 특별한 영향력을 발휘할 가능성을 부여한다.

직업과 학력과 소유 이외에, 각자의 정체성이 되는 사회계급은 또한 연령, 젠더, 민족적 또는 종족적 기원(또는 그런 기원이라 여겨지는 것), 종교·철학·식생활·성정체성 지향에 의해서도 규정될 수 있다. 계급 위상은 또한 소득수준에 의해서 특징지어지는데, 이 소득수준은 다른 모든 차원에 의존하는 대단히 복합적이고 혼합적인 속성이다. 특히 소득에는 노동소득(임금과 여타 활동소득)과 자본소득(임대료·이자·배당금·시세 차액·이윤 등)이 포함된다. 자산 보유가 교육이나 직업적 투자에 필요한 자금을 얼마큼 댈 수 있는지에 따라 특정한 직업활동 및 노동소득을 규정하는 데 일조한다는 점에서, 그만큼 더 소득은 직업, 교육 수준, 자산 규모에 동시에 의존한다.

우리는 사회적 균열들의 이러한 다차원성이 선거로 표출된 정치적 균열들의 구조와 진화를 이해하는 데 본질적임을 볼 것이다(특히 도표 14.1~14.2 참조). 사민주의 시기, 즉 대략적으로 1950~1980년의 선거 양태를 조사해보면, 사회적 균열들의 상이한 차원이 정치적으로 정렬되고 있음이 서양의 모든 나라에서 확인된다. 달리 말해, 사회적 위계에서 높지 않은 위상을 차지하는 사람들은 고려되는 차원이 어떤 것이든(학력·소득·자산), (넓은 의미에서의) 사회주의·공산주의·민주주의·사민주의 정당 및 운동에 투표하는 경향을 보였고, 복수의 차원에서 열악한 위상에 처해 있다는 사실은 그런 투표에 누가적인 효과를 낳았다. 이것은 독일 사민당 또는 스웨덴 사민당 같은 명시적으로 사민주의적인 정당들과 관련해서만이 아니라 영국 노동당, 미국 민주당을 지지하는 표나 프랑스처럼 이런 운동들이 역사적으로 여러 당파로 분열되었던 나라의 다양한 명칭의 좌파 정당들(사회당·공산당·급진당·생태주의당)을 지지하는 표와 관련해서도 사실이다.[2] 반면에, 미국 공화당, 영국 보수당, 다른 나라에서의 다양한 중도우파 및 우파 정당들을 지지하는 표는 상위 소득 및 자산 보유자들만큼이나 고학력자들 사이에서도 많았으며, 각 차원에서 상위에 놓인 유권자들에게 누가적인 효과들이 있었다.

1950~1980년의 유력한 정치적 갈등구조는 계급 정체성을 규정하는 차원이 어떤 것이든 하층 사회계급을 상층에 대립시킨다는 의미에서 '계급주의적'이었다. 반면 1990~2020년의 정치적 갈등은 한 부류의 연합이 고

학력자들에게 의거한다면, (엘리트들이 앞쪽의 연합으로 이동함에 따라 사실 점점 경계가 희미해지는) 다른 하나의 연합은 상위 소득 및 자산에 의거하는 식의 다중적인 엘리트체계와 관련된다. 사회적 계층화의 상이한 차원들과 연계되는 정치적 균열들의 크기를 가늠하는 매우 분명한 눈금이 계급주의시대의 모든 나라에서 관찰된다는 점에도 유의할 것이다. 소유는 가장 분열적인 차원이다. 아무것도 소유하지 못한 사람들은 사민당(또는 그에 상응하는 당)에 대거 투표하는 데 반해 많은 것을 소유한 사람들은 그렇게 투표하는 경우가 극히 드물었다. 학력은 1950~1980년에는 소유와 방향은 같으나 분명히 덜 뚜렷한 효과를 갖는다. 저학력자들은 대부분 사민당(또는 그에 상응하는 당)에 투표하고 고학력자들은 반대인데, 그럼에도 격차는 소유에 비해 훨씬 더 줄어든다. 소득수준을 말하자면, 이는 아주 논리적인데, 소유 크기에 비해서는 덜 분열적이지만 학력 수준에 비해서는 더 분열적인 중간 위치에 있다.

상이한 사회적 균열들의 정치화 정도에 대한 이러한 눈금은 예컨대 프랑스 경우에서 매우 명확하게 예시되며(도표 14.1 참조), 연구되는 모든 여타 나라에서도 확인된다.

프랑스와 관련해서, 좌파 정당에 투표하는 자산 상위 10%와 하위 90%의 유권자 비율을 조사해보면, 1950~1980년에는 약 -25포인트의 매우 뚜렷한 격차가 확인되는데 이는 상당한 것이다. 예컨대 1974년 대선의 경우를 생각해보자. 들끓던 사회적 분위기에서 극도로 치열했던 선거전이 끝난 뒤, 주로 사회당과 공산당이 지지한 좌파연합 후보(미테랑)는 2차 투표에서 49%를 득표하여 51%를 득표한 우파 상대후보(지스카르)에게 분패했다. 자산 측면에서 가난한 90% 유권자들에게서 미테랑이 받은 성적은 52%에 육박했던 데 반해 부유한 10%에게서는 27%가량이었으니, 이로부터 25포인트의 격차가 나온다.

이제 소득 상위 10%와 하위 90% 사이에서 동일한 정당들에 투표한 유권자 비율을 조사해보면, 1950~1980년에 대체로 -10~-15포인트 사이

의 격차가 확인된다. 이는 물론 상당한 결과이긴 하지만 자산에 비하면 현저히 약한 것이다.[3]

## 1945년 이후의 선거좌파: 노동자의 정당에서 고학력자의 정당으로

학력 효과가 시간이 흐르면서 완전히 역전된다는 점을 확인하는 건 대단히 인상적이다. 1950년대와 1960년대에 좌파 정당들을 지지하는 표는 90%의 저학력 유권자들보다 10%의 고학력 유권자들 사이에서 분명히 더 적었고, 그 격차는 소득에서 확인되는 것과 유사했다. 이어서 1960년대 말부터 1970년대와 1980년대를 지나오며 격차는 꾸준히 줄어들다가 결국 방향이 바뀐다.[4] 1990년대와 2000년대부터, 좌파 정당들을 지지하는 표는 90%의 저학력자들보다 10%의 고학력자들 사이에서 현저히 더 많아졌다. 그 격차는 또다시 약 10~15포인트이지만 방향이 다르다(도표 14.1 참조).

요약하자. 전후에 선거좌파는 노동자, 특히 저학력 임금노동자의 정당에 가까웠다. 지난 반세기 동안 선거좌파는 점차 고학력자, 특히 관리자와 전문 지식인의 정당이 된다.

이번 장과 이어지는 장들에서 우리는 이처럼 근원적인 전환을 더 정확하게 고증하고, 특히 그 기원과 의미와 결과를 더 잘 이해해보려 노력할 것이다. 지금 단계에서는 여러 중요한 논점을 정확히 해둘 필요가 있다. 우선, 우리는 전후 정치적 갈등의 이처럼 동일한 (소유·소득·교육의 효과들 사이에서 동일한 눈금을 지닌) 근본구조와 진화를 서양의 선거민주주의 전체, 특히 (우리가 연구할 편차들과 더불어) 미국·영국·독일·스웨덴에서 확인할 것이다. 예컨대, 미국에서 고학력 유권자 10%와 저학력 유권자 90% 사이의 민주당 득표 격차를 조사해보면, 프랑스에서 좌파 정당들의 득표와 동일한 진화가 뚜렷하게 관찰된다(도표 14.2 참조). 영국 노동당

**도표 14.1** 프랑스의 사회적 균열과 정치 갈등, 1955~2020년

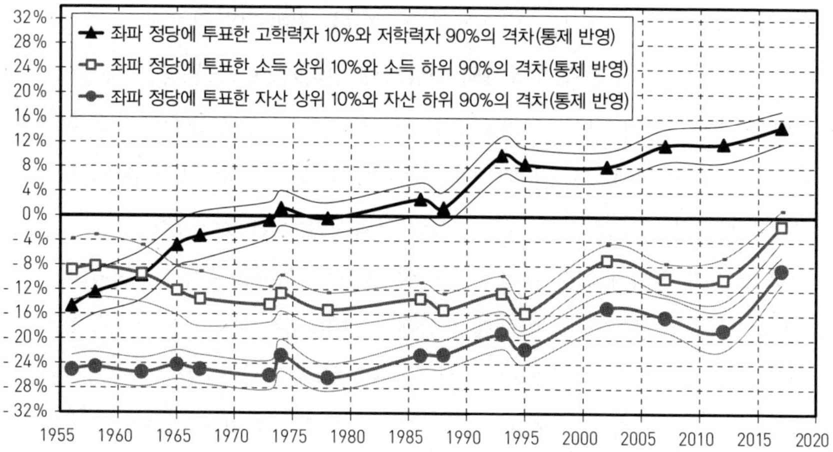


1950~1970년 좌파 정당(사회당·공산당·급진당·생태주의당)의 표는 저학력, 소득 및 자산 하위 유권자와 상응한다. 1990~2010년에 이는 고학력 유권자와 상응한다. 참고: 둘러싼 선들은 신뢰구간 90%를 가리킨다.

**출처 및 원 통계자료:** piketty.pse.ens.fr/ideologie

**도표 14.2** 유럽과 미국의 선거좌파, 1945~2020년: 노동자들의 당에서 고학력자들의 당으로

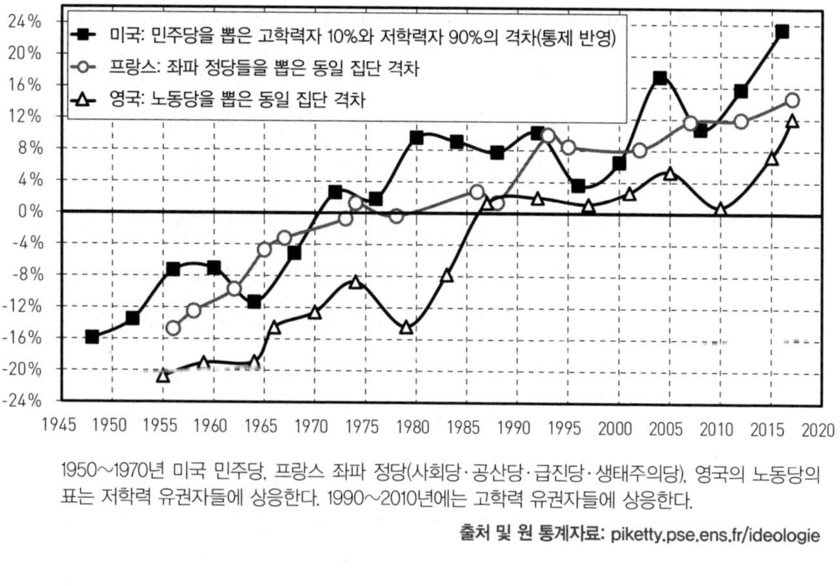


1950~1970년 미국 민주당, 프랑스 좌파 정당(사회당·공산당·급진당·생태주의당), 영국의 노동당의 표는 저학력 유권자들에 상응한다. 1990~2010년에는 고학력 유권자들에 상응한다.

**출처 및 원 통계자료:** piketty.pse.ens.fr/ideologie

도 사정은 동일하다. 영국의 진화는 프랑스와 미국에서 관찰된 경향에 비해 약간 뒤처지지만(우리는 이를 재론할 것이다) 전반적인 전환은 결국 동일하다. 오랫동안 노동과 노동자의 정당으로 정의되었던 노동당은 사실상 고학력자의 정당이 되고, 토리당보다도 노동당이 더 많은 고학력자를 사로잡는다. 1958년에 출간된 자신의 미래예측서 『능력주의의 발흥』에서 창의력을 보였던 마이클 영의 예측은 그리 과하지 않았던 것이다.[5]

각 국가의 정당제도가 완전히 상이한 정치적-이데올로기적 기원들을 갖는다는 점을 감안하면, 미국과 유럽에서 관찰되는 진화의 유사성을 확인하는 것은 특별히 인상적이다. 미국에서, 민주당은 노예제와 분리주의의 당이었다가 뉴딜과 사회경제적 불평등 감소와 민권의 당이 되었는데, 이 모든 것은 점진적이고 연속적인 방식으로 커다란 단절 없이 남북전쟁 직후에 시작된 진화의 끝에서 이루어졌다.[6] 반면 여기서 검토되는 유럽의 정당들은 다양한 사회주의·공산주의·사민주의 전통들과 이데올로기들에서 유래하며 정도는 각기 다르지만 생산수단의 집단화에 의거한다. 게다가 인종적 종족적 균열들이 (적어도 유럽 영토 내에서는) 거의 부재한 사회경제적 맥락이 있다. 유럽 무대 안에서는 정당제도의 다양성 또한 받아들여지고 있다. 반소비에트적 사회당과 친소비에트적 공산당 사이의 강한 단절(프랑스), 오랫동안 국유화에 집착해온 통합적인 노동당(영국), 마지막으로 일찌감치 공동관리로 선회한 사민당들(동일한 진화들을 확인하게 되는 독일과 스웨덴)을 마주하게 되는 것이다.[7] 이런 다양성에도 불구하고 동일한 진화들이 관찰된다는 사실은 일관된 설명을 필요로 한다.

특히, 궤도들의 유사성은 협애한 국가별 가설들에 회의를 불러일으킨다. 하층 사회집단의 많은 이들이 선거좌파가 자신들을 잘 대표하지 못한다고(심지어는 포기했다고) 느끼게 되는 이유들에 관해서는, 더욱 포괄적인 설명들이 더 그럴듯해 보인다. (넓은 의미에서의) 전후 사민주의연합이 자신들의 강령을 충분하게 혁신하지 못하고, 특히 세계화와 3차 고등교육 시대에 걸맞은 설득력 있는 정의 표준을 발전시키지 못한 무능을 유독 생각하게 된다. 특히 소련과 동유럽 공산주의의 실패에 뒤이은 세계의 이데올로기적 진화가, 정의로운 경제 및 불평등의 현실적이고 지속적인 감소 가능성 자체에 대한 특정한 환멸 형태로의 이러한 변화에 결정적으로 일조했던 것으로 보인다. 그토록 복합적인 진화들과 관련해 수용될 수 있는 다수의 여타 설명 요인, 특히 포스트식민사회들 내부의 문화·인종·이민을 둘러싼 새로운 균열의 발흥을 소거하는 것은 애초에 불가능하다. 상이한 궤적들에 대한 상세한 검토를 통해서만 이러한 전환들을 더 잘 이해하는 방향으로 약간의 진보를 이룰 수 있다.

## 선거로 표출된 정치적-이데올로기적 균열들에 대한 포괄적 연구를 향하여

더 멀리 나아가기에 앞서, 이런 유형의 분석을 가능케 하는 자료들과 그것들의 한계 및 장점에 대해 조금 더 말해두는 것이 바람직하다. 도표 14.1~14.2에서, 또한 이 장과 다음 장들에서 분석되는 모든 도표에서 제시되는 결과들은 지난 수십 년간 다양한 나라에서 실시된 선거 사후조사들의 독창적이고 체계적인 활용에 기초한 집단연구 프로젝트의 소산이다. 일반적으로는 대학과 연구소들을 모은 컨소시엄과 때로는 정보 미디어들과의 연계로 실시한 이 사후조사들은 선거 행태를 연구하기 위해 구상된 것으로, 선거 이후 수일 내 인구 표본을 상대로 투표와 그 동기를 질문하는 것으로 이루어진다. 또한 개인의 사회인구통계적이고 경제적인 특징들, 이를테면 연령·성별·거주지·직업·활동 분야·학력·소득·자산·종교활동·혈통 등에 관한 수십 가지 질문이 포함된다. 선거 사후조사는 유권자의 사회경제적 구조와 그 전환을 연구하는 가장 직접적인 방법이다.

하지만 이 자료에는 여러 불충분함이 있다. 우선, 선거 사후조사들은 비교적 최근에 시작되었다. 특히, 2차대전 이전의 선거를 연구하지 못한다. 우리는 미국과 프랑스와 영국의 사례를 상세하게 다루는 걸로 시작할 것이다. 이 나라들에서는 꽤나 정교한 사후조사들이 1940년대 말 1950년대 초 이후 지속적으로 실시되어왔다. 기록들은 잘 보존되어왔고, 미국의 1948년 대선 및 영국과 프랑스의 1955년과 1956년 총선 이후 거의 모든 선거에서의 유권자구조 전환에 대해 이 기록들은 기대에 부응하는 연구를 할 수 있게 해준다.[8] 유사한 연구들은 또한 독일과 스웨덴에서 1950년대 이후, 그리고 유럽과 비유럽의 대부분 선거민주주의(특히 인도·일본·캐나다·오스트레일리아)에서 1960년대와 1970년대 이후 실시되어왔다. 동유럽의 새로운 선거민주주의에서는 1990년대와 2000년대 이후 선거 균열의 변화과정을 연구하는 것이 가능하다. 브라질에서는 1980년대 말 군사독재가 몰락하고 선거가 부활한 이후부터 연구가 가능하다. 남아공에서도 1990년대 중반 아파르트헤이트의 몰락 이후부터 가능하다. 따라서 이 자료로써 광범위한 세계일주가 가능해 보인다.[9] 그렇지만 이 사후조사들을 통해서는 19세기와 20세기 초반 수십 년의 선거들을 연구하지는 못한다. 그것들을 위해서는 또다른 방법과 자료가 동원되어야 할 것이다.[10]

주로 이 사후조사들로 구성된 방법의 또다른 중요한 한계는 (일반적으로 응답자가 4000~5000명 정도인) 제한된 규모의 표본에 기초한다는 점이다. 이와 같은 기술적인 측면이 본질적인데, 이 자료를 통해서는 선거들 사이의 작은 변이들을—이러한 변동들은 대부분 너무 제한적인 것들이라 통계적으로 잘 드러나지 않기에—연구하지 못하기 때문이다. 반면 우리가 집중하려는 장기 진화들은 도표 14.1에 제시된 신뢰구간이 보여주듯이 너무 잘 드러난다.[11] 특히, 1950~1980년과 1990~2020년 사이의 선거좌파를 특징짓는 교육 균열의 (저학력자들의 표에서 고학력자들의 표로의) 완전한 역전은, 다른 모든 나라처럼 프랑스에서도 극단적으로 잘 드러난다. '다른 조건이 모두 똑같다면' 식으로 추론할 수 있을 정도로, 다시 말해 예컨대 (체계적이지는 않더라도) 학력과 연동되는 또다른 개인적 속성들의 효과들을 통제하면서 학력 효과를 분립시켜낼 정도로 표본의 크기는 충분하다.[12] 모든 신고 자료들과 마찬가지로, 이 사후조사들도 피조사자들의 답변에는 다양한 편향이 있을 수 있음에 유의할 것이다. 특히, 흔히 관찰되는 것은 선거에서 승리한 정당과 연정을 지지한 표의 약간의 과잉 진술과 낙인찍힌(또는 낙인찍혔다고 스스로 느끼는) 소수자 정치운동들을 지지한 표의 과소 진술이다.[13] 그렇다고 이러한 편향들이 선거에 있어서 사회집단 간의 차이에 영향을 미친다고 생각할 일은 전혀 아니다. 심지어 시간의 흐름에 따른 이러한 차이들의 진화에는 더더욱 영향을 미치지 못한다. 이 차이는 다양한 나라에서 사후조사가 지속되면서 반복되는데, 이런 의미에서 잘 확정된 것으로 보인다.[14]

도표 14.1~14.2는 특수한 지표(즉 상위 10%와 하위 90% 사이에서 표의 차이)에 초점을 맞춘 것임을 밝혀둔다. 하지만 다른 지표들, 예컨대 고학력 유권자 50%와 저학력 유권자 50%를 비교하여 균열들을 측정해도 (소득과 자산에 대해서도 마찬가지다) 또는 심지어 고등교육 졸업자와 비졸업자 사이의 투표 격차나 중등교육 졸업자와 비졸업자의 투표 격차를 조사해도 진화들은 유사할 것임을 지적해두자.[15] 달리 말해 한계들에도 불구하고, 이 사후조사들은 도표 14.1~14.2에 요약된 결과들의 충실함에 대한 확증을 가능케 한다. 우리는 프랑스·미국·영국과 여타 나라들에 대해 확보한 결과들을 상세하게 검토하면서 이에 대해 뒤에서 재론할 것이다.

또한 선거 사후조사와 그 결과들은 사회적 계층화의 상이한 차원들이 어느 정도로 상관성을 갖는지—그렇다고 이 상관성이 체계적인 것은 아닌데—에 대한 확인을 가능케 한다. 예컨대, 언제나 자산이 적은 고학력자들이 있는가 하면 자산이 많은 저학력자도 있다. 사회계급의 공간은 다차원적인 공간이다. 물론 그 공간의 중심에는 모든 차원들을 동시에 가로지르는(문제의 개별 속성들이 항상 그런 것은 아니지만 수직으로 정렬될 수 있는 한에서), 사회적인 하층 집단과 상층 집단을 내포한 대각선이 있다. 하지만 그 공간에는 다수의 다양한 궤도들에서 비롯하는 더 복합적인 상황들이 또한 포함되니, 그 함의인즉슨 개인들은 고려되는 (약간의 차이가 있기도 하고 때로는 좀더 분명하게 분리되는) 축들에 따라 상이한 위상을 점한다는 것이다. 하지만 이러한 위상의 차이들은—여기에 사회적 위상의 궤도들, 믿음들, 표상들이 추가되는데—모든 사회에서 복합적이고 다차원적인 사회정치적 공간을 드러낸다는 것이다. 실제로, 여기서 고려되는 상이한 차원들(학력·소득·자산)이 완벽하게 상관적이라면, 도표 14.1에서 관찰되는 것들, 요컨대 세 곡선이 완벽하게 혼융되는 것과 같은 결과들을 명확하게 규명하기란 불가능했을 것이다. 선거 사후조사들에 따르면, 이 세 차원의 상관성은 1950년대부터 2010년대까지 대략 동일한 수준으로 유지된 것으로 보인다(이 불완전한 자료로 판단할 수 있는 한에서 보자면 아마도 2010년대 말에는 아주 약간 증가한 듯하다).[16] 달리 말해, 이러한 진화들은 학력·소득·자산의 위계들이 돌연 과거보다 덜 상관적이 되었기 때문이라고 설명되는 것은 아니다. 따라서 일어났던 중요한 변화는 무엇보다도 (사회경제적인 것이 아니라) 정치적-이데올로기적 성격을 갖는다. 그 변화는 대치하는 정치조직들과 선거연합들이 사회적 불평등의 이처럼 상이한 차원들을 통합하거나 대립시키는 능력과 일차적으로 관련된다.

## 종족적-인종적 균열들과 사회토착주의에 대한 연구를 국제화하기

여기서 제시된 결과들은 다수의 정치학 연구의 계보에 속한다는 점을 마지막으로 명확히 해두자. 특히, 정치학자 시모어 마틴 립셋과 스타인 로칸은 1960년대부터 선거 균열들에 대한 다차원적 조망을 통해 정당체제들과 그 진화를 분석할 것을 제안했다. 그들의 분류는 근대사회가 산업혁명과 (중앙집권적 국가권력과 민족국가 건설을 통한) 민족혁명이라는 두 개의 대혁명으로 성립됐다는 생각에 기초했다. 두 혁명은 나라에 따라 크기가 다른 네 가지 기본적인 정치적 균열을 야기했다. 중심과 주변(중심지역 또는 수도에 가까운 지역과 스스로 주변이라고 느끼는 지역)의 균열, 중앙집권국가와 교회의 균열, 농업과 공업의 균열, 노동자를 고용주와 소유자와 대립시키는 생산수단 소유를 둘러싼 균열.[17]

립셋과 로칸은 이 개념들을 주로 동원하여 1750년 무렵 영국에서 토리당(보수파)과 휘그당(자유주의파)을 대립시킨 최초의 당파체계를 규명한다. 이 체계는 자신들의 지역권력에 집착하는 농촌 토지 엘리트들과 중앙국가에 더 의존하는 도시 상업 엘리트들 사이의 대립에 의해 특징지어진다. 이 모든 것은 인구의 단 몇 퍼센트만이 투표권을 갖던 시대에 전개되었고, 따라서 선거에서의 정치 갈등은 엘리트들 사이의 충돌에 불과했다. 보통선거 및 산업적 균열의 등장은 1900~1950년에 노동당의 (1859년에 자유당이 된) 휘그당 대체로 이어졌다.[18] 립셋과 로칸은 또한 19세기, 그리고 20세기 전반기에 유럽의 다양한 정당체계 구성에서 종교·교육 문제가 지닌 중요성을 강조한다. (특히 프랑스·이탈리아·에스파냐에서) 세속국가 지지자들과 교회제도가 견지해야 할 역할의 옹호자들 사이에서는 폭력적인 대결이 흔하게 일어났고, 대부분의 나라에서 정당구조에 지속적인 영향을 주었다는 것이다(때로는 네덜란드와 독일처럼 개신교 및 가톨릭의 감수성을 별도로 고무하기 위해 구성된 당들도 있다). 립셋과 로칸이 연구한 균열들은 두드러진 흔적을 남겼으며 계속해서 중요한 역할을 하고 있다.

이러한 시각과 비교하자면, 여기서 발전시킨 접근은 두 가지 본질적인 특수성을 갖는다. 하나는 오늘날 우리가 취하는 거리와 가용 자료가 1950~1960년 이후 사회정치적인 선거 균열들의 구조에서 일어난 심층적인 전환들에 대한 식별을 가능케 한다는 점이다. 이러한 변동들을 측정하기 위해, 나는 학력·소득·자산의 위계 안에서 점하는 위상에 따라 유권자들을 분류할 것과 1945년 이후 사용가능한 선거 사후조사 전체를 체계적으로 활용할 것을 제안한다. 물론 정체성과 사회계급은, 정치적 역사적으로 구체화되어 표출될 때, 결정적인 정치 쟁점에 대한 세계관과 신념체계가 이와 같은 개인적인 속성들과 일부만 연관되는 이상, 교육·소득·소유의 십분위로 직접 해석되지 않으며 또는 적어도 그렇게 노골적이고 명시적인 방식으로 드러나지는 않는다. 하지만 이러한 언어는, 불평등에 대한 평가에서와 동일한 방식으로, 선거로 표출된 균열들의 구조를 서로 매우 멀리 떨어진 사회들 내부에서 장기적으로 비교할 수 있게 해준다는 장점을 갖는다. 달리 말해, 학력·소득·자산 십분위는 정확한 역사적 비교를 가능케 하는데, (직업의 종류는 시간의 흐름에 따라 변하는 것인 만큼) 직업을 통해서는 이런 비교가 어렵다.[19]

다른 하나는, 립셋과 로칸이 제안한 틀의 한계는 종족적-인종적 균열 문제를 완전히 간과한다는 데 있다는 점이다. 이는 역설적으로 보일 수도 있는데, 그들의 연구가 시민권을 둘러싼 대립이 한창이던 1960년대 미국에서 출간됐기 때문이다. 그런데 정치적 갈등의 이러한 차원은 아마 그 시대에 흔히들 상상하던 것과는 반대로 소멸하지 않았다.[20] 이 차원은 유럽처럼 대서양 너머 미국에서도 현실에서 강화되었다(미국에서는 백인 인민계급 일부가 1960년대의 표변 이후로 거의 반세기 내내 민주당 투표에서 공화당 투표로 점차 이행해온 것을 설명하기 위해 인종 요인이 제시되곤 한다). 유럽에서는 정체성과 이민 문제를 둘러싼 갈등들이 1980~1990년 이후 반이민자 정당들의 발호와 더불어 새롭게 커지고 있다. 너무도 자주 이 문제들은 두 대륙에서 별개로 연구된다. 미국 정당체계에 관한 연구들은 배타적으로 미국의 진화에만 관심을 두는 경향이 있다(이것은 불행하게도 이 나라에서 매우 일반적인 태도가 되었다).[21] 유럽에 관한 연구들도 같은 경향을 가지고 있는데, 틀림없이 부분적으로는 미국 정당체계가 근원적으로 유럽과 다르고 난해해 보이거나 적어도 비교하기 난망해 보이기 때문이다.[22] 특히, 유럽의 관찰자들은 19세기 노예제 정당이 점차 20세기 뉴딜과 루스벨트의 정당이 되고, 이어서 21세기 초 오바마의 정당이 된 것에 늘 놀라워하며, 어쩌면 이와 같은 비교의 지형과 그것이 일깨울 잠재된 함의를 우려하기도 할 것이다.

우리가 보게 될 것은, 유럽과 미국에서(몇몇 비서양 선거민주주의 나라에서도) 종족적-인종적 균열이 갖는 역할에 대한 비교분석이 두 나라에서 진행중인 정치적 균열구조의 진화와 장차 이어질 궤적의 다양성을 더 잘 이해하도록 해준다는 점이다. 특히, 이와 같은 수순을 거쳐 상이한 나라들에서 나타나는 사회토착주의적 변동의 위험들을 분석할 수 있게 되고, 사회경제적 균열이 어떤 조건에서 종족적-인종적 갈등에 대한 우위를 되찾을 수 있는지 연구할 수 있게 된다.

### 정당들의 재편, 투표율 저하

우선 프랑스의 경우로, 그리고 2차대전 이후 이 나라에서 관찰되는 유권자구조 전환으로 되돌아가보자. 우리의 관심은 총선과 대선 둘 다에 있다는 것을 명확히 해두자. 프랑스에서 총선은 1871년 이후로 대략 5년마다 처음엔 남성만 참여하는 보통선거로, 이어서 1944년부터는 남성과 여성을 불문하는 보통선거로 치러졌다. 미국과 영국에 비해, 프랑스는 19세기 이래로 정당의 수가 매우 많다는 점과 정당구조가 거의 지속적으로 갱신된다는 점에 의해 특징지어진다. 미국에서는 정치적 풍경이 19세기 중반 이후로 민주당-공화당 양당제를 축으로 하여 구조화되지만, 각 정당 내에 다수의 분파가 있으며 후보자 결정을 위한 경선제도가 일반화되어 있고, 두 진영의 이데올로기적 방향은 심층적이고 지속적으로 전환되어왔다. 영국에서는 19세기 그리고 20세기 초에 유효하던 자유당-보수당 양당제가 1945년 이후로 노동당-보수당 양당제로 대체되었지만, 여기서도 역시 우리가 재론할 다수의 복잡한 얽힘이 있으며 이데올로기와 강령의 심층적 쇄신들이 있다. 실제로, 프랑스 다당제와 앵글로색슨 양당제의 대비는 (프랑스에서 이데올로기적 다양성이 더 확대되어 있다기보다는) 대체로 제도적 차이에 속하는 것이다. 이 제도적 차이는 고전적으로는 선거제도의 차이로 설명된다. 하지만 선거제 자체가 정치적 다원주의와 그것의 정당으로의 구조화에 대한 상이한 관점들을 반영하는 것이라고 생각해볼 수

**도표 14.3 프랑스 총선, 1945~2017년**

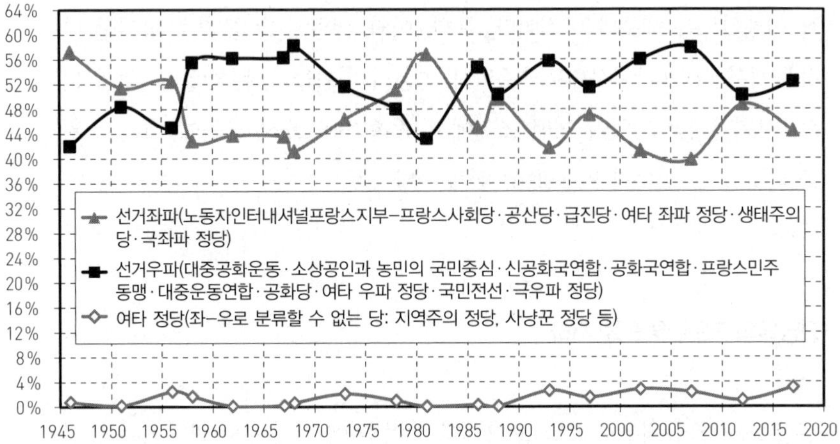


좌파 정당(사회당·공산당·급진당·생태주의당·중도좌파·좌파·극좌파의 여타 정당)과 우파 정당(중도우파·우파·극우파 정당)이 1945~2017년 프랑스 총선 1차 투표에서 거둔 성적은 40%와 58% 사이를 오르내린다. 참고: 2017년 '전진하는 공화국'–중도우파 연합이 거둔 성적(득표율 32%)은 중도좌파와 중도우파 사이에서 반반으로 나뉘어 있다(도표 14.4~14.5 참조).

**출처 및 원 통계자료:** piketty.pse.ens.fr/ideologie

있다.[23]

정치적–이데올로기적 선거 균열들의 진화를 장기적인 비교사적 전망에서 다시 자리매김하려는 목표를 가진 이 연구를, 나는 1945~2017년 내내 프랑스 총선에서 나타난 기본적인 두 정당 사이의 득표 분포에 집중하는 것으로 시작하겠다. 단순화를 위해 나는 이 두 집단을 '선거좌파'와 '선거우파'로 부르자고 제안한다(도표 14.3 참조).

이 기간 프랑스의 선거좌파에는 주로 사회당·공산당·급진당·생태주의당, 그리고 중도좌파·좌파·극좌파로 분류되는 여타 군소정당이 포함된다(도표 14.4 참조).

마찬가지로, 선거우파에는 주로 드골주의 정당들과 중도우파·우파·극우파로 분류되는 정당들 전체가 포함된다(도표 14.5 참조).

이러한 재편성은 미국과 영국에서 유효한 민주당–공화당과 노동당–보수당의 양당제 틀에서 관찰되는 투표구조와의 비교라는 목표에 의해 본

**도표 14.4** 프랑스의 선거좌파(1945~2017년 총선)

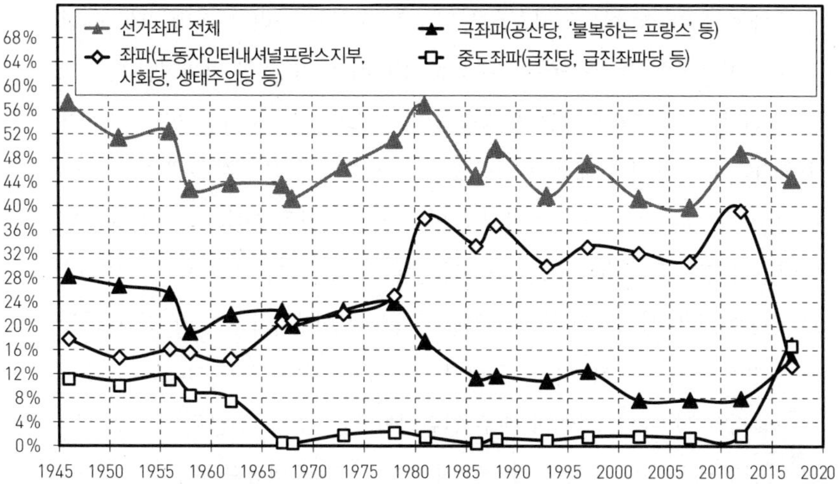


좌파 정당(사회당·공산당·급진당·생태주의당 등 중도좌파, 좌파, 극좌파의 여타 정당)이 1945~2017년 프랑스 총선 1차 투표에서 거둔 성적은 40%와 57% 사이를 오르내린다. 참고: 2017년 '전진하는 공화국'-중도우파 연합이 거둔 성적(득표율 32%)은 중도좌파와 중도우파 사이에서 반반으로 나뉘어 있다.

**출처 및 원 통계자료:** piketty.pse.ens.fr/ideologie

**도표 14.5** 프랑스의 선거우파(1945~2017년 총선)

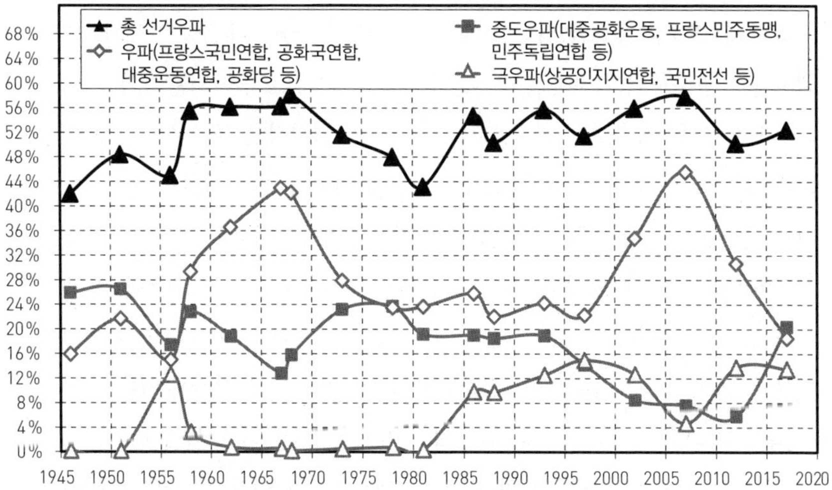


우파 정당(중도우파·우파·극우파 정당)이 1945~2017년 프랑스 총선 1차 투표에서 거둔 성적은 40%와 58% 사이를 오르내린다. 참고: 2017년 '전진하는 공화국'-중도우파 연합이 거둔 성적(득표율 32%)은 중도좌파와 중도우파 사이에서 반반으로 나뉘어 있다.

**출처 및 원 통계자료:** piketty.pse.ens.fr/ideologie

질적으로 정당화된다. 나는 다만 상이한 정당들을, 유권자들이 선거 사후조사에서 이 정당들을 좌-우로 나누는 방식에 따라 분류했는데, 우선은 이것이 유권자를 동등한 두 부류로 정리하는 가장 덜 자의적인 방식으로 보인다.[24] 확보된 결과들은 정당들이 스스로를 묘사하는 방식과도 일치한다. 이 분류에서 배제된 정당들은 유권자들이 좌-우 등급으로 분류하길 거부하는 정당들로, 일관되지 않은 분류대상들뿐이다. 이 정당들은 지역주의 정당들이거나 또는 (사냥과 같은) 특정 대의에 집중하는 정당들로 총선에서 항상 4% 이하의 득표를 하는 데 비해, 좌-우 양 진영은 각기 선거에 따라 40~58%를 득표한다(도표 14.3 참조).[25]

그렇지만 이러한 범주화가 매우 인위적이라는 점과, (앵글로색슨 정당들과 마찬가지로) 이 두 정당 각각의 내부에 항상 존재했던 대단히 다양한 견해와 감수성을 강조하는 것이 바람직하다. 실제로, 정치적-이데올로기적 갈등구조는 일반적으로 매우 다차원적이다. 불화는 주로 소유 문제(특히 조세재정정책과 불평등 감소를 포함하는 것)와 경계 문제(예컨대 이민정책을 포함하는 것)에서 벌어진다. 물론 여러 차원 중 하나가 선거경쟁 구조화에서 가장 중요한 위상을 점하게 되고 그리하여 대결중인 세력들의 위상을 유권자들이 감지하는 방식을 규정하는 데 일조하게 되는 경우가 있다. 하지만 일반적으로는 위태롭고 불안정하며 일시적인 균형 상태를 보이는데, 왜냐하면 정치적-이데올로기적 갈등의 저변에 있는 현실은 불완전하게 상관적인 다수의 차원으로 항상 이루어지기 때문이다.

2010년대 말 프랑스의 경우가 그러하다. 우리가 뒤에서 보겠지만, 오래된 균열들이 맹렬하게 거부되는 사태가 증언하듯이, 우리는 분명히 선거에서의 정치 갈등의 주축이 재정의되고 있는 중인 어떤 시기에 있는 것이다(특히 '좌파'와 '우파'라는 용어가 여느 때보다 훨씬 더 매몰차게 기각되고 있는 사태는 그 용어들의 의미작용이 재정의되고 있다는 징후다). 하지만 과연 어떻게 해서 우리가 여기에 이르게 되었는지 이해하기 위해서는, 앵글로색슨 나라들의 진영인 민주당-공화당 및 노동당-보수당과 비교하여 1950년대 이후 좌-우 두 진영의 균열구조의 진화를 연구하는 걸로 시작하는 것이 유용하다.

일반적으로 언제나 '좌파' '우파'라는 이러한 호칭이 각각의 사회와 각각의 시대에 고유한, 강력한 정치적-언어적 갈등의 자리였음을 분명히 해두는 것도 중요하다. 이 단어들은 상이한 화자들에 의해 번갈아, 자신들의 정체성을 긍정적으로 정의하기 위해, 또는 반대로 타인들의 정체성을 경멸적으로 폄훼하기 위해, 때로는 또한 이 단어들을 완전히 기피하고 소멸을 알리기 위해 사용된다(소멸된다 한들 선거에서의 정치 갈등이 의견 불일치의 새로운 축을 따라 이런저런 방식으로 재구성되는 걸 막지는 못한다). 여기서 나의 프로젝트는 이런 용어 논쟁에 종지부를 찍고 언어 경찰을 창설하거나 또는 '진정한 좌파' '진정한 우파'의 심오한 본성을 정의하려는 것이 아니다. 이 개념들이 영원하고 절대적인 의미를 갖는 것이 분명히 아니기에 그런 프로젝트는 그만큼 더 부질없는 짓이다. 이 개념들은 주어진 역사적 맥락에서 선거경쟁의 정치적-이데올로기적 갈등들을 구조화하고 조직하는 사회역사적 구성물이다. 프랑스혁명 당시 주로 왕정체제 문제에 대한 각자의 입장에 따라 반원형 의회 회의실의 좌측과 우측에 착석한 정치집단들을 지칭하려고 처음 사용된 이 좌우 개념은, 그 이래로 특히 과거 갈등들의 극복과 새로운 균열들의 도래를 고지하려는 정치 전략의 틀에서 모든 나라의 부단한 투쟁들과 영속적인 재정의를 촉발해왔다. 애초의 내 목표는 선거와 관련된 의미에서의 좌파와 우파, 다시 말해 1945년 이후의 특별한 선거들과 특정 정당들에서 구현된 그런 좌파와 우파의 진화를 연구하고, 유권자구조를 시대와 나라에 따라 비교하는 데 있다.

나는 또한 1965~2012년에 프랑스 대선 결선투표에서 관찰되는 '좌-우' 선거 행태를 활용하려 한다(도표 14.6 참조). 이런 대결은 누구에게든 양단간의 선택—환원적이지만 또한 의미심장하다—을 놓고 입장을 정하기를 압박한다. 이 경우에 유권자구조 및 그 진화와 관련해 확보된 결과들은 총선에서 관찰되는 것들과 동일하다.[26] 총선에 관한 결과들은 더 긴 기

**도표 14.6** 프랑스 대선, 1965~2012년

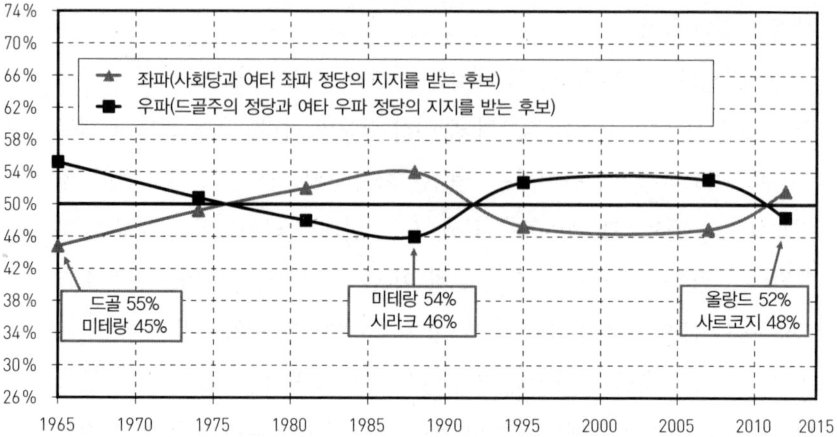


여기 제시된 프랑스 대선 결선투표에서 좌파와 우파가 거둔 성적은 다음과 같다. 1965년(드골 55%, 미테랑 45%), 1974년(지스카르 51%, 미테랑 49%), 1981년(미테랑 52%, 지스카르 48%), 1988년(미테랑 54%, 시라크 46%), 1995년(시라크 53%, 조스팽 47%), 2007년(사르코지 53%, 루아얄 47%), 2012년(올랑드 52%, 사르코지 48%). (우파, 중도우파, 극우파가 대결한) 여타 결선투표는 여기에 반영되지 않았다. 1969년(퐁피두 58%, 포에르 42%), 2002년(시라크 82%, 장 마리 르 펜 18%), 2017년(마크롱 66%, 장 마리 르 펜 34%).

**출처 및 원 통계자료:** piketty.pse.ens.fr/ideologie

간을 다루고, 프랑스 정계를 특징짓는 다당제와 정치적 다원성에 대한 더 정확한 상을 제공한다는 장점을 갖는다.[27]

프랑스의 정치적 풍경, 특히 이 시기 말을 특징짓는 정당들의 숱한 혁신은 투표율 저하를 막지 못했고 외려 그 반대였음을 마지막으로 명확히 해두자. 대선에서는 투표율 저하가 덜해서, 1965~2012년에 80~85%에 육박했던 투표율이 2017년에는 75%로 떨어진다. 총선에서는 그 낙폭이 훨씬 심해서, 1950년대부터 1980년대까지는 프랑스에서 약 75~80%였던 투표율이 지난 수십 년간 폭락해 2000년대에는 60~65%가 되었고 2017년에는 50% 이하가 되었다(도표 14.7 참조).[28]

영국 총선 투표율도 1950년대부터 1980년대까지는 약 75~80%였던 것이 1990년대에 아주 빠르게 하락했다가(2000년대 초반에 약 60%) 2010년대에 다시 상승한다는(2017년에 거의 70%) 것을 지적하자. 미국에서

**도표 14.7 투표율의 진화, 1945~2020년**

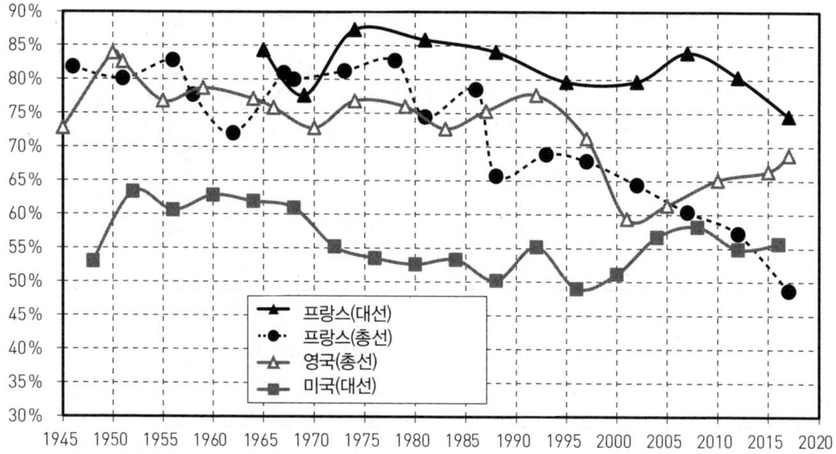


1965년 이후 프랑스 대선 투표율은 80~85% 선에서 상대적으로 안정되었다(2017년에는 75%로 다소 하락). 투표율 저하는 총선에서 특히 심한데 1970년대까지는 대략 80%였던 것이 2017년에는 50% 이하다. 영국 투표율은 하락하다가 2010년 다시 오른다. 미국은 대체로 50~60% 선에서 오르락내리락한다.

**출처 및 원 통계자료:** piketty.pse.ens.fr/ideologie

는 투표율이 언제나 꽤 낮았기에 저하는 덜 두드러진다. 1950년대와 1960년대에 약 60~65%였던 투표율이 1970년대부터 2010년대까지 대체로 50~55% 선에서 오르락내리락한다.[29]

## 인민계급의 선거 후퇴

다음으로 무엇보다도, 최고 투표율은 참여를 통한 일정한 사회적 평등과 연계된다는 점, 역으로 최저 투표율은 심각한 사회적 불평등과 조응한다는 점을 확인하는 것은 인상적이다. 사회적으로 혜택을 누리는 유권자들 사이에서는 상대적으로 높은 투표율이 유지되며 더불어 그렇지 못한 인민계급에서는 투표율이 저하된다(도표 14.8 참조). 구체적으로, 미국·영국·프랑스에서 1948~2017년 기간 내내 실시된 선거 사후조사는 개인들

**도표 14.8** 선거 참여와 사회 균열, 1945~2020년

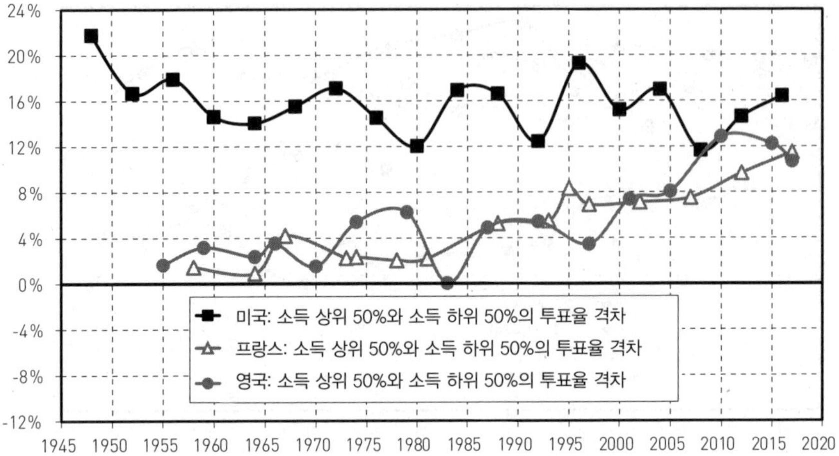


1950~1970년 기간에 프랑스와 영국의 소득 상위 50%의 유권자들은 소득 하위 50% 유권자들보다 투표율이 2~3% 높았다. 이 격차는 계속 증가해 2010년대에 10~12%까지 벌어지고 미국의 수준에 근접한다.

**출처 및 원 통계자료:** piketty.pse.ens.fr/ideologie

의 사회경제적 위치에 따른 투표율을 측정할 수 있게 해준다. 전반적으로 투표율이 낮은 미국에서는, 소득 상위 50%의 유권자들의 투표율이 하위 50%보다 항상 훨씬 더 높으며, 그 격차는 일반적으로 지난 60년 동안 12~20% 사이를 오갔다. 학력·직업·자산을 사용해도 같은 수준의 편향이 확인된다. 사용되는 기준이 무엇이든, 인민계층에서 훨씬 많은 기권이 확인된다.

영국과 프랑스에서, 1950~1980년 투표율은 인민계급·중위계급·상위계급 사이에서 거의 비슷하게 높았다. 구체적으로, 소득 상위 50%와 하위 50%의 투표율 격차는 고작 2~3%였다. 달리 말해, 실제로 모든 사회적 범주가 동일한 비율로 (전체 80%에 육박하는 투표율로) 투표했다. 반면 1990년대부터 전체 투표율이 낮아짐에 따라, 점점 더 강한 사회적 편향이 가동되는 것이 확인된다. 2010년대에 영국에서처럼 프랑스에서도, 소득 상위 50%와 하위 50%의 투표율 격차는 약 10~12%에 달했는데, 이는

미국에서 관찰되는 격차에 근접한 수준이다(도표 14.8 참조). 여기서도 역시, 학력·직업·자산 기준으로 추론하더라도 유사한 격차들이 확인된다.[30]

우리는 인민계급의 '선거 후퇴'라는, 우리 연구에서 중심적인 중요성을 갖는 이 현상을 뒤에서 재론할 것이다. 이는 미국에서는 지난 반세기 동안 대체로 이어졌다. 이 현상은 프랑스와 영국에서 1990~2020년 기간에 나타났는데, 실은 두 나라에서의 정치적 참여는 1950~1980년에 상대적으로 평등했다. 인민계급이 첫번째 기간에 비해 두번째 기간에 정치운동들과 정강들이 자신들을 잘 대표하지 못한다고 느꼈다고 보는 게 이 진화에 대한 자연스러운 해석이다. 이런 관점에서 보자면, 1997~2007년에 토니 블레어의 신노동당의 집권과 1988~1993년과 1997~2002년 프랑스 사회당의 집권 당시 특히 빈민계층 투표율의 대대적인 하락이 수반되었다는 것은 인상적이다.

여기서 제시된 투표율은 선거인명부에 등재된 주민에 비례하여 계산된 것임을 부언해야 한다(명부에 등재되지 않은 사람은 일반적으로 사후조사에 포괄되지 않기 때문이다). 비등재가 이론상으로는 투표권을 갖는 사람들의 10%에 달하거나 때로는 넘어설 수도 있다. 이런 현상은 인민계급 사이에서, 특히 미국에서는 몇몇 주에서 시행되는 (주로 특정 신분증 소지 또는 유죄 판결과 연동된) 절차와 제한 탓에 흑인 유권자들 안에서 유별나다.[31] 프랑스에서는, 2012년과 2017년에 시행된 선거 사후조사를 통해 비등재를 측정할 수 있으며, 매우 심한 사회적 편향이 존재함을 확인하게 된다.[32]

요컨대, 1990~2020년 기간에 관찰되는 인민계급의 후퇴는 1950~1980년 기간의 '계급주의적' 균열체계가 몰락했다는 하나의 근본적 단절을 보여준다. 당연히, 정치적 갈등이 계급주의적 토대 위에서 조직된다는 사실, 즉 한편에는 (교육·소득·소유 중에서 어떤 차원을 고려하든 그 차원에서) 형편이 어려운 사람들의 표를 끌어들이는 정당 또는 연합이 있고 다른 한편에는 (역시 어떤 차원을 고려하든 그 차원에서) 형편이 넉넉한 사람들의 표에 의거하는 정당 또는 연합이 있다는 사실은 좋은 것도 나쁜 것도 아니다. 순전히 계급주의적 토대 위에서 너무 강하게 갈라진 선거 갈등은 민주주의의 실패를 드러내는 징후라고 간주할 수도 있을 것이다. 선거 대결이 적대적인 이익들의 대립으로 환원되어, 선거제도 전체를 의미 있는 것으로 만드는 데 필수적인—입장과 경험의—교류들이 더이상 작동되지 못한다고 할 수도 있을 것이다.[33] 그렇지만 1950~1980년 기간의 계급 균열은 각 개인의 주관성과 궤적의 다양성에 큰 여지를 남겨놓았다는 점을 주목해야 할 것이다. 학력과 소득 및 자산에서 하위 수준인 유권자들은 평균적으로 좌파 정당들에 조금 더 많이 투표하는 성향이 있지만, 그 연관은 체계적인 것과는 거리가 있었다.

계급주의적 선거 갈등은 적어도 하나의 장점을 갖는다. 모든 사회적 범주가 유사한 비율로 강하게 결집한다는 것이다.[34] 따라서 재분배 문제는 정치적 대결에서 큰 비중을 차지했고, 그에 따라 다양한 사회보장제도가 시행되고 사회적 조세재정국가가 발흥할 수 있었다. 각각의 연합은 자신들의 경험과 모순적인 열망들을 이 논의들에 끌어들였고, 이런 모순들에서 나오는 선택들을 완전히 민주적이라고 규정하는 건—권력 및 정치적 영향력의 분포에서의 비대칭성이 컸다는 점에서—순진한 것이겠으나 그래도 이 선택들은 균형잡힌 사회적 참여에 의한 것이었다. 반면, 유력한 다중엘리트들이 주로 구성하는 1990~2020년의 선거제도는 항상 사회적 균열들을 무대로 끌어올리지만, 재분배 논의를 전반적으로 희미하게 만든다. 그래서 이 제도에서는 인민계급이 정치 게임에서 후퇴하게 되는데, 이는 긍정적이라고 간주하기 어렵다.

## 교육 균열의 역전: 고학력자 정당의 창안

이제 장기간에 걸친 진화 중 확실히 가장 놀라운 진화, 즉 노동자 정당의 고학력자 정당으로의 전환 문제를 살펴볼 차례다. 설명에 들어가기에 앞서, 교육 균열의 역전이 극도로 일반적인 현상이라는 사실을 강조해두는 것이 바람직하다. 특히, 이는 완전한 역전으로 학력 위계의 모든 수준에서 가시적이다. 예컨대 1956년 프랑스 총선을 생각해보자. 이 선거에서 유난히 성공적이었던 좌파 정당들(사회당·공산당·급진당)은 총합 54%를 득표했다. 무학력 또는 최종학력이 초등학교 졸업인—그 시대 유권자의 72%인—유권자들 사이에서 좌파 정당들은 유권자의 57%로부터 신임을 얻는 데 성공했다(도표 14.9 참조). 1956년에 유권자의 23%인 중등교육 이수자들 안에서는 좌파 정당들이 49%의 성적을 냈다. 반면 그 시대 유권자의 고작 5%인 고등교육 이수자들 사이에서는 좌파 정당들이 37%의 표를 얻었다.

이것은 사후조사의 제한된 규모와 해당 선거의 특수성과 연결된 통계적 우연이라고 생각할 수도 있겠다. 실제로 전혀 그렇지 않다. 한편으로는, 표본 규모가 원하는 만큼 큰 건 아니더라도 그 격차는 매우 큰 의미를 지닌다. 다른 한편으로는, 당시 모든 선거에서 사후조사를 할수록 예외 없이, 게다가 어떤 정치적 사건들이 있었든지 간에, 우리는 교육 균열과 관련해서 이와 동일한 하강의 단면도를 재확인한다는 것이다. 특히, 1956년에 관찰된 단면도를 1958년, 1962년, 1965년, 1967년 선거에서 재확인한다. 1970년대와 1980년대가 되면서는 단면도는 수평을 이루다가 이어서 점차 뒤집힌다. 1990년대부터 좌파에 대한 투표는 분명히 학력 수준과 연동해 상승하며, 이 새로운 표준은 2000년대와 2010년대로 접어듦에 따라 점점 더 명확해진다.

예컨대 사회당 후보 프랑수아 올랑드가 우파 후보 니콜라 사르코지를 52% 대 48%로 이겼던 2012년 프랑스 대선에서, 좌파의 승리는 온전히 고학력자들 때문임이 확인된다. 2012년에 유권자의 18%에 불과했던 무학력자들 또는 초등교육 이수자들 사이에서 사회당 후보는 겨우 47%를 득표했다(도표 14.9 참조). 그의 성적은 (유권자의 56%인) 중등교육 이수자들

**도표 14.9 프랑스에서 학력 수준에 따른 좌파 정당 투표, 1956~2012년**

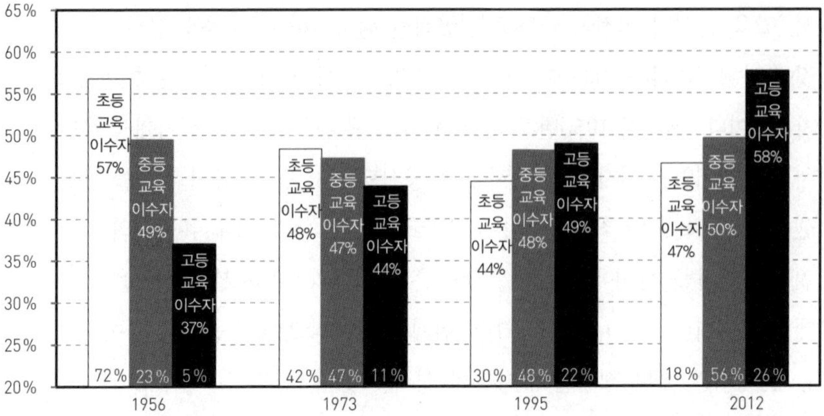


1956년 총선에서 초등교육 이수자 혹은 그 이하의 학력을 가진 유권자의 57%(전체 유권자의 72%), 중등교육을 이수한 유권자의 약 50%(전체 유권자의 23%), 고등교육 이수자의 37%(전체 유권자의 5%)가 좌파에 투표했다. 2012년 대선에서 이 교육 균열은 완전히 역전된다. 좌파 후보는 결선투표에서 고등교육 이수자의 58%, 초등교육 이수자의 47%(전체 유권자의 18%) 표를 얻었다.

**출처 및 원 통계자료:** piketty.pse.ens.fr/ideologie

안에서는 50%였고, (2012년에 유권자의 26%인) 고등교육 이수자들 사이에서는 58%의 표를 얻었다. 이 또한 예컨대 후보들의 개성으로 인한 우연의 일치라고 생각할 수 있겠다. 전혀 그렇지 않다. 그 기간의 모든 선거에서, 특히 2002년, 2007년, 2012년, 2017년에서 이와 동일한 투표 단면도가 재확인되기 때문이다.[35]

일반적으로, 프랑스에서 1956~2017년 선거 전체에 대해 학력에 따른 좌파 투표 성향 단면도를 조사해보면, 이 60년간 관찰된 전환이 극도로 점진적으로 진행되는 특성을 지녔음을 확인하게 되는 것은 인상적이다. 단면도는 이 기간 초반인 1950년대와 1960년대에는 일관되게 내려가다가, 중반인 1970년대 1980년대 1990년대에는 평평해지고 후반인 2000년대와 2010년대에는 일관되게 올라간다(도표 14.10 참조).

여러 논점이 정확해질 필요가 있다. 우선, 투표 분석에 관해 여기서 제시된 모든 결과들은 오로지 투표자와만 관련된다. 이 기간 후반에 저학력

**도표 14.10** 프랑스에서 교육 균열의 반전, 1956~2017년

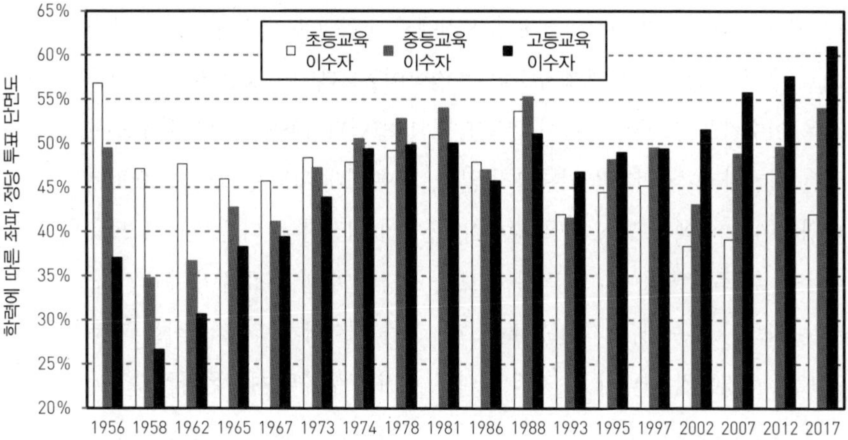


1950년대와 1960년대에 좌파 정당(사회당·공산당·급진당·생태주의당)에 대한 투표율은 무학력자이거나 초등교육 이수자 사이에서 가장 높았고, 중등교육 이수자와 고등교육 이수자로 갈수록 떨어진다. 2000~2010년대에 이 상황은 완전히 반대가 된다.

**출처 및 원 통계자료:** piketty.pse.ens.fr/ideologie

자들 사이에서 투표율이 하락한 사실을 여기에 추가한다면, 진화는 훨씬 더 현저해진다. 특히, 이는 좌파 정당이 저학력자들 사이에서 얻은 지지는 도표 14.10에서 제시된 것보다 훨씬 더 크게 하락했음을 의미한다.

다음으로, 교육 균열의 이처럼 완전한 역전은 학력의 초등·중등·고등교육 수준 사이에서만이 아니라 각 수준 내부에서도 확인된다. 예컨대, 중등교육 이수자들 사이에서, 이 기간 초반에는 (장기 중등교육을 이수한) 바칼로레아[대학입학 자격] 취득자들이 (단기 중등교육 기관인) 중학교 졸업장[36] 취득자들에 비해 좌파에게 덜 투표하는 것이 확인된다. 기간 후반에는 역전되어, 대학입학 자격 취득자들은 중졸자들에 비해 좌파에 더 많이 투표한다. 고등교육 이수자들 사이에서도 사정은 마찬가지다. 대학교육이 확대되고 다변화됨에 따라 1970년대부터는 선거 사후조사를 통해 이들을 더 정교하게 분석하는 것이 가능해진다. 특히, (대입자격 취득 후 2~3년 이내의) 단기 학위 취득자들과 장기 고등교육(석사과정, 박사논

문제출자격과정, 상업·과학 분야 그랑제콜 등) 이수자들을 구별할 수 있게 된다. 1973년, 1974년, 1978년 선거에서 고등교육 이수자들은 전체적으로 우파 정당과 후보에게 투표하는 경향이었는데, 이 경향은 장기 고등교육 이수자들 사이에서 특히 뚜렷했다. 1981년과 1988년 선거에서도 사정은 마찬가지이지만, 격차는 크지 않다. 1990년대부터는, 그리고 2000년대와 2010년대에는 훨씬 더 분명하게, 균열이 역전된다. 더 높은 고등교육 학위를 취득한 이들에게서 좌파 후보와 정당에 대한 투표율이 올라간다. 이는 사회당 후보가 장기 고등교육 이수자들 사이에서 최고 성적을 거둔 2012년 선거뿐만 아니라 이 기간의 다른 선거 모두에도 해당된다.[37]

## 교육 균열 반전의 견고함

교육 균열의 이처럼 완전한 반전이 각 연령 코호트 내에서도 확인된다는 점을, 더 일반적으로는 유사한 경제적 사회인구통계적 특성을 보유한 집단들 내부에서 논증함으로써 또한 명확히 해두어야 한다. 연령 효과에서 시작해보자. 예컨대 2012년에 특히 고등교육 이수자들의 많은 표가 사회당 후보를 지지했다는 것은 학력 효과 그 자체만이 아니라, 고학력자들은 대체로 젊고, 젊은 사람들은 좌파에 투표하는 일이 잦다는 사실로도 설명된다고 생각할 수 있겠다. 이는 부분적으로 타당한데, 고등교육을 이수한 사람들과 그렇지 않은 사람들 사이에 연령 요인을 반영하면 좌파에 대한 투표 격차가 다소 줄어드는 이유가 설명된다. 하지만 연령으로 인한 편향은 꽤나 취약하다는 점을 보여줄 수 있다. 실제로 젊은층에 무학력자도 많고 고학력자들은 중장년층에도 많아서, 학력 효과와 연령 효과는 명확하게 분리되는 것이다. 요컨대, 조사를 거듭할수록 가용 데이터들이 확실하게 보여주는바, 각 연령 코호트 내의 학력 효과는 전체 인구 수준에서와 거의 같은 크기를 갖는다. 더욱이 이처럼 약한 편향은 언제나 있었다.

젊은층은 언제나 좌파에 더 많이 투표하는 경향을 지녀왔으며, 2000년대와 2010년대처럼 1950년대와 1960년대에도 젊은층은 인구 평균에 비해 언제나 학력이 높았다. 기술적으로는, 통제변수로서 연령을 도입하면 통제변수가 없는 것에 비해 곡선은 언제나 약간 더 낮지만(적게나마 학력 효과에 연령이 영향을 미치기 때문이다), 학력 효과의 초기 근사치는 시간이 흘러도 일정하며 따라서 연령을 반영한다 해도 지난 반세기 동안 관찰된 경향의 크기에 거의 아무런 효과도 발휘하지 못한다. 이런 의미에서 이 경향은 매우 견고해 보인다(도표 14.11 참조).[38]

또한 이 같은 투표에서 일반적인 연령 효과는 다른 선거민주주의들에서도 확인된다는 점을 유의해야 한다. 그러나 그 어떤 경우도 교육 균열의 역전에서 관찰된 경향에 영향을 미치지는 못한다. 구체적으로는, 예컨대 1950년대부터 2010년대까지 18~34세 유권자들은 65세 이상의 유권자들에 비해 일반적으로 프랑스에서는 좌파 정당들에, 미국에서는 민주당에, 영국에서는 노동당에 더 많이 투표해왔다는 점이 확인된다. 이는 이 정당들의 이데올로기적인 위치 설정이 일반적으로 젊은이들의 열망에 더 부합했었다는 사실과 아울러 우파 정당들은 노년층 유권자들의 기질에 더 부합하는 선택지들을 옹호했다는 사실에 의해 설명될 수 있다. 그렇지만 젊은 유권자들과 나이든 유권자들 사이의 이러한 투표 격차는 모든 나라에서 매우 큰 휘발성을 표출한다는 점이 지적되어야 한다. 이 격차는 1960년대 미국, 1970년대 프랑스, 2010년대 말 영국에서 특히 크다. 반면에 다른 시기에는, 특히 좌파 정당의 집권이 길어진 뒤에는 격차가 매우 약하다(심지어 거의 차이가 없다).[39] 여하튼 젊은층 투표의 휘발성은 흥미로운데, 실은 여기서 우리의 주요 관심사인 기본 경향, 즉 교육 균열의 완전한 반전에는 별 효과가 없다는 것이다.

나는 또한 성별과 결혼 여부를 도표 14.11에서 사용되는 통제변수에 포함시켰다. 이 또한 학력 효과에 별 영향을 주지 못한다. 교육 균열의 반전은 남성에게서처럼 여성에게서도 확인되며, 커플인 사람들에게서만큼 독

**도표 14.11 프랑스에서 좌파 정당과 고학력자들, 1955~2020년**

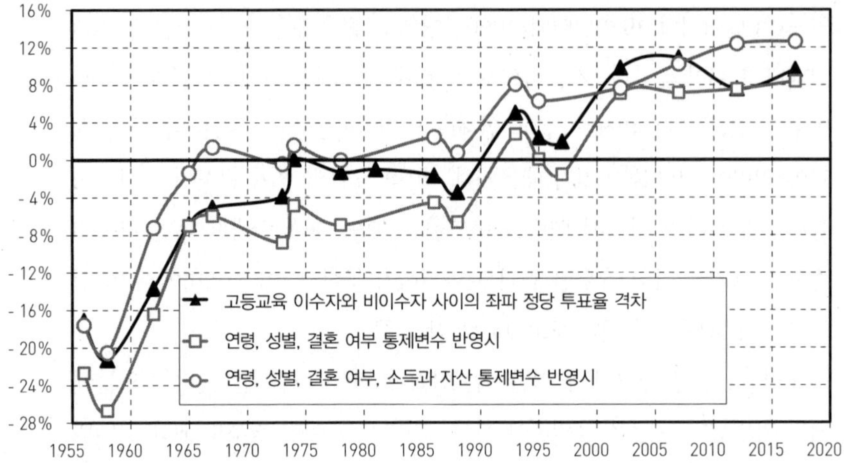


1956년에 좌파 정당(사회당·공산당·급진당)은 고등교육을 이수하지 않은 유권자들보다 고등교육을 이수한 유권자 사이에서 17포인트 낮은 투표율을 보였다. 2012년에는 반대방향으로 8포인트 높다. 통제변수를 반영해도 이 경향은 변하지 않았고 정도의 차이만 있을 뿐이다.

**출처 및 원 통계자료:** piketty.pse.ens.fr/ideologie

신인 사람들에게서도 두드러진다. 이와 관련해서 유의할 점은 사용된 사후조사들이 여성 유권자들이 좌파 쪽으로 장기적으로 이동하고 있음을 확인하게 해준다는 점이다. 1950년대와 1960년대에, 특히 프랑스와 영국에서, 정도는 덜하지만 미국에서도, 여성은 남성보다 훨씬 더 많은 수가 우파에 투표했다. 이 편향은 1970년대와 1980년대를 지나며 약해졌고, 그 후 프랑스와 영국에서는 미미한 정도로(1990년대, 2000년대, 2010년대에 여성이 남성보다 일반적으로 좌파에 좀더 많은 수가 투표한다), 미국에서는 더 분명하게 반전되었다.[40] 이런 진화를 규명하기 위해, 연구들은 이혼 증가, 별거, 여성들의—특히 싱글맘들의 경우에—경제적으로 취약한 상황이 중요하다고 강조해왔다.[41] 더 일반적으로, 이러한 진화는 젠더평등 문제의 강력한 부상과 가족구조와 관련된 사회경제적이고 정치적-이데올로기적인 심오한 전환을 증언한다. 특히 직업평등이라는 목표가 가정주부라는 가부장제 이데올로기 모델을 대체했으며, 페미니즘 주장들을 주로 선거좌파가 내놓았다.[42] 우리가 13장에서 보았듯이, 소득과 자산에서 젠더와 연결된 불평등은 여전히 매우 현저하다.[43]

마지막으로, 나는 또한 소득과 자산을 통제변수에 포함시켰다. 연령과 동일한 방식으로, 소득 및 자산 효과의 반영은 곡선의 높이를 약간 변경시키지만 일반적 경향에는 전혀 변화가 없다(도표 14.11 참조). 달리 말해, 교육 균열의 반전 즉 1990~2020년에는 고학력자의 표가 좌파에게 간다는 사실은 소득 및 자산이 일정한 하나의 집단 안에서도 확인되는 현상인 것이다.[44] 나는 부모의 직업, 지리적 위치, 주거지 규모 같은 여타의 많은 통제변수도 포함시켰다. 이 변수들 중 어떤 것도 교육 균열의 반전 경향에 영향을 주지 못한다. 또한 고등교육 이수자와 비이수자가 아니라 고등·중등교육 이수자와 비이수자를 비교해보더라도, 또는 10%의 고학력자와 90%의 저학력자를, 또는 50%의 고학력자와 50%의 저학력자를 비교해보더라도 동일한 결과가 확인된다.[45] 정치적-교육 균열 전반의 방향이 변한 것임을(좌파에 투표하는 성향이 학력 위계의 하위로부터 상위로 올라가면서 줄어들던 경향이 증가하는 경향으로 바뀌었음을) 감안한다면, 교육 수준 분포를 나누는 방식은 별로 중요한 것이 아니다. 모든 경우에 동일한 반전이 확인되는 것이다.

## 교육 균열의 반전, 직업 균열의 재정의

이제 상이한 직업들과 해당 활동 부문들을 검토해보면, 교육 균열의 반전이 특정 직업들에서 특히 인상적으로 일어났음이 확인된다. 1950~1960년에는 선거좌파 정당들에 많이 투표했으나, 1990~2020년에는 대체로 이 정당들에 투표하기를 중단했던 저학력 범주 중에는 주로 공업 부문 노동자들이 있다. 전후 수십 년간 사회당·공산당·사민당·민주당·노동당을 지지한 노동자 표의 이러한 와해는 모든 서양 나라에서 확인되는 익히 알려진 현상이다.[46] 가장 분명한 설명은, 자신들을 옹호한다고 여겼던 정당들이, 특히 공업 부문 고용의 하락과 충분한 집단적 규제 없는 세계화의 맥락에서, 점점 더 자신들을 대변하지 못한다고 느끼는 노동자들이 많아지고 있다는 것이다.

반면에, 한창 확대일로에 있으며 계속 좌파에 투표해온 (혹은 좌파에 투표하게 된) 고학력자 범주 중에서는 주로 교사, 중간관리자나 공공 부문 상급자, 보건·문화산업 종사자를 언급해야 한다. 달리 말해, 교육 균열의 반전은 공백 속에서 또는 답보하는 세계에서 벌어졌던 사건이 아니다. 이는 급변하는 사회들, 교육 수준 및 중등·고등 교육 진학의 전례 없는 증가와 더불어 3차산업 종사자의 전례 없는 확대가 두드러진 사회들에서 일어났다.

그렇지만 교육 균열의 반전을 어떤 특정 직종(노동자들, 교사들, 기타 등등)에서의 투표 성향 변화 때문으로 환원하는 건 오류일 것이다. 직종과 경제활동 부문들 안에서도 학력 효과의 반전이 역시 확인되는 것이다. 예컨대 민간 부문 임금노동자들 안에서(또는 오히려 민간 부문의 비공업 부문 임금노동자들 내부에서, 또는 공공 부문 임금노동자들 내부에서), 1950~1970년에는 저학력자들이 고학력자들보다 좌파 정당에 더 많이 투표했으며 1990~2020년에는 사태가 정반대로 된다는 것이 확인된다. 특히, 좌파 정당들에 투표하기를 중단했던 건 공업 노동자들만은 아니다. 3차산업 부문 저학력 노동자들 사이에서도 그만큼 두드러진 무관심이 확인된다. 가용 데이터들의 한계로 인해 불행히도 직업과 학력의 교차효과를 원하는 만큼 정교하게 분석하지는 못한다.[47] 하지만 이 데이터들은 교육 균열의 반전이 일반적 차원의 현상이라서 어떤 특수한 부분으로도 어떤 특수한 정당으로도 제한되지 않는다는 점을 확인하기에는 충분하다.[48]

## 선거좌파와 인민계급: 어떤 결별의 해부학

1950년대와 1960년대에 노동자들과 사회적으로 열악한 처지에 있는 급여생활자들의 정당이었던 선거좌파가 1990년대와 2000년대에는 고학력자들의 정당이 된 것을 과연 어떻게 설명해야 할까? 우리는 미국, 영국, 그리고 여타 나라들에서 관찰된 궤적들을 검토한 뒤에야, 이처럼 복합적인 진화에 일조했던 다수의 변화과정을 분석한 뒤에야 비로소 이 질문에 답할 수 있을 것이다. 단순화하자면, 두 개의 기본적인 설명 범주가 있다고 말할 수 있겠다. 서로 배타적이지는 않은 사회적 가설과 토착주의 가설. 사회적 가설이 내게는 단연 가장 중요하고 설득력 있어 보이는데, 이 가설에 따르면 인민계급은 자신들이 좌파 정당들에게서 버림받았다고 점차적으로 느끼기 시작했으며, 좌파 정당들은 점차 다른 사회적 범주들(특히 고학력자들) 쪽으로 돌아섰다는 것이다. 토착주의 가설에 따르면, 오히려 좌파 정당들이야말로 인종주의적이고 반이민자적인 투표의 세이렌들에게 붙잡힌 일부 인민계급에게 버려졌다고 해야 할 것이다. 이런 가설은 특히 미국에 퍼져 있는데, 여기서 흔히들 강조하는 (근거가 없지는 않은) 사실은 1960년대의 인종차별 철폐 및 인종적 평등이라는 대의에 민주당이 동조한 이후 남부의 백인 인민계급이 공화당으로 서서히 옮겨가기 시작했다는 점이다. 더 일반적으로, 많은 연구에서 강조하는바, 이민 관련 쟁점들과 다문화주의 문제를 축으로 한 새로운 균열들이 미국에서처럼 유럽에서도 1980년대와 1990년대부터 강력하게 부상하는데, 이 균열들은 인민계급과 선거좌파를 소원하게 하는 데 일조했을 것이다.[49] 이 가설은 진지하게 다룰 가치가 있고, 그래서 상세하게 검토될 것이다. 특히 지난 수십 년간 인종주의적이고 반이민자적인 토착주의 주제들은 이런 문제들에 중점을 둔 (프랑스 국민전선을 원형으로 하는) 새로운 극우파운동들에서만큼이나 (미국 공화당과 영국 보수당을 위시한) 전통적인 우파 정당들 안에서도 과도하게 활용되어왔다는 것에는 이론의 여지가 없다.

하지만 이 토착주의 가설은 다수의 문제를 야기하며, 내 생각에는 관찰된 진화들을 정확하게 규명할 수 없어 보인다. 특히, 핵심 사실은 교육 균열의 반전이 프랑스와 영국에서처럼 미국에서도 1960~1970년부터 시작된, 다시 말해 이민 관련 균열이 유럽에서 실질적으로 심화되기 전에 시작된 장기적 현상이라는 것이다. 더욱이, 엘리트의 인종주의 못지않게 소위 인민계급의 인종주의라고 여겨지는 것에 대한 비난으로 모든 것을 설명하는 일은 너무 안이하다. 인민계급이 반이민자운동을 압도적으로 지지했다면, 그들의 투표율이 정점에 달했어야 할 것이다. 현재 인민계급의 투표율이 매우 낮은 수준에 머물고 있다는 사실은 이 유권자들이 제안된 선택지들에 만족하지 않는다는 점을 명확하게 보여준다. 마지막으로, 유사한 데이터들을 사용할 수 있는 나라들 전부를 검토함으로써 우리는 이민 관련 균열이 거의 아무 역할도 하지 못했던 상황에서 교육 균열의 반전이 일어났음을 볼 것이다. 이 모든 것은 사회적 가설과, 중도좌파 정당들이 자신들을 버렸다고 느끼는 인민계급의 감정을 설명해준다. 버려진 유권자들을 회유하려는 토착주의 언술은 이러한 메커니즘에 접목되었던 것이다.

## '브라만 좌파'와 사회정의·교육정의라는 문제

사회적 가설과, 이것의 프랑스에서의 의미작용을 더 잘 이해해보자. 우선 1956년 프랑스 총선부터 2012년 대선까지 관찰된 진화를 재론하자(도표 14.9 참조). 1956년에는 72%의 유권자들이 무학력이었다(또는 최종학력이 초졸이었다). 2012년에는 단 18%의 유권자들만이 그러했다. 달리 말해, 1956년에 무학력이었던 유권자들의 후손 대다수는 더 높은 교육 수준, 즉 어떤 일부는 중등교육을 이수하고 어떤 일부는 고등교육을 이수할 수 있었다. 그런데 인상적인 사실은 이 후손들 중 1956년의 무학력 유권자들과 같은 크기로 좌파 정당에 계속 투표했던 이들은 고등교육까지 받은 이들(그리고 특히 최고 수준의 고등교육을 이수한 이들)이었다는 점이다. 중등교육 이수에 만족했던 이들(특히 중학교 졸업장만 취득하고 대학 입학 자격까지는 취득하지 않았던 이들)은 이 동일한 정당들에 대한 투표에 분명히 덜 열광적이었으며 초등학교 수준에 '머문' 또는 무학력인 이들은 단단히 고개를 돌렸다.

이처럼 선거좌파를 향한 식어버린 애착에 대한 자연스러운 설명은 그들이 선거좌파의 성격과 정강이 완전히 변해버렸음을 감지했다는 것이다. 요컨대 학력 수준이라는 의미에서 가장 인민적인 범주는, 선거좌파가 이제는 불우한 처지에 놓인 이들보다는 오히려 새로운 고학력 특권계급과 그들의 자녀들에게 더 관심을 갖는다는 인상을 갖게 되었을지도 모른다는 게 사회적 가설이다. 다수의 자료들이 이러한 해석을 뒷받침하며, 그저 인상만은 아님을 시사한다. 나는 이처럼 거대한 정치적-이데올로기적이고 강력적인 전환이, 교육받을 기회의 확대에 따라 전혀 예기치 못한 방식으로 점진적이며 연속적으로 이루어졌다는 사실을 강조하고자 한다. 달리 말해, 진심으로 원했던 바도 아니고 그런 결정을 내린 이도 없었겠지만 선거좌파는 노동자들의 정당에서 고학력자들의 정당(내가 '브라만 좌파'로 부르자고 제안하는 것)이 되었다는 것이다.[50] 특히 무엇보다도 공교육을 통해 사회적 신분상승을 이룬 이들이 어떤 면에서는—교육을 통한 해방과 사회적 지위 향상을 늘 강조해온—좌파 정당들에게 고마워하는 걸 납득할 만하다.[51] 문제는 이런 사람들이 어떤 경우에는 나머지 주민들을 향한 이런저런 교만과 자기만족적 행태를 보이거나 또는 적어도 공공연한 '능력주의' 칭송이 현실에서 어떻게 구현되는지 여부에 크게 신경쓰질 않는다는 것이다. 이런 식으로 왕년의 노동자들의 정당이 교육제도의 승자들의 정당이 되는 것이고, 마이클 영이 1958년에 자신의 미래예측서에서 상상한—전문가들과 포퓰리스트들 사이의—깊은 단절과 유사하게 인민계급으로부터 점차 분리되는 것이다.[52]

구체적으로, 선거좌파를 점차 저버렸던 인민계급과 새로운 고학력계급

'브라만 좌파' 사이의 갈등은 지난 수십 년간 공공정책을 둘러싼 여러 쟁점에서 불거져왔다(그리고 오늘날에도 계속 표출되고 있다). 이는 공공복지의 제도화, 국토개발, 문화시설, 교통 인프라에 관련된 다양한 문제들과 관련되기도 한다. 또한 이는 다수의 고학력자들이 살아가고 일하도록 '갖춰진' 파리 수도권을 위시한 대도시권과 세계화에 덜 통합된 중간 규모 도시 및 농촌 사이의 갈등에서도 나타날 수 있다.[53] 너무 비용이 많이 들어서 현실적으로 대도시의 특권계급만 감당할 수 있는 고속철 TGV 재원 문제와 이에 수반되는 지방 소도시들을 잇는 노선의 폐지 문제가 예컨대 이런 균열의 대표적인 예다. 세금과 조세 부담이라는 주제도, 사회적인 조세 재정 공조도 정보 교류도 없이 1980년대와 1990년대에 자본이동의 자유화가 시행될 때 집권 좌파가 일정한 역할을 했던 맥락에서, 역시 대단히 민감하다. 이러한 자유화는 가장 부유하고 유동성 있는 이들에게 유리했으며 유동성이 없다고 여겨지는 계급들에게 세금이 (특히 평균 이하 저임금에 대해 늘어난 과세와 간접세 형태로) 가중되는 과정을 가속화하는 데 크게 일조했던 것이다.[54]

마지막으로, 인민계급과 '브라만 좌파' 사이의 갈등은 또한 교육제도 자체의 체계화에서도 나타난다. 프랑스 학제가 얼마나 극단적으로 계층화되어 있고 불평등한지를 여기서 환기하는 게 좋겠다. 초등과 중등 교육과정은 점차 통합되어 1970년대 초 이후로 모든 학생은 원칙적으로 15세까지 동일한 교육과정을 이수하며, 적어도 이론상으로는 모든 초등학교와 중학교(콜레주)는 동일한 커리큘럼과 재원을 갖는다.[55] 반면 고등학교(리세)는 세 종류로 나뉘며(일반고등학교·기술고등학교·직업고등학교), 실제로 사회적 균열을 재생산하는 강력한 제도다. 무엇보다도, 프랑스 고등교육제도는 극도로 위계적이다. 이 제도의 한편에는 과학·상경·행정 그랑제콜과 이곳의 진학시험을 준비하는 준비반이 있다. 이는 공공부문과 민간부문의 주요 간부로, 또는 상층 관리자·기술자·행정가로 진출하는 매우 선별적인 엘리트 코스다.[56] 이 제도의 다른 한편에는 역사상 학생 선발권을 가져본적 없는 대학(원칙상 대학입학 자격 취득자들은 모두 자동으로 입학이 된다)과 2~3년의 직업훈련을 제공하는 단기공과대학이 있다.

실제로, 특권계급 자녀들은 그랑제콜 준비반과 그랑제콜에서 과잉 대표되며, 이 기관의 학생이 받는 국비 장학금은 일반대학에 다니는 학생이 받는 국비 장학금에 비해 경우에 따라서는 두세 배 많은데, 정작 하층계급의 자녀들이 이 일반대학들에 몰려 있다. 이 체계를 정당화하고, 긍정적으로 여기길 바라는 조어가 바로 '공화주의적 엘리트주의élitisme républicain'다. 달리 말해, 이 체계의 엘리트주의는 인정하되 그 성질은 '공화주의'적이라는 사실로 체계를 정당화하려는 것이다. 프랑스적인 맥락에서 이는 앙시앵레짐의 엘리트를 특징짓는 세습특권과 무관한, 기회의 평등과 능력에 근거하고 공익에 복무하는 정당한 엘리트주의라는 의미다. 모든 이데올로기체계가 그러하듯, 이 체계도 나름의 그럴듯함을 갖고 있다. 모든 사회는 다양한 요직을 맡을 사람들을 선별할 필요가 있으며 이를 위해 많은 공적자원 투여와 경쟁적인 입시를 수단으로 삼을 때, 비싼 등록금과 부모의 기부에 근거한 선발방식[57]에 비해 더 정의로운 것으로 비칠 수 있다. 그렇다 해도 여전히 프랑스 교육제도는 특히 불평등하고 위선적인 것으로 보인다. 정의로운 불평등의 원천으로서의 선발시험에 부여된 무한 신뢰는 18세 또는 20세에 거둔 학업성취가 개인의 궤도를 과도하게 결정하는 것으로 이어질 수 있다. 무엇보다도, 사회적 특권을 누리지 못하는 학생들보다 그 특권을 누리는 학생들을 위해 구조적으로 더 많은 공적자원을 투자한다는 것은 정당화되기 어려워 보인다. 이런 식의 투자는 애초의 가족 차원의 불평등을 결국 공권력을 통해 격화시키는 셈이다.

그런데 사실인즉슨 선거좌파가 고학력자들의 정당이 되면서 실상은 이 공화주의적 엘리트주의의—자신들이 노동자들의 정당이던 시대에 반대했던 '부르주아' 정당들보다도 훨씬 더—최상의 변호인이자 보증인이 된다는 것이다. 사회당의 주도로, 선거좌파는 1980년대 초 이후 여러 차례 (절반이 조금 더 되는 시간 동안) 집권했다. 선거좌파는 매번 의회 다수파가 되었고, 이를 통해 프랑스 고등교육제도 혁신이 가능했을 터이다.[58] 특히, 이들 정부와 의회 다수파는 제도의 재원구조를 변경하고 그랑제콜과 그랑제콜 준비반 학생들에게 돌아가는 만큼의 자금을 일반대학에 투자하기로 결정할 수 있었을 것이다. 그들이 그렇게 하지 않았던 것은, 필시 그들이 고등교육에 재원이 집중되는 엘리트주의구조가 정당하다고 생각했거나 그게 아니라면 (어떤 경우에는 특권층에 유리한 세금 인하도 포함해) 재정자원이 다른 우선순위에 할당되어야 한다고 생각했기 때문이다.[59]

요컨대, 프랑스 교육지출 전체의 분포를 보면, 현재의 제도는 각 세대마다 교육지출의 수혜를 누리는 상위 10%의 자녀에게 수혜를 적게 입는 하위 50%의 자녀보다 공적자금을 거의 세 배 더 많이 투자한다는 것이 확인된다.[60] 전반적으로 사회적 출신의 불평등과 일치하는 이처럼 강한 교육 불평등은 중등교육과 고등교육 접근성의 격차에서 기인하는 것이자 고등교육 내에서는 교육비용의 불평등에서도 기인하는 것이다. 재차 명확히 해야 하는 것은 적절한 데이터들이 없다보니 이 추계들은 교육 불평등의 규모를 저평가한다는 점이다. 특히, 이 추계는 모든 학생이 초등 또는 중등 교육 기간 연평균 같은 학비를 받는다는 가정에 기초하고 있다. 그런데 모든 가용 자료에 따르면 하층집단 자녀들에게 들어가는 교육비용은 여기서도 또다시 그만큼 더 적다.

좀더 구체적으로는, 열악한 재원을 가진 초등학교·중학교·고등학교에는 노련한 교사들이 적고 특히나 대다수의 교사들이 기간제이며 결원은 충원되질 않아 학생들의 성취에 부정적인 영향을 미치며, 특히 가정환경이 불우한 학생들일수록 더욱 그 영향을 많이 받는다는 것을 많은 연구가 보여주었다.[61] 예컨대, 파리 지역의 중학교를 조사해보면, 기간제(비정규직) 교사 또는 초임 교사의 비율이 오드센과 같은 부유한 데파르트망들과 수도 파리에서는 고작 10%인데, 발드마른이나 센생드니 같은 낙후된 데파르트망에서는 그 비율이 50%에 달한다는 것이 확인된다.[62] 물론 (참으로 우려스럽게도) 대부분의 OECD 국가에서 부유한 가정환경에서 자란 학생들은 불우한 학생들에 비해 노련한 정규직 교사를 만날 기회가 더 많다는 사실이 확인된다. 불우한 가정환경에서 자란 학생들은 흔히 대체 교사 또는 기간제 교사를 만난다. 연구들에 따르면 관찰된 격차들이 프랑스에서 유난히 컸다.[63]

## 교육정의의 새 표준을 세울 필요에 대하여

여기서 위선이 특별히 극심한 이유는, 한편으로는 (프랑스에서 1980년대 초에 실시된) 특히 열악해서 정부의 전폭적인 지원이 필요한 학교들을 지정하는 이른바 교육우선조치를 만들어놓고, 실제로 다른 한편으로는 가장 부유한 지역에 사실상 공적자금을 계속해서 더 많이 투여하기 때문이다. 교사보조금제도는 확실히 몇몇 우선지역에서 실시되었다. 하지만 이런 조치로는 엄청난 재원 격차의 아주 작은 일부만을 상쇄할 수 있다. 이 격차는 이러한 학교들에는 경험이 적은 기간제 교사들의 비율이 비할 데 없이 높다는 사실과 관련된다. 부모의 사회적 위상에 따라 학생이 받는 자금 전체를 조사해보면, 가장 많은 자금이 사회적으로 특권을 누리는 학생들과 학교들에, 특히 대도시권 중심의 명문고등학교에 지급될 확률이 매우 높다. 그런 고등학교에는 교수 자격을 가진 노련한 교사들이 매우 많다.

최근의 한 연구를 통해 장막의 일부를 걷어내고 이러한 우려가 사실임을 확인할 수 있었다. 다양한 초등학교·중학교·고등학교의 현직 교사 평균임금을, 우선지역에서 시행되는 보조금제도뿐만 아니라 (주로 근속연수와 학력, 정규직/기간제 여부에 따라) 여타 임금 결정요소 전부를 반영해 계산해보면, 사회적 특권계급 학생들의 재적 비율이 높은 곳의 교사 평균임금이 높다는 사실이 확인된다. 중학교에서도 고등학교에서도 이 연관성은 정확히 강화되고 있다. 학급당 평균인원도 부유한 학교에서 더 많아지는 경향이 있는데, 두 효과는 상쇄되어서 학생당 평균비용은 거의 정확히 일정하다. 그렇지만 부유한 중학교와 고등학교 학생들이 정부의 혜택을 가장 많이 누린다고 생각할 수 있겠다. 학급당 인원수가 좀더 많지만, 학생들의 평균 수준이 더 높고, 무엇보다도 그들은 더 노련하고 잘 훈련되어 있으며 급여도 더 많이 받는 교사들을 만나는 혜택을 누린다.[64] 여하간, 이와 같은 정보들이 매년 체계적으로 공표되지 않아서 발전적이고 검증될 수 있는 정책의 받침대 구실을 하지 못한다는 사실 자체가 심각한 문제들을 야기한다. 낙후된 학교에 유리하도록 재원 목표를 (특히 초등교육 수준에서) 현실적으로 세우는 투명하고 수용적인 정책은 학문적 성취를 통해 사회적 불평등을 실질적으로 완화시키는 일을 가능케 할 수 있을 것이다.[65]

재원 불평등 문제 이외에, 프랑스 교육제도에서 사회적 분리가 극도로 높은 수준에 이르렀음을 또한 지적해야 한다. 파리 175개 중학교 재학생 8만 5000명 중에서, 16%가 가난한 계급 출신이다. 하지만 지리적 분포를 조사해보면, 일부 중학교에서는 가난한 학생이 1% 이하인 것에 비해 또다른 중학교들에서는 60% 이상이라는 것이 확인된다. 인민계급이 거의 완전히 배제되는 중학교들은 사립학교가 대부분인데, 파리 중학생의 3분의 1 이상이 다니는 이 학교들은 자신들이 원하는 대로 학생을 선발할 권리를 가지면서도 최소한의 공동 규칙을 준수할 의무조차 지지 않으면서 거의 완전히 공적기금에서 재원을 조달하는 놀라운 프랑스적 특성을 갖고 있다.[66] 하지만 많은 공립중학교에도 역시 가난한 학생은 고작 몇 퍼센트인 것에 비해, 전철로 한두 정거장 떨어진 지역에 있는 다른 공립중학교들에는 절반 이상이다.[67] 이런 상황은 매우 심각한 주거지역 분리와 더불어 공립학교 지역을 벗어난 사립학교들로 인한 학교 분포 왜곡, 심지어 상황을 타개하려는 현실적 공공정책의 부재에 기인한 것이다. 그렇지만 최근의 경험들은 잘 고안되고 더 투명한 할당 알고리즘을 통해 실제적인 사회적 혼합에 도달할 수 있으리라는 것을 보여주었다.[68]

지난 수십 년간 관찰된 교육 균열의 반전과, 사회적 하위 범주가 이제

좌파 정당들이 자신들을 더이상 대변해주지 않는다고 느낀다는 사실을 이러한 몇몇 요소만으로 설명하겠다고 여기서 주장하려는 것은 아니다. 하지만 이토록 명백한 교육 불평등이 사회당 정부를 향한 강한 불신에 일조했고, 사회당 정부가 형편이 어려운 계층보다는 고학력계층과 그 자녀들에게 더 관심이 많다는 인상을 키우는 데 일조했다는 건 분명해 보인다.

2008년 금융위기 이후, 정체된 교육예산은 특히 인민계급 청년들의 좌절감을 키우는 강력한 요인이었다. 청년들은 열심히 공부하고 대학입학자격을 취득하면 고등교육과 취업의 문이 빠르게 열릴 것이라고 믿어왔다. 실제로 한 세대에서 대학입학 자격에 도달한 비율은 1980년대에 고작 30%였던 것이 2000년에는 60%, 2018년에는 거의 80%에 달했는데, 이는 특히 공학 계열 대학입학 자격 취득자 수가 매우 크게 늘어난 데서 기인했다. 학생 수는 2008년부터 2018년까지 20% 늘어나, 220만 명가량에서 거의 270만 명이 되었다. 문제는 재원이 늘어나지 않았다는 점이다. (인플레이션을 제외하고) 실질재원은 겨우 10%가량 늘어났고, 이는 학생당 예산이 10% 감소했음을 의미한다.[69] 선별적인 엘리트 코스를 밟는 특권층 출신 학생들을 위한 가용 재원은 확실히 보존되었다. 반면 일반대학 학생들은 그들이 보장받은 미래에 대한 약속과는 거리가 먼 학업 조건에 처해 있었다. 예컨대 공학대학과 직업전문대 대학입학 자격 취득자 수가 급증했음에도 불구하고, 단기공과대학IUT 입학정원은 재원이 없어서 거의 늘지 않았다. 이런 사태로 조성된 긴장은 이 학교들에 일반대학입학 자격 취득자들도 들어가길 원하면서 그만큼 더 고조된다. 흔히 이들은 부유한 환경 출신이지만, 그랑제콜 준비반의 잘 갖춰진 코스에 진입하지 못하자, (주변 환경이 특히 취약하고 직업적 전망이 때로 불확실한) 일반대학보다 오히려 단기공과대학에 가길 선호했다.

이와 같은 상황의 폭발성과, 이로 인한 정치적 균열의 급변은 최근의 한 창작물에 의해 스케치되었다. 드라마 시리즈 〈바롱 누아〉에서는 노르의 조금은 부패한 국회의원에게 지원을 받은 얼마간 화려한 사회당 대통령

필리프 리크바르트가 등장한다. 그는 교육정의를 상징하는 조치를 통해 좌파 정부의 사회적 명성을 다시 드높이고자 한다. 이를 위해 그는 파리 근교의 직업전문대학 입학자격 취득자들 무리의 요구를 지지한다. 그들은 단기공과대학 정원 할당을 받기를 원한고, 일반대학입학 자격 취득자들 때문에 부당하게 입시에서 밀려났다고 느낀다. 리크바르트는 노동자를 상징하는 푸른 작업복을 입고 그 조치를 옹호하러 국회로 가서, '사회적인 것'과 인민계급을 되찾는 것이 바로 좌파의 명예라는 걸 설명한다. 하지만 이 모든 것은 당의 부잣집 도련님의, 특히 MJS(사회주의청년운동) 투사들의 취향이 전혀 아니다. 이들은 응당 파리 중심에 있는 상류층 명문고등학교 출신들이다. 그들은 파리 근교의 직업전문고등학교 학생총회에 침투하여 그 운동을 방해하기까지 한다. 얼마 뒤, 직업전문고등학교 학생들의 지도자가 장차 있을 유럽의회 선거를 위해 우파 정당에 입당하길 마다하지 않았음이 사진으로 폭로되어 그 지도자의 평판이 결정적으로 훼손된다. 이는 진정한 일반대학입학 자격 취득자들만이, 직업전문학교 출신의 벼락부자들과는 격이 다르게, 브라만 좌파의 가치를 옹호할 수 있다는 확실한 증거다.

이 드라마는 교육정의를 둘러싼 논의에서 장차 틀림없이 커다란 역할을 하게 될 어떤 행위자, 즉 각 단계에서 학생들을 할당하는 알고리즘을 등장시켰다. 부모가 저마다 자신이 택한 고등학교나 대학에 자녀를 입학시키기 위해 자신의 교분을 활용하는 얼마 전까지의 (많은 나라에서 여전히 만연한) 상황에 견줘보면, 이러한 무작위 알고리즘이 민주적인 사회 진보를 나타낼 수 있다는 걸 부인하기는 어렵다. 다만 이 알고리즘이 시민적인 전유와 투명한 토론의 대상이 된다는 조건이 필요한데, 현재는 전혀 그렇지 못한 상태다. 예컨대, 고등교육에서 대학입학 자격 취득자의 전국 배정 알고리즘에 대한 개혁으로, 2018년에 '입학 자격 취득 후 진학등록제도 APB'가 파르쿠르스업Parcoursup이라는 제도로 대체되면서, 그랑제콜 준비반에 사회적 할당제를 도입했다. 이는 잠재적으로 사회정의를 위한 유용한 방책일 수 있다. 하지만 이러한 할당의 한도는 전적으로 모호한 채로 남아 있으며, 장학금을 받는 대학입학 자격 취득자들—전체 학생의 20% 이하—에게만 해당되고, (고등학교 할당제인 아펠네트Affelnet와 마찬가지로) 부모 소득이 기준보다 조금이라도 높은 학생들은 엄격하게 배제된다. 대다수가 받아들일 수 있는 정의 표준을 세우기를 열망한다면, 더욱 점진적이고 연속적인 방식으로, 무엇보다도 더욱 투명한 방식으로 여러 사회적 출신을 반영하는 체계를 구상하는 것이 확실히 더 바람직하다. 수십 년간 이러한 할당과 '배정' 메커니즘을 대규모로 운용해온 인도가 이 문제들에 관해서는 서양 나라들보다 선진적이라는 점은 흥미롭다.[70] 적절하게 운용된다면, 이 민주적인 도구는 지난 수십 년간의 교육 논쟁의 곤경에서 벗어나게 해줄 것이다. 우리는 이를 재론할 것이다.

## 소유, 좌파, 우파

이제 소득 및 자산 불평등에 따른 선거에서의 정치적 균열의 진화로 가보자. 1950년대부터 2010년대까지의 소득과 그 진화에 따른 선거좌파에 대한 투표 성향을 검토하는 걸로 시작하자(도표 14.12 참조).

선거좌파에 대한 투표는 소득 하위 90% 안에서는 계속해서 꽤나 평평하지만(좌파 정당에게 보내는 평균적 지지에서 편차가 별로 없다), 상위 10% 안에서, 특히 1950년대에서 1970년대 사이에 급락한다는 점이 인상적이다. 예컨대, 1978년 총선에서 선거좌파는 대부분의 소득 십분위 안에서 대체로 50% 넘게 득표하지만, 최상위 십분위에서는 급격하게 떨어지고 소득 상위 1% 안에서는 20% 이하 득표로 내려간다.[71] 1990년대와 2000년대 사이, 기울기는 점점 완만해진다. 2012년 대선에서는 사회당 후보가 소득 상위 10%에서 거의 50%를, 상위 백분위 안에서 40% 가까이를 득표한다.

이처럼 곡선이 평평해지는 것은 좌파에 대한 고학력자들의 투표가 분

**도표 14.12 프랑스에서 정치 갈등과 소득, 1958~2012년**

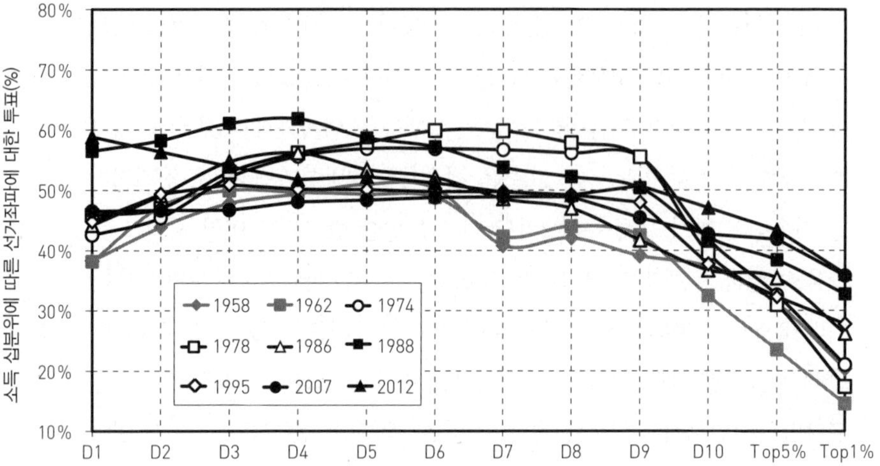


1978년에 좌파 정당(사회당·공산당·급진당·생태주의당)은 소득 하위 십분위에서 46%, 상위 십분위에서 38%, 상위 백분위에서 17%를 득표했다. 일반적으로 좌파 득표율 단면도는 특히 초기 연도일수록 소득 하위 90%에서 상대적으로 일정하고, 상위 십분위에서 급격하게 떨어진다. 참고: D1은 하위 10%, D2는 그다음 10%, D10은 상위 10%를 가리킨다.

**출처 및 원 통계자료:** piketty.pse.ens.fr/ideologie

명 지배적이 되었다는 사실의 논리적 결과다. 그렇지만 상위 소득은 2010년대까지도 상위 학력과는 반대로 계속 우파 정당들을 지지한다는 점에 유의해야 한다. 달리 말해, 1990~2000년부터 다중엘리트체계 안에서 당파적 균열구조가 동요했고, 고학력자들은 좌파에 투표하는 데 비해 상위 소득은 우파에 투표한다(도표 14.1 참조).[72] 과연 이 상황이 얼마나 지속될지가 문제다. 예컨대, 고학력자가 상위 소득자가 되거나 고액 자산을 축적하게 되고 고학력자가 아닌 상위 소득자나 상위 자산 보유자와의 정치적 연합을 통해 결국은 다중엘리트가 단일정당으로 통합되는 사태를 생각해 볼 수 있다. 이와 같은 가설은 도태되기는커녕, 특히 프랑스와 미국에서 현실화되는 일이 멀지 않았다는 점을 우리는 보게 될 것이다. 하지만 사태는 한결 복잡하다. 특히 왜 고학력자들과 상위 소득자들이 예컨대 2012년 대선과 총선에서처럼 반드시 동일 정당에 투표하지는 않았으며 미래에도 계속해서 상이한 지형을 점할 수 있을지를(그렇다고 해서 필요한 경우 그들이 여러 지점에서, 특히 불평등 감소가 우선 사안이 아니라는 합의를 보는 일이 저지되지는 않는다) 설명하는 핵심적인 두 가지 이유가 있다.

우선 일정한 학력 수준에서, 자신들이 돈벌이가 되는 커리어(예컨대 공공부문보다는 민간부문에서 일한다거나, 또는 각 부문에서도 더 돈벌이가 되는 분야에서 일한다거나)를 택했기 때문이든, 출세하거나 초고속 승진을 했기 때문이든(가용 데이터들을 통해서는 이러한 상황들을 분리하기 어렵다), 자신들의 학력을 고임금을 통해 화폐화한 사람들이 흔히들 우파에 투표하는 경향을 갖는 건 분명하다. 이는 대개 상위 소득에 대해 낮은 세금을 제시하는 우파 정당이 자신들의 이익에 부합함을 잘 파악하고 있다는 뜻이기도 하고, 더 일반적으로는 고소득자가 되는 데 있어 개인의 노력이 갖는 비중을 더 강조하는 세계관에서 기인하는 것이기도 하다. 달리 말해, '브라만 좌파'와 '상인 우파'는 정확하게 동일하지는 않은 경험과 열망을 지니고 있다. 전자는 학교에서의 성공, 지적인 노동, 학력과 지식의 획득에 가치를 부여한다. 후자는 직업적 동기, 사업 감각, 신속한 협상에 더 가치를 둔다. 저마다 나름의 방식으로 능력과 정의로운 불평등이라는 이데올로기에 의거하지만, 요구되는 노력과 부여되는 보상 형태가 두 경우에 정확히 동일한 것은 아니다.[73]

다른 한편으로는, 여전히 일정한 학력 수준에서, 어떤 사람들은 더 많은 소득을 얻는데 그 이유는 그들이 더 많은 자산을 보유하기 때문이다. 많은 자산 덕에 그들은 자본에서 발생하는 소득(임대료·이자·배당금 등)을 얻거나, 상당한 투자가 필요한 비임금적 직업에 종사하면서 또는 (가족 또는 비가족) 기업을 경영하면서 자신들의 학력을 매우 실효적으로 화폐화한다. 일반적으로, 적절한 데이터를 사용할 수 있는 모든 시기와 모든 나라에서, 자산 보유가 소득이나 학력보다 투표 성향을 결정짓는 훨씬 강력한 실제 요인으로 보인다. 특히, 자산 십분위에 따른 좌파 정당 투표 곡선은 그에 상응하는 소득 십분위 곡선보다 훨씬 가파른 것으로 보인다(도표 14.13 참조). 예컨대, 1978년 총선에서, 자산 상위 백분위 유권자들의

**도표 14.13 프랑스에서 정치 갈등과 소유, 1974~2012년**

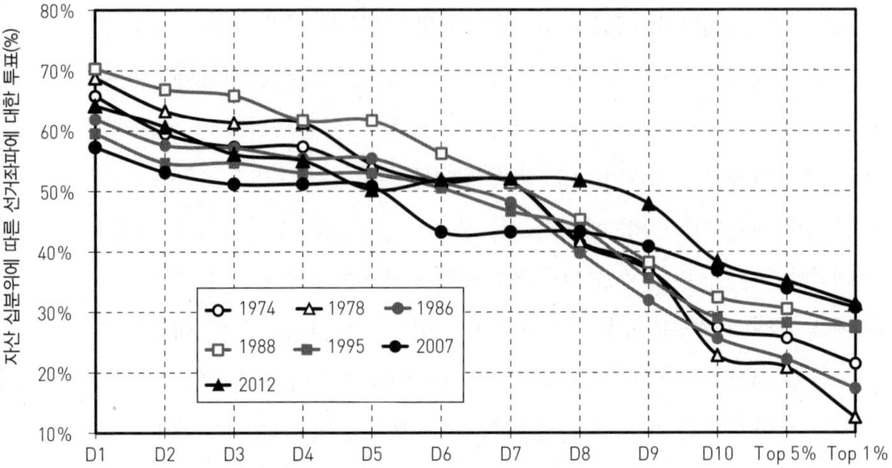


1978년에 좌파 정당(사회당·공산당·급진당·생태주의당)은 하위 10% 이하 자산 보유자의 69%, 상위 10%의 23%, 상위 1%의 13%의 표를 얻는다. 더 일반적으로 좌파 득표율 단면도는 자산과 매우 강하게 반비례하며 소득 수준보다 더 명확한 형태를 띤다. 참고: D1은 자산 보유 하위 10% 이하, D2는 그 다음 10% 이하, D10은 상위 10%를 가리킨다.

**출처 및 원 통계자료:** piketty.pse.ens.fr/ideologie

좌파에 대한 투표는 10%를 넘지 않는 선으로 떨어지는 데 비해(즉 이 집단에서는 거의 90%가 우파에 투표한다), 자산 하위 십분위 유권자들에서는 거의 70%에 달한다. 달리 말해, 자산은 거의 가차없이 정치적 입장을 결정하는 요인으로 보인다. 말하자면 자산을 보유한 부자는 좀처럼 좌파에 투표하지 않으며, 자산이 없는 빈민은 우파에 투표하는 경우가 매우 드물다는 것이다. 이러한 연관성은 1970년대에서 2010년대 사이에 약화되었으나, 소득에 비해서는 여전히 뚜렷한 편이다.[74]

정치적 입장을 좌우하는 데 소유가 결정적 역할을 한다는 것은 놀랄 일이 아니다. 소유체제 문제는 19세기와 20세기에 정치적-이데올로기적 갈등의 중심 주제를 이루었고, 학력 및 교육체제 문제가 비견될 만한 중요성을 갖게 된 것은 불과 20세기 말부터다. 역사적으로는, 사적소유제 옹호를 (그리고 사적소유 재분배에 대한 제한을) 중심으로, 19세기에 프랑스혁명에서 유래한 정치체제가 세워졌고, 우리는 이미 이에 대해 전반적으로 다뤘다.[75] 1913년에 출간한『제3공화국하 프랑스 서부에 대한 정치적 묘사』에서, 정치학자이자 지리학자인 앙드레 지크프리트는 1871년 총선부터 1910년 총선까지 관찰된 득표를 면 단위로, 토지세에서 도출되는 농지 면적 분포 데이터와 공립·사립학교 여학생 취학률에 관한 광범한 내각 조사결과를 주로 이용해 체계적으로 상세하게 연구했다. 그의 결론은 매우 명확하다. 혁명기에 시행된 토지 재분배를 통해 소규모 토지소유가 가능했던 면 단위에서는 농민들이 공화주의 정당들에 투표했고, 그 시대에 이 정당들은 정치판에서 좌파를 구성했다(그중에서도 급진당이라 불리는 가장 확신에 찬 급진적 공화주의자들이 그랬다).

반면에, 토지소유가 여전히—흔히 귀족 출신인—대토지소유자들 수중에 집중되어 있고 교회의 영향력이 주로 교육기관들에 대한 장악력을 통해 보존되던 면들에서는 유권자들이 군주제적 보수 후보들을 압도적으로 지지했다. 가장 보수적인 면들에서는, 예컨대 북서부 브르타뉴의 레옹에서는 총선에서 사제와 귀족이 맞붙는 놀라운 일이, 예컨대 1897년 게로 신부와 블루아 백작의 경쟁이 관찰된다. 지역의 전통적인 종교 엘리트들에 대한 주민의 애착이 깊다보니 오래된 사제계급의 대표자들이 이 경쟁의 승자로 나타나는 경우가 많다. 앙드레 지크프리트는 오래된 삼기능 질서를 지탱하고 지지하는 주민 유권자들이 계속해서 군주의 성과 사제관을 신임하는 세계를 묘사한다. 이 유권자들은 수도 파리의 공화주의자들의 집권을 구체적으로 경험해본 적이 없어서 도대체 저 공화주의자들이 자신들에게 무엇을 하려는 건지를 전혀 알지 못한다.[76]

## 좌파와 자영업자들: 20세기 불신의 연대기

그렇지만 지크프리트가 거론한 세계는 그가 묘사하던 그 순간에 사라질

참이었다. 훌륭한 중도좌파 공화주의자인 지크프리트는 서부지역에서 '집산주의자들'이 특히 브레스트의 병기창 노동자들과 콩카르노의 정어리 통조림 제조공들에게서 거둔 소박한 쾌거를 우려한다. 하지만 이 나라의 다른 곳에서는 사회당 후보들이 훨씬 더 결정적인 진전을 이룩하고 있었다. 전간기인 1920년 투르 전당대회에서의 분열 이후 새롭게 분리된, 사회당 의원들과 공산당 의원들은 점차 급진당원들보다 우세해져 그들을 중도로 밀어냈다. 2차대전 이후 급진당원들의 자리는 사회당과 공산당 의원들이 거의 대부분 차지했다. 그런데 사적소유에 대한 사회당-공산당의 이데올로기는 급진당과 중도좌파 공화당 이데올로기보다 훨씬 전복적이다. 급진당은 소소유자·농민·상인·모든 유형의 자영업자와 —카요 내각이 제안한 소득세를 통한—"사적소유를 존중하는 가운데 이루어지는 사회개혁"의 사도인 데 비해, 사회당과 공산당은 특히 공업부문 생산수단의 집산화를 예찬했으며 더욱이 1980년대까지도 주요 산업의 국유화를 기본으로 하는 강령에 의거한다. 그들은 물론 20세기 내내 소자영업자들을 상대로 그들에게 해를 끼치지 않을 것이며 합당한 크기의 사적소유는 전혀 건드리지 않는다는 걸 설득하고자 했다. 하지만 이에 관해 완벽하게 안심시킬 만한 한계와 경계를 확정하는 정책이 없다보니, 자영업자들은 실제로 최근까지도 사회당과 공산당 좌파를 계속 불신해왔다.

소자영업자들(농민·상인·수공업자)의 이러한 불신은 프랑스의 소득 하위 90%에서 관찰되는 소득별 좌파 정당 투표 단면도의 평평함을 대체로 설명해준다(도표 14.12 참조). 1950년대부터 1970~1980년까지 소득 하위 십분위는 실제로 상당수의 자영업 노동자들로 구성되는데, 이들은 물론 소득 면에서 그리 넉넉하지 않지만 그럼에도 약간의 자산(밭·농가·상점)을 소유하며 그 누구보다도 더 집산주의자들의 프로젝트를 불신한다. 1950~1980년 프랑스의 소득별 좌파 정당 투표 단면도가 유난히 평평하다는 것은 자영업자들, 특히 농민들이 점하는 비중에 의해 설명된다. 반면에 바로 이 단면도가 미국과 영국의 소득 하위 90% 사이에서는 명확하게

하락한다.[77]

좌파 정당들에 대한 이런 두려움은 비웃음을 살 수 있다. 프랑스의 사회당–공산당은 농업과 상업을 집단농장이나 국영농장 그리고 '가스트로놈Gastronom'(소비에트시대 식료품 유통을 독점한 전혀 미식적이지 않은 국영 식료품점 체인) 같은 상점으로 전환시킬 힘도 의지도 결코 가져본 적이 없다. 게다가 사실상 그들은 소규모 사적소유에 대한 자신들의 장기적인 구상이 어떤 것인지, 그리고 이상적 사회에서의 이러한 사적소유의 역할에 대해 어떻게 생각하고 있는지를 명료하고 정확하게 제시할 기회조차 가져본 적이 없다. 소유 문제에 대한 이러한 애매함과 불확실성은 부차적인 게 전혀 아니다. 이는 사회당과 공산당 사이, 사회당–공산당과 (자영업자들을 위시한) 사회 사이의 주요한 분열들의 기원에 놓여 있다. 이 애매함과 불확실성은 독일에서 1930년대에 나치에 맞서 독일 사민당과 독일공산당KPD이 제휴하지 못한 무능력과, 전간기 프랑스에서 급진당과 사회당과 공산당이 (중요하지만 단명했던 1936~1938년 프랑스 인민전선 시기를 제외하고) 지속적인 연합을 구성하지 못한 무능력의 원인이다. 소유체제와 (식민주의 문제뿐 아니라) 소비에트모델 지지 여부를 둘러싼 이처럼 무거운 갈등은 왜 사회당 정부들이 1947~1958년에 '제3의 힘'(공산당과 드골주의자를 동시에 배제하고 중도에서 통치한다는 의미)이라 불리는 연합의 틀로 급진당 및 중도우파와 연정을 했는지를 대부분 설명해준다.[78]

적은 재산이나마 몰수당할지도 모른다는 실존적 두려움 외에, 세제 관련 논의 중 특히 소득세 문제를 두고 좌파 정당들이 자영업자보다 임금노동자에게 훨씬 유리한 입장을 옹호함으로써 불신과 갈등을 키우는 데 큰 역할을 했다는 점이 강조되어야 한다. 1914~1917년에 채택된 소득세제에는 (전체 소득에, 다시 말해 납세자의 모든 소득의 총액에 과세하는) 종합소득세와 각각의 소득 범주(임금·자영업소득·이윤·이자 등)에 따라 과세하는 분류소득세가 있다는 점을 상기하자.[79] 임금노동자의 임금에 적용되는 분류소득세가 자영업자의 소득에 적용되는 소득세보다 훨씬 유리했다.

전자가 많은 공제를 누렸던 데 비해(그리하여 임금을 많이 받는 10~15%의 임금노동자만이 실제로 이 세금을 납부했다), 자영업자들은 소득에 대해 꼼꼼하게 신고해야 했고 공제 없이 총소득에 대한 세금을 내야 했다. 이토록 명백한 불공정에 맞서 소자영업자(농민·수공업자·상인)들이 열정적으로 결집했고 1920년대와 1930년대에 여러 제도적 수정과 보상 조치를 확보했다. 하지만 사회당과 공산당이 옹호해온 임금노동자들은 자영업자들을 위한 제도에 전면적인 동조를 거부했고(왜냐하면 여기에는 평균 이하 임금으로는 수용할 수 없는 세금 인상이 내포되리라고 보았기 때문이다) 특혜 대우를 계속해서 받았다.[80]

이런 상황은 2차대전 이후까지 연장되었다. 1948년과 1959년의 조세개혁은 모든 소득에 공통 적용되는 법규를 가진 세제로 통합하는 것을 골자로 했으나, 실제로는 임금노동자들에게만 해당되는 특별 공제가 만들어졌으며 게다가 이들은 '비례세' 면제 혜택도 누렸다.[81] 1956년 총선에서 푸자드운동의 놀라운 성공으로 이어진, 납세 거부와 소자영업자를 옹호하기 위한 폭력적인 소요 사태의 기원에 있었던 것이 전반적으로는 바로 이 문제다.[82] 사회당과 공산당의 관점에서는, 임금노동자가 누리는 혜택은 자영업자에게는 자신의 소득을 줄여 신고하는 불미스런 경향이 있는 데 비해 임금 수령자는 이와 같은 가능성이 없다는 사실에 의해 정당화되는 것이었다. 이 주장은 이해할 만한 것이지만, 또한 명확히 실패하게 되어 있는 것이다. 자영업자의 부정행위라 여겨지는 것에 대한 보상으로 임금노동자들을 위한 특별 공제를 만든다고 해서, 이른바 부정행위를 종식시키고 다양한 집단이 받아들일 수 있는 조세정의 표준을 발전시킬 수 있는 게 아니다. 이처럼 외관상 기술적인 논의들이 20세기에 임금노동자들과 자영업자들 간 선거 균열들의 구조화에서 중심적인 역할을 했다.[83] 농촌 세계와 도시 세계 사이의 조세 적대는 19세기에 작동된 정치적 정체성 형성과정에서도 존재감이 뚜렷했다.[84] 이런 갈등들은 사회적 조세정의 문제가—이 문제의 제도적이고 행정적인 구현과는 별개로—추상적으로 다루어질 수는 없음을 보여준다. 정의로운 세금은, 공통의 과세에 대한 각자의 납세 능력을 비교할 수 있는 정보의 토대 위에서 역사적이고 정치적으로 구성되어야 한다. 또한 이를 위해서는 매우 다양한 (심지어 서로 완전히 다른) 사회적 계층의 소득과 소유를 지위와 경제활동 차원에서 평가하고 등록할 수 있는 장치가 준비되어야 한다.

### '브라만 좌파'와 '상인 우파'의 강점과 약점

사적소유를 둘러싼 양극적인 대결과 소비에트 공산주의가 끝난 뒤, 교육의 팽창과 '브라만 좌파'가 강력하게 부상하면서, 정치적-이데올로기적 풍경은 완전히 뒤바뀌었다. 국유화를 핵심요소로 하는 (주로 프랑스와 영국의) 좌파 정당 강령은 자영업자들에게 그토록 두려운 것이었는데, 이는 확실하게 받아들여질 만한 대안적 강령에 의해 대체되지도 못한 채 몇 년 만에 사라졌다.[85] 다중엘리트체계가 들어섰고, 이 체계의 한편에는 고학력자들의 표를 사로잡는 '브라만 좌파'가 있고 다른 한편에는 상위 소득과 자산에서 항상 선두에 서는 '상인 우파'가 있다(도표 14.1 참조). 우리는 이와 동일한 구조를 미국과 영국에서 그리고 여타의 서양 나라들에서 다시 보게 될 것이다. 이러한 균형에는 강점이 될 요소들이 있지만, 또한 무엇보다도 이 균형을 극도로 불안정하게 하는 약점의 선들이 이 균형을 관통한다.

강점의 요소들은 '브라만 좌파'와 '상인 우파'가 상보적인 가치와 경험을 구현한다는 사실과 관련된다. 그들은 또한 기존의 불평등주의체제에 대한 일정한 보수주의를 비롯한 다수의 공통요소를 공유한다. '브라만 좌파'는 학문적 노력과 능력을 믿는다. '상인 우파'는 사업에서의 노력과 능력을 강조한다. '브라만 좌파'는 학력·지식·인적자본의 축적을 지향한다. '상인 우파'는 무엇보다도 화폐·금융자본의 축적에 의거한다. 이들이 특정 지점에서 분쟁을 겪을 수도 있다. '브라만 좌파'는 예컨대 고등학교, 그랑제콜, 그들이 애착을 갖는 문예제도에 재원을 조달하기 위해, '상인 우파'보다는 좀더 높은 세금을 선호할 수 있다.[86] 하지만 두 진영 모두 현행 경제체계와, 경제·금융 엘리트에게만큼이나 지식인 엘리트에게도 사실상 매우 큰 이득이 되는 현재의 세계화 양상에 대한 강한 애착심을 공유한다.

'브라만 좌파'와 '상인 우파'는 사실상 통치 정당성의 두 형태를 구현한다. 이 다중엘리트체계는, 지식인 엘리트와 전사 엘리트의 역할 분할에 근거한 오래된 삼기능사회의 심층적인 논리로의 일종의 회귀를 나타낸다. 다만 차이는 전사 엘리트가 (재화와 안전이 이제는 중앙집권국가에 의해 보장된다는 사실로 인해) 상인 엘리트로 대체되었다는 것이다. '브라만 좌파'와 '상인 우파'가 교대로 집권하거나 또는 차라리 상이한 엘리트들을 결집시키는 연합의 틀로 함께 통치할 수도 있다. 2017년 선거에서 프랑스의 중도좌파와 중도우파를 결집시키는 동맹 구성 시도가—이 시도를 우리는 뒤에서 재론할 것인데—후자의 전형적인 예에 속한다. 고학력자들이 부자가 되는 한에서, 단일정당 건설이 가장 논리적인 가설이 될 정도로 엘리트들의 사회경제적인 융합이 일어나리라고 생각할 수 있다. 19세기 말 인도에서는 브라만들이 가장 중요한 지식인이면서 동시에 가장 큰 소유자였음을 우리는 보았다.[87] 그러나 (예컨대 한쪽은 공공 부문 또는 문화적이고 지적인 직종, 다른 한쪽은 민간 부문의 금융적이고 상업적인 직종에서) 택하는 상이한 커리어 선택은 두 엘리트가 전혀 상보적으로 융합되지 못할 가능성을 열어놓는다.

이 정치적 균형은 분명한 강점들에 못잖게 극도로 위태롭기도 하다. 이미 거론한 주요 징후는 인민계층의 선거 후퇴 현상이다(도표 14.7~14.8 참조). 이를 냉소적으로 독해한다면, 엘리트들이 이를 자신들의 생명보험으로 여긴다고 볼 수 있다. 말하자면 인민계급이 선거에 덜 참여할수록 상층계급은 권력을 더 유지할 수 있으리라는 것이다. 그렇다고 하더라도 그것이 종국엔 선거를 통한 정치체계의 정당성 자체를 잠식하고 폭력혁명과 권위주의 권력으로의 길을 열 위험이 있다. 더 일반적으로, 전후의 정치적 균열들과 선거연합으로 이루어진 체계 전체가 붕괴의 위협에 처해 있다는 것은 분명하다. '선거좌파'의 잔재를 관통하는 것은 시장 친화적인 중도좌파와 재분배 친화적인—불평등 증대에 맞서 새로운 대응을 모색하는—급진 좌파 사이의 점점 더 날카로워지는 단층이다. 발전 도중에 있으며 이러한 기대와 도전에 반응할 수 있는 형태의 참여사회주의와 사회연방주의를 우리는 뒤에서 재론할 것이다. '선거우파' 역시 시장 친화적인 중도우파와 토착주의적이고 민족주의적인 우파 사이에서 교착 상태에 빠져 있다. 토착주의적이고 민족주의적인 우파는 정체성주의적인 퇴행과 반이민자적인 사회토착주의에서 세계 경제체계의 변동이 초래한 도전들에 대한 해법을 본다. 바로 이처럼 새로운 정체성 균열들을 우리는 이제 연구할 것이고, 이는 우리를 2017년 선거에서 관찰되는 4개의 분열로 데려다줄 것이다.

## 프랑스에서 정체성주의적인 종교적 균열의 회귀

프랑스에 심대한 종교적 균열 및 정체성 균열이 존재한다는 게 새로운 사태인 것은 전혀 아니라는 사실을 우선 강조하는 것이 좋겠다. 소유를 둘러싼 갈등이나 농촌의 농민 세계와 도시의 노동자 부문 사이의 대립과 부분적으로 중첩되는, 가톨릭과 비종교인 사이의 균열은 19세기에 그리고 20세기의 오랜 기간에 걸쳐 중요한 역할을 해왔다.[88] 인민계급 내부까지를 가르는 신자와 비신자 사이의 내면적 경계로 인해 사회경제적으로 일관성을 갖는 정치연합을 구성하는 일은 오랜 시간이 흐르는 동안 더 까다로워졌다. 계급주의 균열체계가 전후에 들어설 수 있었다면, 일정 부분 이러한 종교적인 정체성주의 균열이 희미해졌기 때문이고, 전쟁과 1930년대의 위기 그리고 공산주의가 야기한 도전들로 인해 사회경제적 차원에 대한 더 큰 개입주의 구상이 요구되었기 때문이다. 이로 인해 사회당과 공산당에

—전간기에 급진당이 이의를 제기했던—정당성이 주어졌고 소유체제를 놓고 벌이는 사회경제적 대결이 경계 문제보다 우위에 설 수 있었다.

지난 수십 년간 새로운 유형의 정체성주의적인 종교적 균열이, 반이민자적인— 특히 유럽 외부의 아랍-무슬림의 이민에 반대하는—정치운동의 발전과 더불어 프랑스와 여러 유럽 나라에서 발흥해왔다. 우선 프랑스에서—1967년 이후 실시된 선거 사후조사에서 조사 대상자들이 진술한 대로[89]—종교생활구조의 변화과정을 조사해보면, '종교 없음'이라고 진술하는 사람들의 비율이 많이 증가했다. 그 비율은 1967년에 6%, 2017년에 36%다(도표 14.14 참조).

다수의 유권자가 계속해서 자신을 가톨릭이라고 진술하지만, 1967년에 91%였던 그들은 2017년에는 51%로 현격히 줄었다. 달리 말해, 가톨릭 주류가 예전에는 압도적이었지만 이제는 상대적인 것에 불과하다. 50세 이하 유권자에 한정한다면, 2012년 사후조사부터 종교를 갖지 않은 이들이 가톨릭보다 많아지기까지 한다(44% 대 42%).[90] 더욱이, (적어도 한 달에 한 번은 교회에 간다고 진술한) 가톨릭은 거의 완전히 사라져서 2017년에는 고작 6%다. 나머지 45%는 가톨릭이라는 정체성은 갖고 있다고 진술하지만 종교생활을 거의 하질 않는다.[91]

종교가 없다고 진술하는 인구의 급증 외에, 1967~2017년 사이에 또한 목도하게 되는 것은 비가톨릭 종교생활의 크진 않아도 유의미한 발전이다. 1967년에는 피조사자의 3% 이하가 여타 종교, 주로 개신교(약 2%)와 유대교(약 0.5%)라고 진술했고, 그 외 종교(이슬람교·불교·힌두교 등)를 다 합친 비율이 0.5% 이하였다. 무슬림 유권자는 선거 사후조사에서 여타 종교들과 별도로 목록화되기 시작했던 1988년에도 여전히 유권자의 1% 이하였다. 그들은 1997년에도 여전히 유권자의 2% 이하였고, 2002년과 2007년 선거에서 3%에 달했다가 2012년과 2017년에 유권자의 약 5%가 된다.[92] 무슬림이라고 진술한 이 유권자들 중에서 압도적 다수는 가톨릭에서 그렇듯이 약한 수준의 종교생활을 하는 것으로 보인다.[93]

**도표 14.14** 프랑스 유권자들의 종교구조: 1967~2017년

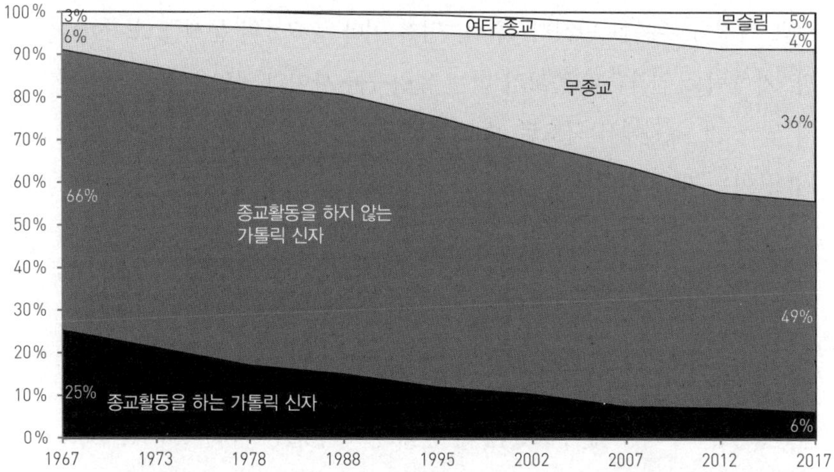


1967년부터 2017년까지, 유권자 중 자신을 (적어도 한 달에 한 번은 교회에 가는) 가톨릭 신자라고 말한 사람은 25%에서 6%로 줄었다. 특별한 종교활동을 하지 않는 가톨릭 신자는 66%에서 49%로 줄었고, 종교가 없다고 말하는 사람은 6%에서 36%로 증가했다. 여타 종교(이슬람을 제외한 기독교·유대교·불교 등)을 가진 사람은 3%에서 4%로 늘었고 자신을 무슬림이라고 말하는 사람은 1%에서 5%로 증가했다.

**출처 및 원 통계자료: piketty.pse.ens.fr/ideologie**

이 데이터들은 선거인명부에 등재된 사람들을 대상으로 한 것임을 명확히 해두자. 요컨대 그 함의인즉슨 한편으로는 이들이—보통 2세대에서 취득하는—프랑스 국적을 가진 이들이라는 것이며, 다른 한편으로는 명부에 등재되기가 까다로웠던 이들이라는 것이다.[94] 다른 조사들에서 나오는 데이터들에 따르면 자신을 무슬림이라 간주하는 사람의 총인원수는 2010년대 말에 프랑스 거주 인구의 약 6~8%다.[95] 유럽의 다른 나라들에서도, 특히 영국과 독일에서 유사한 수준이 확인된다. 이 수준은 인도의 무슬림 비율(1951년 인구조사에서 10%, 2011년 인구조사에서 14%)에는 못 미치지만 그래도 비교가 안 되는 정도는 아니다. 다만 중요한 차이는 인도에서 힌두-무슬림의 종교적 다원성은 13세기 이후부터 존재했던 데 반해, 서유럽에서는 지난 수십 년간에 비로소 현실화되었다는 점이다.[96] 비교하자면, 무슬림 비율은 폴란드와 헝가리, 미국에서도 미미하다(1% 이하).

종교적 균열이 선거 차원에서 어떻게 나타나는지 조사해보면, 두 가지 주요 특징이 주목할 만하다. 우선, 먼저 여타 종교들의 문제를 소거한다면, 가톨릭 유권자들과 종교가 없는 유권자들 사이의 균열은 프랑스의 정치 및 선거 차원에서 극도로 중요한 역할을 부단히 해왔다는 점이 확인된다. 이는 제3공화국에서, 특히 1871~1910년 선거들에서 분명하게 드러난다. 지크프리트는 이 선거들을 연구해, 예컨대 면 단위에서 사립학교의 교우관계 및 토지소유의 구조를 가톨릭 후보에 대한 투표와 연결한다.[97] 1960~1980년에도 종교가 투표에 미치는 막대한 영향이 확인된다. 종교생활을 하는 가톨릭 중에서 10~20%만이 좌파 정당들(사회당-공산당-급진당-생태주의당)에 투표했던 데 반해 종교가 없는 유권자의 70~80%가 이 정당들에 투표한다(도표 14.15 참조). 종교생활을 하지 않는 가톨릭은 언제나 이 두 집단 사이의 정치적 중간 위치에 있었다. 사회경제적 규정 요인에서 그만큼 강력한 효과를 찾으려면, 같은 시기에 자산이 없는 가난한 10%의 유권자와 자산이 많은 부유한 1%의 유권자를 비교해야 한다(도표 14.13 참조). 그런데 종교가 없는 유권자라고 모두 가난한 게 아니듯 종교생활을 하는 가톨릭 신자라고 모두 부자인 것은 전혀 아니다.

(종교생활을 하든 하지 않든) 가톨릭 유권자 전체를 놓고 보면, 그들의 우파 정당 지지 성향은 1960~1980년에 종교가 없는 유권자들에 비해 약 40포인트 높았다. 이는 매우 유의미한 엄청난 효과다. 다른 조건이 모두 같다는 전제에서 논증한다면, 다시 말해 가톨릭 유권자의 사회경제적 특성들을 통제한다면, 격차는 약 30포인트로 낮아진다. 이는 가톨릭 유권자들이 종교가 없는 유권자들에 비해 평균적으로 나이가 많고 소득이 많으며 무엇보다도 자산이 훨씬 많다는 사실에서 유래한다.[98] 그렇다고 하더라도 격차의 큰 부분(약 4분의 3)은 단지 사회경제적인 것이 아니라 정치적-이데올로기적 특성을 많이 지닌 것으로 보인다.[99] 1960~1980년에 관찰되는 (통제변수 반영 전후의) 약 30~40포인트의 이 격차는 1990~2010년에는 20~25포인트로 점차 낮아진다. 일반적으로 사회경제적 변수와 연계되는 격

**도표 14.15** 프랑스에서 정치 갈등과 가톨릭, 1967~2017년

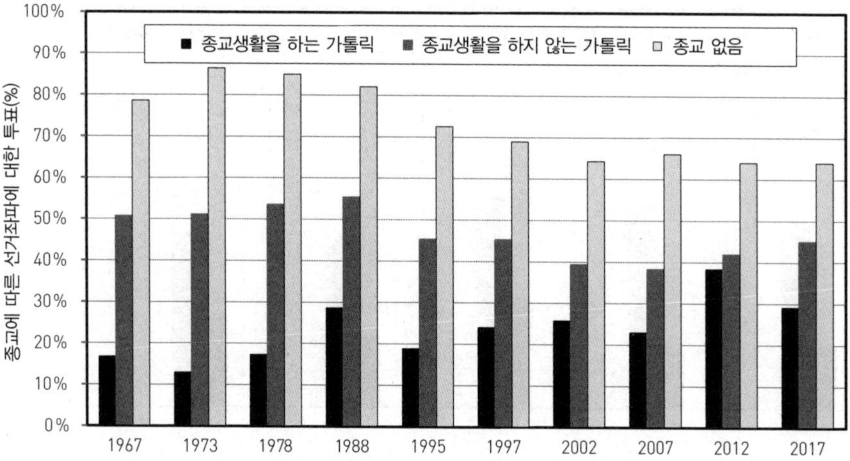


종교생활을 하는 가톨릭 신자와 종교생활을 하지 않는 가톨릭 신자 모두를 포함한 유권자들은 언제나 종교가 없다고 말하는 유권자들보다 좌파 정당에 투표하는 경향이 낮았다. 하지만 이 격차는 시간의 흐름에 따라 줄어든다.

**출처 및 원 통계자료:** piketty.pse.ens.fr/ideologie

차가 약 10~20포인트라는 것에 유의한다면, 그래도 여전히 이것은 상당한 격차다(도표 14.1~14.2 참조).

## 토착주의의 부상과 거대한 정치적-종교적 교란

이제 최근의 프랑스에서 (그리고 우리가 보겠지만 더 일반적으로는 서유럽에서) 종교적 다양성의 등장으로 인해 발생한 정치적-이데올로기적 교란으로 이야기를 옮겨가보자. 역사적으로, 종교적 다양성은 좌파 정당 지지율과 일반적으로 연계돼왔다. 1960년대와 1970년대에, 예컨대 개신교와 유대교 유권자들은 좌파 정당들에 투표하는 성향을 가진다는 것이 확인되는데, 이들의 성향은 종교생활을 하지 않는 가톨릭의 성향과 종교가 없는 유권자의 성향 사이의 중간적인 것이다(도표 14.16 참조). 1960년대부

**도표 14.16** 프랑스에서 정치 갈등과 종교의 다양성, 1967~1997년

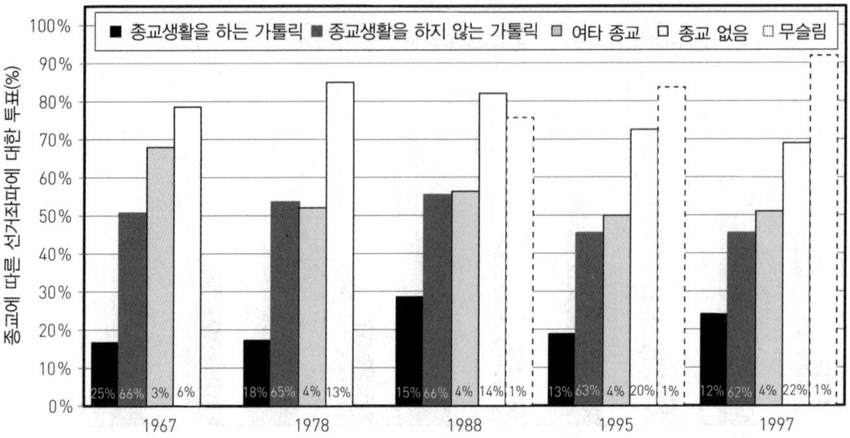


1997년 이후 자신을 무슬림이라고 말한 유권자들은 종교가 없다고 말한 유권자들보다 좌파 정당에 훨씬 더 많이 투표했다. 1988년 이전에는 무슬림은 여타 종교(기독교·유대교·불교·힌두교 등) 신자들과 함께 분류되었는데, 무슬림은 유권자 전체의 1% 이하였다.

**출처 및 원 통계자료:** piketty.pse.ens.fr/ideologie

터 2010년대까지 이 두 종교적 소수파의 이와 같은 중간자적인 정치적 입장이 확인된다.[100]

1988년부터 별도의 사후조사가 가능해진 무슬림 유권자들과 관련해서는 훨씬 더 분명한 좌파적 입장 설정이 확인된다. 1988년과 1995년 선거에서, 이 유권자들 중 약 70~80%가 좌파 정당들에 투표하는데, 이는 대략 종교 없는 유권자들 내 비중과 거의 같지만, 무슬림 유권자들의 인원이 제한적인 점을 감안하면 통계적으로 유의미한 방식으로 두 집단을 정렬할 수는 없다. 1997년 선거부터, 2002년, 2007년, 2012년, 2017년 선거에서, 스스로 무슬림이라고 진술하는 유권자들은 압도적으로 좌파 정당을 지지한다(어느 조사에서든 80~90%다)는 것이 체계적으로 확인된다(도표 14.16~14.17 참조). 표본은 제한된 규모이지만, 결과는 극도로 뚜렷하여 어느 선거에서든 마찬가지다. 무슬림 유권자들과 비무슬림 유권자들 사이의 좌파 정당 투표에서의 격차는 1995~2017년 기간 내내 40~50

**도표 14.17 프랑스에서 정치 갈등과 종교의 다양성, 2002~2017년**

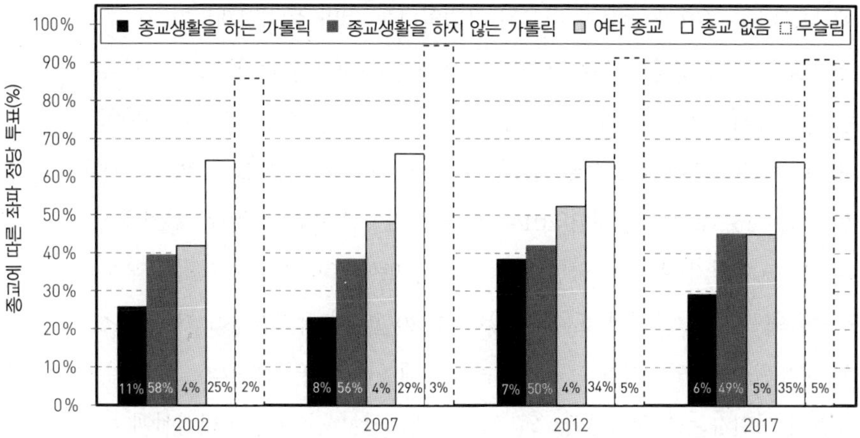


자신을 무슬림이라고 말한 유권자의 80~90%는 1990년 이후 모든 선거에서 좌파 정당을 택했다. 1988년 이전에는 무슬림은 여타 종교(기독교·유대교·불교·힌두교 등) 신자들과 함께 분류되었는데, 전체 유권자의 1% 이하였다.

**출처 및 원 통계자료:** piketty.pse.ens.fr/ideologie

포인트에 달했으며, 이 기간 말에는 신뢰구간이 약 5포인트였다. 이 막대한 격차는 이 유권자들의—이들을 좌파 정당 쪽으로 이끌 수 있는—여타 특성들(특히 적은 수입과 자산)을 넣는다 해도 (전체 결과의 고작 10분의 1 정도로) 미미하게만 줄어든다.[101]

이 결과들은 여러 지적을 낳았다. 우선 무슬림 유권자들 80~90%가 좌파 정당들에 투표하는 것처럼 한쪽으로 쏠리는 투표 결과를 가져오는 사회경제적 기준이란 존재하지 않는다(어쩌면 1970년대에 매우 많은 자산을 가진 유권자 80~90%가 했던 우파 정당에 대한 투표만이 예외일 것이다. 도표 14.13 참조). 그렇지만 우리는 미국의 흑인 유권자들의 80~90%도 1960년대 이후 체계적으로 민주당에 투표했다는 점과, 영국의 무슬림 유권자들의 80~90%가 1980~1990년 이후 체계적으로 노동당에 투표했다는 점을 볼 것이다. 우리는 종족적-종교적 균열의 이처럼 상이한 정치화 형태의 유사성과 차이점을 다음 장에서 재론할 것이다.

지금 단계에서는, 이처럼 무슬림 유권자들의 80~90%가 좌파 정당들에 투표하는 주요한 이유가 비교적 분명하다는 점만을 지적해두자. 이 유권자들은 우파 정당들 쪽에서 보이는 엄청난 적대감을 감지하고 있다. 유럽 외부에서 오는 이민자들에 대한 이러한 적대감은 수십 년간 공공연하게, 1980년대 말부터 2010년대까지 총선에서 약 10~15%를 득표하고 대선에서는 15~20%를(심지어 2014~2015년 지방선거와 유럽연합 선거에서는 25~30%까지) 득표한 국민전선 안에서, 또한 중도우파 정당들과 우파 정당들의 소수파 안에서 표현되어왔다. 1980년대에 국민전선이 거둔 최초의 선거 승리는 노골적인 토착주의 슬로건에 의거했다. "백만의 실업자여, 백만의 이민자는 너무 많다! 프랑스와 프랑스인이 먼저다! 국민전선에 투표하자!"라는 이 슬로건은 1978년 총선에서 사용된 전단지에서 처음 시작되었다. 전단지는 정확히 표현하고 있지 않지만, 유럽의 백인 이민이 아니라 오직 유럽 외부에서 오는 이민자만이 이 슬로건의 표적이 된다는 사실은 누구에게나 의심의 여지가 없는 것이었다.

지난 수십 년간, 국민전선 강령의 핵심은 언제나 이민의 종식, 국경 폐쇄, 비유럽계 이민자의 아이들이 프랑스 국적을 취득하지 못하게끔 하는 국적법 개정을 옹호하는 데에 있었다.[102] 더욱이 국민전선은 자신들이 집권하기만 하면 이처럼 달갑지 않은 이민자들과 그 자손들을 "자기들 나라로 돌려보낼" 수 있을 것이며 (새 위정자들이 기준을 정한다는 조건하에) 행실이 만족스럽지 않은 자들의 국적을 사후적으로 박탈하는 포고도 불사할 것이라는 점을 명확하게 표명한다. 공동체의 경계를 되살려내 이 공동체 안에서만 살아온 사람들을 공동체 밖으로 배제하겠다는 작태가 보여주는 전대미문의 폭력성을 강조하는 것이 중요하다. 그런데 사실인즉슨 국적을 박탈하고 추방한다는 무거운 정책들이 이미 과거 2차대전 기간에 프랑스와 유럽에서만이 아니라[103] 1930년대 미국에서도 실시되었다.[104] 하얗게 달구어진 여론이 나라를 좌지우지할 열쇠를 이런 정책에 덤벼들 준비가 된 위정자들에게 건네주는 일이, 심지어 '민주적으로' 선출된 정권에서도 일어난다는 것을 역사는 보여준다. 이와 같은 정당들의 연이은 집권에 따라 고조될 위험은, 이처럼 반이민자적인 공격들을 통해 생겨나는 나머지 주민의 이익들에 대한 약속은 그 어떤 견실한 현실적 토대에도 기초하지 않고 있다는 점에서, 그만큼 더 강력하다.[105] 사회경제적으로 텅 빈 결과를 가져올 것이 뻔한, 정체성 전선에서의 경쟁 격화는 이와 같은 정치적 경험의 가장 논리적인 귀결일 터이고, 결국 상상할 수조차 없는 민간인 간 폭력을 수반할 것이다.

이와 같은 언술과 위협 앞에서, 가장 직접적인 표적이 된 사람들(다시 말해 무슬림 유권자들)이 극우파에 가장 정면으로 맞서는 정당들, 즉 좌파 정당들에 투표하는 것은 하등 놀랍지 않다. 여하튼 식민지시대 이후 1960년대와 1970년대의 이민으로 프랑스에서 종족적-종교적 다양성이 생겨나고 연이어 1980~1990년부터 발흥한 폭력적인 토착주의 이데올로기로 인해 정치적 갈등의 관습적 구조가 완전히 뒤집혔다는 것을 보게 된다. 전통적 도식에서는, 신앙심 깊은 가톨릭이 우파 정당에 가장 많이 투표했고, 종교생활을 하지 않는 가톨릭과 소수 종교(개신교와 유대교) 신자들이 그 뒤를 따르며, 한편에는 18세기와 프랑스혁명시대 이후 좌파 정당에 가장 많이 투표한 종교 없는 유권자들이 있다. 예컨대 가족 규범 등에서는 매우 보수적인 이슬람 신자들이 이제 종교가 없는 유권자들보다 더 좌파 정당들에 많이 투표한다는 사실은, 정치적 갈등의 관습적인 구조가 얼마나 크게 뒤집힌 것인지를 여실히 말해준다.

사회당 정부가 2012~2017년에 동성혼을 합법화했다는 점도 주목할 것이다. 이에 대한 모든 조사는 가톨릭이든 무슬림이든 다양한 종교의 신자들이 동성혼을 찬성하지 않는다는 걸 보여준다. 그렇다고 동성혼 합법화가 무슬림 유권자들 90% 이상이—2012년과 선행 선거들에서 그랬듯이—2017년에 좌파 정당들에 투표하는 데 걸림돌이 되지는 못했다.[106] 분명한 해석은 동성혼 문제가 중요하긴 해도, 이 유권자들이 보기에 국민전선과 그들의 토착주의 이데올로기가 대표하는 실존적 위협 앞에서는 별로 무게

를 지니지 못한다는 것이다.[107]

### 종교적 균열들, 혈통과 연관된 균열들: 차별의 덫

2007년 선거 사후조사부터 조사대상자에게 외국인 선조가 있는지를 묻는 질문이 포함되었다는 점을 마지막으로 명확히 해두자. 이는 가족의 이동경로 및 이민과 연관된 선거 균열과 종교 정체성과 연관된 선거 균열을 구별하게 해준다. 두 가지는 실제로 서로 매우 다른 현실에 조응하지만, 선행 조사들에서는 구별될 수 없었다. 예컨대 2012년에 실시된 조사 결과들을 생각해보자. 조사대상자들은 자신들에게 "부모나 조부모 중 한 명 또는 그 이상이 외국 출신"인지 진술해야 했다.[108] 이 질문에 대해, 선거인명부에 등재된 이들 중 72%는 외국인 조부모가 전혀 없다고 답했으며, 28%는 적어도 한 명은 있다고 답했다. 이 28% 중에서, 19%는 유럽계(이 경우의 거의 3분의 2가 스페인·이탈리아·포르투갈 단 3개국에 해당한다)라고 진술했고, 9%는 비유럽계라고 진술했다. 실제로, 마그레브국가(알제리·모로코·튀니지)에 해당하는 경우가 약 65%, 사하라 이남 아프리카 나라들에 해당하는 경우가 약 15%로, 비유럽계의 80%는 아프리카대륙에서 왔다.[109]

투표구조를 검토해보면, 유럽계 외국인 선조를 가진 유권자들은 외국인 선조가 없는 유권자들과 평균적으로 정확히 같은 비율로 투표했다. 즉 2012년 대선 결선투표에서 사회당 후보를 양쪽 모두에서 49%가 지지했다. 반면 비유럽계 선조를 가진 유권자들은 77%가 사회당 후보에 투표했다(도표 14.18 참조).

또한 관찰되는 것은 이러한 결과가 종교와는 별개로 도출된다는 점인데, 비유럽계 혈통과 종교적 정체성 사이의 연결이 흔히들 상상하는 것보다 훨씬 복합적이라는 점에서 이는 그만큼 중요하다. 예컨대, 마그레브국

**도표 14.18** 프랑스에서의 정치 성향과 혈통의 관계, 2007~2012년

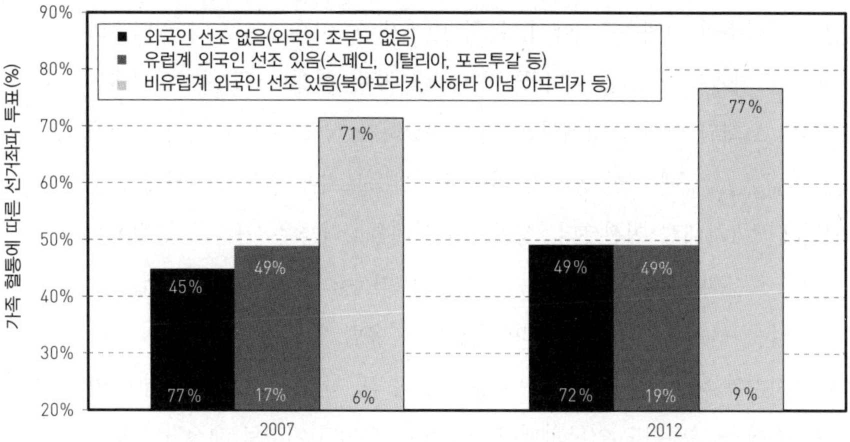


2012년에 사회당 후보는 외국 혈통이 아닌 유권자(외국인 조부모가 없는 이들)의 49%, 프랑스 이외의 유럽 국가(주로 스페인, 이탈리아 또는 포르투갈) 혈통 유권자의 49%, 그리고 비유럽권 혈통 유권자(실제로 주로 북아프리카나 사하라 이남 지역)의 77%의 지지를 얻었다.

**출처 및 원 통계자료:** piketty.pse.ens.fr/ideologie

가 출신이라고 진술한 이들 중에서 이슬람 신자라고 진술하는 이는 60% 이하다.[110] 이를 통해 확인되는 것은 북아프리카계 또는 사하라 이남 아프리카계는, 기독교 신자이거나 종교가 없는 경우라 해도, 압도적으로 좌파 정당에 투표한다는 점이다. 게다가 상이한 차원들이 결합되는 만큼 그 효과는 더 크다는 점을 지적해둔다. 달리 말해, 사회경제적 조건이 같다고 해도 마그레브국가 출신으로 종교가 없는 유권자가 외국인 혈통이 아닌(또는 유럽계 혈통을 지닌) 유권자에 비해, 좌파 정당에 더 많이 투표한다는 것이다. 하지만 이처럼 좌파에 투표하는 성향은 해당 유권자가 이슬람 신자일 경우에 훨씬 더 강해진다.[111]

이런 누가 효과는 개인의 정치 성향(가족관이나 동성혼 합법화 등)만을 기반으로 해서는 전혀 분명히 할 수 없고, 우파 특히 극우파 정당들의 이슬람교를 향한 유별난 적대감이 이들 유권자들 사이에서 지각되고 있다는 점이 더해질 때 합리적으로 설명될 수 있다. 그런데 사실인즉슨 이런

유형의 지각을 정당화하는 수많은 이유가 존재한다. 반무슬림 언술은 유럽의 식민주의 이데올로기에서, 특히 19세기 초 이후 프랑스의 식민주의 이데올로기에서 핵심적이었다.[112] 더 일반적으로, 현재의 토착주의 이데올로기의 오래된 뿌리를 상기하는 것이 중요하다. 전간기에 '대대적인 대체 grand remplacement'에 대한 공포가 히틀러 이데올로기에 매우 명료하게 표출되었다.[113] 1차대전 이전부터, 식민주의 이데올로기들은 (프랑스 경제학자 피에르 르루와볼리외를 모방해) '백인종'과 '기독교 문명'의 역사적 우위를 위해서는 — 나머지 세계로 흘러넘치도록 — 유럽 인구 팽창 상태를 강하게 유지해야 하고, 그러지 못하면 유럽이 침략당하거나 퇴화될 위험이 있다는 주장을 무던히도 이론화했다.[114] 1950~1980년 이후로 재정립된 프랑스 극우파는 특히 탈식민화에 대한 반대를 중심으로 발전해왔다. 그 창설자들 중에는 (장 마리 르 펜을 위시해) 알제리에 대한 프랑스 식민지배 유지를 무조건적으로 지지하는 이가 여럿이었다. 더욱이 국민전선은 초기부터, 주로 프랑스 남부에 거주하는 알제리에서 돌아온 프랑스인 정착민들 사이에서 특별히 높은 성적을 올려왔다.[115] 1962년 알제리 독립을 이루어 거의 한 세기 반에 걸친 프랑스 지배(1830~1962년)를 끝장낸 '무슬림들'에 대한 적대감은 분명한 이유들로 인해 이 집단 안에서 특히 날카로웠다.

연구들은 또한 이슬람 신자들이 오늘날 프랑스와 유럽의 고용시장에서, 특별한 차별에 직면해 있음을 보여주었다.[116] 일반적으로, 일정한 학력 수준 안에서, 마그레브국가와 아프리카에서 이민 온 사람들은 취업하기가 특히 어려우며 실업률은 더 높고 임금은 더 낮다.[117] 다른 최근 연구들은 같은 수준의 학력과 직업적 경험을 가지고도, 또한 심지어 마찬가지 외국계 혈통이어도, 이력서에 무슬림처럼 보이는 이름이 적혀 있으면 면접을 볼 가능성이 떨어진다는 것을 보여주었다.[118] 여성들 또는 다른 나라의 다양한 소수자 집단들이 처한 것과 같은 유형의 편견들을 깨부수기 위해서, 우선 다양한 해법들을 생각해볼 수 있겠는데, 그중에는 역사적으로 차별받아온 계층을 위해 인도에서 실행된 것과 같은 할당제와 '배정'제도 포함된다.[119] 인도의 경험은 이 같은 정책들의 진화가능한 조건을 처음부터 미리 고려하지 못하면 오히려 특정 계층을 고립시킬 위험이 있다는 점을 보여준다. 프랑스와 유럽에서 이 같은 정책들이 정체성을 둘러싼 긴장과 이슬람을 향한 적대감을 격화시키기만 할 뿐이라는 위험성은 현실적이다.[120] 종교와 태생에 따른 차별행위들을 훨씬 더 엄하게 제재하고 적절한 실험을 통해 이런 차별 사례들을 식별할 수단들을 마련하는 게 더 나을지도 모른다. 여하간, 포스트식민적 다양성과 새로운 토착주의 이데올로기의 발흥은 유럽인이 수십 년 전만 해도 겪어본 적 없는 새로운 불평등의 형상과 갈등의 출현을 확인하게 해준다.

### 경계와 소유: 사분된 유권자

요약해보자. 지난 수십 년간 선거좌파는 '브라만 좌파'가 되고, 시장 친화적인 중도좌파와 재분배를 지향하는 급진좌파(덜 우파적인 좌파라고 부를 수도 있겠다)로 점점 더 분열되고 있다. '선거우파'는 시장 친화적인 중도우파와 토착주의적이고 민족주의적인 우파 사이에서 교착 상태에 빠졌다. 요컨대, 1950~1980년의 '계급주의적' 균열체계 및 좌-우 정치구조 전체가 점차 와해되었고 재구성되는 중이라는 점은 분명하다. 그래서 우리는 다양한 나라의 사례를 검토하면서 정치적 갈등이 지닌 여러 차원들의 이러한 재정립이 다양한 형태를 취할 수 있음을 볼 것이다. 물론 이러한 진화들을 결정론적으로 해석하는 건 잘못일 것이다. 행위자들의 전략에 따라, 특히 대치하는 상이한 언술들과 사회집단들의 정치적-이데올로기적 동원 능력에 따라, 균열체계와 이를 특징짓는 중심축들은 완전히 다르게 변화할 수도 있을 것이다.

2010년대 말 프랑스에서 벌어진 정치적-이데올로기적 갈등은 체제의 불확정성과 심각한 불안정성을 완벽하게 보여준다. 요컨대, 유권자가 얼추 대등한 규모로 사분四分된다고 말할 수 있겠다. 국제주의–평등주의라고 규정할 만한 이데올로기 진영, 국제주의–불평등주의 진영, 토착주의–불평등주의 진영, 토착주의–평등주의 진영. 이것이 거친 분류인 이유는 한편으로는 정치적 갈등의 현실이 경계와 소유라는 두 가지 차원 이상의 것에 연루되기 때문이며, 다른 한편으로는 불화의 여러 축들 각각에는 미묘한 입장들과 직선 위의 한 점으로 환원될 수 없는 하위 입장들이 내포되어 있기 때문이다. 그렇지만 경계 문제와 소유 문제라는 두 중심축으로의 이러한 범주화는 개념을 명료하게 하는 데 도움을 준다.

두 축을 따라 유권자를 나누기 위해, 다음의 두 질문에 대한 답변들을 사용할 수 있다. 첫번째 질문은 "프랑스에는 이민자가 너무 많다"라는 언명에 관한 것이다. 2017년에 56%의 유권자가 이 견해에 찬성했다(그리고 44%는 반대로 생각했다).[121] 2000년대 초 이후 프랑스에 이민자가 너무 많다고 생각하는 사람들의 비율은, 2000~2020년에 주로 경기순환에 따라 50~60% 선에서 변동폭이 있었다(반면에 이민자가 많지 않다고 생각하는 사람들은 40~50%였다). 반이민자적 유권자 비율은 2002년에 61%였던 것이, 실업률과 국민전선 득표가 최저였던 2007년에 49%로 낮아졌다가, 2012년에는 51%로 2017년에는 56%로 다시 오른다.[122]

두번째 질문은 빈부 간 불평등 감소와 관련된다. "사회정의 확립을 위해 부자들을 털어 가난한 이들에게 줘야 한다"라는 언명은 의도적으로 공격적인 형태로 작성됐다. 광범위한 다수 유권자의 찬성을 얻었을지 모를 더 부드러운 질문에 비해, 이 질문의 이점은 유권자를 비슷한 크기로 양분한다는 데 있다. 2017년에 52%의 유권자는 "부자들을 털어 가난한 이들에게 줘야" 한다고 생각했다(반대는 48%). (질문과 같은 의미에서) 가난한 이들에게 우호적인 유권자 비율은 2007년에는 56%, 2012년에는 60%였다. 2012~2017년 사이에 관찰되는 감소는, 재분배를 불가능하게 만드는 조세경쟁 담론의 발흥 혹은 사회당이 배출한 대통령의 성과에 대한 실망을 나타내는 신호라고 해석될 수 있다.[123]

요컨대, 2010년대 말 한편의 이민에 관한 질문과 다른 한편의 빈부에 관한 질문이 각각 유권자를 비슷한 크기로 양분한다는 것이다. 이 두 차원의 정치적 갈등이 정렬되었다면, 다시 말해 이 두 질문에 대한 답변들이 완벽하게 상관적이라면, 그렇게 선거 대결이 구조화되도록 유권자 역시 얼추 대등하게 양분될 것이다.[124]

그런데 사태는 그렇지 않다. 이 질문들에 대한 답변들은 말하자면 전혀 상관적이지 않다. 따라서 유권자는 이 두 질문을 둘러싸고 대략 사분된다(도표 14.19 참조). 2017년에, 21%의 유권자는 (이민자에게 우호적이며 빈민에게 우호적인) '국제주의적-평등주의자'로, 26%는 (이민자에게 적대적이고 부자에게 우호적인) '토착주의적-불평등주의자', 23%는 (이민자에게 우호적이며 부자에게 우호적인) '국제주의적-불평등주의자', 30%는 (이민자에게 적대적이며 빈민에게 우호적인) '토착주의적-평등주의자'로 분류될 수 있다. 이 네 개의 상대적 비중은, 주로 정치적 논의의 진전, 그 시기의 두드러진 사건들, 언론이 그 사건들을 다루는 방식에 따라 수년 안에 빠르게 변화한다는 점이 주목될 것이다. 게다가 질문의 불명확함 탓에, 완벽하게 정밀하거나 구조화된 입장들이 아니라, 경계가 모호한 기초적인 이데올로기적 분화를 묘사할 수밖에 없다. 표본의 제한된 크기로 인한 네 부분 사이의 미세한 차이는 특히 2007년과 2017년 통계에 있어 크게 중요하지 않다는 점을 마지막으로 강조해두자.[125]

이 같은 이데올로기적인 사분은 2017년에 있었던 프랑스 대선 1차 투표에서 거의 완벽하게 구현되었다(표 14.1 참조). 국제주의-평등주의 진영은 이때 28%였는데, '급진좌파' 장 뤼크 멜랑숑과 그의 운동조직 '불복하는 프랑스LFI'가 이끌고(20%), 사회당 좌파 브누아 아몽(6%)과 극좌파 후보 두 명(2%)의 입후보로 완성된다.[126] 28%의 유권자로 이루어진 이 집단은 다른 세 집단에 비해 프랑스가 이민자들에게 더 개방적일 수 있으리라는 걸 가장 확신하는 집단이자(이들 중 32%가 이민자가 너무 많다고 생각하는데, 전체 평균은 56%가 그렇게 생각한다) 부의 재분배에 관해 가장 멀

**도표 14.19** 경계와 소유: 이데올로기적으로 사분된 프랑스

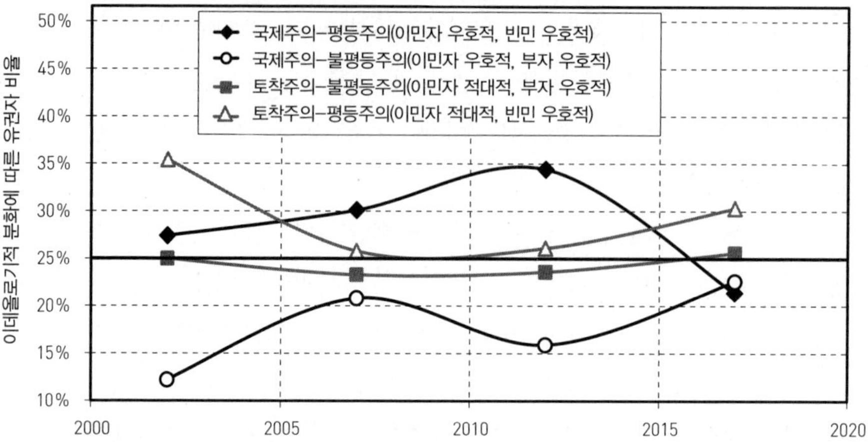


2017년에 유권자의 21%는 '국제주의-평등주의'(이들은 이민자가 너무 많다고 생각하지 않으며 빈부 격차 감소에 관심을 가진다)로 분류되었으며, 26%는 '토착주의-불평등주의'(프랑스에 이민자가 너무 많고 빈부 격차는 해소될 수 없다고 여긴다), 23%는 '국제주의-불평등주의'(이민자에 긍정적이고 부자에 적대적이지 않다), 30%는 '토착주의-평등주의'(이민에 반대하고 빈곤 문제에 관심이 많다)로 분류되었다.

**출처 및 원 통계자료:** piketty.pse.ens.fr/ideologie

리 나아가는 집단이라는(이 집단의 69%가 부의 재분배를 바라는데 전체 평균으로는 52%가 재분배를 바람직하다고 판단한다) 의미에서, 이 진영을 국제주의-평등주의 진영이라고 보는 건 타당하다. 이들은 상대적으로 고학력이지만(마크롱을 지지한 유권자만이 근소하게 더 고학력이다) 소득은 낮고(르 펜을 지지한 유권자들만 이들보다 더 가난하다) 자산은 더 빈약한(르 펜을 지지한 유권자들에게도 미치지 못한다) 집단이다.

국제주의-불평등주의 진영은 올랑드의 사회당 정부에서 가장 시장 친화적인 분파에서 나온 (2012~2016년에 대통령 경제수석비서관과 경제부장관을 역임한) 마크롱 후보를 중심으로 24%를 차지했다. 그는 자신의 운동조직 '전진하는 공화국LRM'에 기반해 입후보했고, 중도우파 운동조직 Modem과 과거 사회당 유권자 중 가장 중도적이고 가장 부유한 분파의 지지를 받았다. 이 진영은 프랑스의 평균에 비해 이민에 대해 덜 폐쇄적이

**표 14.1** 2017년 프랑스에서 정치적-이데올로기적 갈등: 사분된 유권자들

| 2017년 프랑스 대선 (1차 투표) | 총 유권자 | 멜랑숑-아몽 (국제주의-평등주의) | 마크롱 (국제주의-불평등주의) | 피용 (토착주의-불평등주의) | 르 펜-뒤퐁 에냥(토착주의-평등주의) |
|---|---|---|---|---|---|
| | 100% | 28% | 24% | 22% | 26% |
| "프랑스에는 이민자가 너무 많다" (찬성률 %) | 56% | 32% | 39% | 62% | 91% |
| "사회정의 확립을 위해 부자들을 털어 가난한 이들에게 줘야 한다" (찬성률 %) | 51% | 67% | 46% | 27% | 61% |
| 고등교육 이수자(%) | 33% | 39% | 41% | 36% | 16% |
| 월 4000유로 이상 수입(%) | 15% | 9% | 20% | 26% | 8% |
| 자가주택 소유자(%) | 60% | 48% | 69% | 78% | 51% |

2017년 대선 1차 투표에서 멜랑숑-아몽을 지지한 유권자는 28%였고 이들의 32%가 프랑스에 이민자가 너무 많다고 믿었다(비교하자면 이들은 전체 유권자 중의 56%에 속한다). 그리고 67%가 부자들을 털어 가난한 자들에게 나눠줘야 한다고 생각했다(전체 유권자의 51%). 이는 이데올로기적으로 '국제주의-평등주의'(이민자에 우호적이고 부자에게 적대적인 이들) 투표라고 할 수 있다. 마크롱 지지자들은 '국제주의-불평등주의(이민자에 우호적이고 부자에 친화적인 이들)', 피용 지지자들은 '토착주의-불평등주의'(이민자에 적대적이고 부자에 친화적인 이들), 르 펜-뒤퐁 에냥 지지자들은 '토착주의-평등주의'(이민자에 적대적이고 부자에 적대적인 이들)라고 볼 수 있다. 참고: 아르토-푸투 지지자들(2%)과 아슬리노-슈미나드-라살 지지자들(2%)은 각각 멜랑숑-아몽과 피용에 포함했다.

**출처 및 원 통계자료:** piketty.pse.ens.fr/ideologie

고 부자들을 털어 가난한 이들에게 주자는 생각에 전혀 동의하지 않는다는 의미에서 국제주의-불평등주의로 분류된다. 이들은 학력이 매우 높고 평균을 상회하는 소득과 자산을 보유한 집단이다. 2017~2018년 이 집단의 주요 경제 및 조세재정 정책은 연대부유세ISF와 자본소득에 대한 누진세를 폐지하고 이를 연료에 대한 간접세 인상으로 충당하겠다는 것이었는데, 2018년 말에 '노란 조끼'시위로 인해 결국은 이 정책을 포기해야 했다(13장 참조).[127]

토착주의-불평등주의 진영은 프랑수아 피용 후보(20%)를 중심으로 22%를 차지했고, 여기에 군소 우파 후보 셋(2%)이 추가되었다.[128] 이들

은 전통적인 가톨릭 부르주아 우파 진영으로, 이민에 적대적이고(이들 중 62%) 무엇보다도 부의 재분배에 격렬하게 반대한다(이들 중 73%가 원하질 않는다). 이 진영의 유권자는 '전진하는 공화국-중도우파LRM-Modem' 진영의 유권자에 비해서는 학력이 다소 낮지만, 소득과 자산은 훨씬 더 많다. 부패 사건에 휘말리기 전까지 선거 승리가 유망하던 피용은 마크롱에게 추월당했다. 이 유권자들 중 많은 이가—연대부유세 폐지가 우파가 오랫동안 열망했으나 시행하지 못했던 상징적 조치라는 점에서 그만큼 더—2017년 이후 마크롱 정부를 지지한다.[129]

마지막으로 토착주의-평등주의 진영은 국민전선의 마린 르 펜(21%)과 민족주의적이며 자국주권론자 우파인 니콜라 뒤퐁 에냥 후보(5%)를 중심으로 26%를 득표했고, 뒤퐁 에냥은 결선투표에서 르 펜을 지지했다. 이 유권자들은 평균에 비해 부의 재분배에 더 우호적이지만(61% 대 51%), 무엇보다도 이민자에 대한 매우 폭력적인 적대감으로 특징지어진다(91%가 프랑스에 이민자들이 너무 많다고 생각한다). 이 유권자들은 다른 세 진영의 유권자에 비해 학력이 훨씬 낮고(고등교육 이수자의 비율이 2배 이상 낮다), 소득 역시 네 진영 중 가장 적다. 반면에, 멜랑숑-아몽의 유권자들에 비해 자산은 좀더 많이 보유한다(하지만 마크롱이나 피용 지지자들에 비하면 훨씬 적다).

표 14.1에 표시되지 않은 '다섯번째 진영'이 유권자들 안에 포함되어 있다는 점을 추가해야 한다. 바로 기권자들이다(1차 투표 선거인명부 등재자 중 22%). 이 집단은 학력과 소득이 낮고 무엇보다도 자산이 네 진영의 투표자들에 비해 훨씬 적다.[130] 이데올로기적 관점에서, 이들은 가장 덜 정치화되어 있고 재분배 문제와 이민 문제에 관한 설문에도 좀처럼 반응하지 않는 집단이다.[131]

## 사분된 유권자의 불안정성

이처럼 사분된 유권자에 대해서는 지적해야 할 것이 여럿이다. 우선, 2017년 대선은 분명히 1950~1980년 시기의 계급주의적 균열체계와 좌-우 범주가 해체되는 장기적 과정의 예기치 못한 대단원이다. 선거좌파와 선거우파라는 전통적인 연립은 이제 사회적이고 이데올로기적인 균열들에 의해 심층에서 분열된다. 이러한 복합성을 표상하는 데는 유권자의 사분구조화가 이차원 또는 일차원적인 관점보다 더 적합해 보인다.

또한 단 두 명의 후보만 결선에 나갈 자격을 얻게 되는 1차 투표에서 후보 넷의 득표율이 각기 20~24% 사이로 나타났다는 사실은 극도로 이례적이다. 일반적으로는, 전략적 투표행동에 따라 유권자들의 표심은 앞서 있는 두 후보에게 자신들의 표를 몰아주게 된다. 이따금 삼파전이 관찰되지만, 이토록 박빙인 사파전은 대단히 희귀하다.[132] 이는 유권자의 사회적 이데올로기적 분할이 너무 강한 나머지 넷 중 그 어디에도 선거 실효성 논리를 명분으로 자신의 표를 내놓을 준비가 안 되어 있었다는 걸 보여준다. 마침내, 마크롱과 르 펜이 아주 근소한 차이로 1차 투표의 선두가 되어, 결선투표에서 국제주의-불평등주의 진영과 토착주의-평등주의 진영이 맞붙게 되었다.[133] 하지만 표차가 매우 적었기 때문에 1차 투표의 네 후보 중 그 누구라도 결선투표에 진출할 수 있었으리라는 점은 매우 분명하다.

이 사분체계는 삼분체계로 조직되는 방향으로 바뀔 수도 있을 것이다. 경제적으로 가장 자유주의적인 분파인 피용 지지자들이 마크롱으로 흡수되고, 또한 가장 반이민자적인 분파가 르 펜 쪽으로 옮겨가는 경우일 텐데, 아마도 이러한 변화들은 이미 2019년 유럽연합 선거에서 시작된 것인지도 모른다.[134] 삼분체계는 3개의 이데올로기 계열로 단순화시켜 구조화될 수 있다. 자유주의, 민족주의, 사회주의.[135] 그렇지만 2017년 선거에서, 네 진영 사이의 이데올로기적 경계는 각기 고유한 정치적 출구를 찾았다고 할 수 있을 정도로 충분히 구획되어 있었던 것으로 보인다.

따라서 현재의 정치적 균열체계는 매우 크게 불안정한 상황에 처한 것으로 보인다. 정치적-이데올로기적 갈등의 중심축은 재정립되는 중이고, 가능한 여러 궤적과 분기는 대치중인 상이한 집단들과 언술들의 동원능력과 자신감에 따라 원천적으로 구상될 수 있는 것들이다. 우리는 다음 장에서 미국에서의 유사한 상황을 보게 될 것이다. 예컨대, 2016년 대선 당시 민주당 경선이 힐러리 클린턴(모든 이들이 인지하듯 중도 혹은 시장 친화적)이 아니라 버니 샌더스(재분배 친화적)에게 유리하게 돌아갔더라면 본선은 꽤나 다르게 전개되었을 것이다. 2017년 프랑스 대선에 대해서와 마찬가지로, 이러한 논의와 결전이 실제로 일어난 것은 아니기에 그 결과가 어디로 흘렀을지는 말하기 어렵지만, 어떤 식으로든 미래의 정치적-이데올로기적 발전에 아마도 깊은 영향을 미쳤을 것이다.

중요한 것은 2017년 프랑스 선거가 오래된 균열체계에 모종의 단절점을 생성했다는 점이다. 그리고 이 단절은 선행되었던 변화들과 연속성을 가지며, 특히 '브라만 좌파'와 다중엘리트체계의 강력한 부상과는 연장선상에 있다. 실제로, 이 장에 제시된 유권자의 사회경제적 구조의 장기적 진화에 관한 도표들에서, 나는 2017년의 '선거좌파'를, 피용과 르 펜-뒤퐁에냥에게 투표한 48% '선거우파'에 반대해 멜랑숑-아몽 진영과 마크롱 진영에 표를 준 52%의 유권자로 정의했다. 이 연합은 전적으로 인위적이며, 사실 2017년의 대치를 훨씬 잘 보여주는 것은 사분구조다(표 14.1 참조). 하지만 이러한 표상은 2017년에 멜랑숑-아몽/마크롱에게 투표한 52%가 2012년과 그 이전 선거들에서의 선거좌파에 비해 좀더 고학력자들 (그리고 조금 더 분명하게 상위 소득 및 자산을 보유한 이들) 쪽에 치우쳐 있을 뿐이라는 점을 정확히 확인하게 해준다(도표 14.1 및 14.10~14.11 참조).[136] 이는 수십 년간 이어진 장기적 경향의 연장에 불과하며, 다만 이 최종적인 연장은 다중엘리트를 주된 구성요소로 하는 이 새로운 형상이 얼마나 불안정한지를 명확히 해주었을 따름이다. '브라만 좌파' 내 가장 부유한 이들은 마크롱에게 투표하기를 택하면서 이전 선거좌파 내 부유하지 않은 분파와의 단절을 완수하는데, 이 분파는 멜랑숑-아몽에게 투표하는 쪽으로 방향을 잡았다. 국민전선이 등장하고 토착주의 이데올로기가 전면적으로 부상한 이후 실현가능한 선거연합을 전혀 구성하지 못했던 이전 선거우파는 시장 친화적 진영과 반이민자 진영 사이에서 전례없이 갈려 있는 것으로 보인다.

## 노란 조끼, 탄소와 연대부유세: 프랑스에서 사회토착주의의 덫

아주 자연스럽게도, 진행중인 재구성들과 도래할 발전들을 묘사할 수 있게 해주는 다수의 모순적인 서사가 존재한다. 정치 게임의 중심에 있는 마크롱과 정당들—'전진하는 공화국'과 중도우파—을 중심으로 형성된 새로운 선거 블록은 브라만 좌파와 상인 우파를 화해하게 만드는 '부르주아 블록'을 구성하려는 시도로 보일 수 있다.[137] 사회학적 관점에서, 중도좌파와 중도우파에 동시에 존재하는 고학력자들과 상위 소득 및 자산 보유자들이 실제로 이 연합으로 집결한다는 점은 논란의 여지가 없다. 당사자들과 해당 유권자들의 눈에는, 이 새로운 연합이 기꺼이 '진보주의자들'의 연합으로 여겨진다. 이들은 '민족주의자들', 그리고 더 일반적으로는 각양각색의 구태를 반대한다. 그들의 눈에 이 구태들은 세계화와 유럽연합을 동시에 거부하며, 이들이 지닌 공격성과 '슬픈 열정'은 이민자들뿐 아니라 기업가들에게 해를 입힌다(기업가들은 성실하게 공익에 복무하는데 이 구태들은 멍청하게도 '배부른 자본가들'을 책임을 물어야 할 자들이라며 희화화한다).

진보주의자들과 민족주의자들의 대립으로 인한 정치적 갈등을 분석하는 이 새로운 틀은 토착주의 진영에서도 반기는데, 다만 이들은 여기에 사용된 분석을 뒤집는다.[138] 마린 르 펜과 국민전선에게 있어, 이 새로운 갈등은 세계화주의자들과 애국자들 사이에서 일어난다. 그들이 보기에 세계화주의자들은 구속받지 않는 유목민적인 엘리트라 할 수 있는데, 언제든 임금노동자들을 압박하고 새로운 이민자 물결을 저렴하게 이용할 태세를 갖추고 있다. 반면에 애국자들은 경계도 조국도 없이 뒤섞인 하이퍼자본주의 세계화의 위협에 맞서 인민계급의 이익을 방어하는 이들이다. 문제는 정치적 갈등에 대한 이 같은 이원적인 관점은, 정치 게임의 중심에 있는 이들에겐 도움이 되겠지만, 거짓임인 동시에 위험하다는 점이다.

이런 관점이 거짓인 이유는 다른 나라들처럼 프랑스가 현재 겪고 있는 정치적-이데올로기적 갈등의 현실도 그 심층에서 다차원적이기 때문이다. 특히 유권자 중에는 국제주의-평등주의 진영도 있다. 이 진영의 크기와 형태는 상황에 따라 달라질 수 있지만, 이들이야말로 특히 모든 이주노동자들에 대한 옹호와 부의 재분배에 가장 충실한 국제주의와 평등 정신에 바탕을 둔 진영이다. 이들이 과연 자신들을 중심으로 다수파를 형성하는 데 성공할 수 있을까라는 질문은 모든 시대에 그랬듯 21세기 초에도 여전히 열린 질문이다. 이에 대한 답변은 사회연방주의라고 규정될 수 있는, 다시 말해 재분배와 국제주의가 서로를 강화할 수 있다는 관념에 근거하는 정강을 발전시킬 능력에 달려 있다. 하지만 이 가능성을 무시하고 이제부터의 정치적 갈등은 진보주의자와 민족주의자의(또는 세계화주의자와 애국자의) 대립으로 정립되었다고 단정해버리는 일은 2017년의 프랑스에서처럼 유권자가 크게 사분되어(때로는 삼분되어) 있음을 망각한다는 뜻이 된다. 그런데 사실 이와 같은 구조는, 이 네 진영의 경계가 헐겁고 가변적이라는 점은 차치하더라도, 자연스럽게 다수의 가능한 궤적과 분기를 낳을 수 있다.

무엇보다도, 진보주의자-민족주의자 또는 세계화주의자-애국자 구도의 이원적 단순화가 위험한 이유는 토착주의 이데올로기와 이에 수반되는 잠재적 폭력을 가능한 유일한 대안으로 불러내는 셈이기 때문이다. 이런 식의 수사학적 전략은 물론 '진보주의자'가 지속적으로 권력을 유지하는 것을 목표로 한다. 하지만 현실적으로 이 전략은 '민족주의자'들이 선거에서 승리할 가능성을 촉진하는 리스크를 안게 된다. 특히 이들 이른바 민족주의자들이 사회토착주의 형태, 다시 말해 (19세기 말 20세기 초 미국 민주당이 했던 것처럼) '토착민들'만의 사회적이고 평등주의적인 목표와 '토착민이 아닌 자들'을 향한 폭력적 배제를 결합하는 이데올로기를 발전시키는 데 성공한다면 말이다.[139] 이미 수십 년 전부터 국민전선의 이데올로기는 이런 방향으로 진화중이고, 2017~2019년의 사건들이 (특히 '노란조끼'시위의 위기가) 이러한 전환을 가속화할 위험이 있다. 1980~1990년에, 국민전선은 이미 극렬하게 반이민자적 언술을 펴고 있었음에도, 이를 제외한 그들의 이데올로기는 사회경제적으로는 상당히 엘리트주의적이었고 그래서 그 위험성은 제한적이었다. 특히, 이 당은 아직 푸자드주의적 납세 거부라는 낡은 과거의 흔적을 간직하고 있었고 예컨대 1980년대 말에도 계속해서 소득세 완전 폐지를 주장했다. 그후 국민전선은 1990년대와 2000년대부터 사회적 입장을 전환해, 저임금노동자와 (이 제도가 토착민들에게만 보장되던 때부터) 사회보장제도를 점점 더 옹호하기 시작한다. '브라만 좌파'가 인민계급을 포기했다는 인상을 주던 시기에 시작된 이러한 전환은 이 당의 선거 기반을 확충하고 다변화하는 데 기여했다.[140] 2017~2019년에 국민전선은 처음으로 연대부유세의 존속과 복원을 요구했다. 불과 수십 년 전만 해도 일체의 누진세 폐지를 주장했는데도 말이다.

국민전선의 이러한 사회와 조세재정 분야에서의 방향 전환을 그 진실함이나 깊이에서 과대평가해서는 안 된다. 이 전환은 많은 부분 기회주의적이다. 사실상, 국민전선의 강령적 언술은 이민자 배제와 이를 통해 얻기를 기대하는 상당한 수혜에 우선적으로 기초하고 있으며, 그들이 주장하는 자국 감싸기는 부자들에게 유리한 조세 덤핑 경향을 격화시킬 따름이고, 이런 사태를 트럼프 집권 이후의 미국에서 볼 수 있다(우리는 이를 재론할 것이다). 그래도 여전히 이 언술은 그들에게 이득이 되고 있으며—마크롱 정부가 거리낌없이 시행하는 부자들에게 유리한 정책이 부채질하는—사회토착주의라는 덫의 위험은 프랑스에 현실적으로 존재한다.

2017~2018년에 시행된 탄소세 인상(2019년에 사실상 폐지되었다)이 사실상 생태주의적 이전을 위한 재원이 아니라, 연대부유세(와 여타 부자들에게 유리한 세금) 폐지를 위한 재원으로 사용된다는 사실은, 토착주의자들이 '세계화주의자들'에게 전통적으로 퍼붓는 위선적이라는 비난을 인준하는 셈이기에 이런 관점에서 그들에게 이상적인 시나리오가 된다.

## 유럽연합과 인민계급: 결별의 정립

2017년 이후로 유력해진 정책들, 특히 유럽연합 및 유럽통합이라는 이슈가 부자 감세를 정당화하는 도구로 변해버린 방식은 또한 장차 수년간 프랑스의 중간층 이하 계급 사이에서 반유럽전선이 점점 더 강고해질 위험을 안고 있다. 부자들을 위해 이처럼 유럽을 도구화하는 것은 물론 새삼스러운 일이 아니다. 우리는 이미 1980~1990년에 시행된 자본이동의—공동의 조세규제도 없고 각각이 보유한 금융자산에 관한 정보의 자동 공유도 없는—완전자유화가 유동성을 가진 자들에게 가장 유리한 조세경쟁에 얼마나 일조했는지 충분히 거론했다.[141] 유럽연합이 만인의 만인에 대한 경쟁에 근거하며 무엇보다도 사회적 특권계급을 위해 기능한다는 인민들의 인식은 그들의 유럽통합에 대한 식어버린 애착을 설명해준다. 그리고 프랑스에서 이는 1992년 마스트리흐트조약 국민투표와, 2005년 유럽헌법조약 국민투표에서 재차 두드러지게 표출되었다.

이 두 참조 대상이 중요한 이유는 유럽연합과 인민계급의 결별이 가진 크기를 가늠하게 해주기 때문이다. 유로 채택이 주요 목표였던 1992년 국민투표에서 '찬성'은 51% 대 49%로 신승을 거두었는데, 이는 복수의 여론조사가 '반대'의 승리를 예고한 이후 사회당 대통령이 선거 막바지에 개입한 덕분이었다. 하지만 사실인즉슨 이 승리는 오로지 사회적 특권계층들 덕에 얻어낸 것이다. 선거 사후조사에서 나온 가용 데이터들은 고학력

**도표 14.20** 프랑스에서 유럽통합을 둘러싼 균열: 1992년 국민투표와 2005년 국민투표

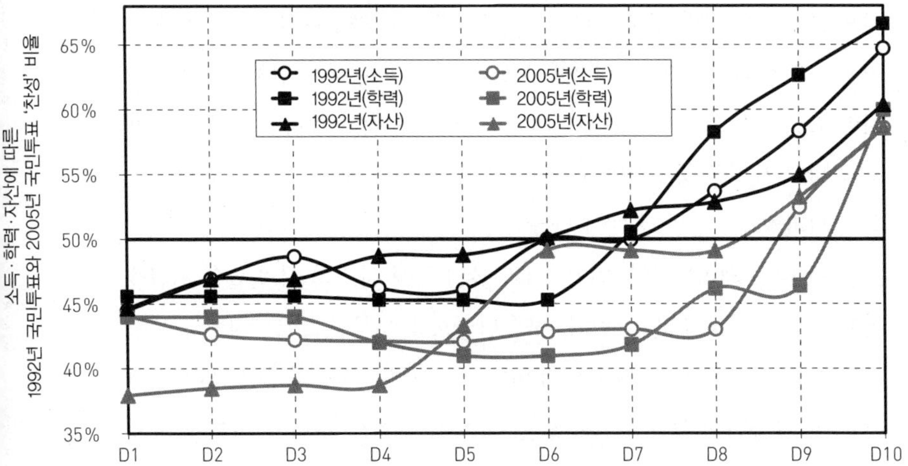


2005년 유럽헌법조약에 대한 국민투표(찬성 45%로 부결)와 마찬가지로 1992년 마스트리흐트조약에 대한 국민투표(찬성 51%로 통과)에서도 표심은 사회적으로 강하게 분열되어 있다. 고소득자, 고학력자, 상위 십분위 자산 보유자들이 열렬히 '찬성'했으나 하위 십분위는 '반대'했다. 참고: D1은 (소득·학력·자산 각각에 해당하는) 하위 십분위, D2는 그다음, 그리고 D10은 상위 십분위를 가리킨다.

**출처 및 원 통계자료:** piketty.pse.ens.fr/ideologie

자들 그리고 상위 소득 및 자산을 보유한 30%의 유권자들이 대대적으로 '찬성'에 투표했으며, 60%의 하층은 명확히 '반대'에 투표했음을 보여준다(도표 14.20 참조).

2005년 국민투표는 유럽의 다양한 조약들을 헌법적 가치를 갖는 단일 조약으로 통합하는 걸 목표로 했다. 유럽헌법조약에는 실질적인 혁신도 그 어떤 사회적 진전도 없었다. 그저 유럽연합을 '자유롭고 왜곡되지 않은 경쟁', 자본·재화·인력의 자유로운 이동, 조세재정에 관한 (이를 통해야 제도적 승인을 얻는) 만장일치 규칙의 존속이라는 원칙들을 중심으로 성역화한다는 뜻이었다. 프랑스 유권자들은 '반대' 55% 대 '찬성' 45%로 이에 대해 단호히 거부했다. 가용 데이터들을 조사해보면, 고학력자들과 상위 소득 및 자산을 보유한 20%(특히 상위 10%)만이 2005년에 '찬성'에 투표했고, 하위 80%는 대대적으로 '반대'를 지지했다.

1992년과 2005년의 이 두 선거가 시사적인 이유는 표출된 표심의—고

려되는 사회적 계층화 차원이 어떤 것(학력·소득·자산)이든 간에—명확하게 '계급주의적인' 구조가, 이 시기에 여전히 존재했던 좌-우구조와 차이가 있었기 때문이다. 2017년에 '부르주아 진영' 형태로 정치적 수준에서 이와 같은 동맹을 구성하려고 시도하기 한참 전에, 유럽통합을 위해 실제로 규합한 세력은 중도좌파와 중도우파의 부유한 계급들이고, 이들은 '브라만 좌파'와 '상인 우파'에서 나왔다.

(가장 넓은 의미에서의) 인민계급과 유럽 건설 사이의 이와 같은 결별을 어떻게 설명할 것인가? 유럽의 거대 단일시장은 무엇보다도 경제적 유력자들과 사회적 특권집단에게 이익이라고들 (대체로 정당하게) 느꼈다는 것이 가장 그럴듯한 설명인 걸로 보인다. 실제로, 유럽 나라들 사이의 조세경쟁이 이 나라들로 하여금 가장 가난한 사람들을 희생시키면서 가장 유동성 있는 사람들을 위해 조세구조를 왜곡하도록 이끌었다.[142] 가난한 사회집단들을 비합리적인 자생적 민족주의자(심지어 인종주의자)라고 여기는 관념—'진보주의자' 엘리트들이 자신들의 문명화 소명을 정당화하게 해주는 매우 편리한 가설—은 분석과 전혀 다르다. 예컨대, 우리가 사용한 것은 1958년에 실시된 선거 사후조사에서 실시된 알제리와 아프리카 서부에서의 프랑스 식민지배 존속에 관한 질문들이다. 그런데 이 두 경우에 확인되는 것은 노동자들이야말로 알제리 즉각 독립에 가장 호의적이며, 게다가 이들은 당시 공산주의/사회주의운동에 의해 옹호된 평등주의-국제주의를 따르고 있었다. 고학력집단은 유보적인 입장이고, 자영업자들은 아프리카에서의 식민지 신탁통치와 '프랑스령 알제리'의 유지에 가장 호의적이다(어쩌면 그들이 귀국한 식민지 정착민들과 그들의 재화의 운명에 자신들을 동일시했기 때문일 것이다).[143] 빈민의 민족주의는 부자의 민족주의와 마찬가지로 자생적인 것이 아니다. 민족주의는 역사적 사회적 정치적으로 성립되고 해체되는 것이다.

그토록 사회를 분열하게 만든 투표들 이후, 무엇보다도 2005년 국민투표에서 '찬성'의 이와 같은 패배 이후에, 어쨌든 이 사태가 프랑스와 유럽의 정치적 방향을 변화시켰다고 생각할 수 있을 것이다. 실제로, 유럽연합이 (상위 소득과 자산에 대한 유럽세European tax 같은) 명료하고 가시적인 사회적 조세정의에 이바지하지 못하는 한, 인민계급과 유럽통합 사이의 이처럼 격렬한 결별을 과연 끝낼 수 있을지는 그 전망이 어둡다.[144]

## 유럽의 신소유주의적 도구화

불행히도, 이런 방향 재설정은 일어나지 않았다. 2005년 유럽헌법조약에 들어 있던 주요 조항들은 2007년 리스본조약에 원용되었고, 리스본조약은 국민투표라는 암초를 피하기 위해 의회를 통해 비준되었다. 물론, '반대' 전선은 다른 조문 채택에 기반이 되어줄 만한 정밀한 대안을 내놓지 못했다. 그렇다고 해서 투표로 표출된 불만을 무시하고 (정의로운 세제 같은) 건설적인 정치적 출구를 제시하길 거부하는 것은 위험한 일임에 틀림없다. 2012년 프랑스 선거에서, 사회당 후보는 몇 달 전 체결된—적자 관련 준칙의 상당한 강화로 귀결된—신재정협약TSCG을 재협상할 가능성을 거론했다.[145] 하지만 정밀한 제안을 내놓을 수 없었기에 논의는 수포로 돌아가고 말았다.

지난 수년간 일어난 일들은 유럽연합과 인민계급의 심연을 더 깊게 만들어놓았을 뿐이다. 특히 2017년 프랑스 선거로 탄생한 마크롱 정부는 친유럽적이라고 자처하면서, 부자 친화적인 정책을 위해 유럽통합을—대단히 서투른 방식으로—거듭 도구화하고 있다. 2017년 가을에 유럽의 경쟁력을 명분으로 두 가지 중요한 조세 조치—연대부유세의 부동산자산세로의 전환과 (임금과 여타 소득에 적용되는 누진세 대신에) 자본소득에 대한 비례세 시행—가 채택되었다. 이 조치들은 물론 또한 '선도자' 이데올로기를 명분으로 정당화되었다. 이 이데올로기에 따르면 전체 인구는 부자들(여기서는 가장 유능하고 유용한 사람들로 간주된다)에게 주어진 감세로 이익을 볼 것이다. '선도자' 이데올로기는 1980년대에 레이건 대통령이 사용한 '낙수 효과' 이데올로기 및 2010년대에 트럼프와 미국 공화당이 발전시킨 '고용창출자[로서의 부자]' 이데올로기의 프랑스 버전이다. 그러나 과연 2017년 프랑스 상황에서 이 이데올로기만으로, 유럽의 조세경쟁에 대한 별다른 논의 없이 이러한 조세 조치들을 빠르게 성사시킬 수 있었던 것인지 의심스럽다.[146]

여기에 추가해야 하는 것은 기성권력의 언술들에도 불구하고 이 두 조치는 프랑스에서 매우 인기가 없다는 점이다. 특히, 2018~2019년에 실시된 모든 여론조사는 응답자들이 매우 압도적으로 연대부유세 복원에 찬성함을 보여준다. 조세정의에 대한 이러한 요구를 거부하고 자신들의 조세정책을 고집함으로써, 정부는 자신들이 바라는 유럽통합 유형에 대한 감정을 악화시키고 유럽을 도구화하는 위험을 명료하고도 명시적으로 떠안았다.

연대부유세와 관련해 거론되었던 또다른 주장인즉슨 금융자산은 그 본성상 부동산 같은 비금융자산보다 더 많은 고용창출로 이어진다는 것이다. 문제는 이러한 정당화가 분명히 아무 의미도 없다는 점이다. 세계 도처에 투자된 금융자산 포트폴리오로는 프랑스에서 그 어떤 고용도 창출하지 못하지만, 차라리 주택 한 채나 건물 한 동을 지어도 즉각 고용이 창출되니 말이다. 그 두 가지로 프랑스에서 투자가 이루어졌대도 제시된 논리는 별로 의미가 없었을 것이다. 일반적으로 투자의 법률적 형태(금융 또는 부동산)와 해당 투자의 사회적 경제적 실효성 사이에는 그 어떤 연결도 존재하지 않기 때문이다.[147] 반면에 재산과는 매우 명확한 연결이 있다. 상위 자산은 거의 전부 금융자산 형태이며, 따라서 금융자산에 대한 면세는 무엇보다도 아무런 명확한 해명도 없이 부자들을 위해 연대부유세를 폐지하는 것과 다름없는 일을 가능케 했다. 그러면서도 마치 이런 면세가 투자와 고용창출이라는 목표를 위한 것인 양 믿는 척한다.[148]

현실적으로, 금융자산 포트폴리오 면세에 대한 유일하게 가능한 정당화는 전혀 다른 성격의 것인데, 바로 이 두번째 논리가 주로 활용되었다.

이 개념에 따르면 금융자산은 마법처럼 사라져 과세를 피할 가능성을 갖고 있기 때문에 금융자산에 대한 과세는 엄밀하게는 불가능하다는 것이다. 따라서 중위계급의 부동산 자산에만 과세하고—과세가 불가능하다고 추측되는—부유한 금융자산 보유자들에게는 면세해주는 식의 자산에 대한 역진적 세금 말고는 다른 선택이 없다는 논리다. 공정한 규칙과 제도를 설계할 수 있는 우리의 집단적 능력에 대한 심각하게 허무주의적이고 비관주의적인 이 같은 논리는 두 가지 주요 문제를 야기한다. 우선, 연대부유세를 내지 않기 위해 대대적으로 금융자산을 프랑스 밖으로 빼낼 거라는 생각에는 진지한 근거가 전혀 없다. 이 세금에 관한 불량 행정에도 불구하고, 실제 신고된 자산의 양과 액수가 1990년대 초 이후로 크게 증가했다. 특히, 상위 구간에서 신고된 금융자산은 부동산자산보다 훨씬 많이 증가했으며, 부동산자산 역시 최근 수십 년간의 국내총생산과 소득보다 훨씬 빠르게 증가했다.[149] 요컨대, 연대부유세의 세수는 1990년에서 2018년 사이에 네 배 이상 증대되었으며, 이에 비해 명목 국내총생산은 고작 두 배 늘었다.[150] 이러한 증가는 1980~1990년 이후 세계적 수준에서 관찰되는 자산(과 특히 상위 금융자산 포트폴리오) 수준과 집중의 재상승 현상을 반영한다.[151] 어쨌든 연대부유세로 인해 유발되는 대량 유출이라는 가설은 입증되지 않는다.

다음으로 무엇보다도, (실제 일어나지는 않았지만) 프랑스 금융자산의 국외 유출이 확인된다고 가정하더라도, 이에 대한 논리적 귀결은 프랑스 정부가 이런 작태들을 급속히 종식시키는 것이어야 한다. 금융자산 통제와 등록을 개선하기 위한 그 어떤 조치도 내리기가 불가능할 거라는 생각에는 전혀 근거가 없다. 금융기관은 세금당국에 서로 주고받은 이자와 배당금에 관한 정보를 반드시 알려야 할 법적 의무가 있다. 프랑스에서는 납세자가 미리 자신의 소득 원천에 관해 신고하고 그에 대한 정보를 통해 작성된 소득세 명세서를 받는다. 하지만 이런 신고제도가 자산(특히 프랑스 은행들이 보유한 금융자산)으로까지 확대 적용되지 못하고 있는데, 이는 정치적 문제이지 기술적인 불가능성 때문은 전혀 아니다.[152] 프랑스가 이 제도를 즉각 실행하고(이렇게 되었다면 연대부유세를 더 잘 징수할 수 있었을 것이고 세수는 훨씬 많이 늘어났을 것이다) 국제적 수준으로 확대 적용하기 위해 열정적으로 작업하는 걸 막는 것은 전혀 없다. 이를 위해서는 자본의 자유로운 이동을 적시한 조약들을 압박하고 개정하여, 예컨대 2010년에 미국이 스위스와 여타 나라들에 그렇게 했듯이, 세무당국에 필수적으로 정보를 제공하는 의무를 부과하는 것으로도 충분하다.[153] 프랑스에 소재한 주거용 자산과 사업용 자산에 관련해서, 더 일반적으로 프랑스에서 경제적 이익을 내고 있거나 활동하고 있는 모든 기업과 관련해서, 그 소유자들이 세무당국에 체계적이고 즉각적으로 등록되어 반드시 그들의 자산 정보가 자동적으로 반영될 수 있도록 하는 것, 그리하여 세금 징수를 개선하는 것에 관한 결정은 오로지 프랑스 정부에 달렸다.[154] 프랑스 정부가 이런 개혁 중 그 어떤 것도 착수하지 않았다는 사실은 정부의 목표가 다른 데 있다는 걸 명료하게 보여준다. 그 이유들은 제아무리 기술적 고려사항들 뒤로 숨으려 한다 해도(오히려 의구심만 격화시킬 뿐이다) 무엇보다 정치적이고 이데올로기적인 것들이다.

상위 금융자산에 대한 다수의 무거운 누진세가 20세기에 시행되었음을 마지막으로 상기하자. 예컨대 2차대전이 끝나고 나서 독일과 일본 그리고 여러 다른 나라에서 시행된 이 세제는 국채 탕감과 미래를 위한 투자의 저변을 넓혀주었다.[155] 이 모든 것이 오늘날 존재하는 정보통신기술에 기반한 행정을 갖추지 못했던 시대에 펼쳐졌다. 상위 금융자산 보유자들이 납세를 거부하니 면세해줄 도리밖에 없다고, 불평등 증대와 급속한 기후변화가 가공할 전 지구적 도전들을 야기하는 이때에 상위 금융자산 보유자들이 납세하도록 압박하는 게 너무 어려운 일이라고 해명한다는 것은 비양심(그리고 틀림없이 역사적 무지)의 형태에 속한다. 여하간, 특권층에 유리하게 편향된 정책을 주도하기 위해 이처럼 유럽연합과, 유럽의 조세경쟁, 유럽의 조약들 및 국제적인 조약들을 도구화하는 방식이 극도로 위험한 이유는 반유럽과 반세계화의 감정을 북돋우고 더 일반적으로는 정의로운 경제의 가능성 일체에 대한 환멸의 감정을 격화시키는 것으로만 이어질 수 있기 때문이다. 바로 이러한 허무주의가 정체성주의적인 퇴행과 사회토착주의라는 덫을 키운다. 그 극복 조건들을 연구하기에 앞서, 우리에게 필요한 것은 프랑스라는 틀에서 벗어나, 이 육각형의 나라 프랑스에서 관찰된 정치적 균열구조의 전환이 과연 어느 정도나 다른 나라들에서도 확인되는지를 분석하는 일이다.

제15장

# 브라만 좌파: 미국과 유럽의 새로운 균열

우리는 전후 프랑스의 정치적 균열 및 유권자 균열의 전환을 연구했다. 특히 1950~1980년의 '계급주의'구조가 1990~2020년에 고학력자들의 당('브라만 좌파')과 상위 소득 및 자산 보유자들의 당('상인 우파')이 번갈아 집권하는 다중엘리트체계에 점차 자리를 내주었던 방식을 분석했다. 이 기간의 말미에서 두드러진 것은 이처럼 상이한 두 엘리트를 규합하면서 새로운 선거 진영을 세우려는 프랑스의 시도인데, 이 시도의 지속성을 평가하기에는 너무 이르다.

이러한 동학과 가능한 분기의 복잡성을 더 잘 파악하기 위해, 우리는 이제 이 장에서 미국과 영국의 사례를 분석할 것이다. 이 두 나라를 살펴보면 어느 정도 흥미로운 점이 있다. 프랑스와의 다른 모든 차이에도 불구하고, 시사적인 중요한 차이들과 함께 1945년 이후 프랑스에서 관찰된 것과 전반적으로 유사한 변화를 겪어왔다는 점이다. 이 비교에 이어 다음 장에서는, 여타의 서유럽 및 동유럽의 선거민주주의 사례와 인도 및 브라질 같은 여러 비서양 선거민주주의 사례를 검토할 것이다. 이런 다양한 궤적들을 비교함으로써 우리는 이런 전환의 이유들과 가능한 미래 변화를 더 잘 이해할 수 있다. 특히 마지막 장에서 사회토착주의라는 덫을 극복하는 것과, 이 새로운 정체성주의적 위협에 대처할 수 있게 해줄 참여사회주의 및 사회연방주의 형태의 윤곽을 그려보는 것이 어떤 조건에서 가능한지를 분석해보고자 한다.

## 미국 정당체계의 전환

미국의 경우부터 살펴보자. 우리는 프랑스에서와 같은 방식으로, 민주당과 공화당 득표의 사회경제적인 구조가 1945년 이후 어떻게 전환되었는지부터 검토할 것이다. 미국의 경우 선거 사후조사들을 활용해볼 수 있는 건 1948년부터다. 이 조사들은 비교적 상세한 분석을 가능하게 해주는데, 여기서는 그 주요 결론을 제시하려고 한다.[1] 우리는 1948년부터 2016년까지 실시된 대선들의 투표구조에 집중할 것이다. 실제로 이 선거들에서 전국 차원의 정치적 갈등이 가장 명료하게 나타난다.[2] 1948~2016년 대선에서 민주당과 공화당 후보는 대체로 전국적으로 40~60% 득표율을 보였고, 대부분은 양당 간의 박빙 승부였다는 점도 상기하자(도표 15.1 참조).

다른 후보들이 거둔 성적은 일반적으로 매우 저조했다(10% 이하 득표). 1968년의 남부 민주당원이자 인종분리주의자인 앨라배마 전 주지사 조지 월리스(전국 14% 득표)와 1992년과 1996년의 사업가 로스 페로(각각 20%, 10% 득표) 정도가 예외다. 이하의 내용에서 우리는 민주당-공화당 간 균열의 진화에 집중하고 다른 후보들에 대한 투표는 배제할 것이다.

확보된 주요 결과는 교육 균열의 완전한 반전이다. 1948년 대선에서 사태는 전적으로 명확했다. 요컨대 유권자들의 학력이 높을수록 공화당에 투표했다. 특히 당시 초등교육을 마친 유권자와 중등교육을 마치지 못한

**도표 15.1** 미국의 대선, 1948~2016년

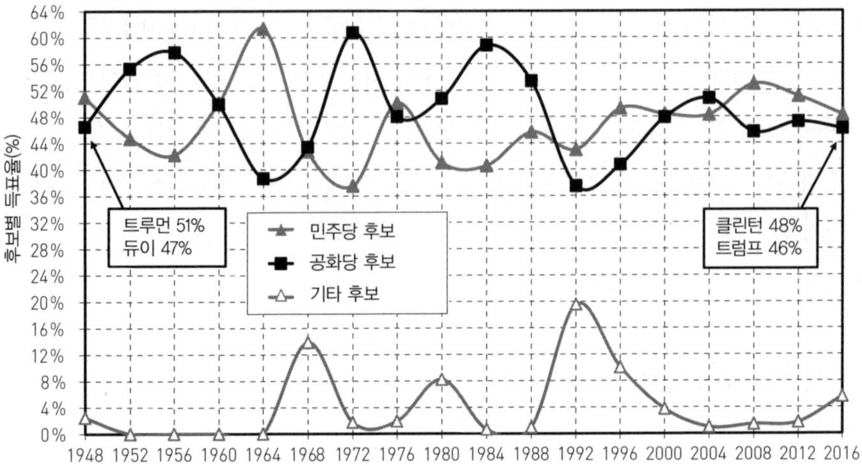


1948~2016년 미국 대선에서 민주당과 공화당 후보는 일반적으로 40~60%의 득표율(일반 유권자 투표, 모든 주 합산)을 보였다. 다른 후보자들의 득표율은 1968년 월리스(14%)와 1992년과 1996년 페로(각각 20%, 10%)를 빼면, 대체로 낮았다(투표율 10% 미만).

**출처 및 원 통계자료:** piketty.pse.ens.fr/ideologie

유권자를 합치면 미국 유권자의 63%인데, 이들 중 62%가 민주당 후보 트루먼에게 투표했다(도표 15.2 참조).

중등교육 이수자들(유권자의 31%)에게서 거둔 성적은 50%가량이다. 고등교육 이수자들(유권자의 6%) 중에서 민주당에 투표한 비율은 30%를 약간 상회하며, (70% 이상이 공화당 후보 듀이에게 투표한) 석박사학위 소지자 사이에서는 더 낮아진다. 1960년대에도 동일한 상황이 확인된다. 학력 수준이 올라갈수록 민주당 득표율은 하락하는 것이다. 1970년대와 1980년대의 교육 균열은 평평해진다. 그후 1990년대와 2000년대부터 민주당 득표율 형태는 학력 수준에 따라, 특히 고등교육 이수자 중에서도 학위가 높을수록 분명 점점 더 올라간다.

2016년 대선에서는 예컨대 박사학위 소지자들(유권자의 2%)의 75% 이상이 민주당 후보 힐러리 클린턴에 투표했고, 25% 이하가 공화당 후보 도널드 트럼프에 투표했음이 확인된다. 그런데 중요한 점은, 공화당이 합

**도표 15.2** 미국의 학력별 민주당 투표, 1948~2016년

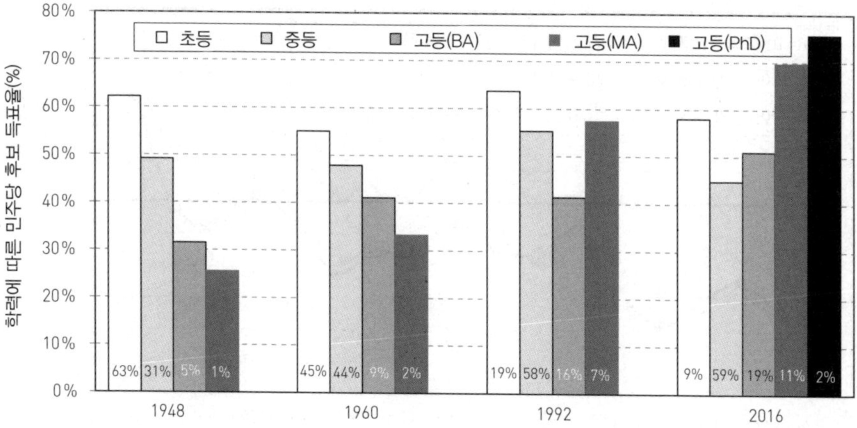


1948년 민주당 후보(트루먼)는 (중등교육 학위가 없는) 초등교육 이수 유권자(당시 유권자의 63%)로부터 62%, 고등교육 이수 유권자(유권자의 1%)로부터 26% 표를 얻었다. 2016년 민주당 후보(클린턴)는 중등교육 이수자(유권자의 59%)로부터 45%, 박사학위 소지자(유권자의 2%)로부터 75% 표를 얻었다. 프랑스에서와 마찬가지로, 교육 균열은 1948~2016년 사이에 완전히 반전되었다. 참고: BA: 바칼로레아 또는 그에 준하는 학위(학사). MA: 대학원 학위(석사, 법학·의학대학원). PhD: 박사.

**출처 및 원 통계자료: piketty.pse.ens.fr/ideologie**

당한 후보를 내세우지 못해 지식인들이 변덕을 부려 돌연 공화당을 떠난 것은 아니라는 데 있다. 이는 오히려 반세기 앞서 개시된 구조적 진화의 대단원인 것이다. 실제로 고등교육 이수자들과 비이수자들 사이에서 민주당이 거둔 성적 격차를 조사해보면 1950년대와 1960년대 이후로는 점진적이고 연속적으로 부단히 벌어졌다는 것이 확인된다. 그 격차는 1950~1970년에는 분명히 마이너스였고, 1970~1990년에 0에 근접해가다가, 1990~2020년에는 확실히 플러스가 된다(도표 15.3 참조).

10%의 고학력 유권자와 90%의 저학력 유권자 사이의 투표 격차를 비교해보면, 그 진화는 훨씬 더 현저하다(도표 15.4 참조). 이는 고등교육 이수자들 안에서도 격차가 완전히 반전되었기 때문이다. 1950년대와 1960년대에는 고학력일수록 공화당 투표가 두드러졌다. 2000년대와 2010년대에는 이것이 뒤집힌다. 요컨대 중등교육만 이수한 사람들(고졸자들)에 비해 학사학위 소지자들은 확실히 대체로 민주당에 투표하지만, 석사학위 또는

**도표 15.3** 민주당과 학력: 미국 1948~2016년

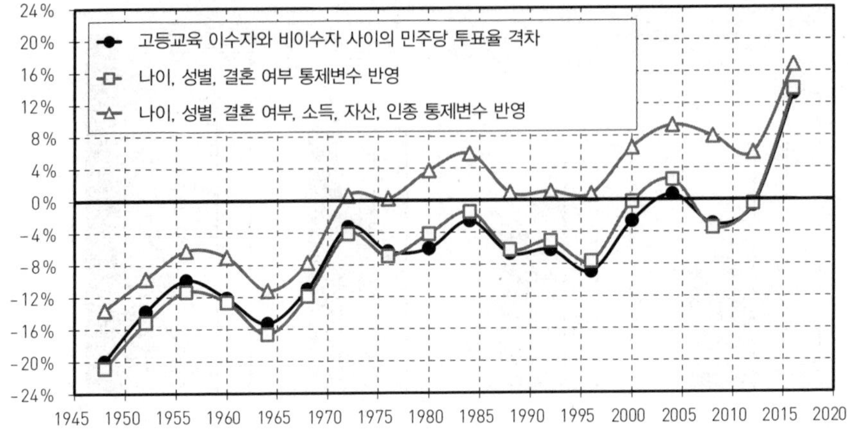


1948년 민주당 후보의 득표율은 고등교육 비이수자보다 고등교육 이수자 사이에서 20포인트 더 낮았다. 2016년에는 고등교육 이수자 사이에서 14포인트 더 높았다. 통제변수를 반영하면('다른 조건이 모두 같다면') 정도에 영향을 미치긴 하나 추이는 전혀 바뀌지 않는다.

**출처 및 원 통계자료:** piketty.pse.ens.fr/ideologie

**도표 15.4** 미국 민주당 득표율 1948~2016년:
노동자들의 정당에서 고학력자들의 정당으로

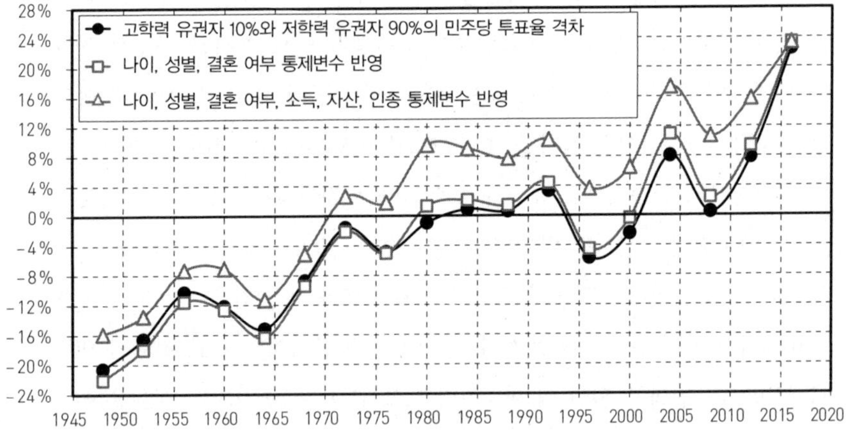


1948년 민주당 후보의 득표율은 고학력 유권자 10%에서 저학력 90%보다 21포인트 더 낮았다. 2016년에는 고학력 10%에서 23포인트 더 높았다. 통제변수를 반영하면 정도에 영향을 미치긴 하나 추이는 전혀 바뀌지 않는다.

**출처 및 원 통계자료:** piketty.pse.ens.fr/ideologie

의학대학원이나 법학대학원 학위를 딴 사람들에 비하면 그 투표율이 덜 열성적이며, 석사학위 또는 의학대학원이나 법학대학원 자격증을 딴 사람들 역시 박사학위 소지자들에 비하면 덜 두드러진다.[3] 50%의 고학력자와 50%의 저학력자 사이의 민주당 투표율 격차를 조사해보더라도 역시 같은 변화가 확인된다.[4]

프랑스에서와 마찬가지로, '다른 조건이 모두 똑같다면'이라는 식의 논증 다시 말해 개인들의 여타 사회경제적 통제변수 효과를 반영해도 이처럼 중대한 경향에는 영향을 미치지 못하며, 따라서 이 경향은 극도로 완고한 것으로 보인다. 미국 사례에서 보면 여타 변수를 반영했을 때 곡선의 전반적 수위가 더 높아지는데, 이는 주로 인종 요인으로 설명된다(도표 15.3~15.4 참조).[5] 이 요인은 지난 반세기 내내 대략 같은 수준이라서 경향에 영향을 미치지는 않는다.[6]

전반적으로 프랑스에서 확보한 결과와 매우 큰 유사성을 보인다는 점은 인상적이다. 프랑스의 사회당·공산당·급진당과 마찬가지로, 미국의 민주당은 반세기 동안에 가난한 노동자들의 정당이었던 상황에서, 고학력자들의 정당이 된 새로운 균형으로 나아갔다. 우리는 영국 노동당과 유럽(특히 독일과 스웨덴)의 다양한 사민당에서도 유사한 결과를 보게 될 것이다. 모든 나라에서, 교육 확대는 선거 차원에서 교육 균열의 반전과 병행된다. 미국의 경우 1950년대의 전반적인 교육 수준은 확실히 유럽보다 앞섰지만, 그럼에도 압도적인 유권자 다수가 저학력자들이었다. 1948년에 63%의 유권자는 중등교육을 마치지 못했고, 94%의 유권자는 고등교육 이수자가 아니었다. 이들 유권자들을 대표하던 당이 주로 민주당이었는데 당연하게도, 이 자손들 대다수가 학력 위계 안에서의 상승을 성취해냈다. 그런데 인상적인 사실은 프랑스에서와 마찬가지로 매우 높은 상승 궤적을 밟은 이들만이 계속해서 민주당에 투표하며, 교육제도에서 별다른 성공을 거두지 못한 이들은 공화당을 통해 더 대표되는 추세를 보인다는 점이다(도표 15.2 참조).[7]

## 민주당은 세계화 승자들의 정당이 될 것인가?

왜 민주당은 고학력자들의 정당이 되었을까? 이 질문에 답하기에 앞서, 소득수준 면에서 민주당 유권자구조의 변화를 살펴보면 흥미롭다. 소득 형성에서 학력이 지닌 본질적 역할을 감안하면, 고학력자들의 정당이 결국은 역시 점차 상위 소득자들의 정당이 될 것이라는 예상은 자연스럽다. 실제로 이런 성격의 변화가 일부 관찰된다. 1950~1980년 소득에 따른 민주당 득표율 단면도는 명확히 하강한다. 이어서 1990년대와 2000년대에는 그 급락이 점점 덜해진다. 마침내 2016년에 미국 역사상 최초로 소득 상위 10% 유권자에서 민주당이 공화당보다 더 나은 성적을 올렸다는 것이 확인된다(도표 15.5 참조).

그렇다고 해서 민주당이, 프랑스에서 집권한 새로운 국제주의-불평등주의 진영의 연합처럼, 되돌릴 수 없을 만큼 세계화 승자들의 정당이 되어가고 있다고 결론내릴 수 있을까? 틀림없이 그렇게 바뀔 수도 있다. 하지만 사태가 더 복합적이므로, 가능한 궤도들의 다양성과 미래 분기들의 다수성에 역점을 두는 게 중요한 것 같다. 이처럼 정치적-이데올로기적 전환은 무엇보다도 대치중인 다양한 집단들의 동원 능력과 세력균형에 달려 있으며, 그 전환을 결정론적 과정으로 분석하는 것은 전혀 타당하지 않다. 일반적으로 프랑스 사례에서 우리가 봤던 것은 고학력의 계급과 소득 상위에 있는 계급이 완벽히 일치하지는 않는다는 것인데, 그 이유는 한편으로는 동일 수준의 학력이 돈벌이가 잘 되는 커리어 선택으로 이어질 수도 있고 아닐 수도 있기 때문이며, 다른 한편으로는 고소득은 자산소유에도 달려 있는데 이 자산이라는 차원이 학력 차원과 완전히 상관적이지는 않기 때문이다.

실제로 가용 데이터들에서 상위 자산 보유자들은 예전부터 공화당 투표와 강하게 연계되어 있었으며, 2016년 트럼프 후보의 경우에도 비록 그 연관이 약해지긴 했으나 여전히 그대로인 게 드러난다(도표 15.6 참조).[8]

**도표 15.5** 미국의 정치 갈등과 소득, 1948~2016년

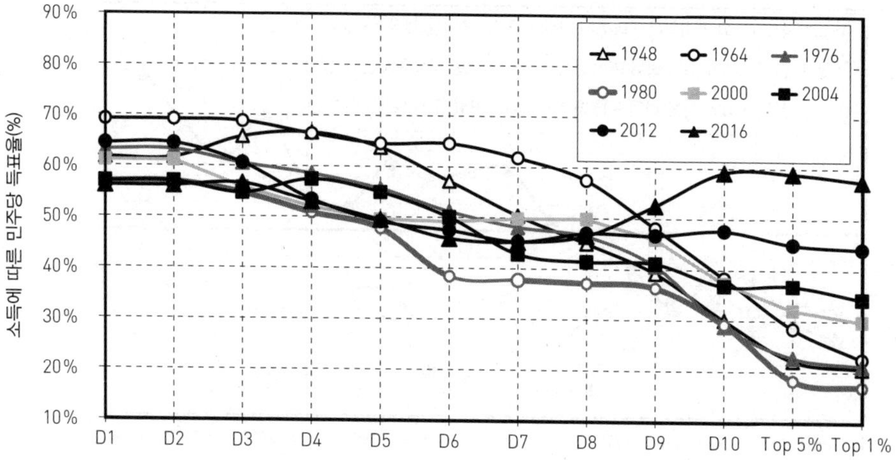


1964년 민주당 후보는 유권자 가운데 소득 하위 10%에서 69%, 소득 상위 10%에서 37%, 소득 상위 1%에서 22%의 득표율을 기록했다. 일반적으로 민주당 득표율 단면도는 특히 앞선 시기일수록 그런데, 대개 소득수준이 높아질수록 하락한다. 2016년 처음으로 이 단면도는 반전되어, 소득 상위 10%에서 민주당의 득표율은 59%다.

**출처 및 원 통계자료:** piketty.pse.ens.fr/ideologie

달리 말해 1990~2010년 미국 정당체계는 다중엘리트체계에 가까우므로, 고학력 엘리트들은 민주당 친화적이고('브라만 좌파'), 상위 소득 및 자산을 보유한 엘리트들은 공화당에 더 친화적이다('상인 우파'). 어쩌면 이 체계는 민주당 내에서 서로 다른 차원의 엘리트들이 재결합하는 계급주의체계로 기우는 중일 수도 있다. 하지만 이 과정이 종점에 달하려면 아직 멀었고, 여러 이유로 이 과정의 방향은 바뀔 수 있다.

가용 데이터들이 극도로 한정적인 탓에 미국의 정확한 투표구조를 정밀히 인식하기가 어렵다는 점 또한 강조해야 한다. 이 데이터들에 따르면, 소득 상위 백분위는 소득 상위 십분위에 비해 전반적으로 힐러리에 대한 투표 열기가 덜했다(도표 15.5 참조). 하지만 표본 규모와 활용된 질문지로 인해 이 주제와 관련해 완전히 정확할 수는 없다. 마찬가지로 미국의 선거 사후조사에서 자산 보유와 관련해 우리가 사용하는 정보들은 대단히 기초적이라서(프랑스보다 훨씬 더 제한적이다) 여기에 제시된 추계는 주의해

**도표 15.6** 사회적 균열과 정치 갈등: 미국, 1948~2016년

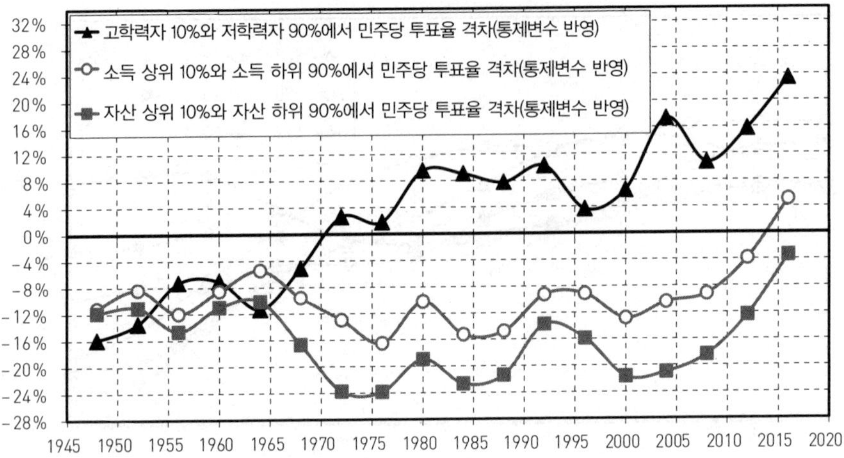


1950~1970년에 민주당 투표는 학력·소득·자산이 낮은 유권자들에 상응한다. 1980~2000년에는 고학력 유권자들에 상응한다. 2010~2020년에는 상위 소득 및 자산에 상응하는 중인 것으로 보인다.

**출처 및 원 통계자료:** piketty.pse.ens.fr/ideologie

서 봐야 한다. 자산 상위는 2016년에도 계속해서 공화당 후보를 좀더 선호한다는 걸 드러낸 듯하지만, 그 편차가 너무 미미해서 여전히 상대적으로 불확실하다(도표 15.6 참조).[9]

이러한 정치적-이데올로기적 변화와 엘리트들의 점진적인 정치적 통합으로 이어질 수 있는 요인들 중에서, 미국의 불평등한 사회경제구조의 진화를 언급해야 한다. 한편으로, 1980~1990년 이후 초고액 연봉의 급등이 뜻하는 바는, 고학력과 그에 준하는 적정 직업 선택으로 이 연봉을 받는 이들이 제한된 시간 내에 막대한 자산을 축적할 수 있었다는 말이다. 이런 사태는 1980~1990년 이후 미국에서 고액 연봉을 받는 엘리트들과 고액 자산을 가진 엘리트들이 서로 겹쳐지도록 했다.[10] 다른 한편으로 (부모의 기부금 덕에 때로 억지 입학도 가능하다는 것과는 별개로) 고등교육제도가 학생들로서는 극도로 비싼 비용을 지불하도록 한다는 사실은, '브라만 엘리트'와 '상인 엘리트'의 통합에 일조하는 구조적 요인이다. 우리가

이미 짚었다시피, 미국에서 일반적인 고등교육 진학 기회는 부모의 소득에 크게 좌우된다.[11] 일류 대학 입학을 다룬 최근 연구들을 보면, 그 대학들 대부분의 신입생 선발은 소득 하위 60%의 가구보다는 소득 상위 1%의 가구에서 더 많다(이것이 뜻하는 바는 후자 집단의 자녀들이 전자 집단의 자녀들에 비해 이 대학들에 입학할 수 있는 기회가 60배 이상이라는 말이다).[12] 당연히도 교육 엘리트와 자산 엘리트의 융합은 어디까지나 열망과 커리어 선택의 다양성에만 국한된 것이 아니기에 개인별 수준에서 완수되는 일은 아닐 것이다. 그럼에도 여전히 고등교육 상업화가 덜 진전된 나라들과 비교할 때, 미국의 상황은 다중엘리트체계가 엘리트들의 정치 통합 쪽으로 기울게 될 만한 기회가 틀림없이 다른 곳보다 더 많다.[13]

미국에서 정치자금의 역할 또한 강조해야 한다. 개인 자금이 정당과 선거운동에 제공되고 대법원이 예전의 규칙들과 일체의 상한선을 폐지한 상황에서는 후보들이 금융 엘리트의 이익을 대변할 명백한 위험이 있다.[14] 이는 공화당에도 민주당에도 다 해당된다. 그렇지만 개인 기부금 형태로 모인 기금을 무제한으로 사용할 수 있도록 공적기금을 포기하겠다는 선택을 최초로 했던 정당은 (2008년 오바마가 후보였던) 민주당이었다는 점이 주목될 것이다.[15]

민주당이 교육이든 자산이든 여하간 모든 면에서 세계화 승자들의 정당으로 바뀌어가는 듯 보이지만 이런 진화의 장기적 실현가능성을 의심케 하는 다른 요인들이 있다. 우선, 2016년 미국 대선 토론은 브라만 엘리트와 상인 엘리트 간의 문화적이고 이데올로기적인 오래된 차이가 과연 어느 정도인지를 보여준 토론이었다. 지식인 엘리트들이 버락 오바마와 힐러리 클린턴이 표방하고자 했던 균형과 개방성의 가치들이라든가 숙의와 문화의 역할을 강조했다면, 바로 그에 맞서 재계 엘리트들은 일사천리의 협상 처리와 능수능란함과 호방함을 강조한다(트럼프가 구현하려는 바가 이런 것들이다).[16] 달리 말해 다중엘리트체계는 틀림없이 아직 유효하다. 왜냐하면 이 체계는 사실상 서로 다르면서도 보완적인 두 개의 능력주의 이데올로기에 기초해 있기 때문이다. 다른 한편으로, 2016년 미국 대선은 어느 당이든 자신들이 세계화 승자들의 정당으로 과도하게 묘사되는 것을 방치해둘 때의 위험성을 보여주었다. 모든 유형의 반엘리트 이데올로기에 좌우될 위험이 있고, 이번에는 트럼프에 의해 발전된 상인-토착주의 이데올로기가 그 경우에 해당한다. 이에 대해서는 다시 살펴볼 것이다.

마지막으로, 그리고 무엇보다도, 민주당의 이 같은 장기적 진화는 상당수 민주당 유권자와 미국 전체의 평등주의적 가치에 부합하지 않기 때문에 실현가능하지 않아 보인다. 이런 불만족은 2016년 민주당 경선에서 매우 뚜렷하게 표출되었다. 버몬트의 '사회주의자' 상원의원 버니 샌더스가 힐러리 클린턴과 거의 대등한 승부를 펼쳤던 것이다. 힐러리가 언론들의 막강한 지지를 등에 업었음에도 불구하고 말이다. 내가 이미 거론했던 문제인 상위 (주로 금융) 자산에 대한 강력한 누진세 신설 제안을 놓고, 2020년 대선을 앞두고 진행중인 토론을 보면, 미리 정해진 숙명적인 것은 전혀 없음을 보여준다.[17] 이 책에서 연구한 불평등주의체제의 역사 전체에서 드러나는 바도 이것이다. 불평등의 정당화체계가 지속되려면 최소한의 개연성이 있어야만 한다. 미국에서 관찰된 불평등 급증과 대다수 주민에게서 확인되는 침체를 감안하면, 신소유주의의 현상태 옹호와 세계화의 승자 찬양에 중점을 두는 정치적-이데올로기적 정강이 지속적으로 우세하리라는 것은 거의 개연성이 없다. 프랑스나 세계의 다른 곳에서와 마찬가지로, 미국에 도래할 문제는 현상태에서 가능한 다양한 대안들 간의 경합, 특히 민족주의 및 사회토착주의 유형의 이데올로기와 민주적이고 평등주의적이며 국제사회주의에 속하는 이데올로기 사이의 경합이다.

## 미국에서 인종 균열의 정치적 악용

명백한 이유로, 미국에서 인종 균열의 정치적 악용 문제는 오랜 전통을 갖고 있다. 어떤 의미에서 미국 공화제는 노예제로부터 탄생했다. 이 나라의 초기 대통령 15명 중 11명이 노예소유주였음을 상기하자. 민주당은 역사적으로 노예제의 정당이고, 노예제를 유지하고 확대할 주의 권리를 옹호하는 정당이었다. 제퍼슨은 노예들을 아프리카로 돌려보낸다는 조건에서만 노예제 폐지를 고려했으니, 왜냐하면 미국 땅에서의 평화적 공존이 그로서는 불가능해 보였기 때문이다. 사우스캐롤라이나의 민주당 상원의원 캘훈을 모방하여 노예제의 주요 이론가들은—흑인의 운명을 염려한다고 주장하지만 실은 여느 프롤레타리아처럼 착취할 수 있도록 흑인을 프롤레타리아로 만드는 것이 유일한 목표인—북부의 기업가들과 금융가들의 위선을 쉬지 않고 비난했다. 1860년 대선에서 공화당의 링컨이 노예제 폐지 정강을 내세워 승리했고, 이 사태는 남부의 분리 시도, 남북전쟁, 연방군의 남부 점령으로 이어졌다. 하지만 인종분리주의 정당인 민주당이 1870년대부터 남부 주들을 다시 장악했고 (아프리카로 되돌려보낼 수 없으니) 흑인에 대한 엄격한 인종분리를 강제했다. 북부에서도 민주당은 공화당 엘리트들에 맞서 하층계급과 신규 백인 이민자들을 옹호하면서 인정받기에 이르렀다. 이렇게 해서 민주당은 1884년부터 미국 대통령직을 탈환하는 데 성공했으며, 사회토착주의 유형의 (흑인에게는 극렬하게 분리주의적이고 차별주의적이지만 백인에게는 공화당보다 더 사회적이고 평등주의적인) 정강에 근거하여 그후 수십 년간 늘 공화당과 번갈아가며 그 자리를 차지했다.[18]

민주당의 루스벨트가 1932년에 대통령으로 당선되었을 때 상황은 대략 이런 상태였다. 연방 차원 및 뉴딜정책의 틀 안에서 시행된 새로운 사회경제정책은, 물론 흑인 인민계급에게도 백인 인민계급에게도 이로운 것이었다. 하지만 루스벨트는 남부 주들의 인종분리주의적인 민주당을 계속 기반으로 삼았고 남부에서 흑인은 투표권이 없었다. 1948년, 1952년, 1956년, 1960년 대선 이후 실시된 초기의 선거 사후조사들을 보면, 당시 북부에 정착한 흑인 유권자들이 공화당보다 민주당에 좀더 많이 투표했다.[19] 하지만 흑인 유권자가 대대적으로 민주당으로 집결하는 것은 케네디 정부와 존슨 정부가 아프리카계 미국인 활동가들의 압력으로 마지못해 1963~1964년에 민권운동의 대의에 동조했던 바로 그 순간부터다. 1964년부터 2016년까지 실시된 모든 미국 대선에서, 흑인 약 90%가 민주당 후보를 지지했음이 확인된다(도표 15.7 참조).

민권운동이 한창이던 1964년과 1968년, 또한 버락 오바마가 처음 당선된 2008년에도, 무려 95% 이상의 득표율이 보인다. 이렇게 해서 민주당은, 1860년대까지 노예제 정당이었고 1960년대까지도 인종분리주의 정당이었다가, 흑인 소수자가 (기권과 더불어) 선호하는 정당이 된다.

반면, 공화당은 노예제 폐지 정당이었다가 1960년대부터는 미국에서 커가는 종족적-인종적 다양성과 인종분리주의 종식을 받아들이기 어려운 사람들의 도피처가 된다. 1968년 월리스가 대선에서 실패한 후에, 인종분리주의 입장에 가장 가까웠던 남부 민주당은 공화당으로의 점진적인 이동을 개시했다. 이처럼 '인종주의적인' (혹은 조금 중립적인 용어를 쓴다면 '사회토착주의적인') 투표가 그후 공화당이 거둔 대부분의 승리에서, 특히 1968년과 1972년 닉슨, 1980년과 1984년 레이건, 2016년 트럼프의 승리에서 커다란 역할을 했음은 의심의 여지가 없다.

미국 인구조사와 선거 사후조사에서 진술되고 평가된 바에 따르면, 이 나라의 종족적-인종적 구조가 지난 반세기 동안 상당히 바뀌었다는 점 또한 유념해야 한다. 1948년 대선부터 2016년 대선까지, 흑인은 항상 유권자의 약 10%를 점해왔다. 여타 '소수인종'은 1968년에 유권자의 1%를 넘지 못하다가, 1970년대부터 급증하여 1980년에는 유권자의 5%, 2000년에는 14%, 2016년에는 19%에 달했다. 이들은 인구조사와 선거 사후조사에서 스스로를 주로 '히스패닉 또는 라틴계'라고 진술한다.[20] 요컨대 2016년에 트럼프가 당선된 선거에서, '소수자들'은 유권자의 30%이고(흑인 11%, 라틴계 및 여타 소수자들 19%), 백인은 70%인데 백인 비율은 장차 수십 년 이내에 줄어들 것으로 예상된다. 라틴계와 여타 소수자들은 항상

**도표 15.7** 정치 갈등과 인종 정체성: 미국, 1948~2016년

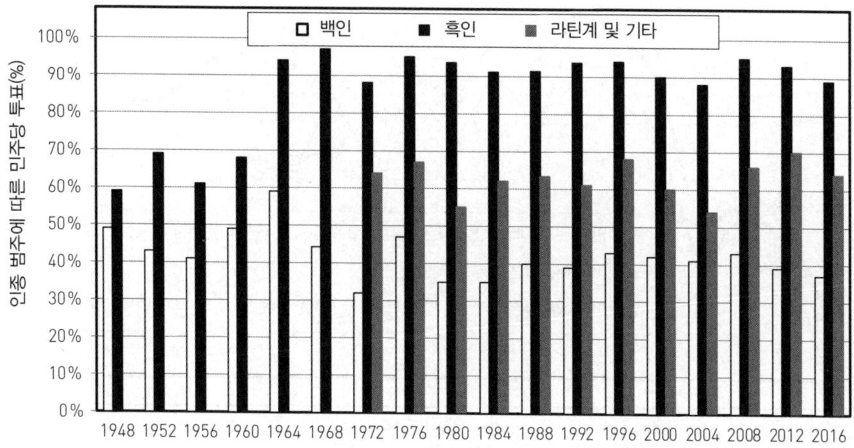


2016년 민주당 후보는 백인 유권자(유권자 전체의 70%) 37%의 표를 얻었고 흑인 유권자(유권자 전체의 11%) 89%, 라틴계 및 여타 소수인종 유권자(유권자 전체의 19%, 이중 라틴계는 16%) 64%의 표를 얻었다. 1972년에는 백인(유권자의 89%) 32%, 흑인(유권자의 10%) 82%, 라틴계 및 여타 소수인종(유권자의 1%) 64%의 표를 얻었다.

**출처 및 원 통계자료:** piketty.pse.ens.fr/ideologie

민주당 후보에게 더 많은 표를 주었지만(선거에 따라 55~70%) 흑인(90%)보다는 덜 극단적이었다는 점도 짚고 넘어가자. 백인은 1968년 이후로 항상 매우 압도적으로 공화당 후보에 투표해왔음이 확인된다. 아마 백인들에게만 투표권이 있었다면 지난 반세기 동안 민주당 출신 대통령은 전혀 나오지 않았을 것이다(도표 15.7 참조).

1960년대 이후 민주당 후보자들을 압도적으로 지지한 소수자 투표에서 이 소수자 유권자들의 사회경제적 특징이 설명해주는 것은 상대적으로 작은 일부에 불과하다는 점이 또한 주목될 것이다. 소수자들의 민주당 투표와 백인 유권자들의 민주당 투표 사이의 약 40포인트 격차는 시간이 흐르면서—상대적으로 라틴계의 비중이 늘어나—아주 약간 줄긴 하지만 그래도 여전히 극도로 높게 유지된다(도표 15.8 참조). 매우 뚜렷한 이 선거 행태를 명확하게 설명해주는 것은, 소수자들 사이에서, 특히 흑인 소수자 사이에서 공화당이 자신들에게 너무나 큰 적대감을 보인다고 느낀

**도표 15.8** 미국의 정치 갈등과 인종 균열, 1948~2016년

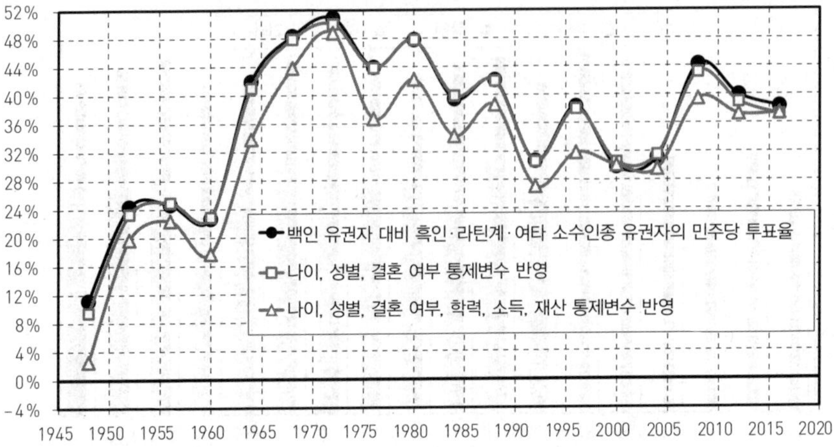


1948년 민주당에 투표한 백인 유권자(유권자의 91%) 대비 흑인 및 소수인종 유권자(유권자의 9%)의 투표율은 11포인트 높다. 2016년 백인 유권자(유권자의 70%) 대비 흑인 및 소수인종 유권자(유권자의 30%)의 투표율은 39포인트 높다. 여기에 사회경제적 변수를 반영해도 큰 변화가 없다.

**출처 및 원 통계자료:** piketty.pse.ens.fr/ideologie

다는 점이다.

## '복지 여왕'과 '인종할당제': 공화당의 남부 전략

물론 닉슨에서 레이건을 거쳐 트럼프에 이르는 공화당 후보들이, 인종분리주의를 명시적으로 복원하자고 제안한 건 아니다. 하지만 이들은 인종분리주의 명제들의 오랜 신봉자들을 자기들 대열에 공공연히 받아들였다. 그들은 오늘날까지도 백인우월주의운동에 대한 용인을 표명하고 있으며 이따금 그 운동의 일부 지도자들과 여봐란 듯이 함께 나다닌다. 이는 2017년의 샬러츠빌(버지니아) 사건에서 너무나 뚜렷하게 드러났다. 이 사건에서 트럼프는 네오나치 및 큐클럭스클랜KKK 잔당의 무력시위에 반대한 이들과 극우활동가들 사이에서 어느 한쪽도 지지하지 않기로 결정했다.[21]

일반적으로, 인종분리주의적인 민주당원 다수가 사우스캐롤라이나 상원의원 스트롬 서먼드를 모방해—그는 1954~1964년은 민주당 소속이었고 1964~2003년은 공화당 소속이었다—1960년대부터 점차 당적을 공화당으로 옮겼다. 남부의 주들이 인종분리주의를 계속 실행하고 더 일반적으로는 흑인과 소수자에게 너무 우호적이라고 판단되는 사회정책에 관련된 연방정부 명령을 이행하지 않을 권리를 뜻하는 '주州의 권리'라는 대의에 대한 저명한 옹호자인 서먼드는, 민주당의 (19세기 초부터 20세기 중반까지 민주당의 기치였던) 이 주제가 공화당으로 이전되었음을 상징한다. 1948년부터 민권 우호적인 북부 민주당원들이 민주당에서 이미 발휘하기 시작한 영향력을 우려하던 서먼드는 (흔히 '남부민주당탈당파Dixiecrats'라 불린) 트루먼에 맞서 '주권민주당States' Rights Democratic Party'이라는 임시 정당을 내세워 저항적인 인종분리주의 민주당원 후보로 대선에 출마했다.[22]

1964~1965년부터 존슨 정부가 남부 주들에서, 특히 학교에서 인종차별 철폐를 관철시키려 하면서 상황은 점점 더 긴박해진다. 공화당 후보인 배리 골드워터는 1964년의 '공민권법'을 반대하고 나선다. 그는 선거에서 존슨에게 패하지만, 연방정부에 대한 남부의 반대를 편들어준다. 공립학교 교육청county school boards과 남부 주들의 적대감에 직면한 존슨 정부는, 흑인 동네의 열악한 유치원이나 보건소에 연방기금을 배분해주고자 비국가 기관과 연합체를 경유하도록 하는 (헤드스타트Headstart 같은) 연방 프로그램을 개발한다.[23] 닉슨은 연방정부의 이런 간섭에 반대함으로써 1968년 선거를 이긴다. 그는 흑인 동네와 백인 동네 아이들을 같은 학교에 섞어놓으려는 '강제버스통학busing'이라는 소심한 실험의 일반화가 가진 위험을 특히 비난하고, '인종할당제'로 인해 대학과 공직에서 흑인이 백인의 자리를 차지하게 되리라는 협박을 해댄다.[24] 공화당의 이 '남부 전략'은 1972년 대선에서 특히 이득이 됐음을 보여준다. 이 선거에서 닉슨이 1968년에 월리스에게 갔던 표를 끌어들이는 데 성공했으니 말이다. 그는 민주당 후보—베트남전에 대한 열렬한 반대자요 루스벨트의 뉴딜과 존슨의 빈곤과

의 전쟁을 완성하기 위한 새로운 사회정책들의 신봉자인—조지 맥거번과 상대해 의기양양하게 재선된다. 닉슨이 맥거번의 전망에 성공적으로 맞선 것이다.

닉슨 이후로 공화당 후보들은, 교묘하지만 유권자에게는 완벽히 명시적인 방식으로, 아프리카계 미국인들에게 돈을 남발하는(이렇게 직접적으로 언급하진 않았지만) 사회보조정책과 관련해 여러 코드화된 공격적 표현수단을 동원했다. 가장 통상적인 전략 중 하나는 예컨대 흑인 싱글맘을 낙인찍느라 '복지 여왕welfare queens'이라는 멸칭을 어김없이 쓰는 것이다. 이 어휘를 로널드 레이건은 1976년 공화당 경선에서, 1980년의 선거운동에서 재차 사용했다. 1964년 그 유명한 지지연설을 통해 처음 정치에 입문할 수 있도록 해주었던 골드워터를 열렬히 지지했던 레이건은, 또한 1964년에 공민권법에 반대했고 1965년에 투표권법Voting Rights Act을 공격했다. 그는 이것들이 남부연합파로서는 공연히 굴욕적인 것이고 과도하게 공격적인 것이라고 간주했다.[25] 나아가 인종주의라는 이슈 활용은 1980년대 '보수혁명'의 승리로 이어지는 운동에서 중요한 역할을 했다.[26] 1964년의 골드워터, 1972년의 닉슨, 1980년의 레이건을 중심으로 발전해온 새로운 보수주의 이데올로기는 연방정부와 그 사회정책들의 강력한 부상 및 뉴딜에 대한 극렬한 반대 언술과 맹렬한 반공주의에 근거한다. 이런 사회정책들은 무위도식하는 유색인들과 비루한 노동자들에게나 유리한 정책들로 비난받았다(노예제 폐지 이후로 계속된 고전적 주제이긴 하다). 1930년대부터 1960년대까지 미국에서 시행된 온건한 '복지국가' 정책이 유발한 사회복지 지출은 간섭적이고 비싼데다 냉전과 국가안보 쟁점들과 비교해 우선적이지도 않다는 규탄을 받았고, 사회주의적 성향의 민주당은 이 쟁점들을 심각하게 무시한다는 비난을 받았다. 반면에 공화당은 나라의 위대함을 복원하겠다고 약속한다.

이 에피소드가 중요한 이유는, 인종 문제에 대한 (예컨대 2017년 샬러츠빌에서 있었던 백인우월주의자들의 시위나 남부군 장군의 동상에 대한)

트럼프의 태도가 1960년대로 소급되는 장구한 공화당 전통 안에서 다시 자리매김되어야 함을 일깨워주기 때문이다. 특히 새삼스러운 점은 다른 소수자들이 1990~2020년에 새로 늘어났다는 것이다. 트럼프는 특히 달갑잖은 표현으로 라틴계들을 비난하며, 자신을 마음먹게 해준 이 라틴계들 때문에—국경 문제에 부여한 중요성의 상징인—거대한 장벽을 건설하려는 전투에 나섰다. 더 일반적으로, 그는 2016년 선거운동 기간 내내 그리고 당선 이후에도 미국에 있는 거의 모든 비백인 주민을, 특히 (정작 이 나라에는 거의 없는) 무슬림 소수자들을 공격했다.

## 선거에서의 균열과 정체성주의적 갈등: 대서양 건너편의 시선

유럽 나라들, 특히 프랑스는, 미국의 강력한 인종 균열과 더불어 대서양 너머의 유럽인들에게는 이국적인 정치 및 정당 동학에서 이 균열이 행한 역할을 호기심과 거리감을 갖고 오랫동안 바라봐왔다. 특히 유럽의 관찰자들이 항상 이해하기 어려웠던 것은, 어떻게 민주당이 예전의 노예제적이고 인종주의적인 당에서 소수자들의 당이라는 위상으로 넘어올 수 있었으며, 반면에 예전에는 노예제 폐지론을 부르짖던 공화당이 강경한 인종주의-사회토착주의 이데올로기를 지니게 되면서 소수자들에게 전면적으로 거부당하는 당이 되었는가 하는 것이다. 실제로 이처럼 예기치 못한 전환과 이러한 비교에는, 유럽에서도 미국에서도 그리고 세계의 다른 곳에서도 작금의 21세기 초에 가능한 다수의 정치적-이데올로기적 궤적과 현재 작동하고 있는 전환들을 이해하는 데 유용한 가르침이 풍부히 들어 있다.

정체성주의적 갈등의 귀결인 선거 균열이 오늘날 대서양 양쪽에서 비슷한 규모를 보인다는 점은 특히 인상적이다. 미국에서는, 흑인 및 라틴계 소수자들과 주류 백인 사이의 민주당 투표 격차가 반세기 동안 40포인트

선인데, 이는 개인별 여타 특성을 반영해도 거의 영향을 받지 않는다(도표 15.7~15.8 참조). 프랑스에서는, 무슬림 유권자들과 다른 신자들 사이의 좌파 정당 투표 격차가 지금까지 수십 년 동안 역시 40포인트 선인데, 양자의 사회경제적 속성을 반영해도 그 격차는 약간만 줄어들 뿐이다.[27] 두 경우 모두 엄청난 규모의 결과인데, 예컨대 두 나라 모두에서 대체로 약 10~20포인트를 보이는 학력 및 소득 상위 10%의 유권자와 하위 90% 사이의 투표 격차보다 훨씬 크다. 미국에서는, 1960년대 이후 흑인 유권자 90%가 선거 때마다 민주당에 투표한다는 것이 확인된다(공화당에는 10% 가량). 프랑스에서는, 1990년대 초 이후로 무슬림 유권자 90%가 선거 때마다 좌파 정당들에 투표한다(우파와 극우파 정당들에는 10%가량).

수십 년 전의 프랑스 관찰자가 알았다면 놀랐을 법한 이러한 양상의 유사성 외에, 둘 사이의 여러 차이에 주의해야 한다. 미국에서 흑인 소수자는 노예 출신이고 라틴계 소수자는 주로 멕시코와 남미에서 온 이민자 출신이다. 프랑스에서 무슬림 소수자는 주로 북아프리카로부터, 일부는 사하라 이남 아프리카로부터 온 식민지 이후의 이민자 출신이다. 물론 중요한 공통점이 있다. 두 경우 모두 (노예제·인종분리·식민지배라는 수단을 통해) 세계의 다른 곳에서 온 주민들을 오랫동안 전적으로 지배해온 유럽 혈통의 다수 백인 주민이, 한 사회 또는 한 정치공동체 안에서 이들과 공존하면서—원칙적으로, 적어도 형식적인 관점에서는, 권리들의 평등에 입각하여—선거 경쟁을 통해 분쟁을 해결해왔다는 점이다. 인류사의 차원에서 이것은 분명히 근원적인 혁신이다. 지구의 다양한 지역에서 건너온 주민들 사이의 연결은 본질적으로 수백 년 동안 군사 지배와 원초적인 힘에, 또는 세력균형에 의해 단단하게 구조화된 상업 교류에 기반한 관계들로 국한되어왔다. 동일한 사회들 안에서 전혀 다른 성격의—전례 없는 수준의 대화와 문화 교류와 혼인과 정체성 재정의에 근거한—연결들이 발전하고 있다는 사실은 논란의 여지가 없는 문명적 진보를 이룬다. 이러한 사실에서 유래하는 정체성 갈등들을 선거에서 정치적으로 활용하는 것이

야기하는 상당한 도전들은 상세히 검토해볼 필요가 있다. 그렇긴 하지만 앞선 수백 년간 관찰되는 연관들과 빠르게 비교해보기만 해도 이러한 어려움들의 크기는 상대화되며, 무엇보다도 과거를 이상화하지 않게 된다.

하지만 미국과 프랑스에서 관찰되는 상황들 사이의 이처럼 일반적인 유사성 이외에, 작동되고 있는 정체성 범주들과 갈등들이 나라마다 특수한 형태들을 갖는다는 것은 아주 분명하다. 선거 균열의 전반적인 구조라는 견지에서, 가장 인상적인 차이는 오늘날 미국에서 유권자의 약 20%를 차지하는 라틴계 및 여타 소수자가 백인과 흑인 사이에서 정치적으로 중간적인 위상을 갖는다는 것이다. 예컨대 2016년에 그들은 64%가 민주당 후보에 투표했는데, 백인은 37%, 흑인은 89%이다. 이처럼 중간적인 위치는 1970년 이후에 별로 변하지 않았다(도표 15.7 참조). 이들의 중간자적 위치가 미래에 어떻게 진화될 것인가는, 소수자 일반의 늘어나는 비중(흑인과 라틴계와 여타 소수자를 합하면 2016년 유권자의 30%)과 주류 백인의 줄어드는 규모(2016년 70%)를 감안하면, 미국에서 선거 갈등의 구조에 결정적인 영향을 미칠 것이다.[28]

반면 프랑스에서는, 예컨대 유럽계 외국인 혈통의 주민은 외국인 혈통이 아니라고 진술한 주민과 평균적으로 동일한 방식으로 투표하는 것이 확인된다. 예컨대 2012년 대선에서 이 두 집단은 49%가 결선투표에서 사회당 후보에 투표했는데, 반면에 비유럽계 외국인 혈통의 유권자들은 77%였다(도표 15.9 참조).

또한 유념할 점은 외국인(적어도 조부모 중 한 명은 외국인) 출신이라고 진술한 주민이 2010년대에 프랑스 유권자의 약 30%이며, 이는 대략 미국의 '소수자들'과 거의 맞먹는다는 점이다. 하지만 이는 순전히 형식적인 유사성이다. 특히 유럽계 외국인(주로 스페인·포르투갈·이탈리아) 출신이라고 진술한 약 20%의 유권자는 자신들을 '소수자'로—하물며 '라틴계' 소수자로는 더더욱—느끼지 않으며, 다른 이들 역시 그렇게 여기지 않는다. 마찬가지로 비유럽계 외국인(실제로 주로 마그레브와 사하라 이남 아프리

**도표 15.9 정치 갈등과 혈통: 프랑스와 미국**

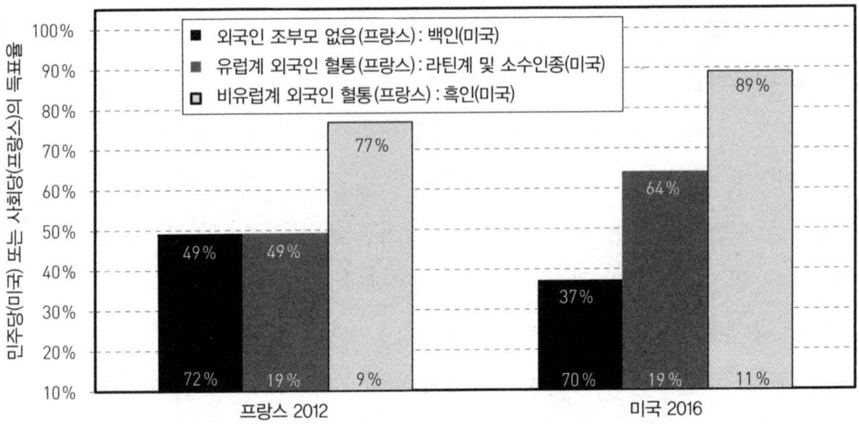


2012년 프랑스 대선 결선투표에서 사회당 후보는 외국인 조부모가 없는 유권자들과 유럽계 외국인 혈통(주로 스페인·이탈리아·포르투갈) 유권자들 사이에서 49%의 표를 얻었고, 비유럽계 외국인 혈통(주로 북아프리카와 사하라 이남 아프리카) 유권자들 사이에서 77%의 표를 얻었다. 2016년 미국 대선에서 민주당 후보는 백인 유권자 37%, 라틴계 및 소수인종 유권자 64%, 흑인 유권자 89%의 표를 얻었다.

**출처 및 원 통계자료:** piketty.pse.ens.fr/ideologie

카) 출신이라고 진술한 약 10%의 유권자는—하나의 종족 또는 종교 범주로서는 더더욱—전혀 동질적인 집단을 이루지 않는다. 많은 수가 아예 종교를 진술하지 않으며, 따라서 이 집단은 자신을 무슬림이라고 진술하는 사람들과 매우 부분적으로만 일치한다.[29]

## 정체성의 유동성과 경직된 범주가 갖는 위험

일반적으로, 미국과 프랑스(더 나아가 유럽)의 본질적 차이는 프랑스의 종족적-종교적 균열이 미국의 인종 균열보다 더 큰 유동성을 갖는다는 특징과 관계있다. 2008~2009년에 프랑스에서 실시한 '궤적과 기원Trajectoires et Origines' 조사에 따르면, 예컨대 부모 중 한쪽은 북아프리카 출신인 사람들 중 30%가 (부모 중 다른 한쪽은 외국인 혈통이 아니라는 의미에서) 혼성 커플에게서 태어난다는 것이다.[30] 결혼을 통한 혼합이 이런 식의 수준에 도달한 순간부터, '종족적' 정체성 개념 자체는 매우 탄력적으로 고려해야 할 사항 같다. 혈통과 정체성이 계속 뒤섞이며 세대들을 관통하면서 이름의 성들이 매우 빠르게 바뀌는 것은 이런 흐름을 보여준다.[31] 이런 부류의 사람들에게 스스로 완벽하게 어떤 '종족' 범주에 속한다는 걸 진술하라고 요구하는 것은 아무 의미 없는 짓일 것이다. 이런저런 이들에게 스스로 동일시하는 '종족' 범주를 지정하라고 요구하는 것이 부적절하다고 여기는 매우 폭넓은 합의가, 프랑스에, 그리고 어느 정도는 유럽에 있는 건 그 때문이다(비록 영국은 그 중간 상태에 있다는 걸 우리가 뒤에서 보긴 하겠지만). 이 같은 정체성 지정 명령은, 자신의 '종족'을 신고하고 허구한 날 신분증을 보여주는 일 없이 자신들의 혈통과 정체성이 혼합적이고 다차원적이라고 여기면서 그저 자기 삶을 꾸려나가고 싶은 사람에게는, 실제로 어마어마한 폭력이 될 것이다. 그렇다고 해서 사람들의 부모 또는 조부모의 혈통과 고향 또는 심지어 종교적 철학적 정치적 신념에 관해 묻는 비강제적인 다양한 설문조사를 막을 수 있는 것도 아니다. 하지만 인구조사 또는 행정을 위해 의무적으로 하나 혹은 여러 종족-인종 범주를 지정하라고 요구하는 것은 분명 전혀 다른 사안이다.

미국의 정체성 지정과정에는 매우 다양한 역사적 기원이 있다. 노예제 시대에 그리고 20세기 초까지도, 인구조사 요원들은 노예들과 그 자손들에게 '흑인' 정체성을 부여했는데, 이때 일반적 규칙은 '한 방울 원칙one-drop rule'이다. 요컨대 누군가에게 단 한 명이라도 흑인 선조가 있다면 아무리 먼 과거의 선조라 하더라도, 그 사람은 흑인으로 간주된다는 것이다. 1960년대까지 남부의 여러 주가 인종 간 결혼을 금지했다. 1967년 이후 미국 대법원 판결이 있고 나서, 주들은 인종 간 결혼을 더이상 금지할 수 없었다. 흑인까지 포함한 인종 간 결혼은 크게 증가했고, 2010년대에 자신을 흑인이라고 진술한 사람들 중 15% 이상이 인종 간 결혼을 했다(1967년에는 고작 2%).[32] 그럼에도 여하간 미국 사후조사나 인구조사의 종족적-

인종적 정체성 진술 의무는 집단 간의 경계를 견고히 하는 데 일조할 것이다. 정체성은 현실에서 대체로 훨씬 덜 명확한데도 말이다.

나라마다 상황에 따른 이처럼 큰 차이들에도 불구하고, 정체성 문제는 오늘날 미국과 프랑스(우리가 뒤에서 보겠지만 더 일반적으로는 유럽)에서 정치적 악용과 선거 균열을 통해 유사한 규모로 부추겨지고 있다. 두 나라에서 활용되는 문화적 고정관념과 편견이 정확히 같지는 않지만 그래도 분명한 공통점이 있다. 미국에서의 '복지 여왕' 운운은 아버지의 부재만이 아니라 흑인 싱글맘이 무위도식한다고 가정하면서 낙인찍기 위한 것이다. 프랑스에서의 인종주의 언술은, 마그레브 또는 아프리카 출신들에게 어쩔 수 없는 타고난 기질 때문이라면서 그들을 범죄와 감옥으로 밀어붙인다. 사회적 이전에 지나치게 기대고 있다는 의구심을 드러내는 일도, '소음과 냄새' 같은 여타의 속성들을 이민자와 연결짓는 무례한 언사들도 일상다반사다. 심지어 공식적으로 중도우파이고 극우가 아닌 정치지도자들마저 그런 언사들을 내뱉는다.[33]

이런 유형의 언술 앞에서는 여러 유형의 반응이 필요하다. 우선 이민자와 소수자들이 국가재정을 남용한다는 의구심은 전혀 근거가 없음을 보여주는 수많은 연구가 있다. 차라리 많은 연구가 보여준 바에 따르면, 비유럽계 이민자 또는 소수자 출신이 동일한 기초 학력을 가지고서도 취업하기가 매우 힘든 직업상의 차별들이 존재한다.[34] 이런 연구들이 모두의 지지를 불러일으킬 만큼 충분한 건 전혀 아닐지라도 공적인 논의에서는 더 많이 동원되고 확산될 수 있으며 마땅히 그래야 한다.[35]

분명한 건—내가 역설하는 바가 바로 이것인데—정체성 갈등의 강화를 부추기는 것이, 정의로운 경제와 진정한 사회적 정의의 가능성 일체에 대한 환멸의 감정과 숙명론이라는 점이다. 우리는 예컨대 앞 장에서 프랑스 유권자는 이민과 재분배라는 두 문제를 둘러싸고 거의 정확히 대등하게 사분되었음을 보았다.[36] 즉 재분배와 사회정의에 관한 모든 행동 전망을(심지어 때로는 논의를)—예컨대 세계화의 규칙과 경제 규칙이 진정한 재분배 일체를 엄격히 막아버린다고 설명하면서—닫아버린다면, 국가가 정치 갈등을 해결하는 한 가지 방식—즉 국경 통제라든가 때로는 국가 내부의 경계 만들기—에만 집중하는 일이 거의 불가피해진다는 것이다. 달리 말해, 정체성주의적인 균열의 증가를 포스트식민적 세계로의 진입에 따른 (확실히 유감스럽지만 결국은 불가피한) 결과로 봐서는 안 된다는 말이다. 또한 무엇보다도 이 진화를 공산주의의 몰락과 근본적인 사회경제적 전환에 대한 모든 희망의 상실, 정체성주의적 숙명론에 따른 결과로 볼 수도 있을 것 같다. 정의와 경제 모델에 대한 논의를 재개하는 것만이, 소유와 불평등 문제를 경계와 정체성 문제보다 우선시할 수 있게 해준다. 이에 대해서는 재론할 것이다.

## 민주당, '브라만 좌파', 인종 문제

이제 특히 중요하고 복잡한 문제로 가보자. 미국의 맥락에서 민주당의 '브라만화'를 1960년대 이후 정체성주의적인 인종적 균열의 강력한 부상을 통해 설명하고 싶어질 수 있다. 달리 말해 민주당이 흑인들 편을 드는 걸 받아들이지 못해 백인 인민계급이 점차 민주당을 버렸다고 말이다. 이 이론에 따르면, 요컨대 미국에서 백인 인민계급과 흑인 인민계급이 동일한 정치연합에 지속적으로 속하기란 거의 불가능할 것이다. 민주당이 공공연하게 인종주의적이고 분리주의적이었던 한에서, 또는 적어도 남부 민주당원과 북부 민주당원 사이에 이 주제에 관한 불일치가 잠복해 있었던 한에서, 다시 말해 대체로 1950~1960년까지는 백인 인민계급을 규합하는 일이 가능했다. 하지만 민주당이 더는 반흑인적인 정당이 아니었을 때부터는 공화당에 자석처럼 끌려들어간 백인 인민계급을 잃는 일은 거의 불가피했고, 공화당 자체는 민주당에 의해 생겨난 인종주의적 틈새를 차지하는 것 말고는 달리 할 수 있는 게 없었다. 미국 정치의 이러한 철칙과 관련한 유일한 예외는, 결국 1930~1960년의 짧은 탈선의 시기일 것이다. 이 시기에 루스벨트 연합은 예외적 상황이라는 틀에서(1930년대 위기와 2차 대전), 불안정한 타협이라는 대가를 치르고 백인 인민계급과 흑인 인민계급을 단일정당 안에 그럭저럭 묶어놓는 데 성공했다.

이 이론은 과도하게 결정론적이고, 그래서 궁극적으로 별 설득력이 없어 보인다. 이 가설이 인민계급의 인종주의에 대한 본질주의적이고 정태적인 관점에 기초하고 있다는 것만이 문제는 아니다. 우리가 프랑스의 경우에서 이미 지적했듯이, 이 인종주의는 중위계급과 자영업 노동자와 엘리트의 인종주의와 마찬가지로 자연스러운 것도 영구적인 것도 아니다. 이 이론이 설득력이 떨어지는 이유는, 또한 무엇보다도 관찰된 사실 전체를 이것이 규명해주지는 못한다는 점이다. 우선 1963~1964년부터 민주당의 남부 백인 유권자들이 일부 이탈하는 데 인종주의 문제가 핵심적인 역할을 했다는 것에는 논란의 여지가 없다 하더라도,[37] 중요한 점은 인종 문제에 대한 입장과는 별개로 1950~1960년 이후로 관찰되는 교육 균열 반전이 미국의 북부와 남부를 아우르는 전역에서 일어난 현상이라는 점이다. 이는 1950~1960년부터 2000~2020년까지 연속적이고 점진적으로 펼쳐진 진화다(도표 15.2~15.4 참조). 이토록 길고 구조적인 진화를 민주당의 입장 변화로 설명하기는 어려워 보인다. 민주당의 입장 변화는 1960년대에 너무 빠르게 이루어졌으며, 흑인의 투표에 그리고 소수자 투표와 백인 투표의 차이에 즉각적인 효과들을 발휘했던 것이다(도표 15.7~15.8 참조).

마지막으로 무엇보다도 본질적인 점은, 교육 균열의 이러한 반전이 프랑스에서도, 미국과 거의 동일한 시기에 동일한 규모로 일어났다는 점이다.[38] 또한 영국·독일·스웨덴과 거의 모든 서양 선거민주주의에서, 이와 동일한 기본적인 추세를 보게 될 것이다. 그런데 이 나라들은 1960년대 미국 민주당이 인종 문제 관련해 완전히 반전된 입장을 갖게 된 사태나 민권운동을 겪어본 적이 전혀 없다. 물론 프랑스와 영국, 여타 유럽 나라에서 강력히 부상한 이민 균열 및 정체성 균열이 수행한 역할을 거론해볼 수는 있겠다. 하지만 이 균열은 훨씬 나중에 1980년대와 1990년대부터 비로소 핵심 역할을 하기 시작하며, 이걸로는 왜 교육 균열의 반전이 1960년대부터 훨씬 더 일찍 시작되는지를 이해하지 못한다. 마지막으로, 우리는 이민 균열이 핵심 역할을 전혀 하지 못한 나라들에서 이와 동일한 교육 균열의 반전이 있었음을 볼 것이다.

더 직접적으로 설명해보는 게 나을 듯하다. 민주당이 고학력자들의 당이 되고 저학력자들이 민주당에 투표하기를 멀리해왔다면, 그건 이들 저학력자들이 보기에 민주당이 내놓는 정책들이 자신들의 열망에 점점 덜 부합한다는 인상을 주기 때문임이 틀림없다. 더욱이 이 같은 생각이 반세기 동안 이어지면서 그토록 여러 나라에서 확인된다면, 이건 단순한 오해일 수 없다. 가장 그럴듯한 설명은 내가 프랑스 사례에서 개진하기 시작했던 바로 그 설명으로 보인다. 요컨대 프랑스의 좌파 정당들과 마찬가지로, 민주당은 하층 사회집단들에 우선적인 관심을 두는 것을 관두고, 대학교육 경쟁에서 승리한 자들에게 점점 더 우선적으로 몰두했다. 20세기 초에, 그리고 1950~1960년까지, 민주당은 조세재정 차원뿐만 아니라 교육제도 차원에서도 강력한 평등주의 야망을 가지고 있었다. 특히 일정 연령대 전체가 초등교육뿐만 아니라 중등교육까지 받도록 보장하는 게 목표였다. 사회경제적 문제 전체에서처럼 이 지형에서도, 민주당은 공화당에 비해 확실히 덜 엘리트주의적이었고, 인민계급(과 종국에는 나라의 번영)을 더 배려하는 당이었다.

그런데 바로 이러한 인식이 1950~1970년과 1990~2010년 사이에 완전히 바뀌었다. 민주당은 고도로 위계화된 불평등한 대학입시제도 안에서—여기서 인민계급은 최고 코스에 들어갈 기회를 거의 갖지 못하는데—고학력자들의 정당이 된다. 이 같은 상황에서, 제도에 대한 구조적 개혁이 없는 가운데 하층민들이 자신들은 민주당에 의해 버려졌다고 느끼는 것이 이상할 일도 아니다. 공화당이 인종 문제를 악용하고 무엇보다도 나라가 몰락한다는 공포를 능수능란히 활용한다는 점도 물론 부분적으로는 공화당이 선거에서 거둔 성공을 설명해준다. 조지 맥거번이 1972년에 누진상속세의 새로운 강화로 충당되는 연방최저소득제 신설을 제안했을 때, 닉슨의 공화당은 그것이 아프리카계-미국인에게 돌아가는 새로운 사회적 이전이라는 식으로 험담을 퍼뜨렸으니, 맥거번은 인종적 편견에 어느 정도 희생당한 셈이다. 마찬가지로 2010년에 채택된 건강보험 개혁안인 오바마케어에 대한 적대감을 설명해주는 이유들 가운데 논란의 여지가 없는 것은, 바로 소수자를 위한 납세 거부다. 더 나아가 인종적 요인이 지닌 비중은, 미국에서—유럽의 복지국가와 유사한 규모의—'복지국가'의 부재와 사회적 조세 연대가 지닌 극도의 허술함을 설명해주는 구조적 요인에 속한다고 흔히 (정당하게) 꼽혀왔다.[39] 하지만 모든 문제를 이러한 인종적 요인으로 환원하는 것은 오류일 것이며, 특히 왜 교육 균열의 반전이 대서양 양쪽에서 거의 동일하게 일어났는지를 이해하는 걸 가로막는다. 민주당이 이제 인민계급보다는 고학력자들에게 더 도움이 된다고 여겨진다면, 이는 또한 무엇보다도 1980년대 보수혁명 이후로 민주당이 자신들의 강령과 그 실천을 충분히 쇄신하지 못했기 때문이다.

### 놓쳐버린 기회들과 미완의 분기들: 레이건에서 샌더스로

1980년 선거에서 레이건은 미국인들에게 미국의 역사에 대한 새로운 서사를 관철시키는 데 성공했다. 베트남전과 워터게이트, 이란혁명 이후 의구심에 휩싸인 나라에서 레이건은 이 나라의 위대함의 회복을 약속하고, 이를 위한 간결한 정책을 제시한다. 연방정부의 비중을 줄이고 누진세를 해체하자는 것. 달리 말해 앵글로색슨 기업가들을 약화시킨 것은 바로 뉴딜과 그에 수반된 약탈적 세금 및 사회주의적 성향의 조치들이며, 또한 이런 것들 때문에 패전국들에게 미국이 따라잡혔다는 것이다. 레이건은 이런 언술을 이미 1964년 골드워터 선거운동에서, 또한 1966년 캘리포니아주지사선거에서 시도해본 바 있다. 주지사선거에 나선 그는 '황금의 주 캘리포니아'가 '세계의 복지 수도'이길 멈춰야 한다고, 세계의 어떤 나라도 국내총생산의 3분의 1을 강제과세하면서 살아남은 적은 없다고 길게 설명했다. 1980년과 1984년에 쇠퇴에 대한 공포, 냉전, 일본과 독일과 나머지 유럽의 급성장에 혼미해진 미국에서, 레이건은 이런 언술로 연방 차원의 승리를 이룩해냈다. 연방소득세의 최고세율은 1932~1980년 81%였던 것이 1986년의—레이건주의의 토대가 되는 상징적 개혁인—조세재정개혁을 거치고 난 뒤에는 28%로 떨어진다.[40]

2019년의 우리가 거리를 두고 바라보면, 이 정책들의 효과는 상당히 의심스러워 보인다. 1인당 국민소득 성장은 이 개혁 이후 30년 동안 (개혁 이전의 30년 혹은 40년과 비교하면) 절반으로 줄었다. 생산성과 성장의 추진체였어야 할 정책들을 보자면 크게 만족스럽지는 않다. 게다가 불평등은 증대하여 소득 하위 50%가 1980년대 초 이후로 전혀 성장을 겪어보질 못했을 정도이니, 이는 미국 역사에서 전적으로 유례없는 일이다(평시 국가로서는 비교적 흔치 않은 일이다).[41]

그렇지만 레이건 10년 뒤에 등장했던 민주당 정부들, 말하자면 클린턴(1992~2000년)과 오바마(2008~2016년) 대통령 재임기에 정부들은, 1980년대에서 비롯한 서사와 정책을 뒤집으려는 시도를 제대로 하질 않았다. 특히 (당연히 1980년 이후 구매력의 명백한 손실을 가져온) 연방 최저임금의 비연동화와 마찬가지로 누진소득세(이 세금의 최고세율이 1980~2018년에 평균 39%가 되었으니, 이는 1932~1980년에 비해 2배 이상 낮은 수준이다) 축소와 관련해,[42] 클린턴과 오바마 정부들은 레이건 밑에서 정해진 기본 방향을 사실상 인정하고 존속시키기만 했던 것이다. 이것은 이 정부들이—이를테면 오늘날 우리처럼 거리를 두고 보지 못한 탓에—어느 정도는 레이건적인 서사에 넘어갔기 때문일 수 있다. 하지만 이러한 새로운 사회적 조세재정 흐름의 수용은 부분적으로는 민주당 유권자의 변화와, 매우 고학력인 이 새로운 유권자에게 점점 더 의거하려는 전략적 정치적 선택 때문이라고도 생각해볼 수 있다. 이 유권자에게는 이처럼 그다지 재분배적이지 않은 정치적 패가 유리했던 것이다. 달리 말해 1990~2010년에 민주당은 '브라만 좌파'가 되었는데, 이 '브라만 좌파'는 사실상 레이건과 부시 밑에서 집권한 '상인 우파'의 정책과 공통의 이해관계를 갖고 있다.[43]

이 시기에 유럽과 나머지 세계에서처럼, 미국에서도 본질적인 역할을 했던 또다른 정치적-이데올로기적 요인은, 분명 1990~1991년 소련의 몰락이다. 이 몰락은 어떤 면에서는 미국의 힘과 자본주의모델의 회복에 근거한 레이건 전략에 대한 인정이었다. 공산주의적 대항모델의 붕괴는, 1990년대 초부터 시장 및 사적소유제의 자율규제를 무한정 신뢰하는 새로운 국면을 출현시키는 데 틀림없이 강력히 일조했다. 이것은 왜 유럽의 사회당·노동당·사민당처럼 미국 민주당 역시 1990~2010년에 자본주의의 극복과 사회적 배태에 대한 사유를 큰 틀에서 중단했는지를 부분적으로 설명해준다.

그럼에도 언제나 그렇듯 이 궤적을 결정론적으로 다시 읽는 것은 오류일 것이다. 장기간의 지적 이데올로기적 논리들은 중요하지만, 다양한 궤적을 낳을 수 있었던 다수의 분기 또한 존재한다. 예컨대 1978년 캘리포니아에서 터진 납세자 반란은 어떤 면에서는 수년 뒤의 레이건이 연방 수준에서 거둔 성공의 전조인데,[44] 그 기원에는 1970년대 캘리포니아 부동산 가격의 매우 높은 인플레이션과 아울러 그 귀결인 예상치 못한 상당한 재산세 인상이 있다. 대체로 난폭했던 이 세금 인상은 많은 문제를 야기했다. 이 인상은 예고되지 않았던 터라 그만큼 감당하기 어려웠다. 그리고 부동산 가격이 상승했다고 해서 해당 세금 납부에 필요한 그만큼의 소득 상승이 반드시 수반되는 것도 아니었다. 이러한 세금 인상은 재산세가 금융자산과 부채는 전혀 고려하지 않고 단일세율로 모든 부동산소유에 과세하는 비례세라는 점에서, 그러므로 이러한 세금 인상이 미미한 소득을 버는 채무자들에게도 해당된다는 점에서, 그만큼 더 불공정하게 느껴졌다.[45] 이런 불만을 보수주의적인 납세 거부 활동가들은 능숙하게 활용했고, 1978년 6월에 주민투표를 통해 재산 가치의 1%에 상당하는 재산세 영구 상한선을 주 법으로 정했다(이것이 그 유명한 주민발안13Proposition 13이다). 오늘날에도 이 조항은 여전히 유효하며, 결과적으로는 학교 가용 자원이 제한되고 캘리포니아에서 반복되는 급작스러운 예산 위기를 초래했다.

이 일화가 흥미로운 건, 레이건주의의 부상에서 이 일화가 지닌 중요성 말고도, 매우 단기간의 사건 논리(1970년대 부동산 가격 인상, 납세 거부 주민투표를 위한 성공적인 동원)와 장기간의 지적 이데올로기적 미흡함—이 경우 부채를 제외한 부동산 및 금융 소유에 대한 진정한 누진세로의 재산세 전환과 관련된 기본적인 성찰과 개혁의 부재라는 점—이 맞물리는 걸 보여주기 때문이다. 중요한 건 누진소득세와 마찬가지로, 순자산이 1만 달러, 10만 달러, 100만 달러, 1000만 달러인 개인에 따라 다른 세율로 과세할 여지를 두는 것이다.[46] 모든 조사는 시민들이 이 같은 누진제에 찬성한다는 걸 보여준다.[47] 또한 필수적인 것이, 사전에 논의되지도 정당화되지도 중재되지도 않은 채 자산 증가로 세금이 자동적으로 인상되는 걸 피할 수 있도록, 재산세의 과세 구간과 세율을 자산 가격 변동에 연동시키는 것이다. 1978년 조세저항운동의 경우는, 캘리포니아 대법원이 1971년과 1976년에 (세라노 판결로) 유효하다고 인정했고 당대 여론에서 인기를 얻었던 부유한 학군과 가난한 학군의 재산세 세수 공유 메커니즘을 실상 주민투표에서 종료시켜버렸기에 그만큼 더 난맥상은 커졌다.[48]

최근의 여러 사건과 변화는 1980년에 레이건 당선으로 열린 국면이 이제 다시 닫히는 지점에 있음을 시사한다. 한편으로, 2008년 금융위기는 규제완화의 과잉을 보여주었다. 다른 한편으로, 1980년대 이후 소득 하위의 정체와 불평등 증대에 대한 2000년대 말 2010년대 초부터 점증하는 각성은, 레이건적인 전환에 대한 점진적 재평가를 불러왔다. 예컨대 2016년 민주당 경선에서 힐러리와 샌더스의 박빙 대결이 보여주듯이, 이런 요인들은 미국에서 정치경제 관련한 논의 방향을 재설정하도록 만들었다. 우리는 또한 소득세와 상속세의 누진성 복원이라든가 연방재산세 신설 등의 다양한 제안들이 2020년 대선을 목전에 두고 (주로 샌더스와 워런 쪽에서) 나오는 상황들에 대해 이미 언급했다.[49] 그 세수는 교육제도에, 특히 일류 사립대들에 비해 상당히 낙후된 재정을 드러내고 있는 공립대학들에 투입되는 데 동원될 수 있을 것이다. 미국의 민간기업 이사회 내의 임금노동자와 주주의 권력 및 의결권 분유와 보편적인 공공건강보험제도Medicare for All—(총비용과 결과에서 분명 더 확고하게 공공의료적 성격을 지닌) 유럽의 표준체계—를 도입하기 위한 제안들도 이루어졌다.[50]

이런 진화로 인해 무슨 일이 일어날지 말하기에는 너무 이르다. 그렇지만 중요한 점은 교육 균열의 완전한 반전이 하루아침에 해결될 수는 없다는 점을 고려해 교육제도 개혁의 중요성을 강조하는 데 있는 것 같다. 민주당이 극단적으로 위계화된 불평등주의체계 안에서 고학력자들의 당이 되었다는 것은 시인할 수밖에 없다. 그런데 민주당 정부는 이런 변칙 상황을 개선해보려는(심지어 자신들이 이렇게 할 수 있는 다수파일 때조차도 어떤 식으로 이 일에 착수할지 말하려는) 노력을 제대로 해본 적이 없다. 이 같은 상황은 인민계급과 민주당의 초고학력 엘리트들 사이에—전자로 하여금 더이상 후자와 한세상에 살고 있지 않다는 생각을 갖게 하는—상당한 불신의 분위기를 조성하는 데 일조할 뿐이다. 트럼프는 바로 이런 유형의 '브라만적인' 사회적 경시의 감정을 타고 자신의 인기를 구가했던 것이다(멕시코 국경에 장벽을 설치하고 자기가 내야 하는 세금을—더 내리지 못해 못내 아쉽겠지만—인하하는 것 말고는 이렇다 할 손에 잡히는 해결책도 내놓지 못하면서 말이다).[51] 공립대학에 대한 투자 회복만이 그 대응은 아니다. 공립·사립대학 입학 절차상의 근본적인 변화, 다양한 집단들의 진학 기회를 현실적으로 확대하는 공동규칙 시행 요구 또한 필요하다. 일반적으로, 뚜렷하고 확고한 대책이 부재한 가운데, 인민계급 유권자의 진정한 동원이—게다가 이런 동원은 미국에서 항상 상대적으로 취약

했는데—가능할 수 있을지는 전망이 어둡다.[52]

## 영국 정당체계의 전환

이제 영국의 사례를 보자. 프랑스와 마찬가지로, 활용가능한 선거 사후조사들을 통해 1950년대 중반 이후 영국의 거의 모든 선거에서 유권자구조를 연구할 수 있다. 미국에 비하면 영국의 현행 양당제는 더 복잡하고 부침이 크다는 점을 주목해야 할 것이다. 1945~2017년에 실시된 총선들에서 주요 정당들의 득표 분포를 조사해보면, 확실히 노동당과 보수당이 전반적으로 지배적인 게 보이지만, 그래도 복잡한 점이 많이 얽혀 있다(도표 15.10 참조).

1945년 총선에서 노동당은 48%, 보수당은 36% 득표율을 보이고, 양당을 합치면 84%다. 2차대전의 승리에 이은 명성에도 불구하고, 처칠이 이끈 보수당은 차가운 패배를 맛봤고, 노동당의 클레멘트 애틀리가 수상이 된다. 1945년의 이 선거는 영국과 유럽의 선거 역사에서 근본적인 역할을 한다. 최초로 노동당이 단독으로 하원 다수당이 된 것으로, 이는 노동당이 정부를 구성하여 자신들의 강령을, 특히 국민보건서비스NHS와 과감한 사회보장제도 확립, 상위 소득 및 상속에 대한 누진세 강화를 시행할 수 있게 해주었다. 이 선거는 또한 영국 양당제의 전면적인 격변을 나타낸다. 영국 양당제는 18세기와 19세기 내내 토리(보수당)와 휘그(1859년부터 공식적으로 자유당으로 개명)의 대결에 의거했다. 자유당이 1909~1911년에 상원을 제압할 수 있게 해준 인민예산People's Budget 이후 30년을 조금 넘긴 1945년에 노동당이 집권했고, 이 노동당은 수십 년의 가차없는 경쟁 끝에 보수당에 맞서는 주요 수권 정당으로서 결정적으로 자유당을 대체한 것이다. 20세기 초까지도 가장 귀족적이던 나라가, 구래의 삼기능 도식과 소유주의 논리가 공존하던 나라가, 진정 인민적이고자 하는 정당이 집권한 나

**도표 15.10 영국의 총선, 1945~2017년**

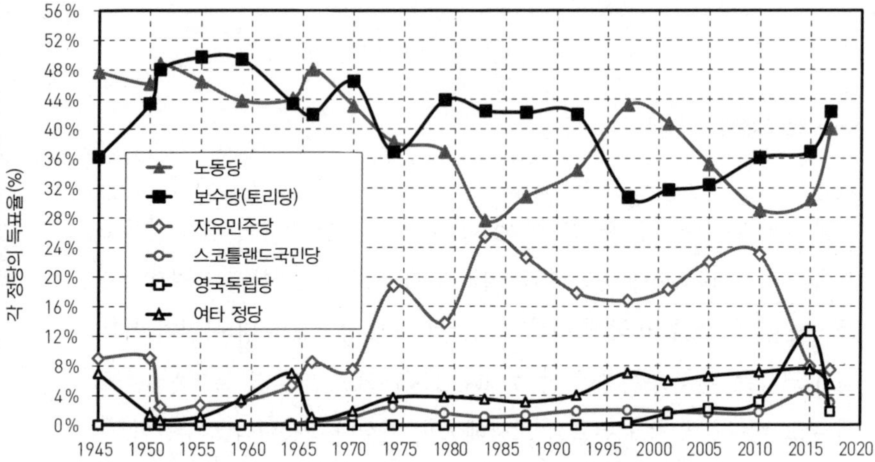


1945년 총선에서 노동당은 48%, 보수당은 36%의 득표율을 기록했다(두 주요 정당 득표율은 총 84%). 2017년 총선에서 보수당은 42%, 노동당은 40%의 득표율(총 82%)을 보였다. 참고: 여타 정당에는 생태주의당과 지역주의 정당들이 속해 있다.

**출처 및 원 통계자료:** piketty.pse.ens.fr/ideologie

라가 된 것이다.[53]

그후로 자유당은 자신들의 역할을 되찾지 못했다. 자유당은 자신들을 자유민주당으로 재정의했고, 노동당 분열의 여파로 1980년대에는 자유당-사민당 동맹이 된다.[54] 1980~2010년에 약 10~25%의 성적을 올렸으나, 그후의 성적은 2015년과 2017년 총선에서 분명 10% 아래로 다시 떨어졌다. 2017년 총선에서, 테리사 메이가 이끈 보수당은 42%를 득표하고, 제러미 코빈이 지휘한 노동당은 40%를 규합해, 양당 득표가 도합 82%가 되며, 나머지 표는 자유민주당과 영국독립당과 스코틀랜드국민당과 생태주의당과 여타 지역주의 정당들로 나뉜다. 미국에서와 마찬가지로, 여기서 우리는 1955~2017년에—여타 정당들은 배제하고— 주요 양당인 노동당과 보수당을 지지한 투표구조 진화를 눈여겨볼 것이다.[55]

주요한 결과는 노동당 역시 지난 반세기 동안에 고학력자들의 정당이 되었다는 것이다. 1950년대에, 고학력자들 사이에서 노동당 득표는 여타

**도표 15.11 영국 노동당과 학력, 1955~2017년**

1955년 영국 노동당 투표율은 고등교육 이수자가 비이수자보다 26포인트 낮았다. 2017년에는 고등교육 이수자가 6포인트 더 높다. 통제변수를 반영해도 이러한 추이는 변하지 않는다.

**출처 및 원 통계자료:** piketty.pse.ens.fr/ideologie

주민에 비해 약 30포인트 낮았다. 2010년대에는 이것이 반전된다. 오히려 고학력자 사이에서 거의 10포인트 더 높게 나온 것이다. 프랑스나 미국과 마찬가지로, 교육 균열의 이러한 반전은 모든 학력 수준에서(초등·중등·고등교육 사이에서뿐만 아니라 중등교육 내부에서도 그리고 고등교육 내부에서도) 확인된다. 이 현상은 지난 60년간 점진적이고 연속적으로 펼쳐졌다는 점과, 기본적인 경향은 연령과 성별, 여타 개인적인 사회경제적 특성을 반영해도 전혀 영향을 받지 않는다는 점 또한 관찰된다(도표 15.11~15.12 참조).

프랑스나 미국에 비해, 영국에서 관찰된 진화는 시간상 약간 괴리가 있다는 점에 유념해야 한다. 달리 말해 이 두 나라에 비하면, 노동당 득표는 이 기간의 초반에는 특히 저학력자들로부터 집중적으로 이루어지는데, 고학력자들이 노동당 쪽으로 명확히 기우는 것은 이 기간의 끝에 이르러서다(도표 15.13 참조).[56]

이 괴리는 중요한 현실을 드러낸다. 미국 민주당에 비해, 또한 프랑스

**도표 15.12** 노동자들의 정당에서 고학력자들의 정당으로: 노동당 투표, 1955~2017년

1955년 노동당 투표율은 고학력 유권자 10% 사이에서 저학력 유권자 90%보다 25포인트 낮았다. 2017년에는 고학력 유권자에서 13포인트 높다. 통제변수를 반영해도 이러한 추이는 바뀌지 않는다.

**출처 및 원 통계자료:** piketty.pse.ens.fr/ideologie

**도표 15.13** 미국과 유럽의 선거좌파, 1945~2020년: 노동자들의 정당에서 고학력자들의 정당으로

1950~1970년에 미국의 민주당, 프랑스의 좌파 정당들(사회당·공산당·급진당·생태주의당)과 영국의 노동당에 대한 투표는 저학력 유권자들과 결부된다. 1990~2010년에는 고학력 유권자들과 결부된다. 영국의 진화는 프랑스와 미국보다 약간 늦으나 추이의 방향은 동일하다.

**출처 및 원 통계자료:** piketty.pse.ens.fr/ideologie

사회당이나 공산당에 비해서도, 노동당 득표는 훨씬 더 강고하게 인민계급과 비숙련 노동자들에게서 나온다.

진정으로 인민적인 이 당이 오랫동안 일부 지식인 엘리트들을 질겁하게 해왔다는 점에 주목해보면 흥미롭다. 가장 유명한 사례는 존 메이너드 케인스인데, 그는 1925년에 발표한 논문에서 자신이 노동당에 결코 투표할 수 없었으며 앞으로도 무슨 일이 일어나든 계속 자유당에 투표하려는 이유들을 설명했다. 요컨대 그는 대중을 통솔할 그 이름에 걸맞은 지식인들이 (그리고 틀림없이 특히 경제학자들이) 없다는 걸 우려하고 있다. "나는 노동당 안에 있는 지식인 분파들이 적절한 통제력을 행사할 거라고 믿지 않는다. 자신들이 뭘 말하는지 전혀 알지 못하는 자들에 의해 언제나 너무 많은 게 결정될 것이다. (…) 나는 자유당이 여전히 미래 진보를 위한 최상의 도구라고 믿는다."[57] 하이에크 역시 케인스와는 다른 정치적 관점에서이긴 했지만 영국 노동당의 집권에 대해 스웨덴 사민당에 대해서 그랬듯이 크게 불신했다는 점을 주목해야 한다. 그에 따르면 이 정당들의 집권이 개인의 자유에 대한 문제제기와 권위주의적 권력으로 매우 빠르게 기울 위험이 있다는 것이다. 그에게는 이미 위험한 세이렌들에게 굴복해버린 지식인 동료들에게 이런 위험을 미리 경고했다는 자부심이 있었다.[58]

반면, 노동당원인 사회학자 마이클 영도 떠올려봄직한데, 그는 1950년대부터 자신의 당이—폭력적으로 위계화된 영국의—교육제도 안에서 충분히 평등주의적인 야심찬 개혁들을 시행하지 않고 결국은 저학력 인민계급에게서 멀어져 ('포퓰리스트들'과 대치하게 될) '기술관료들'의 당이 될까봐 우려했다. 그렇다고는 해도 그는 노동당이 고학력자들 사이에서 보수당을 압도하게 되리라고 상상하는 데까지 나아가지는 못했다.[59]

따라서 프랑스와 미국에서 관찰되는 유사한 진화에 뒤처지긴 했어도, 노동당 역시 나름으로는 '브라만 좌파'가 되며, 고학력자들 사이에서 최고 성적을 올린다. 이제 소득수준 대비 선거 균열의 변화를 검토해보자. 1950~1980년에, 영국에서는 소득에 따른 매우 두드러진 균열이 확인된다. 하위 십분위는 강고하게 노동당에 투표하는데, 이처럼 노동당에 투표하는 성향은 소득 십분위에 따라 어김없이 낮아져 상위 십분위는 압도적으로 보수당에 투표한다. 이는 특히 1979년 총선에서 뚜렷하다. 이 선거에서 마거릿 대처는 반노조정책과 민영화와 소득 상위를 위한 감세를 주된 구성요소로 하는 강령에 입각하여 승리한다. 이 모든 것은 경제위기와 높은 인플레이션이라는 맥락에서 이루어진다. 가용 데이터들에 따르면, 상위 십분위 유권자들의 약 20%가 1979년에 노동당에 투표했는데, 1955년 또는 1970년에는 그 비율이 약 25%였으니, 어떤 경우든 부유한 유권자들이 보수당에 투표하는 비율은 약 75%~80%인 것이다(도표 15.14 참조).

프랑스와 비교해, 소득에 따른 균열은 역사적으로 영국이 더 두드러진다. 프랑스에서는 좌파 정당(사회당·공산당·급진당·생태주의당)을 지지하는 투표 단면도가 소득 하위 90%에서 상대적으로 평평하며 상위 십분위 수준에서만 명확하게 내려간다.[60] 부문별 세부조사 데이터들을 보면, 이 차이는 프랑스에 자영업자들, 특히 농민들 수가 많아서라고 주로 설명된다. 이들의 소득이 언제나 아주 높은 것은 아니지만 그래도 사업자산을 보유하면 대개 좌파 정당들을 불신한다. 영국에서는 농업과 자영업 부문이 프랑스에 비해 훨씬 일찍 미미한 정도로 축소되었다는 사실과 임금노동자가 압도적으로 영국의 노동력을 구성한다는 사실이 무엇보다 소득 측면에서 더욱 뚜렷한 계급주의적 균열로 이어지도록 한다. 이런 양상은 왜 교육 균열이 영국에 비해 프랑스에서 역사적으로 덜 두드러졌으며 더 빠르게 반전되었는지도 설명해준다. 프랑스에서 자영업자들(특히 자영농민

**도표 15.14** 영국의 정치 갈등과 소득, 1955~2017년

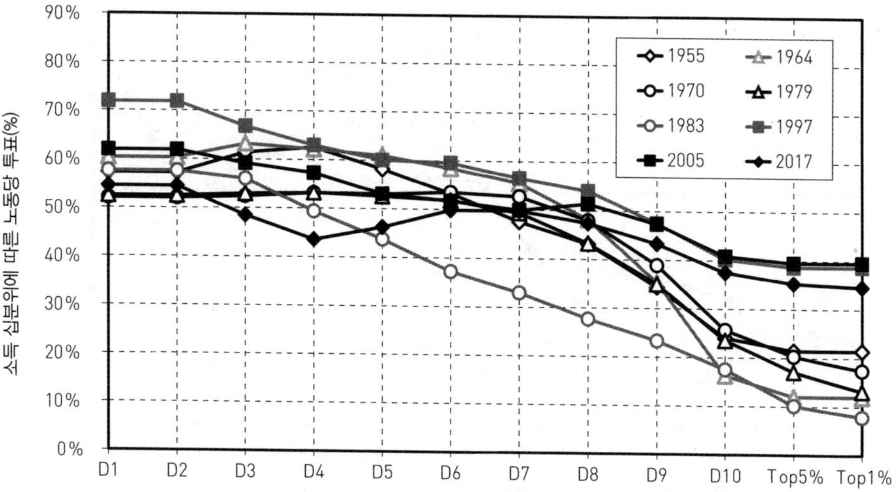


소득 십분위에 따른 노동당 투표율 단면도를 보면 일반적으로 상위로 올라갈수록 급격히 낮아지며, 특히 상위 10%에서 두드러진다. 1950년대부터 1980년대까지의 기울기가 더 가파르다.

**출처 및 원 통계자료:** piketty.pse.ens.fr/ideologie

들)은 결코 좌파를 강고하게 지지하지 않는, 상대적으로 다수의 저학력 집단으로 구성된다.

소득이 끼친 영향은 영국에서도 역시 프랑스나 미국과 마찬가지로, 1980~1990년부터 매우 분명한 시간상의 변화가 확인된다. 특히, 소득 상위는 과거에 비해 1997~2005년 토니 블레어의 신노동당에 더 많이 투표한다. 이는 신노동당이 점점 더 고학력자들을 흡인하며 이 당의 조세재정정책이 고소득자에게 유리하다는 점에서 논리적인 걸로 보일 수 있다. 1980년대의 레이건주의 개혁에 대한 클린턴 정부(1992~2000년)나 오바마 정부(2008~2016년)와 마찬가지로, 신노동당 정부(1997~2010년)는 대체로 대처 시기의 조세재정개혁들을 인정하고 존속시키기를 택했다.[61] 대처와 메이저의 보수당 정부와 다르게, 블레어와 브라운의 노동당 정부는 공적자원을 교육제도 투자에 더 많이 배정했다. 하지만 이들도 역시 집권하자 대학등록금을 대폭 인상하기로 결정했고, 이것은 하층 학생들에게

**도표 15.15 사회 균열과 정치 갈등: 영국, 1955~2017년**

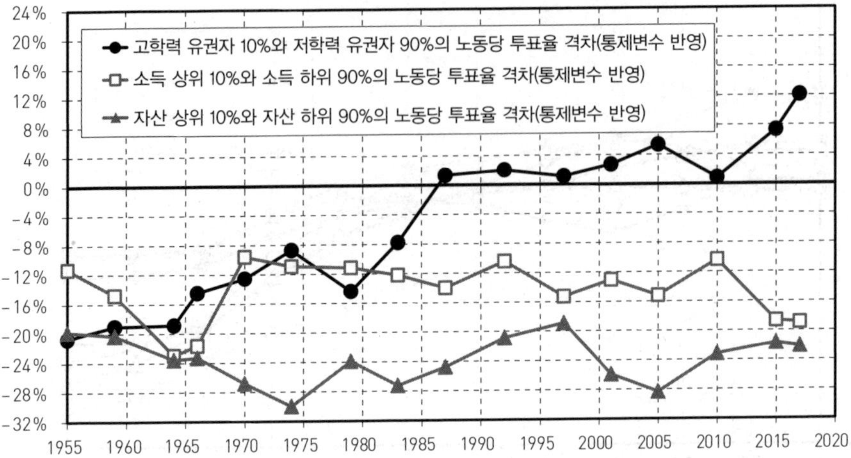


노동당 득표는 1950~1980년에 학력·소득·자산이 낮은 집단과 결부되었다. 1990년대 이후는 고학력자들과 결부된다.

**출처 및 원 통계자료:** piketty.pse.ens.fr/ideologie

는 매우 불리했다.[62] 결국 이런 정책들은 영국에서 '브라만 좌파'와 '상인 우파' 사이의 근접 양상을 드러낸다.

노동당 지도부가 교체되면서 이러한 패가 바뀐다. 2015년과 2017년 총선에서, 소득 상위 유권자들은 보수당 쪽으로 확고하게 되돌아가는 경향을 보이며, 따라서 학력과 소득의 영향으로 인한 격차는 확대되는 경향을 보인다(도표 15.15 참조).[63]

가용 데이터들로는 단정을 내릴 수 없으므로, 이는 여러 가지로 설명해 볼 수 있다. 우선, 노동당이 옹호한 정책들이 2015년 코빈의 당대표 당선 이후 현저하게 바뀌었다. 신노동당 시기에 비해, 노동당은 더 재분배적인 조세재정정책들을, 더 일반적으로는 부유한 유권자들을 두려워하게 만든 좌선회를 구상한다. 그 이면을 본다면, 노동당의 새로운 정강에는 소득 하위에 속하는 유권자들이 되돌아올 수 있게 하는 요소들이 포함된 것이다. 특히 노조에 유리하고 임금노동자 대표자들에게 더 많은 권한을 주는 정책들과, 이사회 안에서의 임금노동자와 주주의 의결권 분유가 포함된다. 이 의결권 분유는 게르만어권 및 북유럽 나라들의 공동관리제도와 유사한 것으로 영국에서는 시행된 적 없었다.[64] 마지막으로, 이제 노동당은 (독일과 스웨덴이 시행하는 것과 같은) 전면무상 고등교육을 옹호하게 되는데, 1997~2010년에 신노동당에 의해 시행된 등록금 인상에 비하면 관점이 완전히 변화된 것이다. 당연하게도 이런 제안은 2017년 총선 당시 하층 청년들 사이에서 특별한 성공을 거두었던 것으로 보인다.[65]

2016년에 실시된 (유권자의 52%가 유럽연합 탈퇴에 찬성했던) 브렉시트 국민투표가 2017년 총선에 미친 영향도 고려해야 한다. 비록 코빈의 개인적 입장은 애매하거나 열정이 부족해 보일 수 있었다 하더라도, 국민투표에서 당의 공식적 입장은 '잔류' 투표를 호소하는 것이었다. 또한 이는 노동당 의원 90% 이상의 입장이었고, 반면에 보수당 의원은 약 절반이 이런 입장이었다. 여하간, 노동당 득표는 전반적으로 (2016년 국민투표를 발의했던) 보수당의 득표에 비해 유럽에 보다 우호적인 입장과 연계되었다. 이것이 2017년 노동당이 고학력자들의 표를 특히 많이 가져오는 데 일조했다. 영국 고학력자들은 브렉시트에 압도적으로 적대적이었던 것이다. 소득 상위도 역시 브렉시트를 우려했으나, 그럼에도 불구하고 2017년 노동당에 투표하는 걸 멀리했다는 점에 주목해야 한다. 이것은 그들이 브렉시트보다 더 우려한 것이 코빈이 주도한 좌선회라는 사실을 나타내는 것으로 보인다. 요컨대 노동당 득표는 평균소득의 고학력자 사이에서 최대였다. 나는 브렉시트 국민투표에서 관찰되는 투표구조와, 더 일반적으로는—영국에서도 대륙에서도 중심적인 정치적-이데올로기적 문제가 되고 있는—유럽연합의 미래 문제에 관해 뒤에서 재론하겠다.

요약하자. 다양한 나라들에서 관찰되는 학력·소득·자산에 따른 균열들의 전반적인 진화를 비교해보면, 놀라운 공통점과 아울러 유의미한 차이들 또한—특히 해당 시기의 끝에 가서—확인된다. 영국에서 학력 효과와 소득 및 자산 효과는 2015~2017년에 점점 더 분리되는 경향을 보인다 (도표 15.15 참조). 반면 미국에서는 2016년 선거에서 소득 및 자산 효과가 학력 효과와 연동되는 경향이 관찰된다. 달리 말해, 상위 소득 및 자산 보유자가 민주당 지지 투표에서 고학력과 연동되는 경향을 보이는 것이다(도표 15.6 참조). 두 나라의 대조에서 큰 역할을 하는 것은 분명 전략들의 공공연한 차이다. 코빈의 노동당이 실행한 재분배로의 선회는 소득 상위를 달아나게 하고 하위집단을 끌어들인 반면, 힐러리를 후보로 내세운 민주당에서는 공공연한 중도 노선을 통해 정반대의 일이 벌어진 것이다. 민주당 유권자들이 샌더스 유형의 후보를 선출했더라면, 투표구조가 영국에서 관찰된 것과 훨씬 유사해졌으리라고 생각해볼 수 있겠다. 프랑스는 전형적인 제3의 경우를 보여준다. 이 나라 정당체계의 파편화된 역사와 선거제도로 인해 2017년에 목도하게 된 것은—고학력자와 상위 소득 및 자산을 동시에 규합한—선거좌파와 선거우파의 오래된 정당들에서 부유한 분파들을 규합한 연합의 집권이다.[66]

이처럼 매우 대조적인 세 상황이 흥미로운 이유는, 미리 정해진 숙명적인 것은 없다는 점을 이 상황들이 예시해주기 때문이다. 모든 것은 대치하고 있는 정치적-이데올로기적 세력균형과 동원 전략에 주로 달려 있다. 물론 세 나라에는 저변의 공통적인 경향들이 존재한다. 이 경향들은, 전후 계급주의 유형의 좌우 정당체계가 고학력자들을 빨아들이는 '브라만 좌파'와 상위 소득 및 자산을 빨아들이는 '상인 우파'로 구성된 다중엘리트체계로 점차 대체되고 있다는 사실과 관련 있다. 하지만 일반적 도식 안에서, 새로운 체계가 극도로 취약하고 불안정하기에 그만큼 더 다수의 진화와 궤도가 있을 수 있다. '브라만 좌파'는 친재분배와 친시장 분파 사이에서 갈팡질팡한다. '상인 우파'는 민족주의적이고 사회토착주의적인 노선을 따르는 분파와 주로 친기업 및 친시장을 견지하려는 분파 사이에서 역시 갈팡질팡한다. 각 진영에서 우세한 경향 또는 출현하는 새로운 종합에 따라, 잠재적으로 지속적인 효과들을 갖는 상이한 궤도들과 분기들이 발생할 수 있다. 우리는 다음 장에서 다양한 나라들과 선거 양상 검토를 마무리할 때 이를 재론할 것이다.

## 포스트식민적 영국에서 정체성주의적 균열의 부상

이제 영국의 정체성주의적 균열 문제로 가보자. 우선 가용 데이터들과 여기서 우리가 보게 되는 현실은 프랑스 사례와 비교적 비슷하다. 유권자들이 진술한 종교 관련 데이터에서 시작하자. 1950년대 이후 영국에서 실시된 모든 선거 사후조사에서 얻은 이 가용 데이터들을 통해, 1955년 총선부터 2017년 총선까지 종교에 따른 선거 균열의 진화를 추적해볼 수 있다.

프랑스와 마찬가지로 영국도 1960~1970년까지는 대체로 단일종교적이고 단일종족적이었음이 우선 확인된다. 1964년 총선에서, 96%의 유권자가 스스로를 다양한 기독교 분파에 속하는 신자로 진술했으며, 3%는 그 어떤 종교도 믿지 않는 자로, 단 1%만이 여타 종교(특히 유대교와 극소수의 이슬람·힌두교·불교)의 신자로 진술했다.[67] 종교가 없다고 진술한 사람들의 비율은 1960년대 말과 1970년대부터 현저히 늘어나, 1964년에 유권자의 3%였던 것이 1979년에 31%, 2017년에 48%가 되었다. 이런 증가는 프랑스보다 훨씬 빨랐고, 프랑스에서는 종교가 없다고 답한 유권자 비율이 1967년에 6%였던 것이 2017년에는 36%로 되었다.[68] 게다가 미국보다도 훨씬 빨랐다. 일반적으로 미국인들이 유럽 사람들보다 훨씬 강한 신앙심을 갖고 있다.[69]

여타 종교와 관련해서는, 자신을 무슬림이라고 진술한 유권자 비율은 영국에서 1979년에 1% 이하였던 것이 1997년에 2%, 2010년에 3%, 2017년에 약 5%가 된다. 이 증가는 프랑스에서 관찰된 것과 거의 동일하다. 프랑스에서 이 비율은 1988년에 유권자의 1%가량이었던 것이 2002년에 2%, 2007년에 3%, 2017년에 5%가 된다. 영국의 무슬림 주민들(주로 남아시아, 특히 파키스탄·인도·방글라데시 출신들)은 (대부분 북아프리카의 알제리·튀니지·모로코 출신들인) 프랑스 무슬림처럼 물론 매우 다양한 지리적 기원을 갖고 있다. 이는 식민시대와 포스트식민시대의 상이한 역사들을 반영한다. 하지만 사실인즉슨 19세기 그리고 1950~1960년까지도 지구

**도표 15.16 영국의 정치 갈등과 종교 다양성, 1964~2017년**

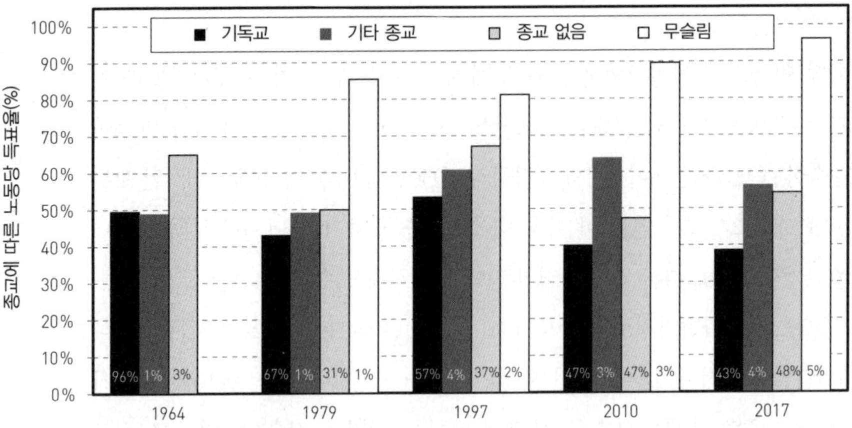


2017년 노동당은 자신을 기독교(성공회, 기타 개신교, 가톨릭 신자)라고 말한 유권자 중 39%, 기타 종교(이슬람을 제외한 유대교, 힌두교 등) 유권자로부터는 56%, 종교가 없는 유권자로부터는 54%, 무슬림 유권자들로부터는 96% 득표율을 기록했다.

**출처 및 원 통계자료:** piketty.pse.ens.fr/ideologie

위 두 주요 식민제국의 정점에 있었으며 1970~1980년까지는 기독교 신자와 이슬람 신자가 본국 영토에서 실질적으로 공존해본 적이 없는[70] 이 두 나라에서, 1990~2020년에 무슬림 유권자 비율이 약 5% 수준으로 점차 늘어나는 게 목도된다는 것이다(이 수준은 물론 아주 높진 않지만 상호작용 및 혼합이 아예 없었던 과거에 비하면 조금이라도 더 실질적이다).

프랑스에서와 마찬가지로, 문제는 유권자 관련 데이터들이다. 국적이나 선거인명부 등재와 무관하게 영국에 거주하는 인구를 고려한다면, 무슬림으로 진술한 비율은 2010년대 말에 자료에 따라 7~8%에 육박하는데, 이는 대략 프랑스와 동일한 수준이다. 영국의 경우 기독교와 이슬람 외의 종교를 가진 유권자들도 증가하여 2010년대에는 3~4%에 달한다(그중에서 힌두교는 거의 2%, 유대교는 1% 이하, 불교와 여타 종교도 1% 이하다).

이제 영국에서 종교에 따라 선거 행태가 바뀌는 방식을 살펴보면(도표 15.16 참조) 프랑스에서 관찰된 결과와 매우 유사함을 확인하게 된다.[71] 역사적으로 종교가 없는 이들은 기독교인 유권자들에 비해 노동당에 더 많이 투표하는데, 그 격차는 프랑스에 비해 덜 두드러진다. 무슬림 유권자들과 관련해서는 1980~1990년 이후 체계적으로 80~90%가 노동당에 투표했다는 것이 확인되는데, 이는 프랑스에서 좌파 정당들에 대한 투표와 같은 수치다.[72] 여타 유권자들과의 격차는 40포인트에 육박한다. 프랑스에서와 마찬가지로, 유권자들의 사회경제적 특성으로 인해 이러한 격차가 발생했다는 설명은 매우 부분적일 뿐이다.[73]

영국 데이터의 특수성은 1983년 이후 영국에서 실시된 선거 사후조사에 종족적 정체성 관련 질문들도 포함된다는 점이다. 반면 여기에 조부모 출신국에 대한 질문은 전혀 포함되어 있지 않으며, 따라서 최근 시기에 확보된 프랑스의 결과와 비교할 수는 없다. 구체적으로, 영국의 선거 사후조사에서 활용된 종족 범주들은 응답자가 직접 자신을 '백인' '아프리카계 카리브인' '인도계 파키스탄인' '기타'(주로 스스로를 '중국인' '아랍인' '여타 아시아인' 등으로 진술하는 개인들을 모아놓은 범주)로 분류하게끔 한다.[74] 예컨대 2017년 선거 사후조사에서 이 질문에 응답한 유권자들 중 89%가 스스로를 백인으로, 3%가 아프리카계 카리브인으로, 6%가 인도계 파키스탄인으로, 2%가 기타로 진술했다. 백인은 41%가 노동당에 투표했고, 아프리카계 카리브인은 81%, 인도계 파키스탄인은 82%, 기타 종족 집단들은 68%가 노동당을 지지했다(도표 15.17 참조).

드러난 표를 보면 극단적인 균열이 재차 관찰되는데, 이 비율은 프랑스에서 한 명 또는 그 이상의 조부모가 마그레브 또는 아프리카 출신이라고 진술한 사람들이 보여준 바와 유사하다.[75] 역시 주목해야 할 점은 영국 유권자의 상당 비율이 응답을 거부했다는 것이다. 이를테면 이 비율이 2017년에는 유권자의 5%로, 이는 스스로를 백인이라고 진술하지 않은 유권자의 3분의 1에 해당한다. 이들은 혼혈이든 아니든, 외국인 혈통을 가졌으나 제시된 항에서 자신에게 꼭 맞는 범주를 찾지 못한 사람들일 수도 있고 혹은 더 일반적으로는 특수한 종족 범주에 자신의 정체성을 가두고 싶지 않거나 아예 질문 자체가 부당하다고 여기는 유권자일 수도 있다. 어떤

**도표 15.17** 영국의 정치 갈등과 종족 범주, 1979~2017년

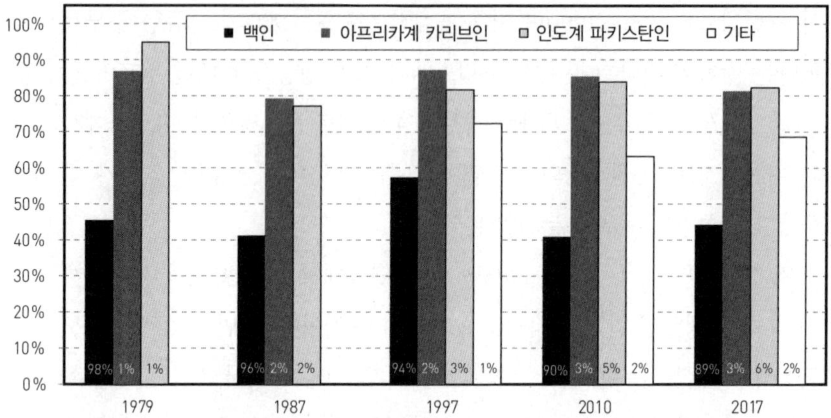


2017년 노동당의 득표율은 자신을 '백인'이라고 진술하는 유권자들 사이에서 44%, '아프리카계 카리브인'에서 81%, '인도계 파키스탄-방글라데시인'한테서 82%, '기타'('중국인' '아랍인' 등)에서 69%였다. 2017년, 유권자의 5%는 민족 관련 질문에 대한 답변을 거부하는데 그들의 77%가 노동당에 투표했다.

**출처 및 원 통계자료:** piketty.pse.ens.fr/ideologie

것이든 간에 이 집단은 77%가 노동당에 투표한 것으로 확인되며, 이는 이 집단의 사회경제적 특징들로 설명될 수 없다. 이러한 상황은 종족의 범주화가 야기하는 곤란을 예시해주는 것으로 보인다. 이 범주화는 누구든 자신의 정체성이라 여기지 않는 영역에라도 자신을 집어넣도록 강제해 결국 집단들 간 경계 강화로 이어질 수 있다.[76]

영국의 사례에서 주목할 점은, 1980년대 초에 유권자의 98%가 자신을 백인이라고 진술했으며 2%의 비백인 중 80%~90%가 당시 이미 노동당에 투표했다는 것이다.[77] 일반적으로, 영국에서 이민 균열이 실질적으로 강한 함의를 지니게 되는 시기가 1980년대와 1990년대부터라고 하더라도, 정치화의 최초의 폭력적 형태들은 1960년대 말과 1970년대부터 관찰된다. 비유럽계 이민자 문제의 정치화가 새로운 정당(국민전선)의 창설과 더불어 진행된 프랑스에 비해, 영국에서는 그 과정이 대체로 보수당-노동당 양당제 내에서 펼쳐지며, 보수당 내에서 점점 더 공공연히 반이민자 조류가 전

개된다.[78] 전후 영국 정부들은 구식민제국 안에서의 자유로운 이동을 가능케 하도록 영연방(코먼웰스Commonwealth) 내부의 유대를 보존하려 노력해왔다. 특히 1948년 국적법은 원칙적으로 영연방 나라들의 모든 국민에게 영국에 와서 정착하고 영국 국적을 취득할 수 있게 가능성을 부여했다. 자유로운 이동은 프랑스가 1946~1962년에 구식민제국을 민주적이고 평등한 연방으로 전환시키고자 발전시키려던 다양한 형태의 프랑스 공동체와 프랑스 연합 창설의 원칙들 일부이기도 하다.[79] 실제로 1960년대 초부터 두 나라에서 확인되는 것은, 구식민지에서 오는 이민 흐름을 규제하려는 제한조치 시행이다. 영국의 경우 이민자들은 주로 1950년대와 1960년대에 카리브해 연안, 인도, 파키스탄(정도는 덜하지만 동부 아프리카)에서 온다. 이민 제한은 점진적인 수준이었으나 전간기와 그 직전 시기들에 비해 중요한 변화를 보여준다. 최초의 제한조치는 1961년에 시행되어 1965년과 1968년에 강화된다.

## 영국에서 이민의 정치화, 파월부터 영국독립당까지

비유럽계 이민자 문제의 정치화는 1968년에 보수당 의원 이넉 파월의 막말로 새로운 전기를 맞이한다. 숱하게 원용되고 확산된 언설에서 파월은 이민 흐름이 계속된다면 "피가 강이 되어" 흘러넘칠 것이라고 말한다. 그는 미국의 인종폭동들을 거론하며 이 길을 계속 간다면 자기 나라도 같은 운명을 맞이하게 되리라고 염려한다.[80] 1979년 선거운동에서도 이민 주제는 중요한 역할을 하게 된다. 미국에서 정체성주의적인 인종적 균열 이용이 1968년과 1972년에 닉슨, 그리고 1980년에 레이건의 선거 승리를 이끈 공화당 전략 요소 중 하나였던 것과 같이, 이민 관련 정체성 균열의 이용은 영국에서 대처를 승리로 이끈 동원 전략의 일부였다.

이 나라에서 '인종 관계'에 관한 1979년 선거 사후조사 질문들을 보면,

이 문제의 정치화에 대해 유권자들이 가진 생각이 전적으로 명료히 드러난다. 피조사자인 보수주의 유권자들은 거의 70%가 이민 금지만이 '인종관계 개선'을 가능케 할 수 있다고 생각하며, 일자리와 주거 문제 해결이 이민 문제의 해법이라고 생각하는 비율은 30%를 넘지 못한다. 반면, 노동당에 투표한 유권자의 거의 60%는 일자리 창출과 주거 해결이 해법이라는 쪽으로 기운다. 두 정당 중 어디가 이민 흐름을 더 줄일 수 있겠느냐고 묻자,[81] 35%의 유권자는 응답하지 않는다. 하지만 응답한 유권자들 사이에서 상황은 전적으로 명확하다. 63%는 보수당을 꼽고 노동당은 단 2%다.

1980년대와 1990년대에, 이민에 대한 개방과 사회적 화합을 조화시킬 사회정책들과 경제정책들에 대한 노동당 유권자들의 (그리고 어느 정도는 또한 보수당 유권자들의) 희망은 가혹한 시련을 겪게 된다. 1979년 선거운동에서 이민에 대한 기조가 완고했던 대처는, 국경을 더 강하게 닫으면서 사회복지예산 삭감에 돌입한다. 1997년에 집권한 신노동당은 이처럼 이중적인 유산을 일부 승계하게 된다. 2001년의 9·11 테러 이후 블레어 정부는 미국에 동조해 2003~2004년에 이라크 침략 태세를 갖췄고, 여당인 노동당은 테러리즘과의 전투를 겨냥한 특별법들을 통과시킨다. 하지만 이 법들은 실제로 수십만의 불법체류자 체포와 추방 또한 가속화한다. 치마만다 응고지 아디치에의 소설 『아메리카나』에서 주인공 오빈제는 바로 이 시기에 미국으로 떠난 이페멜루와 절연하고 영국에서 자신의 운을 시험해보려 한다. 나이지리아에서 고등교육을 이수한 그가 영국에서는 화장실 청소일을 하는 신세다. 오빈제는 합법적인 일자리를 구하기 위해 빈민 출신의 동포 빈센트 오비의 사회보장번호를 사용하고 그 조건으로 수입의 35%를 빈센트에게 줘야 한다. 나이지리아에서 지녔던 사회적 위계는 완전히 뒤집혔다. 노동당 내무장관 데이비드 블렁킷이 벌이는 새로운 반이민자 사냥에 직면하여 그는 위장결혼이라는 방편을 써보겠다고 결심하고 탐욕스런 앙골라인들의 도움에 의지한다. 그는 이제 수입의 45%를 내라는 빈센트의 명령을 무시하고, 이에 격분한 빈센트는 고용주에게 그를 고발한다. 자신의 삶을 선택해보려던 아프리카인들을 향한 유럽인들의 거만한 시선과 이민자들을 추락시키는 그들의 비열한 법 앞에 상처 입은 오빈제는, 결국 결혼식 날 체포되어 나이지리아로 추방되고 만다.

1990년대와 2000년대라는 이 시기, 특히 신노동당 집권기(1997~2010년)가 영국에서—무엇보다 인민계급의—투표율이 하락하던 시기와 맞물린다는 점도 상기하자.[82] 분명 상당수 유권자는 노동당과 보수당 사이로 제한된 선택에 만족하지 않았다. 보수당은 예상대로 확고한 안보와 반이민을 약속하면서 노동당의 이른바 방임주의를 비난한다.

2010년대 초부터 이민의 정치화는 영국에서 새로운 전기를 맞이하여 부분적으로는 유럽 문제로 이동한다. 2008년 금융위기는 유럽의 거의 모든 곳에서 원한과 낙심을 키웠다. 프랑스에서 국민전선은 2007년 선거에서 바닥이었는데, 2012년과 2017년 선거에서는 급상승한다. 영국에서 영국독립당은, 동유럽 나라들이 2004년(특히 폴란드·헝가리·체코공화국·슬로바키아)과 2007년(루마니아·불가리아)에 유럽연합에 합류—이로써 전후 영연방 노동자들처럼 이제부터 자유로운 이동체제의 수혜를 누리게 된 동유럽 출신 이민자들의 쇄도를 촉발시킨—하면서 그만큼 더 요리조리 이민과 유럽연합을 마구 비난하고 나섰다.[83]

## 유럽과 인민계급의 결별

보수당은 영국을 유럽연합 탈퇴운동으로 던져넣는 것이 유용하다고 판단했다. 이는 물론 부분적으로 일부 보수당원과 유권자가 행사한 가중된 압력에 대한 대응이었다. 영국독립당이 거둔 성적은 2005년 총선에서 2%, 2010년 총선에서 3%였던 것이, 2015년 총선에서 13%로 뛰었다. 한편 2014년에는 영국독립당이 유럽의회 선거에서 (영국에서 득표율 27%로) 극적 돌파구를 만들어 유럽의회에 대거 입성한다. 영국 총선에 적용된 투표 방식 탓에 그 압력은 여전히 제한적이라서, 영국독립당은 2015년 총선에서 웨스트민스터에 단 1석만을 확보했다. 하지만 노동당에 맞서 자신의 연임을 위해 보수당 데이비드 캐머런 수상은 총선을 목전에 두고 정당 정강에 유럽연합 탈퇴 국민투표 공약을 넣기로 결정한다. 선거에서 승리하자 그는 전술한 브렉시트 국민투표를 준비하고 2016년에 실시한다. 캐머런은 자신이 원하는 양보를 여타 회원 국가들 쪽에서 얻어냈다고 주장했다. 그는 최대치를 얻어내기 위해서는 자신의 은밀한 요구들을 감춰두는 게 낫다고 판단하고, 2015년 총선 전에도 후에도 요구사항들을 명시적으로 밝히질 않았다. 얻어낸 결과들이 만족스러웠던 그는, 결국 '잔류'에 투표할 것을 호소한다. 설득되지 않은 유권자들 52%는 '탈퇴'에 투표했다.

따라서 2016~2019년에, 영국과 유럽연합은 대륙과 브리튼제도(또는 오히려 그 섬들 중 일부인데, 왜냐하면 아일랜드공화국은 여전히 유럽연합에 남아 있기 때문이고, 스코틀랜드는 영국과 결별하고 독립적으로 유럽연합에 가입하기 위한 새로운 국민투표 실시를 구상중이기 때문이다) 사이의 미래 관계를 설정하기 위한 새로운 조약 채택과 관련해 끝없는 협상에 돌입한다. 노동자들의 전면적인 자유로운 이동은 협정의 사안이 아닐 것임이 확실해 보이지만 이것은 미래의 변화를 규제할 원칙 문제도, 유럽연합 안에서 살아가는 영국인들(과 영국에서 살며 일하는 유럽인들)의 지위 문제도 해결하지 못한다. 재화와 서비스와 자본의 자유로운 이동에 관한 것처럼, 문제는 영국이 어느 정도나 유럽의 법규들을 이행하고 나머지 세계와 직접 협정을 맺을 수 있을지를 정하는 데 달려 있다. 난관은 이 복잡한 문제들을 대체로 국민투표 당시의 논의에서 간과했다는 데서 비롯한다. '탈퇴'가 이기는 경우의 협정의 정확한 성격은—'잔류'를 정당화할 만한 협정의 성격은 말할 나위도 없고—명확히 제시되지 못했다.

영국과 유럽연합 사이의 관계 변화를 지금 단계에서 예상하기는 불가능하며, 유럽연합 내부 기능을 규제하는 조약들 관련해서는 더더욱 그 미래의 전환을 예측할 수 없다. 그렇지만 강조해둘 중요한 사실은, 다수의 궤도들이 있을 수 있다는 것과, 현재의 유럽연합 조직이 심층적인 변화의 대상이 될 수 있으리라는 사실이다. 일반적으로, 브렉시트로 이어졌던 기회주의적이고 자가당착적인 정치 전략을 비난하거나 영국 유권자들을 민족주의적이라고 낙인을 찍는 데 그치는 건 너무 안이할 것이다. 이러한 일련의 사건은 다르게 펼쳐질 수도 있었을 것이고, 미래에 반전될 수도 있을 것이다. 하지만 이런 일이 가능했다는 것은, 또한 무엇보다도—과거에 다양한 나라들의 정치지도자들이 발전시켰던—유럽 건설의 심층적인 불충분함 때문이다(영국의 노동당과 보수당도 포함되지만 그 책임은 이들을 넘어서 프랑스와 독일과 모든 유럽 나라에도 있다).

학력·소득·자산에 따라 2016년 브렉시트에서의 투표구조를 조사해보면, 그 결과들은 대단히 명확하다. 어느 차원이든 상관없이 하위계층은 압도적으로 '탈퇴'에 투표했고, 상위 30%만이 '잔류'를 지지했다(도표 15.18 참조).

고학력자들은 자산 상위보다 유럽연합에 더 두드러진 애착을 내보인 것으로 나타나는데, 이는 자산 상위 일부가 영국의 조세피난처로의 전환가능성(보수파 토리당의 브렉시트 지지자 일부가 내세운 전망)을 염두에 두었다는 사실로 설명될 수 있다.[84] 요컨대 가장 눈에 띄는 것은, 무엇보다도 유럽 문제가 인민계급과 중위계급과 상위계급 사이에서, 사회적 위계화의 차원(학력·소득·자산)이 어떻든 간에 상당한 균열을 유발했다는 점이다. 정당체계가 지녀온 특징인 투표의 계급주의적 구조가 오래전에 작동을 멈췄다는 점에서—1990~2020년에 정당체계는 (투표에서 노동당은 고학력자들을 끌어들이고, 보수당은 상위 소득 및 자산 보유자들을 규합하며) 다중엘리트를 주된 구성요소로 하는 체계가 된다—이 결과는 그만큼 더 놀랍다.

무엇보다도, 2016년 영국 국민투표에서 관찰된 사회적으로 대단히 분열적인 이 결과는, 1992년과 2005년에 유럽에 관한 프랑스 국민투표에서 정

**도표 15.18 유럽을 둘러싼 영국의 균열: 2016년 브렉시트 국민투표**

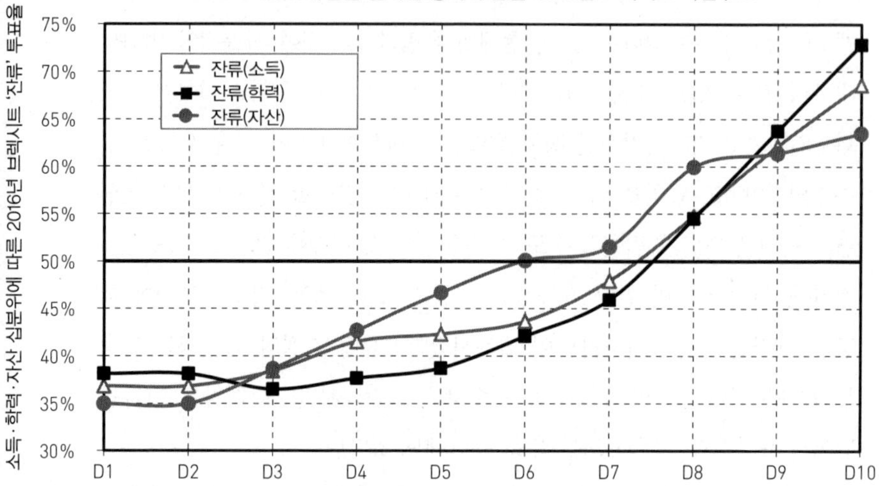


2016년 브렉시트 국민투표(52%로 '탈퇴'가 승)는 유권자들이 사회적으로 강하게 균열되어 있음을 보여주었다. 소득·학력·자산 상위 유권자들은 '잔류'를 강하게 바랐지만, 하위 유권자들은 '탈퇴'를 택했다. 참고: D1은 (이하 소득·학력·자산에 따른 분포) 하위 10%, D2는 그다음 10%, D10은 상위 10%를 가리킨다.

**출처 및 원 통계자료:** piketty.pse.ens.fr/ideologie

확히 같은 투표 단면도를 확인했던 적이 있기에 그만큼 더 놀랍다.[85] 달리 말해 수십 년의 격차를 두고 여러 유럽 나라들에서, 인민계급과 유럽 건설의 완전한 결별을 보게 된 것이다. 프랑스처럼 영국에서도 유럽이라는 쟁점은, 1990~2020년에 한쪽에서는 '브라만 좌파'와 '상인 우파'라는 고학력 엘리트와 금융 엘리트를 (대체로 유럽의 현 기구 유지를 중심으로) 결속시키고, 다른 한쪽에서는 (특정 대안 프로젝트에 대한 합의는 없지만 여하간 현재의 유럽에 대한 거부를 중심으로 결합한) 중하위계급들을 결속시키는 주제가 된다. 내가 이미 프랑스 사례를 검토하면서 지적했듯이, 인민계급을 고무하는—민족주의와 인종주의로 치닫는—억누를 수 없는 경향 운운하면서 이 변칙 상태를 설명하는 것은, 특히 단견이며 설득력이 없는 것으로 보인다. 하위계급의 인종주의는 엘리트 인종주의와 마찬가지로 자생적이지 않다. 모든 것은 국제주의에 기반한 사회정치 프로젝트의 내용에 달려 있다.

한데 유럽 프로젝트는 더 큰 사회적 조세정의를 보장하려는 공통의 도구 마련을 위한 시도는 없이, 전반적으로 영토와 인력을 경쟁시키는 것에, 그리고 재화와 자본과 노동자의 자유로운 이동에 주로 기반을 두고 있다. 이런 의미에서, 유럽연합은 지구상의 다른 지역적 연방적—예컨대 미합중국 혹은 인도연합 같은—거대집합체들과는 다르게 기능한다. 이 두 경우에서 관찰되는 연방 수준의 예산 또는 누진세 형태는 개선될 수도 있겠지만, 여하간 유럽연합 차원에서 관찰되는 것들보다는 훨씬 더 과감하다.[86] 유럽연합의 경우에, 연방예산은 미미해서 유럽 국내총생산의 약 1%인 데 반해, 인도와 미국에서는 국내총생산의 15~20%다. 유럽에는 그 어떤 연방세도 없는 데 비해, 미국처럼 인도에서도 가장 중요한 경제행위자들에게 부과하는 세금, 특히 소득 및 상속에 대한 누진세와 법인세는, 연방 수준에서 체계적으로 중앙집중화되어 있다. 도리어 유럽연합은 순수한 완전경쟁이 단일한 통합적 유대를 대부분 대신하는 지역정치기구의 사례를 보여준다.

그런데 문제는 회원국들 간 사회적 조세경쟁이 무엇보다도 가장 강력한 힘을 지닌 행위자들에게 유리하게 돌아간다는 점이다. 특히 브렉시트는 실질적 구속력을 갖춘 공동의 사회적 조세규칙이 없는 상태에서 노동자들의 자유로운 이동에 근거한 모델이 지닌 한계들을 보여준다. 1950년대와 1960년대에 영국과 프랑스가 구식민지와의 관계에서 사람들의 자유로운 이동을 실험해본 제한적 경험들도, 그 나름으로 이동의 자유에 수반되어야 하는 공동의 사회정치적 규제의 필요성을 예시해준다. 유럽연합이 스스로 변신하여 대안적인—간명한 사회적 조세정의 대책들을 중심으로 세워진—프로젝트를 구현하는 데 나아가지 못한다면, 인민계급과 중위계급은 아마도 유럽연합에 대한 생각을 수정하지 않을 것이다. 새로운 탈퇴 위험, 혹은 사회토착주의적 정체성주의 이데올로기들이, 유럽 프로젝트를 지배할 위험이 상당하다고 해야 할 것이다. 이런 곤경에서 빠져나가기 위해 가능한 궤도들을 더 진전시켜나가기 전에, 영국·미국·프랑스 외의 다양한 나라에서의 선거 균열구조의 전환을 계속 점검해나가고, 서양과 비서양의—특히 유럽과 인도에서의—여타 선거민주주의들의 사례를 살펴보는 것이 먼저 필요하다.

제16장

# 사회토착주의: 포스트식민적인 정체성주의의 덫

우리는 전후 영국·미국·프랑스 선거에서의 정치적 균열들의 전환을 연구했다. 특히, 이 세 나라에서 어떻게 1950~1980년 정당체계의 '계급주의' 구조가 1990~2020년에 점차 다중엘리트—고학력자들의 정당('브라만 좌파')과 상위 소득 및 자산 보유자들의 정당('상인 우파')이 교대로 집권하는—체계에 자리를 내주었는가를 관찰했다. 이 기간 막판에 현저해진 것은 세계화 기구와 유럽통합을 둘러싼 갈등들이며, 특권계급 일반은 현행 기구의 지속을 지지하는 반면 하위계급들은 점점 더 이에 반대하며 서로 반목하고 있다. 하위계급들의 버림받았다는 정당한 감정은 민족주의적 반이민자 이데올로기들에 의해 능숙하게 악용되고 있다.

이 장에서, 우리는 이제껏 연구된 세 나라에서 관찰된 진화들이 독일과 스웨덴 그리고 유럽과 서양의 거의 모든 선거민주주의에서도 나타난다는 것을 볼 것이다. 또한 동유럽에서(특히 폴란드에서) 관찰되는 독특한 정치적 균열구조를 분석하려 한다. 폴란드는 정당체계의 전환과 사회토착주의의 출현에 있어서 공산주의 이후의 환멸이 지닌 중요성을 예시한다. 그리고 이러한 사회토착주의는 공산주의 이후의 포스트식민적인 세계의 산물로 보인다. 우리는 사회토착주의가 놓은 덫을 극복하고 유럽의 형세에 알맞은 사회연방주의의 윤곽을 그리는 일이 과연 얼마나 가능한지를 분석할 것이다. 이어서 비서양 선거민주주의, 특히 인도와 브라질에서의 정치적 균열구조의 전환을 연구할 텐데, 이 두 나라에서 미완의 계급주의적 균열을 보게 될 것이다. 이 사례들은 전 세계 불평등의 동학과 서양의 궤적들을 더 잘 이해하도록 해주며, 이처럼 다양한 교훈들은 마침내 이어지는 마지막 장에서 초민족적 전망을 지닌 21세기 초의 새로운 참여사회주의를 위한 강령적 요소들을 검토하도록 해줄 것이다.

## 노동자들의 당에서 고학력자들의 당으로: 유사성과 변이

프랑스·미국·영국 경우처럼 상세하게 각국의 사례를 다룰 수는 없을 것이라는 점을 우선 분명히 해둔다. 한편으로는 그렇게 하는 것이 이 책의 틀을 한참 뛰어넘는 것이기 때문이고, 다른 한편으로는 모든 나라의 자료들이 아직은 체계적으로 수집되어 있지 않기 때문이다. 이 장에서, 우리는 유럽과 서양의 여타 선거민주주의에 관해 현재 확보된 주요 결과들을 비교적 간결하게 제시하는 걸로 시작할 것이며, 인도의 경우는 확보된 결과들을 좀더 상세히 분석할 것이다(정도는 덜하지만 브라질도 마찬가지다). 인도 민주주의가 서양의 선거민주주의를 다 합친 것보다 더 많은 주민과 유권자를 확보하고 있다는 점 외에도, 1950년대와 1960년대부터 2010년대까지 인도의 유권자구조 및 사회정치적 균열들의 전환에 대한 조사는 불평등의 정치적-이데올로기적 결정요인들—또한 재분배를 위한 연합의 형성조건들—을 더 잘 이해하기 위해서 서양의 틀을 벗어나야 할 절대적 필요성을 보여준다.

**도표 16.1** 교육 균열의 반전, 1950~2020년: 미국·프랑스·영국·독일·스웨덴·노르웨이

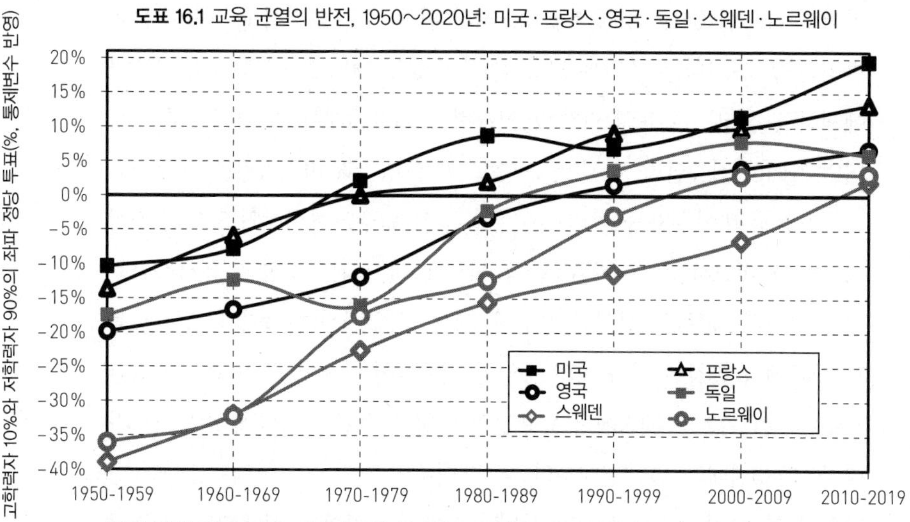


1950년대와 1970년대에, 미국과 유럽 선거민주주의에서 좌파 정당(노동당·사민당·사회당·공산당·급진당·생태주의당)은 저학력 유권자들 사이에서 득표율이 높았다. 2000~2020년에 이는 고학력 유권자들에 상응한다. 북유럽에서 이와 같은 경향은 늦게 나타났으나 결국 추이는 유사하다. 참고: '1950~1959'는 1950~1959년 사이에 치러진 선거를 의미하고, '1960~1969'는 1960~1969년 사이에 치러진 선거를 의미하는 식이다.

**출처 및 원 통계자료:** piketty.pse.ens.fr/ideologie

서양의 선거민주주의에서, 주된 결론은 영국·미국·프랑스에서 확보된 결과들이 훨씬 더 일반적인 진화를 대표한다는 점이다. 우선, 교육 균열의 반전이 이미 연구된 세 나라뿐만 아니라 사민주의의 역사적 중핵을 구성한 게르만어권 및 북유럽 나라들에서도, 특히 독일과 스웨덴과 노르웨이에서 일어났다는 점이 확인된다(도표 16.1 참조). 이 세 나라에서는, 전후 수십 년 동안 (하위계층 유권자들에서 특히 높은 성적을 올렸던) 노동자들의 정당과 유사한 형태의 정치연합이 20세기 말 21세기 초에 고학력자들의 정당이 되어, 잘 교육받은 집단들에서 최고 성적을 거둔다.

독일에서는, 예컨대 1990~2020년에 사민당과 여타 좌파 정당 및 생태주의 정당(특히 좌파당Grünen과 녹색당Linke)을 지지하는 투표가 저학력 유권자에 비해 고학력 유권자에게서 5~10포인트 더 높게 나타난다. 반면 1950~1980년에는 고학력자 유권자가 약 15포인트 더 낮았다. 기간과 나

라별로 가능한 한 더 정확하게 비교하기 위해 나는 여기서 (통제변수들을 반영한 뒤, 즉 '다른 조건은 모두 같다'고 했을 때) 10%의 고학력 유권자에게서 관찰되는 투표와 90%의 저학력 유권자에게서 관찰되는 투표 사이의 차이에 집중한다. 하지만, 프랑스·미국·영국과 마찬가지로, 고등교육 이수자들과 비이수자들을 비교하든 혹은 50%의 고학력자와 50%의 저학력자들을 비교하든 통제변수 반영 전후에 관찰되는 경향은 유사하다는 점을 명확히 해둔다.[1] 독일의 경우에, 교육 균열 반전의 크기가 영국 노동당 투표에서 관찰된 것과 거의 동일하다는 점이 주목될 것이다(도표 16.1 참조). 또한 독일의 궤적에서 녹색당의 출현이 수행한 역할에 주목하고자 한다. 1980년대와 1990년대부터, 이 생태주의 정당은 고학력계층에서 상당한 표를 끌어들였다. 하지만 사민당 자체의 득표에만 집중해도 교육 균열의 반전이 (이 기간 말에는 덜 두드러지긴 하지만) 나타난다는 점을 강조해야 한다.[2] 일반적으로, 우리가 프랑스 사례를 미국과 영국의 사례와 비교하면서 보았듯이, 정당들과 다양한 정치 조류들의 제도적 구조화가 나라마다 상당히 가변적이긴 하지만, 여기에서 연구된 거대한 경향들에는 제한된 영향을 주는 걸로 보인다는 점은 인상적이다.

스웨덴과 노르웨이에서는, 계급주의적 균열의 정치화가 전후에 얼마나 강했는지를 보게 되는 것 또한 인상적이다. 구체적으로, 1950년에서 1970년 사이에 사민당 득표는 90%의 저학력자들에 비해 10%의 고학력자들에서 약 30~40포인트 낮았다. 비교하자면, 이 격차는 독일과 영국에서는 약 15~20포인트, 프랑스와 미국에서는 10~15포인트였다(도표 16.1 참조). 이는 북유럽 사민당이 어느 정도나 강력하게 노동자계급과 육체노동자들을 중심으로 건설되었는지를 보여준다.[3] 이런 점 덕분에 20세기 초까지도 유난히 극단적이었던(특히 스웨덴에서 재산에 비례하는 선거제도를 통한) 소유주의적 불평등을 끝장낼 수 있었고, 전후에 이례적으로 평등한 사회를 확립할 수 있었던 것이다.[4] 그렇다고는 해도 이 두 나라에서 이러한 선거 기반의 점진적인 침식이 관찰되며, 1970년대와 1980년대부터 감지되기 시작한 이 침식은 1990~2020년에 계속 이어진다. 저학력 유권자들은 사민당에 보내던 신뢰를 차차 거두었으며, 이 기간의 끝 무렵에 사민당은 고학력자들 사이에서 최고 성적을 낸다. 미국과 프랑스에서, 그리고 정도는 덜하지만 영국과 독일에서 관찰된 것에 비해, 스웨덴과 노르웨이에서는 인민 유권자의 사민당 투표가 확실히 더 높은 수준으로 유지되었다. 하지만 지난 반세기 이상 모든 나라에서 펼쳐진 기본 경향은 명확히 동일하다.

여러 나라의 가용 선거 사후조사들을 통해서는 여전히 1950년대까지 소급하기 어렵다. 실시된 조사 유형과 보존된 자료의 상태로 인해 비교가 가능한 체계적 기반 위에서 유권자구조에 대해 분석하는 일은 1960년대, 심지어는 1970년대 또는 1980년대에 대해서나 겨우 시작될 수 있다. 그렇지만 수집된 자료들은 교육 균열의 반전이 서양의 선거민주주의 안에서 대단히 일반적인 현상임을 확인하는 것을 가능케 한다. 연구되는 거의 모든 나라에서, (노동당·사민당·사회당·공산당·급진당 등으로 나라에 따라 변이되는) 좌파 정당에 대한 투표 단면도가 지난 반세기 동안 역전되었음을 보여준다. 1950~1980년 기간에 학력 수준 측면에서 이 단면도는 하강했다. 요컨대 유권자들이 학력이 높을수록 이 정당들에 덜 투표한다. 점진적 진화의 끝에서, 1990~2020년에 이 단면도는 점점 더 명료하게 상승한다. 요컨대 유권자들이 학력이 높을수록 이 정당들에 더 많이 투표한다는 것이다(이 정당들의 성격이 변했다는 것은 명백하다). 예컨대 이와 동일한 진화를 이탈리아·네덜란드·스위스·오스트레일리아·캐나다·뉴질랜드 등의 다양한 나라들에서도 보게 된다(도표 16.2 참조).[5]

또한 조사 질문지의 허용치 안에서, 소득 및 자산에 따른 투표 단면도의 진화에 관해 프랑스·미국·영국에서 확보된 것들과 유사한 결과들을 다양한 나라들에서도 보게 된다.[6]

이처럼 일반적인 도식 안에서 각국은 저마다의 사회경제적이고 정치적-이데올로기적인 형세에 따라 중요한 특수성들을 드러낸다. 이 다양한 궤적들은 심화 분석이 필요할 터이나 이 또한 이 책의 틀을 한참 넘어선

**도표 16.2** 정치적 균열과 학력, 1960~2020년:
이탈리아·네덜란드·스위스·캐나다·오스트레일리아·뉴질랜드

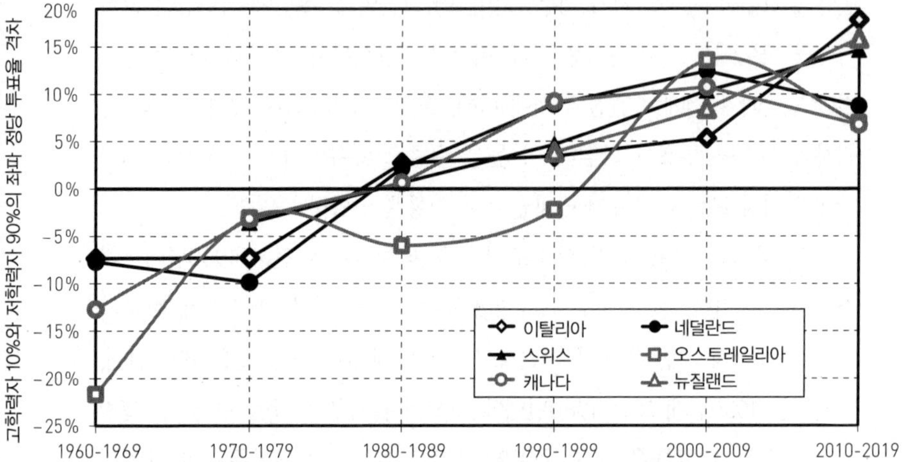


1960~1980년에 좌파 정당들(노동당·사민당·사회당·공산당·급진당·생태주의당)은 저학력 유권자들의 지지를 받은 반면, 2000~2020년에는 고학력 유권자들의 지지를 얻는다. 이 결과는 미국과 유럽·캐나다·오스트레일리아·뉴질랜드에서 관찰된다. 참고: '1960~1969'는 1960년에서 1969년 사이의 선거들을 포함하고, '1970~1979'는 1970년에서 1979년 사이의 선거를 포함하는 식이다.

**출처 및 원 통계자료:** piketty.pse.ens.fr/ideologie

다.[7] 그렇지만 나는 뒤에서 이탈리아 사례를 재론할 텐데, 이는 전후 정당체계의 앞선 해체와 사회토착주의 이데올로기의 한 극의 출현을 상징한다.

선진국 선거민주주의 안에서 나타나는 정치적 균열구조의 이러한 일반적 진화에 있어 유일하게 실질적인 예외에 속하는 나라는 일본으로 보인다. 일본은 전후 유럽과 서양 나라들에서 관찰되는 것과 유사한 계급주의적 형태의 정당체계를 제대로 겪지 않았다. 자민당은 1945년 이후 일본에서 거의 계속해서 집권해왔다. 역사적으로, 거의 헤게모니를 장악한 이 보수주의 정당은 농촌의 농민 세계 내부에서 그리고 도시 부르주아 사이에서 최고 성적을 내왔다. 이렇듯 자민당은, 중국-소련과의 근접성에 의해 격화된 반공주의와 미국 점령으로 특징지어지는 복합적인 맥락에서 국가 재건 프로젝트를 중심에 놓고 경제적인 산업 엘리트와 전통적 일본사회를 종합하는 데 성공했다. 반면에, (주요 야당인) 민주당은 도시 중하층 임

금노동자들, 그리고 자민당이 구현하는 새로운 도덕적 사회질서와 미국의 존재에 기꺼이 맞선 고학력자들 사이에서 대체로 최고 성적을 내왔으나, 대안적인 다수를 지속적으로 규합해내지는 못했다.[8] 더 일반적으로, 일본에서의 정치 갈등의 특수한 구조는 민족주의와 전통적 가치들을 둘러싼 오래된 일본적 균열들과 연결지어 관찰해야 한다.[9]

## 전후 좌-우체계의 붕괴를 다시 생각하기

요약해보자. 19세기 그리고 1914년까지도 소득과 소유에서 관찰되는 매우 강한 집중에 비해, 1950~1980년 시기에 대부분의 나라에서 소득과 자산의 불평등은 역사적으로 낮은 수준에 놓여 있었다. 이러한 불평등 감소는 부분적으로는 1914~1945년의 충격과 파괴에서 기인한다. 하지만 이는 또한 무엇보다도 19세기 그리고 20세기 초에 지배적이었던 소유주의 이데올로기에 대한 심층적인 문제제기에 의해, 그리고 1950~1980년에 명시적으로 불평등 감소를 겨냥한 사회적 조세재정정책들과 새로운 제도들(공적 소유와 사적소유의 혼합, 사회보장, 누진세 등)의 시행에 의해 설명된다.[10] 서구 선거민주주의 전체에서, 1950~1980년 시기 정치체계는 계급주의적 좌-우 갈등을 중심으로 구조화되었고, 이 갈등 안에서 재분배 논의가 만들어졌다. 사민주의 정당들(넓은 의미에서 미국의 민주당과 유럽의 사민당·노동당·사회당·공산당의 다양한 연합들)은 하층 유권자들에 기반했고, 우파와 중도우파 정당들(미국의 공화당과 유럽의 기민당·보수당·자유주의-보수당의 다양한 연합들)은 특권층 유권자들에게서 더 많은 표를 끌어왔다. 고려되는 사회적 계층화의 차원이 어떤 것(소득·학력·자산)이든 사정은 동일했다. 정치적 갈등의 이러한 계급주의구조는 전후 수십 년간 너무나 넓은 지역으로 확대되었기에 이것만이 유일하게 가능한 정치적 갈등구조이며, 여기에서 벗어난 갈등은 일시적이고 비정상적일 수밖에 없다고 흔히들 생각하게 되었다. 실제로는, 이러한 계급주의적 좌-우구조는 특수한 역사적 계기에 상응하는 것이었고, 사회경제적이고 정치적-이데올로기적으로 특정한 조건들의 산물이었다.

연구된 나라들 전체에서, 이 좌-우체계는 지난 반세기 동안에 점차 해체되었다. 정당의 명칭들은 때로 미국의 민주당과 공화당처럼, 숱한 내용적 변신에도 불구하고 질기게 그대로 유지된다. 다른 경우에는, 예컨대 지난 수십 년간의 프랑스와 이탈리아의 정당들 같은 경우는 당명을 새롭게 개정하는 과정을 계속해왔다. 하지만 당명이 그대로든 아니든, 1990~2020년의 서구 선거민주주의에서 정치적 갈등의 구조는 1950~1980년의 구조와 더이상은 전혀 관련이 없다. 전후에, 선거좌파는 모든 나라에서 노동자들의 정당이었다. 최근 수십 년간 선거좌파는 도처에서, 학력이 높을수록 지지 수준이 높은 고학력자들의 정당이 된다. 연구된 모든 나라에서 저학력 유권자들은 이 정당들에 대한 투표를 차차 중단했고, 교육 균열의 완전한 반전이 일어나면서 이들의 투표 참여율은 큰 폭으로 떨어진다.[11] 60년이 넘는 장기적 과정으로 이와 같은 규모의 결별이 모든 나라에서 벌어질 때, 이것은 그저 오해일 수는 없다.

전후 좌-우체계의 해체와, 특히 인민계급이 1950~1980년에 자신들이 지지했던 정당들에 대한 신뢰를 점차 거둬들였다는 사실은 이들 정당들과 정치운동들이 이데올로기적이고 강령적인 정강을 쇄신하질 못했고 지난 반세기 동안 나타난 새로운 사회경제적 도전들에 적응하질 못했다는 사실에 의해 설명될 수 있다. 이런 도전들 중에서 특히 교육 확대와 경제적 세계화가 중요하다. 교육 확대와 고등교육의 유례없는 발전을 통해, 선거좌파는 차차 교육제도의 승자들과 고학력자들의 정당('브라만 좌파')이 되고, 선거우파는 여전히—점점 덜 선명해지긴 하지만—상위 소득 및 자산 보유자들의 정당('상인 우파')으로 남아 있다. 이렇게 해서 교대로 집권하는 두 연합의 사회적 조세재정정책이 근접하게 되었다. 더욱이, 세계경제 차원에서 무역·금융·문화 교류의 발전을 통해, 상이한 나라들이 점점 더 강한—교육 또는 금융에서 상위 자본을 보유한 집단들을 위한—사회적 조세경쟁의 압력에 처하게 된다. 그런데 (넓은 의미에서의) 사민주의 정당들은 민족국가 차원을 넘어선 국제적 차원에서 재분배정책을 발전시키려고 실질적으로 시도해본 적이 없다. 어떤 면에서 그들은 한나 아렌트가 이미 1951년에 그들에게 가했던 비판에 답을 하지 않았다. 그녀는 굴레를 벗어던진 세계경제의 힘에 대한 규제는 새로운 초민족적 정치 형태의 발전을 통해서만 이루어질 수 있다고 지적했다.[12] 사민주의 정당들은 도리어 1980~1990년부터 자본이동의—(심지어 유럽 내부 차원에서조차) 정보 교환도 규제도 공동 조세도 없는—전반적 자유화 흐름에 뛰어들었다.[13]

식민제국의 종언, 오래된 산업 열강과 값싼 노동력을 지닌 신흥 빈국 사이의 교역과 경쟁의 증대, 새로운 이민 흐름의 강력한 부상은, 또한 종족적-종교적 정체성을 둘러싼 전례 없는 선거 균열이 지난 수십 년 동안 특히 유럽에서 발전하는 데 일조했다. 이런 발전은 우파의 오른쪽에 있는 새로운 반이민자 정당들의 성립과, 이민자 문제에 대한 선거우파 정당들(미국 공화당, 영국 보수당, 유럽 대륙의 여타 우파 정당들)의 입장이 강경해지는 형태로 나타났다. 하지만 두 논점이 강조될 필요가 있다. 하나는, 전후 좌-우 계급주의구조의 해체과정은 1960년대와 1970년대부터 시작된 어떤 흐름에 따라, 다시 말해 이민으로 인한 균열이 대부분의 서양 나라에서 실제로 강한 함의를 (일반적으로는 1980년대와 1990년대부터이긴 하지만 일부 나라에서는 훨씬 최근에야) 갖게 되기 한참 전부터 점진적으로 일어난다는 점이다. 다른 하나는, 서양의 여러 나라를 조사해보면, 교육 균열의 반전이 인종 균열 또는 이민 균열의 규모와 명백한 연관을 갖지 않은 채로 지난 반세기 동안에 동일한 속도로 도처에서 일어났다는 것을 확인하게 된다는 점이다(도표 16.1~16.2 참조).

달리 말해, 정체성 균열이 지난 수십 년간 반이민자 정당들에 의해 점점 더 강하게 악용되었던 것이 분명하다면, 애초에 반전을 야기한 요인은 이민 균열이 아니라는 점도 역시 명확해 보인다는 것이다. 더 만족스러운 해석은 인민계급이 느끼는 (넓은 의미의) 사민주의 정당에게서 버림받았다는 감정이 반이민자 언술과 토착주의 이데올로기의 비옥한 부식토가 되었다고 보는 것이다. 버림받았다는 이 감정의 연원인 재분배 포부 결여가 교정되지 않는 한, 이 부식토가 계속 악용되는 것을 막기는 어려워 보인다.

전후 좌-우체계의 붕괴를 설명해주는 마지막 요인은 의심의 여지 없이 소비에트 공산주의의 몰락과 이 근본 사건에 의해 유발된 정치적-이데올로기적 역학관계의 심층적인 전환들이다. 공산주의라는 대항모델의 존재 자체가 오랫동안 자본주의 나라 엘리트들과 애초에 재분배에 적대적이었던 정치 세력에 압력을 가하는 힘이 되어왔다. 하지만 이 모델은 사민주의 정당들의 재분배를 향한 포부를 제한하기도 했다. 사민주의 정당들은 실제로 반공주의 진영에 통합되었고, 자본주의와 사적소유를 극복하는 국제주의적 사회주의의 대안모델 발전에 뛰어드는 일을 전혀 고무하지 않았다. 무엇보다도, 1990~1991년 공산주의 대항모델의 붕괴로 인해 많은 정치행위자들, 특히 사민주의 영향권 안의 행위자들은 이와 같은 재분배를 향한 도전은 사실상 필수적이지 않으며, 시장의 자동-조정과 이것이 유럽과 세계 차원으로 최대한 확장되기만 한다면 새로운 정치적 지평을 여는 데 충분하다고 여기게 되었다. 바로 이 1980년대와 1990년대의 전환의 순간에 자본이동의 (규제 없는) 완전한 자유화를 위시한 수많은 관건적 조치들이, 특히 사민당 정부들에 의해 시행되었던 것이다. 게다가 사민당 정부들은 이 조치들을 돌이키는 법도 알지 못한다.

### 포스트공산주의 동유럽에서 사회토착주의의 부상

동유럽의 사례는 전후에 일어난 좌-우 정치적 균열체계의 붕괴에 있어 공산주의 몰락 이후의 환멸과 유럽의 경쟁주의 이데올로기가 했던 역할을 명확하게 보여준다. 동유럽 공산주의체제의 몰락에 뒤따랐던 선거민주주의로의 이행에서, 과거 일당독재하에 집권했던 정당이 형성 도중의 다양한 정치운동들과 융합하거나 직접 그런 운동들로 재구성되면서 사민주의 유형의 정당으로 변신했다. 국가행정과 거대기업의 많은 관리자를 규합한 이 정당들은, 상당수—납득할 만한 이유들로 이 정당들의 과거 악습을 부단히 비난했던—여론의 적대감에도 불구하고, 이행의 초기 국면에서 큰 책임을 떠맡고 있었다.

예컨대 폴란드에서 1993년부터 1997년까지, 이어서 다시 2001년부터 2005년까지 집권했던 민주좌파동맹SLD이 그런 경우다. 공산주의를 가급적 빨리 청산하고 유럽연합에 접근하기를 열망한 이 정치운동은 이름만 '사민주의'인 강령을 채택했다. 절대적 우선순위는 그토록 원하던 유럽연합 가입 기준을 하루라도 빨리 충족하기 위해서, 기업을 사유화하고 서유럽의 투자와 경쟁에 폴란드 시장을 개방하는 것이었다. 유럽 수준에서의 최소한의 조세 조율도 없는 상태에서 자본을 끌어들이기 위해, (폴란드를 포함한) 여러 동유럽 나라가 1990년대 그리고 2000년대 초에 상위 소득과 기업 수익에 대한 상당한 저세율을 시행했다.

문제는 포스트공산주의로의 이행과 유럽연합 가입에 뒤이어 획득한 결과들이 여기에 걸었던 희망에 항상 부합하지는 않았다는 점이다. 소득 불평등의 급증으로 인해 대부분의 주민은 자신들이 배제됐다고 느꼈다. 독일과 프랑스의 투자가 주주들에게는 막대한 이윤을 안겨주었으나, 공언된 임금 인상은 언제나 불발되었다. 이런 상황은 유럽연합의 지배력에 대한 강한 반감을 키웠으며, 유럽연합은 공적자금 이전 같은 자신들의 관대함이라 여겨지는 것을 환기시킬 준비가 언제든 되어 있었지만 정작 자신들이 폴란드와 여타 동유럽 나라들에서 실현한 민간 이윤의 유출량이 공적 이선의 유입량을 분명히 초과한다는 점은 망각한다.[14] 동유럽의 정계는 1990년대 이후 집권당 측근과 민영화가 연계된 허다한 금융 스캔들로 오명이 자자했음을 부언하자. 또한 여러 형태의 비리 사건들은 정치경제 엘리트들과 미디어의 연루를 드러냈다(특히 2002~2004년 폴란드의 리빈 사

건).[15]

바로 이처럼 매우 험악한 상황에서, 민주좌파동맹은 2005년 폴란드 총선에서 (고작 10%를 득표하며) 붕괴했고 '좌파'는 정계에서 거의 완전히 사라졌다. 2005년 총선 이후 폴란드에서 선거를 둘러싼 정치적 갈등은 자유주의-보수주의 정당 시민연단과 민족주의-보수주의 정당 법과정의당 사이의 대결을 중심으로 구조화된다. 그런데 시민연단과 법과정의당의 유권자가 2000년대 초 이후와 2010년대 동안에 과연 어느 정도나 계급주의 노선을 따라 발전되었는지를 보면 매우 인상적이다. 2007년, 2011년, 2015년 총선에서, 시민연단은 상위 소득을 보유한 고학력 유권자들 사이에서 최고 성적을 거뒀으며, 반면에 법과정의당은 무엇보다도 소득과 학력의 양 측면에서 공히 보잘것없는 계층을 사로잡았다. 더이상 세력균형 안으로 진입하지 못하는 민주좌파동맹에 대해 언급하자면, 그들의 유권자는 중간 위치에 있다.[16] 이들은 소득은 평균보다 약간 낮지만 학력은 평균보다 약간 높은, 하지만 어떤 경우에도 시민연단과 법과정의당 양 진영에 비해 별로 균열되지 않은 것으로 보이는 투표자들을 끌어들인다(도표 16.3~16.4 참조).[17]

브뤼셀과 파리와 베를린의 입장에서 보자면 법과정의당이—유럽연합이 폴란드를 하위 파트너로 대우한다고 한결같이 비난하면서—유럽연합에 적대적인 모습을 보인다는 사실이 어김없이 불안하지만, 반면에 시민연단은 유럽 학급의 모범생으로 유럽연합의 결정과 규칙을 즉각 받아들이며 '왜곡되지 않은 자유경쟁' 원칙을 장려한다. 또한 법과정의당은 권위주의적이고 전통적인 가치들을 수호하는데, 예컨대 낙태와 동성혼에 대해 완강히 반대한다.[18] 하지만 법과정의당은 2015년 집권 이후 하위 소득에 유리한 사회적 조세재정정책들, 특히 가족수당을 크게 인상하고 최저연금을 인상하는 정책을 실시했다는 점을 부언해야 한다. 반면에, 시민연단은 2005년부터 2015년까지 집권하면서 전반적으로 사회적 특권계층에 매우 유리한 정책들을 주도했다. 일반적으로, 법과정의당은 시민연단에 비

**도표 16.3** 폴란드의 정치 갈등과 소득: 2001~2015년

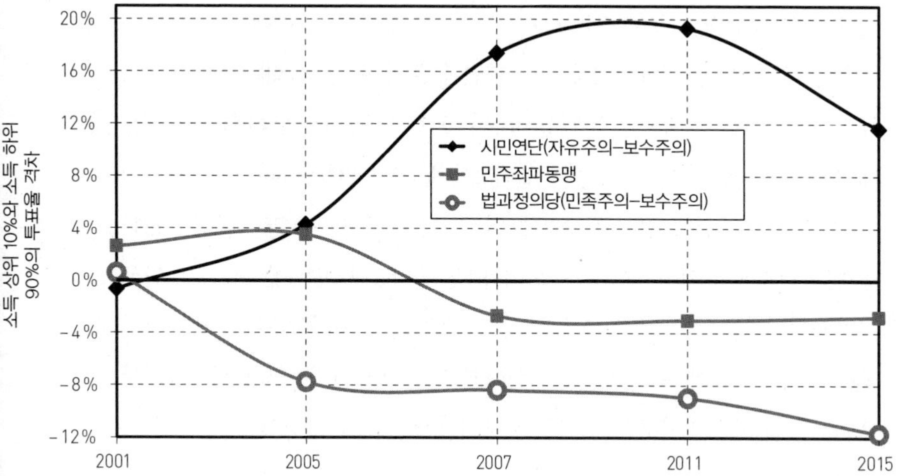


2001~2015년 사이에 치러진 선거에서 시민연단(자유주의-보수주의)은 소득 상위 집단의 강력한 지지를 얻었고, 법과정의당(민족주의-보수주의)은 소득 하위 집단에서 집중적인 지지를 얻었다.

**출처 및 원 통계자료:** piketty.pse.ens.fr/ideologie

**도표 16.4** 폴란드의 정치 갈등과 학력 : 2001~2015년

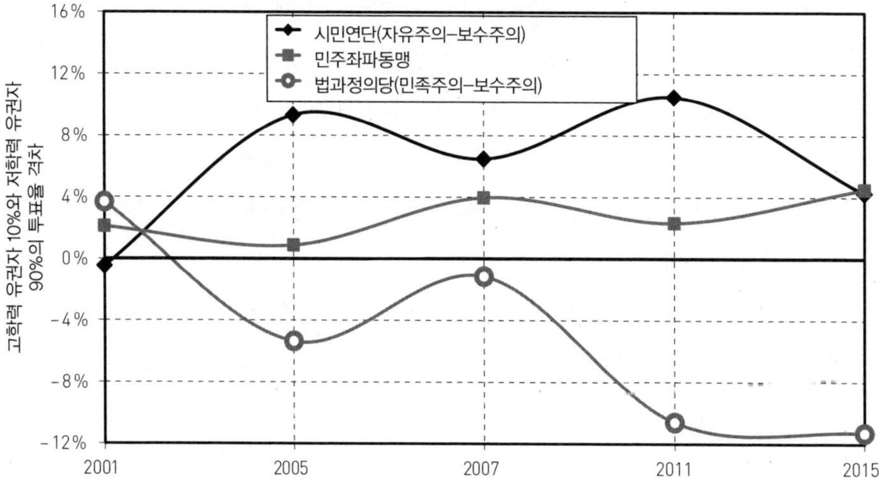


2001~2015년 사이에 치러진 선거에서 시민연단(자유주의-보수주의)은 고학력 유권자들의 강력한 지지를 얻었고, 법과정의당(민족주의-보수주의)은 저학력 유권자들의 강력한 지지를 얻었다.

**출처 및 원 통계자료:** piketty.pse.ens.fr/ideologie

해 예산 규칙에 신경을 덜 쓰며 사회정책 차원에서는 지출을 더 많이 하는 모습을 보인다.

이런 의미에서, 법과정의당은 '사회민족주의' 또는 '사회토착주의'라고 규정될 수 있는 이데올로기를 실현하며, 사회적 조세재정 차원에서 재분배정책들과 아울러 (조국도 없는 엘리트들에 의해 위협받고 있다고 판단되는) 비타협적 폴란드 정체성 수호에 의거한다. 비유럽계 이민 문제는 2015년 난민위기에 뒤이어 새로운 중요성을 갖게 되었다. 당시에 법과정의당은 이민자들을 유럽연합에 속하는 나라 전체에 분산 배치하려는 유럽연합의 (곧 포기된) 시도에 격렬하게 반대했다.[19] 그렇지만 시민연단과 법과정의당 유권자들의 계급주의구조는 이민 문제가 실질적으로 논의되기 전부터 자리잡고 있었음을 주목해볼 것이다.

사용할 수 있는 선거 사후조사들이 불충분한 관계로, 1990년대 포스트공산주의로의 이행 이후 다양한 동유럽 나라들의 선거 균열구조의 진화를 체계적으로 비교하는 것은 불행히도 지금 단계에서는 가능하지 않다.[20] 상황들에 많은 변수가 있고 정치운동들과 이데올로기들이 빠르게 갱신된다. 하지만 (실제 난민의 인원수가 유럽 전체 인구에 비해 극도로 적지만, 음험한 브뤼셀 엘리트들이 유럽 인민에게 관철시키고 싶어하는 것의 상징이 된) 비유럽계 이민에 대한 절대적인 적대감과 뒤섞여, 사회토착주의 세력들이 친유럽 정당들보다 인민계급과 중위계급을 더 염려한다는 것을 보여주려는 일군의 사회정책을 통해 사회토착주의적인 형태가 퍼지는 경향이 있음에 주목해야 한다.

특히 헝가리에서 폴란드와 비슷한 형세가 관찰된다. 이 나라는 2010년 이후로 민족주의-보수주의 정당인 피데스Fidesz당과 이 당의 대표 빅토르 오르반Viktor Orbán에 의해 지도되고 있는데, 그는 유럽 차원에서 토착주의 이데올로기의 주요 지도자들 중 하나로 확고하게 자리잡은 인물이다. 공식적으로는 독일의 기민당이나 다양한 나라들의 '중도우파' 정당들과 동일한 유럽의회 그룹에 속해 있음에도 불구하고 피데스당은 2015년 난민위기 이후 격렬한 반난민 벽보와 함께, 세계화된 유대인 엘리트들이 유럽 인민을 상대로 꾸미는 음모를 상징하는 인물로 헝가리 출신의 억만장자 조지 소로스를 지목하고 그의 유해함을 규탄하는 대형 포스터로 나라를 뒤덮는 데 주저함이 없었다. 피데스당의 '사회정책적' 요소와 관련해 이들이 역설하는 것은 법과정의당과 마찬가지로 가족수당 인상인데, 이는 당연히도 사회토착주의자들의 상징적 정책이다.[21] 피데스당은 실업자들의 취업을 위해, 권력에 충성하는 시장들과 행정부서들의 통제 아래 보조금을 지급받는 일자리를 만들기도 했다. 또한 피데스당은 헝가리 기업들과 민족주의적 기업가들의 발전을—예컨대 그들에게 공공 부문 시장을 마련해줌으로써—후원하는데, 그들의 정치적 충성심을 확보하기 위함이기도 하다. 이런 대책들은 피데스당이 정치적 경쟁자들과 반대로, 특히 어김없이 브뤼셀의 명령을 따른다는 비난을 받던 사민당과 반대로, 유럽연합의 조약들을 통해 제정된 경쟁 규칙과 엄격한 예산 원칙들에 반항할 줄 안다는 걸 보여주려는 것이기도 하다.[22]

이런 관점에서, 2010년 피데스당 집권 시기의 정황들은 상기될 필요가 있다. 2002년과 마찬가지로 2006년 총선도 한창 상승중이던 피데스당이 이끈 연합에 맞선 사민주의 정당 헝가리사회당MSZP(1956~1989년 집권당인 헝가리사회주의노동당MSZMP에서 직접적으로 유래하며 1990년에 재창당한 정당)이 신승한 선거였다. 사회당 지도자이며, 2004년부터 2009년까지 헝가리 총리를 지냈고, 1990년대에 실행된 유리한 민영화 덕분에 이 나라의 최고 부자들 중 하나가 된 기업가 페렌츠 주르차니Ferenc Gyurcsány는 2006년에 재선된 직후에 자당의 간부들에게 담화를 발표했는데, 기밀로 유지될 거라 여겼던 이 담화가 헝가리 주요 미디어들에 의해 폭로되었다. 이 담화에서 주르차니는 자신의 승리를 확고히 하기 위해 수개월간 어떻게 유권자들을 속여왔는지를, 특히 주로 보건의료제도 개혁과 관련한 사회복지지출에서 장차 불가피할 예산 삭감을 감췄다는 것을 노골적으로 진술했다. 이 담화가 폭로되면서 폭탄이 터진 것 같은 효과를 발휘해 전례 없는 시위의 물결이 일었다. 이 스캔들을 오르반과 피데스당이 능숙하게 활용했고, 그들은 이 스캔들에서 사민주의자들의 끝없는 위선에 대해 자신들이 그토록 고대하던 증거를 보았다. 실제로, 이것은 피데스당과 같은 —애초에는 보수주의-민족주의 정당이었던—운동으로서는 자신들의 사회적 감수성이 자칭 사민주의자들의 감수성보다도 더 진실하다는 걸 부각시킬 수 있는 이상적인 기회였다. 저 사민주의자들은 오히려 친시장적이고 친엘리트적인 진정 자유주의자가 되었다는 비난을 받는다. 주르차니 총리는 결국 2009년에, 2008년 금융위기와 유럽 나라들에서 실시된 예산 긴축정책에 의해 한결 더 복잡해진 맥락에서 사임해야 했다. 시퀀스 전체는 2010년 총선에서 사회당의 계속된 붕괴와 피데스당의 승리로 이어졌고, 피데스당은 2014년과 2018년 총선에서도 역시 쉽게 승리했다.[23]

### 사회토착주의의 부상: 이탈리아의 사례

사회토착주의의 발전은 동유럽의 특수성이고 서유럽과 나머지 세계는 해당되지 않는 것이라고 생각하는 건 완전히 잘못된 것이다. 차라리 동유럽은, 사회토착주의가 부상하는 데 기여하는, 다른 곳에서도 못잖게 극단적인 형태를 보이는, 두 가지 원료를 절정 상태로 끌고 가는 실험실이다. 하나의 원료는 폭력적인 정체성주의적 퇴행을 부추기는 공산주의 이후의 반보편주의적인 강한 환멸. 다른 하나는 불평등 감소와 사회적 재분배를 위한 조율되고 실효적이며 안정적인 정책들을 저지하는 세계(특히 유럽)경제조직. 이런 관점에서 검토해볼 때, 2018년 총선 이후의 이탈리아에서 형성된 사회토착주의 연정은 특별한 정보가치가 있다.

서양의 다른 선거민주주의들에 비해, 이탈리아 경우의 주요 특성은 전후에 확립된 정당체계가 1992년 '마니 풀리테Mani Pulite'('깨끗한 손') 조사를 수행한 반反마피아 판사들이 폭로한 금융 스캔들로 인해 격렬하게 붕괴되었다는 것이다. 이 사건들은 1945년 이후 이탈리아 무대를 지배했던 두 정당, 기민당DC과 사회당PSI의 몰락을 촉발했다. 정치판의 오른쪽에 위치한 기민당은 1990년대에 이합집산하는 정당 복합체에 의해 대체되었고 그중에는 실비오 베를루스코니의 자유주의적-보수당인 '포르차 이탈리아Forza Italia'와 '레가 노르드Lega Nord'(북부동맹)가 있다. 레가 노르드는 애초에는 지방분권주의적인 납세거부 정당이었는데, '판다니아'(북부이탈리아)의 조세자율성을 요구하며 나태하고 부패한 듯 보이는 남부에 혜택이 되는 이전을 규탄했다. 2015년 난민위기 이후, 레가 노르드는 반도를 위협하는 흑인과 무슬림의 침입 규탄과 외국인 사냥에 특화된 민족주의적인 반이민자 정당으로 변신했다. 레가 노르드는 무엇보다도 북부에서 하위계층의 반이민자 지지표를 끌어들이면서도, 납세에 반감을 가진 경영자들과 자영업자들로 이루어진 기반을 여전히 유지하고 있다.

정치판의 왼쪽은 상황이 더 단순치 않다. 1992년 사회당 붕괴와 1994년의 해산은 조직들의 정치적 재편성과 혁신으로 이어진다. 오랫동안 프랑스 공산당과 더불어 서유럽에서 가장 강력했던 이탈리아 공산당PCI은 소련 몰락으로 큰 타격을 입었고, 1991년부터 새로운 조직으로 즉 좌파민주당PDS으로 전환하기로 결정했다. 좌파민주당은 여타 운동조직들을 규합하고 2007년에는 미국 민주당처럼 '좌파'를 통합해보겠다는 포부를 가지고 새롭게 민주당PD을 창당했다. 민주당이 새 지도자를 선출하기 위해 실시한 2013년 당내 경선에서 승리한 마테오 렌치Matteo Renzi는 민주당 주도 연정의 수뇌로 2014~2016년에 이탈리아 정부를 이끌었다.

당명 변화 외에, 좌파 정당들(사회당·공산당·좌파민주당·민주당)의 유권자구조가 지난 수십 년간 이탈리아에서 완전히 전환되었음을 상기해야 한다. 이 정당들이 1960년대와 1970년대에 인민계급에서 최고 성적을 냈다면 이후 상황은 완전히 뒤집혔다. 1980년대와 1990년대부터, 사회당과 공산당(이후 좌파민주당)은 고학력자들에서 최상의 결과를 거뒀다. 이 경향은 2000년대와 2010년대에 강화되었다. 2013년 총선과 2018년 총선에서, 민주당 득표는 나머지 주민들 사이에서보다 고학력 유권자들 사이에서 20포인트 이상 더 높았다.[24] 민주당이 주도한 정책들—특히 렌치 정부가 집권 직후에 결정한 해고절차 완화 법안Jobs Act은 노조와 광범위한 시위대의 강력한 반대를 유발했다—은 인민계급과 가난한 임금노동자들 사이에서 민주당의 인기를 떨어뜨렸다. 독일 기민당 총리 앙겔라 메르켈이 렌치 정부의 개혁을 강력하게 공개적으로 지지했다는 것과, 이에 대한 의회 비준이 사실상 민주당과 포르차 이탈리아 사이의 투표 제휴에 기초했다는 사실을 보면 민주당이 자신들의 전신인 전후의 사회당-공산당과는 아무 관련이 없었다는 생각이 확고해진다.

이탈리아 정계의 최신 주자는 '오성운동'M5S이다. 코미디언 베페 그릴로Beppe Grillo가 2009년에 창당한 오성운동은 관행적인 좌-우체계로는 분류될 수 없는 반체제적이고 반엘리트적인 행보를 보이는데, 그 동인 중 하나는 기본소득 제정이다. 민주당에 비하면, 오성운동은 저학력 유권자들, 남부의 인민계급, 모든 정당에 실망한 사람들, 사회 문제와 방치된 지역 발전 약속에 신뢰를 보이는 사람들에서 최고의 성적을 낸다. 수년 사이에 오성운동은 이미 집권했던 정당들에 대한 불만을 활용해, 새로 치르는 선거마다 4분의 1에서 3분의 1을 득표하는 데 성공했다.

2018년 이탈리아 총선에서 유권자는 3대 진영으로 분할되었다. 오성운동은 33%, 민주당은 23%, 우파 정당 연합이 37%를 득표했다.[25] 우파 정당 연합은 반이민자 세력의 한 축인 레가 노르드(17%)와 자유주의-보수주의의 한 축 포르차 이탈리아(14%), 이 둘 사이에서 동요하는 민족주의-보수주의 군소 정당들(6%)이 포함되어 매우 잡다하다. 그 어떤 축도 단독으로는 다수 의석을 확보하지 못하기에 정부를 구성하기 위해서는 연합이 필수적이었다. 한때는 오성운동과 민주당의 제휴가 구상되었지만, 서로 불신이 너무 강했다. 2014년 렌치 정부의 노동개혁 법안에 반대하기 위해 길거리와 의회에서 이미 공동전선을 편 적이 있던 오성운동과 레가 노르드는, 한편으로는 오성운동이 주장하는 최저소득보장제의 시행과 다른 한편으로는 레가 노르드가 옹호하는 비타협적인 반난민정책을 중심으로 통합한 강령에 토대를 두고 나라를 통치하는 데 합의했다.[26] 이 두 기둥은 오성운동의 젊은 지도자(루이지 디 마이오)가 최저소득과 남부 국토정비 정책 및 공적투자를 주로 책임지는 노동산업부 장관에 지명되고, 레가 노르드의 대표(마테오 살비니)는 내무부 장관이라는 전략적 포스트를 맡는 식으로 구현된다. 이렇게 해서 살비니는 2018년 여름부터 이목을 집중시키는 반이민자 작전을 주도하며, 특히 지중해에서 난민들을 구조하는 국제구호단체 선박들의 이탈리아 해안 접근을 아예 봉쇄한다.

2018년 이후 이탈리아에서 오성운동-레가 노르드 연정은 명확히 사회토착주의 성격을 띤 정치적-이데올로기적 동맹이다. 이는 자연스럽게 폴란드의 법과정의당과 헝가리의 피데스당을 연상시킨다. 물론—지금도 통합 의향은 전혀 없는 두 기둥에 기초하는—이탈리아 쌍두마차의 안정성을 보장해주는 것은 전혀 없다. 도리어 두 파트너 사이의 긴장은 매우 날카롭다. 그래도 모든 것은 토착주의적인 경향이 우세해지고 있음을 시사해준다. 살비니의 반난민 작전은 그에게 대중적인 인기를 가져다주었으며, 레가 노르드가 추후 선거들에서 오성운동을 추월하고 아예 오성운동 없이도 선거를 치를 수 있을지도 모른다. 여하튼 사회토착주의 연합이 (유로존에서 세번째로 규모가 큰 경제대국인) 이탈리아 같은 오래된 서유럽 선거민주주의에서 등장할 수 있었다는 단순한 사실은 이 현상이 포스트공산주의 동유럽에 제한되지 않는다는 걸 보여준다. 다양한 나라들의 사회토착주의 지도자들, 특히 오르반과 살비니는 반엘리트적인 공모와, 반이민자 문제와 사회정책 차원에서 공히 자신들이 유럽에 제공하려는 공동의 전망을 공개적으로 드러내기를 마다하지 않았다.[27]

동일 유형의 정치적-이데올로기적 연합이 다른 나라들로, 특히 프랑스로 확장될 수 있을지를 묻는 건 자연스럽다. 그렇게 된다면 유럽연합 전체의 정치적 균형에 상당한 파장을 불러일으킬 수 있을 것이다. 세 진영으로 (또는 우파 정당 동맹에서 오성운동과의 동맹 문제로 갈라진 레가 노르드와 포르차 이탈리아를 구별한다면 네 진영으로) 분할된 2018년 이탈리아 총선의 득표 분포를 조사해보면, 이데올로기 공간의 이러한 구조화에는—2017년 프랑스 대선 1차 투표에서 관찰된 사분 상태와의—상당한 공통점들과 유의미한 차이들이 함께 내포되어 있다.[28] 프랑스에서, 오성운동-레가 노르드 동맹과 가장 유사한 것은 급진좌파운동인 '불복하는 프랑스LFI'와 국민전선(2018년에 국민연합RN으로 개명)의 근접일 터이다. 현단계에서는 불복하는 프랑스-국민연합 동맹이란 생각할 수도 없는 일이다. 국민연합 지지층에는 가장 극렬하게 이민자에 반대하는 유권자들이 모여 있는 데 비해 (2017년에 표출된 바를 보자면) 불복하는 프랑스의 지지층에는 반대로 이민자에 가장 우호적인 사람들이 모여 있다.[29] 예컨대 누진세처럼, 불복하는 프랑스의 지도자들만큼이나 그 유권자들도 옹호하는 사회정책 및 부의 재분배 형태는 사회주의·공산주의 좌파의 역사에 기입되어 있는 것들이다. 국민연합은 매우 상이한 이데올로기적 말뭉치corpus에 의거한다. 따라서 적어도 가까운 미래에는 공동 행동강령의 협상을 구상하기가 어렵다. 국민연합이 자신의 역사적 기원(비시 정부 지지, 식민주의, 푸자드주의)을 잊고 자신을 지지하게끔 예컨대 당명을 바꾸는 등의 허다한 시도를 했음에도 불구하고, 불복하는 프랑스에 투표할 가능성이 있는 유권자들의 대다수가 보기에는 국민연합은 여전히 친해질 수 없는 운동의 승계자인 것이다.[30]

그렇긴 해도 이탈리아에서 관찰된 진화의 속도를 보면 중기적으로 구상될 수 있는 다수의 궤적들에 관해 신중해지게 된다. 복수의 전환들이

2018년의 이탈리아에서 사회토착주의 동맹을 가능케 했던 것이다. 우선 강조해야 하는 것은 전후 정당체계가 1992년에 붕괴된 이후 이탈리아에서 진행된 완만한 정치적 해체의 유해한 효과들이다. 정당조직들에 대한 전면적인 문제제기와 오래된 구조들과 약속들을 향한 환멸이 두드러진 풍경에서, 흔히들 견고하게 뿌리내렸다고 믿었던 정치적-이데올로기적 기준점들이 산산조각이 나고, 불가능하다고 여겨지던 동맹들은 받아들일 수 있는 것이 된다.[31]

이탈리아의 사회토착주의 칵테일이 만들어질 수 있었다면, 이는 또한 이탈리아의 이민 갈등의 특수한 형세 탓이다. 지리적 상황으로 인해 이 나라는 시리아·중동·아프리카 등지에서 리비아를 경유해 지중해로 들어오는 대규모 난민을 자국 해안에서 맞게 된다.[32] 그런데 온 세상에, 특히 이탈리아에 그 즉시 관대함을 과시하던 다른 유럽 나라들은 인도적이고 합리적인 토대 위에서 유입 난민을 분담하자는 구상을 대부분 거부했다. 프랑스의 태도는 사실상 매우 위선적이었다. 프랑스 경찰이 이탈리아 국경지대에 집중 배치되어 이민자들을 되돌려보냈고, 결국 이 나라는 2015년 이후에 독일보다 10배 더 적은 난민을 수용했다.[33] 2018년 가을에, 프랑스 정부는 또한 이탈리아에 의해 거부된 국제구호단체 선박들이 자국의 항구에 들어오지 못하게 막아버리는 결정을 내렸고, 'SOS 지중해'라는 이 기구의 선박에 프랑스 국기를 다는 것도 금지했다. 결국 'SOS 지중해'의 선박은 바다에서 익사자가 늘어나고 있는 와중에도 부두에 묶여 있었다. 살비니는 프랑스의 태도, 특히 2017년에 당선된 젊은 대통령을 비난하기에 괜찮은 입장에 서게 됐다. 그가 보기엔 이민 문제에 대한 유럽 엘리트들의 위선을 완벽하게 구현하는 이런 태도는 이탈리아 여론을 향해 자신의 반이민자정책의 단호함을 정당화할 근거였다.

이 같은 위선 비난하기는 반이민자운동의 고전적인 수사학적 수법의 일부다. 이런 유형의 정당들이 다 그렇듯 국민전선도 이민에 대한 엘리트들의 작풍을 오래전부터 비난해왔다. 엘리트들은 그 결과를 감당하지도 못하면서 언제나 재빨리 국경 개방을 옹호해댄다는 것이다.[34] 하지만 이런 유형의 (1980~1990년 이후로 프랑스에서 장 마리 르 펜과 마린 르 펜이 주로 구사한) 논증 전략은 이미 설득된 이들 이상의 사람들을 설득하기엔 대체로 무리였다. 이 전략을 구사하는 사람들이 무엇보다도 권력을 잡기 위해 증오를 부추기려 한다는 게 분명해 보이기 때문이다. 그렇지만 살비니와 유럽의 (주로 프랑스-이탈리아의) 이민 갈등의 경우에, 이처럼 국제적 차원으로 확장된 위선 운운의 비난은 특별한 그럴듯함을 확보했다. 이런 특수성이 이탈리아에서 레가 노르드의 인기가 커진 것을 일부 설명해준다. 또한 어떻게 해서 난민 문제에 비교적 온건했던 오성운동이 극렬한 반난민정책을 기반으로 한 레가 노르드와의 연정을 받아들일 수 있었는지도 더 잘 이해할 수 있게 해준다. 레가 노르드의 반이민 노선은 넓은 의미에서 엘리트의 위선을 규탄하는 하나의 방식으로 여겨질 수 있었다.

마지막으로, 어쩌면 무엇보다도, 이탈리아의 사회토착주의 동맹은 유럽의 규칙들, 특히 이탈리아가 2008년 금융위기와 이에 따른 상환을 극복하고 출자하는 걸 가로막은 유럽 예산 규칙들에 대한 전반적인 비난과 함께 심화됐다. 실제로 유로존 내의 모든 나라에서 적자를 강제적으로 감축하겠다는, 2011~2012년에 독일과 프랑스가 관철시킨 유럽의 결정으로 인해 경제활동의 파국적인 침체, 새로운 불황과 실업률 급증이 주로 남부 유럽에서 발생했다는 것에는 논란의 여지가 별로 없다.[35] 유럽 수준의 공동 이자율 확정과 국채 통합 문제—단일 화폐 창출과 함께 유로존의 남부 나라들이 투기와 금융시장으로부터 피신할 수 있게 해줄 정책—에 대한 프랑스-독일의 보수주의는, 유럽 프로젝트를 시장의 손과 장차 도래할 금융위기 사이에 둘지라도, 거의 제로인 이자율로 계속 이득을 보고 싶어하는 독일과 프랑스 모습에서 대체로 설명된다는 것이 또한 명백하다.

물론, 레가 노르드와 오성운동이 제안한 대응은 완벽하게 설계된 일관성 있는 대안과는 거리가 멀다. 레가 노르드의 일부는 유로 탈퇴와 리라로의 복귀를 구상하는 것으로 보이는데, 이 방법으로 완만한 인플레이션에 의지해 국채 감소에 속도를 낼 수도 있을 것이다. 하지만 이탈리아 여론은 이와 같은 전망의 전반적으로 예상할 수 없는 결과들에 대해 여전히 압도적으로 불안해하는 쪽이다. 레가 노르드와 오성운동의 지도자들 대부분은 일반적으로 유로존 내에서 규칙을 바꾸는 것과 유럽중앙은행의 권한을 다르게 활용하기를 원한다. 달리 말해, 유럽중앙은행은 은행들을 구하기 위해 1조 유로를 발행하기도 했는데 이탈리아의 부채 상환을 적절한 시기로 연기해줌으로써 이탈리아를 돕는 건 대체 왜 할 수 없느냐는 것이다. 이처럼 복잡한 미증유의 논의들은—나는 뒤에서 이것들을 재론하겠다—여전히 상대적으로 헐겁고 발전이 안 되고 있는 상태다. 확실한 건, 이 문제들이 무한정 지연될 수는 없다는 점이다. 유럽을 향한 사회적 불만과, 유럽의 금융 부문을 구제하기 위해 했던 것과 동일한 자원과 에너지를 대다수의 인민을 위해 동원하고 사용하지 못하는 유럽연합 당국의 무능력에 대한 깊은 몰이해는 마치 요술처럼 사라지지는 않을 것이다.

이탈리아의 경우는 또한—레가 노르드와 오성운동을 연결해준 것처럼—유럽을 향한 환멸감이 사회토착주의 연합을 구성하는 접착제가 될 수 있다는 것을 보여준다. 레가 노르드와 그 대표 살비니를 그토록 위험하게 만드는 것, 그것은 바로 이민에 관한 언술과 부채 및 금융 관련 언술을 토착주의적이고 사회적인 언술로 결합해내는 그들의 능력이다. 이 모든 언술은 엘리트들의 동일한 위선에 대한 규탄으로 총괄되는 것이다. 이와 똑같은 접착제가 장차, 예컨대 유럽에 대한 실망이 불복하는 프랑스와 국민연합 유권자들 안에서 팽배해 있는 프랑스를 포함해 다른 나라들에서 사회토착주의 연합의 받침대로 쓰일 수도 있을 것이다. 2017~2019년에 노란 조끼 위기로 이어진 시퀀스에서 볼 수 있었던 (유럽에서의 경쟁이라는 명목으로 연대부유세를 폐지하고 대다수 인민에게 과세되는 탄소세를 인상해 재원을 충당한다는) 것과 같이 유럽연합이 너무나 흔하게 반사회적 정책들을 주도하기 위한 도구로 사용되었다는 사실이 불행히도 이와 같은 진화를 개연성 있는 것으로 만든다. 예컨대 프랑스의 토착주의적인 축이 자신들의 반이민자 언술의 폭력성을 완화하고 대신 유럽기구들과의 대결 및 사회 문제들에 집중하는 식으로 약간이라도 기회주의적인 태세를 갖춘다면, 레가 노르드-오성운동 유형의 사회토착주의 연합이 프랑스에서 언젠가 집권할 수 있음은 배제될 수 없다.

## 민주당, 성공한 사회토착주의?

반이민자 정치에 호의적이지 않은 사람들을 포함해, 일부 독자들은 유럽에서 사회토착주의 세력이 집권하는 현상을 호의적인 시선으로 바라보고 싶을 수도 있을 것이다. 무엇보다도, 1930년대에 뉴딜을 시행하고 1960년대에는 민권운동을 지지하며 2008년에 흑인 대통령을 당선시킨 미국 민주당이야말로 애초에는 진정 사회토착주의 정당이 아니었던가? 실제로, 노예제를 지지했고 한때는 노예들을 아프리카로 되돌려보내기로 했던 민주당은 남북전쟁 이후에 사회적-차별주의 이데올로기의 기반 위에서 재건되었으며, 남부 흑인에 대한 매우 엄격한 인종분리정책과 백인(특히 이탈리아계와 아일랜드계 백인 이민자들, 더 일반적으로는 백인 인민계급)에 대한 상대적으로—또는 적어도 공화당에 비해서는—사회적이고 평등주의적인 정책을 혼합했다.[36] 1940~1950년부터 비로소 민주당은 자신들의 이데올로기적 정강에서 인종분리주의를 떼어버리는 걸 진지하게 고려하기 시작했으며, 마침내 1960년대에 이르러서야 민권운동 옹호자들의 압력을 받아 이를 실행했다.

이런 사례를 따라, 법과정의당·피데스당·레가 노르드·국민연합이 장차 수십 년간 유럽에서 같은 길로 접어드는 궤도를 상상해볼 수도 있겠다. '유럽의 토착민들'을 위한 상대적으로 평등주의적인 사회정책과, 비유럽계 이민자들과 그 자손들에 대한 매우 혹독한 정책을 혼합해 펼치면서 말이다. 더욱이, 어쩌면 반세기 이내에, 혹은 더 빨리, 토착주의적인 구성요소는 희미해지고 소멸되거나 어쩌면 심지어 공공연하게—결국은 제어되는 틀 안으로—혈통의 다양성으로 전환될지도 모른다. 하지만 이와 같은 예상은 여러 어려움에 봉착한다. 우선, 뉴딜과 시민권의 당이 되기에 앞서 민주당은 엄청난 손실을 야기했다. 1870년대부터 1960년대까지, 남부 주들에서 민주당 대표자들과 경찰·사법·행정 당국은 흑인에게 분리주의를 강요했고, 아이들이 백인과 함께 학교에 다니지 못하게 했으며, 큐클럭스클랜과 이런 유형의 여타 조직들이 자행하는 약식 처형을 지지 또는 은폐했던 것이다. 이런 궤적이 뉴딜과 시민권에 도달하는 유일한 길이었으리라고 생각하는 것은 불합리하다. 대안들은, 이루어질 수 있었던 가능한 다른 분기들과 궤적들은, 정치행위자들의 동원능력에 따라 언제나 존재한다.[37]

현재 유럽의 맥락에서, 사회토착주의자들의 일반화된 집권이 야기할 수 있을 잠재적 손실도 내내 같은 종류에 속하는 것일 터이다. 한편으로는 그들이 집권한 나라에서 시작된 난민 사냥을 통해서, 다른 한편으로는 지중해에서 수천 명이 죽어가고 리비아나 터키의 수용소에 억류된 이들이 수십만 명인 마당에 겁먹은 여타 유럽 정부들에게 제한적인 이민정책을 강제하는 것을 통해서, 그 손실은 이미 시작되었다. 이 정당들이 제멋대로 굴 수 있게 된다면, 그들은 유럽에 정착한 비유럽계 이민자들과 그 후손들을 겨냥해 국적의 사후적 박탈과 추방 등을 포함한 어마어마한 폭력적 조치들을 확실히 개시할 수 있을 것이다. 이런 일은 유럽에서도 미국에서도 민주적이라고 간주되는 체제들의 역사에서 이미 벌어졌다.[38]

게다가 사회토착주의운동들이 진정한 사회적 재분배정책을 주도할 능력이 있는지도 심히 의심스럽다. 19세기 말 20세기 초에 미국 민주당은 사회적 재분배를 위한 새로운 수단들의 발전에 기여했다. 그들은 특히 1913~1916년에 소득 및 상속에 대한 연방세를 시행했고 1930년대에는 연방사회보장제도와 최저임금제를 확립했다. 상위 소득 및 자산에 대한 누진세가 1930~1980년에 역사상 가장 높은 수준으로 올라갔다는 사실도 잊지 말아야 한다.[39] 폴란드의 법과정의당, 헝가리의 피데스당, 레가 노르드-오성운동이 집권하고 보인 언술과 정책을 조사해보면, 놀랍게도 그들이 그 어떤 명백한 부자 증세도 제안하지 않는다는 점을 확인하게 된다. 이것이 이들의 사회정책을 위한 재원에 유용할 텐데도 말이다. 법과정의당의 경우, 상위 소득에 유리한 일부 세금공제가 줄었고, 이는 사실상 부유한 가구의 세금 증가로 이어졌으나, 폴란드의 새 정부는 해당 과세표의 세율을 감히 올리려 하질 않는다.[40]

## 국가 간 경쟁과 상인-토착주의 이데올로기의 상승

레가 노르드-오성운동 연합과 관련해서, 2018년 총선 선거운동 기간에 레가 노르드가 내놓은 (출범 당시부터 레가 노르드를 특징짓는 납세거부 전통에서 유래하는) '일률과세'안을 연정 합의서에 포함하는 것에 대해 오성운동이 동의했다는 점은 특히 흥미롭고 시사적이어서 주목해볼 만하다. 이 조치가 전면적으로 시행되었다면, 이는 모든 수준의 소득에 동일 비례세율을 적용해 과세한다는 뜻이니, 따라서 이는 누진세제(다시 말해 고소득에 높은 세율을 저소득에 낮은 세율을 부과하는 제도)를 완전히 파괴하는 행위다. 이것은 중상위 소득에서 거두는 세수의 엄청난 손실을 초래할 것이고 저소득에 대한 과세를 그만큼 인상해서 벌충한다는 것은 생각할 수도 없는 것이니, 결국 1980년대 레이건식 세제개혁으로 부채를 키워서 재정을 충당하게 될 것이다. 이처럼 심각한 복잡함은 왜 연정 강령에서 이 부분의 채택이 연기되었는지, 그리고 누진세의 완전 폐지가 아닌 축소를 통해 연정 강령이 최소한으로만 실행될 게 분명한지를 설명해준다. 그래도 여하간 오성운동이 이와 같은 제안에 찬성할 수 있었다는 사실 자체가 이데올로기적 중핵의 결여라는 이 운동의 특징을 여실히 말해준다. 상위 소득에 대한 누진세 일체를 폐지한다면서 과연 어떻게 야심만만한 기본소득안과 광범위한 공적투자 정책안에 재원을 조달할 수 있다고 여기는

지 좀처럼 이해하기 어렵다.

21세기 사회토착주의자들의 누진세에 대한 이러한 의지박약은 다양하게 설명될 수 있다. 무엇보다도 사민당·사회당·노동당이나 루스벨트식 좌파 정책과 연결되는 과거 전통에 결부되지 않겠다는 의미다. 오성운동은 혁신적이고 현대적인 걸로 보이는 기본소득에는 매료되지만, 기본소득에 재원을 조달해줄 누진세에 대해서는 그렇지 않다. 누진세가 그들에게는 복잡하고 활력이 없어 보이는 것이다. 2008년 이후 유럽중앙은행에 의해 시행된 대량 화폐 창출은 표상의 전환에 일조했다. 유럽중앙은행이 은행들을 구하기 위해 수십조 유로를 창출한 그 순간부터, 기본소득 또는 현실 경제 투자에 재원을 조달하기 위해 복잡하며 잠재적으로 불공정하고 왜곡될 수도 있는 세금을 감수해야 한다는 것은 사회토착주의자들로서는 용인하기 너무 어려운 것이다. 공평한 화폐 창출에 대한 이러한 요청은 오성운동, 레가 노르드, 여타의 사회토착주의운동들의 언술에 지속적으로 등장한다. 유럽의 정부들이 재원을 동원하는 더 설득력 있는 다른 방식들—예컨대 부자들에 대한 유럽의 과세라는 수단—을 제안하지 못하는 한, 화폐 창출과 부채 키우기를 사회복지지출의 주요 재원 조달방법으로 보는 생각은 사회토착주의 유권자 안에서, 더 일반적으로는 유럽의 여론 안에서 계속해서 광범위한 지지를 얻을 것이다.

누진세에 대한 사회토착주의자들의 의지박약은 또한 수십 년간 납세거부 이데올로기가 폭발하고 만인의 만인에 대한 경쟁 원리가 신성시된 결과다. 실제로, 21세기 초의 하이퍼자본주의는 격화된 국가 간 경쟁에 의해 특징지어진다. 상위 소득과 자본 보유자를 끌어들이려는 경쟁은 이미 19세기 말 20세기 초에도 있었다. 하지만 그 규모는 달랐는데, 그 이유의 하나는 운송수단과 정보기술이 지금과 같지 않았기 때문이고, 다른 하나는 무엇보다도 세계화 추진을 위해 1980~1990년 이후 체결된 국제조약들이 사실상 이런 기술을 대다수 인민을 위해서가 아니라 부자들의 법률적 조세특권을 보호하는 데 사용했기 때문이다. 사정은 달라질 수도 있었다. 예컨대, 자유로운 자본이동을 체계화하는 조약들을 폐기하고 공공 금융등기부에 근거한 규제체계로 대체하는 것은 가능하고 바람직하다. 이런 체계를 원하는 나라들은 공공 금융등기부를 통해 초민족적 자산들과 여기서 발생한 소득에 대한 재분배세redistributive tax를 시행할 수 있게 된다.[41] 하지만 그렇게 하려면 특히 세계적 규모에서 (유럽 국가들처럼) 소국이라 할 국가들로서는 민족국가를 극복하려는 포부와 대대적인 국제협력 개시가 필요하다. 그런데 사실인즉슨 토착주의-민족주의 정당들은 이런 유형의 국제주의적인 극복을 위한 준비가 구조적으로 불비하다.

21세기 초의 사회토착주의운동들이 누진세와 사회적 재분배를 향한 과감한 기획을 발전시키리라는 것은 너무도 개연성이 떨어져 보인다. 가장 그럴듯한 것은 일단 집권하게 되면 그들이 원하든 아니든, 그들은 사회적 조세경쟁과 자국 경제의 번영이라는 연쇄적 장치 안에 묶이게 된다는 것이다. 프랑스에서 국민연합이 노란 조끼 위기 당시에 연대부유세 폐지에 반대했던 것은 오로지 그들의 기회주의 때문이었다. 그들이 집권했다면, 아마도 그들은 투자를 유치하고 부자들에 대한 세금을 폐지하기 위해 격화된 조세 덤핑 궤도에 접어들었을 것이다. 그 이유는 한편으로는 이러한 정책이 자신들의 오래된 배경인 납세거부와 자신들의 이데올로기인 만인의 만인에 대한 경쟁에 잘 부합하기 때문이며, 다른 한편으로는 국제협력과 연방주의에 대한 그들의 거부가 그들을 조세 덤핑의 논리에 가두기 때문이다. 일반적으로, 민족주의 정당들의 집권이 초래할 유럽연합의 파열(또는 적어도 국가들의 권력 강화)과정은 사회적 조세경쟁의 힘과 불평등 증대 및 정체성주의적 퇴행으로의 경향을 격화시킬 것이다.[42]

## 상인-토착주의 이데올로기와 그 확산

달리 말해, 사회토착주의는 실제로는 상인-토착주의 이데올로기의 촉진으로 귀착될 가능성이 다분하다. 트럼프주의가 명백하게 이러한 선택에 해당한다. 2016년 대선 선거운동에서 도널드 트럼프는 자신을—멕시코 및 중국과의 야만적인 경쟁의 희생자들이자 민주당 엘리트들에 의해 버림받은—미국 노동자들의 최상의 옹호자로 묘사하면서 사회적 차원을 포섭하려는 시도를 했다. 하지만 트럼프 정부가 제시한 해법들은, 다소간 고전적인 토착주의적 대책들(이민 유입 축소, 장벽 건설, 브렉시트와 유럽의 토착주의 정부들에 대한 지지) 외에, 무엇보다도 부유하고 유동성을 가진 사람들을 위해 조세 덤핑을 실질적으로 밀어붙이는 데 착수하는 것이었다. 1986년에, 레이건이 추진한 조세개혁법은 소득세의 누진성 인하에 비중을 두었다(이때 28%로 줄었던 소득에 대한 최고세율은 그후 부시와 클린턴 시절에 35~40%로 다시 올랐지만 그 이전으로는 결코 되돌아가지 않을 것이다). 트럼프가 2017년에 의회와 협상한 조세개혁은 이런 노선에 위치하면서 기업과 '기업가'에 대한 세금 인하에 집중함으로써 그 논리를 더 멀리 밀고 나간다. 연방법인세율은 1993년 이후 35%였던 것이 2018년에 돌연 21%로 인하되었고, 결국은 해외에서 미국으로 송금된 이윤은 면세되었다. 해당 세수는 거의 절반으로 줄었고, 이는 국가 재정에 있어 본질적인 이 세금에 대한 세계적인 인하 경쟁을 촉발하는 것과 같다.[43] 더욱이 트럼프는 (본인처럼) 임금을 받지 않는 기업가들을 특정해 마련한 소득세 인하를 얻어냈다. 이제 이런 기업가들의 수익(사업소득business income)에 대해서는 29.6%의 최고세율로 과세될 텐데, 반면 상위 임금에 대한 최고세율은 37%다. 이 두 조치가 결합해 발휘하는 효과는 0.01%의 부유한 납세자의 (특히 가장 부유한 납세자 400인의) 세율이 최초로 상위 백분위 안에서, 심지어 천분위 안에서조차, 다음 순위 납세자들의 세율 아래로 내려가고 50%의 가난한 이들의 실효세율에 거의 근접하게 된다는 것이다.[44] 또한 트럼프는 누진상속세의 완전 폐지를 원했지만, 이 대목에서는 의회가 그를 따라주지 않았다.

신임 대통령 트럼프와 마크롱이 2017년 말에 실행했던 조세개혁이 지닌 유사성을 확인하게 되는 것은 특히 인상적이다. 프랑스에서, 이미 언급한 연대부유세 폐지 이외에 새 정부는 법인세를 33%에서 25%로 점진적으로 인하하고, 배당금과 이자소득에 대해서는 (상위 임금에 적용되는 세율은 55%인 데 반해) 30%의 낮은 소득세율을 시행하기로 의결했다. 트럼프 정부처럼 토착주의적이라고 간주되는 정부가 마크롱 정부처럼 국제주의 감수성을 가지고 있다고 여겨지는 정부에서 시행된 것과 그토록 유사한 조세재정정책을 실시한다는 사실은 이데올로기와 정치적 실천에서의 상당한 수렴을 보여준다고 볼 수 있다. 용어들은 다양할 수 있다. 트럼프는 '고용창출자' 운운하며, 마크롱은 '선도자'라고 말하기를 좋아한다. 하지만 사실상 이 두 사람이 발전시키는 이데올로기에 따르면, 만인의 만인에 대한 경쟁이 요청하는 것은 더 유동성 있는 납세자에게 더 많은 감세를 해주는 것이요, 대중이 자신들에게 풍요로움과 혁신을 가져다주는 새로운 은인들을 (기초 연구와 공교육체계와 공적 지식에 대한 사적인 전유가 없었다면 이런 풍요와 혁신은 전혀 존재하지 못했을 것이라는 점은 망각한 채로) 소중히 여겨야 한다는 것이다.

이렇게 두 정부는 저마다 세계화 앞에서 인민계급과 중위계급이 느끼는 버림받았다는 감정과 불평등 증대 경향을 강화하는 위험을 감수한다. 미국 대통령은 자신이 민주당 경쟁자들보다 이민 유입을 더 잘 통제한다는 점과 세계의 다른 곳들에서 드러나는 불성실한 무역경쟁에 대해서도 민주당 경쟁자들보다 자신이 더 잘 대처하고 있다는 점을 강조하면서 자신은 그런 부담에서 벗어난다고 생각한다.[45] 그는 또한 '고용창출자들'이 민주당의 지식인 엘리트들에 비해 미국이 전 세계에서 벌이는 경제 세계대전에서 훨씬 더 유용한 이들이라고 제시하는 데 능숙하다.[46] 지식인 엘리트들은 거만하게 훈수나 두는 자들이며, 미국사회와 미국의 가치를 위협하는 새로운 문화적 궤변들을 늘상 재빨리 꾸며대는 자들이라고 부단히 고발된다. 트럼프는 기후 문제와 관련된 새로운 열의를 과학자들과 민주당원들, 그리고 미국의 위대함을 훼손하고자 이 나라를 둘러싸고 질투하는 모든 사람들이 꾸민 거짓이라고 비난하느라 애쓰고 있다.[47] 이러한 반지성주의를 유럽과 인도의 다른 토착주의 정부들에서도 사용하는데, 따라서 여기서 확인하게 되는 것은 교육의 폭넓은 확산과 과학적 지식을 시민들이 더 잘 전유하는 일의 결정적인 중요성이다.[48]

프랑스 대통령은 그 반대의 내기를 건다. 그는 자신의 반대자들을 토착주의와 반세계화주의 쪽으로 밀어내고 프랑스 유권자 다수는 관용과 개방에 애착이 있기에 진정한 순간에 사회토착주의의 길(어쨌든 이 길은 실제로는 트럼프식의 상인-토착주의 길로 전환될 가능성이 다분하다)을 택하지 않을 것이라고 기대를 걸면서 집권을 이어가길 희망한다. 사실상 두 이데올로기는, 부자들을 위한 조세 덤핑에 대안은 존재하지 않는다는 것, 진보주의-토착주의 균열이라는 축만이 앞으로 계속될 정치적 갈등이라는 것에 판돈을 걸고 있다.[49] 저마다 현실에 대한 과도한 단순화와 과다한 위선에 기초하고 있는 것이다. 그러나 한편으로, 적극적인 재분배정책은 여전히 민족국가 수준에서, 유럽 나라들과 같은 작은 규모 안에서도 실시될 수 있다.[50] 하물며 미국에서는 연방정부가 정치적 의지를 조금만 갖는다면 조세에 관한 자신들의 결정을 존중하도록 만들 수단을 완벽하게 갖추고 있다.[51] 더욱이, 특히 조세 문제에 있어 더 공정하고 지속적인 발전모델을 갖추길 지향하는 국제협력을 가로막는 일은 있을 수 없다.

## 유럽의 사회연방주의 가능성

사회토착주의의 덫에서 빠져나오기 위한 가장 자연스러운 해법은 국제주의와 민주적 연방제에 의거해 부의 재분배와 사회정의를 촉진하는 사회연방주의를 발전시키는 것일 터이다. 나는 이 길이 협소하다는 걸 모르지 않는다. 유럽의 안정적이고 조화로운 재정립이라는 가설은 불행히도 개연성이 가장 떨어지며, 유럽연합 또는 유로존의 해체 위험을 유발할 수 있는 다양한 성질의 정치적 사회적 금융적 위기들이 수반되는 상당한 혼돈의 진화들에 대비하는 것이 틀림없이 더 현실적일 것이다. 하지만 다가올 위기들이 어떤 것이든 여하간 재건해내야만 한다. 그 누구도 자급자족체계로 되돌아갈 생각은 없으며, 따라서 가능한 한에서 현 조약들보다는 더 만족스러운 방식으로 나라들 사이의 관계를 구축하는 새 조약들이 필요할 것이다. 여기서 나는 유럽의 맥락에서 사회연방주의의 가능성에 집중하려 한다. 그러면서도 우리는 그 교훈들이 더 일반적인 유효 범위를 갖는다는 걸 보게 될 것이다. 그 이유는 한편으로는 유럽에서 채택되는 사회적 조세재정정책들이 세계의 다른 부분들에 커다란 영향을 줄 수 있기 때문이고 다른 한편으로는 여기서 제시되는 초민족적 협력 형태들이 잠재적으로 다른 지역군(예컨대 아프리카·라틴아메리카·중동)에 적용되고 지역간 관계도 조정할 수 있기 때문이다.

유럽연합은 "유럽인 사이의 부단히 긴밀해지는 연합"을 조직하기로 겨냥한 미증유의 정교한 시도다. 그렇지만 실제로는, 유럽경제공동체EEC를 설립한 로마조약(1957년)부터 유럽연합을 수립한 마스트리흐트조약(1992년)과 유럽연합의 현행 규칙들을 확정한 리스본조약(2007년)까지 층층이 쌓여서 확립되어온 유럽의 제도들은 무엇보다도 단일 거대시장을 조직하는 것을 목표로 삼아왔다. 이것은 공동의 사회적 조세재정정책 없이 재화와 자본과 노동자의 자유로운 이동을 보장하는 시장이다. 이 제도들이 가진 기능의 본질적 원칙들을 상기하자.[52] 일반적으로, 유럽연합이 내리는 결정이, 내규든 지침이든 여타의 각종 입법이든, 발효되기 위해서는 유럽에서 입법권력을 나눠 갖는 두 심급에서 의결되어야 한다. 하나는 유럽연합 정상회의인 유럽이사회European Council(다양한 조약문과 지침서에 담긴 문제들의 성격에 따라 장관급 회의도 있다. 예컨대 재무부 장관 회의라든가 농업부 장관 회의 같은 식이다)이고 다른 하나는 유럽의회European Parliament다. 유럽의회는 1979년 이후 보통선거로 선출되며 회원국 인구수에 따라 대표된다(규모가 아주 작은 나라들은 과대대표된다).[53] 결정들이 준비되고 실행되는 것은 유럽연합 집행위원회European Commission에 의해서인데, 이는 일종의 유럽 정부이자 집행권력으로서 작동한다. 집행위원회에는 책임자인 위원장과 각 분야를 담당하는 집행위원들이 있고, 이들은 유럽이사회에서 지명되고 유럽의회에서 비준된다.

형식상 전체적으로는 하나의 집행권력과 두 개의 입법기관을 갖고 있어서, 고전적 유형의 연방의회구조라는 측면을 갖는다. 하지만 두 가지 특수성이 이 체계를 관행적인 구조와 매우 다른 것으로 만든다. 하나는 강력한 만장일치 규칙을 가지고 있다는 것이고, 다른 하나는 장관급 회의가 어쨌든지 간에 의회의 민주적이고 다원적인 숙의과정을 수용하기에는 전적으로 부적합한 구조라는 사실이다.

대다수의 주요 결정은 장관급 회의에서 만장일치로 통과되어야 한다는 점을 우선 상기해야 한다. 조세, 유럽연합 예산, 사회보장제도와 관련된 모든 것이 특히 그런 경우다.[54] 내부시장 규제, 재화·자본·인력의 자유로운 이동, 세계의 다른 곳들과의 무역협정, 사실상 바로 이런 것들과 관련된 공동의 결정 위에서 유럽이 건설돼왔던 것인데, 이런 사안들에서는 가중다수결 규칙이 적용된다.[55] 하지만 공동의 조세재정·예산·사회 정책 시행을 고려하게 되는 때, 특히 회원국 국가 재정이 현안일 때는 만장일치 규칙이 적용된다. 구체적으로, 이는 모든 회원국이 거부권을 가진다는 의미다. 예컨대 룩셈부르크가, 유럽연합 인구(5억 1000만 명)의 고작 0.1%인 약 50만 명 주민을 가진 이 나라가 이웃나라들의 과세기준을 훼손해가면서 기업 이윤에 0%의 세율로 과세하기를 원한다면 아무도 그걸 막을 수 없다. 각국은—룩셈부르크든 아일랜드든 몰타든 사이프러스든—아무리 소국이더라도, 제안된 그 어떤 조세재정정책도 차단할 수 있다. 게다가 조약들은 자본과 투자의 절대적으로 자유로운 이동은 보장하면서도 조세 공조의 의무는 전혀 없으니, 유동성이 큰 자본을 가진 행위자들에게 유리한 조세 덤핑을 향한 무한질주의 조건들은 다 갖춰진 것이다.

공동 조세와 진정한 공동 예산의 부재로 인해 유럽연합은 실질적인 연방정부보다는 무역연합 또는 국제기구와 더 유사하다. 미국이나 인도에서는, 중앙정부가 집단적 기획에 사용할 재원을 세금으로 거두는 일이 가능한 양원제에 의거한다. 소득·상속·기업 수익에 부과되는 연방세에 의해 주로 채워지는 연방예산은 두 나라의 경우에 국내총생산의 약 20%에 해당하며, 반면에 공동 조세가 없어서—회원국들의 만장일치를 통해—회원국의 불입금에 의거하는 유럽연합의 예산은 고작 각국 국내총생산의 1%다.

## 초민족적인 민주적 공간의 구축

문제는 이 상황에서 어떻게 빠져나갈 수 있는지다. 첫번째 가능성은 가중다수결 규칙을 조세와 예산 문제로 확장하는 것일 터이다. 조세 거부권을 상실할 소국들을 설득하는 일이 결코 간단치 않으리라는 점은 논외로 하자. 그렇게 하려면 틀림없이 일부 나라들이 연합해서 다른 나라들에 극도로 강한 압력을 행사하고 상당한 정도의 제재 위협을 가해야만 할 것이다. 하지만 여하간, 28개 회원국에(영국의 브렉시트 이후 27개국이겠지만 아직은 불확실하다) 다수결 규칙을 관철시키는 데 성공하든, 더 앞으로 나아가겠노라 결정한 소수의 나라들의 그룹에 그 규칙을 적용하는 것에 그치든, 문제는 재무부 장관 회의(또는 유럽이사회)가 진정한 유럽 의회민주주의를 발전시키기에는 전적으로 부적합한 심급이라는 점이다.

그 이유는 단순하다. 나라별 대표자로만 구성된 이 심급은 서로 자국의 이익을 (또는 자국의 이익이라 여겨지거나 자국의 이익이 될 것을) 앞세우는 기구이지, 어떤 식으로든 다원적 숙의와 다수의 신념을 구축하는 기구는 아닌 것이다. 구체적으로, 유로그룹Eurogroup[56] 내에서, 독일 재무부 장관은 8300만 명의 시민을, 프랑스 장관은 6700만 명을, 그리스 장관은 1100만 명을 대표한다. 이런 조건에서 안정적인 숙의는 완전히 불가능하다. 특히 대국의 대표자들은 자국을 크게 얽맬 것으로 보이는 조세 또는 예산 결정에서 공식적으로 소수파가 되는 것을 스스로 용납할 수 없을 것이다. 그 결과는 유로그룹(과 더 일반적으로는 국가 및 정부 대표자 또는 장관으로 구성되는 유럽 심급들) 내부 결정이, 합의라는 구실로 철저하게 밀실에서 이루어지는 숙의의 틀에서, 거의 언제나 만장일치로 내려진다는 것이다. 이 심급들은 의회민주주의를 정립하는 규칙들을 전혀 아랑곳하지 않는다는 점을 추가하자. 수정안과 토의와 발언 시간과 표결 기타 등등을 관장하는 그 어떤 절차도 없다. 이와 같은 심급이 수억 명의 사람들에게 해당되는 세법을 언젠가 숙의하고 채택할 수 있으리라는 생각은 완전히 불합리하다. 아주 오래전부터, 적어도 18세기와 대서양혁명들 이후로, 조세 의결은 대표적인 의회 권한이라는 것과, 조세 규칙과 과세대상과 세율을 인내하며 확정하는 일은 시민들과 언론인들의 감시하에 이루어지는 공적이고 논쟁적인 숙의를 요청한다는 것은 주지하는 바다. 이를 위해서는 각국 내에서 여론의 다원성이 충분히 폭넓게 대표되어야 한다. 정의상, 재무부 장관 회의는 결코 이와 같은 조건을 충족할 수 없다.[57] 요컨대, 장관급 회의들이 수행하는 중심적이고 지배적인 역할을 중심으로 세워진, 그래서 유럽의회를 부차적 역할에 한정하는 현재의 유럽 심급들은 단일 거대시장 조정과 정부 간 협정 체결을 위해 구상되었던 것이다. 사회적 조세재정 정책들을 채택하기 위해 구상된 것이 절대로 아니다.

연방주의 전망에 대해 가장 확고한 신념을 가진 유럽 정치지도자들이 전반적으로 지지하는 두번째 가능성은 조세 의결권을 온전히 유럽의회로 양도하는 것일 터이다. 직접·보통선거로 선출되며, 의회 영역에 고유한 토의들은 공개적으로 조직한다는 관행적 규칙들에 순응하고 다수결 규칙에 따라 의사결정이 이루어지는 유럽의회는 명백히 조세와 예산을 채택하기에 분명히 더 적합한 영역이다. 그렇지만 이 해법이 앞의 해법보다 분명히 더 만족스러울지라도, 역시 여러 어려움을 노정한다. 이 해법이 내포한 모든 것과 왜 이 방식이 틀림없이 성공하기 어려운지를 철저히 평가하는 것이 중요하다. 유럽 민주주의가 실현되려면 현재 브뤼셀 정계를 특징짓는 압력단체와 투명성에 대한 규칙들을 완전히 개조해야 한다는 점을 우선 지적하자. 이 압력단체들은 매우 심각한 문제들을 야기한다.[58] 이어서 유럽의회로의 조세주권의 이와 같은 양도는 회원국들의 정치제도가 유럽의 조세에 대한 의결에서 직접적으로 대표되지 않을 것임을 뜻하리라는 사실을 자각해야 한다.[59] 이런 방식이 반드시 그 자체로 문제적인 것은 아니고 다른 상황에서도 존재하긴 하지만 신중하게 주목해 검토하는 일이 필요하다.

미국에서는, 연방예산과 세금이, 또한 연방법 전체가 연방의회에서 채택되며, 의원들은 바로 이런 일을 위해 선출되는 것이지 회원국에 해당하는 각 주의 정치제도들을 직접적으로 대표하는 것은 아니다. 이때 미국 의회제도에서 법안들은 상하 양원 모두에서 채택되어야 한다. 하원은 주의 인구 비례에 따라 구성되는 데 비해, 상원에는 (주의 크기가 어떻든지 간에) 주에서 선출하는 2인의 의원이 입성한다. 상하 양원이 서로에 대해 영향을 미치지 못하는 이 의회제가 딱 들어맞는 모델은 아니며 이 체계는 빈번히 교착상태에 빠진다. 그래도 어느 정도 작동하는 이유는 다양한 규모의 주들 사이에 일정한 균형이 존재한다는 사실 덕분이다.[60] 인도에도 역시 두 의회가 있다. 국토 전체에서 인구 비례 대표성을 보장하기 위해 세밀하게 구획된 선거구에 따라 시민이 직접 선출하는 로크사바Lok Sabha(하원)와, 인도연합의 주와 속령의 입법부들이 간접선거로 선출하는 의원들로 이루어진 라자사바Rajya Sabha(상원).[61] 법안은 두 의회에서 모두 통과되어야 하지만, 불일치가 있는 경우에는 최종 법안 채택을 위해 두 의회를 합동 소집하는 게 가능한데, 이는 실제로는 로크사바의 수적 우위를 감안컨대 분명 로크사바에 유리하다.[62] 무엇보다도, 조세 및 예산 법안money bills(재정법안)에 관해서는 로크사바가 자동적으로 결정권을 갖는다.

이와 유사한 해법을 유럽에 적용해보는 상상을 얼마든지 해볼 수 있다. 유럽의회가 유럽의 조세와 이를 재원으로 하는 예산에 대한 결정권을 가질 수 있을 것이다. 그렇지만 이와 같은 해법 적용이 크게 만족스러울 수 없는 두 가지 본질적인 차이가 있다. 우선, 유럽연합의 28개 회원국이 조세주권의 이와 같은 위임을—어쨌든 처음에는—받아들일 가능성이 별로 없다. 따라서 앞서 나가고자 하는 나라들이 유럽의회 안에 하위-의회를 구성해야 할 것이다. 이것은 불가능하지는 않지만, 다른 나라들과의 매우 분명한 단절을 감당할 것이 요청된다. 다음으로 무엇보다도, 28개국이 합의한다거나 하위-의회를 만든 나라들이 앞서 나갈 준비가 되었다고 가정하더라도, 미국이나 인도와의 핵심적인 차이는 유럽에서는 민족국가들이 유럽연합 이전에 이미 존재하고 있었다는 점이다. 이는 유럽 민족국가들이 자국의 의회를 매개로 국제조약들을 자유롭게 비준하거나 거부한다는 뜻이다. 이러한 의회들(독일 연방하원Bundestag, 프랑스 국회 등)은 더욱이 수십 년간, 어쩌면 19세기 이후로, 상당히 몸집이 커져 국내총생산의 약 30~40%에 달하는 세금 및 예산을 의결한다.

이런 심급들에서 토의되고 의결된 이 세금들은 역사상 미증유의 발전 모델 개척과 사회·교육정책 시행을 가능케 했고, 대체로 이는 엄청난 역사적 성공을 거두었다. 이 세금들은 유럽 나라들이 역사상 가장 높은 생활수준에 도달하게 해주었으며, 아울러 (적어도 미국이나 세계의 여타 지역에 비해서는) 불평등의 크기를 제한하고, 보건과 교육에 대한 상대적으로 평등한 접근을 촉진했다. 이들 국회들과 여기서 현재 채택하고 있는 예산과 조세는 적어도 제법 오랜 기간 존속할 것이다. 브뤼셀에서 모든 걸 결정하는 게 바람직하다거나, 유럽연합의 예산이 돌연 국내총생산의 1%에서 40%로 올라 각국의—하물며 지역과 기초지자체와 사회보장기금의—예산을 대체하는 일이 일어날 수 있고 일어나야 하리라고는, 그 누구도 생각하지 않는다. 탈중앙집중식이고 참여적인 것이어야 하는 소유체제와 마찬가지로, 정치체제와 경제체계의 이상적인 조직화도 가능한 한에서 모든 수준의 행위자들이 개입하는 탈중앙집중화에 의거해야 한다.

## 국회 주권에 의거해 유럽의회 주권을 세우기

그렇기 때문에 유럽의 현실에 적합한 초민족적인 진정한 민주적 공간을 만들기를 갈망한다면 적어도 부분적으로는 역시 각국 국회들에 의거하는 것이 더 적절해 보이는 것이다. 하나의 가능성은, 원하는 나라들을 중심으로, (각국 인구 및 현존하는 다양한 정치집단에 비례하여) 각국에서 선출한 국회의원 일부와 (앞장서겠다고 결정한 나라들의 대표자들 사이에 존재하는 다양한 정치집단에 비례해) 유럽의회 의원 일부로 구성되는 유럽회의Assemblée européenne를 창설하는 것일 수 있다. 어떤 비율을 택할지의 문제에는 여기서 해결될 수 없는 복잡한 고려사항들이 있다. 유럽 논의에서 최근에 부상했던 방안은 이와 같은 유럽회의가 국회의원들 80%와 현재 유럽의회 의원들 20%로 구성될 가능성을 작업가설로 택하고 있다.[63]

유럽민주화조약TDEM 초안[64]에 의거하는 이 방안의 장점은—기존 조약들을 바꾸지 않고도—원하는 나라들에 의해 채택될 수 있다는 것이다. 가능한 한 많은 수의 나라들이, 특히 독일·프랑스·이탈리아·스페인(이들 네 나라가 유로존 인구와 국내총생산의 70% 이상을 점한다) 같은 나라들이 이 안을 즉각 채택하길 원한다면, 앞장서길 원하는 국가가 소수여도 예컨대 프랑스-독일 회의 또는 프랑스-이탈리아-벨기에 회의를 구성하지 못할 것도 없다.[65] 여하튼, 이 방안은 법인세·상위소득세·상위자산세·공동탄소세의 네 가지 기본적인 공동 조세 채택 권한을 이러한 유럽회의에 양도한다는 것이다. 이에 수반된 예산 초안을 보면, 이 세금들은 예컨대 유로존 국내총생산의 약 4%에 해당하고, 절반은 각국의 예산으로 환급될 수 있으며(이렇게 되면 이제껏 유럽의 조세경쟁의 희생자들이었던 인민계급과 중위계급에 부과되던 세금을 각국 정부가 인하할 수도 있을 것이다) 나머지 절반은 에너지 이행·연구·교육 투자 예산이라든가 이민자 수용을 용이하게 하고 그 분담을 가능케 하는 기금으로 사용될 수 있다.[66] 그러나 이는 예시를 위한 방안일 뿐이고, 유럽회의가 전념하고자 하는 우선사안

들과 세금들을 획정하는 것은 응당 그 회의의 몫이다.[67]

중심 초점은 유럽 수준에서 조세·사회·기후 정의에 대한 강한 대응책들을 채택할 수 있도록 하는 숙의와 민주적 결정의 공간을 마련하는 데 있다. 우리가 1992년, 2005년, 2016년 프랑스와 영국의 국민투표 당시 유권자구조를 분석하면서 보았듯이, 유럽과 인민계급의 결별은 상당한 정도로 진전되었다.[68] 유럽 건설이 사회적 조세정의를 바로세우는 데 도움이 된다는 것을 보여주는 구체적이고 가시적인 대책 없이는, 지금의 현실이 과연 어떻게 변화될 수 있을지 난망하다.

각국 국회에서 충원되는 의원 비율을 다르게, 예컨대 80%가 아니라 50%로 잡고도 이 방안은 완벽하게 기능할 수 있을 것이다. 이 문제는 긴 논의와 깊은 성찰이 필요하다. 기술적으로는, 제안된 체계가 국회의원 비율이 0이어도 얼마든지 실행될 수 있을 것이다. 그런 경우라면 유럽회의가 현행(다만 이 길로 나서기를 원한 나라들에서 선출된 의원들로 한정된) 유럽의회와 혼동되긴 하겠지만 말이다. 충분한 수의 나라들이 이런 방향으로 나아가 조세주권을 유럽의회의 하위 편제에 맡기겠노라 결정한다면, 현재 상태에 비해서는 엄청난 개선이 있을 것이다. 그렇지만 내가 보기엔, 각국 국회의원 비율을 너무 큰 폭으로 (가령 50% 이하로) 줄이는 것은 엄청난 위험부담을 짊어질 것으로 보인다. 분명한 것은, 각국 국회가 유럽회의에서 채택한 사회적 조세재정정책들에 대해 명백한 불일치를 보이는 경우라면 국회들이 언제든 이 구성체에서 탈퇴하고 이 회의를 제정한 조약에 대해 거부할 수 있으리라는 점이다. 각국 국회가 국제조약을 이행하는(또한 거부하는) 주권자로 있는 순간부터는, 더구나 이것이 가장 중요한 권한이자 이에 이의를 제기하는 이는 아무도 없을 것이기에, 이들 국회들이 유럽의 조세를 의결하는 데 참여하는 일을 거부하기란 어려울 것이다.[69]

더욱이, 무엇보다도, 국회를 유럽회의 구성에 주요하게 개입시킨다면 사실상 각국의 총선은 유럽 선거로 전환될 것이다. 구체적으로, 국회의원들이 유럽회의에서 강하게 대표되는 순간부터, 각국 총선에 출마한 정당들과 후보들이 브뤼셀의 제도들에 뭐든 다 전가하면서 자신들은 유럽의 선택에 아무런 책임이 없다고 둘러대는 것(시간이 흐르면서 불행히도 유럽 각국 정치지도자들이 애호하는 스포츠가 되어버린 태도)도 불가능해질 것이다. 일부 국회의원이 유럽회의에서 자신의 정치집단을 대표하게 되고 거기서 다수파를 바꿀 수 있게 되는 때부터는, 그들은 자신이 어떤 유럽 정책을(어떤 유럽 조세를, 어떤 예산을, 자국 예산으로서의 어느 정도의 환급을) 그 회의에서 옹호하려는 것인지 자국의 총선에서 설명해야 할 것이다.[70] 각국의 정계는 심층적으로 유럽화될 것이다. 이런 의미에서 국회 주권에 의거해 유럽의회 주권을 바로세우는 것이, 내가 보기엔 국회를 우회하여 국회와 별개인 하나의 유럽 의회에 온전히 기대는 형태보다는 더 담대한 유럽 연방주의를 마침내 건설하는 것이다.[71] 무엇보다도, 초민족적인 의회 주권을 설계하는 이런 독창적인 방식이 유럽의 정치적 역사적 현실에 더 적합해 보인다. 이 현실은 다른 연방체들(미국·인도·브라질·캐나다·독일 등)의 발전을 주도했던 조건들과는 매우 다르기에 새로운 접근을 요한다.[72]

## 신리 재건, 정의에 관한 공동의 기준을 완성해가는 일

제안된 방안을 다양한 나라에서 수용하도록 촉진하기 위해, 또한 이 방안의 주요 목표가 각국의 불평등 감소라는 사실을 명확히 하기 위해, 이 방안에는 조인 국가들 사이의 이전에 대한 엄격한 상한선이 또한 미리 규정되어 있다. 그저 기술적인 문제로, 심지어는 불쾌해 보일 수 있지만 이야말로 현재 유럽 나라들 사이에 횡행하는 불신의 분위기를 감안하면 틀림없이 약간의 신뢰 회복을 희망할 수 있는 유일한 방식이다.

유럽연합의 현행 예산(유로존 국내총생산의 약 1%)에서, 유럽연합 집행위원회는 각국의 '연간 예산 대차차액', 다시 말해 각국이 불입한 분담금과 해당 국가가 혜택을 받은 지출 사이의 차이를 공표한다. 1998~2018년 기간에, 순분담금을 가장 많이 낸 나라는 독일·프랑스·영국으로, 순분담금 대차차액이 해에 따라 국내총생산의 약 0.2~0.3%를 오간다.[73] 유럽연합에 불입하는 이전이라는 이 주제는 브렉시트에 대한 국민투표 캠페인에서 무시할 수 없는 역할을 해냈다.[74] 유럽민주화조약과 유럽회의의 틀에서 예상되는 새로운 예산(방안에서는 국내총생산의 4% 혹은 그 이상)이 방안에 조인한 국가들을 위해 유럽연합의 현재 예산에 추가될 것이다. 거부될 위험에 대비하기 위해, 방안은 이 추가예산 안에서 다양한 조인국들의 분담금과 다시 그 나라들로 되돌려지는 환급금 사이의 격차가 국내총생산의 0.1%를 넘지 못하도록 정해놓는다.[75] 이 방향으로의 합의가 존재한다면, 방안의 골자를 변경하지 않고도 이 기준은 자연스럽게 낮아지거나 높아질 수 있다.

이는 결정적인 부분인데, 왜냐하면 '이전연합union de transfert'이라는 환영이 유럽에 대한 모든 성찰을 저지하는 핵심이 되기 때문이다. 특히, '이전연합Transferunion'의 위험에 대한 규탄은 2008년 금융위기 이후 독일의 정치지도자들 사이에서(주로 메르켈 총리의 기민당 내부에서, 하지만 사민당에서도), 더 일반적으로는 북유럽에서(특히 네덜란드에서) 극도로 널리 퍼진 언술이 되었다. 요컨대 이 언술은 공동 조세 또는 공동 예산을 제안하는 것이라면 어떤 것이든, (후덕하고 근면하다고 여겨지는) 북유럽인들이 힘들여 생산한 부의 일부를 (엉망으로 관리한다고 간주되는) 프랑스와 남부 유럽 나라들이 전유하려는 시도라고 보는 것이다. 어떻게 해서 우리가 이와 같은—어떤 때는 정체성 갈등에 가까운—불신에 이르렀는지를 여기서 말하는 것은 내 소관이 아니다. 채택에 자신들이 직접 기여했던 유럽 예산 규칙에 대해—정작 새로운 규칙을 제안하지는 못하면서—불평해대는 프랑스 정부의 반복적인 태도가 틀림없이 라인강 저편의 독일과 다른 나라들을 아주 오랫동안 성나게 해왔다. 그리스 부채위기가 애초에

야기된 것은 그리스 당국이 예산 적자 통계를 대대적으로 조작했던 사실 탓이라는 점도 상기해야 한다. 이는 상당한 불신을 초래했다.[76] 반면 각국이 자국의 경제체계를 독일모델에 맞추면 유럽의 문제는 모두 해결되리라는 독일의 언술이 완전히 불합리하다는 점도 명확하다. 유럽의 모든 나라가 독일 규모의 무역흑자를 낸다면, 세계의 다른 나라들은 이를 받아들일 수 없을 테니 말이다. 더욱이, 공적인 이전에만 초점이 모아진다는 사실 또한 만족스럽지 않다. 사적인 교역은 모든 나라에 커다란 이익을 가져다주며, 특히 독일같이 이웃 국가들에 투자하여 막대한 이윤을 거두는 나라에 이익이 된다. 동유럽에서 사적인 이윤의 유출량은 공적인 이전 유입량을 훨씬 초과한다는 점을 상기하자.[77] 장차, 유럽통합이 가져다주는 사적 수익과 자본이동(그리고 현행 정책들과 세법이 이에 영향을 미치는 방식)을 계산하기 위한, 공적인 대차차액에만 배타적으로 초점을 맞추는 행위에서 빠져나가기 위한 성찰이 시작되는 것이 핵심이다.[78]

그래도 여하간, 유럽 각국이 타국들로 인해 손해를 입었다고 여기게 된 금융위기로부터 10년이 지난 현재 유럽 나라들 사이에 불신이 존재하는 상태에서, 독일 정부가 (또는 프랑스 정부와 여타 나라가) 조세와 예산 권한을—이로 인해 비롯될 수 있는 이전에 상한선을 설정하지도 않고서—유럽회의에 양도한다는 데 대해 자국의 여론을 상대로 설득할 수 있으리라는 건 개연성이 떨어진다. 제안된 상한 기준 0.1%를 올리는 것이 가능하다고 확인된다면 이는 훌륭한 일일 터이다.[79] 하지만 명시적인 이전 기준이 부재하더라도 유럽회의에 관한 방안은 여전히 유용하기에 이전을 명분으로 방안을 거부해서는 안 된다. 이전이 명시적이지 않은 이유는 유로존의 주요 나라들 안에서 평균소득이 크게 차이가 나지는 않는다는 사실에서 비롯된다. 따라서 진정한 쟁점은 무엇보다도 (국가들 사이에서가 아니라) 각국 내부의 불평등 감소다.[80] 달리 말해, 모든 나라의(물론 독일도 포함해서) 인민계급과 중위계급은 더 큰 조세정의에서, 예컨대 중소기업보다 대기업에, 하위 소득 및 하위 자산보다 상위 소득 및 상위 자산에, 하위 탄소배출보다 상위 탄소배출에 더 높은 세율로 과세하는 조세체계에서 얻을 것이 많다.

더욱이, 공적이전을 산출할 때는 당연히도 모든 나라에 똑같이 돌아가는 공동 이익을 위해 한 나라에서 투여한 투자와 지출이 있다면, 예컨대 기후온난화에 맞선 투쟁, 난민수용기금, 여타 조인국의 학생 교육에 대한 비용은, 자연스럽게 제외되어야 한다. 공동 예산이 조인국 전체에 이익으로 돌아가는 유럽 공공재의 재원으로 쓰이는 한에서, 종국적인 목표는 분명히 다양한 나라들의 소속 주민들이 이 도구를, 일국적인 대차차액이라는 프리즘을 통해 보지 말고 하나의 동일한 정치공동체의 성원으로서 바라보고 이해하도록 하는 것이다. 그렇게만 된다면 일국적 대차차액이 점점 의미를 잃어가기를 희망해볼 수 있겠다. 하지만 민족주의적인 암초들이 허다하기에 거기에 도달하려면 신뢰는 조금씩 쌓여가야만 한다는 원칙에서 출발해야 한다.

## 유럽의 항구적인 국채위기에서 빠져나오기

여기서 제시된 사회연방주의 기획은 무엇보다도 조세·사회·기후 관련 정의에 대한 소망에 기초한다. 유럽통합(그리고 더 일반적으로는 국제 경제 통합과 세계화)은 유동성이 큰 이들에게만 유리한 무한경쟁과 연계되는 데 비해, 보다 정의로운 정책 시행에는 국제주의가 유용하다는 걸 국가들의 공동체(여기에서는 유럽을 의미하지만 이는 다른 지역으로도 확대 적용될 수 있다)가 보여줄 수 있어야 한다는 게 관건이다. 일군의 나라들이 19개의 서로 다른 국채와 이자율을 존치시키면서 단일 화폐를 창설하기로 한 유로존에서의 위기라는 특수한 맥락에서 이 방안은 (유럽회의가 그렇게 결정한다면) 국채의 전부 또는 일부에 대한 공동 차환율 설정의 가능성을 담고 있다.[81]

여기서도 역시, 전술한 불신의 분위기를 감안하여, 일체의 오해를 피해 앞으로 나아갈 기회를 잡고자 한다면 정밀해지는 것이 중요하다. 부채를 나누자는 것이 아니다. 달리 말해, 독일의 부채(2018년 국내총생산의 64%)와 이탈리아의 부채(국내총생산의 132%)를 한 바구니에 담자는 것도, 독일과 이탈리아 납세자들에게—바구니에 누가 무엇을 담았는지는 잊어버리고—함께 상환하자고 요구하는 것도 아니다. 이탈리아 청년이든 독일 청년이든 유산으로 물려받은 부채에 대한 책임은 없다는 그 생각 자체가 전적으로 괴상한 건 아니다. 다만 이런 식이라면, 독일의 그 어떤 정치운동도 방안에서 제시된 것과 같은 프로그램에 입각해 선거에서 승리하는 걸 보기는 어려울 것이라는 점이다. 초민족적인 정의의 기준과 경계의 재설정을 위해서는, 다른 문제와 마찬가지로 부채 문제 역시도 정치적이고 역사적으로 구성되어야 한다. 구체적으로, 유럽의 부채에 관해 여기서 구상되는 안은 2012년 독일의 '국채구제기금' 논의에서 영감을 받은 것인데, 다만 중요한 차이는 방안은 상환 속도를 결정하는 의무 규칙이 아니라 민주적인 심급(유럽회의)에 의거한다는 점이다.[82] 달리 말해, 유럽회의는 조인국들의 부채 전부 또는 일부를 공동 차환기금 안에 통합하고, 부채의 만기일이 도래할 때에 맞춰 매년 얼마큼을 공동 부채증서 발행을 통해 차환되도록 할지를 결정할 수 있을 것이다. 그러나 중요한 점은 각국이 자신의 부채를—다만 모두에게 동일한 이자율로—별도 계정을 통해 계속 상환하도록 한다는 것이다.

이는 기술적인 문제로 보일 수도 있으나 실제로는 근본적이다. (2008년 금융위기 직전에 유로존의 부채가 미국·일본·영국에 비해 높지 않았음에도) 유럽 부채위기를 가져온 것은 유로존 국가 간 이자율 차이가 불러일으킨 혼란 때문이었다. 공동 부채증서를 창안하지 못한 유럽 나라들의 무능력과 부실한 집단조직이 2008년 위기 이후 유로존 나라들이 보여주는 초라한 거시경제 실적을 설명해준다. 요컨대, 유로존은 애초에 미국 민간금융 부문에서 발생한 금융위기를 자신들의 과오로 인해 유럽의 지속적인 국채위기로 전환시키고 말았던 것이다. 그런데 이것이 유럽 나라들에서 실업 증가, 정체성주의적 퇴행, 반이민자운동이라는 극적인 결과를 빚어냈다. 유럽연합은 2008년 위기 이전에는 높은 통합능력을 가지고 있었다. 실업과 극우세력은 하락세였고, 이민자 유입은 미국보다 유럽이 더 많았다.[83]

부채위기에 대처하기 위해 유로존 나라들이 다급하게 조율한 조약들은 장기적인 문제들 중 그 어느 것도 해결하지 못했으며 따라서 어떤 식으로든 개정되어야만 한다는 것을(그러지 못하면 그 조약들이 지켜지지 않은 채 결국 불평분자들만 만들어내고 긴장만 키우는 사태를 받아들여야 한다는 것을) 또한 상기해야 한다. 2012년 신재정협약에 의해 정해진 새 규칙은 이론상으로는 재정 적자가 국내총생산의 0.5%를 넘지 못하도록 해놓았다.[84] '예외적인 정황'을 제외하고, 이 규칙을 불이행할 때는 원칙상 자동적으로 벌칙을 받는다. 하지만 실제로는 이 규칙이 전혀 이행되지 않으며, 그럴 만할 정도로 터무니없는 규칙이다. 유럽의 조약문에서 겨냥하는 적자는 항상 2차 적자, 다시 말해 부채의 이자를 지급한 이후의 적자라는 점을 명확히 하자. 어떤 나라가 국내총생산의 100%에 상당하는 부채를 지고 있고 이자율이 4%라면 이자는 국내총생산의 4%일 것이다. 2차 적자를 0.5%로 제한하려면, 국내총생산의 3.5%에 상당하는 기초재정 흑자를 내야 할 것이다. 달리 말해, 납세자들은 자신들이 혜택을 받는 지출에 비해 더 많은 세금을 내야 할 것이고, 아마도 수십 년간 그 격차는 국내총생산의 3.5%일 것이다. 절대적인 기준으로 보면, 신재정협약의 접근이 부조리한 것은 아니다. 예외적인 조치, 장기 채무연기, 부채 무효화가 기각되는 그때부터, 그리고 인플레이션이 거의 제로이고 경제성장이 제한될 때, 막대한 기초재정 흑자만이 수십 년 이내에 국내총생산의 약 100%의 부채를 줄일 수 있다. 그렇지만 이와 같은 선택의 사회정치적 파장들을 헤아려봐야 한다. 그것은 금융자산 보유자에게 부채와 이자를 상환하느라 수십 년간 엄청난 재원을 바친다는 걸, 그러니 에너지 이행과 의학 연구와 교육에 투자할 재원은 부족해진다는 걸 의미할 것이다.

실제로, 이 규칙은 이행되지 못했고, 틀림없이 결코 이행되지 못할 것이다. 예컨대, 2018년 가을, 유럽연합 집행위원회와 이탈리아 사회토착주의 정부 사이에서 적자와 관련하여 새로운 위기가 시작되었다. 이탈리아 정부는 적자를 국내총생산의 2.5%로 끌어올리고자 했는데, 전임 정부가 했던 약속은 1.5%였다. 위원회의 반발에 직면하여 마침내 공식적으로는 적자가 2%로 타협이 이루어졌으나, 실제로는 아마도 2%에서 2.5% 사이의 어디쯤이었다(어떤 경우든 0.5%라는 공식 규칙보다 분명히 높았지만 이를 진지하게 다루는 이는 아무도 없는 것으로 보인다). 국채 이자가 현재 이탈리아 국내총생산의 약 3%라는 사실을 감안하면, 이것이 의미하는 바는 이 나라가 현재 국내총생산의 0.5%에서 1% 사이의 기초재정 흑자를 내고 있다는 것인데, 이는 무시할 일이 아니다. 이와 같은 액수는 예컨대 이탈리아에서 (국내총생산의 0.5%를 약간 넘는) 고등교육 총예산을 두 배로(심지어 세 배로) 늘리는 걸 가능케 할 것이다.

유럽연합 집행위원회와 유로그룹이 더 엄격하게 규칙을 이행했더라면 요청된 기초재정 흑자가 훨씬 컸을 것이라고 말하면서 안심할 수도 있고, 이 같은 융통성에 기뻐할 수도 있겠다. 하지만 현실에서, 과도하게 엄격한 규칙을 제정하고 규칙의 부조리함을 이유로 이를 무시하는 쪽을 택하고, 마침내 불투명한 조건에서—논쟁하는 의회의 숙의 바깥에서 밀실의 협상이라는 틀로—명확치 않은 타협안을 협상해야 하는 처지에 놓인다는 것은 불합리하다.[85] 포지티브하지만 낮은 수준의 (국내총생산의 1% 이하) 기초재정 흑자를 요구하는 선에서 미래의 균형이 획정될 것이라는 사실에 만족하고 기대를 걸 수도 있겠다. 달리 말해, 채무국들에게 과거의 부채를 무리하게 빠른 속도로 상환하지 말고 이제는 자신들의 세수로 지출을 온전히—어쩌면 그 이상을—충당하라고 요구하는 것이다. 이는 결국 과거의 부채를 장기 분납하는 걸로 귀착된다(이는 합리적인 타협으로 보일 수 있다). 문제는 실제로 이 모든 것이 명확하게 추정되질 않다보니 나라마다 요구되는 것이 일관되지 않고 가변적인 경우가 많다는 점이다.

2015년에는 분명히 그리스를 욕보이려는 정치적 선택이 있었다. 유럽(특히 독일과 프랑스) 당국의 눈에는 그리스가 반反긴축연합 시리자를 선출해 '급진좌파' 정부가 들어서게 한 죄를 범한 것이다. 시리자는 그리스 사회당Pasok(2009~2012년 금융대란 당시에 집권하면서 신임을 잃은 당)의 왼쪽에 있는 공산당·사회당·생태주의당의 융합에서 유래했다. 선거에서 승리한 시리자는 유럽 지도자들이 강제한 예산정책 항목들을 완화시키고자 했다. 이는 유럽 지도자들이 이미 약속했던 것이기도 하다. 하지만 그들은 시리자에게 상징적 승리를 안기면 이 현상이 전파될까 두려워(특히 스페인에서는 포데모스운동이 급상승하고 있었다), 그리스에 더 가혹한 긴축재정정책을 강제하기로 결정했다. 그리스는 경제활동 수준이 이미 2007년보다 25% 떨어져 있는 마당에 기초재정 흑자를 국내총생산의 3%로 설정하는 걸 목표로 삼아야 했다.[86] 그러면서, 유럽의 지도자들은 시리자가, 그 모든 단점에도 불구하고, 국제주의적이며 유럽에 개방적이고 그리스 해안으로 도착하는 이민자들을 지원하는 정당이라는 점을 망각했다. 유럽에서—독일과 프랑스의 부자들에게 그렇게 하듯이 그리스 부자들에게 더 많이 과세하는 것을 포함한—더 정의로운 조세재정정책을 발전시키기 위해서는 이와 같은 운동들에 의거하는 게 더 현명한 선택이었을 것이다.[87] 채택된 조치들은 아마도 급진좌파 유권자들을 낙담케 했을 것이다. 하지만 3년 뒤인 2018년에, 이탈리아에서 집권한 세력은 사회토착주의 정부로, 외국인 사냥을 주요 연결고리로 삼는 연합정부였음에도 나라의 규모로 인해 유럽의 지도자들은 이탈리아에 더 협조적으로 대할 수밖에 없었다.[88]

이례적으로—아마도 영원히 지속되지는 않겠지만—국채 이자율이 낮게 줄어들었지만, 국채의 이자 지불금은 유로존에서 현재 국내총생산의 2%다(평균 재정 적자는 1%, 기초재정 흑자는 1%다). 예컨대 학생들의 이동을 위한 에라스무스 프로그램에 투자되는 하찮은 연간 20억 유로에 비하면 이자 지불금은 무려 2000억 유로가 넘는다. 가능한 선택이긴 하지만 과연 이것이 미래를 준비하는 최선인가? 이 금액을 교육과 연구에 바치면, 유럽은 미국을 앞서는 혁신의 세계적인 중심축이 될 수 있을 것이다. 여하간, 이와 같은 선택들이 민주적인 영역 안에서 논의될 수 있어야만 할 것이다. 새로운 금융위기가 닥칠 경우, 또는 단지 이자율이 재상승할 때, 2012년에 확정된 예산협약의 폭발성을 곧 깨닫게 될 것이다. 이 규칙의 이행될 수 없음이라는 특성을, 나라들 사이의 원한과 긴장을 표면으로 끌어올리는 위험부담과 더불어 인정해야 할 것이다. 이는 이런 복잡한 문제들을 다룰 정당한 민주적 틀을 제때 마련하지 못해서 최상의 타협안을 만들어낼 수 없기 때문이다.[89]

## 부채의 역사에 의거해 새로운 해법들을 도출하기

여기서 제안되는 해법은 의회민주주의에 대한 신뢰에 기반한다. 다원적이고 논쟁적인 공적 숙의만이 이와 같은 결정들에 필요한 정당성을 가져오고 경제적 사회적 정치적 상황의 진화에 실시간으로 적응해가는 것을 가능케 한다. 1992년에 마스트리흐트조약에서 고안된 (2012년 신재정협약에서 더 악화된) 잘못된 개념을 재고할 때가 되었다. 이 개념에 따르면 의회민주주의 없이도, 공동 부채와 공동 조세 없이도, 자동예산 규칙의 이행만으로 공동 화폐가 발행될 수 있으리라는 것이다. 제안된 구상안에서는, 국가부채의 전부 또는 일부에 대한 국가들의 차환율 통합과 채무 상환일 조정과 상환 속도를 결정하는 권한이 유럽회의에 있다. 이는 또한 공동 부채증서와 공동 이자율의 혜택을 누리고 싶은 나라들은 유럽회의의 다수 결정에 따라야만 한다는 것을 뜻한다(유럽회의 안에서 각국은 정의상 제한된 비중만을 가질 것이다). 각 나라가 부채와 적자에 대한 주권을 따로 보존하길 원한다면 공동 이자율의 혜택을 누릴 수는 없을 것이다. 공동화된 부채에 대해서만 유럽회의는 상환과 상환일 조정을 자유롭게 결정할 것이다.[90] 조인국이 더할 것도 덜할 것도 없이 세금으로 지출을 충당하는 기초재정 균형을 유지시키는 하나의 해법이 있을 수 있겠다. 이는 부채의 장기 분납에 상응한다. 공동 부채에 대한 이자율이 낮은 한에서(자연스럽게 이 공동 부채증서의 상당량을 보유하게 될 유럽중앙은행이 이자율을 금융시장이 요동치든 말든 낮은 수준으로 유지하는 한에서),[91] 추후 명목성장이 현저히 높아지는 한에서(보장되지는 못한다), 장차 수십 년간 국내총생산에서의 부채 보유분 비율이 점점 더 줄어들게 될 것이다.[92]

혹자들은 이러한 기초재정 균형 규칙을 반석 위에 올려놓고 싶을 수도 있을 것이다.[93] 무엇보다도, 정의로운 과세의 민주적 가능성이—특히 유럽회의가 모든 조인국에서 상위 소득 및 자산에 대한 조세를 채택할 가능성과 더불어—주어진다면, 세금으로 지출을 충당한다는 생각은 일반적으로 훌륭한 원칙이다. 문제는 예컨대 일시적으로 세수가 대대적으로 줄어드는 경제위기 같은 특정 상황에서 이 규칙은 분명 지나치게 완고하다는 것이다. 장기이자율이 이례적으로 낮은 상황이나(현재도 그러한데, 이는 민간 투자자들의 투자 기회가 적다는 사실을 부분적으로 반영한다),[94] 오히려 공권력이 미래를 위한 전략적 투자를 추진할 능력이 있는 상황에서도 사정은 동일하다. 그런 전략적 투자는 우선적으로 에너지 이행, 기후온난화, 연구와 교육 등에서 이뤄질 수 있다.[95] 공권력이 과연 어떤 한도 안에서 그리고 어떤 규모로 이와 같은 투자를 판단하고 시행할 수 있겠는가의 문제는 확실히 매우 복잡하다. 그럼에도 여하간 우리가 이와 같은 상황에 처한 것인지 여부를 결정할 정당한 심급들을 제대로 찾아야 한다. 상반되는 실험이 부재한 상태에서, 의회적인 틀 안에서 다원적이고 공적인 숙의를 거친 뒤, 최대한으로 평등한 조건에서 선출된 대표자들이 의결하는 것보다 더 나은 것이 있을 수 있으리라고 생각할 여지가 없다. 이 모든 것을 엄격한 자동규칙들로 대체하는 것이 바람직하리라는 생각(어떤 역사적 경험에 의해서도 신뢰를 얻지 못하는 가설)은 민주주의에 대한 허무주의적 환멸에 속한다.[96]

실제로, 유럽회의는 예컨대 민간자산에 대한 누진특별과세 같은 특정한 조치들을 채택함으로써 국채 해소를 신속화하는 결정을 내릴 수도 있을 것이다. 이와 같은 조치들은 특히 독일과 일본에서 2차대전을 거친 1950년대에, 공권력이 재정적 여유를 되찾아 국채를 신속하게 감소시키고 경제성장과 재건에 투자할 수 있도록 하는 데 상당한 긍정적 역할을 해냈다.[97] 거리를 두고 이 경험들을 조사해보면, 당시 사용되었던 일련의 방법들에서 가장 문제적인 요소는 의심의 여지 없이 인플레이션과 관련된다. 인플레이션은 물론 국채를 시세 차익을 통해 줄이는 데 일조했으나, 인민계급의 적금이 난폭하게 약탈당하는 대가를 치러야 했다. 이런 경험들에 비춰보면, 유럽중앙은행의 권한으로 인플레이션을 낮게 유지하고 특히 누진세제의 측면에서 검증된 조치들, 이번에는 (유럽중앙은행을 통한 매우 낮은 이자율과 함께) 부채의 장기 분납만큼이나 (아마도 유럽회의에서 채택될) 특별과세에 대해서도 유럽 수준에서 명시적으로 조율하는 데 집중하는 것이 정당해 보인다. 유럽회의는 부채 분납을 더 길게, 예컨대 유로존의 나라들(특히 남부 유럽, 더 일반적으로는 유로존 전체)이 위기 이전과 비교해 정상적인 성장궤도와 고용 수준을 되찾을 동안 연장하기로 결정할 수도 있을 것이다. 유럽회의는 또한 기후온난화 같은 더 우선적인 여타 목표들에서 충분한 성과를 거두지 못했다고 판단한 경우에는 분납 연장을 결정할 수도 있을 것이다.[98]

여기서의 목표는 밟아야 할 절차를 미리 결정해두려는 것이 아니라, 논란의 여지가 없는 정당성을 갖춘 민주적 심급을 마련해야 할 필요를 보여주려는 것임을 강조하면서 결론을 맺도록 하자. 유럽회의가 그러한 심급이며, 이는 산적한 복잡한 문제들에 대한 결정들을 내릴 수 있도록 각국 국회의원과 유럽의회 의원들에 동시에 기초한다. 유럽의 국채로 인해 야기된 상당한 문제들이 2012년에 채택된—거칠게 말하면, 유럽 나라들의 중간 이하 납세자들이 막대한 기초재정 흑자를 위해 장차 수십 년간 납세하기를 고분고분 받아들일 거라고 예상한—신재정협약의 기계적인 적용으로 해결될 거라는 생각은 전혀 현실성이 없다. 2008년 이후 부채위기는 유럽 나라들 사이의 오래된 긴장을 격화시켰고, 유럽 건설을 시작한 주요 나라들, 특히 독일과 프랑스와 이탈리아 사이에서 점점 더 날카로워지는 상호 불신과 몰이해를 낳고 말았다. 중대한 정치적 단절의, 더 나아가서는 유로존 해산이라는 잠재성이 존재한다. 이 문제들을 계속해서 국가 대표자들과 재무부 장관들의 밀실 회합에서 완고한 역학관계로 풀기로 했다가는 새로운 긴장 국면으로 나아갈 개연성이 있다. 진정한 초민족적 의회민주주의의 구성만이 가능한 선택지들에 대한 명료하고 깊이 있는 조사와 제기된 문제들에 대한 지속적 해결가능성을 제공한다.

## 유럽의 사회연방주의 전환의 정치적 조건들

앞에서 제시된 사회연방주의적 접근의 장점은, 강화된 정치적 조세재정연합(유럽연합과 구별하기 위해 이를 유럽의회연합Union parlementaire européenne, UPE이라 부르자)을 열망하는 유럽 나라들의 중핵이 27개 또는 28개국의 유럽연합을 문제시하지 않고도 이 방향으로 나아가는 걸 원칙적으로 가능케 한다는 점이다. 이상적으로는, 유럽의회연합의 최초 중핵은—이처럼 강화된 연합의 실현을 위해서는—유로존의 큰 네 나라(독일·프랑스·이탈리아·스페인)이거나 적어도 이들 중 두세 나라여야만 할 것이다. 가장 좋기로야 유로존의 거의 모든 나라가 즉각 동조하는 것이겠으나, 강화된 연합에 유로존 회원국보다 더 신속하게 참여하길 열망하는 유로존 바깥 나라들이 존재할 수도 있다.[99] 유럽의회연합을 구성하는 최초 중핵이 5개국이든 10개국이든 20개국이든, 이론상으로는 이 체계가 유럽연합과—여기 속하는 모든 나라에 유럽의회연합 합류를 설득하고 두 구조가 합병되도록 해야 하는 기간 동안—안정적이고 지속적으로 공존하지 못할 이유가 없다. 과도적 단계에, 유럽의회연합 회원국들은 유럽의회연합에 의해 설치된 (유럽회의와, 유럽회의가 채택할 공동 조세로 충당되는 예산을 위시한) 심급들과 조치들에, 그리고 유럽연합의 제도와 정책에도 참여한다. 이 강화된 연합이 정확하게 기능하며 유럽에서 조세·사회·기후 관련 정의의 결핍을 메우는 일을 시작할 수 있게 한다는 걸 보여주는 데 성공한다면, 유럽연합의 거의 모든 회원국이 수년 내에 혹은 어쩌면 즉각적으로 유럽의회연합에 합류하는 걸 기대할 수 있겠다.

이처럼 안정된 시나리오가 바람직한 것이긴 하나 불행히도 유일한 가능성은 아니다. 실제로는, 룩셈부르크와 아일랜드처럼 조세 덤핑에 깊이 의존하는 국가들이 이 프로젝트에 맹렬하게 반대할 개연성이 있다. 이 나라들은 프로젝트에 참여하기를 매우 확실하게 거부할 뿐 아니라, 이처럼 강화된 연합이 기존 조약들을 위반하는 것이라고 주장하고 심지어는 유럽사법재판소CJEU에 제소하겠다고 나서면서 프로젝트를 틀림없이 전복하려 할 것이다. 이들 나라가 내세우는 근거는, (회원국 만장일치가 필요한) 유럽 조약들을 전반적으로 개정해야만 조세 만장일치 규칙이 폐지될 수 있다는 것이고 조세에 대한 결정을 다수결로 정하는 유럽회의도 창설될 수 있다는 것이다. 만장일치 규칙을 폐지하기 위해 만장일치가 필요하리라는 주장은 허울 좋은 막다른 주장으로 보일 수 있다. 하지만 걸려 있는 국가적(또는 국가적이라고 여겨지는) 이익이 워낙 크다보니 이런 유형의 주장이 견지될 리가 없다는 생각이 영 틀린 게 되는 것이다. 긴급한 금융위기 사태에 대처하기 위해 채택된 정부 간 조약들에 대해, 2012년 유럽사법재판소는 위기에서 빠져나오기 위한 실현가능한 다른 법적 경로가 없다는 점을 확인하고 나서 그 조약들의 법적인 유효성을 승인했으니, 유럽민주화조약에(또는 유사한 조약문에) 대해서도 민주적이고 사회적인 긴급함을 명목으로 같은 결정을 내릴 것이라고 생각할 수 있겠다.[100] 그렇긴 하지만 법은 정밀과학이 아니기에 유럽사법재판소가 이를 승인하리라고 보장할 수는 없는 노릇이고, 승인받지 못하는 경우엔 강화된 유럽의회연합 프로젝트를 주도한 국가들은 책임을 지고 유럽 조약 탈퇴를 선언할 수밖에 없을 것이다(즉 다른 조인국들이 새롭게 다시 협상을 하도록 압박하기 위해 유럽 조약에서 탈퇴할 수밖에 없을 것이다).

유럽민주화조약(또는 유사한 조약문)이 어떤 식으로 발효될 것인지와는 별개로, 강고한 중핵을 이루는 나라들 안에서 공동 조세가 시행될 때 외부에 남기로 택한 나라들과의 긴장은 거의 불가피할 것이다. 특히, 과도기에는, 기업 수익과 상위 소득 및 자산과 탄소배출에 대해 공동 조세를 채택했을 유럽의회연합 회원국들이 자연스럽게 비회원국들과의—국경을 넘나드는 이윤 유출입, 금융자산 포트폴리오, 소득, 교역 물품들의 탄소 발자국에 대한 정보를 요구하게 될 거라는 측면에서—완벽한 협력을 요청하게 될 것이다. 과거의 경험들에 근거해보자면, 이러한 협력이 자생적으로 완벽해질 개연성은 별로 없다. 무역제재의 실효적인 이행만이 바라던 결과를 얻게 해줄 것이다. 예컨대, 법인세와 관련해, 충분한 국제공조의 부재에 대처하는 적절한 해법은 다국적기업들이 다양한 나라에서 실현한 재화 및 서비스 매출에서 얻은 세계적 수익을 (이윤을 어느 공식적인—흔히 허위의—소재지에서 냈느냐와 무관하게) 나누는 것에 있을 수 있겠다.[101] 유로존의 더 큰 나라들이 룩셈부르크와 아일랜드를 상대로 단호하게 제재를 가하는 것이 가장 빠르게 요구를 관철시킬 수 있는 길이라고 생각할 수밖에 없다. 제재를 당하는 나라들이 이와 같은 제재들을 기존 조약들에 대한 전형적인 위반이라고 규탄할 게 명확한 만큼 이처럼 확고한 태도가 반드시 있어야만 할 것이다.[102]

예컨대 2010년에 미국이 스위스 은행들을 상대로 미국에서 활동할 수 있는 은행 면허를 취소하겠다고 위협한 걸 생각해보자. 미국의 이러한 위협은 스위스 국가로 하여금 자신들의 은행 관련 입법을 (부분적으로) 개정하여 스위스 은행을 이용하는 미국인 납세자들에 관한 적절한 정보들을 미국 국세청에 넘기도록 압박함으로써 상황 타개를 가능케 했다. 유럽의 맥락에서, 독일과 프랑스와 이탈리아가 룩셈부르크 또는 스위스에 맞서서 이와 같은 입장을 표명했더라면(혹은 장차 표명한다면), 이 나라들은 이 같은 제재가 기존 유럽 조약들에 부합하지 않는다고 주장하길 마다하지 않았을 것이다. 이 같은 제재들은 사태를 변화시키기 위한다면 불행히도 필수불가결하다. 게다가 실질적인 효과를 거두기 위해서는 아마도 현실적으로 상당 기간 제재를 이행해야만 할 것이다.

요컨대, 진정한 쟁점은 법적이거나 제도적인 것이 아니라, 무엇보다도 정치적이고 이데올로기적인 것이다. 중심 문제는 조세경쟁으로 가장 고통스러운 나라들, 특히 덩치가 더 큰 나라들(프랑스·독일·이탈리아·스페인)이 비공조국들에 맞서 제재를 가할 정도까지 갈 수 있는 선제적인 전략을 정당화하기에 충분할 만큼 이 쟁점이 중요하다고 간주하는지 여부다(일방적으로 기존 조약에서 탈퇴하는 것을 불사해야 할 수도 있다). 이제껏 대부분의 정부와 정치운동들, 특히 이들 나라에서 집권한 다양한 경향의 사회당과 사민당이 추구한 방법은 확실히 조세경쟁은 문제적이지만 룩셈부르크와 아일랜드 그리고 해당국 모두가 거부권을 자발적으로 포기하지 않는 한, 이 문제는 해결 불가능하다고 간주해왔다. 그런데 이와 같은 접근이 막다른 길에 봉착했음은 이미 오래전부터 분명했다. 어려움은 큰 나라의 정부들이 유럽연합의 분열 위험을 감수하면서까지, 앞으로 더 나아갈 준비가 되어 있는 하위그룹 나라들과 함께 별도의 (내가 제시하는 유럽회의와 같은) 정치제도를 창설할 만큼 이것이 충분히 중요한 쟁점은 아니라고 이제껏 간주해왔다는 점이다. 이런 위험 앞에서 주저하는 건 이해할 만하다. 하지만 궁극적으로는 현상태에서 야기되는 위험, 즉 인민계급과 유럽 건설 사이의 결정적이며 잠재적으로 치명적인 결별이 내게는 더 우위에 있는 것으로 보인다. 초민족적인 조세재정-의회 주권과 이를 위한 숙의가 가능한 민주적 논의공간을 설계하는 일은 거의 불가피하게 소수의 몇몇 나라에서 출발해야 하는 취약한 상황이며 이를 통해야(실현가능성을 구체적으로 입증해낸 뒤에야) 다른 나라들로 확대될 수 있다고 생각할 수도 있다. 달리 말해, (훨씬 일찍 개시되었어야 유리했을) 이 과정을 개시하기 위해 27개국 또는 28개국이 적극적으로 나설 준비를 갖추기를 기다

려야 한다면, 아마도 무한정 기다려야 할 것이다.[103]

사실상 이 과정이 아직도 이루어지지 못했다면, 그 이유는 특히 독일과 프랑스에서 중도우파건 중도좌파건 많은 정치행위자와 정치운동이 높은 유동성을 가진 사람들을 위한 무한질주에 연계된 비용에 비해 (강제과세가 이미 역사적으로 가장 높은 수준에 달한 상황이기에 국가들에게 압력을 가해 지출을 한꺼번에 너무 많이 하지 못하게 하는) 조세경쟁의 이점이 더 크다고 계속 생각하고 있기 때문이며, 조세경쟁을 종식시키려는 모든 시도에 내포될 상당한 정치적 난관에 최소한의 정당성도 부여하지 못하고 있기 때문인 것이 확실하다.[104] 그만큼 유력한 또다른 이데올로기적 요인은 유럽 건설이 국가들의 신성불가침한 권리에 오랫동안 의거해왔다는 것이다. 국가에는 재화와 자본과 인력의 자유로운 이동과 무역을 통해 부유해질 권리가 있고, 나아가 부차적으로는 이웃국가들의 과세표준을 이용해 부유해질 권리가 있다는 것이다. 이는 역사적이고 정치적인 차원에 입각한 매우 특수한 이데올로기적 구성물이다. 이 구성물은 (아일랜드나 룩셈부르크의 해당 계급들을 포함한) 인민계급과 중위계급에 혜택이 되기보다는 (독일과 프랑스를 포함한) 모든 나라의 상층 사회계급의 배를 불리는 결과로 귀착된다. 하지만 이 권리는 너무 오래 주장되어온 나머지 정당한 것인 양 느껴지게 되었다.[105]

현행 조약들을 탈퇴할 수도 있다는 조건이 새로운 조약에 도달하기 위한 필수조건임이 확실하다고 해도 이것은 어디까지나 충분조건은 아니라는 점에 주목하면서 결론을 맺도록 하자. 2008년 위기 이후에, 예컨대 스페인의 포데모스와 프랑스의 '불복하는 프랑스' 같은 정치운동들이 유럽에서 사회적 조세재정의 조화 방안과 관련한 새로운 정책들을 관철시키려고 탈퇴 위협이라는 구상을 발전시켜왔다.[106] 문제는 이 운동들이 현재까지도 유럽에서 수립되길 열망하는 새로운 정치체계가 어떤 것인지를 정확하게 제시하지 못한다는 데 있다. 요컨대, 어떤 조약을 탈퇴해야 하는지는 알지만, 어떤 새 조약을 맺어야 할지는 모른다는 것이다. 이 전략의 문제는 유럽의 현상태를 옹호하는 정치운동들, 특히 2008년 위기 이후 독일과 프랑스 정부에 의해 반유럽적이라고 쉽게 희화화될 수 있다는 데 있다(이 정부들은 유럽 수준의 공동 조세에 대한 반대와 불평등주의 이데올로기를 관철시키기 위해 유럽 이념을 사실상 도구화하고 있다). 이런 점이 유럽 해체 전망에 불안해하는 여론을 상대로 이 정치운동들에 대한 신뢰를 떨어뜨리려는, 그리하여 사실상 이 운동들의 집권을 저지하려는 강력한 논거를 제공한다. 이 운동들이 그럼에도 가령 프랑스에서 집권하기에 이른다면, 다양한 회원국(특히 프랑스와 독일) 사이의 누적된 불신으로 인해 실제로—나라들 사이의 원한과 몰이해가 유럽의 이상을 향한 공동의 애착보다 우세해지는 궤적 속에서—유럽 조약들로부터 통제 불가능한 혼란스러운 탈퇴과정으로 이어질 위험이 존재한다. 적어도 내게는 개연성이 있어 보이는 또다른 위험은 이 공동의 애착이 해체를 모면하게는 하지만, 유럽의 새로운 제도와 사회적 조세재정의 조화 방안의 정확한 윤곽에 관한 정확한 사회참여의 부재가—이처럼 복잡하지만 현저히 정치적인 문제들에 대한 충분한 시민적 전유와 선행되는 공적 논의가 결여된 가운데—열망 없는 기만적인 타협으로 결국 귀착되고 마는 일이다.[107]

## 분리주의의 덫과 카탈루냐 신드롬

유럽의 사회연방주의적 전환에는 단연코 유럽의 틀을 넘어서는 쟁점들이 담겨 있다. 이제껏 이루어져온 것과는 다른 방식의 세계화를 조직하는 것이 가능할지, 다시 말해 자유무역과 관세동맹에 관한 조약들을 더욱 광범위한 전망—조세·사회·기후 정의와 관련된 구체적이면서 달성할 수 있는 전망들과 더불어 지속적이고 공정한 발전모델 제시를 목표로 하는 국제협정들에 대한 전망—안에서 재정립하는 것이 가능할지 여부가 실제로 중요한 것이다. 이와 같은 협정들이 부재한 상태에서의 위험은 조세 덤핑을 향한 질주와 불평등 증대가 계속되는 것이고, 결국엔 제노포비아적인 정체성주의 퇴행이 더욱 번져나가 집권의 욕망을 지닌 반이민자운동 세력들이 이를 능숙하게 활용할 가능성에 다다르게 된다.

또다른 위험은 분리주의의 덫이라 부를 수 있는 것인데, 특히 2017년 카탈루냐의 분리독립 주민투표 실시에서 이것이 작동되는 걸 목도한 바 있다. 일반적으로, 지역주의적 신념이 카탈루냐에서 소득과 학력 수준에 따라 어느 정도로 균열되어 있는지를 확인하는 것은 인상적이다. 카탈루냐 유권자들에게 광범위한 지역자치권 (나아가 자결권까지 원하는) 주장을 지지하느냐고 질문하면, 소득과 학력의 위계가 위로 올라갈수록 그 지지가 훨씬 두드러져서, 소득 및 학력의 상위 10%에서는 지역주의 구상에 대한 찬성이 응답자의 80%에 달하는데, 반면에 하위 50%에서는 40~50%가량이다(도표 16.5~16.6 참조).

분리독립 주민투표에 대한 지지에 국한한다면(그리고 스페인 내부에서의 좀더 확대된 자치를 지지하는 사람들을 제외하면), 그 균열은 훨씬 더 두드러진다는 게 확인된다. 독립에 대한 지지는 현저하게 특권계층에서, 그것도 특히 상위 소득에서 나온다.[108]

분리독립에 대한 지지도가 경제위기를 거치고 난 뒤에 크게 상승했다는 점 또한 주목할 만하다. 경제위기는 2009~2010년 이후 스페인을 강타했고, 게다가 2011~2013년 유럽 차원의 긴축정책이 시행된 이후에 심대한 위기가 재발했다. 2008년에는 카탈루냐 유권자의 단 20%만이 분리독립권 방안을 옹호했던 데 반해 2011년에는 32%, 2016년에는 35%가 옹호했다.[109] 분리독립에 대한 지지의 이처럼 빠른 증가에 근거해 카탈루냐 정부는 마드리드 정부의 의견을 무시하고 2017년 9월에 분리독립에 관한 주민투표를 실시했나. 스페인 산뮤 옹호자들은 보이콧했으나, 분리독립 주민투표는 중대한 헌정상의 위기를 촉발했고 이는 여전히 진행중이다.[110]

카탈루냐 지역주의가 빈민계층보다 사회적 특권층에서 훨씬 두드러졌다는 사실은 대단히 인상적이다. 카탈루냐 주민투표를 통한 지지층 분석

**도표 16.5** 카탈루냐 지역주의와 소득, 2008~2016년

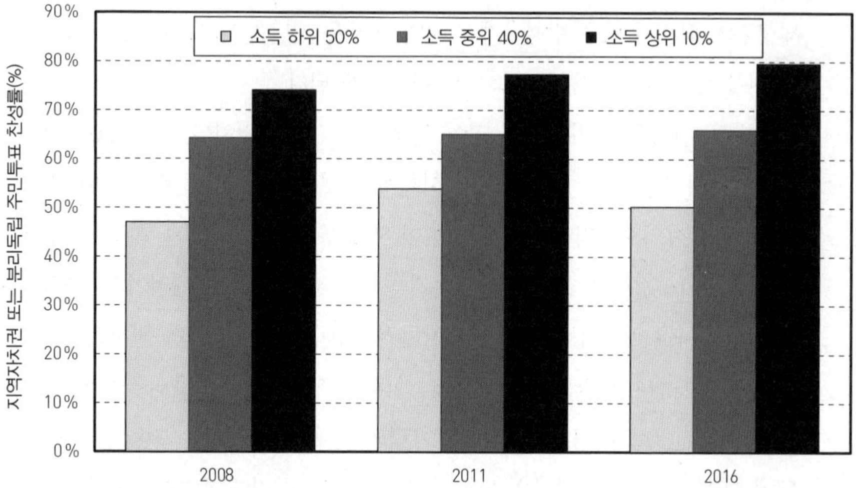


2008년 카탈루냐 소득 하위 50% 중 47% 유권자가 지역자치권 또는 분리독립 주민투표에 찬성했다(두 질문에 대한 답은 통합되었다). 그다음 소득 40% 중에서는 64%가, 상위 10%에서는 74%가 찬성했다.

**출처 및 원 통계자료:** piketty.pse.ens.fr/ideologie

**도표 16.6** 카탈루냐 지역주의와 학력, 2008~2016년

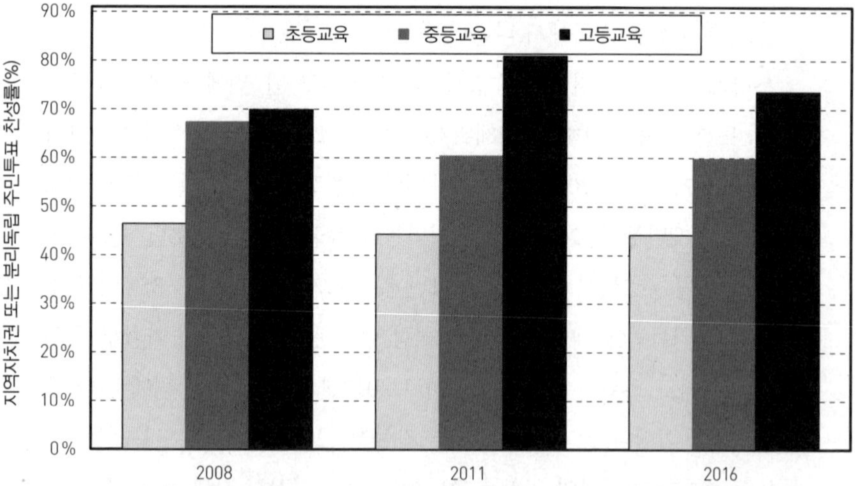


2016년 학위가 없는 카탈루냐 유권자의 44%가 지역자치권 또는 분리독립 주민투표에 대해 찬성했다(두 질문에 대한 답은 하나로 통합되었다). 중등교육 이수자 사이에서는 60%가, 고등교육 이수자 사이에서는 74%가 찬성했다.

**출처 및 원 통계자료:** piketty.pse.ens.fr/ideologie

을 1992년과 2005년 프랑스 국민투표, 그리고 2016년 영국에서 실시된 국민투표 당시 관찰된 지지층 분석과 비교해보는 건 특히 흥미롭다. 이 국민투표들에서도 특권층이 유럽을 압도적으로 지지했고 반면에 빈민계층은 유럽을 거부했다는 것이 매번 관찰되었다.[111] 두 개의 지지층 분석은 완벽한 일관성을 갖는다. 카탈루냐 독립을(또는 더 확대된 자치를) 지지하는 특권층은 유럽연합에서 탈퇴하려는 의향이 전혀 없으며 오히려 그 반대다. 이들은 카탈루냐가 유럽연합에 그대로 남기를, 다만 독립국가로서 카탈루냐가 세수를 보유하되 유럽과의 무역·금융통합에서 계속 혜택을 누릴 수 있기를 열망한다.

물론 카탈루냐 지역주의를 전적으로 이러한 조세 동기로 환원하려는 것은 아니다. 고유하게 문화적이고 언어적인 요인들도 저 나름의 중요성을 가지며, 마드리드 중앙권력의 야만성과 프랑코주의에 대한 역사적 기억도 역시 중요하다. 그럼에도 여전히 조세 자율성 문제는—특히 스페인 전체 평균보다 분명히 더 부유한 지역인—카탈루냐 지역주의운동에서 중심적인 역할을 한다. 부유한 납세자들이 자신들의 세금이 다른 지역으로 흘러들어간다고 여기며 격분한다고 보는 게 당연하다. 반면에 중간 이하의 계층들은 아마도 사회적 조세 연대의 미덕에 조금 더 민감할 것이다. 이런 관점에서, 탈중앙집중화된 조세재정제도를 갖춘 현재의 스페인은 세계에서—훨씬 큰 규모의 연방국가들과 비교하더라도—가장 탈중앙집중적인 나라 중 하나에 속한다는 사실이 강조되어야 한다. 특히, 소득세 과세대상은 2011년부터 연방정부와 지역정부가 반반씩 나눠 갖는다.[112] 이와 같은 체계는 많은 문제를 야기한다. 한 나라 안에서의 연대라는 이념 자체를 훼손하며 지역들끼리의 반목으로 귀결되는 이 체계는, 지역적 정체성 또는 직업적 정체성 문제를 넘어 빈곤층과 부유층 사이의 불평등을 해소하는 도구인 소득세와 연결될 때 특히 문제가 된다.[113]

비교하자면, 스페인보다 7배나 인구가 많고 탈중앙집중화와 각 주의 권리를 중요시하는 미국에서도 소득세는 거의 언제나 절대적으로 연방세였다. 특히, 1913년에 신설된 이후 누진세 기능을 확고히 하면서 상위 소득에 최고세율로 과세한 것은 바로 연방소득세다.[114] 틀림없이 캘리포니아(인구가 거의 스페인과 비슷하고 카탈루냐보다는 인구가 6배 많은 주)의 부유한 납세자들은 상위 소득에 대한 연방세 세수의 절반을 자신들과 자녀들을 위해 무척이나 남겨두고 싶었을 것이다. 하지만 사실상 그들은 전혀 그렇게 하지 못했다(그런 생각 자체가 분리주의 전쟁의 선포로 해석될 것이기에 정말이지 아예 시도조차 하지 않았다). 스페인과 더 비슷한 사례에 속하는 독일연방공화국에서도 소득세는 절대적으로 연방세다. 연방 16개 주들은—바이에른의 납세자들이 뭐라 생각하든 간에—가산 세율을 의결할 수도 없고 세수를 따로 남겨둘 수도 없다. 지역$_{\text{régional}}$ 혹은 지방$_{\text{local}}$ 수준에서의 가산 세율 논리가 그 자체로 반드시 유해한 것은 아니지만 어디까지나 신중하게 채택되어야 한다는 조건하에서 그러하다는 것을 분명히 해두자. 하지만 소득세를 지역과 반씩 나누기로 함으로써 스페인은 틀림없이 너무 멀리 가버렸고, 카탈루냐 사람들 일부는 이제 분리독립을 통해 세수의 100%를 카탈루냐에 남겨두고 싶어한다.

유럽도 카탈루냐 위기에 큰 책임이 있다. 절망적인 유로존 위기관리도 모자라, 결국 스페인에도 손상을 입힌 유럽연합은 수십 년간 모든 걸 동시에 손에 쥘 수 있다는 개념에 근거한 발전모델—연대의 현실적 의무도 공공재에 대한 재원 조달도 없이 유럽과 세계를 거대시장으로 통합하는 모델—을 권장해왔다. 이런 상황에서, 카탈루냐가 룩셈부르크처럼 조세피난처가 되어 자신의 운을 시험해보려들지 않을 이유가 있을까? 실제로 카탈루냐의 독립주의자들은, 카탈루냐가 독립국가로 분리된다면 카탈루냐의 발전을 위해 세수 전부를 쓸 수 있고, 필요하다면 지역-국가에 대한 투자를 유치하기 위해 유동성이 큰 행위자들의 세금을 인하할 수 있다고 여긴다. 이는 스페인 나머지 지역과의 연대를 위한 부담의 비중이 줄기 때문에 그만큼 더 쉬운 일이다. 유럽연합이 미국에 비견되는—소득 및 상속에 대한 연방 수준의 누진세로 충당되는—연방예산을 가졌더라면 카탈루냐 문제의 정치화 형태가 전적으로 달랐으리라는 데는 의심의 여지가 없다. 구체적으로, 카탈루냐의 상위 소득이 납부한 세금 대부분이—미국의 경우와 마찬가지로—유럽 연방예산을 충당하는 데 쓰였더라면, 스페인과의 분리는 금융적인 관점에서 제한적인 이익만 있었을 것이다. 조세 연대에서 빠져나가기 위해서는 유럽의 거대시장에서 배제되는 위험을 무릅쓰고 유럽연합에서 탈퇴해야 했을 것이고, 이는 많은 카탈루냐 독립주의자들에겐 용납할 수 없는 비용이 드는 일일 터이다. 나는 카탈루냐의 분리주의 독립운동이 이와 같은 체계에서는 즉각 사라질 것이라고도, 사라져야만 하리라고도 말하는 것이 아니다. 하지만 이 운동은 크게 약화될 것이고, 무엇보다도—지역들 사이의 터무니없는 계산과 조세 문제에 매달리는 대신에—중요하고 복잡한 문화·언어·교육 문제들에 집중하게 되리라고 본다. 카탈루냐 위기란, 이것이 구조화되어왔던 그대로를 보자면, 영토들 사이의 일반화된 경쟁과 조세 연대의 완벽한 부재—이기주의에 점점 더 과도하게 몰입하도록 조장하는 논리—에 기초한 유럽이 드러내는 징후로 보인다. 이 사례는 또한 정치체계와 불평등 사이의, 경계체제와 소유체제 사이의 긴밀한 얽힘을 다시금 예시한다.

### 이데올로기적 불협화음, 조세 덤핑, 작은 나라 신드롬

애초에 조세경쟁에 이데올로기적으로 그다지 기울지 않았던 지역사회들에서조차 조세경쟁이 얼마나 큰 유혹일 수 있는지 또한 강조해야 한다. 조세피난처가 되기 이전의 룩셈부르크는 이런 식의 행태를 보일 특별한 이데올로기적 성향을 전혀 갖지 않았다. 하지만 세계화의 전개(특히 자본의 자유로운 이동에 관한 조약들)가 이런 전략에 뛰어드는 걸 가능케 한 그때부터는, 이데올로기에 관계없이 조세 덤핑의 유혹이 너무 커진다. 이는 특히 작은 나라들에 해당된다. 이 나라들은 조세 덤핑으로 경제 규모에 비해 막대한 (실제 또는 허위의) 과세 기반과 투자 유치를 기대할 수 있으며, 이는 부유한 납세자들에 대한 세율 인하와 연계된 자국의 세수 손실을 벌충하는 그 이상일 수 있다.[115]

이데올로기적 불협화음의 극단적 사례는 스웨덴이다.[116] 1991~1992년 스웨덴 은행위기 당시, 이 나라는 대규모의 자본이동과 금융유통의 한가운데 사로잡힌 작은 나라의 허약함을 드러냈다. 위기는 1980년대 금융 탈규제의 위험을 다시 생각해볼 기회가 될 수 있었을 것이다. 하지만 실제로는, 스웨덴의 사회모델이 너무 멀리 나가버렸다거나, 사민당이 너무 오래 집권했다거나, 나라가 1980년대 보수혁명에서 비롯된 앵글로색슨 자유주의모델로 새롭게 다가갈 때가 되었다고 생각한 모든 이에 의해 위기는 도구화되었다. 짧게 지속된 첫번째 정권교체가 1991~1994년에 일어났지만, 그래도 자유주의-보수주의 정당들에게는 소득 및 재산에 대한 누진세를 크게 축소하고 1991년부터는 금융소득(이자와 배당금)에 대해 30%로 줄어든 비례세율을 시행할 시간적 여유가 있었다. 이제 금융소득은 최초로 누진과세표에서 제외되었다. 이러한 이데올로기적 흐름은 1990년대와 2000년대에도 계속되었고, 2005년과 2007년에 누진상속세와 누진재산세의 폐지로 이어졌다.[117]

2005년 스웨덴에서—실제로 홍콩(2006년)과 동일하게—결정된 상속세 폐지는 '작은 나라 신드롬'의 힘을 보여준다. 예컨대 독일·영국·프랑스·일본·미국 같은 큰 나라들은 모두 누진상속세를 유지했으며, 상위 상속에 적용되는 세율은 2010년대 말에 이들 5개국에서 30~55% 사이였다.[118] 달리 말해, 스웨덴 사민당은 세대 간 재산 양도시 모든 형태의 과세를 폐지하는 것이 유용하다고 판단했는데, 이에 비해 독일 기민당과 영국 보수당, 프랑스 드골주의-자유주의자들, 심지어 미국 공화당조차 이를 유지하는 게 낫다고 판단했다는 것이다. 비록 그 세율은 지난 수십 년간 낮아졌으나 그럼에도 상위 자산에 대해서는 매우 실질적인 수준으로 유지되었다.[119] 이 문제들에 관한 스웨덴의 논의에서는 지역에서 벌어지는 타국으로의 자본유출에 대한 공포가 핵심적이었다. 정당한 대목도 있고 과장된 대목도 있는 이러한 두려움을 가졌다고 해서 스웨덴 정부가 자유로운 자본이동에 관한 지침들을 개혁하거나 또는 유럽의 새로운 금융공조를 위한 제안을 했던 것은 아니다. 카탈루냐와 마찬가지로, 해법은 단순하다. 유럽 수준에서 누진상속세를 징세하는 걸로 충분했을 것이다. 스웨덴 사민당이 이런 식의 제안이 전혀 적절하지 않다고 판단했다는 사실은 20세기와 21세기 초 사민당의 강령과 이데올로기적 의제가 어느 정도로 민족국가의 틀에 매여 있었는지를 보여준다. 물론 그렇다고 해도 스웨덴은 여전히 다른 나라들보다 평등한 나라다. 이는 국민 전체에 기초하는 분담금과 세금으로 충당되는 선진적인 사회보장제도와 양질의 (고등교육까지 포함되는) 무상교육제도 덕분이다. 그렇지만 어쨌든 2005~2007년의 폐지들이 2000년 이후 스웨덴의 소득 및 자산 분배의 상층에서 관찰되는 불평등 증대에 일조했고, 종국에는 스웨덴모델을 약화시킬 수 있을 것이다.[120] 게다가, 국제공조에 대한 이처럼 비협조적인 태도는 다른 나라들에서—부국에서도 빈국에서도 신흥경제국에서도—누진세 유지를 어렵게 만드는 데 일조한다.[121]

'작은 나라 신드롬'이 큰 나라들로도 확대되고 있는 중임을 추가하자. 신흥국들이 강력하게 부상하면서 세계-경제에서 전례 없는 규모로 발전하는 가운데, 프랑스·독일·영국의 경우는 당연하고 어느 정도는 미국도 포함해서 거의 모든 나라가 세계경제 차원에서 작은 나라가 되어가는 중이다. 많은 보수주의 지도자들에게는 브렉시트가 정확히 겨냥하는 목표가 영국을 조세피난처로, 보는 눈도 규제도 없는 금융지대로 전환하는 데 있다(어떤 면에서는 1980년대 이후로 줄곧 진행되어온 포스트산업화시대의 전환과정이다). 사회연방주의적 전환 없이 이루어지는 세계화는 이런 유형의 궤도들을 증식시킬 위험이 다분하다.

## 사회지역주의의 덫과 초민족적 국가의 건설

사회연방주의의 길과 초민족적인 공권력을 건설하는 데 있어 부딪히는 상당한 어려움들로 인해, 어떤 정치운동들은 사회지역주의 전략—지역 수준에서의 평등과 새로운 대안경제 창설—에 집중하고 싶어한다. 예컨대, 카탈루냐 독립운동에는, 비록 소수이긴 하지만 새로운 사회적 실험들을 추동하기에는(부수적으로는 스페인 군주제에서 벗어나 마침내 공화주의로 들어서기에는) 마드리드 정부보다 카탈루냐가 더 나은 지지대일 수 있겠다고 판단한 좌파 성향의 정치집단들이 있다. 불행히, 카탈루냐 국가가 만들어진다 해도 그 안에서 매우 상이한 (조세피난처 유형의) 발전모델을 추진하려는 자유주의-보수주의 세력에 의해 이 좌파 집단이 포위되고 지배될 가능성이 크다.

지역과 지방자치제에서의 활동이 사회관계 및 소유관계를 재정의할 가능성을 열면서 중앙 수준에서 실현될 수 있는 것을 보완하는 만큼은, 사회지역주의 의제를 추진한다는 것이 물론 전적으로 정당하다. 그렇다고는 해도 그 의제를 사회연방주의를 목표로 하는 더 일반적인 틀 안에 기입하는 것이 중요해 보인다. 카탈루냐 지역주의가 지닌 서로 다른 모습들 사이에서 애매함을 명확히 하고 단순히 자신과 자녀를 위해 세수를 지키고 싶어하는 형태들과의 차이를 부각하려면, 예컨대 (독립에 찬성하는) 카탈루냐 공화주의 좌파는 유럽 수준에서 상위 소득 및 자산에 부과되는 공동 누진세를 지지한다는 점을 분명히 하는 것이 유용하다. 사회연방주의로의 길이 복합적이리라는 점이 오히려 카탈루냐 공화주의 좌파의 전략을 명확하게 해줄 것이다.

사회지역주의가—상위 수준에서 실시되는 정책과 조정에 의해 보완되지 않는다면—그 한계가 매우 명백해 보이는 행동들로 귀착되는 일이 흔하다는 점에서 이는 더욱 필수불가결하다. 최근 베를린에서 일어난 안티구글운동을 사례로 들어보자. 이 운동으로 말미암아 구글은 결국 2018년

10월 크로이츠베르크지구에 '캠퍼스'를 설립하는 계획을 포기하기로 했다. 이미 런던과 마드리드·서울·상파울루·텔아비브·바르샤바에서도 시행된 이 프로젝트는 붉은 벽돌로 지은 낡은 발전소 건물을 확보해 정보기술산업 분야의 회합과 이벤트 및 직업교육의 장으로 만드는 것이다. 안티구글 운동을 시작한 이 지역단체들은 여러 달 동안 '꺼져 구글Fuck Off Google'운동을 활발하게 벌여 결국 정당하게 승리를 외칠 수 있었다. 지역단체들은 부동산 투기, 임대료 인상, 젠트리피케이션으로 인해 이 지구에서 저소득층 가구들이 쫓겨나게 되는 상황을 강력하게 규탄했다. 이 모든 것이 대규모 탈세를 저지르며 자신들이 이윤을 내고 있는 나라(특히 독일)에 거의 한푼도 납세하지 않는 한 기업으로 인해 생겨나고 있다는 것이다. 이 사건은 베를린에서 커다란 반향을 일으켰고, 기민당 쪽에서는 독일 수도에서 집권하고 있는 사민당·녹색당·좌파당 연합이 확산시키는 '기업에 적대적인' 분위기를 비난했지만, 연정은 이 비난을 일축했다.[122]

이런 유형의 운동은 복잡한 문제들을 야기한다. 기민당이 거의 세금을 내지 않는 기업들을 두고 '기업가' 운운하는 것은 물론 도저히 참고 들어줄 수 없는 일이다. 기민당이 2005~2019년 기간 내내 (유럽의 일등 경제강국인) 독일 연방정부를 주도했음에도 이런 위반들을 고쳐놓기 위해 한 것이 아무것도 없다는 점에서다. 아울러, 이런 성격의 지역적 동원만으로는 충분치 않다는 것이 명백하다. 한편으로는 '구글 캠퍼스'를 수용할 다른 도시와 지역사회가 얼마든지 있을 것이기 때문이고, 다른 한편으로는 진정한 쟁점은 유럽 수준에서 이런 규모의 기업을 규제하고 과세할 수 있는가에 있기 때문이다. 그런데 사실 독일 사민당과 녹색당과 좌파당이 유럽 수준에서, 또는 적어도 프랑스-독일 차원이거나 아니면 좀더 많은 수의 나라들과 공동으로 거대기업들의 수익에 대한 공동 조세를 채택하기 위해 유럽 제도들을 전환하는 공동 행동정강을 지금까지도 제시하지 못하고 있다. 사회지역주의에 연연하면서 더 큰 사회연방주의 기반 위에서 제휴하길 거부한다면 상대에게 특별히 효과적인 공격의 각도를 제공하는 것이기도 하다.

다른 맥락에서, 특히 미국에서 사회지역주의와 사회연방주의의 제휴는 어쩌면 더 용이하다. 2018년 11월 당선된 뉴욕주를 대표하는 미국 연방 하원 초선 의원이자 '미국의 민주사회주의자들DSA' 일원인 알렉산드리아 오카시오-코르테스Alexandria Ocasio-Cortez(일명 AOC)는 브루클린에 아마존 제2본사가 들어서는 걸 반대하는 투쟁으로 유명해졌다. 베를린에서처럼 이 운동은 아마존이 이윤에 대한 세금을 사실상 내지 않는데도 아마존 본사를 유치하려는 도시들 간 경쟁 탓에 아마존이 매우 많은 액수의 공적 보조금을 수령하게 되었다는 사실에 초점을 맞췄다. 아마존이 그 어떤 노조 설립도 고려하길 거부하자 갈등은 더 격화되었고, 결국 2019년 1월 이 기업이 브루클린 프로젝트를 포기하는 걸로 일단락되었다. 공화당과 트럼프 계열의 압력단체들이 AOC에 반대하며 기승을 부렸다는 건 전혀 놀랄 일이 아니다.[123] 베를린 활동가들과의 차이는, 미국에서는 AOC 같은 의원들이 거대기업들을 규제하고 더욱 누진적인 연방세를 시행하도록 하는 정책들을 의회에서 옹호하길 마다하지 않는다는 점이다(AOC는 상위 소득에 대한 70% 이상의 최고세율을 지지한다).[124] 반면 유럽에서는, 유럽인들이 유럽 제도들의 전환과 이를 위한 초민족적인 연합의 설립을 동시에 요구하는 사태가 발생하지 않는 한 사회연방주의 정강을 구축하게 되는 일은 일어나지 않을 것이다.

### 인도에서 정당체계와 균열들의 구성

지금까지 우리는 유럽이 사회토착주의의 덫에서 빠져나올 사회연방주의 발전의 조건들을 비교적 상세히 살펴봤다. 유럽 사례에서 도출되는 몇 가지 교훈들이 더 일반적인 적절성을 갖더라도 이는 어디까지나 상대적으로 특수한 사례다. 선거 균열의 전환, 대규모 연방공동체 내의 정치적-이데올로기적 갈등구조, 선거민주주의 안에서의 정체성주의적 퇴행의 위험을 제대로 이해하고자 한다면, 본질적으로 유럽과 미국에 한정된 연구에 그치지 말아야 한다. 이것이 이제 우리가 서양에서 벗어나 인도와 브라질의 정치적 균열 문제에 관심을 가지려 하는 이유다.

정당구조와 선거 균열들의 진화는 인도연합 사례를 살펴보는 데 있어서 특히 중요하다. 한편으로는 인도연합이 세계에서 가장 큰 의회 연방공화국이기 때문이고(유럽연합 인구는 5억 1000만 명, 미국은 3억 2000만 명, 인도연합은 13억 명이다), 다른 한편으로는 1960~1970년 이후 인도의 정당체계가 계급주의적으로 진화했는 데 비해 서양의 선거민주주의는 지난 반세기에 그 역방향의 진화를 겪었다는 점 때문이다. 이 사례에는 풍부한 교훈이 담겨 있다. 평등주의연합의 건설 및 계급적 균열이 여러 경로를 거칠 수 있고 단일한 궤도와 (서양 나라들에서의 양차 세계대전과 1930년대 경제위기와 같은) 예외적인 사건들에 의존하지 않는다는 점을 보여주기 때문이다. 시선을 서양 바깥으로 돌리는 탈중심화는 연방주의 문제를 다시 사유하고 지난 수십 년간 유럽에서 형성된 정체성주의적인 종족적-종교적 균열들을 더 잘 이해하기 위해서도 본질적이다. 비슷한 균열들이 인도에도 존재하는데, 게다가 인도는 훨씬 오래된 다종교주의 경험을 갖고 있기에, 이 문제들의 정치화 형태를 상이한 사례들 안에서 비교해보는 일은 유익하다.

1947년 인도의 독립 및 파키스탄과의 분리에 뒤이은 첫 총선에서 인도국민회의당Indian National Congress은 인도 정치체계에서 분명히 지배적인 역할을 했다. 1885년에 창건된 국민회의당은 평화적인 의회주의 노선으로 나라의 독립을 이끈 정치조직이었고 이런 자격으로 인해 커다란 정당성을 확보했다. 국민회의당은 언제나 '세속주의적'인 다종교주의 관점에 의거해왔으며, (힌두교인이든, 무슬림이든, 기독교도이든, 시크교도이든, 불교도이든, 유대인이든, 종교가 없는 이들이든 관계없이) 모든 종교의 신도들이 응당 받아야 할 존중을 강조했다. 또한 국민회의당이 주도한 1950년 헌법으로 배정제와 '지정카스트'제가 확립되었다. 이 제도는 과거의 불가촉천민과 억압받는 토착부족민(지정카스트-지정부족)에게 고등교육·공직·선출직에 접근할 수 있도록 하는 것이었다. 이 정책들은 나라가 무거운 불평등이라는 과거의 유산에서 빠져나오는 것을 목표로 했다. 오래된 카스트 제도에서 유래한 이 불평등이 경직되는 데 영국 식민주의가 일조했다. 실제로, 국민회의당은 또한 (네루-간디 집안처럼) 전통적인 지역 엘리트들로 구성된 당이었고, 이 엘리트들은 대체로 상위 카스트, 특히 브라만 식자층 출신이었다. 국민회의당은 소유 문제와 교육 문제에서의 진보를 여러 사회정치적인 보수주의 형태와 결합했다. 진정한 농지개혁이 이뤄지지 않았다는 점, 빈민계층을 위한 의료 및 교육의 공공복지에 제대로 투자하지 않았다는 점은 이러한 그들의 보수주의를 증언한다.[125]

1951년 1957년 1962년에 실시된 총선에서, 국민회의당은 45~50%를 득표했다. 여타 정치세력들의 분열과 인도의 선거제도[126]로 인해 국민회의당이 단독으로 로크사바의 안정적인 다수 의석을 확보할 수 있었던 것이다. 나머지 표는 지역주의·공산주의·민족주의·사회주의 등 매우 다양한 이데올로기를 지향하는 여러 정당으로 분산되었고, 그중 어느 당도 국민회의당을 제대로 위협하지 못했다. 1957년과 1962년 총선에서, 제1야당은 인도공산당이었으며 연방 수준에서 약 10% 득표했다.[127] 힌두민족주의 정당 힌두국민연합Bharatiya Jana Sangh은 7% 이하의 득표로 제3당이 되었다. 국민회의당의 이 같은 전일적인 지배는 1960년대와 1970년대에 쇠퇴하기 시작했다. 국민회의당의 득표율은 40% 아래로 떨어졌고, 국민당Janata Party의 승리로 1977년에 최초의 정권교체가 일어났다. 그렇지만 국민당은 실질적인 공동 강령 없이, 인디라 간디의 국민회의당에 대한 좌익 반대파와 우익 반대파를 그러모은 일시적인 반反국민회의당 동맹이었다.[128] 이 경험은 전혀 결정적이지 않았다. 더 단결되고 일관성을 갖춘 국민회의당은 1980년 총선에서 정권을 되찾았다. 요컨대, 이 나라는 1940년대 말부터 1980년대 말까지 네루-간디 가문에서 배출한 수상들과 국민회의당의 거의 중단 없

는 지배가 이어졌다.[129]

국민회의당의 지배가 두드러지는 1단계(1950~1990년)를 지나, 인도의 선거민주주의는 1990~2020년 기간에 연방 수준의 정권교체도 가능할 실질적인 다당제의 점진적 발전으로 특징지어지는 2단계로 진입한다. 실제로, 인도 정당들의 로크사바 선거 득표율을 조사해보면, 1990년 이후 국민회의당의 위상이 지속적으로 쇠퇴하는 현상이 확인된다. 1989년에 거의 40% 득표하던 정당이 2014년 선거에서는 20% 이하로 떨어진다. 국민회의당과 연합한 다양한 중도 정당들을 합하면 2014년에 도합 약 35%에 다다르는데, 이는 전후의 초반 수십 년에 비하면 훨씬 축소된 것이긴 해도 상당한 진영을 구성한다(도표 16.7 참조).[130]

그런데 1990년 이후에는 힌두인민당BJP의 강력한 부상이 목도된다.[131] 힌두인민당과 그 동맹세력은 1989년 총선에서 득표율이 15%를 넘지 못했지만, 2014년 총선에서는 거의 40%에 이른다.[132] 국민당(반국민회의당) 연합의 실패에 뒤이어 1980년에 창건된 힌두인민당은 1951~1977년 힌두민족주의 색채를 지녔던 정당인 힌두국민연합을 계승했다. 힌두인민당은 1996~2004년에, 국민회의당에 반대하는 여타 정당들과의 연정을 통해, 이미 여러 차례 인도 정부를 주도한 적이 있었다는 점을 명확히 해두자. 2014년 총선의 새로움은 힌두인민당과 그들의 가까운 동맹세력이 최초로 로크사바에서 단독으로 절대다수 의석을 확보했다는 것인데, 이리하여 그들은 모디 수상의 지휘 아래 나라를 경영할 수 있게 되었다.

요컨대, 인도에서는 1990년 이후로 크게 두 개의 선거 진영—국민회의당을 중심으로 한 진영과 힌두인민당을 중심으로 한 진영—으로 나뉘는 걸 볼 수 있다. 힌두인민당은 시간이 흐르면서 거대한 정치군사적 기관이 되었음을 명확히 해두자. 그들은 자신을 "세계에서 가장 거대한 정당"으로 소개한다.[133] 더욱이 힌두인민당은 (전신인 힌두국민연합과 마찬가지로) 광범위한 힌두교 선교조직 민족봉사단RSS[134]의 정치적 선거조직이다. 민족봉사단은 힌두교 보이스카우트로부터 실질적인 준準군사조직까지의 수많은

**도표 16.7** 인도 총선(로크사바), 1962~2014년

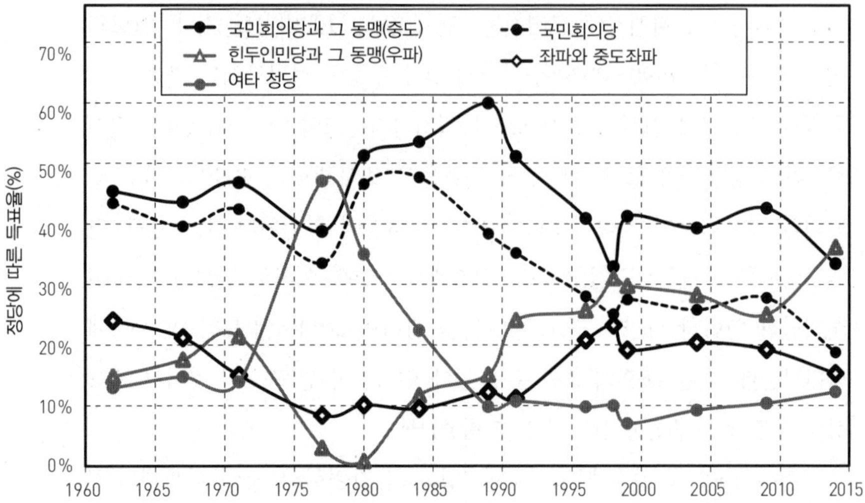


2014년 총선 기간, 국민회의당과 그 동맹세력(중도)은 34%의 득표를 했다(국민회의당 단독으로는 19%). 힌두인민당과 그 동맹세력(우파)는 37%, 좌파와 중도좌파 정당(사와즈마디당·다수자사회당·공산당 등)은 16%, 여타 정당은 13%를 얻었다. 참고: (국가비상사태 이후) 1977년 총선 기간에, 자나타 달은 국민회의당에 반대하는 좌우세력을 규합했고 여기에서는 '여타 정당'으로 분류했다.

**출처 및 원 통계자료:** piketty.pse.ens.fr/ideologie

청년운동의 연합체다. 1925년에 창건된 민족봉사단은 전반적으로 (1885년에 창립된) 국민회의당의 이데올로기와 정반대인 이데올로기에 근거한다. 국민회의당이 세속주의와 종교 다양성이라는 기반 위에서 인도를 통합하자고 제안했지만, 민족봉사단은 엄격하게 힌두교 중심이며 극렬하게 반무슬림 민족주의를 줄곧 주창해왔다. 민족봉사단 창건자 중 하나인 골왈카르Golwalkar는 1939년에 민족봉사단의 기초가 된 텍스트에서 힌두와 무슬림의 "800년 전쟁"을 운운한다. 그는 이슬람교가 힌두교와 인도 문명 전체의 발전을 심층적으로 저해해온 방식에 대해 논술하면서 인도 문명이 수천 년 동안 기독교와 이슬람교로서는 결코 도달해본 적이 없는 정도의 섬세함과 정교함에 도달했었노라고 노골적으로 천명한다.[135] 또한 거의 두 세기에 걸친 영국 식민지배 이후의 굴욕감과 포스트식민적인 복수의 욕망이 이 텍스트에서 본질적인 역할을 수행한다.

힌두 문명의 르네상스를 촉진하기 위해, 민족봉사단과 힌두인민당은 이상적인 사회에 대한 정교한 관점을 제시한다. 이는 분명 종교적인 폭력들로 요약되는 것은 아니다. 특히, 전통적인 가족관과 힌두교와 산스크리트 문화에 대한 존중과 마찬가지로—예컨대 채식주의에서 구현되는—절제와 사회적 조화의 원칙들이 교리의 핵심이다. 그럼에도 여전히 이슬람에 대한 적대감은 결코 그리 멀리 있지 않다. 『라마야나』에서 언급되는 라마 신의 신화적 도시 아요디아Ayodyha(현 우타르프라데시)에 힌두교 사원을 재건하기 위해 민족봉사단과 다양한 힌두 종교조직이 1984년부터 부추긴, 점점 더 폭력적으로 변한 소요들은 힌두인민당의 발흥에서 중심적인 요인이었다. 폭력으로 점철된 수년이 흐른 후, 당시 주의 집권세력이던 힌두인민당과 민족봉사단의 조직적 지지를 받은 힌두 활동가들이 1992년 아요디아에서 저지른 바브리 마스지드(16세기에 지어진 모스크) 파괴가 결정적 단계다.[136] 이 사건을 발단으로 같은 유형의 수많은 소요들이 일어났고, 계속해서 이 나라를 사로잡았다.[137] 2019년 힌두인민당 선거공약 선언문에서도, 아요디아 모스크 자리에 라마 사원을 재건하겠다는 공약은 최우선 공약들 중에서도 핵심부에 자리한다.[138]

국민회의당과 힌두인민당을 중심으로 하는 주요 선거진영과 함께 좌파와 중도좌파 정당들로 구성된 제3진영의 지속적인 존재감도 언급해야 한다(도표 16.7 참조). 이 진영에는 다양한 공산당 조직(인도공산당CPI, 마르크스주의 인도공산당CPI(M) 등)뿐만 아니라 사마즈와디당Samajwadi Party(1977~1980년 국민당 연합의 세속주의 분파로 구성되었으며 1989~1991년 짧은 기간 존재했던 자나타 달Janata Dal의 재건과정에서 탄생한 사회당)처럼 스스로를 사회주의 또는 사민주의 정당이라 주장하는 대다수의 정당과 '다수자 사회당Bahujan Samaj Party'(우리는 이에 대해 재론할 것이다) 같은 하층 카스트 정당도 모일 수 있다.[139] 이 정당들은 일부 주들에서 활발한 정치활동을 벌이며, 연방 수준에서 20%를 득표한다. 이들은 일반적으로 힌두인민당보다는 국민회의당에 이데올로기적으로 더 가깝지만 공식적으로는 그 어느 쪽에도 합세하지 않는다. 사마즈와디당과 다수자사회당은 2019년 총선에서 확실하게 연합했다. 이들이 국민회의당과 통합할지 여부는 앞으로 수년 동안 인도 정치의 핵심 쟁점의 하나가 될 것이다.[140]

## 인도의 정치적 균열들: 계급, 카스트, 종교

이제 인도의 유권자구조가 이데올로기와 연계되어 어떻게 변화해왔는지 검토하자. 카스트와 종교에 따른 힌두인민당과 그 동맹세력에 대한 지지에서 시작하자(도표 16.8 참조).[141]

일반적으로, 힌두인민당 유권자구조는 언제나 극도로 균열되어 있다. 스스로를 무슬림이라고 진술한 유권자들은 여지없이 결코 이 당에 끌리지 않았다(인도 무슬림의 10%가량만이 힌두인민당을 지지한다). 달리 말해, 무슬림 유권자의 90%는 언제나 힌두인민당이 아닌 다른 정당에 투표해왔다. 힌두인민당 관련자들의 극도로 반무슬림적인 언술들을 감안하면 이 결과는 하등 놀라울 게 없어 보인다. 힌두 유권자 안에서 힌두인민당 득표는 항상 카스트와 증가함수 관계였다. 힌두인민당과 그 동맹세력에 대한 투표율은 하층 카스트들에서, 특히 과거의 불가촉천민과 토착부족민(지정카스트-지정부족) 안에서 철저하게 가장 낮았으며, 기타하층계급에서 약간 오르고, 상층 카스트들, 특히 브라만들 사이에서 정점에 달한다. 예컨대 1998년과 2014년의 총선에서는 브라만의 60% 이상이 힌두인민당에 투표했음이 확인된다.

이 결과들을 잘 해석하기 위해서, 1960년대에서 2010년대 사이의 무슬림 유권자는 인도 인구의 약 10~15%였고 이에 반해 지정카스트-지정부족은 약 25%, 기타하층계급은 40~45%, 상층 카스트는 15%(그중 브라만은 6~7%)였음을 상기하자.[142] 힌두인민당 투표층이 상층 카스트 쪽으로 기울어져 있다는 사실은 꽤나 논리적이라는 점 또한 분명히 해두자. 이러

**도표 16.8** 카스트와 종교에 따른 힌두인민당 투표, 1962~2014년

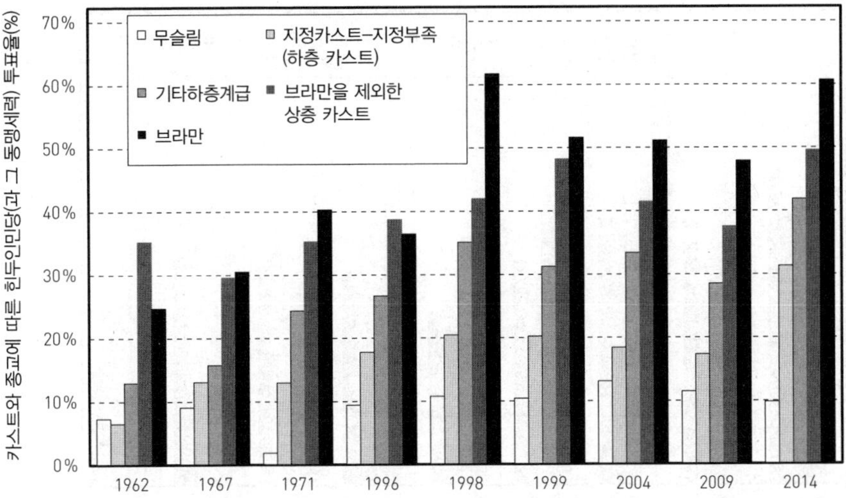


2014년 무슬림 유권자의 10%가 힌두인민당과 그 동맹세력에 투표했다. 비교하자면 지정카스트–지정부족의 31%, 기타하층계급의 42%가 힌두인민당을 지지했고, 브라만을 제외한 상층 카스트의 49%, 브라만 중 61%가 힌두인민당을 지지했다.

**출처 및 원 통계자료:** piketty.pse.ens.fr/ideologie

한 규칙성은 하층 카스트들의 지배적인 인식을 보여준다. 이들은 힌두민족주의자들이 전통적인 사회질서와 상층 카스트들의 상징적이고 경제적인 지배를 중시한다고 직관적으로 느끼는 것이다. 특히, 힌두인민당과 그 동맹세력은 하층 카스트들을 위한 할당제 반대를 자주 언급했다. 할당제가 조화로운 힌두사회 내부의 무용한 분열의 원천이자, 부차적으로는 대학과 공직과 선출직에서 자기 자녀들의 자리가 줄어드는 원인이라고 보았던 것이다. 이런 입장과 마주한, '배정'으로 혜택을 보는 카스트들(지정카스트–지정부족과 기타하층계급)이 대체로 힌두인민당에 끌리지 않는다는 건 전혀 놀랍지 않다.

이제 국민회의당과 그 동맹세력, 그리고 좌파와 중도좌파 정당들의 득표를 검토해보면, 힌두인민당 득표에서 관찰되는 것과 반대 성향이 관찰된다(도표 16.9~16.10 참조). 달리 말해, 국민회의당과 좌파 정당들에 투

**도표 16.9** 카스트와 종교에 따른 국민회의당 투표, 1962~2014년

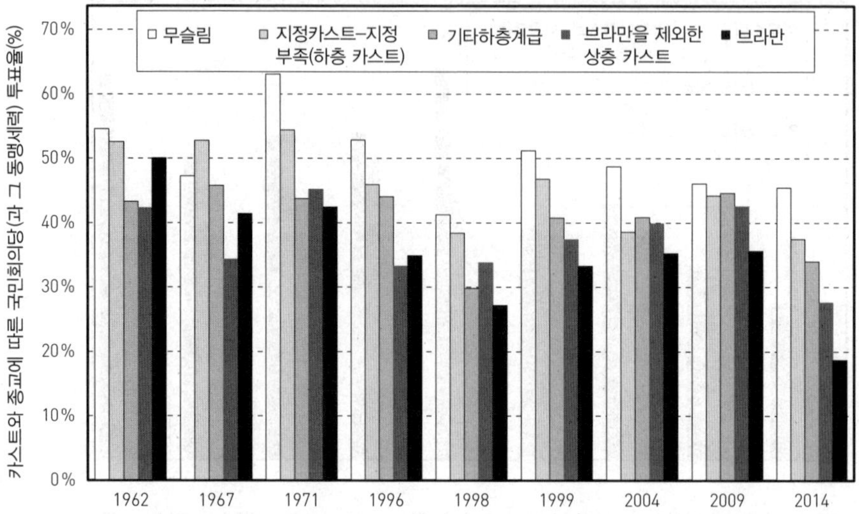


2014년 무슬림 유권자의 45%가 국민회의당과 그 동맹세력에 투표했다. 비교하자면 지정카스트-지정부족의 38%, 기타하층계급의 34%가 국민회의당을 지지했고, 브라만을 제외한 상층 카스트의 27%, 브라만 중 18%가 국민회의당을 지지했다.

**출처 및 원 통계자료:** piketty.pse.ens.fr/ideologie

표하는 층은 무슬림 유권자들 사이에서 가장 높고, 하층 카스트(지정카스트-지정부족과 기타하층계급) 유권자들에게서 약간 낮아지며, 상층 카스트들과 특히 브라만 사이에서 명확하게 훨씬 줄어든다. 일별하기에도, 이는 국민회의당과 좌파 정당들이 항상 인도에서 세속주의를 옹호해왔으며 특히 힌두인민당에 맞서 무슬림 유권자들을 방어했고 일반적으로 하층 카스트들과 상층 카스트들 사이의 불평등을—주로 할당제를 통해—완화하기 위해 싸워왔음을 나타낸다.

그렇지만 여러 논점이 명확해질 필요가 있다. 우선, 관찰되는 균열들의 크기가 강조되어야 한다. 무슬림 유권자들에서는 50~60% 정도가 국민회의당과 그 동맹세력에, 20~30% 정도가 좌파와 중도좌파 정당들에 (따라서 도합 80~90%가) 투표하는 게 어김없이 관찰된다. 하층 카스트(특히 지정카스트-지정부족) 유권자들에서 관찰되는 수준도 못지않게 높다. 반

**도표 16.10** 카스트와 종교에 따른 좌파 정당 투표, 1962~2014년

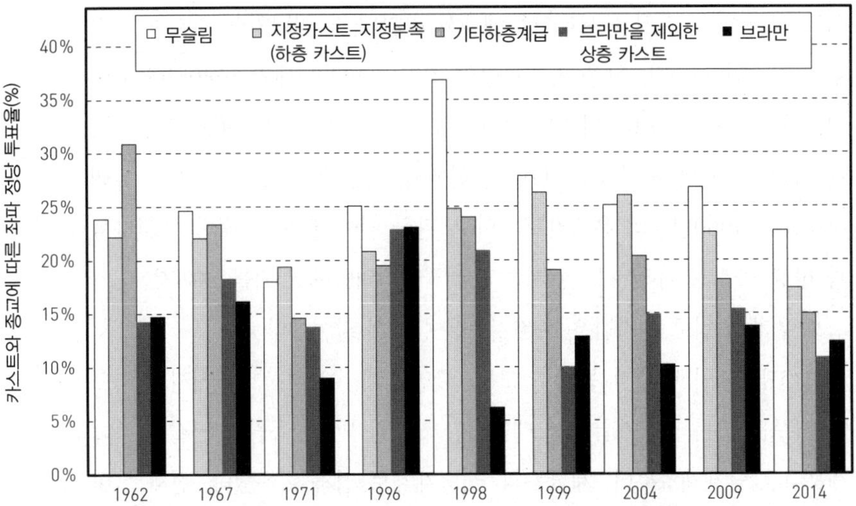


2014년 무슬림 유권자의 23%가 좌파와 중도좌파 정당(사와즈마다당·다수자사회당·공산당 등)에 투표했다. 비교하자면 지정카스트-지정부족에서는 17%, 기타하층계급은 15%가 투표했고, 브라만을 제외한 상층 카스트의 11%, 브라만 중 12%가 좌파와 중도좌파 정당에 투표했다.

**출처 및 원 통계자료:** piketty.pse.ens.fr/ideologie

면 상층 카스트들에서 얻는 지지는, 특히 이 기간 끝에서 매우 낮은 수준으로 떨어진다.

국민회의당이 1960년대에(비록 1962년 이전의 선거 사후조사 자료가 없기 때문에 명확히 하기는 어려우나 1950년대에도 개연성은 매우 높은데) 상층 카스트들에서, 특히 브라만층에서 상당한 득표를 했다는 점은 각별히 흥미롭다. 브라만들은 1962년 총선과 1967년 총선에서 다른 상층 카스트들(크샤트리아·라지푸트·바니아 등)에 비해 더 확고하게 국민회의당에 투표했다(도표 16.9 참조). 이것은 국민회의당이 인도공화국 초기 수십 년간은 헤게모니 정당으로 인구의 모든 계층에서 평균 40~50%의 매우 높은 비율의 득표를 했다는 사실을 나타낸다. 이 계층들에 포함되는 지역 엘리트들과 특히 네루-간디 가문이 속한 브라만들은 인도의 독립 전후로 지역 수준에서 당을 조직하는 데 있어 본질적인 역할을 수행했

다.[143] 1960년대에도 국민회의당은 힌두 하층 카스트와 무슬림들에 비해서도 적지 않은 지지를 브라만들에게서 받았다. 국민회의당 지지층은 그 후로 완전히 변했다. 상층 카스트들의 지지는 1970년대와 1980년대에 줄어들다가 1990~2010년에 힌두인민당이 상층 카스트들의 표를 끌어들임에 따라 훨씬 더 줄었다. 2014년 총선에서, 국민회의당을 지지하는 유권자구조는 1960년대의 유권자구조와 무관한 것이 된다. 무슬림 유권자들과 하층 카스트 유권자들은 계속해서 국민회의당에 신뢰를 보내지만, 카스트 위계의 위로 올라갈수록 지지층은 분명히 얇아진다.

요컨대, 지난 반세기 동안 인도는 (국민회의당이 하층계급에서 엘리트에 이르는 모든 사회계급에서 대대적인 지지를 받던) 독립과 연결된 준헤게모니 정당체계로부터 '계급주의' 정당체계로 점차 이행했다. 현재는 힌두민족주의 정당인 힌두인민당이 상층 카스트들의 지지를 불균형하게 많이 끌어들이는 반면, 국민회의당과 좌파 정당들은 무엇보다도 하층 카스트들의 지지를 받는 정당체계로 바뀐 것이다. 달리 말해, 서양 선거민주주의에서는 계급주의체계가 소멸되는 경향을 보이면서 점점 (고학력자들의 표를 끌어들이는 '브라만 좌파'와 상위 소득 및 자산 보유자의 표에 특화된 '상인 우파'로 이루어진) 다중엘리트체계로 특징지어지는 반면, 인도에서는 상층 카스트들이(브라만·전사·상인) 대체로 국민회의당을 버리고 힌두인민당을 선택함에 따라 계급주의체계가 출현했다는 것이다.

## 인도에서 계급주의적 균열 출현의 어려움

여전히 명확히 해야 할 본질적인 점이 남아 있다. 인도에서 관찰된 선거 균열들은 진정 '계급주의적인' 균열들로 묘사될 수 있는 것인가, 아니면 차라리 '카스트적인' 균열들이라고, 다시 말해 사회경제적인 차원보다는 카스트 정체성과 종교 정체성에 더 연관된 균열들이라고 규정해야 할 것인가? 이 질문에 정확하게 답하기가 간단치 않은 이유는 한편으로는 이처럼 다른 차원들이 강한 상관성을 갖기 때문이며, 다른 한편으로는 이 문제들을 구분하기 위해 우리가 선거 사후조사에서 사용할 수 있는 데이터들이 매우 불완전하기 때문이다.

서로 다른 차원들의 상관성과 관련해서는, 상층 카스트들이 다른 인구에 비해 평균적으로 현저히 높은 학력·소득·자산으로 특징지어진다는 점을 우선 상기하자. 특히, 스스로를 브라만이라고 진술한 사람들은—이들은 식민지시대 영국의 인구조사에서도 이미 고학력자들이고 대소유자들이었는데—20세기 말 21세기 초에도 계속해서 위계의 상층에 위치한다. 다른 상층 카스트들은 평균적으로 학력은 현저히 떨어지나 소득과 자산 측면에서는 대동소이한 특권층이었다. 반면 무슬림들은 계속해서 상대적으로 낮은—지정카스트-지정부족이 차지하는 위상보다 별반 나을 게 없는—위상에 놓여 있으며, 이에 비해 기타하층계급들은 이 두 집단과 상층 카스트들의 중간에 놓인다.[144] 달리 말해, 도표 16.6~16.8에서 선거 균열들을 나타내기 위해 사용된 카스트 위계는 계급들의 학력·소득·자산에서의 사회경제적 위계와 대략 부합한다.[145]

그런데 이 두 위계가 평균적으로는 일치한다고 해도 개개인이 여기에 완벽하게 중첩되는 것은 전혀 아니다. 달리 말해, 다수의 기타하층계급·무슬림·지정카스트-지정부족 출신 유권자보다 낮은 학력·소득·자산을 가진 (브라만을 포함한) 다수의 상층 카스트 유권자가 존재하는 것이다. 게다가 다양한 사회적 불평등 사이의 이러한 상관성이 각 주에 따라 매우 다르며(예컨대 상층 카스트들은 일반적으로 남인도보다 북인도에서 인원이 훨씬 많다), 카스트와 계급의 정치화도 지역에 따라 매우 다양한 형태를 갖는다는 사실을 고려해야 한다. 사안을 명료하게 하기 위해서 가장 자연스러운 처리 방식은 통제변수를 도입하는 것, 다시 말해 '다른 조건이 모두 똑같다면'이라는 식으로 논증하는 것이다. 불행히도, 인도의 선거 사후조사에는 소득과 자산을 정확하게 측정할 수 있는 변수들이 포함되

**도표 16.11** 상층 카스트의 힌두인민당 투표, 1962~2014년

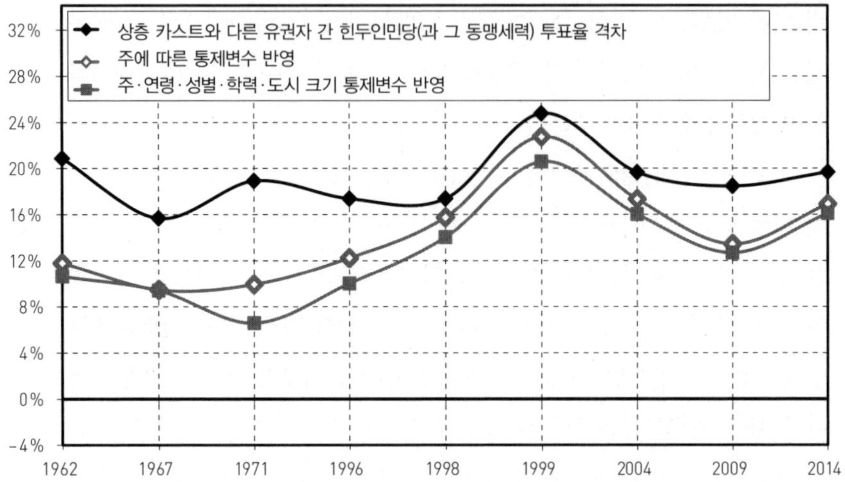


1962~2014년 동안, 통제변수를 반영하든 안 하든 상층 카스트 유권자는 항상 그 어느 계층보다 힌두인민당(과 그 동맹세력)에 투표했다. 카스트 효과(통제변수 반영)는 시간에 따라 증가해온 것으로 보인다.

**출처 및 원 통계자료:** piketty.pse.ens.fr/ideologie

지 않는다(또는 적어도 시간의 흐름에 따라 비교할 수 있는 기준도 없다). 주·연령·성별·학력·도시 크기에 해당하는 통제변수가 도입된다면 다음과 같은 결과들이 획득된다.

우선, (나머지 유권자들과 비교해서) 상층 카스트들의 힌두인민당 투표를 조사해보면, 통제변수를 반영했을 때 '상층 카스트' 효과가 약간 축소됨을 알 수 있다. 그래도 여전히 이 그 효과는 매우 강하고, 시간이 흐르면서 강화되는 경향도 있다(도표 16.11 참조).

나머지 유권자들과 비교해서 하층 카스트들(지정카스트-지정부족)의 힌두인민당 투표를 조사해봐도 유사한 결과를 얻게 된다(도표 16.12 참조).

마지막으로, 그것도 대단히 명확하게, (모든 카스트의) 힌두 유권자들과 무슬림 유권자들 사이에서 힌두인민당을 놓고 조성된 종교적 균열은 통제변수를 반영해도 별로 약해지지 않는다는 점, 무엇보다도 시간이 흐

**도표 16.12** 하층 카스트의 힌두인민당 투표, 1962~2014년

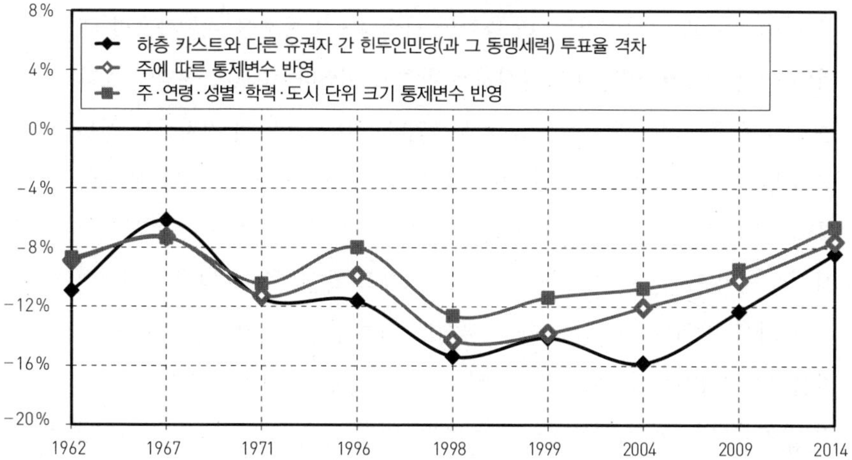


1962~2014년 동안, 통제변수를 반영하든 안 하든, 하층 카스트(지정카스트-지정부족)는 항상 다른 계층보다 힌두인민당(과 그 동맹세력)에 적게 투표했다.

**출처 및 원 통계자료:** piketty.pse.ens.fr/ideologie

**도표 16.13** 힌두인민당과 인도의 종교 균열, 1962~2014년

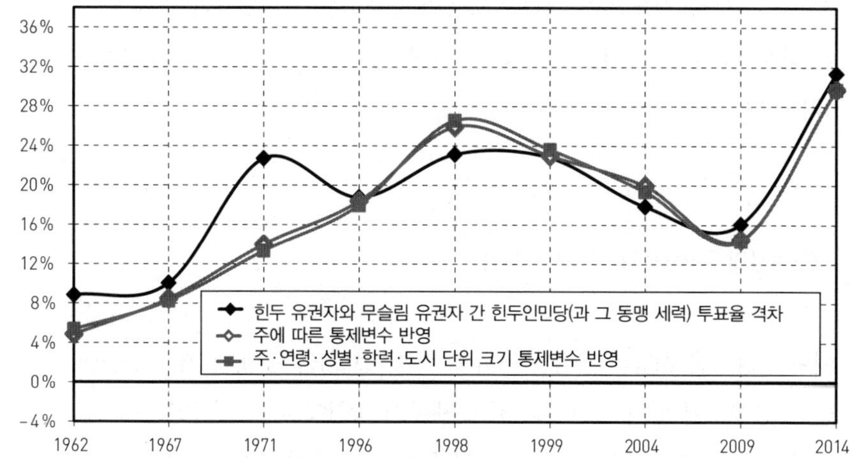


1962~2014년 동안, 힌두 유권자(모든 카스트: 지정카스트-지정부족, 기타하층계급, 상층 카스트)는 언제나 무슬림 유권자보다 힌두인민당(과 그 동맹세력)에 더 많이 투표했다. 통제변수를 반영하든 안 하든 결과는 같다. 종교 균열의 규모는 시간의 흐름에 따라 명확하게 증가했다.

**출처 및 원 통계자료:** piketty.pse.ens.fr/ideologie

르면서 그 균열은 크게 벌어졌다는 점이 확인된다(도표 16.13 참조).

(특히 소득과 자산이라는) 더 명확한 사회경제적 통제변수를 사용할 때 과연 이 결과들이 어떻게 달라질지는 말하기 어렵다. 종교적 균열의 효과는 그대로 유지되리라는 점은 분명해 보인다. 힌두인민당이 견지하는 매우 강한 반무슬림 적대감을 보면 이는 크게 놀랄 일도 아니다. (주를 제외한) 통제변수의 약한 영향을 감안하면, 카스트 효과 역시 여전히 매우 두드러질 개연성이 있어 보인다. 카스트가 사회경제적 특성들과는 별개로 선거에서 효과를 발휘할 수 있으리라는 사실도 전혀 놀랍지 않다. 카스트에 기반을 둔 할당제정책들이 인도 논쟁에서 수행했던 중심적 역할을 감안하면 말이다. 인도에서 재분배가 주로 소득 및 자산에 기반을 두었다면, 예컨대 이런 특성들에 의거한 세금 및 화폐이전이라든가 또는 오히려 (카스트 그 자체가 아니라) 부모의 소득 및 가족 자산을 기준으로 대학 또는 공직에의 우선 진입 조치가 이루어졌다면, 그런데도 카스트가 계속해서 주요하게 정치적 균열을 규정한다는 건 그야말로 놀라운 일일 것이다. 하지만 이처럼 소득과 자산을 중심으로 한 사회적 재분배정책들이 인도에서 제한된 규모로 시행되고, 정치적 갈등의 구조화에서 할당제가 중심 역할을 하는 한, 이처럼 카스트를 통한 정치화는 적어도 계급을 통한 정치화만큼이나 놀랄 만한 일이 아니다.

### 인민계급의 운명공동체에 대한 지각

이런 결과들은 서양의 관점에 특히 풍부한 가르침을 준다. 선거 균열들이 동원 전략들에 따라—특히 사회적 재분배 장치에 따라—과연 어느 정도로 역사적 정치적으로 건설되는지를 이 결과들이 확인해주기 때문이다. 선거 균열들은 영구적으로 고정되지 않으며, 복합적이고 가변적인 정치적-이데올로기적 구성물에 따라 시간 속에서 진화할 수 있다. 지난 수십 년간 유럽과 미국의 선거민주주의에서 관찰된—백인 인민계급은 무슬림 소수자 또는 흑인 소수자와 같은 정당들에 투표하지 않는 경향을 갖는다는—것과는 반대로, 인도에서는 힌두 하층 카스트들과 무슬림 소수자가 같은 정당들(즉 국민회의당과 좌파 정당들)에 투표한다는 점이 또한 주목될 것이다. 거듭 말하지만 이는 귀중한 가르침으로, 인종주의 또는 이슬람 혐오가 엘리트들 사이에서도 인민계급 사이에서도 자연스러운 흐름이 아니라는 걸 보여준다. 이런 태도들은 주어진(또는 주어지지 않은) 공동 연대의 장치들에 따라, 그리고 너나없이 모든 정당이 전개하는 동원 전략들에 따라 역사적이고 사회적으로 건설된다.

이 경우에, 힌두 하층 카스트들과 무슬림들이 동일 정당들에 투표한다면, 이는 이 두 집단이 힌두민족주의자들인 힌두인민당과 상층 카스트들의 표적이 되었다고 느끼기 때문만은 아니다. 이는 또한 할당제가 기타하층계급들과 무슬림들 사이에서 실제로 연대를 창출했기 때문이다. 특히 1990년부터 실시된 기타하층계급들을 위한 새로운 할당제가 만들어낸 효과들을 강조해야 한다. 전후에 실시된 애초의 '배정'제도가 처음에는 과거의 불가촉천민과 토착부족민(지정카스트-지정부족)에게만 해당되었다는 점을 상기하자. 1950년 헌법은 물론 다른 하층 집단들(기타하층계급들)에게 이 제도를 확장하기로 했다. 하지만 이 문제는 워낙 폭발성을 지닌 것이어서, 1978~1980년 만달위원회Mandal Commission의 활동이 있고 난 1990년이나 되어야 기타하층계급들을 위한 할당이 실효적으로 시행된다.[146] 그런데 핵심은, 지정카스트-지정부족을 위한 할당제에서는 무슬림이 배제되었는데, 이와 반대로 1990년부터 실행된 기타하층계급을 위한 '배정'제도는 힌두와 무슬림의 하위계급들에게도 해당되었다. 지역과는 별개로, (주로 고용 유형, 주거, 보유자산과 토지에 따른) 사회집단들의 생활조건과 물질적 궁핍을 평가하기 위해 위원회, 수속 절차, 기준 등이 체계적으로 확립되었다. 모든 집단에 동일한 소득기준도 마련되어, 이 기준에 해당하지 않으면 할당제 혜택을 누리지 못했다.[147]

이 새로운 할당은 상층 카스트들의 맹렬한 반대의 대상이 되었다. '배정'제도가 상층 카스트들의 자녀들을 위한 귀중한 자리들을 빼앗는다고 그들이 두려워하는 데는 근거가 없지 않았다. 힌두인민당이 특히 이 제도에 적대적이었다. 이 제도가 자신들을 지지하는 유권자들의 자녀들을 위한 자리를 가져갈 뿐만 아니라, 그 자리 일부를 천한 무슬림 소수자들에게 제공했기 때문이다. 반면, '배정'제도의 수호를 위해 단결한 힌두와 무슬림 하위계급들에서 이 제도는 이익공동체 및 운명공동체가 형성되는 주요 원인이었다. 역사적으로 인도사회의 고위직을 장악해온 상층 카스트들에 맞서 하층 카스트들(지정카스트-지정부족, 힌두와 무슬림의 기타하층계급)의 권리를 옹호하려는 여러 정당이 창당된 것은 바로 이러한 논의들의 맥락에서다. 특히 떠오르는 정당이 하층 카스트들의 정당인 바후잔 사마즈 당BSP으로 흔히 일반적으로 '다수자사회당'이라고 번역된다. 다수자사회당은 빈민계층의 이익을 수호하고 상위계급의 특권을 규탄하기 위해 1984년에 창당되었다. 불가촉천민(지정카스트)으로 인도에서 최초의 여성 주지사가 된 카리스마적 지도자 쿠마리 마야와티가 이끈 다수자사회당은 1993년 지방선거에서 우타르프라데시 집권당인 힌두인민당을 몰아내기 위해 사마즈와디당(사회당)과 제휴했다. 이러한 선거 대결은 1990년대부터 2010년대까지 연장되었고 전국적으로 상당한 반향을 낳았다.[148]

'배정'을 주된 요소로 하는 정책의 한계들과 이처럼 우후죽순 생겨난 새로운 정당들의 연합이 보여주는 혼란함이 어떻든 간에, 1990~2020년 하층 카스트 정당들의 발전은 불평등의 정치화와 인민계급의 단결에서 결정적이었다. 어떤 면에서는, 뉴딜의 대형 국책사업과 사회보장이 미국에서 (적어도 한동안은) 백인 인민계급과 흑인 인민계급 사이에서 이익공동체를 창출했듯이, 기타하층계급을 위한 '배정'제도가 인도에서 힌두와 무슬림의 하위계급들 사이에서 운명의 연대를 확립했다고 말할 수 있겠다.

## 계급주의적인 균열, 정체성주의적인 균열: 인도에서 사회토착주의의 덫

다가올 수십 년간 사회경제적인 계급주의적 균열과 재분배 문제는 과연 어느 정도로 인도의 선거민주주의를 규정지을 것인가? 이 질문에 예단해 답하기는 분명히 불가능하지만 그럼에도 몇 가지 가설을 내놓고 모순적인 힘들의 존재를 강조할 수는 있겠다. 우선 정체성주의적인 균열을 강화하는 일군의 요인들이 있다. 일반적으로, 할당제가 인도의 논의에서 그토록 중심적인 역할을 했다는 사실이 문제적이다. 이 같은 정책이 더 광범위한 사회적 조세재정정책 안에서 자리를 잡을 수 있다. 하지만 이 정책만으로는 충분하지 않다. 더욱이, '배정'은 때로 하층 카스트들과 자티들 사이에서, 정체성 갈등을 악화시키는 끝없는 갈등을 유발한다.

게다가 지난 수십 년간 목도된 것은 종교 균열과 반무슬림 정서를 더욱 강고하게 하려는 힌두인민당의 고의적인 시도다. 1990년대에 기타하층계급들을 위한 할당제 반대가 무위로 돌아간 이후, 힌두인민당은 2000년대와 2010년대에 점차 정치 전략을 바꿔갔다. 상층 카스트만을 상대해서는 다수를 결집시킬 수 없다는 사실을 자각한 힌두인민당은 힌두 인민계급을 유인하는 기획에 착수했다. 이 전략은 특히 나렌드라 모디를 당의 지도자(상층 카스트가 아닌 기타하층계급에서 나온 최초의 힌두인민당 지도자)로 지명하는 것으로 구현되었고, 2014년 힌두인민당의 선거 승리로 마침내 전략의 성공을 입증했다. 실제로, 유권자구조의 진화를 조사해보면, 2014년 총선에서 힌두인민당과 그 동맹세력이 지정카스트–지정부족과 기타하층계급들에서 이룩한 성과는 인상적이다(도표 16.8 참조). 사실상 힌두인민당은 힌두 인민의 표와 무슬림의 표를 일부 갈라놓는 데 성공했다. 이 현상은 하층 카스트 정당들이 인민 유권자들을 단일하게 묶어낸 우타르프라데시 같은 주에서는 더 제한적이지만, 모디의 고향인 구자라트 같은 북인도의 여러 주에서는 힌두인민당의 전략이 유효했음을 확인할 수 있다(도표 16.14 참조).[149]

**도표 16.14** 카스트·종교·지역(주)에 따른 힌두인민당 투표, 1996~2016년

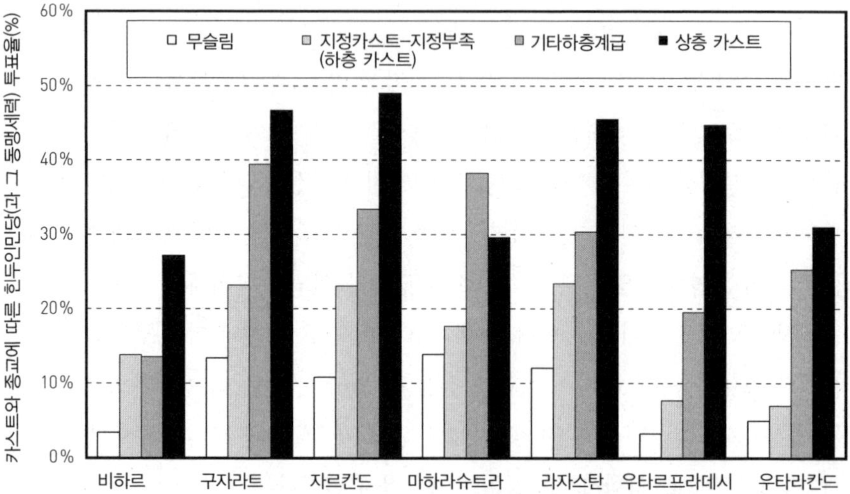


우리는 인도의 모든 주에서 힌두인민당(과 그 동맹세력)이 기타하층계급, 지정카스트-지정부족과 무슬림 유권자 사이에서보다 상층 카스트에서 높은 지지를 얻는다는 것을 발견했다. 참고: 여기 나타난 결과는 1996~2016년 지방선거의 평균치다.

**출처 및 원 통계자료:** piketty.pse.ens.fr/ideologie

힌두 인민의 표를 흡수하기 위해 모디의 지휘 아래 힌두인민당이 가동한 전략은 여러 축에 근거했다.[150] (파키스탄과의 접경지대인) 구자라트에서 차를 파는 어린아이였던 자신의 빈한한 출신을 자랑하는 것 말고도, 8세의 나이로 민족봉사단에 가입한 모디는 국민회의당이 특권 왕조의 수중에 있을 뿐만 아니라 무엇보다도 이 당은 내부의 적(무슬림)과 외부의 적(파키스탄)의 공격에 맞서 인도를 지키는 데 무능했다는 것을 비판하는 데 항상 열을 올렸다. 파키스탄과의 분리가 남긴 깊은 흔적을, 그리고 힌두 주민과 무슬림 주민이 계속해온 교류를 여기에서 상기해야 한다.[151] 어떤 면에서 이 갈등은 잠무 카슈미르에서 계속 진행중이다. 잠무 카슈미르가 인도에 병합될 당시 무슬림 분리주의자들은 이에 저항했고, 인도는 이들이 테러 공격의 배후기지로 파키스탄을 이용한다고 비난했다. 모디와 힌두인민당이 2002년에 구자라트에서 부추긴—1947년 이후로 인도에서 관찰된 가장 폭력적인 소요들이었던—반무슬림 소요들에서 뿌려진 전단

에는 파키스탄이 공격해 오면 무슬림 주민들이 그 기회에 봉기를 일으킬 준비를 하고 있다는 비난들이 담겨 있는데 이는 너무나 터무니없는 예측일 뿐이다.[152] 2000~2001년 델리에서 그리고 2008~2009년 뭄바이에서 일어난 무슬림들의 테러 공격으로 인해 생겨난 인도의 지속적인 트라우마 또한 강조해야 한다.[153]

11세기부터 무슬림이었던 자들을 포함해 약 1억 8000만 명에 달하는 인도의 무슬림 주민들 개개인이 이러한 공격에 책임이 있다는 (또는 파키스탄의 침공을 능동적으로 준비하리라는) 생각은 완전히 부조리한 것이고, 하물며 국민회의당과 좌파 정당들에 대해 어김없이 가해지는 이슬람교의 지하드를 묵인한다는 비난은 말할 나위도 없다. 하지만 트라우마를 남긴 사건들에 대해 저마다 객관적인 설명을 해보려는 맥락 속에서, 공모자와 속죄양을 지목하려 드는 태도는 불행히도 매우 널리 퍼져 있다.[154] 이러한 상황에서 2019년 총선 몇 달 전 (잠무 카슈미르의) 풀와마에서 무슬림 분리주의자들이 경찰을 상대로 저지른 공격은 파키스탄에 있는 캠프에 대한 인도의 공습을 초래했고(이는 모디가 무력을 과시하기 위해 꿈꿔온 기회다), 선거 및 이에 관련된 논의는 힌두인민당에 유리한 방향으로 전개되었다.[155]

이처럼 종교 균열이 악화되면서 촉발되는 정치적 쟁점들이 폭력과 소요의 문제에 그치지 않는다는 점을 주목해야 한다. 힌두인민당은 여러 주, 특히 이들의 텃밭인 구자라트와 마하라슈트라에서 무슬림들을 (그리고 정도는 덜하지만 기독교 신자와 불교 신자를) 압박하려는 입법을 진행했다. (약식 처형의 빈번한 구실이 되는 암소뿐만 아니라 소과 짐승 전체로 확대된) 동물 도살에 반대하는 법을 강화했고, 다른 한편으로는 (젊은 무슬림 남성들이 순진한 힌두 여성들을 유혹하는 '러브 지하드'를 실천한다고 비난하는 힌두민족주의자들이 보기에 너무 느슨해서 이슬람 전도사들과 기독교 전도사들이 악용하는) 종교 개종절차를 엄격하게 강화했다. 사실상 이 논의에서 쟁점은 민족공동체에 속하는 자와 그렇지 않은 자를 어떻게 정의할 것인가임이 매우 분명하다. 2014년 이후 힌두인민당과 민족봉사단 지도자들의 여러 선언이 보여주는바, 목표는 세속주의뿐 아니라 (요구되는 3분의 2를 모으지 못해 힌두인민당이 지금까지 마음대로 개정할 수 없었던) 1950년 헌법에서 보장하는 바로 그 인도의 다종교주의의 존재 자체를 문제시하려는 것이다.[156] 배타적으로 힌두적이고 반이슬람적인 관점에서 인도 역사 전체를 개괄하는 것을 목표로 대학의 커리큘럼을 완전히 개정하는 일이 시작되고 있다. 따라서 이는 진정 공동체의 경계들 자체에 관한 논의다. 그리고 이 사례는 혹자들이 공동체에 정당하게 속하는 자와 복종하거나 아니면 떠나야 할 자 사이에 다시 긋고 싶어하는 내부의 경계에 관한 논의다.

이처럼 경계를 둘러싼 갈등은 다른 맥락들에서는 다른 형태를 갖는다. 미국에서는 19세기에 흑인들을 아프리카로 되돌려보내자는 논의가 있었다.[157] 그후 1865~1965년 사이 채택된 해법은 흑인들을 백인 공간에서 내쫓는 것이었다. 미국 국적을 보유한 라틴계들은 1930년대에 실질적인 박해를 받으며 추방되었고, 불법이민자에게서 태어난 아이들은 오늘날에도 위태롭다. 유럽에서는, 국적 취득의 조건들, 과거에 있었던 귀화의 정당성, 경우에 따른 국적 박탈, 위험한 이민자들과 그 후손들의 추방에 관한 논의가 항상 빈번하게 있어왔고 현재도 마찬가지다. 쟁점과 맥락은 매번 다르지만 모두 경계에 관한 갈등이 소유 및 사회경제적 재분배를 둘러싼 논쟁들에 어떤 식으로 선행할 수 있는지를 보여준다. 이 논쟁들은 저마다가 하나의 동일한 공동체로의 귀속에 우선 동의한다는 것을 전제한다.

## 인도에서 계급주의적인 균열의 미래와 재분배: 교차되는 영향력들

정체성주의적인 종교적 균열의 강화에 기여하는 이러한 요소들에도 불구하고, 적어도 그만큼의 크기를 갖는 다른 힘들이 반대 방향으로 압력을 가한다는 것을 강조해야 한다. 우선 힌두인민당의—이 나라의 국제적 역량을 확고하게 해주리라고 여겨졌던—시장친화적이고 기업친화적인 경제 전략은 실제로는 성장 과실의 극도로 불평등한 분배로 이어진다. 힌두인민당은 미국의 공화당과 트럼프 같은 유형의 딜레마에 봉착하게 된다. 많은 유권자가 세계화와 친기업적인 정책들에서 혜택을 보지 못한다는 사실에 직면하여, 이들은 무슬림 또는 라틴계에 반대하는 정체성주의 언술을 강화하며 이런 언술을 포기하지 않는다. 그리하여 이들은 더 설득력 있는 대안을 제시할 임무를 다른 정치운동들에게 떠넘기는 위험을 감수한다. 인도의 맥락에서, 2019년 총선 당시 국민회의당이 기본소득제$_{\text{NYAY}}$[158]를 도입하자는 제안을 했다는 점은 흥미롭다. 제안된 액수는 가구당 월 6000루피였고 구매력 평가지수를 기준으로 약 250유로에 상당하는데(또는 현행 환율로 250유로의 약 3분의 1이다), 이는 (평균소득이 가구당 400유로를 넘지 못하는) 인도에서는 상당한 액수이며 20%의 가난한 인도인이 이 제도의 혜택을 받게 되고 그 비용은 감당할 수 없을 정도로 크지는 않을 것이다(국내총생산의 1%를 조금 상회한다).

적어도 이 제안은 사회경제적 재분배 문제를 구체적이고 가시적인 방식으로 부각하며 할당제와 '지정'카스트제도를 뛰어넘는다는 장점을 갖는다. 할당제와 지정카스트제도는 확실히 일부 하층 카스트들이 대학과 공직과 선출직에 진입하게 해주었으나 이것만으로는 충분치 않다. 건설적인 차원에서, 기본소득제 같은 대책들을 통해 서로 다른 혈통과 종교를 가진 인민계급들 사이에서 운명공동체라는 지각이 분명하게 창출될 수 있다. 그렇지만 언제나와 같이 기본소득제에 수반되는 위험은 이런 유형의 정책을 마술적인 해법 또는 만병통치약으로 간주하는 데 있을 것이다. 인도에서 보건에 대한 공적지출은 (국내총생산의 백분율에서) 최근에 정체되어왔고, 교육 분야 지출은 심지어 감소했다.[159] 이 분야들에서는 중국과 격차가 더 벌어졌고(중국은 국민 전체의 교육과 보건 수준을 끌어올리는 데 더 많은 자원을 동원할 수 있었다), 나라의 미래 발전이 걸려 있는 곳은 주로 이 영역들이다.[160] 따라서 빈곤의 감소와 성장을 촉진하는 사회적인 투자 사이에서 복합적인 균형을 찾아내야 한다.

실제로, 국민회의당의 기본소득제 안이 지닌 가장 큰 한계는 재원에 대한 언급에 신중을 기했다는 점이다. 국민회의당으로서는 이 제안이 누진세의 역할을 재활성화해 1980년대와 1990년대 자신들의 신자유주의적인 국면으로부터 결정적으로 선회하는 기회가 될 수 있었으리라는 점에서 저 신중함은 그만큼 더 유감스럽다. 당시의 레이건–대처주의에 민감했던 저 국면의 국민회의당 정부들은 소득세의 누진제를 크게 완화하는 방안을 택했고 이는 이후 소득 불평등 급증에 일조했다.[161] 상위 소득 또는 거대기업에 대한 과세를 제안할 경우 받게 될 힌두인민당과 (대체로 힌두민족주의자들의 자금줄인) 기업계의 맹렬한 공격이 두려웠던 국민회의당은 정책의 재원은 추가 과세 없이 경제성장에 의해 조달될 것이라고 설명하는 게 더 낫다고 판단했다. 이 전략은 이해할 수 있는 것이긴 하지만, 공약의 신뢰성을 떨어뜨리고 무엇보다 승리한 뒤에도 국민회의당의 사회·교육 분야 투자와 정책 추진에 제한을 가할 위험이 있다. 이는 과거 국민회의당이 집권했을 당시에도 벌어졌던 일들이다.

게다가 인도 인민들이 강하게 요구하는 사회적 조세정의에 대한 강력한 대책이 부재한 상태에서, 국민회의당과 좌파 정당들(특히 인도공산당·사마즈와디당·다수자사회당)이 더욱 명시적인 동맹을 맺는 것은 어려워 보인다. 그러나 지난 수십 년간의 투표 및 유권자구조의 진화에 근거해서 보자면, 힌두인민당과 그 동맹세력의 연정에 맞서려면 국민회의당과 좌파 정당들의 동맹이 당연해 보인다. 특히, 국민회의당과 좌파 정당들의 유권자 구성은 힌두인민당 유권자와 비교해보면 서로 매우 가까워졌다(도표 16.8~16.10 참조). 선거운동 기간에 사마즈와디당과 다수자사회당 사이에서 맺어진 새로운 동맹Gathbandhan이 합동 공약으로 인도 최초의 연방재산세 신설 제안을 구체화했다는 것 또한 흥미롭다. 이 세금은 국민회의당이 제안한 기본소득제의 재원을 대략 충당해줄 것이다.[162]

선거운동이 진행된 당시—힌두인민당에 유리했던—공안정국과 단일한 연합을 이루지는 못한 다른 정당들(국민회의당과 좌파 정당들)의 허약함으로 인해 2019년 총선은 힌두민족주의자들의 집권 연장으로 막을 내렸다.[163] 이에 관한 논의는 추후 수년간 계속될 것이다. 이 논의는 지구의 다른 곳에 점점 더 결정적인 중요성을 지니게 될 텐데, 한편으로는 인도의 역할이 세계적으로 커지기 때문이지만 다른 한편으로는 서양의 선거민주주의들에서 논의되는 것들과 결국은 매우 유사한 불평등주의적 정체성주의적 문제들을 중심으로 이 논의들이 구조화되기 때문이다. 그렇다고는 해도 우리는 세계의 다른 곳에 특히 유익한 본질적인 두 가지 차이를 확인했다. 하나는, 서양의 민주주의들이 1950~1980년에 유력했던 정치적 갈등의 계급주의구조에서 점차 멀어져온 것에 비해 인도 민주주의는 도리어 1990~2020년에 계급주의 균열의 특수 형태와 가까워졌다는 점이다.[164] 다른 하나는, 서양의 민주주의에서 백인 인민계급과 흑인 및 무슬림 소수자의 투표는 서로 멀어지는 데 비해 인도에서 힌두 하위계급들과 무슬림 소수자는 동일한 정당들에 투표한다는 점이다. 정체성주의적이고 불평등주의적인 종교적 경직 상태로부터 세속주의적인 재분배연합의 성립에 이르기까지 미래의 여러 궤적을 생각해볼 수 있다. 여하간, 앞으로 인도에서 이루어질 결정들과 언젠가 균형을 이룰 가변적이며 불안정한 역학관계들은 인도를 넘어서는 반향을 가질 것이다.

인도의 1950년 헌법으로 확립된 적극적 우대조치 및 '배정'제도 자체가 전환되고 있고 재확립되는 와중임을 또한 지적해두자. 애초에 이 제도는 오랫동안 차별받아온 하층 카스트들(불가촉천민과 토착부족민)에게 사회적 상향 이동의 가능성을 열어주기 위해 구상되었다. 더 일반적으로는, 카스트사회의 유산이자 영국 식민지배하에서 더욱 고착된 카스트제도의 유산이기도 한 매우 심대한 불평등과 이와 연결된 지속적 효과들을 할당제를 수단으로 줄여보자는 게 목표였다. 이 제도는 1990년에 '기타하층계급들'로 확대되었고, 1993년에 부모 소득 기준이 도입되어 (어느 계급 또는 카스트 출신이든) 이 기준을 넘어서면 할당제 적용을 받을 권리를 가질 수 없게 되었다. 이 기준은 2018년에 불가촉천민들과 토착부족민들(지정카스트–지정부족)에게로 확대 적용되었다. 하위계급들에게 돌아가는 할당을 원하는 만큼 줄일 수 없게 되자 힌두인민당은 2019년 초에 부모 소득이 이 기준에 미달하는 (브라만을 포함한) 상층 카스트 성원들에게—이 기준을 상회하는 소득을 보유한 상층 카스트 성원들의 불이익을 감수하고—새로운 할당을 열어주는 조치를 강행했다.[165] 이 조치가 힌두인민당에 의해, 나라의 경제성장을 향유하기에는 사회경제적 지위와 학력이 너무 낮아 무일푼이 된 상층 카스트들이 자신들의 유권자 상당수를 점하게 된 사태에 대처하기 위해 결정되었다는 점은 흥미롭다. 이 조치는 로크사바에서 거의 만장일치로 채택되었다. 이러한 변화들을 통해, 카스트와 자티에 근거한 할당제도가 부모 소득·소유·여타 개인적인 사회경제적 상황들을 기준으로 하는 체계로 앞으로 계속해서 전환될 것이라는 점을 생각해볼 수 있다.

서양사회들이 선별적인 교육제도나 의회와 정치행정 고위직에 진입한 인민계급 자녀가 소수라는 점에 대해 스스로 질문하는 상황인 만큼, 인도의 실험과 그 전환의 양상을 과도하게 이상화하거나 폄하하려 들지 말고 상세히 들여다보는 것이 필요하다.[166] 확실히, 대다수 사람들에게 개방되고 재원이 잘 마련된 교육 복지 및 보건 복지, 그리고 소득 불평등 감소 및 소유 재분배를 향한 과감한 정책을 대체할 수 있는 것은 없을 것이다. 그럼에도 여전히 학교 할당제 또는 선발 절차에 사회적 출신을 반영하는 제도들은 이런 다른 정책들에 대한 보완으로서 정당화될 수 있다.[167]

반면, 유럽과 미국에서 일어난 정치적–이데올로기적 진화들은 인도에서 모습을 드러낼 궤도들에 결정적인 영향을 줄 것이다. 우리는 이미 1980년대 앵글로색슨의 보수혁명이 세계의 다른 곳에서, 특히 인도에서 실시된 조세재정정책에 끼친 영향을 거론했다. 사와즈마디당과 다수자사회당이 국민회의당이 발의한 기본소득제의 재원을 위해 자산에 대한 누진과세를 추진하고 있는 오늘날, 힌두인민당은 인도 여론을 상대로 이처럼 사회주의적 성향의 궤변들은 어디에서도 실행되고 있지 않으며 나라의 번영은 무엇보다도 사회질서 및 소유체제의 안정에 기초한다고 주장하기 쉽다. 유럽이 진정한 사회연방주의를 건설하는 데 착수했더라면, 또는 미국이 자신들이 이미 과거에 성공적으로 실행했던 강력한 누진세를—민주당 안에서 점점 더 강하게 거론되고 있듯이—부활시켰더라면, 십중팔구 인도와 세계 다른 곳에서의 논의는 다른 방향으로 움직였을 것이다. 반면에, 부유한 나라들에서 조세경쟁이 계속 더 심해진다면, 사와즈마디당-다수자사회당이 한 것과 같은 제안들이 인도 여론을 설득하기는—재계의 강한 적대감과 이 나라의 정계 및 언론에 대한 그들의 금전적 영향력을 감안하면—더 어려워질 것이다. 이런 경우, 힌두인민당이 반무슬림 선동을 더욱 강화해갈 것이다. 그 어느 때보다도 더, 지구의 다양한 불평등주의체제들과 그 전환은 밀접하게 서로 연관되고 있다.

### 브라질에서 불평등의 미완의 정치화

우리는 독립 이후 정당체계가 지난 수십 년간—서양 나라들에서 관찰되는 전환들과는 반대로—계급주의적으로 진화해온 인도의 선거민주주의 사례를 보았다. 분명히 여기서의 문제는 비서양의 포스트식민사회들 전체에서 정치적 균열의 구조 전환에 대한 분석을 제시하는 것이 아니다. 이와 같은 과제는 이 책이 다루는 범위를 훌쩍 뛰어넘는다. 그럼에도 브라질의 사례는 흥미롭다. 브라질에서도 1989~2018년에 계급주의 유형의 특수한 정당체계 형성이 목도되며, 재분배라는 측면과 세계의 다른 정당들과 주고받은 영향이라는 측면에서 중대한 쟁점들이 여기에 내포되어 있다.

브라질은 유럽-대서양 공간에서 1888년에 마지막으로 노예제를 폐지한 나라이고 더 일반적으로는 지구상에서 가장 불평등한 나라들 중 하나로 남아 있다는 점을 상기하자. 군부독재(1964~1985년)의 종식과 1988년 헌법 제정 이후에야 학력과 무관하게 투표권이 모두에게로 확대되었다는 점도 상기하자.[168] 1989년에 처음으로 보통선거를 통해 대선이 치러졌고, 노조 활동가였던 룰라 다 실바가 결선투표에 진출하여 노동자당PT이 지지하는 후보로서 47%를 득표했다. 브라질의 전통적인 엘리트들은 그가 제대로 교육받지 못했다고 조롱해대며 외국을 상대로 나라를 떳떳하게 대표할 수 없을 거라 떠들어댔지만, 결선투표에서 61%를 득표한 2002년의 그의 당당한 당선과 동일한 성적을 거둔 2006년의 재선은 어떤 면에서는 보통선거의 시대로 브라질이 진입했음을 상징적으로 나타낸다. 룰라 이후 지우마 호세프가 노동자당 후보로서 대선에서 두 번 더 승리를 쟁취했으나 득표율은 점점 줄어들었다(2010년에는 56%, 2014년에는 52%였다). 마침내, 민족주의-보수주의 후보인 자이르 보우소나루가 결선투표에서 노동자당 후보 페르난두 아다드의 45% 득표에 맞서 55%의 득표로 승리하면서 이 나라의 정치사에 새로운 획을 그었다.[169]

노동자당의 유권자구조, 더 일반적으로는 브라질 정당체계의 유권자구조가 독재의 종식 이후 지난 30년간 오직 점진적으로만 확립되어왔다는 점은 흥미롭다. 1980년대에 출범 당시, 노동자당은 공업 부문 노동자들, 중간 이하 도시 임금노동자들, 독재에 반대해 결집한 지식인계급에서 최고 성적을 거두었다.[170] 브라질 전체에서, 무엇보다도 농촌지대와 빈민지대가 교육과 소득의 수준이 가장 낮았다는 점을 감안하면, 노동자당 유권자는 1990년대에 이 나라의 평균보다는 약간 학력이 높았다(하지만 소득은 평균보다 약간 낮았다). 달리 말해, 독립 이후의 인도와 마찬가지로, 군부독재에서 벗어나면서 브라질에서 투표구조가 자생적으로 계급주의적이었던 것은 아니다. 노동자당 투표의 사회적 구성이 명확하게 진화하는 것은 룰라의 집권 이후다. 2006년, 2010년, 2014년, 2018년 선거에서 노동자당은 철저하게 저학력 유권자들과 저소득 유권자들 사이에서 가장 많이 득표했다(도표 16.15 참조).[171]

**도표 16.15** 브라질에서 불평등의 정치화, 1989~2018년

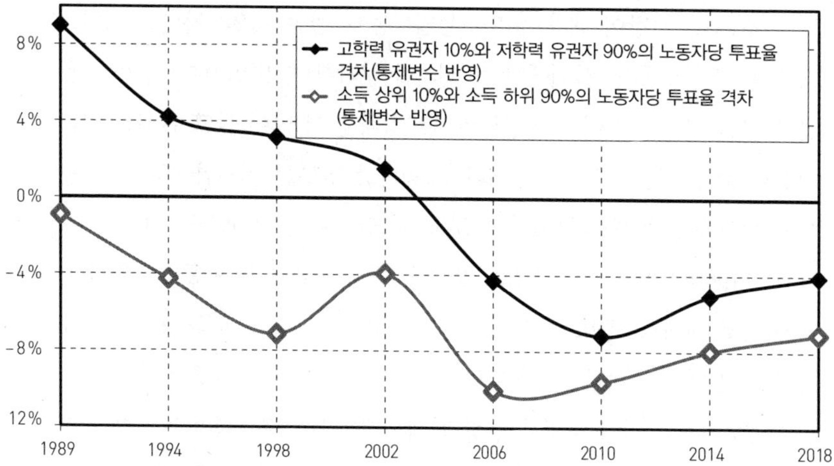


1989~2018년 동안에 브라질에서 노동자당에 대한 지지는 점점 더 명백하게 소득 하위 유권자들과 저학력 유권자들 사이에서 높아진다. 군부독재 종식 이후의 첫번째 선거는 포함되지 않는다.

**출처 및 원 통계자료:** piketty.pse.ens.fr/ideologie

이러한 진화는 지역 수준에서도 현저하다. 브라질에서 가장 가난한 지역들, 특히 북동부에서는 훨씬 대대적으로 노동자당에 투표하는데, 이에 비해 부유한 지역들은 점차 노동자당에게서 멀어진다. 2014년과 2018년 선거에서, 브라질 북동부는 계속해서 호세프와 아다드에게 압도적인 지지를 보내지만, (상파울루 같은) 남부 지역들과 도시들은 노동자당을 명확하게 거부한다. 투표의 이러한 사회지리적 구조에는 매우 두드러진 인종적 균열이 수반된다. 2006년부터, 자신을 흑인 또는 혼혈인이라고 진술하는 (인구의 절반을 조금 넘는) 유권자들은 자신을 백인이라고 진술하는 유권자들에 비해 훨씬 더 많이 노동자당에 투표한다는 것이 확인된다. 이는 개인적인 여타 사회경제적 속성들의 효과들을 반영해도 그대로다.[172]

노동자당에 대한 투표가 이 방향으로 진화해왔다는 사실은 실시된 정책들과 일관성을 갖는다. 2002년부터, 노동자당 정부는 특히 사회적 이전 정책 보우사파밀리아Bolsa Familia를 통해 빈곤 감소에 노력을 집중한다. 브라질의 데이터들은 특히 이 나라의 가장 가난한 지역들에서 저소득층의

소득이 크게 개선되고 있다는 점을 보여준다. 이 지역들에서는 보우사파밀리아와 노동자당이 해당 주민들(농업노동자·빈농·하인, 가난한 서비스직 또는 건설노동자) 사이에서 큰 인기를 구가한다. 반면에, 이들을 고용한 사람들 사이에서 이 사회정책은 지나치게 돈이 많이 들고 유해한 임금인상을 선동하는 것으로 여겨졌다. 노동자당 정부는 최저임금의 대폭 인상도 실시했다. 독재 치하에서 실질가치가 급락했던 최저임금은 1950년대 그리고 1960년대 초 수준을 2010년대 초에 회복했다.[173] 노동자당은 또한 ―이제껏 대체로 캠퍼스에서 찾아볼 수 없었던―흑인과 혼혈인 인민계급을 위한 대학 우대입학제를 발전시켰다.

계급주의적 균열의 강력한 부상과 재분배정책이 전통적인 브라질 엘리트들 측에서 상황을 다시 통제해야겠다는 확실한 의지를 갖도록 하는 데 일조했다는 점은 논란의 여지가 없다. 이 흐름은 2016년 호세프의 탄핵과 2018년 보우소나루의 당선으로 표출된다. 보우소나루는 나라의 사회주의적 변동을 종식시킨 대통령으로 자처한다. 그는 군부독재에 대한 자신의 지지와 사회질서 회복·소유 존중·극단적인 공안정책에 대한 자신의 애호를 숨기지 않는다. 트럼프처럼 보우소나루는 공식적으로 '백인'이 다수이기를 멈춘 나라에서 인종 균열의 활용과 백인의 질서에 대한 향수에 기댄다.[174] 그렇지만, 선거민주주의에 있기 마련인 자연스러운 권력 누수가 이러한 정치적 반전에서 역할을 했음은 아주 분명하다. 2002년에서 2016년 사이에 노동자당이 실시한 정책들의 명백한 불충분함도 역시 역할을 했다. 브라질의 부패 문제를 진지하게 공격하지 못한 노동자당의 무능력이 자연스럽게 떠오른다. 정치활동과 언론의 자금 문제가 적절한 규제의 대상이 되어본 적 없는 이 나라에서 노동자당 자신이 은밀한 자금을 받음으로써 이 체계의 유지에 일조한 것은 아니라고 하더라도 말이다. 이런 불충분함들은 확실히 부분적으로는, 브라질의 선거제도가 의회 내 다수파 형성을 매우 어렵게 만든다는 사실과 연결된다. 2002~2010년 결선투표에서 분명히 50% 이상을 득표하는, 대선에서의 거듭된 압승에도 불구하고 노동자당은 자신들의 정책을 실행할 수 있는 의회 다수파를 가져본 적이 없다. 노동자당은 자신들의 입법과 예산을 통과시키기 위해 여러 정당과 협정을 맺어야만 했다.[175] 그럼에도 여전히 공적인 삶의 투명성과 정치자금 개혁 관련 쟁점들은 국민에게 명확하게 설명된 적 없으며, 그리하여 노동자당은 기성체계와 회색지대에 안주한다는 인상을 주었다.

불평등주의적 전선에서 노동자당이 얻은 어정쩡한 대차대조도 강조해야 한다. 2002년에서 2015년 사이에 하위 50%에게 돌아가는 소득의 몫이 증가하는 등 실시된 정책들을 통해 소득 하위가 혜택을 본 것은 분명한데, 문제는 이러한 개선이 전적으로 중위계급을, 또는 더 정확히 하자면 가난한 50%와 부유한 10% 사이에 있는 사회집단들을 희생시켜가면서 이루어졌다는 점이다. 부유한 10%에게는 전혀 불리할 게 없었으니 그들은 자신들의 (브라질에서 이례적으로 높았던) 위상을 유지하는 데 성공했던 것이다. 부유한 1%에 관해 말한다면, 2002~2015년 사이에 총소득에서 그들의 몫의 증가가 관찰된다. 부유한 1%의 몫은 가난한 50%에게 돌아가는 것보다 2배 더 많았다.[176] 이처럼 기대에 어긋나는 역설적 결과들은 단순하게 설명된다. 노동자당이 진정한 조세개혁을 시도하지 않았다는 것이다. 사회정책들의 재원을 부자들이 아니라 중위계급이 부담했던 까닭은, 노동자당이 브라질의 구조적인 역진세를 공격하는 데 성공하지 못했다는 매우 단순한 이유 때문이었다. 이 나라에는 매우 비싼 (예컨대 전기요금 청구서에서 30%까지도 가는) 소비세와 간접세가 있지만 정작 상위 소득 및 자산에 대한 누진세는 역사적인 원인들로 인해 발전되지 못했다(예컨대 상위 상속에 대한 최고세율은 4%에서 멈춘다).

거듭 말하거니와, 실시된 정책들의 이러한 불충분함은 원칙과 이데올로기의 한계에도 그 원인이 있지만, 의회 다수파를 확보할 수 없었기 때문이기도 하다. 유럽과 미국처럼 브라질에서도, 정치선거제도를 전환하지 않고서는 열망하는 만큼 불평등을 감소시키는 것이 불가능하다. 인도와 마찬가지로, 외부 영향의 중요성도 주목될 것이다. 명백히, 국제적으로 누진세 관련 정책들이 순풍을 탄 듯 풀려나가는 정치적이고 이데올로기적인 맥락에 있었더라면, 룰라와 노동자당이 소득 및 자산에 대한 누진세를 발전시키는 일은 훨씬 수월했을 터이다(이런 상황은 미래에 펼쳐질 수도 있을 것이다).[177] 반면 조세 덤핑이 가중된다면, 인도의 모디와 힌두인민당처럼, 보우소나루와 민족주의-보수주의 세력이 내세우는 불평등주의적이고 정체성주의적인 정책 방향에 객관적으로 유리하게 작용할 것이다.

## 정체성주의적인 균열, 계급주의적인 균열: 경계와 소유

인도의 경우와 마찬가지로, 브라질 사례는 불평등과 재분배를 둘러싸고 작동하는 정치적 동학을 잘 이해하려면 서양의 틀을 벗어나는 것이 얼마나 본질적인지를 보여준다. 유럽과 미국에서는 1950~1980년에 우세했던 계급주의적인 균열의 좌-우체계가 쇠퇴하고 붕괴의 위험에 처했음에도, 1990~2020년에 인도와 브라질에서는 계급주의적인 균열들의 형태가 확립되었고 이는 특수한 잠재성과 취약함을 가진 사회정치적 도정들을 밟아왔다. 이처럼 상이한 궤적들은 또한 정치적-이데올로기적 갈등이 근본에서 다차원적임을 보여준다.

특히, 연구된 사례들 각각에서 정체성주의적 균열과 계급주의적 균열이 명확히 구별된다. 정체성주의적인 균열은 경계의 문제, 다시 말해 사람들이 동일시하는 정치공동체의 한계선과, 그 공동체 성원의 종족적-종교적 정체성 및 그 기원과 관련된다. 계급주의적인 균열은 사회경제적 불평등과 재분배의 문제들, 특히 소유의 문제와 관련된다. 이 균열은 유럽·미국·인도·중국·브라질·남아공·러시아·중동에서 다양한 형태로 나타난다. 하지만 대부분의 사회에서 크게 두 가지 균열이 모두 확인되며, 여기에는 대체로 다수의 분기와 하위 차원의 균열들이 수반된다.

일반적으로, 계급주의적인 균열은 정체성주의적인 균열이 극복될 때 비로소 우세해질 수 있다. 요컨대 정치 갈등이 소유·소득·학력의 불평등에 초점이 맞춰지려면 공동체의 경계에 대해 우선 모두가 동의해야 한다는 것이다. 그런데 정체성주의적인 균열은 권력을 차지하려고 이를 도구화하는 정치행위자들이 창안해낸 것만은 아니다(비록 이런 행위자들을 모든 사회에서 쉽게 찾아낼 수 있긴 하지만). 경계 문제는 복합적이고 근본적인 질문들이다. 무역·금융·이민·문화의 다중적인 흐름에 의해 다양한 사회들이 연결되면서도 적어도 부분적으로는 그 사회들이 분리된 정치공동체로서 계속 기능하는 세계경제에서, 이런 연결들이 가져야만 하는 형태들을 동태적인 관점에서 서술하는 일은 엄청나게 중요하다. 포스트식민적 세계에서는 예전에는 (식민지배 또는 군사력을 매개로 한 관계에 의해서가 아니라면) 서로 거의 접촉이 없던 인간집단들이 한 사회 안에서 서로 상호작용하며 혼합되기 시작했다. 이는 상당한 문명적 진보이지만, 그러면서도 새로운 정체성주의적인 균열도 불러일으켰다.

아울러, 공산주의의 붕괴가 적어도 일정 기간 동안은, 사회적 조세정의에 의한 자본주의 극복과 정의로운 경제의 가능성 자체에 대한 희망을 약화시키는 경향을 가졌다. 달리 말해, 정체성주의적인 균열이 악화되던 시기에, 계급주의적인 균열은 지워졌던 것이다. 1980~1990년 이후 관찰되는 불평등 증대의 주요 원인은 틀림없이 바로 여기에 있다. 기술혁신이나 경제를 중심으로 하는 설명들은 본질을 놓친다. 다시 말해—우리가 이 조사에서 연구한 불평등주의체제들의 극도의 정치적-이데올로기적 다양성이 보여주듯이—경제적 연관들과 소유관계들을 조직하는 여러 가지 방식이 언제나 존재한다는 사실을 놓치고 만다는 것이다.

정체성주의적인 균열 및 경계에 관한 갈등들의 심화, 소유에 관한 논의들과 그 균열의 약화. 이 구도가 세계 거의 모든 지역에서 확인된다. 하지만 이처럼 일반적인 구도 너머에서, 사회들 사이의 변이는 심층적이다. 모든 유형의 결정론과는 무관하게 궤도의 다양성은 사회적이고 정치적인 동원의 전략들이 중요하다는 것을 보여준다. 장기적인 비교론적 전망이 여기서 핵심이다. 불평등주의체제들의 심층적인 전환이 역사 속에서 20세기 양차 세계대전 이전에 일어났다. 그러하기에 불평등의 역사적 완화라는 새로운 흐름을 구상하기 위해서는 이와 같은 충돌들이 다시금 필요하다는 주장은 유난히 보수적이고 적절하지 않은 것일 테다. 인도와 브라질에 대한 연구는 정체성주의적인 균열이 계급주의적인 균열을 압도하는 상황이 전혀 불가피한 것이 아님을 또한 보여주었다. 이들 두 나라에서, 다양한 정체성을 가진 다양한 출신의 인민계급들이 동일한 정치적 재분배연합에 속할 수 있었다. 다양한 사회적 출신의 집단들이 분열보다 결속이 더 유리하다는 점을 깨닫게 하기 위한 제도적 장치들과 사회적 조세재정정책들에 모든 것이 달려 있다.

여타 국가들의 선거 형세에 관한 연구는 이러한 일반적 현실의 다른 예시들을 제공할 것이다.[178] 이스라엘의 경우는 선거민주주의에서 정체성 갈등이 모든 것을 휩쓸어버린 가장 극단적인 사례를 제공한다. 팔레스타인 주민들 및 아랍계 이스라엘인들과의 관계 문제는 거의 유일하게 유의미한 정치 문제가 되었다. 1950~1980년에, 이스라엘 노동당은 정당체계의 중심에서 사회경제적 불평등 완화와 독창적인 협동조합 발전에 역점을 두었다. 관건이 된 주민공동체들에 적합하며 실현가능한—팔레스타인 국가 또는 이중 연방정부라는 독창적 형태의 창설 같은—정치적 해법을 적시에 구상하지 못했기에, 노동당은 이스라엘의 선거 무대에서 사라지고 안보에만 몰두하는 과격파들끼리의 무한 확전에 자리를 내주고 말았다.[179] 무슬림 나라들 안에서는, 선거 갈등의 종교적이고 사회적인 차원이 나라와 시대에 따라 상이하게 결합되어왔다. 터키에서는, 케말주의 정당인 인민공화당CHP이 1950~1970년에 가장 세속주의적이었으며 인민계급 사이에서 가장 평판이 좋은 당이었다. 빈농을 위한 토지 재분배를 목적으로 하는 농지개혁을 둘러싸고 인민계급 안에서 더 종교적인 유권자들이 분리되는데, 지주들만이 아니라 종교재단들의 토지와 이 재단들의 사회적 역할을 지지했던 모든 이들이 이 조치에 불만을 품었다. 1990~2010년에,

정의와발전의당AKP은 민족주의적인 이슬람 부흥 언술을 중심으로 다수의 인민 유권자를 결집시켜냈고, 이에 비해 인민공화당의 지지표는 도시에 편중되었다.[180] 인도네시아에서의 농지개혁은 터키와 유사하지만 좀더 지속적인 동원의 역할을 수행하는 모습이 관찰된다.[181] 우리는 또한 남아공에서 농지개혁이 부재하다는 점에 대해 거론했는데, 이곳에서는 아파르트헤이트 이후의 헤게모니 정당의 존재가 계급주의적인 균열들의 생성을 불확실하게 만든다.[182] 이런 자료들을 통해 이처럼 상이한 경험들을 상세히 연구함으로써, 사회경제적인 소유주의 갈등들과 정체성주의적인 종족적-종교적 균열들 사이의 복합적인 상호작용과, 관찰되는 궤적들의—서양의 틀을 넘어선—매우 거대한 다양성을 더 잘 이해하는 일은 가능하다.

하지만 각각의 문화권과 각각의 민족적 또는 지역적 궤적에 고유한 자율성의 폭이 얼마나 크든 간에, 전 세계적 차원에서 지배적인 이데올로기 흐름의 핵심 역할을 간과해서는 안 된다. 우리는 인도와 브라질의 경우에서 이에 대해 보았다. 대치중인 정치세력들이 신뢰할 만한 재분배정책들을 추진하면서 계급주의적인 균열에 힘을 싣는 능력은 서양 나라들에서 진행중인 진화들에 크게 의존한다.[183] 미국과 유럽연합의 경제·무역·금융에서의 비중과 교역을 가능케 하는 법적 틀에 대한 이들의 결정적인 영향력을 감안하면, 이 두 복합체에서 진행중인 정치적-이데올로기적 전환들은 중대하다. 중국과 인도에, 그리고 중기적으로는 브라질에, 인도네시아나 나이지리아에 도래할 진화들도 역시, 점점 더 접속되는 세계적인 이데올로기 지형 안에서, 역할이 커질 것이다. 확실한 것은 이데올로기의 비중이 약화되고 있는 게 아니라 그 반대라는 점이다. 탈이데올로기적이길 원하지만 실은 완전히 이데올로기로 가득찬 이 시대에, 소유체제와 경계체계에 관해 제기되는 질문들은 그 어느 시대보다 더 복잡하고, 내놓을 답들의 불확실성은 그 어느 시대보다 더 극단적이다. 그렇다고 하더라도 나는, 이 역사적 여정의 끝에서, 국제적인 참여사회주의의 윤곽을 그려내는 것, 다시 말해 소유체제와 경계체계의 새로운—정의로운 사회의 수립과 정체성주의 위협의 약화에 기여할 수 있을—조직화 형태들을 과거의 경험들 속에서 찾아내기 위해 이 책에서 상술된 경험들에 의거하는 일이 가능하다고 확신한다. 이 책의 마지막 장에서 전념하려는 것이 바로 그것이다.

## 포퓰리즘 논의의 곤경과 함정

마지막 장으로 가기 전에 용어법상의 논점 하나를 정확히 해둘 필요가 있다. 나는 이 연구에서 '포퓰리즘'이라는 통념에 의지하는 것을 가능한 한 피하려 했다. 그 이유는 단순하다. 이 개념으로는 진행중인 진화들을 정확하게 분석하지 못한다는 것이다. 지구의 다양한 지역들에서 관찰되는 정치적-이데올로기적 갈등들은 심층에서 다차원적이다. 이 갈등들은 경계체계와 소유체제에서의 균열들을 작동시킨다. 그런데 '포퓰리즘'이라는 통념은, 공적인 논의에서 이따금 물리도록 사용되는 대로라면 흔히 모든 것을 일종의 잡탕 속에 섞어버리고 만다.

너무 자주, 이 통념은 정치행위자들이 자신들이 좋아하지 않으며 자신들과는 다르다고 말하고 싶은 모든 것을 지칭하기 위한 도구가 되고 있다. 이민자에 반대하거나 외국인을 낙인찍기를 좋아하는 정당이라면 물론 '포퓰리즘적'이라고 간주할 수 있다. 하지만 부자들에게 더 많은 세금을 내라고 요구하는 언술도 역시 '포퓰리즘적'이라고 규정될 것이다. 게다가 어느 정당이 국채가 완전히 상환되지는 못할 가능성을 거론하면 바로 주저 없이 그 당을 '포퓰리즘적'이라고 부를 것이다. 실제로, 이 용어는 객관적으로 사회적 특권층들이 자신들의 정치적이고 강령적인 선택지들에 대한 비판 일체를 미리 일축하는 최상의 무기가 되었다. 심층적인 논의가 더 필요치 않은 것들이 있다. 예컨대 가능한 사회적 조세재정정책들과 세계화 조직 방식들이 여럿 존재한다는 사실. 논의하고 생각하기를 중지시키기 위해서는, 양심의 거리낌 없이, 반대자들을 '포퓰리즘'에 빠져 있다고 비판하는 걸로 충분하다. 프랑스에서 2017년 대선 이후에 1차 투표에서 장 뤼크 멜랑숑을 지지한 유권자와 마린 르 펜을 지지한 유권자를 똑같이 '포퓰리스트'라는 항목에 배치하는 일이 흔해졌다. 이런 식으로 전자에는 평균적으로 이민에 가장 개방적인 유권자들이 모여 있으며 후자에는 이민에 가장 맹렬하게 적대적인 유권자들이 모여 있다는 것은 망각된다.[184] 미국에서 국제사회주의자 버니 샌더스와 토착주의 사업가 도널드 트럼프를 모두 '포퓰리스트' 항목에 넣어버리는 것은 2016년에 드문 일이 아니었다. 인도에서 모디의 반무슬림적인 힌두인민당과 엄밀하게 정반대 선택지와 정강을 제안하는 하층 카스트운동들 또는 사회주의 및 공산주의 정당들을 동시에 '포퓰리스트'로 규정할 수도 있을 것이다. 브라질에서 '포퓰리스트'라는 라벨은 보우소나루가 구현하는 권위주의-보수주의운동과 전임 대통령 룰라의 노동자당을 번갈아 지칭하는 데 사용된다.

내가 보기엔 '포퓰리즘'이라는 통념은 반드시 피해야만 하는 것이다. 이것으로는 세계의 복합성을 사유하지 못한다. 특히, 포퓰리즘은 정치적 갈등이 다차원적이라는 것을, 경계 문제와 소유 문제에 관한 입장들이 매우 상이할 수 있다는 것을 전혀 가려내지 못한다. 서로 다른 차원에서 제기되는 문제들을 오히려 세밀하게 구별해야만 하고, 무엇보다도 실제로 작용하는 정치적이고 제도적인 대응들의 상이함을 정확하고 엄밀하게 분석해야 한다. 포퓰리즘에 대한 논의의 첫번째 문제는 그 공허함이다. 이 통념은 그 어떤 것도 정밀하게 말하도록 해주질 않는다. 특히 유로존 맥락에서 국채에 대한 논의는 포퓰리즘이 사용된 최악의 지점을 확실히 보여준다. 어느 정치행위자나 시위대나 시민이 국채가 즉각적으로 완전히 상환되지는 못한다고 거론하는 바로 그때부터, 식견을 갖춘 평론가들이 득달같이 이들 무뢰한들에게 달려든다. 바로 이런 것이 흔히들 가지는 '포퓰리즘적인' 관념이라면서.

예의 그 식견을 갖춘 평론가들은 여러 세기에 걸친 국채의 역사와 20세기에 대체로 성공적이었던 수많은 국채 무효화가 있었다는 사실에 대해 거의 무지한 것으로 보인다. 1945~1950년에 많은 서양 나라들에서, 주로 독일과 일본과 프랑스와 대부분의 유럽 나라들에서 관찰된 국내총생산의 200%를 상회하는 국채는 민간자본에 대한 특별세, 무조건적인 국채 무효화, 장기 상환 연장 및 인플레이션의 혼합을 통해 수년 이내에 폐기되었다.[185] 유럽 건설은 1950년대에 과거의 부채에 대한 불이행 위에서 이루어졌고, 그 덕에 젊은 세대에게 방향을 돌리고 미래에 투자할 수 있었던 것이다. 각각의 상황은 물론 다르고, 그래서 현재의 국채로 인한 문제들로부터 빠져나가기 위한 새로운 해법들을—내가 앞에서 보여주고자 했던 것처럼 과거 경험들의 성공들과 한계들에 의거함으로써—이제 모색해야 하는 것이다. 정작 자신들은 무의식에 가까운 역사적 무지 상태에 놓여 있으면서, 고려하지 않을 수 없는 필요한 논의들을 열어주는 이들을 '포퓰리스트'로 취급하는 것이야말로 진정 참을 수 없는 짓이다. 구체적으로, 이탈리아의 레가 노르드와 오성운동의 지도자들 또는 부채 무효화를 위한 주민투표를 제안한 프랑스의 '노란 조끼' 투사들은 확실히 쟁점의 모든 복합성을, 그리고 이 문제가 '찬성' '반대'로 해결될 수는 없으리라는 사실을 제대로 인식하지는 못했다. 부채 분납이 가능한 정밀한 조세·금융 관련 제도적 양태들을 긴급하게 논의해야 한다. 예컨대 부채를 무효화하려는 시도가 (예컨대 누진소유세를 통해) 부유한 이들에게 부담이 될지 혹은 오히려 (예컨대 인플레이션을 통해) 가난한 이들에게 부담이 될지를 정하는 것은 바로 이러한 '세부'이기 때문이다. 이따금 혼란스럽지만 그래도 정당한 이 요구들에 대한 반응은 논의를 닫는 것이 아니라 반대로—그 모든 복합성 속에서—논의를 여는 것이어야 한다.

포퓰리즘에 대한 논의의 최악의 결과는 아마도 정체성주의 유형의 새로운 갈등을 조장하거나 건설적인 숙의 일체를 저지해버리는 것이라는 점을 지적하면서 마무리하자. 사실 이 용어가 일반적으로는 경멸조로 사용되긴 하지만, 정작 일부 포퓰리스트라고 비난받는 사람들에게는 자신들의 정체성을 정의하는 긍정적 요소가 되기도 한다. 일반적으로는, 비방을 위해 포퓰리스트라는 용어를 사용하는 사람들만큼이나 모호하게 긍정적으로 이 용어를 사용하는 것 또한 자연스럽게 혼란을 더할 뿐이다. 이렇게 '포퓰리스트'라는 용어는 일부 반이민자운동들에 의해 자신들이야말로 '엘리트들'—전 세계적으로 무제한의 이민 물결을 관철시키려 하는 자들—이 아니라 '인민'(하나같이 이민에 적대적인 걸로 간주되는 이들)을 근심한다는 걸 보여주기 위해 사용된다. (스페인의 포데모스 또는 프랑스의 '불복하는 프랑스' 같은) 이른바 '급진적인' 일부 좌파운동들은 대체로 최근까지 '포퓰리즘'이라는 용어를 사용해왔는데, 이는 예컨대 인민계급을 배신했다고 비난받는 오래된 '좌파' (사회주의와 사민주의) 정당들과 자신들의 차이를 부각하기 위한 주장이긴 하나 그다지 신중한 행동은 아니다. 그 비난은 수긍될 수 있는 것이지만 거기에 종지부를 찍으려면 위험하게 다의적이고 토템적이면서 짐스러운 말이 아니라 그 이상의 뭔가가 필요하다. 실제로, 이 용어가 늘상 환기시키고자 하는 것은 엘리트들에(또는 오히려, 경우에 따라 금융일 수도 정치일 수도 미디어일 수도 있고 아니면 그 모두일 수도 있는 '카스트'에) 반대해 '인민'을 결집시키는 데 목표가 있다는 건데, 그러면서 대부분은 예컨대 유럽 수준에서 인민계급의 삶의 질을 개선하는 데 반드시 필요한 제도들에 대해 정밀하게 논의하는 걸 회피한다. '포퓰리즘'이라는 용어는 이데올로기의 중요성을 부인하게 만들기도 한다. 순전한 역학관계가 유일하게 중요한 것이고 일단 역학관계가 확립되면 제도적인 세부들은 저절로 해결되고 '인민'이 승리할 것이라는 가설을 암묵적으로 품고 있는 것이다.[186]

이 책에서 연구된 불평등주의체제들의 역사는 그 반대를 보여준다. 대규모의 역사적 변화들은 단기간의 동원들과 사건 논리들이 장기간의 제도적 쟁점들 및 정치적-이데올로기적 진화들과 마주치는 것에서 유래한다. 19세기 말 20세기 초, 미국 인민당 주위에 결집한 운동이 유용한 역할을 해냈던 것은 (그 자체로 필요한 것도 충분한 것도 아닌) '포퓰리스트'라는 용어를 주창했기 때문이 아니라, 정치적이고 이데올로기적인 운동의 일부로서 실질적으로 스며들었기 때문이다. 결국 이 운동은 1913년에 미국 수정헌법 16조와 연방소득세를 달성했고, 이 세금은 역사에서 가장 누진적인 세금들 중 하나가 되어 불평등 축소와 뉴딜의 재원 충당을 가능케 했다.

이 모든 이유들 때문에 내가 보기엔 '포퓰리즘' 논의의 곤경과 함정을 조심하는 것이 중요해 보인다. 오히려 중요한 건 그 내용에, 특히 소유체제, 조세재정·사회·교육 관련 제도, 경계체계에 집중하는 일이다. 다시 말해 정의로운 사회의 수립에 기여할 수 있는, 그리고 계급주의적 균열이 정체성주의적 균열들을 압도하도록 하는 사회·조세재정·정치 제도들에 집중하는 일이 중요하다.

제17장

# 21세기 참여사회주의를 위한 요소들

나는 이 책에서 구래의 삼기능사회와 노예제사회부터 현대 하이퍼자본주의와 포스트식민사회까지 불평등주의체제의 체계적인 역사를 제시해보고자 노력했다. 모든 인간사회는 저마다의 불평등을 정당화할 필요가 있다. 그 사회들의 역사는 사회집단 간의 관계와 소유 및 경계 관계를 조직하기 위해, 복합적이고 가변적인 제도장치들을 통해 발전시킨 이데올로기들을 축으로 구조화된다. 물론 이 같은 정의로운 불평등에 대한 추구가 지배집단의 위선을 면책해주는 것은 아니지만, 그래도 언제나 여기에는 그럴듯하고 진실된 요소가 있어 미래를 위해 유용한 교훈을 이끌어낼 수 있다.

나는 또한 이 책의 앞선 장들에서, 1980~1990년 이후 관찰된 사회경제적 불평등의 재증대로 인해 야기된 엄청난 위험을 보여주고자 했다. 20세기 중반에 불평등 감소를 가능케 했던 사민주의연합과 좌-우체계는, 그 자체로 충분히 쇄신되지 못한 탓에, 무역이 국제화되고 고등교육이 급속하게 확대되는 맥락에서 점차 해체되었다. 1980년대의 보수혁명, 소비에트

공산주의의 붕괴, 신소유주의 유형의 새로운 이데올로기의 전개는, 21세기 초 현재 제어되지 않는 놀라운 수준의 소득 및 자산 집중으로 세계를 이끌었다. 이 불평등은 도처에서 커져가는 사회적 긴장을 야기한다. 보편주의적이고 평등주의적 목표를 지닌 건설적인 정치적 출구가 부재한 상태에서의 불만들이 정체성주의적이고 민족주의적인 균열을 심화시켰다. 실제로 이 심화된 균열 양상은 오늘날 세계의 모든 지역, 미국과 유럽, 인도와 브라질, 중국과 중동에서 관찰된다. 현재의 사회경제조직 및 계급 불평등과 관련해 믿을 만한 대안이 전혀 없다고 말하는 순간부터, 변화를 향한 희망이 경계와 정체성에 대한 열광으로 옮아간다는 건 놀라운 일이 아니다.

그렇다 해도 1980~1990년 이후 관철되어온 초불평등주의적인 새로운 서사가 숙명은 아니다. 이 서사는 부분적으로 공산주의 파국과 그 역사의 소산이며, 이렇게 된 이유는 또한 지식의 불충분한 확산과 지나치게 경직된 분과학문 장벽들, 그리고 너무 자주 타인들에게 내맡겨진 경제 및 금융 문제들에 대한 시민들의 제한된 전유에서 유래하는 것이기도 하다. 활용가능한 역사적 경험을 토대로, 나는 현재의 자본주의체계를 극복하고 21세기를 위한 새로운 참여사회주의의 윤곽을 그려볼 수 있다고 확신한다. 요컨대 이 사회주의는 보편주의적 평등주의를 향한 전망으로, 그 근간은 사회적소유와 교육, 지식 및 권력의 분유에 있다. 마지막 장에서는, 앞선 장들에서 이미 환기한 바 있는 교훈을 기반 삼아 이 방향으로 진전할 수 있게 해줄 몇몇 요소를 모아보려 한다. 나는 정의로운 소유의 조건들을 분석하면서 시작해보겠다. 여기에 필요한 것은 새로운 형태의 사회적소유, 기업 내 의사결정 참여 및 의결권 분유를 발전시키는 것이다. 또한 대규모 소유에 대한 강력한 누진세를 통해, 영구적 사적소유를 일시소유 개념으로 대체해야 할 필요가 있다. 이 누진세는, 보편적 자본지원의 재원을 충당하고 재산과 부의 지속적 순환을 조직할 수 있게 해준다. 나는 또한 누진소득세 및 기본소득의 역할과 함께 교육정의 문제도 분석하겠다. 마지막으로는 민주주의와 경계 문제, 사회·조세·기후 정의에 입각한 초민족적 민주주의체계에 이르도록 현재의 세계경제기구를 어떤 식으로 재고해볼 수 있을지를 논의하겠다.

명확히 말해두자. 이토록 복잡한 문제들에 대해 완벽하게 만족스럽고 설득력 있는 답을, 무조건 적용하기만 하면 되는 해법을 내놓겠다는 건 말도 안 된다. 이런 것은 이어질 지면의 소명이 전혀 아니다. 불평등주의체제의 모든 역사는 무엇보다도 사회정치적 동원과 구체적 실험이야말로 역사적 변화를 가능케 하는 것임을 보여준다. 역사는 위기의 산물이며, 책에서 예견한 대로 정해지는 것이 아니다. 그렇다고 해도, 가용 자료에서 끌어낼 수 있는 교훈들과 무한한 숙의의 시간이 있다면 옹호하게 될 입장들에 관해 이 마지막 장에서 총괄해두는 것이 유용할 것 같다. 나는 도래할 위기들이 취할 형태에 대해 알지 못하고 그 위기들이 기존의 어떤 생각들과 마주쳐 새로운 궤도를 그릴지에 대해서도 알 수가 없다. 하지만 최선이든 최악이든 이데올로기들의 중심 역할이 지속되리라는 것에는 의심의 여지가 없다.

## 참여와 숙의로서의 정의

정의로운 사회란 무엇인가? 이 책에서 나는 이에 대해 다음과 같은 불완전한 정의를 제안해본다. 정의로운 사회란 사회구성원 전체가 가능한 한 가장 광범위한 기본 재화에 접근할 수 있는 사회다. 이러한 기본 재화에 해당하는 것에는 특히 교육·보건·투표권이 있고, 더 일반적으로는 사회적 문화적 경제적 시민적 정치적 삶의 다양한 모든 형태에 대한 완전한 참여가 있다. 정의로운 사회는 가난한 사회구성원이 가능한 한 가장 높은 생활조건을 누릴 수 있도록 사회경제적 관계, 소유관계, 소득 및 자산 분배를 조직한다. 정의로운 사회는 절대적 획일성이나 절대적 평등을 전제로 하지 않는다. 소득 및 소유의 불평등이 다양한 열망과 서로 다른 삶의 선택에서 나온 귀결인 한에서, 그 불평등을 통해 생활조건이 개선되고 가난한 이들에게 허용된 기회 범위가 증대되는 한에서, 그 불평등은 정당화될 수 있는 것이다. 하지만 이는 가설로 그치는 게 아니라 입증되어야 하는 것이며, 이 주장이 어떤 수준의 불평등이든 마구 정당화하기 위해 사용되어서는 안 되지만 너무나 자주 그렇게 쓰이고 있다.

정의로운 사회에 대한 이러한 불완전한 정의가 모든 문제를 해결해주진 못한다. 어림도 없다. 역사적이고 개인적인 경험의 토대, 모든 사회구성원의 참여라는 토대 위에서, 오직 집단적 숙의만이 보다 멀리 나아갈 수 있게 해준다. 이것이 숙의가 목적이자 수단인 이유다. 그래도 이러한 정의를 통해 일정한 원칙을 상정해볼 수 있다. 특히 기본 재화에 대한 접근의 평등은 절대적이어야 한다. 요컨대 다른 집단으로부터 투표권·학교·보건에 대한 접근권을 박탈함으로써 특정 집단에게 더 확대된 소득·교육·정치 참여를 제공할 수는 없다. 어디까지를 기본 재화(교육·보건·주거·문화 등)로 볼 것인지의 문제는 분명 논의대상이고, 해당 사회 및 역사적 맥락과 별개로 해결할 수 있는 문제도 아니다.

일반적으로는, 특수한 역사적 사회 내부의 정의 관념을 다루고, 정의를 둘러싼 갈등들이 담론과 제도와 특수한 사회·조세재정·교육 장치에서 어떻게 구현되는지 분석하면서부터 흥미로운 문제가 시작되는 것 같다. 혹자들은 어쩌면 내가 언급한 정의의 원칙들이 1971년 존 롤스가 정식화한 것들과 유사하다고 여길 것이다.[1] 여기에는 약간의 타당성이 있다. 다만 유사한 원칙들은 훨씬 오래된 형태로 다양한 문명에서, 또한 1789년의 「인간과 시민의 권리선언」 제1조에서도 확인된다는 점을 덧붙여야만 한다.[2] 그런데 프랑스혁명 또는 미국독립 당시 정식화된 이러한 위대한 원칙 선언은, 식민주의와 노예제의 규약적인 폭력적 지배체계가 두 나라에서 1960년대까지 실행되는 것을 막지 못한 것은 물론이거니와, 매우 강한 사회적 불평등이 19세기를 거쳐 20세기 초까지 지속되고 심지어 악화되는 것을 전혀 막지 못했다. 바로 이것이 추상적이고 일반적인 사회정의 원칙들을 경계하고, 그 원칙들이 특수한 사회와 구체적인 정치 및 제도 안에서 구현되는 방식을 눈여겨봐야 하는 이유다.[3]

뒤에서 개진할 참여사회주의 요소들은, 무엇보다도 이 책에서 제시된 역사적 진화의 교훈들에, 특히 불평등주의체제들의—20세기 초 이후 관찰된—중대한 전환들의 교훈들에 근거한다. 그 요소들은 특수한 역사적 사회들, 즉 21세기 초의 사회들을 통해 구상된 것이다. 뒤에서 언급된 요소 중 일부는 상대적으로 선진적인 국가의 행정 및 재정 능력의 확립을 요구하는데, 이런 의미에서 가장 발달된 서양과 비서양 사회들에 더 직접적으로 들어맞는다. 하지만 이 참여사회주의 요소들은 보편성을 겨냥하고 구상되었던바, 가난한 신흥국들에서도 점진적으로 시행될 수 있다. 여기서 전개된 명제들은 민주사회주의 전통에 속하는데, 사적소유의 극복과 (예컨대 게르만어권과 북유럽 사민주의에서 중심 역할을 한) 임금노동자들 및 그 대표자들의 기업지배구조 개입을 강조하는 대목이 특히 그렇다. 나는 참여와 탈중앙집중이라는 목표를 강조하기 위해, 그리고 20세기 초 소비에트 유형의 공산주의에 속했던 나라들에서 실험된 (아직도 중국의 공공 부문에서 폭넓게 작동되고 있는) 초중앙집중화된 국가사회주의와 이 기획을 명확하게 구별하기 위해, '참여사회주의'라고 말하고 싶다. 제안된 전망은 또한 교육제도에, 그리고 일시소유 및 누진세 주제에 핵심 역할을 부여한다. 누진세 주제는 앵글로색슨의 진보주의와 프랑스혁명기의 (흐지부지 끝난) 논쟁에서도 필수적이었다.

특히 서유럽에서 20세기 민주사회주의와 사민주의가 거둔 대체로 긍정적인 결실을 감안하면 내 생각엔 '사회주의'라는 용어가 21세기에도 여전히 사용될 만한 가치가 있는 것 같다. 이 용어는 위의 전통 안에 있으면서도 이 전통을 극복하고 지난 수십 년간 관찰된 사민주의의 가장 명백한 불충분함에 답하려는 것이다. 여하간 여기서 언급된 제안은 그에 나붙는 딱지보다 실체가 더 중요한 것이고, 일부 독자들이 '사회주의'라는 용어가

소비에트 경험(또는 '사회주의'라는 이름만 앞세운 최근 정부의 경험)에 의해 결정적으로 훼손되었다고 판단하며 새로운 용어를 개진하는 걸 선호한다는 점을 이해 못할 것도 아니다(물론 나는 이 결론에 찬성하진 않지만). 그럼에도 독자들이, '사회주의'에서 도출된, 실제의 여러 경험과 전통에서 끌어낸 나의 제안들과 논증들을 부디 따라와주었으면 하고 바라본다.[4]

여기서 옹호한 선택지들은 다음과 같은 사고실험과 부합한다는 점을 짚고 넘어가자. 우리가 글로벌 아고라에서 토론하면서, 세계시민들에게 소유체제, 조세재정제도 및 교육제도, 경계체계, 민주주의체제 자체를 최상의 방식으로 조직할 수 있다고 설득할 무한정한 시간이 우리에게 주어졌다고 가정해보자. 나는 이런 틀에서 이 책을 쓰기 위해 쌓은 역사적 인식을 기반으로, 뒤에 제시된 선택지들의 가능한 실행을 위해 최대한 많은 이들을 설득해나갈 수 있으리라는 희망을 품고 이 선택지들을 옹호해나갈 것이다. 이러한 사고실험이 내게는 유용해 보이지만, 물론 여러 가지 면에서 비교적 억지스러운 데가 있는 건 분명하다. 우선 그 누구도 이처럼 거의 무한정 시간을 쓰지는 못한다. 무엇보다, 정치운동과 정당은 흔히들 자신들의 이념과 제안을 시민들에게 알릴 시간이 부족한 편인데, 이는 그들에 대한 시민들의 관심이 제한적인 탓이다(흔히 드는 그럴듯한 이유가 있다. 인생에는 그들의 말을 듣는 것에 앞서는 다른 우선순위가 있을 수 있기 때문이라는 것이다).

이어 무엇보다도, 무한정의 숙의라는 이 실험이 현실로 펼쳐진다면 내가 옹호하려는 입장들을 나는 분명 깊이 있게 재검토해보게 될 텐데, 지금껏 접해온 논증과 정보들, 아주 제한된 역사적 자료들의 반영일 따름인 이 입장들은 매번 숙의를 통해 보완됨으로써 풍성해질 것이다. 나는 이미 내가 참여할 기회가 있었던 만남과 토론, 나의 독서를 통해, 내 입장들을 심층적으로 수정해왔으며 앞으로도 마찬가지일 것이다. 달리 말해, 정의는 항상 무엇보다도 진행형인 집단적 숙의의 결과로 구상되어야 한다. 어떤 책도, 어떤 인간 존재도 이상적인 소유체제, 완벽한 투표체계, 기적의 과세표를 홀로 정할 수는 없다. 오직 광범위한 집단 경험만이, 인간사회의 역사 전개 속에서 각자의 경험과 (무한정의 숙의는 존재하지 않기에) 가능한 한 가장 광범위한 숙의에 입각하여, 이 방향으로 조금이라도 진보해갈 수 있게 한다. 아래에서 전개되는 요소들은 앞선 장들에서 분석된 역사적 궤적들을 토대로 해볼 수 있는 실험들과 관련해 약간의 실마리를 제공하려는 것일 뿐이다.

## 자본주의와 사적소유의 극복

정의로운 소유란 무엇인가? 이 물음은 참여사회주의를 정의하고 자본주의를 극복하기 위해 반드시 답해야 할, 가장 복잡하고 핵심적인 질문이다. 나는 이번 연구에서 소유주의를 사적소유의 절대적 옹호에 근거한 정치적 이데올로기로, 자본주의를 소유주의가 대공장과 국제금융의 시대 그리고 오늘날 디지털경제시대로 확장된 것으로 정의했다. 자본주의는 자본소유자들에게 경제력이 집중되는 것에 기반을 두고 있다. 원칙적으로 부동산자본 소유자들은 누구에게 어떤 가격으로 임대할지 결정할 수 있으며, 금융자본 및 사업자본 소유자들은 '1주 1의결권'이라는 원칙에 따라 기업지배구조의 고삐를 쥐고는 누구를 얼마의 임금에 고용할지 최종적으로 결정하게 된다.

실제로 이 완고한 자본주의모델은 여러 변형과 수정을 거쳤으며, 자본주의는 19세기 이후 특히 법률·사회·조세제도를 통해 사적소유 개념을 변화시키는 데 기여했다. 한편으로는 법률제도와 사회제도를 통해 소유자들의 권력은 세한되었다. 예컨대 임대인이 함부로 퇴거와 임대료 인상을 요구하지 못하도록 임차인은 장기 보장을 받고, 나아가 어떤 경우에는 충분히 오랜 기간 사용한 뒤 주택 또는 토지를 낮은 가격에 되살 수 있게 보장받는데, 이야말로 소유의 진정한 재분배인 것이다. 마찬가지로 노동법과 사회법이 기업 안에서 주주의 권한을 강력히 규제했다. 일부 나라에서는 임금노동자 대표자들과 주주 대표자들이 이사회 의결권을 분유하게 되었으니, 여기서부터 진정 소유권을 다시 정의하는 것으로 이어질 수도 있다. 다른 한편으로는 조세재정제도 역시 소유자들의 권리를 축소하는 데 기여했다. 고액 상속에 적용된 누진상속세 세율은 20세기에 대부분의 선진국에서 30~40%에 달했다(심지어 미국과 영국에서는 수십 년간 70~80%였다). 이 누진세는 실제로 영구소유를 일시소유 형태로 바꾸는 일이다. 달리 말해, 각 세대는 막대한 재산을 축적할 수 있지만 다음 세대 또는 잠재적 상속인에게 양도시 재산의 상당 부분을 공동체에 반환해야 한다는 조건을 가지며, 그리하여 그다음 세대들은 새로운 발판을 마련해나가야 한다는 말이다. 다른 한편, 누진소득세 세율은 20세기의 상속세 세율과 유사한 (심지어 앵글로색슨 나라들에서는 그보다 더한) 수준에 달했고, 무엇보다 역사적으로 볼 때 상위 자본소득을 겨냥한 것인데, 이 역시 결과적으로 (생활수준을 대폭 낮추지 않고서도) 대대손손 막대한 재산이 대물림되는 것을 상당히 까다롭게 만들었다.

자본주의와 사적소유를 극복하고 참여사회주의를 확립하기 위해, 나는 아래의 두 축에 입각할 것과 이를 심화시킬 것을 제안한다. 요컨대 법률제도와 조세재정제도를 바꿔서, 한편으로는 기업 내 권력을 더 폭넓게 분유하여 자본의 진정한 사회적소유를 제도화함으로써, 다른 한편으로는 막대한 소유에 강력한—보편적 자본지원에 재원을 대고 재화의 지속적 순환을 가능케 하는—누진세를 적용하는 가운데 자본의 일시소유 원칙을 확립함으로써, 현재까지 이룩한 것보다 훨씬 앞으로 나아가는 것이 가능하다.

## 기업 내 권력 분유: 실험 전략

사회적소유에서 시작해보자. 의결권 분유체계는 게르만어권 및 북유럽 나라들에서 1940년대 말 1950년대 초부터 확립되었다. 자본참가와 무관하게 임금노동자 대표자들이 이사회에서 갖는 의결권이, 독일에서는 절반이고 스웨덴에서는 (중소기업들도 포함하여) 3분의 1이다.[5] 이른바 '공동관리'라는 이 새로운 규칙은 19세기 말에 시작된 권리요구운동이 1차대전 이후, 특히 2차대전을 거치면서 더 유리한 세력균형에 도달한 국면에서, 노조와 그들의 정치적 대표자들의 힘겨운 투쟁으로 획득한 것이다. 이 실질적인 법적 변화는 중요한 헌법 혁신과 궤를 같이했다. 특히 독일의 1919년 헌법과 1949년 헌법은 소유권에 대한 사회적 정의를 채택했는데, 이는 소유에 관한 일체의 신성화에서 벗어나 공동선과 공익에 기초하여 법률로 소유의 항목들이 정해져야 한다는 것이다. 공동관리는 애초에 개인 주주들의 강한 반발에 부딪혔으나 이제 이 규칙은 반세기 이상 실행되고 있으며 해당 나라들에서 매우 폭넓은 합의대상이 되고 있다.

우리가 가진 모든 자료는 공동관리 규칙이 큰 성공을 거두었음을 시사해준다. 이 규칙은 기업의 장기 전략 결정에 임금노동자들이 대대적으로 참여할 수 있게 했고, 주주들과 단기 금융이익의 대체로 유해한 전능함을 상쇄해주었다. 이 규칙은 게르만어권 및 북유럽 나라들에서 이제껏 실험된 그 어떤 다른 모델들보다도 더 생산적이면서 덜 불평등한 사회경제모델의 출현을 촉진시켰다. 따라서 내게는, 다른 나라들에서도 지체 없이 영세기업은 물론 모든 민간기업 이사회 내에서 이 모델의 최대치인 의결권 절반을 임금노동자들이 갖는 공동관리를 적용해보는 게 합당해 보인다.[6]

게르만어권 및 북유럽 나라들의 공동관리가 아무리 유망하다 해도, 가부동수일 경우 결정권은 언제나 주주들에게 있다는 사실을 비롯해 여러 한계가 있긴 하다. 더 앞으로 나아가기 위해서는, 두 길이 특히 흥미로워 보인다. 한편에는 우리가 뒤에서 분석할 누진세, 자본지원, 재화의 순환에 의해 가능해지는 소유의 탈집중이 있는데, 이를 통해 임금노동자들은 자기들 기업의 주식을 취득하고 임금노동자로서 행사하는 절반의 의결권에 주주로서의 표를 더해 다수파가 될 수 있다. 다른 한편으로는 자본출자와 의결권을 연동시키는 규칙 자체를 재고해봐야 한다. 내가 이미 지적했듯이, 자본출자와 경제력 간의 모든 연결고리를 없애버리는 것이 적어도 영세기업에서는 공익에 부합하는 일이 아닐 것이다. 자신의 사업을 성공시키기 위해 자금을 전부 건 사람이 있다면, 그 사람이 전날 고용한—자신의 사업 구상에 필요한 돈을 모으기 위해 일하는지도 모를—어느 임금노동자보다 더 많은 표를 행사한다는 것은 의외로운 일이 아니다.[7]

문제는 의결권 절반이 어쨌든지 간에 임금노동자 대표자들에게 간다는 사실을 넘어, 대기업에서 대주주들의 의결권에 상한선을 두는 것이 정당화될지 여부다. 최근 '비영리 미디어 단체'들에서 이런 방향의 움직임이 있었다. 자본의 10%를 초과하는 출자에는 출자액의 3분의 1에 해당하는 의결권만 부여해, 그에 따라 (언론인, 독자, 크라우드펀딩 참여자 등의) 소액출자자들의 의결권은 그만큼 늘어나는 것이다. 애초에 비영리 미디어 기구라는 틀에서 구상된[8] 이 안이 다른 부문들과 영리기업들로 확대될 수도 있을 것이다. 일반적으로, 일정 규모 이상의 기업들에서 10%를 초과하는 모든 자본출자에 대해 위와 같은 의결권 상한을 설정하는 것도 괜찮은 공식일 수 있다.[9] 거대구조 안에서 권력을 단 한 사람의 수중에 무한정 집중시키면서 집단적 숙의의 이점을 포기해야 한다는 건 결코 타당한 일이 아니므로, 이는 정당한 제안이다.

주주 없이도 매우 잘 조직되는 다수의 공공조직 또는 민간조직이 여러 부문에 있다는 점을 유념해야 할 것이다. 예컨대 공립 또는 준공립이 아닌 경우 대부분의 대학은 재단 형태를 취한다. 상당한 자원을 대학에 낸 고액 기부자는 대학으로부터 (자녀의 특례입학, 나아가 이사직 등) 일정한 혜택을 받을 수 있는데, 물론 여기에는 더욱 엄격한 규제가 필요하다. 이 조직화모델에서도 바로잡아야 할 다른 문제들이 나오고 있다.[10] 그럼에도 기부자의 위치는 주주의 위치보다 훨씬 취약하다. 그들의 기부금은 대학의 기부재산으로 확정적으로 흡수되며, 이사회는 적절한 이가 있다면 자유롭게 기부자들을 교체할 수 있지만, 주주와 그 승계자를 상대로는 이런 것이 불가능하다. 그렇다고 해서 이것이 기부자의 기부나 대학의 작동을 저해하는 것은 아니며, 오히려 그 반대다. 일부에서는 대학 또는 각종 학교를 주식회사 형태로 설립하고자 했으나 (트럼프대학이라는 이미지처럼) 그 결과가 너무나 파국적이라서, 이 시도들은 거의 전부 사라졌다.[11] 여기서 분명 충분히 보이는바, 자본을 댄 사람들의 권한을 강력히 제한하는 것은 가능할 뿐 아니라, 이렇게 하는 것이 해당 조직의 운영의 질을 위해서라도 대체로 바람직하다. 모든 면에서 미래에 중심 역할을 하리라고 보이는 보건·문화·교통·환경 부문 단체들에서도 이와 유사한 형태를 관찰할 수 있다. 일반적으로 주식회사와 '1주 1의결권' 규칙이라는 모델이 넘어설 수 없는 경제조직 형태일 거라는 생각은 정밀한 분석 앞에서 사라지고 말 것이다.

소유의 탈집중과 대주주 의결권 상한 설정은, 게르만어권 및 북유럽 나라들의 공동관리 너머로 나아가는 가장 자연스러운 두 방식이다. 다른 방식도 있는데, 예컨대 최근 영국의 논의 맥락에서 정식화된 제안으로, 임금노동자-주주가 혼합된 회의에서 일부 이사를 선임하는 것이다.[12] 이를 통해 공동관리가 이따금 보인 정형화된 역할놀이를 넘어서는 새로운 유형의 숙의와 연합을 발전시킬 수 있을 것이다. 이 대목에서 논의를 끝낸다면 아무 의미도 없을 것이다. 이 새로운 형태의 조직과 사회관계가 발전되는 것은 구체적인 실험과 사회역사적인 현실의 궤도들 안에서이기 때문이다. 확실한 것은 사회적소유와 권력 분유에 의해, 자본주의를 극복하고 공동관리 너머로 나아가는 것을 가능케 할 다수의 길이 있다는 점이다.

## 누진소유세와 자본순환

사회적소유와 기업 내에서의 권력 및 의결권 분유에 의한 자본주의 극복은 중요하긴 하나 이걸로는 충분치 않다. 정의로운 사회에서, 특히 중소기업에서, 사적소유가 일정 역할을 계속 담당하리라는 생각을 받아들이면, 소유가 무한정 집중되는 것을 피할 수 있게 해줄 제도장치들을 찾는 것은 필수다. 소유 집중은 이를 밀어붙이는 근거들이 어떤 것이든 간에 공익의 관점에서 보면 전혀 유용하지 않다. 이 점에 있어서는 우리가 겪은 역사적 경험만 살펴봐도 전적으로 분명하다. 거의 모든 사회(주로 유럽사회)에서 20세기 초까지 소유는 극단적으로 집중되었다. 대체로 부유한 10%가 재산의 약 80~90%(부유한 1%가 60~70%까지)를 보유했는데, 공익의 관점에서 이는 전혀 유용하지 않았다. 가장 뚜렷한 증거는, 1914~1945년 정치적-이데올로기적 전환들과 충격에 뒤이어 매우 크게 불평등이 감소했음에도 경제발전이 전혀 방해받지 않았다는 데 있다. 소유 집중은 1914년 이전에 비해 2차대전 이후에 현저히 약화되었으며(대체로 상위 십분위가 약 50~60%, 상위 백분위가 20~30%의 재산을 보유), 그럼에도 성장은 가속화되었다.[13] 벨에포크(1880~1914년) 당시의 소유자들이 어떻게 생각했든, 극단적 불평등이 번영과 산업발전을 위해 치러야 할 대가는 아니었다. 도리어 모든 면에서 보여주는바, 극단적 불평등은 민족주의적 사회적 긴장을 불러일으켰으며, 전후의 균형발전모델을 가능케 했던 사회투자 및 교육투자를 저해하고 말았다. 게다가 미국·러시아·인도·중국에서, 정도는 덜하지만 유럽에서 1980~1990년 이후로 관찰된 소유 집중의 강력한 재상승은 극단적인 자산 불평등이 온갖 이유로 재구성될 수 있음을 보여준다. 이를테면 상위 금융자산 포트폴리오 보유자들에게 유리한 민영화라든가 그들한테 구조적으로 더 높은 금융수익이 돌아가는 식인데, 이런 것이 반드시 대다수 주민에게 더 높은 성장을 안겨주는 것은 아니며 오히려 그 반대다.[14]

극단적인 소유 집중의 회귀를 막으려면, 20세기에 누진상속세 및 누진소득세가 했던 역할을 앞으로도 계속 유지시켜야 한다. 20세기에는 (특히 미국과 영국에서) 세율이 수십 년간 자산 및 소득 위계 정상부에서 70~90%에 달하거나 이를 상회했는데, 거리를 두고 보면 이 수십 년은 전례 없는 고도성장의 시기였다.[15] 그렇지만 역사적 경험에 비춰보면, 이 두 세금으로는 충분치 않으며, 자본의 실질적 순환을 보장해주는 중심 도구로 보이는 연간누진소유세로 이를 보완해야 한다.

여기에는 여러 이유가 있다. 우선 소득세와 비교할 때 소유세는 더 운용하기가 쉽지 않은데, 특히 대부호들을 대상으로 할 때 그렇다. 이들에게 과세소득이라고 해봤자 흔히 자산의 하찮은 일부에 불과한 반면, 경제적 의미에서의 소득의 핵심은 가족 보유 자산 또는 특별목적회사에서 축적되고 있으니 말이다. 누진소득세 활용에만 그친다면, 이는 거의 자동적으로 상위 자산 보유자들이 자기네 부에 비해 터무니없이 적은 세금을 낸다는 의미가 된다.[16]

또한 유념할 것은, 자산은 그 자체로 공동의 조세부담에 기여할 역량의 지표이며, 그리고 적어도 연간소득만큼이나 의미 있고 지속성이 있는 지표라는 점이다. 연간소득은 정의로운 세금의 액수에 반드시 영향을 미치지는 않는 (또는 여하간 고려해야 할 유일한 것은 아닌) 각종 이유로 가변적일 수 있다. 예컨대 어느 소유자가 주택·건물·창고·공장 형태로 막대한 재산을 보유하고 있다면, 그런데 그가 재산을 자신이 사용하기 위해서만 보존하고 있든 새롭게 활용하지 않기 때문이든 이 재산에서 (어떻게 운용하는가와는 무관하게) 유효한 소득을 전혀 만들어내지 못한다고 해도 여기에는 세금을 면제해줄 이유가 전혀 없고 오히려 그 반대다. 실제로 미국의 재산세와 프랑스의 토지세같이 부동산(주택이든 사무실이든 또는 그 어떤 사업용 자산이든)에 대한 세금이 있는 모든 나라에서, 대소유자들(개인 또는 기업)이 부동산으로 그 어떤 소득도 벌어들이지 않는다는 이유로 그들에게 세금을 면제해주자고 하는 자는 아무도 없다.[17] 실제로 문제는, 18~19세기에서 유래한 이 세금들이 (주로 비물질적이고 금융적인) 많은 자산을 면제해주었다는 것과 일반적으로 재산가치에 비례하는 (개별 보유 규모가 어떻든 자산 전체에 동일 세율이 적용되는) 방식으로 확립되었다는 것이다. 바로 이것이, 개인들의 소유 총액(즉 해당 개인이 보유한 부동산·사업자산·금융자산 등 모든 성격의 자산에서 부채를 뺀 총가치)에 따른 누진세율로 과세되었더라면 이루어질 수 있었고 이루어졌을 누진세율의 재분배 역할이 언제나 훨씬 제한적으로 이루어졌던 이유다.[18]

또한 덧붙이자면 (소득과 무관하게 이 경우 오로지 재산 보유에만, 상속에만 의존한다는 의미에서) 역시 소유세의 일종인 누진상속세와 비교하여, 연간소유세의 이점은 당사자의 부와 납세능력 진화에 훨씬 더 빠르게 맞춰갈 수 있다는 점이다. 예컨대 마크 저커버그나 제프 베이조스에게 세금을 물리자고 그들이 90세가 되어 재산을 상속하길 기다리지 않아도 된다는 말이다. 이렇듯 상속세는 새로운 축재에 과세하기에는 좋은 수단이 아니다. 이런 과세를 위해서는, 무엇보다도 기대수명이 엄청나게 늘어난 세계에서는, 연간자산세가 더 적합하다. (미국의 재산세와 프랑스의 토지세 같은) 현행 연간소유세에서 주목해야 할 점은, 그 모든 제한에도 불구하고 상속세보다 훨씬 더 유효한 세수를 확보할 수 있게 해준다는 점이다. 게다가 상속세에 비해 평판도 훨씬 덜 나쁘다. 일반적으로 상속세가 모든 조사에서 어느 정도로 인기가 없는지를 보면 놀랍다. 반면에 연간소유세와 소득세는 상대적으로 잘 받아들여지며, 누진재산세(프랑스의 연대부유세, 미국의 '백만장자세millionaire tax')는 모든 조사에서 압도적 지지를 얻는다.[19] 달리 말해, 납세자들은 상속시 재산가치의 20~30%를 내야 하는 것보다는, 수십 년에 걸쳐 매년 약 1~2%로 연간 납세하기를 선호한다는 말이다.

상속세에 대한 일부 인민계급과 중위계급의 적대감은 이 세금의 실제 비중에 대한 오해로 설명될 수 있다(누진세에 반대하는 정치운동들은 이 착각이 지속되는 데 당연히 책임이 있다). 하지만 그런 적대감은 또한 새로 부동산을 마련했으나 가용 유동자산 및 금융자산은 제한적인 이들의 납득할 만한 공포를 반영한다. 그들이 생각하기에 세금 총액을 마련하려면 해당 재산(주택·시골집·작은 회사)을 팔아야 할 정도로 많은 세금을 자녀들이 일시에 내야 하는 것이다.[20] 이런 다양한 요인을 고려할 때 이 연간세금이 누진적이라는 조건하에서 연간소유세가 상속세보다 (세수 면에서) 더 중요한 역할을 하리라는 건 합당해 보인다.[21]

## 소유 확산과 보편적 자본지원

마지막으로 무엇보다도, 누진소유세는 이제껏 시행된 어떤 것보다도 소유의 더 큰 순환과 폭넓은 확산을 보장해줄 필수 도구다. 20세기 초부터 실행된 바대로 상속 및 소득에 대한 누진세 덕에, 유럽은 물론 미국·일본 같은 자본주의 나라들에서 한 세기 동안 이어진 소득 및 자산 불평등이 엄청나게 감소했다. 하지만 놓치지 말아야 할 점은, 이 역사적 흐름이 얼마나 중요하든, 현실에서는 극단적인 소유 집중이 계속돼왔다는 것이다. 사적소유 전체에서 유럽의 부유한 10%가 점하는 비율은 1900~1910년에 약 80~90%였던 것이 2010~2020년에는 약 50~60%가 되었는데, 이는 여전히 인구의 단 10%가 너무 큰 몫을 차지한다는 것이다. 게다가 소유 집중의 이러한 완화는 그다음 40%한테 거의 배타적으로 유리하게 이루어졌다(이들의 몫은 전체의 10% 남짓에서 30~40%가 되었다). 반면 가난한 50%까지는 소유 확산이 전혀 이뤄지지 않았으니, 민간자산 전체에서 그 점유율은 가용 데이터가 있는 모든 시대, 모든 나라에서 언제나 5~10% 선(심지어 5% 이하)이었다.[22] 게다가 1980~1990년부터 인민계급(가난한 50%)과 중위자산계급(그다음 40%)의 사적소유 점유율은 거의 모든 나라에서 감소했다. 미국이 특히 그러한데, 부유한 계급(상위 10%)의 점유율이 2010년대에 전체의 70%를 분명히 초과했다. 정도가 덜하긴 하나 유럽 역시 그러하며, 인도·중국·러시아에서도 자산 집중이 빠른 속도로 미국에서 관찰되는 수준과 가까워지는 경향을 보인다(심지어 러시아는 그 수준을 넘어섰다).[23]

이러한 제한적 소유 확산은 가난한 50%가 경제활동, 특히 창업 및 기업

지배구조에 참여할 가능성이 항상 제한되어왔음을 뜻한다. 이것은 정의로운 사회가 지향해야 마땅한 참여의 이상에 부합하지 않는다. 소유를 더욱 폭넓게 확산하기 위한 많은 시도가 있었다. 특히 수백 또는 수천 헥타르의 대토지소유를 끝장내고 가난한 농민계급이 (소유자들에게 임대료를 지급하는 대신에) 자기네 땅에서 노동해 소출을 거둘 수 있도록 하려는 농지개혁 틀에서 그와 같은 시도들이 있었다. 비록 가난한 농민들이 여전히 일차 수혜자가 아니었다 하더라도, 지역별로 가변적인 규모의 토지 재분배가 18세기 말 19세기 초 프랑스혁명기에 있었다.[24] 이따금 더 과감한 농지개혁들이 지난 두 세기에—아일랜드와 에스파냐에서 19세기 말과 20세기 초 수십 년간, 멕시코에서 1910년 혁명에 뒤이어, 일본과 한국에서는 2차대전 직후, 인도의 (서벵골과 케랄라 같은) 일부 주들에서는 1970년대와 1980년대에—여러 나라에서 실행되었다.[25]

이러한 조처들은 이처럼 다양한 맥락에서 소유를 확산시키는 데 의미 있는 역할을 해왔다. 그렇지만 이것들은 여러 구조적인 곤란에 봉착했다. 우선 (무엇보다도 주로 농촌사회이다보니 그 실행이 용이하다는 점을 제외하고는) 재분배가 토지소유에 국한되어야 한다는 사실은 명확히 정당화되기 어렵다. 실제로 다양한 자본 형태가 상호보완적이며, 여타 자산 유형(설비·도구·창고·사무실·건물·유동자산·온갖 금융자산)의 초집중은 토지소유의 초집중과 동일한 종류의 문제를 야기한다. 특히 이는 경제력을 몇몇의 수중에 초집중시키는 사태를 초래한다. 게다가 농지개혁은 사회가 지속적으로 조화롭게 발전하기 위해서는 단 한 번의 소유 재분배로 충분하다는 가설을 조장하는 경향이 있다. 그러나 역사적 경험이 보여주는 바, 과거 농업사회들이 산업·부동산·금융 관련 소유에 근거한 사회들로 넘어감에 따라서 극단적인 자산 불평등은 형태를 바꿔 나타나는 경향이 있다. 이것은 예컨대 (수익성이 높은 민영화 또는 기술혁명 같은) 소수에게 유리한 경제적 격변에 기인할 수도 있고, 애초의 대규모 보유가 여타 보유에 비해 평균적으로 훨씬 더 빠르게 재생산될 수 있도록 해주는 다양한 병합 메커니즘(금융수익, 시장 지배력, 납세의 법률적 최적화)에 기인할 수도 있다.

진정으로 소유 확산을 갈망한다면, 그리하여 가난한 50%가 상당 정도의 자산을 보유하고 사회경제활동에 충분히 참여할 수 있기를 갈망한다면, 농지개혁 개념을 민간자본 전체와 관련된 영구적 과정으로 전환시켜 일반화하는 것이 필수적으로 보인다. 가장 논리적인 대처방식은 사적소유에 대한 누진세를 통해 재원을 마련하여 (예컨대 25세의) 청년 각자에게 지급하는 자본지원의 체계를 확립하는 일이다. 이와 같은 체계는, 구성적으로, 상층에서 소유 집중은 제한하고 기층에서는 소유를 확산시킬 수 있게 해준다.

## 누진세 3종 세트: 소유세, 상속세, 소득세

생각을 갈무리하기 위해, 이러한 자본지원체계 시행을 가능케 하는 세제라고 볼 수 있을 만한 예를 표 17.1에 제시했다. 전체를 놓고 본다면 정의로운 사회의 세제는 세 가지 기본 누진세에 기초할 것이다. 연간누진소유세, 누진상속세, 누진소득세.[26] 여기 제시된 도식 안에서, 상속세와 연간소유세의 합은 국민소득의 약 5%일 텐데,[27] 이 총액은 전적으로 자본지원의 재원으로 쓰일 것이다. 사회적 분담금과 누진탄소세도 포함된 누진소득세는 국민소득의 약 45%가 될 것이고, 여타 공적지출, 특히 기본소득과 무엇보다도 (보건·교육·퇴직연금 제도 등을 포함하는) 사회국가의 재원이 될 것이다.[28]

우선 나는 자산 영역, 즉 소유 및 상속에 대한 누진세와 보편적 자본지원으로 구성되는 영역을 집중적으로 살펴보고, 소득과 사회국가와 관련된 영역은 그후에 논하겠다.

강조해둘 논점이 여럿 있다. 일반적으로, 여기 제시된 수치들은 예증적인 가치만 있다. 매개변수의 정확한 선택에는 심층적인 논의와 광범위한

**표 17.1** 소유와 누진세의 순환

| 누진소유세 (청년 자본지원을 위한 재원) | | | 누진소득세 (기본소득과 생태주의 사회국가를 위한 재원) | |
|---|---|---|---|---|
| 평균자산 배수 | 연간소유세 (실효세율) | 상속세 (실효세율) | 평균소득 배수 | 실효세율 (사회 분담금과 탄소세 포함) |
| 0.5 | 0.1% | 5% | 0.5 | 10% |
| 2 | 1% | 20% | 2 | 40% |
| 5 | 2% | 50% | 5 | 50% |
| 10 | 5% | 60% | 10 | 60% |
| 100 | 10% | 70% | 100 | 70% |
| 1000 | 60% | 80% | 1000 | 80% |
| 10000 | 90% | 90% | 10000 | 90% |

여기서 제안된 세제는 청년 자본지원의 재원을 조달하는 누진소유세(연간세금과 상속세)와 기본소득 및 생태주의 사회국가(보건·교육·퇴직연금·실업·에너지 등)의 재원을 조달하는 누진소득세(사회적 분담금과 탄소세 포함)를 포함한다. 소유의 이와 같은 순환체계는 임금노동자 대표와 주주가 50 대 50으로 기업 의결권을 나눠 갖는 것과 함께 참여사회주의를 구성하는 요소 중 하나다.
참고: 여기 제시된 세제에서 누진소유세는 (25세 청년에게 지급되는 평균자산 60% 상당의 자본지원의 재원으로) 국민소득의 약 5%로 징세한다. 누진소득세는 (평균세후소득 60%에 상당하고 국민소득의 5%를 사용하는) 연간기본소득과 생태주의 사회국가의 재원인 국민소득의 40%를 더해 국민소득의 약 45%로 징세한다.

민주적 숙의가 필요하며, 이 책의 소임은 그런 논의와 숙의를 종결시키는 것이 아니다.[29] 자산 영역은 전반적으로 자본지원이라 할 수 있을 만한 것의 비교적 담대한 버전에 상응한다. 구체적으로 말하자면 소유세와 상속세에서 나오는 국민소득의 약 5% 세수로, 25세에 달한 청년 각자에게 성인 평균자산의 약 60%에 해당하는 자본금의 재원 조달이 가능하다.[30]

예를 들어보자. 부유한 나라들(서유럽·미국·일본)에서 평균 민간자산은 2010년대 말에 성인당 약 20만 유로였다.[31] 이 경우 자본지원은 12만 유로가 될 것이다. 사실상 이 체계는 모두를 위한 상속이라는 형태에 이를 것이다. 현재의 극단적 소유 집중을 고려하면, 가난한 50%는 거의 아무것도 받지 못한다(평균자산의 고작 5~10%). 반면, 부유한 10% 중에서 어떤 청년들은 수십만 유로를, 또다른 청년들은 수백만, 수천만 유로를 상속받는다. 여기서 제안된 체계를 통해, 청년 각자는 평균자산 60%에 상당하는 자산으로 개인의 삶과 직업인으로서의 삶을 시작할 수 있다. 이는 주거를 구하고 창업자금을 마련하는 데 새로운 가능성을 준다. 더군다나 모두를 위한 이러한 공적인 상속체계는 청년 각자에게 25세에 자본을 보유할 수 있게 해주는 데 비해, 사적상속은 상속이 이루어지는 연령대가 (사망 연령대와 출산 연령대의 매우 큰 변동폭을 감안하면) 상당히 불확실하고, 실제로 상속은 점점 더 늦춰진다. 여기서 제안된 체계를 통해 자산 보유자들이 젊어진다는 점을 지적해야 하는데, 이것이야말로 사회경제적 역동성을 위한 탁월함이다.[32]

제안한 체계는 장구한 전통에 입각해 있다. 1795년부터 토머스 페인은 자신의 책 『토지분배의 정의』에서 기본소득제의 재원 확보를 위한 상속세 확립을 제안했다.[33] 최근에는 앤서니 앳킨슨이 누진상속세 세수를 청년 각자를 위한 자본지원의 재원으로 할당할 것을 제안했다.[34] 여기서 내가 제시하는 안의 주요한 새로움은, 자본지원의 재원을 마련하기 위해 상속세와 연간누진소유세의 세수를 동시에 활용한다는 데 있다. 이로써 훨씬 더 많은 지원금 총액을 마련하고 소유의 실질적이고 지속적인 순환을 달성할 수 있다.[35] 내가 자본지원의 재원을 마련하기 위해 동원하자고 제안한 총액은 막대한 것이며(국민소득의 5%), 부유층을 대상으로 과세하는 소유세와 상속세의 상당한 증액에 상응한다.[36] 하지만 이 총액은 (국민소득 50%로 고정된) 강제과세 총액과 비교하면 여전히 제한적이다. 그러니 이 자체로만 본다면, 여기서 고려된 체계보다 더 과감한 자본지원체계, 예컨대 해당 사회의 평균자산에 상당한 이전지급체계를 구상하지 못할 것도 없다.[37]

내 관점에서 이 체계는 앞에서 분석한 기업 의결권 분유 및 상한 설정에 대한 새로운 규칙들과 연동하여 실행되기에 적합한 체계라는 점도 상기해야 한다. 그러므로 소유의 이러한 확산과 소유자 연령의 하향은 경제력의 현실적 분배 및 그 쇄신에 대한 효력을 증폭시킬 것이다.

## 누진세의 귀환과 영속적인 농지개혁

이제 전체적으로 재원을 충당할 수 있게 해주는 누진세 세율과 과세표로 돌아가보자. 상위 상속과 상위 소득에 적용될 세율과 관련해서 제안을 해보자면, 자산 및 소득이 평균의 10배를 넘을 경우 그 세율은 약 60~70%, 100배를 넘을 경우에는 약 80~90%로 하는 것이다(표 17.1 참조).[38] 이 수준은 20세기의 수십 년간 여러 나라(특히 1930~1980년의 미국과 영국)에서 실행된 것과 일치하는데, 오늘날 보기에 이 기간은 경제성장이라는 측면에서 역대 가장 역동적인 축에 속한다.[39] 이런 조건이라면 그 세율을 다시 적용하는 것이 합당해 보인다.[40] 이는 또한 레이건주의와의 단절과 불평등 감소에 대한 새로운 의지의 표명일 것이며, 선거에서 드러나는 정치적 갈등구조와 관련하여 중요한 재구성 효과를 발휘할 수 있을 것이다.

여기서 제안한 과세표에서 가장 혁신적이기에 더 논의해볼 가치가 있는 부분은, 연간누진소유세에 관한 것이다. 실제로 자산에 과세하기 위해 과거에 적용된 과세표들은 상대적으로 일관성이 결여되었다. 19세기부터 시작된 (주거용 및 사업용) 부동산세 범위에서 보자면, 미국 재산세 또는 프랑스 토지세 유형의 현재 실효세율은 1% 선이다. 이 세금은 (상위 자산에서 특히 막대한) 금융자산과 (당연히 덜 부유한 사람일수록 더 많이 지고 있는) 부채를 간과하기에 실제로 자산에 대한 매우 역진적인 세금이며, 따라서 상위 자산보다 하위 자산에 더 무거운 세율이 적용된다.[41] 20세기에 다양한 나라, 특히 게르만어권 및 북유럽 나라들에서, 그리고 또한 지난 수십 년간 연대부유세를 통해 프랑스에서 실험된 누진재산세와 관련하여, 일반적으로 그 세율은 하위 자산에 0%부터 상위 자산에 2~3%를 부과하는 것까지 편차를 보인다.[42]

농지개혁 당시 대토지에 부과된 묵시적 세율은 이따금 대단히 높았다. 예컨대 500헥타르 이상의 모든 토지가 무토지 농민에게 재분배되어야 한다고 결정된다면, 이는 토지 2000헥타르의 실효세율 75%에 상응한다.[43]

한 개인이 혼자서 아일랜드 토지 전체를 보유하거나 인류 전체에게 무한한 가치를 지닌 물질이나 제조법을 소유한다고 가정하면, 분명 상식대로라면 재분배 비율이 100%에 가까워질 것이다.[44] 2차대전에 뒤이어 실행된 부동산자본 및 금융자본에 대한 예외적 과세 틀에서, 40~50%(이따금 그 이상)에 달하는 세율이 상위 자산에 적용되었다.[45]

누진소유세에 관해 표 17.1에 제시된 과세표는 이러한 다양한 경험을 일관된 방식으로 결합해본 것이다. 세율을 보면 평균 이하의 자산에 대해 0.1%이던 것이 점차 올라가, 평균자산의 2배 수준에서는 1%, 100배 수준에서는 10%, 1000배 수준(즉 성인 평균자산이 20만 유로라면 2억 유로)에서는 60%, 1만 배 수준(즉 20억 유로)에서는 90%가 된다. 현재 여러 국가에서 시행되고 있는 부동산 비례세제와 비교하면, 이 과세표는 자산이 별로 없는 80~90%의 인구에게 실질적 감세 혜택을 줌으로써 그들이 더 쉽게 소유에 접근할 수 있게 해줄 것이다. 반면 상위 자산의 세금은 가중될 것이다. 억만장자들에게 90%의 세금이란 자산을 즉각 10분의 1로 줄인다는 의미이며, 총자산에서의 몫이 1950~1980년에 가졌던 몫 이하의 수준으로 내려간다는 뜻이다.[46]

다시 한번 강조하지만, 여기서 제시된 세율은 예증적 가치만을 지니며, 집단적 숙의와 심층적 실험을 거쳐야 한다. 특히 누진소유세의 미덕 중 하나는 자산의 투명성을 높여준다는 데 있다. 달리 말해 경우에 따라 여기서 제시된 것보다 세율이 낮다고 하더라도, 이 같은 세제 확립은 다양한 수준의 자산 증가속도에 관해 더 많은 정보를 제공해주며, 사회가 설정한 소유의 탈집중이라는 목표에 맞춰 후속 세율을 조정하게 해준다는 것이다. 지금 단계에서의 가용 자료들이 나타내는바, 상위 자산은 1980~1990년 이후 연간 약 6~8%의 평균속도로 증가했다.[47] 이는 분배 상층의 소유 집중을 완화하기 위해, 또는 적어도 그 집중을 안정시키기 위해, 최소 5~10%의 세율이 부과될 필요가 있음을 시사한다.[48] 상위 자산을 대상으로 한번에 약 60~90%의 세율을 적용하는 것이 (특별히 긴급한 경우를 제외하면) 필수적이지는 않다는 점을 주목해야 한다. 10~20%의 세율로도 수년 내 같은 효과를 낼 수 있다. 표 17.1에 제시된 세율은 무엇보다도 가능성의 범위를 제시하고 논의를 북돋우기 위함이다.

마지막으로 여기서 구상한 소유 및 상속에 대한 누진세는 어떤 예외도 없이 전체 자산을, 다시 말해 어느 한 사람이 보유하거나 물려받은 부동산·사업·금융 자산 전체의 총가치(부채 제외)를 대상으로 한다는 것이 핵심이다.[49] 동일한 방식으로 누진소득세도 소득 전체, 다시 말해 노동소득(임금·퇴직연금·비임금소득 등)과 자본소득(배당금·이자·이윤·임대료 등) 전체를 대상으로 해야 한다.[50] 역사적 경험들이 실제로 보여주는바, 누진세를 시행함에 있어서 다양한 형태의 자산 및 소득에 동일하게 과세하지 않는다면, 납세를 최적화하려는 행태와 수평적인 불의에 대한 느낌으로 말미암아 체계의 기능이 기술적 차원뿐만 아니라 민주적 수용가능성이라는 차원에서도 중대하게 훼손될 위험이 크다.[51] 특히 이런저런 자산 범주를 소유세 또는 상속세에서 면제해준다는 것은 전혀 합리적이지 않을 텐데 왜냐하면 이럴 경우 탈세로 이어질 것이기 때문이다.[52]

## 사회적 일시소유를 향해

요약하자. 여기서 제안한 참여사회주의모델은 현행 사적소유체계를 극복하려는 두 개의 본질적인 축에 기초해 있다. 하나는 사회적소유와 기업 내 의결권 분유고, 다른 하나는 일시소유와 자본순환이다. 두 요소를 결합해야지만, 더이상 현재 우리가 알고 있는 사적자본주의와는 어떠한 관련도 없는, 자본주의의 현실적 극복에 해당하는 소유체제에 이르게 된다.

이 제안들이 급진적으로 보일 수도 있다. 하지만 내가 강조하는 바는, 기업에서의 권력 분유뿐 아니라 누진세 강화 면에서 보면 이 제안들은 실제로 19세기 말 20세기 초에 시작된 진화와 동일선상에 있다는 점이다. 이 흐름이 지난 수십 년간 끊긴 이유는, 한편으로는 사민주의가 자신의 기획을 충분히 혁신하고 국제화하지 못했기 때문이고, 다른 한편으로는 소비에트식 공산주의가 극적으로 좌초되면서 1980~1990년 이래로 무제한적인 탈규제 추구와 평등주의적 야심 일체에 대한 단념 단계로 세계가 내던져졌기 때문이다(이런 격변의 가장 극단적 예시는 의심할 나위 없이 러시아와 이곳의 과두지배자들이다).[53] 기타 이유로는, 1980년대 신소유주의 보수혁명의 주창자들과 민족주의적인 반이민자 노선의 신봉자들이 정치적-이데올로기적 공백을 점령하면서 발휘한 솜씨들을 들 수 있다. 2008년 위기 이후로는, 새로운 형태의 권력 분유 및 누진세 관련한 논의와 제안들이 늘어나면서 새로운 운동의 전제들이 자리잡아가는 것이 보인다.[54] 신소유주의 이데올로기는 여전히 뿌리깊고, 사회토착주의적 퇴행으로 이끄는 유혹 역시 그러하지만 그 진화는 뚜렷이 느낄 수 있다. 여기서 제시된 요소들은 이 운동을 더욱 일반적인 역사적 전망에 자리매김하게 함으로써 이 운동 안에 포함되려는 것일 따름이다.

특히 앞서 논한 누진소유세가 구현하는 일시소유 개념은, 이미 20세기에 실험된 누진상속세와 누진소득세에 내포된 일시소유 형태와 연장선에 있다. 일반적으로 이러한 제도적 조치들은 소유가 사회적 관계이며 따라서 규제되어야 한다는 관점에 기초해 있다. 엄밀하게 사적인 소유와, 특정 재화에 대한 특정인의 침해할 수 없는 자연권 형태가 존재한다는 관념은 분석을 견딜 수 없을 것이다. 재화의 축적은 언제나 사회적 과정의 결실이며, 이는 공적기간체계(특히 법·조세·교육 제도), 사회적 분업, 수세기 동안 인류가 쌓아온 지식에 의존한다. 이러한 조건들에서 철저히 그 논리대로라면, 막대한 자산을 쌓아온 사람들은 그 일부를 공동체에 매년 되돌려줘야 하고, 그렇게 함으로써 소유는 더이상 영구적이지 않고 일시적이 된다. 실제로 이 논리에 반대하는 유일한 논거는, 판도라 상자 운운하며 사적소유권에 대한 문제제기는 전면적인 혼돈에 필연적으로 이르게 될 테니 이 상자를 결코 열어서는 안 된다는 주장이다. 하지만 이러한 보수주의 논거는 20세기를 겪으며 철저히 파기되었다. 그 경험이 입증하는바, 매우 강력한 누진세는 고속성장과 양립할 수 있었을 뿐 아니라, 상대적인 사회-교육 평등에 근거한 발전 전략의 구성요소였다.

역사적인 가용 경험은 기존 해법이 아니라 가능한 실험의 단서들을 제공한다. 이것은 강조해두어야 할 진리다. 기업 내에서의 자본·권력·의결권의 연결이라는 문제에서도, 누진세와 소유의 지속적 순환이라는 문제에서도, 성공한 구체적 실험들만이 표상과 현실을 결정적으로 변화시킬 수 있을 것이고, 이는 불평등주의체제의 역사에서 항상 그래왔던 바다.[55]

## 단 한 나라에서의 자산 투명성

이상적으로 굴러간다면, 누진세제 재도입 및 누진소유세 발전은 가능한 한 대규모의 국제적 협력 틀에서 이루어져야 할 것이다. 최상의 해법은, 국가와 세무당국들이 다양한 나라에서 발생한 금융자산의 최종 보유자와 관련해 필요한 모든 정보를 교환할 수 있는 공공 금융등기부를 작성하는 일이다. 이런 기록들이 이미 있긴 하지만, 대체로는 민간 중개자의 수중에 있다. 그렇지만 국가들이 공공 기록을 작성하려면 유럽에서든 미국에서든, 세계의 다른 어느 곳에서든, 관련 협정 조항을 바꾸기만 하면 되므로 여기에는 하등의 기술적 문제란 없다.[56]

세계적 차원에서 사회연방주의 형태가 발전되도록, 세계화를 조직하는 법적 틀의 전환과 무역 및 금융 교류를 규제하는 조약의 개정을 구상할 수 있는 방식에 대해서는 뒤에서 재론하겠다. 다만 이 대목에서는 국가들이 그 같은 국제협력 가동을 기다리지 않고, 불평등 감소와 정의로운 소유로 나아갈 수 있는 행동반경이 넉넉하다는 점을 강조하고 싶다. 미국 또는 심지어 중국과 미래의 인도 같은 큰 나라들이 그런 행동반경을 갖고 있다는 것은 분명하다. 미국의 경우, 연방정부가 정치적 의지만 있다면 조세 분야에서 자기네 결정을 준수하도록 할 수단을 완벽히 갖추고 있음은 의심의 여지가 없다. 이미 우리가 거론했다시피 2010년 스위스 은행들에 가해진 제재 위협이 그렇다. 이는 즉각 스위스의 은행법 개정으로 이어졌다.[57] 이런 일이 훨씬 더 체계적으로 이루어질 수도 있을 것이다.

미국 국적 보유자들은 세계 어느 곳에 있든 미국이 그들 모두에게 세법을 적용하고 있다는 점 또한 기억해야 한다. 달리 말해 이 법에서 벗어나길 원하는 사람은 미국 국적을 포기하든가, 심지어 어떤 경우에는 미국에서의 경제활동을 (또는 지구 어디에서건 직접적으로든 간접적으로든 달러 사용을) 단념해야 한다. 이는 해당 개인이나 기업에 매우 큰 비용이 될 수 있다.[58] 미국에서의 연방부유세 도입 관련해 진행중인 논의에서, 이런 식의 조치를 엄격히 실행하도록 하는 급진적 조치들, 예컨대 미국 국적을 포기하거나 자산을 세계 다른 곳으로 옮기기로 선택한 이들에게 그들의 자산가치 40%에 상당하는 출국세를 부과하자는 제안이 수반된다는 점은 흥미롭다.[59] 요약하자. 미국이 과연 더 높은 누진세제를 시행할지 (나아가 누진소유세와 자본순환이라는 전술한 체계까지 갈 수 있을지 없을지) 여부의 문제는, 순전히 정치적이고 이데올로기적인 문제다. 하등의 기술적 문제가 아닌 것이다.

예컨대 프랑스처럼 더 작은 규모의 나라들이 국제협력 발전으로부터 분명 얻을 게 더 많다 하더라도, 이 나라들이 자신들의 고유한 정책을 국내에서 확립하기 위한 행동반경 역시 매우 넓다는 점을 짚고 넘어가는 게 중요하다. 이는 기업 내에서의 권력 및 의결권 분유에 관한 새로운 규칙을 확립하는 것뿐만 아니라(이를 보여주는 독일 또는 스웨덴 같은 나라들은 더디게 진행되는 국제적 확산을 기다리지 않고도 수십 년 전부터 이 규칙들을 실행해왔나), 소득 및 자산 불평등 감소와 누진소유세와도 관련되는 일이다. 이것이 중요한 이유는 특히, 세계화는 단일정책(자신들이 권장하는 정책)을 강제한다는 생각을 관철시키고자 지난 수십 년간 수많은 행위자가 견지해온 운명론적 언술과 상충되기 때문이다. 이 언술은 경제체계를 과감하게 개혁하려는 모든 전망을 포기하게 만들었으며, 민족주의적이고 사회토착주의적인 퇴행 흐름에 크게 영향을 미쳤다. 실제로 보다시피, 프랑스에서 연대부유세 세수는 1990~2018년에 4배 이상, 다시 말해 국내총생산보다 2배 더 빠르게 증가했는데, 이는 단 한 나라에서라도 이 같은 세금을 과세하여 급증하는 세수의 도움을 받을 수 있음을 분명히 보여준다.[60] 하지만 이러한 조세행정에는 항상 심각한 결함이 있었음을 유의해야 한다. 특히 세무감사는 언제나 현저히 불충분했고 역대 정부들은 체계적 검증 없이 개인 각자가 스스로 자산을 신고하도록 해왔다. 하지만 은행 및 금융기관이 보내준 금융자산 정보에 근거하여 (부동산자산 관련해서는 최근 거래들에서의 가치에 근거해 갱신되는 기존 부동산 등기를 활용하여) 자산 항목이 사전에 등기되는 신고체계를 만드는 것은 용이한 일이었을 것이다. 이런 신고가 소득세 관련해서는 관례화된 만큼, 그렇게 되었더라면 연대부유세 세수는 관찰된 것보다 훨씬 더 많이 증가했을 것이다.

좀더 일반적으로 보면, 국제협력이 전무한 나라를 포함해 (프랑스처럼) 중간 규모의 국가가 훨씬 강력한 자산 투명성을 확보하는 길을 막을 수 있는 건 아무것도 없다. 해당 국토에 기반을 둔 부동산자산—주거용이든 사업용(사무실·공장·창고·상점·식당 등)이든—에 대해서도, 더 일반적으로는 해당 국토에서 사업을 하거나 경제적 이익을 거두는 모든 기업에 대해서도 그러하다. 프랑스의 토지세를 예로 들어보자. 미국의 재산세 또는 여타 국가의 유사한 세금과 마찬가지로, 토지세는 프랑스 영토에 소재하는 (주거용 또는 사업용) 부동산 보유자가 부담한다.

중요한 점을 분명히 말해두자면, 개인 재산이든 기업 재산이든, 프랑스에 소재를 두고 있든 해외에 두고 있든(프랑스에 주소지를 둔 사람이 보유하든 해외에 주소지를 둔 사람이 보유하든), 이 세금은 해당 재산 소유자들이 부담한다는 점이다. 현재 토지세 세액은 소유자의 신원 또는 소유자의 자산 보유 규모에 근거하지 않는다(왜냐하면 엄격한 비례세이기 때문이다). 따라서 행정당국에서 세금을 확정하기 위해서는 (세금을 청구할 개인이나 조직의 이름 말고는) 어떤 부가 정보도 필요하지 않다. 하지만 법인 기업 또는 조직(지주회사·재단 등)이 소유자일 때는 행정당국에서 해당 소유자에게 주주들의 신원과 보유 지분을 제출하라고 얼마든지 요청할 수 있고, 이를 어길 시 제재 조치를 취할 수 있다.[61] 이러한 방식과 은행 및 금융기관으로부터 받은 금융자산 포트폴리오 정보를 활용하여, 프랑스 세무당국은 (다른 나라와 마찬가지로) 토지세를 개인별 순자산에 부과하는 누진세로 완벽하게 전환할 수 있다. 이 누진세는 주거용이든 사업용이든 프랑스에서 보유한 재산, 직접적으로든 중개인을 통해서든 보유하고 있는 주식과 모든 종류의 지분 및 금융자산을 자동으로 모두 계산에 넣는다. 더 일반적으로, 공권력이 채택하려는 조세 입법 시행에 유용한 정보라면, 공권력은 프랑스에서 사업을 하고 있거나 이익을 내고 있는 모든 기업을 상대로 기업 소유주 정보를 제출하라고 요청할 수 있는 것이다.[62]

이러한 자산 투명성은 누진적이고 통합적인 소유세를 확립하게 해준다. 오래된 토지세와 재산세에서 유래한 이 세금은 결과적으로 중간 이하 자산 보유자에게는 과세를 크게 줄이고 이미 막대한 자산을 보유한 자에게는 늘린다.[63] 예컨대 30만 유로 가치의 주택용 또는 사업용 재산을 보유했으나 25만 유로의 부채를 지고 있는 사람은 5만 유로의 순자산에 대해서만 과세할 것인데, 이는 표 17.1에 제시된 유형의 누진과세표에 따라 소유세를 거의 내지 않게 될 것이고, 따라서 현행 토지세에 비해 세금이 크게 줄 것이다. 반면 마찬가지로 30만 유로 가치의 재산과 200만 유로 상당의 금융자산 포트폴리오를 보유한 사람은 앞에 제시된 사람과 현재는 동일한 토지세를 내지만(19세기 초에서 곧바로 유래하는 현행 세제의 구태의연함, 불공정, 부조리를 여실히 말해준다), 소유세 증액에 당면할 것이다.[64]

이 같은 세제에서, 프랑스에서 주거용 또는 사업용 재산을 보유한 이들에게 유일하게 가능한 기피 전략은 해당 자산을 매각하고 프랑스 영토에서 떠나는 것이다. 이에 맞서 출국세 유형의 조치들을 취할 수 있다.[65] 여하간 이 기피 전략은 재산(주택과 기업) 매각을 초래하고, 그리하여 재산 가격이 낮아져 나라에 남아 있는 (우선은 다수인 데다 수백만의 유능한 이들이 포함된) 사람들이 이를 매수할 수 있다는 점에 주목해야 한다. 생각해보면 이처럼 가능한 가격 하락은 어느 정도는 좋은 일일 것이다. 다른 나라처럼 프랑스에서도 (주로 대도시의) 자산가치 급등은 부분적으로는 재산을 축적한 국내외 소유자들이 부추긴 일이다. 그들은 재산을 모으는 일 말고는 할 줄 아는 게 없는데, 그런 재산이 덜 부유한 보유자에게 유용하게 이전될 수 있게 되는 것이다. 중요한 점은 프랑스 같은 나라 하나에서도 자국에 재산을 보유한 기업과 여타 법인에 이처럼 새로운 투명성에 대한 의무를 부과할 수 있고, 게다가 이렇게 하는 데 다른 나라의 동의는 필요하지 않다는 것이다.[66]

## 조세정의의 헌법 명문화

마지막으로 덧붙이자면, 사회적 일시소유에 의한 사적소유 극복과 누진세라는 새로운 형태들의 발전에서 개헌이 필요할 수 있다는 점이다. 이 문제는 전혀 새로운 것이 아니다. 1913년 미국에서는 연방소득세를, 이어서 연방상속세를 신설하도록 헌법을 수정해야 했다. 기업들의 지배구조에서 공동관리와 노조의 역할이 발전함에 따라, 1919년과 1949년 독일에서 채택된 헌법들에는 소유 개념에 대한 사회적이고도 집단적인 정의가 명문화되었다.[67] 마찬가지로 앞서 제시한 의결권 분유와 소유 및 소득에 대한 누진세체계를 확립할 수 있으려면, 다양한 나라에서의 현행 헌법 개정이 필수적이라고 할 수 있다.

일반적으로 18세기 말과 19세기에 제정된 헌법 및 권리선언에는 그 시대 소유주의 이데올로기가 깊이 각인되어 있다는 점에 주목해야 한다. 이는 과거에 확립된 사적소유권을 헌법을 통해 실질적으로 보호하는 것으로 특히 구현되었는데, 해당 시기의 정치적 다수파가 누구이든 어떤 구실로도 이 사적소유권을 문제시해서는 결코 안 되었다. 바로 이러한 맥락에서 영국과 프랑스에서 1833년과 1848년에 노예제 폐지가 의결될 때 노예 소유자에 대한 금융 보상이 채택되었던 것이다. 정당한 배상 없이 소유자에게서 권리를 박탈한다는 것은, 그 시대의 지배계급으로서는 도저히 생각할 수 없는 일이었다. 반면 노예들이 겪은 부당함에 대한 배상은 그 누구도 유용하다고 판단하지 않았다.[68] 소유자에 대한 존중은 21세기 초에도 시행중인 많은 헌법에 계속해서 스며들고 있는 만큼, 특히 소유의 순환 및 자본지원의 실질적 체계를 확립하려면 특히 헌법이 수정되어야 할 것이다. 이와 동시에 소득 및 소유에서 가난한 시민에 비해 부유한 시민이 더 적게 납세하는 일이 없도록(법이 정하는 바에 따라—헌법재판관이 제한을 가할 수 없는—더 높은 비율로 납세하는 것이 당연하도록), 누진제 개념에 명시적으로 입각한 조세정의 원칙을 헌법으로 명문화하는 게 중요하다.[69]

같은 관점에서 헌법 또는 기본법을 통해, 시민들이 이 문제들에 대해 정보를 갖고 논의할 수 있고 시민 대표자들이 신뢰할 만한 정보에 따라 세제의 매개변수를 조정할 수 있도록, 소득 및 자산이 다른 다양한 계급이 실제로 납부한 세금에 대해 논란의 여지가 없는 추계를 매년 공표할 의무를 국가에 부과해야 할 것이다. 세부 정보의 불충분함이 이 문제들에 대해 시민들이 나서서 통제할 가능성을 제한하는 주요인 중 하나인 만큼, 이 문제는 더욱 중요하다. 이는 자본주의 국가의 선거민주주의뿐 아니라(미국이나 인도만큼이나 유럽 역시 조세재정 투명성이 확실히 결여되어 있다), 특히 공산주의 중국과 러시아 같은 다른 정치체계에서도 유효하다. 중국과 러시아에서는 공식적으로 부패를 척결하겠다고 선언한 의지에 비해 공표된 조세 데이터는 형편이 없어서 선명한 대조를 이룬다.[70]

또한 기억해야 할 것이, 서양 각국에서 최종적으로 분쟁을 해결하고 헌법 준수를 감시할 책임이 있는 다양한 대법원과 여타 헌법재판소가 사회경제적 차원에서 극도로 보수적인 모습을 스스로 보여왔다는 점이다. 헌법이 재판관들로 하여금 자신들의 당파적 견해를 주장할 수 있는 틈을 두는 순간, 그들은 이때를 놓치지 않고 자신들의 견해를 법치로 둔갑시키려 든다. 19세기부터 21세기 초까지 대법원 역사의 숱한 에피소드는, 사회경제 문제와 관련해 재판관의 권력에 대해 신중하게 경계하는 태도가 얼마나 정당한 것인가를 보여준다. 1895년 미국 대법원은 연방소득세 채택이 불가능하다고 공표함으로써 헌법의 애매한 정식화를 분명 보수적인 시각으로 해석했다(이는 오랜 과정을 거쳐 1913년의 헌법 수정으로 이어졌다). 다음해 1896년에 같은 재판관들은 악의적인 '플레시 대 퍼거슨' 판결에서 남부 주들이 바랐듯 인종분리주의를 실행하는 것이 전적으로 적법하다고 간주했다.[71]

1930년대 대법원은 뉴딜 틀 안에서 의회가 채택한 사회·금융 입법들을 수차례 검열함으로써 이름을 날렸는데, 그 구실은 이러한 규제 중 일부는 경제활동 및 계약자유의 원칙을 심각하게 훼손한다는 것이었다.[72] 1936년 11월 61%의 득표율로 재선에 성공했음에도 정책 시행을 늦춰야만 한다는 사실에 분개한 루스벨트는, 1937년 초 신임 재판관들을 임명하여 상황을 타개해줄 법을 통과시키겠다고 공표했다.[73] 결국 정치권력이 가하는 압력 앞에서, 대법원은 수개월 뒤 판례를 바꾸어 전에는 금지했던 최저임금법을 승인하기로 했다.[74]

1970~1980년부터 공화당 대통령들의 임명에 따라 대법원은 점점 더 보수화되었고, 특히 정치자금과 선거자금을 모으는 데 있어 민간자금을 활용하지 못하도록 제한하려는 모든 입법을 하나하나 폐지하려 했다. 이 모든 것이 '언론의 자유'를 옹호한다는 명분으로, 재판관들의 이 개념에 대한 새 해석을 명분으로 이뤄졌다.[75] 결론적으로는, 민주당이 장차 이 분야의 입법을 다시 하기로 결정한다 해도, 헌법을 수정하는 걸로 시작하거나(이는 복잡하긴 해도 과거에도 수차례 행해졌으며 이것이 필수적이라면 고려대상에서 제외되어서는 안 될 것이다) 대법원 구성에 대한 법부터 바꿔나가면서 시작해야 한다는 것이다. 후자가 더 간단하긴 해도 대개는 회의

적으로 여겨진다.[76]

헌법재판관의 권력 남용 사례는 불행히도 미국 대법원에 한정되지 않는다. 특히 극단적인 경우는 독일의 파울 키르히호프 사태였다. 과세에 대해 대단히 신경질적인 반감을 보이는 조세 전문 법률가인 그는, 2005년 독일 선거 캠페인에서 앙겔라 메르켈의 장래 재무장관으로 소개되었다. 그런 그가 충격적인 제안을 내놨으니, 소득에 대한 최고세율을 25%로 제한하는 '일률과세'가 그것이다. 정치 영역에서는 누구든 자유롭게 의견을 개진할 수 있지만, 이 경우는 독일인의 마음을 전혀 사로잡지 못했다. 이 제안은 너무나 분명하게도 기민련이 기대한 득표를 하락시키는 데 영향을 미쳤다. 그리하여 메르켈은 사민당과 연정을 이루고 자신의 조언자를 멀리할 수밖에 없었다. 하지만 이 사태의 흥미로운 점은, 1995년 당시 독일 헌법재판소의 재판관이었던 파울 키르히호프가 50%를 넘는 소득세는 모두 위헌이라는 판결을 내렸다는 점이다. 이 사안은 스캔들이 되었고, 결국 1999년에 독일 헌법재판관들은 이 판결을 취하했으며, 2006년에는 세율의 양적 한계를 정하는 일은 자신들의 소관이 아님을 밝혔다.

보수 정부에서 수차례 장관을 역임한 프랑스 헌법평의회 전 의장은, 자신이 가장 자랑스럽게 여기는 판결은 당시 여당이 채택한 100만 유로 이상에 부과하는 75%의 최고세율을 금지한 2012년 판결이었다고 최근에 말했다. 그에 따르면 이러한 금지 판결이, 프랑스의 헌법 원칙은 세금이 '기여'이어야 하지 '약탈'이 될 수 없음을 함의하고 있기 때문이라는 것이다.[77] 문제는 프랑스 헌법 어디에도 이처럼 수치의 한계를 확정해둔 곳이 없으며, 이는 순전히 개인의 해석에 속한다는 점이다.[78] 헌법평의회 전 의장도 어디까지나 한 시민으로서, 20세기 여러 나라(특히 미국과 영국)에서 수십 년간 상위 소득과 상속에 적용해온 약 70~90%의 세율을 두고, 이것이 기대한 만큼의 결과를 낳지 못한데다 더 나아가 자신이 보기에 좋은 정책이 아니라고는 얼마든 생각할 수 있다.[79] 언론이나 강연을 통해, 심지어 책을 써서 자신의 주장을 펼칠 수도 있을 것이다. 하지만 그가 진지한 논거가 될 만한 최소한의 요소도 제시하지 않은 채 헌법재판관이라는 직무를 이용해 자신의 관점을 부각시킬 수 있다는 사실은, 전형적인 권력 남용임을 확실히 보여준다.

헌법재판소와 최종심 법원은 각별히 귀하면서 유약한 기관임을, 그래서 선출된 정부들이 제멋대로 이를 도구화하는 걸 제한하는 것이 본질적인 일임을 강조하면서 논의를 마무리하자. 그러나 정확히는 귀하면서 유약한 기관이라는 바로 그 점 때문에, 이 각별한 직무를 맡은 재판관이 제멋대로 법원을 도구화함으로써 제도를 파괴하는 행위를 막는 일도 그만큼 중요하다. 바로 이것이 사법적인 것과 정치적인 것에 속한 바를 제대로 밝히는 일이 중요한 이유다. 내 생각에 가장 현명한 방법은, 비-역진 개념(즉 가장 부유한 자들의 소득세 및 소유세 비율이 가장 가난한 자들보다 더 적어서는 안 된다는 것)에 근거한 최소한의 조세정의 원칙을 헌법에 명문화하고, 정부들로 하여금 과세 배분에 관한 평가가 가능하도록 적절한 정보를 공표하도록 하는 것이다. 무엇보다도 기본은, 재판관들이 개입할 수 없도록 공적 숙의와 역사적이고 개인적인 경험에 의거하여, 법과 의회에 바람직한 누진세 수준을 정하는 책임을 맡기는 일이다.

## 기본소득과 정의로운 임금: 누진소득세의 역할

나는 지금까지 소유 확산 문제에 집중했다. 이 쟁점이 아무리 중요하다 해도 불평등 감소라는 주제에서 유일한 문제는 아니다. 표 17.1에서 제시된 세제 틀에서, (연간세금과 상속세가 통합된) 누진소유세는 국민소득 5%에 상당하는 세수인 반면, 누진소득세는 국민소득 45%에 상당한다. 이 말이 물론 전자가 후자보다 9배 덜 중요한 역할을 한다는 뜻은 아니다. 누진소유세와 보편적 자본지원으로 이루어진 자산 영역은, 협의의 조세 비중을 훌쩍 뛰어넘는 자산 및 경제력 분배에 구조적이고 장기적인 영향을 준다.

그래도 역시 내 생각에는 누진소득세가 사회국가 및 일반적 공적지출(교육·보건·퇴직연금 등)의 재원을 조달하는 주요한 방식이 되어야 한다. 나는 누진소득세 안에 이를 단순화하고자 좁은 의미의 소득세뿐 아니라, 임금과 비임금소득과 어떤 경우에는 자본소득에 기초한 사회적 분담금 및 여타 사회적 과세도 포함시켰음을 밝혀둔다.

이러한 사회적 과세는, 과세 금액이 소득에 의존하며 때로는 임금 또는 소득별로 가변적인 세율에 따른다는 점에서 소득세 형태와 실제로 유사하다. 본질적 차이는 이러한 과세가, 전반적으로 국가의 일반 예산이 아니라 예컨대 건강보험·퇴직연금·실업수당 등의 재원 조달을 위한 전용 사회기금에 속한다는 점이다. 이 같은 전용 과세체계와 별도로 기금들이 계속해서 운용될 수 있다는 점이 가장 핵심적인 것으로 보인다. 강제과세의 전반적으로 매우 높은 수준을 감안하면(국민소득 50%로 고정되어 있지만 정당한 필요가 있다면 얼마든지 더 많아질 수 있다), 세금과 그 사회적 사용에 대한 최선의 시민적 전유를 촉진하기 위해—다양한 유형의 지출을 위한 별도의 기금 형성일 수 있고, 더 일반적으로는 징세의 원천과 용도에 관한 가능한 한 가장 큰 투명성 확보일 수도 있는—모든 것을 다 시도해보는 것이야말로 무엇보다 중요하다.

실제로 과세 구성과 관련된 상황은 나라별로 커다란 다양성을 보인다. 이에 대해 살펴보면 강제과세가 1990~2020년에 국민소득 40~50% 선으로 안정되었던 서유럽 나라들에서는 (법인세를 포함하여) 일반적으로 소득세가 국민소득 10~15% 선인 데 반해,[80] 사회적 분담금(과 여타 사회적 공제)은 국민소득의 약 15~20%에 달할 수 있고, 간접세(부가가치세와 여타 소비세)는 국민소득의 10~15% 선이다.[81] 일반적으로, (특히 관세 형태의) 간접세가 19세기에 모든 나라에서 지배적이었다가 점차 소득세와 사회적 분담금이 주요 과세양식으로 자리잡았다. 내 관점에서 간접세는 실질적으로 정당화되지 못하며(내가 재론할 탄소세처럼 외부성을 교정하려는 간접세를 제외하고),[82] 소득 또는 소유에 부과되는 세금으로 무조건 대체되어야 할 것이다. 특히 (부가가치세 같은) 간접세는 조세부담을 소득 또는 소유 수준에 따라 배분하게끔 해주지 못하며, 이는 경제적 관점에서든 민주적 투명성 관점에서든 주요 한계다.[83]

다양한 유형의 공적지출과 사회국가의 여러 구성요소(보편적 건강보험, 통합적인 퇴직연금제도 등)를 조직하는 적절한 방식에 대한 상세한 분석은, 이 책의 범위를 한참 넘어선 일이다. 교육지출 배분과 관련해서는 뒤에서 재론할 것인데, 불평등을 만들어내고 이를 존속시키는 중심 역할을 하는 것이 바로 이것이다. 다만 여기서는 기본소득제가 사회국가와 정의로운 사회에서 하는 역할에 대해 정확히 짚고 넘어가고 싶다. 여러 나라, 특히 서유럽 대부분의 나라에서 최저소득보장제도인 기본소득이 존재한다는 사실은 훌륭한 일이다. 이 제도들은 특히 더욱 자동화되고 보편화됨으로써 주로 노숙인 신청자들을 대상으로 개선될 수 있으며 그렇게 되어야 한다. 그들은 흔히 기본소득과 주거, 더 일반적으로는 사회적 직업적 편입을 위한 적합한 경로에 접근하는 데 가장 큰 어려움을 겪는 이들이다. 또한 비임금소득과 저임금 노동자들 전체로 기본소득을 일반화하고, 이에 해당하는 이들이 신청하지 않아도 (역시 자동적으로 원천징수되는) 누진소득세제와 연동하여 그들의 급여명세서에 따라 기본소득을 자동 지급하는 것을 가능한 한 체계적 방식으로 확립하는 일이 필수다.

예컨대 표 17.1에 제시된 것과 같이 꽤나 과감한 기본소득 버전에 따르면, 여타의 자원이 없는 사람들에게 세후 평균소득 60%에 상응하는 최저소득을 확립해줄 수 있다. 최저소득 지급액은 소득에 따라 줄어들 것이고, 지급받는 자들은 인구의 약 30%가 될 것이며, 총비용은 국민소득의 약 5%일 것이다.[84] 다시 말하거니와, 이러한 산정은 예증적인 것일 뿐이다. 이런 선택은 폭넓게 숙의해볼 가치가 있지만 여기서 해결할 문제는 아니다.[85]

하지만 강조해야 할 중요한 점은, 사회정의가 기본소득에 그쳐서는 안 된다는 점이다. 표 17.1에서 제시된 사례에서 사회국가 틀로 부담할 공적 지출은 (특히 보건·교육·퇴직연금·실업수당·가족수당 등으로) 국민소득의 약 40%인 반면, 기본소득과 자본지원은 각각 5%다. 규모의 정렬이 중요하고, 이는 정의로운 사회는 기본 재화들에 대한 보편적 접근 논리에 근거해야 한다는 생각을 드러낸다. 그 재화들의 선두에 있는 것이 보건·교육·고용·임금관계·노령인구(퇴직연금 형태)와 실업자(실업수당 형태)를 위한 이연임금이다. 목표는 단지 최저소득 수준이 아니라, 소득과 소유 분배 전체를, 그리하여 권력과 기회의 분배를 변화시키는 것이어야 한다. 갈망은 노동에 대한 정의로운 보수, 달리 말해 정의로운 임금에 근거한 사회에 대한 갈망이어야 한다. 기본소득은 아주 적은 보수를 받는 사람들의 소득을 개선함으로써 그런 갈망에 기여할 수 있다. 하지만 그 갈망은 또한 무엇보다도 상호보완적인 제도장치 전반에 대해 재고할 것을 요청한다.

특히 중요한 건 교육제도다. 각자가 제대로 보수를 받는 일자리에 접근할 기회를 가지려면, 사회적 취약층 학생들이 빈번히 밟게 되는 경로보다 엘리트 경로에 더 많은 자금을 투자하는 기만으로부터 벗어나야 한다. 또한 노동법체계, 더 일반적으로는 법체계가 중요하다. 임금협상, 최저임금, 임금등급, 임금노동자 대표자와 주주 사이의 의결권 분유는 정의로운 임금 확정, 경제력의 보다 나은 분배, 기업 전략에 대한 임금노동자들의 더 광범위한 참여에 기여할 수 있다.

마지막으로 세제가 중요하다. 누진소유세와—임금노동자들의 참여를 촉진시키는—자본지원 이외에, 중요한 건 정의로운 사회에 부합하는 수준으로 소득 격차를 줄임으로써 정의로운 임금에 기여해야 하는 누진소득세의 역할이다. 특히 역사적 경험이 보여주는바, 상위 소득에 대한 약 70~90%의 최고세율은 무의미한 천문학적 연봉을 끝장내고, 많지 않은 임금을 받는 이들에게 보다 많은 혜택을 주며, 전반적으로 사회경제의 실효성을 거눌 수 있게 했다.[86] 사실상 모든 것은 표 17.1에 제시된 유형의 과세표를 통해 더욱 촘촘한 임금등급으로, 분배의 중하층이 더 많은 임금을 받는 것으로 되돌아가게 되리라는 점을 보여준다.[87] 제안된 과세표가, 예컨대 평균소득의 2배 정도 되는 소득자들에게 (사회적 분담금을 포함하여) 약 40%의 포괄적인 실효세율을 부과함으로써, 상대적으로 높은 과세 수준에 매우 빠르게 도달한다는 점 또한 주목해볼 수 있다. 야심차고 보편적인 사회국가의 재원을 마련하기 위해서, 특히 보건제도 및 퇴직연금제도 측면에서 이는 필수적이다. 이 같은 공적체계들이 없는 경우에는 해당 임금노동자들이 개인연금과 민간 건강보험에 많은 금액을 납부해야만 한다는 점을 유념해야 한다. 실제로 이것들은 공적체계보다 분명히 더 많은 비용이 든다는 점을 알 수 있다.[88]

요약하자면, 기본소득을 여타의 모든 제도장치가 불필요해지는 일종의 기적의 해결책으로 삼는 것은 피해야 한다. 과거에는 기본소득이 이따금 여타 사회복지 프로그램의 대폭 삭감을 정당화하는, 모종의 '청산금'을 조장하는 도구로 쓰였다.[89] 따라서 중요한 건 기본소득을 누진소유세·누진소득세·자본지원·사회국가를 포함한 보다 야심찬 패키지의 일부로 생각해야 한다는 점이다.

### 탄소배출에 대한 누진세 문제

이제 탄소세 문제로 가보자. 우리가 이미 거론했듯이, 일반적으로 기후온난화는 불평등 상승과 더불어 21세기 초 지구가 당면한 주요 과제다. 여러 요인으로 말미암아 이 두 쟁점은 긴밀히 연결되어 있으며, 두 문제는 같이 접근해야 해결할 수 있다. 이는 무엇보다 탄소배출이 가장 부유한 나라들(특히 미국)의 상위 소득 및 자산으로 주로 구성된 소수의 배출집단에 크게 집중되어 있다는 사실과 관련된다.[90] 게다가 기후변화에 대처하기 위해서는 생활방식을 아주 광범위하게 바꿔야 할 필요가 있는 만큼, 이런 변화를 사회경제적으로 받아들이려면 반드시 까다롭고 검증가능한 정의 표준을 만들어내야 한다. 구체적으로 말해, 신흥국도 그렇지만 부국의 중하위계급 눈에는 탄소를 많이 배출하는 상위계급이 높은 생활수준을 누리며 자신들을 계속 안온하게 굽어보고 있는데, 자신들은 탄소배출을 줄이려 각고의 노력을 기울일 각오를 해야 한다는 것은 받아들이기 어려운 일이다.

앞서 거론된 불평등 감소를 위한 조치들, 특히 소득 및 자산 상위에 대한 누진세 대폭 인상은, 따라서 기후온난화에 맞서 투쟁하기 위한 필요조건으로 보인다. 그렇지만 이것이 충분조건은 아니다. 가장 흔히 거론되는 다른 방법 중에는 특히 탄소배출에 대한 과세가 있다. 그런데 이와 같은 해법이 실현가능하려면 여러모로 신중해져야 한다. 우선 탄소세를 유일한 해법이라고 볼 수 없다. 배출 감소를 위한 대체로 가장 유효한 방식은, 탄소에 더 높은 가격을 설정하는 것이라기보다는, 오히려 교통수단과 난방 및 주택단열 등과 관련한 엄격한 규칙과 금지 및 규범을 정하는 것이다.

다음으로 탄소세가 수용되고 충분히 제 역할을 하기 위한 절대적 조건은, 세금 인상으로 인해 가장 크게 타격받는 중간 이하 가구에 대한 보상과 함께, 에너지 전환을 위한 재원 조달에 세수 전부를 쓰는 것이다. 가장 자연스러운 방식은 표 17.1에서 제시하였듯, 탄소세를 누진소득세제에 통합하는 것이다. 달리 말해, 탄소세가 증가할 때마다 평균지출구조에 따라 다양한 소득수준에 가해지는 영향의 평균을 계산하고, 그 효과를 중화시키기 위해 누진소득세 과세표, 이전체계, 기본소득을 자동으로 조정하면 되는 것이다. 가격신호는 보존되겠지만(다시 말해 소비방식의 변화를 유발하기 위해 탄소배출량이 많은 소비는 탄소배출량이 덜한 것에 비해 더 큰 비용이 들 테지만) 가난한 이들의 총구매력에 부담을 지우지는 않을 것이다.[91] 반면, 2017~2018년 프랑스에서 사용한 방법으로, 부유한 이들의 재산세 및 소득세를 인하하기 위한 재정대책으로 가난한 사람들에게 부과하는 탄소세를 인상하여, '노란 조끼' 위기와 전체 프랑스 탄소세제 정지로 이어졌던 그 방법은 절대적으로 피해야 할 전략이다.[92]

마지막으로, 탄소배출에 대한 누진세 시행을 고려해야 하는 것은 아닌지를 묻는 것은 정당하다. 오늘날 사용되고 있는 탄소세 형식들은 기본적으로 비례적이다. 달리 말해, 세계 평균배출량에 가까운 연간 5톤이나

10톤의 탄소($CO_2$)를 배출하는 사람들이건, 연간 100톤이나 150톤을 배출하는 사람들—세계에서 가장 많이 배출하는 1%—이건 모든 배출에 동일 세율을 과세하는 것이다. 이 제도의 문제는 가장 많이 배출하는 자들이 자금력만 있다면 탄소를 많이 배출하는 자신들의 생활양식을 조금도 변화시키지 않아도 된다는 것이니, 이는 확실히 대다수가 받아들일 만한 정의 표준을 세우는 최상의 방식은 아니다. 누진소득세와 누진소유세에 의한 사회경제적 불평등의 전반적 감소는 이러한 격차를 완화시켜 좀 더 수긍할 만한 것으로 만드는 데 기여하겠지만, 이것으로는 결코 충분치 않다. 이따금 거론되는 해법은 '탄소카드carbon card'라는 것인데, 이는 모두에게 동등한 연간 배출 할당량(예컨대 5톤 또는 10톤)을 나눠주고 각자가 자신의 할당량 전부 또는 일부를 판매할 수 있도록 하는 것이다. 이런 방식으로 부유하거나 더 많이 오염시키는 이들이 더 많이 배출할 때마다, 가난하거나 덜 오염시키는 이들은 즉시 금전적 이익을 보게 될 것이다. 결국 이는 자금력을 충분히 가진 이들에게 무제한으로 지구를 오염시킬 권리를 다시 인정해주는 꼴이다. 더욱이 이미 기업을 상대로 실험된 오염권 시장에 근거하여 생각할 수밖에 없는 것은, 개인에게로 이 시장이 확대될 경우 극도로 불안정하고 조작될 위험이 크며 결국 투기 물결이 일어 타인에게 피해를 입히면서 막대한 이윤을 챙기는 행위자들이 나올 테고 가격 신호에는 교란이 일 것이라는 점이다.

개별 소비자 수준에서의 탄소배출에 대한 실질적인 누진세가 보다 나은 해법일 수 있다. 예컨대 5톤의 개인 배출은 과세되지 않거나 약간 과세될 수 있을 것이고 10톤은 그보다 많이 과세될 수 있으며, 이런 식으로 이어져 경우에 따라서는 최대 배출 수준까지 가며, 이 수준을 넘으면 일체의 배출이 금지되고 이를 어길 시 제재(예컨대 소득 또는 자산을 몰수하는 과세)가 따른다.[93] '탄소카드'와 마찬가지로 이 해법은 개인 수준에서 배출을 측정할 수 있다고 가정한다. 이는 복잡한 쟁점들을 제기하는데, 이것이 지구의 미래를 위한 중심 쟁점으로 결정된다면 (예컨대 개인들의 신용

카드에 들어 있는 정보를 수단으로) 이를 극복해나갈 수 있을 것이다.[94] 게다가 이것은 일부 소비에, 예컨대 전기사용 고지서 경우에는 당장 적용할 수 있다. 또한 처음에는 일반적으로 더 많은 개인 배출과 연관된 재화 및 서비스, 예컨대 항공수송에서 사용되는 연료 케로신이나 비즈니스클래스 항공권에 더 높은 세율을 과세함으로써 누진탄소세에 근접하는 것이 가능해진다. 확실한 것은, 지속가능한 기후정책 발전은 대다수가 받아들일 만한 새로운 환경정의 및 조세정의 표준에 대한 정의를 통해 이루어질 텐데, 오늘날의 사정은 전혀 그렇지 못하다.[95]

## 교육정의 표준의 건설

이제 교육정의 문제로 가보자. 여러 이유에서 이는 중심 쟁점이다. 일반적으로 말해 지식 확산과 교육을 통한 해방은, 정의로운 사회와 특히 참여사회주의에 대한 모든 기획의 핵심에 있어야 한다. 역사적으로 경제발전과 인간 진보를 가능케 했던 것은 교육의 진보지 불평등 및 소유의 신성화가 아니다.[96] 또한 우리는 앞선 장들에서 교육 확대와 고등교육 발전이 정치적 균열들의 완전한 반전에 어떤 방식으로 수반되는지를 보았다. 1950~1980년에 민주당·노동당·사회당·사민당은 저학력 유권자 사이에서 최고의 성적을 냈다. 상황은 점차 반전되어, 동일한 정치운동이 1990~2020년에는 고학력자들 사이에서 최고의 성적을 거두기 시작했다. 요약하자면, 전후에 노동자 정당을 형성했던 정치세력이 20세기 말 21세기 초에는 점차 고학력자 정당이 된 것이다. 가장 자연스러운 설명은 저학력 유권자가—점점 더 교육제도상의 승사에게로 어느 정도는 세계화의 승자에게로 관심과 우선순위를 돌린—이 정당들로부터 버림받았다고 느꼈다는 것이다. 이러한 정치적-이데올로기적 전환은 우리의 연구에서 결정적으로 중요하다. 무엇보다 이를 통해 전후 좌-우체계의 붕괴와 1980~1990년부터의 불평

등 증대를 보다 잘 이해할 수 있다.[97]

우리는 이미 고등교육 접근가능성 측면에서 미국이 겪은 심각한 불평등을 길게 살펴봤다. 이 가능성은 교육제도에서 최고 대학과 여타 대학 간 극단적 계층화 및 부모 소득의 백분위와 밀접히 연관되어 있다.[98] 민주당이 인민 유권자를 되찾기를 열망한다면, 중위계급 이하 출신의 아이들과 이 아이들의 교육조건 개선에 더 많은 관심을 기울이고 그들 스스로가 엘리트주의적인 학교와 대학 출신인 자신들의 아이들에게는 관심을 덜 기울인다는, 손에 잡히는 증거를 틀림없이 내놓아야 할 것이다. 더욱이 우리가 주목했다시피 교육 불평등과 능력주의 담론의 위선은 서로 다른 양상을 띠긴 하나, 이를테면 프랑스를 비롯해 평등하다고 자처하는 주로 공적인 체계로 운영되는 국가들에도 해당되는 것이다.[99]

이 논점을 명확히 보려면, 도표 17.1에 나타난, 현재 프랑스에서 실시되고 있는 공교육투자 배분을 보자.

2018년에 20세가 된 연령 코호트 전체를 조사해보면, 취학기간 전체(유치원에서부터 고등교육까지)에 걸친 공교육투자 총액이 평균 약 12만 유로라는 점을 최근의 가용 연구와 추세에 근거해 추산해볼 수 있다. 이는 연평균 8000유로로 대략 취학기간 15년에 해당한다. 평균적인 상황이긴 한데, 실제로 엄청난 격차는 취학기간이 끝나는 연령대에, 중등교육과 무엇보다도 고등교육에서 후속되는 코스의 유형에 있다.[100] 이 세대에서 가장 적은 공적투자 혜택을 누린 10%의 학생은 각자 약 6만 5000~7만 유로를 받게 된다. 반면, 가장 많은 혜택을 누린 10%는 20만~30만 유로를 받는다. 전자의 집단은 연간 6000~7000유로의 평균비용으로 10년 정도의 취학기간을 보내고 16세(의무교육 연령)에 학교제도를 떠난 이들이다. 반면 후자는 이따금 25세를 넘겨가며 긴 고등교육과 20년 이상의 완결된 취학기간을 이수한 이들이다. 고등교육 기간 이외에 교육지출 불평등을 규정하는 또다른 주요소는, 고등교육의 선별적 코스, 특히 그랑제콜 준비반 진학인데, 여기서의 학생들은 비선별적 대학 코스에 비해 훨씬 더 높은 수

**도표 17.1** 프랑스의 교육 불평등과 교육투자, 2018년

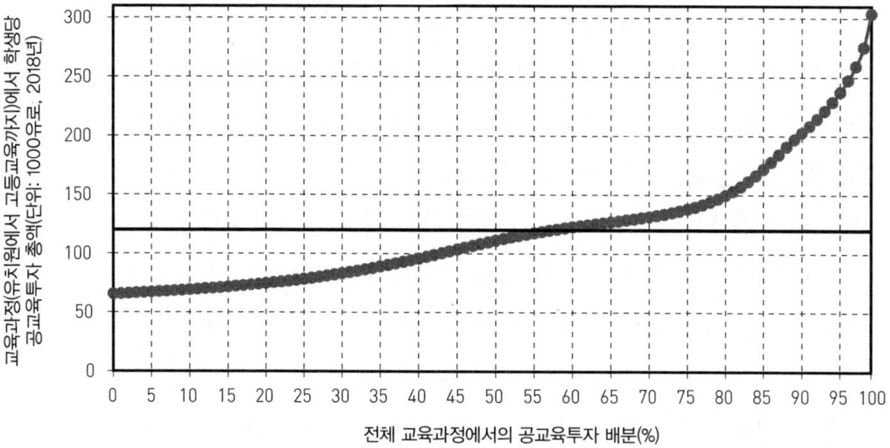


2018년에 20세가 된 학생 연령 코호트의 전체 교육과정(유치원에서 고등교육까지)에서 받은 공교육투자 총액은 평균 12만 유로(15년 동안 대략 연간 8000유로)다. 이 세대에서 가장 적은 공적 투자 혜택을 누린 10%의 학생은 6만 5000~7만 유로를 받은 반면, 가장 많은 혜택을 누린 10%는 20만~30만 유로를 받았다. 참고: 2015~2018년 과정별 연평균 투자액은 유치원과 초등교육 5000~6000유로, 중등교육 8000~1만 유로, 대학 9000~1만 유로, 그랑제콜 준비반 1만 5000~1만 6000유로다.

**출처 및 원 통계자료:** piketty.pse.ens.fr/ideologie

준의 교육을 받는다.[101]

요컨대 격차는 매우 상당하여, 서로 다른 학생 집단 사이에서 수령하는 공적지출 불평등은 상위 십분위와 하위 십분위 비교시 15만 유로, 상위 백분위와 하위 십분위 비교시 심지어 20만 유로, 즉 현재 프랑스에서 성인의 평균자산에 상응하는 액수에 달한다. 이는 상속 그 자체도 불평등하게 배분되고 있는데, 어떤 아이들이 다른 아이들에 비해 추가 상속을 받는 모양새다.[102] 게다가 학업기간이 짧다고 해서 어김없이 빈민 가정 출신인 것도 아니고 학업기간이 길다고 해서 언제나 부유한 환경 출신인 게 아니긴 해도, 두 차원 사이에는 당연히 유의미한 양의 상관관계가 존재하며, 그리하여 많은 경우 공교육투자와 사적 상속의 효과들은 서로 겹친다.[103] 이러한 추산을 실현하고자 전제한 가설들로 인해 우리가 이 격차의 현실적 규모를 크게 저평가했을 수도 있음을 마지막으로 강조해두자. 특

히 우리가 여기서 활용한 선별 코스와 비선별 코스 비용에 대한 공식 추계는 틀림없이 현실적 격차를 매우 저평가한 것이다.[104]

이제 어떤 원칙에 따라 교육투자의 정의로운 배분을 정의해볼 수 있을지 살펴보자. 정의로운 소유와 정의로운 조세에 관해서도 그랬듯이 완결된 해법을 제공하는 것이 아니라—내게는 그럴 능력이 없다—집단적 숙의를 위한 실마리를 제안하는 것이 중요함을 다시 한번 밝혀두자. 우선 교육지출 불평등을 증대시킬 사적 교육투자를 고려해야 하는 것 또한 분명해 보인다. 그 효과는 프랑스처럼 교육체계가 주로 공적인 나라에서는 제한적으로 유지될 것이다. 하지만 미국에서는 그 효과가 엄청나게 클 것인데, 이 나라에서는 매우 비싸고 부유한 사립대학에 진학한 학생들에 대한 학생당 투자 수준이 극도로 높은바, 이는 공립대학과 여타 지역사회대학 학생들이 보유하는 자원과는 비교가 되지 않는다.[105]

프랑스 같은 나라에서 관찰되는 공교육투자 배분과 관련하여 상대적으로 자연스러운 정의 표준은, 모든 아이가 교육지출에 대한 동등한 권리를 갖도록 하는 데 있을 것이다. 이 지출은 정규교육 또는 평생교육 틀에서 쓰일 수 있을 것이다. 달리 말해 16세 또는 18세에 학교를 졸업한, 같은 연령 코호트에서 적은 교육지출 혜택을 본 40%에 해당하며, 정규교육에서 7만~10만 유로만을 사용했을 어떤 사람은, 정규교육에서 많은 혜택을 본 10% 수준으로 자신을 끌어올리기 위해 10만~15만 유로의 교육자본을 자신의 생애 동안 사용할 수 있을 것이다(도표 17.1 참조).[106] 이 자본은 이렇듯 25세 또는 35세에, 아니면 평생 동안 교육을 재개할 수 있도록 해줄 것이다.[107] 마땅히 사람들이 특정 조건에서 이 액수의 일부를 화폐자본으로 받을 수 있다는 점도 생각해볼 수 있겠다. 이 화폐자본은 보편적 자본지원에 추가될 것이다. 그렇지만 만인에게, 특히 사회적으로 빈곤한 계급 출신의 젊은이에게 돌아가는 개방된 교육기회 개선을 위해 이 자원을 사용하는 것이 바람직해 보인다.[108] (많은 경우 틀림없이 이론상으로 남을) 학업을 재개할 가능성이 주어지는 것 외에도, 무엇보다 필요한 일은 정규교육 시기 동안 현실적으로 교육을 통한 해방이 가능하도록 초중등교육에 필수 투자를 실행하는 것이다.

그렇지만 이 분야에는 엄청난 기만이 있다. 많은 나라에서 그렇듯 프랑스에서도, 이른바 우선교육조치들은 교육자원을 사회적으로 낙오된 구역과 초등학교·중학교·고등학교로 배정하기 위한 것이라고 간주된다. 사실상, 우리가 이미 언급했듯이 오히려 가장 노련하고 급여도 높은 숙련된 교사들에게 배우는 이점을 실제로 누리고 있는 것은 사회적으로 우대받는 학교들이고, 이 효과는 낙후된 지역에 근무하는 초임 교사들 또는 기간제 교사들에게 지급되는 하찮은 보조금을 분명 압도한다.[109] 낙후된 초중등학교를 위한 자원이 현실적으로 증대된다면, 그 일차적 효과는 도표 17.1에 제시된 낮은 교육투자 수준을 다시 끌어올리고 교육지출 배분을 더 평등하고 더 정의롭게 만드는 데 있을 것이다.

## 교육의 기만으로부터 빠져나오기, 투명성을 장려하기

일반적으로, 납득할 만한 교육정의 표준을 세우기를 바란다면, 자원 배분에서 훨씬 더 큰 투명성을 장려하는 일은 필수다. 현재 대부분의 나라에서 교육지출 규제 절차는 꽤나 불투명하며, 단체 및 시민들의 접근이 쉽사리 허용되지 않는다. 교사의 평균급여는 사회적으로 우대받는 학교일수록 더 높고, 공교육투자는 같은 연령 코호트 내에서 다른 집단에 비해 (가장 우대받는) 특정 집단이 4배 더 많은데, 이 모든 것이 의식적으로 이루어진 것이 아님에도 불구하고 이런 선택을 했다는 자도 이런 선택을 검토하고 논쟁하고 바꾸려 했다는 자도 없는 꼴이다. 나는 교육정의를 정의하는 것이 단순하다고 주장하는 게 결코 아니며 이 책에서 논의를 끝맺겠다는 것도 물론 아니다. 하지만 이 논의가 시작될 수 있으려면, 중요한 건 교육투자 현실에 대한 이런 식의 데이터 공표를 법적 (나아가 헌법상의) 의무가 되도록 하는 데서부터 출발해야 한다는 것이다. 그러면 목표가 설정되고 어느 정도 목표가 달성되었는지 매해 검증할 수 있게 된다.

이 경우, 합리적 목표는 한편으로는 교사의 평균급여가 중고등학교에 재학중인 특권층 학생 비율의 증가함수이기를 그치도록 하는 것이며, 다른 한편으로는 더 일반적으로 (도표 17.1에 제시된) 코호트별 교육투자의 통합배분이 보다 평등하게 이뤄지도록 낙오된 초중등교육기관에 투입되는 자원을 실제로 상당히 늘리는 것이다. 결코 무시해서는 안 될 이러한 변화들은 공적으로 입증될 수 있어야 한다. 또한 이 변화를 통해 사회적 취약계층 학생들이 고등교육과정에 진학할 기회가 뚜렷이 늘어난다. 실제로 모든 연구에서 보이는바, 특히 초등학교와 중등학교에 대한 조기투자는 다양한 사회적 출신의 학생들 사이의 학업성과 불평등을 가장 잘 교정할 수 있다.

이 자원 우선할당정책은 고등학교와 대학교의 입학 및 할당 절차에서 사회적 출신을 고려하는 것으로 보완되어야 한다. 이는 다양한 방식으로 이루어질 수 있다. 개인적인 출신을 직접 고려할 수 있고(예컨대 부모 소득에 따른 점수를 학업성적에 합산하는 체계, 또는 확실히 더 적절한 것으로는 코스에 따른 사회적 할당량 활용), 출신 지역이나 출신 학교를 활용할 수도 있다(예컨대 각각의 중학교 또는 고등학교의 우수 학생들이 이런저런 코스에 들어가도록 결정하는 것). 다시 말하지만, 이 미묘한 문제들을 여기서 해결하는 것은 내가 할 수 있는 일이 분명 아니다. 이와 같은 중재에는 정교한 실험들과 광범위한 숙의 및 시민의 참여를 거쳐야 비로소 이루어질 수 있을, 복잡한 사회정치적 타협이 필요하다. 이루어질 선택들은 당연히 진행중인 전환에 맞춰 부단히 의문시되고 개선되며 조정되어야 한다. 모두가 받아들일 수 있는 정의 표준을, 또는 더 소박하게 말해 활용되는 체계에 대해 최소한의 집단적 신뢰를 구축한다는 것은, 극히 미묘하고 깨지기 쉬운 과정임을 유념하는 것이 중요해 보인다. 그 과정은 확고한 투명성의 조건들을 요구하는데, 이러한 조건들은 흔히 정치지도자들이나 교육행정당국의 관행들과 충돌한다.

인도를 비롯해 일부 나라는, 특정한 사회계층을 위해 대학의 자리를 '배정'하고 할당하는 조처를 실행한 보다 오랜 경험을 갖고 있다. 인도의 경우 이 정책들은 먼저 1950년부터 역사적으로 차별받아온 계층에 해당되었다가, 1990년 이후에는 사회적 하층계급 전체로 확대되었는데, 이는 이 나라에서 정치적-이데올로기적 갈등 구조화에서 핵심 역할을 해왔다.[110] 이 경험에는 풍부한 가르침이 있지만, 이걸 그대로 상이한 맥락에 치환시킬 수는 없다. 유럽의 많은 나라는 아주 최근에야 입학 절차에서 가족의 배경을 고려하기 시작했는데, 안타깝게도 투명성이 확실히 부족하다. 프랑스에서 고등학교 입학 허가시 사용되는 알고리즘Affelnet과 고등교육기관용 알고리즘(APB에 이어 2018년 이후에는 파쿠르스업Parcoursup)은 대체로 국가 기밀로 남아 있다.[111] 게다가 이 메커니즘들에서 가족의 배경과 부모 소득을 고려하는 방식은 극단적으로 불연속적인데, 이 탓에 이 주제와 관련한 사회적 합의를 구축하기 어렵다.[112] 미국 입학 절차에서는 출신 인종 활용에 대한 법원의 금지명령과 더불어 부모 소득 활용에 대한 법원의 금지(훨씬 논란의 여지가 있다)도 함께 적용되는데, 그리하여 활용되는 메커니즘들은 흔히 출신 지역에 의존한다.[113] 이것은 불행히도 원하는 만큼 혼합을 장려하지는 못하는데, 왜냐하면 이 메커니즘의 수혜자는 낙후된 지역에 사는 잘사는 이들이기 때문이다. 그렇기에 부모 소득 같은 개인별 특성을 이용하는 일반규칙에 관심이 가는 것이다. 영국에서는 엘리트 학교 진학 기회를 민주화하기 위해 (학교시험에서 일정 점수 이상을 취득한 학생 집단 내에서) 추첨제를 장려하자는 제안이 있어왔고, 이는 해당 집단 내에서 사회적 할당제를 활용하는 것으로 귀착된다. 게다가 이는 필수 자원도 인맥도 없는 부모 계층을 더 소외시키고 더욱 조기에 이루어지는 과외수업을 통해 자기 자녀들이 언제나 더 높은 점수를 취득하도록 하려는 부모들의 금전적 정서적 과잉투자를 제한하도록 해준다.[114] (일정 기준 이상의) 성적을 사회혼합이라는 우선순위 목표와 희석해 매우 제한적으로 반영하는 것은 훌륭한 타협일 수 있다. 대체로 이제 시작일 뿐인 이 논의가 장차 수십 년간 중심 역할을 하리라는 것에는 의심의 여지가 없다. 이 논의는 이제 정치화되기 시작했을 뿐이지만, 정치적-교육적 균열의 구조를 다시 전환시키는 것에 결국 기여할 것이다.[115]

마지막으로 초중등교육뿐 아니라 고등교육 단계에서도 발생하는, 공립-사립학교의 병존이 야기하는 특수한 문제를 언급하면서 마무리하자. 실제로 사립학교들은 대개 법률 및 세제상의 특정 지위를 통해 직간접적으로 공적 재정지원 혜택을 받는다. 무엇보다도 사립학교들은 핵심적인 공공서비스의 실행에, 즉 모든 학생의 교육과 지식에 대한 권리에 연루되어 있다. 이러한 조건에서, 이용가능한 자원과 관련해서든 입학 절차와 관련해서든, 사립학교들이 공립학교와 공동 규제대상이 되어야 하는 것은 필수다. 그렇지 않다면 수용가능한 정의 표준을 공공 부문에서 세우겠다는 모든 시도는 사립학교를 거치면서 즉각 왜곡될 것이다. 프랑스의 사립 초중고는 상당히 많은 공적자원을 이용하는데, 여기에 부모가 부담하는 자원과 학교가 원하는 사회적 출신의 학생을 선발할 권리가 추가된다.[116] 이것은 교육정의 측면에서 전반적으로 정당화되기 어려운 부분이다. 미국의 사립대학들은 입학 규칙 및 알고리즘을 공개하길 거부하며, 대학에 기부금을 낸 졸업생과 재력가의 자녀를 위한 특례입학 절차를 절제해 활용하고 있다는 주장을 액면 그대로 믿어달라고 요구한다.[117] 다시 말하지만, 이는 모두가 받아들일 만한 정의 표준을 정교화하는 데 어떤 도움도 되지 않는다.

지난 수십 년간 특히 미국에서 부유한 사립대학들이 거둬들인 기부금의 엄청난 증가는, 더구나 국제시장에서 벌어들인 매우 큰 금융수익을 감안해보면 특정 문제를 야기한다.[118] 이 기부금의 무제한 성장을 제한하기 위해서는, 기부금 일부에 대한 연간 의무지출을 더 늘리는 문제가 공적으로 논의되어야 한다. 그러면 (대학에 따라) 현재 4~5%였던 것이 10~15%가 된다. 문제는 부유한 대학들은 자신들의 자금을 어떻게 지출해야 할지를 모를 지경인 반면에, 사회적 취약계층이 접근가능한 공립대학이나 지역사회대학은 심각하게 자원이 부족하다는 것이다.[119] 이러한 조건에서 비교적 논리적인 정책은, 가난한 대학들에 대한 기부금 마련을 위해 누진과세표에 따라 대학 기부금에 과세하는 것이다. 서로 다른 맥락과 특정한 사회경제적 현실이 있으니, 과세표가 사적인 개인들이 보유한 재산에 적용되는 것과 같아야 할 이유는 전혀 없다. 이를 획정하는 것은 내 영역이 아니다. 그렇지만 내 생각에 이 문제는 숙고해볼 가치가 있다. 엘리트 대학과 가난한 대학 사이의 자원 격차가 무제한으로 커지도록 방치한다면 미국에서 정의로운 교육으로 나아가는 시나리오를 생각하기란 사실 매우 어렵다. 이 문제는 또한 문화·보건·미디어 등 여타 활동 부문의 비영리재단과 기관들에 대해서도 제기될 수 있고, 공익에 따라, 그리고 다양한 경우에 공익이 정의될 수 있는 방식에 따라 적합한 답들을 찾아야 할 것이다.[120]

## 정의로운 민주주의: 민주적 평등 바우처

이 책에서 연구한 모든 역사적 궤적은, 불평등구조가 얼마나 기존 정치체제 형태와 밀접히 연관되어 있는지를 보여준다. 구래의 삼기능사회든 19세기에 개화했던 소유자사회든, 심지어 노예제사회나 식민사회라 하더라도, 일정한 유형의 불평등주의체제를 지속시켜온 것은 바로 정치권력의 조직화 양식이다. 20세기 중반 이후로 서양사회의 정치제도는 의회제 선거민주주의라는 형태하에 일종의 뛰어넘기 힘든 완벽함에 도달했다고 여겨지곤 한다. 실제로 이 모델이 뛰어나게 완벽해질 수도 있으나, 그럼에도 점점 더 논란은 가중되고 있다.

그 한계들 중 가장 분명한 것은, 현재의 불평등 증대에 대처하지 못한 무능력이다. 나는 이 책에서 이러한 어려움이 불평등주의체제의 역사에, 즉 장구하고 복합적이며 정치적이고 이데올로기적인 역사의 틀 안에 놓여 있다는 점을 보여주고자 했다. 또한 그 해결책은 현행 정치 규칙의 대대적인 전환을 필요로 한다. 예컨대 우리는 기업 내부의 권리 분유와 누진소유세를 통한 사회적 일시소유의 확립을 위해서는 법률 및 헌법 틀의 변화를 요구할 수 있음을 앞서 언급했다. 나아가 이 같은 문제는 과거에도 있었다. 특히 기업의 공동관리와 사회적소유를 가능케 했던 1949년 독일 헌법과 역사상 가장 누진적이었던 연방소득세 및 연방상속세 신설을 공인한 미국의 1913년 수정헌법이 그렇다. 정치 규칙의 변경은 다른 나라들에서도 불평등 감소에 중요한 역할을 했다. 1910~1911년의 헌정 위기 당시 영국은 상원의 거부권을 종식시켜야만 했는데, 그렇지 않았다면 누진세는 만들어질 수 없었을 것이다. 프랑스의 경우는 상원이 제3공화정 때 즐겨 사용했으나 1945~1946년에 사회주의자와 공산주의자들이 전력을 다해 맞서 싸웠던 거부권을 상원이 계속 쥐고 있었다면, 1945년과 1981년의 사회적 조세재정개혁 달성은 매우 어려웠을 것이다. 앞날의 사정이 다르리라는 상상은 환상일 것이며, 정치체제의 전환과 불평등구조의 전환은 계속해서 함께할 것이다. 규칙들의 변화가 너무 복잡하다는 구실로 이 변화를 회피하는 것은 역사의 가르침을 무시하고 현실의 모든 변화를 가로막는 꼴이 된다. 우리는 이미 16장에서 유럽의 조세재정 문제와 관련해 만장일치 규칙이 지닌 문제와 유럽 건설을 사회연방주의적으로 재정립해야 할 필요에 대해 거론했다. 더 일반적으로, 국가들의 관계를 사회경제적으로 조직하는 것을 규제하는 조약과 규칙의 성격을 전환시켜야 할 필요성에 대해서는 뒤에서 재론하겠다.

정치체제의 또다른 측면, 즉 정치활동과 선거민주주의의 자금 측면에 더욱더 관심을 기울이는 일이 시급하다. 이론상 보통선거는 한 명의 여성(혹은 남성)이 한 표를 갖는다는 단순한 원칙에 기초한다. 실제로는 직접적으로는 정당과 선거 캠페인의 자금 제공을 통해서, 간접적으로는 미디어와 싱크탱크와 대학을 통해서, 금융·경제적 이해관계는 정치과정에 현저히 큰 효과를 발휘한다. 우리는 이미 앞에서 정보생산을 조직하는 표준이 될 수도 있을 비영리 미디어회사들을 거론했다. 그들이 표준이 된다면, 언론보도기관들이 자금 후원자들로부터 (의결권 상한 설정에 힘입어 특히 대주주들로부터도) 훨씬 더 독립적이 될 수 있을 것이다.[121] 또한 직접적인 정치자금 제공 문제도 고려해야 한다. 이는 분명한 이유들로 정당과 정치운동의 우선순위를 편향시킬 수 있는데, 예컨대 누진세 확립에 대한 부자들의 근원적인 적대감을 고려해보면, 불평등에 맞서는 투쟁을 위한 적절한 대책을 채택하는 일이 상당히 난처해질 수 있다는 것이다.

이러한 정치자금 문제를 살펴보면 일관된 방식으로 제대로 사유된 바가 없었다는 점이 보인다. 물론 많은 나라, 예컨대 독일에서는 1950년대부터, 미국과 이탈리아에서는 1970년대와 1980년대, 프랑스에서는 1990년대에 와서야, 정치에서 민간자금의 영향력을 제한하고 간혹 소극적인 공적자금체계를 수립할 수 있도록 하는 입법 요소들이 수립되었다. 하지만 이 시도들이 얼마만큼이나 파편적이고 불완전하며 무엇보다도 실제로 상호 간에 의거하지 않음을 알게 되면 놀랍다. 확산과 상호학습 효과가 훨씬 빨랐던(좋든 나쁘든 어느 정도는 누진세가 그러한데), 국가 입법에서 어쩌면 훨씬 가시적일지 모를 여타 영역과는 반대로, 정치자금의 역할과 관련된 조치들은 다양한 나라에서 거의 완전히 독립적인 방식으로 구상되었던 것으로 보인다. 줄리아 카제가 최근 실행한 연구들은, 이처럼 굴곡진 역사에 대한 면밀한 조사에 얼마나 풍부한 가르침이 있는지를 보여주었다. 특히 이제껏 실험되었던 다양한 대책들에 대한 분석을 통해 '민주적 평등 바우처'체계가 특히 유망한 것으로 제시된다.[122]

요약하자면 시민 각자에게 동일한 가치의 연간 바우처를 주자는 것으로, 이를테면 그 시민이 정당 혹은 정치운동을 선택할 수 있도록 연간 5유로를 주자는 것이다. 그 선택은 온라인에서, 예컨대 소득 및 자산 신고시 하게 될 것이다. (1%로 설정될 수 있을) 인구의 최소 지지율을 획득한 운동들만이 바우처 수령 자격을 가질 것이다. 어느 정치운동도 지지하지 않기로 결정한 (또는 너무 적은 지지를 받은 정치운동을 택한) 사람들의 연간 바우처 가치는 다른 시민이 행한 선택에 비례하여 할당될 것이다.[123] 바로 이 대목이 중요한 이유는, 대다수의 시민이 정당의 공적인 정치자금 모집에 동참하지 않는다는 점을 감안할 때, 이런 식의 규칙 부재로 인해 특히 미국에서 실험된 공적자금 모집체계가 와해되고 말았기 때문이다. 그렇다 해도 민주주의는 옵션이 아니니, 일부에서 참여하길 원하지 않는다고 해서 (그나마 많지도 않은) 예정된 공적자금 모집을 축소해서는 안 된다. 민주적 평등 바우처 체계에는 (유럽의 많은 나라가, 예컨대 1995년 이후 프랑스가 이미 이런 경우에 해당하는데) 기업과 여타 법인의 정치 기부금 전면금지와, 개인 기부금 및 분담금에 대한 급진적 상한 설정(줄리아 카제는 연간 200유로로 제한할 것을 제안한다)이 뒤따를 것이다. 이 새로운 정치자금체계에서는, 선거에 후보자를 내고 싶어하는 정당 및 정치운동과 관련하여, 회계 공시와 더불어 이따금 매우 불투명한 내부 정관 및 규약 투명성에 대한 대단히 엄격한 의무들 또한 수반될 것이다.

## 평등주의적인 참여민주주의를 향하여

민주적 평등 바우처의 핵심 목표는 평등주의적인 참여민주주의를 고무하려는 것이다. 현재, 사적인 자금 모집이 압도적이라 정치과정이 상당히 편향되고 있다. 특히 미국이 그러한데, (그나마도 항상 불충분한) 공적 법규들이 지난 수십 년간 대법원 판례에 의해 일소된 것이다. 하지만 인도와 브라질 같은 신흥국의 선거민주주의도 사정은 마찬가지고, 유럽의 현행 규칙들 역시 불충분하거나 때로는 완전히 터무니없는 것들이다. 특히 프랑스가 그런데, 정당에 대한 개인 정치 기부금이 납세자당 연간 7500유로까지 인정되며, 심지어 기부금의 3분의 2에 상당하는 금액(즉 7500유로라 치면 5000유로)에 대해 세금을 감면해주기까지 한다. 실제로 이러한 상한에 근접하는 이들은 주로 매우 부유한 납세자들, 특히 소득 분배의 상위 백분위에 드는 자들임이 여지없이 확인된다. 달리 말해 부자들이 정치적으로 선호하는 세력이 나머지 주민에 의해 직접적이고도 명시적으로 자금지원을 받고 있는 셈이다. 해당 금액은 무시해도 좋을 액수가 전혀 아니다. 정당과 정치운동에 대한 기부금의 세금감면 총액은 연간 6000만~7000만 유로에 육박하니, 이는 프랑스에서 (최근 총선에서 획득한 득표율과 의석수에 비례하여) 공식적으로 정당들에 지급된 공적자금 전체와 거의 동일한 액수다.[124] 구체적으로 프랑스의 현행 체계에서는 시민당 연간 2~3유로가 정당의 공식적인 자금으로 들어간다는 것이고, 부자들이 선호하는 세력에 대한 자금 지원을 위해 5000유로까지의 세금 감면이 추가된다는 것이다. 민주적 평등 바우처는, 정치 기부금과 연관된 세금 감면을 전면 폐지하고 액수 전체를 평등하게 재활용할 수 있게 해줄 것이다. 최근 선거 결과에 근거하는 현행 체계와 비교해보면, 이 제안은 시민들이 더 많이 호응하는 참여와 정당 및 정치운동의 대대적인 혁신을 가능케 할 것이다.

줄리아 카제가 시사하듯, 민주적 평등 바우처 논리는 정치자금 외에 다른 문제들에도 적용될 수 있다. 특히 이 같은 장치는, 기부금에 대해 세금 공제 및 감면을 해주는 기존 체계를, 즉 부자들의 문화적인 또는 박애적인 기호들에 나머지 주민이 보조금을 대주는 셈인 이 체계를 대체할 수 있다. 달리 말해, 현재 이처럼 다양한 세금 감면과 공제에 들어가는 금액으로 모든 납세자에게 동일한 액수의 바우처를 지급할 수 있을 것이다. 과연 어떤 재단·단체·활동 부문(보건·문화·빈곤퇴치·교육·미디어 등)이 이러한 기부를 받을 만할지의 문제는 아주 광범위한 숙의를 요하는 것이긴 하지만 말이다. 또한 이 메커니즘은 종교계 기부금이라는 곤란한 문제에 대해서도 재고해보게끔 하는 하나의 실마리를 제공해준다.[125]

이 같은 체계에 지급할 자원 규모를 정당화하는 문제 역시 핵심이지만, 여기서 이 문제를 해결하는 것이 내 소관은 아니다. 해당 금액이 강제과세의 많은 부분을 점한다면, 시민들이 공적예산 상당 부분을 스스로 결정할 수 있도록 하는 정교한 직접민주주의 형태가 중요해진다. 이는 흔히 민중의 열망에 거의 부응하지 않는다고 보이는 민주적 과정을 시민이 재전유하는 것으로 이어지는, 가장 유망한 길들 중 하나다.[126] 그렇지만 실제로는, 의회 숙의체계가 공적기금 지급의 대부분을 결정하는 데 필수적인 틀을 제공한다. 이러한 결정에는 시민과 미디어가 감시하는 가운데 공명정대하게 이루어지는 심층적이고도 논쟁적인 숙의가 필요하다. 직접민주주의의 장은 국민투표뿐 아니라 참여예산과 평등한 바우처라는 방도를 통해서도 확장되어야 한다.[127] 하지만 의회민주주의와 연계된 숙의의 틀을 무조건 대체할 수 있으리라는 것은 별로 개연성이 없어 보인다. 민주적 평등 바우처의 정신은 사회적 출신 및 재력과 무관하게 모든 시민을 정치운동과 단체의 혁신에 지속적으로 참여시킴으로써 오히려 의회민주주의를 더욱 역동적이고 참여적으로 만드는 것이다. 이로써 이런 운동과 조직은 선출된 회의체의 틀에서 숙의와 결정 대상이 될 선거 강령과 정강을 구상해낼 수 있다.[128]

## 정의로운 경계: 세계적 규모로 사회연방주의를 재사유하기

이제 정의로운 사회를 정의하기 위한 가장 미묘한 문제임에 틀림없는, 정의로운 경계 문제를 살펴보자. 현재의 세계는, 우리에게 너무나 익숙하여 넘어설 수 없어 보이지만 실상은 매우 특수한 정치적-이데올로기적 체제와 부합하는 공리들에 기초해 조직되어 있다. 한편으로는 국제관계가 재화·서비스·자본의 절대적인 자유이동에 근거해 조직되어야 하고, 이러한 규칙을 거부하는 국가는 문명세계에서 거의 배제되리라고 여겨진다. 다른 한편으로는 국내의 정치적 선택은, 특히 법률·사회·조세재정제도 측면에서 그 선택은, 오직 해당 국가에만 관련된 것이므로 엄격히 민족주권의 대상이어야만 한다고 간주하는 것이다. 문제는 이러한 공리들이 직접적으로 모순들로 귀결되었으며 지난 수십 년간 더 격화된 이 모순들은 현재의 세계화 흐름을 폭발시킬 만큼 위협적이라는 데 있다. 해법은 세계화 흐름을 다르게 조직하는 데 있다. 다시 말해 현재의 무역협정들을 훨씬 더 과감한 조약들로 대체하는 것인데, 이 조약은 공정하고 지속가능한 발전모델을 고무하고, (특히 조세정의와 탄소배출에 관한) 공동의 검증가능한 목표와, 필요하다면 여기에 적절한 (초민족적 회의체 형태의) 민주적 숙의 절차도 포함해야 한다. 이 새로운 유형의 공동발전조약들에는 필요할 경우 교역을 촉진하는 대책들도 포함될 수 있다. 하지만 무역 및 금융 흐름의 자유화가 그 핵심이어서는 안 된다. 무역과 금융은 언제나 그래야만 했던 바이지만, 더 높은 목표를 위한 수단이어야 한다.

현행 체계의 가장 분명한 모순 중 하나는, 재화와 자본의 자유로운 이동이 사회적 조세재정정책을 결정하는 국가의 역량을 상당히 축소시키는 식으로 조직된다는 점이다. 달리 말해 현재 시행되는 국제 규칙들은, 이 규칙들에서 내세우는 중립적 틀을 제공하는 것이 아니라, 특정 정책을 채택하도록 압박하면서 민족주권을 직접적으로 구속한다. 특히 1980~1990년부터 시행된 자본이동 자유화에 관한 협정들에서 우리가 봤다시피 여기에는 그 어떤 조세협력 조치도, 초경계적 자산과 이 자산의 소유자들의 흔적을 감시할 수 있게 해주는 정보들의 자동전송 조치도 포함되어 있지 않다.[129] 이런 세계적 흐름을 대체로 주도해온 유럽은 역외금융조직들을 통해 법규와 조세를 회피하는 전략들에 맞서 국가가 싸우는 것을 사실상 방해하는 (또는 적어도 적절한 제재를 취하려는 조약을 국가가 폐기하도록 압박하는) 규칙들을 수립해왔다.[130] 이러한 특정 법률체제 채택은, (지출이 너무 많다고 평가되는) 유럽 국가들 사이의 조세경쟁을 부추기려는 일부 행위자의 의지를 부분적으로 표현한다. 또한 이는 1980~1990년에 이후 수십 년간, 특히 조세피난처와 역외금융 발전이라는 측면에서, 어떠한 향방도 예측이 어려웠던 결정들을 둘러싼 임기응변의 결과다. 요약하자면, 이 협정들의 조인은 다른 시대에 이루어졌고, 그 시대는 오늘날처럼 불평등 증대, 금융자본주의의 과도함, 정체성주의적이고 민족주의적인 퇴행의 위험에 불안해했던 때가 아니다.

또한 사회들의 사회적 조세재정 선택과 관련하여 협의의 민족주권이라는 허구가 맹렬히 공격받는 이유는, 정의에 대한 표상이 대체로 점점 더 초민족적이 되어가고 있기 때문이다. 가난한 나라를 위한 부유한 나라의 개발원조 흐름이 존재한다면(결국은 불충분하고 흔히 부적절하긴 하지만), 그것이 꼭 이를테면 이민 흐름을 고갈시켜버리겠다는 목표처럼 자기 이익을 챙기겠다는 이유 때문만은 아니다. 이는 또한 부유한 나라의 주민(또는 적어도 그중 일부)들이 가난한 나라에서 태어난 사람들이 자신보다 더 제한된 삶의 기회를 갖는다는 것이 정의롭지 못하다고 여기기 때문이다. 즉 성공적인 개발 전략 수립과 원조 규모 사이에서 주로 제한된 정보들에 의거한 복잡하고 자주 바뀌는 인식에 따르는 것이기는 해도, 어느 정도까지는 일정 비용을 들여 정의롭지 못한 이러한 불평등이 적어도 부분적으로는 개선되어야 한다고 생각하기 때문이다. 이에 관해 현재 이 주제의 준거점으로 여겨지는 목표, 즉 총국민소득의 1%를 개발원조에 바친다는 것이, 특별히 관대한 표준은 아니지만, 동일 유형의 이전들과 비교해볼 때 전혀 무시할 수준이 아닌 금액을 포함한다는 것은 놀라운 일이다.[131]

더 나아가 초민족적이고 지구적인 정의에 대한 인식들은 환경·인류세·생물다양성·기후변화를 둘러싼 논의들에서 그 역할이 증대되고 있다. 온난화를 억제하기 위해 실행한 노력들은 현저히 불충분하다. 하지만 세계의 몇몇 국가 또는 몇몇 지역은 어디선가 다른 데서 억제 시도를 할 때까지 기다리지 않고 먼저 탄소배출을 감축하고 있고, 이런 사실은 각자가 자기 자신 또는 자기 나라만 염려하는 세계에서는 설명되기 어려운 일일 것이다. 그럼에도 이러한 논의들에는 다수의 기만과 비일관성이 두드러진다. 2015년 12월 파리에 모인 196개국은 산업혁명 이전 수준 대비 1.5℃ 이하로 온난화를 제한하자는 이론상의 목표에 합의했다. 여기에는 캐나다가 합의 바로 직전에 개발을 재개한, 앨버타주의 타르샌드에 함유된 다량의 탄화수소를 땅에 그대로 묻어두자는 요구도 포함되었다. 그러나 유럽연합과 캐나다가 2016년에 새로운 무역조약인 포괄적 경제무역협정CETA을 맺는 것을 막지 못했으니, 이 협정에 무역 및 투자 자유화와 관련된 모든 유형의 강제조치는 포함되나 환경 또는 조세 문제와 관련된 조치는 전혀 포함되어 있지 않다. 탄소배출 목표량이나 기업수익에 대한 최저공동세율을 확립하고, 무역이나 금융 문제에서 하듯, 그 이행을 확고히 해줄 검증 및 제재 조치들을 함께 추가할 수도 있었을 텐데 말이다.[132]

세계화가 조직되는 현재의 방식과 초민족적 정의 표상 사이의 가장 극렬한 모순점은, 당연히 인구의 자유이동이라는 문제와 관련된다. 지배적 패러다임의 틀에서 문명국가는 재화·서비스·자본의 절대적인 자유이동에는 순응하지만, 사람들의 이동에 대해서는 자신들이 원하는 만큼 철저히 자유롭게 반대하는데, 그리하여 이 문제는 말하자면 유일하게 공인된 정치적 대결주제가 된다. 유럽연합은 내부에서는 자유이동을 실현시켰지만, 그 특징은 아프리카와 중동에서 오는 사람들과 관련해서는—이들이 가난과 전쟁을 피해 도망쳤을 때조차도—훨씬 더 제한적이었다는 사실에서 드러난다. 2015년 난민 위기 이후, 대부분의 유럽 지도자들은 어떤 대가를 치르더라도 유입이 근절되어야 한다는 생각을 지지했다. 다음 차례의 사람들을 낙담시키는 시그널을 보내기 위해 지중해에서 수만 명이 익사하더라도 말이다.[133] 일부 유럽 여론은 이러한 정책과 자신들의 견해는 다르다고 여긴다. 또다른 부류의 여론은 반대로 유럽 밖에서 오는 이민자들에 대해 커다란 적개심을 내보이고, 1980~1990년에 정체성주의적 주제들을 활용하여 유럽에서 발전한 사회토착주의 정치운동을 따르며, 정치적 균열 구조의 엄청난 전환에 일조하고 있다. 우리가 보았듯, 이러한 전환은 이민으로 인한 균열이 핵심적인 것이 되기 한참 전부터 시작되었으며, 반이민자적 태도만큼이나 재분배 및 불평등 감소 분야에서의 담대한 정책에 대한 포기로도 설명된다.[134]

요약하자면, 개발원조든 환경이든 사람들의 자유로운 이동이든, 정의 표상은 여하간 초민족적 수준에서 온전히 표현되지만 혼란스럽고 모순적인 경우가 흔하다. 중요한 점은 이 표상이 영원히 굳어 있는 게 아니라 역사적이고 정치적으로 구성된다는 점이다.

## 초민족적 정의를 향해

이러한 요소들이 제기된다고 할 때, 정의는 초민족적 수준에서 어떻게 정의될 수 있는가? 유럽처럼 대략 동일선상의 발전단계에 있는 국가들 사례에서 시작하는 게 보다 쉬울 것이다. 우리는 앞 장에서 사회연방주의모델이 유럽연합 차원에서 어떻게 작동될 수 있을지 보았다.[135] 일반 원칙은 상위 소득 및 자산·거대기업·탄소배출에 대해 공동 조세를 의결할 능력과 함께, 기후 또는 학술연구 등 전 지구적 공공재 및 조세정의와 관련하여 공동의 결정을 내리는 책임을 초민족적 회의체(이 경우 유럽회의)에 위임할 수 있다는 데 있다(표 17.2 참조). 대개의 경우, 이러한 초민족적 회의체는 회원국의 국회의원, 특별히 이를 목적으로 선출되는 초민족적 의원, 또는 이 둘의 혼합으로 구성될 수 있다. 나는 유럽의 경우 일차적으로 국회들의 주권에 의거한 유럽의회 주권을 발전시키는 것이 유익하다는 점을 강조했다. 이는 각국 국회의원들을 그 정치과정에 관여하게 해, 그들이 전체의 붕괴로 귀착될 수도 있는 비난의 태도로 도피하는 것을 방지해준다. 하지만 초민족적 회의체를 조직하는 방식은 여러 가지가 있으며, 맥락에 따라 다양한 해법이 채택되고 실험될 수 있다는 점은 매우 명백하다.

우리는 또한 유럽의 경우 독일과 프랑스가 그렇듯 세계적으로 평균소득이 거의 동일한 나라들 사이에서도, 이전 문제에 극도로 민감하다는 특성이 있음을 보았다. 이는 신뢰관계의 점진적 구축과정이라는 틀에서, 진행 중인 이전의 규모에 대한 엄격한 제한을 필요한 기간만큼 부과하는 것을 정당화할 수 있다. 특히 환경과 기후, 학술연구와 새로운 지식 창출, 정의와 불평등 감소와 관련한 공동의 기획과 공유된 목표가 확대되면서, 이것

**표 17.2 새로운 세계화기구: 초민족적 민주주의**

**초민족적 회의체**
글로벌 공공재(기후·학술연구 등)와 글로벌 조세정의
(상위 소득 및 자산·거대기업·탄소배출에 대한 공동 조세)를 책임진다.

| A 의회 | B 의회 | C 의회 | D 의회 | ... |
|---|---|---|---|---|

제안된 구성에 따르면, 세계화(재화·자본·사람의 이동)를 규제하는 조약은 앞으로 국가와 지역연합들 간에, 전 지구적 공공재(기후·학술연구 등)와 (상위 소득 및 자산·거대기업·탄소배출에 공동 조세를 부과하는) 전 지구적 조세정의를 책임지는 초민족적 회의체 설립을 계획해볼 수 있다. 참고: 초민족적 회의체가 유럽회의라면 A, B, C, D는 프랑스·독일·이탈리아·스페인 등이 될 수 있다. 초민족적 회의체가 유럽아프리카연합이라면 A, B는 유럽연합이나 아프리카연합 등 지역연합이 될 수 있다. 초민족적 회의체는 경우에 따라 국회의원 그리고/혹은 특별히 이를 목적으로 선출되는 초민족적 의원들로 구성될 수 있다.

이 초경계적인 이전에 대한 회계를 마침내 압도하게 되기를 희망할 수도 있겠다. 일반적으로 바이에른 사람과 니더작센 사람, 또는 일드프랑스 사람과 브르타뉴 사람들의 연대가 이 사람들과 피에몬테 혹은 카탈루냐 사람 사이보다 더 강할 것이라는 그 어떤 자연스러운 이유도 분명 없다. 이런 연대 중 그 어떤 것도 자생적으로는 존재하지 않는다. 오히려 이는 동일한 한 공동체에 포함됨으로써 얻는 이점이 경계 논리를 능가한다는 것을 공동의 실현과 증거를 통해 보여줌으로써, 역사적이고 정치적으로 건설되어왔다.[136]

유럽 차원에서 묘사된 이 초민족적 민주주의모델은 더 폭넓은 규모로 적용시켜볼 수도 있다. 더 큰 인간적 경제적 교류와 연관된 긴밀한 유대관계들을 감안하면, 가장 논리적인 것은 지역에서 집합들이 형성되고 이것들 사이—예컨대 유럽연합과 아프리카연합,[137] 유럽연합과 미국 등—의 협력이 이루어지는 것일 테니. 정부 간의 조약 틀 안에서 직접 결정을 내릴 수 있을 때, 그런 결정을 굳이 초민족적 회의체에 위임할 이유는 전혀 없다. 그렇지만 대다수의 결정은 지속적으로 수정되고 명확해져야 하며, 무엇보다 의회의 울타리 안에서 공적이고 논쟁적인 숙의대상이 되어야 하는데, 이를 통해 국내의 다수 여론을 확인할 수 있고 국가 정상들의 비공개 회동에서 기계적으로 흘러나오는 민족적 (또는 그렇다고 여겨지고 구축되는) 이익들의 충돌로부터 빠져나올 수 있게 된다. 예컨대 유럽-아프리카회의는 아프리카에 투자하는 유럽의 다국적기업들(또는 언젠가는 유럽에서 사업할 아프리카 기업들)의 수익에 대한 과세 방식을 채택한다든가, 온난화 보완책 수립, 이민자 유입 규제 등을 맡게 될 수 있다.

이전과 관련해서 중요한 것은, 향후 진화를 회피하지 않으면서 그 한계와 규모를 즉시 확정하는 일이다. 실제로는 대부분 서양 컨설턴트들의 연봉으로 나가는 현재의 개발원조에 비해, 일반 원칙상으로는 개인의 권리들과 (면밀하게 규정되어야 하는) 선거 절차들에 대한 존중이라는 원칙이 충족되는 순간부터 원조를 통해 해당 국가의 예산이 직접적으로 늘어날 수 있을 것이다. 정부조직이든 비정부조직이든 국제조직에 의한 아프리카(또는 일반적으로 빈국의) 국가제도의 왜곡은, 지난 수십 년간 아프리카에서 국가 형성의 방해 요인이었다. 부유한 나라들이 매우 신속하게 관세 폐지를 관철시킴으로써 야기된 세수 손실도 마찬가지다. 게다가 그들은 특히 수익·소득·자산에 대한 더 정의로운 세금의 발전을 도우려는 실질적인 시도도 하지 않았으며 오히려 그 반대였다.[138] 원조가 국가에 온전히 직접적으로 제공되었더라면, 부유한 나라들이 출자한 현재의 공적 개발원조는 아프리카 국가들이 양질의 교육과 보건복지 재원을 마련할 수 있는 자원을 엄청나게 늘려줄 수 있었을 것이다. 이 같은 초민족적인 민주적 숙의와 절차가 어디로 귀결될지 그 누구도 예단할 수 없지만, (태생이 유럽이든 아프리카든 관계없이 모든 아동은 동일한 교육투자를 받아야 한다는) 교육 평등이라는 표준도 모두에게 평등한 자본지원이라는 표준도 점진적으로 결국은 관철되리라는 점은 배제되지 않는다.[139]

당연히 이러한 초민족적 회의체는 사람들의 자유이동을 지향하는 규칙에 합의할 수 있을 것이다. 이와 관련해, 유럽연합 내부에도 이동의 자유에 대한 무시할 수 없는 제한들이 있음을 상기해볼 필요가 있다. 실제로 유럽연합 회원국 시민은 특별한 승인 없이도 다른 회원국으로 이동하고 노동할 권리를 갖는데, 이는 그 외 나라들에서 온 거류민들에게 시행되는 체제들에 비하면 대단한 것이니, 노동비자 취득은 당사자들에게도 그렇고 고용주에게도 종종 몹시 벅차고 특수한 절차를 요한다. 그렇지만 회원국 시민도 일자리를 찾지 못하면 그의 체류권은 일반 규칙상 3개월로 제한된다. 게다가 5년 기한의 체류 또는 고용 기간을 거쳐야 비로소 사회복지를 요구하고 영주권을 취득할 수 있다.[140] 절대적인 견지에서 보자면, 이러한 사회복지가 즉각 이행될 수 있도록 유럽 조약을 수정하지 못할 것도 전혀 없다. 하지만 이 경우에는 상응하는 사회복지지출의 상호부조 형태를 준비해야 한다. 이 사례는 (자유이동을 비롯한) 기본권에의 접근 논리가 어째서 조세 및 예산 논리와 연결되어야 하는가를 보여준다. 두 전선은 서로 협력하며 진전해야 하며, 그렇지 않으면 전체가 균형을 잃고 위태로워질 수 있다.[141]

이 논점을 예증하는 또다른 사례는 대학등록금과 관련된다. 2019년 프랑스 정부는 유럽연합 출신 학생들만이 상대적으로 저렴한 현행 등록금(학부 170유로, 대학원 240유로)을 그대로 내고, 앞으로 비유럽 학생들은 훨씬 더 많은 금액(학부 2800유로, 대학원 3800유로)을 내야 한다고 결정했다. 정부 법령은 물론 예외가능성을 마련해두고 있지만, 그 예외도 어디까지나 학생들의 10%를 넘지 않는다는 단호한 조건이 전제된다. 달리 말해 대다수의 경우, 말리 혹은 수단 학생들은 룩셈부르크 또는 노르웨이 학생들보다 10~20배 더 비싼 학비를 내야 한다. 심지어 후자의 부모 소득이 전자보다 10배 또는 20배 높은데도 불구하고 말이다.[142] 아주 합리적이게도 프랑스의 대다수 학생과 교수는 기성 권력이 구상하는 이러한 새로운 정의 표준에 별로 설득당하지 않는다.

이 경우가 흥미로운 이유는, 자유로운 이동 문제가 공공복지 재원의 상호부조 문제, 따라서 공동 조세 확립과 연동될 필요가 있음을 다시 보여주기 때문이다. 유럽의 모든 학생이 자신이 선택한 나라에서 공부하고 그 나라 학생들과 같은 학비를 낼 수 있다는 것은 근사한 원칙이긴 하나, 이 원칙을 보다 잘 돌아가게 할 수 있는 건 공동 재원 마련이다. 공동 재원은 예컨대 상위 소득에, 유럽회의에서 논의되고 채택될 수 있을 누진세율과 과세표에 근거해 유럽 수준에서 과세되는 연방세에 기반을 둘 수 있다. 재원에 대해 염려하지 않고, 심지어 공동 조세 가능성을 금지한 채, 고등교육과 전반적인 공공복지의 재원 조달을 가능케 할 정의로운 세금의 발전을 무척 어렵게 만드는 과도한 조세경쟁조건을 조성하면서 권리를 신설한다는 것은 그 권리를 지속시키는 최상의 방식으로 보이지 않는다. 게다가 공동 재원 조달체계가 적어도 이를 원하는 유럽 국가 사이에서나마 있었더라면, 비유럽 학생들을 위한 해결책이 자연스럽게 설계될 수도 있었을 것이다. 구체적으로 독일과 프랑스가 부모 소득에 근거한 공동 누진세로 대학 재원을 마련했더라면, 말리 학생들에 대해서도 같은 식의 협정을 제안하는 것이 이상하지 않은 것이다. 달리 말해, 독일과 프랑스와 말리 사이에서 수립되는 공동발전조약은, 동일한 누진세가 말리의 부유한 부모들의 소득에 과세되며 이것으로 대학 재원 공동기금을 육성한다는 조건에서, 말리 학생들이 독일과 프랑스 학생들과 동일한 액수의 학비를 내도록 결정할 수도 있었을 것이다.[143] 어쨌든 이러한 것이 가능한 정의 표준인데, 공적이고 논쟁적인 민주적 숙의가 이런 선택으로 이어질 수도 있다고 나는 생각한다.

## 협력과 퇴행 사이에서: 초민족적 불평등주의체제의 진화

내가 묘사했던 이 협력적이고 이상적인 (심지어 목가적인) 시나리오는 폭넓은 초민족적 민주주의를 구심점 삼아, 마침내 정의로운 공동 조세 확립, 보편적 교육권의 출현, 자본지원, 자유로운 이동의 전면화, 국경의 실질적 폐지로 나아간다.[144] 이렇게 말한다고 해서 내가 다른 시나리오들이 가능하다는 것을 간과하는 건 아니다. 우리가 앞 장에서 보았듯 유럽연합 국가들, 또는 단지 그들 중 두세 국가가 가까운 미래에 공동 조세 채택을 가능케 하는 민주적 절차에 합의하게 되리라는 것이 확고한 것은 아니다. 이 기간 동안, 인도연합—과 그곳의 13억 주민—은 취약계층이 대학에 진학할 수 있도록 하는 공동 규칙과 모든 국민에게 적용되는 누진소득세를 채택하기에 이르렀다. 인도모델은 물론 다른 어려움에 봉착했다. 그럼에도 이 모델은 민주적 연방제가 프랑스인·스위스인·룩셈부르크인은 생각도 못한 형태들을 이따금 취한다는 것을 보여준다. 상호신뢰 및 초민족적 정의에 대한 표준을 건설하는 일은 미묘하고 매우 위태로운 실천이며, 이런 협력이 어떻게 진화할지는 그 누구도 예단할 수 없다.

세계적 사회연방주의로 이어진 이상적인 협력의 길과, 민족주의와 정체성주의가 전면화된 퇴행의 도정 사이에는, 당연히 아주 많은 궤도와 가능한 분기가 있다. 보다 정의로운 세계화의 방향으로 나아가기 위해서는, 기본적으로 두 가지 원칙이 본질적으로 보인다. 우선, 무역과 금융을 조직하는 규칙 및 조약 대다수가 심층적으로 바뀌어야 한다는 게 명백하다면, 그것들을 폐기하기에 앞서 합법적인 새로운 국제적 틀을 제안하고자 노력하는 것이 중요하다. 우리가 앞 장에서 유럽의 제도개혁에 관해 보았듯, 정치지도자들은 가입하고 싶은 새로운 조약을 명확하게 제시하지는 못하면서 현 조약의 탈퇴를 공표하고 싶어하는 것 같다. 대체로 이러한 일이 브렉시트를 통해 일어났다. 영국 보수당은 유권자들이 유럽연합 탈퇴를 원하는지 국민투표로 결정하자는 제안을 선택했지만, 정작 탈퇴하는 경우 유럽연합과의 미래 관계를 어떻게 조직하려는 것인지는 제시하지 않았다. (아무도 원하지 않는) 자급자족체계로 되돌아가는 것이 아니라면 앞으로의 관계를 조율하는 여러 방식이 있는 만큼, 2016년 국민투표 이후 진행된 논의들은 그 방식 중 하나로 합의하는 것이 쉽지 않음을 보여준다.[145]

다음으로, 기존의 틀에서 탈퇴하기에 앞서 새로운 협력 틀을 제안하는 것이 본질적이라 해도, 모두가 합의해 전진한다는 것은 난망한 일이다. 몇몇 나라가 자신들끼리의 공동발전조약들을 체결하면서도 이 기획에 합류하길 원하는 나라들에 문을 열어 사회연방주의의 길로 나아가도록 하는 해법들을 구상하는 것이 결정적이다. 이는 유럽 차원에서도, 더 일반적인 국제적 차원에서도, 타당하다. 예컨대, 자본의 자유이동을 조직하는 현재의 협정들을 폐기하는 것은, 단 한 나라가 하든 몇몇 나라가 하든, 국제투자와 초경계적 소유가 온전히 유지될 틀을—이런 틀을 열망하는 모든 나라에—제안하는 것을 가능케 해야 한다. 다만 그러한 투자와 소유는 정의로운 방식, 다시 말해 특히 각자의 소유 및 소득에 준한 각자의 납세능력에 따라 세금을 할당하기 위한 필수 협력과 의무 신고를 확립한다는 조건에서 말이다.

마찬가지로, 비협력 국가들에 가하는 제재들이 가역적인 형식으로 이루어지는 것도 중요하다. 이런 형식이 명확하게 나타내는 것은 제재의 목표가 협력적이고 평등하며 포용적인 체계의 확립이지 국가 간 관계의 경직화가 아니라는 점이다. 우리는 예컨대 법인세 경우를 이미 거론했다. 이상적인 해법은 모든 국가가 유럽에서도, 지구의 다른 곳에서도 유해한 경쟁을 멈추고 새로운 협력을 수립하는 데 있을 것이다. 이렇게 되면 거대다국적기업들이 벌어들인 이윤이, 다양한 영토에서 시행된 실제 경제활동에 따라 사회국가의 일반적인 강제과세 수준 및 재원 조달과 양립할 수 있는 최저세율로, 국가들 사이에서 투명하게 배분될 수 있을 것이다. 실제로 이 시나리오가 실현되지 못하더라도, 어떤 나라들이든 (혹은 단 한 나라라도) 고립된 방식으로나마, 세계적 차원의 법인세 중 자국에 귀속되는 부분을 자국 영토에서의 재화 및 서비스 매출에 비례해 징수함으로써, 이 시나리오를 실행해볼 수 있을 것이다.[146] 혹자들은 이 같은 실천들이 보호주의로의 회귀라고 규탄하겠지만, 실은 전혀 다른 것이다. 이것이 겨냥하는 바는 기업의 이윤이지 교역이 아니다. 다만 충분한 협력이 없다보니 교역이 이윤을 배분할 수 있도록 하는 검증가능한 지표로 활용될 뿐이다. 적절한 협력이 자리를 잡게 되면 이처럼 과도적인 체계는 더 나은 체계로 대체될 수 있을 것이다.

법인세 경우가 특히 중요한 이유는, 기업수익에 대한 비과세를 향하는 무한질주야말로 오늘날 세계 세제가 마주한 가장 심대한 위험임에 틀림없기 때문이다. 결국 하향 무한질주를 중단시킬 근원적 대책이 마련되지 못한다면, 실제로 누진소득세를 과세할 가능성 자체가 문제시된다.[147] 하지만 또한 이런 식의 논리를 다른 세금에도 적용해볼 수 있을 것이다. 나는 앞에서 누진소유세 경우를 거론했다. 자신들의 주주에 대한 실질적 투명성 확립에 협력하길 거부하는 기업들을 상대로 해당 나라에서의 재화 및 서비스 매출에 비례해 누진소유세 누락분을 과세할 수도 있는 것이다. 탄소세 경우도 마찬가지다. 배출을 감축시킬 수 있는 적절한 조정정책이 없기에, 다양한 나라에서 실현된 재화 및 서비스 매출에 근거해 탄소 발자국에 과세하는 것이 긴요하다. 하지만 다시 말하거니와, 바람직한 협력적 해법은 (예컨대 개별 배출에 대한 조정된 누진세 형태처럼) 다르다는 것을 명확히 밝히고, 그 해법에 도달하도록 해주는 도정을 제시하는 것이 바람직하다.

요약하자. 1980~1990년에 구축된 현 세계화 이데올로기는 위기와 재정의의 국면에 처해 있다. 불평등 증대로 인한 실망은 부유한 나라들의 인민계급과 중위계급으로 하여금 점점 국제적 통합과 무제한의 경제적 자유주의를 의심하도록 만들었다. 이러한 긴장들 속에서 민족주의적이고 정체성주의적인 운동들이 등장했고, 이 운동들은 교류를 난폭하게 문제시하는 흐름을 키웠다. 민족주의 이데올로기는 또한 대외적으로는 만인의 만인에 대한 경쟁 및 사회적 조세 덤핑으로의 일탈을 촉진할 수 있을 것이며(아마도 그렇게 될 것이다), 국내에서는 소수자와 이민자에 반대하는 정체성주의적이고 권위주의적인 경직화가 수반되었는데, 이는 민족적인 사회체의 적이라고 선포된 자들에 맞서 이 사회체를 옹립하기 위한 것이었다. 이는 더욱이 이미 유럽과 미국만이 아니라 인도와 브라질에서도, 어느 정도는 반체제 세력을 상대로 중국에서도 일어나기 시작했다. 자유주의와 민족주의에 근거한 이데올로기들의 예고된 파산에 직면하여, 진정한 국제주의적 참여사회주의의 발전만이, 세계경제의 새로운 협력적 조직화와 사회연방주의에 의거하여 이 모순들을 해결할 수 있게 해줄 것이다. 중대한 도전에 맞서, 나는 이런 방향으로 점차 나아가는 해법들이 있다는 것을 보여주면서 몇몇 길을 묘사하고자 노력했다. 하지만 분명한 건 이 요소들이 완결된 해법을 제공하기에는 적합하지 않다는 것이다. 무엇보다 이 요소들의 목표는 인간사회에 대한 이데올로기적 제도적 상상력이 여기서 멈추지 않을 것임을 제시하는 것이다. 이 책에서 연구한 불평등주의체제들의 모든 역사는 정치적-이데올로기적 레퍼토리가 광범하다는 것을, 분기의 계기들에서는 단기적인 사건 논리들과 장기적인 지적 진화들이 모두 작동한다는 사실을 보여준다. 모든 이데올로기에는 약점이 있지만, 아울러 인간사회는 자신의 불평등에 의미를 부여해줄 이데올로기가 없으면 살아갈 수 없다. 미래에도, 특히 초민족적 차원에서도 사정은 마찬가지일 것이다.

# 결론

나는 이 책에서 구래의 삼기능사회와 노예제사회부터 현대의 포스트식민사회와 하이퍼자본주의사회까지 불평등주의체제의 경제적 사회적 지적 정치적 역사를, 다시 말해 사회적 불평등을 정당화하고 구조화하는 체계의 역사를 제시하고자 했다. 이 같은 프로젝트는 언제나 진행형일 것이고, 물론 어떤 책도 이토록 광대한 주제를 다 파헤칠 수는 없을 것이다. 당연히 얻어낸 모든 결론은 불안정하고 잠정적이다. 이 결론들은 장차 충실해지고 확장되어야 할 미완의 연구에 기초한다. 나는 무엇보다도 이 책이 독자들로 하여금 사회적 평등과 불평등에 관한 자신의 관념과 고유한 이데올로기를 명확히 하고, 이 문제에 대해 새로운 성찰을 촉발하는 데 기여하기를 바란다.

# 이데올로기 투쟁과 정의 추구로서의 역사

"지금까지 존재한 모든 사회의 역사는 계급 투쟁의 역사였다"고 프리드리히 엥겔스와 카를 마르크스는 1848년에 『공산당 선언』에 썼다. 이 주장은 여전히 타당하지만, 나는 이 연구를 마치며 다음과 같이 다시 정식화하고 싶다. 오늘날까지 모든 사회의 역사는 이데올로기 투쟁과 정의 추구의 역사였을 뿐이라고. 달리 말해, 역사에서는 관념과 이데올로기가 중요하다. 사회적 위치가 제아무리 중요해도, 이것만으로 정의로운 사회에 대한 이론, 소유에 대한 이론, 경계에 대한 이론, 세금·교육·임금·민주주의에 대한 이론을 벼리기에는 충분치 않다. 그런데 이 복잡한 문제들에 대한 명확한 답이 없으면, 정치적 실험과 사회적 학습을 통한 명료한 전략이 없으면, 투쟁은 잘 정의된 정치적 돌파구를 갖지 못한다. 그럴 때는 권력을 장악한 뒤, 전복시키려 했던 것보다 외려 더 억압적인 이데올로기적-정치적 구성물로 이어질 수도 있다.

20세기와 공산주의 파국의 역사는 불평등주의체제들과 그 정당화에 대해, 무엇보다도 인간 및 사회를 현실적으로 해방시켜줄 사회경제조직 양식과 제도장치에 대해 치밀하게 연구하는 것을 오늘의 의무로 부과한다. 불평등의 역사가 인민의 억압자들과 인민의 자랑스러운 수호자들 간의 영구적 대결로 축소될 수 없을 것이다. 그 역사는 양쪽 모두의 정교한 지적 제도적 구성물에 입각해 있고, 지배집단의 구성물에는 그 집단의 영속 의지와 위선이 없다고 하기는 어려워도, 그 구성물을 자세히 검토해볼 가치가 있다. 계급 투쟁과 달리, 이데올로기 투쟁은 인식과 경험의 분유, 타자에 대한 존중, 숙의와 민주주의에 기초한다. 그 누구도 정의로운 소유, 정의로운 경계, 정의로운 민주주의, 정의로운 세금과 교육에 관한 절대적 진리를 결코 보유하지 못할 것이다. 인간사회의 역사는 정의 추구의 역사라고 볼 수 있다. 역사적 경험과 개인적 경험의 면밀한 대조와 가장 광범위한 숙의를 통해서만 이러한 방향의 진보를 이뤄나갈 수 있을 것이다.

그래도 역시 이데올로기 투쟁과 정의 추구는 상정된 적과 명료하게 정의된 입장들의 표명에 기초한다. 이 책에서 분석한 경험을 토대로 나는 확신하건대, 자본주의와 사적소유를 넘어서서 참여사회주의와 사회연방주의에 기반한 정의로운 사회를 수립하는 것은 가능하다. 이것은 특히 사회적 일시소유체제 확립을 경유하는데, 이 체제는 한편으로는 기업 내 임금노동자들과의 의결권 및 권력 분유와 그 상한 설정에, 다른 한편으로는 강력한 누진소유세와 보편적 자본지원과 재화의 지속적인 순환에 기초한다. 또한 이것은 누진소득세 및 탄소배출의 집단적 규제로 이루어진 체계를 내포하는데, 이 체계를 통해 사회보장·기본소득·생태주의적 이행·실질적인 평등주의 교육권의 시행을 위한 재원을 조달할 수 있을 것이다. 마지막으로 이것은 세계화를 조직하는 새로운 형태의 발전을 경유하는데, 이를 위한 공동발전조약들의 핵심에는 사회·조세·기후 관련 정의의 계량화된 목표가 있고 이 조약들의 실행이 무역과 금융 속행의 조건이 된다. 법적 틀에 대한 이러한 재정의는 상당수의 현행 조약들, 특히 1980~1990년 이후 확립된 자본의 자유로운 이동에 대한 협정들로부터 탈퇴하기를 요청한다. 이 협정들은 앞서 제시한 목표들의 실현과, 재정 투명성·조세 협력·초민족적 민주주의에 기초한 새로운 규칙들로의 대체를 가로막고 있다.

도출한 몇몇 결론이 급진적으로 보일 수 있다. 실제로 이 결론들은 19세기 말 이후로 법률·사회·조세재정 제도의 심층적 전환을 지향한 민주사회주의운동의 노선 안에 있다. 20세기 중반에 관찰되는 큰 폭의 불평등 감소는, 상대적인 교육 평등과—게르만어권과 북유럽 나라들 방식의 공동관리 또는 앵글로색슨식의 누진세 같은—여러 근원적 혁신에 기초한 사회국가 건설로 가능해졌다. 1980년대 보수혁명과 공산주의 몰락이 이러한 흐름을 끊어버렸고, 1980~1990년 이후의 세계를 시장의 자기조정에 대한 무한 신뢰와 소유의 준신성화라는 새로운 국면으로 접어들게 했다. 무역 국제화와 고등교육이 두드러지는 상황에서, 민족국가의 틀을 극복하지 못하고 자신들의 강령을 혁신하지 못한 사민주의연합의 무능력 또한 전후의 격차 축소를 가능케 했던 좌-우체계의 붕괴에 기여했다. 하지만 불평등의 역사적 재증대, 세계화에 대한 거부, 새로운 형태의 정체성주의적 퇴행이 야기한 도전에 직면해, 탈규제적 세계자본주의의 한계들에 대한 각성이 2008년 금융위기 이후 가속되어왔다. 더 공정하고 더 지속가능한 새로운 경제모델을 확립하고자 하는 성찰이 전개되었다. 참여사회주의와 사회연방주의라는 표제 아래 여기 취합된 요소들은, 전면적으로 세계의 다양한 부문의 가시적 발전들을 이어가면서 보다 넓은 역사적 전망 속에서 이 진화들을 재설정해본 것들이다.

이 책에서 연구한 불평등주의체제의 역사는 이 같은 정치적-이데올로기적 전환이 결정론적 방식으로는 사고될 수 없다는 점을 보여준다. 단기간의 사건 논리와 장기간의—흔히 위기의 순간에 끌어올 수 있는 관념의 총람으로 나타나는—지적 진화가 동시에 연루되는 세력균형에 따라 언제나 다수의 궤도가 있을 수 있다. 격화된 경쟁 및 사회적 조세 덤핑이라는 새롭게 몰려오는 위험은 불행히도 매우 현실적이며, 여기에는 결국 민족주의적이고 정체성주의적인 경직화 가능성이 수반되는데, 이는 인도·브라질·중국뿐만 아니라 유럽과 미국에서도 역시 가시적인 현상이다.

## 시선의 탈서양화가 지닌 한계

나는 이 책에서 불평등주의체제들의 역사에 대한 시선을 탈중심화시키려 노력했다. 인도의 사례가 특별히 교훈적임이 확인되었다. 인도연합이 매우 광대한 규모의 인간공동체 안에서 작동하는 민주연방주의 사례를 제공해준다는 점 말고도, 인도 사례는 구래의 카스트사회가 영국 식민권력에 의한 경직화와 연계된 매우 무거운 불평등주의 유산에서 빠져나오고자 법치국가의 수단들에 호소하는 것이 가능함을 보여준다. 이런 목적으로 발전된 제도적 수단들은 특히, 역사적으로 차별당한 사회적 취약계급 출신의 사람들을 위해 대학과 공직과 선출직에 자리를 할당하고 '배정'하는 형태로 나타났다. 하지만 그 수단들로 모든 문제를 해결하기에는 충분치 않은데다 어림도 없는 일이었다. 그럼에도 이 같은 경험에는 세계의 다른 곳에, 특히 서양의 선거민주주의에 선사할 풍부한 가르침이 내포되어 있다. 이 선거민주주의 자체도 (오래 회피해온) 엄청난 교육 불평등에 대처해야만 하고, 이제야 (인도에서는 천 년 동안 겪은) 다종교주의에 관한 나름의 학습을 시작했기 때문이다. 더 일반적으로, 나는 현재의 세계를 이해하기 위해서는 불평등주의체제들의 장구한 역사로, 특히 유럽의 소유주의적-식민적 권력이 유럽 바깥의 삼기능사회의 발전에 작용을 가했던 방식으로 되돌아가는 작업이 얼마나 필수적이었나를 보여주고자 애썼다. 이 역사들의 흔적이 오늘날의 불평등구조 안에 여전히 존재하며, 또한 구래의 불평등주의 이데올로기와 그 정교화에 대해 연구함으로써 현재의 이데올로기를 적절한 거리를 두고 조망할 수도 있다. 선행 이데올로기보다 현재의 이데올로기들이 언제나 더 지혜로운 것도 아니고, 현재의 이데올로기들 역시 결국은 대체되고 말 것들이다.

시선을 탈중심화하려는 내 모든 노력에도 불구하고, 나는 이 책이 여전히 얼마나 불균형한지를 말하고 싶다. 나의 전작보다는 물론 조금 덜하긴 하지만 그래도 여전히 너무나 불균형하다. 프랑스혁명이 부단히 다시 등장하고, 미국과 유럽의 경험이 인구통계적인 비중과 무관하게 늘 소환된다. 역사인류학자 잭 구디는 "역사의 도적질"에 관한 자신의 저서에서, 선의를 가진 사회과학 연구자들의 펜 아래에서도 왕왕 드러나듯, 역사를 서양중심적인 관점에서 서술하려는 억누를 수 없는 유혹에 대해 정당하게 고발했다. 궁정연애·자유 취향·효·핵가족·인도주의·민주주의의 창안이 구미세계의 것이 아니듯, 그들의 창안이 아닌 과학적 창의성을 그들의 것으로 간주하는 관점 말이다.[1] 나는 이 책에서 이러한 편견에서 벗어나고자 노력했으나 과연 그리되었는지는 확신하지 못하겠다. 하나의 단순한 이유 때문이다. 내 시선은 나의 문화적 뿌리와 인식의 한계에, 무엇보다도 내 언어

능력의 심각한 약점에 깊이 영향받는다는 것이다. 이 책은 불어와 영어만을 정확하게 구사하며 제한된 일군의 일차 자료만 읽고 있는 어떤 이의 것이다. 이 연구는 어쩌면 너무 넓은 범위를 휘젓고 있는데, 다양한 분야의 전문가들은 이것을 요약과 개요로 여길 테니, 이 점에 대해 그들에게 양해를 구한다. 나는 특수한 불평등주의체제들에 대해, 특히 이 책에서 제대로 다루지 못한 여러 인문지리 권역에 있는 것들에 대해, 우리의 이해를 쇄신할 많은 작업으로 이 연구가 어서 완성되고 극복되기를 소망한다.

틀림없이 내 개인적 궤적도 내가 상상하는 것 이상으로 나의 시선을 규정하고 있다. 내가 떠올릴 수 있는 것은 가족적 배경 탓에 사회적 환경과 정치적 신념의 다양성 아래 자라왔다는 것이다. 나는 할머니 두 분이 당신들 세대에 강제된 가부장적 모델로 힘들어하는 걸 보았다. 한 분은 당신의 부르주아적 삶 탓에 불행했고, 1987년 파리에서 일찍 돌아가신다. 다른 한 분은 2차대전중에 열세 살의 나이로 농가의 가사 도우미가 되었다가 2018년에 앵드르에루아르에서 돌아가셨다. 나는 증조모 중 1897년에 태어나 2001년에 돌아가신 한 분이 1914년 이전에 프랑스가 독일에 맞서 복수를 준비하던 시절을 회상하는 걸 들은 적도 있다. 1971년에 태어난 나는 부모님 슬하에서 자유롭게 지내며 성인이 되었다. 내가 학생이던 1989년에는 공산주의 독재의 붕괴를, 이어서 1991년에 걸프전을 라디오로 들었다. 역사와 경제에 대한 나의 관점이 열여덟 살 이후로 어떻게 바뀌어왔는지를 살펴보면, 내가 찾아서 활용했던 바로 저 역사적 자료들이 나의 애초의 입장(후일에 비하면 더 자유주의적이고 덜 사회주의적이었던 입장)을 현저하게 바꾸도록 이끌었다는 생각이 든다. 특히 『20세기 프랑스의 고소득』(2001년)을 쓰면서 나는 불평등 감소가 지난 세기에 얼마나 폭력의 와중에 이루어졌는지를 깨달았다. 2008년의 위기를 통해 나는 세계 자본주의의 금융 및 자산에서의 국제적 취약함에, 그리고 자본 및 그 축적의 역사에 더 큰 관심을 두게 되었으며, 이 역사가 『21세기 자본』의 핵심이다. 이에 비해 이 책은 식민 역사와 선거 사후조사에서 나온 새로운 자료들에 입각해 있는데, 이것이 나로 하여금 불평등주의체제들에 대한 정치적-이데올로기적 접근을 발전시키도록 이끌었다. 하지만 이렇게 말하는 건 틀림없이 너무 합리적인 재구성이고, 나의 오래된 혹은 최근의 개인적 경험이 이런저런 논증 생산에 발휘한 숨어 있는 효과를 간과하는 일일 것이다. 나는 이 책에서 내 여정의 의식적인 부분을, 다시 말해 내가 옹호하는 입장들로 나를 이끈 역사 자료 및 연구와 독해를, 내가 그렇다고 판단할 수 있는 한에서, 독자에게 되돌려주고자 했다.

## 사회과학의 시민적 정치적 역할

사회과학 연구자들은 많은 기회를 누린다. 그들은 사회로부터 대가를 받으며 책을 읽고, 새로운 자료들을 탐색하고, 가용 문서고와 조사에 대해 이해할 수 있는 바를 종합하고, 자신들이 이해한 것을 자신들에게 보수를 주는 이들에게(즉 사회의 나머지 부분에) 되돌려주려 노력한다. 사회과학자들은 때로는 학문적 분쟁과 비생산적인 정체성 시비에 조금 많은 시간을 빼앗기는 경향이 있다. 그렇지만 이 모든 것에도 불구하고, 사회과학은 확실히 존재하며 공적 토의와 민주적 대결에서 필수불가결한 역할을 한다. 나는 이 책에서 불평등주의체제들의 역사를 그것이 지닌 사회적 경제적 정치적 지적 차원에서 분석하고자 다양한 사회과학의 자료와 방법을 동원할 수 있음을 보여주려고 했다.

확신하건대 우리 시대 민주주의의 혼란 중 일부는 여타의 사회과학 및 시민적 정치적 영역과의 관계에서 경제학 지식이 과도하게 자율화되었다는 데서 비롯한다. 이 자율화는 일정하게 경제 영역의 전문성과 점증하는 복잡성의 결과다. 하지만 이 자율성은 또한 경제학 전문가들, 대학에 있는 전문가든 상업적 세계에 있는 전문가든, 그들 자신들이 갖지 못한 독점적 전문성과 분석력을 가로채고 싶어하는 되풀이되는 욕망의 소산이다.

사실상 경제학적 역사학적 사회학적 문화적 정치적 접근을 교차시킴으로써만 사회경제적 현상에 대한 우리의 이해는 모종의 진전을 이룰 수 있다. 이는 무엇보다 사회계급들과 역사 속 그 계급들의 전환들 사이에서 불평등을 연구하는 일에 해당하는 것이지만, 그 교훈은 더욱 일반적인 것으로 보인다. 모든 분야의 많은 사회과학 연구자의 작업들이 이 책의 자양분이 되어주었는데, 그것들이 없었다면 이런 연구도 없었을 것이다.[2] 나는 또한 문학과 영화의 시선이 어떻게 사회과학의 시선에 불가결한 보완적인 전망을 가져다줄 수 있었는지를 보여주고자 했다.

경제학 지식의 이 과도한 자율화는 또한 역사가·사회학자·정치학자·철학자들이 경제 문제 연구를 너무 자주 경제학자들에게만 맡겨두었다는 사실에서 나온 결과다. 그런데 내가 이 연구에서 실천하고자 애쓴 것과 같은 정치적 역사적 경제학은 모든 사회과학과 연관된다. 모든 사회과학 연구자들은 사회경제적 진화들을 자신들의 분석에 통합해야 하고, 유용하기만 하다면 계량적이고 역사적인 데이터들을 수집해야 하며, 필요한 한에서는 다른 유형의 방법과 자료에도 기초해야 한다는 것이 내 생각이다. 많은 사회과학 연구자가 계량적이고 통계적인 자료들을 포기하는 것은, 이 자료들과 이것들의 사회적 역사적 정치적 구성조건을 비판적인 시선으로 보는 한 이를 합리적으로 활용해볼 수 있다는 점에서, 그만큼 대단히 유감스러운 일이다. 실제로 이 태도가 경제학 지식의 자율화 및 퇴화에 기여해왔다. 원컨대 이를 치유하는 데 이 책이 기여할 수 있다면 좋겠다.

연구자의 영역을 넘어, 경제학 지식의 자율화는 또한 시민적 정치적 영역에 유독한 효과를 낸다. 이것이 숙명론과 무력감을 키우기 때문이다. 특히 언론인과 시민은 정작 매우 한정적인 경제학자의 전문성에 너무 쉽게 굴복하고 말며, 임금·이윤·세금·부채·무역·자본에 대해 나름의 견해를 갖길 마다한다. 하물며 민주주의의 주권 실행에서 이런 주제들은 선택적인 것도 아니다. 무엇보다도 이 문제들이 복잡하긴 하나 그렇다고 소수의 전문가 카스트에게 맡겨버리는 일이 정당화되는 것도 아니며, 오히려 그 반대다. 남녀노소 모두의 경험과 여정과 논증에 근거한 광범위한 집단적 숙의를 통해서만 문제를 해결하는 데 모종의 진보를 희망할 수 있게 된다는 의미에서 이 문제들은 복잡한 것이다. 이 책에는 기본적으로 하나의 목표가 있다. 경제학·역사학 지식에 대한 시민의 재전유에 기여하는 것. 어떤 독자가 내 결론 일부에 동의하지 못하겠다고 느끼더라도 이는 정말 전혀 중요하지 않은데, 왜냐하면 내게는 토론을 끝내는 것이 아니라 여는 것이 중요하기 때문이다. 이 책이 새로운 문제들에 대한 그 독자의 관심을 일깨울 수 있고 그한테 없던 지식을 전유할 수 있게 해줄 수 있었다면, 그걸로 내 목표는 충분히 달성된 셈이다.

## 주 註

### 서론

1_ 기본 저작은 다음과 같다. S. Kuznets, *Shares of Upper Income Groups in Income and Savings*, National Bureau of Economic Research(NBER), 1953(소득신고와 국민계정의 1913~1948년 미국 데이터를 활용한 작업. 국민계정을 만드는 데 쿠즈네츠의 기여가 있었다); A. Atkinson, A. Harrison, *Distribution of Personal Wealth in Britain*, Cambridge University Pess, 1978(주로 1923~1972년 영국의 상속 관련 데이터를 활용한 저서). 또한 T. Piketty, *Les Hauts Revenus en France au XX$^e$ siècle*, Grasset, 2001; A. Atkinson, T. Piketty, *Top Incomes over the Twentieth Century: A Contrast between Continental-European and English-Speaking Countries*, Oxford University Press, 2007; ID., *Top Incomes: a Global Perspective*, Oxford Universtiy Press, 2010; 토마 피케티, 『21세기 자본』, 장경덕 옮김, 글항아리, 2014, 27~32쪽 참조.

2_ 파쿤도 알바레도 외, 『세계불평등보고서 2018』, 장경덕 옮김, 글항아리, 2018. 보고서는 온라인에서도 읽을 수 있다. http://wir2018.wid.world.

3_ 1820년 무렵, 만 1세 아이의 기대수명은 아프리카와 아시아에서 대략 30세, 서유럽에서 41세였다(세계 평균은 대략 32세). 2020년 무렵 사하라 이남 아프리카에서는 56세, 유럽과 아시아의 부국에서는 80세 이상이다(세계 평균은 대략 73세). 이 추계는 불완전하지만 규모의 추이는 아주 분명하다. 기대수명은 모두 해당 연도의 연령별 사망률에 근거한다(따라서 해당 연도에 태어난 사람의 기대수명은 약간 높다). 전문 부록 참조.

4_ 여기서 제시된 (이 책에서 자주 활용하는) 국민소득은 자본의 감가상각(실제로 국내총생산의 대략 10~15%)을 빼고, (나라에 따라 플러스이거나 마이너스일 수 있지만, 세계적 차원에서는 상쇄되는) 순해외소득을 더하거나 뺀 국내총생산으로 정의된다는 점을 상기하자. 『21세기 자본』 1~2장 참조. 나는 국민계정과 이것의 여러 한계에 의해 제기되는 사회정치적 쟁점을 특히 지속가능하고 공정한 발전이라는 관점에서 여러 차례 재론할 것이다. 특히 13장 724~727쪽 참조.

5_ 도표 0.3에 명시된 (앞으로 다른 구체적인 언급이 없는 한 이 책에서 계속 쓰일) 유럽이라는 명칭은 유럽연합에 해당되지만 스위스나 노르웨이처럼 유럽연합과 연관된 나라들도 포함하며, 인구는 총 5억 4000만 이상이다(서유럽은 대략 4억 2000만, 동유럽은 1억 2000만, 영국을 포함한 본래 의미의 유럽연합은 5억 2000만). 러시아·우크라이나·

벨라루스는 포함되지 않는다. 서유럽에 한정한다면, 미국과의 격차는 훨씬 더 커질 것이다. 12장 도표 12.9 참조.

**6_** 여기서 제시된 (여타 지역도 그렇지만) 중동 관련 추계는, 조세피난처에 모인 소득이 매우 불완전하게 계산되기 때문에 하한선으로 간주해야 한다는 점을 밝혀둔다. 대안적인 추계에 관해서는 13장 715~717쪽 참조. 이때 중동은 이집트에서 이란까지, 터키에서 아라비아반도까지 망라하는 지역으로 주민은 대략 4억 2000만 명이다.

**7_** '코끼리 곡선'을 처음으로 정식화한 책은 다음과 같다. C. Lakner, B. Milanovic, "Global Income Distribution: From the Fall of the Berlin Wall to the Great Recession", *World Bank Economic Review*, vol. 30, n° 2, 2015, pp. 203~232. 여기서 제시된 추계는 『세계불평등보고서 2018』과 WID.world에서 가져온 것인데, 이는 분배의 상층을 보다 잘 고려할 수 있도록 해준다.

**8_** '코끼리 곡선'은 주어진 백분위의 평균소득이 두 시점 사이에 증가한 것을 나타내는데, 개인의 상하향 이동과 사망 및 출생을 고려한다면 두 시점의 동일 백분위에 동일인물이 포함되는 것은 아니다.

**9_** 지니계수는 20세기 초, 같은 나라 사람인 빌프레도 파레토처럼 불평등 및 불평등의 영속성에 대한 시각이 상대적으로 보수적이었던 이탈리아 경제통계학자 코라도 지니가 개발했음을 밝혀두자. 『21세기 자본』, 320~325쪽 참조. 이 논의에서 통계기구 및 국제기관이 하는 애매한 역할과 지표 선정의 중요성은 뒤에서 재론할 것이다. 특히 13장 718~723쪽 참조. 또한 이 책에서 제시되는 소득 및 자산 분배에 상응하는 지니계수는 전문 부록에서 확인할 수 있다. 단순화하자. 정의상 언제나 0(완전 평등)과 1(완전 불평등) 사이에 놓이는 지니계수는, 일반적으로 상위 십분위의 점유율이 전체의 80~90%에 달할 때는 0.8~0.9까지 올라가고, 상위 십분위의 점유율이 전체의 10~20% 정도로 줄어들 때는 0.1~0.2까지 떨어진다. 하지만 다양한 집단(가난한 50%, 부유한 10% 등)의 점유율에 관심을 기울이는 것이 훨씬 더 풍부하며 적절하다. 그래서 나는 독자에게 지니계수보다는 이런 방식으로 논증하고 규모의 추이를 유념할 것을 강력히 당부드린다.

**10_** 도표 0.5에서 채택된 측정 기준은 인구에서의 점유율에 비례하는 기준(소득 상위 1%와 0.1%가 실제로 매우 작은 자리를 갖게 될 기준)과 총성장에서의 점유율에 비례하는 기준(소득 상위 1%와 0.1%가 여기서 제시된 점유율보다 큰 점유율을 갖게 될 기준. 성장의 분배에 대한 논의가 문제인 한에서는 이 기준이 부조리하지 않을 것이다)의 중간이다. 『세계불평등보고서 2018』(wir2018.wid.world)과 전문 부록 참조.

**11_** 특히 13장 표 13.1 참조.

**12_** 도표 0.6에 제시된 서유럽은 영국·프랑스·독일·스웨덴의 평균에 해당한다. 다른 유

럽 국가의 장기적 진화에 대한 별도 분석으로는 10장 도표 10.1과 10.3 참조. 또한 해당 연표는 전문 부록의 보충 도표 S0.6 참조.

**13_** 여기서 제시된 최고세율은 과세의 최고한계세율이라 부르는 것이 타당한 세율, 즉 특정 한도를 초과한 일부 소득에 적용되는 세율에 해당한다(대체로 납세자의 1% 이하). 실제로 소득 상위에 적용된 실효세율이 비슷한 규모로 변동되었음을 우리는 볼 것이다. 특히 10장 도표 10.13 참조.

**14_** 이 연구들은 특히 라즈 체티와 에마뉘엘 사에즈에 의해 발전되었다. 전문 부록 참조.

**15_** 스웨덴 사민당은 1920년대 초부터 집권하여, 1932년부터는 거의 영구적으로 집권하고 있다. 독일 사민당은 1919년에 바이마르공화국의 초대 대통령(프리드리히 에베르트)을 배출했으나, 대개 연립정부를 꾸려 통치하거나 (특히 독일기독교민주동맹이 1949년부터 1966년까지 집권한 장기 국면에는) 야당으로서 권력에 영향력을 행사해야만 했다.

**16_** 4부 14~16장 참조. 유사한 전환이 (도표 0.9에서 그러하듯 특히 현저한 결과를 보여주는) 상위 10%와 하위 90%뿐 아니라 상위 50%와 하위 50%, 또는 그 밖의 학력·소득·자산 분배 비교에서도 관찰된다.

**17_** 다양한 차원(학력·소득·자산) 사이의 상관관계는 연구기간 내내 실질적으로 바뀐 건 없는 것 같다. 4부 14장 792쪽 참조.

**18_** 이 책에 제시된 모든 통계 계열과 도표, 표는 온라인에서 열람할 수 있다. http://piketty.pse.ens.fr/ideologie.

### 제 1 장

**1_** 특히 G. Dumézil, *Jupiter. Mars. Quirinus. Essai sur la conception indo-européenne de la société et les origines de Rome*, Gallimard, 1941; ID., "Métiers et classes fonctionnelles chez divers peuples indo-européens", *Annales. Histoire, Sciences sociales*, vol. 13(4), 1958, pp. 716~724; ID., *Mythe et épopée. L'idéologie des trois fonctions dans les épopées des peuples indo-européens*, Gallimard, 1968 참조.

**2_** 2004년 (공산주의가 끝나고 일부 왕정복고 시도가 있었지만 다들 공화국인) 동유럽 구舊공산국가로의 유럽연합 확대 전야에, 유럽연합의 15개 회원국 중 7개국은 입헌군주

국(벨기에·덴마크·에스파냐·룩셈부르크·네덜란드·영국·스웨덴), 8개국은 공화국(독일·오스트리아·이탈리아·아일랜드·핀란드·프랑스·그리스·포르투갈)이었다.

3_ 동일한 지적이 세계지배체계와 관련해서도 종종 제기되었다. 요컨대 19세기 유럽이든 20세기 미국이든, 지배권력은 팍스 브리타니카나 팍스 아메리카나가 어째서 공익에 복무하는 것인지 설명해줄 믿을 만한 서사를 항상 필요로 한다는 것이다. 이 관점은 문제의 서사가 언제나 충분히 설득력을 갖는다는 것을 뜻하지는 않지만, 그 서사를 극복하고 대체할 조건들을 더 잘 이해하도록 해준다. 특히 I. Wallerstein, *The Modern World System*, Academic Press, 1974~1988; G. Arrighi, *The Long Twentieth Century: Money, Power and the Origins of our Time*, Verso, 1994 참조.

## 제 2 장

1_ M. Arnoux, *Le Temps des laboureurs. Travail, ordre social et croissance en Europe(XI$^e$~XIV$^e$ siècle)*, Albin Michel, 2012, p. 116.

2_ 재속 사제는 신부·주임신부·참사원·보좌신부 등의 기능을 맡는 사제들, 다시 말해 '속세에서' 평신도들 가운데 사는 사제들이며, 성사를 주재한다(혹은 성사 주재자를 보좌한다). 수도사는 종교공동체 또는 수도원에서 '규칙에 따라' 사는 사제들이다. 이들 수도사는 신부 서품(성사에서 발언하기 위한 자격)을 받을 수도 있고 아닐 수도 있다. 반대로 특정하지 않는 한, 이 책에서 '사제'는 (재속 사제와 수도사를 포함하여) 가장 넓은 의미로 사용한다.

3_ G. Duby, *Les Trois Ordres ou l'Imaginaire du féodalisme*, Gallimard, 1978; J. Le Goff, "Les trois fonctions indo-européennes, l'historien et l'Europe féodale", *Annales. Histoire, Sciences sociales*, vol. 34(6), 1979, p. 1199 참조.

4_ M. Arnoux, *Le Temps des laboureurs*, *op. cit.* 참조.

5_ 예컨대 잉글랜드의 정복왕 윌리엄1세 치세 말에 작성된 왕국 토지대장인 『둠즈데이북』에 따르면, (노예와 농노가 섞인) 예속인구는 주들에 따라 1086년 전체 인구의 10~25%다. 같은 책, pp. 67~68; S. Victor, *Les Fils de Canaan. L'esclavage au Moyen Âge*, Vendémiaire, 2019 참조.

6_ 실제로 노예제와 농노제 및 자유노동이라는 서로 다른 형태 사이에는 연속성이 있고 여기서 완벽한 정밀함은 불가능하다. 뒤에서, 특히 노예제사회에 할애된 6장에서 이 정의 문제를 다시 다루겠다.

**7_** 이를테면 R. Brenner, "Agrarian Class Structure and Economic Development in Pre-Industrial Europe", *Past and Present*, n° 70, 1976, pp. 30~75; T. Aston, C. Philpin, *The Brenner Debate*, Cambridge University Press, 1985 참조. 폴란드 역사가 마리안 말로비스트는, 대역병 이후 동유럽(특히 발트 국가들)의 표면적인 농노제 강화는 서유럽으로의 곡물 수출 증대 때문이라는 설명을 1959년에 내놓았다. 논쟁이 망라된 책은 다음과 같다. M. Cerman, *Villagers and Lords in Eastern Europe 1300~1800*, Palgrave, 2012; T. Raster, "Serfs and the Market: Second Serfdom and the East-West Goods Exchange, 1579~1859", PSE, 2019. 최근 작업들에서 농노제 강화는 14세기 서유럽, 예컨대 생클로드수도원의 토지(쥐라 지역의 거대한 교회 장원) 사례를 통해 부각된다. V. Carriol, *Les Serfs de Saint-Claude. Étude sur la condition servile au Moyen Âge*, Press universitaires de Rennes, 2009 참조.

**8_** 가용 추계에 따르면, 서유럽 인구는 1000~1500년에 2배 이상 늘어났을 것이다. 1000년경 대략 2000만이던 인구가 1500년경에는 약 5000만이 되었을 것이다(현재의 프랑스 영토에 살았던 인구는 600만에서 1500만으로, 영국 영토에서는 200만에서 450만으로, 독일 영토에서는 400만에서 1200만으로, 이탈리아 영토에서는 500만에서 1100만으로 늘었을 것이다). 이전 세기들과의 단절은 대대적으로 드러난다. 0~1000년에 서유럽 인구는 대략 2000만에서 거의 전적인 정체를 겪었던 것 같다. 1000~1500년의 주요한 증가는 1000~1350년에 일어난 것으로 보인다. 1347~1352년의 대역병은 약 3분의 1의 인구 감소를 초래했고, 이 손실을 해소하는 데 거의 한 세기(1350~1450년)가 걸렸으며, 1450~1500년부터 뚜렷한 성장 궤도를 회복하게 된다. 전문 부록 참조.

**9_** J. Le Goff, "Les trois fonctions indo-européennes, l'historien et l'Europe féodale", art. cité.

**10_** M. Arnoux, *Le Temps des laboureurs, op. cit.*, pp. 9~13 참조.

**11_** 585년 메이컨 공의회는 토지 수확물 일부를 자발적으로 교회에 납부하길 거부하는 이들을 "신의 재산을 훔치는 도둑이자 강도"라고 선언했다. 이러한 자발적 납부는 초기 교회 때부터 권장되었지만 항상 준수되었던 것은 아니다. 765년 피핀 3세와 779년 샤를마뉴대제의 법령집이 나오고 나서야 왕권은 공의회의 결정을 비준하고 교회 십일조에 법적 강제력을 부여한다. 십일조의 전반적인 역사에 관해서는 M. Marion, *La Dîme ecclésiastique en France au XVIII^e^ siècle et sa suppression*, Imprimerie de l'Université et des Facultés, 1912 참조.

**12_** M. Arnoux, *Le Temps des laboureurs, op. cit.*, pp. 227~247 참조.

**13_** 더욱이 16세기와 17세기의 '종교전쟁'에는 가톨릭 기관에 십일조를 납부하길 거부

하는 동향과 연관된 강한 사회적-조세재정적 측면이 있었다. 왕권은 혼란에 염증을 내는 여론 앞에서 이를 이용하여 자신의 힘을 공고히 했다.

**14_** 앙시앵레짐기 프랑스 지방고등법원의 주된 기능은 국왕 칙령을 공인하고 등록하며 이 칙령과 지역 풍습 및 관례의 양립을 보장하는 것이었는데, 엄밀하게 기술적이고 사법적인 측면을 넘어 조건을 정립하고 수정안을 요청함으로써 국왕 자문회의(와 여기 참석하는 거대 영주들)의 권력에 맞서 정치적 균형을 유지했다. 국왕은 사법권이자 입법권에 해당하는 이 권력을 재전유하고, '친국親鞫'을 결정함으로써 고등법원에 어떠어떠한 칙령의 등록을 강제할 수 있었다. 하지만 이러한 이론상의 권한은 정치적-사법적 균형 전체를 약화시킬 위험부담이 있어 너무 자주 이용할 수는 없었다. 고등법원은 또한 여러 지방에서 지역영주법원에 대한 항소법원 역할을 했지만, 지역에 따라 재판권과 조세재정 차원 모두 많은 변이가 있다. 고전적 연구로는 R. Mousnier, *Les Institutions de la France sous la monarchie absolue*, PUF, 1974 참조. 앙시앵레짐기의 사법에 관해서는 J.-P. Royer, *Histoire de la justice en France*, PUF, 1995 참조.

**15_** 관직은 흔히 행정 및 왕권 업무(징세, 재정 관리, 증서 및 공문서 기록, 시장의 발전 및 재화의 유통과 연결된 다양한 인증 등)와 관련되었는데, 신설되었거나 오래전 귀족이 차지했던 이 직책들은 16세기와 17세기부터 점차 군주에 의해 판매되었으니, 대체로 부족한 세수에 대한 미봉책이었다. 이러한 갈등들에 관해서는 R. Blaufarb, *The Great Demarcation: The French Revolution and the Invention of Modern Property*, Oxford University Press, 2016, pp. 22~23(다음 장에서 재론할 책); J. Le Goff, "Les trois fonctions indo-européennes, l'historien et l'Europe féodale", art. cité 참조.

**16_** 1850년대부터 시행된 인구조사 덕분에 사제 인원수를 (어떤 신분의 성원이 아니라 하나의 직업을 가진 자들로서) 측정할 수 있게 되는데, 이에 대해서는 뒤에서 재론할 것이다. 프랑스 인구조사의 역사에 관해서는 A. Desrosières, "Éléments pour l'histoire des nomenclatures socioprofessionnelles", in *Pour une histoire de la statistique*, INSEE-Économica, 1987 참조.

**17_** 이들 인원은 선행 시기, 특히 귀족의 경우 카롤링거왕조시대(8~10세기)와 십자군시대(11~13세기)에는 더 많아, 아마도 인구의 5~10%에 달했을 것이다(유럽 다른 나라들의 예에 비춰 평가한다면. 5장 197쪽 참조). 하지만 그 어떤 자료로도 수치를 정확하게 계산할 수는 없다.

**18_** 이 경우, 나는 1780년대 귀족의 인원수를 비교적 중간치로 추산했다. 총인구의 대략 0.8%로, 가장 낮은 추산은 약 0.4%, 가장 높은 추산은 약 1.2%다.

**19_** 여기서 제시된 경향은 주로 미셸 나시에와 필리프 콩타민의 작업을 활용하여 추계

한 것이다. 이들의 작업은 인두세(17세기 말과 18세기 동안)와 영주 및 가신소집 명단(14~16세기)에서 수집한 데이터에 의거한다. 참고문헌과 방법론에 관련된 세부는 온라인 전문 부록에 제시되어 있다.

**20_** 다만 도표 2.1에 제시된, 14~17세기 프랑스 인구에서 귀족과 사제가 차지하는 비율의 준-절대적 안정성에 현혹되어서는 안 된다. 이것이 실제로 입증하는바, 가용 자료들로는 이러한 장기간의 확고한 진화(증대든 감소든)를 밝히지 못한다. 하지만 더 정확한 자료를 통해 이 세 세기 동안의 유의미한 변이를 밝히는 일은 얼마든지 가능하다.

**21_** (토지가격과 임대료에 비해) 급격한 농업 임금의 하락에 대해서는 다음의 고전을 보라. E. Labrousse, *Esquisse du mouvement des prix et des revenus en France au XVIII*[e] *siècle*, Dalloz, 1933.

**22_** 가톨릭 사제 모두(재속 사제와 수도사)와 (모든 신앙을 통틀어) 종교적 기능을 수행하는 것으로 분류된 사람 전부를 포함하여, 1990·1999·2014년의 프랑스 인구조사 세 번 모두 2만 명 미만이다(2014년의 총인구 6500만을 기준으로 거의 0.03%). 반면에 1660년에는 가톨릭 사제만 26만이었다(총인구 1900만을 기준으로 거의 1.5%). 종교계급 비중은 17세기 말보다 21세기 초에 50배 이상 적다.

**23_** 다양한 나라의 교육 수준 진화, 그리고 현대의 선거에서의 정치 갈등 구조화에서 교육 균열이 하는 역할에 관해서는 이 책의 3부와 4부를 보라.

**24_** 두 방법은 귀족의 경우 거의 동일한 결과를 보여주는데, 이는 귀족의 평균 가족 규모가 평민의 가족 규모와 (근사치로는) 비슷하기 때문이다. 사제의 경우, (총인구보다) 성인남성 인구 내 점유율이 2배보다 약간 높다. 전문 부록과 도표 S2.1 참조.

**25_** 특히 R. Mousnier, *Les Institutions de la France sous la monarchie absolue*, *op. cit.*; ID., *Les Hiérarchies sociales de* 1450 *à nos jours*, PUF, 1969, pp. 61~69 참조.

**26_** J. Lukowski, *The European Nobility in the Eighteenth Century*, Palgrave, 2003, pp. 84~90 참조.

**27_** 같은 책, pp. 118~120.

**28_** 전문 부록 참조.

**29_** 이 문제와 관련해서는 F. Cosandey, *Le Rang. Préséances et hiérarchies dans la France d'Ancien Régime*, Gallimard, 2016 참조.

**30_** 전문 부록 참조.

**31_** 1789년의 '특권' 폐지 이후 (1815~1848년 극소수의 프랑스 귀족원 의원집단 및 제정기 귀족을 빼고) 프랑스에서 귀족은 공식적이고 적법한 정의를 상실한다는 점, 여하간 귀족의 적법한 의미가 1789년 이전에는 매우 불완전하게만 정의된다는 점에서 다른

식으로 작업하기는 어렵다.

**32_** 등기소 문서고에 축적된 이러한 상속 관련 데이터는 1800년부터 잘 보존되어 있다. 제시된 1780년 추산치는 귀족 소유의 전반적 감소를 보여주는 1789~1800년의 가용 자료에 근거한다. 우리는 또한 1950~1960년대 파리의 상속 관련 데이터에 접근했고, 이를 통해 귀족 부문의 감소가 1900~1910년 이후로도 계속됨을 확인할 수 있었다(1950~1960년간 0.1%의 상속 상위에서 귀족은 5% 미만). 여기서 언급된 상속 관련 데이터에 관한 모든 세부는 온라인에서 열람할 수 있다.

**33_** 소유의 이러한 이전 규모에 대해, 특히 구노예소유주들에게 지불된 아이티 배상액에 대해서는 후술하겠다(2부 6장 258~262쪽 참조).

**34_** 더 정확히는 교회가 농지 면적의 15%를 보유했지만, 가장 양질의 농지임을 감안해 보면 이 토지들에서 나온 소득은 농업소득의 24%였다(교회의 토지가치 점유율 면에서 이것이 더 나은 추계로 보인다). 전문 부록 참조.

**35_** 왕실에 이월된 이 부분은 일반적으로 교회 토지소득의 10분의 1에서 4분의 1 사이였지만, 때로는 절반에 달하기도 했다. S. Perrone, *Charles V and the Castillian Assembly of the Clergy. Negotiations for the Ecclesiastical Subsidy*, Brill, 2008 참조.

**36_** 에스파냐의 담보대출에 관해서는 C. Milhaud, *Sacré Crédit! The Rise and Fall of Ecclesiastical Credit in Early Modern Spain*, doctorat EHESS, 2018, pp. 17~19 참조. 그렇지만 이것은 매우 특수한 자산이며, 따라서 더 광범위한 자산 유형으로 일반화하기는 어렵다.

**37_** N. Guebreyesus, *Les Transferts fonciers dans un domaine ecclésiastique à Gondär(Éthiopie) au XVIII^e siècle*, doctorat EHESS, 2017, pp. 264~265 참조.

**38_** 3부 12장 667~668쪽 참조.

**39_** 특히 P. Brown, *À travers d'un trou d'aiguille. La richesse, la chute de Rome et la formation du christianisme*, Les Belles Lettres, 2016 참조.

**40_** 일부 자료에 따르면, 그 과정은 비교적 빠르게 전개되었다. 하여 갈리아에서는 교회가 5~8세기에 경작가능한 토지의 약 3분의 1을 획득하게 된다. J. Goody, *The European Family*, Blackwell, 2000, p. 36 참조.

**41_** G. Todeschini, *Les Marchands et le Temple. La société chrétienne et le cercle vertueux de la richesse du Moyen Âge à l'Époque moderne*, Albin Michel, 2017 참조.

**42_** 같은 책, p. 96.

**43_** K. Pistor, *The Code of Capital. How the Law Creates Wealth and Inequality*,

Princeton University Press, 2019, pp. 49~50 참조.

**44_** J. Goody, *The European Family, op. cit.*, p. 39 참조.

## 제 3 장

**1_** R. Blaufarb, *The Great Demarcation, op. cit.* 참조. 내가 빌린 '거대한 구획'이라는 개념은, 혁명기의 의회·행정·사법 문서들(또한 17~18세기 다수의 정치-사법 논고들)의 혁신적 활용에 근거한 이 책에서 나온 것이다.

**2_** 역으로 왕국의 예산이 오랫동안 왕실 영지에서 나오는 소득을 경상수입으로, 세수를 임시수입으로 간주했다는 점에서, 구질서와의 개념적 단절은 그만큼 더 명백하다.

**3_** 일반적으로 토지가치가 20년 치 임대료 선에서 획정되었음을 기억하자(달리 말해, 연간 임대가격은 재산가치의 약 5%로 산정되었다).

**4_** 임대차 기간 문제는 복잡한 논란을 촉발하였다. 혁명기 입법자는 영구 임대차라는 개념을 (봉건적 유형의 영구적 권리 중첩이 재발될 수 있기 때문에) 거부했지만, (영주에 맞선 소규모 경작자를 언제나 재빨리 옹호하면서, 사제에게서 한몫 챙겨가는 영주를 비난했던 시에예스처럼) 일부 의원들은 재산 매수에 필요한 유동자산을 갖지 못한 농민들에게는 임대차 연장이 사회적으로 상승할 최선의 길일 수 있다는 점에 주목했다(영구 차용과 유사한 영구 임대차). 19세기와 20세기에 여러 나라에서 실험된 농지개혁은 기본적으로 사실상 임대차 연장과 임대료 경감이 뒤섞여 있는데, 일부의 경우 토지소유를 저렴한 가격 혹은 무상으로 사용자에게 무조건 이전하기도 했다. 하지만 고가로 상환하게 되는 경우, 이는 영구적인 함정이 될 수도 있다.

**5_** 2019년에 이 양도세는 (기초지자체의 몫과 국가의 몫을 포함하여 각 데파르트망별 사정에 따라) 매매액의 5~6% 선에 놓인다. 공증인에 의해 공제되는 비용을 포함하면 7~8%에 달한다(대략 2년 치 임대료이거나 심지어 더 많은 경우도 있다).

**6_** 로의 가치는 일반적으로 재산가치의 12분의 1에서 절반 사이에 놓였다. 로의 매수를 위해 획정된 계산표는 양도세 증가로 인해 양도의 빈도가 줄어드는 상황을 분명 고려한 것이다. R. Blaufarb, *The Great Demarcation, op. cit.*, p. 73 참조.

**7_** 특히 흥미로운 토론들은 1810~1814년에 이탈리아·네덜란드·독일 영토들을 데파르트망으로 흡수한 후 있었고, 이 영토들에서는 혁명적인 소유주의적 판례가 극히 보수적으로 적용되었으니, 나폴레옹 정권은 새로운 소小소유자계급을 전혀 창출하고자 하지 않았고, 오히려 제국 국가라는 명목으로 낡은 봉건적 권리를 견지하며 이 권리를 자

신이 원한 새로운 엘리트들을 공고히 하는 데 이용하길 선호했던 것이다. 같은 책, pp. 111~117 참조.

**8_** 다음의 소책자 참조. *Du droit national d'hérédité ou Moyen de supprimer la contribution foncière*, 1792, collection Portiez de l'Oise, pièce n° 22, Bibliothèque de l'Assemblée Nationale. 이 초안에서 300만 리브르투르누아가 넘는, 그 당시 성인 평균자산(약 2000리브르투르누아)의 약 1500배를 받는 (부모에서 자녀로) 직계상속의 경우 그 과세는 상속분의 2배에 달했다(상속인이 1인이면 67%, 2인이면 50%, 3인이면 40% 등). 5만 리브르투르누아(그 당시 평균자산의 약 25배)를 받는 직계상속의 경우 그 과세는 상속분의 절반이었고(1인은 33%, 2인은 20%, 3인은 14% 등), 2000리브르투르누아가 좀 안 되게(평균자산 정도) 받는 경우 과세는 상속분의 10분의 2였다(1인은 17%, 2인은 9%, 3인은 6% 등). (직계상속이 아닌) 여타 상속은 세율이 훨씬 더 높았다. 이런 유형의 많은 소책자들이 보존되어 있으며, 그 시대의 치열한 논쟁을 보여준다.

**9_** L. Graslin, *Essai analytique sur la richesse et l'impôt*, 1767, pp. 292~293 참조. 그라슬랭이 제안한 실효세율은 연소득 150리브르(그 시대 성인 평균소득의 대략 절반)에 대해서는 5%, 6000리브르(평균소득의 20배)에 대해서는 15%, 6만 리브르(200배)에 대해서는 50%, 40만 리브르(1300배 이상)에 대해서는 75%였다.

**10_** 1793~1794년에 행해진 여러 지역별 실험과 긴급 조치에 관해서는 J.-P. Gross, "Progressive Taxation and Social Justice in Eighteenth-Century France", *Past and Present*, vol. 140(1), 1993, pp. 79~126 참조. 사건과 논쟁들에 대한 더 상세한 분석은 ID., *Égalitarisme jacobin et droits de l'homme*(1793~1794), Arcantères, 2000 참조. 구체적으로 적용된 적은 없었으나 '최대 상속'과 (만인에게 열려 있는) '국민 상속'의 여러 체계 역시 1793~1794년에 논의되었다. 이 주제에 관해서는 F. Brunel, "La politique sociale de l'an II: un "collectivisme individualiste"?", *in* S. Roza, P. Crétois, *Le Républicanisme social: une exception française?*, Éditions de la Sorbonne, 2014, pp. 107~128 참조.

**11_** R. Blaufarb, *The Great Demarcation*, *op. cit.*, pp. 36~40 참조. 『유럽의 공익에 대한 고찰과 그에 따른 귀족에 대한 몇 가지 고려사항』(1815)에서 루이 드 보날 역시 나름의 방식으로 귀족의 새로운 정당성을 군사계급만큼이나 사법계급이라는 면에서 확립하고자 했다. B. Karsenti, *D'une philosophie à l'autre. Les sciences sociales et la politique des modernes*, Gallimard, 2013, pp. 82~87 참조.

**12_** 이러한 구분에 관해서는 J. Israel, A *Revolution of the Mind: Radical*

*Enlightenment and the Intellectual Origins of Modern Democracy*, Princeton University Press, 2010 참조.

13_ J.-A.-N. de Condorcet, *Esquisse d'un tableau historique des progrès de l'esprit humain*, Agasse, 1794, p. 380 참조.

14_ 『세금 획정 비망록』(1789)에서 콩도르세는 모든 새로운 개인-동산세(오늘날 주거세의 전신)가 주거지 임대료에 적용될 수 있는, 최고세율 50%의 누진세율체계에 따라 실행되어야 한다고 제안했다. 이 임대료는 소득수준과 더불어 감소하는데(당대의 추계에 따르면, 가난한 자들의 소득에서 임대료는 20%를 상회했지만 가장 부유한 자들의 경우 10% 이하였다. 이 경우에 세율은 상위 소득에 대해 약 5%에 상응한다), 무엇보다 이 세금의 구조적 역진성을 교정하는 게 제안의 목표였다(안타깝게도 이 제안은 채택되지 못했다). 콩도르세의 세제 제안에 관해서는 또한 J.-P. Gross, "Progressive Taxation and Social Justice in Eighteenth-Century France", art. cité, pp. 109~110 참조.

15_ 영국에서 태어난 페인은 미국독립의 열렬한 옹호자였고, 그후 1790년대에 정착해 살던 프랑스에서는 대혁명을 열렬히 옹호했다. 페인과 콩도르세의 대립 및 페인의 제안들의 더욱 혁신적인 특성에 관해서는 Y. Bosc, "Républicanisme et protection sociale: l'opposition Paine-Condorcet", *in* S. Roza, P. Crétois, *Le Républicanisme social: une exception française?*, *op. cit.*, pp. 129~146 참조.

16_ 또한 우리는, 페인이 1792년 『인간의 권리』에서 연간 약 2만 파운드(해당 시기 영국 평균소득의 대략 1000배)의 상위 소득에 80~90%에 달하는 과세표를 제안했음에 주목해야 한다. 이는 1767년 그라슬랭이 제안한 과세표에 비견될 만하다. 페인의 제안에 관해서는 H. Phelps Brown, *Egalitarianism and the Generation of Inequality*, Oxford University Press, 1988, pp. 139~142 참조.

17_ 대혁명에 대한 역사 서술은 안타깝게도 냉전기 동안 마르크스주의적 접근(1917년의 혁명이 1793~1794년의 자연스런 연장이었다는, 논란의 여지가 큰 가정에 입각한 접근)과 반마르크스주의적 접근(사회적 재분배에 대한 모든 야심찬 기획은 반드시 공포정치와 소비에트주의로 귀착된다는, 역시 논란의 여지가 큰 원칙에서 출발하는 접근)으로 갈라져 있었다. 주요 준거들(알베르 소불 대 프랑수아 퓌레)은 전문 부록 참조. 20세기의 대립들 안에서 프랑스혁명이 이처럼 도구로 왜곡되는 것은, 소유체제 재정의에 관한 블로퍼브의 접근처럼 보다 섬세한 정치적-이데올로기적 접근들이 어째서 더디게 발전되었는지 분명 설명해주는 바가 있다.

18_ 19세기 소유주의 법체계에서 소유권은 원칙적으로 기혼 여성들에게도 개방되어 있었으나 대개 남편의 엄격한 통제하에 있었다.

## 제 4 장

1_ 파리의 자료는 질 포스텔비네와 장로랑 로젠탈에 의해 수집되었다. 데파르트망 단위로 수집된 자료(TRA 앙케트)는 주로 제롬 부르디외, 리오넬 케스첸바움, 아키코 스와아이젠만에 의해 만들어졌다. 특히 T. Piketty, G. Postel-Vinay, J.-L. Rosenthal, "Wealth Concentration in a Developing Economy: Paris and France, 1807~1994", *American Economic Review*, 96, 2006, pp. 236~256 참조. 참고문헌 전체를 보려면 전문 부록 참조.

2_ B. Garbinti, J. Goupille-Lebret, T. Piketty, "Accounting for Wealth Inequality Dynamics: Methods and Estimates for France(1800~2014)", WID.world, Working Paper Series, n° 2017/5 참조. 자산 불평등의 현 구조에 관해서는 3부에서 재론하겠다. 특히 11장 도표 11.17 참조.

3_ 1800~1914년에, 사망자들의 평균자산은 파리에서 6배 이상 늘었고(자산 없는 사망자들을 계산에 넣어도 2만 프랑에서 약 13만 프랑), 프랑스 전체에서는 거의 5배 늘었다(5000프랑에서 2만 5000프랑). 이는 명목상이기도 하고 현실적이기도 한 증가로, 이 기간 동안 금본위프랑의 구매력 변동이 거의 없었기 때문이다. T. Piketty, G. Postel-Vinay, J.-L. Rosenthal, "Wealth Concentration in a Developing Economy: Paris and France, 1807~1994", art. cité; J. Bourdieu, G. Postel-Vinay, A. Suwa-Eisenmann, "Pourquoi la richesse ne s'est-elle pas diffusée avec la croissance? Le degré zéro de l'inégalité et son évolution en France 1800~1940", *Histoire et Mesure*, vol. 23(1~2), pp. 147~198 참조.

4_ 도표 4.1과 4.2의 데이터는 제시된 각 시점에 생존한 전체 성인인구의 자산 불평등을 보여준다. 우리는 사망자의 자산에서 출발하여, 연령대별 생존자 수에 따라, 부의 수준별 사망률 차이를 고려하면서, 관찰된 각 수치의 가중치를 재조정하였다. 실제로, 이 과정에서 별 차이는 생기지 않는다. 요컨대 생존자들 사이의 자산 집중은 사망자들의 자산 불평등에 비해 고작 몇 포인트 더 많으며, 시간상으로 모두 거의 똑같이 진화하고 있다. 전문 부록 참조.

5_ 보트랭의 언술에 관해서는 『21세기 자본』, 287~290쪽 참조.

6_ 파리 부동산의 점유율은 최상위 다음으로 부유한 9%의 사람들 수준에서 최대치에 달하고, 그다음 40%(즉 아무것도 소유하지 못한 가난한 50%와 이 시대 파리 자산의 거의 전부인 90% 이상을 소유한 부유한 10% 사이에 있는 사람들)에서 폭락한다. 이것은 이 40% 집단을 구성하는 많은 사람이 수도에서 건물을 소유하기에는 몹시 가난하

다는 말로, 그리하여 그들의 부동산자산은 주로 지방(특히 농촌) 부동산의 형태를 띤다는 사실과 관련된다. 표 4.1에는 부채(평균적으로 1872년에는 총자산의 2%가량이고 1912년에는 5%)가 포함되어 있지 않다는 점을 분명히 해두자. 전체 결과들에 대해서는 전문 부록 참조.

**7_** 19세기와 20세기 초 상속세 입법 진화에 관해서는 T. Piketty, *Les Hauts Revenus en France au XX^e siècle*, *op. cit.*, pp. 243~246, 766~771 참조.

**8_** *Impressions parlementaires*, t. Ⅳ, n° 482 참조. 이 논쟁에 관해서는 또한 A. Daumard, *Les Fortunes françaises au XIX^e siècle. Enquête sur la répartition et la composition des capitaux privés d'après l'enregistrement des déclarations de successions*, Mouton, 1973, pp. 15~23 참조.

**9_** '네 늙은이'와 소득세제로의 이행에 관해서는 *Les Hauts Revenus en France au XX^e siècle*, *op. cit.*, pp. 234~242; C. Allix, M. Lecerclé, *L'impôt sur le revenu(impôts cédulaires et impôt général). Traité théorique et pratique*, Rousseau, 1926 참조.

**10_** 군주정은 18세기에 누진세의 제한된 형태들을 특히 '정액 타유세' 틀 안에서 도입하고자 했다. 정액 타유세는 재력의 대략적인 수준에 따라 납세자를 여러 부류로 나누었는데, 이 모든 것은 세제의 다른 부분에서는 귀족과 사제의 면세를 유지하는 바 전혀 일관성이 없었다. 어떤 면에서 대혁명은 모두에게 지수에 따른 비례세를 부과함으로써, 소득에 대한 직접적 준거 일체를 제거함으로써 상황을 단순화했다. 정액 타유세에 관해서는 M. Touzery, *L'Invention de l'impôt sur le revenu. La taille tarifée(1715~1789)*, Comité pour l'histoire économique et financière de la France, 1994 참조.

**11_** 개인-동산세는 확실히 '네 늙은이' 중에서 가장 복잡했는데, 왜냐하면 기원상 주요 구성요소인 주거지 임대가격에 입각한 세금 외에도, 하인에 대한 세금, 3일 치 노동가치에 해당하는 세금, 말·노새에 대한 세금 등을 포함했기 때문이다. 콩도르세는 이 세금의 자연적 역진성을 막기 위해 임대가격에 대한 누진적 계산표를 작성하여 1792년에 개혁을 제안한다. 이를 직접적으로 이어받은 세금인 주거세는 2017~2019년에 폐지되고 있는데, 과연 어떤 지방세가 대체할지는 아직 알 수 없다.

**12_** 달리 말해, 1000프랑 가치의 소유에서 연간 50프랑(1000프랑의 5%) 정도의 임대료가 발생하고 2프랑가량(50프랑의 4%)의 납세를 해야만 했으니, 자본 1000프랑당 약 0.2%를 과세했던 것이다. T. Piketty, *Les Hauts Revenus en France au XX^e siècle*, *op. cit.*, pp. 238~239 참조.

13_ 예컨대 이러한 정신을 이어받는 한편 경제적 효율성을 명분으로 1970년대에 모리스 알레는 소득세를 폐지하고, 원리상 토지세와 매우 흡사한, 실물자본에 대한 낮은 세율의 세금으로 대체할 것을 제안했다. M. Allais, *L'Impôt sur le capital et la réforme monétaire*, Hermann, 1977 참조.

14_ 제2공화국(1848~1851년)은 1848년 12월 보통선거를 통해 대통령으로 선출된 루이 나폴레옹 보나파르트의 제2제정 선포와 함께 종언을 맞는다. 그의 삼촌은 스스로 황제의 자리에 오르기로 결심함으로써 제1공화국(1792~1804년)에 종언을 고한 바 있다.

15_ 1908년 1월 20일의 하원 회기에서, 카요는 다음 논거를 아주 뚜렷이 피력한다. "우리는 6년간 세율 변동 없이 누진적 성격을 지닌 세법을 유지해오고 있으니, 누진세제가 단기간 내에 반드시 증세를 유발할 것이라고는 말하지 마십시오." J. Caillaux, *L'Impôt sur le revenu*, Berger-Levrault, 1910, p. 115 참조.

16_ 같은 책, pp. 530~532.

17_ 1914년 3월 16일 자기 사무실에서 조제프 카요의 아내에게 암살당한, 신문 『르 피가로』 발행인의 이름을 딴 이 사건은, 카요를 반대하는 격렬한 캠페인에 뒤이어 터졌다. 캠페인의 정점은 1914년 3월 13일자 『르 피가로』 지면에 서한이 게재된 일이었다. 1차 카요 기획 실패 후 1901년에 자신의 정부 앞으로 '너의 조'라고 서명해 보낸 이 서한에서 카요는 자기가 "소득세를 지키는 척하면서 파탄냈다"고 썼다. 이 서한은 소득세 옹호자들이 자신들의 정치적 상승만을 목표하여 이 유해한 기획을 이용하는 기회주의자들일 뿐임을 입증한다고 여겨졌다.

18_ 종합소득세를 제정한 1914년 7월 15일의 법은 카요 개혁이 구상한 종별소득세를 만들어낸 1917년 7월 31일의 법으로 보완되었다. 프랑스 소득세가 만들어지는 자세한 우여곡절은 T. Piketty, *Les Hauts Revenus en France au XX^e siècle*, *op. cit.*, pp. 246~262 참조.

19_ 10장 도표 10.11과 10.12 참조.

20_ 영국에서는 서로 다른 소득 범주(이자·임대료·이윤·임금 등)에 제각기 비례적으로 부과하는 세제가 1842년 확립되었지만, (총소득에 따라 세율이 올라가는, 모든 범주의 소득 총액에 대한) 전체 누진소득세의 제정은 1909년이 되어야 했다.

21_ 1804년에 제정되어 여전히 유효한 '상속재산의 자유처분 지분quotité disponible' 체계에서, 부모는 자식이 하나일 경우(의절한 경우를 포함하여 다른 절반은 자동적으로 이 자식에게 귀속되게) 재산의 절반을, 둘일 경우 3분의 1을(나머지 3분의 2는 균등 분할), 셋 이상일 경우 4분의 1을(나머지 4분의 3은 균등 분할) 자유롭게 처분할 수 있다. 이 체계의 유해하다 여겨지는 효과들에 대한 비난은 19세기의 보수적 반혁명적 주

요 주제인데, 특히 프레데리크 르 플레의 저작이 그러하다. 이러한 비판은 대체로 20세기에 사라졌다.

22_ 예컨대 당시 가장 영향력 있는 자유주의 경제학자 중 하나이며 식민화의 열정적 대변자인 폴 르루아볼리외와 1881년에 출간되어 1910년대 초까지 꾸준히 재간된 그의 유명한 저작 『부의 분배와 조건상 불평등의 최소화 추세에 관한 논고』를 생각해보자. 사용된 통계자료가 모두 상반되는 이야기를 함에도 불구하고, 그는 심지어 일어날 법하지 않은 추론을 꾸며내 불평등이 감소 추세를 보인다는 입장을 고수한다. 예컨대 그는 구호를 받은 극빈자 수가 1837~1860년 사이 프랑스에서 단 40% 늘어난 데 비해, 극빈자 구호사무소는 거의 배로 늘어났다는 점을 만족스럽게 적고 있다. 이 수치로부터 (그가 망설임 없이 그러한바) 극빈자의 실제 수가 줄었다는 점을 도출해내려면 대단한 낙관주의자여야 하거니와, 빈자의 절대수가 혹시나 감소했다 해도 이는 성장의 맥락에서 부의 격차 및 그 격차의 진화에 관해 명확히 알려주는 바가 전혀 없다. T. Piketty, *Les Hauts Revenus en France au XXe siècle*, *op. cit.*, pp. 522~531 참조.

23_ K. Pistor, *The Code of Capital. How the Law Creates Wealth and Inequality*, *op. cit.* 참조.

## 제 5 장

1_ 4부 14장 833~834쪽과 15장 905쪽 참조.

2_ G. W. Bernard, "The Dissolution of the Monasteries", *History*, vol. 96(324), 2011, pp. 390~409 참조.

3_ 미겔 아르톨라가 수집한 에스파냐의 상속 데이터에 관해서는 전문 부록 참조. 교회 소유는 시릴 밀로의 작업, 19세기 이후 에스파냐에서의 소유구조 진화는 미겔 아르톨라, 루이스 바울루스, 클라라 마르티네스톨레다노의 작업 참조.

4_ 이 극적인 역사적 시퀀스에 대한 고전적 연구로는 E. Malefakis, *Agrarian Reform and Peasant Revolution in Spain: Origins of the Civil War*, Yale University Press, 1970 참조.

5_ M. Lukowski, *The European Nobility in the Eighteenth Century*, *op. cit.*, pp. 12~19 참조.

6_ A. Doggan, *Nobles and Nobility in Medieval Europe*, Boydell & Brewer, 2000, pp. 223~235 참조.

7_ 2장 91~94쪽 참조.

8_ D. Cannadine, *The Decline and Fall of the British Aristocracy*, Yale University Press, 1990, p. 9, tableau 1.1 참조.

9_ 1963~1964년 토리당 출신 총리였던 앨릭 더글러스홈은 솔즈베리처럼 상원의원이었지만 정부 수반으로 임명되자 의원직을 사임했다. 시대는 변했고 귀족 칭호인 '경'으로 불리는 사람이 나라를 통치하는 것은 몰상식해 보였다. 1940~1945년과 1951~1955년에 토리당 출신 총리였던 처칠은, 상원의원 여럿을 배출한 귀족 가문 출신이었지만 그 자신은 하원의원으로 선출되었다. 심지어 1905년에 자유당으로 이적했다가 1924년에 토리당으로 복귀했는데, 정적들은 이것이 그의 기회주의적 태도와 전통적인 귀족 가치에 대한 충성심 결여를 보여주는 증거라며 비난했다.

10_ D. Cannadine, *The Decline and Fall of the British Aristocracy, op. cit.*, pp. 11~16 참조.

11_ 이 명부에는 2019년에 962명의 준남작이 실려 있는데, 그중 1990년 데니스 대처(마거릿 대처의 남편)를 위해 만들어진 작위는 2003년에 그의 아들 마크가 넘겨받는다.

12_ 2장 98~103쪽 참조.

13_ 가용 추계는 대략 1만 5000~2만 5000명의 성인남성을 18세기와 19세기의 젠트리 성원으로 추정한다. 절대수는 별로 변하지 않았지만(18세기에는 약간 상승하고 19세기에는 약간 감소했다), 인구 급증을 고려했을 때 비율은 빠르게 감소하는 게 드러난다(잉글랜드와 웨일스에서 18세기 말에 세대주 수가 고작 200만이었던 데 반해 1880년에는 600만이었으니, 젠트리는 1800~1880년 사이 인구의 1.1%에서 0.3% 이하로 떨어졌던 셈이다). 여하간 작위귀족의 인원(경과 준남작과 기사를 다 합쳐서 1000~1500개쯤 되는 작위)보다는 훨씬 많은 수다. 젠트리 자체는 때때로 향사(3000~5000명)와 젠틀맨으로 나뉘었는데, 젠틀맨의 수가 단연 가장 많았다(1만 5000~2만 명). 전문 부록 참조.

14_ D. Cannadine, *The Decline and Fall of the British Aristocracy, op. cit.* 참조. 신흥 부르주아 및 상인 엘리트의 정치적 상승은 최상의 경우 젠트리로 통합되는데, 이 상승은 중세시대부터 도시 지구와 국왕 속령에서 시작되었다. 귀족과 사제의 토지보다 이곳에서 더 이들에게 선거권이 열려 있었다. C. Angelucci, S. Meraglia, N. Voigtlaender, "How Merchant Towns Shaped Parliaments: From the Norman Conquest of England to the Great Reform Act", NBER, Working Paper, n° 23606, 2018 참조.

15_ 『21세기 자본』, 287~292쪽 참조.

16_ 여러 등장인물의 소득 정보는 그 시대 성인 평균국민소득을 참고했다. 발자크가 제시하는 진정 여유 있는 삶을 규정하는 총액이 (대략 환산했을 때 1800~1914년 1파운

드는 약 25금본위프랑이었음을 상기하면서) 오스틴이 상상한 총액과 거의 같다는 점에 주목해보면 흥미롭다. 『21세기 자본』, 490~497쪽 참조.

**17_** 〈혹성탈출〉에서는 고릴라가 전사 역할을 하며, 오랑우탄은 사제이고, 침팬지는 제3신분에 해당한다(이 주지의 삼원구조는 예전에 노예소유주였다가 곧 스스로 노예가 되는 인간의 통합으로 복잡해진다). 〈스타워즈〉에서는 제다이가 현인이자 전사다. 제다이를 특징짓는 '포스'는 삼기능사회의 두 엘리트의 융합을 체현한다.

**18_** 『21세기 자본』, 490~497쪽 참조.

**19_** D. Cannadine, *The Decline and Fall of the British Aristocracy, op. cit.*, pp. 15~16 참조.

**20_** 『연감』에는 귀족 하원의원들 중에서 9명이나 되는 왕자 또는 공작, 31명의 후작, 49명의 백작, 19명의 자작, 19명의 남작, 그리고 '귀족의 성 앞에 붙이는 소사만을 가진' 80명의 당선자까지 집계된다. 다음과 같은 단서가 달려 있다. "우리는 이 분류의 정확성을 완전하게 보장할 수 없다. 물론 공증된 자료들에 근거하여 가능한 한 최선을 다해 작성되었지만 말이다. 일부 하원의원은 작위 받는 것을 등한시하거나 거부한다. 반대로 어떤 의원들은 예법에 의한 것도 아니고 그럴 권리도 없는데 작위를 받는다."(*Annuaire de la noblesse de France*, 1872, pp. 419~424)

**21_** J. Bécarud, "Noblesse et représentation parlementaire: les députés nobles de 1871 à 1968", *Revue française de science politique*, vol. 23(5), 1973, pp. 972~993 참조.

**22_** 어떤 면에서 이런 분류는 공적인 통계에서는 대체로 무시되는, 사회계급 정상부의 정보에 대한 정당한 요구에 부응하는 것이기도 하다. 『21세기 자본』, 515~532쪽 참조. 이들 억만장자에 대한 분류는 13장 746~747쪽에서 재론하겠다.

**23_** 다음의 고전적인 저작을 보라. E. Thomson, *Whigs and Hunters: The Origin of the Black Act*, Pantheon Books, 1975. 유럽의 다른 곳, 예컨대 1821년의 프로이센에서도 소유권의 유사한 공고화가 관찰되며 이것이 청년 마르크스에게 영향을 주었다. 나무 좀도둑이 소유자의 민병대에게 모욕당하는 것이, 2017년 라울 페크가 마르크스를 주제로 만든 영화 〈청년 마르크스〉의 첫 장면이다. 프랑스혁명은 토지와 숲에서 누구나 사냥할 수 있도록 사유지를 개방하겠다고 공표했다. 이 조치는 오늘날에도 유효한데, 특히 프랑스 공산주의자들이 옹호한다.

**24_** N. Johnston, "The History of the Parliamentary Franchise", House of Commons Research Paper, 2013 참조. 흥미로운 점은 (투표권에 관한 최초의 전국적 입법인) 1832년 법 이전에는 어떠한 공식 규칙도 이 권리를 남성 전용으로 정하지 않았다는 점

이다. 이는 관습에 속하는 것이었으며 투표권을 행사하는 소유자 여성도 존재할 수 있었다. 게다가 1918년에는 30세 이상의 여성들에게 투표권이 부분적으로 확대되었다.

**25_** 게다가 이러한 개혁들에는 입후보자의 비용을 규제하려는 야심적인(당시로서는 매우 혁신적인) 조치들—비용 신고를 의무화한 1854년의 부패방지법, 총비용을 강력하게 제한한 1883년의 부정부패방지법—이 수반되었다. J. Cagé, E. Dewitte, "It Takes Money to Make MPs: New Evidence from 150 Years of British Campaign Spending", Sciences Po, 2019 참조.

**26_** D. Cannadine, *The Decline and Fall of the British Aristocracy, op. cit.*, pp. 142~143 참조.

**27_** 곡물과 농산물 수입을 제한하여 국내생산을 보호했던 곡물법은 필이 이끌던 토리 정부하에서 1846년에 폐지되었지만, 이 의결로 토리당은 분열했다. 필의 지지자들(글래드스턴을 포함한)은 토리당을 떠나 휘그당에 합류하게 되었고, 이는 결국 1859년 자유당 창당으로 이어졌다. 노동자의 구매력을 위하고 보호주의적인 토지 귀족에 맞서는 자유주의자들의 이러한 결집은 영국의 자유무역과 경쟁에 대한 정치 인식에 지속적인 영향을 끼쳤다. 이는 특히 프랑스와 비교되는데, 프랑스에서는 토지 귀족이 대개 소멸했고, 국제적 경쟁에 맞서 독립적인 소생산 농민을 보호하는 것이 오늘날까지도 구조적인 역할을 하고 있다. 이 주제에 관해서는 D. Spector, *La Gauche, la droite et le marché. Histoire d'une idée controversée(XIXᵉ~XXIᵉ siècle)*, Odile Jacob, 2017, pp. 43~52 참조.

**28_** 다수파를 전복시키기 위해 새 상원 의석을 만들겠다는 국왕의 위협이 1832년 당시 선거개혁 의결에 이미 중요한 역할을 했음을 주목해야 한다. 하지만 상원과의 (애초 구상된 개혁에 비하면 덜 야심적인) 타협이 없었다면 국왕이 끝까지 밀고나갈 수 있었을지도 확언하기 매우 어렵다. D. Cannadine, *Victorious Century: The United Kingdom 1800~1906*, Viking, 2017, p. 159 참조.

**29_** 2019년 792개 상원 의석 중 26석은 교회 관련 의원(항상 성공회 주교들이다), 92석은 세속적인 세습직 의원, 674석은 세속적인 종신직 의원(당대 귀족)이다. 80%를 선출직 의원으로 채우려는 개혁 도입이 2010~2012년에 논의되다가 끝내 포기되었다(하원과는 구별되면서도 여하튼 정당한 선출이 저법성을 정의하기가 어려웠다). 1949년 의회법은 비예산 법안 채택을 상원이 저지할 수 있는 (1911년에 최종적으로 2년으로 고정되었던) 유예 기간을 1년으로 줄였다. 비록 결정에 지속적인 영향을 미치지는 못해도 예컨대 2018~2019년 브렉시트 논쟁 당시 그러했듯 때로 상원이 하원에 존재감을 과시하는 것을 막지는 못한다.

30_ D. Cannadine, *Victorious Century*, *op. cit.*, pp. 211~212 참조.

31_ A. Sen, *Poverty and Famines: An Essay on Entitlement and Deprivation*, Oxford University Press, 1981 참조.

32_ D. Cannadine, *The Decline and Fall of the British Aristocracy*, *op. cit.*, pp. 104~105 참조. 그러나 뒤이은 인플레이션과 아일랜드 독립이 없었더라면, 분할상환이 아일랜드 농민들의 가계에 오랫동안 부담을 주었으리라는 점을 유념해야 한다.

33_ 스웨덴의 평등주의적 예외성이라는 신화와 20세기 동안 이루어진 이 신화의 역사적 구축에 대한 계몽적 분석으로는 E. Bengtsson, "The Swedish *Sonderweg* in Question: Democratization and Inequality in Comparative Perspective, c. 1750~1920", *Past and Present*, 2019 참조.

34_ 예컨대 1809년 리크스다그에는 귀족 대표 700명, 성직자 대표 42명, 부르주아 대표 72명, 농민 대표 144명이 있었다.

35_ E. Bengtsson, "The Swedish *Sonderweg* in Question", art. cité, p. 20 참조.

36_ 도표 5.3에 제시된 데이터는 선거납입금과 연동된 제한적 투표권만 계산한 것이다. 투표권을 가진 모든 사람이 선거인명부에 기입되지는 않는다는 사실을 고려하고, 스웨덴을 북유럽 여타 나라들과 비교해도 동일한 결론에 다다른다. 전문 부록 참조.

37_ E. Bengtsson, "The Swedish *Sonderweg* in Question", art. cité, pp. 18~19 참조.

38_ E. Bengtsson, T. Berger, "Democracy, Inequality, and Redistribution: Evidence from Swedish Municipalities, 1871~1904", Lund University, 2017 참조.

39_ 17세기 초부터 1950년까지 영국 하원에는 대학 의석이라는 것이 있었는데, 이로써 옥스퍼드와 케임브리지 졸업생은 총선에서 사실상 (한 번은 자신의 거주지, 다른 한 번은 자신이 졸업한 학교의 학적에 따라) 두 번을 투표할 수 있었다. 이 제도는 1918년에 다른 대학들로 확대되었다가 1950년에 결국 폐지되었다.

40_ 더 정확히 하자면, 프로이센 유권자들은 납세액이 늘어나는 세 계급으로 나뉘는데, 각 계급이 총세금의 3분의 1씩을 내고 선거인단—바로 이들이 하원의원을 선출한다—의 3분의 1을 뽑는다. 북유럽 나라들(덴마크·노르웨이·핀란드)은 19세기에 두 부류로 이루어진, 상대적으로 고전적인 납세유권자체계를 이용했고 스웨덴을 모방하려 들지는 않았던 것으로 보인다. 전문 부록 참조.

41_ E. Hilt, "Shareholder Voting Rights in Early American Corporations", *Business History*, vol. 55(4), 2013, pp. 620~635 참조.

42_ 실제로는 상소법원이 회사들로 하여금 정관을 통해 의결권 상한선을 모두 폐지하고 절대적 비례배분 적용을 선택할 수 있도록 결정했던 1876년에 결정적인 단계를

넘어섰다. 이 뜨거운 논쟁에 관해서는 E. McGaughey, *Participation in Corporate Governance*, PhD Dissertation, Law Department, LSE, 2014, pp. 105~115 참조.

**43_** O. Christin, *Vox Populi. Une histoire du vote avant le suffrage universel*, Seuil, 2014 참조.

**44_** 특히 3부 11장 543~570쪽 참조.

**45_** 또한 파리의 택시 면허제에서 이러한 매관매직의 잔재가 보인다. 하지만 여기에는 인센티브 논리보다는 틀림없이 재정적인 논리가 더 반영되어 있다. 면허 판매는 공권력에 막대한 수익을 가져다주었다. 오늘날 면허를 되사려면 당장 상당한 비용이 들 것인데, 이로 인해 심히 비난받을 여지가 없지 않은 제도의 개혁이 크게 가로막혀 있다.

**46_** 19세기 영국에서는 군부 고위직에 일종의 보증이 필요했음이 주목된다. 이 관습은 해당 직무를 사회적으로 개방하기 위해 1871년에 폐지되었고 제한된 성공을 거둔 것으로 보인다. D. Cannadine, *Victorious Century*, *op. cit*., p. 350 참조.

**47_** 4장 도표 4.1과 4.2 참조.

**48_** 여기서 제시된 영국의 계열 자료는 앤서니 앳킨슨, 앨런 해리슨, 피터 린더트의 작업과 파쿤도 알바레도, 살바토레 모렐리의 최근 작업에 입각한 것이다. 스웨덴의 계열 자료는 헨리 올손, 에스페르 로인, 다니엘 발덴스트룀의 저작과 에리크 벵트손의 보다 최근 저작에 입각한 것이다. 여타 많은 나라의 조세 자료들은 안타깝게도 1차대전경부터 비로소 접근할 수 있으므로, 전쟁이 야기한 충격을 보다 장기적 관점에서 살펴보기란 대체로 어렵다. 하지만 허용된 자료들을 보면 사실상 전쟁 이전에는 불평등이 감소하는 어떤 명확한 추세도 시작되지 않는다는 점이 확인된다. 이는 독일·덴마크·네덜란드·미국·일본에서 그렇다. 전문 부록 참조.

**49_** 3부 10장 519~525쪽 참조.

**50_** 4장 도표 4.1 참조.

**51_** 『21세기 자본』 3장 도표 3.1과 3.2, 143쪽과 전문 부록 참조.

## 제 6 장

**1_** 유럽의 경우는 2장, 인도의 경우는 8장 참조.

**2_** M. Finley, *Ancient Slavery and Modern Ideology*, Penguin, 1980 참조.

**3_** D. M. Lewis, *Greek Slave Systems in their Eastern Mediterranean Context, c. 800~146 BC*, Oxford University Press, 2018; J. Zurbach, "La formation des cités grecques. Statuts, classes et systèmes fonciers", *Annales. Histoire, Sciences sociales*, vol. 68(4), 2013, pp. 957~998 참조.

**4_** P. Lovejoy, J. Hogendorn, *Slow Death for Slavery: The Course of Abolition in Northern Nigeria, 1897~1936*, Cambridge University Press, 1993; P. Lovejoy, *Jihad in West Africa During the Age of Revolutions*, Ohio University Press, 2016 참조.

**5_** 또한 다수의 중간적인 경우가 있다. 여기서 노예 인구는 극미하지도 지배적이지도 않은 정도를 점하는데, 이를테면 15세기 말과 16세기의 포르투갈과 모로코에서는 총인구의 10~15%였다. 전문 부록 참조.

**6_** 사하라 이남 아프리카의 인구는 1500년에 4000만, 1820년에 6000만으로 추산된다. 많은 연구는 인구 감소가 가장 심대했던 지역들에 영향을 준 극도로 부정적이고 장기적인 효과들을 측정했다. 전문 부록 참조.

**7_** 서로 다른 형태의 강제노동을 지칭하는 단어들의 어원 자체가 애매하다. [각각 프랑스어와 영어로 노예를 뜻하는] esclave와 slave는 5~8세기에 자행된 슬라브족 약탈에서 온 것이다. 이러한 약탈에서 비롯된 착취는 [농노제를 뜻하는] servage라는 단어로 기술되었다.

**8_** 예컨대 D. W. Lewis, *Greek Slave Systems in their Eastern Mediterranean Conext, op. cit.*; W. Scheidel, "Human Mobility in Roman Italy: the Slave Population", *Journal of Roman Studies*, vol. 95, 2005, pp. 64~79 참조.

**9_** P. Lovejoy, *Jihad in West Africa During the Age of Revolutions, op. cit.* 참조. 러브조이는 또한 19세기 소코토에서의 노예 집중의 큰 증대(19세기 말에 150만~200만, 서아프리카를 포함하면 거의 400만)가 미국에서의 증대와 대비되어야 한다는 사실을 강조한다. 두 경우 모두 대서양 노예무역의 종언에 힘입은 진화로, 이 종언을 위해 소코토의 무슬림 지도자들이 18세기 말 19세기 초에 영국인들에게 강한 압박을 가했다.

**10_** M. Zilfi, *Women and Slavery in the Late Ottoman Empire*, Cambridge University Press, 2010 참조.

**11_** P. Isnard, *La Démocratie contre les experts. L'esclavage public en Grèce ancienne*, Seuil, 2015 참조. 이들 공노예들은 거의 20만인 전체 노예 중에서 2000명 정도다.

**12_** 지급된 총액에 대한 분석은 전문 부록 참조. 2018년 소득으로 환산할 경우, 1200억 유로의 보상은 80만 노예 1명당 대략 평균 15만 유로를 보상한 셈이며, 노예 200명을 소유한 평균적인 소유자에게 약 3000만 유로가 지급된 셈이다. 미국의 노예 가격(해당

시대의 평균소득과 비교한)에 관해서는 후술되는 논의 참조.

**13_** 11장 575~579쪽 참조.

**14_** N. Draper, *The Price of Emancipation: Slave-Ownership, Compensation and British Society at the End of Slavery*, Cambridge University Press, 2010; C. Hall, N. Draper, K. McClelland, K. Donington, R. Lang, *Legacies of British Slave-Ownership: Colonial Slavery and the Formation of Victorian Britain*, Cambridge University Press, 2014 참조. 데이터베이스 LBS(영국 노예소유권의 유산Legacies of British Slave-Ownership)는 http://www.ucl.ac.uk/lbs/에서 이용할 수 있다.

**15_** 3~5장 참조.

**16_** 3장 148~150쪽 참조.

**17_** 심지어 콩도르세는 『흑인노예제에 대한 성찰』(1781)에서, 노예소유자들이 하숙의 형태로 구舊노예들에게 보상할 것을 제안했다.

**18_** 이러한 부정적 경험은 에스파냐 북부로 후퇴한 기독교왕국이 8세기와 9세기부터 노예제 관습을 축소하도록 자극하는 데 기여했다. R. Blackburn, *The Making of New World Slavery: From the Baroque to the Modern*, Verso, 1997, pp. 39~40 참조.

**19_** M. Finley, *Ancient Slavery and Modern Ideology*, *op. cit.*, chapitre 1 참조.

**20_** 이 논쟁에 관해서는 흥미진진한 다음의 책을 보라. C. Oudin-Bastide, P. Steiner, *Calcul et Morale. Coûts de l'esclavage et valeur de l'émancipation(XVIII$^{e}$~XIX$^{e}$ siècle)*, Albin Michel, 2015.

**21_** 1802년의 공식적인 노예제 복원 이전에 과들루프에서의 기이한 단속적 폐지 시기에 관해서는 F. Régent, *Esclavage, métissage et liberté. La Révolution française en Guadeloupe 1789~1802*, Grasset, 2004 참조. 1833년 영국의 노예제 폐지 맥락에 관해서는 주로 앞에서 인용된 니컬러스 드레이퍼와 캐서린 홀의 책들(LBS 프로젝트) 참조.

**22_** 서로 다른 시대의 국내총생산 또는 국민소득의 등가적인 비율을 고려하는 것이 내게는 역사의 흐름 속에서 액수를 비교하는 최상의 방식으로 보인다. 이는 액수를 경제의 명목성장에 연동시킨다는 뜻인데, 결과적으로 물가수준에의 연동과 (장기 명목성장보다는 분명히 더 큰) 투입 자본의 평균 명목수익에의 연동 사이 중간치가 노출된다.

**23_** 전문 부록 및 다음 책의 추계 참조. S. Henochsberg, *Public Debt and Slavery: the Case of Haïti(1760~1815)*, PSE, 2016. 국내생산(더 정확히는 섬의 경제적 부가가치)의 약 55%가 소유자들의 이익이 되는 쪽으로 수출되었고, 15%는 현지 대농장주들이 소비하고 축적했다.

**24_** 이 파괴적인 순환들은 장자크 데살린이 집권한 1804년부터 시작되었다. 1803년 프랑스 원정군(반란자들의 절멸을 시도한 군대)의 항복 및 1802년의 (역경을 무릅쓰고 백인의 영향력 유지 및 식민본국과의 평화적인 연합, 아이티의 국제경제 편입가능성을 옹호했던) 투생 루베르튀르 체포에 뒤이어 그는 과잉권위주의적이고 군주제적이며 반백인적이고 고립주의적인 체제를 수립했다. 이후 섬의 역사는 엇비슷한 비난과 체념의 순환으로 점철되었다.

**25_** D. Graeber, *Debt: The First 5000 Years*, 2011, Melville House, pp. 81~84; A. Testart, *L'Esclave, la Dette et le Pouvoir*, Éditions Errances, 2001 참조.

**26_** 그리스와 남유럽이 독일과 프랑스와 북유럽에 진 부채, 또한 아프리카와 아시아의 여러 나라가 중국에 진 부채, 아르헨티나가 국제 채권단에 진 부채를 생각해본다. 이 경우들 사이의 차이와 유사성은 베르사유조약 당시 프랑스가 독일에 부과한 부채와 더불어 재론할 것이다. 특히 10장 494~502쪽과 531~534쪽 참조.

**27_** 2장 115~116쪽 참조. 1789~1815년에 귀족이 상실한 임대료 및 소유물을 배상해주는 것이 목표였던 '망명귀족을 위한 천만금'법은 훨씬 더 많은 수의 귀족 소유자와 관련되었고, 배상액은 1825년 연간 국내총생산의 약 15%에 해당했다. 노예제 폐지를 위해 구상된 3억 프랑은 1840년대 연간 국내총생산의 약 2%에 해당한다.

**28_** "해방은 점진적이고 부분적이어야지 동시에 일제히 진행되어서는 안 된다. 그랬다가는 아이티처럼 전복적인 혁명으로 이어질 것이기 때문이다. 노예주들을 상대로 배상이 이루어져야 하고, 배상액은 가능한 한 박탈당한 소유의 가치에 상응해야 한다. 이 배상액을 본국에서 감당할 수는 없는데, 왜냐하면 3억 프랑에 달하기 때문이다. 이는 이자만으로도 프랑스 국채에 과중한 부담을 지울 액수다. (…) 이런 목적을 달성하기 위해서는 희생을 치러야 하기 때문에, 이 조치로 엄청난 이익을 얻을 노예들이 당연히, 그리고 반드시 희생해야 함은 분명하다. 노예들을 시민계급 안으로 받아들일 때, 근면하고 현명한 노동으로 자신의 입지를 개선하는 것이 바로 공통의 규범임을 그들에게—유익한 실천을 통해—가르친다면 유용할 것이다." A. Moreau de Jonnès, *Recherches statistiques sur l'esclavage colonial et les moyens de le supprimer*, 1842, pp. 252~253.

**29_** C. Oudin-Bastide, P. Steiner, *Calcul et Morale*, *op. cit.*, pp. 122~123 참조.

**30_** 5장 219~223쪽 참조.

**31_** 1840년대의 논의는 노예 1인당 평균 1300프랑의 배상액을 기준으로 삼았는데(이리하여 3억 프랑으로 추산한 것이다), 1848년의 노예제 폐지는 600프랑(자유노동자의 4~6년 치 임금에 상응하는 액수)을 기준값으로 이용했다.

**32_** 1843년에 토크빌은 구노예들에게서 10~20년의 장기간에 걸쳐 소유권을 박탈할 것

을 제안했다. 그들에게 근로 의욕을 습득할 시간을 주기 위함이며, 소유의 안락함을 너무 빨리 (그리고 별로 '자연스럽지' 않게) 발견하면 그런 습득을 망칠 위험이 있다는 것이다. 이 제안은 결국 1848년 법령에서 채택되지 않았다. C. Oudin-Bastide, P. Steiner, *Calcul et morale, op. cit.*, pp. 202~203 참조. 1848년 법령의 준비와 실행에 관해서는 또한 N. Schmidt, *La France a-t-elle aboli l'esclavage? Guadeloupe, Martinique, Guyane 1830~1935*, Perrin, 2009 참조.

**33_** A. Stanziani, "Beyond Colonialism: Servants, Wage Earners and Indentured Migrants in Rural France and on Reunion Island(1750~1900)", *Labor History*, vol. 54, 2013, pp. 64~87; ID., *Sailors, Slaves, and Immigrants. Bondage in the Indian Ocean World 1750~1914*, Palgrave, 2014; ID., *Labor on the Fringes of Empire. Voice, Exit and the Law*, Palgrave, 2018; R. Allen, "Slaves, Convicts, Abolitionism and the Global Origins of the Post-Emancipation Indentured Labor System", *Slavery and Abolition*, vol. 35(2), 2014, pp. 328~348 참조.

**34_** E. Bengtsson, "The Swedish *Sonderweg* in Question", art. cité, p. 10 참조.

**35_** 영국에서는 '주인과 하인 법Master and Servant Law'이 1875년까지 시행된다. S. Naidu, N. Yuchtman, "Coercive Contract Enforcement: Law and the Labor Market in Nineteenth Century Industrial Britain", *American Economic Review*, vol. 103(1), 2013, pp. 107~144 참조. 프랑스에서는 1854년에 엄격해졌다가 1890년에 폐지된 노동증livret ouvrier제도 덕분에, 소유자들은 미래의 고용주들에게는 경고를 전하고 반역적이라고 판단된 노동자들에게는 심대한 위해를 가할 수 있었다. R. Castel, *Les Métamorphoses de la question sociale. Une chronique du salariat*, Gallimard, "Folio", 1995, pp. 414~415 참조.

**36_** 1835년 4월 22일의 하원 회기 및 1836년 5월 25일의 회기 참조.

**37_** 다시 말해 출생지나 혈통과 무관한, 권리의 평등에 입각한 초민족적 정의의 형태들. 17장 1076~1080쪽 참조.

**38_** 1988년 당시 생존해 있던 사람들이 대상이었다(1942~1946년에 억류된 일본계 미국인 12만 명 중 약 6만 명에 해당한다). 지급에 든 비용은 12억 달러였다.

**39_** 특히 L. G. Tin, *Esclavage et Réparations. Comment faire face aux crimes de l'histoire...*, Stock, 2013 참조. 저자는 흑인단체대표자위원회(CRAN, Conseil repésentatif des associations noires)의 의장이기도 하다.

**40_** 5조는 다음과 같다. "이 범죄로 인한 피해를 확정하고 합당한 배상조건들을 조사할 책임을 질 자격이 있는 인사들로 위원회를 설립한다. 위원회의 권한과 임무는 국가자문

회의에서 법령을 통해 정할 것이다."

**41_** 1929~1936년 추방된 멕시코계 미국인들은 대체로 100만~150만 명으로 추산된다(그중 약 60%는 사실상 미국에서 출생한 미국 국적자들이었다). 이 추방 조치는 대체로 지역 및 연방 공권력의 지지를 받아 조직되었다. 최근의 일부 추계들은 추방자를 180만까지 보고 있다(그들 대부분은 돌아오지 못했다). A. Wagner, "America's Forgotten History of Illegal Deportations", *The Atlantic*, 6 mars 2017 참조.

**42_** 특히 16장 940~942쪽 참조.

**43_** S. Beckert, *Empire of Cotton: A Global History*, Knopf, 2014 참조. 산업혁명 당시 노예제와 식민지배의 역할에 관해서는 9장에서 재론하겠다(특히 433~438쪽 참조).

**44_** N. Barreyre, *L'Or et la Liberté. Une histoire spatiale des États-Unis aprés la guerre de Sécession*, Éditions de l'EHESS, 2014, p. 27에서 재인용.

**45_** 이 법으로 인해 자유주와 인접한 주들에서 노예 판매가격이 더 남쪽에 위치한 주들에 비해 15~30% 상승된다. 이는 상인들이 도망의 위험을 심각한 것으로 평가했음을 나타낸다. C. Lennon, "Slave Escape, Prices and the Fugitive Act of 1850", *Journal of Law and Economics*, vol. 59(3), 2016, pp. 669~695 참조. 북부 주들에서 자유흑인을 납치하는 경우가 많았고 이것이 스티브 매퀸의 영화 〈노예 12년〉(2013)에 영감을 주었다.

**46_** 영화감독 스파이크 리는 반어적으로 자기 제작사의 이름을 '40에이커와 노새 한 마리'로 지었을 정도다.

**47_** 그럼에도 몇몇 카운티에서는 노예 비율이 75%에 달했다. 예컨대 버지니아주 노토웨이가 그러했다. 멀지 않은 사우샘프턴에서 1831년 냇 터너가 반란을 주도했으며, 네이트 파커가 최근작 〈국가의 탄생〉(2016)으로 그것을 영화화했다.

**48_** 여러 요인에, 특히 '자유'노동을 정의한 법률체제에 의존하는 임금 비율이 국내총생산의 약 60~70%에 해당된다고 가정할 때 그렇다. 평균 자본수익이 약 5%임을 감안하면, 노예 가격은 원칙적으로 20년 치 임금에 가까울 수 있지만, 노예소유의 리스크와 비용(양식·의복)을 고려하는 것으로도 어째서 표면적인 수익이 8~10%에 근접했는지 충분히 설명된다. 전문 부록 참조.

**49_** 미국 남부에서는 노예의 시장가치가 다른 모든 사적소유(농경지·부동산·사업자산)의 시장가치를 능가한다. 『21세기 자본』의 도표 4.10 참조.

**50_** W. Shade, *Democratizing the Old Dominion: Virginia and the Second Party System 1824~1861*, University Press of Virginia, 1996, pp. 191~193 참조. 관련 총액에 관해서는 전문 부록 참조.

**51_** "제가 진심으로 말씀드리는바, 그토록 많은 것이 노동자의 몫으로 주어지고 그토록 적게 그에게서 앗아가며, 또한 그가 병들고 노쇠해지면 매우 친절한 주의를 기울이는 나라들은 거의 없습니다. 그의 조건을 유럽의 더 문명화된 곳에 있는 구빈원의 수용자들과 비교해봅시다. 한쪽에는 주인의 친절한 관리하에 가족과 친구들 품속에 있는 늙고 노쇠한 노예가 있습니다. 그를 저 구빈원에 모인 극빈자의 황량하고 가련한 조건과 비교해봅시다."(1837년 2월 6일 상원에서 캘훈이 한 연설)

**52_** "그런 유형의 소유 중단은, 이 잘못된 명명만 봐도 재고할 필요도 없는 하찮은 일입니다. 만약 그런 식으로 전면적인 해방과 '추방'이 실행될 수 있다면 말이죠. 저는 그것이 점진적으로, 합당한 희생을 통해 이루어질 수 있다고 생각합니다. 하지만 말하자면 우리는 늑대의 귀를 잡고 있는 형국에 처해 있습니다. 우리는 계속 귀를 잡고 있을 수도 없고, 그렇다고 안전하게 늑대를 보낼 수도 없습니다. 저울의 한쪽에는 정의가 있고, 다른 한쪽에는 자기보호가 있습니다." Thomas Jefferson à John Holmes de Monticello, 22 avril 1820, *The Writings of Thomas Jefferson*, vol. 15, 1903, pp. 248~250. 또한 B. Shaw, "A Wolf by the Ears: M. Finley's Ancient Slavery and Modern Ideology in Historical Context", *in* M. Finley, *Ancient Slavery and Modern Ideology*, nouvelle éd., Markus Wiener, 1998 참조.

**53_** 또한 주목해야 하는 것은 수많은 소유자가 노예제는 유지하되 자유흑인을 추방하겠다는 생각으로 미국식민협회를 지지했다는 점이다(자유흑인의 증가와, 반란을 조장한다고들 하는 그들의 성향에 대한 불안이 있었다). W. Shade, *Democratizing the Old Dominion*, *op. cit.*, pp. 194~195 참조. 미국식민협회의 감독하에 채택된 1847년 라이베리아 헌법은 정치적 권한 및 투표권을 아메리코에게만 부여했고, 1980년까지 역대 대통령은 오직 아메리코뿐이었다.

**54_** W. Shade, *Democratizing the Old Dominion*, *op. cit.*; R. McCormick, *The Second Party System: Party Formation in the Jacksonian Era*, Norton, 1966 참조. '제1차정당체계'에서는 민주공화당(1828년 민주당으로 개명)과 연방주의자들이 대립했다. 존 애덤스(보스턴의 연방주의자)가 당선된 1796년 대선 이후 점점 더 심각한 패배를 겪은 연방주의자들이 1830년대에 휘그당(영국의 자유주의자들을 따라 선택한 이름)에 자리를 내주고 민주당과 휘그당이 대립하는 '제2차정당체계'가 탄생했다. 1860년에 제3차체계가 링컨의 공화당과 더불어 시작되며 민주당과 공화당이 대립한다. 1790~1960년의 주요 초점은, 민주당(과 그들의 선행자들인 민주공화당)이 최고 성적을 언제나 남부에서 내는 한편 연방주의자-휘그당-공화당은 북동부에서 낸다는 것이다. 1792~2016년의 전체 대선 지형도를 확인할 수 있는 실용적인 자료를 미국대통령직프로젝트American

Presidency Project가 제공한다. 미국 정치학자들 사이에서 널리 인정되는 분석에 따르면 '제3차정당체계'는 '인민주의'운동과 재분배 요구의 등장으로 1896~1900년 무렵 '제4차체계'로 전환되었고, 이어서 루스벨트연합의 등장으로 1932년에 '제5차체계', 1960년대 시민권운동 이후 '제6차체계'로 전환되었다는 것이다(나아가 일부 학자들에 따르면 도널드 트럼프 당선 이후는 '제7차체계'다). S. Maisel, M. Brewer, *Parties and Elections in America*, Rowman, 2011 참조. 1945년 이후 미국 정당체계의 진화에 관해서는 14장과 15장 참조.

**55_** '재건'기의 정치적 갈등구조에 관해서는 다음의 열정적 저작 N. Barreyre, *L'Or et la Liberté*, *op. cit.* 참조.

**56_** 남북전쟁 이후 보스턴의 금융 엘리트들(당시의 정치용어로는 '브라만')의 관점과 전략에 관해서는 N. Maggor, *Brahmin Capitalism: Frontiers of Wealth and Populism in America's First Gilded Age*, Harvard University Press, 2017 참조. 보스턴의 일부 인사들은 남부의 플랜테이션에 투자하고자 했지만, '깜둥이들darkies'은 더이상 대가 없는 노동을 할 생각이 없다는 것(과 자기 땅을 보유하게 되리라는 '공상적인' 희망을 품고 있다는 것)을 곧 깨달았다. 그들은 흔히 북동부의 섬유산업에서 축적된 자본을 서부(여기서 그들은 나름의 자기보호 욕망을 지닌 개척자들과 대치하게 되는데, 예컨대 이 개척자들은 물과 철로에 대한 공적 규제를 헌법에 규정하고 있다) 쪽으로 재배치하기를 선호했다.

**57_** N. Barreyre, *L'Or et la Liberté*, *op. cit.*, pp. 175~176 참조.

**58_** 1870~1880년에, 수많은 흑인 유권자가 남부의 주들에서 투표권을 행사했고(공화당에 대대적으로 표를 던졌다), 일부 의회(예컨대 루이지애나와 사우스캐롤라이나)에서는 이들이 무려 40%에 달했다. 그후 분리주의적 입법과 잘못된 교육 테스트가 우세해졌고, 남부 주들에서 흑인의 선거 참여가 1885~1908년에 61%에서 2%로 떨어질 정도였다. S. Levitsky, D. Ziblatt, *How Democracies Die*, Penguin, 2018, pp. 89~91 참조.

**59_** 예컨대 더 높은 임금을 제안해 플랜테이션 노동력을 빼내오는 것이 금지되었고 이를 위반하면 무거운 벌금형에 처해졌다. S. Naidu, "Recruitment Restrictions and Labor Markets: Evidence from Post-Bellum U.S. South", *Journal of Labor Economics*, vol. 28(2), 2010, pp. 413~445 참조.

**60_** 이 과정은 매우 점진적이었는데 왜냐하면 남부에 살고 있는 아프리카계 미국인 비율이 1860년 92%에서 1920년 85%로 완만하게 줄었고, 1950년 68%에서 1970년 53%로 급속하게 낮아졌다가 그후 이 수준에서 안정되었다(2000년 이후에는 약간 재상승했다).

**61_** 3부 10~11장과 4부 15~16장 참조.

**62_** 전문 부록 참조.

**63_** 예컨대 B. Bennassar, R. Marin, *Histoire du Brésil*, Pluriel, 2014, pp. 102~108 참조.

**64_** 같은 책, pp. 369~370.

**65_** 특히 페르남부쿠주 같은 북동부 지역이 해당되는데, 민주적으로 선출된 주지사가 협동조합과 야심적인 문맹퇴치 프로그램을 발전시키고자 했고 노동관계에서 최소한이나마 법규를 존중하도록 했으나, 결국 쿠데타에 가담한 자들에 의해 폭력적으로 해임되었다. 다음의 증언을 보라. F. Juliao, *Cambao(le joug). La face cachée du Brésil*, Maspero, 1968; R. Linhart, *Le Sucre et la Faim. Enquête dans les régions sucrières du nord-est brésilien*, Éditions de Minuit, 1981.

**66_** 16장 1007~1012쪽 참조.

**67_** T. Dennison, "Contract Enforcement in Russian Serf Society, 1750~1860", *Economic History Review*, vol. 66(3), 2013, pp. 715~732 참조.

**68_** A. Markevich, E. Zhuravskaya, "The Economic Effects of the Abolition of Serfdom: Evidence from the Russian Empire", *American Economic Review*, vol. 108(4~5), 2018, pp. 1074~1117 참조.

**69_** T. Dennison, "The Institutional Framework of Serfdom in Russia: the View from 1861", *in* S. Cavaciocchi, *Serfdom and Slavery in the European Economy, 11th~19th Centuries*, Firenze University Press, 2014; N. Moon, *The Abolition of Serfdom in Russia, 1762~1907*, Routledge, 2001 참조.

**70_** N. Platonova, "L'introduction de l'impôt sur le revenu en Russie impériale: la genèse et l'élaboration d'une réforme inachevée", *Revue historique de droit français et étranger*, vol. 93(2), 2015, pp. 245~266 참조.

## 제 7 장

**1_** 6장 도표 6.1~6.4 참조.

**2_** 유럽인에 의해 실행된 인디오 주민의 강제노동 문제는 이 대륙의 역사에서, 또한 마야 영토와 북미만큼이나 오늘날 칠레와 페루에서도 (오랫동안 간과되었으나) 핵심 역할을 한다. A. Reséndez, *The Other Slavery: The Uncovered Story of Indian*

*Enslavement in America*, Harcourt, 2016 참조.

**3_** 유럽인 도래 당시 토착민들 관련한 기본적인 가용 추계에 관해서는 전문 부록을 보라. 1921년 멕시코의 인구조사에 따르면 메스티소가 약 60%, 인디오가 30%, '백인'이 10%다. 이 나라의 다문화주의적 정체성은 헌법에 포함되어 있고 이 질문은 더이상 현행 인구조사에서는 제기되지 않는다.

**4_** 전문 부록 참조. 프랑스·영국·네덜란드 제국에 관해 여기서 제시된 인구통계학 요소들은 드니 코뇨와 부다 에트마의 작업에 근거한다.

**5_** 전문 부록 참조. 가용 데이터를 통해 추산할 수 있는바, 식민지 정착민들과 프랑스인 대농장주들(인구의 약 5%)의 이익은 이 섬 내부 생산의 약 70%에 상당한다. 혼혈인(역시 인구의 5%) 또는 가장 열악한 처지에 있는 노예에게 돌아갈 몫은 가정에 따르면 10~15%로 추산해볼 수 있다. 이 모든 경우, 상위 십분위의 몫은 80%에 달하거나 이를 상회하는데 이는 다른 어느 곳보다도 높은 수준이다.

**6_** 인용한 자료와 가정은 전문 부록에 제시되어 있다. 더 상세한 분석은 F. Alvaredo, D. Cogneau, T. Piketty, "Income Inequality under Colonial Rule: Evidence from French Algeria, Cameroon, Indochina and Tunisia, 1920~1960", WID.world, 2019; A. Atkinson, "The Distribution of Top Incomes in Former British Africa", WID.world, 2015; F. Alvaredo, A. Atkinson, "Colonial Rule, Apartheid and Natural Resources: Top Incomes in South Africa, 1903~2007", CEPR Discussion Paper n° DP815, 2010 참조.

**7_** 가용 자료들이 나타내는바, 알제리에서는 토착민들이 소득 상위의 5%(대략적인 상위 백분위)를 점했고 튀니지에서는 20%까지 올라갔다. 그렇지만 이 두 추계는 비교가 능하지 않은데, 왜냐하면 알제리에서는 (1870년 크레미외 법령으로 '현지 유대인'에게 프랑스 국적이 부여되었는데 그중 일부는 국토회복운동(레콩키스타) 종료 후 에스파냐에서 추방되어 북아프리카에 거주해왔기에) 유대인 주민은 '무슬림'과 대립되는 '유럽인'에 포함되었기 때문이다. 반면 튀니지에서는 유대인 주민이 무슬림과 더불어 '비유럽인'으로 간주되었고, 소득 상위의 토착민 중 대다수(아마도 절반 이상)가 이들이었다. 전문 부록 참조.

**8_** Y. Govind, "Post-Colonial Inequality Trends: From the "Four Old Colonies" to the French Overseas Departments", WID.world, 2019 참조.

**9_** 특히 4장 도표 4.1과 4.2, 5장 도표 5.4~5.6 참조.

**10_** 다만 내가 (지니계수 대신에) 상위 십분위 몫과 상위 백분위 몫을 사용한다는 점만 제외한다면, 최대 불평등이라는 이 개념은 브랑코 밀라노비치, 피터 린더트, 존 윌리

엄슨이 사용한 '불평등 경계'라는 개념에 매우 가깝다("Preindustrial Inequality", *The Economic Journal*, vol. 121[551], 2011, pp. 255~272). 더 나아가 소득은 일시적으로 마이너스(예컨대 한 개인의 회계 적자)일 수 있지만 소비는 그럴 수 없다는 점을 명확히 해두자. 실제로 가난한 50%의 평균소득과 평균소비는 거의 완벽하게 일치한다(평균적으로는 유의미한 저축도 저축 인출도 확인되지 않는데, 이것은 이 집단의 평균자산이 거의 전무한 수준이거나 마이너스 수준에 머무는 경향이 있음을 드러낸다).

**11_** 서론의 도표 0.1과 0.2 참조. 달리 말해 최저생계소득보다 약 3배 더 많았던 세계 평균소득은 약 30배가 더 많아지게 된다. 이 규모의 추이는 유의미하지만 나는 너무 기계적인 해석들을 경계한다. 구매력을 장기간에 걸쳐 비교하기 위해 사용된 가격 지표가 진행중인 전환의 규모와 개별 상황의 다양성 및 다차원성을 설명해주지는 못한다. 통계 언어에서 평균가격이라는 동일한 지수는 주요 기본재화에 대한 매우 상이한 상대가격을 은폐할 수 있는데, 빈곤 상태의 진화를 정확하게 이해하고자 한다면 이 상대가격을 하나씩 검토해야 한다.

**12_** 가용 추계에 따르면, 단 이 비교들이 어느 정도 말이 된다는 한에서, 고대 세계의 평균소득이 18세기에 비해 적은 것은 아니었다(생계 기준의 약 3배). 유럽·아시아·아프리카·메소아메리카의 가장 부유한 사회들은 평균소득이 세계 평균보다 현저히 높은데, 이로써 높은 수준의 최대 불평등이라고 해도 될 만큼 충분히 높다.

**13_** 섬에서 수출된 부(1760~1790년에 평균 55%가량의 부가가치)로 이익을 얻은 프랑스의 소유자들은 기껏해야 몇천인 작은 무리, 즉 생도맹그 인구(1790년에 50만 명 이상)의 1% 이하였을 것이다. 1825년 이후 아이티가 소유자들에게 (프랑스 예금공탁금고를 통해) 지급한 배상 관련 기록은 아직 체계적인 방식으로 공개되고 활용되지 않았기에 더 멀리 나아가기는 어렵다. 전문 부록 참조.

**14_** (질서유지와 정신 지도에 동시에 입각한, 군사적이며 지적인) 이러한 이중적 문명화 사명은, 삼기능 도식과 그 전사 및 사제 엘리트를 환기시키는 바가 없지 않다. 이는 삼원적 논리가 국가들 간, 그리고 주들 간 차원으로 단순히 확장된 것이다.

**15_** N. Schmidt, *La France a-t-elle aboli l'esclavage?*, *op. cit.*, p. 340 참조.

**16_** 특히 D. Cogneau, Y. Dupraz, S. Mesplé-Somps, "Fiscal Capacity and Dualism in Colonial States: The French Empire 1830-1962", EHESS et École d'économie de Paris, 2018 참조. 또한 É. Huillery, "The Black Man's Burden: the Costs of Colonization of French West Africa", *Journal of Economic History*, 74(1), 2013, pp. 1~38 참조.

**17_** D. Cogneau, Y. Dupraz, S. Mesplé-Somps, "Fiscal Capacity and Dualism in

Colonial States", art. cité, p. 35 참조.

18_ 17장 1059~1067쪽 참조.

19_ '잠베지강江보다는 차라리 코레즈도道에'라는 유명한 슬로건은, 독립 물결 이후 포스트식민적 개발원조에 관한 논의 범위 안에서 코레즈도 출신의 노동자인터내셔널프랑스지부SFIO 하원의원 장 몽탈라가 1964년 의회 연단에서 주장했던 것임을 명시해 두자.

20_ 특히 12장 702~706쪽과 16장 947~972쪽 참조.

21_ 이와 동일한 식민지 군사지출은 전간기 동안 국내총생산의 0.5~1%에 있었다. D. Cogneau, Y. Dupraz, S. Mesplé-Somps, "Fiscal Capacity and Dualism in Colonial States", art. cité, p. 46 참조.

22_ 이 추계의 세부사항에 관해서는 전문 부록 참조.

23_ 4장 표 4.1 참조.

24_ 도표 7.9에서 포함된 해외자산은—금융자산이든 직접투자든 토지·광산 또는 부동산 소유든—모든 투자 및 재산을 반영한다(국제 수준에 상정되는 즉시 이것들은 현대 국민계정에서 자동적으로 금융자산으로 취급된다).

25_ 우리가 베르사유조약에 의해 예정된 채무를 포함시켰다면 도표 7.9에 제시된 1920년대 독일의 마이너스 상황은 훨씬 더 심했으리라는 점을 짚고 넘어가자. 1914~1945년 해외자산의 이러한 붕괴에 관해서는 10장(485~492쪽)에서 재론할 것이다.

26_ 산유국들이 최고의 축적을 기록하는 것도 확인할 수 있는데, 예컨대 노르웨이는 순해외자산이 국민소득의 200%를 넘었지만 세계경제 규모에서는 상대적으로 작은 나라다. 또한 중국의 축적 규모가 제한적인 것은, 부분적으로 이 나라의 너무 왕성한 성장과 관련된다. (여러 산유국과 마찬가지로) 중국이 지금까지—특히 미국 재무부 채권 형태로—비교적 저수익에 만족해왔던 만큼, 10년 또는 20년 전의 축적은 현재의 국내총생산에 비하면 보잘것없는 것이다. 이 문제에 관해서는 12장과 13장에서 재론할 것이다.

27_ 이 총액에 대한 분석은 전문 부록 참조.

28_ 나는 9장 433~447쪽에서 이 에피소드를 재론하겠다.

29_ 중국과 모로코 사례는 전문 부록과 최근 연구 B. Truong-Loï, *La Dette chinoise à la fin de la dynastie Qing(1874~1913)*, Sciences Po, 2015; A. Barbe, *Public Debt and European Expansionism in Morocco, 1856~1956*, PSE et EHESS, 2016 참조.

30_ 이 75억 금본위프랑은 엄밀한 의미에서의 배상액 50억과 점령 비용으로 나간 25억을 포함한 값이다.

31_ 그렇지만 이 추계는 매우 부정확한데 왜냐하면 주식과 채권을 발행한 많은 회사가

여러 영토에서 사업을 벌였기 때문이다.

**32_** 일부 아프리카 식민지가 본국을 상대로 내는 무역적자를 식민지 피지배 주민이 프랑스에 얹혀살고 있다는 표시로 해석하는 (자크 마르세유가 최근에 저지른) 오류는 피해야 한다. 실제로 이러한 적자는 식민지 정착민에게 돌아갈 군사적 민사적 비용보다 적었고, 식민지 피지배 주민이 아니라 식민지 정착민의 생활양식과 식민질서 유지에 들어가는 자금에 해당했다. D. Cogneau, Y. Dupraz, S. Mesplé-Somps, "Fiscal Capacity and Dualism in Colonial Sates", art. cité; É. Huillery, "The Black Man's Burden", art. cité 참조.

**33_** 이 주제에 관해서는 L. Davis, R. Huttenback, *Mammon and the Pursuit of Empire: The Political Economy of British Imperialism, 1860~1912*, Cambridge University Press, 1986 참조.

**34_** 흥미로운 저서 E. Saada, *Les Enfants de la colonie. Les métis de l'Empire français, entre sujétion et citoyenneté*, La Découverte, 2007, ici cité, pp. 47, 147~152, 210~226 참조.

**35_** 같은 책, pp. 45~46.

**36_** "유럽 남성과 안남 여성의 결합이 부녀자 유괴인 경우는 극히 드물다고 할 수 있겠다. (…) 안남인들도 중국인처럼 본처를 두고도 하나 혹은 여러 첩을 둘 수 있다. 첩은 일방적으로 버릴 수 있고, 유럽 남성과 사는 여성은 안남인들에게 첩으로 간주된다. (…) 유럽인은 거의 언제나 그녀들 부모의 동의하에 첩을 데려가며 일반적으로 그 부모에게 일정액의 화폐를 지불한다. 그리고 그 부모들은 자기네 딸의 일시적 혼인을 몹시 명예로운 것으로 여긴다. 다른 많은 경우, 여성은 여성 포주를 통해 유럽인과 관계를 맺는다. 그런 경우 이 여성 포주는 여성의 부모에게서 여성을 사온 것이다. 말하자면 강간이란 존재하지 않으며 유럽인들이 데려간 첩은 동정녀인 경우가 있다 해도 극히 드물다. 안남 여성은 오로지 금전적인 관심에서만 유럽인과 살기로 결정하는 것이니 부녀자 유괴라는 문제는 있을 수 없다. 그녀들에게 자신의 연인을 상대로 고소하는 것이 가능했다면, 유럽인과의 결합은 그녀들로서는 유익한데다 명예롭게 여기면서도 감정의 문제는 전혀 끼어들 일 없는 사업이니, 안남 여성들이 정조를 별로 지키지 않고 너무 빈번히 불륜을 저지르는 것이 가장 커다란 위험이다."(같은 책, pp. 45~46)

**37_** 다음의 훌륭한 책 D. Lombard, *Le Carrefour javanais. Essai d'histoire globale* (vol. 1: *Les Limites de l'occidentalisation*; vol. 2: *Les Réseaux asiatiques*; vol. 3: *L'Héritage des royaumes concentriques*), EHESS, 1990 참조.

**38_** 11세기 삼원사회(2장 91~92쪽 참조)부터 20세기 식민사회에 이르기까지, 노동규

율을 강제하고 지배를 확립하기 위한 일련의 방법으로 잘려나간 손이 어김없이 인용된다는 점이 주목될 것이다. (치마만다 응고지 아디치에가 2006년에 출간한) 『태양은 노랗게 타오른다』에서 반식민주의 투사 리처드는 나이지리아에서의 영국 식민화를 주제로 『손바구니』라는 책을 쓴다. 그의 연인 카이넨이 원고를 파괴하는데, 이는 부분적으로는 그의 불륜에 보복하려는 것일 뿐만 아니라 이 역사는 나이지리아 사람들에게 맡기고 비아프라를 위한 투쟁으로 되돌아가는 것이 더 나음을 그에게 알리기 위함이기도 하다.

**39_** V. Joly, "1908: Fondation du Congo belge", *in* P. Singaravélou, S. Venayre, *Histoire du monde au XIX^e^ siècle*, Fayard, 2017, pp. 381~384 참조. 『이 아름다운 나라는 너의 것이야 *Il est à toi ce beau pays*』(2018)에서 제니퍼 리처드는 콩고의 비리와 그 비리를 미국에 알리려는 아프리카계 미국인 투사 워싱턴 윌리엄스의 난관을 이야기한다. 이 시대의 미국은 인종적 평등을 실행할 의지가 전혀 없다.

**40_** *Journal officiel de l'Afrique occidentale française*, 1913, p. 70 참조. "용역은 원칙적으로 수확 및 채집 시기가 아닐 때만 부과될 수 있다"고, 또한 용역은 "용역자가 현금 또는 현물로 하루치 식량분을 받지 못하면, 해당 마을에서 5킬로미터 이상 벗어나면, 실시될 수 없다"고 법규에 명시되어 있다. 구체적으로 말하자면, '용역자'에게 '하루치 식량'을 조금이라도 제공하기만 한다면, 공권력은 자신들이 원하는 시기에 원하는 외진 곳까지 그들을 이동시킬 수 있다는 것이다.

**41_** 이 식민지 문서고와 논의에 대한 최근 분석으로는 M. van Waijenburg, "Financing the African Colonial State: The Revenue Imperative and Forced Labor", *Journal of Economic History*, vol. 78(1), 2018, pp. 40~80; I. Merle, A. Muckle, *L'Indigénat. Genèses dans l'empire français, pratiques en Nouvelle-Calédonie*, CNRS Éditions, 2019 참조.

**42_** F.-X. Fauvelle-Aymar, *Histoire de l'Afrique du Sud*, Seuil, 2006, pp. 382~395 참조.

**43_** 또다른 식민지 맥락에서도 거주지정구역체제가 관찰되는데, 예컨대 19세기 말과 20세기 전반기에 프랑스령 누벨칼레도니섬의 토착민들이 그러하다. G. Noiriel, *Une histoire populaire de la France. De la guerre de Cent Ans à nos jours*, Agone, 2018, pp. 431~435 참조.

**44_** 전문 부록과 파쿤도 알바레도, 앤서니 앳킨슨, 엘로디 모리발의 연구 참조.

**45_** 부분적으로는 흑인 정당인 경제해방투사(EFF, 부의 재분배를 위해 투쟁하는 정당)의 압력을 받아서이기도 했고, 또한 흑인 부르주아 일부가 구 아프리카너 백인 정당(국

민당, 2000년 이후에는 민주동맹)으로 넘어갔다는 사실 때문이기도 하다. 전문 부록과 A. Gethin, *Cleavage Structures and Distributive Politics*, PSE, 2018 참조.

**46_** 흥미로운 저서 F. Cooper, *Citizenship between Empire and Nation: Remaking France and French Africa 1945~1960*, Princeton University Press, 2014; ID., *Africa in the World: Capitalism, Empire, Nation-State*, Harvard University Press, 2014 참조.

**47_** 에스파냐는 1809~1812년에 라틴아메리카 식민지와 연방의회를 조직하려고 시도했지만, 그 맥락은 전혀 달랐고 이를 실행할 시간 또한 없었다.

**48_** 1차 헌법안은 경제이사회와 프랑스연합이사회를 준비했으나 순전히 자문기관으로 서였고 전적으로 의회의 통제를 받았는데, 그 의회의 구성이 이론상으로는 본국-해외 균형에 근접할 수 있었다.

**49_** 이 논의에 관해서는 F. Cooper, *Citizenship between Empire and Nation, op. cit.*, ici cité en pp. 42~61, 92~93, 148~151, 187~189, 214~258 참조.

**50_** 1945년에 공산주의자들의 지지로 레위니옹·과들루프·마르티니크가 데파르트망으로 승격될 당시, 일부 백인 대농장주들이 남아프리카 방식의 독립주의적이고 분리주의적인 모델을 추진하고자 했다는 점을 주목해보면 흥미롭다. 노예의 손자로서 프랑스령 기아나에서 당선된 가스통 모네르빌은 공화국평의회 의장이 된 데 이어 1947년부터 1968년까지 상원의장을 지냈으며, 드골 사임 이후 프랑스공화국 최초의 혼혈 대통령(권한 대행)을 약 6개월 지냈다는 점 또한 기억해두자.

**51_** F. Cooper, *Citizenship between Empire and Nation, op. cit.* 참조.

**52_** 1946년 협상 당시 1차 제헌의회는 알제리에 35개 의석을 부여했다(식민지 정착민 14석, 무슬림 21석). (1962년 독립알제리의 초대 국가수반이 되는) 알제리 지도자 페르하트 아바스는 55석을 요구했다(식민지 정착민 20석과 무슬림 35석을 요구했는데, 정작 할당제가 있었다면 106석이 주어졌을 것이다). 2차 제헌의회는 그들에게 30석을 부여했다(식민지 정착민 15석, 무슬림 15석). 많은 이들에게 전쟁으로의 이행은 불가피한 것이 되었다. F. Cooper, *Citizenship between Empire and Nation, op. cit.*, p. 135 참조.

**53_** 같은 책, pp. 328~421 참조,

**54_** 17장 1072~1084쪽 참조.

1_ 7장 참조.

2_ 포르투갈은 힌두 왕녀는 받아들이고자 했으나 자국 왕녀를 보내는 것은 거부했다. 이러한 왕실 혼인에 관해서는 S. Subrahmanyam, *L'Éléphant, le Canon et le Pinceau. Histoires connectées des cours d'Europe et d'Asie 1500~1750*, Alma, 2016 참조.

3_ 14~16장 참조.

4_ 2장 91~94쪽 참조.

5_ *The Law Code of Manu*, nouvelle traduction par P. Olivelle, Oxford Classics, 2004, p. 19 참조.

6_ 같은 책, pp. 106~110.

7_ 같은 책, pp. 183, 284.

8_ 같은 책, Introduction de P. Olivelle, pp. xli~xlv; P. Olivelle, *Between the Empires: Society in India 300 BCE to 400 CE*, Oxford University Press, 2006; P. Olivelle, D. Davies, *Hindu Law: A New History of Dharmasastra*, Oxford University Press, 2018 참조.

9_ 1920년대 군주제 흐름에 동조했던 뒤메질은 1986년 인터뷰에서 자신의 주장을 다음과 같이 요약한다. "국가의 최고위직을 변덕과 야심으로부터 보호하는, 군주제적일 뿐 아니라 왕조적인 원칙은, 당통과 보나파르트 이후로 우리가 겪고 있는 일반화된 선거보다 바람직하다고 나는 여겼으며 지금도 그렇게 여기고 있다." D. Eribon, *Faut-il brûler Dumézil? Mythologie, science et politique*, Flammarion, 1992, p. 67 참조.

10_ 간디의 이념에 관해서는 N. Dirks, *Castes of Mind: Colonialism and the Making of Modern India*, Princeton University Press, 2001, pp. 232~235, 298~299 참조.

11_ F. Bougard, G. Bührer-Thierry, R. Le Jan, "Les élites du haut Moyen Âge: identités, stratégies, mobilités", *Annales. Histoire, Sciences sociales*, vol. 68(4), 2013, pp. 1079~1112 참조.

12_ 2장과 5장 227~229쪽 참조.

13_ M. Weber, *Hindouisme et Buddhisme*, 1916; L. Dumont, *Homo hierarchicus. Le système des castes et ses implications*, Gallimard, 1966. 뒤몽이 보기에, 신성함과 종교에 의거한 자리 할당이 인도사회의 구조화를 가능하게 하는바, 유럽사회가 합리주의와 전쟁의 혼미함에 사로잡혀 이 원칙을 부인하는 것이 부분적으로 20세기의 표류를 설명해준다는 것이다.

**14_** S. Subrahmanyam, *L'Éléphant, le Canon et le Pinceau*, *op. cit.* 참조. 다른 저자들과 더불어 바로 이 저자가 강조했던 점은, 영국의 인도 정복은 다수의 우발성을 내포한 불확실한 과정의 소산이었다는 것이다. 이 과정은 이에 연루된 다양한 국가조직들의 가변적 전략에 따라 다르게 돌아갈 수도 있었다(앞선 정복자들과는 반대로, 1739년에 페르시아 황제 나디르 샤가 델리에서 신속하게 퇴각하여 결국 유럽인들에게 자유로운 길을 열어준 것과 같이). Q. Deluermoz, P. Singaravélou, *Pour une histoire des possibles. Analyses contrefactuelles et futurs non advenus*, Seuil, 2016, pp. 231~238 참조.

**15_** 마이소르와 구자라트의 힌두왕국 및 이슬람왕국이 동인도회사와 접촉하면서 겪는 사회경제적 정치적-이데올로기적 전환들에 대한 최근 연구로는 K. Yazdani, *India, Modernity and the Great Divergence: Mysore and Gujarat(17th to 19th C.)*, Brill, 2017 참조.

**16_** N. Dirks, *The Hollow Crown: Ethnohistory of an Indian Kingdom*, Cambridge University Press, 1987; ID., *Castes of Mind*, *op. cit.*, pp. 65~80 참조.

**17_** 라지푸트의 기원에 관해서는 여러 이론이 통용되어왔다. 식민지시대에 높이 평가받은 한 이론은, 라지푸트를 흉노족과 스키타이족 시대의 외침과 결부시키고는 굽타왕조의 몰락 이후 크샤트리아로 통합되었다고 보았다. 또다른 이론에서는 그들을 베다시대의 크샤트리아, 또는 정치권력을 장악함에 따라 크샤트리아가 된 옛 브라만들의 직계손으로 간주했다. A. Hiltebeitel, *Rethinking India's Oral and Classical Epics: Draupadi among Rajputs, Muslims, and Dalits*, University of Chicago Press, 1999, pp. 441~442 참조.

**18_** S. Bayly, *Caste, Society and Politics in India from the Eighteenth Century to the Modern Age*, Cambridge University Press, 1999, pp. 33~34, 56~63 참조.

**19_** 5장 227~229쪽 참조.

**20_** 2장 120~126쪽 참조.

**21_** S. Subrahmanyam, *Vasco de Gama. Légende et tribulations du vice-roi des Indes*, Alma, 2012, pp. 159~207(*The Career and Legend of Vasco de Gama*, Cambridge University press, 1997) 참조.

**22_** 같은 책, pp. 193~196 참조. 위대한 민족 영웅에 빈대하는, 세나가 익살스럽기까지 한 인도학자의 이 불손한 논조는, 책 출간 당시 보수적인 포르투갈 역사가들로부터 격렬한 반발을 불러일으켰다.

**23_** S. Subrahmanyam, *L'Empire portugais d'Asie, 1500~1700*, Seuil, "Points", 1999(Longmans, 1993) 참조.

24_ S. Gruzinski, *Les Quatre Parties du monde. Histoire d'une mondialisation*, La Martinière, 2004 참조. 이 계몽적인 책에서 그루진스키는, 멕시코에서 그토록 빨리 에스파냐가 승리한 건 이베리아인들이 가져온 새로운 질병뿐 아니라 특수한 불평등주의체제에 이베리아인들이 침입하여 반란을 선동한 능력으로도 설명됨을 보여준다(아즈텍 귀족이 실행한 강제노동과 지배 형태는 오랫동안 도전받아왔고, 에스파냐인들의 도래는 붕괴를 촉진시키며 대안을 제공했다).

25_ E. Said, *Orientalism*, Vintage Books, 1978(저자의 새 서문이 있는 2003년 판) 참조.

26_ "자유를, 그들은 모른다. 소유를, 그들은 갖고 있지 않다. 힘이 그들의 신이다. 하늘의 높은 정의를 집행하는 이 정복자들의 출현을 오랫동안 보지 못한 채 지내왔던 그들은 대장 없는 병사들, 입법자 없는 시민들, 아비 없는 가족처럼 보인다. (…) 무어인들은 여러 번 기독교도들에게 복종할 뻔했다. 이 사람들이 다른 야만인들에 비해 더 우아한 풍속을 가지고 있긴 하지만, 일부다처제와 노예제를 용납하는 그들의 종교와 포악하고 질투하는 그들의 기질에는 인류의 행복과 계몽을 저해하는 강구한 방해물이 있다. 에스파냐의 기사단들은 이 불신자들과의 전투에 나섬으로써 매우 큰 불행으로부터 우리를 지켜주었다. (…) 기사들이 불신자들을 집안까지 추적해 들어갔다고들 비난했다. 하지만 이것이 무엇보다도 기독교도들을 먼저 공격했던 자들에 대한 정당한 보복이었음은 지적하지 않는다. 십자군을 정당화해주는 자들은 무어인들인 것이다. 코란의 제자들이 아라비아사막에서 조용히 지냈던가? 그렇지 않다. 자신들의 법과 약탈을 델리와 빈의 성벽에까지 가져오지 않았던가? 혹시 이 맹수들의 소굴이 다시 가득차는 것을 기다려야만 했다는 것인가!" 같은 책, p. 172 참조.

27_ 인도의 식민지배자가 크뢰즈의 석공, 피카르디의 목수, 카탈루냐의 포도 따는 사람들을 상자 안에 분류해놓고 이러한 할당에 따라 수십 년 동안 권리와 의무를 분배했다면 과연 그들에게 어떤 일이 일어났을지 말하기란 더욱 어렵다.

28_ 산스크리트어로 '바르나'라는 단어는 '색깔'이라는 단어에서 유래한다. 『라마야나』에서 라마는 하누만과 원숭이 부대의 도움을 받고서야 악마 라바나를 물리치고 자신의 연인 시타를 구출하는 데 성공한다. 이처럼 남쪽의 더 검은 인도인들부터 북쪽의 더 흰 인도인들에 이르기까지 인도 전체 인민이 단결함으로써, 비로소 정치질서와 지상의 조화를 회복할(부수적으로 스리랑카를 복속시킬) 수 있다는 것이다.

29_ S. Bayly, *Caste, Society and Politics in India*, *op. cit.*, p. 132 참조.

30_ J. Nesfield, *Brief View of the Caste System of the North-Western Provinces and Oudh, Together With an Examination of Names and Figures Shown in the*

*Census Report 1882*, Allahabad, 1885, p. 75 참조.

**31_** 13세기 캄보디아로 여행간 중국인 여행자들의 문헌, 또는 15세기 자바인들의 문헌들에서도 주류사회에 통합되지 못하고 '문명화된 사람들'의 언어를 잘 이해하지 못하며, 식술과 함께 숲속이나 마을 근처에서 방황하며 수렵으로 살아가는 주민들을 묘사한 유사한 언급들이 확인된다. 이러한 언급들에는 '문명화된 사람들'의 강한 부정적 편견들도 깃들어 있지만 간혹 통합의 희망 또한 물들어 있다. D. Lombard, *Le Carrefour javanais. Essai d'histoire globale*, vol. 3: *L'Héritage des royaumes concentrique*, *op. cit.*, pp. 24~25 참조.

**32_** 인구조사 이후에 제출된 식민지 보고서의 세부 데이터 및 1차 자료와 관련된 모든 것은 온라인 전문 부록에서 확인할 수 있다.

**33_** 크샤트리아 비율은 1881~1891년에 늘어나는데, 이는 초기 인구조사들에서 영국인들이 브라만을 식별해내려 했기 때문이라고 설명될 수 있다. 상층 카스트로 인정받아도 유리할 게 없고 오히려 불리한 일이 될 수 있다는 맥락에서 두 집단은 1891~1931년에 그 규모가 줄어든다. 표 8.2 참조.

**34_** 1장 도표 1.1 참조.

**35_** 5장 도표 5.2 참조.

**36_** *Report on the 1871 Census of the Madras Presidency*, Madras, 1874, p. 363 참조.

**37_** 5장 219~223쪽 참조.

**38_** N. Dirks, *Castes of Mind*, *op. cit.*, pp. 181~182 참조.

**39_** 7장 338~341쪽 참조.

**40_** A. Stanziani, "Slavery in India", *The Cambridge World History of Slavery*, Cambridge University Press, 2017, p. 259 참조.

**41_** G. Cassan, "Identity-Based Policies and Identity Manipulation: Evidence from Colonial Punjab", *American Economic Journal*, 2014, vol. 7(4), pp. 103~131 참조.

**42_** S. Bayly, *Caste, Society and Politics in India*, *op. cit.*, pp. 217~232; N. Dirks, *Castes of Mind*, *op. cit.*, pp. 236~238 참조.

**43_** J. Hutton, *Caste in India: Its Nature, Functions and Origins*, 1946, Cambridge University Press, pp. 197~199 참조.

**44_** N. Dirks, *Castes of Mind*, *op. cit.*, pp. 257~263 참조.

**45_** 같은 책, pp. 236~238.

**46_** 페리야르는 타밀나두의 세습적 사제 신분을 폐지하고 성직에 대한 평등한 접근

을 관철시키고자 했으나 1970년에 대법원은 이를 각하했다. 같은 책, p. 263 참조. 1950~1960년 인도 농촌에서 브라만과 비브라만 사이에 주로 식생활과 관련하여 여전했던 차별과 공간의 계층화에 대한 분석으로는 A. Beteille, *Caste, Class and Power: Changing Patterns of Stratification in a Tanjore Village*, University of California Press, 1965 참조.

**47_** 당시 80만 루피는 약 3만 유로의 구매력에 상응하는데 현행 환율로는 3배 적다.

**48_** 4부 16장 983~1003쪽 참조.

**49_** 비브라만의 평균소득은 2010년대 브라만(인구의 5%를 약간 넘는데, 남아공 백인에 비해 훨씬 소수의 엘리트다) 평균소득의 약 65%다. 전문 부록과 다음에 수집되어 있는 데이터 참조. N. Bharti, "Wealth Inequality, Class and Caste in India, 1951~2012", WID.world, Working Paper, n° 2018/14. 미국의 인종 불평등에 관해서는 다음을 보라. R. Manduca, "Income Inequality and the Persistence of Racial Economic Disparities", *Sociological Science*, vol. 5, 2018, pp. 182~205; P. Beyer, K. Kofi Charles, "Divergent Paths. A New Perspective on Earnings Differences between Black and White Men since 1940", *Quarterly Journal of Economics*, vol. 133(3), 2018, pp. 1459~1501.

**50_** F. Jensenius, *Social Justice Through Inclusion: The Consequences of Electoral Quotas in India*, Oxford University Press, 2017 참조. 배정 의석은 인구조사와 선거구 재획정에 따라 진화한다. 2014년 전국 평균으로는 지정카스트 유권자가 17%인 것에 비해, 지정카스트 선거구에는 25%의 지정카스트 유권자가 있다. 지정카스트-지정부족 당선자들이 (같은 당 내부의) 다른 당선자들과 차별화되는 투표를 하거나 상이한 사회경제정책을 추구하지는 않는 것 같다. 이는 기만으로 보일 수도 있고, 또는 오히려 정당들과 정치체계 내부로의 성공적인 사회통합 표시로 보일 수도 있다.

**51_** L. Beaman, R. Chattopadhyay, E. Duflo, R. Pande, P. Topalova, "Powerful Women: Does Exposure Reduce Bias?", *Quarterly Journal of Economics*, vol. 124(4), 2009, pp. 1497~1540 참조.

**52_** C. Jaffrelot, *Inde: la démocratie par la caste. Histoire d'une mutation sociopolitique 1885~2005*, Fayard, 2005 참조. 규약적인 불평등주의체제에 대한 성찰에서 카스트 및 카스트 극복이 갖는 핵심적인 중요성에 관해서는 ID., "Partir de la caste pour penser les assignations statutaires", *in* C. Jaffrelot, J. Naudet, *Justifier l'ordre social*, PUF, 2013 참조.

**53_** A. Teltumbe, *Republic of Caste: Thinking Equality in a Time of Neoliberal*

*Hindutva*, Navayana, 2018, p. 346 참조.

**54_** J. Drèze, A. Sen, *An Uncertain Glory: India and its Contradictions*, Princeton University Press, 2013 참조. 20년 전에 이 저자들이 도출했던 덜 불안한 비교대차대조표와 대조해보는 것은 합당하면서 시사적이다. ID., *India. Economic Development and Social Opportunity*, Oxford University Press, 1995 참조.

**55_** 2015년 라자스탄과 하리아나의 힌두인민당 정부는 선출직 접근을 화장실을 사용하고 충분히 교육받은 사람(여성에게는 최소 5년, 남성에게는 8년의 취학기간)으로 한정했고, 대법원은 이 조치들을 승인했다. 부모들이 '부정한 직업'을 가졌는지 여부를 묻는 (분명히 과거 불가촉천민들의 자녀를 겨냥한) 입학 신청 용지는 2018년에 스캔들을 일으켰고 하리아나에서는 결국 폐기되었다. A. Teltumbe, *Republic of Caste, op. cit.*, pp. 57~75 참조.

**56_** 특히 13장 753~757쪽 참조.

**57_** 전간기에 이루어진 암베드카르와 (1925년에 창당된) 인도 공산당 지도자들 사이의 갈등과 논쟁에 관해서는 A. Teltumbe, *Republic of Caste, op. cit.*, pp. 105~107 참조.

**58_** S. Bayly, *Caste, Society and Politics in India, op. cit.*, pp. 288~293; N. Dirks, *Castes of Mind, op. cit.*, pp. 283~285 참조.

**59_** '낙살라이트'라는 용어는 낙살바리 촌락과 관련된다. 1967년 벵골 북부의 이 촌락에서 무토지 농민들이 어느 토지소유자의 비축미를 탈취하며 운동을 개시했던 것이다. 그 용어는 일반적인 반정부 반란의 동의어가 되었다. 예컨대 2018년 마하라슈트라에서—한쪽에서는 달리트와 마라타의 대결이라고, 다른 쪽에서는 친달리트적인 영국인들에 맞선 전투라고 해석한—코레가온전투(1818년) 200주년 즈음해 갈등을 빚으며 열린 기념식이 끝나고 '도시 낙살라이트들'(실제로는 친달리트적인 지식인들인데, 2014년 차이타냐 탐헤인이 감독한 영화 〈코트〉에서 이들이 묘사된다)이 체포된다.

**60_** S. Bayly, *Caste, Society and Politics in India, op. cit.*, pp. 344~364; A. Teltumbe, *Republic of Caste, op. cit.*, pp. 179~202 참조.

**61_** 특히 A. Banerjee, P. Gertler, M. Ghatak, "Empowerment and Efficiency: Tenancy Reform in West Bengal", *Journal of Political Economy*, vol. 110(2), 2002, pp. 239~280; A. Banerjee, L. Iyer, R. Somanathan, "History, Social Divisions and Public Goods in Rural India", *Journal of the European Association*, vol. 3(2~3), 2005, pp. 639~647; A. Banerjee, L. Iyer, "History, Institutions and Economic Performance: The Legacy of Colonial Land Tenure Systems in India", *American Economic Review*, vol. 95(4), 2005, pp. 1190~1213 참조.

**62_** F. Jensenius, *Social Justice Through Inclusion*, *op. cit.*, pp. 15~20 참조.

**63_** J. Cagé, *Le Prix de la démocratie*, Fayard, 2018 참조.

**64_** 다음에 실린 전문 부록과 비교 참조. N. Bharti, "Weath Inequality, Class and Caste in India, 1951~2012", art. cité. 또한 A. Banerjee, E. Duflo, M. Ghatak, J. Lafortune, "Marry for What? Caste and Mate Selection in Modern India", *American Economic Journal*, vol. 5(2), 2013, pp. 33~72 참조. 중복 답변과 수많은 하위 자티를 고려할 때, 자진신고 조사들에는 사용된 질문지에 따라 수천 가지에서 수만 가지의 자티가 등재된다.

## 제 9 장

**1_** 6~7장 참조.

**2_** 전문 부록과 K. Karaman, S. Pamuk, "Ottoman State Finances in European Perspective", *Journal of Economic History*, vol. 70(3), 2010, pp. 593~629 참조.

**3_** 14~15세기 프랑스왕국과 잉글랜드왕국의 세수는 진행중이던 영토 재편 및 군사 갈등과 관련하여 숱한 우여곡절을 거치면서도 항상 연간 100톤 이하였다. J.-P. Genet, "France, Angleterre, Pays-Bas: l'État moderne", *in* P. Boucheron, *Histoire du monde au XV$^{e}$ siècle*, t. I: *Territoires et Écritures du monde*(2009), Pluriel, 2012, pp. 248~249 참조.

**4_** 10장 도표 10.14 참조.

**5_** 국민소득은 오늘날 국내총생산(어느 영토에서 1년간 생산된 재화 및 서비스에서 이 생산에 사용된 필수 재화 및 서비스를 공제한 총액)이라고 부르는 것, 즉 자본의 감가상각(설비·기계·숙소 등의 마모에 들어가는 비용으로, 이는 국내총생산의 10~15%에 상당한다)을 빼고, (나라에 따라 플러스이거나 마이너스일 수 있지만, 세계적 차원에서는 상쇄되는) 해외 순수입을 더하거나 뺀 국내총생산과 같다는 점을 상기하자. 1690~1710년 영국과 프랑스의 국민소득에 대한 이 최초의 추계들은, 그후 특히 프랑스혁명기에 (예컨대 '프랑스 영토의 부'에 관한 라부아지에의 저작을 통해) 부단히 정교해졌다. 국민계정의 역사에 관해서는 『21세기 자본』 1~2장 참조. 또한 1700년 이후에 확립된 '국부'의 다양한 측정에 관해서는 10장 485~489쪽에서 재론할 것이다.

**6_** 전문 부록 참조. 국민소득 계산은 주로 여기서 인용된 도시 임금 데이터에 근거하지만, 그 데이터는 생산 및 교환과 관련된 또다른 많은 자료와 결합하는데, 원칙상 이를

통해 해당 국가의 진정한 평균국민소득이 더 잘 드러난다. 하지만 다양한 기초자료가 상대적으로 불확실할 때 그것들을 국민소득 또는 국내총생산으로 묶는 것은 논의를 전혀 명료하게 해주지 않는다. 그리하여 많은 연구자와 내가 선택하는 것은 일련의 세수를 도시 임금 일수로 제시하는 것이다.

**7_** 국가에 고용된 사람들(경찰관·군인·행정가 등)의 직능과 보수는 해당 사회의 평균 수준으로, 그들이 자신들이 맡은 바를 수행하는 데 필요한 설비 및 도구 역시 평균 수준으로 가정한다.

**8_** 이러한 추이는 2010년대 군사비 예산에도 해당된다. 이 비용은 (유럽처럼) 군사적으로 적극적이지 않은 나라에서는 국민소득의 약 2%고, 미국에서는 4%, 사우디아라비아에서는 10%를 넘어선다. 세계적으로 군사지출은 (식민지 전쟁과 냉전이 있던) 1960년대 초에 국민소득의 6% 이상이었다가 2010년대에는 단 3%가 되었다. 전문 부록 참조.

**9_** 특히 K. Karaman, S. Pamuk, "Different Paths to the Modern State in Europe: The Interaction between Warfare, Economic Structure, and Political Regime", *American Political Science Review*, vol. 107(3), 2013, pp. 603~626; M. Dincecco, "The Rise of Effective States in Europe", *Journal of Economic History*, vol. 75(3), 2015, pp. 901~918; ID., *State Capacity and Economic Development*, Cambridge University Press, 2017 참조.

**10_** C. Tilly, *Coercion, Capital and European States, AD 990~1990*, Blackwell, 1990; N. Gennaioli, H. J. Voth, "State Capacity and Military Conflict", *Review of Economic Studies*, vol. 82, 2017, pp. 1409~1448 참조.

**11_** 이 광범위한 기술 혁신에 관해서는 P. Hoffman, "Prices, the Military Revolution, and Western Europe's Comparative Advantage in Violence", *Economic History Review*, vol. 64, 2011, pp. 39~59; ID., "Why Was it Europeans who Conquered the World?", *Journal of Economic History*, vol. 72(3), 2012, pp. 601~633 참조.

**12_** K. Karaman, S. Pamuk, "Ottoman State Finances in European Perspective", art. cité, p. 612 참조.

**13_** 이러한 양적 차이 외에도, 앞선 몇백 년간 유럽 내부의 전투에서 계승된 우수한 군사조직 형태(특히 해군)가 행한 역할을 강조해야 한다. 특히 C. Bayly, *The Birth of the Modern World*, 1780~1914, Oxford University Press, 2004 참조.

**14_** 다음의 뛰어난 책 K. Pomeranz, *The Great Divergence: China, Europe and the Making of the Modern World Economy*, Princeton University Press, 2000 참조. 1500~1800년 세계 천연자원 개발에 관한 세계적 전망을 살피려면 또한 J. Richards,

*The Unending Frontier: An Environmental History of the Early Modern World*, University of Chicago Press, 2003 참조.

**15_** K. Pomeranz, *The Great Divergence*, *op. cit.*, pp. 211~230, 264~297, 307~312 참조.

**16_** 7장 326~328쪽 참조. 아편전쟁에 관해서는 예컨대 P. Singaravélou, S. Venayre, *Histoire du monde au XIX[e] siècle*, *op. cit.*, pp. 266~270 참조.

**17_** 8장 379~381쪽 참조.

**18_** 1718~1720년의 거품 당시 구상된 가장 거대한 기획은 프랑스 상인들이 자본 8000만 파운드(그 시대 영국의 약 1년 치 국민소득)로 아메리카 전체와의 무역을 독점할 회사를 구상했다는 것이다. 여러 기획이 신화적인 오빌 왕국의 발견을 예고했다. 이 왕국은 솔로몬왕의 부를 감춰놓은 곳으로 유명했으며 그 위치는 대략 오늘날의 모잠비크와 짐바브웨 사이였다. 또다른 기획은 현지 상인들의 욕망에 보다 빨리 응하고자 노예와 교환되는 섬유제품을 아프리카에서 생산하는 것이었다. S. Condorelli, *From Quincampoix to Ophir: A Global History of the* 1720 *Financial Boom*, Bern University, 2019; A. Orain, *La Politique du merveilleux. Une autre histoire du Système de Law*, Fayard, 2018 참조.

**19_** 산업자본주의 발전에서 노예제적인 식민 수탈의 핵심 역할에 대한 분석은 이미 19세기에 (카를 마르크스를 비롯한) 많은 관찰자와, 『자본주의와 노예제도』(1944)에서 에릭 윌리엄스(1956~1981년 트리니다드토바고의 수상)가 행했음을 짚고 넘어가자. 비교해보자면 막스 베버는 『프로테스탄트 윤리와 자본주의 정신』(1905)에서 문화적 종교적 요인들을 강조했고, 반면에 페르낭 브로델은 『물질문명과 자본주의』(1979)에서 가톨릭과 프로테스탄트의 유럽에서 온 대자본가의 역할을 부각시켰다. 훨씬 덜 유럽중심주의적인 포메란츠·파르타자라티·베케르트의 최근 연구들은, 마르크스와 윌리엄스로 돌아간 면모를 보이면서도 지구사 및 접속된 역사와 연계된 더욱 풍부한 자료와 도구에 기반을 두고 있다.

**20_** J.-L. Rosenthal, R. B. Wong, *Before and Beyond Divergence: The Politics of Economic Change in China and Europe*, Harvard University Press, 2011 참조.

**21_** S. Beckert, *Empire of Cotton: A Global History*, *op. cit.*; S. Beckert, S. Rockman, *Slavery's Capitalism: A New History of American Economic Development*, University of Pennsylvania Press, 2016 참조.

**22_** 분명 애덤 스미스의 설명에는 규범적이고 미래를 전망하는 측면이 있다. 그가 군사적 노예제적 과정이 영국의 번영에 아무런 역할도 한 게 없다고 주장한 건 아니다(그

러기는 어려웠을 것이다). 오히려 그는 미래의 부의 관건이 소유권에 대한 존중과 수요 공급 법칙에 기초해 있다고 주장했다. 마찬가지로 더글러스 노스와 배리 바인개스트가 옹호한 발전에 대한 신소유주의적 관점은, 다른 요인들의 중요성을 부인하지는 않지만, 소유권 보호와 영국의 유덕한 제도들을 중심으로 논의된다(특히 "Constitutions and Commitment", *Journal of Economic History*, vol. 49[4], 1989, pp. 803~832 참조). 다른 아제모을루와 제임스 로빈슨이 발전시킨 접근은, 처음에는 대서양혁명에서 유래한 소유권체계의 역할에 중점을 두었고, 그후에는 이를 확장시켜 발전과정에서 '포용적 제도들'이 행한 역할을 강조했다. '포용적 제도들'은 다수의 사회적 재정적 교육적 제도들을 잠재적으로 포괄할 수 있는 폭넓은 개념이다(*Why Nations Fail: The Origins of Power, Prosperity and Poverty*, Crown Publishers, 2012 참조).

**23_** 예컨대 S. Broadberry, H. Guan, D. Daokui Li, "China, Europe and the Great Divergence: A Study in Historical National Accounting 980~1850", *Journal of Economic History*, vol. 78(4), 2018, pp. 955~1000 참조. 이 저자들은 중국과 영국 사이의 1인당 생산 및 평균임금 분기가 명확히 1700년부터 나타난다고 결론짓는다. 이것은 포메란츠의 추산(그는 1750~1800년 유럽과 아시아의 선진적인 지역들의 임금이 비슷하다는 생각을 옹호한다)에 비하면 조금 이른 것이지만 "그전의 유럽중심주의적 테제들에서 제시되는 것보다는 늦게 일어나는" 것이다. 그렇지만 이 자료들을 통해 정확한 논의를 할 수 있을지는 불확실하며, 어쩌면 (포메란츠가 했듯이) 중국과 유럽의 특정 지역들에 집중하는 것이 바람직할 것이다.

**24_** 다음의 뛰어난 저서 P. Parthasarathi, *Why Europe Grew Rich and Asia Did Not: Global Economic Divergence 1600~1850*, Cambridge University Press, 2011 참조.

**25_** 가용 추계에 따르면, 1600~1800년 사이에 (은에 해당하는) 약 142킬로톤의 귀금속(아메리카에서 132킬로톤, 일본에서 10킬로톤)이 채굴되었고 약 28킬로톤(20%)이 인도로 수출된다. 같은 책, pp. 46~47 참조.

**26_** 같은 책, pp. 97~131, 234~235 참조. 또한 P. Singaravélou, S. Venayre, *Histoire du monde au XIX^e^ siècle, op. cit.*, pp. 90~92 참조.

**27_** 인류학자 클로드 레비스트로스가 보기에, 일본의 행운은 근대화가 정확히 복고의 형식을 취했다는 데 있다. 요컨대 황제와 일부 구엘리트가 권력을 잡아 전통을 존중하는 가운데 산업 성공을 이뤄냈기 때문이라는 것이다. 반면 프랑스의 혁명적 부르주아는 오래된 (그렇지만 자본주의의 위험을 감수할 준비가 되어 있던) 귀족을 타도하고 관료 자리를 차지하는 데만 그쳤다는 것이다. 설득력이 없긴 하나 이 연구에는 국가의 사회

경제적 정치적-이데올로기적 궤적을 살펴보려는 절박한 필요성이 이따금 드러난다. C. Lévi-Strauss, *L'Autre Face de la Lune. Écrits sur le Japon*, Seuil, 2011, pp. 75~76, 155~156 참조.

**28_** 예컨대 E. Reischauer, *Histoire du Japon et des Japonais*, Seuil, 1997, t. I, pp. 164~196 참조.

**29_** 기욤 카레의 도움을 받아 수집된, 에도시대와 메이지시대 일본 인구조사의 데이터에 대한 상세한 소개로는 전문 부록 참조.

**30_** 5장 도표 5.2와 8장 도표 8.3 참조.

**31_** G. Carré, "Les marges statutaires dans le Japon prémoderne: enjeux et débats", *Annales Histoire, Sciences sociales*, vol. 66(4), 2011, pp. 955~976; T. Morishita, "Le Japon prémoderne: une société de status. Réflexions sur quatre décennies de débats", *Histoire, Économie et Société*, vol. 36(2), 2017, pp. 30~45 참조.

**32_** 일부 추계에 따르면 일본의 세수는 이미 19세기 중반에 비교적 높았다(국민소득의 거의 10%로 중국이나 오토만보다 유럽 국가들에 더 가까웠다). 그후 메이지시대 초기가 되면 국민소득의 10% 이상으로 증대된다. T.-H. Sng, C. Moriguchi, "Asia's Little Divergence: State Capacity in China and Japan Before 1850", *Journal of Economic Growth*, vol. 19(4), 2014, pp. 439~470 참조.

**33_** 이 학생들을 기리는 가고시마시립미술관의 기념물 참조.

**34_** 평화주의적이고 페미니즘적인 걸작 애니메이션으로 유명한 감독 미야자키 하야오는, 최근 영화 〈바람이 분다〉(2013)에서 호리코시 지로(특히 전시에 수많은 인명을 살상한 미쓰비시 폭격기 A6M의 설계자)의 삶과, 더 일반적으로는 전간기에 독일 및 유럽 엔지니어들로부터 평가와 존경을 받고 싶어했던 일본 엔지니어들의 어려움과 의구심을 애정을 담아 묘사한다.

**35_** 자신들의 지배를 확신하는 서양권력은 당시에 습관적으로 이런 식의 모욕을 가했다. 1926년에 브라질은 상임이사국 지위를 거부당했으며, 이로 인해 국제연맹을 탈퇴해버렸다. B. Badie, *Nous ne sommes plus seuls au monde. Un autre regard sur l'"ordre international"*, La Découverte, 2016, p. 142 참조.

**36_** 근대에 아시아 내부 식민화의 또다른 주요 사례로는 1806~1848년 캄보디아로의 베트남왕국 팽창도 있다. 이것은 야만적인 서양을 베트남화-중국화하려는 야심찬 기획에 의거한 것이었다. 크메르족 왕들은 1863년 프랑스에 도움을 청했다. 프랑스는 별로 요구하는 것이 없었고 인도차이나반도 전체를 장악하기 위한 발판으로 그들을 이용했다. P. Singaravélou, S. Venayre, *Histoire du monde au XIX$^{e}$ siècle*, *op. cit.*, pp.

171~172 참조.

**37_** 서론의 도표 0.6 참조.

**38_** 예컨대 I. Mendizabal *et al.*, "Reconstructing the Population History of European Romani from Genome-wide Data", *Current Biology*, vol. 22(24), 2018, pp. 2342~2349 참조.

**39_** 1856년 이전에 집시들은 귀족과 수도사 모두에게 착취당했다. 집시노예제 폐지 160주년 기념식이 2016년에 루마니아와 유럽의 다른 곳에서 열렸다. 우리는 이미 여러 차례 노예제와 농노제, 강제노동의 다양한 형태 사이의 경계가 지닌 복잡성과 허술함에 주목했다(특히 6~7장 참조). 1856년 이전 집시의 지위가 농노에 속하는지 노예에 속하는지의 문제와 관련해서는 이 책의 틀을 훨씬 넘어서는 상세한 검토가 필요할 것이다. 조선의 노비라는 노예-농노의 경우도 사정은 동일한데, 노비 반란과 1894년의 해방 및 '부채' 탕감은 조선왕조 몰락과 일본의 침략을 촉진시켰다. 예컨대 B. R. Kim, "*Nobi*: A Korean System of Slavery", *Slavery and Abolition*, vol. 24(2), 2003, pp. 155~168 참조.

**40_** 유럽에서 실시된 정책들의 미비함에 관해서는 "Working with Roma. Participation and Empowerment of Local Communities", EU Agency for Fundamental Rights(2018) 참조.

**41_** 로마 기독교 또한 유럽의 정치적 통일성을 실현하려 시도했다. 특히 교황의 영적 권력은 공식적으로 신성로마제국(962~1806년)이라는 세속적 권력의 반대급부였다. 그러나 실제로 불안정하고 취약한 이 정치적 구성물은 기독교세계 일부(본질적으로 게르만어권 및 중부 유럽)에만 해당되었다. 무엇보다도 중국제국에 복무하는 유교 지식인들과의 결정적 차이는, 기독교 사제와 주교들은 무엇보다 (황제가 아니라) 교황에게 복무했다는 점이다. 게다가 두 권력은 서로 빈번히 충돌했고, 이것이 전반적인 취약함에 일조했다. 정치적-이데올로기적이고 사회경제적이며 지리적인 여타의 요인들이 중국의 통일성과 비교되는 유럽의 파편화를 설명하는 데 기여할 수 있다는 점은 분명하다.

**42_** 가용 연구들은 조세압력이 중국이 정치적으로 더 분열되었던 (그럼에도 상설 해군, 화약, 지폐 이용을 발전시킨) 시대인 송조(960~1279년)하에서 더 높았고, 통일적이고 신유교적인 명조와 청조하에서 더 낮은 수준(국민소득에서 세수가 점하는 비율이 5~10%가 아닌 2~3%)으로 안정되었다. R. von Glahn, *The Economic History of China: From Antiquity to the Nineteenth Century*, Cambridge University Press, 2016, pp. 358~382 참조.

**43_** 공식 집계에 따르면 예컨대 명조 초기(중국 인구가 1억에 육박했던 14세기 말)에

는 2만 4653명의 관리(그중 1944명은 수도의 중앙부서, 2만 2709명은 지방)가 있었는데, 이는 인구의 0.02%였다. J. Gernet, "Le pouvoir d'État en Chine", *Actes de la recherche en sciences sociales*, n° 118, 1997, p. 19 참조.

**44_** 이베리아반도 낙후의 연원으로 여겨지는 에스파냐 절대주의와 관련해서도 동일한 신화를 보게 된다. 하지만 무엇보다도 에스파냐 국가는 18~19세기에 국가의 결정을 실행에 옮기는 능력이 취약했다는 점과, 지역의 사제 엘리트 및 귀족 엘리트에 크게 의존했다는 것으로 특징지어진다.

**45_** 사용된 방법과 자료에 대한 상세한 소개로는 M. Elliott, C. Campbell, J. Lee, "A Demographic Estimate of the Population of the Qing Eight Banners", *Études chinoises*, vol. 35(1), 2016, pp. 9~39 참조.

**46_** 8장 도표 8.3 참조.

**47_** 5장 도표 5.2 참조.

**48_** S. Chen, *State-Sponsored Inequality: The Banner System and Social Stratification in North East China*, Stanford University Press, 2017 참조.

**49_** H. Yifei, *Social Mobility and Meritocracy: Lessons from Chinese Imperial Civil Service Examination*, CalTech PhD, 2016, pp. 5~11, table 1.1; C.-L. Chang, *The Chinese Gentry: Studies on their Role in Nineteenth-Century Chinese Society*, University of Washington Press, 1955; J. Osterhammel, *La Tranformation du monde. Une histoire globale du XIX<sup>e</sup> siècle*, Nouveau Monde Éditions, 2017, pp. 1023~1027 참조.

**50_** H. Yifei, *Social Mobility and Meritocracy, op. cit.*; B. Elman, *Civil Examinations and Meritocracy in Late Imperial China*, Harvard University Press, 2013 참조.

**51_** 특히 11장 595~596쪽 참조.

**52_** 생원 자격을 지닌 이들에게 개방된 총관직 수는 성인남성 인구의 0.01% 정도였다. 잠재적 합격률은 자격 보유자 50명 중 1명(성인남성의 0.5%)꼴이고 지식인 400명 중 1명(성인남성의 4%)꼴인 셈이다. (지방 관직이 90% 이상인 것에 비해) 베이징의 중앙정부가 관직의 10% 이하를 차지했던 만큼 합격 통로는 더욱 좁아졌다.

**53_** M. Elliott, C. Campbell, J. Lee, "A Demographic Estimate of the Population of the Qing Eight Banners", art. cité; S. Chen, *State-Sponsored Inequality, op. cit.* 참조.

**54_** 특히 L. Colin Xu, L. Yang, "Stationary Bandits, State Capacity, and Malthusian

Transition: The Lasting Impact of the Taiping Rebellion", PSE, 2018 참조.

**55_** P. Singaravélou, S. Venayre, *Histoire du monde au XIX$^e$ siècle, op. cit.*, pp. 286~288 참조.

**56_** 1888~1910년에 중국은 부채 상환을 위해 무역흑자를 늘려야만 했다. R. von Glahn, *The Economic History of China, op. cit.*, p. 394, figure 9.11 참조.

**57_** 특히 다음에 인용된 자크 그랑댕이라는 사람의 흥미로운 일기를 보라. P. Singaravélou, *Tianjin Metropolis. Une autre histoire de la mondialisation*, Seuil, 2017, pp. 224~225, 281~299, 331~335. 점령국은 영국·프랑스·미국·독일·러시아·일본·오스트리아헝가리제국·이탈리아·벨기에·덴마크다.

**58_** P. Singaravélou, S. Venayre, *Histoire du monde au XIX$^e$ siècle, op. cit.*, pp. 393~399 참조. 우리는 3부와 4부에서 이러한 입헌주의 및 소유주의 문제를 재론할 것이다(1919년과 1949년의 독일 헌법에 관해서는 특히 11장 554~555쪽 참조).

**59_** 1930년대와 1940년대 초 미국의 많은 외교관과 지정학자는, 전후 조직화에서 유럽의 식민권력과 소련의 영향력에 균형을 잡아주리라고 사민주의적인 중국에 희망을 걸었다. O. Rosenboim, *The Emergence of Globalism: Visions of World Order in Britain and the United States 1939~1950*, Princeton University Press, 2017, pp. 59~99 참조.

**60_** 특히 12장 666~696쪽 참조.

**61_** 다음의 뛰어난 저서 J.-P. Luizard, *Histoire politique du clergé chiite, XVIII$^e$~XXI$^e$ siècle*, Fayard, 2014 참조.

**62_** 시아파의 고위 사제는 오늘날에도 여전히 주로 이란·이라크·레바논에 기반을 두며 약 1억 7000만의 전 세계 시아파(무슬림의 11%) 위에 '군림'한다. 시아파는 이란에서는 인구의 85%, 바레인에서는 75%, 이라크에서는 55%, 레바논에서는 35%(하지만 무슬림 중에서는 절반 이상), 파키스탄과 아프가니스탄(과 인도의 무슬림)에서는 약 15~20%, 그리고 여타 이슬람 국가에서는 대체로 10% 이하를 차지한다. 같은 책, pp. 40~41 참조. 일부 저자들은 조로아스터교 시기(기원전 제1천년기와 서기 천년기의 초기) 고대의 삼기능적 이란에서 기능한 사회계급들인 피쉬트라pishtra들이 전사계급에 비해 사제계급에 각별한 위상을 부여했다는 사실을 강조한다(E. Sénart, *Les Castes dans l'Inde. Les faits et le système*, Leroux, 1896, pp. 140~141). 그렇지만 시아파로의 개종은 다른 지역에도 해당되는 것인 만큼, 이란 사제계급의 권력을 이러한 전통에 너무 강하게 결부시키는 것은 무모할 것이다. 이란의 시아파로의 개종과정과 관련된 논의들에 대해서는 I. Poutrin, "Quand l'Iran devint chiite. Religion et pouvoir chez les

Safavides(XVI$^{e}$~XVII$^{e}$s.)", *Conversion/Pouvoir et religion*, 2017 참조.

**63_** 이 세 성스러운 도시는 이라크에 있다. 이란에는 오직 마슈하드에만 이맘의 묘소가 있다. 선지자의 딸 파티마와 다른 이맘들은 메디나(사우디아라비아)에 묻혔고, 이것이 성지순례에서 사우디아라비아 당국(수니파)과 빚어지는 커다란 긴장들의 원천이다.

**64_** J.-P. Luizard, *Histoire politique du clergé chiite, op. cit.*, pp. 77~88 참조.

**65_** P. Singaravélou, S. Venayre, *Histoire du monde au XIX$^{e}$ siècle, op. cit.*, pp. 147~148 참조.

**66_** 2014년 이집트 헌법은 군사비 예산안을 군부 지도자와 협상해야 하는 기밀 사안(총액만 공개된다)으로 정한다. 2016년 태국 헌법은 군부 지도자들에게 상원을 지명할 권한을 부여하는데, 상원은 정부를 물러나게 할 수 있다.

**67_** 오늘날까지 유일한 비종교인 대통령은 마무드 아마디네자드(2005~2013년)뿐인데 그는 사제 및 종교 계급 출신의 여러 대통령보다 더 엄격한 보수파로 여겨진다.

**68_** J.-P. Luizard, *Histoire politique du clergé chiite, op. cit.*, pp. 217~230 참조.

**69_** 그럼에도 체제는 종교인들의 일정한 특권을 보호한다. 그 특권은 시아파 보호와 지역에서의 그들의 영향력, 이라크와의 전쟁(1980~1988년)에 대한 기억, 이라크의 소수파인 수니파 출신으로 1980년에 나자프의 위대한 마르자를 처형하는 데 망설임이 없었던 (종교인은 아닌) 사담 후세인을 서양의 모든 나라가 지지하고 무장시켰던 시기와 연결되어 있다.

**70_** 서론의 도표 0.4 참조.

**71_** 특히 13장 715~717쪽 참조.

**72_** 알카에다는 특히 2001년 9·11테러로 알려진 수니파 테러리스트 조직으로 시아파에 비교적 개방적인 것에 비해, IS는 '이라크와 레반트 지역에서' 강대한 수니파 이슬람 국가를 수립하려는 영토적 기획에 주로 기초를 두고 있으며(이라크와 시리아 사이의 국경을 근본적으로 재설정하는 것을 2014~2018년에 성공할 뻔했다) 이라크와 주변 지역 시아파에 극렬히 반대한다는 점을 상기하자.

**73_** 체제의 최근 진화에 관해서는 특히 A. Chelly, *Iran, autopsie du chiisme politique*, Cerf, 2017; C. Arminjon Hachem, *Chiisme et État. Les clercs à l'épreuve de la mordernité*, CNRS Éditions, 2013 참조.

**74_** 특히 A. Popovic, *La Révolte des esclaves en Irak au III$^{e}$/IX$^{e}$ siècle*, Geuthner, 1976; C. Coquery-Vidrovitch, *Les Routes de l'esclavage. Histoire des traites africaines*, Albin Michel, 2018, pp. 67~68 참조.

**75_** 예컨대 T. Ramadan, *Le Génie de l'Islam. Initiation à ses fondements, sa* *spiritualité et son histoire*, Archipoche, 2016, p. 47 참조. 저자는 같은 맥락에서 여성에게 부여되는 (반분 상속과 같은) 축소된 권리가 충분히 만족스럽지는 않지만 남성들이 자신들의 역할을 감당하고 여성들을 잘 돌본다면 정당화될 수 있다고 설명한다 (p. 150).

**76_** J.-P. Luizard, *Histoire politique du clergé chiite*, *op. cit*., pp. 38~39 참조.

**77_** 자카트에 대한 언급에서 과세대상에 따라 이따금 다양한 세율이 인용되기도 한다. 예컨대 대략 "현금에 대해서는 2.5%이고 수확물에 대해서는 5~10%"다(T. Ramadan, *Le Génie de l'Islam..*, *op. cit*., p. 127; A. D. Arif, *L'Islam et le Capitalisme: pour une justice économique*, L'Harmattan, 2016, p. 70). 앞의 세율은 자본금에 대한 과세에, 뒤의 세율은 연간 유입소득(또는 일부 해석에 따르면 즉각적으로 소비되거나 재투자되지 않는 생산물)에 대한 과세에 해당한다는 사실은, 더욱이 현실의 소득세, 상속세, 자산세와의 비교가 묘사되지 않는다는 점에서 혼란을 부추긴다. 실제로 자카트는 무엇보다도 맥락과 사회와 지역규범에 따라 큰 편차를 가졌던 것으로 보인다.

**78_** 2장 96~98쪽 참조.

**79_** 복음서 이후의 일을 적은 『모르몬경』에 따르면, 이스라엘 부족은 아라비아해안을 따라 배를 타고 메소포타미아를 탈출하여 기원전 6세기에 아메리카에 정착했다. 그리고 그들은 부활 직후 아메리카에 온 예수그리스도로부터 직접 성서의 땅에서 일어난 사건들의 서사를 들었으며, 이 내용이 적힌 석판이 1828년 뉴욕주의 서쪽에서 조지프 스미스에 의해 발견되었다는 것이다. 일신교의 거대서사에서는 주변적인 것으로 여겨지는, 땅과 공동체를 결부시키는 이러한 방식은 코란에서 헤자즈를 유대교 및 기독교 서사와 연관시킨 방식과 무관치 않다(아랍인들은 자신의 아비인 아브라함과 함께 메카의 카바 사원의 기초공사를 했던 이스마엘의 후손이다). 메시아 서사의 이러한 평등주의 차원과 영토 및 기원의 위계화에 대한 이러한 거부는, 이 텍스트들의 본질적인 측면을 이룬다. 이슬람 출현의 사회적 맥락에 관해서는 다음의 고전 M. Rodinson, *Mahomet*, Club français du livre, 1961 참조.

## 제10장

**1_** K. Polanyi, *La Grande Transformation. Aux origines politiques et économiques de notre temps*, Gallimard, 1983(*The Great Transformation: The Political and Economic Origin of our Time*, 1944) 참조. 헝가리의 경제학자이자 역사가인 칼 폴라

니는 1933년 빈에서 런던으로 왔다가 1940년 미국으로 이주했고, 유럽의 폭발적 상황에 대한, 이제는 고전이 된 자신의 분석을 그곳에서 1940~1944년에 집필한다. 폴라니가 보기에, 자기조정 시장이라는 19세기의 과도하게 지배적인 이데올로기는 1914~1945년 유럽사회의 자기파괴로, 경제자유주의에 대한 지속적인 문제제기로 귀결되었다.

**2_** 11장 참조.

**3_** 이 세 가지 도전에 관해서는 5장 237~240쪽 참조.

**4_** 도표 10.1~10.3에서 제시된 유럽의 소득 불평등에 대한 추계는 (장기간에 걸친 가용 자료가 가장 완벽한 나라인) 영국·독일·프랑스·스웨덴의 평균으로 계산되었다. 20세기 초까지 소급해서 추산할 수 있는 다른 나라(특히 네덜란드·덴마크·노르웨이)도 유사한 진화를 보인다. 일본 또한 장기적으로 유사한 진화를 따르는데, 최근에는 미국과 유럽의 중간 지점에 위치한다. 전문 부록과 특히 보충 도표 S0.6과 S10.1~S10.5 참조. 또한 서론의 도표 0.6 참조.

**5_** 서론의 도표 0.8 참조.

**6_** 도표 10.4와 10.5에서 제시된 유럽의 자산 불평등에 대한 추계는 영국·프랑스·스웨덴의 평균으로 계산되었다. 20세기 초반까지 소급해 추산할 수 있는 다른 나라(안타깝게도 소득 관련해서 거론된 나라보다 수가 적다)도 유사한 진화를 보인다. 전문 부록 참조.

**7_** 소득 집중보다 훨씬 더 높은, 자산의 이처럼 매우 강한 집중은 모든 연령대에서 확인된다는 점을 강조해야 한다. 전문 부록 참조.

**8_** 이러한 투명성 결여와 그것이 야기하는 쟁점에 관해서는 13장 718~744쪽 참조.

**9_** 특히 프랑스와 영국과 스웨덴이 그렇다. 4장의 도표 4.1과 4.2, 5장의 도표 5.4와 5.5 참조. 19세기 미국에 관한 가용 데이터가 불완전하긴 하지만, 현존하는 자료는 상승 경향을 나타낸다. 다만 여기에는 남북전쟁과 남부 노예제 재산의 소멸 이후에 이루어진, 부에 대한 매우 강력한 재정의라는 특수성이 있다. 전문 부록 참조.

**10_** C. Bartels, "Top Incomes in Germany, 1871~2014", WID.world, Working Paper Series, n° 2017/18, *Journal of Economic History*, 2019; F. Dell, *L'Allemagne inégale, Inégalités de revenus et de patrimoine en Allemagne, dynamique d'accumulation du capital et taxation de Bismark à Schröder 1870~2005*, thèse de doctorat, EHESS, 2008 참조.

**11_** 1850~1860년까지 노동자 임금 정체와 이로부터 귀결된 이윤 부문의 폭등에 관해서는 R. Allen, "Engels' Pause: Technical Change, Capital Accumulation, and Inequality in the British Industrial Revolution", *Explorations in Economic History*, vol. 46(4), 2009, pp. 418~435 참조. 또한 『21세기 자본』, 15~20쪽과 6장 도

표 6.1과 6.2 참조. 많은 연구가 산업혁명 초기 단계에서 (예컨대 징병 적령자의 규모로 측정되는 것과 같은) 노동강화와 생활조건의 악화를 보여준다. S. Nicholas, R. Steckel, "Heights and Living Standards of English Workers during the Early Years of Industrialization", *Journal of Economic History*, vol. 51(44), 1991, pp. 937~957; J. De Vries, "The Industrial Revolution and the Industrious Revolution", *Journal of Economic History*, vol. 54(2), 1994, pp. 249~270; H. J. Voth, "Time and Work in Eighteenth-Century London", *Journal of Economic History*, vol. 58(1), 1998, pp. 29~58 참조.

**12_** (실질임금이 상승하지만 소득 및 소유 불평등도 증대하는) 1870~1914년의 이러한 복잡한 현실은 1890~1910년대 유럽 사회주의자들을 동요시킨, 특히 독일 사민당 내에서의, 격렬한 논쟁을 더 잘 이해할 수 있게 해준다. 독일 사민당의 논쟁에서 (임금 정체와 혁명의 불가피성에 대한 마르크스주의적 가설에 문제를 제기한) 에두아르트 베른슈타인의 수정주의 테제는, (베른슈타인이 기성 체제와 타협할 준비가 되어 있고, 심지어 제국의회Reichstag 부의장이 되려 한다고 그의 개량주의를 비난한) 카를 카우츠키와 로자 룩셈부르크가 옹호한 정통 노선과 대결한다. 오늘날 유연한 거리를 두고 보자면, 임금 상승이 (비록 그 폭은 제한적이었어도) 실질적이긴 하였지만, 베른슈타인은 소유 확산과 불평등 감소에 대해 지나치게 낙관적이었던 것으로 보인다.

**13_** 특히 1500~1800년 이탈리아 및 네덜란드에서의 소유 집중 진화에 관한 귀도 알파니의 연구들을 보라(상위 십분위 몫이 전체 소유의 60~80%에 육박하며 더 늘어나는 것으로 보이는데, 이는 부분적으로는 당시 시행되던 국가 세제의 역진성 탓이다). 특히 G. Alfani, M. Di Tullio, *The Lion's Share: Inequality and the Rise of the Fiscal State in Preindustrial Europe*, Cambridge University Press, 2019 참조. 전문 부록 또한 참조.

**14_** (모니크 보거호프 멀더의 연구와 같은) 고고학적 연구들은 수렵채집사회에서는 소유 집중이 제한적이었다고 제시한다. 그 사회에서는 농업 발명 이후에 생겨난 사회들(이 사회들은 15~18세기 유럽사회와 유사한 수준의 소유 집중에 매우 빠르게 도달하였던 것으로 보인다)에 비해 축적하고 양도할 재산이 별로 없었다. 이 자료들은 취약하고 소규모 사회만을 대상으로 하고 있지만, 20세기에 전개된 소유의 탈집중이라는 역사적 특징을 나름의 방식으로 보여준다. 전문 부록 참조.

**15_** 고려해야 할 추가 요인은 국민소득에서의 자본소득 부문 감소인데, 이것은 19세기 말 20세기 초에 35~40%, 1950~1970년에는 20~25%, 2000~2020년에는 25~30%였다. 이러한 변화는 대체로 자본과 노동의 세력균형 및 양자 간 협상능력의 소산이다. 『21세

기 자본』 6장과 전문 부록 참조.

**16_** 전문 부록 참조.

**17_** 7장 도표 7.9 참조.

**18_** (시장가치로 측정되는) 민간자본과 국민소득 사이의 비율이 2라면, 평균소득에 적용되는 연간 10%의 저축률로 20년 이내에 평균 소유자가 될 수 있음을 의미한다. 그 비율이 8이라면 80년이 필요할 것이다. 규모의 추이를 확정하자면, 영국과 프랑스의 국민소득은 2010년대에 성인당 연간 약 3만 5000유로였고, 따라서 도표 10.8에 제시된 약 5~6의 비율은 성인당 약 20만 유로의 평균자산에 상응한다. 우리는 다음 장들에서 자산의 현재 구조에 관해 재론할 것이다(특히 11장 도표 11.17 참조).

**19_** 전문 부록과 『21세기 자본』 3장 도표 3.1과 3.2 참조.

**20_** 5장 206~210쪽 참조.

**21_** 『21세기 자본』 3~5장(특히 177~182쪽) 참조. 더 완전한 분석과 통계자료들을 보려면 다음의 책과 부록 참조. T. Piketty, G. Zucman, "Capital is Back: Wealth-Income Ratios in Rich Countries, 1700~2010", *Quarterly Journal of Economics*, vol. 129(3), pp. 1255~1310. 이 연구는 사적소유 및 공적소유의 구조 및 총합과 관련해 18세기 초부터 실시된 추산과 다양한 자료의 체계적 조사에 기초해 있다. 도표 10.8에 제시된 하락은 유럽 국가들뿐 아니라 일본, 그리고 정도는 덜하지만 (더 낮은 수준에서 시작되는) 미국과 관련된다는 점 또한 짚고 넘어가자.

**22_** 4장 표 4.1 참조.

**23_** C. Andrieu, L. Le Van, A. Prost, *Les Nationalisations de la Libération. De l'utopie au compromis*, Presses de Sciences Po, 1987; T. Piketty, *Les Hauts Revenus en France au XX^e^ siècle, op. cit.*, pp. 137~138 참조.

**24_** 실제로 (1940~1945년에 물가가 3배 이상 오른) 인플레이션을 감안하면 이는 아주 가난해진 게 아닌 모든 사람에게도 100%로 과세하는 것이 되었다. 노동자인터내셔널프랑스지부 구성원으로 드골 임시정부에 파견되어 있던 앙드레 필립이 보기에, "부유해지지 못했던 사람들"에게, "어쩌면 일반적인 물가상승과 같은 비율로 재산이 늘어나지 않았다는 의미에서 금전상으로는 가난해졌으나, 숱한 프랑스인이 모든 것을 잃었는데도 그나마 자신들의 재산을 전반적으로는 지킬 수 있었던 사람들에게도" 이 예외적 세금부과는 불가피했다. *L'Année politique 1945*, p. 159 참조.

**25_** 우리는 11장 552~570쪽에서 이 문제들을 재론할 것이다. 분명한 건 독일 기업들의 자산에 대한 가치평가를 위해 (시장가치가 아니라) 회계가치 개념을 사용했다면, 독일 수준은 도표 10.8의 1970~2020년 프랑스-영국 수준을 따라잡았을 것이라는 점이다

(심지어 약간 추월했을 것이다). 반면 1980년대 이후 앵글로색슨권의 시가총액 급상승은 대체로 (실제 투자에서가 아니라) 주주들의 협상력 증대에서 비롯된 것이다. 전문 부록 참조. 또한 『21세기 자본』 5장 225~230쪽, 특히 도표 5.6 참조.

**26_** 프랑스에서는 임대료 지표와 일반적 물가 지표 사이의 비율이, 1914년을 100%로 잡으면 1919~1921년에는 약 30~40%, 1948~1950년에는 10~20%로 떨어지고, 그 후 점차 다시 오른다(비율이 1970~1980년에는 약 70%, 2000~2010년에는 1914년의 100% 수준을 회복한다). T. Piketty, *Les Hauts Revenus en France au XX<sup>e</sup> siècle, op. cit.*, p. 89, graphique 1.8 참조.

**27_** 5장 195~196쪽과 219~223쪽 참조.

**28_** 도표 10.8의 2000~2020년 격차는 (부분적으로 현재 시행되고 있는 다양한 임대료 규제에 기인하는) 독일 부동산의 저평가 때문임을 밝혀둔다. 더 일반적으로, 자본 보유량의 (시장가치가 아니라) 사회적 가치를 예전에도 완벽하게 유사한 방식으로 측정할 수 있었다면, 특히 권력 분유 정책이 주식 시가총액에 미치는 영향과 임대료 동결이 부동산 시가총액에 미치는 영향을 고려해 측정할 수 있었다면, 도표 10.8의 2000~2020년 축적 수준은 1880~1914년 수준을 추월했을 것이다. 전문 부록 참조.

**29_** 달리 말해, 감가상각과 무관한 투자(총투자와 자본의 감가상각 사이의 차이)는 대체로 마이너스였다. (1913~1950년에 저조하기는 했어도 전무한 것은 아니었던) 국민소득 성장을 감안하면, 순투자의 정기적이고 비교적 많은 유입은 민간자본 대 국민소득 비율을 높게 유지하는 데 필요한 것임을 유념하자. 예컨대 연간 1%의 성장이 있으면, 8에 해당하는 자본/소득 비율을 유지하기 위해서는 연간 8%의 유입이 요구된다. 『21세기 자본』 3장 참조.

**30_** 『21세기 자본』, 128~136쪽 참조.

**31_** 2차대전 이후의 달러 금본위제는 오래 지속되지 못했다. 1946년에 확립되었는데 달러의 금태환성이 종료됨과 더불어 1971년에 소멸했다.

**32_** 이 계산은 독일의 1923년을 배제한 것인데(이해 물가는 1억 배 올랐다), 따라서 1914~1922년과 1924~1950년의 평균 인플레이션 측정이다.

**33_** 1920~1930년의 금융 적립금은 물론 증권시장 붕괴 탓에 상당 부분 고갈되었다. 그럼에도 1945~1948년의 인플레이션은 추가 충격을 주었다. 대책은 (1945년에 확립되었지만 점진적으로만 강화된) 세대 간 분배형 퇴직연금제 발전과 (생계수단이 없는 노년층을 위해 1956년에 신설된) 최저 노령수당이었다.

**34_** 사적소유에 대한 이처럼 강력한 누진세는 1980년대까지, 동독에서 들어온 난민들에게 국경 변화로 입게 된 피해를 보상해주려는 이른바 '부담의 나눔Lastenausgleich'

이라는 프로그램 틀 안에서 시행되었다. M. L. Hughes, *Shouldering the Burdens of Defeat: West Germany and the Reconstruction of Social Justice*, University of North Carolina Press, 1999 참조.

**35_** G. Galofré-Vila, C. Meissner, M. McKee, D. Stuckler, "The Economic Consequences of the 1953 London Debt Agreement", *European Review of Economic History*, vol. 23(1), 2018, pp. 1~29 참조.

**36_** 프랑스와 영국에서는 1919~1923년에 이 같은 조치들을 둘러싸고 논의가 있었지만 결실을 맺지는 못했다. 국채를 줄이기 위한, 민간자본에 대한 원천징수의 다양한 실험의 개요에 관해서는 B. Eichengreen, "The Capital Levy in Theory and Practice", in R. Dornbusch, M. Draghi, *Public Debt Management: Theory and History*, Cambridge University Press, 1990 참조. 이 논쟁에 관해서는 J. Hicks, U. Hicks, L. Rostas, *The Taxation of War Wealth*, Oxford University Press, 1941 참조.

**37_** 유럽 화폐들의 금과 은이라는 내용물은 1400~1800년에 평균적으로 약 2.5~3배 줄었는데, 이는 400년 동안 연간 0.2%의 평균 인플레이션에 상응하는 것으로 실제로는—수십 퍼센트의 갑작스러운 가치하락이 단속되면서—물가안정 국면이 연속되는 형태였다. C. Reinhart, K. Rogoff, *This Time is Different: Eight Centuries of Financial Folly*, Princeton University Press, 2009, 11장 참조.

**38_** 프랑스혁명기 누진세 관련 논의로는 3장 표 3.1 참조.

**39_** 그후 1814~1914년의 국채 증가는 주로 전쟁배상금과 '망명귀족을 위한 천만금'과 같은 예외적 요인이 작용한 탓이었다. 『21세기 자본』, 160~163쪽 또한 참조.

**40_** K. Polanyi, *La Grande Transformation*, *op. cit.*, pp. 52~53.

**41_** 전문 부록과 V. Amoureux, *Public Debt and its Unequalizing Effects: Explorations from the British Experience in the Nineteenth Century*, PSE, 2014 참조.

**42_** 유럽의 경우 특히 16장 947~972쪽 참조.

**43_** 일부 나라, 특히 독일과 스웨덴, 더 일반적으로 북유럽에서는 누진세가 20세기 초부터 제3의 형태, 자산에 대한 연간누진세라는 형태를 취했다. 11장에서 이를 재론할 것이다.

**44_** 여기서 제시된 최고한계세율은 일반적으로 소득 및 상속 상위의 작은 부분에, 대체로 상위 백분위, 심지어 상위 천분위에 적용된다. 바로 이 수준에서 자산 및 소득의 탈집중이 가장 크게 이루어졌다. 분배의 다양한 수준에서 납부한 실효세율의 변화에 관해서는 다시 다룰 것이다.

**45_** 여기서는 소득과 상속에 대한 연방세 세율만 고려한다는 점을 명확히 하자. 실제로

는 연방세 세율에 주 단위에서 시행되는 세금을 추가해야 하는데, 추가 세율은 기간에 따라 약 5~10%에 달할 수 있다.

**46_** 4장 184~187쪽 참조.

**47_** 도표 10.11에 제시된 세율은 1920년에 도입된, 무자녀 독신 납세자와 '결혼한 지 2년이 지나서도 자녀가 없는' 기혼 납세자를 상대로 한 25%의 세액 증액은 고려하지 않은 것이다(이 증액을 포함하면 최고세율은 1920년에 62%, 1925년에 90%일 것이다). 출생률 저하에 관한 프랑스의 트라우마 강도를 드러낼 뿐만 아니라 나라의 공포 및 희망을 표현하려는 세제 입법자의 한계 없는 창의성을 입증해주는 이 흥미로운 조치는, 1933~1944년에는 '가족 보상세'가 되고, 1945~1951년에는 가족 계수 체계로 이어진다(보통 지분 2를 받는 무자녀 부부는 '결혼한 지 3년이 지나도' 자녀가 없으면 지분 1.5로 내려간다. 주목할 건 1920년에 '국민진영'에서 정해놓은 유예기간을 1945년 제헌의회가 1년 연장시킨다는 점이다). 이 에피소드와 논의에 대한 상세한 분석으로는 T. Piketty, *Les Hauts Revenus en France au XX^e siècle*, *op. cit.*, pp. 233~334 참조.

**48_** 내가 여기서 요약하는 데이터와 결과 전체에 관해서는 전문 부록과 T. Piketty, G. Postel-Vinay, J.-L. Rosenthal, "The End of Rentiers: Paris 1842~1957", WID.world, Working Paper Series n° 2018/1 참조.

**49_** 5장 214~218쪽 참조.

**50_** D. Cannadine, *The Decline and Fall of the British Aristocracy*, *op. cit.*, p. 89 참조.

**51_** 또한 7장 도표 7.9 참조.

**52_** 이 메커니즘에 대해서는 11장과 T. Piketty, E. Saez, S. Stantcheva, "Optimal Taxation of Top Labor Incomes: A Tale of Three Elasticities", *American Economic Journal: Economic Polity*, 6(1), 2014, pp. 230~271 참조. 소득 상위 구간 납세자의 점진적 소멸은 1930~1950년과 1960~1970년 사이의 상위 백분위와 천분위에서 실효세율이 낮아졌다는 사실을 부분적으로 설명해준다. 실효세율이 법규상의 한계세율에 결코 도달하지 못했다는 사실은, 기존 정부들이 특히 1960년대와 1970년대부터 (시세차익 같은) 특정 소득 범주에 특례체제들을 인정하기로 했다는 사실로도 설명된다. 실효세율을 세금 유형에 따라 백분위별로 상세히 배열한 것으로는 전문 부록과 T. Piketty, E. Saez, G. Zucman, "Distributional National Accounts: Methods and Estimates for the United States", *Quarterly Journal of Economics*, vol. 133(2), 2018, pp. 553~609 참조.

**53_** 그렇지만 일본은 파괴로 인한 타격이 컸음에도, 1950~1980년 동안 고액상속에 대한 매우 높은 세율에 의지했으며 오늘날에도 고액상속에 대한 높은 상속세에 애착을

드러내고 있음이 주목된다.

**54_** 5장 214~223쪽 참조.

**55_** 6장 283~288쪽 참조.

**56_** 이 주제에 관해서는 E. Brownlee, *Federal Taxation in America: A Short History*, Cambridge University Press, 2016 참조. 저자는 연방국가가 (더구나 주정부들도) 19세기에 접경지대에서 공유지를 매각하는 형태로 오랫동안 비조세수입을 누려왔다는 사실을 강조한다. 이는 세금에 대한 차후의 일부 저항을 설명하는 데 기여할 수 있다.

**57_** 이 시기와 논쟁에 관해서는 예컨대 P. Rosanvallon, *La Société des égaux*, Seuil, 2011, pp. 227~233; N. Delalande, *Les Batailles de l'impôt. Consentement et résistances de 1789 à nos jours*, Seuil, 2011 참조.

**58_** W. I. King, *The Wealth and Income of the People of the United States*, Macmillan, 1915 참조. 위스콘신대학의 통계학 및 경제학 교수인 저자는 미국의 여러 주에 관한 불완전하지만 시사적인 데이터를 모아 유럽의 추계와 비교해보고는 자신이 애초 상상했던 것보다 더 축소된 격차를 발견한다.

**59_** I. Fisher, "Economists in Public Service", *American Economic Review*, vol. 9(1), 1919, pp. 5~21 참조. 피셔는 주로 이탈리아 경제학자 에우제니오 리냐노의 제안에서 영감을 받는다. G. Erreygers, G. Di Bartolomeo, "The Debates on Eugenio Rignano's Inheritance Tax Proposals", *History of Political Economy*, vol. 39(4), 2007, pp. 605~638 참조.

**60_** 9장 422~423쪽 참조.

**61_** 미국에서는 장기적으로 상승한 세수의 대부분이 연방국가에서 나온다. 이 세수는 19세기 내내 그리고 1차대전 당시까지 국민소득의 고작 2%였다가, 1930년에 5%, 1950년에는 15%가 되고, 1960~1970년 이후로는 20% 선으로 안정된다. 주정부와 여타 지자체 세수는 19세기 말 이후로 국민소득의 8~10% 선에서 안정된 채 이어진다. 전문부록 참조.

**62_** 특히 P. Lindert, *Growing Public: Social Spending and Economic Growth since the Eighteenth Century*, Cambridge University Press, 2004 참조.

**63_** 도표 10.15에서 제시된 통계는 장기간의 적절한 데이터를 사용할 수 있는 유럽 주요국(영국·프랑스·독일·스웨덴)의 평균을 내어 확보한 것들이다. 이러한 추이는 서유럽과 북유럽에 전반적으로 해당된다고 볼 수 있다. (예컨대 특정 공공복지에 접근하기 위한 이용자들의 일부 지불 형태의) 비조세수입과 (부채 이자로 인해 기초 적자는 평균적

으로 오랫동안 대체로 거의 무에 가깝다고 하더라도) 적자를 감안하면, 공적지출 전체는 여기서 배분된 세수보다 실제로 약간 더 많을 수 있음을 명시해두자. 전문 부록 참조.

**64_** 2017년에 공공 부문(국가와 지자체와 병원) 임금노동자가 프랑스에서 전체 일자리의 21%를 점한다면, 민간 부문 일자리는 79%(자영업자 12%와 임금노동자 67%)를 차지한다.

**65_** 12장 도표 12.6 참조.

**66_** 예컨대 평균 실효세율은 소득 하위 50%(21세기 초 유럽에서 하위 소득을 보유한 대체로 80%에 상당하는 사람들) 전체에서 30%, 소득 상위 50%(상위 소득을 보유한 대략 20%에 상당하는 사람들) 전체에서 60%일 수 있다. 우리는 프랑스 같은 나라에서 현재 시행되고 있는 강제과세의 전반적인 구조가 분명히 덜 누진적이라는 점을 볼 것이다. 11장의 도표 11.19 참조.

**67_** 오늘날 유럽의 평균적 분배는 대체로 다음과 같다. (법인세를 포함한) 소득세 전체가 약 3분의 1. 임금과 여타 소득에 대한 다양한 사회적 조세 및 분담금이 3분의 1. 간접세(부가가치세와 여타의 소비세)와 (10분의 1 이하의) 자산 및 상속에 대한 세금이 3분의 1. 이러한 범주들 사이의 경계는 부분적으로 자의적이고(특히 앞의 두 범주에서 그러하며, 임금과 소득에 대한 사회적 조세는 이따금 엄밀한 의미의 소득세와 차이가 없다), 진정한 쟁점은 대부분 전반적 조세의 누진성이며 그 조세의 할당과 통제의 문제이지 그것의 형식적 표제가 아니다. 전반적 조세부담이 유럽연합의 가장 가난한 나라들에서는 현저히 더 낮다는 점(루마니아와 불가리아에서는 국민소득의 고작 25~30%)과, 부유한 나라들보다 가난한 나라들에서 더 일반적으로 그렇다는 점이 주목된다. 전문 부록과 13장 도표 13.12 참조.

**68_** 특히 11장 615~633쪽과 17장 1037~1042쪽 참조.

**69_** 역사적 가상에는 오랜 전통이 있다. 서기 1세기에 티투스 리비우스는 알렉산더대제가 서방 원정에 나서서 로마를 정복했더라면 벌어졌을 일을 상상했다. 1776년에 에드워드 기번은 732년 샤를 마르텔이 푸아티에에서 패배했더라면 이어졌을 무슬림적인 (매우 세련된) 유럽을 상상한다. 1836년에 루이 조프루아는 나폴레옹이 1812~1814년에 러시아와 잉글랜드를 물리치고 1821~1827년에 인도·중국·오스트레일리아를 정복하며 1832년에 미국 의회의 항복을 받아내 세계의 황제가 되는 것을 상상한다. 2003년에 니얼 퍼거슨은 영국 외교관들이 1914년에 독일이 프랑스와 러시아를 짓밟는 것을 방치함으로써 20세기의 미국 및 러시아 제국을 대신하여 영국 및 독일 제국이 지구를 지배하게 되었을 (그에 따르면) 더 나은 세계를 상상한다. Q. Deluermoz, P. Singaravélou, *Pour une histoire des possibles, op. cit.*, pp. 22~37 참조.

**70_** 7장 도표 7.9 참조.

**71_** 특히 K. Scheve, D. Stasavage, *Taxing the Rich: A History of Fiscal Fairness in Europe and the United States*, Princeton University Press, 2016 참조. 불평등 역사에서 전쟁들이 한 결정적 역할에 대해서는 W. Scheidel, *The Great Leveler: Violence and the History of Inequality from the Stone Age to the Twenty-First Century*, Princeton University Press, 2017 참조.

**72_** 고전이 된 1916년 저작 『제국주의, 자본주의의 최고 단계』에서, 레닌은 경쟁하는 식민권력들 사이의 자원에 대한 이 무한 질주의 중요성을 제시하고자, 금융투자에 관한 당대의 가용 통계를 동원했다.

**73_** 예컨대 이탈리아에 불이익을 주면서 튀니지를 막 장악한 프랑스 군대 행렬을 향해 이탈리아 노동자들이 야유를 퍼붓는다는 의심이 일고 나서, (1893년에 에그모르트학살이 있기 수년 전인) 1881년 마르세유에서 살인적인 반-이탈리아 폭동이 일어났다. G. Noiriel, *Une histoire populaire de la France*, *op. cit.*, pp. 401~405 참조. 이 책에서는 이 사태를 프랑스 이민문제 정치화의 기본 계기 중 하나로 본다.

**74_** 그렇지만 상속세의 누진성 가중은, 노동자와 농민의 퇴직연금법을 위한 재원 마련이라는 맥락에서 1910년에 채택되었음을 주목해야 한다. 이것은 프랑스에서는 전쟁이 있었든 없었든 틀림없이 결국 소득세가 채택되었으리라는 것을 암시한다. 4장 177쪽 참조.

**75_** 5장 227~229쪽 참조.

**76_** 9장 438~442쪽 참조.

**77_** 승리세법의 신규 증세를 정당화하기 위해 정부는 1943년의 유명 만화 〈세금이 추축국을 묻어버릴 것이다Taxes Will Bury the Axis〉 주인공으로 도널드 덕을 동원했다.

**78_** 1920년 투르회의에서, 대의원 다수는 노동자인터내셔널프랑스지부를 떠나 공산주의인터내셔널프랑스지부SFIC를 결성하기를 택한다. 공산주의인터내셔널프랑스지부는 프랑스공산당PCF이 되고, 일간지 『뤼마니테』를 계속 장악하게 된다. 반면 의원 다수는 공산당이 더 '부르주아적'이고 중도적이라고 비난하던 노동자인터내셔널프랑스지부에 잔류하기로 선택한다.

**79_** 같은 해인 1919년 독일에서는 비밀투표가 확립되었다. 독일에서는 (프랑스처럼) 1871년 이후로 원칙상 모든 남성이 투표권을 가졌지만 기표소가 없었는데, 이는 지역 엘리트가 행사하는 영향력 규모에 따라 실질적으로 투표권 표현이 제한될 수 있음을 뜻한다.

**80_** 전문 부록의 보충 도표 S10.11a~12a와 5장 참조.

**81_** 전문 부록의 보충 도표 S10.11b~12b 참조. 1920년대에 크게 인상되었던 독일의 누

진세율은 나치하에서 높은 수준으로 유지되었다. 반면, 나치의 정책은 임금 위계와 (특히 전략적 부문에서의) 산업 이윤 회복을 촉진하는 것이었고, 이로 인해 다른 나라들과는 반대로 1933~1939년에 소득 불평등이, 특히 상위 백분위 몫이 크게 증가한다(전문 부록과 도표 10.3 참조). 사회적 불평등의 큰 폭의 감소로 특징지어지는 국제적 맥락에서, 파시즘과 나치즘은 자신들의 민족공동체 내부의 격차 축소보다 외부의 적에 대한 투쟁과 질서 및 위계의 진작에 집중했다.

**82_** 하이에크의 권위주의적 소유주의에 관해서는 13장 766~770쪽 참조. 1938년 리프먼 회합의 텍스트들과 그 후속 텍스트들에 대한 비판적 분석으로는 S. Audier, *Le Colloque Lippmann. Aux origines du "néo-libéralisme"*, Le Bord de l'eau, 2012; ID., *Néo-libéralisme(s). Une archéologie intellectuelle*, Grasset, 2012 참조.

**83_** 폴라니는 '소유자사회'라는 용어를 명시적으로 사용하지는 않지만, 그것이 바로 문제다. 특히 그는 자신이 1815~1914년 세계를 특징짓는다고 여겼던 사적소유의 준신성화체제를 강조한다. 일반적으로 내게는 경제적 자유주의와 정치적 자유주의 사이의 애매함을 노정하는 '자유주의'라는 용어보다 '소유주의'가 여기서 문제되고 있는 것을 더 잘 포착한다고 보인다.

**84_** 폴라니는 영국의 구빈법을 미화하려고 하지 않으면서 1795년과 1834년 개혁 이전의 구빈법에는 유동성 제한과, 아울러 곡물 가격에 연동되고 지역에서 재원이 조달되는 보충 임금이 포함되어 있었으며, 그 이후에 산업 엘리트는 전국적으로 통합된 자기조정 시장이라는 관념을 관철시킨다는 사실을 강조한다. 그렇지만 어떠한 영토적 차원(민족국가·유럽·유럽-아프리카, 세계)에서 어떤 양상들에 따라 2차대전 이후의 소득 형성 및 노동 유연성에 대한 조절을 고려하는지를 그가 명시하지 않고 있다고 비판할 수는 있겠다. K. Polanyi, *La Grande Transformation, op. cit.*, 6~10장 참조.

**85_** 그렇지만 폴라니가 치유책을 상술하는 것이 아니라는 점에 유념해야 한다. 공적소유·농업개혁·소유재분배·누진세 문제가 명시적으로는 거론되지 않는다. 그의 저서는 재건의 서사라기보다 붕괴의 서사다.

**86_** 고무적인 분석으로는 C. Charle, *La Crise des sociétés impériales. Allemagne, France, Grande-Bretagne, 1900~1940. Essai d'histoire sociale comparée*, Seuil, 2001 참조.

**87_** 9장 참조.

**88_** 도표 10.16에 제시된 추계는 각 나라의 현재 영토를 포괄하며, 완전히 정확한 추계라기보다는 규모의 추이와 관련된 추계다. 전문 부록 참조.

**89_** 비기독교화와 더불어 (출생 기록부와 세례 증서로 헤아린) 출생률 저하는 1750~

1780년부터 시작된 것으로 보이며, 사제들이 혁명에 더 동조적이었던 도들에서 보다 두드러졌던 것으로 보인다. 어떤 다른 나라도 그토록 때 이른 인구통계적 이행을 겪지는 않았다. T. Guinnane, "The Historical Fertility Transition", *Journal of Economic Literature*, vol. 49(3), 2011, pp. 589~614; T. Murphy, "Old Habits Die Hard (Sometimes): What Can Department Heterogeneity Tell us about the French Fertility Decline?", vol. 20(2), *Journal of Economic Growth*, 2015, pp. 177~222 참조.

**90_** 1913년의 국경상으로는 독일(6700만)과 프랑스(3900만) 사이의 인구 격차가 여기에 제시된 것(6300만 대 4100만)보다 더 크다. 독일 인구는 이 시기에 연간 100만 명 가까이 늘어난다. 전문 부록 참조.

**91_** 전문 부록 참조. 도표 10.9에 제시된 독일 국채 통계(또한 도표 7.9에 제시된 해외자산 통계)에는 베르사유조약에서 비롯한 부채는 포함되지 않았는데, 그 이유는 한편으로는 바뀐 척도를 반영해야 하기 때문이고, 다른 한편으로는 그 부채를 프랑스와 영국 자산으로 계산해야 했을 것이기 때문이다. 부채 상환이 실제로 시작되지도 않았다는 사실을 감안하면, 그것은 너무 인위적이다.

**92_** 6장 258~262쪽 참조.

**93_** 독일 이전의 달갑지 않은 효과들에 대한 이와 같이 매우 점진적인 자각과 관련해서는 예컨대 A. Sauvy, *Histoire économique de la France entre les deux guerres*, Fayard, 1965~1975 참조. 이 책은 시대에 한참 뒤떨어짐에도 불구하고, 1938년에 (인민전선과 40시간제에 강하게 반대한) 재무장관 폴 레노의 고문이었고 전후에는 인구 증가에 찬성하는 인구통계학의 지도자가 되는 자의 흥미로운 증언을 담고 있다.

**94_** 이참에 주목하게 되는 것은 과도하게 생산주의적이고 중상주의적인 세계(아마도 어느 정도는 국제금융시장과 이 시장의 급변에 맞서 자신을 지키기 위해 생산 및 무역흑자가 그 자체로 목표가 되는 세계) 역시 과도하게 소유주의적이고 식민적인 세계만큼이나 그 나름대로 부조리하다는 점이다.

**95_** 지식인계급에 대한 그의 혐오는, 한편으로는 평화주의와 그가 평화주의의 속성이라 여기는 비능률("육체적으로 퇴화한, 의지가 박약한, 맥빠진 평화주의를 공언하는 학자 무리는 결코 하늘을 정복할 수 없을 것이다. 심지어 그들에게는 이 땅에서 자신들의 실존을 확고히 할 능력도 없을 것이다", 213쪽), 다른 한편으로는 지식인계급에게 있다고 여겨지는 사회적 멸시 및 자족적 성향과 관련되는 것으로 보인다("저들은 고관의 사랑스러운 아들에게 육체노동자가 되라고 요구할 수는 없는 일이라고, 왜냐하면 노동자 부모를 둔 다른 자가 외려 자질을 갖췄을 것이기 때문이라고 즉각 우리를 반박할 것이다. 이러한 반박은 저들이 오늘날 육체노동의 가치에 대해 가지고 있는 견해에 근거한

것일 수 있다. 바로 그렇기 때문에 인종주의국가는 노동 이념의 가치를 평가하기 위해 전혀 다른 원칙에서 출발해야만 한다. 그 국가는 자신의 교육사업에 수 세기를 바치는 한이 있더라도 육체노동을 멸시하는 불의를 끝장내야 한다", 227쪽). 5쪽과 69~73쪽 또한 참조. 사용된 판본에 관해서는 전문 부록 참조.

**96_** 9장 참조.

**97_** 그는 심지어 프랑스인들이 대대적인 혼혈을 통해 대규모의 교체를 준비하고 있다고 의심하기까지 한다. 프랑스인들의 식민정책이 계속된다면, "그나마 남아 있는 프랑크족의 피마저 사라질 것"이고 "콩고에서 라인강에 걸쳐 광대한 혼혈국가가 세워질 것이다" (322~336쪽). 338~339쪽에 있는, 인도와 이집트의 민족해방을 위해 활동하는 집단들과의 회합 및 회동에 대한 의외의 언급 또한 참조. 히틀러는 그 집단들과의 동일시를 곤란해한다.

**98_** 가용 추계에 따르면, 독일 점령군은 1940~1944년에 프랑스에서 생산된 부의 30~40%를 수탈할 수 있었을 것이다. 인간에게 자행된 대량학살을 감안하면, 물질적인 실제 수탈을 계산하는 것이 무슨 의미가 있을지 모르겠지만 말이다. F. Oochino, K. Oosterlinck, E. White, "How Much can a Victor Force the Vanquished to Pay? France under the Nazi Boot", *Journal of Economic History*, 68(01), 2008, pp. 1~45 참조.

**99_** 그의 일반적 테제는, 게르만-스칸디나비아 신화 및 종교가 과도하게 전사 숭배에 집중되어 있으며, 이탈리아-켈트 세계와 인도-이란 세계에서 동시에 발견되는 삼기능의 균형 형태들을 간과한다는 것이다(고대 신화 분석에 근거하는 방법론은, 우리가 인도의 경우에서 주목했듯, 사회역사적 변화를 분석하는 데 항상 적절하지는 않았으며 문명의 차이라고 여겨지는 것들을 고착화시키는 경향이 있었다). D. Eribon, *Faut-il brûler Dumézil? Mythologie, science et politique, op. cit.*, pp. 185~206 참조.

**100_** 9장 433~436쪽에서 거론된 애덤 스미스적인 중국인·마야상·유럽인을 떠올려 보자.

**101_** H. Arendt, *Les Origines du totalitarisme*, t. III: *Le Système totalitaire*(1951), Seuil, "Points. Essais", 2002, pp. 122~123 참조.

**102_** 이런 가운데 아렌트는 영국과는 반대로 자국 의회에서 자기네 식민지들을 대표하려 한 프랑스의 소심한 시도를 언급한다. *Les Origines du totalitarisme*, t. II: *L'Impérialisme*, Seuil, "Point. Essais", 1982, pp. 26~27 참조.

**103_** 7장 345~351쪽 참조.

**104_** 아렌트가 미국 헌정모델의 성공을 (그녀가 재빨리 빼버린 노예의 경우들을 제외한다면) 개척사회 초기의 상대적 평등 덕분이라 간주하면서, 바로 이 평등이 계급 불평

등과 사회정의 문제를 정치적 울타리에서 빠져나가게끔 했을 텐데(아렌트에 따르면 이러한 문제는 정치 영역에서 충분히 안정적으로 조정될 수 없을 테지만), 그에 반해 유럽 앙시앵레짐의 불평등이라는 부식토는 사회문제 및 계급 폭력에의 강박으로 이어졌으리라고 보는 대목을 주목해보면 흥미롭다. H. Arendt, *Essai sur la révolution*(1963), Gallimard, 1967, pp. 84~164 참조. 앞서 그녀는—그녀에 따르면 민족국가와 그 은행 체계가 채권 발행을 위한 유대인들의 초민족적 금융 네트워크를 19세기 말에 더이상 필요로 하지 않게 됨으로써 발생한—근대 반유대주의 폭발과, 오래전부터 무용해졌고 마침내 복수가 가능해진 귀족계급을 상대로 프랑스혁명기에 터져나온 폭력을 비교했다. *Les Origines du totalitarisme*, t. I: *L'Antisémitisme*, Seuil, "Points. Essais", 1973, pp. 25~26 참조. 아렌트가 보기엔, 오직 신세계만이 역사가 남긴 이 영속적 원한에서 벗어날 수 있을 것이다.

**105_** 이러한 논의들을 명확히 논하고 있는 O. Rosenboim, *The Emergence of Globalism*, *op. cit.*, pp. 100~178 참조.

**106_** 이러한 2단계 절차는 민족적 편향들을 회피하기 위한 것이었다. 초기 기획에는 전문가와 지식인에게 배정되는 의석들도 있었지만 이런 구상은 추후 포기되었다.

**107_** 1963년 총회에서 채택된 1991 결의안 이후로, 안전보장이사회의 비상임이사국 10개국은 아프리카와 아시아-태평양 5개국, 라틴아메리카 2개국, 서유럽 2개국, 동유럽 1개국을 포함한다.

**108_** 1943년에 (안타깝게도 루스벨트의 맞수였던 1940년 공화당 후보) 웬델 윌키는 전 세계의 정치가들과 주민들을 만나려고 1942년 자신이 실행했던 항공기 세계 일주에 대한 과도하게 낙관적인 보고서 『하나의 세계』를 출간한다. O. Rosenboim, *The Emergence of Globalism*, *op. cit.*, pp. 4~5 참조.

**109_** F. Hayek, *The Road to Serfdom*, Routledge, 1944, pp. 3~10, 66~67 참조. 이 책에서 하이에크는 특히 영국 독자에게, 1942년 노동당이 채택한 '계획사회를 위한 강령'과 1930년대 노동당의 주장에 대해, 노동당 프로그램의 완전한 실현이 의회의 권한을 행정부에 대폭 위임할 수 있고 이에 헌법적 차원을 부여함으로써 이후 선거에서 개혁을 차단시킬 가능성이 있다며 경고한다.

**110_** 스피넬리는 1984년 (자신이 의원으로 있던) 유럽의회에서 채택한 유럽 제도개혁을 제안한 장본인이었다. 이 제안에 대해서는 16장 59번 주에서 재론하겠다.

## 제11장

1_ 10장 도표 10.1과 10.2 참조.

2_ 5장 227~229쪽 참조.

3_ 10장 도표 10.14와 10.15 참조.

4_ 혁명적 폭발 없이 민주사회주의로의 점진적이고 개혁주의적인 이행을 장려하기 위해 1884년에 창립된 (기원전 3세기에 소모전을 많이 치른 로마 장군 파비우스의 이름에서 따온) 페이비언협회는, 오늘날에도 여전히 노동당에 가입된 사회주의협회 중 하나다. 페이비언협회 회원인 비어트리스 웹과 시드니 웹은 1895년에 런던정치경제대학을 설립했고, 이 학교는 1919년부터 1937년까지 베버리지가 운영했다. 노동당의 지성사에 대해서는 M. Bevir, *The Making of British Socialism*, Princeton University Press, 2011 참조.

5_ (실제 이름은 공화주의, 급진, 급진사회주의당인) 급진당에는 제3공화국 초기 수십 년간 가장 급진적인 공화주의자들이 결집해 있었다. 급진당은 '사적소유를 존중하는 사회개혁'을 옹호했고 국유화에 반대했다. 사회경제 문제들에 대해 사회주의자와 공산주의자보다 더 보수적인 급진당은, 2차대전이 끝난 뒤 프랑스 정계에서 중심 역할을 상실했다. 1971년까지 프랑스 사회당은 대체로 노동자인터내셔널프랑스지부라는 이름으로 지칭되었다.

6_ 프랑스 사민주의모델에 대한 고전적 연구로는 A. Bergounioux, B. Manin, *La Social-Démocratie ou le Compromis*, PUF, 1979 참조. 유럽 사민주의의 다양성에 관해서는 H. Kitschelt, *The Transformation of European Social Democracy*, Cambridge University Press, 1994; G. Esping-Andersen, *The Three World of Welfare Capitalism*, Princeton University Press, 1990 참조.

7_ 10장 도표 10.14 참조.

8_ 오바마케어(2010년)는 보장받지 못하는 사람들을 위해 보조금을 통한 사보험 구입을 의무화하고자 했다. 특히 여러 공화당 주정부의 적대적 태도 탓에 이를 실행하는 데 커다란 어려움을 겪었다. 이는 대법원의 판례로 주정부에 사회적 프로그램을 강제할 수 있는 연방정부의 법적 능력이 제한되었기 때문이다. 다수의 민주당 시노자는 메디케어 프로그램을 보편화하려는 메디케어포올Medicare for All 유형의 더욱 야심찬 제안을 제시하고 있다.

9_ 아르헨티나, 그리고 정도는 덜하지만 (게다가 훨씬 더 높은 불평등으로 특징지어지는) 브라질의 세수는, 1950~1980년에 미국과 유럽의 중간 수준에 도달했다(국민소득의

30~40%). 반면, 멕시코와 칠레의 세수는 계속해서 훨씬 더 적었다(국민소득의 20% 이하). 전문 부록과 마크 모건의 작업 참조.

**10_** 도표 11.1에서 지칭한 유럽은 서유럽과 동유럽을 모두 포함한다(총 5억 4000만 이상의 주민이 있다). 서유럽에 국한한다면, 미국과의 격차는 훨씬 더 커질 것이다. 12장 도표 12.9 참조.

**11_** 또한 10장 도표 10.1과 10.2 참조.

**12_** 17장 1031~1052쪽 참조.

**13_** 독일에서의 공동관리 시행에 대한 최근 분석으로는 E. McGaughey, "The Codetermination Bargains: The History of German Corporate and Labour Law", *Columbia Journal of European Law*, vol. 23(1), 2017, pp. 1~43; S. Silvia, *Holding the Shop Together: German Industrial Relations in the Postwar Era*, Cornell University Press, 2013 참조. '미트베슈티뭉Mitbestimmung'이라는 독일체계는 '공동결정codétermination' 혹은 '공동관리cogestion'로 번역될 수 있다. 나는 후자의 용어를 사용하기로 선택했는데, 그것이 프랑스어로 의미가 더 잘 통한다고 보았다.

**14_** 예컨대 니더작센주는 2019년에 폭스바겐의 자본 13%를 보유하며, 기업의 정관은 주정부의 20% 의결권을 보장한다.

**15_** "토지의 분배 및 사용은 남용을 방지하기 위해, 그리고 모두에게 건강한 주거를 보장하며 모든 가족, 특히 대가족에게 그들의 필요에 부응하는 경제활동과 가정을 보장하기 위해, 국가가 통제해야 한다. (…) 주거 부족으로 인한 필요를 충족시키기 위해 (…) 또는 농업을 발전시키기 위해 토지는 몰수될 수 있다."(155조)

**16_** "토지·천연자원·생산수단은 법에 의해 집단 소유제도 또는 여타의 집단 관리제도 형태하에 둘 수 있다."(15조)

**17_** 1919년 독일헌법과 거의 동시대에 멕시코의 1910년 헌법과 1917년 헌법은 소유 재분배, 특히 광범위한 농업개혁으로의 길을 열어주었으나 독일에서의 공동관리만큼 성공적이지는 못했는데, 이것은 곧 사회적 소유의 길을 터주는 헌법만으로는 충분하지 않음을 보여준다. 현존하는 사회정치적 세력들이 이 새로운 기회를 포착하는 데 성공하는 것이 또한 무엇보다 필요하다.

**18_** 이 논의에 관해서는 E. McGaughey, "The Codetermination Bargains", art. cité; C. Kerr, "The Trade Union Movement and the Redistribution of Power in Postwar Germany", *Quarterly Journal of Economics*, vol. 68(41), 1954, pp. 556~557 참조.

**19_** 더 정확히는, 현행법상 25~1000명의 임금노동자가 있는 기업에는 2석을, 1000명 이상의 임금노동자가 있는 기업에는 3석을 마련하도록 정해져 있는데, 이는 두 경우 모

두 대체로 이사회 규모상 약 3분의 1에 해당한다.

**20_** 두 경우 모두 노동이사의 수는 주주들이 임명하는 이사의 절반에, 따라서 정확히 전체의 3분의 1에 상당한다. 임금노동자 30~50명이 있는 노르웨이 기업들의 경우 노동이사는 1명이다. 전문 부록 참조.

**21_** E. McGaughey, "Do Corporations Increase Inequality?", Transnational Law Institute, King's College London, 2016 참조. 임원진 급여를 결정하는 다른 요인, 특히 조세의 누진성 정도에 관해서는 다시 살펴볼 것이다.

**22_** 임금노동 법규와 진정한 '임금노동자 기업'의 더딘 구성에 대해서는 R. Castel, *Les Métamorphoses de la question sociale, op. cit.*, pp. 594~595 참조. 예컨대 프랑스에서는 1969~1977년이 되어서야 비로소 월급제 전환이 전면화된다. R. Castel, C. Haroche, *Propriété privée, Propriété sociale, Propriété de soi*, Fayard, 2001 참조.

**23_** E. McGaughey, "Do Corporations Increase Inequality?", art. cité 참조.

**24_** 이러한 동원의 역사에 관한 여러 연구 중 S. Bartolini, *The Political Mobilization of the European Left 1860~1980: The Class Cleavage*, Cambridge University Press, 2000 참조. 1860년대부터, 특히 제1인터내셔널(1864~1876년) 틀에서 발전된, 노동자 상호부조 및 파업 기금의 최초 형태와 유럽 네트워크들에 대한 참신한 분석으로는 N. Delalande, *La Lutte et l'Entraide. L'âge des solidarités ouvrières*, Seuil, 2019 참조.

**25_** 더 정확히 하자면, 법에서는 이사회의 정원이 12명 이하일 때는 노동이사 1명을, 이 기준을 넘을 경우에는 노동이사 2명을 두도록 되어 있다. 2013년 법은 프랑스에서 5000명 이상의 임금노동자(또는 해외에서 1만 명 이상)를 고용한 기업들에 이를 적용하도록 했고, 2015년에는 1000명 이상의 임금노동자(또는 해외에서 5000명 이상)를 고용한 기업을 포함하는 것으로 기준이 낮아졌다.

**26_** 프랑수아 미테랑은 1988년에 '국민들에게 보내는 서한'에서 2무(새로운 국유화도 새로운 민영화도 없을 것)를 약속했다. 그의 재선은 이처럼 안심시키는 약속 덕분에, 또한 (등록금 인상에 반대하는) 학생시위에 대한 경찰의 폭력과 1986년 우파가 무분별하게 결정한 부유세 폐지에 대한 규탄 덕분에 이루어졌다.

**27_** 이처럼 덜 긴밀한 연결은 흔히, 프랑스에서 선거민주주의 및 보통선거가 사회민주주의 및 노조운동보다 선행한 사실 탓이라고들 여겼다(독일과 영국에서는 대체로 이와 반대긴 했다). 이로부터 (1791년 법에 의해 직업단체와 동업조합이 금지된 후과를 오랫동안 겪어오다 1883년이 되어서야 비로소 합법화된) 노조가 의원들과 정치권력에 대해 가진 특정한 불신이 나온 것이다. 예컨대 M. Duverger, *Les Partis politiques*, Armand Colin, 1951, pp. 33~34 참조.

**28_** 실제로 1918년의 4조는 여러 소유 형태의 가능성을 열어주었는데, 왜냐하면 당의 목표가 다음과 같이 천명되었기 때문이다. "육체노동자들 또는 정신노동자들에게 산업의 모든 결실과 그것의 가장 공정한 분배를 보장한다. 이것은 생산·분배·교환 수단의 공동소유와 각각의 산업 및 서비스에 대해 확보가능한 최상의 인민행정 및 통제체계에 근거하여 가능해질 것이다." 1995년에 채택된 조항은 다음과 같다. "노동당은 민주적인 사회주의 정당이다. 우리는 홀로 성취하는 것보다 공동으로 노력한 힘으로 더 많은 것을 성취한다. 그리하여 우리 각자는 참된 잠재력을 실현할 수단들을 창출하며 우리 모두는 하나의 공동체를 창출한다. 이 공동체에서 권력과 부와 기회는 소수가 아닌 다수에게 있으며, 우리가 누리는 권리는 우리가 따르는 의무를 반영하고, 모두 함께 연대와 관용과 존중의 정신으로 자유롭게 살아간다."

**29_** 1차대전 전, 특히 1899년 하노버 당대회에서 베른슈타인의 '수정주의적' 개량주의가 소수파가 되었을 때도 사정은 마찬가지였다. 10장 482쪽 참조.

**30_** 1930~1932년의 결정적 선거에서 독일사회민주당과 공산당의 득표율 및 의석수를 합하면 국가사회주의독일노동당보다 많은데(예컨대 1932년 11월 선거에서, 사민당과 공산당을 합한 의석수는 221석이고 득표율은 37%인 데 반해, 국가사회주의독일노동당은 196석에 31%였다), 그럼에도 나치 집권을 허용한 것은 바로 단결하지 못한 그들의 무능력 탓이다.

**31_** 이러한 지적 맥락에 대해서는 E. McGaughey, "The Codetermination Bargains", art. cité 참조.

**32_** 1997~2002년에 집권한 프랑스 사회당과 1997~2010년에 집권한 영국 노동당은, 특히 (전자의 경우) 노동시간 단축과 (무엇보다 후자의 경우) 일정한 교육정책 보강과 관련하여 또다른 전환을 시도하였다. 하지만 소유체제와 국제 금융체제 관련해서는, 노동당과 마찬가지로 사회당 역시 상대적으로 보수적인 태도를 보였다.

**33_** 역으로 1990년대와 2000년대 초 통일과 주로 연계된 독일 경제의 어려움은 공동관리의 확산을 지연시켰던 것으로 보인다.

**34_** 유럽의 5차 회사법 지침 시안은 1972년 버전이 독일의 이원적 지배구조모델에 우호적이었다는 사실과 충돌했다. 1983년과 1988년 버전들은 이러한 측면을 포기하면서도 임금노동자들의 강력한 대표성(이사회의 3분의 1에서 절반 자리를 갖는 것)을 보존했으나 결국 허사였다. 전문 부록 참조.

**35_** 이러한 제안과 논의의 역사에 대해서는 E. McGaughey, "Votes at Work in Britain: Shareholder Monopolisation and the Single Channel", *Industrial Law Journal*, vol. 47(1), 2018, pp. 76~106 참조.

36_ 노조운동가들과 고용주들이 불릭 위원회에서 대치하고 있었고, 채택된 해법을 우세하게 해줬던 것은 법률가들과 교수들의 투표였다.

37_ 17장 1027~1037쪽 참조.

38_ 공공 이사 임명을 위해 이용되는 절차와 메커니즘을 명확히 하고, 이어서 그 체계가 만족스럽게 기능하는 것을 보장한다면 모르지만 말이다(이것이 그 자체로 절대적으로 불가능한 일은 아니지만 여기에는 구체적인 역사적 실험이 있어야 할 것이다).

39_ 2017년 프랑스에서는 민간 부문 임금노동자의 21%는 임금노동자가 10명 이하인 기업에서, 40%는 10~250명인 기업에서, 26%는 250~5000명인 기업에서, 13%는 5000명 이상인 기업에서 일하고 있었다. (임금노동자가 아닌) 자영업자들은 일자리의 12%, 공공부문(국가·지자체·병원)은 21%, (모든 위상의 기업과 조합을 합한) 민간 부문은 67%를 점했다. 이러한 분포는 유럽의 다른 나라에서도 유사하다. 전문 부록 참조.

40_ 비록 대기업에 국한된 것이기는 하지만 이 법안들은 미국 상황에서는 상당히 참신한 것들이다. '노동보상법Reward Work Act'(2018년 3월)은 상장기업들이 '1임금노동자 1의결권'이라는 토대 위에서 적어도 3분의 1의 노동이사를 두도록 하고 있다. '책임자본주의법Accountable Capitalism Act'(2018년 8월)은 상장 여부와 관계없이 (10억 달러 이상의 매출을 올리는) 대기업에서 40%의 노동이사를 두도록, 더 나아가 정치자금 기부를 승인하기 위해서는 이사회 내부에서 75%의 동의를 얻도록(대법원 판례에 의하면 이러한 기부를 금지할 수는 없다) 정하고 있다. 이 법안 중 어떤 것도 오늘날까지 채택되지 않았지만, 미국 의회에서 제출되고 논의되었다는 사실이 새로운 것이다.

41_ 이 주제에 관해서는 J. Blasi, R. Freeman, D. Kruse, *The Citizen's Share: Putting Ownership Back into Democracy*, Yale University Press, 2013; J. Ott, *When Wall Street Met Main Street: The Quest for an Investors' Democracy*, Harvard University Press, 2011 참조.

42_ 5장 229~233쪽 참조.

43_ E. McGaughey, "A Twelve Point Plan for Labour and a Manifesto for Labour Law", *Industrial Law Journal*, vol. 46(1), 2017, pp. 169~184; K. Ewing, G. Hendy, C. Jones(éd.), *A Manifesto for Labour Law*, Institute of Employment Rights, 2016; ID., *Rolling out the Manifesto for Labour Law*, Institute of Employment Rights, 2018, pp. 32~33 참조.

44_ 또한 다음의 책에 나오는 제안들을 보라. I. Ferreras, *Firms as Political Entities: Saving Democracy through Economic Bicameralism*, Cambridge University Press, 2017. 이 책은 기업들을 임금노동자 회의 및 주주 회의가 감독하는 것을 구상하

는데, 일종의 양원제 민주주의 방식으로, 두 회의 중 어느 쪽도 우선권을 갖지는 않는다. 그 장점은 서로 이익이 되는 방향으로 타협을 이끄는 데 있다. 다만 결정의 교착상태가 리스크다.

**45_** D. Cole, E. Olstrom, *Property in Land and Other Resources*, Lincoln, 2012; F. Graber, F. Locher, *Posséder la nature. Environnement et propriété dans l'histoire*, Éditions Amsterdam, 2018 참조.

**46_** 12장 649~654쪽 참조.

**47_** 그것은 18~19세기에 주주들의 회의체에서와 마찬가지로 정치 회의체에서도 이따금 실행되었다. '1주 1의결권'이라는 비례원칙을 온전히 적용할 수도 있었고, 아니면 유권자 또는 주주를 그들의 재산 또는 자본에 따라 위계를 나누고 여러 부류의 투표권을 정의할 수도 있었다. 5장 229~233쪽 참조.

**48_** J. Cagé, *Sauver les médias. Capitalisme, financement participatif et démocratie*, Seuil, 2015 참조.

**49_** 자주관리를 축으로 한 논의들에 관해서는 예컨대 P. Rosanvallon, *Notre histoire intellectuelle et politique, 1968~2018*, Seuil, pp. 56~77 참조.

**50_** 17장 1027~1037쪽 참조.

**51_** 13장 724~731쪽 참조.

**52_** 여기서 사용된 것은 경제협력개발기구와 미국 노동통계국의 통계다. 단순화하자면, 연간 2000시간은 40시간×50주(2주 휴가), 연간 1500시간은 대략 35시간×44주(8주 휴가)에 해당한다. 2015년 직종별 평균 노동시간은 독일이 1370시간(프랑스는 1470시간, 영국은 1680시간, 미국은 1790시간)이었고, 여기에는 시간제 고용 규모가 반영되어 있다. 전문 부록 참조. 이용가능한 역사 연구에 따르면 1870~1913년에 대서양 너머 미국에서 노동시간은 현저히 단축되었고, 그후 전간기에는 유럽에 근접했으며, 마침내 1970년대 이래로 그 격차는 뚜렷이 역전되었다. M. Huberman, C. Minns, "The Times they Are not Changin': Days and Hours of Work in Old and New Worlds, 1870~2000", *Explorations in Economic History*, vol. 44(4), 2007, pp. 538~567 참조.

**53_** 예컨대 1997~2002년 프랑스에서 법정 주당 노동시간의 35시간으로의 단축에는 구매력 동결 연장과 더불어 저임금 노동자들의 노동시간 유연성 증대가 수반되었다. 이 단축은 (무엇보다도 추가 휴가를 누리는) 간부직에 더 유리하다는 점이 확인되었다. 지난 수십 년간 미미하게 이루어진 영국 및 미국의 노동시간 단축에는 노조의 두드러진 쇠퇴(정치권력과 사법권력이 보완해주는 것도 없었다)와 임금 불평등 급증이 병행된다. 노동시간 단축 및 조직화의 다양한 민족적 궤적에 대한 분석은 이 연구의 틀을 훌쩍 넘

어서는 일이다.

**54_** 이는 한 명의 노동자가 개별적으로 자신의 노동시간을 협상하는 경우의 실제적인 어려움들과 생활수준의 일정 표준을 추구하는 경향으로 설명될 수 있다. 이를테면 집단적으로는 더 많은 자유시간을 갖기를 선호하면서도 정작 그 누구도 자신의 구매력 일부를 먼저 희생시키고 싶어하지 않는다는 것이다. 임금노동자에게만 해당되는 법들에 의거한 자영업자의 노동시간 단축은, 이 전자의 요인에 일정한 중요성이 있음을 암시한다. 그렇지만 이 문제들을 해결하기에는 가용 데이터가 불완전하다.

**55_** 이론상, 그리고 고용에서 배제된 자들이 흔히 덜 훈련되었다는 점에서, 2010년대 프랑스의 높은 생산성은 고용수준의 상대적 취약함으로 일부 설명될 수 있다. 그렇지만 (취업률이 거의 같았던) 2005년 이후로 노동시간이 독일과 동일하게 변화했다고 가정하여 통계를 교정해보면, 프랑스의 생산성은 2010~2015년에 독일과 미국 수준보다 약간 떨어지는 것이 확인된다. 그렇다고 전반적인 비교에 큰 영향을 주지는 않는다. 전문 부록과 보충 도표 S11.4 참조. 중요한 점은, 국가별 노동시간 차이가 비자발적 불완전고용보다는 집단적 선택(주당 노동시간, 유급휴가 등)과 더 관련된다는 것이다.

**56_** 다양한 가용 자료들에 관해서는 전문 부록 참조. 여기서 인용된 취학률은 다음 책에 수집된, 다수의 선행 연구 데이터에서 주로 가져왔다. J. Lee, H. Lee, "Human Capital in the Long-Run", *Journal of Development Economics*, vol. 122, 2016, pp. 147~169.

**57_** "애초부터 미국 문명의 독창성을 백일하에 드러낸 것은 공교육 관련 규정들이다. (…) 시의 사법관은 부모가 자녀를 학교에 보내는지 주시해야 한다. 그렇지 않으려는 부모에게 사법관은 벌금을 고지할 권리가 있다. 그런데도 저항이 계속된다면, 가족을 대신하여 사회가 아이를 맡고, 자연이 부여했으나 사용하지 않았던 아비의 권리를 박탈한다."(*De la démocratie en Amérique*, 1835, p. 42)

**58_** 주 단위 상세 데이터로는 S. Engerman, K. Sokoloff, "The Evolution of Suffrage Institutions in the New World", *Journal of Economic History*, vol. 65, 2005, p. 906, tableau 2 참조.

**59_** 5장 도표 5.3 참조. 라틴아메리카(특히 브라질·멕시코·아르헨티나·칠레)와의 대조가 특히 뚜렷한데, 이 나라들의 백인 성인남성 투표율은 1890~1910년까지 10~20% 이하에 머물렀다. 같은 책, pp. 910~911, 표 3 참조. 19세기 아르헨티나 엘리트의 (은 수출부터 농업 과다 잉여분 조성까지) 부 형태 재편과 연계된, 중상주의-절대주의 이데올로기에서 소유주의-납세유권자주의 이데올로기로의 완만한 이행에 관해서는 J. Adelman, *Republic of Capital: Buenos Aires and the Legal Transformation of the Atlantic*

*World*, Stanford University Press, 1999 참조. 20세기 라틴아메리카에서 불평등 축소 단계가 부재하는 것에 관해서는 J. Williamson, "Latin America Inequality: Colonial Origins, Commodity Booms or a Missed Twentieth Century Leveling", *Journal of Human Development and Capabilities*, vol. 16(3), 2015, pp. 324~341 참조.

**60_** 특히 C. Goldin, "America's Graduation from High School: The Evolution and Spread of Secondary Schooling in the Twentieth Century", *Journal of Economic History*, vol. 58(2), 1998, pp. 345~374; ID., "The Human Capital Century and American Leadership: Virtues of the Past", *Journal of Economic History*, vol. 61(2), 2001, pp. 263~292 참조.

**61_** 전문 부록 참조. 가용 자료들은 불완전하지만 규모의 추이와 특히 국가별 격차는 확실하다.

**62_** 9장 참조.

**63_** 1685년 신교도 추방 이후 1698년의 첫번째 조서는 교리 교육과 문자화된 종교문화를 발전시키기 위해 교구마다 학교를 세울 것을 명했다. 의무교육 재원을 세금으로 조달한다는 원칙은 1792~1793년에 채택되었지만 실행되지는 못했다. 1833년부터 기초 지자체들이 교사 급여 지급을 책임졌고, 국가는 1850~1860년부터 급여를 보조해주다가 1889년부터는 임금을 완전히 책임졌다(이와 동시에 주임신부가 교사에게 교부하는 도덕증명서가 사라졌다). F. Furet, J. Ozouf, *Lire et Écrire. L'alphabétisation des Français de Calvin à Jules Ferry*, Éditions de Minuit, 1977; A. Prost, *Histoire de l'enseignement en France, 1800~1967*, Armand Colin, 1968 참조.

**64_** D. Cannadine, *Victorious Century*, *op. cit.*, pp. 257, 347 참조.

**65_** P. Lindert, *Growing Public. Social Spending and Economic Growth since the Eighteenth Century*, *op. cit.*, vol. 2, pp. 154~155 참조.

**66_** 10장 501쪽 참조.

**67_** 10장 도표 10.15 참조.

**68_** 오늘날 영국의 총교육지출은 국민소득의 약 6%로, 유럽의 다른 나라들(독일·프랑스·스웨덴)에 근접한다. 전문 부록 참조.

**69_** 6장 283~288쪽 참조.

**70_** 우리는 또한 다음 장에서 전체 유럽에 동유럽을 포함해도 유럽에서 불평등이 현저히 더 낮게 유지된다는 점을 볼 것이다. 12장 도표 12.9 참조.

**71_** M. Bertrand, A. Morse, "Trickle-Down Consumption", *Review of Economics and Statistics*, vol. 98(5), 2016, pp. 863~879; M. Kumhof, R. Rancière, P. Winant,

"Inequality, Leverage and Crises", *American Economic Review*, vol. 105(3), 2015, pp. 1217~1245 참조. 미국의 신용 규제 역사에 관해서는 L. Hyman, *Debtor Nation: The History of America in Red Ink*, Princeton University Press, 2011; ID., *Borrow: The American Way of Debt: How Personal Credit Created the American Middle Class and Almost Bankrupted the Nation*, Vintage Books, 2012 참조.

**72_** 여기서 요약된 결과들은 다양한 가용 자료, 즉 납세 기록과 가구별 조사와 국민계정을 체계적으로 결합하여 확보한 것이다. T. Piketty, E. Saez, G. Zucman, "Distributional National Accounts: Methods and Estimates for the United States", art. cité 참조. 상세한 자료로는 부록 참조.

**73_** 가난한 이들에게 주어지는 ('푸드스탬프' 이외의) 주요 현금이전은 근로장려세제 EITC(Earned income tax credit)로, 이것은 저임금노동자들의 가처분소득 증대를 목적으로 한 프랑스의 활동장려금(과거의 고용장려금, PPE)과 비슷한 생활보조금이다. 2008년 위기의 여파인 근로장려세제 확대와 세금 인하는, 어째서 세금과 이전소득을 계산에 넣은 후의 소득이 그전의 소득을 약간 상회하는지 설명해준다. 다른 나라들과 마찬가지로, 여기서 고려되는 세금과 이전소득을 계산에 넣기 전의 소득에는 공공 퇴직연금이 포함(그리고 이에 상응하는 분담금이 공제)되는데, 그렇지 않다면 연금수령자의 소득은 부자연스럽게 낮을 것이다. 노동 연령대 인구에 한정한다면, 지난 반세기를 거치면서 가난한 50%의 평균소득이 똑같이 정체되어 있었다는 게 보인다. T. Piketty, E. Saez, G. Zucman, 같은 글, figure 4, p. 585 참조. 게다가 누진세제 약화는, 가난한 50%와 부유한 1%의 실효세율 사이의 격차가 1930~1970년보다 크게 줄어들었음을 시사한다. 같은 글, figure 9a, p. 599, chapitre 10, graphique 10.13 참조.

**74_** (교육 및 질서유지 비용 같은) 또다른 현물이전들도 포함할 수 있지만, 그것들을 귀속시키고 만족스럽게 해석하기란 훨씬 더 어렵다. 상세한 결과들은 전문 부록 참조.

**75_** 미국과 마찬가지로 프랑스 추계도 납세 기록, 가구별 조사, 국민계정이라는 다양한 가용 자료를 체계적으로 결합하여 확보했다. A. Bozio, B. Garbinti, J. Goupille-Lebret, M. Guillot, T. Piketty, "Inequality and Redistribution in France 1990~2018: Evidence from Post-Tax Distributive National Accounts(DINA)", WID.world, Working Paper Series, n° 2018/10 참조. 그 결과는 (지니계수 같은) 여타 불평등 지수와 동일하다. 또는 상이한 연령군들을 따로따로 고려하더라도 (예컨대 연금수령자들을 배제하더라도) 결과는 같다. 상세 통계에 관해서는 전문 부록 참조.

**76_** 이러한 의미에서 여기서 제시한 결과는 '사전분배' 개념이 지닌 장점을 보여준다. M. O'Neill, T. Williamson, "The Promise of Predistribution", *Policy Network*, 2012; A.

Thomas, *Republic of Equals: Predistribution and Property-Owning Democracy*, Oxford University Press, 2017 참조. 그렇지만 이 개념이 때로는 최소 재분배라는 관념을 주창하기 위한, 특히 누진세 역할을 최소화하기 위한(이것이 이 개념의 주창자들이 애초에 의도한 것은 아니지만) 도구였음을 강조해야 한다. 도리어 내가 강조하는 바는, 누진세가 (특히 천문학적 소득에 대한 70~90%의 세율이) '사전분배'에 영향을 미칠 수 있는 가장 중요한 제도 중 일부라는 사실이다. 이어지는 서술 참조.

**77_** 특히 고용주들의 강력한 협상력과 마주한 임금노동자들을 안심시켜주고 회사에 대한 그들의 애착을 키워주는 임금체계(특히 최저임금과 최고임금) 역할에 대한 분석으로는 『21세기 자본』, 9장, 369~376쪽 참조. 또한 H. Farber, D. Herbst, I. Kuziemko, S. Naidu, "Unions and Inequality Over the Twentieth Century: New Evidence from Survey Data", NBER, Working Paper, n° 24587, 2018 참조.

**78_** E. Derenoncourt, C. Montialoux, "Minimum Wages and Racial Inequality", Harvard, 2018 참조.

**79_** 1960년대 말 실질 최저임금은 세계에서 미국이 가장 높았다. 2010년대 말에는 독일·영국·프랑스·네덜란드·벨기에·오스트레일리아·캐나다가 미국을 확연히 추월한다. L. Kenworthy, *Social-Democratic Capitalism*, Oxford University Press, 2019, p. 206, figure 7.12 참조. 북유럽 나라들은 계속 임금협상에 기초한다.

**80_** 10장 도표 10.11 참조.

**81_** T. Piketty, E. Saez, S. Stantcheva, "Optimal Taxation of Top Labor Incomes: A Tale of Three Elasticities", art. cité 참조.

**82_** 같은 책, 특히 도표 3, 5, A1과 표 2~5 참조.

**83_** M. Pursey, *CEO Pay and Factor Shares: Bargaining Effects in US Corporations 1970~2011*, master, PSE, 2013; M. Kehrig, N. Vincent, "The Micro-Level Anatomy of the Labor Share Decline", NBER, Working Paper, n° 25275, 2018; E. Liu, M. Mian, A. Sufi, "Low Interest Rates, Market Power, and Productivity Growth", NBER, Working Paper, n° 25505, 2019 참조. 예컨대 거대 디지털 플랫폼들을 공적 통제하에 두어야 한다는 필요를 두고 점점 격렬해지는 논의에서 볼 수 있듯, 민간 독점체들의 과도한 비중에 대한 자각은 아마 미국에서 확대되고 있는 중이라고 해야 할 것이다.

**84_** 12장 688~689쪽 참조.

**85_** 전문 부록 참조.

**86_** C. Goldin, L. Katz, *The Race between Education and Technology: The Evolution of US Educational Wage Differentials 1890~2005*, Harvard University

Press-NBER, 2007; 『21세기 자본』, 9장, 368~369쪽 참조.

**87_** 서론의 도표 0.8 참조.

**88_** 세대 간 이동이라는 측면에서, 프랑스와 독일은 대체로 (이동성이 가장 낮은) 영미와 (이동성이 가장 높은) 북유럽 및 스칸디나비아 나라들의 중간에 있는 것으로 보인다. 전문 부록 참조.

**89_** J. Harris, B. Mazumbder, "The Decline of Intergenerational Mobility since 1980", Harris School, 2018; R. Chetty, D. Grusky, M. Hell, N. Hendren, R. Manduca, J. Narand, "The Fading American Dream: Trends in Absolute Income Mobility Since 1940", *Science*, vol. 356(6336), 2017, pp. 398~406; F. Pfeffer, "Growing Wealth Gaps in Education", *Demography*, vol. 55(3), 2018, pp. 1033~1068 참조.

**90_** 이와 동일한 다양성이 세계의 다른 곳들에서도 확인된다. 고등교육에서의 민간자금 비중은 일본·한국·칠레·콜롬비아에서 상대적으로 높은 데 반해, 중국·인도네시아·터키·아르헨티나·멕시코에서는 낮다. 초중등교육에서는 그 비중이 일괄적으로 매우 낮다(최대 10~20%). 전문 부록의 도표 S11.11 참조.

**91_** 고등교육 총재원은 미국 국민소득의 약 3%에 달하는 데 반해, 유럽에서는 1~1.5%다(이탈리아가 가장 적고, 에스파냐와 프랑스와 독일이 그다음, 스웨덴과 덴마크와 노르웨이가 선두에 있다). 이 재원에는 대학의 학술연구와 연구기관에 지급되는 자금 또한 포함된다(좁은 의미의 대학 재원은 국민소득의 고작 0.5%다). 전문 부록 참조.

**92_** 기부금을 받는 미국의 850개 대학은 (일체의 관리 비용과 인플레이션을 공제하고) 1980~1990년에 평균적으로 연간 8.2%의 실질적 수익을 내왔는데, 6.2%는 (1억 달러 이하로) 기부를 적게 받는 498개 대학의 수익이고, 8.8%는 (10억 달러 이상의) 기부를 많이 받는 60개 대학의 수익이며, 10.1%는 하버드-예일-프린스턴대학의 수익이다. 기부를 많이 받는 60개 대학의 몫은 1980년 총기부재산의 약 50%에서 2010년에는 70% 이상이 되었다. 이 격차는 규모의 경제에서 비롯한 것으로 보인다. 고수익투자(비상장 해외자산, 원료 파생상품 등)에 접근하려면 지갑이 아주 두둑해야 하는 것이다. 『21세기 자본』 12장 표 12.2 참조.

**93_** 상하이Shanghai Ranking Consultancy이 세계대학 학술 순위 2018년판에 따르면, 상위 20개 대학은 미국 대학 16개와 유럽 대학 4개이고, 상위 200개 대학은 미국 대학 69개, 유럽 대학 80개, 아시아-오세아니아 대학 41개, 세계 여타 지역의 10개 대학이며, 상위 500개 대학은 미국 대학 139개, 유럽 대학 195개, 아시아-오세아니아 대학 133개, 세계 여타 지역의 33개 대학이다.

94_ J. Meer, H. Rosen, "Altruism and the Child Cycle of Alumni Donations", *American Economic Journal: Economic Policy*, vol. 1(1), 2009, pp. 258~286 참조.

95_ 모든 특권을 보유한 새로운 범주의 상속자들을 지칭하기 위해 미국에서 최근 발전된 새로운 표현인 '신탁자금 아이들Trust fund babies'이 눈에 띈다. 이 표현은 이처럼 막대한 유산을 양도하기 위해 흔히 사용되는 법적 구조(신탁자금)에서 따온 것이다. 2018년에 보이밴드(WDW)가 〈Trust fund baby〉라는 제목의 곡을 내기까지 했다. 미네소타와 버지니아 출신인 밴드의 소년들은, 모든 것이 주어져 있고 돈 말고는 생각하는 것이 없는 상속자들인 이 신탁자금 아이들과는 반대로 혼자서도 잘하고 자동차도 고칠 줄 아는 독립적인 소녀들을 원한다고 노래한다.

96_ 5장 227~232쪽 참조.

97_ 9장 450~453쪽 참조.

98_ 8장 402~418쪽 참조.

99_ 하버드와 매사추세츠주의 관계에 대해서는 N. Maggor, *Brahmin Capitalism*, *op. cit.*, pp. 26~28, 96~104 참조.

100_ 고등교육으로 제기된 불평등주의적이고 이데올로기적인 도전에 관해서는 E. Todd, *Où en sommes-nous? Une esquisse de l'histoire humaine*, Seuil, 2017 참조.

101_ 14~15장 참조.

102_ 10장 도표 10.15 참조.

103_ 전문 부록 참조. 국가 간 교육예산을 비교할 수 있게 해주는 데이터가 불완전하긴 하지만, 선행 시기들과의 단절은 상당히 뚜렷하다.

104_ 특히 13장 771~774쪽, 14장 814~823쪽, 17장 1059~1067쪽 참조. 프랑스의 교육투자 불평등에 관해서는 7장 도표 7.8 참조. 또한 S. Zuber, *L'Inégalité de la dépense publique d'éducation en France, 1900~2000*, master, EHESS, 2003 참조. 전문 부록 참조.

105_ 레이건주의가 성공했다는 생각은 복합적인 정치적-이데올로기적 구성물로부터 발전했는데, 이 구성물은 주로는 (미국에서 실시된 경제 및 조세 정책과는 전혀 무관한) 소련과의 정치군사적 경쟁에서 성공했다는 것, 부차적으로는 유럽과의 성장 격차가 감소했다는 것에(전후의 따라잡기가 끝났다는 점을 감안하면 이 격차는 틀림없이 어떤 식으로든 감소했을 것이다) 의거한다.

106_ (상업 엘리트가 특히 국가재정에서 국가 명의로 부채를 누적해가며 자신들에게 이롭게 공권력을 광범위하게 농단했고, 그리하여 사회 전체의 발전 가능성을 차단했던) 17~18세기 네덜란드와 같은 '불평등의 덫'을 보여주는 또다른 사례들에 관해서는 B. van

Bavel, *The Invisible Hand? How Market Economies Have Emerged and Declined since AD 500*, Oxford University Press, 2016 참조.

**107_** 10장 535~538쪽 참조.

**108_** 이 대목에서 1986년 단일유럽의정서에 제시된 이 '네 가지 자유'는 루스벨트가 1941년 유명한 연두교서에서 제시한 '네 가지 자유'(표현의 자유, 신앙의 자유, 결핍으로부터의 자유, 공포로부터의 자유)와 분명히 매우 다른 성격을 지닌다.

**109_** 특히 A. Milward, *The European Rescue of the Nation-State*, Routledge, 2000 참조.

**110_** 공동 조세 기획을 저지하려면, 예컨대 룩셈부르크나 아일랜드 같은 국가 하나면 충분하다. 이 문제에 관해서는 16장 947~972쪽에서 상세하게 재론하겠다.

**111_** 10장 538~541쪽 참조.

**112_** 16장 947~972쪽 참조.

**113_** *Taxation Trends in the European Union*, Eurostat, 2018, p. 35, graphique 17 참조. 프랑스 같은 일부 국가에서는 법정 세율이 여전히 30% 혹은 그 이상인 데 비해, 아일랜드 또는 룩셈부르크에서는 10% 혹은 그 이하다. 완벽하게 조율된 국제 조세체계에서는, 법인세가 개인소득에 대한 누진세에 앞선 단순한 원천징수에 불과할 수도 있을 것이다. 실제로는 절세 및 탈세의 숱한 가능성과 최종 수익자와 관련한 정보 공조 및 교환 절차의 취약함 탓에, 법인세는 흔히 현실적으로 납세가 보장되는 유일한 세금으로 나타난다. 17장 1085~1083쪽 참조.

**114_** 미국의 연방 법인세율은 1980년대 초까지 45~50%였고, 레이건 정부에서 30~35%까지 인하되었다. 그 세율은 1992~2017년에 35%로 안정되었다가(여기에 약 5~10%의 주정부 세율이 추가되어야 한다), 2018년에 트럼프 정부에서 21%로 인하된다. 이렇게 해서 국제적 차원에서 유럽 국가들과의 무한 경주가 재개될 수 있을 것이다.

**115_** 사회적 유럽에 대한 영국의 환멸에 대해서는 다음의 흥미로운 증언을 보라. T. Atkinson, *Inégalités*, Seuil, 2016, pp. 360~362.

**116_** R. Abdelal, *Capital Rules: The Construction of Global Finance*, Harvard University Press, 2007 참조. 이 연구는 그 당시 지도자들(특히 자크 들로르와 파스칼 라미)의 증언에 주로 입각해 있다. 또한 N. Jabko, *L'Europe par le marché. Histoire d'une stratégie improbable*, Presses de Sciences Po, 2009 참조.

**117_** 자본의 자유로운 이동에 대한 독일 기민당의 강조는 흔히 질서자유주의와 연결되며, 1950년대와 1960년대 독일연방공화국RFA이 체결한 여러 양자조약에 구현되어 있다. 예컨대 L. Panitch, S. Gindin, *The Making of Global Capitalism: The Political*

*Economy of American Empires*, Verso, 2012, pp. 116~117 참조.

**118_** 국제 자본에 호소하여 공채 비용을 줄이는 것도 목표였지만, 이 다양한 목표를 명시적으로 논의할 시간이 없었다.

**119_** 1997년 위기로 인해 IMF는 단기 자본이동의 완전한 자유화에 대한 유럽의 규칙을 재평가하게 되고, 1944년 브레턴우즈협정의 정신 안에서 일정한 자본통제를 용인하는 보다 유연한 원칙을 따르게 된다. R. Abdelal, *Capital Rules*, *op. cit.*, pp. 131~160 참조.

**120_** 마찬가지로 독일 질서자유주의의 역할을 과장해서는 안 된다. 19세기와 20세기 초, 전간기에 존재감이 뚜렷했던 강력한 프랑스 자유주의 전통도 존재한다. 예컨대 이 전통은 1960~1970년대에 발레리 지스카르 데스탱을 통해서 드러나는데, 그는 1959~1974년에 거의 휴지기 없이 정무차관과 재무장관을, 1974~1981년에 대통령을 역임했다. 지스카르는 그후 2001~2004년에 유럽미래회의의 의장이 되었는데, 이 회의에서 유럽헌법조약TCE 초안을 내놓았고, 사실상 자본의 자유로운 이동과 조세 분야의 만장일치 규칙이 신성시되었다. 유럽헌법조약은 2005년에 프랑스에서 국민투표로 거부되었는데, 2007년 리스본조약 틀 안에서 사소한 수정을 거친 뒤 의회를 통해 결국 채택되었다. 유럽의 이러한 조약들과 규칙들에 관해서는 뒤에서 재론하겠다. 특히 12장 702~706쪽과 16장 947~977쪽 참조.

**121_** S. Weeks, "Collective Effort, Private Accumulation: Constructing the Luxembourg Investment Fund(1956~1988)", Jefferson University, 2019 참조.

**122_** 7장 345~351쪽 참조.

**123_** 10장 도표 10.14~10.15 참조.

**124_** 10장 도표 10.6~10.7 참조.

**125_** 집중은 20~39세에서 특히 심한데, 2015년 프랑스에서 (이 연령에서는 드문 소유자들 사이의 유산 규모를 감안하면) 이 연령대의 부유한 10%가 자산의 62%를 점하는 데 반해, 40~59세에서는 53%, 60세 이상에서는 50%, 인구 전체에서는 평균 55%를 점한다. 각 연령대의 가난한 50%는 거의 아무것도 소유하지 못한다(모든 경우를 합해보면 총자산의 5~10%가량). 전문 부록의 보충 도표 S11.18 참조. 연령에 따른 단면도와 편성에 관한 자세한 결과는 B. Garbinti, J. Goupille-Lebret, T. Piketty, "Accounting for Wealth Inequality Dynamics", art. cité 참조.

**126_** 20세기 초 누진소득세 신설 당시, 1차 목표는 자본소득 상위에 과세하는 것이었으며, 대부분의 나라에는 예컨대 프랑스의 (동산소득보다 임금에 더 유리한) 종별소득세 체계처럼 노동소득을 우대하는 체제들이 존재했다. 1960년대와 1970년대에 미국과 영국은 노동소득(근로소득)보다 자본소득(불로소득)에 더 높은 최고세율을 적용했다.

**127_** 10장 도표 10.11~10.13 참조.

**128_** 자세한 결과는 A. Bozio, B. Garbinti, J. Goupille-Lebret, M. Guillot, T. Piketty, "Inequality and Redistribution in France 1990~2018: Evidence from Post-Tax Distributive National Accounts(DINA)", art. cité 참조. 방법에 관한 논의로는 전문 부록 참조.

**129_** 3장 표 3.1 참조.

**130_** 10장 도표 10.11~10.12 참조.

**131_** 영어에서는, 상속에 대한 세금(각각의 상속자가 받게 되는 상속분별 과세표에 따라 과세되는 상속세inheritance tax)과 사망시 재산에 대한 세금(상속자들 사이의 분할과 무관하게 고인의 자산 전체—가구나 금융자산 따위의 동산personal estate과 부동산real estate으로 나뉘는 유산estate—에 부과되는 유산세estate tax)이 구별된다. 유럽 나라들은 대체로 상속세를 사용하는 데 반해, 미국은 유산세를 시행한다.

**132_** 10장 도표 10.11~10.12 참조.

**133_** 10장 도표 10.4~10.5, 10.8 참조.

**134_** 17장 1031~1052쪽 참조.

**135_** 10장 497~499쪽 참조.

**136_** 3장 139~142쪽, 5장 195~196쪽과 219~223쪽 참조.

**137_** J.-S. You, "Land Reform, Inequality, and Corruption: A Comparative Historical Study of Korea, Taiwan, and the Philippines", *Korean Journal of International Studies*, vol. 12(1), 2014, pp. 91~224; T. Kawagoe, *Agricultural Land Reform in Postwar Japan: Experience and Issues*, World Bank, 1999; E. Reischauer, *Histoire du Japon et des Japonais*, t. II, *op. cit.*, pp. 22~30 참조. 과거에 일본 주재 미국 대사를 지냈고 일본인에게 기꺼이 호의적이며 사회주의 동조 혐의도 거의 없는 저자 라이샤워는, 공산주의와의 경쟁이 두드러지는 맥락에서, 농업개혁이 성공하고 소유가 평등해진 것을 기뻐한다.

**138_** 8장 415쪽과 아브히지트 바네르지가 수행한 연구들에 대한 참조를 보라. 토지 재분배는 주로 1977년 서벵골에서 (인도공산당이 이끄는) 좌파전선이 선거에서 승리한 뒤 2011년까지 집권하는 동안 이루어졌다.

**139_** 가용 추계에 따르면, 1910년 혁명 전야에 인구의 1%가 토지의 95% 이상을 보유했던 멕시코에서는 농업개혁이 1910~1970년대에 걸쳐 전개된다. S. Sanderson, *Land Reform in Mexico, 1910~1980*, Elsevier, 1984; P. Dorner, *Latin American Land Reforms in Theory and Practice: A Retrospective Analysis*, University of

Wisconsin Press, 1992 참조.

**140_** 소유를 사회적 소유로 간주하는 이러한 '연대주의적' 관점은 이미 1890~1900년에 레옹 부르주아와 에밀 뒤르켐이 누진소득세 및 누진상속세를 정당화하기 위해 유사한 방식으로 옹호한 적이 있다. 이 주제에 관해서는 R. Castel, *Les Métamorphoses de la question sociale, op. cit.*, pp. 444~449 참조.

**141_** 나는 정의에 대한 이러한 (불완전한) 정의를 4부에서 재론하겠다. 17장 1023~1028쪽 참조.

**142_** H. George, *Progress and Poverty*, 1879, pp. 342~359 참조. 이러한 배상에 관해서는 6장 참조.

**143_** 구체적으로 헨리 조지의 제안은 각자가 보유한 토지의 임대가치(임대되든 아니든)에 100% 과세하는 소득세를 통해, 또는 등가적으로 예컨대 (임대수익이 4%라고 가정하고) 토지가치의 4%에 상응하는 자본에 대한 과세를 통해 이루어질 수 있었을 것이다.

**144_** 롱이 구상했던 것은 100만 달러(평균의 70배)에서 시작하는 순자산에 대한 누진세로, 5000만 달러(평균의 3500배)로 평가되는 최대 자산에 대해서는 한계세율이 점차 100%까지 올라간다. 그는 필요하다면 과세표를 조정하여 최대 자산이 1000만 달러(평균의 700배)가 될 수 있다는 점을 명시하고 있다. 그의 중심 목표는 미국의 각 가정에 평균 자산의 3분의 1을 보장하려는 것이고(즉 평균 1만 5000달러 대비 5000달러), 그래서 그는 사적소유가 합당하고 추잡하지 않은 한에서 자신은 사적소유에 전혀 반대하지 않는다는 점을 밝혀두고자 한다. 어떻게 이 나라 대부분의 부를 극소수가 탈취해왔는지를 표현할 수 있게 해주는 종교적 준거들이 그의 글 전반에 점철되어 있다. "신께서 우리 모두를 초대해 우리가 원하는 모든 것을 먹고 마실 수 있게 해주셨다. 그분은 우리 땅에 미소를 지어주셨고 먹고 입을 충분한 곡물을 키워주셨다. 그분은 우리가 원하는 모든 것을 만들 수 있도록 지상의 강철과 그 밖의 것들을 우리에게 보여주셨다. 그분은 우리의 노동이 용이해지도록 과학의 비밀을 우리에게 밝혀주셨다. 신께서 '나의 연회로 오거라'라고 이르셨다. 그런데 무슨 일이 벌어졌는가? 록펠러와 모건 따위의 무리가 앞으로 나서서 1억 2000만의 사람이 먹기에 충분한 것을 가져가고는 1억 2500만의 사람들이 먹을 것 대신에 고작 500만이 먹기에 충분한 것들만 남겨놓았다. 그래서 수백만의 사람들이 신께서 주신 좋은 것들을 갖지 못하고 굶주릴 수밖에 없는 것이다. 그렇게 되지 않으려면 우리가 그 일부라도 제자리에 돌려놓도록 그들에게 요구해야 한다." 전문 부록 참조.

**145_** 4장 177~180쪽 참조.

**146_** 토지세 세수는 2018년 프랑스에서 약 400억 유로(국민소득의 2%)이며, 미국에서

는 5000억 달러(국민소득의 2.5% 이상)다.

**147_** 현재 적용되는 세율은 프랑스와 미국에서 소유 가치의 약 0.5~1%다(주와 공동체에 따라 편차가 있다). 사적소유 전체가 2010년대에 두 나라에서 5~6년 치 국민소득에 육박한다는 사실을 감안하면(10장 도표 10.8과 전문 부록의 도표 S10.8 참조), 면세에도 불구하고 세수가 어떻게 국민소득의 수 퍼센트에 쉽게 도달할 수 있는지 이해된다.

**148_** 부유한 납세자들을 끌어들이려는 지자체 간 경쟁을 감안하면, 전국 또는 연방 수준에서의 과세만이 실제로 강력하게 누진적이 될 수 있다.

**149_** 2007~2011년에 프랑스에서 (자산이 아닌) 소득 비례 총세액 상한 설정을 뜻하는 과세상한선제도 확립을 시도하던 당시, 주거지 명목으로 납부하는 토지세만이 해당 총액에 포함되었다.

**150_** 해외투자 금융자산은 원칙적으로, 투자된 나라와 영토에서 토지세 또는 재산세에 상당하는 것의 대상이 될 수 있다.

**151_** 기계와 설비는 이따금 재산세 과세대상에 포함되거나, 오히려 프랑스에서는 오래된 사업세 같은 여타 지방세를 통해 부분적으로 과세된다. 실제로 이는 대체로 토지재산에 비해 분명 덜 과세된다.

**152_** N. Maggor, *Brahmin Capitalism, op. cit.*, pp. 76~95, 178~203 참조.

**153_** 하지만 유럽의 모든 곳이 꼭 그런 것은 아니다. 빅토르 위고의 『망슈 군도』에 따르면, 19세기 건지섬의 토지세는 자산 전체에 부과되는 형태를 띠었고, 이것이 언제나 만사에 호기심을 보이면서도 프랑스체계에 보다 익숙했던 저 소설가를 많이 놀라게 한다. V. Hugo, *Les Travailleurs de la mer*(1866), Gallimard, "Folio", 1980, p. 67 참조.

**154_** 같은 시기에 펼쳐진 또다른 정치적 논쟁은, 정확히 새 교외를 통합하기 위해 도시의 경계를 확장할 것이냐 아니면 새롭게 도시화된 영토를 독자적인 기초지자체로 구성할 것이냐에 관한 것이다. 힐스는 앞의 주장을 옹호하는 데 비해, 도심의 소유자들은 세수를 나누지 않으려고 뒤의 주장을 옹호한다. N. Maggor, *Brahmin Capitalism, op. cit.* 참조. 이 에피소드는 조세체제, 정치체제, 경계체제의 구조적 관계를 다시금 예증한다.

**155_** 1915년에 동산이 완전히 면세되기에 이르는 정치적-행정적 과정에 관해서는 같은 책 참조. 또한 C. Bullock, "The Taxation of Property and Income in Massachusetts", *Quarterly Journal of Economics*, vol 31(1), 1916, pp. 1~61 참조.

**156_** R. Fisman, K. Gladstone, I. Kuziemko, S. Naidu, "Do Americans Want to Tax Capital? Evidence from Online Surveys", NBER, Working Paper, n° 23907, 2017 참조. 구체적으로 이 조사는 사람들에게 하나의 쌍(소득·자산)을 제시하고는 어떤 것이 정의로운 세금일지를 묻는다. 소득이 일정하면(예컨대 연간 10만 달러), 100만

달러를 소유한 사람이 1000만 달러를 소유한 사람보다 세금을 덜 내고 소유한 게 없는 사람들보다는 더 내야 마땅하다고 피조사자들은 판단한다. 소득을 달리해보더라도 일정한 자산에 대해서는 사정이 동일하다.

**157_** 이 문제들은 뒤에서 더 자세히 살펴볼 것이다. 특히 13장과 17장 참조.

**158_** 그 제안은 자산이 평균보다 100배 더 많은(성인당 25만 달러, 커플 합산으로 약 50만 달러), 인구의 0.1% 이하지만 총자산의 20%를 가진 사람들에게 해당된다. 이로부터 국민소득의 1% 이상으로 추산되는 상당한 세수가 나온다. E. Saez, G. Zucman, "How Would a Progressive Wealth Tax Work?", Berkeley, 2019; ID., *The Triumph of Injustice*, Norton, 2019 참조.

**159_** 17장 표 17.1 참조.

**160_** 최근에 일부 연구자들은 재화의 빈번한 재할당을 강제하기 위하여 모든 자산에 고세율(7%)의 비례세를 제안했다. E. Posner, G. Weyl, *Radical Markets: Uprooting Capitalism and Democracy for a Just Society*, Princeton University Press, 2018 참조. 누진제의 완전한 부재를 감안하면, 이 제안은 소유의 확산이 아니라 집중 심화로 귀착되리라고 볼 수 있다(저자들이 주장하는 주요 목표는 토지와 재화의 신속한 재편성을 용이하게 하려는 것이다).

**161_** 자산에 대한 누진세를 중심축으로 한 사회당과 공산당의 프로그램들과 전간기부터 1980~1990년까지의 논의들에 대한 상세한 분석으로는 T. Piketty, *Les Hauts Revenus en France au XX^e^ siècle*, *op. cit.*, pp. 373~389 참조. 1914년 카요의 제안과 1947년 및 1972년 제안 관련해서는 J. Grosclaude, *L'Impôt sur la fortune*, Berger-Levrault, 1976, pp. 145~217 참조.

**162_** 특히 14장 853~856쪽 참조.

**163_** 2018년 개혁 전야에, 연대부유세의 세수는 50억 유로(국민소득 0.3% 이하)인 데 반해, 토지세의 세수는 400억 유로(국민소득 2% 이상)였다.

**164_** H. Glennerster, "A Wealth Tax Abandoned: The Role of UK Treasury 1947~1976", LSE, 2011 참조.

**165_** 더 정확히 하자면, 소유가 12만 5000파운드 이하일 때는 거래시 납부 세율이 0%, 12만 5000~25만 파운드일 때는 1%, 25만~50만 파운드일 때는 3%로 오르고, 50만~100만 파운드일 때는 4%, 100만~200만 파운드일 때는 5%(2011년에 도입된 신규 세율), 200만 파운드 이상의 소유에 대해서는 7%(2012년에 도입)다. 대부분의 나라(예컨대 프랑스)에서 등록세가 비례적이라는 점과, 1993년에 (대처를 실각시켰던) 인두세를 대체한 지방세체계는 실제로 인두세만큼이나 역진적이라는 점(지방세 총액은 주거지의 임대

가치에 비해 훨씬 덜 증가한다)을 고려하면 이러한 누진제는 상대적으로 놀라운 것이다. T. Atkinson, *Inégalités, op. cit.*, pp. 267~268, figure 7.3 참조.

**166_** 1870년 이후 독일 조세체계의 변화에 대해서는 F. Dell, *L'Allemagne inégale, op. cit.* 참조.

**167_** 스웨덴체계는 1911~1947년에 소득과 자산에 대한 공동과세체계를 운용한다는 특수성이 있는데, 1948년부터는 두 체계가 따로 변화했다. 상세한 분석은 G. Du Rietz, M. Henrekson, "Swedish Wealth Taxation(1911~2007)", *in* M. Henrekson, M. Stenkula(éd.), *Swedish Taxation: Developments since 1862*, Palgrave, 2015 참조.

**168_** 16장 918~923쪽과 977~980쪽 참조.

## 제12장

**1_** N. Moine, "Peut-on être pauvre sans être un prolétaire? La privation des droits civiques dans un quartier de Moscou au tournant des années 1920~1930", *Le Mouvement social*, n° 196, juillet-septembre 2001 참조.

**2_** J. Cadiot, *La Société des voleurs. La protection de la propriété socialiste sous Staline*, EHESS, 2019; J. Cadiot, "L'affaire Hain. Kyiv, hiver 1952", *Cahiers du monde russe*, vol. 59, n° 2~3, 2018 참조.

**3_** 비교해보자면, (항상 성인인구의 백분율로 표현되는) 투옥률은 오늘날 러시아에서 0.7%, 중국에서 0.3%, 서유럽의 모든 나라에서 0.1% 이하다. 전문 부록 참조.

**4_** N. Moine, "La perte, le don, le butin. Civilisation stalinienne, aide étrangère et biens trophées dans l'Union soviétique des années 1940", *Annales. Histoire Sciences sociales*, n° 2, 2013, pp. 317~355; ID., "Évaluer les pertes matérielles de la population pendant la Deuxième Guerre mondiale en URSS: vers la légitimation de la propriété privée?", *Histoire & Mesure*, vol. 18, n° 1, 2013, pp. 187~216 참조.

**5_** 6장 292~294쪽 참조.

**6_** 엄밀하게 화폐소득에 그친다면, 상위 십분위 몫은 총소득의 (25%가 아니라) 고작 20%일 것이고, 상위 백분위 몫은 (5%가 아니라) 4% 이하일 것이다. 전문 부록과 F. Novokmet, T. Piketty, G. Zucman, "From Soviets to Oligarchs: Inequality and Property in Russia, 1905~2016", WID.world, Working Paper Series, n° 2018/2,

*Journal of Economic Inequality*, 2018 참조.

**7_** 구체적으로 상위 백분위 몫이 4~5%라는 것은 급여를 많이 받는 1%가 전체의 평균소득보다는 4~5배, (대체로 평균소득의 절반에 가까운) 저임금보다는 일반적으로 약 8~10배 많은 평균소득을 번다는 것이다.

**8_** N. Moine, "Le système des passeports à l'époque stalinienne. De la purge stalinienne au morcellement du territoire(1932~1953)", *Revue d'histoire moderne & contemporaine*, n° 50-1, 2003/1, pp. 145~169 참조.

**9_** P. Samuelson, *Economics*, 8e édition, McGraw-Hill Book et Cie, 1970, p. 831 참조.

**10_** M. Mann, *The Sources of Social Power*, vol. 4: *Globalizations(1945~2011)*, Cambridge University Press, 28 décembre 2012, p. 182 참조.

**11_** E. Todd, *La Chute finale. Essai sur la décomposition de la sphère soviétique*, Robert Laffont, 1976, nouvelle éditions augmentées, 1990 et 2004 참조.

**12_** 7장 341~344쪽 참조.

**13_** 의회에서의 긴 전투가 끝난 뒤 1986년에 레이건은 미국 하원이 '포괄적 반아파르트헤이트 법'의 틀 안에서 채택한 제재체계에 거부권을 행사했다. 하지만 하원은 이를 무시하고 제재 의결을 추인했고 그리하여 법이 시행되었다.

**14_** 7장 345~351쪽 참조.

**15_** 다음의 전시 *Dakar 1966. Chroniques d'un festival panafricain*, musée du quai Branly, Paris, février~mai 2016 참조.

**16_** 아파르트헤이트가 여전히 견고하던 1988년 1월에 쿠바 공군이 남아공 기갑부대에 맞서 앙골라로 출병한다. 카스트로는 1991년 7월 26일 만델라와의 회동에서 "우리는 앙골라인들과 단결하여 위험과 위태로움을 무릅쓰고 문제를 해결하기로 결정했다"고 설명한다. "쿠바 인민에 대한 커다란 마음의 빚"을 표현하면서 만델라는 "백인 억압자들의 불패 신화를 깨트렸고" 아파르트헤이트에 맞서는 "투쟁에서 전환점"이 된 승리의 역사적 성과를 강조한다. 다음의 대담집 F. Castro, N. Mandela, *Cuba et l'Afrique. La victoire de l'égalité*, L'Esprit du temps, coll. "Quoi de neuf?", 2018 참조.

**17_** 피임에 대한 공산주의체제의 태도의 역사는 전혀 선형적이지 않다. 소련은 1920년에 세계 최초로 임신중단을 합법화한 나라인데, 1936년에는 (스탈린의 출산장려주의 강화로) 금지했다가 1955년에 다시 합법화한다.

**18_** 다음에 취합된 흥미로운 데이터를 보라. S. Carmichael, S. Dilli, A. Rijpma, "Gender Inequality since 1820", in *How was life? Global Well-Being since 1820*, OCDE,

2014, fig. 12.9, p. 238.

**19_** 이 점에 대해서는 13장 748~753쪽에서 재론하겠다.

**20_** 〈랜드 앤드 프리덤〉(1995)에서 켄 로치는 1936년 스페인에서 토지의 공동소유, 국가소유, 개인소유 문제를 놓고 서로 대치하는 어느 촌락 평의회의 모습을 연출한다. 이 대치로 인해 무정부주의자들과 스탈린주의자들과 트로츠키주의자들의 갈등은 격화되고 사실상 프랑코주의적이며 교권주의적이고 소유주의적인 적은 강화된다.

**21_** 10~11장 참조.

**22_** 실제로 산출량과 마찬가지로 고용 수준도 다양한 규모의 기업들 사이에서 매우 균형잡힌 방식으로 분배된다. 여기서 필요한 것은 다양한 이 구조 안에서의 권력 및 소유 분배에 관한 지속적인 해법이다.

**23_** 17장 1027~1052쪽 참조.

**24_** 11장 567쪽 참조.

**25_** 11장 도표 11.11 참조.

**26_** 10장 도표 10.11 참조.

**27_** 전문 부록과 F. Novokmet, T. Piketty, G. Zucman, "From Soviets to Oligarchs: Inequality and Property in Russia, 1905~2016", fig. 2, art. cité 참조.

**28_** K. Pistor, *The Code of Capital. How the Law Creates Wealth and Inequality*, *op. cit.* 참조.

**29_** 11장 609~615쪽 참조.

**30_** 특히 D. Nougayrède, "Outsourcing Law in Post-Soviet Russia", *Journal of Eurasian Law*, 2014; ID., "Yukos, Investment Round-Tripping and the Evolving Public-Private Paradigm", *American Review of International Arbitration*, 2015; ID., "The Use of Offshore Companies in Emerging Market Economies: A Case Study", *Columbia Journal of European Law*, vol. 23, n° 2, 2017 참조; T. Gustafson, *Wheel of Fortune. The Battle for Oil and Power in Russia*, Harvard University Press, 2012 참조.

**31_** 이 추산과 관련한 상세 설명은 F. Novokmet, T. Piketty, G. Zucman, "From Soviets to Oligarchs: Inequality and Property in Russia, 1905~2016", art. cite, pp. 19~23 참조.

**32_** G. Zucman, "The Missing Wealth of Nations. Are Europe and the US Net Debtors or Net Creation?", *Quarterly Journal of Economics*, vol. 128, n° 3, 2013, pp. 1321~1364; ID., *The Hidden Wealth of Nations*, University of Chicago Press,

2017; ID., "Global Wealth Inequality", *Annual Review of Economics*, vol. 11, n° 1, 2019, pp. 1~48 참조.

**33_** G. Zucman, "Taxing Across Borders: Tracking Personal Wealth and Corporate Profits", *Journal of Economic Perspectives*, vol. 28, n° 4, 2014, pp. 121~148; A. Alstadsæter, N. Johannesen, G. Zucman, "Who Owns the Wealth in Tax Havens? Macro Evidence and Implications for Global Inequality", *Journal of Public Economics*, n° 162, 2018, pp. 89~100 참조.

**34_** 이러한 사고방식을 대표하는 저작으로는 예컨대 M. Boycko, A. Shleifer, R. Vishny, *Privatizing Russia*, MIT Press, 1995 참조.

**35_** 10장 도표 10.2~10.3 참조.

**36_** 어떤 면에서는 미국이 기후온난화 반대 투쟁에서 잃을 것이 있는 만큼, 러시아(또는 적어도 러시아의 엘리트)도 조세피난처와 금융 불투명성에 반대하는 투쟁에서 잃을 것이 있다. 13장 727~738쪽 참조.

**37_** 2014년 크림반도 병합과 러시아군의 우크라이나 동부 개입으로 인해 무역 제재가 가해졌다. 위기 자체는 우크라이나가 러시아보다는 오히려 유럽의 정치적 상업적 공간에 들어가려 시도한 이후에 조성되었다.

**38_** 유럽 사법체계상에서 '부당하게 취득한' 재산을, 예컨대 테오도로 오비앙처럼 아프리카 국가 지도자의 가족이 보유한 자산을 공격하는 상황이 이따금 생긴다. 이러한 경우에 드러나는바 기술적 측면에서 자산 동결과 몰수가 완벽하게 가능하다(『21세기 자본』, 531~532쪽 참조). 그렇지만 러시아의 횡령은 너무나 대대적이라서 사법적인 조치뿐 아니라 조세 관련 수단들도 필요할 것이다. 또한 (오비앙이 자산을 형성하는 데 이용한 기니의 삼림같이) 천연자원에 대한 도둑질이 매우 가난한 나라를 희생시키면서 이루어졌을 때 사법 동원은 훨씬 강력해질 수 있다(게다가 재산이 흑인의 것이라 훨씬 의심을 받는다).

**39_** 이 추산을 위해 사용된 자료 및 방법과 상세한 결과는 다음에 제시되어 있다. T. Piketty, G. Zucman, L. Yang, "Capital Accumulation, Private Property and Rising Inequality in China, 1978~2015", WID.world, Working Paper Series, n° 2017/7, *American Economic Review*, 2019. 전문 부록 참조.

**40_** J. Ruet, *Des capitalismes non alignés. Les pays émergents, ou la nouvelle relation industrielle du monde*, Raisons d'agir, coll. "Cours et Travaux", 2016 참조. 저자는 인도·브라질·인도네시아의 산업 분야에서 (중국보다는 덜하지만 유럽-미국-일본 블록 내부보다는 큰) 국가소유의 상당한 역할이 지속되고 있는 것 또한 주목

한다. 러시아는 국민자본에서 공적자본 비율이 중국보다 훨씬 더 빠르고 크게 줄었지만, 자본유출에도 불구하고 여전히 매우 분명한 플러스 상태를 유지하고 있다(2010년대 말에 약 15~20%). 이는 이 나라의 천연자원 규모와 몇몇 거대 에너지 공기업의 존속 덕분이다. F. Novokmet, T. Piketty, L. Yang, G. Zucman, "From Communism to Capitalism: Private *vs* Public Property and Inequality in China and Russia", *American Economic Association(Papers & Proceedings)*, vol. 108, 2018, pp. 109~113; WID.world, Working Paper Series, n° 2018/2 참조.

**41_** 자산 범주별 상세 통계를 보려거든 전문 부록과 T. Piketty, G. Zucman, L. Yang, "Capital Accumulation, Private Property and Rising Inequality in China, 1978~2015", art. cité; WID.world 2017, fig. 5~6 참조.

**42_** 10장 494~502쪽 참조.

**43_** 규모의 추이를 확정하자면, (역시 부채를 배제한) 사적소유 전체가 대략 국민소득 3년 치에 육박하던 시대에 순공적자본은 대략 국민소득 1년 치 정도(공적자산은 국민소득의 약 150%, 공적부채는 50% 정도)였다. 10장 도표 10.8 참조. 또한 나라별 상세한 통계는 전문 부록과 T. Piketty, G. Zucman, "Capital is Back: Wealth-Income Ratios in Rich Countries, 1700~2010", *Quarterly Journal of Economics*, vol. 129, n° 3, 2014, pp. 1255~1310 참조.

**44_** 『21세기 자본』, 5장 221~225쪽과 도표 5.5 참조.

**45_** 정치적-이데올로기적으로 그리고 사회경제적으로 매우 다른 맥락에서, 16~18세기 유럽(예컨대 프랑스와 에스파냐, 수도원 해산 이전의 영국)에서 교회조직들이 전체 소유의 약 25~30%를 보유했음을 기억하자. 이러한 보유 덕분에 그들은 사회를 구조화하고 사회의 도덕적 물질적 발전을 주도할 재원을 가졌던 것이다. 2장 도표 2.3 참조. 이 비교는 의미심장하지만, 이것으로 중국모델의 장래를 예견하기란 어렵다.

**46_** 예컨대 경제학자이자 역사가인 친후이의 연구는 다음에 편역되어 있다. *The Chinese Economy*, juillet~octobre 2005. 문화혁명 이후 그의 이력과 궤적에 대해서는 "Dividing the Big Family Assets", *New Left Review*, n° 20, mars~avril 2003, pp. 83~110 참조.

**47_** 법적 변경사항을 감안하여 우리는 농지의 공유 비율이 1978년과 2015년 사이에 점차 70%에서 40%로 줄었다고 추산했다. 대안적인 가설을 택한다고 해도 (기업 및 도시 부동산에 비해 농지 비중이 제한적이라는 점을 감안하면) 중국의 전반적 소유구조와 관련된 전체 변화에는 한정적인 영향만 줄 것이다. T. Piketty, G. Zucman, L. Yang, "Capital Accumulation, Private Property and Rising inequality in China,

1978~2015", art. cité 참조.

**48_** 반면에 (루브르박물관이나 에펠탑처럼) 판매 선례가 없는 독특한 자산은 계산되지 않거나 (면적이나 교체 비용에서 출발하는) 매우 가설적인 가치에 입각하여 계산된다. 이는 실제로 잠재적 시장가치를 크게 저평가한 가치다.

**49_** 이른바 2013년 SNA 규칙이다. 국민계정체계System of National Accounts 규칙은 국제기구와 통계기관의 컨소시엄에 의해 대략 10년마다 수정되며, 원칙적으로는 모든 나라에 부과된다. 서양 나라들과 관련하여 도표 12.8에 제시된 추계는 단순히 공식 국민계정을 원용한 것이다. 공식 자산계정이 아직 존재하지 않는 중국과 관련해서는, 다양한 일차 가용 자료들에 입각하여 같은 정의들을 적용했다. 전문 부록 참조.

**50_** 비물질 자본, 과학 및 기술 지식, 개인의 숙련이 (오늘날 정의되는 것과 같은) 국내총생산에 기여하는 것에 한정하더라도, (국민계정에서 측정되는 노동 비율이 자본 비율보다 일반적으로 2배 이상이라는 사실을 감안하면) 자본화된 가치는 사적소유 전체에 비해 약 2배 더 많아질 것이다. 게다가 이와 같이 편협한 계산에서 간과되는 것은, 삶에서 가장 바람직하다고 거의 만장일치로 여겨지는 경험들(산에서 맑은 공기 마시기, 과거의 시절이 남긴 작품들 향유하기 등)이 아주 다행스럽게도 국내총생산과 국민소득에서는 계산되지 않는다는 점이다.

**51_** 엄밀한 이론적 관점에서 공적인 부의 마이너스 상태에 한계란 존재하지 않는다. 추상적으로는, 민간소유자들이 자신들의 금융유가증권을 통해 미래의 강제과세 전체 및 심지어 다른 주민들의 소득 전체를 보유하게 되는, 사실상 주민들이 소유자들에게 예속되는 체제까지 갈 수도 있다. 이런 일은 고대 역사에서 빈번하게 일어났다(이때 노예의 연원은 흔히 고액 채무 또는 군사 공물이었다. 6장 참조). 구태여 거기까지 갈 것도 없이, 공적자본의 마이너스 상태가 장차 전적으로 악화될 수 있으리라는 것은 분명하다.

**52_** 10장 도표 10.8과 전문 부록의 보충 도표 S10.8 참조. 공적인 부의 몰락과 민영화는 민간자산 증가(나라에 따라 5분의 1에서 3분의 1)의 일부만을 설명해주며, 나머지를 설명해주는 것은 저속성장과 무엇보다도—소유자들에게 유리한 사법 및 정치 체제 변화에서 부분적으로 기인하는—부동산 및 주식 가격 상승이라는 맥락에서의 적립금 축적이다. 상세한 분석은 10장과 전문 부록 참조.

**53_** 일본과 독일의 대차 상황은 흑자이고, 미국과 영국은 적자이며, 유럽의 다른 나라들은 거의 균형을 이룬 상태다. 공식적인 전체 대차 상황은 약간 적자지만, 이 나라들의 민간소유자들이 조세피난처를 통해 보유한 자산을 감안하면 모든 것은 실제 대차 상황이 분명히 흑자임을 나타낸다. G. Zucman, "The Missing Wealth of Nations. Are Europe and the US Net Debtors or Net Creditors?", art. cité 참조.

**54_** 평균적으로 1970~2015년 동안 국채 이자는 (이자가 더 컸던 이탈리아를 제외하고) 거의 모든 부유한 나라들의 2차재정 적자에 해당한다. 이것은 기초재정 적자가 거의 전무한 상황에 해당한다(그렇지만 성장 저조로 인해 이 기간에 총부채는 크게 증가한다). 전문 부록 참조. 16장 959~964쪽에서 유럽의 예산 규칙들과 기초재정 및 2차재정 적자 개념에 관해 재론할 것이다.

**55_** (격렬한 논란거리였던) 최근 사례로는 2019년에 프랑스 정부가 채택한 파리공항그룹ADP의 민영화 프로젝트를 보라. 프랑스 정부는 연대부유세와 누진자본소득세를 폐지함으로써 연간 50억 유로의 세수를 포기하고 이 매각으로 80억 유로를 벌어들일 것을 예상한다.

**56_** 10장 501~502쪽 참조.

**57_** 16장 1040~1046쪽 참조.

**58_** 11장 도표 11.1 참조.

**59_** B. Naughton, "Is China Socialist?", *Journal of Economic Perspectives*, 2017, fig. 1; T. Piketty, G. Zucman, L. Yang, "Capital Accumulation, Private Property and Rising Inequality in China, 1978~2015", art. cité, table A313 참조.

**60_** 13장 도표 13.8 참조.

**61_** 불평등 증대로 인한 중국의 공포에 대해서는 예컨대 L. Shi, H. Sato, T. Sicular, *Rising Inequality in China. Challenges to a Harmonious Society*, Cambridge University Press, 2013 참조.

**62_** T. Piketty, G. Zucman, L. Yang, "Capital Accumulation, Private Property and Rising Inequality in China, 1978~2015", art. cité 참조.

**63_** G. Kostka, "China's Social Credit Systems and Public Opinion: Explaining High Levels of Approval", Freie Universität Berlin, 2018; Y. Xiaojun, "Engineering Stability: Authoritarian Political Control over University Students in Post-Deng China", *The China Quarterly*, vol. 218, n° 1, juin 2014, pp. 493~513; A Nathan, "The Puzzle of the Chinese Middle Class", *Journal of Democracy*, vol. 27, n° 2, avril 2016, pp. 5~19 참조. 개인 데이터 및 개별 평가의 대량축적이 자본주의적 축적 및 경제적 가치 추출을 도덕적으로 수용 가능한 형태로 스스로를 정의하고자 하는 방식에 관해서는 M. Fourcade, "The Fly and the Cookie: Alignment and Unhingement in 21st-Century Capitalism", *Socio-Economic Review*, vol. 15, n° 3, 2017, pp. 661~678; M. Fourcade, K. Healy, "Seeing Like a Market", *Socio-Economic Review*, vol. 15, n° 1, 2017, pp. 9~29 참조.

**64_** 1980년대 이후 중국의 소득세 확립과 (극도로 불투명한) 운용에 관해서는 T. Piketty, N. Qian, "Income Inequality and Progressive Income Taxation in China and India", *American Economic Journal: Applied Economics*, vol. 1, n° 2, 2009, pp. 53~63 참조.

**65_** 예컨대 일부 지방과 도시에 소득세 특례체제들이 있음은 익히 알려진 바다. 하지만 그러한 관행들은 너무 불투명하여 알아내기 어렵다.

**66_** 공식적인 통계와 교정된 통계를 상세히 비교하려면 T. Piketty, G. Zucman, L. Yang, "Capital Accumulation, Private Property and Rising Inequality in China, 1978~2015", art. cité 참조. 또한 전문 부록 참조.

**67_** 2008년부터 2017년까지 러시아에서 공표된 조세 관련 데이터들은 (100억 루블 이상의 소득에 해당하는 구간도 포함하여) 적어도 매우 많은 구간을 포함한다는 장점이 있다. 그렇지만 소득 개념이 불분명하고 여러 측면에서 일관적이지 못하다. F. Novokmet, T. Piketty, G. Zucman, "From Soviets to Oligarchs: Inequality and Property in Russia, 1905~2016", art. cité 참조.

**68_** 10장 도표 10.12 참조.

**69_** 이 주제에 관해서는 N. Kim, "Top Incomes in Korea, 1933~2016", WID.world, Working Paper Series, n° 2018/13; C. T. Hung, "Income Inequality in Hong Kong and Singapore, 1980~2016", WID.world, 2018; C. Chu, T. Chou, S. Hu, "Top Incomes in Taiwan, 1977~2013", WID.world, Working Paper Series, n° 2015/6 참조.

**70_** C. T. Hung, "Income Inequality in Hong Kong and Singapore, 1980~2016", art. cité 참조.

**71_** 이 주제에 관해서는 M. Pei, *China's Crony Capitalism. The Dynamics of Regime Decay*, Harvard University Press, 2016 참조.

**72_** 5장 227~229쪽 참조.

**73_** S. Veg, *Minjian. The Rise of China's Grassroots Intellectuals*, Columbia University Press, 2019 참조.

**74_** Xi Jinping, *La Gouvernance de la Chine*(recueil de textes), Pékin, 2014, pp. 137~141, 470~475 참조.

**75_** 예컨대 1914년 이전의 프랑스를 보라. 프랑스 제3공화국의 정치경제 엘리트들은 자기 나라는 (혁명 덕분에) 너무 평등하기 때문에 독일이나 영국에서 이미 채택된 세제개혁이 필요 없다고 설명했다. 4장 184~187쪽 참조.

**76_** 『형제』에서 또한 중요하게 눈여겨봐야 할 것은 공중변소와 초라한 위생 설비로, 이

를 통해 1960년대와 1970년대의 공산주의 빈곤을 그려내고자 했다는 점이다(또한 젊은 사기꾼 이광두로 하여금 여성의 육체에 대한 자신의 지식을 냉국수 세 그릇과 맞바꾸게 하는 것도 마찬가지다). 이 테마는 1994년에 안드레이 콘찰롭스키가 연출한 포스트소비에트적인 경이로운 영화 〈리아바 나의 암탉〉에도 생생히 드러난다.

**77_** 이 주제에 관해서는 J. Goody, *The Theft of History*, Cambridge University Press, 2006, chapitre 9, réimpr. 2012 참조. 저자는 이 제도들이 채택된 것은 다소 우연적이고 불확실한 궤도에서 나온 결과이지, 서로 다른 문명의 본질에 의한 것이 아님을 강조한다. 예컨대 미국에서 흑인이 인구의 다수(또는 수가 많은 소수자층)였다면 1960년대에 그들에게 투표권이 부여되지 않았을지 모른다. 그랬다면 이 나라는 아마도 여전히 남아공의 아파르트헤이트와 유사한 체제로 통치되었을 것이다(J. Goody, *The Theft of History*, *op. cit.*, p. 252 참조).

**78_** 이미 언급했고 앞으로 다시 한번 논의할 일반적 비판도 추가해야 한다. 이 비판에 따르면 서양의 의회체제에서는 헌법과 다소 엄격한 헌법재판관들의 통제 아래 입법이 이루어지는데, 흔히 이것은 기존의 사적소유권을 성역화하는 다양한 형태로 이어진다는 것이다.

**79_** 많은 연구가 미국 정치 게임의 이러한 포섭에 관심을 가졌다. 그중에서도 J. Hacker, P. Pierson, *Winner-Take-All Politics. How Washington Made the Rich Richer-And Turned its Back on the Middle Class*, Simon & Schuster, 2011; K. Schlozman, S. Verba, H. Brady, *The Unheavenly Chorus: Unequal Political Voice and the Broken Promise of American Democracy*, Princeton University Press, 2012; T. Kuhner, *Capitalism v. Democracy. Money in Politics and the Free Market Constitution*, Stanford University Press, 2014; L. Bartels, *Unequal Democracy. The Political Economy of the New Gilded Age*, Princeton University Press, 2016 참조.

**80_** 특히 J. Cagé, *Sauver les médias. Capitalisme, financement participatif et démocratie*, *op. cit.*; ID., *Le Prix de la démocratie*, *op. cit* 참조.

**81_** 17장 1067~1072쪽 참조.

**82_** 정부가 2017년에 새로운 제헌의회를 수립하려 했으나 야당은 이 새로운 선거에 참여하기를 거부했다. 2015년에 선출된 국회의장이 미국과 여타 서방국들의 지지를 받아 2018년에 대통령을 자임하고 나섰다(반면 마두로는 중국과 러시아의 지지를 받았다). 2019~2020년에 새로운 선거가 치러질 수도 있을 것이다. 차베스의 임기 동안 있었던 일련의 사건들에 대한 분석으로는 K. Roberts, *Changing Course in Latin America:*

*Party Systems in the Neoliberal Era*, Cambridge University Press, 2014 참조. 저자에 따르면, 베네수엘라에서 (이전에는 상대적으로 안정적이었던) 정당체계의 붕괴와 야만화는 1988년 선거에 뒤이어 일어난 스펙터클한 급변 사태와 관련된 것일 수 있다. 중도좌파 정당인 민주행동당AD이 반IMF 담화로 투표에서 승리하여 몇 달 뒤 과격한 예산 삭감 조치를 단행하였으나, 이로 인해 1989년 카라카스에서 유혈 폭동이 일어났고, 1993년에는 민주행동당 대통령이 부패 혐의로 탄핵되었으며, 1998년에는 (1992년 쿠데타를 시도한 주동자이기도 한) 차베스가 당선되었다.

**83_** 16장 947~972쪽과 17장 1072~1084쪽 참조.

**84_** 프랑스혁명이나 19세기 영국의 아일랜드 문제에서 논의된 귀족의 전유(3~5장 참조), 노예제적이고 식민주의적인 전유(6~9장 참조), 또는 앞 장에서 거론한 러시아나 중국의 과두지배자들에 의한 천연자원 및 공기업 전유를 생각해볼 수 있다.

**85_** J. Goody, *The Theft of History*, *op. cit.*, p. 251 참조.

**86_** 2016년 토론회에서 배부된 자료들에 관해서는 전문 부록 참조. 『환구시보』를 통해 이 문제들에 관한 중국의 주장을 가장 직접적으로 읽을 수 있다.

**87_** (부문별 회합의 빈도는 줄고 온라인에서의 활동성은 커지는) 참여의 형태와 마찬가지로, '활동가'라는 개념 자체도 (예컨대 이탈리아와 프랑스의) 전통적 정당의 붕괴라는 맥락에서 재정의되고 있는 중이다.

**88_** 14장 도표 14.7과 14.8 참조.

**89_** 다음의 인터뷰 Hu Xijin, *Le Monde*, 15 octobre 2017 참조.

**90_** 홍콩에서의 민주주의운동을 특징짓는 정치적-이데올로기적 변화의 복잡성에 관해서는 S. Veg, "The Rise of "Localism" and Civic Identity in Post-Handover Hong Kong: Questioning the Chinese Nation-State", *The China Quarterly*, vol. 230, juin 2017, pp. 323~347 참조.

**91_** C. Li, "China's Communist Party-State: The Structure and Dynamics of Power", in *Politics in China: An Introduction*(W. Joseph [éd.]), pp. 203~205, figure 6.4, Oxford University Press, 2010; C. Li, *Chinese Politics in the Xi Jinping Era. Reassessing Collective Leadership*, Brookings Institution, 2016, pp. 42~44 참조.

**92_** 서양의 사회당·공산당·사민당은 1970~1980년까지 상당히 많은 수의 인민계급 출신 활동가로 구성되어 있었지만, 그후로는 관리자와 전문직 지식인 쪽으로 심하게 편향되었고 그들의 지지자도 마찬가지다. 14~16장 참조.

**93_** 전국인민대표대회에는 3000여 명이 있고 연간 10일만 소집되지만, 상임위원회는 (전국인민대표대회에서 선출된) 175명으로 이루어지며 해당 해의 남은 기간 동안 전국

인민대표대회 연례 회기에서 위임된 권한을 행사한다. 중국헌법 조항에 따라 전국인민대표대회는 (법안을 의결하고 인민공화국 국가주석을 선출하는 등) 가장 광범위한 권한을 행사하며, 중국의 전체 시민에 의해 선출된다. 실제로 투표 방식은 여러 단계의 간접선거이며, 모든 후보자는 중국 공산당이 통제하는 위원회에서 승인되어야 한다.

**94_** 전문 부록과 『21세기 자본』, 641~645쪽 참조.

**95_** 이 주제에 관해서는 R. B. Riedl, *Authoritarian Origins of Democratic Party Systems in Africa*, Cambridge University Press, 2014 참조. 저자에 따르면 (예컨대 세네갈 또는 가나의) 과거 단일정당이 조직한 이행은 (베냉 또는 잠비아와 같이) 그 단일정당의 붕괴로 특징지어지는 이행보다 대체로 더 성공적이다. 1976년 세네갈 헌법은 정당과 관련하여 제2항에 세 가지 기본 조류를 정해두었다. "헌법이 승인하는 세 정당은 다음의 사상 조류를 각각 대표해야 한다. 자유주의적이고 민주주의적인 조류, 사회주의적이고 민주주의적인 조류, 공산주의적이고 마르크스-레닌주의적인 조류." 사회주의적이고 민주주의적인 조류는 이미 상고르의 사회당이 점유했고 자유주의적 조류는 와데의 민주당이 점유했다. 반면에 공산주의적이고 마르크스주의적인 조류는 이처럼 별로 혁명적이지 않은 민주적 이행에 편입되기를 거부했고 지하 정당으로 계속 남았다.

**96_** 1993~1997년과 2001~2005년에 집권한 사회민주주의 계열 정당인 민주좌파동맹SLD은 폴란드의 포스트공산주의 이행에서 중요한 역할을 했으며, 2005년 선거에서 와해되어 자유주의-보수주의 정당 시민연단과 민족주의-보수주의 정당 법과정의당PiS 사이의 대결에 자리를 내준다. 16장 926~932쪽 참조.

**97_** M. Piatkowski, *Europe's Growth Champion. Insights from the Economic Rise of Poland*, Oxford University Press, 2018, pp. 193~195 참조. 저자는 또한 공산주의 시기에서 내려온 평등주의 교육체계의 긍정적 역할을 강조하는데, 이 체계 덕분에 전간기에 여전히 남아 있던 과잉불평등주의 사회구조들을 타파할 수 있었다.

**98_** 전문 부록과 T. Blanchet, L. Chancel, A. Gethin, "How Unequal is Europe? Evidence from Distributional National Accounts, 1980~2017", WID.world, 2019, fig. 9 참조. 또한 『세계불평등보고서 2018』과 뒤에 인용된 필리프 노보크메트의 연구 참조.

**99_** 전문 부록과 T. Blanchet, L. Chancel, A. Gethin, "How Unequal is Europe? Evidence from Distributional National Accounts, 1980~2017", art. cité, fig. 4 참조.

**100_** 유럽연합의 총예산은 유럽연합 국내총생산의 약 1%다. 예산은 주로 각 회원국의 국민총소득에 비례하는 납부금으로 충당되며, 유럽의회와 (만장일치로 결정하는) 유럽이사회에서 공동으로 의결한다. 이 예산 데이터에 관해서는 전문 부록 참조.

**101_** F. Novokmet, *Between Communism and Capitalism. Essays on the Evolution of Income and Wealth Inequality in Eastern Europe 1890~2015(Czech Republic, Poland, Bulgaria, Croatia, Slovenia, Russia)*, EHESS, 2017 참조. 나라별 연구는 WID.world에서 열람할 수 있다. 전문 부록 참조.

**102_** 임금 비율의 하락을 설명하는 다양한 요인들에 관해서는 전문 부록 참조. 또한 『21세기 자본』 6장과 L. Karabarbounis, B. Neiman, "The Global Decline of the Labor Share", *Quarterly Journal of Economics*, vol. 129, n° 1, 2014, pp. 61~103 참조.

**103_** 예컨대 헝가리 또는 체코공화국의 이윤 유출량이 30%까지 줄어들면, 이 나라들의 수익은 연간 국내총생산의 2~2.5%에 육박할 것이다. 도표 12.10 참조.

**104_** 독일과 프랑스의 수출량과 수입량은 1990년대까지는 비슷한 수준이었다(국내총생산의 대략 20~25%). 1995~2015년에 독일에서는 두 배로 늘어나고(2015년에 40~45%) 프랑스에서는 더 낮은 증가세로 (2015년에 30%) 세계 전반과 유사한 변화를 보인다. 독일의 변화는 생산체계가 동유럽과 매우 긴밀히 통합되어 있다는 것과 연관되며, 이 변화에는 상당한 무역흑자와 막대한 해외자산 축적이 병행되었다. 전문 부록의 도표 S12.10과 7장 도표 7.9 참조.

**105_** 유럽중앙은행의 정책이사회는 유로존 회원국의 중앙은행 총재들(국가별로 1석)과 집행위원회 6인(총재, 부총재, 4인의 상임이사)으로 구성된다. 이들 6인은 임기가 8년이고 가중다수결로(즉 인구의 65%를 점하는 국가들의 55%의 지지를 얻어) 유럽이사회에서 지명하며, 이로 인해 정책이사회에서 강대국들의 대표성이 일반적으로 더 높다. 2019년 초 집행위원회는 이탈리아 1인, 에스파냐 1인, 프랑스 1인, 독일 1인, 벨기에 1인, 룩셈부르크 1인으로 구성되어 있다. 1999년 1월 1일에 은행과 기업을 위한 계산화폐로 도입되고 2002년 1월 1일에 일반인을 위해 지폐와 주화로 발행된 유로는 1999년 초 유럽연합 15개 회원국 중 11개국, 2019년 초 28개 회원국 중 19개국에서 사용되고 있다.

**106_** 전문 부록의 보충 도표 S12.11 참조. 서브프라임은 미국의 과도한 금융 탈규제에 힘입어 발전한 초과위험 부동산 대출금이다. 리먼브라더스는 미국의 주요 상업은행 중 하나였고, 2008년 9월 이 은행의 파산은 1929년 이후로 전례를 찾기 어려운 금융공황을 촉발했으며, 연속적인 파산을 막기 위해 연방준비제도가 대대적으로 개입한다. 2009년 말, 유럽중앙은행은 신용평가기관이 그리스의 신용등급을 강등한다면 그리스 국채를 담보로 받지 않겠다고 선언했다. 이로 인해 공동 화폐의 미래는 이제껏 정직함으로 두각을 나타내본 적이 없던 기관들의 수중으로 들어가게 되었다. 이런 사태가 이자율 투기 물결을 조장했다.

**107_** 전문 부록의 도표 S12.12a~S12.12c 참조. 2011~2012년에 이렇게 다시 저하되면서,

유로존이 2007년 경제활동 수준(국내총생산)을 회복하기 위해서는 2015년까지 기다려야 했고(미국은 그 시기에 위기의 진원지였지만, 그럼에도 유럽 수준을 이미 10% 이상 뛰어넘었다), 1인당 국내총생산 수준을 회복하려면 2018~2019년까지 기다려야 했다.

**108_** 특히 13장 도표 13.13~13.14 참조.

**109_** 마스트리히트조약(1992년)에서는 3%였던 것에 반해, 2012년에 체결된 신재정협약(안정·조율·거버넌스 조약TSCG)은 최대 적자를 0.5%로 정했다. 게다가 규칙을 준수하지 않을 시 자동 제재체계가 실시된다(실제로는 그다지 작동되지 않는 것으로 드러났다). 전문 부록과 16장 참조.

**110_** 유로안정화기구MES가 바로 그것으로, 새 조약에 의해 역시 2012년에 창설되었다.

**111_** K. Polanyi, *La Grande Transformation. Aux orgines politiques et économiques de notre temps(The Great Transformation. The Political and Economic Origin of our Time*, 1944), Gallimard, coll. "Tel", 2009, chapitre 10, pp. 491, 548~549 참조.

**112_** 특히 16장 947~972쪽 참조.

**113_** 유럽연합의 여타 제도와 유럽이사회의 접합에 관해서는 16장 947~950쪽 참조.

**114_** 6장 283~288쪽 참조.

## 제13장

**1_** 서론 도표 0.3 참조.

**2_** 10장 도표 10.1~10.5 참조.

**3_** 11장 도표 11.14 참조.

**4_** 4장 도표 4.1~4.2, 5장 도표 5.4~5.5, 10장 도표 10.4~10.5 참조.

**5_** L. Assouad, L. Chancel, M. Morgan, "Extreme Inequality: Evidence from Brazil, India, the Middle East and South Africa", WID.world, 2018, *AEA Papers and Proceedings*, vol. 108, mai 2018, pp. 119~123 참조.

**6_** 6~7장 참조. 브라질의 불평등에 노예제가 끼친 장기적 영향에 관해서는 T. Fujiwara, H. Laudares, F. Valencia, "Tordesillas, Slavery and the Origins of Brazilian Inequality", Princeton University Press, 2019 참조.

**7_** 10~11장 참조. 4부(특히 15장)에서 이를 재론하겠다.

**8_** 여기서 중동은 이집트에서 이란까지, 터키에서 아라비아반도까지를 망라하는, 약 4억

2000만의 인구가 사는 지역으로 정의된다. 이 추계를 상세히 제시하는 것으로는 F. Alvaredo, L. Assouad, T. Piketty, "Measuring Inequality in the Middle East 1990~2016: The World's Most Unequal Region?", WID.world, Working Paper Series, n° 2017/5, *Review of Income and Wealth*, 2019 참조.

**9_** 『21세기 자본』, 645~647쪽 참조.

**10_** 9장 463~464쪽 참조.

**11_** 12장 도표 12.5 참조. 이 대목에서 확인되는바, 누진세제 없는 권위주의적 불평등체제에 속하는 소유자들은 계속해서 여론 및 사회정치적 세력균형의 반전 가능성을 신경 쓰게 되리라는 사실이다. 2017년에 왕세자 무함마드 빈 살만이 리야드의 리츠칼튼호텔에서 벌인 사우디 주요 억만장자(왕족들과 레바논 총리 포함) 감금-강탈로 당시 불시에 이루어진 소유권 재정의는, 이러한 소유주의체제에도 경쟁 파벌 간 알력이 없지 않다는 점을 상기시킨다.

**12_** F. Alvaredo, L. Assouad, T. Piketty, "Measuring Inequality in the Middle East 1990~2016: The World's Most Unequal Region?", WID.world, Working Paper Series, n° 2017/5, figures 9a~9b와 전문 부록 참조. 노예제사회와 식민사회의 불평등에 관해서는 7장 도표 7.2~7.3 참조.

**13_** 국경을 재정의하고 새로운 국가구조를 건설하려는 시도들이 물론 존재하지만, 이제껏 그런 시도들은 1990~1991년의 사담 후세인처럼 권위주의적이고 팽창주의적인 독재나 2014~2019년의 'IS'(다에시)처럼 구래의 야만적 여성혐오적 전사적 관행 및 칼리프 제도 복원 프로젝트라는 형식을 취했다.

**14_** 유럽에 관한 한나 아렌트의 분석에 관해서는 10장 535~538쪽 참조.

**15_** 서론의 논의 참조. 2000년대 초에 처음 시작된 WID.world 네트워크는 현재 전 대륙 70개국 이상의 100명이 넘는 연구자가 모여 있으며, 경제성장센터CEG, 공정성을 향한헌신연구소CEQ, 룩셈부르크소득연구LIS, 유엔개발계획UNDP처럼 불평등 연구 전문의 여타 기관 다수와 긴밀하게 협력하고 있다. WID.world 사이트(wir2018.wid.world)와 『세계불평등보고서 2018』 참조.

**16_** 이 경우 도표 13.2~13.6에 제시된 분배는 퇴직연금과 실업수당을 계산에 넣은 후(분담금과 해당 공제액 공제 후)의 소득과 관련이 있고, 여타 이전과 직간접세는 계산에 넣기 전이다. 여타 세금과 이전을 계산에 넣으면 유럽과 미국에서는 (부유한 10%의 평균소득과 가난한 50%의 평균소득의 대비 지수로 평가되는) 불평등이 약 20~30% 줄어든다. 11장 도표 11.9 참조. 조세 재분배는 남아공이나 중동에서 더 적으며(누진세의 취약함과 부재, 간접세의 우위로 불평등은 고작 10% 줄거나 심지어 전혀 줄지 않는다),

도표 13.5~13.6에서 보듯 나라별로 편차가 커진다. 전문 부록 참조.

**17_** 서론의 '코끼리 곡선' 논의 참조(도표 0.5).

**18_** 또한 『21세기 자본』, 320~325쪽 참조.

**19_** 정의상 여기서 제시되는 십분위와 백분위 데이터는 지니계수 계산에 활용될 수 있으며, 지니계수는 WID.world 데이터베이스에서도 이용 가능하다(다만 십분위 몫과 백분위 몫보다는 드러내는 바가 적다). 반면 지니계수만으로는 십분위 몫과 백분위 몫을 도출할 수 없다. 이런 계수 또는 동일 유형의 지수들(이를테면 타일지수)에 중점을 두는 분석들에서는 흔히 십분위 몫과 백분위 몫이 공표되지 않는다.

**20_** P90/P50 또는 P90/P10으로 종종 지칭되는 이런 유형의 대비 지수는, 상위 5%가 소득 또는 소유 전체를 보유하며 하위 95%는 모두 거의 같은 수준인 사회라면 1(완전 평등)에 해당할 것이다.

**21_** 인도의 경우는 L. Chancel, T. Piketty, "Indian Income Inequality 1922~2015: From British Raj to Billionaire Raj?", WID.world, Working Paper Series, n° 2017/11 참조. 인도는 '정보화시대'가 한창이던 2002~2016년에 조세통계 발표를 완전히 중단했다는 게 특징적이다. 브라질에 관해서는 M. Morgan, "Falling Inequality Beneath Extreme and Persistent Concentration: New Evidence on Brazil Combining National Accounts, Surveys and Fiscal Data, 2001~2015", WID.world, Working Paper Series, n° 2017/12 참조. 이 연구들은 최근 이들 두 나라에서 소득 상위의 몫이 급성장했음을 밝혀주었다. 미국의 경우도 조세행정 데이터를 활용해 지난 수십 년간 이루어진 불평등의 역사적 증대를 입증할 수 있게 되었다. T. Piketty, E. Saez, "Income Inequality in the US, 1913~1998", *Quarterly Journal of Economics*, vol. 118, n° 1, février 2003, pp. 1~39; T. Piketty, E. Saez, G. Zucman, "Distributional National Accounts: Methods and Estimates for the United States", *Quarterly Journal of Economics*, vol. 133, n° 2, mai 2018, pp. 553~609 참조.

**22_** L. Assouad, "Rethinking the Lebanese Economic Miracle: The Concentration of Income and Wealth in Lebanon 2005~2014", WID.world, Working Paper Series, n° 2017/13; L. Czajka, "Income Inequality in Cote d'Ivoire 1985~2014", WID.world, Working Paper Series, n° 2017/8; R. Zighed, "Income Inequality in Tunisia: An Application of Pareto Interpolations to Labor Income in Tunisia over the Period 2003~2016", PSE, 2018 참조.

**23_** 여기서 나는 정부 통계기관이 공표한 평가를 '공식' 평가라고 칭한다. 이 같은 투명성 결여는 불충분한 가용 조세 데이터와 정치권력 때문이지, 이들 기구에서 일하는 사

람들에게 그 책임을 물어서는 안 된다는 점을 짚고 넘어가는 게 좋겠다. 그들이야말로 흔히 자료에 대한 보다 나은 접근을 앞장서 요구하는 이들이다.

24_ 국민소득은 (해외소득은 계산에 넣지만 자본소모는 공제하지 않는 '국민총생산' 또는 '국민총소득'과 대비하여) '국민순생산' 또는 '국민순소득'이라 불리기도 한다. 이 범주들과 국민계정의 간결한 역사에 관해서는 『21세기 자본』 1장 참조. 1인당 국민소득은 세금과 이전 전의 평균소득에 해당한다. 또한 교육과 보건과 안전 등 현물 이전으로서의 공적지출 전체를 계산에 넣는다는 조건에서, 세금과 이전 후의 평균소득과 같다. 전문 부록 참조.

25_ 이것이 가장 중대한 문제이긴 하지만 여기서 상술할 수 없는 다른 문제들도 있다. 특히 가구들의 사적 소비와 기업들 안에서 실현되는 이른바 '중간'소비(실제로 기업 임원과 소유자로서는 사적인 소비의 초과분과 흡사할 수 있는 이 현상은, 분배의 정점에서 큰 비중을 점할 수 있음에도 국민소득과 불평등 계산에서는 고려되지 않는다) 사이의 경계 문제는 장차 더 주목해볼 가치가 있다. 이러한 편향이 우리로 하여금 불평등을 상당한 정도로 저평가하게 할 가능성이 높다.

26_ 이러한 경향은 모든 지역, 특히 부유한 나라들에서 관찰된다. T. Blanchet, L. Chancel, "National Accounts Series Methodology", WID.world, Woking Paper Series, n° 2016/1, figure 2 참조.

27_ 정의상, 외국에서 들어오는 순소득과 외국으로 나가는 순소득은 세계적 수준에서는 균형을 이룬다(조세피난처를 경유하는 이동을 제대로 포함한다는 조건에서). 실제로 해외순소득의 이러한 이동(주로 자본소득의 이동이고 부차적으로는 해외에서의 일시적 노동소득의 이동)은 감가상각보다 덜 크다. 이 이동은 일반적으로 국내총생산의 ±2%, 대체로는 ±1%다. 그렇지만 해외투자자들이 자본을 대량으로 보유해 유출이 국내총생산의 5~10%에 달하거나 그 이상일 수 있는 나라들이 있다(일반적으로는 예컨대 사하라 이남 아프리카의 빈국들이 해당되지만, 유출이 국내총생산의 20%를 초과하는 아일랜드처럼 해외투자에 많이 의지하는 나라들도 있다). 반면 유입이 국내총생산의 5~10%에 달할 수 있는 나라들로는 벨에포크 당시 프랑스와 영국, 또는 오늘날의 노르웨이 같은 산유국이 있다. 전문 부록 참조.

28_ 자본금이 국내총생산의 약 500%일 때, 10%의 고정자본 소모는 연간 2%의 평균 감가상각에 상응하는 데 비해, 연간 15%의 고정자본 소모는 연간 3%의 평균 감가상각에 상응한다. 실제로는 자산 유형에 따라 감가상각은 엄청난 변화를 보이며, 요컨대 건물 또는 창고의 경우 연간 1% 이하, 특정 설비의 경우 20~30%를 상회할 수 있다.

29_ 연간 순채굴은 산유국과 (특히 아프리카의) 여러 빈국에서 국내총생산의 10~20%에

달할 수 있다. 가용 통계들과 이를 둘러싼 불확실성에 관해서는 전문 부록 참조. 또한 E. B. Barbier, "Natural Capital and Wealth in the 21st Century", *Eastern Economic Journal*, 2016; ID., *Nature and Wealth: Overcoming Environmental Scarcity and Inequality*, Palgrave Macmillan, 2015; G. M. Lange, Q. Wodon, K. Carey, *The Changing Wealth of Nations 2018. Building a Sustainable Future*, World Bank, 2018, p. 66, fig. 2B3 참조.

**30_** N. Stern, *The Stern Review: The Economics of Climate Change*, Cambridge University Press, 2007 참조.

**31_** 예컨대 "Global Warming of 1.5°C", IPCC(Intergovernmental Panel on Climate Change), 2018과 www.ipcc.ch를 통해 IPCC/GIEC의 모든 보고서를 보라.

**32_** 12장 671~673쪽 참조.

**33_** 공적 논의에서 국내총생산보다는 국민소득을 사용하라는 것이 스티글리츠보고서(*Report by the Commission on the Measurement of Economic Performance and Social Progress*, 2009)의 권고 중 일부이지만, 이는 오늘날 효력이 거의 없다.

**34_** (생산과 소득의 연간 유출입량에 중점을 두는 전통적인 국민계정 개념과 반대로, 다양한 범주의 경제행위자들의 자산 및 부채 보유고가 드러나는) 자산 국민계정 그 자체가 비교적 최근의 개념이며 빠르게 진화하고 있다는 점을 명시해두자. 이 개념은 1993년과 2008년에 채택된 새로운 국민계정체계SNA 표준에 의해 국제적 수준으로 일반화되었다. 여전히 많은 나라에서 적용중이며, 특히 다양한 사회적 경제적 정치적 행위자들이 동원됨에 따라 앞으로 진화해나갈 것이다. 전문 부록 참조.

**35_** 10장 도표 10.8과 전문 부록 참조.

**36_** 전문 부록 참조. 또한 E. B. Barbier, "National Capital and Wealth in the 21st Century", art. cité, 2016 참조.

**37_** A. Kapczynski, "Four Hypotheses on Intellectual Property and Inequality", Yale Law School, 2015; G. Krikorian, A. Kapczynski, *Access to Knowledge in the Age of Intellectual Property*, Zone Books, 2010; J. Boyle, "The Second Enclosure Movement and the Construction of the Public Domain", *Law and Contemporary Problems*, winter 2003, pp. 33~74; D. Koh, R. Santaeulàlia-Llopis, Y. Zheng, "Labor Share Decline and the Capitalization of Intellectual Property Products", School of Economic and Finance, Working Paper, n° 873, 2018 참조.

**38_** 방법과 결과를 상세히 제시한 것으로는 L. Chancel, T. Piketty, "Carbon and Inequality: From Kyoto to Paris. Trends in the Global Inequality of Carbon

Emissions(1988~2013) and Prospects for an Equitable Adaptation Fund", WID. world, Working Paper Series, n° 2015/7; L. Chancel, *Insoutenables inégalités. Pour une justice sociale et environnementale*, Les Petits Matins, 2017 참조.

**39_** 나라별 결과는 L. Chancel, T. Piketty, "Carbon and Inequality: From Kyoto to Paris. Trends in the Global Inequality of Carbon Emissions(1988~2013) and Prospects for an Equitable Adaptation Fund", art. cité, table E4 참조.

**40_** 특히 (군사적 차원까지 포함한) 강고한 알력관계가 아무 역할도 하지 않으리라는 건 순진한 상상일 테다. 도널드 트럼프 미국 대통령은 온난화란 자기 나라에서 돈을 뜯어내려 꾸민 것이라고 늘 주장하면서, 게다가 미국의 '동맹들'은 미국이 관대하게 제공하는 군사적 보호에 더 많은 비용을 지불하라고 요구한다. 어쨌든 미국의 비중(현재는 세계 인구의 약 4%, 세계 국내총생산의 15%)은 향후 수십 년간 줄어들 수밖에 없으며, 그로 인해 나머지 세계가 정의하는 경제 및 무역 규칙의 중요성이 더 커진다.

**41_** N. Stern, J. Stiglitz, *Report of the High-Level Commission on Carbon Prices*, Banque mondiale, 2017 참조.

**42_** 실제로 상당한 혼란은 흔히 탄소세가 기존의 에너지세(특히 유류세)에 추가된다고 여겨져 빚어진다. 에너지세는 에너지 사용과 관련된 여타 부정적 결과들(대기오염 또는 교통혼잡 등)을 바로잡는다고 간주된다. 문제는 이 모든 것이 대체로 매우 불투명하며, 국가가 전혀 성격이 다른 우선 사안들에 재원을 마련하기 위해 환경을 구실 삼아 과세한다는(안타깝게도 이런 경우가 빈번하다) 의혹을 불러일으키는 데 있다.

**43_** 다양한 나라 및 소득 집단에서 관찰되는 이용을 감안하면, 항공권에 대한 비례세는 세계 평균 이상의 배출에만 과세하는 탄소세를 통해 이루어지는 분배와 가까운 나라별 분배에 다다를 것이다. 더 누진적인 결과를 위해서는 자주 여행하는 자들에게 더 많이 과세해야 할 것이다. L. Chancel, T. Piketty, "Carbon and Inequality: From Kyoto to Paris. Trends in the Global Inequality of Carbon Emissions(1988~2013) and Prospects for an Equitable Adaptation Fund", art. cité, table E4와 전문 부록 참조.

**44_** 특히 연대부유세가 폐지되고 부동산자산세로 대체되었다. 14장 853~856쪽에서 이 에피소드를 재론하겠다.

**45_** 흔히 인용되는 또다른 사례는 국제해운의 중유 면세였다.

**46_** 4장 159~162쪽 참조.

**47_** 5장 234~235쪽 참조.

**48_** 유럽에서는 소유 집중이 19세기 내내 매우 높았으며, 심지어 1차대전에 앞서 수십 년간 증가 추세를 보였음을 상기하자. 4장 도표 4.1~4.2와 5장 도표 5.4~5.5 참조.

49_ 유럽중앙은행이 통괄한 이른바 가계금융소비조사HFCS(Household Finance and Consumption Survey)의 첫 시도는 2010년, 2차 시도는 2014년에 있었다(다양한 나라 출신의 8만 가구 대상).

50_ 3~4장 참조.

51_ 수탁자 역할은 이따금 증서 교환시 특히 거래의 안전을 보장해주는 청산기관clearing house 역할과 동시에 이루어진다.

52_ 이와 같은 공공 금융등기부(혹은 글로벌 금융등록제GFR) 시행과 연관된 (중요하지만 극복할 수 있는) 기술적 측면들에 관해서는 『세계불평등보고서 2018』, 401~408쪽; D. Nougayrède, "Towards a Global Financial Register? Account Segregation in Central Securities Depositories and the Challenge of Transparent Securities Ownership in Advanced Economies", Columbia Law School, 2017; 『21세기 자본』, 621~629쪽; G. Zucman, *The Hidden Wealth of Nations*, *op. cit.*; T. Pogge, K. Mehta, *Global Tax Fairness*, Oxford University Press, 2016 참조.

53_ 예컨대 2010년대 초부터 프랑스에서 시행되고 있는 미리채움신고는 생명보험(면세 혜택 덕분에 수십 년간 프랑스에서 매우 성행한 장기 금융투자 부문으로, 고유한 의미의 생명보험과는 아무 관련이 없다)이라 불리는 계약 형태로 지급된 다양한 이자와 배당금을, 특히 보유 기간 관련한 일정 조건들이 충족되는 이상 누락한다. 이 조건들 자체는 때에 따라 변동이 몹시 많아서, 잠재적으로 귀중한 이 정보 원천은 가치가 많이 떨어진다.

54_ (자본소득에 비례세율로 별도 과세하는) 자본소득과 노동소득에 대한 '이중과세' 체제는 스웨덴에서 은행위기에 뒤이어 1991년에 처음 시행되었고(11장 631~632쪽 참조), 이어서 2009년에 독일, 2018년에 프랑스로 확대되었다. 실제로 이 개혁에는 (프랑스의 생명보험처럼) 일반법의 새로운 비례세율을 따르지 않는, 오래전부터 유지되어온 특정 금융소득에 대한 면세가 흔히 수반된다.

55_ 독일의 2009년 개혁으로 인해 자본소득 관련 조세 데이터가 유실되었는데, 이로써 연구자들은 전체 노동소득 및 자본소득의 불평등 진화를 측정하는 데 커다란 난항을 겪었다. 이에 관해서는 C. Bartels, K. Jenderny, "The Role of Capital Income for Top Income Shares in Germany", WID.world, Working Paper Series, n° 2015/2; C. Bartels, "Top Incomes in Germany, 1871~2014", WID.world, 2017, *Journal of Economic History*, 2018 참조.

56_ 예컨대 이 혼합모델은 이른바 ERFS(과세소득 및 사회적 소득과 연동된 고용조사)의 일환으로, 1996년 이후 프랑스 국립통계경제연구소에서 사용한 방법이다. 북유럽

나라들도 소득에 관한 세무행정 장부를 조사체계의 핵심요소로 사용한 오랜 전통이 있다.

**57_** 프랑스와 여러 나라에서 당국은 두꺼운 통계집 발간을 중단했다. 19세기 이후 공들여 편집해왔던 것이지만, 컴퓨터 파일의 가용성을 감안하면 산정 작업에서 이는 더이상 필요하지 않다고 간주했던 것이다. 안타깝게도 이 파일들의 보존조건을 완전히 간과해 버린지라, 1980~1990년 이후 정보는 이전에 비해 더 적다. 부록 참조.

**58_** 다양한 보유 구간의 (자산에 대해서나 이 자산에서 나온 소득에 대해서나) 실납부 세액을 공표하는 것도 필수적일 테다. 원칙적으로 은행정보의 자동교환이 정확하게 시행된다면, 이런 유형의 정보가 국제 수준에서 배포될 수 있을 것이다.

**59_** 3장 144~146쪽 참조.

**60_** 중앙은행들(특히 유럽중앙은행)의 활동에 대해서는 뒤에서 재론하겠다. 그들의 주요 기능은 가구들의 자산 분배에 영향력을 행사하는 것이 아니라 은행체계의 상환능력과 안정성을 보장하는 것이다. 그럼에도 여하간 그들의 활동은 자산의 가격과 분배에 심대한 영향을 끼치며, 따라서 자산 관찰에 부적절한 도구들로 이와 같은 정책을 이끈다는 것은 탐탁지 못하다.

**61_** 장클로드 융커의 인터뷰 "Le Luxembourg n'avait pas le choix, il fallait diversifier notre économie", *Le Monde*, 28 novembre 2014 참조.

**62_** A. Alstadsæter, N. Johannesen, G. Zucman, "Who Owns the Wealth in Tax Havens? Macro Evidence and Implications for Global Inequality", art. cité; ID., "Tax Evasion and Inequality", *American Economic Review*, 2019; ID., "Tax Envasion and Tax Avoidance", Berkeley, 2019; 『세계불평등보고서 2018』 도표 5.3.1; G. Zucman, "Global Wealth Inequality", *Annual Review of Economics*, 2019, fig. 8~9 참조.

**63_** 상세한 분석은 E. Saez, G. Zucman, "Wealth Inequality in the United States since 1913: Evidence from Capitalized Income Tax Data", *Quarterly Journal of Economics*, vol. 131, n° 2, 2016, pp. 519~578 참조.

**64_** 상속세의 다양한 탈세 형태, 특히 유산 가치를 저평가하거나 가짜 자선단체에 은닉하는 것을 허용하는 다양한 구조와 '가족 신탁family trusts' 등이 크게 용인되는 것으로 보인다. 세무당국이 소득신고 감시에 많은 주의를 기울이는 것도 연방 수준에서 소득세 세수가 하는 역할 때문이다.

**65_** 사망률 승수법은 상속 관련 데이터에 해당 연령 구간 사망률의 역수를 곱해 가중치를 두고 자산 등급별 사망률 차이를 바로잡는다. 이 방법은 사망률이 고연령대에 집중

됨에 따라 점차 덜 유효하다. 전문 부록 참조.

**66_** 자본환원법은 자본소득(이자·배당금 등) 데이터를 해당 자산의 평균수익률로 나누는 것이다. 이 방법은 (신고조사로는 잘 평가되지 않는) 자본소득 상위에 관한 가용 조세 데이터를 활용한다는 장점이 있지만, 동일한 자산 등급 내부의 수익 차이는 매우 불완전하게만 계산할 수 있을 뿐이다. 전문 부록 참조.

**67_** 상세한 분석은 F. Alvaredo, A. Atkinson, S. Morelli, "Top Wealth Shares in the UK over more than a Century(1895~2014)", WID.world, Working Paper Series, n° 2017/2 참조. 1920~1975년에 두 방법을 통해 확보한 결과들의 면밀한 비교는 A. Atkinson, A. Harrison, *The Distribution of Personal Wealth in Britain*, Cambridge University Press, 1978 참조.

**68_** 상세한 분석은 B. Garbinti, J. Goupille-Lebret, T. Piketty, "Accounting for Wealth Inequality Dynamics: Methods and Estimates for France (1800~2014)", art. cité 참조. 연대부유세에서 나온 데이터들도 유사한 경향을 보인다. 14장 참조.

**69_** 프랑스 자료는 세계에서 오래전부터 가장 풍부한 자료 중 하나였고, 상속 문서고에서 개별 데이터들을 수집하여 프랑스혁명기 이후 소유 집중 진화를 연구할 수 있게 해주었다(4장 참조). 1901년에 상속세가 누진세로 전환된 이후, 당국은 1902년부터 1964년까지 상속 규모, 자산 범주, 연령, 인척관계 등에 따른 상세한 검토 결과를 공표했다. 1970~1980년 이후로는 이 연례 데이터가 없어졌고 당국은 규모가 불충분하고 질이 형편없는 색인을 4~5년마다 작성하는 데 그쳐, 한 세기 전에 비해 오늘날 오히려 상속과 그 분배에 관해서는 아는 바가 별로 없을 정도가 되었다. 전문 부록 참조.

**70_** 2007년 이후의 스웨덴, 2014년 이후의 노르웨이가 특히 그러하다. 일반적으로 북유럽의 자산 등록체계는 예전에는 특히 선진적이었으나 이처럼 정치적인 세제 변화를 거친 뒤 부분적으로는 와해되었다. 최근 금융 스캔들이 변화의 방향을 바꿨다고 할 수도 있겠지만, 아직 갈 길이 멀다. 북유럽 나라들의 이처럼 역설적인 상황은 16장 977~980쪽에서 재론하겠다.

**71_** 11장 594쪽 참조.

**72_** 『21세기 자본』, 523~528쪽 참조. 대기업 고액 출자금으로 재산이 개괄되는 억만장자들의 경우는, 잡지에서 발표하는 추계가 분명 현실에 가까울 것이다. 매우 다변화된 유가증권과 관련해서는 사태가 훨씬 더 복잡하고 불확실한데, 이 규모는 틀림없이 저평가되어 있다.

**73_** 유럽중앙은행이 실시한 일부 작업은 잡지들이 발표한 억만장자 분류에서 출발하여 가계금융소비조사를 바로잡고자 한다. P. Vermeulen, "How Fat is the Top Tail of the Wealth Distribution?", Banque centrale européenne, 2014 참조. 그 시도는 흥미롭지만 만족스럽지는 않다. 유럽의 국가·세무당국·통계학자들이 잡지 조사보다 더 신뢰할 만하며 체계적인 정보 자료들을 제공해야 바람직할 것이다.

**74_** 11장 626~627쪽 참조.

**75_** 예컨대 2018년 하원에 상정된 슈머하인리히법의 목적은 연방국가의 '분배적 국민계정' 작성을 강제하려는 것이다.

**76_** 영국에서는 1832년 선거법(5장 참조)을 통해 투표권이 남성의 배타적 권리임을 분명히 하게 된다. 그래도 앞선 수백 년간 지역의 역학관계와 관행에 따라 선거인명부에 등재되는 여성소유자(특히 과부 또는 독신) 사례가 (사실상 매우 드물게나마) 존재할 수 있긴 했다.

**77_** 여성선거권은 이따금 단계적으로 확대되었다. 예컨대 영국에서는 1918년에는 소유조건을 충족시키는 30세 이상의 여성에게로, 1928년에는 남성과 동일한 조건(소유조건과 무관하게 21세 이상)의 여성에게로 확대되었다.

**78_** T. Piketty, E. Saez, G. Zucman, "Distributional National Accounts: Methods and Estimates for the United States", fig. 7, art. cité 참조.

**79_** 안타깝게도 자료 접근의 제한 탓에 모든 나라를 완벽하게 비교할 수 있는 데이터는 없다. 보다 정확한 데이터들은 중요하고 시사적인 차이들을 드러내주었을 것이다. 예컨대 브라질의 최근 추계는 소득 상위 1% 중 여성의 비율이 2000~2015년에 약 25~30%에 도달했을 가능성을 보여주는데, 이는 프랑스와 미국보다도 훨씬 높은 수준이다. M. Morgan, *Essays on Income Distribution Methodological, Historical and Institutional Perspectives with Applications to the Case of Brazil(1926~2016)*, PSE et EHESS, 2018, p. 314, fig. 3.8 참조.

**80_** 8장에서 인용된 에스테르 뒤플로E. Duflo와 그 동료들의 연구 참조.

**81_** 비급여 직종(농업·수공업·상업)의 경우, 심지어 남편과 동일한 시간을 노동할 때조차(많은 경우 여기에 가사노동을 추가해야 한다) 아내의 노동을 신고하지 않는 것이 오랜 관행이었고 그 결과 퇴직연금도 정당한 사회적 권리도 없었다.

**82_** 특정 직책에서 남녀 임금격차가 평균 약 15~20%라는 널리 퍼진 추계는 이와 같은 불평등의 규모를 저평가하는 경향이 있다. 왜냐하면 당연히 여성이 남성과 동일 직책에 접근하지 못한다는 사실을 고려하지 않기 때문이다. 1970~2015년 연령별 남녀 불평등의 특성에 관해서는 전문 부록의 보충 도표 S13.11 참조. 또한 상세 결과들은 B. Garbinti, J. Goupille-Lebret, T. Piketty, "Income Inequality in France: Evidence from Distributional National Accounts", WID.world, Working Paper Series, n°

2017/4, *Journal of Public Economics*, 2018 참조.

**83_** C. Goldin, L. Katz, "The Most Egalitarian of All Professions: Pharmacy and Evolution of a Family-Friendly Occupation", NBER, 2012 참조. 임금 궤도에서 가족 붕괴의 역할에 대해서는 H. Kleven, C. Landais, "Gender Inequality and Economic Development: Fertility, Education and Norms", *Economica*, vol. 84, n° 334, 2017, pp. 180~209 참조.

**84_** C. Bessière, S. Gollac, "Un entre-soi de possédant(e)s. Le genre des arrangement patrimoniaux dans les études notariales et cabinets d'avocat(e)s", *Sociétés contemporaines*, n° 108, 2017, pp. 69~95; C. Bessière, "Reversed Accounting. Legal Professionals, Families and the Gender Wealth Gap in France", *Socio-Economic Review*, 2019 참조.

**85_** N. Frémeaux, "The Role of Inheritance and Labor Income in Marital Choices", *Population*, vol. 69, n° 4, 2014, pp. 495~530 참조.

**86_** P. Mary, "Inheritance and Marriage in Paris: An Estimation of Homogamy(1872~1912)", PSE et EHESS, 2018 참조.

**87_** D. Yonzan, "Assortative Mating over Labor Income and Its Implication on Income Inequality: A US perspective 1970~2017", CUNY, 2018; B. Milanovic, *Capitalism Alone*, Harvard University Press, 2019, fig. 2.4, p. 40 참조.

**88_** 프랑스에서 (커플 전체를 놓고 보면 빠른 속도로 줄어들고 있는) 결혼한 커플을 기본으로 한 부부재산제는 공동취득재산에 국한된 재산 공유제다. 결혼 후 취득한 재산(과 소득)은 동등한 지분으로 소유하는 데 비해, 결혼 이전에 상속받거나 보유한 재산은 별도로 유지한다는 것이다. 이러한 비대칭성은 부부의 일이 확연하게 분리되어 있었고 낮은 근로소득을 버는 쪽이 있었다는 것으로 보통 정당화될 수 있다.

**89_** 이러한 장기적 변화는 N. Frémeaux, M. Leturq, "Prenuptial Agreements and Matrimonial Property Regimes in France(1855~2010)", *Explorations in Economic History*, 2018; ID., "The Individualization of Wealth in France", Paris 2 Panthéon Assas et INED, 2018 참조.

**90_** 특히 8장 411~412쪽 참조.

**91_** 10장 도표 10.14와 10.15 참조.

**92_** J. Cagé, L. Gadenne, "Tax Revenues and the Fiscal Cost of Trade Liberalization, 1792~2006", *Explorations in Economic History*, vol. 70, octobre 2018, pp. 1~24 참조.

**93_** 12장 도표 12.5 참조.

**94_** 특히 위기의 전야에 유럽중앙은행의 대차대조표 규모가 연방준비은행보다 2배 많았다는 사실(오늘날까지도 대체로 유지되고 있는 격차)은 유럽 경제 자금조달에서 은행 및 은행의 기업 대출이 매우 중대한 역할을 한다는 것을 보여준다(이에 비해 미국의 기반은 보다 금융시장 쪽이다).

**95_** 이 지체는 2009~2010년부터의 유로존 부채위기와 2011~2012년 유럽 경제활동의 재하락—미국은 위기로부터 출구를 찾고 있었다—을 전반적으로 설명해준다. 12장 702~706쪽과 전문 부록의 보충 도표 S12.11~S12.12 참조.

**96_** 2018년 말 유럽중앙은행의 대차대조표는 약 4조 7000억 유로에 달했다(약 11조 6000억 유로에 달했던 유로존 국내총생산의 40%). 비교하자면, 2008년 초 유럽중앙은행의 대차대조표는 1조 5000억 유로였으니 10년도 안 돼 3조 2000억 유로의 화폐 창출이 있었던 것이다. 상세 데이터는 전문 부록 참조.

**97_** 2008년의 반청산주의적 합의가 부분적으로 1929년 위기의 '통화주의적' 재독해에서 나왔다는 점에 주목해보면 흥미롭다. 1930년대 초 연방준비제도가 원인을 제공한 디플레이션과 긴축정책을 비난하면서, 프리드먼은 불황을 모면하고 경제를 재활성시키기 위해서는 (일정하고 절제된 인플레이션을 보장하는) 적절한 통화정책으로 충분했으리라는 결론에 도달했다. 달리 말해 자본주의 조절에는 뉴딜도, 사회보장도, 누진세도 필요 없고 훌륭한 연방준비제도 하나면 족하다는 것이다. 1960~1970년 일부 민주당원들이 뉴딜의 완수를 꿈꿨으나, 여론이 한창 성장하는 유럽에 견줘 상대적 쇠퇴를 우려하기 시작했던 당시 미국에서는 이처럼 단순하고 강력한 정치적 메시지가 막강한 영향력을 발휘했다. 프리드먼과 시카고학파의 연구들은 커져가는 국가 역할에 불신을 조성하고 1980년 '보수혁명'으로 이어진 지적 맥락을 형성하는 데 일조했다. M. Friedman, A. Jacobson Schwartz, *A Monetary History of the United States, 1857~1960*, Princeton University Press, 1963, réimpr. 1992; 『21세기 자본』, 658~665쪽 참조.

**98_** 10장 도표 10.8과 전문 부록의 보충 도표 S10.8 참조.

**99_** 실제로 일부 민간 소유자들은 자신들의 재산을 지키려 할 것이고, 따라서 이러한 정책은 자산 가격의 대대적 상승으로 이어질 텐데, 이는 결국 다시 민간자본 전체를 취득하기 위해 훨씬 더 많은 화폐 창출을 필요로 하게 될 것이다.

**100_** 일본은 국채가 국내총생산의 200%를 초과하지만, 여러 공공기관(특히 퇴직기금)과 중앙은행이 교차 보유한다. 스위스의 중앙은행은 (스위스 경제의 현실적 규모와 무관하게) 스위스 프랑을 준비자산으로 삼으려는 엄청난 국제적 수요를 상당량의 통화 창출로 대처해 과도한 환율 평가를 피하고자 했다.

**101_** A. Turner, *Between Debt and the Devil. Money, Credit, and Fixing Global Finance*, Princeton University Press, 2016; C. Durand, *Le Capital fictif. Comment la finance s'approprie notre avenir*, Les Prairies ordinaires, 2014; A. Tooze, *Crashed. How a Decade of Financial Crisis Changed the World*, Viking(Penguin), 2018 참조.

**102_** 도표 13.13에서 유로존에 관해 제시된 곡선 중 1999년 이전은 프랑스-독일 평균에 해당한다. 이 평균은 보충 도표 S13.13에서 분석된다(전문 부록 참조). 1945~1946년의 대차대조표 규모는 프랑스은행이 국내총생산의 80~90%, 분데스방크가 국내총생산의 40~50%에 달했다. 두 차례의 세계대전을 치르는 동안 전쟁자금을 위한 정부의 직접 대출은 중앙은행의 대차대조표를 변화시키는 데 핵심 역할을 했다. E. Monnet, *Controlling Credit. Central Banking and the Planned Economy in Postwar France 1948~1973*, Cambridge University Press, 2018, p. 67, fig. 1 참조. 현 시기와의 핵심적 차이는 이 대출이 신규 지출을 즉시 발생시켰다는 점이다.

**103_** 대학의 기부금 수익에 관해서는 11장 594쪽 참조.

**104_** 이는 선행 예산 및 현재 협상 진행중인 2021~2027년 예산 수준과 거의 같다. 유럽연합 예산은 또한 부차적으로 각국의 부가가치세와 유럽연합으로 들어오는 재화 및 서비스에 부과되는 변변찮은 관세로 충당된다.

**105_** 10장 참조. 19세기와 20세기 초 미국 연방정부의 예산은 국내총생산의 약 2%였다(따라서 현재의 미국 연방정부보다는 현재의 유럽연합에 더 가깝다).

**106_** *Evening Standard*, 24 may 2013, "This is going to be our Zoo TV"(interview with Muse) 참조. 보컬 맷 벨러미는 브렉시트에 찬성했다고 2017년에 밝혔다.

**107_** 원래 1973년(『규칙과 질서』), 1976년(『사회적 정의의 환상』), 1979년(『자유사회의 정치질서』)에 한 권씩 모두 세 권으로 출간되었다가 1982년에 개정 합본이 나왔다(『법, 입법 그리고 자유: 자유주의의 정의원칙과 정치경제학의 새로운 시각』). 나는 1982년 판본을 인용한다.

**108_** 10장 525쪽과 538~541쪽 참조.

**109_** F. Hayek, *The Constitution of Liberty*, 1960, in *Collected Works*, vol. 7, pp. 430~450 참조. 하이에크는 소득세가 약간은 누진적일 수 있지만 간접세의 잠재적 역진성을 상쇄하는 정도 이상이어서는 안 되며, 그보다 커질 경우 어디서 멈춰야 할지 알 수 없게 된다는 점을 명시하고 있다.

**110_** ID., *Law, Legislation and Liberty*, Routledge, vol. 1, 1982, pp. 83~144 참조.

**111_** ID., *Law, Legislation and Liberty*, Routledge, vol. 3, 1982, pp. 109~132 참조.

지역 행정의회는 세금의 일반적 수준을 수정할 수 있으나 오직 입법의회에서 채택한 과세표와 규칙에 비례하는 계수를 적용함으로써 가능하며, 따라서 사회집단 사이의 편성을 수정할 수는 없다는 점에 주목해야 한다.

**112_** 이 시기의 여러 인터뷰에서 하이에크는 경제적 자유주의와 소유권이라는 규칙들을 짓밟는 자칭 민주주의체제보다 차라리 그런 규칙들을 존중하는 '피노체트' 유형의 권위주의체제를 선호한다고 진술한다. 예컨대 1981년 4월 『엘 메르쿠리오』에 실린 인터뷰에서 하이에크는 다음과 같이 말한다. "개인적으로 자유주의 없는 민주주의 정부보다 자유주의적인 독재자를 선호합니다." G. Chamayou, *La Société ingouvernable. Une généalogie du libéralisme autoritaire*, La Fabrique, 2018, pp. 219~220 참조.

**113_** 16장 954~956쪽 참조.

**114_** G. Todeschini, "Servitude et travail à la fin du Moyen Âge: la dévalorisation des salariés et les pauvres "peu méritants"", *Annales. Histoire Sciences sociales*, 2015; ID., *Au pays des sans-nom. Gens de mauvaise vie, personnes suspectes ou ordinaires du Moyen Âge à l'époque moderne*, Verdier, 2015 참조.

**115_** 2장 120~126쪽 참조.

**116_** C. Dunoyer, *De la liberté du travail, ou Simple Exposé des conditions dans lesquelles les forces humaines s'expriment avec le plus de puissance*, Guillaumin, 1845, pp. 382~383 참조.

**117_** É. Boutmy, *Quelques idées sur la création d'une faculté libre d'enseignement supérieur*, 1871; P. Favre, "Les sciences d'État entre déterminisme et libéralisme. Émile Boutmy(1835~1906) et la création de l'École libre des sciences politiques", *Revue française de sociologie*, vol. 22, n° 3, 1981, pp. 429~465 참조.

**118_** P. Bourdieu, J.-C. Passeron, *Les Héritiers. Les étudiants et la culture*, Éditions de Minuit, 1964, p. 10 참조.

**119_** 서론 도표 0.8과 11장, 17장 도표 17.1 참조.

**120_** 14~16장 참조.

**121_** 이처럼 우습고도 심오한 이야기에서 '능력주의meritocracy'라는 용어가 최초로 사용되었다고 일반적으로 여겨진다.

**122_** 15장 참조. 영이 1978년에 노동당 정부에 의해 상원의원으로 임명되었고 (블레어주의에 반대를 표명했음에도) 2002년까지 의원직을 유지했다는 것은 아이러니다.

**123_** 1984년에 자크 로브와 장마르크 로셰트가 출간하고 2013년에 봉준호가 영화로 각색한 걸작 만화 『설국열차』의 시대에는, 기후 재난이 오히려 계급투쟁으로 해결된다

는 점에 눈이 간다. 열차 꼬리칸의 프롤레타리아가 인류를 구하기 위해 머리칸의 특권층을 제거해야 한다는 것이다. 1985년에 마거릿 애트우드가 발표하고 2017년에 드라마로 각색된 『시녀 이야기』에서, 오염과 유독성 폐기물로 출생률이 하락하자 미국인들은 바로 신정 독재를 통해 사회를 조직하고자 한다. 멕시코인과 캐나다인은 자신들의 옆나라 사람들이 독재적이고 때로 억압적일 수 있음을 오래전부터 알고 있었지만 이토록 멀리 나아갈 것이라고는 예측하지 못했다.

**124_** 13장 도표 13.12와 10장 도표 10.14 참조.

**125_** R. Reich, *Just Giving. Why Philanthropy Is Failing Democracy and How It Can Do Better*, Princeton University Press, 2018 참조.

**126_** J. Cagé, *Le Prix de la démocratie, op. cit.*과 12장 687~689쪽 참조.

## 제14장

**1_** 서론 도표 0.9에서 이미 언급했다.

**2_** 여기서 '좌파'라는 용어는 스스로를 이 단어로 칭하는 정당들을 가리키기 위함이지 이를 영원한 불변의 본질로 여기는 것은 전혀 아니다. 이에 대해서는 재론하겠다.

**3_** 소득 및 자산 상위 십분위에 대한 상세한 결과들은 도표 14.12~14.13 참조.

**4_** 교육 수준에 대한 상세한 결과들은 도표 14.9~14.11 참조.

**5_** 13장 774쪽 참조.

**6_** 6장 283~288쪽 참조.

**7_** 11장 543~570쪽과 16장 918~923쪽 참조.

**8_** 미국에서 선거 사후조사는 1948년 이후 미국선거연구ANES 컨소시엄에 의해 주로 실시되었다. 영국의 가장 완전한 사후조사는 영국선거연구BES 통계에서 나온다. 프랑스의 사후조사 대부분은 1958년 이후 국립정치학재단FNSP과 다양한 연구소(특히 파리정치대학 정치연구소Cevipof)의 협력하에 실시되었다. 조사 결과는 다양한 기관, 특히 정치 및 사회 연구를 위한 대학 간 컨소시엄ICPSR, 전국선거연구NES, 공공통계데이터문서고ADISP-사회정치데이터센터CDSP, 선거제도비교연구CSES에 분산되어 보관 중이다. 출구조사와 이 선거 사후조사들을 혼동하여서는 안 된다. 출구조사는 대체로 더 짧고 기초적인 질문들에 근거한다(하지만 이따금, 예컨대 미국에서 1972년 이후 실시된 전국출구조사NEP 통계처럼 표본의 규모가 더 큰 경우도 있는데, 나는 도출된 결과의 충실성을 보장하기 위해 미국선거연구의 조사들과 더불어 이 출구조사도 사용했

다). 전문 부록 참조.

**9_** 이 사후조사들의 모든 상세 결과와, 원데이터를 여기서 제시된 통계들로 변환시켜주는 컴퓨터 코드들은 온라인 전문 부록에서 확인할 수 있다. 또한 T. Piketty, "Brahmin Left *vs* Merchant Right. Rising Inequality and the Changing Structure of Political Conflict(Evidence from France, Britain and the US, 1948~2017)", WID.world, Working Paper Series, n° 2018/7; A. Gethin, C. Martinez-Toledano, T. Piketty, "Political Cleavages and Inequality. Evidence from Electoral Democracies, 1950~2018", EHESS, mars 2019; A. Banerjee, A. Gethin, T. Piketty, "Growing Cleavages in India? Evidence from the Changing Structure of the Electorates 1962~2014", WID.world, Working Paper Series, n° 2019/05; F. Kosse, T. Piketty, "Changing Socioeconomic and Electoral Cleavages in Germany and Sweden 1949~2017", WID.world, 2019; A. Lindner, F. Novokmet, T. Piketty, T. Zawisza, "Political Conflict and Electoral Cleavages in Central-Eastern Europe, 1992~2018", WID.world, 2019 참조.

**10_** 실제로 2차대전 이전 시기들에 대해서는, 지역 수준(읍·면 등)에서의 선거 결과들을 지역 수준 가용 데이터인 인구조사 또는 조세행정 자료와 대조해볼 수 있다. 이러한 지리적 선거 연구 방법도 (개인 수준의 투표 관찰에 전혀 기초해 있지 않다는 사실과 특히 관련된) 한계가 있지만, 이 방법만이 시간을 소급할 수 있게 해준다. 1913년 앙드레 지크프리트가 탁월하게 창시한 이 방법의 사례들은 뒤에서 거론하겠다.

**11_** 표본 규모가 더 제한적이기에(4000~5000명이 아니라 2000~3000명이 관찰된다) 신뢰구간은 초기에 약간 더 크다. 다음 도표부터는 간명함을 위해 신뢰구간이 생략되지만, 일반적으로 (2~3포인트 또는 그 이하의) 작은 변동은 잘 드러나지 않는다는 점을 유념해야 한다.

**12_** 예컨대 도표 14.1~14.2에 제시된 학력 효과는 통제변수(특히 성별·연령·가족사항·소득·자산) 반영 이후에 측정된 결과다. 마찬가지로 도표 14.1에 제시된 소득 효과는 성별·연령·가족사항·학력·자산이 반영된 이후에 측정되었다(자산 효과도 동일하다). 통제변수 없이도 유사한 변화를 보이지만 이를 반영하면 더욱 뚜렷해진다. 전문 부록의 보충 도표 S14.1a 및 S14.2a와 이후의 논의 참조.

**13_** 예컨대 공산당 표는 1950년대와 1960년대 프랑스 사후조사에서 과소 진술되며 따라서 주로 사회당 표에 유리해지지만, 좌파 정당 표의 총합은 관측된 결과와 거의 동일했다. 국민전선 지지표는 1990년대와 2000년대에 오랫동안 사후조사 및 출구조사에서 과소 진술되었지만, 2010년대에는 더이상 그렇지 않다.

**14_** 일반적으로 사후조사 데이터는 정확한 투표 결과를 제시하기 위해 (표본의 사회인구통계구조의 전국적 대표성을 보존하면서) 보정되며, 여기 제시된 결과는 바로 이 데이터를 사용하여 추산했다. (보정되지 않은) 원데이터를 사용하더라도 학력·소득·자산 등에 의한 차이들 추세는 같다. 전문 부록 참조.

**15_** 전문 부록의 보충 도표 S14.1b~S14.1c와 S.14.2b~S14.2c 참조.

**16_** 구체적으로 학력·소득·자산 사이의 상관계수는 1948~2017년 프랑스·미국·영국의 선거 사후조사에서 비교적 안정적인 것으로 보인다(학력과 소득의 상관계수는 약 0.3~0.4, 소득과 자산의 상관계수는 0.2~0.3, 학력과 자산의 상관계수는 0.1~0.2이다. 0은 무상관, 1은 완전상관을 나타낸다). 전문 부록 참조. 관측 횟수가 제한적이라는 점과 다양한 차원에서 가용 변수가 불완전하다는 점이 나타내듯 이 자료는 이 상관성을 약간 저평가하는 경향이 있으며, 무엇보다도 이와 같은 전반적 안정성에서 있을 수 있는 굴절을 측정하기 어렵게 한다. 더 정교한 (하지만 선거 변수들은 포함하지 않는) 자료들은 1980~1990년 이후 이 상관성의 가능한 증가를 보여준다. 이에 대해서는 뒤에서 재론하겠다.

**17_** S. Lipset, S. Rokkan, "Cleavage Structures, Party Systems and Voter Alignments: An Introduction", *in* S. Lipset, S. Rokkan(éd.), *Party Systems and Voter Alignments: Cross-National Perspectives*, The Free Press, 1967 참조.

**18_** 19세기 말 20세기 초 영국 정치체제의 전환에서 자유당, 누진세, 아일랜드 문제가 한 역할에 관해서는 5장 214~223쪽 참조.

**19_** 특히 선거 사후조사에 입각하여 정치적 균열 진화를 연구하기 위해 흔히 사용하는 '노동계급'이라는 개념은, 공업 고용 점유율이 40%를 넘는 사회와 10% 이하인 사회에서 결코 같은 의미를 갖지 않는다. 학력·소득·자산 십분위가 해당 사회의 직업 범주에 비해 당장에는 사회정치적 의미가 작지만, 다른 식으로는 비교 불가능한 사회들을 비교하게 해준다. 이상적으로는 두 형태의 언어가 함께 활용되어야 할 것이다.

**20_** 1960년대에 립셋과 로칸이 채택한 접근은 대체로 유럽, 더 나아가서는 (19세기와 20세기 전반기에 발전된) 북유럽의 정당체계들에 중점을 두었는데, 이는 부분적으로는 노르웨이인인 로칸의 영향이고, 또한 틀림없이 미국인인 립셋이 인종적 균열들의 점진적 약화를 기대했기 때문이다.

**21_** 예컨대 미국 정치학에서는 독립 이후 이어진 다양한 정당체계에 번호를 매기는데, 이 궤도의 명백한 특수성을 감안한 미국 특유의 관행으로, 딱히 그럴 만한 이유가 있는 건 아니다. 이들 다양한 체계에 대한 간략한 소개로는 6장 284쪽 참조.

**22_** 특히 유럽의 반이민자 정당들의 부상과 정체성 및 이민 관련 균열의 심화에 관한

가장 흥미로운 연구들은 (이처럼 새로운 차원의 체계적 균열을 립셋-로칸의 틀에 도입하자고 제안하면서도) 인종적 균열이 미국 정당체계 발전에서 한 역할은 대체로 참조하지 않는다. 예컨대 S. Bornshier, *Cleavage Politics and the Populist Right*, Temple University Press, 2010; H. Kitschelt, *The Transformation of European Social Democracy, op. cit.*; ID., *The Radical Right in Western Europe*, University of Michigan Press, 1995 참조.

**23_** 영미권 선거제도(소선거구제)는 선두에 있는 두 당에 표를 몰아주도록 유도하는 데 비해, 프랑스 선거제도(결선투표제)는 다수의 정당을 등장시켜 지속될 수 있게끔 한다. 선거제와 정당체계의 관계에 대한 고전적 연구로는 M. Duverger, *Les Partis politiques, op. cit.*; A. Lijphard, *Electoral Systems and Party Systems. A Study of 27 Democracies, 1945~1990*, Oxford University Press, 1994 참조.

**24_** 1950년대 이후 프랑스에서 실시된 모든 선거 사후조사에는 다양한 정당의 좌-우 위상(일반적으로 1에서 7 또는 1에서 10까지의 등급)에 대한 질문이 포함되어 있다. 유권자들이 부여한 평균 점수는 명백히 공산당을 사회당보다 좌측에 놓으며 중도, 중도우파, 우파 정당 들이 뒤를 잇고 마지막에 극우파 정당들이 있다. 유권자들은 자신들의 위상도 동일한 방식으로 설정한다. 공산당 유권자는 사회당 유권자보다 좌측에 있으며, 사회당 유권자는 중도에 위치한 유권자보다 좌측에 있고, 나머지도 같은 형태를 따른다. 전문 부록 참조.

**25_** 유권자들이 (다른 정당에 비해) 중도로 분류한 전진하는공화국LREM-민주운동당Modem 연합이 2017년 총선에서 거둔 성적(1차 투표에서 32%)은 도표 14.3~14.5에서 중도좌파 50, 중도우파 50으로 나뉘어 있다. 이에 대해서는 뒤에서 재론하겠다.

**26_** (1차 투표에서 선출이 완료되어 유권자들이 2차 투표를 하지 않는 몇몇 선거구의 경우를 감안하여) 총선에서는 1차 투표 결과를, (일반적으로 투표율이 더 높은) 대선에서는 2차 투표 결과를 주로 활용했다. 총선과 대선이 같은 해에 있었고 대선이 좌-우 대결로 끝났을 때, 도표 14.1~14.2와 그 뒤의 도표들에 제시된 결과들은 (예컨대 총선과 거의 같은 결과를 보였던 2012년) 대선 2차 투표와 관련된다. 뒤에서 재론할, 전환점이 된 2017년 선거에 대해서는 대선 1차 투표를 활용했다.

**27_** 프랑스에서 최초 대선은 1848년 (남성)보통선거로 실시되었지만, 승자가 스스로 황제가 됨으로써 선거를 폐지하였다. 1871~1962년에 대통령은 의회에서 선출되었고 권력이 제한되었다. 보통선거로 치르는 대선은 1962년 드골에 의해 국민투표로 복원되어 1965년에 시행되었으며 대통령 권력은 당연히 강화되었다. (1차 투표에서 선거인명부 인원의 12.5% 이상을 득표한 후보자 모두 2차 투표에 나갈 수 있는) 총선과 달리, 대선

에서는 선두의 두 후보만 2차 투표에 나갈 수 있다.

**28_** 제시된 투표율은 총선 1차 투표와 (앞서 제시한 이유로 대체로 투표율이 높은) 대선 2차 투표에서 관찰된 것이다.

**29_** 2008년 오바마의 첫 당선 당시 58%가 최고치였다. 도표 14.7에 제시된 미국의 투표율은 대선에서 확인된 것이다. 의회(하원과 상원) 선거 투표율(특히 중간선거)은 대체로 현저히 더 낮다.

**30_** 더 정확히는 표본 규모와 가용 데이터의 한계로 투표율 격차가 소득·학력·자산 기준에서 비슷하게 나타난다는 것이다. 아마도 보다 완전한 데이터를 이용하면 특정 측면들에서 더 뚜렷한 편차가 드러날 것이다. 제시된 프랑스의 투표율 격차는 대선 관련한 것이고, 총선의 경우 격차가 더 높아진다는 것 또한 명확히 해두자(소득 상위 50%와 하위 50%의 격차는 2012~2017년에 12~15%에 달했고, 이는 미국에서 관찰된 수준과 거의 같으며 영국보다는 높다). 전문 부록 참조.

**31_** 1960년대 중반까지 남부 주들에서 선거인명부에 흑인이 등재되는 것은 거의 불가능했다(이른바 교육 지표 때문인데, 실제로 이는 백인 행정부가 완전히 편향적으로 적용한 것이다). 1964~1965년 연방법을 통해 극도의 편향은 사라졌으나, 여전히 주정부가 명부를 손에 쥐고 사회적 인종적 구성에 간접적으로 영향을 미칠 수 있었다.

**32_** 실제로 이 두 사후조사에서 확인되는바, 프랑스 국적으로 프랑스에 거주하면서 선거인명부에 등재되지 않은 자들은 평균 6%에 해당하며, 이 비율에서 관리자와 고학력자는 4%고 노동자와 저학력자는 10%다(18~25세는 11%, 65세 이상은 2%). 전문 부록 참조. 이러한 가외의 편향이 (명부에 등재된 사람만을 대상으로 한) 도표 14.8에는 반영되지 않았는데, 왜냐하면 다른 연도들은 이 정보를 구할 수 없기 때문이다.

**33_** 콩도르세는 『다수결 확률 해석 시론』(1785)에서 이와 같은 선거체제의 불분명함을 잘 정리했다. 각각의 참여자가 공익에 대한 정보와 경험을 논의에 제시한다면, 다수결로 이 정보들을 유용하게 집성할 수 있을 테고, 선거는 일종의 '배심'이 되니, 아무도 선거를 독재로 대체하려 하지 않는다. 반면 선거가 적대적 이익들의 대결로 환원되면, 선거는 (어떤 결정이든 다수의 의사로 다른 결정보다 선호될 수 있는) 다수결의 혼란스러운 순환으로 빠져들 수 있다. 전문 부록 참조.

**34_** 적어도 유럽에서는 그러하다. 미국 선거체제에서는 그처럼 강력한 사회적 결십이 허용되지 않았다는 사실은, 유럽의 사민주의 실험에 비해 뉴딜의 사회적 야망이 덜했다는 점과 연관될 수 있다(11장 참조).

**35_** 뒤에서 2017년 선거의 특수성을 재론할 것인데, 교육 균열이라는 관점에서는 이 선거도 이전 선거들의 연장선상에 있다.

**36_** 중학교 졸업장(또는 중등교육 제1기 수료증BEPC처럼 이에 상응하는 것)은 중학교 취학 기간을 마치면 (원칙적으로 15세에) 받는 것이고, 바칼로레아는 고등학교 취학 기간을 마쳤음을 증명하며(원칙적으로 18세) 고등교육기관 진학이 가능해진다.

**37_** 전문 부록의 도표 S14.10 참조. 대학 코스와 분과를, 또는 다양한 그랑제콜을 구분할 수 있었다면 흥미로운 변화와 전개를 분명 보여줄 수 있었을 것이다. 안타깝게도 (장기 고등교육 이수자 모두를 단일 범주로 취급하는) 선거 사후조사 질문지와 가용 표본의 규모가 이런 식의 분석을 가로막는다.

**38_** 통계적 회귀 관련한 모든 기술적 세부와, 원데이터로부터 이 결과들을 재생하는 데 사용된 컴퓨터 코드들은 온라인 전문 부록에서 조회할 수 있다. 또한 T. Piketty, "Brahmin Left *vs* Merchant Right. Rising Inequality and the Changing Structure of Political Conflict(Evidence from France, Britain and the US, 1948 ~2017)", art. cité 참조.

**39_** 전문 부록의 도표 S14.11a 참조. 1980년과 1984년 미국에서는 그 격차가 약간이나마 역전된다. 레이건에게 투표한 18~34세의 유권자는 65세 이상에 비해 조금 더 많았던 것인데, 이런 유형의 반전은 1948~2017년 미국·프랑스·영국의 모든 선거를 통틀어 유일하다. 반면 노동당에 투표한 (65세 이상과) 18~34세의 투표 격차는 2015~2017년에 거의 40포인트에 달했고, 1970년대 프랑스 좌파의 경우 25~30포인트, 1960년대(또한 2008~2012년) 민주당의 경우 15~20포인트였다. 이러한 격차는 사회경제적 통제변수(성별·학력·소득·자산·부모의 직업 등)를 반영한 후에도 대략 동일한 크기로 확인되지만 종교 및 종교생활을 통제변수에 포함하면 매우 크게 줄어들며, 심지어는 예컨대 최근 수십 년간의 프랑스처럼 부호가 바뀌기도 한다. 스스로를 가톨릭이라고 진술한 자 중 (아주 드물긴 하지만) 젊은이들이 연장자들보다 우파에 더 많이 투표했던 것이다. 이것에 관해서는 T. Piketty, "Brahmin Left *vs* Merchant Right. Rising Inequality and the Changing Structure of Political Conflict(Evidence from France, Britain and the US, 1948~2017)", art. cité, figure 2.2g 참조.

**40_** 전문 부록의 도표 S14.11b 참조.

**41_** L. Edlund, R. Pande, "Why Have Women Become Left-Wing? The Political Gender Gap and the Decline in Marriage", *Quarterly Journal of Economics*, vol. 117, n° 3, août 2002, pp. 917~961; R. Inglehart, P. Norris, "The Developmental Theory of the Gender Gap: Women's and Men's Voting Behavior in Global Perspective", *International Political Science Review*, vol. 21, n° 4, 2000, pp. 441~463 참조.

**42_** 사회경제적 통제변수(학력·소득·자산·부모의 직업 등) 반영은 1950년대와 1960년대에 명확히 우파 성향을 띤 여성의 투표에 거의 영향을 주지 못하며, 이것이 모든 범주에서 확인된다는 점에 유의해야 한다. 반면 종교 및 종교생활을 반영하면 이 효과는 완전히 무효화된다. 신자들 중에서는 여성이 남성보다 더 적게 우파에 투표했던 것이다. 1950~1960년 일부 여성이 표방한 깊은 신앙심은 가정 및 양육에서의 어머니 역할이라는 신념체계와 연관되었으리라고 간주할 수 있다. T. Piketty, "Brahmin Left *vs* Merchant Right. Rising Inequality and the Changing Structure of Political Conflict(Evidence from France, Britain and the US, 1948~2017)", art. cité, figure 2.2c 참조.

**43_** 13장 748~753쪽 참조.

**44_** 소득 및 자산의 반영이 이번에는 곡선의 높이를 더 높인다는 점이 주목될 것이다. 고학력은 평균적으로 소득 및 자산 상위와 연동되며, 일반적으로 소득 및 자산 상위는 우파에 투표하는 경향이 강하다는 사실을 감안하면, 이는 논리적이다. 연령에 따른 효과와 비슷하지만, 다만 그 방향이 다르다(도표 14.11 참조).

**45_** 전문 부록의 도표 S14.11c~S14.11d 참조.

**46_** 특히 알포드지수는 사민당(또는 연구되는 국가에 따라 노동당·민주당·사회당)에 투표한 이들 중 노동자들과 여타 주민 사이의 차이를 고전적 방식으로 측정한다. 1950~1960년대에 알포드지수는 서양의 모든 나라에서 매우 높았다(사민당을 지지하는 노동자 표가 때때로 70~80%에 달했던 스웨덴과 노르웨이 같은 북유럽 나라에서는 무려 40~50포인트다). 알포드지수는 1980~1990년에 점차 낮아져 2000~2010년에는 거의 0이 된다(심지어 일부 경우에는 마이너스다). R. Alford, "A Suggested Index of the Association of Social Class and Voting", *Public Opinion Quarterly*, vol. 26, n° 3, automne 1962; S. Bartolini, *The Political Mobilization of the European Left, 1860~1980. The Class Cleavage*, Cambridge University Press, 2000; G. Evans, *The End of Class Politics? Class Voting in Comparative Context*, Oxford University Press, 2000; R. Inglehart, P. Norris, "Trump, Brexit and the Rise of Populism: Economic Have-Nots and Cultural Backlash", Harvard Kennedy School of Government, 2016, fig. 7 참조. 이런 유형의 측정 한계는 나라와 시대에 따라 노동자라는 개념이 큰 편차를 보이고 해당 경제활동인구 자체가 시간이 흐르며 상당히 변화한다는 데 있다.

**47_** 구체적으로, 도표 14.11과 S14.11c~S14.11d에 제시된 경향들은 활동 부문(공공 부문 임금노동자, 민간 부문 임금노동자, 자영업자)과 직업 범주(육체노동자·사무원·관리자 등)에 관한 통제변수를 포함해도 영향받지 않는다. 그렇지만 사후조사에서 사용되

는 직업 범주는 1950년대부터 2010년대까지 빈번히 변하며, 다양한 교차효과를 검토할 가능성이 표본 규모에 심각하게 제한받는 점을 지적해두어야 한다. 전문 부록 참조.

**48_** 프랑스 좌파에서 공산당 표는 사회당 표에 비해 항상 저학력 인민계급에서 나왔다. 하지만 두 당의 표가 (표본 규모가 제한적이라는 한계를 감안하여 최소한의 근사치로 봐도) 모두 비슷한 규모로 고학력자 쪽으로 이동했으며, 전반적인 진화는 총계에서 공산당 득표가 줄어듦에 따라 가속화되었다. 여하간 핵심은 선거 좌파가 이런 방식으로 구조화된 적이 없었던 나라들(특히 앵글로색슨)에서도 이와 동일한 교육 균열의 반전이 확인된다는 점이다. 따라서 이러한 진화의 정치적이고 지적인 뿌리가 매우 일반적이라는 것이다.

**49_** H. Kitschelt, *The Radical Right in Western Europe*, University of Michigan Press, 1995; S. Bornshier, *Cleavage Politics and the Populist Right, op. cit.*; R. Inglehart, *Modernization and Postmodernization: Cultural, Economic and Political Change in 43 Societies*, Princeton University Press, 1997; R. Inglehart, P. Norris, "Trump, Brexit and the Rise of Populism: Economic Have-Nots and Cultural Backlash", art. cité 참조.

**50_** 일부 개인 정치행위자들이 대다수의 유권자와 시민에 비해 이러한 궤도에 영향을 미칠 기회가 더 많다는 점은 당연하다. 다만 내가 여기서 강조하는 것은, 이처럼 장기적인 진화는 다수의 행위자들에게서 기인한 것이며, 사전에 확정된 계획을 따른 것은 아니라는 사실이다.

**51_** 선거 사후조사로는 유권자가 이수한 교육이 공교육인지 사교육인지를 파악하기 어려우며, 세부 코스와 학위는 말할 것도 없다. 그렇지만 사립고등교육의 역할이 큰 미국 같은 나라들에서도 교육 균열의 동일한 반전이 관찰된다. 이는 새로운 능력주의 이데올로기의 적응성을 보여준다.

**52_** 13장 774쪽 참조.

**53_** 1970~1980년까지 우파에 적극적으로 투표했던 파리가 1990~2000년 이후로 선거 지형에서 분명히 '좌파로' 기울었다는(특히 2001년 시장 선거에서 사회당이 다수표를 얻었고 이후 줄곧 재선하고 있다는) 사실은 그 자체로 대단히 상징적이며 쉽게 눈에 띈다. 런던 또는 뉴욕처럼 번영하는 대다수의 대도시에서도 유사한 변화들이 관찰된다.

**54_** 11장 609~615쪽 참조.

**55_** 의무교육 종료 연령이 1967년에 14세에서 16세로 바뀌었지만(1953년에 태어난 세대부터 적용), 공통 중학교(다시 말해 11~15세의 모든 아이가 중학교 일반교육의 동일 커리큘럼에 원칙적으로 접근할 수 있는 가능성)는 1973년에야 수립되었다. 그전

에, 인민계급 아이들은 11세 또는 12세에 일단 초등학교 졸업장을 취득하면, 흔히 의무교육 기간이 종료되기를 기다리면서 이를 목적으로 초등학교에 마련된 반에 들어갔다. 계몽적인 연구로는 J. Grenet, *Démocratisation scolaire, politiques éducatives et inégalités*, EHESS, 2008; ID., "Is Extending Compulsory Schooling Alone Enough to Raise Earnings? Evidence from French and British Compulsory Schooling Laws", *Scandinavian Journal of Economics*, vol. 115, n° 1, 2013, pp. 176~210 참조.

**56_** 과학과 상경 분야 그랑제콜 준비반은 19세기 이래로 명문 인문계 고등학교에 설치되었다. 따라서 관련 과정 전체가 대학체계 바깥에서 전개된다. 파리정치대학(1872년에 창립자 부트미의 과잉능력주의 주장에 관해 13장에서 언급한 학교)의 학업과정은 사실상 국립행정학교ENA 진학을 위한 준비반과 다름없다. 1945년에 국립행정학교가 창립되면서 그랑제콜체계가 완성된다(1974년 이래로 역대 대통령 여섯 중 넷이 이 학교 출신이다).

**57_** 이는 미국에서 실행되는 방식이기도 하다. 11장 595~596쪽 참조.

**58_** 사회당은 1981~1986년, 1988~1993년, 1997~2002년, 2012~2017년에 (때로는 단독으로, 때로는 공산당·급진당·생태주의당과 제휴해) 국회의 절대 다수를 확보하여 정부를 이끌었다.

**59_** 특히 1988~1993년 법인세 인하, 2000~2002년 소득세 인하, 2012~2017년 고용주의 각종 부담금 인하가 있다.

**60_** 7장 도표 7.8과 17장 도표 17.1 참조.

**61_** A. Benhenda, J. Grenet, "Teacher Turnover, Seniority and Quality in French Disadvantaged Schools", Paris School of Economics(PSE), 2016; A. Benhenda, "Absence, Substitutability and Productivity: Evidence from Teachers", Paris School of Economics(PSE), 2017 참조.

**62_** H. Botton, V. Miletto, *Quartiers, égalité, scolarité. Des disparités territoriales aux inégalités scolaires en Île-de-France*, Cnesco, 2018; P. Caro, *Inégalités scolaires d'origine territoriale en France métropolitaine*, Cnesco, 2018 참조.

**63_** *Effective Teacher Policies. Insights from PISA*, OCDE, 2018.

**64_** (상여금을 모두 포함한) 중학교 교사 평균임금은 사회적 특권계급 학생들의 재적 비율이 가장 낮은 10%의 학교에서 월 2400유로 이하이고, 꾸준히 늘어나 상위 10%의 학교에서는 거의 2800유로에 달한다. 고등학교 교사의 평균임금은 (동일한 기준에 따라) 낙후된 10%의 고등학교에서 월 2700유로 이하인 것이 상위 10%의 고등학

교에서 거의 월 3200유로가 된다. 중학교에서 학급당 인원수에 따른 효과는 가장 낙후된 10%의 학교에서 우세하며, 나머지 90% 학교의 학생당 비용은 거의 일정하다. A. Benhenda, "Teaching Staff Characteristics and Spendings per Student in French Disadvantaged Schools", Paris School of Economics(PSE), 2019 참조.

**65_** T. Piketty, M. Valdenaire, *L'Impact de la taille des classes sur la réussite scolaire dans les écoles, collèges et lycées français. Estimations à partir du panel primaire 1997 et du panel secondaire 1995*, ministère de l'Éducation nationale, *Les Dossiers évaluations et statistiques*, n° 173, mars 2006 참조. 이런 관점에서, 2017년 개학 시점에 시행된 초등교육 준비과정CP 분반은 분명히 알맞은 방향으로 가고 있다. 하지만 이 조치는 가능한 한 비용을 적게 들이려는 것이며(약 2억 유로, 즉 국가 총교육예산의 0.4%. 전문 부록 참조), 이 대책만으로는 전체 교육체계 수준에서 불우한 학생을 희생시키는 현재의 재원 격차를 전혀 상쇄할 수 없다는 점을 짚고 넘어가야 한다(17장 도표 17.1 참조).

**66_** 프랑스(정교분리 원칙을 온 세상에 신속히 가르쳐준 나라)의 공립-사립 학교 균형의 또다른 놀라운 특징은 공립초등학교가 교리 교육을 위해 주당 하루를 휴교한다는 것이다(1882년부터 1972년까지는 목요일, 1972년 이후로는 수요일). 공립학교의 경우 수요일 야간수업이 없다는 점은 취약계층 아이들에게뿐 아니라 남녀 직업 평등에도 매우 부정적인 영향을 미친다. C. Van Effenterre, *Essais sur les normes et les inégalités de genre*, EHESS et PSE, 2017 참조. (다른 곳들처럼) 월요일부터 금요일까지 수업을 실시하려는 소극적인 시도가 2012~2017년에 있었지만, 2017년에 수요 휴교가 복원되었다.

**67_** J. Grenet, "Renforcer la mixité sociale dans les collèges parisiens", Paris School of Economics(PSE), 2016 참조.

**68_** G. Fack, J. Grenet, A. Benhenda, *L'Impact des procédures de sectorisation et d'affectation sur la mixité sociale et scolaire dans les lycées d'Île-de-France*, rapport n° 3 de l'IPP(Institut des politiques publiques), juin 2014 참조.

**69_** 전문 부록의 도표 S14.11e 참조.

**70_** 8장 402~418쪽 참조.

**71_** 일반적으로 선거 사후조사에서 사용되는 질문지는 적어도 소득 구간을 10~15개로 나누며 소득 상위에서는 더 세분화되는데, 이를 통해 분배 상층에서 매우 유의미한 변화율을 부각시킬 수 있다. 방법은 (자산 및 학력 집단 구간에서와 마찬가지로) 각 소득 구간에서 고정적인 투표구조를 가정하여 십분위와 백분위를 추산하고 구간 내부의 변화율은 무시하는 것인데, 이는 기울기와 그 방향 전환을 최소화하게 해준다. 전문 부록

참조.

**72_** 이는 (일체의 통제 이전의) 원단면도를 조사해도 그렇고, 통제변수들을 반영한 뒤에는 더더욱 그렇다. 전문 부록과 도표 S14.1a~S14.1c 참조.

**73_** 노력에 대한 믿음이 어떻게 개인의 궤도에 맞춰지는지 분석하고 유동성이 정치적 태도에 미치는 영향을 규명하는, 이론적 모델에 관해서는 T. Piketty, "Social Mobility and Redistributive Politics", *Quarterly Journal of Economics*, vol. 110, n° 3, 1995, pp. 551~584 참조. 이 틀은 사회적 상승에 두 가지 메커니즘(직업적 노력, 학업적 노력)이 존재하는 상황으로 확대될 수 있다. 이는 또한 능력주의 신념의 두 체계로 이어질 수 있으며 다중엘리트 정치체제를 설명해줄 수 있다. T. Piketty, "Brahmin Left *vs* Merchant Right. Rising Inequality and the Changing Structure of Political Conflict(Evidence from France, Britain and the US, 1948~2017)", section 5, art. cité 참조.

**74_** 도표 14.13에 제시된 곡선은 1970년대부터 시작한다. 다양한 유형의 자산에 관한 상세 질문지는 1978년 선거 사후조사부터 이용할 수 있기 때문이다. 매우 혁신적인 이 조사에 관해서는 J. Capdevielle, E. Dupoirier, "L'effect patrimoine", in *France de gauche, vote à droite?*, Presses de la FNSP, 1981 참조. 투표 결정 요인으로서 자산의 역할을 강조하는 연구들 중에서는 M. Persson, J. Martinsson, "Patrimonial Economic Voting and Asset Value: New Evidence from Taxation Register Data", *British Journal of Political Science*, vol. 48, n° 3, 2016, pp. 825~842; M. Foucault, R. Nadeau, M. Lewis-Beck, "Patrimonial Voting: Refining the Measures", *Electoral Studies*, vol. 32, n° 3, 2013, pp. 557~562; M. Foucault, "La France politique des possédants et des non-possédants", *in* P. Perrineau, L. Rouban, *La Démocratie de l'entre-soi*, Presses de la FNSP, 2017 참조. 여기서 제시된 결과들은 이 연구들과 완벽하게 일맥상통하는데, 다만 나는 자산 효과의 크기를 소득 및 학력 효과의 크기와 비교하고, 무엇보다 이 문제들을 비교사적 관점으로 다시 자리매김하려 한다는 점에서 차이가 있다.

**75_** 특히 3장과 4장 참조.

**76_** 지크프리트는 또한 소유자가 소작인과 반타자 소작인에게, 사제가 부모들에게 사용하는 압력 수단들을 언급한다. 삼기능질서는 필요시 억압적인 모습을 드러낼 수 있다. 아르누처럼(2장 93~97쪽 참조) 지크프리트 역시 귀족들보다는 사제들과 그들의 학교 및 사회복지사업이 그에게 자애로움을 고취시킨다는 것을 감추지 않는다. 또한 그는 하원에서 소득세를 지지하는 사제가 많았다(사제 수는 전적으로 자유방임주의 신봉자

들인 중도우파 공화주의자들만큼이나 그 수가 많았다)는 점에 주목한다. A. Siegfried, *Tableau politique de la France de l'Ouest sous la Troisième République*, Armand Colin, 1913, pp. 89~92, 240~251, réimp. Imprimerie national Éditions, 1995 참조.

**77_** 15장 도표 15.5와 15.14 참조.

**78_** 그렇지만 1945~1946년 정부와 의회에서 사회당과 공산당이 짧게 공존한 것이, 사회보장제도가 실시되고 제4공화국 헌법에서 (제3공화국 시기에 수없이 사회 및 조세재정 개혁을 저지했던) 상원 거부권이 폐지되는 데 결정적인 영향을 주었음을 유의해야 할 것이다. 공산당 의원들은 이전 해의 세금공제 폐지와 더불어 소득세의 현실적 누진성 강화에도 핵심 역할을 했다. 1945년의 이 논의들에 관해서는 T. Piketty, *Les Hauts Revenus en France au XX^e^ siècle, op. cit.*, pp. 302~305 참조.

**79_** 4장 177~184쪽 참조.

**80_** 이 문제는 전통적으로 소소유자 및 자영업자에게 더 우호적인 급진당과 사회당-공산당 간에 되풀이되는 갈등의 일부였다. 1907~1908년의 의회 토론에서, 카요는 '소기업가'와 '소상인'의 소득에 비해 '거대 주식회사 임원'이 그 어떤 특권도 누리지 못하도록 총소득에 과세하는 중립적인 세금을 길게 옹호하며, "소농민이나 소상인이 보기에는 가정교사, 징세관, 열차 승무원조차 부유하다"는 주장까지 했다. T. Piketty, *Les Hauts Revenus en France au XX^e^ siècle, op. cit.*, pp. 218~219 참조.

**81_** 이와 같은 입법 변화와 정치적 갈등에 대한 상세한 분석으로는 T. Piketty, *Les Hauts Revenus en France au XX^e^ siècle, op. cit.*, pp. 305~319 참조. 소유(특히 부동산)를 둘러싼 정치적 갈등의 구조화에 관해서는 또한 H. Michel, *La Cause des propriétaires. État et propriété en France, fin XIX^e^ siècle~XX^e^ siècle*, Belin, 2006 참조.

**82_** 로트의 생세레에서 문구상을 하던 피에르 푸자드는, 자기가 살던 소도시에서 세무 공무원에 맞서 1953년 7월에 최초로 수공업자와 상인을 결집시켜 몇 달 뒤 '소상공인옹호연합UDCA'을 창립했다. 푸자드주의 소요는 1954~1955년 절정에 달했으며, 악착스러운 세무서 탓에 꼼짝없이 파산하게 된 소상인이나 소수 공업자를 위해 여러 차례 '특공작전'을 펼쳤다. 소상공인옹호연합은 1955년 1월에 '세금 파업'을 선포했고, 1956년 1월 선거에서 엄청난 성공(또한 장마리 르 펜을 포함한 푸자드주의 교섭단체 구성)을 거두었다. 푸자드주의자들은 임금노동자들, 특히 '파리의 관리자들'에게 유리한 조치들을 비난했는데, 그들이 보기에 이런 조치들은 '현대적인' 중앙 권력과 그 '심장 없는 관료주의자들'이—어느 정치적 당파에 속하든—독립 소생산자들의 장래에 얼마나 무심한지를 보여주는 것이다. 그렇다고 그 시대 파리의 관리자들에게 인기 있던 주간지 『렉스프레스』

가 표지에 '푸자돌프Poujadolf'라는 제목의 캐리커처로도 묘사한 푸자드의 매우 명백한 반유대주의를 소거해서는 안 된다.

**83_** ('직업 경비' 명목의 10% 이외에) 임금노동자들을 위한 20%의 공제는 결국 2005년에 폐지되고 과세표에 통합되었는데, 그동안 자영업자에게 확대 실시되기도 했다.

**84_** 예컨대 1848년 소농민 소유자들은 신생 공화주의체제가 그해 초 결정한 토지세 인상을 별로 좋아하지 않았는데, 바로 이것이 어째서 농촌 세계가 루이 나폴레옹 보나파르트를 압도적으로 지지했는지 설명해준다. 그는 이러한 인상에 반대했고, 도시인들에게 과세하는 간접세에 의거하고자 했다. 이 주제에 관해서는 G. Noiriel, *Une histoire populaire de la France*, *op. cit.*, pp. 353~354 참조.

**85_** 11장 561~563쪽 참조.

**86_** 그러나 명문 사립고등학교 및 그 준비반이 공립고등학교 및 그 준비반과 동일한 공적기금의 수혜를 누린다는 사실이 그들끼리의 연대를 창출할 수 있으니, 그 자녀들은 생트준비에브와 루이르그랑에 다니다가 흔히 같은 그랑제콜에서 재회하는 것이다.

**87_** 8장 388~396쪽 참조. 현재 인도의 카스트와 계급에 따른 선거 균열을 분석하는 16장에서 이를 재론하겠다.

**88_** 지크프리트의 연구는 가톨릭 정서가 대체로 중앙집권적 국가 형성 이전의 지역적 소유주의질서였던 구래의 삼기능질서 옹호(또는 적어도 사제관과 성으로 상징되는 지역 엘리트의 역할에 대한 더 큰 애착)와 오랫동안 관련되어왔음을 상기시킨다. 중요한 점은 이것이 정치적-이데올로기적 애착이라는 점, 다시 말해 교육적이고 소유주의적이며 사회적인 이상적 조직화—부분적으로 사회경제적 이익과 연관되지만 그렇게만 환원될 수는 없는—에 대한 그럴듯한 신념에 기초한다는 점이다.

**89_** 1958~1962년에 실시된 사후조사들에는 종교생활에 관한 질문이 포함되지 않았다.

**90_** 동일 조사에서 35세 이하 유권자로 한정하면, 55% 대 24%라는 결과가 나온다. 이 결과들은 종교생활에 관한 더 큰 규모의 조사에서 획득된 결과들과 일관성을 갖는다. 예컨대 뒤에서 인용되는 '궤적과 기원' 조사 참조.

**91_** 이따금 질문지들은 종교생활을 전혀 하지 않는 사람들과 대축일(부활절·성탄절 등) 또는 가족 애경사(결혼·영세·장례 등)의 종교의식에 참여하는 사람들을 정확히 구분한다. 하지만 이는 상대적으로 불연속적이고 정밀하지 않다. 그러므로 여기서는 예전의 동질적 기준을 채택한다.

**92_** 기타 종교 중 개신교(유권자의 약 1.5~2%)와 유대교(0.5%가량)의 비중은 비교적 일관적인 데 비해, 불교와 힌두교 등의 비중은 0.5% 이하에서 1~1.5%로 약간 증가했는데, 사후조사 편차에서 그 인원수가 제한적이라는 점을 감안하면 언제나 유의미하지

는 않은 조사들마다 편차가 있다. 무슬림 유권자의 비율은 1988년 사후조사에서 고작 0.5%였던 것이 2012년과 2017년에는 약 5%로 현격히 증가했다.

**93_** 동일한 기준(적어도 한 달에 한 번 종교의식에 참여)을 적용하면, (조사에 따라 약간의 편차가 있지만) 종교생활을 하는 무슬림 비율은 1995~2017년에 전체 무슬림의 15~25% 선으로 종교생활을 하지 않는 가톨릭교도 비율(같은 시기 전체 가톨릭교도의 약 10~15%)보다는 더 높지만, 그럼에도 종교생활을 하지 않는 무슬림이 75~85%나 된다는 것이 확인된다(반면 종교생활을 하지 않는 가톨릭교도는 85~90%).

**94_** (2012년의 선거 사후조사와 같은) 가장 최근의 사후조사들은 거주인구 전체가 대상이지만(이는 선거인명부 등재에 연령과 직업에 따른 편차가 크다는 점을 알려준다), (특히 종교와 출신에 관한) 세부 질문들은 선거인명부에 등재된 부표본만이 대상이다.

**95_** 2008~2009년에 실시된 '궤적과 기원' 조사는 18~50세의 거주인구 중 무슬림을 8%로 계산한다. C. Beauchemin, C. Hamel, P. Simon, *Trajectoires et Origines. Enquête sur la diversité des populations en France*, INED Éditions, 2015, tableau 1, p. 562 참조. 2016년 조사에 따르면, 15세 이상의 거주인구 중 약 6%가 자신이 '무슬림'이라고 진술하였다. '무슬림 문화'에 속한다는 사람들을 포함하면 수치는 7%로, 더 나아가 (보다 큰 평균 가족 규모를 감안해) 아이들을 포함하면 8.5%로 오를 것이다. H. El Karoui, *L'Islam, une religion française*, Gallimard, 2018, pp. 20~26 참조. 그렇지만 이처럼 다양한 통념들은 다공적이고 불확실하다. 획득된 결과들은 사용된 질문지에, 그리고 다중적이고 복잡한 개인별 정체성이—제시된 질문들과 사용된 용어들 안에서—인지되는 방식에 의거한다(이는 유대교 정체성 또는 가톨릭 정체성을 지닌 사람들에게도 마찬가지다).

**96_** 인도 종교구조의 변화에 관해서는 8장 도표 8.2 참조.

**97_** A. Siegfried, *Tableau politique de la France de l'Ouest..., op. cit.* 참조.

**98_** 전문 부록의 도표 S14.15a~S14.15b 참조.

**99_** 예컨대 지크프리트의 분석에서, 가난한 농민이 보수적인 면에 출마한 가톨릭 후보에게 투표하는 것이 여기에 해당한다.

**100_** 또한 가용 데이터는 일반적으로 개신교 유권자의 표는 종교생활을 하지 않는 가톨릭교도의 표와, 유대교 유권자의 표는 종교가 없는 유권자와 더 유사함을 보여준다(2010년에 가까워질수록 이런 경향이 줄어들긴 한다). 표본의 제한된 수는 이처럼 (1960년대부터 2010년대까지의 1차 근사치로는 타당한) 일반적인 확인을 넘어 시간에 따른 두 집단 간 격차의 미세한 변화를 연구하기 어렵게 만든다.

**101_** 전문 부록의 도표 S14.17~S14.18 참조. 2017년에 무슬림 유권자들 사이에서 좌

파와 중도파 후보들이 거둔 91%의 성적은 멜랑숑/아몽 진영 66%와 마크롱 진영 25%로 나뉜다. 이는 이민과 재분배에 대한 두 진영의 태도와 관련되는 것으로 보인다(표 14.1 참조). 특히 '불복하는 프랑스LFI'를 지지한 이와 같은 적극적인 좌파 투표는 2017년 스테판 보에 의한 훌륭한 민족지(*La France des Belhoumi. Portraits de famille[1977~2017]*, La Découverte, 2018)에서 관찰되는바, 특히 마그레브 출신 이민자 여성들에게서 두드러지는데, 그에 반해 남성들은 정치에 관심을 덜 가지며 보다 환멸을 느낀 것으로 보인다.

**102_** 1889년 법 이후로 프랑스의 일반 규칙은, 프랑스에서 외국인 부모로부터 태어난 사람은 18세가 되면 프랑스 국적을 취득한다는 것인데, 단 일련의 조건들(주로 거주 기간, 취학, 때로는 프랑스인이 되겠다는 의지의 표현)을 충족하여야 하며, 이 조건들은 숱한 논의와 개혁 대상이 되었다. 또다른 축은 1851년에 확립된 '이중 출생지주의'다(프랑스에서 태어난 부모로부터 프랑스에서 태어난 사람은 모두 자동적으로 프랑스인이다). P. Weil, *Qu'est-ce qu'un Français? Histoire de la nationalité française depuis la Révolution*, Grasset, 2002 참조.

**103_** 프랑스는 1940년 7월 22일의 법으로 1927년 이후의 모든 프랑스인 귀화를 재심하고자 했다. 대상자는 거의 100만 명이고, 주로 유대인이었다. C. Zalc, *Dénaturalisés. Les retraits de nationalité sous Vichy*, Seuil, 2016 참조.

**104_** (흔히 공권력의 지원을 받아) 미국에서 강제송환이 있던 1929~1936년에 강제 추방된 멕시코계 미국인 수는 100만에서 150만 사이로 추산된다(그중 약 60%는 미국 국적을 갖고 있었다). 6장 269쪽 참조.

**105_** 특히 '이민'이 프랑스에 많은 비용을 발생시킬 것이라는 생각(일정 부분 외국 혈통을 지닌 인구 규모를 감안하면 수 세대에 걸쳐 아무 의미도 없는 주장)은 전혀 근거가 없다. 최근 이민자들이 내는 세금은 그들이 받아가는 비용을 상쇄하거나 심지어 약간 상회하기도 한다. 예컨대 E. M. Mouhoud, *L'Immigration en France. Mythes et réalités*, Fayard, 2017, pp. 72~76 참조. 일련의 국제 차원의 연구로는 또한 A. Banerjee, E. Duflo, *Good Economics for Hard Times*, Public Affairs, 2019, pp. 18~50 참조.

**106_** 2017년 투표에 대한 분석은 뒤에서 제시하겠다.

**107_** 2002년과 2017년 대선의 사후조사를 보면, 무슬림 유권자들은 2차 투표에서 국민전선에 반대하는 후보에게 100% 투표했다. 물론 표본의 크기는 제한적이다(조사와 표본 크기에 따라 100~300명의 무슬림 유권자). 그렇다고 하더라도 이 두 차례 선거에서 장 마리 르 펜이나 마린 르 펜에게 투표한 무슬림 유권자가 단 한 명도 없다는 것은

갈등의 크기를 여실히 말해준다. 전체 결과에 관해서는 전문 부록 참조.

**108_** 부모 및 조부모와 관련된 속성들과 용어들(태어나면서 또는 살면서 얻는 국적, 출생지 또는 거주지 등)의 정확한 의미는 명시되지 않았고, 각자가 이해하는 대로 질문을 인지하고 해석해야 했다.

**109_** 조사에서는 서로 다른 두 외국계 혈통을 진술할 가능성이 있고, 가능한 조합들을 다 합치면 이렇게 진술한 사람들이 거의 10%다. 여기에서 언급된 결과들은 1차 응답에 따른 것인데, 모든 응답을 반영해도 비슷할 것이다. 범위와 질문지의 차이를 감안하면 정확하게 비교할 수는 없지만, 이는 '궤적과 기원' 조사에서 획득된 결과들과 일관된다. C. Beauchemin, C. Hamel, P. Simon, *Trajectoires et Origines. Enquête sur la diversité des populations en France*, *op. cit.*, tableaux 1~3, pp. 37~41 참조.

**110_** 더 정확히는, 북아프리카계 외국인 혈통이라고 진술한 사람들 중 58%는 무슬림, 6%는 유대인, 10%는 가톨릭교도, 2%는 개신교도 또는 기타 종교, 24%는 무종교라고 진술한다. 사하라 이남 아프리카계 외국인 혈통이라고 진술한 사람들 중 40%는 무슬림, 30%는 가톨릭교도, 10%는 개신교도 또는 기타 종교, 20%는 무종교라고 진술한다.

**111_** 구체적으로, 2012년에 사회당 후보는 여타 유권자보다 무슬림 유권자로부터 42포인트 높은 성적을 거뒀다. 연령·성별·가족사항·학력·소득·자산·부모 직업을 통제변수로 반영하면 격차는 38포인트로 낮아지고, 외국계 혈통(상세한 지리적 권역으로 나누자면 이탈리아·에스파냐·포르투갈·여타 유럽·마그레브·사하라 이남 아프리카·여타 유럽 외부)까지 반영시 26포인트로 낮아진다. 전문 부록의 도표 S14.18 참조. 하지만 표본의 제한된 크기 탓에 이런 유형의 분석을 심화하지 못한다는 점을 강조해야 한다.

**112_** 기독교와 이슬람의 적대는 기원이 훨씬 더 오래되었다. 특히 십자군전쟁과 대항해 시대로 거슬러올라가는데, 이를 부분적으로 추동한 것이 무슬림 적들을 우회하여 포위하려는 전략이었다. 8장 376~380쪽 참조.

**113_** 제3제국 창설자에게 특히 각인되었던 것은 라인강가에 주둔한, 어느 날 유럽의 심장부를 차지할 수도 있는 흑인 군대의 이미지였다. 10장 531~533쪽 참조.

**114_** H. Le Bras, *L'Invention de l'immigré. Le sol et la sang*, Éditions de l'Aube, 2014 참조. 19세기 초 미국 노예제하에서 (제퍼슨을 비롯한) 엘리트들이 노예들을 아프리카로 돌려보낸다는 조건에서만 노예제 종식을 생각할 수 있었다는 점도 상기하자. 같은 땅에서 평화적으로 평등하게 공존한다는 생각이 그들에게는 고려조차 할 수 없는 일로 보였을 것이다. 6장 282~283쪽 참조.

**115_** 프랑스로 귀국한 알제리 식민지 정착민들(피에누아pieds-noirs)을 대상으로 실시한 조사에 따르면, 예컨대 1980~1990년 알프마리팀에 자리잡은 피에누아 중 국

민전선 지지자는 55%에 달했다. E. Comtat, ""Traumatisme historique" et vote Front national: l'impact de la mémorie de la guerre d'Algérie sur les opinions politiques des rapatriés", *Cahiers Mémoire et Politique*, Cahier n° 5, *Varia*, 2018, tableau 2 참조.

**116_** 주택시장에서도 마찬가지다.

**117_** Y. Brinbaum, D. Meurs, J.-L. Primon, "Situation sur le marché du travail: status d'activité, accès à l'emploi et discrimination", *in* C. Beauchemin, C. Hamel, P. Simon, *Trajectoires et Origines. Enquête sur la diversité des populations en France*, *op. cit.* 참조.

**118_** 예컨대 같은 레바논 출신인데도 '무함마드'라는 이름은 '미셸'이라는 이름에 비해 결격사유가 된다. 동일한 이력서를 내고도 무슬림 이름을 가진 청년들은 5% 이하만이 면접 기회를 얻은 반면 다른 청년들은 20%였다. 무슬림 스카우트 참여를 언급하면 회답률이 떨어지며, 반면에 가톨릭 또는 개신교 스카우트는 회답률을 올려준다. 유대인 성도 역시 차별받지만, 무슬림에 비하면 훨씬 덜하다. 이 연구는 중소기업의 대표적인 6000개 채용 공고에 기초한 것이다. M. A. Valfort, *Discriminations religieuses à l'embauche: une réalité*, Institut Montaigne, 2015 참조.

**119_** 8장 402~413쪽 참조.

**120_** 인도의 할당제는 처음에는 무슬림은 배제하고(역시 많은 지역에서 차별받던 빈민이지만 이들을 포함시 틀림없이 격렬한 반대를 불러일으킬 것이었다) 힌두교 내부의 차별받은 부류('지정카스트'와 '지정부족')를 위해서만 실시되었다. 나중에야 무슬림을 포함한 '기타하층계급'으로 확대되었다. 8장 참조. 이러한 변화는 인도의 정치 균열 및 정당체계의 전환에 결정적인 영향을 미쳤다. 16장 997~1002쪽 참조.

**121_** 단순화하기 위해, 무응답 유권자(5% 이하)는 제외하고 '완전 찬성'과 '약간 찬성'이라는 응답을 하나로, '완전 반대'와 '약간 반대'를 다른 하나로 묶었다.

**122_** 이 질문은 1988년 이후로 선거 사후조사에 포함된다. (실업률이 절정이던) 1980년대 말 1990년대 초에 반이민자적인 유권자 비율은 70~75%에 달했다. 전문 부록의 도표 S14.19a 참조. 1985~2000년(약 70~75%)과 2000~2020년(50~60% 선) 사이에 관찰되는 반이민자 정서 감소는 세대교체와 반인종주의운동의 강력한 부상에 부분적으로 상응한다. 이에 따라 이민 문제의 중요성이 축소되고 있다고 생각하는 건 잘못일 것이다. 오히려 비슷한 크기로 동원된 대립적인 두 진영 사이의 갈등이 고조되는 것으로 볼 수 있다.

**123_** 전문 부록의 보충 도표 S14.19b 참조. 2002년에는 질문이 다르게 작성되었으니,

'빈자와 부자의 격차 축소'의 중요성에 관해 물었던 것이다(63%는 '극도로 중요하다' 또는 '매우 중요하다'고 판단했고, 37%는 '약간 중요하다' 또는 '별로 중요하지 않다'고 판단했다). 일반적으로 그 어떤 정치적 질문도 1950~1970년부터 2000~2020년까지 동일하게 작성되지 않았다는 점을 강조해야 한다. 바로 이것이 신념체계 분석에 분명한 한계들을 야기한다(또한 이로 인해 학력·소득·자산이라는 측면에서 균열들의 전환에 대한 각별한 관심이 생겨나는데, 적어도 이 균열들은 시공간적으로 비교가능하다는 장점이 있다). 이상적으로는 불평등·소유·세제·교육체계 등에 대해 정밀하고 계속적인 질문들을 제기하는 것이 분명 바람직할 것이다.

**124_** 이것은 연역적으로 두 형태를 취할 수 있을 것이다. 국제주의-평등주의 진영 대 토착주의-불평등주의 진영. 또는 국제주의-불평등주의 진영 대 토착주의-평등주의 진영.

**125_** 전문 부록의 보충 도표 S14.19c 참조.

**126_** 2017년에 입후보한 나탈리 아르토(노동자투쟁당LO)와 필리프 푸투(반자본주의신당NPA)는 빈부 재분배 문제와 국제주의 및 이민자 옹호에서 더욱 급진적이었다. 2019년 유럽의회 선거에서 두 당이 발표한 성명은 보편적인 사회주의 공화국을 향한 1단계로서 유럽사회주의합중국 수립을 제안한다.

**127_** 2017년 이후 프랑스에서 시행되는 (실제로 극도로 제한적이며 보수적인) 이민정책의 '덜 폐쇄적'이라 여겨지는 특성에 대해서는 재고할 것이다. 16장 936~938쪽 참조.

**128_** 아슬리노, 슈미나드, 라살 입후보는 분류하기가 어려운데, 전체 구조에는 제한적인 영향만을 주었다.

**129_** 우파는 1981년에 좌파가 만든 최고부자세를 1986년에 폐지했다. 하지만 1988년의 선거 패배로 우파 정당들은 이처럼 인기 있는 세금을 탓하지 못하게 되었고 결국 1990년에 좌파가 연대부유세라는 형태로 이 세금을 부활시킨다. 그런데 사르코지가 2007년에 (소득에 따라 총세액에 상한을 설정하는) 세부담상한선체계를 시행했고, 이는 사실상 부자들을 위해 연대부유세의 상당 부분을 폐지한다는 뜻이었다. 하지만 그는 2012년 선거를 몇 달 앞두고 이처럼 인기 없던 조치를 철폐해야 했고, 대신 연대부유세 세율의 대폭 인하를 결정했다(1700만 유로 이상의 자산에 적용되는 최고세율을 1.8%에서 0.5%로 내렸다). 이러한 인하 조치는 실행될 기회를 갖지는 못했는데, 2012년 선거로 출범한 사회당 정부가 세율을 부분적으로 선행 수준으로 되돌렸던 것이다. 그럼에도 상위 세율은 이자율이 떨어졌다는 구실로 1000만 유로 이상에는 1.5%로 줄었다. 이 주장은 괴상한데, 금융자산 상위는 국채에 투자되어 있지 않으며 자산의 증가 속도는 훨씬 더 높은 평균수익을 내고 있기 때문이다(13장 표 13.1 참조).

**130_** 기권자 중 자가소유자 비율은 41%에 불과한데, 멜랑숑/아몽 지지자의 48%, 르

펜/뒤퐁 에냥 지지자의 51%, 마크롱 지지자의 69%, 피용 지지자의 78%가 자가소유자다. 또한 기권자 중 고등교육 이수자 비율은 19%이고 월 3000유로 이상의 소득자는 8%로, 르 펜/뒤퐁 에냥 지지자와 유사한 수준이다. 전문 부록 참조.

**131_** 이 두 설문에 대한 무응답 비율은 투표자가 10% 이하인 데 비해 기권자는 50%에 육박한다. 응답한 경우에는 평균에 비해 빈민에게 훨씬 우호적이고(54%) 이주민에게는 적대적이지만(64%), 네 투표자 집단에 비해서는 덜 두드러진다.

**132_** 평등주의-국제주의 진영의 두 유력 후보 사이에서 표심은 선거 두 달 전까지도 팽팽했으나, 그후 토론에서 더 급진적이고 전투적이었던 멜랑숑에게 집중되었다. 이렇듯 전략적 투표행동은 결선에 나갈 기회가 있는 후보의 수를 다섯에서 넷으로 줄이는 역할을 했지만 그 이상을 하지는 못했다.

**133_** 국제주의-불평등주의 진영의 압도적 승리(66% 대 34%)에 비춰보건대, 국민전선의 이 같은 반이민자 입장이 대다수 프랑스 유권자에게는 극단적으로 보였던 것이다.

**134_** 마크롱 쪽에서 가장 뚜렷하게 좌파적인 분파가 르 펜 쪽으로 돌아섰다면 말이다. 이것은 어느 정도 이미 진행중이다.

**135_** 정치적-이데올로기적 공간의 자유주의·민족주의·사회주의 삼분할에 대한 분석으로는 예컨대 B. Karsenti, C. Lemieux, *Socialisme et Sociologie*, Éditions de l'EHESS, 2017 참조. 요컨대 자유주의는 경제의 탈배태désencastrement와 시장을 신성시하며, 민족주의는 민족과 종족적-민족적 연대의 물화로 그것에 대응하고, 사회주의는 교육과 지식에 의한 해방을 추진한다.

**136_** 구체적으로, 2017년에 멜랑숑/아몽/마크롱에게 투표한 이들 중 52%는 2012년 대선 1차 투표에서 좌파 후보(44%), 또는 중도우파 후보인 바이루(9%)에게 투표했던 53%와 매우 유사하며, 2012년 결선투표에서 올랑드에게 투표했던 52%와 많이 다르지 않다.

**137_** 나는 여기서 다음 저작에서 사용된 표현을 원용한다. B. Amable, S. Palombarini, *L'Illusion du bloc bourgeois. Alliances sociales et avenir du modèle français*, Raisons d'agir, 2017.

**138_** 또한 이런 대립은 1990년대 말 2000년대 초에 토니 블레어의 신노동당이 부추겼던, 개방사회와 폐쇄사회의 대립과 매우 유사하다.

**139_** 프랑스와 유럽의 맥락에서 '토착민이 아닌 자들'은 유럽 바깥에서 온 이주민(특히 무슬림), 미국의 맥락에서는 흑인일 것이다. 미국에서 (과거 노예제를 지지했던) 민주당은 19세기 말 20세기 전반기에 자신을 사회토착주의 당으로 재정의하는 데 성공한다. 즉, 백인 주민(예컨대 이일랜드계 또는 이탈리아계 등 새로 유입된 유럽 백인 이주민)에

게는 공화당보다 더 사회적이고 평등주의적이지만 흑인에게는 폭력적으로 분리주의적인 당인 것이다. 6장 283~288쪽 참조. 21세기 초 유럽에서의 이와 같은 변화의 위험에 관해서는 이후 장들에서 재론하겠다. 16장 940~942쪽 참조.

**140_** 국민전선의 입장 및 그 지지자의 사회지리적 구조 변동을 다루는 연구 중에서 주로 G. Mauger, W. Pelletier(éd), *Les Classes populaires et le FN. Explications de vote*, Éditions du Croquant, 2016; H. Le Bras, *Le Pari du FN*, Autrement, 2015 참조.

**141_** 특히 11장 609~615쪽과 13장 741~744쪽 참조.

**142_** 최근 연구들은 조세경쟁만으로도 유럽의 가난한 50%의 소득 및 복지에 상당한 손실을 초래한다는 점을 보여주었다(추산에 따라 10~20%). M. Munoz, "How Much Are the Poor Loosing from Tax Competition? Estimating the Welfare Effects of Fiscal Dumping in Europe", WID.world, 2019 참조. 과연 이 손실이 무역 통합으로 인한 이익을 어느 정도나 상회 또는 미달하는지 말하기는 (불가능하지는 않더라도) 매우 어렵다. 이익이 부문에 따라, 노동자 혹은 소비자라는 각자의 입장에 따라 너무 다양하다는 점에서 더 그러하다. 금융 통합이 가져다줄 가능한 이익에 관해서는, 가용 연구들은 훨씬 작은 것으로 제시한다(국민소득의 1% 이하). P. O. Gourinchas, O. Jeanne, "The Elusive Gains from International Financial Integration", *Review of Economic Studies*, vol. 73, n° 3, 2006, pp. 715~743 참조.

**143_** 그렇지만 이 독립 문제에 대한 응답은 사회경제적 관점에서 전체적으로 딱히 균열되어 있지 않다는 점을 강조해두자. 전문 부록 참조.

**144_** 나와 같은 학력을 가진 부류들처럼 나는 1992년(나의 첫 투표)과 2005년에 사회보장과 조세재정에 더 기반한 유럽이 마침내 도래하리라는 희망으로 '찬성'에 투표했음을 밝혀두겠다. 많은 사람이 공유하던 그저 믿고 기다리기만 하는 이런 태도가 내게는 점점 더 위험하고 견지하기 어려운 것으로 보인다.

**145_** 12장 704~705쪽 참조. 조약 개정에 관해서는 16장 947~976쪽에서 재론하겠다.

**146_** 이데올로기와 조세재정정책에서 트럼프와 마크롱의 인상적인 유사성에 대해서는 뒤에서 재론할 것이다. 특히 16장 946~947쪽 참조.

**147_** 다른 보유자에게서 아파트를 매입하는 것은 그 어떤 신규 투자도 발생시키지 않는다. 다른 보유자에게서 금융유가증권을 매입하는 것은 더더욱 그러하다. 투자 유형이 부동산인지 금융인지의 여부와 그것이 신규 투자를 발생시키느냐 아니냐 사이의 확정적인 연결은 논리적으로도 경험적으로도 유지될 수 없는 것이다.

**148_** 11장 도표 11.17 참조. 대부분의 나라들처럼 프랑스에서도 자산에 대한 주요 세금은 부동산에 대한 비례세이며, 그 형태는 토지세이거나 다양한 형태의 재산세라는 점을

상기하자.

**149_** 프랑스의 자산 분배 진화를 평가할 수 있도록 해주는 다양한 자료들의 상세한 분석으로는 B. Garbinti, J. Goupille-Lebret, T. Piketty, "Accounting for Wealth Inequality Dynamics: Methods and Estimates for France", art. cité 참조. 재산 신고에서 나오는 데이터들은 소득 및 상속 신고에서 나오는 데이터들과 유사한 경향을 띤다. 그렇지만 연대부유세가 신설된 이후 공표된 관련 데이터들의 극단적인 빈약함을 지적해야 한다. 이는 민감하다고 판단된 정보를 계속 독점하겠다는 정치적 행정적 의지로, 이 세금에 대한 고위 금융당국의 원천적인 적대감으로 설명된다.

**150_** 전문 부록의 도표 S14.20 참조. 연대부유세를 부동산자산세로 전환하면서 2018~2019년에 세수가 4분의 1로 줄었는데, 이는 대략 1990년 수준으로 돌아간 것이다.

**151_** 13장 도표 13.8~13.9와 표 13.1 참조.

**152_** 주목할 것은 2012년 선거로 출범한 올랑드 정부가 연대부유세 세율을 (부분적으로) 복원했지만 과세 기준을 자산 80만 유로에서 130만 유로로 인상하고 300만 유로 이하는 세부 신고를 폐지하겠다는 전임 정부의 결정을 바꾸지는 못했다는 점이다. 이 시점 이후로 130만~300만 유로의 자산(신고대상의 4분의 3)에 대해서는 총액만 표시하면 되었고 당국이 체계적으로 통제할 여지는 없어졌다. (특히 임금에 대해) 시행중인 미리채움소득신고체제와 비교하면 이는 인상적이다. 2012~2017년에 미리채움신고 시행을 거부한 것은, 집권 직후 이 정부에 카위자크 사건이 있었다는 점에서 무척 놀랍다. 사회당 정부의 예산장관인 카위자크가 자신의 스위스 계좌를 신고에서 누락시켜 납세를 회피할 수 있다고 믿었던 것이다(해당 계좌는 당국이 아니라 기자들에 의해 밝혀졌다). 어떤 이들은 이에 자산신고 자동화와 투명성을 위한 시도가 뒤따르리라고 생각했을 것이다.

**153_** 13장 742쪽 참조.

**154_** 이에 대해서는 17장 1044~1048쪽에서 재론하겠다.

**155_** 10장 497~501쪽 참조.

## 제15장

**1_** 프랑스에서와 마찬가지로, 원데이터를 여기서 제시되는 통계로 변환시켜주는 컴퓨터 코드와 전체 조사 결과는 온라인 전문 부록에서 확인할 수 있다. 또한 T. Piketty, "Brahmin Left *vs* Merchant Right. Rising Inequality and the Changing Structure of

Political Conflict(Evidence from France, Britain and the US, 1948~2017)", art. cité 참조.

**2_** 하원선거와 상원선거는 흔히 지역적 차원이 훨씬 더 강하다. 게다가 일반적으로 대선에 비해 투표율이 저조하다(특히 중간선거).

**3_** 프랑스에서와 마찬가지로, 코스와 분과에 따라 결과를 더 세밀하게 구분하면 흥미로울 텐데, 표본의 크기와 사용된 질문지 탓에 여의치 않다.

**4_** 상세 통계는 전문 부록 참조.

**5_** 프랑스 사례는 14장 도표 14.11 참조.

**6_** 흑인 유권자들은 연구대상 기간을 통틀어 민주당 투표 성향이 강하다(이는 뒤에서 재론할 것이다). 그들은 (평균적으로) 학력이 낮기에, 이는 곧 학력과 민주당 투표 성향 간 양의 상관관계를 낮추는 경향이 있다. (백인 유권자와 흑인 유권자) 조건을 '모두 똑같이 하고' 논증해보면, 민주당 투표 성향과 학력은 분명 양의 상관관계를 보인다.

**7_** 프랑스 사례는 14장 도표 14.9~14.10 참조. 2016년 미국의 경우, 중등교육을 마치지 못한 이들(고등학교 중퇴자들)이 중등교육 이수자보다 더 흔히 민주당에 투표한다는 점이 눈에 띈다. 하지만 그들은 소수집단(유권자의 9%)이고, 이 효과는 대체로 그들이 소수자 출신 유권자라는 사실에 기인한다.

**8_** 도표 15.6에 제시된 학력·소득·자산 효과는 통제변수 반영 이후의 효과다('다른 조건이 모두 똑같다면'). 가공 이전의 진화 방향도 동일하지만, 학력 효과가 양의 상관관계를 나타내려면 2000년대가 되어야 한다(프랑스의 경우, 이미 설명한 이유들로 인해 통제변수는 소득 및 자산 효과와 학력 효과를 더욱 확연히 나눈다). 표본 크기 탓에 연간 변동은 잘 드러나지 않지만 장기적 진화는 충분히 드러난다는 점을 상기하자. 신뢰구간에 따른 다양한 변화는 전문 부록의 도표 S15.6a~S15.6d 참조.

**9_** 프랑스에서는 1978년 조사부터 (부동산·주식·사업자산·금융유가증권 등) 상이한 유형의 보유자산에 관한 상세 질문지가 포함된다. 미국에서는 자산에 관한 정밀 데이터가 수집된 특정 연도 및 몇몇 조사를 제외하면(이 대목에서 확인가능한 것은 자산이 공화당 투표에 미치는 효과가 프랑스에서 우파를 지지하는 투표에 미치는 효과만큼이나 명백하다는 점이다), 대부분의 선거 사후조사에서 사용된 질문지들은 대체로 부동산 보유 여부에 국한되는데, 이 때문에 도표 15.6에 제시된 추계의 정확도는 한계가 있다.

**10_** 예컨대 최근 추계에 따르면, 2017년 노동소득 상위 십분위에 속하는 사람들의 30%가 자본소득 상위 십분위에도 속했는데, 1980년에는 이 비율이 15%에 불과했다. B. Milanovic, *Capitalism Alone*, Harvard University Press, 2019, p. 37, fig. 2.3 참조. 그렇지만 이 두 차원은 여전히 부분적으로만 상관관계에 있음을 주목하자.

**11_** 서론의 도표 0.9 참조.

**12_** 이는 주로 미국에서 최정예 38개 대학의 경우다. R. Chetty, J. Friedman, E. Saez, N. Turner, D. Yagan, "Mobility Report Cards: The Role of Colleges in Intergenerational Mobility", Working Paper, 2017/59, Human Capital and Economic Opportunity Working Group 참조.

**13_** 프랑스에서는 임금과 자산의 상관관계가 시간이 흐르며 커지지는 않았던 것으로 보인다. 이는 전반적으로 여전히 부동인 채로 있으나, 상속의 역할이 다시 커지면서 분배의 상층에서는 줄어들었다. 전문 부록 참조.

**14_** 12장에서 인용한 많은 연구들 참조. 연구들은 미국 양대 정당 지도자들이 빈민층은 희생시키고 엘리트들의 선호에 주로 반응하는 경향이 있음을 뒷받침한다. M. Gilens, *Affluence and Influence*, Princeton University Press, 2012; B. Page, M. Gilens, *Democracy in America? What Has Gone Wrong and What Can Be Done about It*, University of Chicago Press, 2017 참조. 토머스 프랭크는 민주당이 계급 갈등을 포기한 것에 대해 말한다. T. Frank, *What's the Matter with Kansas? How Conservatives Won the Hearth of America*, Holt Paperbooks, 2005 참조. 바로 이러한 포기로 인해 빈민 유권자들 사이에서는 캐서린 크래머가 '원한의 정치'라 부르는 것이 자라난다. K. Cramer, *The Politics of Resentment. Rural Consciousness in Wisconsin and the Rise of Scott Walker*, University of Chicago Press, 2016.

**15_** 1976년에 확립된 미국 대선 공적 선거자금 체계에서는 공적 선거자금을 받는 후보가 일정 상한의 지출을 초과하지 않아야 할 의무가 있다. 또한 후보는 공적 선거자금을 받지 않겠다고 결정할 수 있는데(오바마가 2008년에 최초로 그랬던 것처럼), 이 경우 상한은 적용되지 않는다. J. Cagé, *Le Prix de la démocratie*, *op. cit.* 참조.

**16_** 도널드 트럼프 유형의, 공공연하게 반지성적이고 반'브라만적'인 지도자가 생기는 것이 미국 공화당만의 일은 아니다. 이 경향은 유럽의 우파, 예컨대 이탈리아의 실비오 베를루스코니 또는 프랑스의 니콜라 사르코지에게서도 확인된다.

**17_** 11장 626~627쪽 참조.

**18_** 더 상세한 분석은 6장 280~287쪽 참조.

**19_** 1870~1940년에는 활용할 수 있는 선거 사후조사 데이터가 없다. 하지만 지역 수준에서 관찰되는 선거 결과들을 고려하면, 이 시기의 흑인 유권자가 (투표권을 가졌을 때) 압도적으로 공화당 후보들을 지지했다는 것에는 의심의 여지가 없다. 예컨대 흑인의 표로 당선된 공화당 주지사가 1870년대 초에 루이지애나에서 단기간 집무를 보았으나, 인종분리주의적인 민주당이 다시 상황을 빠르게 장악했다(6장 287쪽 참조). 하지만 북부

의 민주당은 남부의 인종분리주의 동료들과는 매우 다른 정체성과 정강을 신속히 채택했음을 강조해야 한다. 이 덕분에 그들은 (공화당이 이 부류의 유권자들에게 별로 다가가지 않았기에 그만큼 더) 흑인 유권자를 두고 공화당과 대등한 승부를 벌이거나 이길 수 있었던 것이다. 1932년, 1936년, 1940년, 1944년 대선의 갤럽조사 데이터가 보존되어 있는데, 안타깝게도 1948년부터 실시된 선거 사후조사보다는 너무 기초적이긴 하지만 그래도 1948~1960년 관찰되는 것과 매우 유사한 민주당-공화당 유권자구조를 확인할 수 있다. 루스벨트 지지표는 가난한 중하층 범주들(백인과 흑인 모두)에 집중되어 있고, 부유한 범주들에서는 분명히 소수다. 전문 부록 참조.

**20_** 라틴계는 2016년에 유권자의 약 16%이고 (주로 아시아계의) 다른 소수자들은 3%다. 미국의 인구조사는 오랫동안 (주로 노예제시대의) 정체성 분류에 근거해왔는데, 점차 제시된 복수의 정체성 범주 중에서 스스로 신고하는 것으로 되어간다. P. Schor, *Compter et Classer. Histoire des recensements américains*, Éditions de l'EHESS, 2009 참조.

**21_** 2018년에 남아공의 농지개혁 풍문이 돌자 트럼프가 즉각 남아공 백인 농부들에게 지지를 표명했다는 사실도(7장 344쪽 참조) 백인우월주의자들에게 보내는 완벽하게 명료한 메시지인 것이다.

**22_** 2002년에 (여전히 상원의원인) 서먼드의 탄생 100주년을 맞아 미시시피 공화당 상원의원이자 상원의 공화당 대표인 트렌트 로트는 주저하지 않고 공개적으로 다음을 천명한다. "우리 주에 대해 이 말씀을 드리고 싶군요. 스트롬 서먼드가 대선에 출마했을 때 우리는 그에게 투표했지요. 우리는 거기에 자부심을 느낍니다. 만약 조국의 다른 곳에서도 우리를 따라와주었더라면 지난날의 이 모든 문제는 겪지 않았을 겁니다." 1948년 선거에 대한 이런 언급과 공공연한 인종분리주의적 언사로 로트는, 결국 상원 대표직을 사임해야 했지만 공화당 상원의원으로는 남아 있었다. S. Engel, "History of Racial Politics in the United States", *in* J. Roemer, W. Lee, K. van der Straeten, *Racism, Xenophobia and Distribution. Multi-Issue Politics in Advanced Democracies*, Harvard University Press, 2007, pp. 41~43 참조.

**23_** M. Bailey, S. Danziger, *Legacies of the War on Poverty*, Russell Sage Foundation(RSF), 2013; E. Cascio, N. Gordon, S. Reber, "Paying for Progress: Conditional Grants and the Desegregation of Southern Schools", *Quarterly Journal of Economics*, vol. 125, n° 1, 2010, pp. 445~482; ID., "Local Responses to Federal Grants: Evidence from the Introduction of Title I in the South", *American Economic Journal: Economic Policy*, vol. 5, n° 3, 2013, pp. 126~159;

M. Bailey, S. Sun, B. Timpe, "PrepSchool for Poor Kids: The Long-Run Impact of HeadStart on Human Capital and Economic Self-Sufficiency", University of Michigan, 2018 참조.

**24_** 실제로 이 같은 조치들은 미국에서 전혀 시행되지 못했다. 상당수 남부 백인이 갖고 있던 적대감과 이와는 다른 방향을 향한 적절한 동원의 부재는, 남북전쟁 말기에 40에이커의 땅과 노새 한 마리 운운이 있었음에도 불구하고(6장 참조), 노예제하 무보수노동의 세월과 차별에 대한 그 어떤 배상과 토지 재분배도 없었다는 사실 또한 설명해준다.

**25_** S. Engel, "History of Racial Politics in the United States", *in* J. Roemer, W. Lee, K. van der Straeten, *Racism, Xenophobia and Distribution. Multi-Issue Politics in Advanced Democracies, op. cit.* 참조.

**26_** 로널드 레이건의 경우, 과거에 배우였던 그에게 남부연합파의 역사관에 부합하는 역할을 연기할 기회가 부여되었다는 점을 떠올려야 할 것이다. 에롤 플린과 올리비아 드 하빌랜드와 함께 그가 출연한 1940년 영화 〈샌타페이 가도〉에는 1854년 캔자스를 배경으로 정치적 열정을 충족시키기 위해 자기 아이들마저 희생시킬 각오로 테러의 씨를 퍼트리고 다니는 광적이고 냉혹한 노예제 폐지 투사가 등장한다. 결론은 뻔하다. 남부연합파가 노예들을 함부로 대하지 못하는 세계에서 체계를 변화시키기 위해 점진주의적인 타협을 찾아야 한다. 다행히 웨스트포인트 출신의 실용주의적인 청년 장교들(레이건이 이들 중 하나다)이 이를 이해했고, 이 위험한 존 브라운의 세이렌들에 굴복하지 않는다.

**27_** 14장 도표 14.16~14.17과 전문 부록의 도표 S14.17a~S14.17b 참조.

**28_** 라틴계 및 여타 소수자 비중의 증가는 2000년대 초 이후 이민 문제로 심화된 민주당-공화당의 균열과 병행되었다. 민주당과 공화당 지지층은 1980~1990년대까지만 해도 이 주제에 유사한 태도를 보였다. R. Eatwell, M. Goodwin, *National Populism. The Revolt Against Liberal Democracy*, Penguin, 2018, fig. 4.2, p. 150 참조.

**29_** 자신을 무슬림으로 진술하는 유권자는 2010년대 유권자의 약 5%다. 14장 도표 14.17 참조.

**30_** 혼성 커플의 비율은 모로코나 튀니지 출신이 30%, 알제리 출신이 35%에 달하며 포르투갈 출신도 대략 같은 수준이다. 스페인 혹은 이탈리아 출신의 경우 비율이 60%를 넘으며 터키 출신은 10%에 불과하다. C, Beauchemin, B. Lhommeau, P. Simon, "Histoires migratoires et profils socie-economiques", in *Trajectoires et Origines. Enquête sur la diversité de la population française*, INED Éditions, coll. "Grandes Ênquetes", 2015, p. 54, fig. 6 참조. 1970~1990년에 마그레브 출신을 포함한 국제결혼 증가에 관해서는 E. Todd, *Le Destin des immigrés. Assimilation et ségrégation dans* *les démocraties occidentales*, Seuil, 1994, pp. 302~304 참조.

**31_** 예컨대 '궤적과 기원' 조사에서 마그레브 출신 중 전통 아랍-무슬림 이름을 갖는 3세는 23%뿐임이 확인된다. 또한 다수 주민과 이민자 후손 간의 수렴은 전통적인 프랑스 이름을 사용하는 것이 아니라 다중 혈통을 지닌 집단들이 스스로와 동일시할 수 있는 새로운 국제적 이름(Mila, Louna, Sarah, Ines, Yanis, Nael, Liam, Ethan, Adam, Rayan 등)을 발전시키며 이루어진다는 것도 확인된다. B. Coulmont, P. Simon, "Quels prénoms les immigrés donnent-ils à leurs enfants en France?", *Populations et Sociétés*, n° 565, avril 2019 참조.

**32_** (2015년 결혼한 커플 중) 다른 인종 간 결혼 비율은 라틴계와 여타 아시아계 소수자에서 25~30%에 달했으며, 백인의 경우 약 10%다. G. Livingston, A. Brown, "Intermarriage in the US 50 Years after Loving v. Virginia", Pew Research Center, 2017 참조.

**33_** 1991년 6월 19일, 한심하기로 유명한 오를레앙 연설에서 자크 시라크는 다음과 같이 말했다. "외국인들이 있다는 게 아니라 너무 많다는 게 문제입니다. 전쟁 전보다야 많지 않은 건 사실일 겁니다. 하지만 같은 외국인이 아니에요. 그래서 상황이 다른 겁니다. 물론 에스파냐인, 폴란드인, 포르투갈인이 우리나라에 와 일합니다. 하지만 무슬림이나 흑인에 비하면 문제가 안 되죠. (…) 제가 사나흘 전에 알렝 쥐페와 구트도르를 산책했는데, 거기에 사는 프랑스 노동자한테 뭘 바랄 수 있겠어요. 맞벌이로 총 약 1만 5000프랑을 버는 사람한테. 그런 그가 자신이 사는 영세민용 임대아파트 층계참에서 우글거리는 어떤 가족을 봐요. 가장 하나가 아내 서너 명과 스무 명쯤 되는 아이를 데리고 가는데, 이 가족은 사회보장급여로 5만 프랑을 받아요. 당연히 아무 일도 안 하고 말입니다! [우렁찬 갈채] 여기에 소음과 냄새가 더해지면[터지는 조소], 아, 저 층계참의 프랑스 노동자는 돌아버리는 거죠. 돌아버리는 겁니다. 그런 겁니다. 그를 이해해야 해요. 여러분이 거기 있었다면 똑같이 반응했을 거예요. 이렇게 말하는 건 인종주의가 아닙니다."(국립시청각자료원 사이트에서 열람 가능한 발췌) 이 연설에 영감을 받아 1995년에 툴루즈 밴드 제브다Zebda의 〈소음과 냄새〉라는 곡이 탄생했다.

**34_** 특히 14장 844~845쪽에 인용된 연구 참조.

**35_** 예컨대 일부 소수자집단이 합법적 노동시장에서 겪는 직업상의 차별과 그들이 (마약밀매 같은) 불법 돈벌이에 깊이 연루되어 있는 현실 사이에는 당연히 관련성이 있어 보인다. 여하간 이 생각이 그들에게 영구적이고 선천적인 범죄 성향을 부여하는 것보다 더 온당해 보인다. 하지만 안타깝게도 설득당하지 않으려는 이들(무엇보다 자신들의 문화주의적이고 본질주의적이며 또는 대놓고 인종주의적인 신념들로부터 도덕적이거나 물질적인 이익을 취하는 모든 사람)을 설득하기에는 충분치 않아 보인다. 프랑스에서

마그레브와 아프리카 출신들의 과잉투옥에 관해서는 F. Héran, *Avec l'immigration. Mesurer, débattre, agir*, La Découverte, 2017, pp. 221~231 참조. 이러한 과잉은 미국 흑인에 비하면 약간 덜 극단적으로 보이긴 하나 여하튼 매우 높다(미국의 전반적인 투옥률이 유럽보다 10배 높은 맥락에서. 12장 638~639쪽 참조).

**36_** 14장 표 14.1 참조.

**37_** I. Kuziemko, E. Washington, "Why Did the Democrates Lose the South? Bringing New Data to an Old Debate", *American Economic Review*, 2018 참조. 저자들은 1960년대 남부 주들에서 정당 소속의 변화가, 소득 및 학력 수준과는 별개로, 무엇보다 인종문제에 대한 태도로 설명된다는 것을 보여준다.

**38_** 14장 도표 14.2, 14.9~14.11 참조.

**39_** J. Roemer, W. Lee, K. van der Straeten, *Racism, Xenophobia and Distribution. Multi-Issue Politics in Advanced Democraices, op. cit.*; A. Alesina, E. Glaeser, B. Sacerdote, "Why Doesn't the United States Have a European-Style Welfare State?", *Brookings Papers on Economic Activity*, n° 2, 2001; A. Alesina, E. Glaeser, *Fighting Poverty in the US and Europe: A Word of Difference*, Oxford University Press, 2004 참조.

**40_** 10장 도표 10.11 참조.

**41_** 11장 도표 11.5, 11.12~11.13 참조.

**42_** 11장 도표 11.10 참조.

**43_** 이 주제와 관련해 상하 양원의 민주당 의원 다수가 1986년 조세개혁 법안에 찬성했음을 상기해야 한다. 이는 모종의 기회주의와 누진세 이념 자체에 대한 상대적으로 제한적인 애착을 보여준다. 이런 조건을 고려하면 누진세제가 클린턴 정부(1992~2000년) 하에서 매우 부분적으로만 복원되었다는 건 별로 놀랍지 않다. 1999년부터 2006년까지 방영된 드라마 시리즈 〈웨스트 윙〉은 클린턴의 이러한 태도를 맛깔나게 묘사한다. 거칠 것 없는 진보주의자이자 노벨경제학상 수상자인 대통령은 그러나 부자 증세에는 매우 미온적이다. 그렇지만 그는 공화당이 (해당 회차가 방영되던 2001년 가을에 부시의 공화당이 시도한 바를 연상시키며 '사망세'라고 희화화한) 상속세 폐지를 시도할 때 거부권 행사에 동의한다.

**44_** 레이건은 또한 1980년과 1984년에 캘리포니아에서 압승을 거뒀다.

**45_** 미국의 재산세(와 이에 상응하는 프랑스의 토지세)는 19세기 초 이후로 실제로는 개혁되지도 현대화되지도 않았음을 상기하자. 4장 178~180쪽과 11장 621~623쪽 참조.

**46_** 현재의 재산세(혹은 토지세)는 훨씬 나쁜데, 왜냐하면 1만 달러의 순자산(50만 달

러의 주택과 49만 달러의 부채)을 가진 사람과 1000만 달러의 자산(50만 달러의 주택과 950만 달러의 금융유가증권)을 가진 사람이 (금융자산과 부채는 무시되기에) 동일 세율뿐 아니라 심지어 동일 액수의 재산세를 내기 때문이다.

**47_** R. Fisman, K. Gladstone, I. Kuziemko, S. Naidu, "Do Americans Want to Tax Capital? Evidence from Online Surveys", Washington Center for Equitable Growth, 2017 참조. 여론조사를 보면 또한 재산에 부과되는 다양한 형태의 누진세를 매우 강하게 지지하고 있다.

**48_** 이 주제에 관해서는 I. Martin, "Does School Finance Litigation Cause Taxpayer Revolt? Serrano and Proposition 13", *Law & Society Review*, vol. 40, n° 3, 2006; ID., *The Permanent Tax Revolt: How the Property Tax Transformed American Politics*, Standford University Press, 2008; J. Citrin, I. Martin, *After the Tax Revolt: California's Proposition 13 Turns 30*, IGS Press, 2009 참조. 더 일반적으로, 주 내부에서 초등학교·중등학교의 자원할당 불평등을 줄이고자 했던 미국의 1970~1980년 개혁의 영향은 학군들과 주들 간 소득 및 소유 불평등 증가로 상쇄되었고, 이로 인해 지난 수십 년간 한 세대 내부의 학교재원 집중이 증대되었다(초등교육·중등교육으로 한정 시 약간, 고등교육 포함시 훨씬 더). C. Bonneau, "The Concentration of Educational Investment in the US(1970~2018), with a Comparison to France", EHESS, 2019 참조. 주 수준의 개혁에 관해서는 C. Jackson, R. Johnson, C. Persico, "The Effects of School Spending on Educational and Economic Outcomes: Evidence from School Finance Reforms", *Quarterly Journal of Economics*, vol. 131, n° 1, octobre 2015, pp. 157~218 참조.

**49_** 11장 626~627쪽 참조.

**50_** 힐러리 클린턴은 2008년 민주당 경선에서 이런 유형의 보편적 체계를 옹호했고, 오바마는 이와 같은 개혁이 너무 개입주의적이라는 이유로 반대했음을 상기하자. 결국 2010년에 채택된 오바마 케어 프로그램은 덜 야심적이었고 더 복잡했다(그렇다고 반드시 더 잘 받아들여진 것도 아니다).

**51_** 나는 다음 장에서 트럼프적 유형의 상인-토착주의 이데올로기와 유럽에서의 그 변이, 그리고 사회토착주의의 변화 가능성을 재론하겠다.

**52_** 14장 도표 14.7~14.8 참조.

**53_** '인민예산'과 상원의 종언에 관해서는 5장 215~218쪽 참조.

**54_** 사민당은 노동당의 중도파 이탈자들에 의해 1981년에 창당되고 1988년에 자유민주당으로 통합된다.

55_ 원데이터가 정확하게 보존된 영국 최초의 대규모 선거 사후조사는 1963년에 있었는데(미국은 1948년, 프랑스은 1958년), 여기서 내가 제시한 1955년과 1959년 총선 관련 사후적 질문이 포함되어 있다(1958년 프랑스 조사에도 1956년 선거에 대한 사후적 질문이 포함되어 있다). 이 조사들에 관한 세부사항 전체와 원데이터를 최종 결과로 변환해주는 컴퓨터 코드는 온라인에서 확인할 수 있다.

56_ 통제변수 반영 후의 영국 교육 균열의 반전에 대해서는 14장 도표 14.2 참조. 다양한 변수는 전문 부록의 도표 S14.2a~S14.2c 참조. 약간의 시간적 괴리는 모든 경우에서 확인된다.

57_ "Am I a Liberal?", *The Nation & Athenaeum*, 8 et 15 août 1925 참조. 이것은 케인스가 1925년 케임브리지의 자유주의 서머스쿨에서 한 연설이다(*Essays in Persuasion*, Harcourt Brace, 1931, chap. IV. 3, pp. 323~338에 재수록). 케인스는 자유당이 빠르게 쇠퇴중이던 시기와 거의 같은 1946년에 사망한다. 과연 그가 노동당에 가담하였을지, 그랬다면 언제였을지는 모를 일이다.

58_ 10장 538~540쪽 참조. 케인스와 달리 하이에크는 자유당도 불신했다. 그는 위험하게도 특히 케인스와 같은 경제학자와 지식인의 영향으로 자유당이 좌파에 동조하는 개입주의 정당이 되었다고 여겼다.

59_ 13장 774쪽 참조.

60_ 14장 도표 14.12 참조.

61_ 예컨대 소득세 및 상속세의 최고세율은 1979년에 둘 다 75%였던 것이 1980년대에는 40%가 되었고, 상속세는 오늘날까지도 같은 수준이며, 소득세는 2009년까지 같은 수준이었다(2010년에 다시 증가해 50%, 2013년 이후로는 45%). 10장 도표 10.11~10.12 참조.

62_ 영국 대학이 부과할 수 있는 최대 등록금은 1998년에 1000파운드, 2004년에 3000파운드였다가, 2012년에는 9000파운드까지 오른다. 영국 대학의 총재원에서 등록금 비중은 2010년대에 1920년대 수준으로 되돌아가 미국과 같아지려 하고 있다. 다음 저작에 제시된 흥미로운 역사 통계를 보라. V. Carpentier, "Public-Private Substitution in Higher Education: Has Cost-Sharing Gone Too Far", *Higher Education Quarterly*, vol. 66, n° 4, 20 septembre 2012, pp. 363~390.

63_ (특히 통제변수 반영 전과 후의) 다양한 변이와 신뢰구간에 대해서는 전문 부록의 S15.15a~S15.15d 참조. 자산에 대한 영국 데이터는 미국 데이터보다 정확하다. 특히 자가소유 세대의 부채 여부를 알 수 있으며 일부 조사, 특히 1980년대 민영화 이후의 조사에서는 그들이 주식으로 유가증권을 소유하는지 여부도 알 수 있다. 프랑스와 마찬가지

로 이는 보수당을 지지하는 투표에 자산이 (소득보다 더 강하게, 학력보다는 훨씬 더 강하게) 체계적으로 영향을 미치고 있음을 확인시켜준다. 하지만 이 자산 데이터는 여전히 취약하며(프랑스 데이터에 비해 덜 정확하며), 그 변이는 신중하게 해석해야 한다.

**64_** 이 문제에 대한 분석으로는 11장 pp. 563~567쪽 참조.

**65_** 35세 이하 유권자와 65세 이상 유권자 사이에서 노동당에 투표하는 수준의 차이는 2017년 영국 총선에서 40포인트에 달했는데, 이는 영국뿐 아니라 2차대전 이후 프랑스 좌파와 미국 민주당과 관련된 격차를 조사해보더라도 1945년 이후로 역대 최고 수준이다. 전문 부록의 도표 S14.11b 참조.

**66_** 14장 도표 14.1과 표 14.1 참조.

**67_** 1964년에 기독교도라고 진술한 유권자 96%는 성공회교도 65%, 기타 개신교도 22%, 가톨릭교도 9%로 나뉜다. 스스로를 기독교도로 진술한 유권자 중 언제나 성공회교도가 보수당에 가장 많이 투표했고, 이어서 기타 개신교도, 가톨릭교도 순이었다(이들은 무종교 유권자와 비슷한 비율로 노동당에 투표한다). 1955년 총선부터 2017년 총선까지 이런 균열이 확인되는데, 이는 미국에서 공화당과 민주당에 투표하는 개신교도와 가톨릭교도 사이의 균열에 상응한다. 세부 결과는 전문 부록 참조.

**68_** 14장 도표 14.14 참조.

**69_** 미국의 선거 사후조사들에서 무종교 유권자 비율은 1960년대까지 5% 이하였고 2010년대에는 약 20%다. 나머지 80%는 스스로를 유대교도로 진술한 약 1.5%의 사람들과 기타 종교로 진술한 1% 이하를 제외하면 다양한 기독교 교파로 나뉜다. 다른 지표들도 미국에서의 강고한 (기독교) 신앙심을 입증한다. 예컨대 2015년에 성인인구 80%가 신을 믿는다고 말하는데, 이에 반해 유럽연합에서는 그 비율이 평균적으로 51%(변폭이 매우 큰데 스웨덴은 18%, 프랑스는 27%, 영국은 37%, 독일은 44%, 이탈리아는 74%, 폴란드는 79%), 브라질에서는 88%, 터키에서는 94%다. M. Jouet, *Exceptional America. What Divides America from the World and from Each Other*, University of California Press, 2017, table 3, p. 90.

**70_** 훨씬 더 오래전부터 유럽사회에는 무슬림과 아프리카인 소수자들이 존재했지만, 수적 규모는 오랫동안 계속 미미했다(총인구의 0.1% 이하). 예컨대 전간기 베를린에 있는 무슬림 수는 약 2000~3000명이다. D. Motadel, "Worlds of a Muslim Bourgeoisie: The Socio-Cultural Milieu of the Islamic Minority in Interwar Germany", *in* C. Dejung, D. Motadel, J. Osterhammel, *The Global Bourgeoisie. The Rise of the Middle Classes in the Age of Empire*, Princeton University Press, 2019; D. Motadel, *Islam in the European Empires*, Oxford University Press, 2014.

1777년 프랑스에서 실시된 유색인 인구조사로 총 5000명이 확인되었다는 점에도 주목하자. 그렇지만 1763년에 다른 인종 간 결혼을 금하는 칙령, 이어서 1777년에는 원칙적으로 유색인(자유 유색인 포함)이 식민본국에 사는 것을 금하는 칙령이 내려진 것을 보면, 이에 대한 불안이 선명했음을 알 수 있다. G. Noiriel, *Une histoire populaire de la France*, *op. cit.*, pp. 182~185 참조.

**71_** 14장 도표 14.15~14.17 참조.

**72_** 기타 종교의 유권자 중 스스로를 힌두로 진술한 이들은 대개 무슬림들처럼 (70~90%가 노동당에) 투표하며, 그 밖의 종교(유대교·불교·미분류 등)로 진술한 이들은 인구의 평균에 가깝다. 인원이 제한적이라서 더이상 나아가기는 어렵다. 이슬람과 힌두교는 1983년부터 선거 사후조사 질문지에서 기타 종교 범주와 분리된다(1983년 조사에는 1979년 투표에 관한 사후적 정보 또한 들어 있다). 완전한 결과들에 관해서는 전문 부록 참조.

**73_** 전문 부록 참조.

**74_** 질문지는 다음과 같다. "귀하의 종족집단 또는 배경을 가장 잘 묘사하는 선택지 하나를 고르시오." 가능한 응답 목록은 시간이 흐르면서 약간 변화한다. 본문에서 사용된 '백인' 범주는 잉글랜드인/영국인/백인이라는 응답을 합친 것이다. 피조사자들은 또한 백인-흑인 혼혈 카리브인 또는 백인-흑인 혼혈 아프리카인(이 범주들은 본문에서 아프리카계 카리브인이라고 분류되었는데, 인원이 적은 점을 감안하면 현재의 결과에 큰 영향을 미치지는 않는다) 또는 차라리 백인-아시아인 혼혈(본문에서는 '기타'로 분류)이라고 분명히 함으로써 자신을 혼혈/다중 종족집단으로 진술할 수 있다. 전문 부록 참조.

**75_** 14장 도표 14.18 참조.

**76_** 여기에서 다양성에 대한 프랑스의 대처를 칭찬하려는 것은 분명히 아니다. 차별에 관한 연구들이 (특히 부모와 조부모의 출생지 정보를 수집하는 '궤적과 기원' 유형의 정기조사들과 더불어) 많아져야 하고, 무엇보다도 차별에 대한 처벌이 (조사와 연결되어 차별을 밝혀내는 조치에 의거하여) 상당히 단호해져야 한다. 다만 선거 사후조사 또는 인구조사에서 각자에게 '종족' 정체성을 묻는 것은 집단 간 경계를 고착시키는 것으로 귀결되는바, 이는 문제를 해결하는 게 아니라 오히려 그 반대로 보인다.

**77_** 도표 15.17에서 제시된 1979년도 결과들은 1983년 선거 사후조사에서 기술된 사후적 투표에 해당한다. 그 결과들은 1983년 투표와 유사하다.

**78_** 반이민자 표를 끌어들이기 위해 다양한 정당이 창당된다. 1960년대와 1970년대부터는 영국국민전선, 1990년대와 2000년대에는 영국국민당, 더 최근에는 (유럽 문제에 다시 중점을 두는) 영국독립당이 그러하다. 하지만 그들은 선거 방식으로 인해 총선에

서 결코 성공적인 결과를 거두지 못한다.

**79_** 7장 345~350쪽 참조.

**80_** R. Dancigyer, "History of Racism and Xenophobia in the United Kingdom", *in* J. Roemer, W. Lee, K. van der Straeten, *Racism, Xenophobia and Distribution. Multi-Issue Politics in Advanced Democracies, op. cit.*, pp. 130~165 참조.

**81_** 정확한 질문은 다음과 같다. "이 나라의 인종관계를 개선하기 위해 우리는 이민을 중단시켜야 할까요, 아니면 대도시에 더 많은 일자리와 거처를 만들어야 할까요?" 이 질문이 차후에는 이 형태로 다시 제기되지 않아서, 응답이 어떻게 바뀌었는지는 말할 수 없다. 일반적으로 정치적-이데올로기적 전환들에 대한 분석은 선거 사후조사 가용 자료의 성격 탓에 어느 정도 제한적임을 강조해야 한다. 이데올로기들의 진화를 연구하기 위해서는, 예컨대 비교선언프로젝트Comparative Manifesto Project라는 틀로 수집된 정당들의 선언과 강령을 동원할 수도 있는데, 여기서 확인되는 것은 1980~1990년부터 사민당·노동당·사회당을 불문하고 경제와 이민 문제에 있어 모든 강령에서 보이는 명확한 '우경화'다. 이 주제에 관해서는 A. Gethin, *Cleavage Structures and Distributive Politics, op. cit.*, p. 12, fig. 1.2 참조. 그렇지만 이 자료들 자체는 상대적으로 부정확하며 시공간적으로 비교하기 어렵다.

**82_** 14장 도표 14.7~14.8 참조.

**83_** 2004년과 2007년의 확장 조약들(2003년에 15개국이었던 유럽연합 회원국은 2004년에 25개국, 2007년에 27개국이 되었다)은 기존 회원국이 신규 회원국 출신 노동자의 자유이동을 일시적으로 제한할 수 있다는 규정을 두었지만, 이 모든 제한조치는 아무리 늦어도 2011년에는 해제되어야 했다. 실제로 이 조치들은 2004~2011년에 여러 나라에서 점차 해제되었다.

**84_** 선거 사후조사에서 자산 관련 가용 데이터가 불충분한 탓에 이 논점을 만족스러울 만큼 정확히 연구하지는 못한다.

**85_** 14장 도표 14.20 참조.

**86_** 중화인민공화국의 경우도 언급할 수 있겠는데, 이 경우는 방향은 동일하지만 선거에 기초하지 않는 정치체제에 따라 기능하기에, 따라서 미국과 인도(또는 아예 브라질)와의 비교가 보다 자연스럽다.

1_ 독일 및 스웨덴의 결과에 대한 상세한 분석으로는 전문 부록과 F. Kosse, T. Piketty, "Changing Socioeconomic and Electoral Cleavage in Germany and Sweden 1949~2017", art. cité 참조.

2_ 전문 부록의 도표 S16.1 참조.

3_ 독일과 프랑스와 마찬가지로, 도표 16.1에는 스웨덴과 노르웨이의 주요 사민당 또는 노동당(스웨덴은 사회민주노동당SAP, 노르웨이는 노동당Arbeiderpartiet)은 물론 여타 좌파(사회당·공산당 또는 유사 정당) 또는 생태주의당이 반영됐다. 스웨덴사회민주노동당 득표만 놓고 보면 교육 균열의 극명한 역전 또한 관찰된다. 전문 부록의 도표 S16.1 참조.

4_ 스웨덴 사례는 5장 227~229쪽 참조.

5_ 21개국에서 확보한 결과에 대한 비교 분석은 전문 부록과 A. Gethin, C. Martinez-Toledano, T. Piketty, "Political Cleavages and Inequality. Evidence from Electoral Democracies, 1950~2018", art. cité 참조.

6_ 특히 학력에 따른 투표 단면도가 거의 모든 나라에서 반전된 것과는 반대로, 소득에 따른 투표 단면도는 (점점 덜해지기는 하지만) 일반적으로 계속 낮아지며 '브라만 좌파'와 '상인 우파' 유형의 다중엘리트 체계를 발생시킨다. 전문 부록의 도표 S16.2 참조.

7_ 다양한 나라에서 관찰되는 선거 균열구조 진화의 높은 유사성은, 흔히 거론되는 민족적 특수성보다 일정한 공통 요인이 궁극적으로 더 중요함을 보여준다. 하지만 일반 도식이 아무리 중요하다 해도, 일반적 경향 내의 민족적이고 지역적인 여러 정치적-이데올로기적 변이를 가려서는 안 된다. 예컨대 다양한 가족구조와 관련된 선거 행태의 변화가 다수의 지역별 변화를 설명해줄 수 있지만, 그렇다고 전반적인 유사성이 문제되지는 않는다. 가족구조와 정치 이데올로기 사이의 연결에 관해서는 다음의 고전적 연구를 보라. H. Le Bras, E. Todd, *L'Invention de la France*, Hachette, 1981; E. Todd, *L'Invention de l'Europe*, Seuil, 1990; ID., *L'Origine des systèmes familiaux*, Gallimard, 2011.

8_ A. Gethin, *Cleavages Structures and Distributive Politics*, *op. cit.*, pp. 89~100; K. Mori McElwain, "Party System Institutionalization in Japan", in A. Hicken, E. Martinez Kuhonta, *Party System Institutionalization in Asia*, Cambridge University Press, 2015, pp. 74~107 참조.

9_ 『만엔 원년의 풋볼』(1967)에서 오에 겐자부로는 열도의 지리적 위상의 역할과 미국

과의 관계, 재일조선인노동자의 존재에 의해 촉발되는 적대를 간과하지 않으면서, 특히 (1868년) 메이지시대가 시작된 이후의 도농 균열, 전통적 가치, 근대화 문제를 중심으로 일본 지식인엘리트-인민계급 관계의 복합성과 폭력성을 탁월하게 묘사한다.

**10_** 10~11장 참조.

**11_** 도표 16.1~16.2와 14장 도표 14.8~14.9 참조.

**12_** 10장 535~565쪽 참조.

**13_** 11장 609~615쪽 참조.

**14_** 12장 도표 12.10 참조.

**15_** 폴란드 유명 영화제작자 레프 리빈은 폴란드 제1의 언론그룹(아고라Agora)으로부터 수백만 유로를 사취하려다 유죄 선고를 받았다. 그는 현직 총리의 이름을 내세워, 방송법 수정을 지원해주는 대가로 아고라에 금품을 요구했다.

**16_** 2007년, 2011년, 2015년 총선에서 민주좌파동맹SLD이 10% 이하를 득표하는 데 반해 시민연단과 법과정의당은 각각 30~40% 선이다.

**17_** 이 결과를 자세히 보여주는 다음의 글을 참조하라. A. Lindner, F. Novokmet, T. Piketty, T. Zawisza, "Political Conflict and Electoral Cleavages in Central-Eastern Europe, 1992~2018", PSE, 2019.

**18_** 2015년 이후 유럽이사회 현직 의장인 도날트 투스크가 2007년부터 2014년까지 시민연단의 총리이자 지도자였다는 점도 상기하자. 12장 707~708쪽 참조.

**19_** 2015년의 위기는 2012~2014년 시리아내전 발발 이후 주로 시리아에서 유럽으로 유입된 약 100만 명의 엄청난 난민의 도착으로 특징지어졌는데, 이 인구는 유럽연합 인구(5억 1000만)의 0.2%로, 대체로 독일에서 수용했다. 유럽연합 나라들은 그후 이 흐름을 막기로 결정하고, 특히 2016년에 터키에 있는 난민수용소에 이들을 묶어두기 위해 터키와 금융협정을 체결한다. 유럽연합으로 들어오는 전반적인 이민 흐름은 2008년 경제위기 이후 실제로 감소했음을 뒤에서 확인할 것이다. 2015년에 (독일과 북유럽에 당도하기 위해 발칸반도를 횡단하는) '이민자 대열'이 미디어에 너무 크게 가시화되고 무엇보다도 정치적으로 과도하게 활용되면서, 2015년 위기의 표상들에 심대한 영향을 미쳤다.

**20_** 가용 자료에 대한 분석으로는 A. Lindner, F. Novokmet, T. Piketty, T. Zawisza, "Political Conflict and Electoral Cleavages in Central-Eastern Europe, 1992~2018", art. cité 참조.

**21_** 가족수당과 더 일반적으로는 출산장려 유형의 사회복지 및 조세재정 정책들은 불평등 감소를 가능케 하며(모든 자녀에게 동일 액수의 수당을 지급하는 것은 고소득층보다 저소득층에게 상대적으로 더 중요하다), 이민자들에게 의지하지 않고도 인구를 늘려

야 한다는 필요성을 시사한다. 2015년 이후 법과정의당과 피데스당이 채택한 가족정책들은 2007년에 러시아 정부가 도입한—겉보기에는 출생률 회복에 상당한 효과를 발휘한—(둘째 자녀부터 해당되는) 1만 달러의 출생축하장려금과도 관련지어볼 수 있다. E. Iakovlev, I. Sorvachev, "Short-Run and Long-Run Effects of Sizable Conditional Child Subsidy", New Economic School, Moscou, 2018 참조.

**22_** 실제로 이렇다고 해서 피데스당이 경제 문제에서 오래된 권위주의-자유주의 기반을 유지하지 못한 것은 아니다. 예컨대 그들은 2018년 말에 초과근무를 강제하는 고용주의 권한을 강화하는 법을 채택한다.

**23_** 피데스가 이끈 (기독교민주인민당KNDP이라는 기민당이 포함된) 연합은 2010년, 2014년, 2018년 총선에서 각각 53%, 45%, 49%를 득표했고, 반면 헝가리 사회당MSZP은 각각 24%, 19%, 12%를 득표했다(2002년과 2006년에만 해도 두 진영은 41~43% 선에서 대등했다). 전체적으로 (최근 선거에서 약 20%를 득표한) 요비크당Jobbik에 의해 우익으로 기우는데, 이 당은 흑인 및 무슬림 이민자에 대해 피데스당보다 더 극렬히 반대하는 노선을 따른다(그렇지만 헝가리에는 이 이민자들이 전혀 없다).

**24_** 도표 16.2 참조. 이탈리아 총선에서 정당별 교육 균열에 관한 상세한 결과로는 전문 부록과 A. Gethin, C. Martinez-Toledano, T. Piketty, "Political Cleavages and Inequality. Evidence from Electoral Democracies, 1950~2018", art. cité 참조.

**25_** 나머지 득표(7%)는 이 세 극과는 관련 없는 군소 정당들로 갔다. 2016년 총선에서 오성운동은 26%, 민주당은 30%, 우파 정당 연합은 29%를 득표했다.

**26_** 이 합의는 일관성이 떨어지는데 그와 동시에 레가 노르드는 기본소득 재원 마련에 필요한 세금을 폐지하자고 제안하기 때문이다. 이에 대해서는 뒤에서 재론하겠다.

**27_** 2018년 8월 밀라노에서 열린 공동기자회견에서 헝가리 총리는 다음과 같이 선언했다. "우리는 이민을 육지에서 중단시킬 수 있음을 입증했고 그(살비니)는 바다에서 차단할 수 있음을 입증해주는 사람입니다." 이탈리아 내무부 장관인 그는 다음과 같이 표명했다. "오늘 공동의 여정이 시작됩니다. 수개월 내로 노동·보건·안전에 대한 권리를 최우선으로 두기 위한 여러 단계를 밟을 겁니다. 이 전부는 유럽의 엘리트들이 우리에게 주지 않는 것입니다." *Le Monde*, 29 août 2018 참조. 2019년 유럽 선거는 이탈리아 연정의 토착주의파가 연정의 다른 축인 오성운동보다 우세해졌음을 또한 확인해주었다.

**28_** 14장 표 14.1과 도표 14.19 참소.

**29_** 여기서 가리키는 것은 2017년 대선 유권자의 4분의 1인 '국제주의-평등주의자'다. 여기에는 불복하는 프랑스뿐 아니라 다른 좌파 정당들에 투표한 이들도 포함된다(물론 가장 많은 표가 특히 결선투표 진출 가능성과 관련된 전술적 이유 때문에 불복하는 프

랑스의 후보에게 갔지만). 14장 표 14.1 참조.

**30_** 대다수의 당 간부를 보더라도 불복하는 프랑스는 언제나 이민자 수용을 지지하는 입장이었다.

**31_** 2015년에 방송된 드라마 시리즈 〈1992〉는 이탈리아 정치사에서 분기점이 된 1992년을 교육적으로 조명해 정당체계 해체과정이 오래된 것임을 잘 이해하게 해준다. 드라마에는 사기꾼이지만 호감 가는 인물로, 베를루스코니의 출세를 도운 젊은 광고업자 레오나르도 노테가 나온다. 특히 피에트로 보스코라는 인물은 산전수전 다 겪은 걸프전 참전용사로, 로마의 늙은 정치인들과 그들의 술책으로 엉겁결에 레가 노르드 의원으로 선출되는데, 이야기가 사반세기 뒤까지 전개되었더라면 그가 오성운동에 몸담게 되었을 수도 있다.

**32_** 리비아는 정치적으로 준비가 부족했고 결과가 유해했다는 면에서 2003년 영미의 이라크 침략에 비견되는 2008년 영불 파병 뒤에 혼란에 휩싸였다(2003년 전쟁이 초래한 인명 손실의 규모가 월등히 크지만).

**33_** 전문 부록 참조. 올랑드와 그후 마크롱 정부의 공식 입장은, 이른바 유럽의 더블린 조약(이에 따르면 유럽으로의 정치적 망명 신청은 첫 진입국에서 검토해야 한다)은 확실히 개정될 필요가 있으나 안타깝게도 헝가리와 폴란드의 거부로 개혁이 불가능하니, 프랑스는 난민을 이탈리아로 계속 돌려보내겠다는 것이다. 독일이 2015년에 이 같은 태도를 취했더라면 100만 명의 난민을 수용하지 않았을 것이다.

**34_** 앞서 언급했듯, 미국 민주당의 존 캘훈도 북부의 산업 및 금융 엘리트들에 반대하며 위선 운운하는 비난을 한 바 있다. 그에 따르면 북부 엘리트들이 노예제 폐지를 옹호하는 까닭은 손쉽게 착취할 수 있는 일회용의 저렴한 노동력으로 이득을 보기 위해서일 뿐이라는 것이다. 6장 281쪽 참조.

**35_** 12장 703~706쪽 참조.

**36_** 6장 283~288쪽 참조.

**37_** 예컨대 남북전쟁 말기에 남부를 점령했던 연방군이 인종차별정책 철폐를 강력하게 관철시킬 수도 있었을 것이다. 게다가 그 길은 (매우 짧긴 했지만) 시도는 되었고, 그것을 성공으로 이끌었을 일련의 사건과 개별행위를 상상하기는 어렵지 않다. 마찬가지로 공화당 역시 1960년대 이후 닉슨·레이건·트럼프의 인종주의적 낙인찍기에 기대지 않고 보다 야심찬 정치적 이데올로기적 구성물들에 의거해 백악관을 차지할 수도 있었을 것이다.

**38_** 14장 840~841쪽 참조.

**39_** 10장 도표 10.11~10.12 참조.

**40_** 전문 부록 참조.

**41_** 11장 609~630쪽, 13장 735~738쪽, 17장 1044~1052쪽 참조.

**42_** 보다 낙관적인 전망에 따르면, 유럽연합의 분열과 예산·금융·경쟁 규칙들의 포기는, 사회적이고 생태주의적인 정책을 제안할 행동반경을 되찾은 좌파 진영과 친기업적이고 반이민자적인 우파 진영으로, 좌-우 대결을 재편성하게 해줄 것이다. 이것이 예컨대 다음 저작의 암묵적 가설이다. B. Amable, S. Palombarini, *L'Illusion du bloc bourgeois. Alliances sociales et avenir du modèle français*, *op. cit.*, 2017. 그렇지만 민족국가로의 회귀가 무엇보다도 국가 간 영토 경쟁의 심화로 이어지고, 토착주의적이고 민족주의적인 세력들에게 유리하리라고 생각할 수도 있다.

**43_** 미국 연방법인세율은 1940~1980년대에 45~50%였던 것이 1988~1992년에 34%, 1993~2017년에 35%로 줄었다(여기에 일반적으로 5~10% 선인 주정부 세율을 추가해야 한다). 2018년까지 미국은 유럽에서 시작된 법인세 인하 질주에 저항했다. 11장 608쪽 참조. 21%로의 갑작스러운 인하는 그 질주에 재시동을 걸 위험이 있다.

**44_** E. Saez, G. Zucman, *The Triumph of Injustice*, *op. cit.* 참조. 이 결론은 부유한 납세자들이 전형적으로 써먹는 납세 최적화 메커니즘은 고려하지 않은 채 세법의 일반 규칙을 적용해 얻은 것이다.

**45_** 사실 2018년에 멕시코 및 캐나다와 체결한 새 무역협정은 과거 북미자유무역협정의 복사판이다. 무언가 달라졌다는 것을 수긍하게 해줄 만한 작은 상징적 차이가 필요했을 뿐이다. 예컨대 자동차 부품 생산에서 시간당 16달러 이상을 받는 노동자 비중을 부수적으로 늘리는 조항을 추가한 식인데, 이를 어겨도 제재는 고작 2~4%의 관세만 부과하자는 것이다. 재정적 관점에서 이는 2017년에 의결된 법인세 인하와 비교할 때 전혀 의미 없는 조치다.

**46_** 1980년의 레이건 당선을 그 정신과 영감이라는 면에서 미국 화폐사에 관한 밀턴 프리드먼의 1963년 출간작(통화주의 학설을 정립한 책. 13장 97번 주 참조)과 연관시켜볼 수 있다면, 2016년의 트럼프 당선을 새뮤얼 헌팅턴이 1996년에 출간한 극도로 트럼프주의적인 다음 저작과도 당연히 결부시켜볼 수 있을 것이다. *The Clash of Civilisations and the Remaking of the World Order*, Simon & Schuster, 1996(프랑스어 번역본 *Le Choc des civilisations*, Editions Odile Jacob, 1997). 요컨대 그 책의 전제에 따르면 자본주의-공산주의 이데올로기 갈등은 경직되고 비역사적인 본질로 여겨지는 문화 및 정체성 전쟁으로 대체될 것이다(이슬람·힌두교 등에 맞서는 서양이라는 식으로).

**47_** '브라만주의'에 대한 트럼프의 반대는, 대학 총장들에게 더 무겁게 과세하고(트럼프가 보기에 '고용창출자들'과 반대로 총장들은 너무 많이 번다), 박사과정 학생들이 면제

받은 등록금에 임금 급여처럼 과세하려는(이것은 결국 채택되지 않는다) 특정한 조치들로 잘 알려져 있다. 반면 트럼프가 미국의 군사 보호 혜택을 누리는 나라들에 금전적 대가를 요구하는 방식은, 구래의 삼기능질서의 군사적 공물과 전사계급을 분명 연상시킨다.

**48_** 주목할 것은 이탈리아의 오성운동과 레가 노르드 또한, 뭐든 아는 척하는 엘리트들(또한 탐욕스러운 제약회사들)과 백신이 연관되어 있다고 주장하며 백신 반대 조치에 동조했다는 점이다. 폴란드의 법과정의당과 인도의 힌두인민당 역시, 확증된 확실성을 문제삼고 깊이 파고듦으로써 영원한 폴란드 정체성 또는 영원한 힌두 정체성을 혹평한다고 비난받는 연구자들과 늘 대립한다. 브라질 연구자들에 대한 보우소나루의 공격도 동일한 흐름에 속한다.

**49_** 프랑스 정부에서 실시하는 이민 및 기후 정책들에 비춰보면 이 균열 자체도 전반적으로 인위적인 것으로 보인다.

**50_** 조세경쟁과 무능한 세무행정에도 불구하고, 예컨대 프랑스에서 연대부유세에 대해 신고된 과세표준과 세수가 1990~2018년 매우 크게 늘어났다는 사실이 보여주듯이 말이다. 14장 859~863쪽과 전문 부록의 도표 S14.20 참조.

**51_** 2010년에 스위스 은행들에 반대해 취해진 해외금융계좌신고법 유형의 조치들 또는 (미국 국적 포기를 택한 사람들의 자산에 40%의 출국세를 과세하는) 워런 유형의 연방 재산세 제안들을 예로 들 수 있다. 11장 626~627쪽 참조.

**52_** 또한 11장 605~611쪽과 12장 699~706쪽 참조. '부단히 긴밀해지는 연합'은 유럽연합조약과 동시에 2007년 리스본에서 채택된 유럽연합의 기능에 관한 조약 전문의 첫 구절에 등장한다. 2009~2014년에 점진적으로만 실행된 이 두 조약문은 현 유럽연합의 사법적 토대를 구성하며, 적자에 대한 새로운 규칙들을 획정한 예산 조약(신재정협약)과 유로안정화기구를 설립한 조약에 의해 2012~2013년에 보완되었다. 2007년에 리스본에서 채택된 조약들은 유럽헌법조약에 관한 2005년 프랑스 국민투표에서 거부된 것들과 본질적으로 동일하다(14장 참조). 단순히 약간만 손질했는데, '헌법'이라는 용어는 빠지고, 옛 전문에 있던 '자유롭고 왜곡되지 않은 경쟁'은 '공정한 경쟁'이라는 원칙으로 대체되었으며, 무엇보다 국민투표가 아니라 의회를 통해 채택되었다. 참조할 가치가 있는 이들 다양한 조약문은 전문 부록에서 볼 수 있다. 또한 D. Chalmers, G. Davies, G. Monti, *European Union Law. Text and Materials*, Cambridge University Press, 2014 참조.

**53_** 기술적으로 (유럽의회와 더불어) 입법권한을 행사하는 것은 다양한 분야의 장관회의이고, (회원국 정상들이 지명하는 유럽이사회 이사장의 권위 아래 그 정상들로 구성되는) 유럽이사회는 전반적인 정책 방향과 조약 개정에 집중한다. 장관들이 일반적으

로 자국 정상의 지휘하에 행동한다는 점을 감안하면 차이는 정말로 정치적이라기보다 법률적이고 실무적인 것이다.

**54_** 만장일치 규칙은 또한 대외정책, 공동안보, 치안 공조, 새 회원국 가입, 유럽 시민권 등에도 적용된다.

**55_** 가중다수결 규칙은 다음과 같이 정의된다. 어떤 결정을 유럽연합 인구의 65% 이상에 해당하는 나라들의 55%가 지지하면 그 결정은 채택된다. 숱한 논의 끝에 채택된 이 규칙은 2007년 리스본에서 채택된 유럽연합조약(그전에는 지금은 폐기된 유럽헌법조약)의 주요 혁신 중 하나이며 2014년부터 적용된다. 예전에는 각국에 배정된 표수에 근거한 체계가 사용되었는데, 표수는 주기적으로 재검토되었으며 부단히 분쟁대상이었다.

**56_** 이 용어는 그 어떤 조약에도 없지만 유로존(현재 유럽연합 28개국 중 19개국 참여) 재무부 장관 회의를 지칭하며, 2008~2009년 금융위기 이후로 그 역할이 더 커진다.

**57_** 2008~2009년 금융위기 이후 유로그룹이 부적절한 시기에 밀실에서 내린 결정들이 2011~2012년 유럽 경제활동이 터무니없이 다시 저하된 것을 설명해준다는 점 또한 상기하자. 유럽은 경제활동 저하의 고통을 계속 겪고 있다. 12장 704~705쪽과 전문 부록의 도표 S12.12a~S12.12c 참조. 유로그룹의 이 같은 초라한 실적은 이 기구가 적응능력이 떨어지며 숙의 및 의사결정 조직화에 무능하다는 점을 보여준다.

**58_** 이 주제에 관해서는 S. Laurens, *Les Courtiers du capitalisme. Milieux d'affaires et bureaucrates à Bruxelles*, Agone, 2015 참조.

**59_** 이제까지 논의된 것 중 가장 연방주의적인 기획들조차도 거기까지 가지는 못했다는 점을 주목해야 한다. 특히 1984년 유럽의회에서 채택된 유럽연합 수립 조약안(일명 '스피넬리 플랜')은 의회에 각별한 역할—의회는 집행위원회의 임면권과 집행위원회에서 제출된 법안 및 지침의 일차 심의·수정 권한을 갖는다—을 부여했으나, 법안과 지침이 회원국들의 장관회의에서도 동일 기간에 비준되어야 한다는 것은 문제삼지 않았다(가중다수결 규칙 적용을 장관회의까지 연장하는 것은 가능했다). (오늘날까지 유지되는) 낙관적인 연방주의 가설은, 형식상 장관회의가 입법 전반에 대한 거부권을 계속 갖더라도 결국 유럽의회의 다수 결정에 따르게 된다는 것이다.

**60_** 특히 미국의 상원과 유럽이사회를 비교하는 것은 타당하지 않다. 두 주(예컨대 캘리포니아와 뉴욕)가 미국 국내총생산의 절반을 점한다고 여겨지는 상황(유로존에서 대략 독일과 프랑스)에서 주지사들(캘리포니아 주지사, 뉴욕 주지사 등)로 구성된 상원에 상응하는 것이 유럽이사회일 것이다. 이와 같은 체계는 매우 엉망으로 기능할 것이며, 해당 주지사들은 최소한의 결정을 내리지도 못하고 빈번히 갈라설 것이다. 이따금 행해지는 유럽이사회와 (독일 주들을 대표하는) 독일 상원Bundesrat의 비교 역시 별로 설득

력이 없다. 1913년에 수정헌법 17조가 채택된 이후에야 비로소 미국 상원이 보통선거 선출 대상이 되었음을 명확히 하자. 간혹 예전에는 상원을 주의회에서 지명했다.

**61_** 라자사바 의원들은 정당 명부에 의거해 선출되며, 주의회 의원을 겸하지 못한다.

**62_** 로크사바 3545명 대 라자사바 245명. 실제로 이와 같은 양원 합동 회의는 1950년 헌법 채택 이후 단 세 번 있었는데, 그중 하나가 1963년 지참금 금지법 통과를 위한 것이었다.

**63_** 2018년 12월에 공표되고 www.tdem.eu에서 확인할 수 있는 '유럽 민주화를 위한 선언' 참조. 또한 M. Bouju, L. Chancel, A. L. Delatte, S. Hennette, T. Piketty, G. Sacriste, A. Vauchez, *Changer l'Europe, c'est possible!*, Seuil, 2019 참조.

**64_** 유럽민주화조약 초안 역시 www.tdem.eu에서 볼 수 있다.

**65_** 일반적으로 각 나라들이 다른 약속들을 준수하면서 양자 또는 다자간 조약에 서명하는 것을 가로막는 방해물은 전혀 없다. 여기서 논의되는 과세 권한은 유럽연합의 권한이 아니기에 민주화조약은 기존 규칙들을 위반하지 않고도 채택될 수 있다. 이 문제들에 대한 법률적 분석으로는 S. Hennette, T. Piketty, G. Sacriste, A. Vauchez, *Pour un traité de démocratisation de l'Europe*, Seuil, 2017 참조. 이른바 엘리제조약이라 불리는 프랑스-독일 양자 협약이 2019년 초에 갱신될 때 프랑스 국회와 독일 상원 100여 명의 의원으로 구성된 프랑스-독일 의회가 설립되었다는 점에 주목하자. 이 의회는 지금도 순전히 자문기구지만, 여기서 거론된 결정권을 부여하지 못할 이유도 없을 것이다.

**66_** 제안된 세금들의 형태는 기업 수익에 대한 15%의 공동 과세(국가별 수준의 최소세율 22%를 합치면 총 37%), 연소득 20만 유로 이상의 소득 상위에는 10%와 40만 유로 이상에는 20%의 공동 과세(각국에서 현재 적용되는 약 40~50%의 최고세율이 추가되면 소득 상위에 대해서는 총 60~70%), 100만 유로 이상의 자산 상위에는 1%와 500만 유로 이상에는 2%의 공동 과세(재산세와 토지세와 여타 자산의 국세가 추가되며 100만 이상의 상속에는 10%, 200만 이상에는 20%의 공동 과세를 통해 보완될 수 있다), 탄소배출에 대한 공동 과세다(톤당 최초 가격은 30유로이고 가격은 매년 다시 산정된다). 모든 세부사항은 www.tdem.eu에서 확인할 수 있다. 이 제안들은 다만 유럽회의가 채택할 법한 첫 예산에 대해 아이디어를 내보려는 것이지, 소득 및 자산 상위에 대한 누진세의 이상적 수준을 나타내는 것은 전혀 아니다(이 문제들은 다음 장에서 재론하겠다).

**67_** 예컨대 유럽회의가 세수 전체를 각국에 다시 돌려보내겠다고 결정할 수도 있을 것이다. 이 조치로 각 회원국들은 연방 수준의 유력한 경제행위자들에게 더 많이 과세해

인민계급과 중위계급에 가해진 조세 압력을 완화시킬 수 있다. 이것만으로도 이미 훌륭한 일일 것이다.

**68_** 14장 도표 14.20과 15장 도표 15.18 참조.

**69_** 유럽 나라들이 유럽연합 또는 다양한 유럽 및 국제 조약들에서 탈퇴하지 못하도록 각국의 헌법을 개정하리라는 가설은 예견가능한 장래에서는 현실성이 없어 보이며, 독일·프랑스 등 모든 나라에서 아마도 막기 어려운 격렬한 반대를 불러일으킬 것이다. 미국에서는 남부 주들의 탈퇴 가능성을 헌법이 인정하지 않았는데, 그렇다고 이 주들의 탈퇴 시도까지는 막지 못했다. 지금 단계에서 생각할 수 있는 것은 유럽 회원국들의 자발적이고 가역적인 연합에 기초한 조약들뿐이다(사정이 영원히 이럴 것이라는 의미는 분명 아니다).

**70_** 각 정치집단이 이 주제에 관련된 자신들의 정예들을 유럽회의에 파견하려 하는 것도 상상해볼 수 있다. 유럽회의의 회의는 각국 국회 회의보다 적게(예컨대 한 달에 한 주 정도), 가능한 한 국회 회기가 아닐 때 열릴 것이다.

**71_** 1979년에 직접보통선거로 구성원이 선출되기 전 (당시에는 순전히 자문 역할을 하던) 유럽의회는 각국 국회의 대표자들로 구성되었는데, 이는 확고한 연방주의자를 자처하는 일부 유럽 지도자들(주로 유럽의회 의원)이 각국 국회를 연방주의 전망에 포함시키는 것에 대해 긍정적으로 고려하기를 어째서 망설이는지 확실히 설명해준다. 하지만 여기서 옹호되는 선택은 명확히 그와 같은 전망에 있는데, 각국 국회의원들로 일부를 충원하는 유럽회의가 유럽의 세금 및 예산 의결권을 갖기 때문이다(이는 가장 강력한 연방 주권을 구성하며, 1979년 이전과는 판이한 상황을 만들어낼 것이다). 유럽이사회의 협조 절차는 준비되지만, 합의가 안 되는 경우 결정은 유럽회의가 한다. 유럽민주화조약 8조 참조(www.tdem.eu).

**72_** 여기서 옹호되는 접근은 사실상 각국의 정치제도에 입각한 유럽 주권을 구상하는 것인데, 다만 (지금까지 그래왔듯) 각국 정부가 아니라 의회에 의거하는 것이다(이로써 여론의 복수성을 대표할 수 있고 숙의와 안정된 다수결에 의한 의사결정이 가능해진다). 2000년 훔볼트대학에서 요슈카 피셔가 했던 연설이 유사한 전제들에 기초했다(하지만 당시 프랑스 정부 쪽에서는 전혀 반향이 없었다).

**73_** 전문 부록 참조.

**74_** 특히 영국독립당 당수는 유럽으로의 이전으로 인해 국민보건서비스NHS에서 매주 손실을 보는 기금을 계산하는 것으로 캠페인을 벌였는데, 전부 해당 금액을 심각하게 부풀린 것이었다.

**75_** 유럽민주화조약 9조 참조.

**76_** 2009년 말 그리스 정부는 적자를 자국 국내총생산의 12.5%라고 발표했는데, 전에는 3.7%라고 말해왔다. 사건들의 전개과정과 유럽의 대응들에 관해서는 D. Chalmers *et al., European Union Law. Text and Materials, op. cit.*, pp. 704~753 참조.

**77_** 12장 도표 12.10과 전문 부록의 도표 S12.10 참조.

**78_** 유럽 예산에 대한 분담금(과 또한 예산 대차차액)이—타국과 오가는 순소득의 이동이 보정된 국내총생산에 상응하는—국민총소득에 비례해 계산된다는 의미에서 사적인 이동은 부분적으로 계산된다는 점에 유의해야 할 것이다.

**79_** 예컨대 이 방향으로 합의가 되어 그 기준을 0.5%나 1%, 심지어 그 이상으로 올리는 것.

**80_** 이는 유로존 바깥에서는 분명 사실성이 떨어진다. 상당한 투자와 이전의 수용이 요청되는 동유럽 나라들을 고려해도 마찬가지다.

**81_** 유럽민주화조약 10조 참조.

**82_** 2012년에 독일 총리실 산하 경제학자 회의에서 제안한 (약간 교화적인 이름의) '구제기금'의 목표는 채무 잔고의 총액을 사전에 정해진 상환(따라서 기초재정 흑자) 속도에 맞춰 20~30년 안에 국내총생산의 60%로 줄인다는 것이었다. 이 결정을 정세와 별개로 획정하는 것은 현실적이지도 바람직하지도 않긴 하다.

**83_** 유엔이 수집한 인구통계상의 이민 데이터에 따르면, (유출을 제외한) 유럽연합으로의 유입은 2000~2010년 연간 140만에 달했는데, 2015년에 절정이었던 난민 급증에도 불구하고 2010~2018년에 연간 70만으로 하락했다. 미국은 유럽보다 2008년 불황을 쉽게 회복하였으나 유입은 그대로 정체된다(2000~2010년 연간 100만, 2010~2018년 90만). 전문 부록의 도표 S16.4 참조. 평균적으로 부국으로의 유입은 2000~2020년에 연간 0.2~0.3% 증가한다. 새로운 점은 인구통계상의 정체라는 상황에서 이 유입이 이루어진다는 것이다. 이제는 연간 신생아 수가 여러 부국에서 인구의 1% 이하인데, 이는 매년 0.2~0.3% 증가하는 유입이 종국에는 인구 구성을 현저히 변화시킬 가능성을 시사한다. 무엇보다도 일자리, 주거, 필수 기간시설의 창출을 촉진하는 정책이 실시되지 않는다면, 최근 경험에 비춰보건대, 정체성주의의 정치적 이용으로 이어질 것이다.

**84_** 그렇지만 부채가 '국내총생산의 60%에 현저히 못 미치는' 나라들은 예외다. 이 경우 적자는 1%에 달할 수 있으니 말이다. 경제통화동맹의 신재정협약(안정·조율·거버넌스 조약) 3조 참조.

**85_** 새 예산 규칙이 진지하게 다뤄지지 않는다는 최상의 증거는 유럽의 여러 정치지도자가 계속해서 '3% 규칙' 운운하며, 이제는 적자 목표가 0.5%임을 알지 못하는 것 같다는 점이다. 이는 또한 이 문제들에 대한 민주적 재전유의 긴급한 필요성을 예증한다.

**86_** 12장 704~705쪽과 전문 부록 및 도표 S12.12c 참조. 추가로 유럽 지도자들은 2015년 7월 그리스에 이 조건들을 거부할 시 (적법한 절차를 떠나) 유로존에서 축출될 것이라고 설명했다.

**87_** 시리자가 촉발시킨 적대감은 부분적으로 조직 지도자들의 미숙함 때문이기도 하다. 그들은 2015년 위기 당시 그리스에만 유리한 예외 규정을 요구한다는 인상을 줄 때가 있었다. 이에 비해 유로존의 국채위기 해결은 이탈리아와 포르투갈 등도 포함한 포괄적인 해법과, 각 참여국(특히 그리스)에 제한된 비중만 있는 공동 의회 심급의 설치를 요구한다. 그렇지만 모든 것에 비춰볼 때, 유럽(특히 프랑스-독일)의 지도자들이 사회정의의 지평에 근거한 포괄적인 대응들을 제안했더라면, 시리자의 지도자들도 그것을 가장 먼저 검토했을 것이다. 요컨대 시리자가 촉발시킨 적대감은 무엇보다도 경제 및 금융 문제들에 대한 매우 강고한 보수주의와 포스트공산주의로 특징지어지는 더욱 일반적인 이데올로기적 분위기를 보여준다. 특히 동유럽 지도자들이 대체로 시리자에 가장 적대적이었는데, 그들은 (매우 상이한 맥락이긴 하지만) 과거 피해를 준 사회주의-공산주의자들의 거짓 약속들과, 유럽 클럽의 고참들이 신참들을 대하는 거만한 태도를 시리자의 언술에서 간파해냈다고 믿었다(정체성 갈등은 유럽에서 결코 멀리 있지 않다). 이런 관점에서 앙겔라 메르켈이 동독 출신이라는 사실은, 이 문제들에 대한 (특히 1950년대에 독일이 혜택을 입은 부채 무효화와 관련해서 상당한 역사적 기억상실이 중첩된) 그녀의 보수주의를, 또한 시리아에서 오는 정치적 난민들에 대한 개방성을 이해하는 데, 틀림없이 결코 부수적인 요소가 아니다.

**88_** 그리스나 포르투갈 같은 작은 나라들은 (국내시장의 영세함과 국가 발전에 유럽 편입이 사활적으로 필요하다는 점에서) 유로존 탈퇴시 더 나쁜 상황에 처할 것이 두려워 높은 기초재정 흑자 목표(현재 국내총생산의 3~4%까지)를 수용할 수밖에 없는 처지에 놓일 수 있다. 이탈리아 같은 경우, 너무 높은 기초재정 흑자를 강제하려는 시도는 탈퇴를 촉진하는 억누를 수 없는 내압으로 귀착될 수 있다. 정의상, 기초재정 균형은 한 나라가 자국 세금으로 지출 재원을 조달하고 금융시장은 필요로 하지 않는 상태를 뜻한다(이로부터 나오는 것이 자급자족에 대한 더 강력한 유혹이다).

**89_** 유로안정화기구를 수립한 2012년 조약 탓에 분명 민주주의는 극단적 왜곡에 도달했다. 유로안정화기구의 대출은 해당 국가에서 착수할 개혁들에 관해 유럽중앙은행, 위원회, IMF의 대표자들과 작성한 각서에 서명하는 것을 조건으로 한다. 이 개혁들은 잠재적으로 모든 사안(보건·교육·연금·세금 등)을 망라하며, 의회의 관리나 공적 숙의 없이 모든 게 이루어진다. D. Chalmers *et al.*, *European Union Law. Text and Materials*, *op. cit.*, pp. 741~753 참조.

**90_** 형식상 신재정협약의 수정을 준비할 필요는 없다. 신재정협약으로 획정된 규칙들은, 필요시 유럽민주화조약 조인국들이 발행하는 공동 부채증서에는 적용되지 않기 때문이다.

**91_** 유럽민주화조약 초안은 현재 유럽중앙은행과 유로안정화기구의 임명을 비준하고 관련 공청회를 개최하며 감독할 수 있는 것보다 훨씬 많은 가능성을 유럽회의에 부여한다. 유럽민주화조약 12~17조 참조(www.tdem.eu).

**92_** 기초재정 균형 상태에서 부채 보유분은 이자율 변동에 따라 늘어나며(왜냐하면 이자의 상환 및 분납과 연계된 추가 부채를 지지 않고서는 원금도 이자도 상환하지 못하기 때문이다), 이에 비해 국내총생산은 명목성장(실질성장과 인플레이션의 총합)의 변화에 따라 늘어난다. 따라서 국내총생산 대비 부채 보유분 비율은 명목성장이 이자율을 상회하는 한 줄어든다. 하지만 양자가 등가라면(모두 연간 2%로 가정하자), 국내총생산의 백분율로 표현되는 부채 보유분은 줄지 않는다.

**93_** 주목해야 하는 것은 이 같은 규칙이 신재정협약이 획정한 2차 재정적자 0.5% 규칙보다는 여하간 훨씬 덜 강제적이라는 점이다.

**94_** 이것은 또한 새로운 건전성 규제(근사한 이유들로 민간 금융기관들이 가장 안전한 국채를 상당량 보유하도록 강제하긴 하나 민간의 미증유의 손실 규모를 줄여주지는 못한 이 규칙) 효과와, 무엇보다도 국제적 차원에서 미국과 유럽의 국채(투자자들이 안전하지 않다고 판단하는 경제 부분이 늘어나고 이와 더불어 적립금은 안전한 투자처를 찾게 되는 식으로 세계 성장이 이루어지는 가운데 이 나라들에 지속적으로 이익을 가져다주는 것)만큼 안전한 유가증권은 없다는 사실을 반영한다.

**95_** (유럽투자은행 및 유럽중앙은행과 연계하여) 유럽연합 국가들이 기후 및 생물다양성을 위한 은행을 설립한다는 흥미로운 프로젝트에 관해서는 2019년에 '금융-기후 협정'이라는 틀로 공표된 기후 및 생물다양성을 위한 연합 수립 조약 제안을 보라. 일반적으로 강조해야 할 것은, 유럽민주화조약은 주로 조세정의라는 문제의식을 중심으로, 특히 균형예산의 재원을 마련하기 위해 공동으로 과세하는 유럽회의 구상을 중심으로 수립되었다는 점이다. (특히 금융 및 은행 관련한) 많은 문제가 충분히 심화되지 못했다. 목표는 논의를 끝맺는 것이 아니라, 예컨대 (조세정의와 민주화보다는 오히려 은행의 역할과 융자에 대해 지나치게 강조하는 듯한) '금융-기후 협정'에서 제안된 요소들에 입각해 누구나 논의를 파악하고 수정하며 풍부하게 할 수 있도록, 정확한 기반 위에 논의를 개시하는 것이다.

**96_** 그렇긴 해도 초민족적 민주주의의 도전들은 그 자체로 현실인 전대미문의 것들이다. 기초재정 균형 규칙이 유럽회의의 민주적 감독하에 유럽 국채 이자율이 상호 부조

의 방향으로 나아가기 위한 하나의 조건이라면, 이것은 현상황에 비해 뚜렷한 개선임이 분명할 것이다.

**97_** 10장 497~499쪽 참조.

**98_** 실제로 실질성장 또는 인플레이션과 연동시키지 않는 것과 저금리(또는 거의 제로 금리)의 장기 분납은, 수십 년 후에는 사실상 국내총생산 대비 부채가치의 대폭 감소로 이어지며, 이것이 종국에는 이 부채의 전부 또는 일부의 무효화로 야기된 쟁점들에서 극적인 성격을 제거하는 것으로 이어진다. 이것은 예컨대 역사상 독일의 외채가 1953년 런던회의에서 동결되고 1991년에 마침내 무효화되면서 일어났던 일이기도 하다. 10장 참조. 당시 채권자들은 서양국가 및 은행의 컨소시엄이었다. 반면 여기서 제시된 도식에서는 주로 유럽중앙은행과, 이것을 목적으로 만들어진 (유로안정화기구 같은) 여타 기구들이 중요할 것이다.

**99_** 예컨대 (특히 폴란드의 높은 기권율이 보여주듯, 토착주의적-보수주의적 진화 안에서 확인되지 않는 광범위한 여론층이 있는) 동유럽의 일부 나라 또는 북유럽의 일부 나라가, 룩셈부르크와 아일랜드 같은 나라에 앞서 이 프로젝트에 합류하고자 하는 일이 얼마든지 있을 수 있다. 룩셈부르크와 아일랜드 정부는 1990년대 이후로 자국 여론을 향해 나라의 미래가 조세 덤핑에 달려 있다고 설명하는 데 정치적 자본 전부를 투자했다.

**100_** 이 점에 대한 법적 분석으로는 S. Hennette, T. Piketty, G. Sacriste, A. Vauchez, *Pour un traité de démocratisation de l'Europe, op. cit.*, pp. 15~28 참조. 신재정협약과 유로안정화기구 조약은 유럽의 조약 개정을 위해 준비된 일반적 틀 바깥에서 체결되는 단순한 정부 간 조약으로 제시되었고, 그래서 일부 국가(특히 영국과 체코공화국)는 참여하길 거부했으나 유럽사법재판소가 그 방식을 승인하는 것까지는 막지 못했다.

**101_** 오래전부터 미국에서 과세대상수익을 주별로 할당하는 데 사용된, 다른 나라를 상대로 미국 또는 유럽 나라들이 사용할 수도 있을 이 체계에 관해서는 E. Saez, G. Zucman, *The Triumph of Injustice, op. cit.* 참조. 또한 17장 1082~1083쪽 참조. 이 체계를 시행하는 핵심 국가들이 늘어날수록 보다 야심찬 국제공조가 관철될 가능성이 커진다. 하지만 중요한 점은 이 체계에서는 어느 한 나라가 단독으로 비협력국가들에 허위 소재지를 만들고 출자 및 과세를 할 수 있다는 점이다.

**102_** 특히 과세대상수익을 매출에 따라 나누는 것은, 해당 국가 혹은 국가들에서 재화 및 서비스 수출에 관세를 부과하는 것과 같다. 다만 이 관세는 해당 기업이 세계 수준에서 거둔 이윤에 비례한다는 특수성을 가질 뿐이다(이윤이 전혀 없는 기업은 과세되지 않을 것이다).

**103_** 유럽경제공동체가 1957~1972년 6개국(프랑스·독일·이탈리아·벨기에·네덜란드·

룩셈부르크)으로 구성되어 있었을 때 그 과정이 시작될 수도 있었을 것이다. 의심할 여지 없이 당시 이 나라들은 다른 도전들, 특히 일국 수준에서 실현가능한 좌-우 정권 교체에 근거한 정치체계 재건과 탈식민화에 너무 매여 있었다.

**104_** 앞에서 언급했듯, 공동 과세로 거둔 세수의 전부 또는 일부를 회원국에 돌려보내 인민계급 및 중위계급 감세에 재원을 충당함으로써, 강제 과세에 대한 합당한 염려에 대응할 수 있다. 필요하다면 조약에도 명기될 수 있다. 가장 바람직한 선택지는 아니지만, 기존의 상태에 비하면 그것만으로도 커다란 개선일 것이다.

**105_** 유럽의 조세재정-의회 연합을 향한 운동의 지체를 설명해주는 또다른 요인은, 선출된 의회들에 일정한 불신이 일부 고학력 엘리트(특히 경제학자)들 사이에서 발전하고 있으며, 이와 더불어 비선출직 위원회들과 이들이 제정하는 규칙들로 이루어지는 거버넌스에 대한 매료가 커진다는 것과 연결된다.

**106_** (다양한 회원국과 협의하여 조약을 변경하는) 이른바 플랜 A와 (더 소수의 나라와 새로운 조약을 체결하는 것을 목표로 조약 탈퇴 또는 불복종에 입각하는) 플랜 B라는 이 전략은, 주로 2015년 그리스위기 이후에 독일 정부(특히 재무장관)가 그리스 정부에 자신들의 견해를 강요하기 위해 유로존에서 그리스를 축출하겠다고 위협하며 발전되었다.

**107_** 유럽 재건을 다른 나라들에 관철시키기 위해서는 정밀한 재건 제안에 입각해 선출되는 프랑스 정부 하나로 충분하다는 생각을 여기서 옹호하려는 것은 전혀 아니다. 반면 확실해 보이는 것은, 예컨대 2012년 대선에서 사회당 후보가 그랬듯, 얻고자 하는 바를 최소한이나마 정확히 제시하지 않고 유럽 조약들의 재협상을 공표하는 프랑스 정부라면 일단 선출되더라도 뭐든 얻기에 썩 좋은 상황은 아닐 것이라는 점이다.

**108_** 전문 부록 S16.5~S16.6 참조. 또한 A. Gethin, C. Martinez-Toledano, M. Morgan, "Rising Inequalities and Political Cleavages in Spain", WID.world, 2019 참조.

**109_** 2008년 카탈루냐 유권자의 도합 57%가 (자결권까지 포함할 수 있는) 카탈루냐의 광범위한 자치권에 찬성했는데, 이 비율이 2011년에는 61%, 2016년에는 59%다. 2008~2016년에 스페인 내부에서 (자결권 없는) 강화된 지역자치를 지지하는 비율이 저하되면서 자결권에 유리해지는 상황이 확인되는데, 그럼에도 카탈루냐의 자치는 (뒤에서 보겠지만) 2010년에 확대되었다. 주목할 것은 이 조사의 질문들은 스페인 전체에서 시행될 체제에 대한 것이라는 점이다. 카탈루냐에 시행될 체제 관련한 특정 질문들의 답변들을 살펴보면, 카탈루냐 유권자의 자결권 지지는 약 10포인트 더 높다 (2017~2018년에 45~50%).

**110_** 2017년 9월에 실시된 분리독립 주민투표는 찬성 쪽의 승리로 끝이 났는데(찬성 90%, 반대 8%, 기권 2%), 다만 투표율은 42%였다.

**111_** 14장 도표 14.20과 15장 도표 15.18 참조.

**112_** 구체적으로 2018년에, 연방 예산을 충당하는 소득세 세율은 (연간 과세소득 1만 2450유로 이하에 해당하는) 9.5%에서 (6만 유로 이상에 해당하는) 22.5%까지 걸쳐 있다. 어느 지역이 이와 동일한 세율을 적용하기로 결정하면, 해당 납세자들은 도합 19~45% 세율의 소득세를 납부하고 세수는 마드리드와 지역이 반반씩 나눈다. 각 지역은 연방세율보다 높든 낮든 고유의 과세구간과 부가세율을 정할 수 있다. 어떤 경우든 각 지역은 해당 세수를 거두고, 타지역과는 전혀 나누지 않는다. 이 새로운 조세 탈중앙집중화 규칙은 스페인 전체와 마찬가지로 카탈루냐에서도 2010년에 실시되었다. 반면에, 스페인 헌법재판소는 2010년에 (특히 사법 지역화라는 실은 논란의 여지가 있는 사안과 관련해서) 새로운 자치 법령의 다른 측면들을 무효화했는데, 이것들은 2006년에 당시 사회당이 다수당이었던 스페인 의회와 협상하여 카탈루냐 주민투표로 채택했던 것들이다. 이 일로 인해 독립론자는 더 강경해졌다.

**113_** 이 내부 경쟁체계는 또한 2011년 이후로 기업과 부유한 가구의 과세 소재지 허위 신고 전략과 조세 덤핑 전략으로 이어진다. 이는 종국에 누진제 전체를 훼손할 위험이 있다. D. Agrawal, D. Foremny, "Relocation of the Rich: Migration in Response to Top Tax Rate Changes from Spanish Reforms", université de Barcelone-Institut d'économie de Barcelone, avril 2018, https://ssrn.com/abstract=3281544 또는 http://dx.doi.org/10.2139/ssrn.3281544 참조.

**114_** 연방 수준에서 소득 상위에 적용된 세율은 시간이 흐르며 많은 변동이 있었지만 (1930~1980년에는 평균 80% 이상, 1980~1990년 이후로는 40% 선), 주들이 채택한 부가세율(대체로 5~10%)보다 훨씬 큰 재분배 역할을 항상 수행해왔던 것이 사실이다.

**115_** 예컨대 특히 덴마크에서 발전된 '무국적자impatrié' 대상의 특수 세제처럼, 자국으로 유치한 신규 납세자들만을 위해 유럽 현행법의 틀에서 세율을 인하하는 조치가 전적으로 가능하다는 점도 덧붙인다. H. Kleven, C. Landais, E. Saez, E. Shultz, "Migration and Wage Effects of Taxing Top Earners: Evidence from the Foreigners' Tax Scheme in Denmark", *Quarterly Journal of Economics*, vol. 129, n° 1, 2014, pp. 333~378 참조.

**116_** 이와는 약간 다른 성격의 불협화음 사례는 노르웨이에서도 발견된다. 노르웨이는 자국이 사민주의적이며 환경을 염려하는 모습으로 보이길 원하지만, (온난화의 파장을 조금이라도 염려한다면) 마땅히 그대로 유지해야 할 탄화수소를 방대한 재정준비금 축

적을 위해 망설이지 않고 채굴한다. 드라마 시리즈 〈오큐파이드〉(2015)에서는 노르웨이가 양심의 가책을 느끼고 결국 탄화수소 채굴을 중단하면서, 채굴을 계속하게 하려는, 게다가 기후보다는 에너지 공급에 더 신경쓰는 유럽연합의 지지를 받는 러시아의 침입이 촉발된다. 유럽연합은 특히 다소 화려한 프랑스인 판무관의 모습을 통해, 유난히 비열하게 묘사된다.

**117_** 11장 631~632쪽과 G. Du Rietz, M. Henrekson, D. Waldenstrom, "Swedish Inheritance and Gift Taxation(1885~2004)", *in* M. Henrekson, M. Stenkula(éd.), *Swedish Taxation: Developments since 1862*, Palgrave Macmillan, 2015 참조. 1991~1994년 자유주의-보수주의 정권교체는 경쟁을 부추김으로써 교육체계에도 영향을 주었다. 1990년대 초 자유주의로의 전환에서 몇몇 스웨덴 경제학자가 끼친 영향에 관해서는 A. Lindbeck, P. Molander, T. Persson, O. Peterson, A. Sandmo, B. Swedenborg, N. Thygesen, *Turning Sweden Around*, MIT Press, 1994 참조.

**118_** 10장 도표 10.12와 전문 부록의 도표 S10.12a~S10.12b 참조. 미국은 2001~2002년 부시 정부에서, 그후 다시 2017~2018년 트럼프 정부에서 상속세 폐지를 시도했지만 지금까지도 성공하지 못했고 일부 공화당원도 폐지는 과도하다고 판단한다. 그러나 과세 기준이 크게 올라 이 세금의 내실이 부분적으로 약화되었다.

**119_** 스웨덴에서 상속세는 사민당에 의해 2005년에 폐지되었고, 재산세는 (2006~2014년에 집권한) 자유주의-보수당에 의해 2007년에 폐지되었다.

**120_** 또한 2005~2007년에 있었던 폐지들은, 이 나라가 너무 평등하니 더이상 자산 상위에 과세해봐야 유용하지 않다는 스웨덴 일부 사민당 지도자들의 생각을 반영한다. 스웨덴이 20세기 초까지도 극단적으로 불평등했으며 강력한 사회적 평등의 장기 지속은 적절한 제도들에 기초한 것임이 이런 식으로 망각된다. 스웨덴의 과잉불평등주의적 과거에 대해서는 5장 227~229쪽 참조.

**121_** 2017~2018년 프랑스에서 연대부유세 폐지가 논의될 때 스웨덴 경우가 폭넓게 원용되었다. 언젠가 상속세를 폐지하려 들 때 또 한번 그럴 것이다. 자산 등록 및 과세의 세계적 체제에 단독으로는 영향력을 발휘할 수단이 없는 개발도상국들로의 전파 효과는 훨씬 대대적이다.

**122_** "À Berlin, le mouvement Fuck Off Google plus fort que Google", *Le Monde*, 26 octobre 2018 참조.

**123_** 도널드 트럼프의 법인세 감세와 '사회주의 반대 투쟁'을 지지하는 압력단체인 '고용창출 네트워크Job Creators Network'가 특히 그런 경우다(이 단체의 사이트 첫 화면에는 '고용창출 네트워크의 다음 임무는 사회주의 반대 투쟁'이라고 적혀 있다). 고용창

출 네트워크는 2019년 초 뉴욕 담벼락에 반反AOC 벽보를 붙이는 극렬 캠페인에 자금을 댔다("아마존 철수로 뉴욕시에서 2만 5000명이 실직. 뉴욕에서 임금 40억 달러와 경제활동 120억 달러의 손실. 하나도 안 고맙다. AOC!"). 사회주의 반대 투쟁이라는 주제는 (2018년 10월 경제자문위원회CEA가 공표한 「사회주의의 기회비용」이라는 보고서에서 증언한바) 백악관 경제자문위원회의 우선순위에서도 매우 높이 있었고, 이는 그 위험성이 진지하게 다루어졌다는 점과 이데올로기 전투가 상당한 물질적 수단들에 기초한다는 점을 보여준다.

**124_** 그럼에도 여전히 남는 문제는 과연 이와 같은 언술들이 미국의 차기 정권교체에서 진정한 누진세정책 시행으로 이어질 것인가다(민주당 정부들의 대차대조표를 통해 판단해보면, 그러리라고 보기는 어렵다).

**125_** 8장 402~413쪽 참조.

**126_** 영국과 미국처럼 소선거구제.

**127_** 인도 공산당은 그후 1964년부터 주로 중소분쟁 및 집권 전략(국민회의당과의 동맹이냐 아니면 자율 전략이냐)을 둘러싸고 인도 공산당CPI과 마르크스주의 인도공산당CPI(M)(M은 마르크스주의를 뜻함)을 포함한 여러 조직으로 분열했다. 인도공산당(M)은 1970년대 이후 인도의 여러 주, 특히 서벵골과 케랄라에서 대체로 다양한 좌파 정당을 포함하는 좌파전선 또는 좌파민주전선 유형의 동맹을 주도하여 집권했다.

**128_** 커가는 다양한 사회적 저항에 직면하여 인디라 간디는 1975~1977년에 전국 비상사태를 발동했고, 이것이 1977년 총선에서 그녀를 반대하는 모든 불만세력을 일시적으로 규합시키는 효과를 발휘했다.

**129_** 1947~1964년에는 자와할랄 네루, 1966~1977년과 1980~1984년에는 그의 딸 인디라 간디가 수상직을 맡았고, 1984~1989년에는 라지브 간디가 모친이 1984년에 시크교도 경호원들에게 암살당한 후 수상직을 이어갔다. 네루-간디 가문은 전간기부터 1948년 어느 힌두 민족주의자에게 암살당할 때까지 국민회의당에 참여했던 마하트마 간디와 아무 관련이 없음을 기억하자.

**130_** 대체로 특히 통합진보동맹UPA이라는 틀에서 인도국민회의당과의 동맹에 참여했던 정당들이 이 진영에 속했다. 국민회의당NCP, 드라비다진보연맹DMK, 텔랑가나 라슈트라 사미티TRS, 비주자나타 달BJD이 그 정당이다. A. Banerjee, A. Gethin, T. Piketty, "Growing Cleavages in India? Evidence from the Changing Structure of the Electorates 1962~2014", WID.world, Working Paper, 2019/5 참조.

**131_** Bharatiya Janata Party는 '힌두인민당'이나 '인도인민당'으로 번역될 수 있다. 바라타Bharata가 산스크리트어로 인도의 전통 명칭이라는 사실과 BJP가 인도의 힌두 정

체성을 분명히 강조하는 이데올로기를 선전한다는 사실을 감안하면 전자의 번역이 더 타당해 보인다.

**132_** 대체로 특히 민족민주동맹NDA이라는 틀에서 힌두인민당과의 동맹에 참여했던 정당들이 이 세력에 속했다. 시브 세나Shiv Sena, 시로마니 아칼리 달SAD, 텔루구 데삼TDP이 그 정당이다. A. Banerjee, A. Gethin, T. Piketty, "Growing Cleavages in India? Evidence from the Changing Structure of the Electorates 1962~2014", art. cité 참조.

**133_** 힌두인민당은 이런 호칭을 공식적으로 주장하며 당원 수가 2015년에 1억 1000만 명을 넘어섰음을 명기한다(www.bjp.org). 이에 비해 중국공산당의 당원 수는 9000만 명이다(12장 692~696쪽 참조).

**134_** 민족봉사단Rashtriya Swayamsevak Sangh.

**135_** M. S. Golwalkar, *We or Our Nationhood Defined*, 1939, pp. 49~50 참조. 골왈카르가 표명한 이슬람 반대의 폭력성과 문명적 민족주의는 1802년 『기독교 정수』에서 샤토브리앙이 펼친 주제를 자연스럽게 떠올리게 한다(8장 382쪽 참조). 민족봉사단과 힌두인민당은 (특히 기독교 선교사들과 일부 토착 부족민의 개종에 맞서는) 반기독교적인 발언과 행동으로 이따금 이름을 알렸다. 하지만 언제나 인도의 맥락에서 중심 역할을 했던 것은 당연히, 수백 년 동안 하층 카스트 출신들로부터 숱한 개종자를 이끌어낸 이슬람과의 경쟁이었다(8장 참조). 민족봉사단의 고전적 주제는 또한 힌두교야말로 서양 이데올로기, 특히 자본주의와 공산주의 이데올로기의 유일하게 실현가능한 대안이라는 것이다.

**136_** 전 민족봉사단 단원이 간디를 암살한 탓에 민족봉사단은 1948년에 짧게 활동이 금지된 적이 있고, 1992년에 단원들이 모스크 파괴에 가담한 탓에 금지되었다가 1993년에 재승인되었다. 법원은 민족봉사단 간부들이 소요의 조직화에 직접 연루된 증거가 없다고 판결했던 것이다. 힌두 활동가들의 주장은 라마 신에게 바쳐진 오랜 사원 자리에 바브리 마스지드가 16세기에 지어졌다는 것인데, 고고학적 발굴은 현장 인근에 많은 건축물이 있었음을 보여준다. 하지만 여러 주장이 대치중인 가운데 결론을 내리기는 어렵다.

**137_** 모스크 파괴 이외에 반이슬람 소요의 주요 동기들은 무슬림들이 힌두교 교리상 부적절한 동물 도축을 행한다는 것과 일부 축일을 준수하지 않는다는 것이다. 8장 402~403쪽 참조.

**138_** *Sankalp Patra*, BJP, Lok Sabha, 2019년의 '문화유산' 섹션 참조. 사건은 아직도 법원에서 다투는 중이다. 결국 힌두와 무슬림 사이에서 그 현장을 어떻게 분할할 수 있을지 그 윤곽을 규정해보려는 새로운 발굴도 현장에서 진행중이다.

**139_** 특히 이 집단에는 정당들, 즉 인도 공산당CPI, 마르크스주의 인도공산당CPI(M), 사마즈와디당SP, 다수자사회당BSP, 연합 자나타 달JD(U), 세속 자나탈 달JD(S), 라슈트리야 자나타 달RJD, 전인도 트리나물 회의AITC가 포함되었다. A. Banerjee, A. Gethin, T. Piketty, "Growing Cleavages in India? Evidence from the Changing Structure of the Electorates 1962~2014", art. cité 참조.

**140_** 실제로 사마즈와디당-다수자사회당과 국민회의당 연합이라는 두 진영은 일부 주와 전략적 선거구들에서 서로 충돌하는 모습을 보이지 않으려 한다. 힌두인민당과 그 연합에 맞서 제휴가 필수인 곳들이라는 것인데, 그렇다고 명시적인 전국 제휴까지 가지는 않는다.

**141_** 이 결과들과 선거 사후조사들에 대한 상세 자료로는 A. Banerjee, A. Gethin, T. Piketty, "Growing Cleavages in India? Evidence from the Changing Structure of the Electorates 1962~2014", art. cité 참조. 1962년부터 2014년까지의 선거 사후조사 데이터는 전반적으로 잘 보존되어 있지만, 안타깝게도 1980년대 및 1990년대 초 일부 데이터가 누락되어 있고 미비한 조사들도 있다.

**142_** 8장 도표 8.2~8.5와 표 8.1~8.2 참조. (인구의 약 5%인 기독교·불교·시크교 등) 기타 종교를 믿는 유권자들은 평균적으로 무슬림 및 하층 카스트와 유사한 투표 성향을 보인다. 가용 표본이 너무 적어 각각의 선거 행태를 따로 분석할 수 없기에 여기 제시된 분석에서는 누락되었다. A. Banerjee, A. Gethin, T. Piketty, "Growing Cleavages in India? Evidence from the Changing Structure of the Electorates 1962~2014", art. cité 참조.

**143_** 영국에 의해 납세유권자선거제(성인인구의 약 20%가 투표권 보유)로 1946년에 실시된 마지막 지방선거에서 국민회의당은 의석 80%를 획득했는데 그중 거의 50%를 브라만이 차지했고, 이것이 암베드카르를 격노하게 했다. A. Teltume, *Republic of Caste. Thinking Equality in a Time of Neoliberal Hindutva*, *op. cit.*, p. 143 참조. 전간기와 1940년대에 국민회의당과 갈등을 빚은 하층 카스트 정치지도자인 암베드카르에 관해서는 8장 400~401쪽 참조.

**144_** 8장 383~396쪽과 N. Bharti, "Wealth Inequality, Class and Caste in India, 1951~2012", art. cité 참조.

**145_** 다만 중요한 차이는 무슬림 유권자들은 사회경제적 위계상 지정카스트-지정부족보다 더 상위에 위치하는데도, 정작 투표에서는 오히려 좌파를 지지한다는 점이다.

**146_** 1977~1980년 국민당 정부와 1989~1991년 자나타 달 정부의 결정적 공헌은 이 위원회 설치와 기타하층계급 할당 시행이었다. 8장 411쪽과 특히 카스트에 의한 인도

민주화 관련해서는 크리스토프 자프렐로의 분석들 참조. 전반적으로 1980년 국민당 연정의 와해는 만달 대 만디르 구도를 둘러싸고 벌어졌다. 세속주의적이고 사회주의적인 정당들은 만달위원회에 의해 개시되어 기타하층계급 할당으로 이어진 과정을 지지하기로 선택했고, 이에 비해 힌두 민족주의자들은 연정에서 이탈해 아요디아에 힌두 사원(만디르)을 건설한다는 상징적 목표를 세우곤 힌두인민당을 창당했다. S. Bayly, *Caste, Society and Politics in India from the 18th Century to the Modern Age, op. cit.*, pp. 297~300 참조.

**147_** '크림층'에 속하는 기준은 현재 연간소득 80만 루피다(인구의 약 10%를 배제하는 것). 8장 406~408쪽 참조.

**148_** (북인도의) 우타르프라데시는 인도에서 인구가 가장 많은 주라는 점(2018년 기준 2억 1000만 명), 해당 지역에서 실시되는 선거는 인도 미디어에서 크게 다루어진다는 점을 상기하자.

**149_** 일반적으로 주들 수준에서의 계급주의적 균열과 카스트주의적 균열의 다양한 재조합과 더불어 정당의 동역학에서 엄청난 다양성이 관찰된다. 1998년, 2003년, 2008년에 국민회의당이 다수자사회당의 지지로 델리에서 거둔 승리는 인민계급과 이민자 유권자에 근거한 것이었고, 이에 비해 (1993년 선거에서 승리했던) 힌두인민당은 부유하고 반이민자적인 유권자들로부터 최상의 성적을 거두었다. 다음의 계몽적 저서를 보라. S. Kumar, *Changing Electoral Politics in Delhi. From Caste to Class*, Sage Publications, 2013. 반부패 시민 정당인 보통사람당AAP은 국민회의당-다수자사회당 유권자와 유산을 광범위하게 계승하여 2013년과 2015년에 힌두인민당을 제압했고, 이는 연방정부의 극렬한 반감을 샀다.

**150_** 2014년 총선과 그 이후 상황의 전략을 해명해주는 분석으로는 C. Jaffrelot, *L'Inde de Modi. National-populisme et démocratie ethnique*, Fayard, 2019 참조.

**151_** 이 주제에 관해서는 M. J. Akbar, *India: The Siege Within. Challenges to a Nation's Unity*, UBS Publishers Distributors, 1996, nouvelle éd., Roli Books, 2017 참조.

**152_** 2002년 소요는 (라마 신에게 봉헌된 사원 건설을 위해 동원되었던) 힌두 주민들이 아요디아에서 돌아오는 길에 기차가 마침 무슬림 구역을 통과하던 때 화재와 포탄에 희생되며 시작되었다. 당시 구자라트주의 수상이었던 모디는 무슬림 공동체 전체가 집단적으로 책임이 있다고 공식적으로 지목했으며 은연중에 소요를 부추겼다. 종교 갈등 조장은 모디가 2001~2014년 연달아 구자라트 수상으로 재선되는 데 일조했으며, 2014년 연방선거를 위한 발판으로 구실했다. C. Jaffrelot, *L'Inde de Modi. National-*

*populisme et démocratie ethnique, op. cit.*, pp. 69~75; C. Thomas, *Progroms et Ghetto. Les musulmans dans l'Inde contemporaine*, Karthala, 2018 참조.

**153_** 뭄바이 테러 공격이 있은 지 10년이 지난 2018년까지도 여론조사 답변자의 80%는 무슬림의 테러를 이 나라의 주요 위협으로 꼽는다. 선임자인 힌두인민당의 바지파이와는 반대로, 모디는 자신의 임기 동안 라마단 종료를 기리는 공적 의식들에 참석하기를, 그것이 나치에 대한 체임벌린의 태도에 비견되는 일종의 '유화책'이라 보고, 항상 마다해왔다. 그는 2014년 총선에서 모디는 투표지라는 무기를 '무굴제국하의 활과 화살'에 비교했고, 라훌 간디를 어김없이 '셰자다shehzada'(무굴제국에서 이슬람왕조들의 왕세자)로 취급했다. 종교적 적대를 유지하고 과거의 무슬림지배를 환기하는 상황들은 계속된다. C. Jaffrelot, *L'Inde de Modi. National-populisme et démocratie ethnique, op. cit.*, pp. 124~143 참조.

**154_** 물론 덜 폭력적이긴 해도 동요가 점점 늘고 있는 상황에서, (이슬람 극단주의에, 나아가 2015년 샤를리 에브도 공격의 주모자들에게 호의적이라고 의심받고 있는) 프랑스 메디아파르 언론인들을 향한 비난과, 더 일반적으로는 반이민자와 반난민을 내건 제노포비아적인 우파에 맞서 비유럽 출신 무슬림 주민을 옹호하는 개인이나 정치운동 모두에 어김없이 가해지는 '이슬람-극좌주의'라는 비난은 분명히 힌두인민당의 전략과 영감을 공유한다.

**155_** 이 사건들 이후 힌두인민당 지지율은 여론조사에서 뚜렷이 상승했다.

**156_** 2017년에 민족봉사단 지도자 모한 바그와트는 가르 왑시Ghar wapsi('집으로의 귀환')라 불리는 힌두교로의 재개종 운동을 다음과 같이 옹호했다. "인도의 무슬림은 또한 힌두이기도 하다. (…) 우리는 길 잃은 우리 형제들을 데려올 것이다. 그들은 자의로 떠난 것이 아니었다. 누군가 그들을 훔쳐갔던 것이며 떠나라고 꾀었던 것이다. (…) 이제 도둑은 잡혔고 모두 자신의 재화를 그자가 소유했음을 알았다. 나는 내 재화를 되찾겠다. 그걸 어렵게 여길 필요가 없다. (…) 우리는 두려워할 이유가 없다. 왜 두려워해야 하나? 우리는 이방인이 아니다. 여기가 우리의 조국이다. 여기가 우리의 나라다. 여기가 힌두 라슈트라다."(C. Jaffrelot, *L'Inde de Modi. National-populisme et démocratie ethnique, op. cit.*, pp. 172~173 참조)

**157_** 비록 강제이주운동이 그 주창자들의 생각만큼 대규모로 전개되지는 못했지만, 라이베리아라는 하나의 나라가 창설되는 데까지 이어졌다. 6장 288쪽 참조.

**158_** Nyuntam aay yojana(최저보장소득체계).

**159_** 보건 분야 지출은 2009~2013년과 2014~2018년 사이에 평균적으로 국내총생산의 1.3%에 정체해 있었고, 이에 비해 교육투자는 3.1%에서 2.6%로 줄었다. N. Bharti,

L. Chancel, "Tackling Inequality in India. Is the 2019 Election Campaign Up to the Challenge?", WID.world, 2019 참조.

**160_** 8장 411~412쪽 참조.

**161_** A. Banerjee, T. Piketty, "Top Indians Incomes, 1922~2000", Oxford University Press pour le compte de la *World Bank Economic Review*, 2005; L. Chancel, T. Piketty, "Indian Income Inequality 1922~2015: From British Raj to Billionaire Raj?", WID.world, Working Paper Series, n° 2017/11 참조. 소득 상위에 대한 감세는 1984년부터 1989년까지 라지브 간디, 1991년부터 1996년까지 라오 하에서 이루어졌다. 또한 J. Crabtree, *The Billionaire Raj. A Journey Through India's New Gilded Age*, Tim Duggan Books, 2018 참조.

**162_** 2019년에 사마즈와디당-다수자사회당은 (구매력평가로 보자면 약 100만 유로에 상당하는) 2500만 루피 이상의 자산에 세율 2%의 연방재산세를 신설하자고 제안한다. 인도 인구의 약 0.1%(1000만 명 이상)가 이에 해당하고 세수는 국내총생산의 약 1%일 것이다. 전문 부록을 보라. 1988년 프랑스에서 전국적인 최저소득보장체계(최저통합소득RMI) 도입은 새로운 부유세 도입과 동시에 시행되었음이 주목될 것이다. 이 세금의 세수로 최저통합수당 재원이 대략 조달되었다.

**163_** 민족민주연합의 힌두인민당 및 그 제휴세력은 이전 로크사바에서 의석수 545석 중 336석(그중 힌두인민당 281석)을 차지하고 있었다. 2019년 총선에서는 352석(그중 힌두인민당 303석)을 차지했다.

**164_** 또한 주목할 것은 지난 수십 년간 서양 선거민주주의들에서 관찰되는 양상과는 반대로, 인도에서는 빈민들의 선거 결집 정도가 매우 (심지어 때로는 부자들보다 더) 높다는 점이다. 일부 연구자들은 이것을 너무 약한 국가의 결과로 보자고 제안했다. 부자들이 국가로부터 스스로를 지키기 위해 뭉칠 필요가 없을 정도로 인도 국가가 약하다는 것이다. K. Kasara, P. Suryanarayan, "When Do the Rich Vote Less than the Poor and Why? Explaining Turnout Inequality around the World", *American Journal of Political Science*, vol. 59, n° 3, 2015, pp. 613~627 참조. (다수자사회당 같은) 새로운 정당들의 인민계급 동원능력도 일정 역할을 하였다.

**165_** 8장 406~408쪽 참조. 2019년 1월의 개헌은, 연소득이 80만 루피 이하이며 이전 할당제에서는 제외된 주민들(예전의 상층 카스트)을 위해 (지정카스트-지정부족, 기타 하층계급에 할당되는 50%의 자리들에 더해) 10%의 추가 할당을 만드는 것이었다. 실제로 (인구의 약 10%를 배제할) 이 소득 기준에 주거 및 보유 토지의 규모와 관련된 여타 기준들이 수반되기에, 도합 인구의 약 20~30%가 배제된다. 논리적으로 당연히 이와

같은 규정들이 시행되기 위해서는 현재보다 훨씬 더 신뢰할 만한 소득 및 자산 등록체계가 수반되어야 할 것이다. N. Bharti, L. Chancel, "Tackling Inequality in India. Is the 2019 Election Campaign Up to the Challenge?", art. cité 참조.

**166_** 인도의 이와 같은 실험들에 대한 더 상세한 논의는 8장 참조.

**167_** 다음 장에서 재론하겠다.

**168_** 1891년의 포스트노예제 헌법은 문맹자들에게는 투표권이 없다고 명기하였다. 이 규칙은 1934년과 1946년 헌법들에서도 계승된다. 1950년 성인인구의 50% 이상은 여전히 투표권을 갖지 못했다. 6장 291~292쪽 참조.

**169_** 하지만 선거가 치러졌던 2018년 당시의 대단히 특수한 정국을 강조해야 한다. 본래 당에서는 룰라를 후보로 지명하였으나 그가 투옥되며 사법당국에 의해 출마가 저지되었다.

**170_** 룰라는 상파울루 공업지대에서 노조운동을 하던 노동자였고, 호세프는 대학에 자리잡기 전 군부독재하에서 3년간 옥살이를 했다.

**171_** 인도와 마찬가지로, 브라질의 가용 선거 사후조사들로는 자산 수준에 따른 투표를 체계적으로 분석하기 어렵다. 브라질의 선거 결과들을 상세히 소개한 것으로는 A. Gethin, *Cleavage Structures and Distributive Politics, op. cit.*, pp. 29~41; A. Gethin, M. Morgan, "Brazil Divided: Hindsights on the Growing Politicization of Inequality", WID.world, 2018 참조.

**172_** A. Gethin, *Cleavage Structures and Distributive Politics, op. cit.* p. 38, fig. 3.5 참조. 도표 16.15에 제시된 학력 및 소득 효과들은 (인종 범주와 지역을 포함한) 다른 통제변수들을 반영해 추산된 것임을 명확히 해두자. 통제변수 반영 전에는, 학력 및 소득에서 하위 90%보다 상위 10%에 귀속된다는 사실과 연결된 효과가 대략 2배 더 높을 것이다(6~10포인트가 아니라 대략 15~20포인트). 전문 부록의 도표 S16.15 참조.

**173_** M. Morgan, *Essays on Income Distribution Methodological, Historical and Institutional Perspectives with Applications to the Case of Brazil(1926~2016)*, Paris School of Economics(PSE) et EHESS, 2018, p. 106, fig. 3.5, pp. 135~316, fig. 3.24~3.25 참조. 돌이켜보자면 1945~1964년 브라질의 소득 불평등 감소기를 종식시켰던 것은 1964년의 쿠데타임이 명백하다. 이 쿠데타는 (바르가스 임기 밀 임금 상승이 높았던 시기에 1953년 노동부 장관을 역임한) 노동당 대통령 주앙 굴라르에 맞서 미국의 지지를 얻어 모의된 것이다. 군부 집권의 전반적인 목표는 브라질의 소유주의적 사회질서를 위해 이처럼 전복적인 사회주의 성향으로 여겨진 흐름을 끝장내는 것이었다.

**174_** 2010년 인구조사에서 자신을 '백인'이라고 진술한 사람들은 48%에 불과했다

(2000년에는 54%). 남부 주들에서는 이 비율이 훨씬 높으며, 상파울루와 우루과이 및 아르헨티나의 인접 주들에서는 70~80%에 달한다. 반면 바이아와 북동부에서는 20~30%가량이다.

**175_** 이것은 하나의 당이 브라질 연방의회 선거제에서 과반수를 획득하기 매우 어렵다는 사실(2002년과 2006년의 노동자당처럼 하나의 당이 대선 결선투표에서 연방의 60% 이상을 득표하는 상황일지라도)에서 기인한다. 특히 연방 하원은 각 주에서 비례선거로 선출되며, 이로 인해 지역 정당의 수가 증가한다.

**176_** 가용 추계에 따르면, 가난한 50%의 몫은 2002~2015년에 12%에서 14%로, 그 다음 40%는 34%에서 32%로 변동했고, 부유한 10%는 56% 그대로였다. 같은 시기에 부유한 1%에게 돌아가는 몫은 26%에서 28%로 늘었다. M. Morgan, "Falling Inequality beneath Extreme and Persistent Concentration: New Evidence on Brazil Combining National Accounts, Surveys and Fiscal Data, 2001~2015", WID.world, Working Paper Series, n° 2017/12, fig. 3~4 참조.

**177_** 주목할 것은 브라질의 1945~1964년 불평등 감소는 누진세와 재분배에 훨씬 더 우호적인 국제적 이데올로기적 맥락에 있다는 점이다.

**178_** 강조해야 할 것은 정치적-이데올로기적 갈등들의 이러한 다차원성은 다원적 선거 민주주의를 채택하지 않은 중국·러시아·이집트·사우디아라비아 같은 나라들에서도 역시 작동하고 있다는 점이다. 다만 다차원성은 파악하기 까다롭고 잘 보이지 않거나 단편적으로만 보여서, 집단 학습이 어려워진다.

**179_** 1960~1970년 인민계급의 지지율이 매우 높았던 노동당에는 이미 1980~1990년에 고학력자들의 지지가 집중되기 시작했는데, 이는 전 세계적 이데올로기 맥락의 전환(사회주의의 침체)과 더불어 유럽 및 북미 출신(아시케나지)과 중동 및 북아프리카 출신 이스라엘인(미즈라히·세파르디) 사이의 균열 진화를 반영하는 것으로 보인다. Y. Berman, "The Long-Run Evolution of Political Cleavages in Israel, 1969~2015", WID.world, 2018 참조. 또한 주목할 것은 이스라엘에는 노동당과 의회주의 전통이 있음에도 소득 및 자산 관련 조세 데이터 거의 전부가 없다는 점이다.

**180_** F. M. Wuthrich, *National Elections in Turkey. People, Politics and the Party System*, Syracuse University Press, 2015 참조.

**181_** 1960년대 초 일부 전통 엘리트들은 농지개혁을 피하기 위해 종교재단waqf에 토지를 양도했고, 이 전략은 2000~2010년 이슬람 정당 지지 투표의 지리적 패턴에 계속 영향을 미쳤다. S. Bazzi, G. Koelher, B. Marx, "The Institutional Foundations of Religious Politics: Evidence from Indonesia", Sciences Po, 2018; P. J. Tan,

"Explaining Party System Institutionalization in Indonesia", *in* A. Hicken, E. Martinez Kuhonta, *Party System Institutionalization in Asia*, Cambridge University Press, 2015, pp. 236~259 참조.

**182_** 7장 342~344쪽 참조.

**183_** 앞에서 거론된 경우들은 정당의 동역학에서 외국의 영향 또한 중요함을 보여준다. 인도네시아뿐 아니라 말레이시아·태국·터키에서도 냉전의 유산과 공산주의 및 사회주의 운동 붕괴는 계급주의적인 균열의 형성을 저해했으며 종교 정당 출현에 유리하게 작용했다. 남아공에서는 서양 정부(아주 최근에는 도널드 트럼프)의 백인소유자 비호 탓에 야심적인 농지개혁 실행이 어렵다. 미국이나 유럽연합이 이스라엘-팔레스타인 갈등의 정치적 해결을 강제하기로 결정했더라면, 이스라엘의 정치적 갈등구조는 완전히 달라졌을 것이다.

**184_** 14장 표 14.1 참조.

**185_** 10장 497~500쪽 참조.

**186_** 이러한 관점에서 인상적인 것은, '좌파 포퓰리즘'에 연계된 저작들은 자본주의 극복을 가능케 하는 제도 형태들을 아예 혹은 거의 다루지 않는 점이다. 이 책들은 대단히 흥미로움에도 불구하고, 예컨대 전술한 사회연방주의 문제들에 대해서는 논의하지도 않으며, 소유체제, 기업 내 의결권 재정의, 누진소유세 문제들은 말할 것도 없다. 예컨대 E. Laclau, *La Raison populiste*, Seuil, 2008; J.-L. Mélenchon, *L'Ère du peuple*, Fayard, 2014; C. Moufle, *Pour un populisme de gauche*, Albin Michel, 2018 참조. 이 연구들은, 좌-우 정권교체의 기만에 싫증난(그리고 때로는 제노포비아적 언술에 유혹당하는) 유권자들의 동원을 가능케 하는 인민/엘리트 적대를 유지하는 것이 우선이라는 원칙에서 출발하는 것으로 보인다. (예컨대 유럽 또는 소유에 관한) 강령적이고 제도적인 내용의 문제는 새로운 역학관계가 확립된 연후에 다뤄지리라는 것이 암묵적 가설이다.

## 제 17 장

**1_** 특히 그의 '차등의 원칙'이 그럴 것이다. "사회적 경제적 불평등은 사회의 최소 수혜자에게 최대 혜택을 주는 것이어야 한다." 『정의론』(1971)에 나오는 이 공식은 1993년에 출간된 『정치적 자유주의』에서 재론되고 구체화되었다. 이 이론은 흔히 '최소극대화' 개념으로 요약되는데(최상의 사회적 목표는 최소 복지를 최대화하는 데 있다), 롤스는 또

한 기본권의 절대적 평등을 역설한다.

**2_** "인간은 자유롭고 평등한 권리를 지니고 태어나 살아간다. 사회적 차별은 오로지 공익에 근거할 경우에만 허용될 수 있다." 뒷부분은 직업 접근의 평등이 전제되고 빈민에게 이익이 된다는 조건하에 정의로운 불평등으로 길을 여는 단서로 해석되어왔다. 『21세기 자본』, 570~572쪽 참조.

**3_** 롤스의 접근이 갖는 주요 한계는 그것이 상대적으로 추상적이며, 불평등 및 불평등과 연관되어 있는 누진세 수준들에 관해 분명한 견해를 표명하지 않는다는 데 있다. 예컨대 바로 이런 부분 때문에 하이에크는 『법, 입법 그리고 자유』(1982)의 서문에서 자신이 롤스와 그의 '차등의 원칙'과 가깝다고 쓸 수 있었던 것이다. 이 원칙은 명확하지 않은 우대해야 할 고려사항들을 내세워 실제로 어느 수준의 불평등이든 마구 정당화하는 데 흔히 사용되었다.

**4_** 여기서 제시되는 일부 관념, 특히 소유 순환과 상속 및 자산 과세에 관한 것들은 레옹 부르주아와 에밀 뒤르켐 같은 프랑스 사회연대주의자적 사회주의에 속하는 저자들의 관념에 가깝다(11장 618~619쪽 참조). 제임스 미드가 주로 발전시킨 '재산소유 민주주의'라는 개념과의 유사성 또한 주목하자. 문제는 이러한 개념이 (롤스의 개념들과 마찬가지로) 때로는 명확히 보수적인 방식으로 사용되어왔다는 데 있다. B. Jackson, "Property-Owning Democracy: A Short History", *in* M. O'Neill, T. Williamson, *Property-Owning Democracy. Rawls and Beyond*, Blackwell, 2012 참조. 구성적인 측면에서, 여기서 옹호하는 선택지들은 19세기 이후 다양한 나라의 역사적 경험에 의거하며, 따라서 다수의 지적 전통이 뒤섞여 있다.

**5_** 더 상세한 분석은 11장 552~570쪽 참조.

**6_** 나라와 법제와 기업 규모에 따라, 기업의 전반적인 정책 결정을 책임지는 기구는 엄밀한 의미의 이사회가 아니라 감독위원회 또는 간단히 관리위원회의 형태를 띨 수 있다.

**7_** 11장 567~570쪽과 12장 652~654쪽 참조.

**8_** J. Cagé, *Sauver les médias. Capitalisme, Crowdfunding et Démocratie, op. cit.* 참조. 이윤 창출(과 경우에 따라서는 그 일부를 적어도 일정 기준 이상으로 재판매하는 행위)의 금지에는 반대급부로 미디어가 증여세 감면 혜택을 누릴 가능성이 있을 텐데, 이 감면은 오랫동안 교육 또는 예술 분야의 비영리기구들에 주어지던 것이다. 이 증여와 증여세제에 대해서는 뒤에서 재론하겠다.

**9_** 예컨대 의결권 상한 설정이 발동되는 자본출자 기준은 (10인 이하의 임금노동자를 둔) 소기업에서는 90%로 하고, 점차 낮춰 (100인 이상의 임금노동자를 둔) 대기업에서는 10%로 할 수 있을 것이다. 물론 이 기준에 관해 광범위한 논의와 실험을 해볼 가치

가 있고, 구체적인 수치를 여기서 확정하기가 적합하지 않다는 것은 자명하다.

**10_** 이 모델은 특히 대학체계 내부의 불평등 증가를 초래하고 있고, 이는 바로잡아야 할 일이다. 이 불평등에 관해서는 뒤에서 재론하겠다.

**11_** 실패는 이 조직과 직업에 고유한 동기 및 무사무욕이라는 중심 가치를 영리 논리가 잠식하는 경향이 있다는 사실로 대개 설명되는 것 같다. 유사한 이유로, 학생들의 시험 성적과 직접적으로 연동시켜 금전적 보상을 제공하는 시도는 전반적으로 매우 부정적인 결과들을 내왔다(시험에 흔히 나오는 일부 문제들에만 집중하는 속성 학습, 그 외 모든 영역에 대한 지식과 능력의 가속화된 망각).

**12_** 11장 566~567쪽 참조.

**13_** 10장 도표 10.4~10.5와 11장 도표 11.12~11.15 참조.

**14_** 13장 표 13.1과 도표 13.8~13.9 참조.

**15_** 10장 도표 10.11~10.12 참조.

**16_** 예컨대 워런 버핏은 2015년에 연방소득세 명목으로 180만 달러를 냈다. 그의 재산이 650억 달러로 평가되었으니 자산 대비 세율은 0.003%다. E. Saez, G. Zucman, *The Triumph of Injustice*, *op. cit.*, pp. 155~156 참조. 다른 나라의 억만장자들, 예컨대 2010년대 초 프랑스의 릴리안 베탕쿠르도 공표된 총액은 비슷하다. 수십억 유로의 재산 대비, 소득세 과세대상 소득은 수백만 유로. 자산을 토대로 (예컨대 자산에 현실성 있는 수익을 적용시켜) 추산한 경제적 소득에 소득세 과세표를 적용할 수도 있겠지만, 이렇게 하려면 (소득만이 아니라) 자산이 정확하게 신고되고 등록되어야 한다.

**17_** 소규모 재산을 가진 사람들은 제외하고 말이다. 건물이나 창고, 또는 사무실을 소유한 자에게 그가 이것들로 그 어떤 유효한 소득도 벌지 않는다는 이유로, 해당 세금을 내기 위해서는 재산의 일부를 파는 것으로 충분한데도, 게다가 이것이야말로 더욱 역동적인 보유자들 쪽으로 자산이 순환되는 것에 기여하는 것임에도 불구하고, 그에게 토지세 또는 재산세를 면제해주자고 생각하는 이는 아무도 없을 것이다. 이것은 소득과 무관하게 소유에 과세하는 것을 지지하는 고전적 주장이며, 적어도 어느 정도까지는 부분적으로 타당하다. 모든 세제가 보유자본에 의존한다면, 일시적으로 적자를 낸 기업의 경우 (동일 자본으로) 막대한 수익을 올린 다른 기업만큼 세금을 내야 할 텐데, 이는 전자의 기업에 매우 가혹하기 때문에 파산에 이르게 할 수도 있다. 바로 이런 이유로 이상적인 세제는 항상 소유세와 소득세 사이에서 균형을 이뤄야만 하는 것이다. 전문 부록 참조.

**18_** 18~19세기에서 유래한 소유세의 역사와 논의에 관해서는 4장 177~180쪽과 11장 621~626쪽 참조.

**19_** 이 주제에 관해서는 A. Spire, *Résistance à l'impôt, attachement à l'État*, Seuil, 2018 참조. 이 조사에서 또한 드러나는바, 평균 이하의 납세자들은 세제의 전반적으로 취약한 누진성에 대해, (부가가치세·유류세 등의 간접세, 평균 이하의 임금에 부과되는 일반사회보장금CSG과 같은 분담금과 비례세, 상위층 소득 조작과 탈세의 가능성을 감안하면) 심지어 최상층에서 보이는 역진성에 대해, 또한 공적지출(특히 교육과 보건)에 대한 여러 사회계급의 접근 불평등에 대해 아주 정확히 인식하고 있다. 또한 M. Forsé, M. Parodi, "Les Français et la justice fiscale", *Revue de l'OFCE*, n° 137, 2015, pp. 97~132 참조. 과세구조 및 누진제 문제에 관해서는 11장 도표 11.19 참조.

**20_** 상위·중위·하위 자산 구성에 관해서는 11장 도표 11.17 참조.

**21_** 이론적 관점에서, 신용제한 또는 자산가치와 그 수익의 (상속 당시에는 예상할 수 없는) 미래 변동이 도입되면서부터, 상속세의 상당 부분을 연간소유세 형태로 과세하는 것이 바람직해진다. E. Saez, T. Piketty, "A Theory of Optimal Inheritance Taxation", *Econometrica*, vol. 81. n° 5, 2013 참조.

**22_** 4장 도표 4.1~4.2와 5장 도표 5.4~5.5 참조. 가장 가난한 50%가 총자산에서 점하는 이러한 극도로 낮은 비율(5~10% 선)은 모든 연령대에서 확인된다. 전문 부록의 도표 S11.18 참조.

**23_** 10장 도표 10.4~10.5와 13장 도표 13.8~13.10 참조.

**24_** 3~4장 참조.

**25_** 5장 195~196쪽과 219~223쪽, 11장 617~618쪽 참조. 반면 미국이나 남아공에서는, (수세기 동안 무보수로 노동했으며 남북전쟁 말기에 남부군에 맞서 북부군이 이들을 동원하기 위해 '노새 한 마리와 40에이커의 땅' 즉 약 16헥타르를 약속했던) 옛 노예들 또는 (여전히 관련 논쟁이 진행중인) 아파르트헤이트의 희생자들인 흑인 주민에게 그 어떤 토지 재분배도 이루어진 적이 없다. 6장 277쪽과 7장 343~345쪽 참조.

**26_** 역사의 흐름에서 연간소유세(즉 보유자산에 입각한 세금)는 자산세·자본세·재산세·토지세 등등 여러 가지로 호명되어왔다. 11장 615~631쪽 참조. 내가 소유세라고 말하기를 선호하는 이유는, 내가 보기에는 이렇게 부름으로써 사회적 관계로서의 소유를 더 강조할 수 있기 때문이다. 법인세의 역할에 대해서는 뒤에서 재론하겠는데, 여기서는 이 세금이 누진소득세에 포함되었다.

**27_** 그중 약 4%는 연간소유세, 그리고 1%는 상속세다.

**28_** (내가 뒤에서 재론할 탄소세처럼 외부성을 교정하는 것이 문제일 때를 제외하면) 여기서 제시되는 세제에는 간접세가 없다. 일반적으로, (부가가치세 같은) 간접세는 대단히 역진적이고, 결국은 소유·상속·소득 관련 누진세로 대체하는 것이 바람직하다고

본다.

**29_** 표 17.1에 제시된 기준과 세율과 세수는 2010년대 말 미국과 유럽에서 관찰된 자산 및 소득의 평균적 배분에 근거하여 계산되었다. 기준은 평균자산과 평균소득을 배수로 표현한 것이고, 자산과 소득의 분배는 인도와 중국과 러시아에서 (근사치로) 비교적 유사하며, (국민소득에 비례하여) 등가적인 세수를 확보하기 위해 이 나라들에 적용해야 할 과세표 역시 매우 유사할 것이다. 여기서의 목표는 확정적인 계산을 제공하는 것이 아니라 규모의 추이를 획정하는 것이다. 일반적으로 자산과 소득 집중이 (미국처럼) 더 심한 나라들은 동일한 세수 확보를 위해 최고세율을 약간 낮출 수 있을 것이고, (유럽에서처럼) 집중이 덜한 나라들은 도리어 최고세율을 약간 높여야 할 것이다. 전문 부록 참조.

**30_** 한 세대의 규모(즉 매년 25세에 달하는 사람들의 수)는 현재 유럽과 미국과 중국에서 성인인구의 대략 1.5%를 점하며 (기대수명이 낮은) 인도에서는 약간 더 높다. 예컨대 프랑스는 성인인구가 약 5000만(2018년 총인구는 6700만) 명인 것에 비해 매번 이 세대는 75만~80만 명이다. 이 나라들 전체에서 민간자산 총합은 약 5~6년 치 국민소득이다. 성인 평균자산의 60%에 상당하는 자본지원은 따라서 성인 평균 국민소득의 3~3.5년 치에 해당한다. 이와 같은 액수가 성인인구의 1.5%에게 매년 분배되는 순간부터 여기에 드는 총비용은 국민소득의 약 5%다. 전문 부록 참조.

**31_** 성인당 연간 평균 국민소득은 약 3만 5000~4만 유로(여기서 약 5~6의 자산/소득 평균비가 나온다)다. 자산과 자원 유형에 따른 자산과 소득의 분배 및 구성에 관해서는 11장 도표 11.16~11.17 참조.

**32_** 현재 25세의 평균자산은 성인 1인당 평균자산의 30%가량이다(게다가 매우 불균등하게 배분된다). 전문 부록 참조. 여기서 제시한 공적 상속체계는 각 세대 안에서의 소유가 완벽하게 평등한 사회에서도 역시 유익할 것이다. 상속 연령대를 동등하게 하고 자산 및 경제력 분배의 연령대를 낮출 것이라는 의미에서 말이다.

**33_** 3장 149~150쪽 참조. 또한 다음의 흥미진진한 저서를 참조하라. P. Van Parijs, Y. Vanderborght, *Le Revenu de base inconditionnel. Une Proposition radicale*, La Découverte, 2019.

**34_** A. B. Atkinson, *Inégalités*, Seuil, 2016 참조. 내가 여기서 원용하고 그 맥을 잇고 있는 앳킨슨의 제안이 지닌 독창성은 자본지원을 (사회국가를 대체하는 것이 아니라) 기본소득과 사회국가의 야심적인 체계와 더불어 구상한다는 데 있다. 기본소득과 자본지원 각각에 중점을 둔 흥미로운 제안들에 대해서는 P. Van Parijs, Y. Vanderborght, *Le Revenu de base inconditionnel. Une Proposition radicale*, *op. cit.*; B. Ackerman, A.

Alstot, *The Stakeholder Society*, Yale University Press, 1999 참조.

**35_** 앳킨슨의 제안에서 상속세로 재원이 마련되는 자본지원은, 상속세가 크게 늘어나도 고작 평균자산의 5~10%(현재의 영국 또는 프랑스에서 1만~2만 유로) 즉 가난한 50%가 오늘날 받는 평균상속에 가까운 액수인데, 이미 이것으로도 상당한 증액일 것이다. 상속세와 연간소유세를 합쳐서 재원이 마련되는 자본지원은 여기서 평균자산의 60%에 달한다(즉 현재 영국 또는 프랑스에서 약 12만 유로).

**36_** 현재 (미국의 재산세와 프랑스의 토지세 유형의) 연간소유세는 국민소득의 2~3%, 상속세는 0.5% 이하에 해당한다. 유럽연합에서 평균적으로, 다양한 유형의 소유세(상속이나 거래시 과세 또는 연간 과세)는 국민소득의 거의 3%에 해당한다. *Taxation Trends in the EU. 2018 Edition*, Commission européenne, graph. 22, p. 41 참조. 여기서 제시한 체계에서는 연간소유세가 국민소득의 약 4%, 상속세는 1%, 즉 합쳐서 5%다. 하지만 이는 기존 세금보다 훨씬 더 강력한 누진제하에 이루어져서 평균 이하의 자산에 대해서는 이 세금을 낮춰준다.

**37_** 특히 상속세가 연간소유세와 같은 크기를 갖지는 않을 것이라고 해도, 상속세가 특별하게 교육되어야 하고 투명해져야 한다고 해도, 지난 수십 년간 총자산에서 유산 비중이 커지고 있는 걸 감안하면 이 세금을 장차 경향적으로 늘리겠다는 구상은 자연스럽다. F. Alvaredo, B. Garbinti, T. Piketty, "On the Share of Inheritance in Aggregate Wealth: Europe and the USA, 1900~2010", *Economica*, n° 84, 2017, pp. 239~260 참조.

**38_** 평균이 아니라 중앙값의 배수로 과세표를 나타내보고 싶을 수 있다. 문제는 중간 자산이 흔히 0에 아주 가까워서 이렇게 하는 것이 전혀 의미가 없을 것이라는 데 있다. 더욱이 평균 소득 및 자산에 준거하면 해당 세수와 재분배 규모가 더 잘 눈에 들어올 수 있다.

**39_** 11장 도표 11.12~11.15 참조.

**40_** 다른 한편 (특히 불평등, 유동성, 노동 및 저축 장려에 미치는) 다양한 효과를—이런 유형의 작업에 결부되는 엄중한 주의를 기울여—모델화해본다면, (롤스식의 사회적 목표를 위한) 이상적인 상속세에는 상속 상위에 대한 극도로 높은 세율(70~80% 또는 그 이상)이 포함되어 있음을 보여줄 수 있다. E. Saez, T. Piketty, "A Theory of Optimal Inheritance Taxation", art. cité 참조. 마찬가지로 소득 상위에 적용될 최적 세율도 80%를 넘는 것으로 보인다. T. Piketty, E. Saez, S. Stantcheva, "Optimal Taxation of Top Labour Incomes: A Tale of Three Elasticities", *American Economic Journal: Economic Policy*, vol. 6, n° 1, février 2014, pp. 230~271 참조.

**41_** 11장 624~626쪽 참조. 모든 민간자산(금융자산을 포함한 총합은 국민소득의 500~600%)에 대해 1%의 비례세율로 과세되는 세금은 당연히 국민소득의 5~6%에 해당할 것인데, 이 대목에서 확인되는 것은 누진소유세 및 누진상속세와 관련하여 여기서 구상된 세수가 전혀 과하지 않다는 점이다.

**42_** 11장 627~631쪽 참조.

**43_** 표 17.1에 제시된 세율은 해당되는 자산 또는 소득 수준에 직접적으로 적용될 수 있는 실효세율 관점에서 나타낸 것이다(제시된 수준들 사이에서 실효세율의 증가는 선형적이다). 다양한 구간에 상응하는 암묵적인 한계세율에 관해서는 전문 부록 참조.

**44_** 11장 618~619쪽 참조. 무한 가치의 보물이라는 은유는 최근 영화 〈블랙 팬서〉(2018)에서 활용되었다. 오염시키는 탄화수소를 가진 노르웨이와는 반대로, 와칸다가 마침내 자신들의 부(아프리카의 소국이 자신들의 연구와 지혜로운 조직 덕택에 경제적 가치를 창출해낸 비브라늄이라는 형태의 부)를 전 세계인들이 누리도록 결정한다는 점이 눈에 띌 것이다.

**45_** 10장 497~499쪽 참조.

**46_** 전문 부록 참조. 미국에서 부유한 0.001%(2억 3000만의 총 성인인구 중에서 약 2300명)의 몫은 2010년대 말에 총자산의 약 6%에 달하는데(즉 이 집단 성원 각자가 평균자산의 약 6000배를 갖는다), 반면에 1950~1980년대에는 총자산의 약 1%였다(평균자산의 약 1000배). 부유한 1%(약 230만 명)의 몫은 2010년대 말에 40%에 달하는데(즉 평균자산의 약 40배), 반면에 1950~1980년대에는 20~25%였다(평균자산의 20~25배). 제시된 과세표에 따르면 부유한 0.001%의 몫은 즉각 예전 수준으로 줄어들게 되며, 10년 혹은 15년 적용시 부유한 1%의 몫도 마찬가지가 될 것이다.

**47_** 13장 표 13.1 참조.

**48_** 10억 달러 이상에는 5%, 1000억 달러 이상에는 8%의 세율이 부과될 때, 미국의 소유 집중이 어느 정도나 완화될 수 있는지 분석하는 시뮬레이션으로는 E. Saez, G. Zucman, *The Triumph of Injustice*, *op. cit.*, pp. 204~208 참조.

**49_** 일반적으로, 누진상속세는 상속인 각자가 받은 유산 수준에서, 혹은 고인이 남긴 전체 유산 수준에서 적용해볼 수 있다. 나는 전자의 해법을 선호하며 여기서 구상된 것도 그것이다. 이 경우 누진세 적용 대상은 일생 동안 받은 증여와 상속의 총합이다. 살아오면서 평균 자산의 0.5배(10만 유로)에 상당하는 유산을 받은 사람은 5%(5000유로)의 상속세를 낼 것이니, 그가 수령할 유산은 (12만 유로의 자본지원을 합산하여) 총 21만 5000유로가 될 것이다. 평균자산의 2배(40만 유로)를 받은 사람은 20%(8만 유로)의 세금을 내니, 자본지원을 감안하면 그가 수령할 유산은 총 44만 유로일 것이다. 반면에 평

균자산의 5배(100만 유로)를 받은 사람은 50%(50만 유로)의 세금을 내니, 자본지원을 감안해도 그가 수령할 유산은 62만 유로일 것이다. 표 17.1의 세율은 예증적인 목적으로 제시된 것으로, 폭넓은 논의가 필요하다.

**50_** 부부 공동의 소득과 자산은 둘로 나누어 과세표를 적용할 수 있다. 과세표는 여기서 개별 소득과 자산 수준으로 표시되어 있기 때문이다. 피부양자녀 문제는 감세보다는 (사회국가 내부의) 기본소득과 가족수당체계로 더 잘 운용된다는 게 내 생각이다.

**51_** (1991년 스웨덴에서 그랬듯) 노동소득보다 자본소득의 세율을 내리려는 시도는 다양한 소득 범주 사이의, 예컨대 임금소득과 배당금 사이의 전적으로 허구적이며 경제적으로는 무용한 이전으로 귀착되었다. 이 주제에 관해서는 E. Saez, G. Zucman, *The Triumph of Injustice, op. cit.* 참조. 이 저자들은 노동소득과 동일한 세율로 (비상장회사의 미배당 이윤과 상장회사의 시세차익을 포함해) 자본소득 전체에 과세할 것을 제안한다.

**52_** 특히 '생산적인' 자본은 면세해줘야 한다는 생각은, 자본은 언제나 어떤 방식으로든—다른 면에서 노동도 그렇듯이—생산적이라는 사실과 충돌한다(물론 주거 서비스를 생산하는 주택 부동산도 이에 해당하는데, 주거할 집을 가질 수 있다는 것은 다른 재화와 서비스를 생산하기 위해 사무실 또는 창고를 가진다는 사실만큼 적어도 유용한 것이니 말이다). 생산적이라는 구실로 자본 또는 노동을 면세해주기 시작한다면, 매우 빠르게 그 어떤 세금도 없는 상태에 처할 위험이 크다.

**53_** 12장 658~666쪽 참조.

**54_** 11장 565~569쪽과 626~627쪽 참조.

**55_** 내가 여기서 말하는 것은 정치적 이행과 새로운 정부들의 집권에 뒤이은 거대한 실험들이다. 지식 생산에서 국지적 실험들의 중요성을 무시하는 것은 아니지만, 내 생각엔 오직 현실적 규모의 실험들만이 이 문제들에 대한 지각을 결정적으로 바꿔줄 수 있을 것 같다.

**56_** 13장 735~738쪽 참조.

**57_** 13장 742쪽 참조.

**58_** 미국의 연방정부가 자신의 결정을 준수하도록 할 수 있는 이 능력은, 더욱이 흔히 이 나라의 무역 또는 지정학적 이익을(또는 이따금 고대의 군사적 공물과 유사한 조건에서 이와 같은 이익을) 위해, 예컨대 이란이나 여타 국가를 상대로 한 수출 금지 관련한 다양한 연방 입법을 피해간다고 비난받는 유럽의 대기업에 행사된다. 이러한 국가 역량은 더욱 보편적인 목표를 위해, 특히 소득 및 자산 상위를 대상으로 한 무거운 누진과세의 적용을 방어하기 위해, 완벽하게 실행될 수도 있을 것이다.

59_ 5000만 달러 이상이면 2%, 10억 달러 이상이면 3%를 과세하려는 엘리자베스 워런의 제안이 바로 이 경우다. 11장 626~627쪽; E. Saez, G. Zucman, "How Would a Progressive Wealth Tax Work?", Berkeley, 2019 참조. 저자들은 이 세금의 세수가 미국 국내총생산의 1% 이상이라고 평가한다.

60_ 14장 859~863쪽과 전문 부록의 도표 S14.20 참조. 상위 금융자산은 부동산자산에 비해 훨씬 더 증가했음을 또한 상기하자. 부동산자산 역시 국내총생산보다 빠르게 증가했다.

61_ 가장 확실한 제재는 (보충 정보가 없으니) 단 한 명의 개인이 해당 조직 전체를 보유한다는 가정에 따라, 개인소유에 부과하는 누진과세표를 해당 기업 또는 조직에 적용하는 것이다.

62_ 상장회사의 주식 보유자들은 중앙 수탁자들(민간조직들)과 관련 은행들에 등록된다. 주주에 대한 적절한 정보를 프랑스 (또는 관련 타국의) 세무당국에 제출하는 데 필요한 조치들을 취하기를 거부한 회사들은, (국제자산구조의 가용 추계에 근거하여 계산될 수 있는) 발생 피해액에 비례하는 제재를 받을 수도 있다. 법인세와 동일한 방식으로 (16장 969쪽 참조), 프랑스에서 실현된 재화 및 서비스 판매에 근거해 이 회사들에 과세할 수도 있을 것이다. 비상장회사의 주주들은 일반적으로 해당 회사에 알려져 있지만, (회사의 회계 및 유사한 상장회사의 가치평가에 입각해 추산될 수 있는) 지분의 가치평가와 연결된 또다른 문제들이 야기될 수 있다.

63_ 일반 원칙은 프랑스 소재의 자산 요소(주거 또는 사업)를 보유한 모든 사람과 프랑스 국적인의 해외자산에 과세하는 것일 테다. 이들은 모두 신고 의무를 질 것이다(위반 시에는 처벌이 가해진다). 해당 소유자가 타국에서 소유세를 비슷하게 혹은 그 이상으로 납세한 것이 입증되면 이중과세를 피할 수 있도록 하는 협정이 맺어질 것이다(물론 당장의 문제는 무엇보다도 초경계적인 자산에 대한 과세의 완전한 부재에서 탈피하자는 것이다).

64_ 2018~2019년에 부동산자산세로 전환되기 이전의 부유세는 약 50억의 세수(국내총생산의 0.3% 이하)를 거둬들인 데 비해, 현행 토지세 세수는 프랑스에서 약 400억 유로(국내총생산의 거의 2%)라는 점을 감안한다면, 이 같은 개혁은 세수가 그대로 유지되는 상태에서 이루어질 수 있을 것이다. 자산 집중을 고려하면, (총자산의 20~25%를 보유한) 상위 백분위에서 납세하는 액수는 최소 100억~150억 유로에 달할 것이다. 이러한 개혁은 또한 상속세의 누진제 강화와 맞물려 세수 상승을 낳아, 앞에서 묘사한 유형의 보편적 자본지원의 재원이 될 것이다(표 17.1 참조).

65_ 출국세의 정당화는, 어떤 나라의 사법·교육 등의 공동 체계를 이용해 부를 취득하

고는 최소한의 환원도 없이 그 부를 빼돌릴 자연권 따위는 존재하지 않는다는 사실에 있다. 현재 미국에서 논의중인 것에 비하면 훨씬 덜 엄격하지만(특히 총자산이 아니라 잠재적 시세차익에만 과세했고 많은 면세 가능성을 지녔던), 2008년에 확립된 출국세체계는 부유세가 80% 인하되는 와중에 2018~2019년 거의 완전히 폐지되었다.

**66_** 우리가 뒤에서 보게 되듯, 이 같은 진화를 국제적이고 사회연방주의적인 틀에 포함시키는 것이 분명 바람직하지만 말이다.

**67_** 채택된 정식화들에 관해서는 11장 554쪽 참조.

**68_** 6장 248~254쪽 참조.

**69_** 다음과 같이 정식화해볼 수 있겠다. "법률은 소유의 실행조건들을 정하고, 필요시에는 누진소유세와 자본지원체계를 통해 소유의 확산을 장려한다. 일반적으로 세금은 모든 시민에게 각자의 능력에 따라 배분된다. 실제로 시민들이 보유한 소유와 소득에 비례한 납세가 명시된다면, 이 비율이 가난한 시민보다 부유한 시민에게 더 낮아지는 일은 있을 수 없을 것이다. 법이 정하는 바에 따라 그 비율은 더 높아질 수 있다."

**70_** 12~13장 참조.

**71_** 1896년의 이 판결에서, 대법원은 루이지애나주 혼혈인(더 정확히 하자면 8분의 7은 유럽인이고 8분의 1은 아프리카인 선조를 둔 이른바 옥토룬octoroon) 원고 플레시에 대한 루이지애나주 재판관 퍼거슨의 결정이 옳다고 7대 1로 인정했다. 1890년 이 주에서 채택한, 흑인 혈통의 모든 사람은 백인과 같은 열차 객실에 타는 것을 금지했던 법에, 플레시는 도전하려 했던 것이다. 이 판결은 법적 효력을 가졌고, 1954년 '브라운 대 교육위원회' 소송 판결과 1964~1965년 새로운 연방법이 나올 때까지 미국의 인종분리주의 체제를 이룬 합법적 토대가 되었다.

**72_** 대법원이 루스벨트가 시행한 강력한 누진세제(와 특히 소득 상위에 75%의 세율을 확정한 1935년의 '부유세'—620쪽 참조)에 반대할 수 없었다는 건 주목할 만하다. 1913년 헌법 수정과 1910년대 말 강력한 누진제 추진 이후, 정치권력이 완전히 자유롭게 세율을 정하는 것이 확립되었다.

**73_** 미국헌법에는 이 사안에 대한 규정이 없고, 대법원의 성원은 오로지 법률과 전통에 따라 (교황이나 이란의 최고지도자와 유사하게) 나이 제한 없이 종신직 9인의 재판관으로 고정되어왔다. 1937년 (흔히 '법원 편성 계획Court-Packing Plan'이라 불린) '사법절차개혁법Judicial Procedures Reform Bill'에 따라, 루스벨트가 (70세에 달한 재판관 각각에 대해) 6인까지 신임 재판관을 임명하여 다수파를 자신에게 유리하도록 바꾸는 것이 가능해졌다.

**74_** 1937년의 이 결정적 판결은 일반적으로 대법원의 역사에서 새로운 시기를, 즉 정부

의 경제 개입에 더 순응적인 시기를 열어준 것으로 간주된다. 그렇지만 여당인 민주당이 루스벨트의 '법원 편성 계획' 가결을 거부했음을 주목하자(따라서 그는 신임 재판관 임명에 착수할 수 없었다). 그 이유는 입헌적 보수주의 때문이기도 하고 대법원이 위협에 맞서 자신의 태도를 조정했기 때문이기도 하다.

**75_** 특히 버클리 판결은 1976년에 선거비용에 대한 포괄적 상한 설정 원칙을 무효화했고, '통합 시민' 판결은 2010년에 기업의 정치자금 제공에 대한 상한 설정을 모두 금지했으며, 매커천 판결은 2014년에 개인 기부에 대한 모든 제한을 폐지했다. J. Cagé, *Le Prix de la démocratie, op. cit.*; T. Kuhner, *Capitalism v. Democracy. Money in Politics and the Free Market Constitution*, Stanford University Press, 2014; J. Attanasio, *Politics and Capital. Auctioning the American Dream*, Oxford University Press, 2018 참조.

**76_** 일반적으로 민주당과 가까운 미국 지식인들은 이러한 헌법 문제들에 관해서는 상대적으로 보수적이었다. 대법원과 관련해서 최선은, 대통령이 선택한 지명을 존중해주는 과거의 균형으로 되돌아가는 것이라고들 흔히 생각한다(그 균형이 깨졌던 것은 2016년에 공화당이 다수파였던 하원이, 트럼프의 추가 지명이 행사되게끔 하려고 오바마가 제안한 매우 중도파적인 인사의 지명을 존중하지 않았을 때였다). S. Levitsky, D. Ziblatt, *How Democracies Die*, Penguin, 2018, pp. 118~119 참조. 이 저자들은 루스벨트의 '법원 편성 계획'을 혹평한다. 그렇지만 2016년 이전의 균형이 특별히 유덕했다거나 합리적이었다는 말은 전혀 아니다. 고령의 일부 재판관의 건강 상태나 공화당과 민주당 대통령의 임기 시점이라는 우발적 요인들로 인해, 대법원 구성이 수십 년간의 정책과정을 완전히 바꾸거나 전적으로 멈추게 할 수 있다.

**77_** 드브레가 [라디오 프로그램인] 프랑스 앵테르에서 2019년 2월 16일에 한 대담 참조.

**78_** 이 경우에, 추가적인 문제는 올랑드 정부가 최근의 이 선거공약을 전혀 이행하려 하지 않았고, 특히 소득세의 새로운 상설 과세구간이라는 틀 안에서 모든 소득에 그것을 적용하기를 거부했다는 점이다. 결국 2013~2014년에 100만 유로 이상의 급여를 지불하는 기업들에 대한 특별세라는 틀로 조치가 취해졌다.

**79_** 10장 도표 10.11~10.12 참조.

**80_** 내가 누진소득세제에 법인세를 포함하는 이유는 두 세금을 함께 분석하는 것이 유익하기 때문이다. 이상적으로는, 법인세가 배당금에 대해 주주들이 내는 소득세에 대한 일종의 원천징수일 수 있다. 실제로는 국제공조의 미비함과 기업의 궁극적 소유자에 관한 투명성 결여로 인해, 일부 납세자들이 자신들의 자본에서 벌어들인 소득에 대한 과세에서 빠져나간다. 그러므로 기업 수준에서의 직접세를 보존하는 것이 결정적이다. 뒤

에서 이 문제를 재론하겠다.

**81_** 다양한 유형의 과세와 공적지출에 대한 보다 상세한 분석은 10~11장(특히 도표 10.14~10.15와 11.19) 참조. 덴마크 같은 일부 나라들에서는 사회적 분담금이 형식상 소득세에 통합되어 있어서, 소득세만으로도 국민소득의 35%까지 이른다. *Taxation Trends in the EU. 2018 Edition*, Commission européenne, table DK. 1, pp. 76~77 참조.

**82_** 외부성이란 어떤 사람의 특수한 재화 또는 서비스 소비가 다른 개인에게 바람직하지 않은 외부 효과를 초래하는 상황을 뜻한다. 오염 또는 온실가스 배출이 전형적이다.

**83_** 부가가치세와 간접세를 통해 다른 재화와 서비스보다 특정 재화와 서비스에 더 낮은 세율로 물론 과세할 수 있긴 하나, 소득 또는 자산을 직접적으로 이용하는 경우보다 사회적 목표 설정이 훨씬 조악해진다. 부가가치세를 지지하는 또다른 주장은 수입품에 과세하고 수출품에 면세할 수 있다는 것이지만, 이는 실제적인 이익은 되지 못하고, 오히려 국제적인 (특히 유럽 내부 경쟁의 틀에서) 조세 공조의 부재를 입증한다. 국제공조의 미비함을 개선하기 위한 수입품 과세 활용 가능성에 대해서는 뒤에서 재론하겠다. 요컨대 부가가치세는 별로 명확지 않은 분배적 근거들에 따라 (금융서비스 또는 투자재산 같은) 수많은 재화와 서비스를 실제로 면세해준다는 점에 주목하자. 일정한 영토에서 생산되는 부가가치 전체에 실제로 과세되는 부가가치세는 총소득(이윤과 임금 총액)에 대한 비례세와 같을 것이고, 이를 소득세제의 주요 부분으로 간주해볼 수 있을 것이다. E. Saez, G. Zucman, *The Triump of Injustice, op. cit.* 또한 '국민소득세' 관련 논의 참조.

**84_** 지급되는 평균액수는 세후 평균소득의 약 30%일 것이니, 즉 (사회적 분담금과 탄소세를 포함하여 소득에 부과되는 45%의 평균세율을 감안하면) 성인 평균 국민소득의 16.5%일 것이다. 이로부터 나오는 국민소득의 약 5%의 총비용은 이 같은 총액을 인구의 30%에 지급한 뒤의 것이다. 전문 부록 참조.

**85_** 프랑스의 경우에 기본소득을 급여명세에 자동으로 포함시키는 체계인데, 이에 대한 더 상세한 묘사는 P. A. Muet, *Un impôt juste, c'est possible!*, Seuil, 2018 참조. 미국의 경우, 근로장려세제(저임금에 대한 소득 보충 기능이 있다) 강화에 대한 야심찬 제안이 최근에 다음 책에서 정식화되었다. L. Kenworthy, *Social-Democratic Capitalism*, Oxford University Press, 2019, p. 210, fig. 7.15. 중요한 차이는 저임금 가정을 위한 근로장려세제가 이 정식화에 따르면 별도로 지급된다는 것이다. 일반적으로 급여명세서에 포함시키는 자동 지급의 이점은 이를 통해 노동권과 노조 권리와 임금관계에 기초한 정의로운 사회 전망을 기본소득 개념에 연결시킬 수 있다는 데 있다. 반면 기본소득의

별도 지급에 기초한 체계(예컨대 P. Van Parijs, Y. Vanderborght, *Le Revenu de base inconditionnel..., op. cit.*에서 제시된 것과 같은 체계. 이 저자들은 소득과 무관하게 모든 성인에게 지급하는 것을 구상한다)는 이 연결고리를 약화시킬 위험이 있고, 노동의 과잉 유연화와 파편화를 조장하는 도구가 될 수도 있다. 더군다나 세금 수준을 인위적으로 크게 부풀려, 결국 사회국가의 가용 자원을 감소시킬 위험이 있다.

**86_** 11장 589~590쪽 참조.

**87_** 이는 표 17.1의 순전히 예증적인 과세표만으로 정의로운 불평등이라는 문제가 해결된다는 뜻이 전혀 아니다. 빈민들에게 유리하도록 임금과 소득 등급을 얼마나 낮출 수 있는지의 문제는 언제나 진행형인, 현실적인 실험을 통해서만 추가적 진전을 이룰 수 있는 문제다.

**88_** 미국의 경우 사보험 비용을 과세에 포함시키면, 과세 단면도가 크게 올라가고 분명 역진적으로 되어, 중위계급과 인민계급에 불리해진다. E. Saez, G. Zucman, *The Triump of Injustice, op. cit.*, p. 213 참조.

**89_** 밀턴 프리드먼이 자신의 1980년 책 『선택할 자유』에서 정식화한 기본소득과 역소득세 제안의 정신이 주로 이런 것이었다.

**90_** 13장 도표 13.7 참조.

**91_** 어떤 경우에, 보상적인 이전은 소득뿐만 아니라 주거환경 및 주거지역의 유형과 공공 교통수단 존재 등도 고려해야 할 것이다.

**92_** 13장 730~731쪽과 14장 853~856쪽 참조.

**93_** 이 과세표는 예시로, 세계 배출 평균이 현재 1인당 5~6톤이라는 사실을 감안해 하나의 출발점을 구성해볼 수 있다. 하지만 온도 상승을 1.5~2°C로 제한한다는 목표를 달성하고 싶다면, 이를 신속히 강화해야 할 것이다(가용 추계에 따르면 지금부터 금세기 말까지의 배출을 1인당 약 1~2톤으로 줄여야 그 목표가 달성된다).

**94_** 모든 신규 세금은 해당 시대에 너무 복잡하고 가혹해서 실현될 수 없다고 비난받았다. 19세기와 20세기 초까지의 소득세가 바로 그런 경우다. 그렇긴 해도, 은행 명세서 활용은 사생활 보호와 연계된 복잡한 문제들을 야기한다. 그렇지만 민간은행들이 이런 정보들을 남용하지 않는다는 걸 신뢰하게 되었음에도 불구하고, 이런 정보들의 통제된 사용을 가능케 하는 공적 절차들을 발전시킬 수 있는 가능성을 생각하지 않으려는 것이 내게는 이상해 보인다.

**95_** 과연 오로지 (특히 부유한 나라들의 소비자들에게 책임을 지우기 위해서는 가장 논리적인 것일 수 있는) 개별 소비 수준에서만 누진세를 구상해야 하는 것인지 혹은 차라리 (탄소배출에 책임이 있는 재화와 서비스 생산으로 발생하는 개인소득—임금과 이

윤—에 기초해) 개별 생산에 과세하는—어떤 경우에는 더 유효할 수도 있는—누진세 가능성 또한 연구해봐야 하는 건 아닌지 역시 자문해볼 수 있다. 비례 과세일 경우에 두 형태(소비자 측면 또는 생산자 측면)의 과세는 원칙상 등가다. 누진세가 구상될 경우에는 사정이 그렇지 않다.

**96_** 11~12장 참조. (마르크스주의적이라기보다는) 뒤르켐주의적인 사회주의 전망에서 교육 및 지식을 통한 평등의 중심적 역할에 관해서는 B. Karsenti, C. Lemieux, *Socialisme et Sociologie*, Éditions de l'EHESS, 2017, pp. 43~48 참조.

**97_** 14~16장 참조.

**98_** 서론 도표 0.8과 15장 870~874쪽 참조.

**99_** 14장 814~823쪽 참조.

**100_** (원칙적으로 3~6세 아동이 해당되지만, 의무적이지는 않고, 이따금 지역과 연도에 따라 2세부터 들어갈 수 있는) 유아원 입학과 연계된 편차도 역할을 하지만, 훨씬 더 제한적이다. 여기서 제시한 추계는 일정한 한 세대 내에서 이루어지는 교육의 분배를 추산할 수 있게 해주는 가구별 조사에 근거하며, 일정한 교육과정(초등학교·중등학교·고등학교 등)에서의 연간 비용이 동일하다고 간주한다. 이 데이터 구축과 관련된 세부사항은 모두 온라인에서 조회할 수 있다. 또한 S. Zuber, "L'inégalité de la dépense publique d'éducation en France, 1900~2000", EHESS, 2003; C. Bonneau, "The Concentration of Educational Investment in the US(1970~2018), with a Comparison to France", EHESS, 2019 참조.

**101_** 공식 데이터에 따르면, 준비반 취학에는 연간 1만 5000~1만 6000유로가 드는 데 비해, 대학에는 약 9000~1만 유로가 든다. 또한 공공예산이 학생 수 변화를 따라가지 못했기 때문에, 2008~2018년에 학생당 고등교육 실제 투자가 약 10% 감소한 것이 눈에 띌 것이다. *Repères et Références statistiques 2018*, ministère de l'Éducation nationale, 2019, section 10.5, p. 325; 전문 부록의 도표 S14.11e 참조.

**102_** 유산이 별로 없는 50%는 거의 받는 것이 없는 데 비해(고작해야 평균 1만~2만 유로), 유산을 많이 받는 10%는 수십만 유로를, 심지어 일부에서는 수백만 또는 수천만 유로를 받는다는 점을 상기하자.

**103_** 가용 데이터들을 보면 부모의 소득과 고등교육 진학 사이의 연계가 미국보다는 프랑스에서 덜 극단적이긴 해도 매우 높다는 것이 드러난다. 전문 부록 참조.

**104_** 공식 추계(준비반은 연간 1만 5000~1만 6000유로, 대학은 9000~1만 유로)는 대학 연구실과 연관된 지출 전체를 대학 비용에 포함하는데, 이러한 지출이 학생들에게, 적어도 저학년 수준에서는 반드시 도움이 되는 것은 아니다. 준비반의 경우 교사들이

연구의 의무는 없고 교육 목표에 집중하기에, 비교가 심하게 편향된다. 연구지출을 빼고 학부 대학생에게 집중한다면, 연간 학업비용은 5000유로 이하일 것이다. 전문 부록 참조.

**105_** 사실상 (공교육과 사교육의) 전체적인 교육지출 집중은 프랑스보다는 미국이 현저히 높으며 지난 수십 년간 크게 상승하고 있는 것으로 보이는데, 이것이 소득 불평등 상승 설명에 일조할 수 있다. 가용 데이터들의 한계로 인해, 미국의 경우 대체로 지방세로 재원이 조달되는 초중등 시스템 수준뿐만 아니라 대학들 간의 지출 불평등 전체를 완전히 헤아릴 수는 없다는 점을 다시금 밝혀둔다. C. Bonneau, "The Concentration of Educational Investment in the US(1970~2018), with a Comparison to France", art. cité 참조.

**106_** 또다른 해법은, 영국의 신노동당이 그랬듯(15장 901~902쪽 참조), 고등교육기관에서 정규교육을 이어갈 기회를 가진(평균적으로는 사회적으로 더 부유한) 이들에게 등록금을 인상하는 것일 수 있다. 문제는 이 해법이 빈민 출신의 학생들을 희생시키면서 행해질 수 있다는 점이다. 이들은 학업을 해나갈 의욕을 잃고 오랜 세월 채무에 시달릴 수 있다. 반면에 부유한 학생들은 부모들의 금전적 지원을 누릴 것이다. 이 부모들에게 자기 아이들만이 아니라 아이들 모두에게 혜택이 가도록 더 많이 납세하게 하는 것이 바람직해 보인다.

**107_** 교육자본이 무상교육 접근권으로서만이 아니라 (프랑스에서 기본소득 권리가 개시되는 연령인) 25세 이전에라도, 학업 기간에 수당 형식으로 일부 사용될 수 있다는 점도 생각할 수 있다.

**108_** 교육지출 하위 학생 90%에게 현재 지출되는 교육투자를 (현재 프랑스에서 약 20만 유로인) 상위 10% 수준으로 올린다면, 추가 비용은 국민소득의 약 2.5~3% 수준이 될 것이다(현재 총교육예산은 국민소득의 5.5~6%). 이는 상당한 비용이지만 감당할 수 없는 정도는 아니며, 1980~1990년 이후 부유한 나라들에서 교육투자의 위험한 정체와 쟁점들을 고려하면 정당화될 것이다. 10장 도표 10.15 참조.

**109_** 14장 819~821쪽과 아스마 벤헨다가 실행한 연구들 참조. 낙후된 학교들은 학급당 인원수가 적다는 유리함이 있지만, 이것은 단지 교사 급여와 연계된 효과를 역방향으로 보완해줄 수 있을 뿐이다.

**110_** 8장 402~408쪽과 16장 997~999쪽 참조.

**111_** 특히 다양한 교육과정(주로 준비반)에서 수용해야 하는 장학생 할당량은 공개되지 않는다.

**112_** 구체적으로는 (부모 소득 하위 학생들 중 대략 15~20%인) 장학생들만이, Affelnet

에서 추가 점수(또는 Parcoursup에서 사회적 할당)를 받는다. 이는 특정한 경우 이 집단에 유리하도록 혼합이 크게 증가되게 해주지만, 약간 더 상위에 있는 집단들에게는 상대적으로 불공정하다. 부모 소득과 사회적 출신을 보다 연속적으로 고려하는 체계가 분명 바람직할 것이다. G. Fack, J. Grenet, A. Benhenda, *L'Impact des procédures de sectorisation et d'affectation sur la mixité sociale et scolaire dans les lycées d'Île-de-France*, rapport n° 3 de l'IPP(Institut des politiques publiques), juin 2014 참조.

**113_** 예컨대 시카고 공립고등학교 사례를 연구한 G. Ellison, P. Pathak, "The Efficiency of Race-Neutral Alternatives to Race-Based Affirmative Action: Evidence from Chicago's Exam Schools", NBER, 2016 참조.

**114_** L. E. Major, S. Machin, *Social Mobility and its Enemies*, Pelican Books, 2018 참조.

**115_** 원컨대 마이클 영이 1958년에 『능력주의의 발흥』에서 예견한 것들보다는 더 안정된 조건이기를 바라본다. 13장 774쪽 참조.

**116_** 14장 820쪽 참조.

**117_** 11장 595~596쪽과 15장 870~874쪽 참조.

**118_** 이 점에 관해서는 11장 594쪽과 『21세기 자본』 12장 표 12.2 참조.

**119_** 맥락을 잘 잡기 위해, 미국의 최고 엘리트 대학들은 소득 분배에서 가난한 60%보다 부유한 1%에서 학생을 더 많이 받고 있다는 점을 상기하자. 15장 872~873쪽 참조.

**120_** 가족 또는 개인을 위한 재단이 있다면, 당연히 사적소유로 과세되어야 한다. 그렇지만 경계를 정의하기란 단순치 않다. 바로 이런 이유로, 일반법상의 소유세를 피하기 위해서는, 특히 해당 재단의 지배구조(재단이 고액 기부자의 수중에 있지 않다는 사실)와 관련하여, 정확한 규칙을 정의하는 것이 중요하다.

**121_** J. Cagé, *Sauver les médias. Capitalisme, financement participatif et démocratie, op. cit.* 참조. 시민적이고 참여적인 새로운 미디어 발전에 대한 지원에 수반되어야 할 것은, 준독점 상황에 처한 디지털 플랫폼들에 대한 공적 통제(또는 최소한 대단히 강력한 공적 규제)와, 후원을 받은 콘텐츠와 (이제는 전시된 역사 기념물마저 오염시키는) 무제한의 광고 확대에 맞서 싸우고 민주적이며 평등주의적인 숙의의 만개를 장려하는 걸 가능케 하는 대단히 엄격한 규칙들의 관철이다.

**122_** J. Cagé, *Le Prix de la démocratie, op. cit.* 참조. 관심 있는 독자를 위해 밝혀두자면 줄리아 카제는 내 아내인데, 그렇다고 해서 그녀가 탁월한 저서들을 쓰지 못할 것도 없으며, 내가 그녀의 연구들을 비판적으로 읽지 못할 것도 없다.

**123_** 새로운 운동의 출현을 촉진하기 위해, 시민들이 두 가지 선택을 표명하여, 하나의

선택은 해당 운동이 1% 기준을 통과하면 실행하고 다른 하나의 선택은 반대의 경우에 실행하는 것을 구상해볼 수도 있겠다.

**124_** J. Cagé, *Le Prix de la démocratie*, *op. cit.* 참조. 일반적으로, 각국이 어느 정도로 이 문제들에 대해 일관되지 못한 일련의 대책을 임시방편으로 내놓는지, 타국의 경험에서 진지하게 배우려 들지 않는지를 보면 인상적이다. 예컨대 프랑스는 법인 기부를 금지했지만, 부자들이 정치적으로 선호하는 세력에 직접 자금을 지원한다는 기괴한 체계를 생각해냈다(이 체계는 다른 나라들에도 과세소득에서 공제하는 형태로 존재하지만 대체로 덜 극단적이다). 반면 독일은 전후에 정당들과, 각 정당과 연계되어 있고 이념과 강령의 창출에 헌신하는 다원적인 재단들에 공적자금을 지원하는 혁신적인 체계를 확립함으로써 쇄신했다. 이와 동시에 독일은 법인 기부 금지에 소홀했고, 그리하여 독일의 모든 대기업은 모든 정당에 자금을 지원하니, 이것은 아마도 이 나라의 수출 및 무역흑자 규모 같은 주제들에서 보이는 입장들과 무관치 않을 것이다.

**125_** 현재 이탈리아 같은 일부 나라들은 납세자들이 자신의 세금 일부(이 경우에는 0.8%에 상당하는 액수)를 어떤 종교에 헌금하고 싶은지 국가에 알릴 수 있는 시스템을 실행하고 있다. 반면 독일 같은 다른 나라들은 세무당국에서 종교세를 징수한다. 한 종교와 결부된 납세자가 신고하면서 추가로 종교세를 납부하는 것이다(이는 이탈리아 시스템과 반대로 납세자의 세금에 추가되는 세금이다). 주지하다시피 이슬람교는 두 시스템 모두에서 제외되어 있는데 공권력이 적절한 기관을 찾지 못했다는 것이 공식상의 이유다(이탈리아 시스템에서 사실상 무슬림들의 납세는 다른 종교에 보조금을 대주고 있는 셈이다). F. Messner, *Public Funding of Religions in Europe*, Ashgate, 2015; J. Cagé, *Le prix de la démocratie*, *op. cit.*, pp. 77~78 참조. 프랑스 시스템은 특히 기만적이다. 1905년 이전에 지어진 예배실(본질적으로는 가톨릭교회들)과 이미 자리잡은 사립 초중고등학교(압도적 다수가 가톨릭 학교)를 제외하고, 종교계는 공식적으로 어떤 공적자금 지원도 받지 않는다는 것이다. 알자스와 모젤에서 여전히 시행되고 있는 납세자에 의한 종교계 자금지원이라는 특수 체제는, 일반 체제에서 그렇듯 시스템에서 제외되어 있는 이슬람교에는 해당되지 않는다는 점을 마지막으로 명시해두자.

**126_** 또한 주목해볼 점은, 정치자금 및 자선 기부에 세금을 우대해주는 현행 체계가 과연 공공선을 정의하는 데 있어 부자에게 얼마나 더 큰 비중을 주고 있고, 그리하여 일마만큼 납세유권자체계와 유사한가 하는 점이다. 평등 바우처를 주된 요소로 하는 체계로의 이행은 결정적 개선을 이뤄줄 것이다. 또한 자선이라는 명분을 택하고 싶지 않은 시민-납세자에게는, 이 명분을 선택한 시민-납세자와 같은 방식 또는 공적기금의 평균 지급과 관련해 의회가 정한 방식으로 자신의 바우처가 지급되는 가능성이 제공될 것이다.

**127_** 그렇지만 우리가 브렉시트뿐만 아니라 부채 무효화 같은 복잡하고 본질적인 논쟁 사례에서 짚어봤듯, 국민투표는 서로 다른 형태의 가능한 시책들에 대한 정확한 대안들이 사전에 정식화될 경우에만 유용한 역할을 할 수 있고, 이는 적절한 틀 내에서 심층적 숙의가 필요한 것이다. 실제로 의회도 없고 매개기관도 없는 자생적인 직접민주주의에 대한 환상은 권력 몰수의 개선은커녕 훨씬 더 극단적인 권력 몰수로 쉽게 이어질 수 있다. 특히 국민투표 캠페인과 관련된 자금조달 방식을 정의하는 것에 신경써야 한다. 그렇지 않으면 그 캠페인은 금융적인 이해관계와 로비에 포획당할 수 있다. 이 모든 문제는 감당할 수 있는 것이긴 하지만 신중히 생각해야 하는 문제다.

**128_** 또한 카제의 제안에도 인도에서 실행된 방식으로, 다양한 사회적 출신이 의회 안에서 보다 잘 대표되도록 보장하는 사회적 할당제 신설이 수반된다. J. Cagé, *Le Prix de la démocratie*, *op. cit.* 참조. 추첨제 또한, 어쩌면 할당제와 연관해 있을 수 있는 사회적 낙인을 피해, 숙의 회의체들에서 다양화된 사회적 참여를 가능케 해줄 수 있지만, 그 대가로 우리를 (일정한 사회적 출신 내부에서도) 가장 잘 대표할 수 있는 사람을 선출하는 집단적 능력을 포기하게 될 것이다. 이것이 대규모로 실행되어야 한다면, 상대적으로 허무주의적인 일일 것이다.

**129_** 11장 609~615쪽과 13장 741~744쪽 참조.

**130_** 예컨대 프랑스에 소재한 주택 및 기업의 소유자들과 관련해 앞에서 설명한 신고 의무에 대해, 그것이 자본의 자유로운 이동을 너무 강하게 규제한다며 이를 명분으로 이의를 제기할 수도 있다. 그렇지만 자산을 (어떤 법률체제에서든) 보유한 사업체 전체에 매우 엄격한 투명성 규칙을 적용하고, 더 나아가 실제 경제활동이 전혀 없는 영토와 재판관할구역에 회사를 등록할 가능성을 엄중히 제한하는 일이 시급하다. 국제사법의 현재의 규칙들(다시 말해 동일한 사업체들이 복수의 사법체제에 귀속될 때 적용되는 사법 규칙들)은, 국가가 규칙을 강제할 수 없는 사업체들을 통해 기업들이 사업을 조직할 수 있다는 의미에서, 이런 유형의 우회 수단을 갖춘 기업들에 매우 유리하다. 유럽연합의 사법재판소야말로, 여러 경우에 자본이동 규칙들에 대한 (마스트리히트조약에서 이 규칙 일부가 부정확하게 법규화되었지만) 매우 엄격한 해석을 강제해왔다는 점을 명시해두자. 예컨대 독일은 '소재지 이론' 적용을 멈춰야만 한다고 평결했는데, 그 이론에 따라 독일은 네덜란드에 기반을 둔 사업체를 법인으로 인정하지 않았던 것이다. K. Pistor, *The Code of Capital. How the Law Creates Wealth and Inequality*, *op. cit.* 참조.

**131_** 개발원조는 스웨덴에서는 국민총소득의 1%, 영국에서는 0.7%, 독일과 프랑스에서는 0.4%에 달했다. 경제협력개발기구의 틀에서 확정된 공식 목표는 0.7%지만, 흔히 암묵적으로는 스웨덴 수준이 새로운 지평으로 여겨진다. 이 금액은 이 나라들이 유럽연합의

요청으로 지급한 순이전(국민총소득의 약 0.2~0.3%)을 상회하는데, 이러한 이전에 대한 비난은 브렉시트 논쟁에서 무시할 수 없는 역할을 했다. 12장 699~701쪽과 15장 913쪽 참조. 이것이 시사하는 바는, 수취국들의 발전 수준에 따라 이러한 유출입은 다르게 지각되기에, 유난히 가난하다고 인식되는 나라들을 원조할 때 아마도 더 잘 받아들여질 것이라는 점이다.

**132_** CETA가 'Comprehensive Economic and Trade Agree-ment'의 약어라는 것에 주목하자. 이것이 의미하는 바는, 이 조약은 고전적 무역조약이 아니며, 그 조약을 '포괄적인' 경제협정으로 전환시키려는 대책들도 포함하고 있다는 말이다. 이것의 실제적인 핵심 의미는 '투자 보호'라는 보완 대책들이다(투자자들이 국가 상대 분쟁에서 보통재판소를 기피하고 민간중재재판소에 의지할 가능성 같은 것). 조약이 이해되어야 하는 방식에 대해 다수의 상반된 관점이 존재한다는 것은 명백하다.

**133_** 국제이주기구의 공식 집계에 따르면, 2014~2018년에 지중해에서 익사한 이주민은 1만 9000명이다(www.iom.int 참조).

**134_** 14~15장 참조.

**135_** 16장 947~972쪽 참조.

**136_** 인쇄술 확산과 연결된, 민족국가의 기원에 있는 공통적인 상상태들의 구축에 관해서는 다음의 고전 B. Anderson, *Imagined Communities. Reflection on the Origins and Spread of Modern Nationalism*, Verso, 1983(nouvelle éd., 2006) 참조. 민족국가 이데올로기의 성공에도 불구하고, 제국적인 또는 연방적인 다소 탈중앙집권적인 다양한 정치 형태는 현실에서 부단히 중심적인 역할을 해왔다. J. Burbank, F. Cooper, *Empires in World History*, Princeton University Press, 2010; ID., "Un monde d'empires", *in* P. Boucheron, N. Delalande, *Pour une histoire-monde*, PUF, 2013, pp. 37~48 참조. 또한 1945~1960년에 프랑스제국과 아프리카에서의 연방제 논의에 바쳐진 쿠퍼의 연구들에 관해서는 7장 345~351쪽 참조. 제국적이고 연방적인 이데올로기에 관한 아렌트의 분석에 관해서는 10장 535~541쪽 참조. 또한 U. Beck, E. Grande, *Das kosmopolitische Europa: Gesellschaft und Politik in der Zweiten Moderne*, Suhrkamp, 2004(trad. fr. sous le titre *Pour un empire européen*, Flammarion, 2007) 참조.

**137_** 아프리카연합은 2002년에 아프리카통일기구를 대체했다. 2018년에 아디스아바바에서 열린 아프리카연합 정상회의에서, 무역 통합 및 가능한 공동 과세에 대한 원칙들과 아울러 아프리카연합 내부 인력의 자유이동에 관한 의정서가 채택되었다.

**138_** 13장 도표 13.12 참조.

139_ 초민족적 정의의 이러한 표준은 물가의 차이를 고려하면서 (다시 말해 자본지원을 구매력평가지수로 표현하면서) 적용되어야 할 것이다. 여하간 유럽-아프리카적인 또는 세계적인 수준에서의 이 같은 표준은 분명 부유한 나라들의 청년을 위한 자본지원 수준의 상당한 저하로 이어질 것이다(대략 절반으로 줄 것이다). 프랑스와 아이티의 관계라는 틀에서 거론된 국제적인 세대 간 배상 논리보다 이와 같은 표준이 훨씬 더 만족스러울 것이다(6장 258~262쪽 참조). 하지만 이 표준은 확립되어 있지 않고, 배상이 이 표준에 근접하게 되는 순간부터는 이러한 배상에 반대하기란 어려워 보인다.

140_ D. Chalmers *et al.*, *European Union Law. Text and Materials*, *op. cit.*, pp. 475~491 참조.

141_ 주로 칼 폴라니가 분석한, 18세기와 19세기 영국에서 이동의 자유의 발전이 이러한 위험을 예증하는 경우다. 폴라니가 보기에, 18세기 말 이전 가난한 잉글랜드 노동자들의 제한된 이동성의 반대급부는 구빈법 틀에서 지급된 최저급여의 재원을 지자체 수준에서 조달하는 것이었다. 이처럼 권위적이고 별로 관대하지도 않은 체계를 전혀 미화하려 하지 않는 폴라니는, 19세기 영국의 통합된 노동시장의 구성이 어떻게 경제력의 사회적 탈배태 및 불평등 악화와 병행되었는지를 보여준다.

142_ 유럽인 학생들의 등록금 액수는, 노르웨이와 스위스를 포함하여, 유럽연합과 연계된 국가들의 유학생들에게도 적용된다.

143_ 말리의 현재의 저소득을 감안하면(구매력평가지수 원칙을 적용하기 위하여 과세표 구간 조정을 거치더라도 저소득인), 말리인들의 해당 기금 납부는 크게 줄어들 것이고 다른 곳에서 지원하는 개발원조보다 적을 것이다.

144_ 그렇지만 여기서 진술된 시나리오에서, 대부분의 결정과 재원은 민족 또는 지역 단위의 의회 수준에서 계속 검토되고 관리된다는 점을 짚고 넘어가자. 대체로 이 의회들은, 내가 옹호하는 탈중앙집권적 참여사회주의의 논리에서 (예컨대 다양한 언어로 된 교육 프로그램, 지역의 교통 인프라, 보건체계 등에 대한) 숙의를 조직하는 최상의 차원에 해당한다. 오직 초민족적 경제행위자에 대한 과세와 지구적 공공재만이, 초민족적 차원에서 직접 규제하기에 적합한 것들이다.

145_ 고려되는 해법들 중에는 브렉시트 이전에 우세하던 것들과 동일한 무역 법규를 영국이 이행하게 될 가능성도 있지만, 그렇다고 해도 이런 규칙 제정에 참여할 가능성은 떨어진다. 채택되는 해법이 무엇이든, 브리튼제도와 대륙 사이의 관계의 형태는, 나라들이 수립할(또는 하지 않을) 조세재정·사회·기후 관련 연합의 새로운 형태들 및 재화와 자본의 자유로운 이동에 병행될 공동 발전의 새로운 규칙들을 관철시킬 나라들의 능력에 따라, 장차 수십 년간 계속 논쟁거리일 것이다.

**146_** 16장 969쪽과 E. Saez, G. Zucman, *The Triumph of Injustice*, *op. cit.* 참조. 달리 말해 어떤 기업이 세계적으로 1000억의 이윤을 버는데 매출의 10%를 특정 국가에서 올린다면, 그리고 이 나라가 법인세율을 30%로 정한다면, 이 기업은 자신의 매출에 비례하여 이 나라에 30억을 납세해야 할 것이다. 기업들의 세계적 이윤은 다양한 자료로 추산될 수 있으며, 유용한 자료를 제출하지 않는 기업들에 각국은 적절한 제재를 가할 수 있다. 미국의 주들 사이에서는 기업들의 과세대상 이윤이 이런 식으로 배분된다는 점을 상기하자.

**147_** 완벽히 협력적이고 투명한 체계에서는 법인세가 제한적인 역할만을 할 것이다. 그럴 때는 개별 납세자의 여타 소득과 배당금을 모두 합한 수준에 따라 마땅히 납부해야 할 세금을 계산하는 걸 가능케 하는 것이 바로 소득세라는 의미에서, 법인세는 소득세에 대한 단순 원천징수일 것이다. 하지만 협력적이지도 투명하지도 않은 체계에서는 법인세 역할이 훨씬 더 중요한데, 그 이유는 이윤의 최종 보유자를 확정하질 못하다보니 이 원천징수야말로 납세하도록 할 수 있는 유일한 마지막 세금이기 때문이다. 어떤 소득이든 법인의 이윤으로 변조하기란 쉽다. 예컨대 이런 모든 일을 당연시하는 은행 자문가들의 적극적인 도움을 받아 컨설턴트 활동이나 저작권은 전용 기구에 은닉하고 외국에서 세금을 내면 그만인 것이다. 그렇기에 이런 유형의 조작 수단을 갖춘 모든 자들의 법인세 완전 비과세를 향한 무한질주가 계속되는 것을 막아내는 전략 수립이 필수적이다.

## 결론

**1_** J. Goody, *The Theft of History*, Cambridge University Press, 2006(nouvelle éd. fr. sous le titre *Le Vol de l'histoire. Comment l'Europe a imposé le récit de son passé au reste du monde*, Gallimard, "Folio histoire", 2015) 참조.

**2_** 연구하며 내가 특히 매혹된 최근의 연구자와 옛 연구자 중에서 마티외 아르누, 래프 블로퍼브, 에리크 벵트손, 드니 코뇨, 프레드릭 쿠퍼, 니콜라 바레르, 줄리아 카제, 놈 매거, 카타리나 피스토어, 산자이 수브라마니암, 세르주 그루진스키, 수전 베일리, 케네스 포메란츠, 한나 아렌트, 칼 폴라니, 우르 로센보임, 비비리 우딘, 크리스토프 자프렐로 등을 언급해둔다. 다른 저자 수십 명은 해당 장에서 인용되고 있다.

# 도표 및 표

## 서론



## 제1장



## 제2장



## 제3장



## 제4장

**제5장**



**제6장**



**제7장**



**제8장**

**제9장**



**제10장**



**제11장**

**제12장**



**제13장**

**제14장**

**제17장**

## 세부 목차

옮긴이 **안준범**

성균관대학교 사학과에서 「서발턴 역사 개념의 형성 연구」로 박사학위를 받았다. 번역서로 루이 알튀세르의 『비철학자들을 위한 철학 입문』, 폴 긴스버그의 『이탈리아 현대사: 반파시즘 저항운동에서 이탈리아공산당의 몰락까지』, 자크 랑시에르의 『역사의 이름들: 지식의 시학에 관한 에세이』, 디페시 차크라바르티의 『유럽을 지방화하기: 포스트식민 사상과 역사적 차이』(공역)가 있다.

자본과 이데올로기

1판 1쇄 2020년 5월 29일
1판 2쇄 2020년 6월 9일

지은이 토마 피케티 | 옮긴이 안준범 | 펴낸이 염현숙
책임편집 박영신 | 편집 황지연 황은주 임혜지 박아름 송지선 오동규
디자인 최윤미 이주영 백주영 | 마케팅 정민호 이숙재 양서연 박지영
저작권 한문숙 김지영 이영은 | 홍보 김희숙 김상만 지문희 우상희 김현지
제작 강신은 김동욱 임현식 | 제작처 한영문화사(인쇄) 경일제책사(제본)

펴낸곳 (주)문학동네
출판등록 1993년 10월 22일 제406-2003-000045호
주소 10881 경기도 파주시 회동길 210
전자우편 editor@munhak.com | 대표전화 031) 955-8888 | 팩스 031) 955-8855
문의전화 031)955-3578(마케팅) 031)955-2697(편집)
문학동네카페 http://cafe.naver.com/mhdn | 트위터 @munhakdongne
북클럽문학동네 http://bookclubmunhak.com



ISBN 978-89-546-7106-4 03300

www.munhak.com